제 7 판

新

민법사례연습

송덕수

박영사

제 7 판 머리말

　이 책의 제 6 판이 나온 지 2년 반 만에 제 7 판을 펴내게 되었다. 이 책은 2003년 「민법사례연습」으로 출발하여, 2008년에는 문제를 대폭 추가하고 모습도 혁신하여 「신민법사례연습」을 출간했고, 그 뒤 여러 차례 내용을 보완하여 제 6 판에까지 이르렀다. 그러는 동안에 상당히 만족스러워졌다. 그런데 최근에 새롭고 중요한 판례가 적지 않게 나타났다. 그리고 민사법 법령이 개정되거나 민법 규정에 위헌결정이 내려지기도 했다. 그리하여 새로운 중요 판례에서 다룬 논점을 사례로 구현해줄 필요가 있었고, 판례와 법령 변화도 반영해주어야 했다. 이것이 이번에 제 7 판을 내게 된 가장 큰 이유이다.

　이 책의 제 7 판에서 크게 달라진 점은 다음과 같다.

　(1) 우선 민법의 5분야(민법총칙·물권법·채권법총론·채권법각론·친족상속법)에 각각 새로운 문제를 하나씩 추가하였다. 이들은 모두 최근의 중요 판례에 기반한 것들이다. 그로써 이 책에서 다룬 사례 수는 모두 110개에 이르며, 그 결과 이제 정말 민법의 거의 모든 중요 논점을 커버할 수 있게 되었다.

　(2) 판례와 법령의 변화를 반영하여 설명을 추가하고 때로는 기존 설명을 수정하였다.

　(3) 저자는 얼마 전에 ― 김병선 교수와 함께 ― 「민법 핵심판례240선」(박영사)을 펴냈다 (2024. 5). 그에 따른 내용을 이 책에 추가하였다.

　(4) 저자는 최근에 「채권법총론」 제 7 판을 출간하였는데(2024. 6), 그 작업을 하면서 새롭게 알게 된 내용을 이 책에 반영하였다.

　이 책이 나오는 데에는 여러 분의 도움이 있었다. 저자의 제자인 최성경 교수(단국대 법대)는 보완이 필요한 부분을 알려주었다. 박영사에서는 안종만 회장님과 안상준 대표가 자주 격려해주셨다. 그리고 김선민 이사는 편집을 총괄하면서 책을 훌륭하게 만들어주셨고, 조성호 출판기획이사는 책이 원활하게 출간되도록 적극적으로 도와주셨다. 이분들을 포함하여 도와주신 모든 분께 깊이 감사드린다.

2024년 7월

송 덕 수

제 5 판 머리말

저자는 2003년 3월에 이 책의 맨 처음 판이라고 할 수 있는 「민법사례연습」을 펴냈었다. 그 책의 머리말에서 저자는, "사례문제의 공부방법과 사례문제 답안작성에 관한 모범적인 예를 보여"줄 의도로 그 책을 집필했음을 밝혔다. 민법의 이론공부는 사례에 이론을 적용하는 것에 의하여 완성되므로, 민법 공부에서 사례에 의한 훈련이 매우 중요한데, 시험위원으로서 채점을 해보니 실제 수험생들의 답안이 매우 부실했기 때문이다. 그 책은 출간되자마자 수험생들로부터 많은 사랑을 받았다.

「민법사례연습」이 나온 뒤 저자는 여러 사정으로 상당한 기간 동안 그 책에 손을 대지 못하다가 2008년 5월이 되어서야 비로소 개정을 하게 되었다. 그 개정에서는 내용에서부터 체제에 이르기까지 크게 바꾸었다. 우선 기존의 책이 주로 기본원리를 중심으로 한 재산법 분야의 40개 사례를 가지고 사례문제의 공부방법 및 답안작성방법을 터득하게 하려는 것이었는데, 개정판은 이론상으로뿐만 아니라 실무적으로도 특별히 중요한 문제에 대하여 훈련하게 하기 위하여 친족상속법 분야의 문제를 포함하여 20개의 사례를 새로 추가하였다. 그러면서 문제를 시험경향의 변화에 맞추어 새로운 유형인 쟁점제시형으로 만들고 배점의 다양화에 적응할 수 있도록 크고 작은 문제를 섞어 놓기도 하였다. 그리하여 책 제목도 「신민법사례연습」이라고 고쳤다.

그 후 2010년 초에는 독자들의 개정 요청을 받아들여 기존에 논의하지 못한 부분에서 사례 11개를 추가하여 「신민법사례연습」 제 2 판을 펴냈다. 그리고 2013년 7월에는 25개의 사례를 추가하여 제 3 판을 펴냈으며, 2017년 1월에는 각 분야별로 골고루 여러 문제를 추가하면서 동시에 실무적으로 중요성이 적은 문제를 삭제하고 책의 체제도 정비하여 제 4 판을 펴냈다. 그 결과 「신민법사례연습」 책은 사례문제의 훈련에 있어서 질적으로나 양적으로 충분한 상태에 이르렀다고 할 수 있었다.

그럼에도 불구하고 법령의 제정·개정사항과 새로 출현하거나 변경된 판례를 반영하고, 사례를 추가하여 책의 완성도를 더 높이기 위해 이번에 제 5 판을 내게 되었다.

이번 판(제 5 판)에서 크게 달라진 점은 다음과 같다.

(1) 민법총칙에서부터 채권법총론까지 분야별로 사례 하나씩을 추가하였다. 그 결과 전체 사례 수는 모두 101개에 이른다.

(2) 최근까지 제정되거나 개정된 법령을 반영하여 사례해설에 만전을 기하였다. 사례 중에는 법령 개정을 고려하여 아예 문제까지 고친 것들도 있다.

(3) 판례가 새로 나타나거나 변경된 경우에는 그에 대하여 설명을 추가했고, 새로운 판례를 바탕으로 해설하였다.

(4) 이 책의 중요한 참고문헌 중 하나인 저자의 「신민법강의」가 제11판(혁신판)부터 옆번호를 새로 붙였기에, 그 책을 인용한 경우에는 변경된 옆번호로 수정하였다. 그리고 그 사이에 참고문헌들의 개정으로 인용이 부정확하게 된 경우에 인용 부분을 수정하거나 변경하기도 했다.

(5) '일응'과 같은 일본식 용어를 적절하게 우리말로 변경하였다. '일응'은 '일단'이라고 고친 경우가 많으나, '일응의'를 '하나의'로 수정한 곳도 있고, 그 용어를 삭제해버린 곳도 있다.

(6) 이번 판에서는 기존에 쓰던 출판프로그램을 그대로 쓰지 않고 새로운 프로그램을 썼다(이른바 컨버전). 그러면서 독서의 편의를 위하고 전체적인 양을 줄이기 위하여 편집에도 변화를 가하였다. 그 결과 기존 사례를 전혀 빼지 않고 새로 추가만 했는데도 본문이 30면 넘게 줄었다.

(7) 이번에 책의 모양이 많이 달라졌기에 표지도 변경하여 전체를 새롭게 했다.

　민법을 공부할 때에는 이론공부에 반드시 사례문제 연습을 병행해야 한다. 시험을 준비할 때에는 더 말할 필요도 없다. 그리고 사례문제 연습은 민법이론을 완전히 익힌 뒤까지 기다렸다 하기보다는 이론을 어느 정도 익힌 때부터 시작하는 것이 좋다. 그래야 이론이 추상화되지 않을뿐더러 정확하게 이해하게 되고 흥미도 더 생기게 되기 때문이다.

　사례문제 공부를 할 때는 그 문제가 실제 시험에서 나오리라고 기대하지는 않아야 한다. 그 공부는 사례해결의 능력, 답안작성방법을 터득하는 것이기 때문이다. 때로 부분적으로 유사한 문제가 출제되더라도 그것은 우연한 행운일 뿐이다.

　사례문제를 풀 때에는 우선 문제를 장악해야 한다. 쟁점을 정확하게 파악하는 것이 바로 문제를 장악하는 것이다. 요즘 많이 출제되는 문제유형인 이른바 쟁점제시형에서는 쟁점을 아예 제시해주기 때문에 문제에 대한 해결이 쉽다. 그런데 정작 중요한 것은 쟁점을 전혀 알려주지 않는 깜깜이 사례에서 무엇이 쟁점인지를 발견해내는 일이다. 특히 논점추출형 문제에서 그런 훈련을 많이 하게 된다. 여러분들은 이 책에서 그런 문제들을 많이 보게 될 것이다. 그리고 그러한 문제는 법조인으로서 기본적이고 가장 필요한 능력을 길러주게 된다.

　사례문제 연습에서 문제의 형식에 적응하는 것이 중요하다고 생각하는 이가 있다. 그러나 정말 중요한 것은 사례에 적용되는 민법의 내용(컨텐츠)이지 결코 형식이 아니다. 따라서 내용, 즉 쟁점과 그 해결을 위한 이론을 익히는 일에 주력해야 한다. 형식에는 금방 적응할 수 있다.

　　이 책을 효과적으로 공부하려면 이 책의 '차례' 다음에 있는 '일러두기'를 정독하는 것이 좋다. 그것을 보면 이 책의 특성을 알 수 있기 때문이다.

　　이 책은 변호사시험 등 각종 국가고시뿐만 아니라 민법 강의를 들으면서 학교시험에 대비하는 데에도 유용하리라 믿는다.

　　이 책이 나오는 데에는 여러 분들의 도움이 있었다. 먼저 저자의 대학원 제자들인 홍윤선 박사(한국법학원 전문위원)와 이돈영 변호사는 매우 바쁜 중에도 시간을 내어 이 책의 원고를 읽고 고쳐야 할 점을 일일이 지적해 주었다. 그 지적사항 중에는 좀처럼 발견하기 힘든 민사특별법령의 변화도 포함되어 있다. 그리고 저자의 연구조교인 황희옥 법학사는 원고정리를 도와주었다. 박영사에는 특히 김선민 부장이 컨버전을 하고 책을 새롭게 편집하여 여러 면으로 예쁘고 훌륭하게 만들어주셨다. 또한 조성호 기획이사는 여느 때처럼 책 출간을 위해 애써주셨다. 이 분들을 비롯하여 도와주신 모든 분들께 깊이 감사드린다.

2019년 7월

송 덕 수

차 례

제1부 민법총칙

제 2 부   물 권 법

제 3 부   채권법총론

제 4 부　채권법각론

제 5 부 친족상속법

주요 참고문헌 및 그 인용약어

1. 민법총칙

고상룡, 민법총칙, 제 3 판, 법문사, 2003 ·· 고상룡, 총칙
곽윤직, 민법총칙, 제 7 판, 박영사, 2007 ·· 곽윤직, 총칙
김기선, 한국민법총칙, 제 3 전정판, 법문사, 1991 ·· 김기선, 총칙
김민중, 민법총칙, 두성사, 1995 ·· 김민중, 총칙
김상용, 민법총칙, 전정판 증보, 법문사, 2003 ··· 김상용, 총칙
김용한, 민법총칙론, 재전정판, 박영사, 1997 ·· 김용한, 총칙
김주수, 민법총칙, 제 5 판, 삼영사, 2001 ·· 김주수, 총칙
김준호, 민법총칙, 신정 2 판, 법문사, 2006 ·· 김준호, 총칙
김증한·김학동 공저, 민법총칙, 제 9 판, 박영사, 2001 ····················· 김증한·김학동, 총칙
백태승, 민법총칙, 제 2 판, 법문사, 2006 ·· 백태승, 총칙
송덕수, 민법총칙, 제 7 판, 박영사, 2024 ·· 송덕수, 총칙
이영준, 민법총칙, 개정증보판, 박영사, 2007 ··· 이영준, 총칙
이은영, 민법총칙, 제 3 판, 박영사, 2004 ·· 이은영, 총칙
이태재, 민법총칙, 법문사, 1981 ·· 이태재, 총칙
장경학, 민법총칙, 제 2 판, 법문사, 1989 ·· 장경학, 총칙
황적인, 현대민법론 Ⅰ[총칙], 증보판, 박영사, 1988 ·· 황적인, 총칙

2. 물 권 법

고상룡, 물권법, 법문사, 2001 ··· 고상룡, 물권
곽윤직, 물권법, 제 7 판, 박영사, 2003 ··· 곽윤직, 물권
김기선, 한국물권법, 전정판, 박영사, 1985 ·· 김기선, 물권
김상용, 물권법, 전정판 증보, 법문사, 2003 ·· 김상용, 물권
김용한, 물권법론, 재전정판, 박영사, 1996 ·· 김용한, 물권
김증한 저·김학동 증보, 물권법, 제 9 판, 박영사, 1997 ····················· 김증한·김학동, 물권
송덕수, 물권법, 제 6 판, 박영사, 2023 ··· 송덕수, 물권

윤철홍, 물권법강의, 박영사, 1998 ·· 윤철홍, 물권

이상태, 물권법, 3정판, 법원사, 2002 ··· 이상태, 물권

이영준, 한국민법론(물권편), 신정 2 판, 박영사, 2004 ································· 이영준, 물권

이은영, 물권법, 제 4 판, 박영사, 2006 ··· 이은영, 물권

이태재, 물권법, 진명문화사, 1985 ··· 이태재, 물권

장경학, 물권법, 법문사, 1988 ··· 장경학, 물권

황적인, 현대민법론 Ⅱ[물권], 전정판, 박영사, 1988 ·································· 황적인, 물권

3. 채권법총론

곽윤직, 채권총론, 제 6 판, 박영사, 2003 ··· 곽윤직, 채총

김기선, 한국채권법총론, 제 3 전정판, 법문사, 1987 ·································· 김기선, 채총

김상용, 채권총론, 개정판 증보, 법문사, 2003 ··· 김상용, 채총

김용한, 채권법총론, 박영사, 1988 ··· 김용한, 채총

김주수, 채권총론, 제 3 판, 삼영사, 1999 ··· 김주수, 채총

김증한 저·김학동 증보, 채권총론, 제 6 판, 박영사, 1998 ··············· 김증한·김학동, 채총

김형배, 채권총론, 제 2 판, 박영사, 1998 ··· 김형배, 채총

송덕수, 채권법총론, 제 7 판, 박영사, 2024 ··· 송덕수, 채총

이은영, 채권총론, 개정판, 박영사, 1999 ··· 이은영, 채총

이태재, 채권총론, 개정판, 진명문화사, 1985 ··· 이태재, 채총

이호정, 채권법총론, 한국방송통신대학, 1983 ··· 이호정, 채총

장경학, 채권총론, 교육과학사, 1992 ··· 장경학, 채총

황적인, 현대민법론 Ⅲ[채권총론], 증보판, 박영사, 1989 ························· 황적인, 채총

4. 채권법각론

곽윤직, 채권각론, 제 6 판, 박영사, 2003 ··· 곽윤직, 채각

김기선, 한국채권법각론, 제 3 전정판, 법문사, 1988 ·································· 김기선, 채각

김상용, 채권각론, 개정판, 법문사, 2003 ··· 김상용, 채각

김주수, 채권각론, 제 2 판, 삼영사, 1997 ··· 김주수, 채각

김증한, 채권각론, 박영사, 1988 ··· 김증한, 채각

김증한 저·김학동 증보, 채권각론, 제 7 판, 박영사, 2006 ················· 김증한·김학동, 채각

김형배, 채권각론[계약법], 신정판, 박영사, 2001 ······································· 김형배, 채각

송덕수, 채권법각론, 제 6 판, 박영사, 2023 ··· 송덕수, 채각

이은영, 채권각론, 제 5 판, 박영사, 2007 ·· 이은영, 채각
이태재, 채권각론, 개정판, 진명문화사, 1985 ··· 이태재, 채각
황적인, 현대민법론 Ⅳ[채권각론], 증보판, 박영사, 1987 ···················· 황적인, 채각

5. 친족상속법

곽윤직, 상속법, 개정판, 박영사, 2004 ··· 곽윤직, 상속
김용한, 친족상속법, 증보판, 박영사, 2004 ··· 김용한, 친상
김주수, 친족·상속법론, 제 6 전정판, 법문사, 2002 ····························· 김주수, 친상
김주수·김상용, 친족·상속법, 제 8 판, 법문사, 2006 ···················· 김주수·김상용, 친상
박동섭, 친족상속법, 개정판, 박영사, 2006 ··· 박동섭, 친상
박병호, 가족법, 한국방송통신대학, 1991 ··· 박병호, 친상
배경숙·최금숙 공저, 친족상속법강의, 제 1 법규, 2006 ················· 배경숙·최금숙, 친상
송덕수, 친족상속법, 제 7 판, 박영사, 2024 ··· 송덕수, 친상
오시영, 친족상속법, 학현사, 2006 ··· 오시영, 친상
윤진수, 친족상속법 강의, 제 5 판, 박영사, 2023 ································· 윤진수, 친상
이경희, 가족법(친족법·상속법), 5정판, 법원사, 2006 ·························· 이경희, 친상

6. 전　체

송덕수, 신민법강의, 제17판, 박영사, 2024 ··· 강의
송덕수·김병선, 민법 핵심판례240선, 박영사, 2024 ································· 핵심판례

일 러 두 기

독자들로 하여금 이 책을 가지고 효율적으로 공부하게 하기 위하여 이 책의 특징을 소개하기로 한다.

- 이 책은 독자들로 하여금 사례문제의 해결능력과 답안작성방법을 스스로 터득할 수 있도록 기획되었다.
- 이 책은 변호사시험, 행정고시, 법원행정고시, 입법고시, 법무사시험 등 각종 국가고시의 경향 변화에 맞추어 새롭게 구성·기술되었다.
- 이 책에서 다루고 있는 사례에는 논점추출형도 있고 최근에 자주 보이는 쟁점제시형도 있다. 그리고 대문제뿐만 아니라 소문제도 포함되어 있다. 또한 재산법 외에 가족법 분야의 것도 있다. 이들 여러 유형의 문제는 장차에도 유지될 것으로 보이므로, 이 책으로 그 모두에 대하여 답할 수 있도록 공부해야 한다. 특히 쟁점제시형의 답안작성방법은 논점추출형과 다르게 하는 것이 바람직하므로 이 책을 유심히 보고 그 방법을 익혀야 할 것이다.
- 이 책은 기본원리에 입각한 문제와 함께 특별히 중요한 개별적인 문제도 다루고 있다. 그리하여 그것들 모두에 대하여 대비할 수 있게 해 줄 것이다.
- 답안해설의 중간이나 끝에 때로 〈참고〉를 둔 경우가 있다. 이는 특히 사견이 판례나 다수설과 다를 경우 판례 등에 의한 결과를 정리해 두거나 답안의 내용을 충실하게 이해시키기 위한 것이다. 그것을 통하여 논점에 대한 이해가 보다 정확하고 폭넓게 될 수 있을 것이다.
- 사례의 해설 가운데에는 자세히 기술하고 있는 것들도 있다. 이는 교과서들에서 충분히 설명되어 있지 않거나 다시 한번 정리할 필요가 있는 문제에 관하여 교육 목적으로 그렇게 한 것이다. 그리고 그것은 대체로 기본 문제에 관한 것들이다. 그렇게 다루어진 이론은 충분히 익히도록 해야 한다.
- 해설이 길어지는 경우에는 제목을 좀더 많이 붙여 지루함을 피하고 내용을 쉽게 파악할 수 있게 하였다.
- 문제들의 순서는 내 교과서인 「신민법강의」의 순서에 맞추어 배열하였다. 따라서 「신민법강의」와 함께 공부하는 경우에 매우 편리할 것이다.
- 나의 「신민법강의」 책을 인용할 때에는 「강의」라고 약칭하고, 해당부분을 쉽게 찾도록 하기 위하여 면수 대신 옆번호로 표시하였다.

- 나의 낱권 교과서들(민법총칙, 물권법, 채권법총론, 채권법각론, 친족상속법)을 인용할 때
  에도 면수 대신 옆번호로 표시하였다.
- 관련된 법령·학설·판례는 최근의 것까지 모두 조사하여 반영하였다.
- 민법전의 조문은 법 이름을 적지 않고 조문수로만 인용하였다.
- 판례의 전거나 자료출처 표시는 독서의 편의를 위하여 생략하였다.
- 판례인용은 양을 줄이기 위하여 다음과 같은 방식으로 하였다.

  대법원 1971. 4. 10. 선고 71다399 판결 ································ 대판 1971. 4. 10, 71다399

제1부

민법총칙

[1] 법률행위의 해석, 특히 그릇된 표시
(falsa demonstratio)의 해석

문 제

　A는 어느 지역의 312번지와 313번지의 두 토지를 소유하고 있다. 이 두 토지는 서로 인접해 있고 또 면적도 비슷하다. 그런데 그중 312번지의 토지를 타인에게 매도하려고 하였다. A가 토지를 매도하려고 한다는 소식을 들은 B는 A에게 와서 매도하려는 토지를 보고 마음에 들면 사겠다고 하였다. 그리하여 A는 B에게 그 토지(312번지)를 보여 주었고, B는 만족하여 A와 토지의 매매계약을 체결하였다. 그런데 A와 B는 그들이 직접 살펴본 토지의 지번이 313인 것으로 잘못 알고 계약서에 매매목적 토지를 313번지로 기재하였고, 그에 기하여 313번지의 토지에 관하여 소유권이전등기도 마쳤다. 그렇지만 A는 B에게 312번지의 토지를 인도하였고, B는 그 토지를 인도받은 후 계속 사용해 오고 있다. 그러다가 최근에 위와 같은 사실이 밝혀졌다.

　이 경우에 A, B 사이의 법률관계는 어떻게 되는가?

Ⅰ. 문제의 제기

　　본 사안의 경우에 문제가 되는 것은 첫째로 A와 B 사이에 매매계약이 성립하는지 여부이다. 그리고 성립한다면 그 내용, 즉 매매계약의 객체가 312번지와 313번지 가운데 어느 것인지도 아울러 문제된다. 이것은 법률행위의 해석의 문제이다. 둘째로, A·B 사이에 두 토지의 어느 것에 관하여 물권변동이 일어나는지 여부가 문제된다. 셋째로, A 또는 B가 착오를 이유로 매매계약을 취소할 수 있는지도 문제된다. 이것은 계약의 성립 여부 및 그 내용과도 관련된 문제이다. 그 밖에 채무불이행, 부당이득, 등기청구 및 등기말소청구, 취득시효 등도 문제된다.

Ⅱ. 매매계약의 성립 여부와 그 내용

1. 서　　설

　　본 사안의 경우에는 매매계약의 당사자 쌍방이 지번을 잘못 알아 계약서에 의욕한 토지와 다른 토지의 지번을 기재하였다. 이러한 경우에 잘못 기재된 지번 표시가 계약 성립에 영향을 미치는지, 그리하여 계약이 불성립으로 되는지는 계약(법률행위)의 해석에 의하여 결정될 문제이다. 그런데 법률행위의 해석에 관한 이론은 일치되어 있지 않다. 근래에 종래의 통설과 다른 새로운 견해가 주장됨으로써 크게 두 가지의 이론이 존재하게 되었다. 그리고 이들 중 어느 견해를 취하느냐에 따라 결론이 달라지거나, 적어도 설명방법이 다를 수밖에 없다.

이하에서 본 사안에 관한 학설·판례를 먼저 정리한 뒤, 법률행위의 해석에 관한 타당한 이론에 기하여 여기의 문제를 해결해 보기로 한다.

2. 학설·판례

(1) 학   설

본 사안에 관하여 학자들의 논의는 거의 없다. 다만, 저자는 오래 전부터 새로운 법률행위 해석이론의 바탕 위에서, 매매계약의 당사자들이 매매목적 토지의 지번을 잘못 기재한 경우에는 그들이 일치하여 이해한 대로 효력이 인정되어야 한다고 주장하여 왔다.[1]

이러한 사견과 달리 법률행위의 해석에 관한 종래의 통설이 이 문제를 어떻게 해결할지는 가늠하기가 어렵다. 종래의 통설은 법률행위의 해석은 표시행위의 객관적 의미내용을 탐구하는 것이며, 그 표준은 ① 당사자의 목적, ② 관습, ③ 임의법규, ④ 신의성실의 원칙이라고만 하고 있기 때문이다. 여기서 종래의 통설의 불충분함을 알 수 있다. 다만, 일부 문헌은 종래의 통설의 입장을 견지하면서 자연적 해석 또는 falsa demonstratio(그릇된 표시) 법리를 인정하고 있는데,[2] 그러한 견해는 부족하나마 여기의 문제만은 새로운 해석이론처럼 해결할 수 있을 것이다.

(2) 판   례

판례는 본 사안과 같은 경우에 매매계약은 당사자들에 의하여 의욕된 토지(본 사안의 경우 312번지)에 관하여 성립한 것으로 보아야 할 것이라고 한다. 즉「부동산의 매매계약에 있어 쌍방 당사자가 모두 특정의 갑토지를 계약의 목적물로 삼았으나 그 목적물의 지번 등에 관하여 착오를 일으켜 계약을 체결함에 있어서는 계약서상 그 목적물을 갑토지와는 별개인 을토지로 표시하였다 하여도 갑토지에 관하여 이를 매매의 목적물로 한다는 쌍방 당사자의 의사 합치가 있는 이상 위 매매계약은 갑토지에 관하여 성립한 것으로 보아야 할 것이고 을토지에 관하여 매매계약이 체결된 것으로 보아서는 안 될 것」이라고 한다.[3] 이러한 판결

---

1) 송덕수, 민법상의 착오에 관한 연구, 서울대 박사논문, 1989, 41면; 송덕수, 착오론, 1991, 45면; 민법주해[Ⅱ], 422면(송덕수 집필). 동지 이영준, 총칙, 294면.
2) 곽윤직, 총칙, 223면 이하; 김증한·김학동, 총칙, 282면 이하 등이 그렇다.
3) 대판 1993. 10. 26, 93다2629·2636; 대판 1996. 8. 20, 96다19581·19598. 동지 대판 1992. 11. 24, 92다31514; 대판 2018. 7. 26, 2016다242334. 이들 중 1996. 8. 20.의 판결에 관하여는 송덕수, "매매목적 토지의 지번에 관한 당사자 쌍방의 공통하는 착오," 고시계 1997. 10, 15면-27면도 참조.

은 우리의 대법원이 적어도 부분적으로 새로운 법률행위 해석이론을 인정한 것으로 생각
된다.

3. 검토 및 사견

(1) 전술한 바와 같이 법률행위의 해석에 관한 종래의 통설로는 본 문제를 해결할 수
없다. 그리고 다른 이론을 덧붙이는 견해는 나머지 부분이 부족하고 또 체계의 면에서도 논
리적이지 못하다. 따라서 개인적으로 타당하다고 생각되는 새로운 법률행위 해석이론4)을
정리하고 나서 사안의 경우를 검토하여 보기로 한다.5)

(2) 법률행위의 해석은 법률행위의 내용을 확정하는 것이다. 그런데 법률행위는 의사표
시를 불가결의 요소로 한다. 그러고 보면 법률행위의 해석은 결국은 의사표시의 해석임을
알 수 있다.

법률행위의 요소인 의사표시에는 상대방 없는 것과 상대방 있는 것이 있다. 이들 가운
데 전자(예컨대 유언)는 보호하여야 할 상대방이 없기 때문에, 그것의 해석에 있어서는 후자
에서보다 표의자의 의사가 더욱 존중되어야 한다. 그 결과 법률행위의 해석은 우선 상대방
없는 의사표시의 해석과, 상대방 있는 의사표시의 해석으로 나누어진다. 그런데 여기서는
보통의 경우인 후자를 중심으로 하여 설명하기로 한다.

상이한 객체를 문제삼는 위에서의 분류와는 달리, 동일한 법률행위에 있어서 법률행위
의 해석은 기본적으로 법률행위(의사표시)의 의미를 밝히는 해석과, 법률행위에서 규율되지
않은 부분, 즉 틈이 있는 경우에 그것을 보충하는 해석으로 나누어진다. 밝히는 해석(단순한
해석)과 보충적 해석 가운데 전자가 먼저 시작되어야 함은 물론이다. 왜냐하면 보충적 해석
은 밝히는 해석의 결과 드러나는 틈을 전제로 하기 때문이다. 그리고 밝히는 해석에 있어서
는 — 상대방 있는 의사표시의 경우에는 — 의사표시의 객관적·규범적 의미가 탐구되어야
한다. 그러나 여기에는 예외가 인정되지 않으면 안 된다. 의사표시의 당사자가 의사표시를
— 그것이 다의적일지라도 — 사실상 같은 의미로 이해한 경우에 그렇다. 그 경우에는 법질
서가 당사자에게 그들 쌍방이 생각한 것과 다른 의미를 부가하도록 강요할 이유가 없다. 따
라서 표의자와 상대방에 의하여 「일치하여 생각된 의미」가 표준적이다. 이렇게 볼 때 의사
표시의 「밝히는 해석」은 「규범적 해석」과 「당사자가 사실상 일치하여 이해한 것의 확정으
로서의 해석」으로 나눌 수 있으며, 후자는 「자연적 해석」이라고도 불릴 수 있다. 이 가운데
해석의 첫단계는 자연적 해석이며, 그것에서 당사자가 사실상 일치하는 이해의 상태에 있었

---

4) 이러한 새로운 이론은 요즈음 점차 확산되어가고 있다. 예컨대 김민중, 총칙, 465면 이하; 김상용, 총칙,
   423면 이하; 이영준, 총칙, 286면 이하; 이은영, 총칙, 418면 이하 등이 그렇다. 그러나 이들의 설명이
   모든 점에서 일치하고 있지는 않다. 그렇지만 여기서는 사견만을 요약·정리하기로 한다.
5) 아래 (2), (3)은 교육적인 목적을 위하여 비교적 자세하게 서술한 것이며, 실제의 답안이라면 그 부분 중
   특히 관계되는 것을 중심으로 매우 줄여서 써야 한다.

음을 확정할 수 없는 경우에 규범적 해석이 행하여진다. 요컨대 법률행위의 해석은 밝히는 해석과 보충적 해석으로 대별되고, 밝히는 해석은 다시 자연적 해석과 규범적 해석으로 세분된다. 그리고 해석은 밝히는 해석에서 시작하되, 사실적으로 일치하는 이해의 확정 가능성의 징후가 보이는 경우에는 자연적 해석을 하여야 하며, 자연적 해석의 가능성이 없거나 또는 일치하여 이해한 것으로 인정되지 않는 경우에는 규범적 해석을 하게 된다. 규범적 해석의 결과 틈이 발견되는 때에는 보충적 해석으로 넘어가게 된다.

(3) 위의 분류에 따른 각각의 해석방법을 좀더 부연하여 설명하기로 한다.

1) 자연적 해석

어떤 일정한 의사표시에 관하여 당사자가 사실상 일치하여 이해한 경우에는 그 의미대로 효력을 인정하여야 한다는 것이 독일의 확고한 판례이며 통설이다. 우리 문헌에서는 여기에 관하여 1980년대 초까지만 해도 언급조차 없었으며, 최근에 비로소 인정하는 학자들이 늘어가고 있다.6) 그리고 본 사안과 유사한 사안에 관한 대법원판결7)이 있기 전까지는 이를 정면으로 인정한 판례도 없었다. 그러나 우리 민법에서도 사실상 일치하여 의욕한 것을 효력 없게 할 이유가 없다. 표시의 문자적인 의미, 즉 어의(語意)와 상이할지라도 당사자의 사실상의 일치를 보호하는 것이 사적 자치의 원칙에 부합하기 때문이다. 또한 그러한 결과는 해석에 적용되는 신의성실의 원칙에도 반하지 않는다. 결국 사실상 일치하여 의욕된 것은 문언의 일반적인 의미에 우선한다. 사실상 일치하여 의욕된 경우에 의욕과 다른 표시를 falsa demonstratio(그릇된 표시)라고 하는데, 그릇된 표시는 해가 되지 않는다(falsa demonstratio non nocet 원칙).

자연적 해석에 있어서는 표의자가 표시의 의미를 착오로 다른 의미로 이해했는가 여부는 묻지 않는다. 즉 착오가 있는 때에도 생각한 의미로 효력이 있다. 예컨대 사용대차가 유상의 대차인 줄 알고 임대차를 하면서 사용대차라고 표현한 경우에 그렇다. 그런가 하면 당사자가 일치하여 의도적으로 일정한 표시에 다른 의미를 부가한 경우에도 같다. 이러한 일은 암거래의 경우에 많다. 예컨대 기관총 대신에 피아노라는 암호를 사용한 때에는 기관총의 매매계약이 성립한다.

주의할 것은 착오로 표시를 행한 경우에는 상대방이 사실적으로 일치하여 이해한 경우에만 그것대로 효력이 있다는 점이다. 상대방이 표의자의 진정한 의사를 알았어야 했으나 실제로 그것을 인식하지 못한 경우는 포함되지 않는다(이설 있음. 송덕수, 총칙, [92] 참조).

2) 규범적 해석

법률행위에 있어서 사실상 일치하는 이해가 확정되지 못하는 경우에는 규범적 해석이 행하여진다. 규범적 해석은 표시행위의 객관적 · 규범적 의미를 탐구하는 것이며, 이것이 본

---

6) 주 1 및 주 4의 문헌 참조.
7) 주 3의 판결.

래의 의미의 해석이다. 규범적 해석의 방법은 의사표시의 상대방(수령자)이 적절한 주의를 베푼 경우에 이해되었어야 하는 의미를 탐구하는 것이다. 이것을 수령자시계(受領者視界), 수령자의 이해시계(理解視界), 또는 수령자의 이해가능성에 의한 해석이라고 한다. 수령자시계에 의한 해석은 민법이 상대방 있는 의사표시에 관하여 도달의 필요성을 요구함으로써(111조 1항) 상대방의 인식가능성을 목표삼고 있는 것과 일치한다. 그리고 신의성실의 원칙과 상대방 보호의 필요성에도 부합한다.

  규범적 해석의 표준은 의사표시에 부수하는 제반사정, 관습, 임의규정, 신의성실의 원칙이다. 즉 여러 사정 하에서 상대방이 이해하였어야 하는 의미로 확정되어야 하며, 그것으로 확정할 수 없는 때에는 관습 이하의 표준을 차례로 사용하여야 한다.

  3) 보충적 해석

  보충적 해석은 틈 있는 법률행위의 보충을 의미한다. 이 해석은 자연적 해석과 규범적 해석에 의하여 법률행위의 성립이 인정된 후에 비로소 문제된다. 즉 법률행위가 성립되었으나 일정한 점에 관하여 규율되지 않은 경우에 그것을 보충하는 것이다. 그리고 법률행위에서의 규율의 틈은 제 1 차적으로 관습에 의하여 보충되고, 관습이 없는 경우에는 임의규정에 의하며, 임의규정이 없거나 있어도 그것에 의하여 보충될 수 없는 때에는 제반사정과 신의성실의 원칙에 의하여 보충을 하게 된다.

  4. 본 사안의 해결

  법률행위의 해석에 관한 사견에 비추어 볼 때, 토지의 매매계약에 있어서 당사자 쌍방이 일치하여 착오를 일으켜 실제로 합의하지 않은 토지의 지번을 계약서에 기재한 본 사안의 경우는 자연적 해석 내지 falsa demonstratio 법리가 적용되어야 하는 전형적인 예라고 할 수 있다. 따라서 계약서에 기재된 지번, 즉 313번지는 falsa demonstratio, 즉 그릇된(잘못된) 표시에 지나지 않으며, 그것은 계약의 성립에 아무런 지장도 주지 못한다. 그 결과 매매계약은 당사자가 일치하여 의욕한 토지, 즉 312번지에 관하여 성립한 것으로 된다.

Ⅲ. 물권변동 여부

  1. 서   설

  본 사안의 경우에 물권변동 여부는 312번지와 313번지의 토지에 관하여 문제된다. 그리고 그것들은 모두 법률행위에 의한 부동산 물권변동이 문제되는 경우이다. 따라서 법률행위에 의한 부동산 물권변동의 요건을 살펴보고, 두 토지 각각에 대하여 그 요건이 갖추어졌는지를 검토하여 보아야 한다.

2. 학설·판례

이러한 문제에 관한 학자들의 논의는 거의 없으며, 저자만이 「어느 토지에 관하여도 물권변동이 일어나지 않는다」라고 하고 있을 뿐이다.8)

한편 판례는 본 사안과 같이 갑토지를 계약 목적물로 삼았으나 당사자가 모두 지번에 착오를 일으켜 계약서에 그 목적물을 을토지로 표시한 경우에 관하여, 그 매매계약은 갑토지에 관하여 성립한 것으로 보아야 할 것이라고 한 뒤, 만일 을토지에 관하여 그 매매계약을 원인으로 하여 매수인 명의로 소유권이전등기가 경료되었다면 그것은 원인 없이 경료된 것으로서 무효라고만 하고 있다.9)

3. 법률행위에 의한 부동산 물권변동의 요건

민법은 제186조에서 「부동산에 관한 법률행위로 인한 물권의 득실변경은 등기하여야 그 효력이 생긴다」고 규정하고 있다. 따라서 우리 민법상 법률행위에 의하여 부동산 물권변동이 일어나려면 물권행위 외에 등기까지 갖추어야만 한다(성립요건주의 또는 형식주의).

이 두 요건 중 물권행위는 직접 물권의 변동을 목적으로 하는 의사표시를 요소로 하는 법률행위이다. 그리고 그 행위가 행하여지는 시기에 관하여는 견해가 대립되나, 불분명할 때에는 채권행위와 동시에 행하여진 것으로 보아야 한다(독자성 부정).10)

한편 등기는 등기관이라고 하는 국가기관이 법정절차에 따라서 등기부라고 하는 공적 장부에 부동산에 관한 일정한 권리관계를 기록하는 것 또는 그러한 기록 자체이다. 이는 부동산 물권변동의 공시방법이며, 우리 민법상 물권행위가 있어도 이 등기가 없으면 물권변동은 일어나지 않는다(186조). 이러한 의미에서 등기는 법률행위에 의한 물권변동에 관하여 법률이 요구하는 물권행위 이외의 또 하나의 요건이라고 할 수 있다.11)

주의할 것은 물권행위와 등기가 있다고 하여 언제나 물권변동이 일어나는 것은 아니라는 점이다. 물권변동이 일어나려면 물권행위와 등기가 모두 유효하여야 하고, 또 그것들이 내용에 있어서 부합 내지 일치하여야 한다. 만약 양자가 내용적으로 합치하고 있지 않으면 합의된 물권변동은 발생하지 않으며, 등기된 물권변동도 일어나지 않은 것으로 된다.

4. 본 사안의 경우에 물권변동이 일어났는지 여부

위에서 본 바와 같이, 법률행위에 의한 부동산 물권변동이 일어나려면 그 요건으로 물

---

8) 송덕수, 앞의 논문(주 3), 27면.
9) 주 3의 앞의 두 판결.
10) 물권행위의 독자성을 인정하는 견해는 대체로 등기서류를 교부하는 때에 물권행위가 행하여진다고 이해한다.
11) 강의, B-33; 송덕수, 물권, [27]; 곽윤직, 물권, 40면 참조.

권행위와 등기가 있어야 하고, 그 둘이 유효할 뿐만 아니라 내용적으로도 일치하여야 한다. 이들 요건이 312번지 또는 313번지에 관하여 갖추어졌는가?

본 사안의 경우에 매매계약은 312번지에 관하여 성립하였다. 그리고 사견처럼 물권행위의 독자성을 부인하는 한(판례도 같음) 312번지에 관하여는 매매계약 당시에 소유권이전의 합의라는 물권행위도 있었던 것으로 해석된다. 물권행위의 독자성을 인정하는 경우에는 문제이나, 그 경우에도 가령 312번지의 토지에 관한 등기서류를 교부할 때 312번지에 관하여 소유권이전의 합의가 있었던 것으로 보아야 하지 않을까 한다. 어쨌든 312번지에 관하여 물권행위는 존재한다. 그러나 그에 관하여는 등기가 없다. 따라서 제186조에 의한 소유권이전 (물권변동)은 일어나지 않는다.

그에 비하여 313번지에 관하여는 B 명의의 소유권이전등기가 이미 행하여졌다. 그러나 매매계약이 312번지에 관하여 성립하였으므로 그에 관하여는 채권행위도, 또한 물권행위도 행하여진 적이 없다. 물권행위의 독자성을 인정하는 경우에도 마찬가지로 볼 것임은 전술하였다. 따라서 312번지의 매매계약을 원인으로 한 313번지의 소유권이전등기는 물권행위에 부합하지 않는 것으로서 원인무효의 것이다. 그 결과 313번지에 관하여는, 등기는 있지만 그것이 무효이고 또 물권행위도 존재하지 않아서 역시 소유권이전은 일어나지 않는다.

결국 312번지, 313번지의 두 토지 모두에 관하여 물권변동은 일어나지 않는다.

IV. 경정등기(更正登記)에 의한 수정 여부

1. 서   설

본 사안에 있어서는 매매계약이 312번지에 관하여 성립하였는데, 등기는 313번지에 관하여 행하여졌다. 이와 같은 경우에 경정등기의 방법으로 312번지에 관하여 소유권이전등기를 할 수 있는지가 문제된다.

2. 학설·판례

(1) 학   설

여기에 관하여 학자들의 논의는 별로 없으며, 단지 「이러한 경우에 당사자가 원한 대로의 물권변동이 일어나게 하려면 필요한 절차를 밟아서 경정등기를 하거나 아니면 실행된 등기에 부합하는 법률행위를 다시 하여야 한다」는 견해만이 주장되고 있다.[12]

(2) 판   례

판례는, 토지를 표시하는 부동산등기에 있어서의 소재지나 지번의 표시는 당해 토지의 동일성을 결정하는 요소라 할 것이므로 등기된 토지의 소재 또는 지번의 표시에 착오나 유

---

12) 곽윤직, 물권, 87면.

루가 있다는 것을 이유로 한 경정은 그것을 허용해도 그 경정의 전후를 통하여 표시된 부동
산의 동일성에 변함이 없다고 여겨질 때에 한하여 가능한 것이라고 해석해야 한다는 입장
이다.[13]

3. 검토 및 사견

생각건대 경정등기는 원칙적으로 기존의 등기와 동일성이 유지되는 범위 안에서만 행
하여질 수 있다. 따라서 지번의 경정등기는 허용되지 않아야 할 것이다.

4. 본 사안의 경우

본 사안의 경우에 313번지의 등기를 312번지의 등기로 경정등기를 하는 것은 처음부터
불가능하다. 그 두 등기는 결코 동일성이 유지되는 등기가 아니기 때문이다. 그러므로 본
사안에서 경정등기의 방법으로 312번지에 관하여 소유권이전등기를 할 수는 없다.

V. 착오를 이유로 한 취소 가부

1. 서   설

착오를 이유로 법률행위를 취소하려면 해석에 의하여 확정된 표시행위의 의미내용이
표의자의 실제의 의사와 일치하지 않아야 한다(의사와 표시의 불일치). 뿐만 아니라 계약의 경
우에는 그것이 성립하고 있어야 한다. 합의가 없어서 계약이 성립하지 않는 때에는 착오를
이유로 한 취소는 필요하지도, 가능하지도 않기 때문이다.[14] 그런데 의사표시의 의미의 확
정과 계약의 성립 여부의 결정은 법률행위의 해석에 의하여 정하여진다. 따라서 아래에서
먼저 착오와 법률행위 해석의 관계를 살펴보고,[15] 본 사안의 경우를 검토해 보기로 한다.

2. 착오와 법률행위 해석의 관계

착오를 이유로 한 법률행위의 취소가능성 유무는 해석의 세 단계에 있어서 동일하지
않다.

(1) 자연적 해석의 경우

전술한 바와 같이, 당사자가 사실상 일치하여 이해한 경우에는 그 의미대로 효력을 인

---

13) 대판 1989. 1. 31, 87다카2358.
14) 이는 우리 민법 제109조가 착오의 법률효과를 — 법률행위의 유효한 성립을 전제로 하는 — 취소로 규
    정한 데서 연유한다. 그러나 취소로 규정하고 있지 않는 법제 하에서도 착오는 법률행위가 성립한 경우
    에만 문제삼는다.
15) 아래 2.(착오와 해석의 관계)도 교육목적으로 비교적 상세하게 기술한 것이므로, 실제 답안이라면 관계
    되는 것을 중심으로 압축하여야 할 것이다.

정하여야 한다(자연적 해석). 당사자들이 그들의 의사를 잘못 표현하였지만 실제로는 의욕된 것에 관하여 일치하는 경우(본 사안이 이에 해당함), 또는 표의자가 객관적으로 잘못 표명한 것을 상대방이 올바르게 이해한 경우에 그렇다. 이러한 경우에는 실제로 의욕된 것이 당사자들에 의하여 올바르게 이해되었고, 따라서 그것이 그릇된 표시에도 불구하고 표시에 표현되었다고 할 것이다(falsa demonstratio non nocet). 이때에는 규범적 해석이 필요하지 않고 또 착오를 이유로 한 취소의 여지도 없다. 왜냐하면 표시에도 불구하고 당사자가 일치하여 생각한 의미로 효력이 있기 때문에, 즉 표의자나 상대방의 의사대로 효력이 있기 때문이다. 의사와 표시가 일치하는 것이다. 그리하여 그것이 계약의 경우라면 사실상 일치하여 이해한 의미로 합의가 긍정되며, 그러한 내용으로 성립한 계약은 어느 당사자에 의하여도 취소될 수 없다. 예컨대 유상의 대차를 하면서 계약서에 사용대차라고 표시한 경우에는, 임대차계약이 성립하며 당사자는 누구도 이 계약을 착오를 이유로 취소하지 못한다.

　(2) **규범적 해석의 경우**

　법률행위의 해석에 있어서 당사자의 사실상 일치하는 이해가 인정되지 못하는 경우에는, 규범적 해석에 의하여 의사표시의 객관적인 의미가 탐구되어야 한다. 수령자시계에 의한 이러한 해석은 그렇게 탐구된 의미가 표의자의 진정한 의사와 어긋나는 결과를 가져올 수 있다. 그러한 경우에 표의자에 의한 취소가 고려된다.

　그러나 의사와 표시행위의 의미가 불일치할지라도 착오를 이유로 한 취소가 처음부터 배제될 수 있다. 계약에 있어서 불합의가 존재하는 경우에 그렇다. 불합의이기만 하면, 그것이 의식적인 것이든 무의식적인 것이든, 계약은 성립하지 않는다. 계약이 성립하지 않은 만큼, 계약의 유효·무효, 그리하여 계약의 취소도 문제되지 않는다.

　(3) **보충적 해석의 경우**

　규범적 해석의 결과 법률행위에서의 틈이 나타나는 경우에는 이를 보충하는 해석이 행하여진다. 이러한 보충적 해석에 의하여 확정된 법률행위의 의미가 표의자의 실제의 의사와 다른 경우는 법률효과의 착오에 해당한다. 즉 법률행위의 내용의 착오인 것이다. 그러나 보충적 해석에 의하여 보충된 부분은 법률행위의 본질적 작용과는 관계가 없다. 따라서 중요부분에 관한 착오는 아니다. 결국 보충적 해석에 의한 의미가 당사자의 관념과 다른 경우에는 착오를 이유로 취소할 수 없게 된다.

　3. **본 사안의 경우**

　위의 이론에 의하면, 본 사안에서와 같이 법률행위의 의미가 자연적 해석으로 확정되는 경우에는 제109조의 착오의 문제는 생기지 않는다. 그 경우에는 A와 B가 일치하여 의욕한 대로 계약의 내용이 확정된다. 즉 312번지에 관한 매매계약의 성립이 인정되는 것이다. 따라서 이때에는 A·B 모두에 있어서 의사(312번지 매매)와 표시(312번지 매매)가 일치하고, 그 결과 의사와 표시의 불일치가 존재하지 않는다. 결국 의사와 표시의 불일치인 착오(고려되는 착오)가 존재하지 않는 것이다. 그러므로 본 사안의 경우에는 A·B 누구도 착오를 이유로 매매계약을 취소할 수 없다.

VI. A에 대한 B의 권리

본 사안의 경우에 A와 B 사이에는 312번지에 관하여 매매계약이 성립하였다. 그리고 그에 기하여 B는 A로부터 312번지의 소유권이전등기 청구권을 가진다. 그런데 그 토지에 관하여 등기의 이전은 해 주지 않았다. 그것이 A의 채무불이행인가가 문제된다. 생각건대 여기의 등기신청은 A·B가 공동으로 하여야 하는 것이기는 하나, 채무불이행을 인정할 수 있을 것이다. 다만, 배상할 손해의 범위는 크지 않을 것이고, 또한 부분적으로 책임이 소멸시효에 걸려 소멸하였을 수도 있다.

한편 이 경우에 매매계약 후 얼마의 기간이 지났는지는 알 수 없지만, 장기간이 경과하였다면 B의 312번지에 관한 소유권이전등기 청구권이 소멸시효에 걸리는가가 문제된다. 그런데 그에 대하여는, 법률행위에 의한 부동산 물권변동에 있어서 등기청구권의 소멸시효에 관한 이론이 그대로 적용된다. 따라서 학설은 긍정설과 부정설로 나뉜다. 그에 비하여 판례는 등기청구권도 원칙적으로 소멸시효에 걸리지만 부동산을 인도받아 점유·사용하고 있으면 예외적으로 시효에 걸리지 않는다고 하므로, 그에 의하면 312번지의 토지를 점유·사용하고 있는 매수인은 아무리 오랜 기간이 지났다고 하더라도 A에 대하여 등기청구권을 행사할 수 있게 된다.

VII. B에 대한 A의 권리

본 사안의 경우에 매매계약이 312번지에 관하여 성립하고 또 그 토지를 인도하였는데, 등기는 313번지에 관하여 행하여졌다. 그런데, 전술한 바와 같이(III. 4.), 313번지에 관한 B 명의의 소유권이전등기는 물권행위에 부합하지 않아서 무효이다. 따라서 A는 B에 대하여 등기말소청구권을 행사할 수 있다. 그리고 이 등기말소청구권은 일종의 물권적 청구권으로서 소멸시효에 걸리지도 않는다.

그 밖에 B가 312번지의 토지를 점유·사용하여 온 데 대하여 A가 부당이득 반환청구권을 가지는가? 생각건대 B의 사용이익에는 매매계약이라고 하는 법률상 원인이 존재한다. 따라서 B의 사용이익은 부당이득이 아니며, 그 결과 A의 부당이득 반환청구권은 발생하지 않는다.

Ⅷ. 기   타

본 사안의 경우에는 그 이외에도 312번지의 토지에 관한 점유 취득시효(245조 1항) 여부가 문제된다. 만일 20년간의 자주점유, 평온·공연한 점유를 하였다면 시효취득을 할 수 있을 것이다. 그러나 이 사안만으로는 그 요건이 갖추어졌는지를 판단할 수 없다.

313번지의 토지에 관하여는 아무리 오랜 기간 등기되어 있었더라도 등기부 취득시효뿐만 아니라 점유 취득시효도 인정될 수 없다. 왜냐하면 이들 시효가 인정되기 위하여서는 점유가 필요한데 B는 312번지를 인도받아 사용하고 있어서, 313번지의 점유가 없기 때문이다.

Ⅸ. 결   론

(1) 본 사안의 경우에 A와 B 사이에는 312번지에 관하여 매매계약이 성립한다.

(2) 312번지에 관하여는 물권행위는 있지만 등기가 없어서 물권변동이 일어나지 않고, 313번지에 관하여는 등기는 있지만 그 등기가 무효이고 또 물권행위도 없어서 역시 물권변동이 일어나지 않는다.

(3) 이때 313번지의 등기를 경정등기에 의하여 312번지에 관한 등기로 수정할 수는 없다.

(4) A와 B는 모두 착오를 이유로 매매계약을 취소할 수도 없다. 그들 모두에 관하여 의사와 표시가 일치하고 있어서 착오(고려되는 착오)가 존재하지 않기 때문이다.

(5) B는 매매계약에 기하여 312번지에 관한 소유권이전등기 청구권을 가지며, A는 그 등기이전의무의 불이행책임을 진다. 그리고 B의 위의 등기청구권이 소멸시효에 걸리는지에 관하여는 견해가 나뉘나, 판례에 의하면 시효소멸하지 않게 된다.

313번지에 관한 B 명의의 소유권이전등기는 무효이다. 따라서 A는 B에 대하여 그 등기의 말소등기청구권을 가지며, 이 등기청구권은 시효소멸하지 않는다.

(6) B가 312번지의 토지를 점유·사용한 것은 매매계약에 기한 것이므로 부당이득이 아니다.

(7) B는 312번지의 토지에 관하여 점유 취득시효에 의하여 소유권을 취득할 여지도 있으나, 본 사안만으로는 이를 확실히 알 수 없다. 그리고 비록 313번지에 관하여 B 명의로 소유권이전등기가 되어 있지만, B가 그것에 관하여 등기부 취득시효에 의하여 소유권을 취득할 수 없으며, 점유 취득시효도 가능하지 않다. 왜냐하면 B는 313번지가 아니고 312번지를 점유하고 있었고, 따라서 점유가 없기 때문이다.

[2] 미성년자의 행위능력

　A는 1992년 12월 26일생으로서 영어 과외를 하여 매월 60여만원의 월급을 받고 있는 자이다. A는 2011. 10. 15.에 B카드회사와 신용카드 이용계약을 체결하고 신용카드를 발급받은 다음, 2011. 10. 19.부터 2011. 12. 22.까지 이 카드를 이용하여 카드가맹점인 C홈쇼핑에서 모두 33차례에 걸쳐 합계 169만원 상당의 물품을 신용구매하였다. 그가 구매한 물품은 피자·의류·신발·화장품·식음료·영화표·고속버스승차권·호텔숙박권 등이며, 그중 16차례는 할부로 구입한 것이었다. 그리고 B카드회사는 A와의 신용카드 이용계약에 따라 C홈쇼핑에게 위 재화의 구입대금을 전액 지급하였고, A는 2011. 11.부터 2012. 1.까지 B카드회사에 위 신용카드 이용대금 합계 169만원 중 15만원을 변제하였다. 그 후 A는 빚에 쪼들리게 되자 2012. 8. 7.에, B카드회사와 C홈쇼핑에 각각 자신이 미성년자인데 부모의 동의 없이 계약을 체결했다고 하면서, B카드회사에게는 신용카드 이용계약을 취소한다고 하고, C홈쇼핑에게는 물품구매계약 전부를 취소한다는 뜻의 편지를 내용증명우편으로 보냈다. 현재는 2013. 2. 18.이다.

　1. 이 경우의 법률관계를 논하시오.

　2. 위의 사안에서 만약 A가 B카드회사에게만 계약을 취소한다는 편지를 보냈다면, 그 법률관계는 어떻게 되는가?

Ⅰ. 물음 1.에 대하여

1. 논점의 정리

본 문제의 논점을 정리하면 다음과 같다.

　⑴ A와 B카드회사(아래에서는 B라 한다) 사이의 신용카드 이용계약이 적법하게 취소되었는지가 검토되어야 한다.

　⑵ A와 C홈쇼핑(아래에서는 C라 한다) 사이의 신용구매계약이 적법하게 취소되었는지가 검토되어야 한다. 이와 관련하여 특히 처분이 허락된 재산, 묵시적 동의 여부가 문제된다.

　⑶ 위 ⑴, ⑵의 결과에 따라[1] 구체적으로 A·B 사이, A·C 사이, B·C 사이(가맹점계약)

---

　1) 위 ⑴, ⑵의 논의의 결과상 신용카드 이용계약만 취소된 경우와 신용카드 이용계약과 신용구매계약이 모두 취소된 경우가 있게 된다.

의 법률관계를 살펴보아야 한다.

2. A·B 사이의 신용카드 이용계약이 적법하게 취소되었는지 여부

(1) 신용카드 이용계약의 의의

신용카드 이용계약은, 카드회원이 카드회사가 발급한 신용카드를 가맹점에 제시하고 재화나 용역을 신용으로 구입하면, 카드회사는 가맹점에게 그 재화나 용역의 구입대금을 대신 지급하고, 카드회원은 약정된 결제일에 카드회사에 가맹점에게 지급한 구입대금을 카드대금으로 납부하는 것을 주된 내용으로 하는 계속적 계약이다.

그런데 카드회원이 신용카드를 이용하여 재화나 용역을 신용으로 구입하는 계약(신용구매계약)을 체결하려면, 카드회사와 가맹점 사이에 가맹점계약이 있어야 한다. 가맹점계약은 가맹점이 신용카드를 제시하는 카드회원에게 재화나 용역을 신용으로 판매한 후 카드회원으로부터 작성받은 매출전표를 카드회사에 제시하면 카드회사가 그 매출대금 중 일정비율의 가맹점 수수료를 공제하고 나머지 금액을 가맹점에게 지급하는 것을 내용으로 하는 계속적 계약이다.

신용카드 이용계약·가맹점계약·신용구매계약은 서로 밀접한 관련성이 있다.[2] 그러나 이들 계약은 계약당사자뿐만 아니라 계약내용도 다르므로 각 계약의 효력은 각각의 계약에 대하여 독립적으로 판단되어야 하고, 어느 하나의 계약이 무효·취소·해제되어도 다른 계약의 효력에 영향을 미치지 않는다.[3] 판례도 같은 입장이다.[4]

(2) 취소의 일반이론

미성년자가 법정대리인의 동의를 얻지 않고 체결한 계약은 취소할 수 있다(5조 2항). 이 경우 취소권자에 미성년자도 포함되며, 그가 성년자로 되기 전에는 그의 법정대리인도 취소권을 가진다. 취소는 취소권자의 일방적인 의사표시에 의하며, 반드시 재판상 행사할 필요는 없다. 취소는 상대방이 확정되어 있는 경우에는 그 상대방에게 해야 한다(142조). 그리고 취소권은 추인할 수 있는 날부터 3년 내에, 법률행위를 한 날부터 10년 내에 행사해야 한다(146조).

(3) 본 사안의 경우

본 사안에서 A는 B와 신용카드 이용계약을 체결할 당시 18세 10개월이어서 미성년자이었다.[5] 그럼에도 불구하고 법정대리인인 A의 부모의 동의를 얻지 않고 신용카드 이용계약을 체결하였다. 그러므로 A는 신용카드 이용계약의 취소권을 가진다. 그리고 2012. 8. 7.

---

2) 특히 카드회원의 신용구매계약은 신용카드 이용계약과 가맹점계약의 존재를 전제로 한다.
3) 동지 송경근, 대법원판례해설 71호, 2008. 7, 18면.
4) 대판 2005. 4. 15, 2003다60297·60303·60310·60327.
5) 2013. 7. 1.부터는 개정된 민법이 시행되어 19세 미만의 자가 미성년자이지만, 본 사안은 개정되기 전의 민법이 적용되어야 하고, 따라서 20세 미만의 자가 미성년자이다.

에 A가 신용카드 이용계약을 취소한다는 뜻의 내용증명우편을 보낸 것이 취소권의 유효한 행사에 해당한다. 본 사안에서 신용카드 이용계약의 상대방이 B로 확정되어 있어서 그 회사에게 취소의 의사표시를 해야 하는바, 그렇게 하였고, 취소한다는 뜻의 내용증명우편은 취소의 의사표시에 해당하며, 또 취소할 수 있는 기간 내에 취소를 하였다. 따라서 A와 B 사이에 체결된 신용카드 이용계약은 적법하게 취소되었다.

3. A·C 사이의 신용구매계약이 적법하게 취소되었는지 여부

(1) 서 설

본 사안에서 A가 신용카드를 이용하여 C로부터 여러 차례에 걸쳐 신용구매한 계약, 즉 신용구매계약은 대금결제를 현금 대신 신용카드를 통해 한다는 점을 제외하고는 통상의 재화나 용역의 구매계약과 차이가 없다. 여기서는 그러한 구매계약의 취소가 제한되는지 여부, 그리하여 A의 취소가 적법한지 여부가 문제된다.

(2) 취소의 일반이론

이는 위 2.에서와 같다.

(3) 취소의 제한 여부

1) 신의칙에 의한 제한 여부

신의칙을 이유로 미성년자의 신용구매계약의 취소를 제한하여야 하는지가 문제된다. 여기에 관하여는 논의가 적으나 학설은 부정설만 나타나 있고, 판례도 이를 인정한 적이 없다. 생각건대 민법이 거래의 안전을 희생하면서까지 제한능력자(민법 개정 전의 무능력자)를 보호하고 있는 점에 비추어 볼 때 신의칙을 근거로 미성년자의 취소권을 제한해서는 안 된다.

2) 필수계약 법리의 적용 여부

민법개정 전에 일부 견해는 보호자가 없는 무능력자가 생활필수품(식품·의류·교육)을 취득하는 계약(필수계약)은 무능력자를 보호하기 위해 무능력자 규정을 적용하지 않아야 한다고 주장하였다.[6] 그러나 이에 반대하는 학자도 많았다. 생각건대 명문의 규정이 없는 한 그러한 법리는 인정되지 않아야 한다.[7]

3) 민법 제6조의 활용 여부

제6조의 처분허락을 넓게 인정하는 견해는 본 사안과 같은 경우에 그 규정상의 처분허락재산으로 보아 취소를 제한할 여지도 있다. 그리고 판례는 이를 인정하는 입장이다.[8] 생각건대 그것은 미성년자 보호에 어긋나는 것으로서 부적절하다.

---

6) 송덕수, 총칙(초판), [100] 참조.
7) 참고로 말하면, 위와 같은 법리는 민법이 개정될 때 피성년후견인(10조 4항)과 피한정후견인(13조 4항 단서)에 대하여는 인정하는 규정을 신설하였다.
8) 대판 2007. 11. 16, 2005다71659·71666·71673.

4) 묵시적 동의 여부

미성년자의 법률행위에 대한 법정대리인의 동의는 묵시적으로도 할 수 있다. 그리고 예견할 수 있는 범위에서 개괄적으로 하여도 무방하다. 이러한 견지에서 본 사안의 경우에 묵시적 동의를 인정하는 견해가 있을 수 있다. 그리고 판례도 이것을 인정할 가능성이 큰 것으로 보인다.[9] 생각건대 개괄적으로 하는 묵시적 동의를 인정해야 하지만 인정에 신중을 기해야 한다. 그러지 않으면 미성년자 보호의 취지를 살릴 수 없기 때문이다.

⑷ 본 사안의 경우

본 사안과 유사한 경우에 대하여 대법원은, 신의칙에 근거하여 취소권을 부인할 수는 없지만, 처분허락을 받은 재산범위 내의 처분행위에 해당하여 취소할 수 없다고 한다.[10] 그러나 본 사안의 경우에 처분이 허락된 재산의 처분행위나 묵시적 동의를 이유로 취소권을 부정하는 것은 미성년자를 보호하려는 민법의 취지에 어긋난 지나친 것으로 허용되지 않아야 한다. 이러한 사견에 따르면, 본 사안에서 A가 C와 체결한 신용구매계약을 취소한 것은 적법하다.

4. A·B·C 3자 사이의 법률관계

⑴ 선결문제

본 사안에서 A·B·C 3자 사이의 법률관계를 논하려면 먼저 신용구매거래가 법적으로 어떤 성질을 가지는지를 결정해야 한다. 즉 카드회원이 신용카드를 이용하여 가맹점으로부터 재화나 용역을 구입하고 카드회사가 카드회원을 대신하여 가맹점에게 그 대금을 지급한 뒤 카드회원에 대하여 그 대금에 수수료를 더한 카드대금을 청구하는 전체의 관계를 법적으로 어떻게 평가할 것인지에 대하여 입장을 정리해야 하는 것이다.

여기에 관하여 우리나라에서 여러 견해가 주장되고 있으나, 병존적 채무인수설이 다수설이다.[11] 병존적 채무인수설은 카드업자가 신용카드 이용계약을 통해 카드회원으로부터 채무인수를 위임받고 가맹점계약을 통해 카드회원의 가맹점에 대한 채무를 — 면책적으로가 아니고 — 병존적으로 인수하되 카드회사와 가맹점 사이의 특약에 의해 카드업자에 대하여 우선적으로 대금을 청구해야 한다는 견해이다. 한편 판례도 병존적 채무인수설과 유사한 판시를 하고 있다.[12] 이러한 다수설·판례가 취하는 병존적 채무인수설은 받아들일 수 있는 견해라고 생각된다. 따라서 아래에서는 이 견해에 기초하여 논의를 할 것이다.

위의 논의에서, 본 사안의 경우에 신용카드 이용계약과 신용구매계약이 모두 적법하게 취소되었다고 하였다. 그러므로 A·B·C 3자 사이의 법률관계를 그러한 전제 아래에서 기

---

9) 전주의 판결 참조.
10) 전주의 판결 참조.
11) 자세한 점은 송경근, 앞의 논문, 23면 참조.
12) 대판 2005. 4. 15, 2003다60297·60303·60310·60327.

술할 것이다.13)

(2) A · B 사이의 관계

A · B 사이의 신용카드 이용계약은 A의 취소에 의해 소급해서 무효로 된다. 따라서 A는 B에 대하여 미지급 카드대금 154만원의 지급의무를 면하고, 이미 지급한 15만원을 부당이득으로 반환청구할 수 있다. 한편 A가 받은 이익이 있으면 현존하는 한도에서 반환해야 한다(141조 단서). 이 경우 현존이익의 내용이 문제되는데, 병존적 채무인수설에 의할 때, 신용구매계약이 취소되면 카드회원은 가맹점이 보유하고 있는 신용구매대금(카드대금에서 수수료를 제한 금액)에 대하여 부당이득 반환채권을 취득하게 되므로, 카드회원이 취득한 이익은 바로 이 부당이득 반환채권이 된다. 그러므로 본 사안의 경우 A는 가맹점인 C에 대하여 가지는 부당이득 반환채권을 B에게 양도해야 한다.

(3) A · C 사이의 관계

A · C 사이의 신용구매계약은 A의 취소에 의해 소급해서 무효로 된다. 그 결과 A는 C에 대하여 아직까지 지급하지 않은 154만원의 지급의무를 면하게 된다. 그런가 하면 A · C 사이의 신용구매계약이 무효임에도 불구하고 C는 B로부터 신용구매대금(카드대금에서 수수료를 제한 금액)을 지급받게 되는데,14) 그것은 A에 대하여 부당이득이다. 그리하여 A는 C에 대하여 부당이득을 이유로 구매대금의 반환채권을 행사할 수 있다. 한편 A는 C에게 현존이익을 반환해야 한다(141조 단서). 반환해야 할 것은 원물이 남아있는 경우에는 남아있는 것 그대로이고, 원물이 남아있지 않은 경우에는 그 가치가 남아있을 때에만 반환의무가 있다.

(4) B · C 사이의 관계

B · C 사이에 체결된 가맹점계약은 신용카드 이용계약 · 신용구매계약의 취소에 의해 영향을 받지 않는다. 따라서 A가 신용구매계약을 취소하였더라도 C는 B에게 신용구매대금을 청구할 수 있으며, 그 대금은 이미 지급받았으면 그것을 적법하게 보유할 수 있다. 그런데 B는 A로부터 C에 대한 부당이득 반환채권을 반환받아 C에게 행사할 수 있다. 그리하여 B가 C에게 신용구매대금을 지급하였으면 그것을 되돌려 받게 된다. 그 결과 최종적인 손실은 가맹점인 C가 입게 된다.

Ⅱ. 물음 2.에 대하여

1. 논점의 정리

본 문제의 논점을 정리하면 다음과 같다.

---

13) 만약 본 사안의 경우에 신용구매계약이 적법하게 취소되지 않았다고 하는 경우에는 물음 2.에 대하여 기술하는 것이 여기에도 그대로 타당하게 된다.

14) C가 이미 지급받았거나 적어도 받을 수 있는 채권을 가지게 된다.

⑴ A·B 사이의 신용카드 이용계약이 적법하게 취소되었는지 문제된다.

⑵ A·C 사이의 신용구매계약이 취소되지 않은 경우에 A·B 사이, A·C 사이, B·C 사이의 법률관계를 살펴보아야 한다.

2. A·B 사이의 신용카드 이용계약이 적법하게 취소되었는지 여부

이는 물음 1.에서 논의한 바와 같다. 즉 취소의 요건이 갖추어졌고, 적법하게 취소가 행하여졌다.

3. A·B 사이의 관계

A·B 사이의 신용카드 이용계약은 A의 취소에 의해 소급해서 무효로 된다. 그 결과 A는 B에 대하여 미지급 카드대금 154만원의 지급의무를 면하고, 이미 지급한 15만원을 부당이득으로 반환청구할 수 있다. 그 반면에 A가 받은 이익이 있으면 현존하는 한도에서 B에게 반환해야 한다(141조 단서). 이 경우에 A의 현존이익이 무엇인지 문제되는데, 병존적 채무인수설에 의할 때, 신용카드 이용계약이 취소되더라도 신용구매계약은 여전히 유효하므로 카드회원으로서는 신용카드회사가 가맹점에 신용구매대금을 대신 지급함으로써 가맹점에 대하여 면하게 된 대금지급채무 상당액의 이득을 얻게 되며, 이러한 이익은 금전상의 것으로서 현존하는 것으로 추정된다.[15] 판례도 같은 입장이다.[16] 그러므로 A는 B에게 C에 대하여 지급을 면하게 된 대금지급의무 상당액 169만원을 반환해야 한다. 결국 A는 169만원에서 B로부터 반환받아야 할 15만원을 제외한 나머지 금액 154만원(이는 미지급 카드대금액과 같음)을 지급해야 한다.

4. A·C 사이의 관계

A·C 사이의 신용구매계약은 취소하지 않았으므로 유효하다.[17] 그 결과 A는 C에 대하여는 아무런 주장도 하지 못한다. 그리고 C는 A에 대하여 미지급 대금채권을 가지게 된다. 다만, C는 B에게 먼저 청구할 것이다.

5. B·C 사이의 관계

B·C 사이의 가맹점계약은 A의 A·B 사이의 신용카드 이용계약의 취소에 영향을 받지 않는다. 즉 가맹점계약은 여전히 유효하다. 따라서 C는 B에게 가맹점계약에 따라 — A의 미지급대금이 있는지에 관계없이 — 신용구매대금(카드대금에서 수수료를 제한 금액)의 지급을 청구할 수 있다. 만약 그 대금을 이미 받았다면 그것을 적법하게 보유할 수 있다.

---

15) 동지 송경근, 앞의 논문, 31면.
16) 대판 2005. 4. 15, 2003다60297·60303·60310·60327.
17) 만약 판례처럼 본 사안의 경우에 취소가 인정되지 않는다고 보아도 결과는 같다.

[3] 부동산의 2중매매

문 제

　A는 그가 소유하고 있는 X토지를 B에게 9천만원에 매도하고 그 대금 전부를 지급받았다. 그런데 그 무렵 부동산 가격이 폭등하자 A는 B로부터 추가로 돈을 더 받아 내거나 다른 사람에게 더 비싼 값으로 다시 매도하여 이득을 볼 속셈으로 소유권이전등기 절차의 이행을 지체하고 있었다. 그러던 중, 이러한 사정을 알게 된 C는 A에게, A가 B로부터 수령한 매매대금을 반환하고 계약을 해약할 수 있다고 하면서 해약을 권하고 아울러 자신(C)에게 그 토지를 매도할 것을 요청하였다. 그리하여 A는 B에게 일방적으로 A·B 사이의 매매계약을 해약한다고 통지한 뒤, C와의 사이에 X토지를 C에게 1억 6천만원에 매도한다는 내용의 계약을 체결하였다. 그리고 C는 약정한 대금 모두를 A에게 지급하였으며, 또한 그의 명의로 소유권이전등기도 마쳤다.

　이 경우에 A, B, C 사이의 법률관계는 어떻게 되는가?

Ⅰ. 논점의 정리

　본 문제는 A가 자신의 X토지를 B에게 팔고 대금을 모두 받은 후에 다시 그 토지를 C에게 팔고 소유권이전등기를 해 준 경우에 A·B·C 사이의 법률관계를 묻고 있다. A·B·C 3자의 법률관계는 A·B 사이의 관계, A·C 사이의 관계, B·C 사이의 관계로 나누어 살펴볼 수 있다.

　이들 중 A와 B 사이에서는 우선 A가 B에게 일방적으로 해약을 통지한 것이 유효한지 문제된다. 그리고 본 사안의 경우에 A가 B에 대하여 채무불이행책임을 지는지, 불법행위책임을 지는지도 문제이다. 이들 책임이 인정된다면 구체적인 효과도 기술되어야 한다. 그 외에 B가 A에 대하여 대상청구권을 행사할 수 있는지도 검토하여야 한다.

　A와 C 사이에서는 그들이 체결한 계약, 즉 2중매매가 무효인지, 그리고 만약 무효라면 A와 C는 각각 상대방에 대하여 자신들이 급부한 것의 반환을 청구할 수 있는지 문제된다.

　B와 C 사이에서는 B가 C에 대하여 X토지의 소유권이전등기를 말소할 수 있는지가 중요한 문제이다. 다음에 본 사안의 경우 C의 행위가 B에 대하여 제3자에 의한 채권침해가 되는지도 살펴보아야 한다. 그 밖에 B가 채권자취소권을 행사할 수 있는지도 문제된다.

II. A와 B 사이의 법률관계

1. A의 B에 대한 해약통지의 무효

(1) 서　　설

본 사안에서 A는 B에게 일방적으로 A와 B 사이의 매매계약을 해약한다고 통지하였다. 이 통지가 유효한지, 그리하여 그들 사이의 매매계약이 무효로 되는지가 문제된다.

(2) 해약통지

여기의 해약통지는 법적으로는 해제에 해당하는 것으로 보인다. 그런데 해제권은 모든 계약당사자가 당연히 가지는 권리가 아니다. 해제권은 그 권리의 발생에 관한 당사자의 계약이 있거나(약정해제권) 또는 법률규정에 의하여서만 생길 수 있다(법정해제권). 다만, 계약금이 수수된 경우에는 해약금으로 추정되어 그에 기하여 해제권을 가질 수는 있다(565조 1항).

(3) 본 사안의 경우

본 사안의 경우에는 A·B 사이에 A에게 해제권을 발생시키는 특약이 없었다. 그리고 A에게 해제권을 발생시킬 수 있는 법률규정도 없다. 그러므로 이들 방법에 의한 해제는 가능하지 않다. 그리하여 A가 계약금에 기하여 해제할 수 있는지의 문제만 남는다.

살펴보건대 본 사안에 있어서 A·B 사이에 계약금이 수수되었는지는 명백하게 표현되어 있지 않다. 그것이 계약금 수수가 없었기 때문이라면 계약금에 기한 A의 해제는 생각할 여지도 없다. 그러나 설사 B가 A에게 계약금을 지급하였다고 하여도 본 사안의 경우에는 그에 기하여 해제할 수는 없다. 우리 민법상 계약금이 해약금으로 추정되기는 하나, 그에 기한 해제는 당사자 일방이 이행에 착수할 때까지만 가능하므로, 본 사안에서와 같이 B가 대금을 모두 지급한 때에는 해제를 할 수 없기 때문이다.

요컨대 본 사안에서 A의 해제(해약통지)는 무효이다. 따라서 그것이 있었다고 하여 A·B 사이의 매매계약이 무효로 되지는 않는다.

2. A의 B에 대한 채무불이행책임

(1) 서　　설

A는 B와 X토지의 매매계약을 체결하였다. 그 후 X토지의 매매대금을 받은 뒤에 그 토지를 C에게 팔고 소유권이전등기를 해 주었다. 이러한 경우에 A가 B에 대하여 채무불이행책임을 지지 않는지 문제된다.

이 경우에 A의 채무불이행이 문제된다면 이행불능과 이행지체일 것이다. 아래에서 이 둘을 차례로 살펴보기로 한다.

(2) 이행불능책임 문제

1) 이행불능

이행불능이란 채권이 성립한 후에 채무자에게 책임있는 사유로 이행할 수 없게 된 것을 말한다.

이행불능이 성립하려면 그 요건으로, 채권의 성립 후에 이행이 불가능하게 되었을 것(후발적 불능), 채무자에게 책임있는 사유로 불능이 되었을 것, 이행불능이 위법할 것이 필요하다.

이행불능의 요건이 갖추어진 경우에는 채권자는 채무자에 대하여 손해배상을 청구할 수 있다. 그리고 계약에 기하여 발생한 채무가 이행불능으로 된 때에는 채권자는 계약을 해제할 수 있다(546조). 그 외에 대상청구권의 요건이 구비되면 그 권리도 인정된다.

2) 본 사안의 경우

본 사안에서 A가 B에 대하여 부담하고 있는 X토지의 소유권이전의무가 이행불능으로 되는지를 보기로 한다. 이것을 판단하는 데 있어서 관건은 A가 X토지에 관하여 C에게 소유권이전등기를 해 준 것이 B에 대하여 불능으로 되는가이다.

뒤에 보는 바와 같이(아래 Ⅲ), 본 사안의 경우 A와 C 사이의 계약은 사회질서에 반하여 무효이다. 그렇지만, 사견에 의하면, A나 C의 급부는 불법원인급여가 아니다. 그리하여 A는 C에 대하여 등기말소를 청구할 수 있다(742조·741조). 이와 같은 사견에 따를 때, 본 사안에서 A가 B에게 X토지의 소유권을 이전해 주는 것이 불가능하지 않다. 이행불능이 아닌 것이다. 따라서 A에게 이행불능책임은 생기지 않는다.

그리고 A의 이행불능이 성립하지 않기 때문에 B에게 대상청구권이 인정될 여지도 없다.

(3) 이행지체책임 문제

1) 이행지체

이행지체란 채무의 이행기가 되었고 또 그 이행이 가능함에도 불구하고 채무자의 책임있는 사유로 이행하지 않고 있는 것이다.

이행지체의 요건은 이행기가 도래하였을 것, 이행이 가능할 것, 이행이 없을 것, 이행하지 않는 데 대하여 채무자에게 책임있는 사유(유책사유)가 있을 것, 이행하지 않는 것이 위법할 것이다.

이행지체가 성립한다고 하여 본래의 채무가 소멸하거나 손해배상채무로 변경되지는 않으며, 그 채무는 그대로 존속한다. 그리하여 채권자는 본래의 채무의 이행을 청구할 수 있다. 그러나 이는 이행지체의 효과는 아니다. 이행지체의 효과는 손해배상청구권과 해제권의 발생이다. 이행지체가 성립하면 채권자는 손해배상을 청구할 수 있다. 그 손해배상은 원칙적으로 이행지체로 인하여 생긴 손해의 배상 즉 지연배상이다(395조의 예외가 있음). 그리고 계약상의 채무가 이행지체로 된 경우에는 채권자는 일정한 요건 하에 해제권을 취득하게 된다(544조·545조).

2) 본 사안의 경우

본 사안에서 A는 B에게 소유권이전등기 절차의 이행을 지체하고 있었다. 여기서 A의 채무의 이행기가 도래하였음을 알 수 있다. 그리고 A가 B에게 소유권이전등기를 하는 것은, 사견에 의하면, 불가능하지 않다. 또한 본 사안에서 A의 이행이 없고, 나아가 A가 의도적으로 등기 절차를 지체하고 있으므로 그에게 유책사유가 있다. 그런데 A에게 동시이행의 항변권이 있는가? 본 사안에서는 B가 대금 전부를 지급하였으므로 A에게 동시이행의 항변권이 없다. 따라서 A의 이행지체는 위법성의 요건도 갖추게 된다.

본 사안의 경우에는 A의 이행지체가 성립하였다. 그리하여 B는 A에 대하여 본래의 채무인 X토지의 소유권이전등기 절차의 이행을 청구할 수 있다. 그리고 그와 아울러 A의 이행이 늦은 데 대하여 손해배상을 청구할 수 있다. 그런가 하면 B는, A에게 상당한 기간을 정하여 X토지의 소유권이전등기 절차의 이행을 최고할 수 있고, 그럼에도 불구하고 A가 그 기간 내에 이행하지 않으면 제544조에 따라 A와 체결한 매매계약을 해제할 수 있다.

《참 고》──

우리 판례에 의할 때 본 사안의 경우에 채무불이행책임이 성립하는지를 보기로 한다.

판례는 부동산의 2중매매에 기하여 제 2 매수인에게 소유권이전등기를 해 준 경우에 관하여 특별한 사정이 없는 한 매도인의 소유권이전등기 의무는 이행불능의 상태에 있다고 한다.[1] 그리고 여기서 특별한 사정이란 제 2 매수인 명의의 소유권이전등기가 말소되거나 또는 이 명의인으로부터 다시 그 소유권 명의가 매도인 앞으로 옮아갈 만한 사정을 가리킨다.[2] 그런데 판례는 2중매매가 사회질서에 반하여 무효인 경우에 제 1 매수인이 제 2 매수인에 대하여 등기말소를 청구할 수 있는지에 관하여 그 태도를 분명히 밝히고 있지 않다. 다만, 제 1 매수인이 매도인을 대위하여 제 2 매수인 앞으로 행하여진 등기의 말소를 청구할 수 있다고 한다. 그리고 일반적인 불법원인급여에 관한 판례는 원인행위가 사회질서에 위반하면 언제나 제746조의 불법원인이 있는 것으로 해석한다. 이러한 판례에 의하면 본 사안의 경우 A는 C에 대하여 등기말소를 청구하지 못하게 된다. 판례는 B를 보호하기 위하여 B가 A를 대위하여 C에게 등기말소를 청구할 수 있다고 할 뿐이다.

그러면, 판례에 의할 때, 본 사안의 경우에 A의 이행불능으로 되지 않는가? 문헌[3]에 따라서는, A·C간의 제 2 매매가 반사회적 법률행위여서 무효인 경우, B는 채권자대위권의 행사로서 C 명의의 소유권등기를 말소하고, 이를 다시 자기 앞으로 이전할 수 있기 때문에, A의 B에 대한 채무는 사회통념에 비추어 아직 이행불능이 된 것이 아니라고 한다. 즉 매도인이 제 2 매매가 반사회적 법률행위임을 자인하면서 제 1 매수인에게로 소유권이전등기가 경료될 수 있음을 항변할 경우, 제 1 매수인에게 채권자대위권의 행사로써 A 명의로 소유권이전등기를 회복할 수 있는 것과

---

1) 대판 1965. 7. 27, 65다947; 대판 1981. 6. 23, 81다225; 대판 1983. 3. 22, 80다1416.
2) 대판 1965. 7. 27, 65다947.
3) 지원림·제철웅, 민법연습, 제 2 판, 2007, 121면.

손해배상청구권과의 선택권을 인정하지 않는 한, 이 항변을 배척할 이유가 없다고 한다. 이 문헌은, 광업권의 지분을 사회질서에 반하여 2중매매한 경우에 관하여 대법원이, 「광업권지분의 이전등록이 경료되었다고 하더라도 원고(제 1 매수인: 저자 주)는 그 이전등록의 말소를 구하여 원상회복 할 수 있기 때문에 그 이전등록만으로는 아직 원고가 위 광업권을 취득할 수 없게 되었다고 할 수는 없」다고 한 대판 1998. 6. 12, 97다29424를 참고로 하고 있다.[4]

생각건대 대판 1998. 6. 12, 97다29424가 광업권 지분의 제 1 매수인이 제 2 매수인의 이전등록을 말소하여 원상회복을 할 수 있기 때문에 이행불능이 아니라고 한 점은 의문이 있다. 이행불능에 있어서 불능은 사회통념상의 불능이고, 또 채무자만이 이행할 수 없는 경우(이른바 주관적 불능)도 포함한다. 그리고 채권자가 실현할 수 있더라도 채무자가 실현할 수 없으면 역시 이행불능이라고 하여야 한다. 그런 점에서 볼 때, 2중매매에 관한 판례에 의하는 경우, 본 사안에서 B가 C 명의의 등기를 말소하고 자신의 명의로 등기를 할 수 있더라도 A가 C 명의의 등기말소를 청구하여 할 수 없는 한 A의 소유권이전의무는 사회통념상 불능이라고 하여야 한다. 그리고 본 사안에서 B로 하여금 C 명의의 등기를 말소하고 자신이 소유권을 취득하도록 강요하는 것도 타당하지 않다. B는 A에 대하여 이행불능을 이유로 하여 손해배상을 청구할 수도 있고, 그렇지 않고 C 명의의 등기를 말소한 뒤 자신의 명의로 등기를 할 수도 있다고 하여야 한다.

결국 본 사안의 경우에, 판례에 의하면, 이행불능이 성립한다고 하여야 하며, 그 효과는 다음과 같다. 첫째로 B는 A에 대하여 이행에 갈음하는 손해배상(전보배상)을 청구할 수 있다고 하여야 한다. 그리고 이 전보배상을 청구하는 때에는 목적물인 X토지의 가치는 손해배상책임 발생시설(강의, C-252 이하 참조)에 따라 이행불능으로 된 때, 즉 A가 C에게 소유권이전등기를 해 줄 당시의 시가를 기준으로 하고, 그 이후에 가격이 올랐으면 상당인과관계가 있는 범위에서 가산하여야 한다. 둘째로 B는 A와의 계약을 해제할 수 있다. B가 계약을 해제하면 A·B 사이의 계약은 소급하여 무효로 되고(직접효과설), B는 A에 대하여 이미 지급한 대금의 반환을 청구할 수 있다. 셋째로 B는 A에 대하여 대상청구권을 행사하여 A가 C로부터 받은 매매대금을 자신에게 급부하라고 청구할 수 있다. 그리고 청구의 범위는 받은 것 전부라고 하여야 한다(이설 있음).

3. A의 불법행위책임 문제

본 사안에서 A가 X토지를 C에게 2중으로 매도하고 소유권을 이전해 준 것이 B에 대하여 불법행위가 되는지 문제된다.

불법행위가 성립하려면 ① 가해행위, ② 가해자의 고의·과실, ③ 가해자의 책임능력, ④ 가해행위의 위법성, ⑤ 손해발생(가해행위와의 인과관계 포함)의 요건이 필요하다.

본 사안에 있어서 A의 2중매도행위는 이러한 불법행위 요건을 모두 갖춘다고 할 것이다. 따라서 B는 A에 대하여 불법행위를 이유로 손해배상을 청구할 수 있다. 그리고, 전술한 바와 같이, B는 채무불이행을 이유로 하여서도 손해배상을 청구할 수 있는데, 어느 쪽을 주

---

4) 지원림·제철웅, 앞의 책, 126면.

장하느냐는 그의 자유이다(청구권 경합설).

Ⅲ. A와 C 사이의 법률관계

1. A·C 사이의 계약의 무효

판례는 오래 전부터 여러 차례에 걸쳐, 2중매매의 경우 제2 매수인이 매도인의 배임행위에 적극 가담하여 2중으로 매수한 때에는 사회질서에 반하여 무효라고 한다. 그리고 학설도 대체로 이러한 판례를 지지하고 있다.

생각건대 2중매매 기타 2중양도는 자유경쟁의 소산으로서 원칙적으로 유효하다. 그러나 2중매매를 언제나 유효하다고 하여서는 안 된다. 경우에 따라서는 선량한 풍속 기타 사회질서에 반하는 것으로 인정할 수도 있는 것이다. 그러한 관점에서 볼 때, 판례가 2중매매에 관하여 위와 같은 경우에 사회질서에 반하는 것으로 판단한 것은 일응의 기준으로 받아들일 수 있다.

본 사안은 판례가 2중매매 가운데 사회질서에 반하여 무효라고 하는 전형적인 경우에 해당한다. 매도인 A는 제1 매수인 B로부터 X토지에 관한 대금을 모두 받았으면서 그 토지를 다시 C에게 매도하는 일종의 배임행위를 하였다. 그리고 C는 A에게 2중매도를 매우 적극적으로 권하였다. 매도인의 배임행위에 적극 가담한 것이다. 따라서 이러한 본 사안에 있어서 A·C 사이의 매매(제2 매매)는 사회질서에 반하여 무효라고 할 것이다.

2. A와 C의 급부반환청구권

⑴ 서   설

방금 본 바와 같이, A와 C 사이의 계약은 사회질서 위반으로 무효이다. 그런데 A와 C는 이미 그 계약에 기하여 채무를 모두 이행하였다. 즉 A는 X토지의 소유권을 ─ 적어도 외관상 ─ 이전해 주었고, C는 A에게 대금을 모두 지급하였다. 이 경우에 이들 급부를 반환하여야 하는지가 문제된다.

이것은 결국 제103조 위반의 계약에 기하여 급부한 것이 제746조의 불법원인급여에 해당하느냐의 문제이다. 왜냐하면 불법원인급여는 반환청구를 할 수 없기 때문이다.

아래에서 불법원인급여의 요건에 관하여 필요한 범위에서 간략히 살펴보고, 본 사안의 경우를 보기로 한다.

⑵ 불법원인급여의 요건

민법 제746조에 의하면 불법원인급여는 반환청구를 하지 못한다. 이러한 불법원인급여가 되려면 다음의 세 가지 요건이 갖추어져야 한다.

1) 첫째로, 급부원인이 불법하여야 한다. 그런데 여기의 불법의 의미에 관하여는 학설이

대립하고 있다. 제 1 설은 불법은 선량한 풍속 기타 사회질서에 위반하는 것을 의미한다고 한다. 제 2 설은 선량한 풍속 기타 사회질서에 위반하는 경우에는 제746조의 불법에 해당하나, 강행법규 위반의 경우는 반환금지 또는 반환허용의 경우로 구분될 수 있다고 한다. 제 3 설은 선량한 풍속 기타 사회질서에 관한 규정인 강행법규 위반 및 사법관계에 관한 행정법상의 금지법규 중 효력규정 위반만을 의미한다고 한다. 제 4 설은 선량한 풍속을 위반한 경우에만 불법이 된다고 한다. 이 가운데 제 1 설이 다수설이며, 판례도 다수설과 같다(강의, D-395 참조).

생각건대 제103조의 사회질서 위반과 제746조의 불법이 반드시 동일하게 해석되어야 하는 것은 아니다. 제746조는 부당한 결과의 묵인·방치를 초래하므로, 제746조에 있어서의 불법의 인정범위는 제103조에 있어서보다 좁아져야 하며, 그 제도의 취지를 살리는 한에서 최소한에 머물러야 한다. 그러한 점에서 볼 때 제 4 설이 타당하다. 즉 사회질서 가운데 모든 국민에게 지킬 것이 요구되는 최소한도의 도덕률인 선량한 풍속을 위반하는 것만이 불법하다고 평가되어야 한다. 이러한 사견에 의하면, 선량한 풍속에 위반한 경우에만 제746조가 적용된다. 그에 비하여 선량한 풍속 위반에는 해당하지 않고 그 밖의 사회질서 위반에 해당하는 경우에는 제742조의 적용만이 고려된다. 그 결과 급부자가 채무 없음을 모르고 급부한 경우에는 부당이득으로서 반환청구를 할 수 있게 된다.

2) 둘째로, 급부가 불법의 원인으로 인하여 행하여졌어야 한다. 즉 급부원인이 불법이어야 한다. 여기서 급부원인이라 함은 급부가 선행하는 법률행위에 기하여 행하여지는 경우에는 그 법률행위가 급부원인이고, 선행하는 법률행위 없이 행하여지는 경우에는 그 급부에 의하여 달성하려고 하는 사회적 목적이 급부원인이다.

3) 셋째로, 급부가 있었어야 한다. 부동산 소유권을 이전하는 급부의 경우에는 소유권이전등기가 행하여진 때에 급부가 있었다고 하여야 한다.

⑶ 본 사안의 경우

이제 본 사안에서의 A와 C의 급부가 불법원인급여인지를 보기로 한다.

불법원인급여에 있어서의 불법 개념에 관하여 선량한 풍속 위반만이 불법이라고 하는 사견에 의하면, 본 사안에서의 A와 C의 급부는 사회질서에는 반하지만 선량한 풍속 위반이라고는 볼 수 없어 「불법」이라고 할 수 없다. 즉, 불법이라는 요건을 갖추지 못한다. 그에 비하여 급부원인이 불법이라는 요건과, 급부라는 요건은 모두 구비하고 있다. A와 C의 급부는 사회질서에 반하는 A·C 사이의 계약에 기한 것이고, 또 X토지에 관하여 소유권이전등기가 행하여졌기 때문이다.

어쨌든 불법 요건을 갖추지 못하였으므로 A와 C의 급부는 제746조의 불법원인급여가 아니다.[5] 따라서 이들 급부의 반환청구가 제746조에 의하여 당연히 금지되지는 않는다. 그

---

5) 동지 고상룡, 총칙, 348면.

렇다고 하여 반환청구가 당연히 인정되는 것도 아니다. 이제는 제742조의 적용을 받는다. 그 결과 A나 C가 계약이 무효임을 모르고, 즉 채무가 없음을 모르고 급부한 경우에는 반환청구를 할 수 있다. 구체적으로 A는 등기말소를 청구할 수 있고(사견으로는 소유권은 이전하지 않았던 것이 된다), C는 지급한 대금의 반환을 청구할 수 있다.

　이러한 사견과 달리, 불법 개념에 관한 다수설에 의하면 이론상 A와 C의 급부는 불법원인급여이어서 모두 반환청구를 할 수 없게 된다. 그런데 다수설을 취하면서도 2중매매를 포함하여 일정한 경우에는 제746조가 적용되지 않는다고 하는 견해도 주장된다.[6] 생각건대 이 견해는 제746조의 적용범위를 줄여야 한다는 점에서는 옳으나, 그 근거와 그에 따른 적용범위의 제한 기준이 뚜렷하지 못하여 문제이다.

　한편 판례는 불법의 의미에 관하여는 다수설과 같은 태도를 취하고 있으므로 논리적으로는 모두 반환청구를 할 수 없다고 해야 할 것이나, 명시적인 언급이 없다. 다만, 뒤에 보는 바와 같이, A의 C에 대한 등기말소청구권을 B가 대위행사할 수 있다고 하고 있어서 이 경우에는 다른 결론을 취하고 있는 것으로 보인다.

Ⅳ. B와 C 사이의 법률관계

1. B가 C에 대하여 등기말소를 청구할 수 있는지 여부

⑴ 서　　설

　본 사안에 있어서 제 1 매수인인 B가 제 2 매수인인 C에 대하여 X토지의 소유권이전등기의 말소를 청구할 수 있는지가 문제된다. A·C 사이의 계약이 무효라고 하더라도 B가 C 명의의 소유권이전등기를 말소할 수 없다면 B는 X토지의 소유권을 취득하지 못할 것이다. 여기서 B가 자신의 권리를 행사하거나 또는 타인의 권리를 대위행사하여 C 명의의 등기를 말소할 수 있는지 검토하여야 한다.

⑵ 판례·학설 및 사견

1) 판　　례

　판례는 2중매매가 사회질서에 반하여 무효인 경우에 제 1 매수인은 매도인을 대위하여 제 2 매수인에 대하여 제 2 매수인 명의의 소유권이전등기의 말소를 청구할 수 있다고 한다.[7]

2) 학　　설

　여기에 관하여 학설은 대립하고 있다.

　제 1 설은 판례처럼 제 1 매수인이 매도인의 등기말소청구권을 대위행사할 수 있다고 한다.[8] 그런데 이 견해를 취하는 문헌 중에는 2중매매가 사회질서에 반하여 무효인 경우에

---

6) 이영준, 총칙, 267면.
7) 대판 1980. 5. 27, 80다565 등.
8) 김민중, 총칙, 456면; 김상용, 총칙, 414면; 이영준, 총칙, 267면.

제746조가 적용되면 대위할 권리가 존재할 수 없음을 의식하여, 2중매매와 같이 출연이 출연자에게 머물지 않고 출연자 또는 출연의 수취자가 아닌 제 3 자에게 자동적으로 귀속되는 경우에는 제746조가 적용되지 않는다고 한다.[9]

　　제 2 설은 제 1 매수인이 매도인을 대위하지 않고 직접 제 2 매수인에 대하여 그 명의의 등기말소를 청구할 수 있다고 한다.[10] 즉 제 2 매수인은 매도인의 배임행위에 적극 가담하여 소유권이전등기를 받음으로써 제 1 매수인의 소유권이전등기 청구권을 침해한바, 이는 채권을 침해하는 불법행위이므로 제 1 매수인은 제 2 매수인에 대하여 손해배상을 청구할 수 있고, 이 경우 손해배상은 금전에 의하여서가 아니라 원상회복에 의하여서도 할 수 있는 것이므로 바로 소유권 반환, 즉 제 2 매수인 명의의 소유권이전등기 말소를 청구할 수 있다고 한다.

3) 검토 및 사견

　　이제 판례와 학설을 검토하고, 사견을 제시하기로 한다.

　　판례는 제 1 매수인이 매도인의 등기말소청구권을 대위행사할 수 있다고 한다. 이는 매도인에게 등기말소청구권이 있다는 것을 전제로 하는 것이다. 그러나 판례는 다른 한편으로 사회질서에 반한 계약에 기하여 행하여진 급부는 불법원인급여이고, 그에 대하여는 부당이득을 이유로 하여서는 물론이고 소유권에 기하여서도 반환청구를 할 수 없다고 한다. 이러한 판례에 의하면, 2중매매가 사회질서에 반하여 무효인 경우에도 매도인의 급부는 불법원인급여가 될 수밖에 없고, 그 결과 매도인은 반환청구권 및 그 일부로서 등기말소청구권을 가질 수 없게 된다. 즉 제 1 매수인이 대위할 권리가 존재하지 않는 것이다. 결국 2중매매에 관한 판례는 불법원인급여에 관한 확고한 판례와 모순되며, 논리적으로 타당하지 않다.

　　학설 가운데 제 1 설은 판례가 가지는 문제점을 해소하기 위하여 2중매매의 경우에는 제746조가 적용되지 않는다고 한다. 2중매매에 제746조가 적용되지 않으면 매도인의 등기말소청구권이 존재할 수 있어서 제 1 매수인이 그 권리를 대위할 수는 있다. 그러나 이 견해는 제746조가 일정한 경우에 적용되지 않는 근거의 설명에 있어서 충분한 설득력이 없다.

　　학설 중 제 2 설은 2중매수가 제 3 자에 의한 채권침해로서 제 1 매수인에 대한 불법행위가 되고, 따라서 제 1 매수인이 제 2 매수인에 대하여 손해배상을 청구할 수 있다는 점까지는 타당하다. 그러나 손해배상을 원상회복으로 하도록 하는 것은 우리 민법상의 금전배상주의의 원칙(394조)에 어긋나서 인정될 수 없다.

　　생각건대, 전술한 바와 같이(Ⅲ. 2. ⑵ 참조), 제103조의 사회질서 위반과 제746조의 불법은 같지 않으며, 후자는 전자보다 좁게, 즉 선량한 풍속 위반이라고 새겨야 한다. 그러한 사

---

9) 전주의 끝의 두 문헌이 그렇다. 전주의 첫째 문헌은 사회질서 위반의 2중매매는 의무부담행위는 물론 처분행위까지도 무효가 된다고만 한다.

10) 윤진수, "부동산의 2중매매와 원상회복," 법률신문 1986. 7. 28.자, 8. 4.자, 8. 11.자.

견에 의하면, 2중매매가 사회질서에 반하여 무효인 경우는 특별한 사정이 없는 한 불법원인급여는 아니라고 하게 된다. 따라서 매도인과 제 2 매수인은 모두 그들이 계약이 무효임을 모르고 급부한 경우에는 급부한 것의 반환을 청구할 수 있다. 그리고 매도인의 반환청구권에는 등기말소청구권도 포함되어 있으므로, 제 1 매수인은 채권자대위권의 요건이 갖추어진 때에는 매도인의 그 권리를 대위행사할 수 있다.

⑶ 채권자대위권 행사의 요건

방금 언급한 바와 같이, 제 1 매수인의 대위행사가 인정되려면 채권자대위권의 요건이 갖추어져야 하므로, 본 사안에 관하여 판단하기 전에, 채권자대위권의 요건을 간략하게 정리하기로 한다.11)

채권자대위권의 요건은, 첫째로 채권자가 자기의 채권을 보전할 필요가 있을 것, 둘째로 채무자가 제 3 자에 대하여 대위행사에 적합한 권리를 가지고 있을 것, 셋째로 채무자가 스스로 그의 권리를 행사하지 않을 것, 넷째로 채권자의 채권이 이행기에 있을 것의 네 가지이다. 이들 중 첫째 요건에 관하여는 논란이 많으나, 채무자가 하여야 할 등기절차를 채권자가 대위행사하는 것에 대하여는 학설·판례가 일치하여 채무자의 무자력 여부를 묻지 않고 이를 허용한다. 이러한 학설·판례는 타당하다.

⑷ 본 사안의 경우

사견에 의하면, 본 사안의 경우 A는 C에 대하여 X토지의 소유권이전등기의 말소청구권을 가진다. 그 반면에 C도 A에 대하여 X토지의 매매대금을 반환청구할 수 있다. 그 급부들은 모두 불법원인급여가 아니기 때문이다.

그리고 본 사안에 있어서 제 1 매수인인 B가 A의 C에 대한 등기말소청구권을 대위행사할 수 있는지를 보기로 한다. 본 사안에서는 등기절차의 대위행사가 문제되므로 채권보전의 필요성은 당연히 인정된다. 그리고 채무자인 A가 C에 대하여 가지는 등기말소청구권은 일신전속권도 아니고 압류가 금지되지도 않는 것으로서 대위행사에 적합한 권리이며, 또한 본 사안에서 A는 스스로 권리를 행사하지 않고 있을 것이다. 나아가 채권자인 B의 채권은 변제기에 있다. 즉 채권자대위권의 요건이 모두 갖추어져 있다. 따라서 B는 A의 C에 대한 등기말소청구권을 대위행사할 수 있다.

B는 A의 이 등기말소청구권을 대위하여 C 명의의 소유권이전등기를 말소하고, 그 후에는 자신이 A에 대하여 가지고 있는 등기청구권을 행사하여 자신의 명의로 소유권이전등기를 할 수 있다. 그러면 B는 X토지의 소유권을 완전하게 취득하게 된다.

---

11) 여기에 관한 자세한 설명은 [28]번 문제의 Ⅱ. 2. ⑷를 참조.

2. B가 C에 대하여 손해배상을 청구할 수 있는지 여부

⑴ 서 설

본 사안에서 C가 X토지를 매수한 행위가 B에 대하여 불법행위로 되는지, 그리하여 손해배상책임을 지는지가 문제된다. 이는 제 3 자에 의한 채권침해가 불법행위가 되느냐의 문제이다. 왜냐하면 본 사안의 경우 B는 A에 대하여 소유권이전청구권이라는 채권을 가지는데 불과하기 때문이다.

⑵ 제 3 자에 의한 채권침해

1) 문제의 제기

채권은 상대권이다. 따라서 원칙적으로 의무자인 특정인, 즉 채무자에 의하여 침해될 수 있으며 이를 채무불이행이라고 한다. 그런데 상대권인 채권이 제 3 자에 의하여 침해될 수 있는지, 그리고 그것이 채권자에 대하여 불법행위로 되는지가 문제된다.

2) 학설·판례 및 사견

⑦ 학 설   제 3 자에 의한 채권침해가 채권자에 대한 불법행위가 되는가에 관하여 학설은 대립하고 있다. 제 1 설은 모든 권리는 불가침성을 가지며, 따라서 채권도 권리로서 침해받지 않을 성질을 가지므로 제 3 자가 채권을 침해하면 당연히 불법행위가 된다고 한다.[12] 그런데 이 견해는 채권의 상대성도 인정하고 있다. 그리고 불법행위의 성립에 불법행위의 성립요건이 필요하다고도 한다. 제 2 설은 채권의 성질상 예외적으로 일정한 경우에는 제 3 자에 의하여 침해될 수 있으며, 그것이 불법행위로 되려면 다시 불법행위의 요건, 특히 위법성을 갖추어야 한다고 한다.[13] 제 3 설은 채권의 객관적 성질상 제 3 자에 의한 침해가 가능한 때에는 그러한 채권에 대한 권한 없는 침해는 위법한 것이 된다고 판단해야 할 것이므로 제 3 자에 의한 채권침해를 적극적으로 긍정하는 것이 타당하다고 한다.[14]

㈏ 판 례   판례는 「제 3 자에 의한 채권침해가 불법행위를 구성할 수 있다 함은 시인되지만 제 3 자의 채권침해가 반드시 언제나 불법행위가 되는 것은 아니고 채권침해의 태양에 따라 그 성립 여부를 구체적으로 검토하여 정하여야 할 문제」라고 한다.[15]

㈐ 검토 및 사견   우선 학설 중 제 1 설에 의하면 제 3 자에 의한 채권침해는 원칙적으로 위법성을 띨 것이다. 그러나 불법행위의 성립은 한정된 범위에서만 인정된다. 따라서 권리의 불가침성에서 채권의 불가침성을 도출하는 것은 논리의 비약이다. 다음에 제 3 설은 제 2 설에 대하여 침해하는 때에는 위법한 것이므로 위법성에 의하여 판단하는 것은 동어반

---

12) 김기선, 채총, 169면.
13) 곽윤직, 채총, 64면; 김상용, 채총, 93면; 장경학, 채총, 105면; 황적인, 채총, 45면. 김용한, 채총, 111면은 자신의 견해를 다른 견해라고 주장하나 실질적으로는 여기에 해당하는 것으로 보인다.
14) 김형배, 채총, 321면.
15) 대판 1975. 5. 13, 73다1244. 동지 대판 2001. 5. 8, 99다38699.

복이라고 한다. 그러나 침해 가부는 위법성 판단 전의 단계로 분리할 수 있고 또 그래야 하는데, 이 견해는 그 두 단계를 결합시킨 점에서 부당하다. 그에 비하여 제 2 설은 기본적으로는 타당하다. 그러나 설명은 다음과 같이 정비할 필요가 있다. 채권은 그 성질상 제 3 자에 의하여서도 침해될 수 있다. 따라서 그 침해가 제750조의 불법행위 요건을 갖추면 불법행위로 된다고 하여야 한다. 우리 판례는 이와 같은 사견과 같은 취지인 것으로 보인다.

(3) 본 사안의 경우

그리하여 이제 C의 행위가 B에 대하여 불법행위의 요건을 갖추는지에 관하여 보기로 한다.

앞에서도 언급한 바와 같이, 불법행위가 성립하려면 ① 가해행위, ② 가해자의 고의·과실, ③ 가해자의 책임능력, ④ 가해행위의 위법성, ⑤ 손해발생(가해행위와의 인과관계 포함)의 요건이 필요하다. 이 중에서 특히 문제가 되는 것은 ②와 ④이다.

그런데 본 사안에서 C는 제 1 매매 사실을 알면서 적극적으로 매도인에게 제 2 매매를 권유하였다. 그는 고의로 행위를 한 것이다. 그리고 위법성에 관하여 볼 때, 채권에는 배타성이 없고 또 자유경쟁이 허용되기 때문에 2중매매의 경우에는 원칙적으로 위법성이 인정되지 않는다고 할 것이나, 본 사안에 있어서처럼 C가 매도인에게 적극 권유하여 2중으로 매수한 때에는 위법성을 인정할 수 있다. 그 결과 본 사안의 경우에 B는 C에 대하여 불법행위를 이유로 손해배상을 청구할 수 있다. 이때의 손해배상의 방법은 물론 금전배상이며, 등기말소청구 등은 인정되지 않는다.

3. B가 채권자취소권을 행사할 수 있는지 여부

(1) 서　　설

본 사안에서 B가 채권자취소권을 행사하여 X토지를 A에게 되돌릴 수 있는지 문제된다. 여기서 본 사안의 경우에 채권자취소권의 요건이 갖추어져 있는지를 볼 필요가 있다.

(2) 채권자취소권의 요건

채권자취소권을 행사할 수 있으려면 ① 채무자가 채권자를 해치는 법률행위를 하였어야 하고(사해행위), ② 채무자 및 수익자 또는 전득자가 사해의 사실을 알고 있었어야 한다(악의). 이 두 요건을 좀더 부연하기로 한다.

첫째의 요건인 사해행위가 되려면 먼저 채무자가 재산권을 목적으로 하는 법률행위를 하였어야 한다. 그리고 그 행위가 채권자를 해하는 것이어야 한다. 여기서 채권자를 해한다는 것은 채무자의 재산행위로 그의 일반재산이 감소하여 채권의 공동담보에 부족이 생기고 채권자에게 완전한 변제를 할 수 없게 되는 것을 말한다. 즉 채무초과 또는 무자력이다. 한편 채권자취소권은 등기청구권(특히 2중매매의 경우)이나 부동산임차권과 같은 특정채권의 보전을 위하여서는 행사할 수 없다. 이 점은, 채권자가 자기의 채권을 실현하기 위하여 취소권을 행사하는 때에는,[16] 설사 채무자가 무자력일지라도 마찬가지이다. 채권자취소권은 모든 채권자의 이익을 위하여 효력이 있는 권리이기 때문이다(407조). 통설·판례도 같은 태도이다(강의, C-199 참조).

다음에 채권자취소권이 인정되려면 채무자는 반드시 사해의 사실을 알고 있어야 한다. 즉 악의이어야 한다. 그리고 수익자 또는 전득자 중 적어도 하나가 악의이어야 한다.

(3) 본 사안의 경우

본 사안에서 채권자취소권을 행사한다면 B는 등기청구권이라는 특정채권의 보전을 위하여 그 권리를 행사하는 것이다. 그리고 채권자가 자기 채권의 실현을 확보하기 위한 것이다. 그런데 채권자취소권은 채권자대위권과 달리 특정채권의 보전을 위하여서는 행사될 수 없고, 또 채권자가 자기 채권의 실현을 위하여서는 채무자가 무자력일지라도 행사될 수 없다.

그러므로 본 사안에 있어서는 채무자에 해당하는 A가 자력이 있는지를 불문하고 B는 채권자취소권을 행사할 수 없다. 판례도 같은 입장이다.[17]

V. 결   론

이제 앞에서 논의한 것을 바탕으로 하여 A·B·C 사이의 법률관계를 요약하기로 한다.

(1) A·B 사이의 법률관계

A의 해제(해약통지)는 무효이다. 따라서 그것이 있었다고 하여 A·B 사이의 계약이 무효로 되지는 않는다.

본 사안의 경우 A의 B에 대한 X토지의 소유권이전의무는 이행불능은 아니나, 이행지체로는 된다. 따라서 B는 A에 대하여 지연배상을 청구할 수 있고, 또 매매계약을 해제할 수도 있다.

B는 A에 대하여 불법행위를 이유로 하여 손해배상을 청구할 수도 있다.

(2) A·C 사이의 법률관계

A·C 사이의 계약은 사회질서에 반하여 무효이다.

사견에 의하면, A와 C의 급부는 불법원인급여가 아니므로 그들은 모두 제742조에 의하여 급부한 것의 반환을 청구할 수 있다. 즉 A는 등기말소를 청구할 수 있고, C는 대금의 반환을 청구할 수 있다.

(3) B·C 사이의 법률관계

B는 A가 C에 대하여 가지고 있는 등기말소청구권을 대위행사할 수 있다. 그리고 그 후

---

16) 그 밖의 경우에 대하여는 송덕수, 채총, [130] 참조.
17) 대판 1999. 4. 27, 98다56690 등.

에 B는 이제는 자신이 A에 대하여 가지고 있는 등기청구권을 행사하여 자신의 명의로 소유권이전등기를 할 수 있다. 그러면 그는 X토지의 소유권을 유효하게 취득하게 된다.

본 사안의 경우 C는 B에 대하여 제3자에 의한 채권침해로 불법행위를 한 것이 된다. 따라서 B는 C에게 불법행위를 이유로 손해배상을 청구할 수 있다.

본 사안에 있어서 B가 채권자취소권을 행사할 수는 없다.

[4] 불공정한 법률행위(폭리행위)

문제

　A는 지적인 능력 면에서는 평균인 이상인데 평소에 깊이 생각하지 않고 결정을 하는 습관이 있다. A는 자신이 관심을 가지고 있던 지역의 특정 토지 100평방미터(X토지라고 함)가 매물로 나왔다는 소식을 듣고, 가능하면 그 토지를 매수하려고 하였다. 그리고 가격을 가늠해보려고 그 지역의 공시지가가 인쇄된 책자를 찾아보았다. 그랬더니 그 책자에 X토지의 공시지가는 1평방미터당 51,000원이라고 기재되어 있었다. 그런데 A는 그것을 얼핏 보고 510,000원이라고 기재되어 있다고 받아들였다. 그 후 A는 부동산소개소에 연락하여 X토지의 소유자인 B를 만나 그 토지를 자신에게 평방미터당 510,000원에 꼭 팔라고 사정을 하였다. B는 A가 시가(평방미터당 60,000원)보다 훨씬 비싼 가격으로 매수하겠다고 하자, 이 사람이 아마도 잘 모르고 그런 것 같다고 생각하면서도 모른 체하고 "자신은 더 비싸게 팔려고 했는데 A씨가 꼭 사고 싶어 하니 그 값에 팔겠습니다."라고 하였다. 그리하여 A와 B 사이에 X토지를 A가 B에게 5,100만원에 팔기로 하는 매매계약이 체결되었고, 그 계약이 약정대로 이행되었다. 그 후 A는 자신이 X토지를 시가에 비해 너무 비싸게 샀음을 알고 B에게 X토지의 매매계약은 폭리행위로서 무효라고 하면서, 그가 대금으로 지급한 5,100만원을 반환하라고 하였다.

　이 경우에 B는 A로부터 받은 5,100만원을 반환해야 하는가?

Ⅰ. 논점의 정리

　본 문제의 논점을 정리하면 다음과 같다.

　⑴ 먼저 A와 B 사이에 체결한 X토지의 매매계약이 폭리행위로서 무효인지를 밝혀야 한다. 그리고 그것을 해결하려면 폭리행위의 요건을 살펴보아야 한다. 그중에서도 특히 피해자의 경솔과 폭리행위자의 이용 요건이 문제된다.

　⑵ 다음에 X토지의 매매계약이 무효라면 부당이득의 반환과 관련하여 제746조(불법원인급여)에 대하여 살펴보아야 한다.

Ⅱ. X토지의 매매계약이 무효인지 여부

1. 서   설

만약 X토지의 매매계약이 폭리행위이면 그 계약은 무효로 된다(104조). 여기서 X토지의 매매계약이 폭리행위의 요건을 갖추었는지를 살펴보아야 한다.

2. 폭리행위의 요건

폭리행위가 성립하려면 객관적 요건과 주관적 요건의 두 요건이 갖추어져야 한다.

(1) 객관적 요건

1) 급부 사이의 현저한 불균형

폭리행위가 되려면 먼저 급부와 반대급부 사이에 현저한 불균형이 있어야 한다. 이러한 급부 사이의 불균형은 가치의 차이가 클 때 인정될 수 있으나, 가치의 차이만을 가지고 판단할 것은 아니며 법률행위에 관련된 모든 사정을 고려하여 불균형이 존재하는지를 결정하여야 한다. 판례도 같은 태도이다.[1]

2) 불균형의 판단시기

급부 사이의 불균형 여부를 판단하는 기준시기에 관하여 통설·판례[2]는 법률행위 당시(계약을 체결한 때)라고 한다.

(2) 주관적 요건

1) 서   설

폭리행위가 되려면 피해자의 궁박·경솔 또는 무경험을 이용하였어야 한다. 즉 피해자의 궁박·경솔 또는 무경험이 있어야 하고, 폭리행위자가 이를 이용했어야 한다.

2) 피해자의 궁박·경솔·무경험

궁박은 벗어나기 어려운 상태(판례는 급박한 곤궁이라 함)를 말하는 것으로서, 경제적 원인에 의한 것일 때가 많겠으나, 그에 한정되지 않으며 정신적·심리적 원인에 의한 것이라도 무방하다.

경솔의 의미에 관하여는 학설이 나뉘는데, 다수설(사견도 같음)은 의사를 결정할 때 그 행위의 결과나 장래에 관하여 보통인이 베푸는 고려를 하지 않는 심리상태를 말한다고 한다. 그리고 대법원은 토지의 평당 단가를 2,100원으로 기재해야 할 것을 그 10배인 21,000원으로 오기한 것은 경솔에 해당한다고 한다.[3]

무경험의 의미에 관하여는 학설이 나뉘는데, 다수설은 일반적인 생활체험이 불충분한 것이라고 한다. 그리고 판례는 「일반적인 생활체험의 부족을 의미하는 것으로서 어느 특정

---

1) 대판 2010. 7. 15, 2009다50308.
2) 대판(전원) 2013. 9. 26, 2013다26746 등.
3) 대판 1977. 5. 10, 76다2953.

영역에 있어서의 경험부족이 아니라 거래 일반에 대한 경험부족을 뜻한다」고 하여,[4] 다수
설과 같은 견지에 있다.

피해자는 궁박·경솔·무경험 가운데 어느 하나만 갖추면 되고, 그 모두를 갖출 필요는
없다. 통설·판례도 같다.

3) 폭리행위자의 이용

폭리행위가 성립하려면 피해자의 궁박·경솔·무경험이 존재하는 것 외에 피해자의 그
러한 상황을 폭리행위자가 이용하였어야 한다. 그런데 이 요건이 필요한지, 그리고 그 정확
한 의미가 무엇인지에 관하여는 견해가 나누어진다. 그런데 통설은 폭리행위자가 피해자에
게 위와 같은 사정이 있음을 알고서 그것을 이용하려는 의사, 즉 악의를 가지고 있어야 한
다고 한다. 판례는 특히 과거에는 인식을 요구하는 듯이 판시한 적이 있으나, 근래에 와서
는 「상대방 당사자에게 위와 같은 피해당사자 측의 사정을 알면서 이를 이용하려는 의사
즉 폭리행위의 악의가 없었다면 불공정한 법률행위는 성립하지 않는다」고 하는 태도를 확
고히 하고 있다.[5] 생각건대 제104조에서 「~로 인하여」라고 표현한 것은 「이를 이용하여」
의 의미로 해석된다. 따라서 통설·판례가 옳다.

3. 본 사안의 경우

본 사안의 경우에는 불균형의 판단시기인 법률행위(매매계약) 당시에 급부 사이에 현저
한 불균형이 있다. X토지의 시가가 600만원인데 그 토지를 8배가 넘는 5,100만원에 매수하
기로 약정했기 때문이다. 그리고 A의 경솔이 있었다. 대법원도 유사한 사안에서 그와 같이
판단한 바 있다. 나아가 폭리행위자인 B가 A의 경솔을 알면서도 그것을 이용하였다. 그리
하여 폭리행위의 요건을 모두 갖추었다.

4. 소   결

본 사안에서 X토지의 매매계약은 폭리행위로서 제104조에 의하여 무효이다.

Ⅲ. B가 A로부터 받은 5,100만원을 반환해야 하는지 여부

1. 서   설

폭리행위는 무효이다. 따라서 폭리행위가 채권행위인 경우 이행할 필요가 없다. 그런데
그에 기하여 이미 이행이 된 경우에 급부한 것의 반환을 청구할 수 있는지 문제된다.

---

4) 대판 2002. 10. 22, 2002다38927.
5) 대판 2011. 1. 27, 2010다53457 등.

2. 폭리행위에 기하여 이행한 것을 반환청구할 수 있는지

폭리행위에 기하여 이행한 것은 제741조의 부당이득에 해당한다. 따라서 부당이득 반환에 특별한 제한이 없다면 급부한 자가 급부한 것의 반환을 청구할 수 있게 된다. 그런데 부당이득에 관하여는 제742조~제746조의 특별규정이 두어져 있다. 그중에 특히 제746조에 따르면, 불법원인급여는 원칙적으로 반환청구가 금지되고(동조 본문), 불법원인이 수익자에게만 있는 경우에 한하여 예외적으로 반환청구가 인정된다(동조 단서). 그리고 통설은 폭리행위에 있어서의 급부도 불법원인급여이기는 하나, 그때는 불법원인이 폭리행위자에게만 있으므로 제746조 단서가 적용되어 피해자는 반환을 청구할 수 있다고 한다. 그러나 폭리자에게는 제746조의 본문이 적용되어 반환청구를 하지 못한다고 한다. 여기에 관한 판례는 아직 나타나 있지 않다.

《참 고》

통설은 제746조의 「불법」을 「선량한 풍속 기타 사회질서 위반」이라고 해석하여 폭리행위의 경우에도 제746조가 적용된다고 한다. 그런데 사견은 제746조의 「불법」을 「선량한 풍속 위반」만이고, 그리하여 폭리행위의 경우에는 제746조가 적용되지 않고 제742조가 적용된다고 해석한다. 그 결과, 사견에 따르면, 급부자가 폭리행위가 무효임을 알고 급부하지 않았다면 제742조·제741조에 의하여 반환청구를 할 수 있게 된다.

---

3. 본 사안의 경우

본 사안의 경우에 A가 B에게 지급한 5,100만원은 부당이득에 해당한다(741조). 그런데 통설에 따르면 그것도 불법원인급여이어서 거기에는 제746조가 적용된다. 다만, A가 지급한 5,100만원에는 제746조 단서가 적용되어 그는 그것의 반환을 청구할 수 있게 된다.

IV. 결 론

X토지의 매매계약은 폭리행위로서 무효이며, 통설에 따르면 B는 A에게 5,100만원을 반환해야 한다.

[5] 허위의 근저당권설정계약과 제3자 보호

문제

　X토지의 소유권자인 A는 그의 처인 B와의 혼인 생활 중 불화가 있어 B가 이혼 및 재산분할청구 소송을 제기하려고 하자, 그의 누나인 C와 상의하여 실제로는 A가 C에 대하여 채무를 부담하고 있지 않음에도 불구하고 B의 강제집행을 면할 목적으로 채권자 C, 채무자 A, 채권최고액 1억원을 내용으로 하는 근저당권설정계약서를 작성하고 C 명의로 근저당권설정등기를 하였다. 그런데 A와 C는 채권을 발생시키는 행위는 따로 하지 않았다. 그 후 C는 D에게 위 근저당권설정계약서를 제시하면서 금전을 빌려달라고 요청하여, D는 C에게 3,200만원을 빌려준 다음, 곧바로 C의 A에 대한 위 근저당권설정등기의 피담보채권 금 3,200만원의 부분에 대하여 저당권부채권 가압류결정을 받았고, 그에 기하여 X토지에 관하여 근저당권부채권 가압류 기입등기를 마쳤다.

　이 경우에 A는 D에게, C를 근저당권자로 한 근저당권설정등기의 말소등기에 관하여 승낙의 의사표시를 하라고 청구할 수 있는가?

I. 문제의 제기

　본 사안에서는 우선 A와 C 사이에 근저당권설정계약이 성립하였는지와 그것이 유효한지를 검토하여야 한다. 그리고 그럼에 있어서 그 계약이 허위표시(가장행위) 또는 사회질서에 반하는 행위이어서 무효인지를 살펴보아야 한다.

　그 뒤에는 근저당권이 성립하기 위하여 근저당권설정계약 외에 근저당권의 피담보채권을 성립시키는 법률행위가 있어야 하는지를 논의하여야 한다.

　그리고 나서는 본 사안에서 가압류결정이 무효인지, D가 보호될 방법은 없는지를 검토하여야 한다. 그리고 이와 관련하여 말소등기에 대하여 승낙의 의사표시를 하는 문제를 살펴보아야 한다.

II. A·C 사이의 근저당권설정계약이 성립하고 유효한지 여부

1. 성립 여부

근저당권설정계약은 당사자 사이의 근저당권설정의 합의에 의하여 성립한다.

본 사안의 경우 A와 C는 비록 실제로 채권을 담보하기 위한 것은 아닐지라도 외관상 근
저당권을 설정하는 데 합의하고 있다. 따라서 A·C 사이의 근저당권설정계약은 성립하였다.

2. 유효 여부

⑴ 허위표시 여부

허위표시는 상대방과 통정하여서 하는 허위의 의사표시이다. 허위표시가 인정되려면
① 의사표시가 있어야 하고, ② 진의와 표시가 일치하지 않아야 하고, ③ 표의자가 진의와
표시 사이의 불일치를 알고 있어야 하고, ④ 진의와 다른 의사표시를 하는 데 관하여 상대
방과 통정하여야 한다.

본 사안의 경우에 외관상 A와 C의 의사표시가 있었고, 그들은 실제로는 근저당권을 성
립시킬 의사가 없으면서 그런 모습을 창출한 것이며, 이와 같이 다른 의사표시를 함에 있어
서 A가 이를 알고 있었을 뿐만 아니라 상대방인 C와 합의를 하였다. 따라서 본 사안의 근저
당권설정계약은 허위표시, 정확하게는 허위표시를 요소로 하여 성립하는 법률행위 즉 가장
행위에 해당한다. 따라서 그 계약은 무효이다(108조 1항).

⑵ 반사회질서행위인지 여부

우리 민법상 선량한 풍속 기타 사회질서에 위반한 사항을 내용으로 하는 법률행위는
무효이다(103조). 여기서 선량한 풍속이란 모든 국민에게 지킬 것이 요구되는 최소한도의 도
덕률이고, 사회질서는 질서유지를 위하여 국민이 지켜야 할 일반규범이다.

본 사안에서 A가 강제집행을 피하기 위하여 근저당권을 설정하는 행위가 선량한 풍속
기타 사회질서에 반하는 것인지 문제된다. 이에 대하여 판례는 반사회질서행위가 아니라고
한다.[1] 생각건대 이러한 A의 행위는 비난받을 만한 행위이기는 하지만 사회질서에 반한다
고 할 수는 없다. 즉 반사회질서행위는 아니다.

Ⅲ. 근저당권의 성립에 피담보채권을 성립시키는 법률행위가 있어야 하는지 여부

1. 학설·판례 및 사견

근저당권이 성립하기 위하여 근저당권설정계약과 별도로 피담보채권의 발생기초가 되
는 계속적 계약관계, 즉 기본계약이 필요한지가 문제된다.

여기에 관하여 학설은 긍정설과 부정설로 나뉘어 있다.

그리고 판례는, 근저당권은 계속적인 거래관계로부터 발생하는 다수의 불특정채권을
장래의 결산기에서 일정한 한도까지 담보하기 위한 목적으로 설정되는 담보권이므로, 근저
당권설정행위와는 별도로 근저당권의 피담보채권을 성립시키는 법률행위가 있어야 한다고

---

1) 대판 2004. 5. 28, 2003다70041.

한다.[2]

생각건대 근저당권은 피담보채권에 부종하는 성질이 완화되어 있어서 설정 당시 피담보채권이 존재하지 않거나 피담보채권이 0이 되어도 소멸하지 않으나, 적어도 피담보채권의 발생기초가 되는 계속적 계약관계, 즉 기본계약은 존재할 것이 필요하다고 새겨야 한다.

2. 본 사안의 경우

본 사안에서 A와 C 사이에 피담보채권을 발생시키는 법률행위를 하였는지는 분명하지 않다. 이들이 그러한 법률행위를 가장행위가 아니고 유효한 행위로 하지 않았음은 명백하다. 그런데 가장행위로서 그러한 행위를 꾸몄는지는 확실하지 않은 것이다. 그러나 근저당권설정등기를 신청할 때 기본계약의 외관을 창출할 필요는 없기 때문에, 허위의 기본계약서는 만들지 않았을 가능성이 크다. 만약 그렇다면 본 사안의 경우, 이미 A·C 사이의 근저당권설정계약이 무효이어서 C의 근저당권이 성립할 수 없지만, 기본계약이 존재하지 않아서도 C의 근저당권은 성립하지 못하게 된다.

Ⅳ. 본 사안의 가압류결정의 효력

근저당권이 있는 채권이 가압류되는 경우, 근저당권설정등기에 부기등기의 방법으로 그 피담보채권의 가압류 사실을 기입등기하는 목적은 근저당권의 피담보채권이 가압류되면 담보물권의 수반성에 의하여 종된 권리인 근저당권에도 가압류의 효력이 미치게 되어 피담보채권의 가압류를 공시하기 위한 것이므로, 만일 근저당권의 피담보채권이 존재하지 않는다면 그 가압류결정은 무효라고 할 것이다.[3]

본 사안의 경우 A에 대한 C의 채권이 존재하지 않음은 물론이고 피담보채권을 발생시킬 기본계약에 관하여도 약정한 적이 없는 것으로 보인다. 따라서 위의 이론에 의하면, 본 사안의 가압류결정은 무효이다.

Ⅴ. A의 근저당권말소등기 청구와 D의 보호문제

본 사안에서 A가 C 명의의 근저당권설정등기의 말소등기를 청구하는 경우에 D가 이해관계 있는 제3자로서 승낙의 의사표시를 하여야 하는지가 문제된다.

---

2) 대판 2004. 5. 28, 2003다70041.
3) 대판 2004. 5. 28, 2003다70041.

1. 이해관계 있는 제3자가 있는 경우의 말소등기 절차

부동산등기법에 의하면, 등기의 말소를 신청하는 경우에 그 말소에 대하여 등기상 이해관계 있는 제3자가 있을 때에는 제3자의 승낙이 있어야 한다(동법 57조 1항). 여기의 「제3자」인지 여부는 말소등기에 의하여 등기형식상 일반적으로 손해를 입게 되느냐에 의하여 결정된다. 그런데 어떤 등기가 무효이기 때문에 이를 말소하는 경우에는 등기의 형식상 이해관계를 가지는 제3자는 언제나 말소등기에 관하여 승낙을 해 주어야 할 의무가 있게 된다.

본 사안에 있어서 C 명의의 근저당권설정등기는 그에 대응하는 근저당권설정계약이 무효이고, 또 기본계약도 존재하지 않아서 무효이다. 그리고 가압류결정도 무효이어서 그에 기한 근저당권부채권 가압류 기입등기도 효력이 없다. 따라서 D가 다른 이유로 보호받지 못한다면, D는 A의 근저당권설정등기의 말소등기에 관하여 승낙의 의사표시를 할 의무가 있게 된다.

2. D의 보호문제

이제 마지막으로 D가 허위표시에 있어서의 제3자로 제108조 제2항에 의하여 보호될 수 있는지를 검토해 보아야 한다.

(1) 허위표시에 있어서 제3자 보호

민법은 제108조 제2항에서 허위표시의 무효는 선의의 제3자에게 대항하지 못한다고 규정하고 있다.

여기서 「제3자」라 함은 당사자와 그 포괄승계인 이외의 자 가운데에서 허위표시행위를 기초로 하여 새로운 이해관계를 맺은 자만을 의미한다(통설·판례). 그리고 새로운 이해관계를 맺었는지 여부는 실질적으로 검토하여야 한다.

「선의」는 의사표시가 허위표시임을 알지 못하는 것이다. 제3자의 선의·악의를 결정하는 표준이 되는 시기는 법률상 새로운 이해관계를 맺은 때이다. 제3자가 보호되기 위하여 선의인 데 과실이 없어야 하는가가 문제된다. 여기에 관하여 학설은 ⅰ) 무과실은 요건이 아니라는 다수설과 ⅱ) 무과실은 필요하지 않지만 중과실이 있어서는 안 된다는 소수설이 대립하고 있으며, 판례는 다수설과 같이 무과실을 요구하지 않는다(강의, A-144 참조). 한편 제3자의 선의는 추정되므로 제3자는 자신이 선의임을 증명할 필요가 없으며, 제3자의 악의를 주장하는 자가 이를 증명하여야 한다(통설·판례).

「대항하지 못한다」는 것은 허위표시의 무효를 주장할 수 없다는 의미이다. 그 결과 허위표시는 무효이지만 선의의 제3자에 대한 관계에서는 표시된 대로 효력이 생기게 된다.

(2) 본 사안의 경우

1) 본 사안에 있어서 D는 가장행위인 A·C 사이의 근저당권설정계약에 기하여 새로운

이해관계를 맺은 자이다. 따라서 제108조 제 2 항의 제 3 자에 해당한다. 판례도 같은 입장이다.[4] 그리고 D의 선의 여부가 분명하지는 않으나, 만약 D가 가장행위임을 알았다면 위험을 무릅쓰고 금전대여를 해주지 않았을 것이다. 그리고 D의 선의는 추정되므로 A가 D의 악의를 증명하지 못하는 한 D는 선의의 제 3 자로 보호된다.

2) 문제는 본 사안의 경우 A · C 사이에 근저당권의 피담보채권을 발생시키는 법률행위가 없었고, 또 가압류결정이 무효인데도, D가 제108조 제 2 항에 의하여 제 3 자로서 보호되는지이다.

여기에 관하여 판례는 본 사안과 같은 경우에 D를 제108조 제 2 항의 선의의 제 3 자라고 하면서도 기본계약의 부존재와 가압류결정의 무효를 이유로, D는 등기상 이해관계 있는 제 3 자로서 근저당권의 말소에 대한 승낙의 의사표시를 할 의무가 있다고 한다.[5]

판례를 검토해본다. 판례가 D를 선의의 제 3 자라고 하면서도 보호하지 않는 이유가 유효한 기본계약 및 그로 인한 피담보채권이 실제로 존재하지 않아서인지, 아니면 적어도 외관상 허위의 기본계약조차도 존재하지 않아서인지는 불분명하다. 그런데 어느 경우든 판례는 옳지 못하다. 전자는 실제의 채권은 존재하면서도 허위의 근저당권설정계약을 체결한 경우인데, 그러한 경우는 현실적으로는 거의 발생하지 않을 것이다. 그리고 과연 그러한 경우에만 D와 같은 자를 보호하여야 하는지는 의문이다. 그런가 하면 후자의 의미인 경우에는, 치밀하게 기본계약도 허위로 체결한 때에는 D가 보호되지만, 그렇지 않은 때에는 보호되지 못하는데, 이 둘을 차별할 이유가 없다. 요컨대 제108조 제 2 항이 두어져 있는 한, 본 사안에서의 D는 A · C 사이에 기본계약이 실제로 또는 가장적으로 존재하든 않든 언제나 보호되어야 마땅하다.

이와 같은 사견에 의하면, 본 사안의 경우 제108조 제 2 항의 규정상 A는 D에게 근저당권부채권 가압류 기입등기의 무효를 주장할 수 없고, 그 결과 D는 A의 근저당권설정등기의 말소에 대하여 이해관계 있는 제 3 자이나, 말소에 승낙할 의무는 없는 자라고 하겠다. 결국 A는 D에게 근저당권등기의 말소등기에 승낙의 의사표시를 하라고 청구할 수 없다.

---

4) 대판 2004. 5. 28, 2003다70041.
5) 대판 2004. 5. 28, 2003다70041.

[6] 착오(일방적 착오, 공통의 착오)

식당을 할 곳을 찾고 있던 A는 부동산 소개업자인 B로부터 C의 건물을 소개받고 C와 건물의 임대차계약을 체결하였다. 그런데 그 후 A가 알아 보니 그 곳은 식당의 영업허가가 나오지 않는 지역이었다.

1. 이 경우에 A가 구제될 수 있는가?

2. 위 사안에 있어서 임대차계약 당시에 C도 그 곳이 식당의 영업허가가 나오는 줄로 알고 있었고 그러한 사실이 명백히 언급되었다면 어떤가?

I. 물음 1.에 대하여

1. 문제의 제기

본 사안에 있어서 A는 건물의 임대차계약을 체결하면서 그 곳이 식당의 영업허가가 나오는 지역(상업지역)으로 잘못 생각하였다. 그리하여 그는 넓은 의미에서 착오에 빠져 계약을 체결하였다.

이러한 경우에 A의 구제책으로 생각해 볼 수 있는 것은 네 가지이다. 첫째로, 착오를 이유로 하여 계약을 취소할 수 있는지이다. 이 가능성을 위하여 본 사안의 경우에 착오취소의 요건이 구비되었는지를 검토하여야 한다. 둘째로, 사기를 이유로 하여 계약을 취소할 수 있는지도 살펴보아야 한다. 물론 이는 A가 누군가에 의하여 속은 경우에 문제된다. 셋째로, 만약 C나 B가 A를 속였다면 불법행위를 이유로 한 손해배상청구권도 생길 수 있다. 넷째로, 그 외에 임대인인 C에게 담보책임을 물을 수 있는지도 생각해 볼 수 있다.

2. 착오를 이유로 하여 계약을 취소할 수 있는지 여부

(1) 서 설

본 사안에서 A는 건물의 법적 관계(즉 영업허가관계)에 관하여 넓은 의미에서 착오에 빠져서 법률행위를 하였다. 그 착오는, 착오를 그 객체에 따라 분류한 바에 의하면, 성질의 착오에 해당한다. 성질의 착오에 있어서 성질은 사람 또는 객체에 내재되어 있는 자연적인 속성뿐만 아니라, 사람 또는 객체의 사실적 및 법적 관계도 포함하기 때문이다. 따라서 본 사안의 경우에 착오취소가 인정되는지는 성질의 착오에 관한 이론에 의하여 결정된다.

⑵ 성질의 착오

1) 의   의

성질의 착오는 법률행위가 관계하는 사람(법인 포함) 또는 객체의 성질에 관하여 착오하는 것을 말한다. 성질의 착오는 성상의 착오라고도 한다. 성질의 착오에 있어서 성질의 구체적인 예로는 사람의 경우 나이·성·전문지식·능력 등의 속성과 재산상태·지불능력·신뢰성 등을 들 수 있고, 물건의 경우 형태·품질·색 등의 속성과 유화의 진정성, 예술품의 제작년대, 토지의 건축가능성 등을 들 수 있다.

2) 성질의 착오가 중요부분의 착오인지 여부

㈎ 학   설   성질의 착오가 법률행위 내용의 중요부분의 착오인지에 관하여는 학설이 대립하고 있다. 제 1 설은 성질의 착오는 일반적으로는 동기의 착오일 것이나, 그것이 중요한 의미를 가지는 행위이고 또한 표시된 때에는 중요부분의 착오가 된다고 한다.[1] 제 2 설은 성질이 거래상 중요한 의의를 갖는 법률행위에 있어서는 중요부분의 착오라고 한다.[2] 제 3 설은 성질이 거래에 있어서 중요한 의미를 가지는 법률행위에 있어서는 그에 관한 착오는 법률행위 내용의 착오로 되는 경우가 많다고 한다.[3] 제 4 설은 사람의 성질에 관한 착오에서는 동기가 표시되어야 하나, 물건의 성질에 관한 착오에서는 성질이 거래상 중요한 경우에는 중요부분의 착오가 된다고 한다.[4] 제 5 설은 성질의 착오는 내용의 착오이며, 따라서 성질의 착오가 법률행위의 중요부분에 해당하는 경우에는 이를 취소할 수 있다고 한다.[5]

㈏ 판   례   우리 대법원은 성질의 착오라는 개념은 사용하고 있지 않다. 그러나 성질의 착오로 인정될 수 있는 경우를 동기의 착오의 경우와 동일하게 취급하고 있다. 즉 판례는 성질의 착오는 동기의 착오이지만 동기가 표시된 때에는 내용의 착오로 된다는 입장이다.

㈐ 검토 및 사견   학설·판례의 타당성 여부는 동기의 착오 일반에 관한 검토와 병행되어야 한다. 제 1 설은 동기가 표시되면 동기의 착오도 내용의 착오로 된다는 견지에 있으나, 법률행위의 동기는 그것이 표시되었다고 하여 내용(법률효과)이 될 수는 없기 때문에 옳지 않다. 제 2 설은 동기의 착오를 내용의 착오와 구별하지 않고 똑같이 다루고 있는 견해인데,[6] 이는 제109조에 반한다. 제 3 설은 동일성의 착오도 성질의 착오라고 하면서 그와 같이 해석하나, 성질이 중요한 법률행위에 한하여 성질의 착오가 내용의 착오로 될 수는 없어서 부당하다. 제 4 설은 동기가 표시되면 동기의 착오도 내용의 착오로 된다는 입장에 있으

---

1) 곽윤직, 총칙, 240면; 이태재, 총칙, 259면; 황적인, 총칙, 191면.
2) 김용한, 총칙, 299면; 김주수, 총칙, 375면; 장경학, 총칙, 491면. 고상룡, 총칙, 428면; 백태승, 총칙, 425면도 같은 견해인 것으로 보인다.
3) 이영준, 총칙, 410면.
4) 김기선, 총칙, 264면.
5) 김증한·김학동, 총칙, 345면.
6) 백태승, 총칙, 417면만은 다르다.

면서 성질의 착오에 관하여 사람의 경우와 물건의 경우를 구분하고 있으나, 그 구별의 합리적인 이유가 없다. 제 5 설은 독특하게 동기의 착오 중 성질의 착오만 내용의 착오로 끌어들이고 있는데 설득력이 약하다. 판례는 제 1 설과 같은 견지에 있어서 제 1 설에 대한 비판이 그대로 적용된다.

생각건대 종류채권을 발생시키는 법률행위에 있어서는 성질이 행위 객체를 개별화하는 작용을 할 수 있고, 그 경우에는 성질에 관하여 착오하는 것은 의미의 착오, 그리하여 법률행위의 내용의 착오로 된다. 가령 소 도살장이 돼지 도살장인줄로 알고 들어가 단순히「갈비」를 주문한 경우에 그렇다. 특정된 객체의 성질에 관하여 착오한 경우에도 성질이 객체의 동일화의 표지로 사용된 때에는 예외적으로 법률행위의 내용의 착오로 된다. 예컨대 본 적이 없는 수상경력 있는 Nixe를 매매 객체로 한 경우에는 수상경력이라는 성질이 동일화의 표지가 되므로, 그 경우 매도인 이외의 자가 수상경력 있는 Nixe를 소유하고 있거나 매도인이나 그 외의 자가 Nike와 같은 유사한 이름의 유명한 경주마를 소유하고 있는 때에는, 성질의 착오는 동일성의 착오로 되어 법률행위의 내용의 착오가 된다.

그러나 이는 예외적인 일이고 또 본래의 성질의 착오도 아니다. 법률행위 내용의 착오로 되지 않는 성질의 착오가 본래의 성질의 착오이다. 그리고 그러한 성질의 착오는 동기의 착오에 해당한다. 성질에 관한 관념은 의사형성의 동기에 불과하기 때문이다. 따라서 성질의 착오의 경우에 법률행위가 취소될 수 있는지는 동기의 착오에 관한 이론에 의하여 결정될 수밖에 없다.

그런데 사견으로는, 법률에 비추어 보거나 실질적으로 보거나 동기의 착오는 설사 동기가 표시되어 상대방이 알고 있다고 할지라도 제109조에 의하여서는 고려되지 않는다는 견지에 있다. 다만, 동기의 착오가 상대방에 의하여 신의성실에 반하여 악용된 경우에는 신의칙상 상대방이 착오자에게 이행을 요구하는 것은 권리남용이 된다고 하여야 한다. 그리고 이러한 이론은 성질의 착오의 경우에도 그대로 적용되어야 한다. 이러한 사견의 입장에서는 성질의 착오의 경우 착오취소는 인정되지 않는다. 다만, 성질의 착오를 상대방이 신의성실에 반하여 악용한 경우에는 신의칙상 상대방은 이행을 요구할 수 없다고 할 것이다.

이와 같이 성질의 착오의 경우에 착오취소를 인정하지 않는 사견의 견지에서는 착오취소의 요건은 검토할 필요가 없다. 그에 비하여 성질의 착오에 취소를 인정하는 견해에서는 착오취소의 다른 요건도 검토하여야 한다. 여기서 참고로 착오취소의 요건을 나열하면, ① 법률행위의 내용의 착오, ② 중요부분의 착오, ③ 표의자에게 중과실이 없을 것, ④ 상대방의 인식가능성 문제(사견은 이것은 요건이 아니라고 봄) 등이다.

⑶ 본 사안의 경우

본 사안에 있어서 A는 임차한 건물이 서 있는 지역이 식당의 영업허가가 나오는 곳으로 잘못 생각하였다. 이는 객체의 성질의 착오에 해당한다. 그런데 사견에 의하면, 그 성질

의 착오는 동기의 착오에 불과하고, 따라서 A는 그 착오를 이유로 임대차계약을 취소할 수
는 없다.[7] 다만, 만일 C가 A의 착오를 알고 신의칙에 반하여 악용하였다면 C는 A에 대하여
이행을 요구할 수 없게 된다. 그때는 이행요구가 권리남용으로 되기 때문이다.

3. 사기를 이유로 계약을 취소할 수 있는지 여부

(1) 서   설

본 사안의 경우 만약 A의 착오가 C나 B의 기망행위에 의하여 발생하였다면 A는 일정
한 요건 하에 계약을 취소할 수 있다. 그런데 A가 C나 B에 의하여 속았는지는 분명치 않다.
그렇지만 혹시 C나 B가 A를 속였을 가능성도 있을 수 있기 때문에 그에 관하여 기술하기로
한다.

(2) 사기에 의한 의사표시의 요건

사기에 의한 의사표시의 요건은 ① 의사표시의 존재, ② 사기자의 고의, ③ 기망행위,
④ 기망행위의 위법성, ⑤ 기망행위와 의사표시 사이의 인과관계 등이다. 그리고 이러한 요
건이 갖추어진 경우에는, 상대방이 사기를 행한 때에는 언제나 취소할 수 있고, 제 3 자가
사기를 행한 때에는 상대방이 제 3 자의 사기 사실을 알았거나 알 수 있었을 경우에 한하여
취소할 수 있다. 한편 여기의 제 3 자는 상대방 이외의 모든 자가 아니고, 행위에 가담하지
않은 자, 즉 그의 행위에 대하여 상대방에게 책임을 지울 수 없는 자만을 의미한다고 엄격
히 새겨야 한다. 중개인은 당사자 일방만을 위하여 활동하는 경우에는 그 당사자에 대하여
는 제 3 자가 아니다. 따라서 그 경우에는 중개인의 사기는 상대방의 사기이어서 상대방의
악의·과실 유무를 불문하고 취소할 수 있다.

(3) 본 사안의 경우

본 사안에 있어서는 C나 B의 기망 여부가 분명하지 않으므로 사기를 이유로 계약을 취
소할 수 있는지에 관하여 확언할 수 없다. 만약 C나 B의 기망 사실이 있으면 전술한 이론에
의하여 처리하면 될 것이다.

4. 불법행위를 이유로 손해배상을 청구할 수 있는지 여부

본 사안에서 특히 C나 B의 사기가 있었다면 A가 그들에 대하여 불법행위를 이유로 손
해배상을 청구할 수 있는지가 문제된다.[8]

불법행위의 요건은 ① 가해행위, ② 가해자의 고의·과실, ③ 가해자의 책임능력, ④

---

7) 그에 비하여 사견과 달리 성질의 착오 내지 동기의 착오의 경우에 취소를 인정하는 견해에서는 나머지
   의 요건도 갖추었는지 검토하여 취소가 인정되는지를 결정해야 한다. 아마도 그러한 견해에서는 대체로
   취소를 인정하게 될 것이다.
8) 그 밖에 B에 대하여는 「공인중개사법」 제30조에 의하여 — 그 요건이 갖추어진 경우에는 — 손해배상
   책임을 물을 수도 있으나, 그에 관하여는 설명을 생략한다.

가해행위의 위법성, ⑤ 손해발생(가해행위와의 인과관계 포함) 등이다.

C나 B에 대하여 이들 요건이 갖추어지면 A는 C 또는 B에 대하여 불법행위를 이유로 손해배상을 청구할 수 있는 것이다. 그런데 본 사안의 경우에 C나 B의 사기 사실이 분명치 않아 이 또한 단언할 수가 없다.

5. 임대인에게 담보책임을 물을 수 있는지 여부

⑴ 서 설

민법은 제567조에서 매매계약에 관한 규정을 그 성질이 허용하는 한 다른 유상계약에 준용하고 있다. 따라서 매매계약 규정은 임대차에도 준용된다. 그리고 준용되는 규정에는 매도인의 담보책임에 관한 것도 포함되어 있다. 그 결과 본 사안의 경우에 임대인 C가 임차인 A에 대하여 담보책임을 지는지가 문제된다. 이를 판단함에 있어서 중요한 것은 본 사안의 경우 담보책임이 인정되는 하자가 존재하는가이다.

⑵ 하자담보책임

본 사안의 경우에 하자가 문제된다면, 그것은 임대차에 준용되는 규정 중 제580조에 있어서의 하자이다.

1) 하자 개념

매도인의 하자담보책임에 있어서 무엇이 하자인가에 관하여 학설은 객관설, 주관설, 병존설로 나뉘어 있다(강의, D-168 참조). 객관설은 일반적으로 그 종류의 물건이 보통 가지고 있는 성질이 없는 경우가 하자라고 한다. 주관설은 당사자 사이에 합의된 성질이 없으면 하자가 존재하나, 당사자의 의사가 불분명한 때에는 객관설처럼 판단할 것이라고 한다. 병존설은 물건이 본래 가지고 있어야 할 객관적 성질이 없는 경우와 매매 당사자가 합의한 성질이 없는 경우가 모두 하자라고 한다.

판례는 매매의 목적물이 거래통념상 기대되는 객관적 성질·성능을 결여하거나, 당사자가 예정 또는 보증한 성질을 결여한 경우에 매도인이 하자담보책임을 진다고 하여(강의, D-168 참조) 병존설과 유사한 것처럼 보인다. 그러나 다른 한편으로 물건이 통상의 품질이나 성능을 갖추고 있는 경우에도 당사자의 다른 합의가 있으면 예외가 인정된다고 하고 있어서(강의, D-168 참조), 오히려 주관설에 가깝다고 할 것이다.

생각건대 객관설은 물건의 사용목적에 관한 당사자의 합의와 관념을 무시하는 단점이 있다. 그리고 병존설은 당사자가 합의한 성질은 있으나 객관적으로 흠이 있는 경우에도 하자를 인정하는데, 이는 옳지 않다. 그에 비하여 주관설은 적절하다.

2) 법률적 장애도 하자인지 여부

가령 토지에 건축을 할 수 없는 것과 같은 법률적인 장애도 물건의 하자인가에 관하여는 견해가 대립된다. 다수설은 물건의 하자가 아니고 권리의 하자이어서 제575조가 적용된다고 하나, 소수설은 물건의 하자이고, 따라서 제580조가 적용된다고 한다.

그리고 판례는 소수설과 같다(강의, D-169 참조).

생각건대 법률관계, 그리하여 법률적 가능성도 물건의 성질이다. 그러므로 그러한 성질이 없는 것도 물건의 하자라고 보아야 한다. 또한 제575조 제1항의 용익권에 의하여 제한된 경우는 법률적 장애가 있는 경우와는 전혀 다르다. 결국 소수설이 타당하다.

(3) 본 사안의 경우

본 사안에 있어서 A가 혼자서만 식당 영업허가가 나오는 지역이라고 생각하였다면, 하자에 관한 사견에 의하면, 하자가 존재하지 않는다고 보아야 한다. 따라서 A는 C에게 담보책임을 물을 수 없다. 그에 비하여 C와 건물의 사용목적에 대하여 논의한 경우라면 담보책임을 물을 수 있을 것이다.[9)]

본 사안의 경우는 아마도 A만이 착오에 빠진 듯하므로, A는 담보책임을 물을 수 없고, 그 결과 — 설사 성질의 착오에 취소를 인정하는 견해를 취한다고 하더라도 — 담보책임과 착오취소와의 경합의 문제는 생기지 않을 것이다.

II. 물음 2.에 대하여

1. 문제의 제기

물음 2.에서 상정한 경우에도 A는 건물이 서 있는 곳을 식당의 영업허가가 나오는 지역으로 잘못 생각하고 있었다. 즉 넓은 의미의 착오에 빠져서 계약을 체결하였다. 그런데 A의 그 착오는, 물음 1.에서 본 바와 같이, 성질의 착오라고 하는 동기의 착오이다. 한편 물음 2.의 경우에는 C도 A와 마찬가지로 건물이 있는 곳이 식당의 영업허가가 나오는 지역으로 믿고 있었다. 즉 A와 똑같이 동기의 착오에 빠져 있었다. 결국 물음 2.의 경우에는 공통의 동기의 착오가 존재한다. 여기서 이처럼 당사자 쌍방의 일치하는 동기의 착오가 존재하는 때에도 당사자의 착오 각각에 대하여 제109조가 적용되는지, 아니면 일방적인 착오와 다르게 다루어져야 하는지가 문제된다.

나아가 물음 2.의 경우 C와 A 사이에는 임대차건물이 있는 곳이 영업허가가 나오는 지역이라는 점이 명백히 언급되었다. 이러한 사정이 있는 때라면 C가 A에 대하여 임대인으로서 담보책임을 지지는 않는지도 문제된다.

그리고 만약 C의 담보책임이 인정된다면 착오취소 기타 착오에 의한 A의 권리와 A가 담보책임을 물을 수 있는 권리 사이의 관계가 문제된다.

---

9) 이것은 물음 2.에서 자세히 논하게 된다.

2. 착오를 이유로 하여 계약을 취소할 수 있는지 여부

(1) 서   설

전술한 바와 같이, 물음 2.가 상정한 경우(이하에서는 「본 사안의 경우」라고 한다)에는 A와 C가 일치하여 성질의 착오에 빠져서 임대차계약을 체결하였다. 그런데 성질의 착오는 동기의 착오이다. 그러므로 A와 C는 일치하여 동기의 착오에 빠져 있었던 것이다. 이와 같은 공통의 동기의 착오의 경우를 법적으로 어떻게 취급할 것인가가 여기의 문제이다. 즉 일반적인 착오와 똑같이 제109조가 정한 요건에 따라 취소 여부를 정할 것인지, 그렇지 않으면 일방적인 착오와 구별하여 특별히 다룰 것인지가 문제되는 것이다.

이하에서 먼저 공통의 동기의 착오에 관한 학설·판례를 살펴보고, 이어서 사견을 밝힌 뒤, 그에 따라서 본 사안의 경우를 검토하기로 한다.

(2) 여기에 관한 학설·판례 및 사견

1) 학   설

공통의 동기의 착오에 관하여 명백하게 논의하고 있는 문헌은 드물다. 착오에 관하여 기술하면서 공통의 동기의 착오에 관하여 언급하지 않는 문헌은 그것의 존재 또는 특수성을 전혀 인식하지 못하는 것일 수도 있고, 알고는 있지만 일방적인 착오와 동일하게 다루겠다는 전제에서 침묵하고 있는 것일 수도 있다. 그러나 어떤 것이든 여기서 더 이상 살펴볼 이유는 없다. 그리하여 공통의 동기의 착오에 관하여 명백하게 논의하고 있는 견해만을 살펴본다. 그에 관하여는 ⅰ) 독일의 이른바 주관적 행위기초론을 적용하여야 한다는 견해[10]와 ⅱ) 법률행위의 보충적 해석에 의하여 해결하자는 견해[11]가 대립하고 있다.

2) 판   례

판례는, 과거에는 실질적으로는 공통의 동기의 착오에 해당하는데 그것을 의식하지 못하고서 일방적 착오처럼 다루면서 취소를 인정하였으나[12] 최근에는 두 판결에서 공통의 동기의 착오 문제를 의식하고서 보충적 해석을 인정하고 있다.[13]

3) 검토 및 사견

형식적으로만 보면 공통의 동기의 착오의 경우에도 제109조가 적용된다고 할 수 있다. 그러나 공통의 동기의 착오는 일방적 착오와 본질적으로 다르다. 당사자 쌍방이 — 옳지 않

---

10) 이는 본래 저자가 처음 주장한 것인데 법조 실무자 가운데 이에 따르고 있는 분도 있다. 송덕수, "계약 당사자 쌍방의 공통하는 동기의 착오," 사회과학논집(이대 법정대) 제 9 집, 1989, 53면 이하; 이상민, "당사자 쌍방의 착오," 민사판례연구[XⅧ], 1996, 53면 이하. 그 외에 김상용, 총칙, 505면; 김증한·김학동, 총칙, 344면도 저자와 같은 견해이다.

11) 이영준, 총칙, 371면.

12) 가령 대판 1989. 7. 25, 88다카9364; 대판 1994. 6. 10, 93다24810; 대판 1998. 2. 10, 97다44737; 대판 2000. 5. 12, 2000다12259.

13) 대판 2006. 11. 23, 2005다13288([8]번 문제 제1문 참조); 대판 2023. 8. 18, 2019다200126([8]번 문제 제2문 참조).

은 — 동일한 기초 위에서 계약을 체결한 경우이기 때문이다. 그러고 보면, 제109조는 이러한 공통의 동기의 착오의 특수성을 전혀 알지 못한 규정이라고 할 수 있다. 민법에는 그러한 경우에 관한 규정이 없는 셈이다. 법률의 틈이 존재하는 것이다. 이러한 틈은 다른 이론에 의하여 보충되어야 한다. 그러한 이론으로는 여러 가지가 있을 수 있겠으나 사견으로는 독일의 주관적 행위기초론이 가장 적당할 것으로 생각된다. 우리의 일부 견해는 보충적 해석에 의하여 사견과 유사한 결과를 달성하려고 하나, 그것은 무리이다.

사견의 주관적 행위기초론을 좀더 부연하여 설명한다. 사견에 의하면 주관적 행위기초를 형성하는 사정에 관한 당사자 雙方의 공통의 착오만이 법적으로 고려된다. 여기서 주관적 행위기초라 함은 계약당사자 雙方이 계약체결에 있어서 의식적으로 이끌려진 관념 또는 기대이다. 그러한 관념이나 기대 가운데 당사자 雙方의 의사표시 모두에 대하여 결정적인 것만이 주관적 행위기초로 된다. 그리고 이러한 주관적 행위기초에 관한 착오는 법적으로 고려된다. 그런데 그때에 제109조에 의하여 취소될 수 있다고 할 것은 아니다. 그것은 법적 근거도 없고 당사자들의 사정에 적합한 해결을 가져 올 수도 없다. 법률효과는 신의칙에 입각하여 결정하여야 한다. 구체적인 효과는 다음과 같다. 공통의 동기의 착오 가운데 주관적 행위기초가 결여되거나 소실된 경우에는, 공통의 동기의 착오에 의하여 불이익하게 계약을 체결한 당사자에게는 계약으로부터 벗어날 권리, 즉 탈퇴권이 부여되어야 한다. 다만, 착오에 의하여 유익하게 된 당사자가 계약을, 당사자 雙方이 착오가 없었으면 합의하였을 내용으로, 바꾸어 말하면 사실관계에 맞게 수정된 내용으로 효력 있게 하려고 하는 경우에는, 상대방의 탈퇴권은 인정되지 않아야 한다. 탈퇴권은 원칙적으로 소급효가 있는 해제권이나, 계속적 채권관계에 있어서는 장래에 향하여서만 효력을 가지는 해지권이다.

한편 공통의 착오에 있어서 보충적 해석을 인정하고 있는 최근의 판례 중 첫째의 것은, 그 사안 자체가 공통의 착오 이론이 적용될 것이 아니어서 문제이다. 그 사안은 공통의 착오로 인하여 그러한 계약을 체결한 것이 아니고 단지 약정이 없는 경우에 지나지 않기 때문이다. 그야말로 본래의 의미의 보충적 해석이 필요한 경우인 것이다. 그리고 두 번째 판결에서는 공통의 착오에 기하여 부가가치세 부담에 관하여 적극적으로 의사표시를 하였다. 그런데도 대법원은 부가가치세 면세대상일 경우의 매입세액 반영에 관하여 구체적 약정이 없었다는 이유로 보충적 해석의 법리를 적용하였다. 이 사안에서는 적극적인 의사표시를 했으므로 약정이 없는 경우가 아니며(순수한 보충적 해석 사안이 아님), 따라서 먼저 부가가치세 부담에 관한 의사표시 자체의 유효 여부를 판단했어야 한다.

⑶ 본 사안의 경우

본 사안에 있어서 A와 C는 똑같이 임대차의 목적 건물의 소재지가 식당 영업허가가 나오는 지역이라고 잘못 생각하고 있었다. 그리고 명백히 그것을 기초로 하여 임대차계약을 체결하였다. 그러고 보면 본 사안의 경우 임대차 건물 소재지가 식당 영업허가가 나오는 지역이라는 관념은 당사자 쌍방이 계약체결에 있어서 의식적으로 이끌려진 것이고, 또한 당사자 쌍방의 의사표시 모두에 대하여 결정적인 것이라고 할 수 있다. 즉 그러한 관념은 주관적 행위기초이다.

그런데 본 사안에 있어서 그 곳은 식당의 영업허가가 나올 수 없는 지역이었다. 따라서 그 경우는 주관적 행위기초가 처음부터 결여된 때에 해당한다. 그 결과 본 사안의 경우에 식당 영업허가가 나오지 않는 지역이기 때문에 불리한 임차인 A는 임대차계약으로부터 벗어날 권리, 즉 탈퇴권을 가진다고 할 것이다. 탈퇴권은 임대차가 시작되기 전에는 해제권이나, 임대차가 시작된 상태라면 해지권이다. 한편 본 사안의 경우 계약내용의 수정은 의미가 없다.

3. 임대인에게 담보책임을 물을 수 있는지 여부

물음 1.에 관하여 본 바와 같이(I . 5.), 매도인의 담보책임에 관한 규정은 임대차의 경우에도 준용된다. 그 결과 본 사안의 경우에 만약 건물이 서 있는 곳이 식당 영업허가가 나오지 않는다는 지역이라는 것이 물건의 하자라고 해석되면, 임대인 C는 임대차에 준용되는 제580조에 의하여 담보책임을 지게 된다. 여기서 식당 영업허가가 나오지 않는다는 것이 물건의 하자인지 문제된다.

전술한 바와 같이, 물건의 하자는 — 당사자가 사용목적을 정하고 있는 한 — 목적물에 당사자에 의하여 전제된 성질이 없으면 인정된다. 본 사안에 있어서는 당사자인 A와 C가 A가 임차건물에서 식당영업을 하려고 하는 사실에 대하여 논의한 것으로 보인다. 그리고 C가 그 곳이 영업허가가 나오는 지역임을 명백히 언급하였다. 다른 한편으로 법적 관계도 물건의 성질에 해당한다고 보아야 한다. 그리고 보면 본 사안에 있어서는 임대인인 C가 영업허가가 나오는 지역이라는 물건의 성질을 보증한 셈이다. 그런데 실제로는 식당 영업허가가 나오지 않는 지역이었다. 따라서 본 사안의 경우는, 사견인 주관설에 의할 때, 하자가 존재한다. 그 결과 임차인 A는 제567조에 의하여 임대차에 준용되는 제580조에 의하여 임대인 C에 대하여 담보책임을 물을 수 있다. 구체적으로는 계약을 해제하면서 손해가 있으면 동시에 손해배상도 청구할 수 있다.

임차인 A의 담보책임을 물을 수 있는 권리는 역시 임대차에 준용되는 제582조에 의하여 그 사실을 안 날로부터 6개월 내에 행사하여야 한다.

4. 착오취소 또는 행위기초론의 결과와 담보책임의 경합

⑴ 서   설

본 사안의 경우 사견에 의하면 A는 공통의 동기의 착오를 이유로 임대차계약을 해제할 수 있다. 그런가 하면 A는 C에게 담보책임을 물어 계약을 해제하고 동시에 손해배상을 청구할 수 있다. 이처럼 식당 영업허가가 나오지 않는다는 한 가지 사실이 동시에 탈퇴권(해제권)을 생기게 하고 담보책임도 발생시키는 경우에 A는 두 제도에 기한 권리를 선택적으로 행사할 수 있는가가 문제된다.

여기에 관한 학설·판례를 살펴보고 나서 본 사안의 경우에 대하여 검토하기로 한다.

(2) 학설·판례 및 사견

우리 문헌 가운데 행위기초론의 결과와 담보책임 사이의 경합에 관하여 논의하고 있는 것은 없다. 학설은 단지 착오취소와 담보책임의 경합에 관하여만 다루고 있다. 그리고 학설은 둘로 나뉘어 있다. 압도적인 다수설은 매도인의 담보책임이 성립하는 범위에서 제109조의 적용을 배제한다. 그에 비하여 소수설은 어느 쪽이든 주장할 수 있다고 하되, 착오를 주장하는 경우에도 담보책임의 경우와 마찬가지로 6월 내지 1년의 기간제한에 걸리게 하는 것이 타당하다고 한다. 그리고 판례는 매매계약 내용의 중요부분에 착오가 있는 경우 매수인은 매도인의 하자담보책임이 성립하는지와 상관없이 착오를 이유로 그 매매계약을 취소할 수 있다고 한다.[14]

생각건대 담보책임과 착오가 경합하는 경우 경합하는 담보책임은 물건의 하자에 대한 것 외에 권리의 하자에 대한 것도 포함되며, 착오는 언제나 동기의 착오이다. 그러므로 동기의 착오에 취소를 인정하는 범위에서만 경합이 문제될 수 있다. 그런데 사견과 달리, 동기의 착오에 ― 그 전부 또는 일부에 대하여 ― 취소를 인정하는 경우에는 통설처럼 담보책임만 물을 수 있다고 함이 옳다. 사견은 동기의 착오에 취소를 인정하지 않으므로 경합의 문제는 원칙적으로 생기지 않는다. 다만, 신의칙에 의하여 동기의 착오를 고려하거나 공통의 동기의 착오의 경우에 탈퇴권이 인정되는 때에는 담보책임만 물을 수 있다고 하여야 한다. 신의칙에 의한 착오자의 구제는 민법에 구체적인 규정이 없는 경우에 보충적으로만 행하여야 하기 때문이다.

(3) 본 사안의 경우

앞에서 살펴본 것처럼 본 사안에 있어서는 A는 한편으로는 주관적 행위기초론의 적용에 의하여 임대차계약을 해제할 수도 있고, 다른 한편으로는 제580조의 준용에 의하여 해제 및 손해배상을 청구할 수도 있다. 그러나 이와 같이 담보책임과 착오를 이유로 한 구제의 양자가 경합하는 경우에는 담보책임만 물을 수 있다고 하여야 한다. 그 결과 본 사안의 경우 A는 제580조의 준용에 의하여 임대차계약을 해제하고 동시에 손해배상을 청구할 수는 있다. 그러나 주관적 행위기초론을 적용한 결과인 해제권(탈퇴권)을 행사하지는 못한다. 그리고 담보책임을 묻는 한, 그 권리의 행사기간의 제한(582조의 준용)도 그대로 적용됨은 물론이다.

---

14) 대판 2018. 9. 13, 2015다78703.

[7] 대법원이 공통의 동기의 착오로 다룬 사례 둘

[제1문]

A는 대한민국과 국유지인 X토지 지상에 건물을 신축하여 국방부에 기부채납하는 대신 그 대가로 X토지 및 그 지상건물에 대한 사용·수익권을 받기로 하는 계약을 체결하였다. 그 후 A는 그 계약에 따라 X토지 위에 Y건물을 신축하여 2002. 5. 9. Y건물에 대한 소유권을 대한민국(소관: 국방부) 앞으로 이전하고, 같은 달 27. 국군 OO부대장으로부터 X토지 및 Y건물의 사용·수익허가(사용료 면제) 승인 통보를 받았다. A의 X토지·Y건물 사용·수익허가의 조건은 X토지·Y건물의 연 사용료(187,386,000원)가 Y건물의 재산가액(감정평가액: 802,559,990원)에 달하기까지의 기간인 2002. 5. 1.부터 2006. 8. 12.까지 4년 3개월 12일 동안 A에게 X토지·Y건물에 대한 사용료를 면제한다는 것이다. A와 대한민국 담당자는 Y건물의 기부채납과 기부채납에 따른 사용료 면제의 승인과정에서 Y건물을 대한민국에게 기부채납하고 사용료를 면제받는 것이 부가가치세 부과대상인지 여부에 대하여 전혀 알지 못하고 있었고, 따라서 A·대한민국 사이에 부가가치세를 고려하지 않은 채 A의 X토지·Y건물에 대한 사용료 면제기간이 계산되었다. 그런데 X토지·Y건물의 소재지 관할세무서는 A·대한민국 사이의 기부채납과 사용료 면제를 전체적으로 볼 때 경제적 대가관계가 있는 유상 기부행위에 해당한다고 보고, A에게 부가가치세 80,255,990원을 납부하라는 과세처분을 하였고, A는 이를 납부하였다. 그 뒤(2003. 2.)에 A는 자신이 납부한 부가가치세는 대한민국이 납부할 것이었다고 하면서 그 금액의 반환을 청구하였다.[1)]

대한민국(국가라고 함)은 A가 납부한 금액을 A에게 지급하여야 하는가?

[제2문]

갑 지방자치단체는 관할구역 내에서 배출되는 생활폐기물을 처리하기 위하여 입찰절차를 거쳐 폐기물 중간처리업자인 을 회사와 생활폐기물 위탁처리 용역계약을 체결하였고, 그 계약에 따라 을에게 용역대금과 부가가치세를 지급하였다. 그런데 갑은 내부감사 과정에서 위 용역의 공급이 부가가치세 면세대상임을 알게 되었고, 국세청에 질의하여 그 용역의 공급이 면세대상이라는 회신을 받았다. 이에 갑은 을에게 갑이 지급한 부가가치세 상당액의 반환을 요구하였다. 그러자 을은 과세관청에 부가가치세 경정청구를 하여 환급받은 부가가치세 환급액을 갑에게 반환하였다. 그런데 이 환급액은 갑이 지급한 용역대금에 대한 부가가치세

---

1) 이는 대판 2006. 11. 23, 2005다13288의 사안이다.

매출세액에서 위 용역의 공급과 관련된 을의 매입세액이 공제된 금액 상당이었다.[2]

　이 경우에 갑은 을에게 부가가치세 매입세액 상당액의 반환을 청구할 수 있는가?

Ⅰ. [제1문]에 대하여

1. 논점의 정리

(1) 본 문제 사안이 우선 공통의 착오의 문제로 다루어져야 하는지 문제된다.

(2) 그렇지 않다면 그 사안을 계약의 보충적 해석으로 해결해야 하는지 문제된다.

2. 본 사안이 공통의 동기의 착오로 다루어져야 하는지 여부

(1) 서　　설

본 문제 사안에서 A와 국가 담당자는 건물의 기부채납과 사용료 면제가 부가가치세 부과대상인지를 전혀 알지 못하여 그것을 고려하지 않은 채 계약을 체결하였다. 이러한 경우가 공통의 동기의 착오에 해당하는지, 그리하여 거기에 공통의 동기의 착오 이론이 적용되어야 하는지 문제된다.

(2) 학설·판례

그 문제에 관한 학설로는, 그 경우는 공통의 동기의 착오로 인하여 계약을 체결한 것이 아니고 단지 약정이 없는 경우에 지나지 않기 때문에, 공통의 동기의 착오 이론을 적용하지 않아야 한다는 견해가 주장될 뿐이다.[3]

판례는, 본 문제의 사안과 관련하여 일반이론으로「계약당사자 쌍방이 계약의 전제나 기초가 되는 사항에 관하여 같은 내용으로 착오를 하고 이로 인하여 그에 관한 구체적 약정을 하지 아니하였다면, 당사자가 그러한 착오가 없을 때에 약정하였을 것으로 보이는 내용으로 당사자의 의사를 보충하여 계약을 해석할 수도 있」다고 한다.[4] 그리고 그 사안의 경우에 계약의 전제가 되는 사항에 관하여 같은 내용의 착오에 빠져 있다고 하였다. 그런데 그 경우에 A가 부가가치세를 부담하는 것으로 약정하였으리라고 단정하는 것은 잘못이라고 하였다.

(3) 검토 및 사견

착오가 인정되려면 표의자가 어떤 사정에 관하여(동기의 착오의 경우) 또는 표시내용에 관하여(법률행위 내용의 착오의 경우) 적극적으로 어떤 관념을 가지고 있었어야 한다. 그리고 그에 기초하여 의사표시가 행해졌어야 한다. 그에 비하여 표의자가 아무런 관념도 가지고

---

2) 이는 대판 2023. 8. 18, 2019다200126의 사안이다.
3) 송덕수, 총칙, [168]이 그렇다.
4) 대판 2006. 11. 23, 2005다13288.

있지 않았으면 착오가 존재할 여지가 없으며, 그러한 상태에서의 표의자의 의사표시는 결코 착오에 의한 의사표시일 수가 없다.

본 사안에서 A와 국가는 부가가치세 부과에 관하여 적극적인 관념(또는 인식)을 전혀 갖지 않았고, 그리하여 계약내용에도 고려된 바가 없다. 그 결과 본 사안에서는 착오의 존재가 인정될 수 없으며, 그 계약은 착오에 의한 것이 아니다. 결국 본 사안을 공통의 동기의 착오 문제로 해결하는 것은 옳지 않다.

3. 본 사안을 계약의 보충적 해석으로 해결해야 하는지

(1) 보충적 해석의 필요성

본 사안은 부가가치세가 부과되어야 하는 경우이다. 따라서 A와 국가가 합의에 의하여 부가가치세 부담에 관하여 규율했어야 했다. 그런데 A와 국가가 그것을 빠뜨렸다. 그 결과 계약에서 규율의 틈이 존재하게 되었다. 계약에서의 그 틈은 계약의 해석, 즉 보충적 해석에 의하여 채워져야 한다.

(2) 보충적 해석의 방법

1) 학   설

민법 제106조의 규정상 법률행위 규율의 틈은 제1차적으로 관습에 의하여 보충되고, 관습이 없는 경우에는 임의규정에 의하며, 임의규정도 없거나 임의규정에 의하여 보충될 수 없을 때에는 마지막으로 제반사정 하에서 신의칙에 의해서 보충을 하게 된다.

이 마지막 경우가 고유한 의미의 보충적 해석이다. 그런데 이때의 해석표준에 대하여는 i) 양 당사자의 가정적 의사를 탐구해야 한다는 견해와 ii) 법률행위(계약)에서의 규율 기타의 사정 하에서 신의성실에 의하여 판단할 때 가장 적당한 결과가 탐구되어야 한다는 견해가 주장되고 있다.

2) 판   례

우리 판례는, 계약당사자 쌍방이 공통의 동기의 착오를 하고 그로 인하여 구체적 약정을 하지 않았다면, 당사자가 그러한 착오가 없을 때 약정할 것으로 보이는 내용으로 당사자의 의사를 보충하여 계약을 해석할 수 있다고 한다. 그리고 여기서 보충되는 당사자의 의사란 당사자의 실제 의사 내지 주관적 의사가 아니라 계약의 목적, 거래관행, 적용법규, 신의칙 등에 비추어 객관적으로 추인되는 정당한 이익조정 의사를 말한다고 한다.[5] 이러한 판례는 결국 공통의 동기의 착오에 기하여 구체적 약정을 하지 않은 경우에 보충적 해석을 하고 있다.

3) 검토 및 사견

전술한 바와 같이, 본 사안은 공통의 동기의 착오로 다룰 경우가 아니고, 법률행위의

---

5) 대판 2006. 11. 23, 2005다13288.

보충적 해석으로 해결해야 하는 경우이다. 그리고 보충적 해석의 i)설에서 말하는 가정적 의사는 의제된 것에 불과하며, 따라서 그에 의하면 법률행위의 범위 내에 있어야 한다는 해석의 한계를 넘게 된다. 그리고 그에 대한 법적 근거도 없다. 그에 비하여 ii)설은 틈의 보충을 법률행위의 규율에서 출발하는 견해로서 적절하다. 한편 판례는 본 사안이 공통의 동기의 착오가 아닌데도 그 문제로 파악한 점에서 옳지 않다. 그렇지만 그 경우를 보충적 해석으로 해결하려는 점에서는 타당하다. 다만, 구체적인 해석방법은 바람직하지 않다.

4. 본 문제의 해결

본 사안에서는 부가가치세 부담에 관하여 당사자가 약정을 하지 않았다. 그 틈은 보충적 해석으로 채워야 한다.

부가가치세법(15조)은 사업자가 재화 또는 용역을 공급하는 때에는 부가가치세를 공급받는 자로부터 징수해야 한다고 규정한다. 그런데 실제 사회에서 많은 경우에는 재화 등의 공급자가 명시적으로 공급받는 자로부터 부가가치세액을 징수하여 국가에 납부한다. 그러나 그렇게 하지 않는 때도 적지 않다. 즉 관행이 확립되어 있지 않다. 따라서 부가가치세에 관하여 특별히 약정하지 않았다고 하여 공급받는 자가 당연히 부가가치세를 부담한다고 새길 것은 아니다. 그리고 기부채납 재산의 사용·수익허가와 관련하여 본 사안에 적용될 국유재산법 및 그 시행령 규정의 해석상 기부채납 재산의 가액은 공급가액을 말하므로 부가가치세액이 포함되지 않은 금액이어야 하고, 이 점에서 보면 국가는 그와 다르게 약정할 여지가 없다.[6]

결국 제반사정 하에서 신의성실에 따라 판단할 때 부가가치세는 A가 부담해야 한다. 그 결과 A는 국가에 대하여 부가가치세에 해당하는 금액의 반환을 청구하지 못한다.

II. [제2문]에 대하여

1. 논점의 정리

(1) 본 문제의 사안이 공통의 동기의 착오에 해당하는지 문제된다.

(2) 만약 본 사안이 공통의 동기의 착오에 해당한다면 그 경우가 어떤 이론에 의하여 어떻게 해결되어야 하는지 문제된다.

2. 본 문제의 사안이 공통의 동기의 착오에 해당하는지

본 문제 사안에서 갑과 을은 용역계약을 체결하면서 해당 용역의 공급이 부가가치세 부과대상이 아니라는 것을 몰랐다. 그리고 그에 기초하여 용역 공급에 대한 부가가치세를

---

6) 이러한 국유재산법 및 그 시행령은 개정이 필요하다고 생각된다.

갑이 부담하는 것으로 약정하였다. 즉 갑과 을은 부가가치세 부과에 관하여 관념(그 세금이 부과될 것이라는 관념)을 가졌고, 그 부가가치세를 갑이 부담한다고 약정하였다. 그런데 부가가치세 부과에 관한 관념이 실제와 달랐고, 더욱이 당사자 쌍방이 똑같이 잘못 생각했으며, 그 잘못된 관념에 기초하여 약정을 한 것이다. 이는 분명히 당사자 쌍방의 공통하는 동기의 착오에 해당한다.[7]

3. 공통의 동기의 착오에 관한 학설 · 판례 및 사견

(1) 서   설

앞에서 본 바와 같이, 본 사안은 공통의 동기의 착오에 해당한다. 따라서 본 문제를 해결하려면 그에 관한 이론을 살펴보아야 한다.

(2) 학설 · 판례

공통의 동기의 착오에 관한 학설은 크게 i) 법률행위의 보충적 해석에 의하여 해결해야 한다는 견해와 ii) 주관적 행위기초론으로 해결해야 한다는 견해로 나뉜다. i)설은 실제와 다른 상황을 전제로 하지 않았더라면 의욕하였을 가정적 의사를 확정할 것이라고 한다. 그에 비하여 ii)설은, 주관적 행위기초는 계약당사자 쌍방이 계약체결에 있어서 의식적으로 이끌려진 공통하는 관념 또는 기대인데, 이러한 주관적 행위기초가 처음부터 결여되었거나 후에 소실된 경우에는 공통의 동기의 착오에 의하여 불이익하게 계약을 체결한 당사자는 계약으로부터 벗어날 권리(탈퇴권)를 가진다고 한다. 다만, 착오에 의하여 유익하게 된 당사자가 계약을, 당사자 쌍방이 착오가 없었으면 합의하였을 내용으로 효력있게 하는 경우에는, 상대방의 탈퇴권은 인정되지 않는다고 한다. 그리고 탈퇴권은 원칙적으로 소급효가 있는 해제권이나, 계속적 채권관계에서는 해지권이라고 한다.

판례는, 「계약당사자 쌍방이 계약의 전제나 기초가 되는 사항에 관하여 같은 내용으로 착오가 있고 이로 인하여 그에 관한 구체적 약정을 하지 아니하였다면, 당사자가 그러한 착오가 없을 때에 약정하였을 것으로 보이는 내용으로 당사자의 의사를 보충하여 계약을 해석할 수 있다. 여기서 보충되는 당사자의 의사는 당사자의 실제 의사 또는 주관적 의사가 아니라 계약의 목적, 거래관행, 적용법규, 신의칙 등에 비추어 객관적으로 추인되는 정당한 이익조정 의사를 말한다.」고 한다.[8] 그러면서 이 법리를 본 사안의 경우에 적용하였다.

(3) 검토 및 사견

먼저 판례에 대하여 본다. 우리 대법원은 기부채납의 당사자 쌍방이 기부채납과 사용료 면제가 부가가치세 부과대상에 해당함에도 불구하고 그것을 전혀 의식하지 못하여 그에 관

---

7) 이 점에서 부가가치세 부담에 관하여 당사자가 아무런 관념을 가지지도 않았고, 그리하여 그에 기하여 어떤 약정도 하지 않은 [제1문]의 경우와 다르다.

8) 대판 2023. 8. 18, 2019다200126. 이는 대판 2006. 11. 23, 2005다13288에서 판시한 것 그대로이다.

하여 아무런 약정도 하지 않은 경우를 공통의 동기의 착오라고 하면서 전술한 법리를 적용하였다. 그런데 그 후 본 사안과 같은 경우, 즉 부가가치세 부과에 관하여 관념을 가졌고, 그에 기하여 특별한 약정을 한 경우에 대하여 똑같은 법리를 적용하였다. 두 경우가 전혀 다른데도 같은 법리를 적용한 것이다. 나중의 판결에서는 그 법리를 적용하기 위하여 을이 「공제받지 못하는 매입세액을 용역대금에 어떻게 반영할 것인지에 대하여 구체적 약정을 하지 않았다.」고 적고 있기는 하다. 그 사안에서는 부가가치세 전부의 부담에 관하여 판단하는 것이 주된 것이고, 매입세액의 공제는 그 일부에 해당하는 것일 뿐이다. 그런데 정작 중요한 전자에 대하여는 판단을 하지 않고 후자에 대하여만 판단한 것이다. 결국 해당 법리는 「구체적 약정을 하지 않은 경우」에 관한 것인 만큼 구체적 약정을 한 그 사안에 해당 법리를 적용하려면 다른 설명이 추가되지 않으면 안 된다.

학설 중 i)설은 보충적 해석에 의한 결과가 자신에게 불리한 당사자가 계약으로부터 전혀 벗어날 수 없다는 문제점이 있다. 뒤의 자는 계약으로부터 벗어날 수 있어야 하며, 그러려면 ii)설을 따라야 한다. 그리고 i)설 가운데 일부는 공통의 동기의 착오의 경우에 민법 제109조를 적용하여 취소도 인정하려고 하나, 그 견해는 근거도 없고 또 매우 부자연스럽다. 결국 ii)설을 취함이 옳다.

4. 본 사안의 해결

분 문제 사안에서 갑과 을은 공통의 동기의 착오에 빠져 용역 공급에 관한 부가가치세를 갑이 부담하기로 약정하였다. 이러한 경우는 주관적 행위기초론에 따라 갑이 계약을 해제할 수 있다고 하여야 한다. 그런데 을이 받은 부가가치세 중 매입세액을 제외한 금액을 반환하겠다고 하면 갑은 해제할 수 없다고 해야 한다.

본 사안에서 갑이 부가가치세의 반환을 청구한 것은 ─ 주관적 행위기초론의 시각에서 보면 ─ 계약을 해제하고 그 뒤처리를 위한 것으로 이해된다. 그에 대하여 을이 전체 부가가치세액 중에서 매입세액을 공제한 금액을 반환한 것은 을의 입장에서, 계약당사자 쌍방이 착오가 없었으면 합의했을 내용으로, 즉 사실관계에 맞게 수정된 내용으로 효력있게 하려는 것으로 이해된다.[9] 따라서 분 문제의 경우에 갑은 을에게 부가가치세 매입세액 상당액의 반환을 청구하지 못한다고 해야 한다.

《판례의 해결》
대판 2023. 8. 18, 2019다200126은 본 문제의 사안과 같은 경우에, 공통의 착오에 기하여 부가가치세 부담에 관하여 적극적으로 의사표시를 하였는데도, 부가가치세 면세대상일 경우의 매입세액 반영에 관하여 구체적 약정이 없었다는 이유로 보충적 해석의 법리를 적용하였다. 그러면

---

9) 아래 <판례의 해결>에서 기술한 사정을 참조.

서 ① 일반적인 과세사업의 경우 사업자는 부가가치세를 매출세액에서 매입세액을 공제한 차액만 국가에 납부하여 실질적으로 매입세액을 부담하지 않는데, 면세사업의 경우 매입세액을 부담하게 되어 원가가 증가된다는 점, ② 해당 용역계약에 적용되는 구 「지방자치단체를 당사자로 하는 법률」의 시행규칙에는 부가가치세가 면제되는 공급자와 계약을 체결할 때에는 해당 계약대상자가 부담할 부가가치세 매입세액 해당액을 예정가액에 합산한다고 규정하고 있는 점(11조 3항), ③ 갑이 전자입찰공고를 하면서 해당 용역이 부가가치세 과세대상임을 전제로 용역 예정금액의 추정가격과 부가가치세를 별도로 명시하였으므로, 을은 매입세액을 공제받을 수 있다는 계산 하에 입찰에 참가하였고, 갑과 그 용역계약을 체결한 것으로 보인다는 점을 들어, 갑과 을이 용역계약 체결 당시 해당 용역의 공급이 부가가치세 면세대상이라는 사정을 알았다면 갑이 을에게 부가가치세를 제외하고 기존 용역대금에 상당한 금액만을 지급하기로 약정하였을 것으로 보기 어렵다고 하였다.

검토해 보건대, 이 사안에서는 적극적인 의사표시를 하였으므로 약정이 없는 경우가 아니며 (순수한 보충적 해석 사안이 아님), 따라서 먼저 부가가치세 부담에 관한 의사표시 자체의 유효 여부를 판단했어야 한다. 그러면서 그 안에서 매입세액을 공제받을 수 있는지 결정했어야 한다. 그렇지만 매입세액에 대한 부가가치세를 갑에게 부담하게 한 판례의 최종결론은 타당하다.

[8] 사기를 이유로 한 법률행위의 취소

문 제

갑은 부동산 소개업자인 A에게 을의 X토지를 싸게 살 수 있도록 해 주면 그에 대하여 보답하겠다고 하였다. 그러자 A는 을에게 가서 X토지는 도로로 예정되어 있는 곳이라고 하면서 X토지를 갑에게 싸게 팔도록 종용하였다. A의 말을 사실로 믿은 을은 X토지를 갑에게 시가(時價)의 반에도 미치지 않는 금액으로 매각하고서 소유권이전등기를 해 주었다. 그 후 을은 X토지와 그 주변지역이 상업지구로 예정되어 있음을 알았고, 그리하여 갑에게 매매계약을 취소한다고 하였다. 그런데 갑은 X토지가 자신의 이름으로 등기가 되어 있음을 이용하여 그 토지를 병에게 팔고 등기이전도 완료하였다.

이 경우에 을은 병에게 소유권이전등기의 말소를 청구할 수 있는가?

I. 문제의 제기

본 사안은 을이 갑의 부탁을 받은 중개인 A의 말에 속아 자신의 X토지를 갑에게 헐값으로 팔았고, 그 뒤 그 사실을 안 을이 매매계약을 취소하였는데, 갑은 그 토지가 자기 이름으로 등기되어 있음을 기화로 병에게 팔고 등기를 넘겨 준 경우이다. 본 문제는 이러한 경우에 을이 현재의 등기명의인인 병에게 소유권이전등기의 말소를 청구할 수 있는지를 묻고 있다.

여기에서는 우선 을의 매매계약 취소가 정당한지 문제된다. 을의 취소가 인정된다면 그것은 사기를 이유로 한 취소일 것이다.[1] 따라서 본 사안의 경우 사기에 의한 의사표시의 요건이 갖추어졌는지를 살펴보아야 한다. 나아가 그러한 요건이 갖추어진 경우 매매계약의 상대방이 아닌 A가 속인 때에도 을이 계약을 취소할 수 있는지 주의깊게 논의하여야 한다. 이는 본 사안이 상대방 있는 의사표시에 있어서 제3자가 기망행위를 한 경우에 해당하는지의 문제이다.

다음에 취소가 정당할 경우에는 병의 소유권 취득이 유효한지를 검토하여야 한다. 그럼에 있어서는 병이 보호되는지, 보호된다면 어떤 요건이 갖추어진 경우에 어떤 근거로 보호되는지를 논술하여야 한다. 즉 물권행위의 무인성 인정 여부에 따라 달라지는지, 만약 그렇

---

1) 본 사안의 경우 을의 착오를 이유로 한 취소도 문제될 수 있으나, 그 가능성이 희박할 뿐더러(자세한 점에 관하여는 후술하는 「강박을 이유로 한 법률행위의 취소」 사례에 있어서의 착오 관련 부분을 참조) 초점을 사기취소에 집중시키기 위하여 착오취소는 검토를 생략하기로 한다.

다면 구체적으로 어떤 결과로 되는지, 그에 반하여 무인성 인정 여부와 관계가 없다면 어떤 근거로 보호되는지가 문제이다.

　　그 뒤에는 전술한 논점에 대한 결과에 따라 결론적으로 본 사안에서 병에 대한 등기말 소청구가 가능한지를 판단하여야 한다.

Ⅱ. 사기를 이유로 한 법률행위의 취소요건의 구비 여부

1. 서　　설

　　본 사안에 있어서 X토지의 소유자인 을은 부동산 소개업자인 A에게 속아서 자신의 그 토지를 갑에게 헐값으로 팔았다. 이러한 경우에 을이 갑과의 사이에 체결한 매매계약을 취 소할 수 있는지 문제된다. 을이 계약을 취소할 수 있으려면 사기취소의 요건이 갖추어져야 한다. 뿐만 아니라 본 사안에서는 상대방인 갑이 속인 것이 아니므로 제3자의 사기가 문제 되지 않는지도 살펴보아야 한다.

2. 사기에 의한 의사표시의 요건

　　사기에 의한 의사표시는 표의자가 타인(상대방 또는 제3자)의 고의적인 기망행위로 인하 여 착오에 빠져서 한 의사표시이다. 사기에 의한 의사표시의 요건은 다음과 같다.

　　첫째로, 의사표시가 존재하여야 한다.

　　둘째로, 사기자, 즉 기망행위자에게 고의가 있어야 한다. 그런데 여기의 고의의 의미에 관하여는 견해가 나뉘어 있다. 통설은 2단의 고의, 즉 표의자를 기망하여 착오에 빠지게 하 려는 고의와 다시 그 착오에 기하여 표의자로 하여금 의사표시를 하게 하려는 고의가 필요 하다고 한다. 그에 비하여 소수설은 3단계의 고의, 즉 기망행위, 착오야기, 이에 기한 의사 표시에 관하여 고의가 있어야 한다고 한다. 생각건대 소수설이 말하는 기망행위의 고의는 통설에서의 제1단계의 고의에 포함된다. 그리고 보면 두 견해는 실질적으로 차이가 없다. 그러므로 어느 견해를 취하여도 무방할 것이나, 복잡한 설명을 피하기 위하여 다수설을 따 르기로 한다.

　　셋째로, 사기자의 기망행위가 있어야 한다. 여기서 기망행위라 함은 표의자에게 그릇된 관념을 가지게 하거나 이를 강화 또는 유지하려는 모든 용태를 말한다. 기망행위는 적극적 으로 허위의 사실의 주장 또는 날조일 수도 있고, 소극적으로 진실한 사실을 은폐하는 것일 수도 있다.

　　넷째로, 기망행위가 위법하여야 한다. 위법성의 유무는 개별적인 경우의 사정 위에서 신의칙 및 거래관념에 의하여 판단하여야 할 것이다.

　　다섯째로, 기망행위와 의사표시 사이에 인과관계가 있어야 한다. 즉 표의자가 기망행위로 인하여 의사표시를 하였어야 한다. 따라서 표의자가 기망행위에 의하여 착오에 빠졌어야 하고, 또 이 착오에 기하여 의사표시를 하였어야 한다. 여기의 인과관계는 주관적인 것으로 충분하다.

3. 사기에 의한 의사표시의 효과

사기에 의한 의사표시는 취소할 수 있다. 다만, 상대방 있는 의사표시에 관하여 제 3 자가 사기를 행한 경우에 관하여는 취소를 제한하고 있다(110조 2항). 그 결과 의사표시가 상대방 있는 것인가 상대방 없는 것인가에 따라 취소할 수 있는 경우가 같지 않게 된다.[2]

상대방 없는 의사표시에 대하여는 제110조 제 2 항의 제한이 적용되지 않는다. 따라서 상대방 없는 의사표시는 누가 사기를 행하였는가를 불문하고 취소할 수 있다.

상대방 있는 의사표시가 사기에 의하여 행하여진 경우 가운데에는 그 사기를 의사표시의 상대방이 행한 때도 있고 제 3 자가 행한 때도 있다. 그중 후자에 대하여는 제110조 제 2 항이 두어져 있다. 이처럼 제110조 제 2 항은 전술한 뒤의 경우에만 적용되므로, 상대방 있는 의사표시가 상대방의 사기에 의하여 행하여진 경우에는 적용되지 않고, 그 결과 그때에는 — 취소의 요건이 구비되어 있는 한 — 언제든지 취소할 수 있다. 그에 비하여 상대방 있는 의사표시가 제 3 자의 사기에 의하여 행하여진 경우에는 상대방이 그 사실을 알았거나 알 수 있었을 경우에 한하여 취소할 수 있다(110조 2항). 여기서 문제는 어떤 범위의 자가 제 3 자로 되는가이다.

제110조 제 2 항의 제 3 자는 상대방 이외의 모든 자인가? 여기에 관하여는 상대방의 대리인은 제 3 자가 아니라고만 하거나[3] 또는 그것과 함께 제 3 자가 표의자보다는 상대방과 밀접한 관계에 있어서 제 3 자의 행위에 대하여 책임지도록 하는 것이 형평에 부합되는 경우에는 상대방의 사기·강박에 준하여 표의자가 그 의사표시를 취소할 수 있다고 하는 견해[4]가 나타나 있다. 생각건대 여기의 제 3 자는 행위에 가담하지 않은 자, 즉 그의 행위에 대하여 상대방에게 책임을 지울 수 없는 자만을 의미한다고 엄격하게 새겨야 한다. 그래야만 형평 및 당사자의 이익상태에 부합하고 또 제391조에 나타난 법사상과도 일치하기 때문이다. 만약 제 3 자를 제한하지 않으면 상대방은 보조자를 이용하여 이득을 취할 수 있게 될 것이다. 문제는 어떤 요건이 갖추어진 경우에 다른 자의 기망행위(또는 강박행위)를 상대방에게 책임지울 수 있다고 할 것인가이다. 이는 모든 사정을 종합적으로 평가하여 판단하여야

---

2) 우리 문헌들은 먼저 상대방의 사기·강박의 경우와 제 3 자의 사기·강박으로 나눈 뒤, 후자를 다시 상대방 없는 의사표시의 경우와 상대방 있는 의사표시의 경우로 세분한다. 그러나 상대방 없는 의사표시는 「상대방」이 없기 때문에 상대방과 제 3 자를 나눌 수도 없다. 따라서 본문처럼 설명하여야 한다.

3) 김용한, 총칙, 305면; 황적인, 총칙, 206면. 김증한·김학동, 총칙, 368면은 대리인, 제 3 자를 위한 계약에서의 제 3 자는 여기의 제 3 자가 아니라고 한다.

4) 김주수, 총칙, 386면; 이영준, 총칙, 462면. 백태승, 총칙, 441면도 유사하다.

하겠으나, 일단은 구체적인 경우에 있어서 기망행위(또는 강박행위)를 행한 자와 상대방 사이의 관계가 상대방이 그들의 기망행위(또는 강박행위)에 대하여 자신의 것에 대하여처럼 책임을 져야 할 정도로 밀접한 경우에 그렇다고 할 수 있을 것이다. 예컨대 대리인, 상의 보조자, 상의 수행자는 제 3 자가 아니다. 중개인도 당사자 일방만을 위하여 활동하는 경우에는 그 당사자에 대하여는 제 3 자가 아니다. 물론 그 경우에 다른 당사자에 대하여는 제 3 자이다. 그가 당사자 쌍방을 위하여 활동하는 때에도 제 3 자이다. 한편 담보제공자에 대하여 사기를 행한 채무자는 제 3 자에 해당한다. 왜냐하면 채무자는 자신의 이익을 추구하고 있을 뿐 결코 담보를 제공받는 채권자측에 서 있는 것이 아니기 때문이다.

사기(또는 강박)를 행한 자가 제 3 자로 파악되지 않는 경우에는, 의사표시의 상대방이 그에 관하여 선의·무과실일지라도 표의자는 제110조 제 1 항에 의하여 취소할 수 있다.

4. 본 사안의 경우

(1) 먼저 본 사안에 있어서 을의 의사표시가 사기에 의한 의사표시인지 보기로 한다.

본 사안에서 을은 갑에게 매도의 의사표시를 하였다. 그리고 본 사안의 경우 사기자인 A의 고의가 인정된다. A가 을에게 가서 X토지는 도로 예정지라고 하면서 그것을 갑에게 팔도록 종용한 것으로 볼 때, A에게는 을을 속여 착오에 빠지게 하려는 고의도 있었고, 또 그 착오에 기하여 을로 하여금 의사표시를 하게 하려는 고의도 있었다고 할 것이다. 나아가 사기자인 A의 기망행위도 있었다. 즉 A가 을에게 가서 적극적으로 X토지가 도로 예정지라고 말을 하는 행위가 그것이다. 그리고 A의 그 기망행위는 위법하다. 마지막으로 을은 A의 기망행위에 의하여 X토지가 도로로 될 것이라고 잘못 생각하였고(착오), 그 착오에 기하여 매도의 의사표시를 하였다.

이렇게 볼 때 본 사안에 있어서 을의 의사표시는 사기에 의한 의사표시이다.

(2) 이제 을의 의사표시의 효과에 대하여 본다. 을의 의사표시는 상대방 있는 의사표시이다. 그리고 본 사안에서 사기자는 상대방인 갑이 아니고 A이다. 그리하여 만약 A가 제110조 제 2 항에서 말하는 제 3 자에 해당한다면 갑이 A의 사기 사실을 알았거나 알 수 있었을 경우에만 을은 계약을 취소할 수 있다.

전술한 바와 같이, 중개인은 당사자 일방을 위하여 활동하는 경우에는 그 당사자에 대하여는 여기의 제 3 자가 아니다. 그런데 본 사안에서 A는 당사자 중 매수인인 갑만을 위하여 활동하고 있었다. 따라서 A는 갑에 대하여는 제 3 자가 아니다. 그 결과 을은 갑이 A의 사기 사실을 알았는지, 알 수 있었는지 여부에 관계없이 취소할 수 있다. 즉 이 경우는 제 3 자의 사기가 아니고 상대방의 사기에 해당하여 을은 제110조 제 1 항을 근거로 갑과의 매매계약을 취소할 수 있다.

결국 본 사안에 있어서 을의 매매계약 취소는 정당하다.

Ⅲ. 병의 소유권 취득이 유효한지 여부

1. 서 설

본 사안에서 을은 갑과의 매매계약을 취소하였다. 그럼에도 불구하고 갑은 X토지에 관하여 자신의 이름으로 등기가 되어 있음을 이용하여 X토지를 병에게 팔고 등기도 넘겨 주었다. 이러한 경우에 병이 X토지의 소유권을 유효하게 취득하는지가 문제된다.

이 문제를 해결하기 위하여서는 다음의 세 가지가 검토되어야 한다. 첫째로, 매매계약이 취소되면 물권행위도 취소되는가이다. 둘째로, 물권행위의 취소가 있으면 변동된 물권은 당연 복귀하는가 아니면 말소등기가 있어야 복귀하는가이다. 셋째로, 그러면 궁극적으로 X토지의 소유자는 누구이고, 그 근거는 무엇인가이다. 이하에서 이들에 관하여 차례로 보기로 한다.

2. 물권행위가 실효하는지 여부

물권행위의 원인행위인 채권행위(채권계약)의 취소가 있으면 물권행위도 취소된 것으로 되는가?

물권행위의 무인성을 부정하면(유인론) 이것은 문제가 되지 않는다. 왜냐하면 유인론에서는 채권행위가 취소되면 그에 포함되어 있는 물권행위도 원칙적으로 따라서 실효하기 때문이다. 그에 비하여 무인론에 있어서는 원칙적으로는 물권행위가 효력을 유지한다고 할 것이다. 이에 관하여 무인론자들의 견해가 분명치는 않으나, 일부 견해는 채권행위와 물권행위 사이의 시간 간격이 적을 때에는 취소원인이 공통으로 될 가능성이 크다고 하기도 한다.[5] 생각건대 본 사안에서와 같이 속아서 계약을 체결하고 속은 줄을 모른 채 물권행위를 한 경우에는 물권행위에도 취소원인이 존재하고, 따라서 계약이 취소되면 물권행위도 취소된다고 보아야 한다. 이에 의하면 무인론을 취하더라도 계약 취소는 물권행위까지 효력을 잃게 한다.

사견은 유인론의 입장이다. 그러므로 본 사안의 경우 을의 매매계약의 취소에 의하여 을·갑 사이의 소유권이전의 합의라는 물권행위도 실효하게 된다.

3. X토지 소유권의 당연 복귀 여부

물권행위가 취소(실효)된 경우 변동된 물권은 당연 복귀하는가?

여기에 관하여 과거에는 물권행위의 취소가 물권적 단독행위이므로 제186조에 의하여

---

5) 저자는 무인론을 지지하지 않으나, 무인론을 취하는 때에도 시간 간격을 따지는 것은 옳지 않다. 물권행위에 하자가 존재하는지를 검토하여 판단하는 것이 옳은 일이다. 가령 제한능력의 상태에서 채권행위를 한 뒤 아직도 제한능력의 상태에서 물권행위를 했는지, 사기·강박에서 벗어나지 않은 상태에서 물권행위를 했는지를 살펴보아야 한다.

등기하여야 복귀한다는 소수설이 주장된 바 있으나, 현재에는 모든 학자가 그때에는 제187조가 적용되어 말소등기 없이도 물권이 당연 복귀한다고 한다. 생각건대 정확하게 말하면, 물권행위가 취소된 경우에는, 제186조가 요구하는 물권변동에 필요한 두 가지 요건인 물권행위와 등기 가운데 물권행위가 처음부터 무효였던 것으로 되어 물권변동이 일어나지 않았던 것으로 된다고 하여야 한다. 즉 엄밀하게는 제187조에 의한 물권변동과 다르며 물권변동의 소급적인 소멸의 결과인 것이다. 그런데 그것을 굳이 제186조, 제187조 중 하나로 표현한다면 후자로 표현하여야 할 것이다.

본 사안에 있어서 을의 매매계약 취소에 의하여 을·갑 사이에 있었던 소유권이전의 합의가 실효하게 되었기 때문에, ① 그 합의와 ② 갑 명의의 등기라는 물권변동 요건 중 ①의 요건이 없었던 것으로 되어 갑에게 이전되었던 소유권은 이전되지 않았던 것으로 된다. 물론 이는 병을 고려하지 않고 을과 갑 사이에서만 일어나는 효과이다. 병이 있고, 더욱이 그가 선의이면, 다른 문제가 생기게 된다.

4. 물권행위가 취소된 경우의 제 3 자 보호

이상에서 논의한 바에 의하면 을의 매매계약 취소가 있으면 물권행위의 무인성을 인정하느냐의 여부에 관계없이 X토지의 소유권은 을에게 복귀하게 된다.[6] 그러나 그렇게 되면 거래의 안전이 크게 해쳐지기 때문에 민법은 제 3 자를 보호하기 위하여 제110조 제 3 항의 제 3 자 보호규정을 두고 있다. 이 규정은 유인론에서 특히 중요하나, 무인론에서도 — 본 사안에서처럼 — 물권행위 자체가 효력을 잃은 경우에는 의미가 있다.

제110조 제 3 항에 의하면 사기에 의한 의사표시의 취소는 선의의 제 3 자에게 대항하지 못한다고 규정한다. 여기의 제 3 자는 사기에 의한 의사표시의 당사자와 그 포괄승계인 이외의 자 가운데에서 그 의사표시를 기초로 하여 새로운 이해관계를 맺은 자만을 가리킨다. 그런데 어느 시기까지 이해관계를 맺은 자인가가 문제된다. 본래 제110조 제 3 항의 제 3 자는 엄격하게 새기면 「취소의 의사표시가 있기 전에」 이해관계를 맺은 자를 의미한다고 할 것이다. 그런데 외부에서는 법률행위가 취소할 수 있는 것인지뿐만 아니라 법률행위가 취소되었는지도 잘 알 수가 없다. 그럼에도 불구하고 엄격하게 해석하면 앞의 사실에 관하여 선의인 자는 보호되고 뒤의 사실에 관하여 선의인 자는 보호되지 못하게 된다. 이는 옳지 않다. 거래의 안전을 보호하고 실질적으로도 타당하게 하려면 취소할 수 있는 법률행위임을 알지 못한 자 외에 취소가 있었음을 알지 못한 자도 보호하여야 한다. 결국 제 3 자의 범위는 확장되어야 한다. 즉 취소가 있은 후에 취소가 있었음을 모르고 새로이 이해관계를

---

6) 본 사안에서의 문제를 물권행위의 무인성만의 문제라고 파악하면 그것은 대단히 잘못된 것이다. 위에서 본 바와 같이, 이러한 경우에는 무인성을 인정하든 안 하든 차이가 없다. 그때에 제 3 자 보호는 무인론에 의하더라도 이론상으로는 불가능하고 제110조 제 3 항의 특별규정에 의하여서만 가능하다.

맺은 자도 여기의 제 3 자에 포함시켜야 한다. 여기에는 이설이 없으며, 판례도 같은 취지로 판단하고 있다.[7]

본 사안에 있어서 갑으로부터 X토지를 매수한 병은 을의 사기에 의한 의사표시행위 (을·갑 사이의 매매계약)를 기초로 하여 새로이 이해관계를 맺은 자이다. 그런데 그는 을의 취소 후에 이해관계를 맺었다. 그렇지만, 위에서 본 것처럼, 그러한 병도 제110조 제 3 항의 제 3 자에 포함시켜야 한다. 다만, 그가 선의인지 여부는 불분명하다. 만약 그가 선의이면 병은 보호될 것이나, 악의이면 보호되지 못할 것이다. 그리하여 병은 선의인 때에는 X토지의 소유권을 취득하게 되나, 악의인 때에는 X토지의 소유권을 취득하지 못하게 된다. 병이 보호되는 경우의 근거는 — 무인론을 취하는 경우에도 — 제110조 제 3 항이다.

Ⅳ. 결 론

이상에서 논의한 것을 바탕으로 하여, 본 사안의 경우에 을이 병에 대하여 소유권이전 등기의 말소를 청구할 수 있는지에 대하여 정리하기로 한다.

병이 선의인 경우, 즉 을의 매매계약이 취소할 수 있는 행위임을 몰랐고 또 을의 취소 가 있었음도 몰랐던 경우[8]에는, 을은 매매계약의 취소를 가지고 병에게 대항하지 못한다. 그 결과 병은 X토지의 소유권을 취득하게 된다(그 근거는 제110조 제 3 항이다). 결국 을은 병에 대하여 소유권이전등기의 말소를 청구할 수 없다.[9]

그에 비하여 병이 악의인 경우, 즉 취소가 있었음을 알았던 경우 혹은 취소할 수 있는 법률행위임을 알았던 경우에는, 을은 취소를 가지고 병에게 대항할 수 있다. 그 결과 을은 병에 대하여 X주택의 소유권이전등기의 말소를 청구할 수 있다.

한편 이 사안에서 병은 자신이 보호받기 위하여 선의임을 증명할 필요는 없다(통설). 을 이 병의 소유권 취득을 막기 위하여 병이 악의임을 증명하여야 한다.

---

7) 대판 1975. 12. 23, 75다533.
8) 만약 병이 을의 취소가 있었음은 몰랐지만 을의 매매계약이 취소할 수 있는 행위임은 알았다면 그는 악의라고 보아야 한다.
9) 이 경우 병이 취소를 인정하여 말소해 주는 것은 무방하다. 「대항하지 못한다」고 규정되어 있기 때문이다.

[9] 제3자의 기망행위에 의하여 법적 의미가 다른 서류에 서명날인한 경우의 효과

문제

A(주식회사)는 B로부터 3,000만원을 빌리려고 하였다. 그러자 B는 연대보증인을 세울 것을 요구하였다. A회사의 대표이사인 C는 그 회사의 이사인 D와 공모하여 A회사에 입사하려는 E의 아버지이자 D 자신의 매형인 F에게 E에 대한 신원보증서류라고 속여 연대보증계약서에 서명하게 하기로 하였다. 그에 따라 D는 F에게, F의 직장동료 중 가까운 사람에게 E에 대한 신원보증서류를 작성하게 해달라고 요구하였다. 이에 속은 F는 직장동료인 G에게 아들의 신원보증을 해달라고 하였고, F의 말을 그대로 믿은 G는 2000. 8. 30. E의 신원보증서류인 줄 알고 A의 B에 대한 채무의 이행을 담보하는 내용의 연대보증계약서에 서명날인하였다. 그리고 같은 날 B는 이러한 사정을 모두 알면서 A에게 3,000만원을 변제기를 3개월 후로 하여 빌려 주었다. 그 후 A가 채무를 변제하지 않자 2000. 12. 11. B가 G에게 채무이행을 청구하였고, 그때에서야 G는 자신이 속은 것을 알게 되었다. 현재는 2000. 12. 20.이다.

이 경우에 G는 연대보증계약을 무효화할 수 있는가? 그렇다면 그 근거는 무엇인가?

I. 문제의 제기

본 사안에서는 B와 G 사이에 G가 A의 B에 대한 채무의 이행을 담보하기로 하는 연대보증계약이 체결되었다. 그런데 G는 그 연대보증서가 E의 신원보증서류인 줄 알고 그것에 서명날인하였다.

이 경우에는 첫째로, G가 사기에 의한 의사표시를 이유로 제110조에 의하여 그 계약을 취소할 수 있는지가 문제된다. 여기서는 우선 사기에 의한 의사표시의 의의에 비추어 본 사안과 같은 경우가 사기에 의한 의사표시에 해당하는지를 살펴보아야 한다. 그리고 만약 이것이 긍정될 때에는, 사기에 의한 의사표시의 요건이 갖추어져 있는지를 검토하여야 한다.

둘째로, G가 착오에 빠져서 계약을 체결한 것인지, 그리고 착오취소의 요건이 구비되어 있는지를 살펴보아야 한다.

셋째로, 만약 사기취소와 착오취소의 요건이 모두 갖추어져 있는 경우에 G가 둘 중 어느 것을 이유로 하여서도 취소할 수 있는지도 검토하여야 한다.

이들 문제점의 검토는 셋째의 것을 먼저 하기로 한다. 그것이 정리되면 나머지 두 논점을 검토하면서 곧바로 결론을 적을 수 있기 때문이다.

Ⅱ. 사기취소와 착오취소가 경합하는 경우의 문제

1. 서   설

동일한 사실이 사기취소의 요건과 착오취소의 요건을 모두 충족시키는 경우가 생길 수 있다. 그러한 경우에 표의자가 무엇을 주장할 수 있는지가 문제된다.

2. 통설 · 판례 · 사견

(1) 통   설

통설은, 표의자는 어느 쪽이든 그 요건을 증명하여 취소할 수 있다고 한다.

(2) 판   례

판례는 본 사안과 같은 경우에 관하여, 사기에 의한 의사표시는 동기의 착오만 있을 수 있다는 견지에서 그러한 경우에는 표시상의 착오에 해당하므로 제110조가 적용될 수 없고 착오법리만 적용될 수 있다고 한다.[1]

(3) 사   견

판례의 이러한 태도는 근본적으로 사기에 의한 의사표시의 개념의 문제이기 때문에 여기서 논의하는 것은 적당치 않다. 그런데 사기 표시의 개념을 어떻게 이해하든 일단 동일한 사실이 사기취소와 착오취소의 요건을 모두 충족시킨다면, 표의자는 무엇을 근거로 하여서도 취소할 수 있다고 하여야 한다. 그것이 표의자를 두텁게 보호하는 길이기 때문이다.

3. 본 사안의 경우

본 사안에 있어서 사기취소와 착오취소의 요건이 모두 구비되었는지는 아직은 알 수 없으며, 뒤에 자세히 검토해 보아야 한다. 그렇지만 위의 사견에 의하면, 만약 두 가지의 요건이 모두 구비된 경우에는 표의자는 각각의 요건을 증명하여 취소할 수 있게 될 것이다.

Ⅲ. 사기취소의 가능 여부

1. 사기에 의한 의사표시의 일반이론

(1) 의   의

사기에 의한 의사표시는 타인(제 3 자 포함)의 고의적인 기망행위로 인하여 착오에 빠져서 한 의사표시이다.

---

1) 대판 2005. 5. 27, 2004다43824.

여기의 착오는 언제나 동기의 착오인가? 이에 관하여 학설은 긍정하는 견해만 나타나 있고, 전술한 바와 같이 판례도 같은 입장이다.[2] 그러나 가령 상대방 또는 제 3 자에게 속아서 법적 의미가 다른 서류에 서명한 경우와 같은 때에는, 표의자가 법률행위의 내용의 착오에 빠져서 의사표시를 한 것이지만, 속아서 의사표시를 한 점에서 사기에 의한 의사표시로 취급해 주어야 한다. 사기에 의한 의사표시에 관한 제110조는 타인의 기망행위에 의하여 속아서 의사표시를 한 경우 모두를 규율하려는 취지의 것이지, 그 가운데 법률행위의 내용의 착오는 제외하고 동기의 착오의 경우만을 규율하는 것이 결코 아니다. 따라서 타인의 기망행위에 속아서 의사표시를 하였으면, 동기의 착오에 빠져서 한 경우이든 법률행위 내용의 착오에 빠져서 한 경우이든, 사기에 의한 의사표시라고 하여야 한다. 그러나 아마도 대부분의 경우는 동기의 착오일 것이고 예외적으로 법률행위의 내용의 착오일 것이다.

(2) 사기에 의한 의사표시의 요건

사기에 의한 의사표시가 인정되려면, 첫째로 그 당연한 전제로서 의사표시가 존재하여야 한다. 둘째로 사기자, 즉 기망행위자에게 고의가 있어야 한다. 여기의 고의는 2단의 고의, 즉 표의자를 기망하여 착오에 빠지게 하려는 고의와 다시 그 착오에 기하여 표의자로 하여금 구체적인 의사표시를 하게 하려는 고의가 있어야 한다. 셋째로 사기자의 기망행위가 있어야 한다. 넷째로 기망행위가 위법하여야 한다. 마지막으로 기망행위와 의사표시 사이에 인과관계가 있어야 한다.

나아가 상대방 있는 의사표시가 제 3 자의 사기에 의하여 행하여진 경우에는 상대방이 그 사실을 알았거나 알 수 있었을 경우에 한하여 그 의사표시(법률행위)를 취소할 수 있다 (110조 2항). 여기의 제 3 자는 그의 행위에 대하여 상대방에게 책임을 지울 수 없는 자만을 의미한다고 엄격하게 새겨야 한다. 그리하여 보증계약에 있어서 사기를 행한 채무자는 제 3 자에 해당한다.

(3) 취소할 수 있는 기간

취소권은 추인할 수 있는 날 즉 취소의 원인이 종료한 날부터 3년 내에, 법률행위를 한 날로부터 10년 내에 행사하여야 한다(146조).

2. 본 사안의 경우

(1) 본 사안에 있어서는, 뒤에 보는 바와 같이, G가 D에게 속은 F의 부탁으로 서명(기명날인)의 착오에 빠져서 의사표시를 하였다. 그런데 이 서명의 착오는 법률행위의 내용의 착오에 해당한다. 그렇지만 그러한 착오도 타인에게 속아서 한 경우에는 사기에 의한 의사표시로 되는 데 지장이 없다.

(2) 다음에 사기취소의 요건이 구비되었는지를 본다. 본 사안의 경우 G의 의사표시가

2) 대판 2005. 5. 27, 2004다43824.

존재하고 있다. 그리고 사기자 D는 F를 이용하여 F의 동료 중 어느 자(이는 G로 구체화될 자) 를 기망하여 착오에 빠지게 하려는 고의와 다시 그 착오에 기하여 G가 구체적인 의사표시 를 하게 하려는 고의를 가지고 있었다. 또한 사기자 D의 기망행위가 있었다. D는 F에게 E 의 신원보증서류라고 속여 F로 하여금 G에게 그 서류에 서명날인하게 하였기 때문이다. 그 리고 이러한 D의 기망행위는 위법한 것이다.

한편 본 사안에서 G는 D에게 속은 F의 말을 믿고 상대방인 B에 대하여 의사표시를 하 였다. 여기의 기망행위자 D는 주채무자인 A회사의 이사로서 표의자인 G에게는 상대방이 아니고 제 3 자에 해당한다. 따라서 G가 사기에 의한 의사표시를 이유로 법률행위를 취소하 려면 상대방인 B가 G의 의사표시가 제 3 자의 사기에 의하여 행해졌음을 알았거나 알 수 있었어야 한다. 그런데 본 사안에서 상대방인 B는 그러한 사정을 모두 알고 있었다. 따라서 G는 — 취소권이 소멸하지 않고 있다면 — 제 3 자의 사기를 이유로 B와 체결한 연대보증 계약을 취소할 수 있게 된다.

이제 G의 취소권이 소멸하였는지를 본다. 본 사안에서 G가 추인할 수 있는 날은 그가 속은 것을 안 때인 2000. 12. 11.이고, 법률행위를 한 날은 2000. 8. 30.이다. 따라서 G는 2000. 12. 11.부터 3년 내에는 취소권을 행사할 수 있다. 현재는 2000. 12. 20.이니 마땅히 취소할 수 있다.

IV. 착오취소의 가능 여부

1. 착오취소의 의의·요건·취소할 수 있는 기간

착오(법적으로 고려되는 착오)는 의사와 표시의 무의식적인 불일치이다.

착오가 법적으로 고려되어 취소가 인정되려면 여러 가지 요건을 갖추어야 한다. 우선 당연한 것으로서 의사표시의 존재와 의사표시에 있어서의 표의자의 착오가 있어야 한다. 그 리고 그 착오가 법률행위의 내용의 착오이어야 한다. 나아가 법률행위의 내용의 중요부분에 착오가 존재하여야 한다. 중요부분의 착오로 되려면 착오가 주관적 및 객관적으로 현저하여 야 한다. 그리하여 착오자가 착오가 없었다면 표시를 하지 않았을 것이거나 또는 그런 내용 으로 하지 않았어야 하며, 보통인도 착오자의 입장이었다면 그러한 의사표시를 하지 않았을 것이라고 인정되어야 한다. 그 밖에 표의자에게 중과실이 없어야 한다.

표의자가 착오를 이유로 취소할 수 있는 기간은 사기취소의 경우와 같다. 그리하여 취 소권은 추인할 수 있는 날부터 3년 내에, 법률행위를 한 날부터 10년 내에 행사하여야 한다 (146조).

2. 본 사안의 경우

본 사안에 있어서 G는 신원보증서류에 서명날인한다는 착각에 빠져서 연대보증서류에 서명날인하였다. 이는 전형적인 서명(기명날인)의 착오에 해당한다. 서명의 착오의 경우에는 법률행위의 법률효과에 관하여 잘못 생각하고 의사표시를 한 경우로서 법률행위의 내용에 착오가 존재한다. 그리고 본 사안에서 G가 착오에 빠지지 않았다면 G는 그 서류에 서명날인을 하지 않았을 것이고, 일반인도 G의 입장이었다면 그러한 의사표시를 하지 않았을 것이다. 그러므로 G의 착오는 법률행위 내용의 중요부분의 착오이다. 다음에 표의자인 G에게 중과실이 있는지 문제된다. 이에 대하여는 긍정하는 견해도 있을 수 있다. 그러나 동료가 신원보증서류라고 하면서 내민 서류를 그대로 믿고 서명날인하는 일은 흔히 있는 일이고, 신원보증의 부탁은 대체로 가까운 사이에서만 행하여지는 점을 고려해 볼 때, 본 사안에서 G에게 중과실이 있다고 할 것은 아니다.

한편 본 사안의 경우에 G의 취소권은 그가 착오에서 벗어난 2000. 12. 11.부터 3년 내에는 행사할 수 있으므로, 현재(2000. 12. 20.) 그 권리를 행사하는 데 지장이 없다.

V. 결　론

본 사안의 경우 G는 B와의 사이에 체결된 보증계약을 제 3 자의 사기를 이유로 제110조에 의하여 취소할 수도 있고, 착오를 이유로 제109조에 의하여 취소할 수도 있다. 물론 G가 취소할 때는 해당하는 취소의 요건을 증명하여야 한다.

[10] 강박을 이유로 한 법률행위의 취소

문제

  부동산업자 A는 B 소유의 X토지 주변에 대단위 관광단지가 조성될 것이라는 정보를 입수하고, 이를 모르는 B로부터 그 토지를 싸게 매수하려고 하였다. 그런데 B가 이를 거절하자 A는 B에게 X토지의 매각을 거절하면 B의 탈세사실을 신고하겠다고 하였다. 그리하여 B는 할 수 없이 A의 요구대로 X토지를 A에게 매도하고 소유권이전등기도 해 주었다.
  이 경우에 A, B 사이의 법률관계는 어떻게 되는가?

I. 논점의 소재

  본 사안은 부동산업자 A가 B를 협박하여 B 소유의 토지를 싸게 매수한 경우이다. 이러한 경우에는 우선 A의 행위가 강박에 해당하는지, 그리하여 B가 강박을 이유로 매매계약을 취소할 수 있는지가 문제된다. 둘째로, 본 사안에서 B는 자신의 X토지 주변에 관광단지가 조성될 것이라는 사실을 모르고 매매계약을 체결하였는바, B가 착오를 이유로 매매계약을 취소할 수 있는지 문제된다. 셋째로, 본 사안의 경우 매매대금은 시가에 미치지 못한 것으로 보인다. 이러한 사정상 B · A 사이의 매매계약이 민법 제103조 또는 제104조에 의하여 무효로 되는지 문제된다. 마지막으로, A의 행위가 B에 대하여 불법행위가 되는지, 그리하여 B가 불법행위를 이유로 손해배상을 청구할 수 있는지도 문제이다.

II. B가 강박을 이유로 매매계약을 취소할 수 있는지 여부

1. 서   설

  본 사안에 있어서 A는 B로부터 X토지를 싸게 매수하려고 시도하였는데 여의치 않자 B에게 토지 매각을 거절하면 B의 탈세사실을 신고하겠다고 하여 매수에 성공하였다. 이러한 경우에 B의 의사표시가 강박에 의한 의사표시인지 문제된다. B의 의사표시가 강박에 의한 것이라면 그는 그것을 이유로 제110조에 의하여 매매계약을 취소할 수 있을 것이다. 그리하여 아래에서는 강박에 의한 의사표시의 요건을 살펴보고, 본 사안의 경우에 그 요건이 갖추어졌는지를 검토하려고 한다. 그럼에 있어서 특히 유의하여야 할 요건은 강박행위의 위법성이다.

2. 강박에 의한 의사표시의 요건

강박에 의한 의사표시란 표의자가 타인(상대방 또는 제3자)의 강박행위로 인하여 공포심에 사로잡혀서 한 의사표시이다. 강박에 의한 의사표시의 요건은 다음과 같다.

(1) 의사표시의 존재

의사표시가 존재하여야 한다. 그리고 그러기 위하여서는 의사표시의 교부에 필요한 의사결정의 여지가 있어야 한다.

(2) 강박자의 고의

강박자에게 고의가 있어야 한다. 그런데 여기의 고의의 의미에 관하여는 견해가 대립한다. 통설은 표의자에게 공포심을 일으키게 하려는 고의와 그 공포심에 기하여 의사표시를 하게 하려는 고의의 2단계의 고의가 필요하다고 하나, 소수설은 통설이 말하는 두 고의 외에 — 그것에 앞서서 — 강박행위를 한다고 하는 고의를 더하여 3단의 고의가 필요하다고 한다. 판례는 통설과 같다.

생각건대 소수설의 추가적인 고의는 통설의 첫째 고의에 포함되므로 두 견해는 실질적으로 차이가 없으나, 통설의 설명이 단순하여 더 낫다.

(3) 강박행위

강박행위, 즉 해악(불이익)을 가하겠다고 위협하여 공포심을 일으키게 하는 행위가 있어야 한다. 해악의 종류나 강박행위의 방법은 제한이 없다. 강박자가 고지한 해악은 그가 직접 발생시킬 수 있는 것이어야 하는 것은 아니다. 가령 범죄자를 고소·고발하겠다고 하는 것과 같이 그가 제3자로 하여금 실현시키게 할 수 있는 것이라도 무방하다.

(4) 강박행위의 위법성

강박행위가 위법하여야 한다. 그런데 강박행위의 위법성이라는 표현은 정확하지 못하다. 정확하게는 「강박행위에 의한 의사결정」의 위법성이라고 하여야 한다. 따라서 반드시 강박행위 그 자체가 위법하여야 하는 것은 아니며, 강박자의 전체 용태가 위법하다고 인정되면 족하다.

이러한 위법성은 수단이 위법한 경우, 목적이 위법한 경우, 수단과 목적의 결합이 부적당한 경우에 인정된다. 강박수단(위협된 행위)이 법질서에 위배된 경우에는 언제나 위법하다(수단의 위법). 강박행위에 의하여 추구된 효과, 즉 피강박자로 하여금 하게 하려는 의사표시 자체가 위법한 경우에도 위법성이 인정된다(목적의 위법). 그리고 강박수단과 목적이 모두 허용되는 것일지라도 양자의 결합 — 즉 일정한 목적을 위하여 일정한 수단을 사용하는 것 — 이 부적당한 경우에는 위법성을 띤다(수단과 목적의 결합의 위법). 수단·목적의 결합이 부적당한지 여부는 구체적인 경우의 모든 사정을 평가하고 거래관념을 기초로 하여 신의칙에 따라 판단하여야 한다. 위법성 요건에 관하여 우리 판례도 근래에 위와 같은 태도를 취

하였다.[1]

범죄행위를 한 자를 고소 또는 고발하겠다고 위협하는 것은 위법한가? 여기에 관하여 통설은 부정한 이익의 취득을 목적으로 하는 때에 한하여 위법하다고 한다.[2] 판례는 부정한 이익의 취득을 목적으로 하는 경우에는 — 언제나는 아니고 — 위법할 수 있다고 한다.[3] 생각건대 통설·판례는 옳지 않다. 부정한 이익의 취득을 목적으로 하지 않는 경우라 할지라도 범죄행위와 추구된 목적이 전혀 관계가 없는 때에는 위법하다고 하여야 하기 때문이다. 예컨대 채권자가 채무자에게 채무를 이행하지 않으면 과거에 우연히 목격한 적이 있는 교통사고 사실을 경찰에 신고하겠다고 하는 경우에 그렇다. 따라서 고소 또는 고발하겠다고 하는 경우에는, 범죄행위와 추구된 목적이 내적으로 관련되어 있고, 또 강박자가 그로써 실체법상 그에게 귀속될 수 없는(부당한) 이익을 취득하려고 하지 않는 때에만 적법하다고 할 것이다.

(5) 강박행위와 의사표시 사이의 인과관계

강박행위와 의사표시 사이에 인과관계가 있어야 한다. 즉 표의자가 강박행위로 인하여 의사표시를 하였어야 한다. 따라서 표의자가 강박행위에 의하여 공포심에 사로잡혀야 하고, 또 이 공포심에 기하여 의사표시를 하였어야 한다. 이들 인과관계는 표의자의 관점에서 판단하여야 하며, 주관적으로 존재하는 것으로 충분하다.

3. 본 사안의 경우

이제 본 사안의 경우에 B의 의사표시가 강박에 의한 의사표시로서의 요건을 갖추었는지 살펴보기로 한다.

본 사안에서 B는 A에 대하여 매매계약 체결의 의사표시를 하였고, 그럼에 있어서 절대적 폭력은 없었다. 따라서 의사표시의 존재라는 요건은 갖추어졌다. 그리고 A는 B를 위협하여 매매계약을 체결하였다. 그러한 A에게는 B에게 공포심을 일으키려는 고의와 그 공포심에 기하여 의사표시를 하게 하려는 고의가 있었을 것으로 인정된다. 다음에 A가 B에게 탈세사실을 신고하겠다고 하였는데, 이것은 A 자신이 직접 해악을 발생시키는 것이 아니고 제 3 자로 하여금 실현시키게 할 수 있는 것이지만, 그러한 것도 강박행위로 되는 데 지장이 없다. 나아가 「강박행위에 의한 의사결정」도 위법하다고 하여야 한다. 본 사안의 경우에 탈세사실의 신고라는 적법한 수단으로 위협하였더라도 헐값 매수라는 목적이 위법하므로 전체적으로는 위법하다고 하여야 한다. 고소·고발에 관한 통설에 의하더라도 A가 본 사안에서는 부정한 이익(헐값 매수)의 추구를 목적으로 하기 때문에 이 요건은 갖추어진다. 참고로

---

1) 대판 2000. 3. 23, 99다64049.
2) 대표적으로 곽윤직, 총칙, 246면.
3) 대판 1992. 2. 24, 92다25120; 대판 1997. 3. 25, 96다47951.

말하면, 사견에 의하면 설사 정당한 가격으로 매수하는 경우에도 강박행위(탈세사실의 신고)
와 추구된 목적(헐값 매수)이 내적으로 관련되어 있지 않아서 역시 위법하다. 끝으로 본 사안
의 경우 명시되어 있지는 않지만 다른 특별한 언급이 없는 것으로 보아, B는 A의 탈세사실
신고 위협에 의하여 공포심을 일으키고 그 공포심에 기하여 자신의 X토지의 매도의 의사표
시를 한 것으로 인정된다. 즉 A의 강박행위와 B의 의사표시 사이에 인과관계가 있다.

요컨대 B의 X토지 매도의 의사표시는 상대방인 A의 강박에 의하여 행하여진 것이다.
따라서 B는 A와 체결한 X토지의 매매계약을 취소할 수 있다.

그리고, 본 사안의 경우 B는 공포심에서 벗어나지 않은 상태에서 물권행위를 한 것으
로 보이므로(설사 물권행위의 독자성을 인정하더라도 등기시까지 공포심이 있었던 것으로 보임), B가
매매계약을 취소하면 X토지에 대한 물권변동은 없었던 것으로 된다. 그리하여 X토지에 관
하여 A 명의로 소유권등기가 되어 있더라도 B는 소유권을 회복하게 된다. 그리고 B는 소유
권에 기한 물권적 청구권을 행사하여 X토지의 소유권이전등기의 말소를 청구할 수 있다.

Ⅲ. B가 착오를 이유로 매매계약을 취소할 수 있는지 여부

1. 서   설

본 사안에 있어서 A는 X토지 주변에 관광단지가 조성될 것을 알고 있었으나 B는 이를
몰랐다. 즉 B는 착오에 빠져서 계약을 체결하였다. 이때 B의 착오는 장래의 사정을 잘못
안 것으로서 일종의 동기의 착오이다. 이러한 경우에 B가 착오를 이유로 매매계약을 취소
할 수 있는지 문제된다. 만약 취소할 수 없다면 다른 구제책은 없는지 살펴보아야 한다. 그
리고 착오를 이유로 한 취소가 인정된다면 강박을 이유로 한 취소와의 관계도 문제이다.

2. 동기의 착오

앞에서 언급한 바와 같이, B는 동기의 착오에 빠져서 매매계약을 체결하였다. 따라서
본 사안의 경우에 제109조에 의한 취소가 인정되는지는 동기의 착오에 관한 이론에 의하여
결정된다.

(1) 학   설

동기의 착오가 어떤 범위에서 고려되는가에 관하여는 학설이 대립한다.

제 1 설은 동기가 표시되고 상대방이 알고 있는 경우에는 그 동기는 의사표시의 내용이
되므로 그 범위 안에서 동기의 착오는 표시의 내용의 착오의 문제가 되지만, 동기가 표시되
지 않은 경우에는 착오의 문제가 일어나지 않는다고 한다.[4]

제 2 설은 동기의 착오도 동기가 표시되었거나 또는 않았거나를 불문하고 다른 유형의

---

4) 곽윤직, 총칙, 238면; 김기선, 총칙, 261면; 이태재, 총칙, 256면; 황적인, 총칙, 185면.

착오와 같이 일반요건에 따라서 제109조가 적용되어야 할 것이라고 한다.5)

제 3 설은 제 1 설과 제 2 설은 법률구성상의 차이가 있을 뿐이고 결과에 있어서 큰 차이가 있는 것은 아니라고 하면서, 객관적으로 그 동기가 의사표시의 원인으로 되었는가의 여부에 따라 구체적으로 판단하여야 할 것이라고 한다.6)

제 4 설은 동기가 법률행위의 해석에 의하여 법률행위의 내용으로 되었다고 할 수 없는 동기의 착오는 우리 민법상 통상의 착오와 동일하게 취급될 수 없으나, 다만 동기의 착오 중 거래에 있어서 중요한 사람 또는 물건의 성질의 착오 및 이에 준하는 착오에 관하여는 제109조를 유추적용하여야 한다고 한다.7)

제 5 설은 동기의 착오는 비록 동기가 표시되었더라도 취소사유로 되지 않으나, 동기가 상대방에 의하여 유발된 경우에는 신의칙상 취소를 인정함이 타당할 것이라고 한다.8)

(2) 판   례

판례는 기본적으로는 제 1 설과 같다. 그러나 다른 한편으로 표의자의 동기의 착오를 상대방이 부정한 방법으로 유발한 경우, 표의자의 동기가 상대방측으로부터 제공된 경우에는 ― 대체로 내용의 착오인지 여부에 대하여는 침묵한 채 ― 중요부분의 착오라고 한다.

(3) 검토 및 사견

제 2 설, 제 3 설은 우리 민법이 법률행위의「내용에」착오가 있는 때에만 취소를 인정하는 것에 배치될 뿐만 아니라 거래의 안전을 극도로 위협하게 된다. 제 1 설은 동기가 표시되어 상대방이 알고 있으면 그 동기가 의사표시의 내용이 된다는 점에서 문제가 있다. 동기는 그것이 표시되어 상대방이 알고 있다고 하더라도 그것만으로 법률행위의 내용이 되지는 못한다. 동기의 표시는 단순한 통지이며, 단순한 통지가 법률효과를 일으키는 내용을 가질 수는 없기 때문이다. 제 4 설은 동기의 착오 가운데 유독 거래 본질적인 성질의 착오 등에만 제109조가 유추적용되어야 할 이유가 설득력 있게 제시되지 않고 있다. 제 5 설은 동기가 상대방에 의하여 유발된 경우에 신의칙상 취소를 인정하고 있는바, 신의칙이 취소권을 부여할 수 없다는 데 문제가 있다. 한편 판례의 태도 가운데 제 1 설과 같은 것에 대하여는 제 1 설에 대한 비판이 그대로 타당하고, 판례의 예외적인 태도는 주류적인 태도에 어긋날 뿐만 아니라, 그 경우는 사기에 의한 의사표시 또는 신의칙에 맡겨야 할 것이어서 문제이다.

결국 학설·판례는 모두 올바르지 않다. 사견에 의하면, 우리 민법상 동기의 착오는 비록 동기가 표시되어 상대방이 알고 있다고 하더라도 제109조에 의하여서는 고려되지 않는

---

5) 고상룡, 총칙, 415면; 김용한, 총칙, 297면; 이은영, 총칙, 519면; 장경학, 총칙, 489면. 김상용, 총칙, 484면은 모든 동기의 착오에 관하여 제109조를 유추적용할 것이라고 하여 결과적으로 제 2 설과 같은 입장이다.
6) 김주수, 총칙, 373면.
7) 김민중, 총칙, 528면; 백태승, 총칙, 417면; 이영준, 총칙, 407면.
8) 김증한·김학동, 총칙, 343면.

다고 하여야 한다. 다만, 동기의 착오가 상대방에 의하여 신의성실에 반하여 악용된 경우에는 신의칙상 상대방이 착오자에게 이행을 요구하는 것은 권리남용이 된다고 할 것이다. 그리고 증여의 경우에는 증여자에게 동기의 착오가 있으면 증여자는 동기의 표시 유무를 불문하고 제109조의 요건 하에 취소할 수 있다고 하여야 한다.9) 그 밖에 당사자 쌍방이 일치하여 일정한 사정에 관하여 착오에 빠진 경우(공통의 동기의 착오)에는 이른바 주관적 행위기초론을 적용하여야 한다.

3. 본 사안의 경우

본 사안에 있어서 B는 장차 자신의 X토지 주변에 관광단지가 조성될 것이라는 사실을 모르고, 즉 착오에 빠져서 매매계약을 체결하였다. 그런데 이 경우에 B의 착오는 동기의 착오이기 때문에, B가 착오를 이유로 계약을 취소할 수 있는지는 동기의 착오에 관하여 어떤 태도를 취하느냐에 달려 있다.

앞서 본 바와 같이, 사견으로는 동기의 착오는 설사 그 동기가 상대방에게 표시되었더라도 제109조에 의하여는 고려되지 않는다. 다만, 표의자의 동기의 착오를 상대방이 신의성실에 반하여 악용한 경우에는 신의칙에 의하여 고려된다.

그런데 B의 착오는 장차 변화될 사정에 관하여 소극적으로 모르고 있는 데 불과하고 A가 B의 그 착오를 적극적으로 신의성실에 반하여 악용하였다고 보기 어렵다. 따라서, 위의 사견에 의할 때, 본 사안의 경우에 B는 착오를 이유로 매매계약을 취소할 수 없음은 물론이고 A의 이행청구를 권리남용이라고 하여 거절하지도 못한다.

만약 동기의 착오에 취소를 인정하는 입장을 취하고 본 사안의 경우에 취소를 인정한다면, 강박을 이유로 한 취소와는 어떤 관계에 있는가? 본 사안에서 착오와 강박은 서로 다른 사실에 의한 것이고 동일한 사실에 의한 것이 아니다. 그러므로 두 제도상의 권리는 — 요건이 모두 구비되었다면 — 선택적으로 행사될 수 있다.

Ⅳ. 매매계약이 제103조·제104조에 의하여 무효로 되는지 여부

1. 서　　설

본 사안의 경우 B는 A로부터 위협을 받고서 자신의 X토지를 A에게 싼값으로 매도하였다. 이러한 경우에 B가 강박을 이유로 계약을 취소할 수 있는 것과 별도로 그 계약이 제103조 또는 제104조에 의하여 무효로 되는지 문제된다.

---

9) 그 자세한 이유에 관하여는 민법주해[Ⅱ], 1996, 435면-436면(송덕수 집필) 참조.

2. 제110조와 제103조·제104조의 관계

사기·강박행위는 그것 자체가 사회질서에 반할지라도 법률행위는 제110조에 의하여 취소할 수 있을 뿐 제103조(104조 포함)에 의하여 무효로 되지는 않는다. 그러나 사기·강박에 의하여 행하여진 법률행위가 내용·동기·목적 등을 고려할 때 사회질서에 반하는 것으로 인정되는 경우, 즉 제110조의 요건 외에 다른 사정이 부가된 경우에는 제110조는 제103조(또는 104조)와 경합할 수 있다. 예컨대 협박에 의하여 경험 없는 자를 속여서 급부와 반대급부가 현저하게 불균형한 계약을 체결한 때에 그렇다. 그때에는 제103조(또는 104조)의 요건을 갖추는 한 무효이고, 따라서 취소는 필요하지 않다. 물론 그럼에도 불구하고 무효임이 드러나지 않은 때에 제110조의 요건을 증명하여 취소를 주장하는 것은 무방하다.

3. 본 사안의 경우

본 사안에 있어서 A는 B를 협박하였다. 그리고 A는 B의 토지를 싼 값에 매수하였다. 본 사안의 경우는 이러한 특별한 사정이 있기 때문에 제104조의 폭리행위로 될 가능성이 있다. 협박을 받은 상태는 궁박에 해당하는 것으로 보아야 한다. 그리고 이 경우에 A가 그 궁박을 이용하였다고 판단된다. 그러므로 이제 급부와 반대급부 사이에 현저한 불균형이 존재하기만 하면 폭리행위로 인정된다. 우리 판례는 임야를 시가의 2.5분의 1 내지 5분의 1로 매매한 경우에 폭리행위를 인정하였으나, 매매가격이 단순히 헐하다거나 저렴하다는 것만으로는 폭리행위를 인정하지 않았다. 그런데 본 사안의 경우 매매대금이 X토지의 가치에 비하여 얼마나 낮은지 자세히 알 수가 없다. 따라서 폭리행위인지를 단정하기는 어렵다. 다만, 판례에 따르면, 매매대금이 크게 낮지 않은 경우 폭리행위로 인정될 수는 없을 것이다.

V. B가 A에게 불법행위를 이유로 손해배상을 청구할 수 있는지 여부

본 사안에서 A는 B를 협박하여 토지를 싸게 매수하였다. 이러한 경우에 B가 A에 대하여 불법행위를 이유로 손해배상을 청구할 수 있는지 문제된다.

불법행위가 성립하려면 가해행위, 가해자의 고의·과실, 가해자의 책임능력, 가해행위의 위법성, 손해발생(인과관계 포함) 등의 요건이 필요하다.

본 사안의 경우에는 A의 협박에 의한 토지 매수가 있었다(가해행위). 그리고 A에게는 고의가 있었으며, 다른 언급이 없으므로 책임능력도 가진 것으로 보인다. 또한 A의 가해행위는 당연히 위법하다. 나아가 A의 가해행위에 의하여 B의 손해(토지의 헐값 매도 기타)가 발생하였다. 이러한 점으로 볼 때, B는 A에 대하여 불법행위를 이유로 손해배상을 청구할 수 있다.

VI. 결   론

본 사안의 경우 B는 A와 체결한 매매계약을 강박을 이유로 취소할 수 있다. 그리고 그가 계약을 취소하면 X토지의 소유권은 당연히 B에게 되돌아오게 된다.

B는 착오를 이유로 매매계약을 취소할 수는 없다.

B·A 사이의 X토지 매매계약은 아마도 제103조, 제104조에 의하여 무효로 되지는 않을 것으로 보인다.

끝으로 B는 A에 대하여 불법행위를 이유로 손해배상을 청구할 수 있다.

[11] 대리권의 남용 등

문제

A컨소시엄(이하 A라 한다)은 갑의 주도로 설립된 펀드이다. A는 X주식회사의 대주주인 B 등과 사이에, X회사의 주식 및 경영권을 400억원에 인수하기로 하는 주식매매계약을 체결하였다. 그런데 A가 위 인수대금 잔금 중 300억원을 마련하지 못하자, 갑은 X회사의 직원인 을과, X회사의 자금 300억원을 인출하여 양도성예금증서를 매입하고 이를 Y은행 장안동지점에 보호예수물로 예치한 후, 위 지점 담당직원(Y은행 장안동지점 차장)인 병으로 하여금 양도성예금증서를 불법 인출해 오도록 하여 이를 다른 금융기관에 담보로 제공하고 대출을 받아 인수대금을 지급하기로 공모하였다. 이에 따라 을은 친구인 병을 만나 위와 같은 사정을 설명하면서, X회사가 300억원 상당의 양도성예금증서(이하 '이 사건 양도성예금증서'라고 한다)를 Y은행 장안동지점에 보호예수물로 예치하면 이를 몰래 빼내달라고 부탁하였다. 그리고 갑은 X회사의 자금팀 과장인 정에게 X회사의 자금 중 300억원을 인출하여 양도성예금증서를 매입할 것을 지시하였다. 이에 정은, X회사의 자금 300억원을 인출하여 양도성예금증서를 매입한 후 이를 X회사의 주거래은행인 Z은행 강남지점에 보호예수물로 예치하도록 하였다가 다음날 Y은행 장안동지점으로 보호예수처를 옮기라는 갑의 지시에 따라, Y은행 장안동지점에서 병과 이 사건 보호예수계약(保護預受契約이란 은행 등이 거래처의 귀중품·유가증권 등을 요금을 받고 보관하기로 하는 계약임)을 체결하고 이 사건 양도성예금증서를 교부하였다. 그리고 병은 이 사건 보호예수계약 체결 당일, 을의 위와 같은 부탁에 따라 보호예수증서도 반환받지 않은 채 임의로 이 사건 양도성예금증서를 인출하여 을을 통해 갑에게 건네주고 그 대가로 3,000만원을 받았다. 한편 갑은 그 후 이 사건 양도성예금증서를 다른 은행에 담보로 제공하고 300억원을 대출받아 X회사 주식매매대금을 지급하였고 그런 뒤에 X회사의 대표이사로 정식 취임하였는데, 그는 이 사건 주식매매계약이 체결된 후에는 대표이사로 취임하기 전에도 사실상의 대표이사로서 X회사의 사업에 관한 정책결정 및 업무지시를 해왔다.

1. 이 경우에 X회사는 Y은행에 대하여 보호예수계약에 기하여 양도성예금증서의 반환을 청구할 수 있는가?
2. X회사는 Y은행에 대하여 손해배상을 청구할 수 있는가?
3. X회사는 갑·을·병에 대하여 손해배상을 청구할 수 있는가?

I. 물음 1.에 대하여

1. 논점의 정리

본 문제의 논점을 정리하면 다음과 같다.

(1) 갑이 X회사(아래에서는 X라 한다)의 대리인인지 문제된다.

(2) 정과 병이 각각 X와 Y은행(아래에서는 Y라 한다)의 대리인인지 문제된다.

(3) 정과 병이 체결한 계약의 효력이 X와 Y에게 발생하는지 문제된다.

(4) 병이 자신이나 갑 등을 위해 정과 계약을 체결한 경우에도 그 계약이 Y에게 효력이 미치는지 문제된다. 이것은 대리권 남용의 문제이다.

2. 갑이 X의 대리인인지 여부

본 사안의 경우에는, 뒤에 보는 바와 같이, 대리권의 남용이 문제된다. 그럼에 있어서 X가 대리인의 배임적 의사를 알았는지 또는 알 수 있었는지를 판단하여야 한다. 그리고 그에 대하여 논의하려면 먼저 X에서 갑이 어떤 지위를 가지는지를 검토해야 한다.

갑은 X의 주식매매대금을 모두 지급한 뒤에는 X의 대표이사로 정식 취임하였다. 그런데 X의 주식매매계약이 체결된 후에는 대표이사로 취임하기 전에도 사실상 대표이사로 활동하였다. 본 사안의 보호예수계약을 체결할 당시에도 마찬가지였다. 이러한 갑은 X의 업무에 관하여 포괄적 대리권을 가지는 것으로 인정된다.[1]

3. 정과 병이 각각 X와 Y의 대리인인지 여부

정은 X의 자금팀 과장이다. 따라서 적어도 X의 자금과 관련해서는 대리권이 있는 대리인이다.

병은 Y은행 장안동지점의 차장으로서 보호예수물 예치 담당 직원이다. 그러므로 병은 보호예수물 예치에 관하여 대리권을 가진다. 즉 Y의 대리인이다.

4. 정과 병이 체결한 계약의 효력이 X·Y에 미치는지 여부

본 사안에서는 X의 자금팀 과장인 정과 Y은행 장안동지점의 차장인 병이 양도성예금증서의 보호예수계약을 체결하였다. 이 계약의 효력이 X와 Y에 대하여 발생하는지 문제된다.

위에서 기술한 바와 같이, 정과 병은 각각 X·Y의 대리인이다. 그리고 그들은 그들의 대리권의 범위 안에서 이 사건 보호예수계약을 체결하였다. 그 결과 이 계약은 유권대리행위로서 일단 그 효력이 본인인 X·Y에게 발생한다. 다만, 대리권 남용과 같은 다른 사유로

---

[1] 대판 2009. 6. 25, 2008다13838은 본 문제와 유사한 사안에서 갑은 적어도 자금 운용·관리에 관하여는 포괄적 대리권을 가진다고 한다.

효력을 주장할 수 없는지는 따로 논의해야 한다.

5. X가 Y에게 보호예수계약의 효력을 주장할 수 있는지 여부(대리권 남용의 문제)

(1) 서   설

본 사안에서 병은 Y의 대리인으로서 그의 대리권의 범위 안에서 Y의 명의로 정과 이 사건 보호예수계약을 체결하였다. 그러면서 병은 Y를 위해서가 아니고 자신이나 갑 등을 위하여 그렇게 하였다. 이러한 경우에도 그 계약이 Y에게 효력이 미치는지 살펴보아야 한다. 이것이 대리권 남용의 문제이다.

(2) 대리권 남용에 관한 학설 · 판례 · 사견

1) 학   설

대리권 남용에 관한 학설은 셋으로 나뉘어 있다.

ⅰ) 제107조 제 1 항 단서의 유추적용설   대리인이 본인의 이익을 위해서가 아니라 자기의 이익을 꾀하기 위하여 대리행위를 하더라도 그 행위는 대리행위로서 유효하게 성립하나, 다만 대리인의 그러한 배임적 의사를 상대방이 알았거나 알 수 있었을 때에는 제107조 제 1 항 단서의 취지를 유추하여 대리행위의 효력을 부정하는 것이 타당하다고 한다.

ⅱ) 권리남용설   대리인의 권한남용의 위험은 원칙적으로 본인이 부담하여야 할 것이나, 다만 상대방의 악의 · 중과실 등 주관적 태양에 따라 상대방의 권리행사가 신의칙에 반하는 경우에는 상대방이 그러한 위험을 부담하도록 하는 것이 좋을 것이라는 견해이다.

ⅲ) 무권대리설   대리인의 배임적 대리행위에 있어서는 상대방이 대리인의 배임행위를 알았거나 정당한 이유 없이 알지 못한 때에는 대리권이 부정되고 대리인의 행위는 무권대리로 된다고 하는 견해이다.

2) 판   례

우리 판례는 대리권의 남용에 관하여 제107조 제 1 항 단서 유추적용설의 입장을 취하고 있다.[2]

3) 검토 및 사견

판례도 취하고 있는 ⅰ)의 제107조 제 1 항 단서 유추적용설은, 대리권 남용행위가 비진의표시가 아닐뿐더러 대리권 남용이론과 비진의표시 제도는 취지 내지 기초를 달리한다는 점에서 부적당하다. 그리고 ⅲ)의 무권대리설은 대리권 남용의 경우를 무권대리라고 하는데, 대리권 남용의 경우에는 대리인이 대리권의 범위 안에서 대리행위를 하였고, 실질적으로 본인의 이익이 보호되어야만 유권대리로 되는 것이 아니기 때문에, 옳지 않다. 그에 비하여 ⅱ)의 권리남용설은 법적 논리의 면에서 가장 흠이 적다. 다만, 상대방이 중과실로 대리인의 배임적 의도를 알지 못한 때에도 상대방의 권리주장이 신의칙에 반한다고 하는

---

2) 대판 1987. 7. 7, 86다카1004 등 다수의 판결.

점에서 바람직하지 않다. 대리권 남용의 경우에 상대방이 악의인 때에만 대리행위의 효력발생을 주장하는 것이 신의칙에 반하는 권리남용이어서 허용되지 않는다고 해야 한다. 이는 판례가 대표권 남용에 관하여 예외적으로 취한 권리남용설과 같은 것이다.3)

(3) 본 사안의 경우

앞에서 언급한 바와 같이, 본 사안에서 병은 본인인 Y의 대리인으로서 Y의 명의로 보호예수계약을 체결하면서 자신이나 제3자인 갑 등을 위해 그 계약을 체결하였다. 그리하여 대리권 남용이 문제된다. 이러한 경우에 사견(악의의 경우에만 인정하는 권리남용설)에 따르면, X가 병의 배임적 의도를 알았으면 X는 Y에 그 계약의 효력을 주장하는 것이 신의칙에 반하는 권리남용이어서 허용되지 않게 된다.4) 여기서 X의 악의 여부를 누구를 표준으로 하여 판단할 것인지가 문제된다. 그런데 앞에서 기술한 것처럼(Ⅰ. 2. 참조), 이 사건 보호예수계약이 체결될 당시 갑은 X의 업무에 관하여 포괄적 대리권을 가지고 있었다. 따라서 갑이 병의 배임적 의도를 알았다면 X의 악의가 인정되어야 한다. 결국 X회사가 악의인 만큼 X가 이 사건 보호예수계약의 효력을 주장하지 못하게 된다.

6. 결 론

본 사안에서 보호예수계약은 X의 대리인 정과 Y의 대리인 병이 그들의 대리권의 범위 안에서 본인들의 명의로 체결한 것으로서 일단 본인들에게 효력이 생긴다. 그러나 그 계약은 Y의 대리인 병이 배임적 의도를 가지고 체결하였고, 그러한 배임적 의도를 X가 알고 있었기 때문에, X는 Y에게 그 계약의 효력을 주장하지 못한다. 그 결과 X는 Y에 대하여 그 계약에 기하여 양도성예금증서의 반환을 청구할 수 없다.

Ⅱ. 물음 2.에 대하여

1. 논점의 정리

(1) 본 사안에서 X가 Y에 대하여 손해배상을 청구할 수 있다면 그것은 채무불이행이나 불법행위를 이유로 할 것이다. 그러므로 이 두 가지에 대하여 논의해야 한다.

(2) 먼저 Y가 X에게 채무불이행을 한 것인지를 검토해야 한다. 그럼에 있어서는 채무가 존재하는지부터 살펴보아야 한다.

(3) 그 뒤에 Y가 X에게 불법행위를 하였는지, 특히 병의 행위에 대하여 Y가 X에 대하여 사용자책임을 지는지 검토해야 한다.

---

3) 대판 1987. 10. 13, 86다카1522 등.
4) 판례가 취하고 있는 제107조 제1항 단서의 유추적용설에 의하면, X가 병의 배임적 의도를 안 때뿐만 아니라 알 수 있었을 때에도 계약의 효력이 부정된다.

2. Y은행이 채무불이행책임을 지는지 여부

(1) 임치의 의의와 수치인의 의무

임치는 당사자 일방(임치인)이 상대방(수치인)에 대하여 금전이나 유가증권 기타의 물건의 보관을 위탁하고, 상대방이 이를 승낙함으로써 성립하는 계약이다(693조). 임치계약의 경우에 수치인은 임치물 보관의무가 있다. 수치인이 목적물을 보관하는 데 베풀어야 하는 주의의 정도는 임치가 유상인가 무상인가에 따라 다르다. 무상의 수치인은 임치물을 「자기 재산과 동일한 주의」로 보관하면 되나(695조), 유상의 수치인은 선량한 관리자의 주의로 보관해야 한다(374조 참조). 다만, 상인이 그 영업범위 내에서 물건의 임치를 받은 경우에는, 보수를 받지 않은 때에도, 선관주의로 보관해야 한다(상법 62조).

또한 수치인은 임치가 종료한 때에는 임치물을 반환해야 한다. 만약 수치인이 선관주의를 다하지 못하여 임치물을 반환할 수 없게 되면, 그는 채무불이행(반환의무의 이행불능)을 이유로 손해배상을 해야 한다.

(2) 채무불이행

채무자가 채무의 내용에 좇은 이행을 하지 않은 때에는 채권자는 손해배상을 청구할 수 있다. 그런데 이러한 채무불이행은 채무의 존재를 전제로 한다. 즉 채무가 존재하지 않으면 손해배상을 청구할 수 없는 것이다. 채무가 성립했지만 그 존재를 주장할 수 없는 경우에도 마찬가지로 보아야 한다.

(3) 본 사안의 경우

본 사안에서 정이 병과 체결한 양도성예금증서의 보호예수계약은 일종의 임치계약이다. 그리고 이 경우에 수치인인 Y는 영업으로 임치를 인수하는 자로서 상인에 해당한다(상법 46조 14호). 따라서 Y는 임치물인 양도성예금증서를 보관할 의무가 있고, 임치가 종료하면 임치인인 X에게 반환해야 한다. 그리고 Y는 상인이므로 설사 보수를 받지 않기로 한 경우에도 선관주의로 양도성예금증서를 보관해야 한다. 한편 병은 임치물의 보관 및 반환에 관해서는 채무자인 Y의 이행보조자이다. 그런데 병은 선관주의를 다하지 않고 오히려 양도성예금증서를 임의로 빼돌려 을을 통해 갑에게 건네주었다. 그 결과 Y의 양도성예금증서의 반환의무는 이행불능으로 되었다. 그리고 그 경우의 병의 과실은 채무자인 Y의 과실로 의제된다(391조). 그리하여 일단 Y의 채무불이행(이행불능)책임이 성립한 것으로 보인다.

그러나 본 사안의 경우에는, 물음 1.에 대하여 논의한 것처럼, X는 Y에게 이 사건 보호예수계약의 효력을 주장하지 못한다. 따라서 Y가 양도성예금증서를 가지고 있지 않고, 그 결과 그것을 반환할 수 없어도, 채무불이행은 아니라고 해야 한다. 결국 X는 Y에게 채무불이행을 이유로 손해배상을 청구하지는 못한다.

3. Y가 불법행위책임을 지는지 여부

(1) 서   설

본 사안에서 병은 고의의 위법행위로 X에게 손해를 가하였다. 즉 병의 행위는 X에 대한 불법행위이다. 그리고 Y는 병의 사용자이다. 여기서 Y가 X에 대하여 사용자책임을 지는지 문제된다.

(2) 사용자책임의 요건

사용자책임이 성립하려면, ① 타인을 사용하여 어느 사무에 종사하게 하였을 것, 즉 사용관계의 존재, ② 피용자가 사무집행에 관하여 손해를 가했을 것, ③ 제3자에게 손해를 가했을 것, ④ 피용자의 가해행위가 일반 불법행위의 요건을 갖출 것(이설 있음), ⑤ 사용자가 면책사유 있음을 증명하지 못할 것이라는 요건을 갖추어야 한다(756조).

이들 요건 가운데 ②에 관하여 좀 더 살펴보기로 한다. 어떤 행위가 사무집행에 관한 행위인지가 문제된다. 그에 대하여 판례는, 원칙적으로 피용자의 직무범위에 속하는 행위이어야 할 것이지만 직무집행행위 자체는 아닐지라도 그 행위의 외형으로 관찰하여 마치 직무범위 내에 속하는 것과 같이 보이는 행위도 포함된다고 한다. 그리고 그러한 행위이면 피용자가 사리(私利)를 꾀하기 위하여 그 권한을 남용하여 한 경우도 사무집행행위로 본다(외형이론). 한편 판례는 피용자의 불법행위가 사무집행행위에 해당하지 않음을 피해자가 알았거나 중대한 과실로 알지 못한 경우에는, 피해자는 사용자책임을 물을 수 없다고 한다. 그리고 법인이 피해자인 경우 법인의 업무에 관하여 포괄적 대리권을 가진 대리인이 가해자인 피용자의 행위가 사용자의 사무집행행위에 해당하지 않음을 안 때에는 피해자인 법인이 이를 알았다고 보아야 하고, 이러한 법리는 그 대리인이 본인인 법인에 대한 관계에서 이른바 배임적 대리행위를 하는 경우에도 마찬가지라고 한다.5)

(3) 본 사안의 경우

본 사안에서 Y와 가해자 병 사이에는 사용관계가 존재한다(①의 요건 구비). 그리고 제3자인 X에게 손해를 발생시켰다(③의 요건 구비). 또한 병의 가해행위는 일반 불법행위의 요건을 갖추었다(④의 요건 구비). 그런가 하면 Y의 면책사유 증명은 없다(⑤의 요건 구비). 그런데 ②의 요건에는 문제가 있다. 본 사안의 경우에 병은 Y의 대리인으로 배임적 의도를 가지고 대리행위를 하여 X에게 손해를 가하였다. 그렇지만 판례의 외형이론에 의하면 병은 사무집행에 관하여 X에게 가해행위를 한 것이 된다. 다만, 피해자인 X의 업무에 관하여 포괄적 대리권을 가지는 갑이 병의 가해행위가 Y의 사무집행행위에 해당하지 않음을 알고 있었기 때문에, X가 악의라고 보아야 하고, 따라서 판례에 따르면 X는 Y에 대하여 사용자책임을 묻지 못한다.

---

5) 대판 2005. 12. 23, 2003다30159; 대판 2007. 9. 20, 2004다43886.

Ⅲ. 물음 3.에 대하여

1. 논점의 정리

본 문제의 물음에 답하려면 갑·을·병 각각에 대하여 채무불이행책임 또는 불법행위 책임이 있는지를 모두 검토하여야 한다. 그 결과 만약 2인 이상이 책임을 지는 경우에는 그들의 책임 사이의 관계도 논의해야 한다.

2. 갑의 책임 여부

(1) 채무불이행책임 문제

갑은 X의 대표이사가 되기 전에는 X와 위임관계에 있었다고 보아야 한다. 그 결과 갑은 수임인으로서 위임의 본지에 따라 선량한 관리자의 주의로써 위임사무를 처리해야 한다 (681조). 그럼에도 불구하고 본 사안의 경우 갑은 선관주의를 다하지 않고, 오히려 을 등과 공모하여 고의로 X에게 손해를 가하였다. 따라서 X는 갑에 대하여 채무불이행을 이유로 손해배상을 청구할 수 있다.

(2) 불법행위책임 문제

갑의 일련의 행위는 X에 대하여 불법행위가 된다(750조). 따라서 X는 갑에 대하여 불법행위를 이유로 손해배상을 청구할 수 있다.

(3) 갑의 두 책임의 관계

계약책임과 불법행위책임의 관계에 관하여 다수설·판례는 청구권이 경합한다는 입장 (청구권 경합설)에 있는데, 그에 따르면 X는 두 책임 중 어느 것이든지 선택적으로 물을 수 있다.

3. 을의 책임 여부

(1) 채무불이행책임 문제

을은 X의 직원이다. 그러므로 X와 을 사이에는 고용계약이 체결되어 있을 것이다. 고용계약의 경우에는 피용자는 명문규정이 없어도 선관주의로 노무를 제공할 의무가 있다. 그럼에도 불구하고 본 사안에서 을은 선관주의를 다하지 않고, 오히려 갑 등과 공모하여 고의로 X에게 손해를 가하였다. 따라서 X는 을에 대하여 채무불이행을 이유로 손해배상을 청구할 수 있다.

(2) 불법행위책임 문제

본 사안에서 을의 행위는 X에 대하여 불법행위가 된다(750조). 따라서 X는 을에 대하여 불법행위를 이유로 손해배상을 청구할 수 있다.

⑶ 을의 두 책임의 관계

청구권 경합설에 의할 때 X는 을에 대하여도 어느 책임이든지 선택적으로 물을 수 있다.

4. 병의 책임 여부

⑴ 채무불이행책임 문제

본 사안의 경우에 X와 병 사이에는 고용계약이 체결된 것도 아니고 다른 특별한 채권관계도 없다. 그러므로 병이 X에 대하여 채무불이행책임을 질 여지는 없다.

⑵ 불법행위책임 문제

본 사안에서 병의 행위는 X에 대하여 불법행위가 된다(750조). 따라서 X는 병에 대하여 불법행위를 이유로 손해배상을 청구할 수 있다.

5. 갑 · 을 · 병의 책임의 관계

⑴ 갑 · 을 · 병의 가해행위가 공동불법행위인지 여부

본 사안에서 갑 · 을 · 병의 가해행위는 각자의 행위가 각각 독립해서 불법행위의 요건을 갖추고 있고, 판례의 객관적 공동설에 의하면 각 행위자의 가해행위 사이에 관련 · 공동성도 있다.[6) 따라서 갑 · 을 · 병의 가해행위는 협의의 공동불법행위에 해당한다. 그 결과 갑 · 을 · 병은 X에 대하여 연대하여 손해를 배상할 책임이 있다(760조 1항). 여기의 「연대」의 의미에 관하여 통설 · 판례는 부진정연대채무로 이해한다. 그러나 사견은 민법상의 연대채무라고 이해하는 입장이다.

⑵ 갑 · 을의 채무불이행책임 사이의 관계

갑과 을이 부담하는 채무불이행책임도 그것들이 실질적 · 경제적으로는 하나의 채무이어서 그중 1인의 전부 급부가 있으면 다른 자의 채무도 소멸해야 하므로, 부진정연대채무의 관계에 있다고 보아야 한다.

그런가 하면 X는 갑 · 을에 대하여 채무불이행책임이나 불법행위책임을 선택적으로 물을 수 있으므로, X회사에 대한 갑 · 을 · 병의 채무는 그것이 채무불이행으로 인한 것이든 불법행위로 인한 것이든 그 모두가 부진정연대채무의 관계에 있다고 할 것이다.

---

6) 공동불법행위의 요건에 관하여 자세한 점은 [96]번 문제의 해설 참조.

[12] 타인의 명의를 사용하여 행한 법률행위(1)

문 제

갑은 장난삼아 중국음식점 주인인 A에게 전화를 걸어 자기가 그(갑)의 이웃인 을이라고 하면서, 3일 후에 자신의 집에서 가든파티를 하려고 하니 30인분의 음식과 술을 준비하여 그 곳으로 가져오라고 하였다. A는 약속한 일시에 음식 등을 가지고 을의 집으로 갔다. 그런 데 을은 자기 집에서 모임이 있기는 하지만 음식 등은 주문한 일이 없다고 하면서 수령을 거절하였다. A는 약간의 조사 끝에 음식 등을 주문한 자가 을이 아니라 갑임을 알게 되었다. 이 경우의 법률관계를 논하시오.

I. 문제의 제기

본 사안에서 갑은 자신이 을인 것처럼 A에게 전화를 하여 음식과 술을 주문하였다. 이는 갑이 을의 대리인으로서 한 것이 아니다. 만약 갑이 을의 — 유권(有權)의 또는 무권(無權)의 — 대리인으로서 행위하려 하였다면 그는 대리의사를 가지고 자신이 대리인임을 밝혔을 것이다. 그런데 본 사안의 경우에 갑은 자신이 마치 을인 것처럼 행위하였고, 갑과 을이 다른 사람임을 드러내지 않았다. 그런가 하면 갑이 자신으로서 행위한 것도 아니다. 그는 자신이 행위할 의사를 가지고 행위를 하였지만 갑 자신의 이름이 아니고 을의 이름으로 행위를 하였다. 즉 본 사안에서의 갑의 행위는 대리인으로서의 행위도 아니고 자신의 이름으로 하는 통상의 법률행위도 아닌 특수한 것이다.

이러한 본 사안의 경우에 갑·을·A 사이의 법률관계를 논하려면 우선 음식 등의 주문계약이 성립하는가, 성립한다면 그 당사자는 누구인가를 확정하여야 한다. 왜냐하면 음식 등의 주문계약의 당사자가 갑과 A인지 을과 A인지에 따라 법률관계가 달라지기 때문이다.

이하에서 먼저 본 사안과 같이 타인의 이름(명의)을 사용하여 행한 법률행위에 있어서 법률행위(계약)의 성립 여부 및 그 당사자에 관한 이론을 살펴보고, 그것을 바탕으로 하여 본 사안에서의 법률관계를 논하기로 한다.

II. 타인의 명의를 사용하여 행한 법률행위에 관한 이론

1. 서　설

실제의 거래관계에 있어서 어떤 자가 자신으로서는 행위할 수 없거나 자신을 숨기기 위하여 또는 기타의 이유로 타인의 명의(이름)를 사용하여 법률행위(또는 그 밖의 행위)를 하는 경우가 자주 있다. 이러한 경우에는 행위자는 명의인을 위하여 행위한다는 것을 표시하지 않고 오히려 자신을 위하여(자신의 이름으로) 행위한다고 표시한다. 그러나 그럼에 있어서 자신의 명의가 아닌 다른 이름을 언급하고 자신이 마치 그 명의인인 것처럼 행동한다. 즉 보통의 대리행위와도 다르고 또 자신의 이름으로 하는 통상의 법률행위와도 다르다. 따라서 이러한 행위에 있어서는 무엇보다도 먼저 그와 같은 법률행위가 행위자 자신의 행위인지 아니면 명의인의 행위인지가 문제된다. 그리고 명의인의 행위라고 할 경우에는 거기에 대리에 관한 법률규정이 적용되는지도 문제된다.

여기에 관한 학설·판례를 정리한 뒤, 그것들을 검토하고 사견을 제시하기로 한다.

2. 판　례

판례는 대판 1995. 9. 29, 94다4912 이전과 이후로 나누어 살펴보아야 한다. 위의 판결 이후에는 판례의 태도가 크게 달라졌기 때문이다.

(1) 대판 1995. 9. 29, 94다4912 이전의 판례

종래 타인의 명의를 사용하여 법률행위(또는 기타의 행위)를 한 경우에 관하여 우리의 판례는 통일적·일반적인 원칙을 세우지 않고 있었다. 그리고 과거의 판례 중에는 명의신탁의 법리를 적용한 것이 있는가 하면, 대리의 관점에서 처리한 것도 있고, 또 개별적으로 단순한 당사자 확정의 문제로 해결한 것도 있다.

1) 명의신탁의 법리를 적용한 경우

우리 대법원은 과거에 어떤 자가 타인의 명의를 사용하여 법률행위 또는 그 밖의 행위를 한 몇몇 경우에 관하여 명의신탁의 법리를 적용하였다. 구체적으로는 타인 명의로 임야를 사정받거나[1] 귀속재산(농지나 임야)을 불하받은 경우,[2] 타인 명의로 전화가입 청약을 한 경우,[3] 다수의 자가 그중 1인의 대표자 명의로 입찰한 경우,[4] 또는 타인 명의로 부동산을 매수한 경우[5]에 명의신탁의 성립을 인정하였다. 이들 경우에는 아마도 행위자와 명의인(타인) 사이에 명의신탁에 관한 합의가 존재하고 있었을 것이다.

---

1) 대판 1971. 5. 24, 71다512; 대판 1971. 5. 24, 71다625.
2) 대판 1959. 1. 29, 4291민상148·149; 대판 1978. 5. 23, 78다217·218; 대판 1978. 5. 23, 78다219.
3) 대판 1971. 9. 28, 71다1382.
4) 대판 1957. 10. 21, 4290민상368.
5) 대판 1966. 9. 6, 65다1271; 대판 1971. 9. 28, 71다1485; 대판 1989. 11. 14, 88다카19033. 이들 판결에서는 매매계약에 있어서의 매수인 명의의 신탁을 인정하였다.

2) 대리법의 적용을 문제삼은 경우

우리의 판례는 — 대리권 있는 — 대리인이 직접 본인 이름을 표시하여 법률행위를 한 경우는 대리의 문제로 다루고 있다. 그러한 경우 가운데에는 대리인이 대리권의 범위 안에서 행위한 때도 있고, 대리권의 범위를 넘어서서 행위한 때도 있다.

판례에 의하면, 대리인은 반드시 대리인임을 표시하여 의사표시를 하여야 하는 것이 아니고 본인 명의로도 할 수 있다고 한다.6) 나아가 대법원은 그러한 행위는 유효하고 그 효력은 본인에게 미친다고 한다.7)

위와 같이 대리인이 대리권의 범위 안에서 본인의 명의를 사용하여 행위한 경우와 달리, 대리인이 본인처럼 행세하여 「대리권의 범위를 넘어서서」법률행위를 한 경우에 관하여는, 제126조의 표현대리가 성립할 수 없지만 그 법리를 유추적용하여 본인에게 책임을 지울 수 있다고 한다.8)

3) 그 밖에 개별적으로 해결한 경우

그 밖에 대법원에 의하여 개별적으로 해결된 경우도 있다. 그것은 명의신탁의 성립을 인정할 수도 없고 또 대리권 있는 자가 법률행위를 하지도 않은 경우에 그렇다. 대법원은 종래 그러한 경우에 관하여 특별한 원칙이 없이 개별적으로 판단하였다.9)

(2) 대판 1995. 9. 29, 94다4912 이후의 판례

1995. 9. 29.의 판결 이후 판례 태도의 대전환이 일어났다. 우선 이 판결에서 「타인 명의를 임의로 사용하여 계약을 체결한 경우」에 관하여 새로운 법리를 채용하였으며, 그 후속 판결도 여러 개 나와 확고해졌다.10)

그 판결에서 대법원이 채용한 법리는 다음과 같다. 즉 「타인의 이름을 임의로 사용하여 계약을 체결한 경우에는 누가 그 계약의 당사자인가를 먼저 확정하여야 할 것으로서, 행위자 또는 명의인 가운데 누구를 당사자로 할 것인지에 관하여 행위자와 상대방의 의사가 일치한 경우에는 그 일치하는 의사대로 행위자의 행위 또는 명의인의 행위로서 확정하여야 할 것이지만, 그러한 일치하는 의사를 확정할 수 없을 경우에는 계약의 성질, 내용, 목적, 체결경위 및 계약체결을 전후한 구체적인 제반사정을 토대로 상대방이 합리적인 인간이라면 행위자와 명의자 중 누구를 계약당사자로 이해할 것인가에 의하여 당사자를 결정하고, 이에 터잡아 계약의 성립 여부와 효력을 판단함이 상당할 것이다」라고 한다. 이는 그 판결 이전에 저자가 주장하던 이론 그대로이다.

그 뒤 대판 1998. 3. 13, 97다22089에서는 「타인의 허락 하에」타인의 이름을 사용한

---

6) 대판 1963. 5. 9, 63다67.
7) 대판 1987. 6. 23, 86다카1411.
8) 대판 1988. 2. 9, 87다카273; 대판 1993. 2. 23, 92다52436.
9) 자세한 사항은 송덕수, "타인의 명의를 사용하여 행한 법률행위," 사법연구 제 2 집, 1994, 343면-345면 참조.
10) 대판 1995. 10. 13, 94다55385; 대판 1996. 7. 30, 95다1019; 대판 1996. 11. 26, 96다32003 등.

경우에 관하여 전술한 임의사용의 경우에 있어서의 법리를 일반화시켜 판시한 뒤 적용하였다. 그리고 그 후속 판결도 나와서 확고해졌다.[11]

이것은 종래 판례의 1)의 경우와 3)의 경우에 대하여 실질적으로 태도를 변경한 것이다. 외견상으로는 대판 1998. 3. 13, 97다22089가 이 법리를 완전히 일반화시키고 있어서 종래 판례의 2)의 경우(대리법을 문제삼은 경우)까지 포함되어 있다고 할 수 있으나, 대법원이 2002년에 제126조의 표현대리와 관련하여 종래의 판례와 같은 판시를 한 것[12]으로 보아 2)의 경우는 제외되어 있다고 이해하여야 한다.

3. 학   설

우리의 학설은 종래 — 후술하는 사견을 제외하고는 — 대체로「타인의 명의를 사용하여 행한 법률행위」일반에 관하여가 아니고, 단지 대리인이 본인 자신이 하는 것과 같은 외관으로 행위하는 경우에 관하여만 그다지 깊이는 없게 논의하고 있다.

그리고 그러한 경우의 취급에 관하여 견해가 대립하고 있다. 다수설은 대리인에게 대리의사가 있는 것으로 인정되는 한 유효한 대리행위로 보아야 할 것이라고 한다.[13] 그에 비하여 소수설은 본인의 수권행위가 있고 그 수권행위에 기한 대리인의 법률행위가 있으면 대리인이 본인으로 행세하였다고 하더라도 당연히 그 법률행위의 법률효과는 본인에게 발생하게 된다고 하면서, 유권대리와 무권대리를 나누어 설명한다.[14]

한편 최근에는 타인 명의 사용행위 일반에 관하여 사견을 지지하는 견해도 주장되고 있다.[15]

4. 검토 및 사견

(1) 판례와 학설의 검토

먼저 우리의 종래 판례는「타인 명의를 사용하여 행한 법률행위」의 경우를 통일적으로가 아니고 개별적으로 해결하고 있는 점에서 문제가 있다. 그러한 법률행위의 각 경우들이 판례가 구분한 것처럼 나누어져야 할 합리적인 이유는 없으며, 그것들은 동일한 이론에 의하여 해결되어야 마땅하다. 그에 비하여 새로운 판례는 타당하다. 다만, 추후에 대리인의 경우에도 같은 법리로 규율할 것이 필요하다.

그런가 하면 전술한 우리의 학설 가운데 대리인과 관련한 것은 모두 만족스럽지 않다.

---

11) 대판 1998. 5. 12, 97다36989; 대판 1999. 6. 25, 99다7183; 대판 2003. 9. 5, 2001다32120; 대판 2007. 9. 6, 2007다31990 등.
12) 대판 2002. 6. 28, 2001다49814.
13) 대표적으로 곽윤직, 총칙, 269면.
14) 이영준, 총칙, 586면.
15) 김상용, 총칙, 548면. 김증한·김학동, 총칙, 415면도 유사하다.

다수설은 우선 대리권 없는 자가 본인 명의를 사용하여 행위하는 경우에 관하여는 언급이 없다. 그리고 대리의사의 유무로 대리행위 여부를 결정하는 것이 바람직한지도 의문이다. 한편 소수설은 다수설과는 달리 대리권 없이 본인 명의를 사용하여 행위한 경우에 관하여도 다루고 있기는 하나, 대리행위와 행위자 자신의 행위가 어떤 표준에 의하여 구별되어야 하는지가 불분명하고, 또 개별적인 경우들의 분류방법 및 내용도 탐탁치 않다.

   (2) 사   견

   전술한 바와 같이, 판례와 학설이 모두 만족스럽지 않으므로 여기서는 독자적인 입장에서 「타인 명의를 사용하여 행한 법률행위」에 관하여 문제되는 점을 검토하고, 사견을 정리하려고 한다.

   먼저 타인 명의를 사용하여 행한 법률행위에 대리에 관한 법률규정이 적용 또는 유추적용되는지 여부가 문제된다. 오늘날 학자들은 거의 예외없이 이를 긍정한다. 그러나 그러한 행위의 전부에 대하여 대리규정의 결과가 인정되지는 않음을 주의하여야 한다. 그러한 행위 가운데에는 행위자 자신의 행위라고 인정되어야 하는 경우가 있다. 그러한 때에는 대리의 문제는 생기지도 않는다. 그에 비하여 명의인의 행위라고 인정되는 경우에는, 행위자가 단순히 사자(使者)라고 인정되지 않는 한, 대리의 문제가 생긴다. 물론 그러한 경우 중에는 대리규정이 직접 파악하여 여기에서 논의할 필요가 없는 때도 있다. 상대방이, 본인 명의를 사용하여 행위한 자가 대리인으로서 한 것임을 알았거나 알 수 있었을 때에 그렇다 (115조 단서의 유추적용). 그리고 보면 「타인 명의를 사용하여 행한 법률행위」가 명의인의 행위로 인정되고 상대방은 행위자가 그것을 대리인으로 한 것임을 알 수도 없었던 경우에만 대리에 관한 규정이 적용 또는 유추적용될 수 있음을 알 수 있다. 그러하는 한, 행위자에게 대리권이 있는지는 묻지 않는다.

   그러면 그와 같은 경우에 대리규정이 직접 적용되는가 유추적용되는가? 직접 적용하든 유추적용하든 결과에 있어서는 차이가 없기 때문에 이러한 논의는 실제문제의 해결에 있어서 큰 의미가 없다. 그러나 문제해결에 접근하는 방법에서는 다르기 때문에 논의의 필요성은 있다고 할 것이다. 생각건대 대리행위에 있어서 현명은 반드시 엄격한 형식을 갖추어야 하는 것은 아니다. 그러므로 타인 명의 사용행위와 같이 대리인의 표시가 없이 본인만 표시된 경우에도 현명이 있었던 것으로 보아 무리가 없다. 이처럼 현명의 요건도 갖추어진 만큼 타인 명의 사용행위가 명의인의 행위로 인정된 때에는 대리행위라고 하여야 하며, 그 결과 거기에는 대리규정이 직접 적용된다고 새겨야 한다. 그리고 보면 타인 명의를 사용하여 행한 법률행위에 있어서 중요한 것은 그 법률행위가 행위자와 명의인 가운데 누구의 것이냐, 즉 당사자가 누구인가를 결정하는 데 있다.

   타인 명의를 사용하여 행한 법률행위에 있어서 누가 행위당사자로 되는가는 법률행위의 해석에 의하여 결정되어야 한다. 법률행위의 해석에 관하여 여기에서 자세히 논할 수는 없으므로 해석에 관한 사견을 적용한 결과만을 정리하기로 한다. 우선 행위자 또는 명의인 가운데 누구를 당사자로 하는지에 관하여 행위자와 상대방의 의사가 일치한 경우에는 그 일치하는 의사대로 행위자의 행위 또는 명의인의 행위로서 확정되어야 한다(자연적 해석). 만일 그러한 일치하는 의사가 확정될 수 없는 경우에는 이제 규범적 해석을 하여야 한다. 즉 구체적인 경우의 제반사정 위에서 합리적인 인간으로서 상대방이 행위자의 표시를 어떻게 이해했어야 하는가에 의하여 당사자가 결정되어야 한다. 행위자의 내적 의사는 중요하지 않다. 이와 같은 방법에 의하여 해석한 결과, 법률행위가 행위자 자신의 행위로 인정되는 경우에는 명의인 표시는 이름의 잘못된 표시(falsa demonstratio)에 불과하며 명의인에게는 아무런 효과도 발생하지 못하고, 따라서 명의인은 추인에 의하여 법률효과를 자기에게 귀속시킬 수도 없다. 그것은 대리행위가 아니기 때문이다. 그에 비하여 명의인의 행위로 인정되는 경우에는 대리행위가 되므로 거기에는 대리에 관한 규정이 적용되어야 한다. 행위자에게 대리권이 없는 때에도 마찬가지이다.

Ⅲ. 갑·을·A 사이의 법률관계

1. 음식 등 주문계약의 성립 여부 및 당사자

전술한 바와 같이, 어떤 자가 타인 명의를 사용하여 법률행위를 하였더라도 그 행위의 성립이 부정되지는 않는다. 단지 그 법률행위의 당사자가 누구이냐, 그리하여 대리규정이 적용되느냐가 중요할 뿐이다.

따라서 본 사안의 경우에 음식 등의 주문계약은 성립한다. 그런데 문제는 그 계약의 당사자가 누구이냐이다. 본 사안의 경우에 갑은 을의 이름을 사용하여, 즉 마치 그가 을인 것처럼 행세하여 A에게 음식 등을 주문하였다. 타인의 이름을 사용하여 법률행위를 한 것이다. 이때 계약의 일방당사자가 A임은 의문의 여지가 없다. 그런데 상대방이 갑과 을 중 누구인가는 법률행위(계약)의 해석에 의하여 결정되어야 한다. 이 경우에 갑과 A 사이에, 갑 또는 을을 당사자로 한다는 의사의 일치는 없다. 갑은 음식 등의 주문의사가 없었으면서 을이 주문한 것처럼 했고, 또 을이 실제로 그런 의사가 있다고 생각하지도 않았으며, A는 갑을 을이라고 생각하였기 때문이다. 그러므로 규범적 해석을 하여야 한다. 그런데 갑은 아마도 이웃인 을의 주소를 말했을 것이고, A로서는 갑을 을 주소에 사는 자, 그리하여 을이라고 믿었을 것이고 또 합리적으로 생각한다면 그랬어야 한다. 그리고 여기의 행위는 신용행위이다. 신용행위에 있어서 상대방인 A는 마땅히 당사자로 을을 생각했어야 한다. 그러므로 본 사안에서 계약은 A와 을 사이에 성립했다고 할 것이다(명의인의 행위). 따라서 거기에는 대리규정이 적용된다. 그러나 이 경우에 갑에게는 대리권이 없기 때문에 무권대리규정이 적용된다. 한편 본 사안에서 갑에게 음식 등을 주문할 의사가 없었다고 하여 주문의 의사표시가 비진의표시로서 무효가 되지는 않는다. A로서는 갑의 진의 아님을 알 수도 없었기 때문이다(107조 1항 참조).

2. 대리규정 적용의 결과

본 사안의 경우에 있어서 무권대리규정이 적용되는 결과 을은 그 계약에 당연히 구속되지는 않는다. 다만, 을은 제130조에 의하여 무권대리행위를 추인할 수 있다. 가령 파티에 음식이 필요하여 그것을 인정할 수는 있다. 을의 추인이 없는 경우에는 갑은 제135조에 의하여 A의 선택에 좇아 이행(대금지급) 또는 손해배상책임을 진다. 한편 표현대리규정도 적용되기 때문에 표현대리로 될 수 있는 경우에는 상대방인 A는 그 요건을 증명하여 본인인 을에게 책임을 물을 수 있다. 그러나 본 사안에서는 표현대리의 요건을 갖출 가능성이 없다.

3. 기   타

그 밖에 을이 A와의 계약을 추인하지 않은 경우에는 갑의 행위가 A에 대한 불법행위로 될 수도 있다. 불법행위의 성립요건인 가해행위, 가해자(갑)의 고의·과실, 책임능력, 위법성, 가해행위로 인한 손해발생 중 책임능력 유무를 제외하고는 모두 갖추어진 것으로 보인다. 이처럼 불법행위가 성립하는 때에는 A의 ① 이행청구권 또는 채무불이행으로 인한 손해배상청구권(135조 참조)과 ② 불법행위로 인한 손해배상청구권이 경합하여 존재한다고 하여야 한다(통설·판례인 청구권 경합설의 입장).

[13] 타인의 명의를 사용하여 행한 법률행위(2)

〈공통된 기초사실〉

신용불량자인 안태섭(아래에서는 A라고 함)이라는 사람이 금전이 필요하여 B로부터 금전을 빌리려고 하였다. (다음 두 문제는 별개의 것임)

[제 1 문]

〈추가된 사실관계〉

A는 자신의 이름으로 금전을 빌리다가 신용불량자인 사실이 드러날까봐 자신이 과거에 길에서 주운 김희철(아래에서는 K라고 함)의 주민등록증을 이용하여 K의 이름으로 금전을 빌리려고 하였다. A는 K의 주민등록증에 교묘하게 자신의 사진을 넣은 것을 B에게 제시하고 자신이 K라고 하면서 100만원을 3개월 동안 빌려달라고 하였다. B는 K의 모습을 알지 못하였기 때문에 A가 제시한 주민등록증을 올바른 것으로 믿고 K를 차용인(차주)으로 하는 소비대차계약서를 작성한 뒤 A에게 100만원을 건네주었다. 그런데 그 후 A는 B에게 채무를 변제하지 않았다.

이 경우에 B는 K에게 100만원의 지급을 청구할 수 있는가? 만약 B가 K에게 청구할 수 없다면 B는 누구에게 어떤 내용의 권리를 행사할 수 있는가?

[제 2 문]

〈추가된 사실관계〉

A는 자신의 이름으로 금전을 빌리다가 신용불량자인 사실이 드러날까봐 실제로는 존재하지 않는 타인(허무인)의 운전면허증을 위조하여 그의 이름으로 금전을 빌릴 계획을 세우고 그대로 실행하였다. 그리하여 A는 박영환(아래에서는 P라고 함)이라는 이름으로 운전면허증을 위조하고 P의 인장도 새긴 뒤 그것들을 B에게 가지고 가서 그것을 제시하고서 B로부터 100만원을 빌렸다. 물론 소비대차계약서에 차주로는 P라고 기재하였다.

이 경우에 소비대차계약은 누구와 체결되는가? 그리고 그 계약은 유효한가?

Ⅰ. [제 1 문]에 대하여

1. 논점의 정리

본 문제의 논점을 정리하면 다음과 같다.

(1) 우선 본 사안의 경우에 계약이 유효하게 성립하는지를 검토해야 한다.

(2) 계약이 유효하게 성립하는 경우에 그 계약의 당사자가 누구인지를 살펴보아야 한다. 여기에 대해서는 타인 명의 행위에 관한 판례도 있다.

(3) 계약의 당사자가 K일 경우에 거기에 대리규정이 적용되는지, 그리고 그 구체적인 결과는 어떻게 되는지를 검토해야 한다.

2. 계약의 성립 여부

⑴ 계약의 성립요건

계약은 — 그것이 낙성계약일 경우 — 둘 이상의 계약당사자의 의사표시의 일치에 의하여 성립한다. 계약을 성립시키는 이러한 의사표시의 일치를 합의라고 한다.

합의는 적어도 계약의 본질적인 구성부분에 관하여 행해져야 한다. 그에 비하여 민법이 각각의 계약유형에 있어서 상세히 규정하고 있는 사항이나 모든 계약에 공통적으로 적용되는 일반규정이 규율하는 사항에 관하여는 당사자가 특별히 합의할 필요가 없다. 다만, 민법이 규정하고 있는 사항일지라도 당사자 일방이 법률규정(임의규정에 한함)과 다른 합의가 필요함을 표시한 때에는 예외이다.[1]

⑵ 소비대차의 성립요건

본 사안의 경우에 성립이 문제되는 계약은 소비대차이다. 따라서 소비대차의 성립요건을 살펴보기로 한다.

소비대차는 낙성계약이므로 당사자의 일정한 합의만 있으면 성립한다. 그 합의는 적어도 ① 대주가 금전 기타 대체물을 차주에게 이전하여 일정기간 동안 이용하게 할 것과 ② 반환하여야 할 시기에 차주가 그가 빌려 쓴 것과 동종·동질·동량의 물건을 반환할 것에 대하여 이루어져야 한다. 그 밖의 사항은 약정을 하지 않아도 무방하다.

⑶ 본 사안의 경우

본 사안의 경우에는 A 또는 K와 B 사이에 위 ⑵의 ①·②에 관하여 합의가 존재한다. 그리고 그들 사이에 그 밖의 사항에 대하여 합의가 필요하다고 표시된 것은 없다. 따라서 A 또는 K와 B 사이에 소비대차계약이 성립한다.

3. 소비대차계약의 당사자가 누구인지

⑴ 타인의 명의를 사용하여 행한 법률행위에 관한 이론

(여기에 관하여는 [12]번 문제 Ⅱ. 참조)

⑵ 본 사안의 경우

본 사안에서는 A가 타인인 K의 허락 없이 K의 이름을 임의로 사용하여 계약을 체결하

---

1) 동지 대판 2003. 4. 11, 2001다53059.

였다. 이 경우에 계약의 당사자가 누구인지는 새로운 판례2)에 따라 판단하는 것이 적절하다. 그리하여 보건대, 이 사안에서 A와 B 사이에 A와 K 가운데 누구를 계약의 당사자로 할 것인가에 관하여 의사의 일치가 없다. 그러므로 계약의 성질, 내용, 목적, 체결경위 및 계약체결을 전후한 구체적인 제반사정을 토대로 상대방인 B가 합리적인 인간이라면 A와 K 중 누구를 계약당사자로 이해할 것인가에 의하여 당사자를 결정해야 한다. 그렇게 한다면 B는 K를 계약당사자로 이해했어야 마땅하다. 소비대차는 신용계약이고, 따라서 대주인 B는 신분증으로 확인한 K를 장차 대여금을 반환할 상대방으로 이해하는 것이 합리적이기 때문이다. 결국 본 사안의 경우에 소비대차계약의 당사자는 K와 B이며, A는 당사자가 아니다.

4. 이 경우에 대리규정이 적용되는지

(1) 타인 명의 행위가 명의인의 행위로 인정되는 경우의 적용규정

타인 명의 행위가 명의인의 행위로 인정되는 경우, 즉 명의인이 당사자로 되는 경우에는, 그 모습이 대리의 경우와 유사하다. 따라서 그러한 경우에는 대리에 따른 법률효과가 인정되는 것이 바람직하다. 그럼에 있어서 대리규정이 직접 적용되는가, 유추적용되는가는 대리행위의 경우에 「현명」을 어떻게 이해하느냐, 즉 「현명」을 엄격하게 요구하느냐에 따라 결정된다. 「현명」을 엄격하게 요구하지 않으면 대리규정이 직접 적용된다고 하게 되고,3) 「현명」을 엄격하게 요구하면 대리규정이 유추적용된다고 하게 된다. 대리규정이 적용(또는 유추적용)되는 것은 행위자에게 대리권이 없는 경우에도 마찬가지이다. 즉 그때에도 대리규정이 적용(또는 유추적용)되며, 다만 무권대리에 관한 규정이 적용(또는 유추적용)된다.

(2) 본 사안의 경우

본 사안의 경우에 A는 K의 허락을 받지 않고 K의 이름을 사용하여 B와 소비대차계약을 체결하였다. 즉 A는 K를 대리할 권한이 없었다. 따라서 이 경우에는 무권대리규정이 적용된다.

5. B의 청구의 상대방과 청구내용(결론)

본 사안의 소비대차계약은 K와 B 사이에 성립하나, 거기에는 무권대리규정이 적용되므로, B는 K에게 변제를 청구할 수 없다. 다만, K가 위 계약을 추인하면 K에게 청구할 수 있다(130조·133조).

K가 위 계약을 추인하지 않는 한, 무권대리규정에 의하여 B는 A에게 이행이나 손해배상을 청구할 수 있다(135조 1항).

---

2) 대판 1995. 9. 29, 94다3912 등.
3) 사견은 이 입장에 있다.

II. [제 2 문]에 대하여

1. 논점의 정리

(1) 먼저 타인 명의 행위에서 그 타인이 허무인인 경우에 계약의 당사자를 어떻게 결정하는지 검토해야 한다. 그럼에 있어서 타인 명의 행위에 관한 판례가 적용되는지도 살펴보아야 한다.

(2) 허무인이 당사자인 경우에 그 계약이 유효한지 문제된다.

2. 명의인이 허무인인 경우의 계약당사자

(1) 여기에 관한 판례

판례는, 타인의 이름을 임의로 사용하여 계약을 체결한 경우의 당사자 결정에 관한 법리가 타인이 허무인인 경우에도 적용된다고 한다.[4]

(2) 본 사안의 경우

판례에 따르면, 본 사안의 경우에 계약의 당사자는 B와 허무인인 P이고, B와 A가 아니다.

3. P가 당사자인 경우에 계약이 유효하게 성립하는지 여부

(1) 판   례

판례는 계약당사자가 허무인인 경우에는 계약이 유효하게 성립할 수 없다고 한다.[5]

(2) 본 사안의 경우

판례에 따르면, B와 P 사이에 계약이 유효하게 성립할 수 없다.

〈참 고〉──────────────────────────────

문제에서 묻지는 않았으나, 판례는 허무인이 계약의 당사자가 되는 경우에는 부당이득법에 따라서 계약이 청산되어야 할 것이라고 한다.[6]

──

---

4) 대판 2012. 10. 11, 2011다12842.
5) 대판 2012. 10. 11, 2011다12842.
6) 대판 2012. 10. 11, 2011다12842.

[14] 일상가사대리권과 표현대리

문제

　해외 출장 중에 있는 A의 처(妻) B는 자신의 친정오빠의 사업자금을 조달해 줄 목적으로 A 몰래 A의 X토지를 팔 계획을 세웠다. 그러한 계획에 따라 B는 A와 전혀 의논함이 없이 자신이 보관하고 있던 A의 인감도장을 이용하여 위임장을 만들고 인감증명서를 발급받아 A의 X토지를 A의 명의로 C에게 팔고 소유권이전등기까지 해 주었다.

　이 경우에 A, B, C 사이의 법률관계를 논하시오.

Ⅰ. 문제의 제기

　본 사안에 있어서 B는 해외 출장 중인 A의 처로서 자신이 보관하고 있던 인감도장을 이용하여 A의 X토지를 A의 명의로 C에게 팔고 소유권이전등기까지 해 주었다. B가 대리행위의 형식으로 남편 A의 토지를 매도한 것이다.

　이러한 본 사안의 경우에는, 첫째로, A가 처 B에게 인감도장을 보관시킨 것이 임의대리권의 수여에 해당하는지가 문제된다. 그리고 만약 대리권 수여에 해당한다면, 본 사안의 매매가 그 대리권의 범위 안에서 행하여진 것인지도 살펴보아야 한다. 둘째로, 만일 B에게 인감도장을 보관시킨 것이 대리권의 수여가 아니라면, 본 사안의 매매가 B가 일상가사대리권의 범위 안에서 행한 것은 아닌지 문제된다. 셋째로, 만약 본 사안의 매매가 유권대리행위도 일상가사대리행위도 아니라면 이제 제126조의 표현대리는 아닌지 문제된다. 본 사안에 있어서 제126조의 표현대리의 성립은 ① 임의대리권에 기한 것, ② 기본대리권 없는 것, ③ 일상가사대리권에 기한 것의 세 가지가 검토되어야 한다.

　그리고 기술한 문제점에 관하여 논의한 결과에 따라 A-C, B-C, A-B의 구체적인 법률관계를 살펴보아야 한다.

Ⅱ. 임의대리의 성립 여부

1. 서　　설

　본 사안에서 X토지의 소유자인 A는 해외 출장을 가면서(혹은 그 이전부터) 자신의 인감도장을 처 B에게 보관시켰다. 이것이 A가 B에 대하여 대리권(임의대리권)을 수여한 것이 아닌지 문제된다.

2. 임의대리권의 수여

임의대리권은 대리권 수여행위(수권행위)에 의하여 발생한다. 실제에 있어서 수권행위는 보통 위임장을 수여하는 방식으로 행하여진다. 그러나 수권행위는 민법상 방식을 요하지 않는 불요식행위이다. 따라서 그것은 묵시적으로도 할 수 있다. 그 결과 위임장의 수여가 없어도 대리권 수여가 가능하다.

3. 본 사안의 경우

그러면 본 사안의 경우처럼 남편 A가 처 B에게 인감도장을 보관시킨 것이 수권행위에 해당하는가?

인감도장이나 등기필증 등의 문서를 처에게 보관시키는 것은 흔히 있는 일이고, 그러한 경우에 대리권 수여를 인정하는 것은 지나치다. 따라서 대리권 수여는 부정하여야 한다. 판례는 이 점에 관하여 비교적 관대한 편이나, 이는 옳지 않다.

본 사안에 있어서 대리권의 수여가 인정된다면 B의 X토지의 매도가 대리권의 범위 내에서 행하여진 것인지 검토해 보아야 하고, 그러기 위하여 B의 대리권의 범위도 확정하여야 한다. 그러나 사견에 의하면 본 사안의 경우에 B는 대리권이 없기 때문에 대리권의 범위 검토는 필요하지 않으며, B의 행위는 유권대리가 되지 못한다.

Ⅲ. 일상가사대리(日常家事代理)에 해당하는지 여부

1. 서 설

민법은 제827조 제 1 항에서 「부부는 일상의 가사에 관하여 서로 대리권이 있다」고 규정하고 있다. 이것이 부부의 일상가사대리권이다. 그리고 부부의 일방이 일상의 가사에 관하여 제 3 자와 법률행위를 한 때에는 다른 일방은 이로 인한 채무에 대하여 연대책임이 있다(832조).

그런데 본 사안에 있어서 B는 남편 A의 토지를 처분하였다. 이것이 일상가사대리에 해당하지는 않는지 문제된다.

2. 일상가사대리권

일상가사라 함은 부부의 공동생활에서 필요로 하는 통상의 사무이며, 그 내용·정도·범위는 각 가족에 대하여 개별적·구체적으로 결정된다. 이처럼 일상가사는 개별적·구체적으로 결정되나, 보통의 경우에는, 식료품·연료의 구입, 가옥의 임차, 집세의 지급, 공과금 납부, 자녀의 양육 등에 관한 사무는 일상가사의 범위 내에 속하고, 생활비가 아닌 목적으로 금전 소비대차를 하는 것, 가옥의 임대, 재산의 처분, 담보제공행위는 일상가사의 범위에 속하지 않는다.

견해에 따라서는 부부의 일방이 여행, 입원, 복역, 군복무 등으로 장기간 부재하는 경우에는 비상가사대리권을 부여한 것으로 추정하는 것이 타당하다고 한다.[1] 이에 의하면 가령 가족생활의 유지를 위하여 부동산을 처분하거나 저당권을 설정해 주는 것은 일상가사의 범위에 속하게 된다. 그러나 판례는 이를 인정하지 않는다.

3. 본 사안의 경우

본 사안에 있어서 B는 자신의 친정오빠의 사업자금을 조달해 줄 목적으로 남편 A의 토지를 매도하였다. 따라서 B가 A의 토지를 매각한 행위는 일상가사의 범위를 넘는 것이라고 하여야 한다. 즉 가령 B가 생활비를 위하여 토지를 매도하였더라도 일상가사 범위에 해당하는지에 관하여 논란이 될 수 있는데, 본 사안의 경우에는 그러한 목적의 매도도 아니기 때문에 일상가사의 범위 내의 것으로 인정될 수는 없다.

이처럼 본 사안에서의 B의 토지매매는 일상가사의 범위를 벗어난 것이므로 남편 A는 그에 대한 채무를 지지 않는다.

IV. 표현대리(表見代理)가 성립하는지 여부

1. 서   설

본 사안에서 B가 A의 X토지를 매도한 행위가 표현대리로 되는지가 문제된다. 본 사안의 경우에 만약 표현대리가 인정된다면 그것은 제126조의 표현대리(혹은 126조의 유추적용에 의한 것)일 것이다. 그리하여 제126조의 표현대리가 성립하는지를 살펴보아야 한다. 제126조의 표현대리의 성립 여부는 본 사안의 경우 ① 임의대리권에 기한 것, ② 기본대리권 없는 것, ③ 일상가사대리권에 기한 것 등 세 가지에 관하여 검토해 볼 수 있다.

아래에서 먼저 제126조의 표현대리의 요건을 간략히 살펴보고 위의 세 가지에 관하여 차례로 기술하기로 한다.

2. 제126조의 표현대리의 성립요건

제126조의 표현대리가 성립하기 위하여 갖추어야 하는 요건은 다음과 같다.

⑴ 기본대리권의 존재

대리인이 일정한 범위의 대리권, 즉 기본대리권을 가지고 있어야 한다(통설·판례). 전혀

---

1) 박병호, 친상, 100면.

대리권이 없는 자의 행위에는 표현대리가 성립하지 않는다. 사자(使者)와 같이 사실행위의 위임을 받은 경우도 마찬가지이다.

위와 같이 대리인이 기본대리권을 가지고 있어야 하나, 그 대리권이 권한을 벗어난 행위와 같은 종류의 대리권이거나 비슷한 것일 필요는 없다. 그리하여 가령 임야 불하의 동업계약을 체결할 수 있는 대리권을 가지고 있는 자가 본인 소유의 부동산을 매도한 경우에도 제126조의 표현대리가 성립한다. 그러나 기본대리권의 성격·범위 등이 다음의 요건인「정당한 이유」의 판정에 중요한 비중을 차지하게 된다.

(2) 권한을 넘은 대리행위

대리인이 권한 밖의 법률행위를 하였어야 한다. 대리인이 권한 내에서 법률행위를 하였으면 유권대리가 되며, 권한을 넘어서서 법률행위를 한 경우에 여기의 표현대리가 문제된다.

(3) 정당한 이유의 존재

1) 정당한 이유의 의미

대리인에게 대리권이 있다고 믿을 만한「정당한 이유」가 있어야 한다. 그런데 이것의 의미에 관하여는 견해가 대립한다. 다수설은 여러 사정으로부터 객관적으로 관찰하여 보통인이면 대리권이 있는 것으로 믿는 것이 당연하다는 의미, 즉 선의·무과실을 가리킨다고 한다.[2] 그에 비하여 어떤 견해는 법관이 변론종결 당시까지 존재하는 제반자료 및 사정을 종합하여 판단할 때 대리권의 존재가 명백하다고 할 수밖에 없는 경우에 정당한 이유가 있다고 한다.[3] 그런가 하면 이 둘의 절충적인 견해도 있다. 즉 정당한 이유는 상대방의 선의·무과실로 이해할 것은 아니며, 객관적으로 보아 대리권이 있다고 믿을 만한 사유로 이해할 것이라고 하면서, 정당한 이유의 존재시기는 정당한 이유를 선의·무과실로 이해하면 대리행위시를 기준으로 할 것이지만, 객관적인 사정으로 이해하면 변론종결시까지의 사정도 고려의 대상이 된다고 한다. 그리고 정당한 이유의 판단은 이성인을 기준으로 할 것은 아니고 보통인을 기준으로 하여야 할 것이라고 한다.[4]

판례는 다수설과 같다(강의, A-224 참조).

생각건대 입법자는 제126조의 표현대리는 제125조·제129조의 것보다 제한된 범위에서만 성립할 수 있게 하기 위하여「정당한 이유」를 요구하고 있는 것으로 판단된다. 따라서 그「정당한 이유」는 다수설처럼 상대방의 선의·무과실로 이해하여서는 안 된다. 그것보다는 좁게, 제반사정(대리행위 당시의 것)에 비추어 볼 때 보통사람이라면 대리권이 존재하는 것으로 믿었을 것이 분명하다고 여겨지는 경우에 정당한 이유가 있다고 하여야 한다. 여기의

---

2) 고상룡, 총칙, 570면; 곽윤직, 총칙, 281면; 김기선, 총칙, 311면; 김민중, 총칙, 652면; 김용한, 총칙, 377면; 김주수, 총칙, 464면; 김증한·김학동, 총칙, 445면; 이태재, 총칙, 314면; 장경학, 총칙, 592면; 황적인, 총칙, 234면.
3) 백태승, 총칙, 503면; 이영준, 총칙, 633면; 이은영, 총칙, 641면.
4) 김상용, 총칙, 632면.

판단을 함에 있어서는 기본대리권도 필수적으로 고려하여야 한다.

2) 정당한 이유의 증명책임

정당한 이유의 증명책임에 관하여는 세 가지 견해가 대립한다. 제 1 설(다수설)은 본인이 상대방의 악의나 과실을 증명해야 한다고 주장한다.[5] 이 견해는 법문상은 상대방에게 있는 것처럼 보이나 다른 표현대리와 구별할 이유가 없다고 한다. 제 2 설은 상대방이 정당한 이유가 있음을 증명해야 한다고 한다.[6] 제126조의 표현대리는 다른 표현대리와 성질에 있어서 다르며, 그러한 취지에서 법률규정에서도 제125조 · 제129조와 달리 규정하고 있다고 한다. 제 3 설은 선의의 증명은 상대방이 하고 과실의 증명은 본인이 해야 한다고 한다.[7]

판례는 제 2 설과 같다.[8]

생각건대 제126조는 그 법문으로 볼 때 제125조 · 제129조와 현저하게 구별되며, 그것은 의도적인 것으로 보아야 한다. 따라서 법문에 따라 표현대리를 주장하는 상대방이 정당한 이유가 존재함을 증명해야 할 것이다.

3. 임의대리권에 기한 표현대리의 성립 여부

앞에서 본 바와 같이, 본 사안의 경우 A가 B에게 인감도장을 맡긴 것은 임의대리권의 수여로 되지 못한다. 따라서 본 사안에 있어서 B는 대리권이 없다. 이처럼 B가 대리권(기본대리권)이 없어서 제126조의 표현대리는 성립할 수 없다.[9]

4. 기본대리권 없는 표현대리의 성립 여부

제126조의 표현대리는 기본대리권이 없는 경우에 성립할 수 없다. 그에 비하여 기본대리권이 없어도 제126조의 표현대리가 성립할 수 있다고 하는 입장[10]에서는 기본대리권의 존재는 제126조의 표현대리의 요건이 아니어서 다른 요건이 갖추어지면 표현대리의 성립이 인정될 수도 있다. 그러나 그러한 견해를 취하는 경우에도 정당한 이유를 인정하는 데 신중하여야 할 것이다.

5. 일상가사대리권에 기한 표현대리의 성립 여부

(1) 서　　설

B가 A의 토지를 매도한 행위가 부부의 일상가사대리권을 기본대리권으로 하는 제126

---

5) 곽윤직, 총칙, 281면; 김기선, 총칙, 312면; 김민중, 총칙, 655면; 김용한, 총칙, 378면; 김주수, 총칙, 465
면; 김준호, 총칙, 319면; 이태재, 총칙, 314면; 장경학, 총칙, 593면; 황적인, 총칙, 235면.
6) 고상룡, 총칙, 578면; 김상용, 총칙, 634면; 백태승, 총칙, 507면; 이영준, 총칙, 639면; 이은영, 총칙, 642면.
7) 김증한 · 김학동, 총칙, 446면.
8) 대판 1968. 6. 18, 68다694.
9) 만약 판례처럼 대리권 수여를 인정한다면 표현대리의 성립도 가능할 수 있다.
10) 일본에는 그러한 견해가 있다.

조의 표현대리로 될 수는 있는지 문제된다. 만약 이것이 긍정된다면 B의 토지 매매계약의 효과가 A에게 귀속하게 된다. 그러나 이것이 인정되지 않으면 A는 B의 토지매매에 아무런 책임도 질 필요가 없다.

(2) 일상가사대리권이 제126조의 표현대리의 기본대리권이 될 수 있는지 여부

1) 학 설

일상가사대리권이 제126조의 표현대리에 있어서 기본대리권이 될 수 있는가에 관하여는 네 가지 견해가 대립한다.

제1설(다수설)은 일상가사대리권을 기본대리권으로 하여서도 제126조의 표현대리가 성립할 수 있다고 한다.11) 이 견해는 일상가사대리권이 법정대리권이라고 보는 견해이다.

제2설은 일반적·추상적인 일상가사의 범위와 개별적·구체적인 일상가사의 범위가 어긋날 경우에 일반적·추상적인 일상가사의 범위 내에서만 표현대리의 규정이 유추적용되고, 그 밖의 행위에 대하여는 대리권의 수여가 있는 경우에 한하여 그것을 기초로 하여 제126조가 적용된다고 한다.12) 이 견해는 일상가사대리권을 법정대리권으로 보지 않고 일종의 대표로 이해한다.

제3설은 부부관계의 태양에 따라 일상가사의 범위가 신축될 것이라고 하면서, 일상가사의 범위에 들어갈 경우에는 바로 제827조가 적용되고 그러한 범위를 넘는 경우에는 대리권 수여의 문제가 아니고 제126조의 정당한 이유의 존부 문제로 다루어 표현대리의 인정 여부를 결정하는 것이 타당하다고 한다.13) 이 견해는 일상가사대리권은 법정대리권도 아니고 대표라고 보는 견해도 문제가 있다고 하면서, 오히려 부부간의 묵시적 수권행위가 법률로 표현된 것으로 이해한다.

제4설은 일상가사대리권에 제126조를 유추적용하여도 실제로는 그 요건을 갖추지 못하여 이 경우에 거래보호를 위하여 동조의 법정대리에의 적용을 인정한다고 하는 의도는 유명무실하게 된다고 하면서, 법정대리에 굳이 제126조를 적용할 필요는 없다고 한다.14)

2) 판 례

판례는 일상가사대리권을 기본대리권으로 하여서도 표현대리가 성립할 수 있다고 한다. 그런데 판례를 구체적으로 살펴보면, 일상가사의 범위 내의 행위라고 오인될 수 있는 경우에 한하여 표현대리를 인정하였고, 그 밖의 경우에 대하여는 상대방 배우자가 그 행위에 관한 대리권을 주었다고 믿었음을 정당화할 만한 객관적인 사정이 있어야 한다고 하면서 표현대리를 인정하지 않았다(강의, A-227 참조). 이러한 판례는 실질적으로 아래의 사건과

---

11) 곽윤직, 민법총칙(구판), 1998, 400면; 김기선, 총칙, 313면; 김민중, 총칙, 658면; 김상용, 총칙, 639면; 이영준, 총칙, 640면; 이은영, 총칙, 644면. 장경학, 총칙, 595면은 제126조를 유추적용할 것이라고 한다.
12) 김주수, 총칙, 468면; 박병호, 친상, 101면; 이경희, 친상, 71면.
13) 고상룡, 총칙, 582면.
14) 김증한·김학동, 총칙, 451면.

같지 않은가 한다.

3) 사　견

생각건대 일상가사대리권도 대리권으로서 기본대리권이 된다고 하여야 한다. 그 결과 일상가사대리권을 기초로 하여서도 제126조의 표현대리가 성립할 수 있다. 다만, 제126조의 표현대리의 요건 중 정당한 이유가 존재하는지를 판단함에 있어서「일상가사의 범위 내에 속한다고 믿을 만한 정당한 이유」가 있는지 검토하여야 한다. 이는 일반적인 경우에「월권대리가 (기본적) 대리권의 범위에 속한다고 믿을 만한 정당한 이유가 있는가」와 같은 맥락이다. 그 결과 일상가사의 범위 내에 속한다고 믿을 만한 정당한 이유가 없는 경우에는 다른 대리권이 있어야 하고, 그러지 않으면 제126조의 표현대리는 성립할 수가 없다.

⑶ 본 사안의 경우

이제 본 사안에 있어서 B의 X토지 매도행위가 일상가사대리권을 기본대리권으로 한 제126조의 표현대리로 되는지를 검토하기로 한다.

일상가사대리권도 일종의 법정대리권으로서 제126조의 표현대리의 성립요건의 하나인 기본대리권이 될 수 있다. 따라서 정당한 이유만 존재하면 제126조의 표현대리가 될 수 있다. 주의할 것은, 여기의 정당한 이유는「일상가사의 범위 내에 속한다고 믿을 만한 정당한 이유」라는 점이다. 그런데 본 사안의 경우에는 이와 같은 정당한 이유는 인정될 수 없다. 비상시에 생활비나 주거비를 마련하기 위한 것도 아니고 친정오빠의 사업자금을 조달하기 위한 경우는 상대방에게 토지매도가 일상가사의 범위 내의 것으로 믿을 수 있는 요인이 없기 때문이다. 결국 본 사안의 경우에는 일상가사대리권에 기한 제126조의 표현대리는 성립하지 않는다.

V. A와 C 사이의 법률관계

이제 전술한 내용을 바탕으로 하여 구체적인 법률관계를 차례로 살펴보기로 한다.

본 사안에 있어서 B의 X토지 매도행위는 유권대리도 아니고, 일상가사 범위에 속하지도 않으며, 제126조의 표현대리로도 되지 않는다. 다만, B의 그 행위는 비록 대리권 없이 하기는 하였으나 대리행위이므로 그것에는 무권대리규정이 적용된다. 그 결과 X토지의 매매계약의 효과가 A에게 귀속되지 않는다. 그러나 A는 그 무권대리행위(X토지 매매계약)를 추인하여 유효하게 할 수는 있다(130조). 그런가 하면 추인을 거절할 수도 있다(132조).

A가 매매계약을 추인하지 않는 한 X토지의 소유권이전 효과도 생기지 않는다. 따라서 A는 C에 대하여 X토지의 소유권이전등기의 말소를 청구할 수 있다. 이는 물권행위의 무인성 인정 여부와는 관계없다. 즉 B의 C와의 물권행위(소유권이전의 합의)는 처분권한이 없이 행하여진 것으로서 무인성을 인정하든 않든 무효이기 때문이다.

한편 C는 A에 대하여 X토지의 매매계약을 추인하겠는지 여부에 대하여 최고할 수 있다. 즉 C는 상당한 기간을 정하여 A에게 그 추인 여부의 확답을 최고할 수 있고, 만약 본인이 그 기간 내에 확답을 발하지 않으면 추인을 거절한 것으로 본다(131조). 그리고 C는 A의 추인이 있을 때까지 A에 대하여 철회할 수 있다. 그러나 계약 당시에 C가 B에게 대리권이 없음을 안 때에는 철회권이 없다(134조). C가 철회를 한 후에는 A는 더 이상 추인을 할 수가 없다.

VI. B와 C 사이의 법률관계

본 사안의 경우 C는 제135조에 의하여 무권대리인인 B에 대하여 책임을 물을 수 있다.

1. 상대방에 대한 무권대리인의 책임

(1) 책임발생의 요건

제135조의 책임이 발생하기 위한 요건은, 첫째로, 대리인이 대리권을 증명할 수 없어야 한다. 둘째로, 상대방이 무권대리인에게 대리권이 없음을 알지 못했고 또 알지 못한 데 과실이 없었어야 한다. 즉 상대방은 선의·무과실이어야 한다. 셋째로, 본인의 추인이 있거나 또는 표현대리가 되는 등의 직접 본인에게 책임을 물을 수 있는 사정이 없어야 한다. 표현대리가 성립하는 경우에도 제135조가 적용될 수 있다는 견해가 있으나, 이는 옳지 않다. 넷째로, 상대방이 아직 철회권을 행사하지 않고 있어야 한다. 다섯째로, 무권대리인이 행위능력자이어야 한다. 그 밖에 무권대리인의 과실은 묻지 않는다.

(2) 책임의 내용

제135조의 책임의 내용은 상대방의 선택에 좇아 이행 또는 손해배상을 하는 것이다. 이행책임은 무권대리행위가 본인에게 효력을 발생하였다면 본인이 상대방에 대하여 부담하였을 것과 같은 내용의 채무를 이행하여야 할 책임이다. 그리고 손해배상의 경우에 배상범위에 관하여는 모두가 이행이익의 배상이라고 한다. 한편 이 두 책임은 상대방의 선택에 따라 하나만 발생한다.

2. 본 사안의 경우

본 사안에 있어서는 제135조의 요건이 갖추어진 것으로 보인다. 즉 B는 대리권 있음을 증명할 수 없고, 상대방인 C는 — 분명치는 않으나 — 아마도 선의·무과실인 듯하다. 그리고 본인인 A의 추인도 없었고 또 표현대리로도 되지 않는다. 그 밖에 C가 철회권을 행사하고 있지도 않다. 끝으로 B는 — 분명치는 않으나 특별한 언급이 없는 것으로 보아 — 행위능력자인 듯하다. 결국 본 사안의 경우 C는 B에 대하여 X토지 매매계약의 이행을 청구하거나 또는 손해배상을 청구할 수 있다. 이 둘 중 어느 것을 행사할 것인가는 C가 선택한다. 그리고 손해배상의 범위는 이행이익이다.

한편 B의 행위는 다른 한편으로 C에 대하여 불법행위로 된다. 그 결과 C는 B에 대하여 불법행위를 이유로 손해배상을 청구할 수 있다. 그리고 C의 이 권리는 제135조에 기한 권리와 병존하며, 그는 이들 권리 가운데 어느 것이든 선택적으로 행사할 수 있다(청구권 경합설의 입장).

VII. A와 B 사이의 법률관계

B가 행한 매매계약을 A가 추인하지 않는 한 A와 B 사이에서는 매매계약으로 인한 법률관계는 생기지 않는다. 만약 A의 추인이 있으면 B의 계약체결은 사무관리가 되어 그에 관한 규정이 적용될 것이다.

B의 행위는 A에 대하여 불법행위를 한 것이 된다. 따라서 A는 B에 대하여 불법행위를 이유로 손해배상을 청구할 수 있다.

[15] 제129조·제126조의 표현대리

A는 B에게 그(A)의 X토지를 담보로 제공하고 금전을 빌릴 수 있는 대리권을 수여하였다. 그리하여 B는 그의 대리권을 행사하여 C에게 X토지에 관하여 근저당권을 설정해 주고 A의 명의로 금전을 빌린 바 있다. 그 후 B는 A의 대리인으로서 A의 명의로 A의 Y토지를 D에게 매도하는 계약을 체결하였다. 그 뒤 이 같은 사실을 알게 된 A는 D에게 그 계약은 무효라고 하였다. 이에 대하여 D는 A에게 표현대리의 성립을 주장하고 있다.

이 경우에 D의 주장 내용은 무엇일지 추측해 보고, 그 주장이 타당한지를 검토하시오. 그리고 이 경우에 Y토지의 매매계약의 효력은 어떻게 되는지 기술하시오.

I. 논점의 정리

본 사안에서 B는 A로부터 X토지의 담보제공 및 금전차용에 관하여 대리권을 수여받고 대리행위를 한 바가 있었다. 그런데 B가 A로부터 대리권을 수여받지 않고 A의 대리인으로 A의 Y토지를 D에게 매도하였다.

이러한 사안에서 먼저 D가 주장하였을 내용을 추측해 보아야 한다. 아마도 D는 제129조의 범위를 넘는 표현대리나 제126조의 표현대리를 주장했을 것이다. 따라서 이들을 검토해 보아야 한다. 그리고 그 주장의 타당성 여부도 살펴보아야 한다. 그런 뒤에 Y토지의 매매계약의 효력이 어떻게 되는지도 검토하여야 한다.

II. D의 주장 내용

1. 서 설

B는 과거에 X토지의 담보제공 등에 관하여 A로부터 대리권을 수여받은 적이 있다. 그 대리권이 Y토지의 매매계약 체결시에도 존재하고 있었는지가 문제된다. 만약 Y토지의 매매계약 체결시에 B에게 대리권이 존재하고 있었다면, 그리고 D가 그렇게 믿고 있었다면, 제126조의 표현대리를 주장하였을 가능성이 있다. 그에 비하여 B에게 대리권이 존재하지 않았다면 제129조의 범위를 넘는 표현대리를 주장하였을 수 있다.

2. 제126조의 표현대리(소멸한 대리권의 범위를 넘는 것이 아닌 것)의 주장

가능성은 적으나, D는 A에게 다음과 같이 주장하였을 수 있다. A가 B에게 담보제공 및 금전차용에 관하여 대리권을 수여하였고, B는 그러한 대리권이 있는 상태에서 A의 명의로 A의 토지(Y토지)를 매도한 것이므로 그것은 제126조의 표현대리에 해당한다.

3. 소멸한 대리권의 범위를 넘는 표현대리의 주장

본 사안에서 Y토지의 매매계약에 관하여 B에게 대리권이 전혀 없다고 보면, D는 A에게 다음과 같이 주장하였을 가능성이 있다. B는 과거에 대리권이 있었으나 소멸한 것이므로 B가 A를 대리하여 Y토지를 매도한 행위는 이미 소멸한 대리권을 넘는 표현대리, 즉 제129조의 범위를 넘는 표현대리에 해당한다.

Ⅲ. D의 주장 내용의 타당성 여부

1. 제126조의 표현대리의 주장에 대하여

⑴ 제126조의 표현대리의 요건

제126조의 표현대리가 성립하려면 ① 기본대리권의 존재, ② 권한을 넘은 대리행위, ③ 정당한 이유의 존재의 세 요건이 필요하다.

⑵ 소　결

본 사안에서 A가 B에게 X토지의 담보제공과 금전차용에 관하여 대리권을 수여한 바 있다. 그런데 B의 그 대리권은 현재에는 소멸하였다고 보아야 한다. 제126조의 표현대리가 성립하기 위한 기본대리권이 없는 것이다. 그 결과, 다른 요건을 더 살펴볼 필요 없이, 제126조의 표현대리가 성립할 수 없음을 알 수 있다. 결국 제126조의 표현대리라고 하는 D의 주장은 타당하지 않다.

2. 소멸한 대리권의 범위를 넘는 표현대리의 주장에 대하여

⑴ 제129조의 표현대리의 요건

제129조의 표현대리가 성립하려면 다음의 세 요건을 갖추어야 한다.

1) 대리권의 소멸

대리인이 과거에는 대리권을 가지고 있었으나, 대리행위를 할 때에는 그 대리권이 소멸하고 없어야 한다.

2) 소멸한 대리권의 범위 내에서의 대리행위

대리행위가 소멸한 대리권의 범위 내에서 행하여졌어야 한다.

3) 상대방의 선의·무과실

상대방은 선의·무과실이어야 한다. 즉 대리인이 대리권을 가지고 있었기 때문에 지금도 그 대리권이 계속 존재하는 것으로 상대방이 믿고(선의), 또한 그와 같이 믿는 데 과실이 없어야 한다. 통설도 같다(강의, A-230 참조).

(2) 제129조의 표현대리가 성립하는 범위를 넘어서서 대리행위를 한 경우의 문제

1) 대리행위가 소멸한 대리권의 범위를 넘어서서 행하여진 경우에 제126조의 표현대리가 성립하는가?

여기에 관하여 학설은 긍정설과 부정설로 나뉘어 있으며, 그중에 긍정설이 압도적인 다수설이다(강의, A-223 참조). 그리고 판례는 긍정하는 견지에 있다.[1)

생각건대 제126조의 표현대리가 성립하려면 기본대리권이 존재하여야 하나, 제129조의 표현대리가 성립할 수 있다면 그에 기하여 대리권이 존재하는 것처럼 다루어지므로, 표현대리제도의 취지에 비추어 볼 때 제129조의 범위를 넘는 때에는 제126조가 적용된다고 새기는 것이 바람직하다.[2)

2) 그런데 제129조의 표현대리가 성립하는 범위를 넘어서서 대리행위를 한 경우에 제126조의 표현대리가 성립하려면 상대방이 과거에 대리인과 거래를 한 적이 있었어야 한다(반대설[3) 있음). 그렇게 새기지 않으면 언젠가 무엇에 대하여든지 대리권을 가지고 있었던 자와 법률행위를 한 상대방은, 그가 무권대리인에 대하여 알고 있지 못하는 한, 언제나 본인에게 표현대리를 주장할 수 있게 될 것인데, 그것은 옳지 않기 때문이다.

판례도 — 제129조의 표현대리에 관하여뿐만 아니라 — 소멸한 대리권의 범위를 넘는 표현대리에 관하여도 사견과 같은 입장에 있다.[4)

(3) 소   결

본 사안에서 B는 대리권을 가지고 있었다. 그런데 Y토지를 매도할 당시에는 대리권이 없었다. 그리하여 제129조의 표현대리의 문제가 생길 수 있다. 그런데 B가 Y토지를 매각한 것은 대리권의 범위를 넘는 것이다. 그러므로 B가 Y토지를 매도한 행위는 제129조의 표현대리로 될 여지가 없다.

그러면 B의 Y토지의 매도가 소멸한 대리권의 범위를 넘는 표현대리로 될 수는 있는가? 본 사안의 경우 D는 대리인인 B와 거래를 한 경험이 없다. 따라서 D는 소멸한 대리권의 범위를 넘는 표현대리를 주장할 수도 없다. 판례도 유사한 경우에 대하여 같은 태도를 취하고 있다.[5)

---

1) 대판 1970. 2. 10, 69다2149 등.
2) 이를 논리적으로 인정할 수 없다면 제126조의 유추적용을 허용하여야 한다.
3) 민법주해[Ⅲ], 195면(차한성 집필).
4) 대판 1973. 7. 30, 72다1631.
5) 대판 1973. 7. 30, 72다1631 참조.

Ⅳ. Y토지의 매매계약의 효력 여부

1. 서   설

B가 D와 체결한 Y토지의 매매계약은 B가 대리권이 없이 대리인으로서 행한 것이며, 따라서 무권대리행위에 해당한다. 그리고 표현대리도 아니다. 좁은 의미의 무권대리인 것이다.

2. 좁은 의미의 무권대리의 효력

계약에 관하여 좁은 의미의 무권대리가 있는 경우에 그 무권대리는 본인에게 효력이 생기지 않는다. 그러나 민법은 본인이 원하는 경우에는 그것을 추인하여 효과를 생길 수 있게 하고 있다(130조). 그 결과 무권대리는 확정적 무효가 아니고, 유효·무효가 확정되지 않은 무효 즉 유동적 무효의 상태에 있게 된다. 본인은 추인을 하거나 추인을 거절하여 무권대리의 효력을 확정지을 수 있다.

3. 본 사안의 경우

본 사안에서 A가 D에게 그 계약(Y토지의 매매계약)이 무효라고 한 것은 추인거절의 의사표시라고 해석된다. 따라서 B가 체결한 Y토지의 매매계약은 무효로 확정된다. 그때 D는 B에 대하여만 계약의 이행 또는 손해배상을 청구할 수 있을 뿐이며(135조), A에 대하여 매매계약의 유효를 주장하지 못한다.

《관련 주요 판례》

「민법 제129조는 제3자가 대리인의 대리권이 소멸하기 전에 대리인과 거래한 일이 있는 등으로 대리권을 가진 자에게 여전히 대리권이 있다고 여겨 그와 거래를 한 사정이 있는 경우에 적용된다고 해석함이 그 법조의 정신으로 미루어 상당하다 할 것이며, 이 법리는 동조와 민법 제126조가 얽힌 경우에 있어서도 또한 같다 할 것이다.」(대판 1973. 7. 30, 72다1631 판결: 미간행. 판결원본에서 발췌)

[16] 좁은 의미의 무권대리

X토지를 소유하고 있는 A(아버지)는 가족으로 성년이 된 아들 B만을 두고 있다. 평소 행실이 좋지 않던 B는 군대에서 제대한 뒤 A 몰래 X토지를 처분하여 그 대금으로 가게를 얻어 장사를 하려고 하였다. 그리하여 B는 C에게 자신은 A의 유일한 자식으로서 A로부터 X토지를 매도할 수 있는 대리권을 수여받았다고 거짓말을 하고, 이것을 그대로 믿은 C에게 A의 명의로 X토지를 시가와 비슷하게 1억원에 팔기로 하는 내용의 매매계약을 체결하였다.

위의 사안을 토대로 하여 다음 각 물음에 답하시오(아래의 각 물음은 별개의 사안임).

1. 위의 경우에 C는 누구에게 어떤 청구를 할 수 있는가?

2. 위 본문의 사안에서, B는 매매대금을 모두 받은 뒤 A의 허락을 받지 않고 A의 인감도장을 가지고 가서 위임장을 작성하고 인감증명서를 발급받아 C에게 X토지에 관하여 소유권이전등기를 해 주었다. 그 후 A는 B가 자신의 X토지를 C에게 매각하고 소유권이전등기까지 해 주었다는 것을 알면서 15년이 지나도록 아무런 이의를 제기하지 않았다. 이 경우에 A는 C에게 X토지의 소유권이전등기의 말소를 청구할 수 있는가?

3. 위 본문의 사안에서, B는 위 물음 2.에서처럼 매매대금을 모두 받고 C에게 X토지의 소유권이전등기를 해 주었다. 그런데 A는 B가 X토지를 매각하고 등기를 넘겨준 것을 처음부터 끝까지 전혀 알지 못하였다. 한편 X토지에 관하여 매매계약이 체결된 지 2년 후에 A가 병으로 유언 없이 사망하였다. 그러자 B는 C에게 자신이 대리권 없이 X토지의 매매계약을 체결했었다고 하면서 C 명의의 소유권이전등기를 말소하라고 하였다. 이러한 B의 주장이 정당한가? 만약 A의 자녀가 B 외에 역시 성년인 B의 동생 D도 있었다면 B의 주장은 정당한가?

4. 위 본문의 사안에서, B가 자신이 마치 A 본인인 것처럼 A의 이름을 사용하여 이를 전혀 모르는 C에게 매각하였고(대리권을 언급하지는 않음), 그 후 등기에 필요한 서류를 허위로 꾸며 C에게 소유권이전등기를 해 주었다. 그리고 그로부터 얼마 뒤에 A가 사망하였다. 이 경우에 B가 C에게 C 명의의 소유권이전등기를 말소하라고 청구할 수 있는가?

I. 물음 1.에 대하여

1. 논점의 정리

본 사안의 경우에는 우선 B가 체결한 매매계약이 무권대리인지 여부, 그것도 좁은 의미의 무권대리인지가 문제된다. 그리고 무권대리인 경우 C가 A나 B 중 누구에게 어떤 청구를 할 수 있는지를 검토해야 한다.

2. 유권대리와 무권대리

대리란 타인(대리인)이 본인의 이름으로 법률행위를 하거나 의사표시를 받음으로써 그 법률효과가 본인에게 생기는 제도이다. 대리에는 유권대리와 무권대리가 있다. 유권대리는 대리인으로 행동하는 자에게 대리권이 있는 경우이고, 무권대리는 그 자에게 대리권이 없는 경우이다.

무권대리의 체계에 관하여 학설은 세 가지로 나뉘어 있다. ⅰ) 무권대리(광의의 것)에는 표현대리와 협의의 무권대리가 있다는 견해, ⅱ) 위 ⅰ)설이 말하는 협의의 무권대리가 무권대리의 원칙적인 것이고, 표현대리는 무권대리의 특수한 것이라는 견해, ⅲ) 수권행위를 내부적인 것과 외부적인 것으로 나눈 뒤, 통상적인 유권대리는 내부적 수권과 외부적 수권이 모두 존재하고, 무권대리에서는 둘이 모두 존재하지 않으며, 표현대리에 있어서는 내부적 수권은 없지만 외부적 수권은 존재한다고 하는 견해가 그것이다.[1] 사견은 ⅰ)설과 같다.

3. 좁은 의미의 무권대리(계약의 경우)의 효과

무권대리 가운데 표현대리가 아닌 경우가 좁은 의미의 무권대리이다. 본 문제의 해결에 필요한 범위에서 대리행위가 계약인 경우에 있어서 좁은 의미의 무권대리의 효과를 정리하기로 한다.

(1) 본인에 대한 효과

좁은 의미의 무권대리는 본인에게 효력이 생기지 않는다. 그렇지만 본인이 그것을 추인하여 효력이 생기게 할 수 있다(130조).

(2) 상대방에 대한 효과

무권대리행위의 상대방은 상당한 기간을 정하여 본인에게 무권대리행위의 추인 여부의 확답을 최고할 수 있고(131조 1문), 본인이 그 기간 내에 확답을 발하지 않은 때에는 추인을 거절한 것으로 본다(131조 2문). 또한 상대방은 계약 당시에 대리인에게 대리권이 없음을 알지 못한 경우, 즉 선의인 경우에는, 본인의 추인이 있을 때까지 그 계약을 철회할 수 있다(134조). 철회의 의사표시는 본인이나 무권대리인에게 해야 한다.

---

1) 문헌에 대하여는 송덕수, 총칙, [214]; 강의, A-217 참조.

(3) 상대방에 대한 무권대리인의 책임

1) 책임발생의 요건

([14]번 문제 Ⅵ. 1. (1) 참조)

2) 책임의 내용

([14]번 문제 Ⅵ. 1. (2) 참조)

(4) 무권대리인과 본인 사이의 효과

본인의 추인이 없으면 본인과 무권대리인 사이에는 계약에 의한 효과가 생기지 않는다. 그런데 무권대리행위로 본인의 이익이 침해되면 불법행위가 문제될 수 있다. 또한 무권대리인이 부당히 이득한 경우에는 부당이득의 문제가 생길 수도 있다.

4. 본 사안의 경우

(1) 본 사안에서 B가 A의 명의로 C와 체결한 X토지의 매매계약은 대리권 없이 체결한 것이고, 표현대리도 아니어서, 좁은 의미의 무권대리에 해당한다.

(2) 그러므로 다음과 같은 효과가 생긴다(C의 청구 포함). 먼저 C는 본인인 A가 추인을 하지 않는 한 A에게 X토지 매매계약의 이행을 청구하지 못한다. 그리고 C는 상당한 기간을 정하여 A에게 무권대리행위인 X토지 매매계약에 대하여 추인 여부의 확답을 최고할 수 있다(131조 1문). 이에 대하여 A가 그 기간 내에 확답을 발하지 않으면 추인을 거절한 것으로 의제된다(131조 2문). 또한 C는 B에게 대리권이 없음을 모르므로, 즉 선의이므로, A의 추인이 있을 때까지 A나 C에 대하여 그 계약을 철회할 수 있다(134조). 그런가 하면 제135조의 책임발생의 요건이 갖추어진 경우에는, C는 B에게 그 규정에 의한 책임을 물을 수도 있다. 그리하여 살펴보면, 본 사안의 경우 B는 대리권 있음을 증명할 수 없고, A의 추인이 없을뿐더러 표현대리의 요건도 갖추어지지 않았으며, C는 선의이고 선의인 데 과실도 없는 것으로 보이므로,[2] C는 제135조에 기하여 B에 대하여 계약의 이행 또는 손해배상을 청구할 수 있다. 여기의 손해배상은 이행이익의 배상이다.

Ⅱ. 물음 2.에 대하여

1. 논점의 정리

(1) 본 사안에서 B가 체결한 X토지의 매매계약은 무권대리이다. 이러한 무권대리를 본인인 A가 추인할 수 있는지, 그 추인을 묵시적으로도 할 수 있는지 문제된다.

(2) 본 사안의 경우에 A의 묵시적 추인이 인정될 수 있는지 문제된다.

---

2) 제135조의 책임이 발생하기 위한 요건으로 상대방의 선의·무과실은 무권대리인이 책임을 면하기 위해서는 상대방의 악의 또는 과실을 증명해야 하므로, 본 사안의 경우 일단 상대방의 무과실을 인정한 것이다.

(3) 그 밖에 C가 등기부 취득시효의 요건을 갖추어 X토지의 소유권을 취득하는지 문제
된다.

(4) 이상의 논의를 바탕으로 하여 A가 X토지의 소유권이전등기의 말소를 청구할 수 있
는지 검토해야 한다.

2. A가 X토지의 매매계약을 추인한 것인지 여부

(1) 계약의 무권대리의 추인

1) 추인의 의의

여기의 추인은 효력의 발생 여부가 확정되지 않은 행위에 관하여 그 행위의 효과를 자
기에게 직접 발생하게 하는 것을 목적으로 하는 상대방 있는 단독행위이다. 무권대리의 경
우 민법은 본인이 원하는 때에는 그것을 추인하여 효과를 생길 수 있도록 하고 있다(130조).
그 결과 무권대리는 확정적 무효가 아니고, 유효·무효가 확정되지 않은 무효 즉 유동적 무
효의 상태에 있게 된다.

2) 추인의 방법

추인에는 특별한 방식이 요구되지 않으며, 명시적으로뿐만 아니라 묵시적으로도 할 수
있다(통설·판례도 같음). 그런데 추인이 유효하려면 무권대리행위가 있음을 알고 했어야 한다
(판례도 같음).

판례는 구체적으로 여러 경우에 묵시적 추인을 인정하였다. 가령 본인이 무권대리인으
로부터 매매대금의 전부 또는 일부를 받은 경우가 그 예이다. 그러나 묵시적 추인을 부정한
사례도 많다.

3) 추인의 효과

추인이 있으면 무권대리행위는 처음부터(즉 소급하여) 유권대리행위였던 것과 같은 효과
가 생긴다(133조 본문). 그러나 이러한 추인의 소급효의 원칙에는 두 가지 예외가 있다. 첫째
로 다른 의사표시가 있으면 소급효가 없다(133조 본문). 둘째로 추인의 소급효는 제3자의 권
리를 해하지 못한다(133조 단서).

(2) 본 사안의 경우

본 사안에서 A는 B가 자신의 X토지를 매각하고 소유권이전등기까지 해 주었음을 알고
도 15년이 지나도록 이의를 제기하지 않았다. 이는 A가 B의 무권대리행위에 대하여 묵시적
추인을 한 것에 해당한다.3) 그 결과 X토지의 매매계약은 처음부터 유권대리였던 것과 같은
효과가 생긴다(133조 본문). 그러므로 A는 C에 대하여 X토지의 소유권이전등기의 말소를 청
구할 수 없다.

---

3) 유사한 경우에 대하여 판례도 같은 입장이다. 대판 1981. 4. 14, 81다151 참조.

3. C가 등기부 취득시효에 의해 X토지의 소유권을 취득하는지 여부

⑴ 서   설

본 사안에서 X토지에 관하여 C의 명의로 행해진 소유권이전등기는 A의 추인이 없다면 무효의 등기이다. 그런데 만약 C가 X토지를 계속해서 점유해 왔다면 그 무효의 등기에 기하여 등기부 취득시효를 할 수 있는지 문제된다.

⑵ 등기부 취득시효의 요건

1) 주   체

권리의 주체가 될 수 있는 자는 모두 등기부 취득시효의 주체가 될 수 있다.

2) 객   체

부동산이 객체로 된다.

3) 부동산 소유자로 등기되어 있을 것

이 등기는 형식적 유효요건이나 실질적 유효요건을 갖추지 않아도 상관없다. 문제는 무권대리행위에 기한 등기도 등기부 취득시효의 기초로 되는 등기로 될 수 있는지이다. 여기에 관하여는 논의가 없다. 그런데 다음과 같은 견해를 생각해 볼 수 있다. ⅰ) 소유자를 무권대리한 행위에 기한 등기는 등기부 취득시효의 등기로 될 수 없다는 견해, ⅱ) 그러한 등기도 등기부 취득시효의 등기로 될 수 있으나, 소유권자인 본인이 있기 때문에 취득시효의 인정에 신중을 기해야 한다는 견해, ⅲ) 그러한 등기도 등기부 취득시효의 등기로 될 수 있다는 견해가 그것이다. 이 중에 사견은 ⅱ)설을 취하고 싶다. 왜냐하면, 가령 갑의 토지를 을이 등기서류를 위조한 뒤 병에게 팔고 등기를 이전해 준 경우에는 병이 등기부 취득시효를 할 수 있는데, 을이 서류를 위조하여 갑을 대리하여 계약을 체결하고 그 뒤 등기를 이전해 준 때에는 등기부 취득시효를 할 수 없다면, 균형이 맞지 않을뿐더러 후자의 경우에도 병은 보호되는 것이 바람직하기 때문이다. 다만, 무권대리의 경우에는 등기명의인이 매도인인 경우보다 더 의심을 해야 마땅하므로, 시효취득을 하려는 자가 선의·무과실인지에 대하여 보다 엄격하게 살펴보아야 한다.

4) 자주점유와 평온·공연한 점유

이들 점유는 추정된다(197조 1항).

5) 10년간의 점유

위의 점유가 10년간 계속되어야 한다.

6) 점유자의 선의·무과실

점유자는 선의·무과실이어야 한다. 여기의 선의는 양도인의 등기나 점유자 자신의 등기에 대한 것이 아니고, 점유자의 점유취득에 관한 것이다(판례도 같음). 그리하여 점유를 취득함에 있어서 자기가 소유자라고 믿고 있는 것을 말한다. 그리고 무과실은 그렇게 믿는 데 과실이 없는 것이다. 이들 중 점유자의 선의는 추정되나(197조), 무과실은 추정되지 않는다. 그리고 이 선의·무과실은 시효기간 내내 계속되어야 할 필요는 없으며, 점유를 개시한 때 갖추고 있으면 충분하다.

(3) 본 사안의 경우

본 사안에서는 위 (2)의 1), 2)의 요건은 모두 갖추어져 있다. 그리고 일단 C의 명의로 등기가 되어 있다. 이 등기는 무권대리행위에 기한 것이어서 일단 무효이다. 이러한 등기를 바탕으로 하여 등기부 취득시효를 할 수 있는지가 문제되나, 사견은 인정하자는 견지에 있으므로 3)의 요건도 구비하였다. 다음에 C가 자주점유와 평온·공연한 점유를 하고 있는지, 그러한 점유를 10년 이상 계속하였는지는 불분명하다. 그런데 자주점유와 평온·공연한 점유는 추정되므로(197조 1항) 4)의 요건도 구비된 것으로 보기로 한다. 그 외에 C는 선의이다. 그런데 그가 선의인 데 과실이 없는지는 불분명하다. 본 사안에서 B가 위임장을 위조하고 인감증명서를 발급받은 것은 매매대금을 모두 받은 뒤이며, 매매계약 당시에는 그러한 서류도 없었는데 C가 B와 계약을 체결한 것이다. 그러한 점에 비추어 볼 때, C에게 과실이 없다고 하기는 어렵다. 결국 6)의 요건을 구비하지 못하여 C는 등기부 취득시효에 의하여 X토지의 소유권을 취득하지는 못한다. 그러므로 A가 — 묵시적 추인으로 인정되어 등기말소를 청구할 수는 없지만 — C가 등기부 취득시효에 의해 X토지의 소유권을 취득했기 때문에 등기말소청구가 부정되는 것은 아니다.

III. 물음 3.에 대하여

1. 논점의 정리

본 사안의 경우 B는 무권대리인이다. 그러한 B가 본인인 A를 상속하였다. 이러한 경우에 무권대리행위가 지위의 혼동으로 당연히 유효하게 되는지, 그리하여 B가 추인을 거절할 수 없는지 문제된다. 만약 무권대리행위가 당연히 유효하여 추인을 거절하지 못한다면 B는 C 명의의 등기말소를 청구할 수 없을 것이다. 그러나 추인을 거절할 수 있다면 B가 등기말소를 청구할 수 있을 것이다.

이 문제의 결론은 B 혼자만 있는 경우와 B의 동생이 있는 경우(공동상속인이 있는 경우)에 다를 수 있다. 따라서 두 경우를 따로 살펴보아야 한다. 그리고 후자의 경우에는 공유자가 그의 지분에 기하여 단독으로 등기말소를 청구할 수 있는지도 검토해야 한다.

2. 무권대리인이 본인을 상속한 경우의 효과

(1) 공동상속인이 없는 경우

1) 학   설

무권대리인이 본인을 상속한 경우에 관하여 학설은 ⅰ) 무권대리행위가 당연히 유효하다(추인을 거절할 수 없다)는 견해, ⅱ) 양자(본인·무권대리인)의 지위는 혼동되지 않고 분리되어 병존하며, 다만 추인을 거절하는 것이 신의칙에 반하는 때에는 추인거절의 항변이 허용되지 않는다는 견해로 나뉘어 있다.4)

2) 판   례

판례는 무권대리인이 본인을 단독상속한 경우에 관하여 무권대리행위의 무효를 주장하는 것은 금반언의 원칙이나 신의칙에 반하여 허용될 수 없다고 한다.5)

3) 검토 및 사견

ⅱ)설은 ⅰ)설에 대하여 ⅰ)설에 의하면 본인의 사망으로 인하여 무권대리가 유효하게 되기 때문에 상대방이 철회·손해배상청구도 할 수 없다고 비판하나, 상대방은 대리행위의 유효 인정만으로 충분히 보호되므로 더 이상 보호할 필요가 없다. 그리고 상대방은 대리행위의 유효를 궁극적으로 원했어야 하며, 우연한 사정(무권대리)으로 다른 선택을 할 수 있도록 할 것은 아니다. 따라서 ⅰ)설이 타당하다. 다만, 공동상속인이 있을 때에는 다르다.

(2) 공동상속인이 있는 경우

1) 학   설

위의 ⅰ)설은 공동상속인이 있는 경우에 관하여 설명이 없다.6) 그리고 위의 ⅱ)설이 있다. 그리고 다른 견해로 ⅲ) 공동상속을 한 때에는 상속인 전원의 추인이 없으면 유효하게 되지 않는다는 것이 있다.

2) 판   례

여기에 관한 판례는 없다.

3) 사   견

위 ⅰ)설은 공동상속에 관한 설명이 없어서 불충분하다. 그리고 ⅱ)설은 상대방을 과대보호하여 바람직하지 않다. 그런가 하면 민법규정상 ⅲ)설을 취해야 한다. 그 이유는 다음과 같다. 공동상속인이 있는 경우에 상속재산은 상속인이 공유하게 된다(1006조). 그런데 공유자의 추인 또는 추인거절은 공유물의 처분·변경이 된다. 따라서 다른 공유자의 동의 없이는 추인 또는 추인거절을 할 수 없다(264조). 즉 공유자의 전원의 추인이 없는 한 무권대

---

4) 여기에 관한 문헌은 송덕수, 총칙, [228]; 강의, A-234 참조.
5) 대판 1994. 9. 27, 94다20617.
6) 만약 그 견해가 공동상속인이 있는 경우에도 당연히 유효하다는 입장이라면 부당하다.

리행위가 유효하지 않게 된다.[7] 각 공유자가 그의 지분에 대하여도 추인이나 추인거절을
할 수 없는 것이다.

3. 공유자가 자신의 지분에 기하여 등기말소를 청구할 수 있는지 여부

판례는, 공유 부동산에 관하여 제3자 명의로 원인무효의 소유권이전등기가 되어 있는
경우에는「보존행위로서」제3자에 대하여 그 등기 전부의 말소(또는 공유자 지분별 이전등기)
를 청구할 수 있다고 한다. 그러나 사견은 거기에 불가분채권에 관한 규정(409조)을 유추적
용하여 그와 같은 결과를 인정해야 한다는 입장이다.

4. 본 사안의 경우

(1) D가 없는 경우

공동상속인 D가 없고 B가 A를 단독상속하는 경우에는, B의 무권대리행위는 당연히 유
효하며, B는 추인을 거절하지 못한다. 따라서 B는 C에게 소유권이전등기의 말소를 청구할
수 없다.

(2) D가 있는 경우

공동상속인 D가 있는 경우에는, B의 무권대리행위가 당연히 유효하지 않으며, B는 D
의 동의가 없는 한 추인 또는 추인거절을 할 수 없다. B는 D의 동의가 없으면 자신의 지분
에 대하여도 추인할 수 없는 것이다.

그리고 공유자인 B는 그의 지분에 기하여 단독으로 — 불가분채권에 관한 규정을 유추
적용하여[8] — C 명의의 소유권이전등기 전부의 말소를 청구할 수 있다.[9]

Ⅳ. 물음 4.에 대하여

1. 논점의 정리

본 사안에서는 B가 타인(A)의 명의를 사용하여 행위를 하였다. 그러므로 먼저 행위자
B와 명의인 A 중 누가 계약의 당사자인지를 확정해야 한다. 그 결과 만약 계약의 당사자가
명의인인 A로 확정되는 경우에는 거기에 대리규정이 적용(또는 유추적용)되는지를 검토해야
한다. 그런 뒤에 A가 사망하여 B가 A를 상속한 경우의 효과를 논의해야 한다. 이 마지막의
것은 물음 3.에 대하여 논의한 데 따른 결과만 가져오면 될 것이다.

---

7) 공유물에 대한 추인권·추인거절권은 공유자(공동상속인)가 준공유하기 때문에도 그 권리들은 공유자 전
　원이 공동으로 행사해야 한다.
8) 판례에 의하면, 보존행위로서.
9) 만약 이 경우에 D가 추인하면 신의칙상 B는 추인을 거절할 수 없다고 해야 한다. 그렇다고 하여 ⅱ)설
　을 취해서는 안 된다. ⅱ)설은 상대방에게 불필요한 권리까지 인정하게 되어 상대방을 과대보호하기 때
　문이다.

2. A와 B 중 누가 X토지 매매계약의 당사자인지

(1) 타인의 명의를 사용하여 행한 법률행위[10]

어떤 자가 타인의 명의를 사용하여 법률행위를 한 경우에는, 우선 그 법률행위가 행위자 자신의 행위인지 아니면 명의인의 행위인지 문제된다. 그리고 명의인의 행위라고 할 경우에는 거기에 대리에 관한 법률규정이 적용되는지도 문제된다.

1) 판   례

우리의 판례는 대판 1995. 9. 29, 94다4912 이전과 이후로 나누어 살펴보아야 한다.

대판 1995. 9. 29, 94다4912 이전에는 판례가 통일적·일반적인 원칙을 세우지 않고 있었다. 그리고 과거의 판례 중에는 명의신탁의 법리를 적용한 것이 있는가 하면, 대리의 관점에서 처리한 것도 있고, 또 개별적으로 단순한 당사자 확정의 문제로 해결한 것도 있다.

그 후 대판 1995. 9. 29, 94다4912에서 타인 명의를 임의로 사용하여 계약을 체결한 경우에 관하여 새로운 법리를 채용하였다. 그에 의하면, 그 경우에 행위자 또는 명의인 가운데 누구를 당사자로 할 것인지에 대하여 행위자와 상대방의 의사가 일치한 경우에는 그 일치하는 의사대로 행위자의 행위 또는 명의인의 행위로서 확정해야 할 것이지만, 그러한 일치하는 의사를 확정할 수 없는 경우에는 제반사정을 토대로 상대방이 합리적인 인간이라면 행위자와 명의자 중 누구를 계약당사자로 이해할 것인가에 의하여 당사자를 결정할 것이라고 한다. 그 뒤에는 타인의 허락 하에 타인의 이름을 사용한 경우에 관하여 위의 법리를 일반화시켜서 판시한 뒤 적용하였고,[11] 그 후속 판결도 계속 나와서 확고해졌다. 그러나 판례는 유권대리인이 본인 명의를 사용한 경우에 대하여는 아직도 기존의 태도를 유지하고 있다.

2) 학   설

학설은 대체로 대리인이 본인 자신이 하는 것과 같은 외관으로 행위하는 경우에 관하여 논의하고 있다. 그런데 최근에는 아래의 사견을 지지한 견해도 주장되고 있다.

3) 사   견

판례의 새로운 입장은 타당하다. 그리고 그러한 입장은 대리인이 본인 명의로 법률행위를 하는 경우에도 적용되는 것이 바람직하다.

(2) 본 사안의 경우

본 사안에서 B가 A의 명의를 사용하여 C와 X토지의 매매계약을 체결하였다. 그런데 그럼에 있어서 매도인이 B인지 아니면 C인지에 대하여 B와 C 사이에 의사의 일치가 없다. 따라서 여러 사정을 고려할 때 C가 합리적 인간이라면 B와 C 가운데 누구를 계약당사자로 이해했어야 하는지를 검토해야 한다. 그리하여 살피건대 부동산의 매매계약은 장차 이행되

---

10) 여기에 관하여 상세한 점은 [12]번 문제 Ⅱ. 1. 4. 참조.
11) 대판 1998. 3. 13, 97다22089.

어야 하고 더구나 등기를 넘겨받아야 하기 때문에, 상대방인 C로서는 등기명의인 A를 매도인으로 이해했어야 한다. 그러므로 X토지 매매계약의 당사자(매도인)는 B가 아니고 A가 된다.

3. A·C 사이의 X토지 매매계약에 대리규정이 적용되는지 여부

(1) 일반이론

타인 명의를 사용하여 행한 법률행위는 대리에 해당하거나 대리와 유사하다. 그러므로 거기에는 대리에 관한 법률규정이 적용 또는 유추적용되어야 한다. 그런데 타인 명의를 사용하여 행한 법률행위가 행위자 자신의 행위로 인정되는 경우에는 대리의 문제가 생기지 않는다. 그 행위가 명의인의 행위로 인정되는 경우에만 대리의 문제가 생기는 것이다.

타인 명의 행위가 명의인의 행위로 인정되는 경우에 대리규정이 직접 적용되는가 유추적용되는가? 이는 대리행위에서 요구되는 「현명」을 어떻게 이해하느냐에 따라 다르다. 만약 엄격한 형식을 갖추어 현명을 해야 한다면 대리규정이 유추적용된다고 할 것이다. 그러나 현명을 반드시 엄격한 형식을 갖추어서 할 필요가 없다고 한다면 대리규정이 직접 적용된다고 하게 된다. 사견은 후자의 입장이 타당하다고 생각한다.

(2) 본 사안의 경우

본 사안에서는 명의인인 A가 X토지의 매매계약의 당사자이므로, 거기에는 대리규정이 적용되어야 한다. 그런데 행위를 한 B에게는 대리권이 없으므로, 대리규정 중 무권대리 규정이 적용된다.

4. A가 사망한 데 따른 효과

본 사안에서는 B가 A의 명의로 X토지를 C에게 매도하고 그 후 등기서류를 위조하여 C에게 소유권이전등기를 해 주었다. 그런데 여기에는, 위에서 논의한 것처럼, 무권대리 규정이 적용된다. 이러한 본 사안의 경우는 법리적으로, 무권대리인이 토지를 매도한 뒤 등기서류를 위조하여 매수인에게 소유권이전등기를 해 준 경우(즉 물음 3.의 경우)와 동일하게 된다. 나아가 B가 C 명의로 소유권이전등기를 해 준 뒤 A가 사망하여 A가 B를 단독상속한 점도 두 사안이 동일하다.

따라서 본 사안의 경우에 B가 C에게 소유권이전등기의 말소를 청구할 수 있는지에 대하여는, 물음 3.에 대하여 위에서 기술한 것 중 D가 없는 경우에 대한 것이 그대로 타당하다(앞의 Ⅲ. 2. 이하 참조). 그에 의하면, A가 사망하여 B가 A를 상속하게 되면 B의 무권대리행위는 당연히 유효하며, B는 추인을 거절하지 못한다. 그리하여 B는 C에게 소유권이전등기의 말소를 청구할 수 없다.

[17] 무권리자의 처분행위와 권리자의 추인

　모 광역시 A구에 X토지를 소유하고 있던 B는 2006. 7. 12. 유족으로 아들 C와 딸 D를 남기고 사망하였다. 그러자 C는 X토지에 관하여 상속을 원인으로 하여 그의 단독 명의로 소유권이전등기를 하였다. 그 후 A구는 도로를 개설하기 위하여 X토지가 필요하였고, 그리하여 등기부상 X토지의 소유자로 등기되어 있는 C로부터 X토지를 협의취득하면서 손실보상금으로 3억원을 지급하였다. 이러한 사정을 나중에 알게 된 D는 C를 상대로 그의 상속분에 해당하는 금액을 부당이득을 이유로 반환청구를 하였다.
　1. 이 경우에 A구는 X토지의 소유권을 취득하는가? A구가 소유권을 취득하거나 취득하지 못한다면 그 근거는 무엇인가?
　2. D의 부당이득의 반환청구는 정당한가?

Ⅰ. 물음 1.에 대하여

1. 논점의 소재

　⑴ X토지는 본래 B의 소유였으나, B가 사망한 후 C가 그의 단독 명의로 소유권이전등기를 하였다. 이러한 경우에 C가 X토지의 소유권 전부를 상속하는지 문제된다.

　⑵ 이 사안에서 A구는 C로부터 X토지를 협의취득하였는바, 그 취득의 성격이 무엇인지, 그리하여 A구가 X토지의 전부에 관하여 소유권을 취득하는지 살펴보아야 한다. 이 경우에 만약 X토지의 일부가 D의 소유에 속한다면, 그 부분에 관하여는 C가 무권리자로서 처분한 것이 된다.

　⑶ D가 C에 대하여 부당이득 반환청구를 하고 있는데, 그것의 법적 성질이 문제된다. 만약 그것이 무권리자의 처분에 대한 추인에 해당한다면 A구가 X토지의 소유권을 취득할 수도 있게 된다.

2. C · D의 상속 여부

　상속이 개시되면 상속재산은 상속인에게 상속된다(1005조 본문). 상속의 이러한 효과는 상속개시시, 즉 피상속인의 사망시에 당연히 발생하며, 상속재산이 부동산인 경우에도 등기는 필요하지 않다(187조에 의한 물권변동임). 그리고 상속인이 수인인 때에는 상속재산은 상속인들의 공유로 된다(1006조).

　　본 사안의 경우 C·D는 모두 B의 직계비속으로서 B의 상속인이 된다(1000조 1항). 그리고 그들의 상속분은 동일하다(1009조 1항). 따라서 C·D는 B가 사망하였을 때 X토지를 공동으로 상속하게 되고, 그들은 X토지에 관하여 1/2씩의 지분을 가지고 공유하게 된다. 이러한 상속은 B의 사망시에 당연히 발생하며, X토지에 관하여 상속에 의한 등기가 있어야만 하는 것은 아니다.

　　그러면 본 사안에서 C가 단독 명의로 행한 소유권이전등기의 효력은 어떻게 되는가? C의 소유권이전등기는 자신의 지분에 관하여는 유효하나, D의 지분에 관하여는 무효로 된다.

3. A구의 협의취득의 효과

　　본 사안에서 A구는 C로부터 X토지를 협의취득하였는데, 그것은 「공익사업을 위한 토지 등의 취득 및 보상에 관한 법률」(이하 공익사업법이라 한다)[1]에 의한 것으로 판단된다. 그런데 공익사업법에 의한 협의취득은 토지 등의 수용과 달리 사법상의 매매에 해당하고, 그 효력은 당사자에게만 미친다.[2]

　　협의취득의 효력에 대하여 좀더 살펴보기로 한다. A·C 사이의 협의취득은 사법상의 매매로서 그것은 C·D 모두의 지분에 관하여 유효하게 성립한다. 이때 D의 지분에 대하여는 타인의 것을 매매한 것이 된다. 그리고 C는 X토지 전부, 그리하여 C·D 모두의 지분에 관하여 소유권이전행위(물권행위)를 하였다. 즉 C는 X토지 전부에 관하여 처분행위를 한 것이다. C의 처분행위는 유효한가? 처분행위가 유효하려면 행위자에게 처분권이 있어야 하며, 처분권 없는 자의 처분행위는 무효이다. 그런데 본 사안에서 C는 자신의 지분에 관하여는 처분권이 있지만, D의 지분에 관하여는 처분권이 없다. 따라서 C의 지분에 관하여와는 달리 D의 지분에 관한 물권행위는 무효로 된다. 여기서 A·C 사이의 물권행위가 그 전 범위에서 무효로 된다고 할 것인가? 여기에 일부무효가 적용되면 그렇게 될 것이다. 그러나 본 사안의 경우 A구는 그 X토지 전부가 필요하고, 그렇다면 비록 지분이지만 C의 지분만을 취득하기 위해서도 법률행위를 했으리라고 인정되므로, 제137조의 단서에 의하여 C의 지분에 관하여는 물권행위가 유효하다고 할 것이다.

　　결국 A구는 협의취득에 의하여 X토지에 관한 C의 지분은 취득하게 되나, D의 지분은 취득하지 못한다. 그럼에도 불구하고 C가 D의 지분을 포함하여 X토지 전부에 관하여 협의취득에 의하여 소유권이전행위를 한 것은 D의 지분에 관하여는 무권리자가 타인의 권리를 자기의 이름으로 또는 자기의 권리로 처분한 경우에 해당한다.

---

1) 이 법은 2002. 2. 4. 과거의 토지수용법과 「공공용지의 취득 및 손실보상에 관한 특례법」을 합하여 새로이 제정한 것으로서 2003. 1. 1.부터 시행되고 있다.
2) 과거 「공공용지의 취득 및 손실보상에 관한 특례법」에 의한 협의취득에 관하여 판례도 같은 입장이다. 대판 1994. 12. 13, 94다25209; 대판 1999. 11. 26, 98다47245.

4. D의 부당이득 반환청구가 무권리자의 처분에 대한 추인에 해당하는지 여부

(1) 무권리자의 처분행위의 소급적 추인

처분자가 처분권한 없이 타인의 권리를 처분한 경우에 처분권한이 있는 자가 사후에 이를 추인하면 처분행위는 소급해서 유효하게 되는가?

1) 학   설

여기에 관하여 학설은 ⅰ) 무효행위의 추인에 의하여 소급하여 효력이 있다고 하는 견해, ⅱ) 무권대리의 추인과 같이 취급하여야 한다는 견해, ⅲ) 그때에는 제133조를 유추적용하거나 추완의 법리를 적용하여야 한다는 견해로 나뉘어 있다(강의, A-247 참조).

2) 판   례

판례는 본인이 그 처분행위를 인정하면 처분행위의 효력이 본인에게 미친다고 한다.[3] 그러면서 일부 판결에서는 무권대리의 추인의 경우와 같이 취급되어야 한다고 하는가 하면, 그것은 사적 자치에 비추어 당연하다고 한다.

3) 사   견

생각건대 우리의 학설과 판례는 처분행위를 소급해서 유효하다고 하는 결과에서는 같으며, 단지 어떤 법리에 의하여 설명할 것인지에 관하여만 차이가 있을 뿐이다. 그런데 무권리자의 처분은 확정적인 무효가 아니고 유동적인 무효일 뿐만 아니라, 처분권자가 처분행위를 인정하는 경우에도 그것은 당사자가 아닌 자가 처분권한을 부여하는 것이기 때문에, 이 경우는 확정적인 무효행위를 당사자가 추인하는 무효행위의 추인과는 구별하는 것이 옳다. 그에 관하여는 명문규정이 있어야 하나, 명문규정이 없는 현행법 아래에서는 무권리자의 처분행위가 무권대리행위와 유사하므로 거기에는 제133조를 유추적용하는 것이 바람직하다. 즉 ⅱ)설이 타당하다.

(2) 추인의 방법

무권리자의 처분행위에 대한 추인은 명시적으로뿐만 아니라 묵시적으로도 할 수 있으며, 그 의사표시는 처분한 무권리자나 상대방 어느 쪽에 하여도 무방하다. 판례도 마찬가지로 새긴다.[4]

(3) 본 사안의 경우

본 사안에서는 D가 C에 대하여 자신의 상속분에 해당하는 금액을 부당이득을 이유로 반환청구를 하였는데, 그것은 무권리자인 C의 처분행위를 묵시적으로 추인한 것으로 보아야 한다.[5] 그 결과 A구는 X토지 중 D의 지분도 적법하게 취득한 것으로 된다. 요컨대 A구

---

3) 대판 1966. 10. 21, 66다1596; 대판 2001. 11. 9, 2001다44291 등.
4) 대판 2001. 11. 9, 2001다44291.
5) 대판 2001. 11. 9, 2001다44291도 같은 태도이다.

는 X토지의 전부에 관하여 소유권을 취득하게 된다. 그리고 A구가 소유권을 취득하게 된 근거는 X토지 중 C의 지분은 협의취득이라는 사법상의 매매이고, D의 지분은 무권리자 C의 처분행위에 대한 권리자 D의 — 부당이득 반환청구에 의한 — 묵시적인 추인이다.

Ⅱ. 물음 2.에 대하여

1. 논점의 소재

본 사안에서 D와 C 사이에 부당이득의 요건이 갖추어지는지를 살펴보아야 한다. 이 문제가 D의 부당이득 반환청구가 무권리자의 처분행위에 대한 추인으로 인정된다는 전제에서 논의되어야 함은 물론이다.

2. 부당이득의 일반적 성립요건

부당이득이 성립하기 위하여서는 ① 타인의 재산 또는 노무에 의하여 이익을 얻었을 것(수익), ② 그러한 이익을 얻음으로 인하여 타인에게 손해를 가했을 것(손실), ③ 수익과 손실 사이에 인과관계가 있을 것, ④ 법률상의 원인이 없을 것이라는 네 가지 요건이 필요하다.

3. 본 사안의 경우

본 사안에서는 D의 부당이득 반환청구에 의하여 무권리자의 처분행위가 소급해서 유효하게 되었다. 그 결과 X토지에 관한 D의 지분은 A구가 취득하게 되고, 그 결과로 D는 손실을 입게 된다. 그리고 C는 D의 지분에 대한 손실보상금을 받았으며, 이는 수익에 해당한다. 또한 C의 수익과 D의 손실 사이에는 인과관계가 있고, C의 수익에는 급부의 근거가 되는 채권이 존재하지 않아서 법률상 원인이 없게 된다. 결국 C가 받을 손실보상금 3억원 가운데 D의 지분에 해당하는 1억 5천만원은 D에 대하여 부당이득이 되며, 따라서 D는 C에 대하여 1억 5천만원을 부당이득으로 반환청구할 수 있다.

[18] 소멸시효 · 기한

 문제

〈공통된 기초사실〉

A는 2001. 3. 20. 동네에서 슈퍼마켓을 하기 위하여 친지인 B로부터 2,000만원을, 변제기를 2002. 3. 20.로 하고, 이자를 월 1%로 하여 빌렸다. 그리고 A는 자신이 가지고 있는 자금에 B로부터 빌린 자금을 합하여 2001. 4. 1.부터 Z슈퍼마켓의 영업을 시작하였다. 영업 개시 직후 A의 슈퍼마켓은 영업이 비교적 잘 되었으나, 2002. 1.경 가까운 곳에 24시간 편의점이 생기면서 영업이 순조롭지 않았다. Z슈퍼마켓의 영업 시작 후 A는 B에게 2,000만원에 대한 1년 동안의 이자는 꼬박꼬박 지급하였다. 그런데 원금의 변제기인 2002. 3. 20.이 되었을 때 A는 2,000만원 전부를 변제할 여력이 없어서 B에게 그의 사정을 얘기하고 1,000만원만 변제하였다. (다음 세 물음은 별개의 것임)

[제 1 문]

〈추가된 사실관계〉

그 후 A는 남은 원금 1,000만원과 이자를 전혀 지급하지 못하였으며, 그런 상태로 현재(2015. 5. 2)에 이르렀다.

이러한 경우에 B가 A에게 남은 원금 1,000만원과 그에 대한 이자를 모두 지급하라고 하였다. A는 B의 요구에 따라야 하는가?

[제 2 문]

〈추가된 사실관계〉

그 후 A는 남은 원금 1,000만원과 그에 대한 이자를 지급하지 못하고 있다가, 2006. 4. 8. 가까스로 200만원을 마련하여 B에게 가서 그 금액으로 남은 원금 1,000만원 중 200만원을 갚겠다고 하였고, B도 그렇게 하라고 하였다. 그런데 그 후에는 A가 B에게 전혀 지급하지 못하였으며, 그런 상태로 현재(2015. 5. 2)에 이르렀다.

이러한 경우에 B가 A에게 이제까지 밀린 이자와 남은 원금 800만원을 모두 지급하라고 하였다. A는 B의 요구에 따라야 하는가?

[제 3 문]

〈추가된 사실관계〉

그 후 A는 남은 원금 1,000만원과 그에 대한 이자를 전혀 지급하지 못하고 있었다. 그런 와중에 2003. 1.에 Z슈퍼마켓 주변에 대형 할인점이 들어서면서 A의 영업은 극히 부진하게 되었고, 곧 적자가 나기 시작했다. 그래서 A는 2003. 4. 30. B에게 가서 그러한 사정을 얘기하였다. 그러자 B는 A의 사정을 딱하게 여겨 A에게 B에 대한 채무를 Z슈퍼마켓에서 수익이 생기면 변제하라고 하였고 A도 그렇게 하겠다고 하였다. 그런데 A의 영업은 더욱 어려워졌고, 결국 A는 Z슈퍼마켓의 영업이 불가능하다고 판단하여 2004. 4. 30.에 슈퍼마켓의 영업을 중단하고 가게를 정리해 버렸다. 그런 뒤에도 A는 B에게는 이자와 원금을 전혀 지급하지 못하였으며, 그런 상태로 현재(2015. 5. 2)에 이르렀다.

이러한 경우에 B가 A에게 이제까지 밀린 이자와 남은 원금 1,000만원을 모두 지급하라고 하였다. A는 B의 요구에 따라야 하는가?

Ⅰ. [제 1 문]에 대하여

1. 논점의 정리

본 문제의 논점을 정리하면 다음과 같다.

⑴ 우선 본 문제에서 남은 원금 1,000만원에 대한 「이자」의 성격을 분명히 해야 한다. 즉 그것이 본래의 의미의 이자인지 지연손해배상인지를 밝혀야 한다.

⑵ 남은 원금 1,000만원에 관한 채권(원본채권)의 소멸시효가 완성되었는지를 살펴보아야 한다.

⑶ 남은 원금에 대한 이자채권 또는 지연손해배상채권(위 ⑴의 논의 결과에 따름)의 소멸시효가 완성되었는지를 살펴보아야 한다. 그럼에 있어서 만약 원본채권의 시효가 완성했다면 그것의 영향을 받는지도 검토해야 한다.

⑷ 원본채권 및/또는 이자채권(또는 지연배상채권)의 시효가 완성되었다면 그 구체적 효과가 어떠한지 논의해야 한다.

⑸ 그 뒤 이상의 것에 대한 논의를 바탕으로 하여 A가 B의 요구에 따라야 하는지를 판단해야 한다(결론).

2. 남은 원금 1,000만원에 대한 이자의 성격

이자란 「원본인 금전 기타의 대체물을 소비의 방법으로 사용할 수 있는 데 대한 대가로서 수익에 관계없이 사용기간에 비례하여 지급되는 금전 기타의 대체물」이다. 금전소비대차의 경우에 변제기까지 원본 사용의 대가로서 지급하는 금전이 이자의 대표적인 예이다. 그런데 이자가 「원본을 사용할 수 있는 데 대한 대가」로서 지급되는 것이기 때문에, 변제기가 지난 다음에 지급해야 하는 이른바 지연이자는 이자가 아니고 지연손해배상이다. 변제기가 지난 뒤에는 원본을 사용할 수 없는 것이고, 따라서 「사용할 수 있는 데 대한 대가」일 수 없기 때문이다. 그럼에도 불구하고 민법상 특약이 없으면 원칙적으로 법정이율에 의하도록 하고 있어서(393조 1항 본문), 지연이자라고 부를 뿐이다.

그러고 보면 [제 1 문]에서 「이자」라고 표현한 것은 법적으로는 지연이자, 즉 지연손해배상(지연손해금)에 해당하고 본래의 의미의 「이자」가 아니다. 본래의 의미의 이자와 지연이자는 소멸시효기간이 다르므로 이 둘은 분명히 구별되어야 한다.

3. 남은 1,000만원에 대한 채권(원본채권)의 소멸시효 완성 여부

(1) 소멸시효의 요건

소멸시효에 의하여 권리가 소멸하기 위해서는 다음의 세 요건이 갖추어져야 한다.

① 권리가 소멸시효에 걸리는 것이어야 한다.

② 권리자가 법률상 그의 권리를 행사할 수 있음에도 불구하고 행사하지 않아야 한다. 이 요건에서 핵심적인 문제는 소멸시효기간의 기산점이 언제인지이다.

③ 위의 권리불행사의 상태가 일정한 기간 동안 계속되어야 한다.

(2) 본 사안의 경우

본 사안에서 1,000만원에 대한 B의 채권(원본채권)은 금전채권이다. 이러한 금전채권은 소멸시효에 걸리는 권리이다(162조 1항). B의 이 채권은 변제기가 2002. 3. 20.인 확정기한부 채권으로서 소멸시효기간의 실제 기산일은 2002. 3. 21.이다(시효기간 계산에서 당일은 제외됨). 그리고 보통의 금전채권의 소멸시효기간은 10년이므로(162조 1항), B의 이 채권은 2012. 3. 20.의 종료시에 소멸시효가 완성되었다.

4. B의 지연이자채권의 소멸시효 완성 여부

(1) B의 지연이자채권의 소멸시효가 완성되었는지 여부

지연이자채권은 채권의 일종으로서 소멸시효에 걸린다. 그리고 그 채권은 특약이 없으면 매월 말에 발생하며, 그때 이행해야 한다. 그러므로 지연이자 발생시가 소멸시효기간의 기산점이 된다(판례도 같음). 한편 지연이자채권의 시효기간은 원본채권이 민사상의 것이면 10년이 된다. 판례도 같다.[1]

본 사안의 경우에 지연이자채권은 발생한 지 10년이 넘은 것은 소멸시효가 완성되었으나, 아직 10년이 되지 않은 것은 시효가 완성되지 않았다.

(2) B의 원본채권의 시효완성에 의해 B의 지연이자채권이 소멸하는지 여부

민법에 의하면 주된 권리의 소멸시효가 완성하면 종속된 권리에 그 효력이 미친다(183조). 그런데 지연이자채권(지연손해금채권)이 원본채권의 종된 권리로서 원본채권의 시효소멸에 영향을 받아서 소멸하는지가 문제된다. 여기에 관하여 판례는 긍정한다.[2] 그러나 손해배상채권이 본래의 채권의 종된 권리라고 볼 수는 없다. 이러한 사견에 의하면, 1,000만원의

---

1) 대판 1995. 10. 13, 94다57800; 대판 1998. 11. 10, 98다42141.
2) 대판 2008. 3. 14, 2006다2940.

원본채권의 소멸시효가 완성되었다고 하여도 지연이자채권은 소멸하지 않게 된다.

5. 소멸시효 완성의 효과

소멸시효 완성의 효과에 관하여 학설은 절대적 소멸설, 상대적 소멸설로 나뉘어 있다. 전자는 소멸시효가 완성되면 권리가 당연히 소멸한다는 견해이고, 후자는 소멸시효의 완성으로 권리가 당연히는 소멸하지 않고, 시효이익을 받을 자에게 권리의 소멸을 주장할 수 있는 권리(원용권)가 생길 뿐이라고 하는 견해이다. 그리고 판례는 절대적 소멸설을 취하고 있다. 생각건대 원용제도를 두고 있지 않는 민법상 절대적 소멸설을 따라야 할 것이다. 이러한 사견에 의하면, 소멸시효가 완성되면 당연히 권리가 소멸하게 된다.

6. 결   론

본 사안의 경우에 1,000만원에 관한 B의 원본채권은 소멸시효가 완성하여 소멸하였다. 따라서 A는 1,000만원의 원본채권은 변제할 필요가 없다. 그에 비하여 B의 지연이자채권은 발생한 지 10년이 지난 것은 시효로 소멸하였으므로 변제할 필요가 없으나, 10년이 지나지 않은 것은 소멸시효가 완성되지 않고 존속하므로 변제해야 한다.[3]

Ⅱ. [제 2 문]에 대하여

1. 논점의 정리

(1) 먼저 남은 원금 1,000만원에 관한 B의 채권의 소멸시효기간을 분명히 해야 한다. 그리고 B의 이자채권의 성격과 소멸시효기간도 명확히 밝혀야 한다.

(2) 다음에 A가 1,000만원 중 200만원을 변제한 경우에 800만원에 관한 채권의 소멸시효가 중단되는지 문제된다. 이는 일부변제에 의해 시효가 중단되는지의 문제이다.

(3) 그리고 만약 일부변제에 의해 시효가 중단되는 경우에 그것이 B의 이자채권의 시효에 영향을 미치는지 문제된다.

(4) 그런 뒤에 이상의 것에 대한 논의 결과를 바탕으로 하여 물음에 답을 해야 한다.

2. 1,000만원에 관한 B의 채권의 시효기간과 B의 이자채권의 성격·시효기간

(1) 1,000만원에 관한 B의 채권의 시효기간

[제 1 문]에 관하여 기술한 바와 같이, 1,000만원에 관한 B의 채권은 소멸시효에 걸리는 권리이고, 그 권리는 2002. 3. 20.이 기산일이며, 시효기간은 10년이다. 그리하여 시효가 중단되지 않으면 2012. 3. 20.의 종료시에 시효가 완성된다.

---

3) 판례에 의하면 후자도 제183조에 의해 소멸하게 되어 변제할 필요가 없게 된다.

(2) B의 이자채권의 성격과 시효기간

[제 1 문]에 관하여 기술한 바와 같이, 여기의 이자는 본래의 의미의 이자가 아니고 지연손해배상(지연손해금)이다. 그리고 그에 관한 채권은 소멸시효에 걸리는 권리이고, 기산일은 지연이자가 발생하는 때이며, 시효기간은 10년이다. 또한 채권의 발생시기는 특약이 없으면 매월 말이다.

3. A의 200만원의 변제에 의해 B의 800만원의 채권의 소멸시효가 중단되는지 여부

(1) 시효중단사유로서의 승인

승인이 있으면 소멸시효는 중단된다(168조 3호). 승인은 시효의 이익을 받을 당사자가 그 시효의 완성으로 권리를 상실하게 될 자 또는 그 대리인에 대하여 그 권리의 존재를 인정한다고 표시하는 것이다. 승인에는 특별한 방식이 요구되지 않으므로, 명시적으로뿐만 아니라 묵시적으로도 할 수 있다(판례도 같음). 그리고 일부변제는 묵시적 승인에 해당한다. 판례도 같다.[4] 한편 일부변제가 있으면, 그것이 채무의 일부로서 변제한 것인 한, 그 채무 전부에 관하여 시효중단의 효력이 발생하는 것으로 보아야 한다(판례[5]도 같음). 승인에 의하여 시효중단의 효력이 생기는 시기는 승인이 상대방에게 도달한 때이다.[6] 승인이 있는 경우에는 그때부터 다시 시효가 진행한다.

(2) 본 사안의 경우

본 사안에서 A가 B에게 200만원을 지급한 것은 채무의 일부변제로서 채무의 묵시적 승인에 해당한다. 그리고 A는 200만원을 남은 1,000만원의 일부로서 변제한 것이다. 따라서 A의 200만원의 지급에 의하여 나머지 800만원에 관한 채권의 소멸시효가 중단된다. 시효의 중단시기는 200만원을 지급한 2006. 4. 8.이다. 그리고 그 다음 날부터 다시 시효가 진행한다.

4. A의 200만원의 지급이 B의 지연이자채권의 시효에 영향을 미치는지 여부

전술한 바와 같이, B의 지연이자(지연손해금)채권은 10년의 시효에 걸린다. 따라서 발생한 지 10년이 지난 것은 시효로 소멸하게 되고, 발생한 지 10년이 지나지 않은 것은 존속하게 된다.

A의 일부변제에 의하여 나머지 원본채권의 시효가 중단되는 경우에 지연이자채권의 시효에 영향을 미치는지 문제된다. 여기에 관하여는 논의가 없고 판례도 없으나, 지연이자채권이 손해배상채권이므로 영향을 미치지 않는다고 보아야 한다.

판례는, 원금채무에 관하여는 시효가 완성되지 않았으나 이자채무에 관하여는 시효가 완성된 상태에서 채무자가 채무를 일부변제한 때에는, 원금채무에 관하여 묵시적으로 승인

---

4) 대판 1980. 5. 13, 78다1790; 대판 1996. 1. 23, 95다39854.
5) 대판 1980. 5. 13, 78다1790.
6) 대판 1995. 9. 29, 95다30178.

하는 한편 그 이자채무에 관하여 시효완성의 사실을 알고 그 이익을 포기한 것으로 추정한다.[7] 이 판례는 이자에 관한 것이고 지연이자채권에 관한 것은 아니나, 이자와 지연이자를 동일시하는 다른 판례[8]에 의할 때에는 시효가 완성된 지연이자채권에 관하여 처음부터 시효의 이익이 생기지 않았던 것으로 될 것이다. 그러나 이러한 태도는 타당하지 않으며, 시효이익의 포기로 인정하지 않아야 한다.

5. 결 론

본 사안의 경우에 A는 남은 원금 800만원을 변제해야 한다. 그리고 지연이자는 발생한 지 10년이 지난 것은 시효로 소멸하였으므로 변제할 필요가 없으나, 10년이 지나지 않은 것은 존속하므로 변제해야 한다.

Ⅲ. [제 3 문]에 대하여

1. 논점의 정리

(1) 이 문제에서도 먼저 남은 원금 1,000만원에 관한 B의 채권의 소멸시효기간, B의 이자채권의 성격 및 소멸시효기간을 분명히 해야 한다.

(2) 다음에 「수익이 생기면 변제하라는 것」이 조건인지 기한인지 문제된다. 그리고 만약 이것이 기한이라면 언제 기한이 도래하는지 살펴보아야 한다.

(3) 그 뒤 B의 남은 원금채권과 이자채권(지연이자채권)의 시효가 완성되었는지를 검토해야 한다.

(4) 그리고 나서 위의 것에 대한 논의를 바탕으로 하여 결론을 도출해야 한다.

2. 1,000만원 관한 B의 채권의 시효기간, B의 이자채권의 성격·시효기간

이에 대하여는 [제 2 문]에 대하여 논의한 것(위 Ⅱ. 2. 참조)이 그대로 적용되므로 생략한다.

3. 「수익이 생기면 변제하라는 것」이 조건인지 기한인지

(1) 구별 기준

「수익이 생기면 변제하라는 것」이 수익이 생기지 않으면 변제할 필요가 없다는 의미라면 조건이고, 변제는 반드시 해야 하지만 그 시기는 수익이 생긴 때라는 의미라면 기한 즉 불확정기한이다. 판례도 같은 입장이다.[9] 이 둘 중에 어느 것에 해당하는지는 법률행위의

---

7) 대판 2013. 5. 23, 2013다12464.
8) 대판 2008. 3. 14, 2006다2940.
9) 대판 2003. 8. 19, 2003다24215; 대판 2009. 11. 12, 2009다42635.

해석에 의하여 결정된다. 그런데 불분명한 때에는 특별한 사정이 없으면 변제기를 유예한 것으로 보아야 한다. 판례도 같다.[10]

(2) 위의 것이 기한인 경우에 기한 도래 시기

위의 것이 불확정기한이라면 수익이 생길 수 없음이 확정된 때 즉 기한사실의 발생이 불가능한 것으로 확정된 때에도 기한은 도래한 것으로 보아야 한다. 통설·판례도 같다(강의, A-271 참조).

(3) 본 사안의 경우

본 사안의 경우에 「수익이 생기면 변제하라는 것」이 수익이 생기지 않으면 변제할 필요가 없다는 의미인지, 변제는 해야 하지만 그 시기는 수익이 생긴 때라는 의미인지는 불확실하다. 그런데 위의 사견·판례에 따라 기한으로 추정해야 한다. 그렇게 되면 그것은 불확정기한이 된다. 그때 기한의 도래 시기는 Z슈퍼마켓을 정리한 2004. 4. 30.이다.[11]

4. B의 남은 원금채권과 지연이자채권의 시효가 완성되었는지 여부

(1) 남은 원금채권에 대하여

B의 1,000만원의 원금채권은 소멸시효에 걸리는 권리이다. 그리고 그 권리의 소멸시효의 기산일은 기한이 도래한 때인 2004. 4. 30.이며, 시효기간은 10년이다. 따라서 B의 그 채권은 2014. 4. 30.이 종료된 때에 소멸시효가 완성되었다.

(2) B의 지연이자채권에 대하여

B의 지연이자채권은 일종의 손해배상채권으로서 소멸시효에 걸리는 권리다. 그리고 그 채권은 매월 말에 발생하며, 시효기간은 10년이다. 따라서 발생한 지 10년이 지난 것은 시효가 완성되었으나, 10년이 지나지 않은 것은 시효가 완성되지 않았으며 존속하고 있다.

판례는 원본채권이 시효소멸하면 그에 대한 지연이자채권도 소멸한다고 하나,[12] 손해배상채권에 해당하는 지연이자채권은 — 이자채권과 달리 — 원본채권의 시효소멸에 영향을 받지 않는다고 새겨야 한다.

5. 결   론

본 사안의 경우에 1,000만원에 관한 B의 채권(원금채권)은 소멸시효에 걸려 소멸하였으므로, A는 그 채무는 변제할 필요가 없다. 그에 비하여 지연이자채권은 발생한 지 10년이 지난 것은 시효로 소멸하였으므로 변제할 필요가 없으나, 아직 10년이 지나지 않은 것은 변제해야 한다.

---

10) 위 각주의 판결 참조.
11) 만약 위의 것을 조건이라고 보면 조건불성취가 확정되어 채권은 무효로 되고 채무는 변제할 필요가 없게 된다.
12) 대판 2008. 3. 14, 2006다2940.

[19] 소멸시효의 중단

문제

A은행은 1973. 9. 8. B회사와 어음거래약정을 체결하고 1974. 3. 16. 어음대부의 방식으로 1,200만원을 이자 연 2할 5푼, 변제기 1974. 4. 30.로 정하여 대여하였다. 그리고 C와 D는 이 어음거래약정 체결시 B회사가 A은행에게 부담할 장래의 채무를 최고한도액 7천만원의 범위에서 연대보증하였다. 그 후 B회사가 1974. 6. 14.까지의 이자만 지급하고 나머지 원리금을 지급하지 않자 A은행은 관할 지방법원에 1975. 3. 21. B회사 및 D를 상대로 가집행선고부 지급명령을 신청하여 1975. 4. 21. 이를 받았고, 이 지급명령은 같은 해 5. 7. 확정되었다. A은행은 이 지급명령에 기하여 D의 재산에 강제집행을 하였으나, 지연손해금에 충당할 정도의 금액만 배당받는 데 그쳤다. 그 뒤 A은행은 1985. 4. 16. B회사 및 C를 상대로 대여금 반환청구소송을 제기하였다. 현재는 1985. 4. 25.이다.

1. 이 경우에 A은행의 B회사에 대한 대여금채권의 소멸시효는 중단되는가? 중단된다면 중단되는 시점은 언제이고, 소멸시효의 완성시점은 언제인가?
2. 이 경우에 C가 A은행에 대하여 그에 대한 A의 채권은 이미 소멸시효가 완성되었다고 주장한다면, C는 채무를 면하게 되는가?

I. 물음 1.에 대하여

1. 논점의 정리

물음 1.을 해결하려면 먼저 A은행의 B회사에 대한 대여금채권의 소멸시효기간이 몇·년인지 알아야 한다. 그리고 그러려면 A은행이 B에게 대여한 것이 상행위인지를 검토하여야 한다. 왜냐하면 A은행의 행위가 상행위이면 상사시효가 적용되기 때문이다.

그 다음에는 B가 A은행에 이자를 지급한 것과 A은행이 B회사에 대하여 지급명령을 받은 것에 의하여 시효가 중단되는지를 살펴보아야 한다. 그리고 시효가 중단된다면 그 시점과 그 효과가 어떻게 되는지, 그리하여 새로운 시효의 완성시점이 언제인지를 논의하여야 한다.

2. A의 B에 대한 채권의 소멸시효기간

(1) 은행의 대여행위의 성격과 상사시효

은행은 상인에 해당하며(상법 4조), 영업으로 행한 수신·여신·환 기타의 금융거래는 상행위에 속한다(상법 46조 8호). 그리고 당사자 중 1인의 행위가 상행위인 때에는 전원에 대하여 상법을 적용한다(상법 3조). 한편 상법에 의하면, 상행위로 인한 채권은 상법에 다른 규정이 없는 때에는 — 또는 법령에 이보다 단기의 시효의 규정이 있지 않는 한 — 5년의 시효에 걸린다(상법 64조).

(2) 본 사안의 경우

본 사안의 경우 A가 B회사에 금전을 대여한 행위는 상행위이고, 대여자인 A는 상인이어서 A·B 모두에 대하여 상법이 적용된다. 그 결과 A의 B에 대한 채권은 5년의 시효에 걸리게 된다. 그 채권의 소멸시효의 기산점은 변제기인 1974. 4. 30.이다. 그런데 실제의 기산일은 1974. 5. 1.이다. 기간의 첫날은 산입하지 않기 때문이다(157조).

3. A의 B에 대한 채권의 소멸시효가 중단되는지 여부

(1) 이자지급에 의한 시효중단

소멸시효의 중단사유 가운데에는 승인이 있다. 승인은 시효의 이익을 받을 당사자가 그 시효의 완성으로 권리를 상실하게 될 자에 대하여 그 권리의 존재를 인정한다고 표시하는 것이다. 승인에는 특별한 방식이 요구되지 않으므로, 명시적으로뿐만 아니라 묵시적으로도 할 수 있다. 그리하여 가령 채무증서를 다시 작성하거나 이자를 지급하는 것은 묵시의 승인이 된다.

승인에 의하여 시효중단의 효력이 생기는 시기는 승인이 상대방에게 도달한 때이다.[1]

(2) 지급명령에 의한 시효중단[2]

지급명령이 있으면 시효가 중단되며, 그 시기는 지급명령신청서를 관할 법원에 제출하였을 때이다(민사소송법 464조·265조).

채무자는 지급명령을 송달받은 날부터 2주일 이내에 이의신청을 할 수 있고(민사소송법 470조 1항), 적법한 이의신청이 있으면 지급명령을 신청한 때에 소가 제기된 것으로 본다(민사소송법 472조 2항). 그리하여 이때는 소제기에 의하여 시효중단의 효력을 갖는다. 그에 비하여 지급명령에 대하여 이의신청이 없거나, 이의신청을 취하하거나, 이의신청에 대하여 각하결정이 확정된 때에는 지급명령은 확정판결과 같은 효력이 있다(민사소송법 474조). 그 결과 지급명령을 신청한 때에 시효가 중단되는 것이다(민사소송법 265조).

---

1) 대판 1995. 9. 29, 95다30178.
2) 사안은 과거의 것이나 이하에서는 편의상 민사소송법은 현행법으로 기술한다.

　　민법 제172조는 채권자의 가집행신청이 없으면 지급명령에 시효중단의 효력이 없다고 규정하나, 1990년 민사소송법의 개정으로 가집행신청제도가 삭제되어 그 규정은 무의미해졌다.

　(3) 본 사안의 경우

　1) 본 사안에서 B는 A에게 이자를 지급하였다. 그런데 그 시기는 불분명하다. 확실한 것은 1975. 3. 21. 이전일 것이라는 것밖에 없다. 어쨌든 B가 이자를 지급한 것은 A의 채권에 대한 묵시적인 승인에 해당한다. 그러므로 이자를 지급한 때에 A의 B에 대한 채권의 소멸시효는 중단된다. 그 시기는 1975. 3. 21. 이전이다.

　　그리고 중단된 A의 채권의 소멸시효는 중단시부터 다시 진행한다.

　2) 본 사안의 경우 A의 채권의 소멸시효는 B의 이자지급에 의하여 일단 중단되었다가 다시 진행되고 있었다. 그런데 지급명령에 의하여 다시 중단될 사정이 생겼다.

　　A는 1975. 3. 21.에 지급명령을 신청하였고, 그것이 1975. 5. 7.에 확정되었다. 이렇게 확정된 지급명령은 확정판결과 같은 효력이 있으며, 따라서 지급명령을 신청한 때에 그 채권의 소멸시효는 중단된다. 즉 A의 B에 대한 채권은 1975. 3. 21.에 소멸시효가 중단된다.

4. A의 채권의 소멸시효의 완성시점

　(1) 지급명령에 의하여 확정된 채권의 소멸시효기간

　　민법 제165조에 의하면, 판결에 의하여 확정된 채권은 단기의 소멸시효에 해당한 것이라도 그 소멸시효는 10년으로 되며(1항), 파산절차에 의하여 확정된 채권 및 재판상의 화해·조정 기타 판결과 동일한 효력이 있는 것에 의하여 확정된 채권도 위와 같다(2항). 그리고 여기의「판결과 동일한 효력이 있는 것」에는 청구의 인낙조서(민사소송법 220조)와 확정된 지급명령(민사소송법 474조)이 있다. 따라서 지급명령이 확정되면 그 채권이 단기시효에 걸리는 것이라도 시효기간은 10년으로 된다.

　　시효가 중단되면 그때까지 경과한 시효기간은 산입하지 않는다(178조 1항 전단). 그리고 중단사유가 종료한 때로부터 다시 처음부터 시효기간의 계산이 시작된다(178조 1항 후단). 중단된 시효가 다시 기산하는 시기는, 중단사유가 재판상의 청구인 경우에는 재판이 확정된 때이다(178조 2항). 지급명령의 경우에도 이와 마찬가지로 지급명령이 확정된 때가 기산점이 된다고 할 것이다.

　(2) 본 사안의 경우

　　A의 채권에 대하여는 지급명령이 확정되었으므로, 그 채권이 비록 5년의 시효에 걸리는 것일지라도, 이제는 시효기간이 10년으로 된다. 그리고 새로이 진행하는 이 10년의 시효기간은 지급명령이 확정된 때부터 기산한다. 그리하여 1975. 5. 7.부터 10년 후에 소멸시효가 완성한다. 구체적인 시점은 기산일인 1975. 5. 8.부터 역(曆)으로 계산하여 10년 후에 해

당하는 1985. 5. 8의 전일인 1985. 5. 7. 만료시(밤 12시)에 시효가 완성한다.

II. 물음 2.에 대하여

1. 논점의 정리

본 사안에서 C는 주채무자인 B의 A에 대한 채무를 연대보증한 자이다. 그리고 A의 C에 대한 채권은, B에 대한 채권과 마찬가지로, 5년의 상사시효에 걸린다(상법 64조). 그런데 C가 보증한 채무의 주채무자인 B에 대하여 지급명령이 내려져 소멸시효가 중단되었다. 그 결과 A의 B에 대한 채권은 지급명령 확정시부터 10년의 시효에 걸리게 되었다.

여기서 지급명령 확정에 의하여 B에 대한 A의 채권의 시효기간이 10년으로 된 것에 의하여 C에 대한 채권도 영향을 받게 되는지, 만약 받지 않는다면 C에 대한 채권은 언제 시효가 완성되는지가 문제된다. 이 문제는 민법 제440조와 관련하여 검토될 필요가 있다. 만약 C에 대한 채권의 시효가 완성되었다면 C의 시효소멸의 주장에 의하여, 소멸시효 완성의 효과에 관하여 상대적 소멸설을 취할지라도, A의 C에 대한 채권은 소멸하게 될 것이다.

2. 주채무자에 대한 판결의 확정과 보증채무의 소멸시효기간

(1) 서   설

판결 또는 그와 동일한 효력이 있는 것에 의하여 확정된 채권은 단기의 소멸시효에 해당하는 것이라도 그 소멸시효기간이 10년으로 된다. 문제는 주채무자와 보증인에 대한 채권이 모두 단기시효에 걸리는 것이었는데, 채권자가 주채무자에 대하여만 판결 또는 지급명령을 받아 그 시효기간이 10년으로 된 경우에, 보증인에 대한 채권의 시효기간도 10년으로 되는지이다.

이 문제에 대하여 판단하려면 우선 민법 제440조의 취지를 분명하게 파악하여야 한다. 동조는 「주채무자에 대한 시효의 중단은 보증인에 대하여 그 효력이 있다」고 규정한다. 이 규정의 취지를 둘러싸고 논란이 제기되고 있다.

(2) 판   례

판례는, 제440조는 보증채무의 부종성에 기인한 당연한 법리를 규정한 것이라기보다는 채권자 보호 내지 채권담보의 확보를 위한 특별규정으로서, 이 규정은 주채무자에 대한 시효중단의 사유가 발생하였을 때에는 그 보증인에 대한 별도의 중단조치가 이루어지지 않아도 동시에 시효중단의 효력이 생기도록 한 것에 불과하고 중단된 이후의 시효기간까지 당연히 보증인에게도 그 효력을 미친다고 하는 취지는 아니라고 한다. 그리하여 채권자와 주채무자 사이의 확정판결에 의하여 주채무의 소멸시효기간이 10년으로 연장되었다고 할지라도 이로 인해 그 보증채무까지 당연히 단기소멸시효의 적용이 배제되어 10년의 소멸시효기간이 적용되는 것이 아니고, 채권자와 연대보증인 사이의 연대보증채무의 소멸시효기간은 여전히 종전의 소멸시효기간에 따른다고 한다.[3]

(3) 학　설

학설은 위의 판례에 찬성하는 견해[4]와 반대하는 견해[5]로 나뉘어 있다. 뒤의 견해는, 제440조는 주채무가 시효로 소멸하기 전에 보증채무가 시효소멸하는 일이 없도록 함으로써 특히 채권의 담보를 확보하려는 규정이며, 그렇다면 보증인에 대하여 시효중단의 효력을 인정한 취지는 그대로 중단 후의 시효기간에도 적용되어야 할 것이라고 한다. 이 견해는 그 이유로, 만약 그렇게 새기지 않으면 주채무가 시효소멸하기도 전에 보증채무가 소멸하여 채권의 담보기능을 약화시키는 것을 방지한다는 제440조의 취지는 사실상 반감되고 만다는 점을 든다.

(4) 검토 및 사견

생각건대 제440조는 주채무의 이행을 담보하는 보증채무의 성격에 비추어 주채무가 시효로 소멸하기 전에 보증채무가 먼저 시효소멸하지 않도록 하기 위한 규정이다. 그리고 그러한 취지를 살리려면 그 규정은 단지 시효중단 자체에 대하여뿐만 아니라 중단 후의 시효기간에도 적용된다고 하여야 한다. 즉 판례는 옳지 않으며, 판례에 반대하는 학설이 타당하다.

3. 본 사안의 경우

판례에 의하면, 본 사안의 경우 A의 C에 대한 채권은 A의 B에 대한 지급명령의 신청으로 중단된 시효가 지급명령의 확정에 의하여 다시 기산되나, 중단 후의 시효기간은 10년으로 되지 않고 5년의 상사시효에 걸리게 된다. 그리하여 A의 C에 대한 채권은 지급명령 확정시인 1975. 5. 7.부터 5년이 지난 1980. 5. 7. 밤 12시에 소멸시효가 완성한다. 그리고 C가 소멸시효 완성을 주장하면, 소멸시효 완성의 효과에 관하여 절대적 소멸설을 취하든 상대적 소멸설을 취하든, A의 C에 대한 채권은 소멸한다. 즉 C는 채무를 면하게 된다.

그러나 위와 같은 판례는 타당하지 않으며, 제440조는 중단 후의 시효기간에도 적용되어야 한다. 이러한 사견에 의하면, A의 C에 대한 채권은 지급명령의 신청으로 중단된 시효가 지급명령의 확정에 의하여 다시 기산되고, 그 채권의 새로운 시효기간은 10년이 된다. 그리하여 A의 C에 대한 채권의 소멸시효는 지급명령 확정시인 1975. 5. 7.부터 10년이 경과한 때인 1985. 5. 7. 밤 12시에 완성하게 된다. 그런데 본 사안에서 현재의 시점은 1985. 4. 25.이기 때문에 A의 C에 대한 채권은 소멸시효가 완성하지 않았으며, 그 결과 C의 소멸시효의 완성의 주장은 인정되지 않는다. 결국 C는 채무를 면할 수 없다.

---

3) 대판 1986. 11. 25, 86다카1569; 대판 2006. 8. 24, 2004다26287 · 26294.
4) 박인호, 대법원 판례해설 제6호, 29면 이하.
5) 양창수, 민법연구 제2권, 151면 이하; 이공현, 민사판례연구[X], 36면 이하.

[20] 소멸시효·연대보증

A는 1997년경 X신용카드 주식회사(이하 'X회사'라 함)로부터 대출을 받았다. 그리고 B는 A의 X회사에 대한 대출금채무에 대하여 연대보증을 하였다. 그 뒤 A가 대출금채무를 변제하지 않자 X회사는 B에게 청구를 하였고, 그리하여 B는 1998년경부터 1999년경 사이에 X회사에 A의 채무 3,500만원을 변제하였다. 한편 C는 1998. 10. 17. B가 A의 채무를 변제하는 경우에 A가 B에게 부담하게 될 구상금채무를 연대보증하였다. 그런데 위에서와 같이 B가 A의 채무를 변제하였는데도 A와 C 중 어느 누구도 B에게 위의 구상금채무를 이행하지 않았다. 그러자 B가 1999. 6. 15. A와 C를 상대로 관할 지방법원에 위의 구상금의 지급을 구하는 소송을 제기하였는데, 그 법원은 위 사건을 조정절차에 회부한 다음 조정기일인 1999. 9. 20.에 'A와 C는 연대하여 B에게 1999. 10. 5.까지 위 대위변제금의 원리금 합계액 4,400만원 중 1,000만원, 1999. 12. 31.까지 나머지 3,400만원을 각 지급하되, A와 C가 위 각 기일을 어길 때에는 연 25%의 비율에 의한 지연손해금을 가산하여 지급한다'는 취지로 조정에 갈음하는 결정(이하 '강제조정 결정'이라 함)을 하였고, 이 결정은 2000. 3. 8.경 A 및 C와 B에게 모두 송달되어 2000. 3. 28. 확정되었다. 그 뒤 2009. 7. 26. B는 관할 지방법원에 위의 강제조정 결정을 집행권원으로 하여 C 소유의 부동산에 관한 부동산강제경매 신청을 하여 2009. 7. 28. 같은 법원으로부터 경매개시 결정을 받았고, 나아가 2009. 8. 18. A와 C를 상대로 재산명시 신청을 하였으며, 그에 대한 재산명시 결정이 2010. 2. 23. A와 C에게 송달되었다. 그러자 A와 C는 2010. 3. 3. B를 상대로 위의 구상금채무가 변제 및 채무면제에 의하여 모두 소멸하였다고 주장하면서 위의 강제집행의 불허를 구하는 소(청구이의의소)를 제기하였고, 이에 대하여 B가 2010. 5. 11. 제1심법원에 답변서를 제출하면서 응소하여 적극적으로 위의 구상금채무의 존재를 주장하였다. 그 결과 A와 C는 제1심판결에서 패소하였다. 그 후 A는 제1심판결에 불복하여 항소를 한 뒤 2010. 12. 3. 소취하서를 제출하였으며, B는 2010. 12. 7. 소취하서 부본을 송달받고도 2주 이내에 이의를 제기하지 않아, 결국 2010. 12. 22. A의 B에 대한 소는 소취하로 종료되었다.

이 사안을 전제로 다음 물음에 대하여 답하시오(각 물음의 사안은 별개의 것임).

1. B는 소취하가 있은 후 아무런 행위를 하지 않고 있다가 현재(2013. 4. 24)에 이르러 A와 C에 대하여 강제조정 결정에 따른 금액의 지급을 청구하였다.
   A나 C는 이를 이행해야 하는가? 그들이 이행을 면할 수 있는 방법이 있는가?

2. 2011. 3. 10. C는 그의 B에 대한 채무의 존재를 인정할 수밖에 없다고 생각하고서 우선 그중 일부인 1,000만원을 B에게 송금하였다. 그런데 그 뒤에 현재(2013. 4. 24)에 이르도록 A나 C가 나머지를 지급하지 않자, B는 A와 C에 대하여 나머지 금액의 지급을 청구하였다.

　　A나 C는 이를 이행해야 하는가?

3. 2011. 3. 17. B는 강제조정 결정에 따른 채무를 피보전채권으로 하여 A의 특정 토지에 대하여 가압류신청을 하였고, 3. 19.에 가압류결정을 받았으며, 3. 22.에 가압류 기입등기가 행하여졌다. 그 이후 현재(2013. 4. 24)까지 그 상황에 특별한 변화가 없다.

　　이 경우에 A나 C는 강제조정 결정에 따른 채무를 이행해야 하는가? 이 경우에 A나 C의 채무가 존재한다면, 그들의 채무는 언제 소멸시효가 완성하는가?

〈관련 법률〉

민사조정법(문제에서의 현재 시점인 2013. 4. 24. 당시의 법률임. 그 후에는 동법 30조의 문구가 변경됨)

제30조(조정을 갈음하는 결정) 조정담당판사는 합의가 성립되지 아니한 사건 또는 당사자 사이에 성립된 합의의 내용이 적당하지 아니하다고 인정한 사건에 관하여 상당한 이유가 없으면 직권으로 당사자의 이익이나 그 밖의 모든 사정을 고려하여 신청인의 신청 취지에 반하지 아니하는 한도에서 사건의 공평한 해결을 위한 결정을 하여야 한다.

제33조(조정에 관한 조서의 송달 등) ① 법원사무관 등은 다음 각 호의 어느 하나에 해당하는 때에는 그 사유를 조서에 기재하여야 한다.

1. 사건에 관하여 조정을 하지 아니하기로 하는 결정이 있을 때

2. 조정이 성립되지 아니한 때

3. 조정을 갈음하는 결정이 있을 때

② 법원사무관 등은 제1항에 따른 조서 중 조정을 하지 아니하기로 하는 결정이 있거나 조정이 성립되지 아니한 사유를 기재한 조서는 그 등본을, 조정을 갈음하는 결정을 기재한 조서 또는 제28조에 따른 조서는 그 정본(正本)을 당사자에게 각각 송달하여야 한다.

제34조(이의신청) ① 제30조 또는 제32조의 결정에 대하여 당사자는 그 조서의 정본이 송달된 날부터 2주일 이내에 이의를 신청할 수 있다. 다만, 조서의 정본이 송달되기 전에도 이의를 신청할 수 있다.

② 제1항의 기간 내에 이의신청이 있을 때에는 조정담당판사는 이의신청의 상대방에게 지체 없이 이를 통지하여야 한다.

③ 이의신청을 한 당사자는 해당 심급(審級)의 판결이 선고될 때까지 상대방의 동의를 받아 이의신청을 취하할 수 있다. 이 경우 「민사소송법」 제266조 제3항부터 제6항까지의 규정을 준용하며, "소"(訴)는 "이의신청"으로 본다.

④ 다음 각 호의 어느 하나에 해당하는 경우에는 제30조 및 제32조에 따른 결정은 재판상의 화해와 동일한 효력이 있다.

1. 제1항에 따른 기간 내에 이의신청이 없는 경우

2. 이의신청이 취하된 경우

3. 이의신청이 적법하지 아니하여 대법원규칙으로 정하는 바에 따라 각하결정이 확정된 경우

⑤ 제1항의 기간은 불변기간으로 한다.

Ⅰ. 물음 1.에 대하여

1. 논점의 정리

본 문제의 논점을 정리하면 다음과 같다.

⑴ B의 변제로 A·C가 B에 대하여 채무를 부담하는지, A·C가 채무를 부담한다면 그 채무들의 성격이 무엇인지(C의 채무가 연대보증채무인지), C의 채무가 A의 채무에 부종하는지가 문제된다.

⑵ B가 1996. 6. 15. A·C를 상대로 소를 제기하여 강제조정 결정을 받음으로써 A·C의 채무의 시효가 중단되는지 문제된다.

⑶ C 소유의 부동산에 대한 경매개시 결정에 의해 C의 채무의 시효가 중단되는지 문제된다.

⑷ B의 재산명시 신청에 의해 A·C의 채무의 시효가 중단되는지 문제된다.

⑸ B의 응소에 의해 A·C의 채무의 시효가 중단되는지, 그리고 소취하가 있으면 어떻게 되는지 문제된다.

⑹ A·C의 채무의 시효가 완성되었는지 문제된다.

⑺ A의 채무가 시효소멸하였다면 그것이 C의 채무에 어떤 영향을 주는지, 가령 C가 A의 채무의 시효소멸로 항변할 수 있는지 문제된다.

⑻ 이상의 것들을 종합하여 결론적으로 A나 C의 채무가 시효소멸했는지, 그 결과 A나 C가 채무의 이행을 면할 방법이 있는지 검토하여야 한다.

2. A·C의 채무의 성격

⑴ 본 사안에서 B가 A의 대출금채무를 변제하였다. 그럼으로써 A·C가 B에 대하여 채무를 부담하는지, 그 채무들의 성격 및 관계가 문제된다.

⑵ A의 채무

B는 A의 대출금채무를 연대보증한 자이다. 즉 연대보증인이다. 연대보증의 경우에 연대보증인에 대하여 생긴 사유의 효력, 주채무자와 연대보증인 사이의 구상관계는 보통의 보증에서와 같다. 그리고 보증인은 변제하면 법률상 당연히 채권자를 대위한다(481조).

본 사안에서 B가 A의 채무 3,500만원을 변제함으로써 X회사에 대한 A의 채무는 소멸하였다(변제의 절대적 효력). 그리고 B는 A에 대하여 구상권을 취득한다. B의 구상권의 범위는 그가 수탁보증인인지 아닌지에 따라 다르다. 본 사안에서 B가 수탁보증인인지는 불분명하나, B의 구상금채권을 C가 연대보증한 것을 보면 수탁보증인인 것으로 생각된다. 그 경우에는 B는 연대채무의 경우와 마찬가지로 출재액, 면책된 날 이후의 법정이자, 필요비, 기

타의 손해를 구상할 수 있다(441조·425조 2항).[1]

한편 A의 채무는 상사채무가 아니고 민법상의 보통의 채무에 해당한다고 할 것이다. 그리하여 10년의 소멸시효에 걸린다.[2]

(3) C의 채무

C는 A의 B에 대한 구상금채무를 연대보증하였다. 이러한 보증을 구상보증(역보증)이라고 한다. 구상보증은 보증의 한 종류로서 보통의 보증과 동일하게 다루어진다.

본 사안에서 B가 X회사에 대한 A의 채무를 변제함으로써 A가 B에게 구상금채무를 부담하게 되었다. 따라서 C는 연대보증인으로서 A의 구상금채무에 대하여 보증채무를 진다. 이 경우 A의 구상금채무가 주채무이고, C의 채무가 연대보증채무이다.

연대보증의 경우에는 보증인은 보충성에 기한 권리는 없으나, 부종성에 기한 권리는 있다. 이는 C에게도 그대로 인정된다. C는 연대보증인이기 때문이다.

한편 C의 연대보증채무는 주채무인 A의 구상금채무와 마찬가지로 10년의 시효에 걸린다.

3. B의 소제기 및 법원의 강제조정 결정과 A·C 채무의 시효중단 여부

(1) 소제기·강제조정 결정과 시효중단

민법은 청구를 시효중단사유의 하나로 규정하고 있다(168조 1호). 그 청구에는 재판상 청구가 포함된다. 그리고 재판상 청구는 소를 제기하는 것이다. 따라서 소제기가 있으면 시효가 중단된다. 이 경우 시효가 중단되는 시기는 소를 제기한 때이다(민사소송법 265조).

그런데 재판상의 청구가 있었더라도 소의 각하·기각·취하가 있으면 시효중단의 효력이 생기지 않는다(170조 1항). 조정에 갈음하는 결정이 있는 때에는 어떤가? 수소법원(受訴法院)은 필요하다고 인정하면 항소심 판결선고 전까지 소송이 계속 중인 사건을 결정으로 조정에 회부할 수 있다(민사조정법 6조). 그리고 조정담당 판사는 일정한 경우에 조정을 갈음하는 결정을 하여야 한다(민사조정법 30조). 이 결정에 대하여는 당사자는 그 조서의 정본이 송달된 날부터 2주일 이내에 이의를 신청할 수 있으며(민사조정법 34조 1항 본문), 그 기간 내에 이의신청이 없는 경우에는 그 결정은 재판상의 화해와 동일한 효력이 있다(민사조정법 34조 4항 본문·1호). 그런데 화해조서가 작성되면 그 조서는 확정판결과 같은 효력이 있고(민사소송법 220조), 그 범위에서 소송은 판결에 의하지 않고 당연히 종료된다. 따라서 조정을 갈음

---

[1] 그에 비하여 B가 수탁보증인이 아닌 경우의 구상권의 범위는 제444조가 규정하고 있다. 그에 의하면 B가 주채무자인 A의 의사에 반하지 않고 보증인이 된 때에는 채무소멸 당시에 A가 이익을 받은 한도에서(444조 1항), A의 의사에 반하여 보증인이 된 때에는 현존이익의 한도에서 구상할 수 있을 뿐이다(444조 2항).

[2] 설사 A의 채무가 상사채무라고 하여도 판결에 의하여 확정된 채권은 시효기간이 10년으로 되므로(165조 1항), 결과는 같다.

하는 결정이 있으면, 확정판결과 같은 효력이 생기고, 그 범위에서 소송은 종료된다.

그 결과 소제기가 있은 후 조정을 갈음하는 결정이 확정되면 확정판결이 있는 경우와 마찬가지로 되어 시효중단에 영향이 없다. 그리고 그때 시효가 새로 진행하는 시기는 재판이 확정하는 때(178조 2호)에 해당하는 강제조정 결정이 확정된 때이다.

(2) 본 사안의 경우

본 사안에서 B는 1999. 6. 15. A · C를 상대로 소를 제기하였다. 그리고 법원이 조정절차에 회부하여 2000. 3. 28. 조정에 갈음하는 결정(강제조정 결정)이 확정되었다. 따라서 이 사안에서 A · C의 채무는 소를 제기한 1999. 6. 15.에 시효가 중단되고, 결정이 확정된 2000. 3. 28.의 다음 날부터 10년의 시효가 다시 진행하게 된다.

4. C 소유 부동산에 대한 경매개시 결정과 C의 채무의 시효중단 여부

(1) 압류에 의한 시효중단

압류가 있으면 시효가 중단된다(168조 2호). 그런데 경매절차를 개시하는 결정을 할 때에는 동시에 그 부동산의 압류를 명해야 한다(민사집행법 83조 1항). 그리하여 경매개시 결정에는 압류명령도 포함하게 된다. 그리고 압류의 효력은 경매개시 결정이 채무자에게 송달된 때 또는 경매개시 결정 등기(민사집행법 94조 참조)가 된 때에 효력이 생긴다(민사집행법 83조 4항). 이 두 시기 중 빠른 시기에 압류의 효력이 생기는 것이다.3)

압류의 경우(압류의 효력이 생기는 경우)에 시효가 중단되는 시기는 압류명령을 신청한 때 즉 경매신청시이다. 그리고 이 경우 시효가 다시 진행하는 시점은 압류절차가 끝났을 때이다.

(2) 본 사안의 경우

본 사안의 경우에, 문제에 분명히 표현되어 있지는 않으나, 경매개시 결정 안에 압류명령도 있었을 것이다. 그리고 경매개시 결정이 당사자에게 송달되고 경매개시 결정 등기도 되었을 것이다. 따라서 본 사안의 경우에, 압류의 효력이 생겼을 것이므로, 압류명령 신청시 즉 경매신청시인 2009. 7. 26.에 C의 채무의 시효가 중단된다. 그리고 C의 채무의 시효가 다시 진행하는 시기는 압류절차가 끝날 때이다.4) 그런데 본 문제에 있어서 그 시기는 불분명하다.

5. B의 재산명시 신청과 A · C의 채무의 시효중단 여부

(1) 재산명시 신청과 시효중단

민법규정상 최고가 있으면 시효가 중단된다. 다만, 최고의 경우에는 6개월 내에 재판상

---

3) 법원행정처, 법원실무제요 민사집행[Ⅱ], 2003, 48면.
4) 구체적으로는 경매개시 결정에 따른 압류의 효력이 소멸하는 때인 매각대금의 교부 또는 배당으로 집행이 종료된 때라고 할 것이다(위의 민사집행[Ⅱ], 48면).

의 청구 등과 같은 보다 강력한 조치를 취하지 않으면 시효중단의 효력이 생기지 않는다 (174조). 한편 판례에 따르면, 채권자가 채무자를 상대로 재산명시 신청을 하여 그 재산목록의 제출을 명하는 결정이 채무자에게 송달된 경우에 관하여 최고로서의 효력을 인정한다.[5] 이러한 판례에 의하면, 재산명시 신청을 하여 재산목록의 제출을 명하는 결정이 채무자에게 송달된 경우에, 그 명령이 송달된 때부터 6개월 내에 재판상의 청구 등 보다 강력한 조치를 취한 때에는, 시효가 중단된다.

(2) 본 사안의 경우

본 사안의 경우에 B가 A·C를 상대로 재산명시 신청을 했고, 그에 대한 결정이 2010. 2. 23. A·C에게 송달되었다. 따라서 재산명시 결정이 송달된 2010. 2. 23.부터 6개월 내에 B가 다른 강력한 조취를 취했으면 A와 C의 채무의 시효는 중단된다. 여기서 B가 다른 조치를 취했는지가 문제된다.

본 사안에서 A·C가 제기한 소에 대하여 B가 응소하였는데, 만약 그것이 재판상 청구에 해당하게 되면 A·C의 채무는 시효가 중단될 것이다. 응소에 대하여는 아래에서 자세히 논하겠으나, 판례에 따르면 응소하여 적극적으로 권리를 주장하고 그것이 받아들여진 경우에는 재판상 청구로 인정된다. 본 사안의 경우 B는 2010. 5. 11. 응소하여 승소하였다. 다만, A는 항소하였다가 소를 취하하였고, 그 결과 A에 대하여는 판결결과가 없다. 그러므로 C에 대하여는 6개월 내에 재판상 청구를 한 것이 되나, A에 대하여는 아무 조치도 취하지 않은 것이 된다. 결국 C의 채무의 시효는 중단되나(그 시기는 최고에 해당하는 재산명시결정 송달시인 2010. 2. 23.임), A의 채무는 재산명시 신청에 의해서는 시효가 중단되지 않는다. C의 채무의 시효는 압류에 의해 중단되었는데, 재산명시 신청에 의해 또 중단되는 것이다.

6. B의 응소(應訴)와 A·C의 채무의 시효중단 여부

(1) 응소에 의한 시효중단과 소취하의 경우

상대방이 제기한 소에 대하여 응소한 것이 재판상의 청구에 해당하여 소멸시효가 중단되는지 문제된다. 판례는 과거에는 이를 부정하였으나, 현재에는 「응소하여 그 소송에서 적극적으로 권리를 주장하고 그것이 받아들여진 경우」도 재판상 청구에 포함된다고 한다.[6] 그리고 학설도 판례에 찬성한다. 생각건대 소멸시효의 완성은 엄격한 요건 하에서만 인정하는 것이 진정한 권리자 보호에 적절하므로 이러한 판례·학설은 타당하다. 한편 응소의 경우 시효가 중단되는 시기는 피고가 응소한 때(준비서면을 보내거나 진술한 때)이다.

재판상 청구가 있었더라도 소의 각하·기각 또는 취하가 있으면 시효중단의 효력은 생기지 않는다(170조 1항). 그러나 소의 각하 등이 있는 경우라도 6개월 내에 재판상의 청구

---

5) 대판 2001. 5. 29, 2000다32161; 대판 2012. 1. 12, 2011다78606.
6) 대판(전원) 1993. 12. 21, 92다47861 등 다수의 판결.

등을 한 때에는 시효는 최초의 재판상의 청구로 인하여 중단된 것으로 본다(170조 2항). 그리고 판례에 따르면, 권리자인 피고가 응소하여 권리를 주장하였으나 그 소가 각하되거나 취하되는 등의 사유로 본안에서 그 권리주장에 관한 판단 없이 소송이 종료된 경우에도 민법 제170조 제 2 항을 유추적용하여 그때부터 6개월 이내에 재판상의 청구 등 다른 시효중단 조치를 취하면 응소시에 소급하여 시효중단의 효력이 있다고 한다.[7]

연대보증의 경우에는 보통의 보증채무에서와 마찬가지로 보증인에게 생긴 사유는 변제 등과 같이 채권을 만족시키는 사유를 제외하고는 주채무자에게 효력이 없다. 소멸시효의 중단도 마찬가지이다.

(2) 본 사안의 경우

본 사안에서 B는 A·C가 B를 상대로 구상금채무가 소멸했다는 이유로 제기한 소에서 응소하여 구상금채무의 존재를 주장하여 A·C 둘 모두에 대하여 승소하였다. 이러한 B의 응소는 시효중단 사유인 「재판상의 청구」에 해당한다. 따라서 A·C의 채무의 시효는 B의 응소시(2010. 5. 11)에 일단 중단된다. A의 채무는 재산명시 신청에 의해 시효가 중단되어 있었기 때문에 시효가 완성되지 않고 있었으며, 그 상태에서 B의 응소에 의해 다시 시효가 중단된 것이다. 다만, A의 채무에 대하여는 A가 항소한 후에 소취하를 하였으므로 추가논의가 필요하다.

A는 그가 제기한 소에서 패소하자 불복 항소하였으나, 그 뒤 소취하서를 제출하였고, 그에 대하여 B가 이의를 제기하지 않아 A의 B에 대한 소는 소취하로 종료되었다. 이렇게 소취하가 있으면 시효는 중단되지 않는다(170조 1항). 다만, 판례에 의하면, B가 응소하여 권리를 주장했으나 그 소가 취하되어 그 권리주장에 대하여 판단 없이 소송이 종료된 경우에는, 그때부터 6개월 이내에 다른 조치를 취하면 응소시에 시효중단의 효력이 있는데(170조 2항의 유추적용), 물음 1.의 경우에는 6개월 이내에 B가 아무런 조치도 취하지 않았다. 따라서 A의 채무는 응소에 의해서는 시효가 중단되지 않는다.

본 사안에서 응소에 의해 C의 채무는 시효가 중단되었으나, 그것은 주채무자인 A에게는 영향이 없다.

7. A·C의 채무의 시효가 완성되었는지 여부

(1) A의 채무

A의 채무는 보통의 채무로서 10년의 시효에 걸린다. 그리고 A의 채무, 즉 B의 채권의 소멸시효기간은 B가 A의 채무를 변제한 때부터 진행한다.[8] 그런데 그 후, 위에서 논한 바와 같이, B의 소제기와 법원의 강제조정 결정에 의하여 A에 대한 B의 채권의 소멸시효는

---

7) 대판 2010. 8. 26, 2008다42416·42423; 대판 2012. 1. 12, 2011다78606.
8) 그 시기는 개별적으로 차이가 있는데, 사안에서는 그것을 명시하지 않았다.

중단되었다. 구체적으로는 소를 제기한 1999. 6. 15.에 시효가 중단되고, 강제조정 결정이 확정된 2000. 3. 28.의 다음 날부터 다시 10년의 시효가 진행한다. 그리고 그 뒤에는 A에 대한 B의 채권의 시효는 중단된 적이 없다. 따라서 그 채권은 2010. 3. 28. 밤 12시에 시효가 완성된다.

(2) C의 채무

C에 대한 B의 채권도 10년의 시효에 걸린다. 그 채권의 시효기간의 기산점은 처음에는 A에 대한 B의 채권과 동일하였다. 그런데 그 후 B의 소제기와 법원의 강제조정 결정에 의하여 1999. 6. 15.에 시효가 중단되어 2000. 3. 29.에 다시 10년의 시효가 진행하게 되었다. 그리고 C 소유의 부동산에 대한 B의 압류에 의해 2009. 7. 15.에 C의 채무의 시효가 중단되었다. 또한 B의 재산명시 신청(및 응소)에 의해 재산명시 결정 송달시인 2010. 2. 23.에 다시 시효가 중단되었다. 나아가 C에 대한 응소에 의해 중단되기도 하였다. 이 경우의 중단시기는 응소시인 2010. 5. 11.이다. 따라서 C에 대한 B의 채권은 아직 시효가 완성되지 않았다.

8. C가 A의 채무의 시효소멸을 원용할 수 있는지 여부

(1) 보증인의 부종성에 기한 권리

보증인은 주채무자가 가지는 항변을 가지고 채권자에게 대항할 수 있다(433조 1항). 주채무가 소멸시효의 완성으로 소멸한 때에도 같다. 그리하여 이때에 보증인은 시효소멸을 주장할 수 있다. 학설·판례[9]도 같은 입장이다.

이러한 점은 연대보증의 경우에도 같다. 연대보증도 보증의 일종이어서 연대보증인은 부종성에 기한 권리를 가지기 때문이다.

(2) 본 사안의 경우

본 사안에서 A의 채무는 소멸시효가 완성되었다. 그런데 그 채무는 C의 연대보증채무에 대하여 주채무에 해당한다. 따라서 C는, 그의 채무의 시효가 완성되지 않았을지라도, 주채무인 A의 채무가 시효소멸했으므로 C의 채무도 소멸했다고 주장할 수 있다.[10]

9. 결　　론

본 사안의 경우에 A의 채무는 소멸시효가 완성되었다. 따라서 A는 자신의 채무가 시효소멸했음을 주장하여 이행을 면할 수 있다.

그리고 C는 자신의 연대보증채무의 시효가 완성하지는 않았으나 주채무자인 A의 채무의 시효가 완성하였으므로, A의 채무의 시효소멸을 주장하여 채무의 이행을 면할 수 있다.

---

9) 대판 2002. 5. 14, 2000다62476; 대판 2012. 1. 12, 2011다78606; 대판 2012. 7. 12, 2010다51192.
10) 여기에서 소멸시효 완성의 효과에 대하여도 논의할 수 있겠으나, 논의할 양이 많아서 생략한다.

II. 물음 2.에 대하여

1. 논점의 정리

본 문제의 논점을 정리하면 다음과 같다.

(1) C가 1,000만원을 송금한 것이 승인에 해당하여 C의 채무의 전부에 관하여 시효가 중단되는지 문제된다.

(2) C의 송금이 A의 채무의 시효이익의 포기인지, 그에 의해 A의 채무에 영향을 주는지 문제된다.

(3) 이 경우 C가 A의 채무의 시효소멸을 원용할 수 있는지가 문제된다.

2. C의 송금과 C의 채무의 시효중단 여부[11]

(1) 승인에 의한 시효중단

승인이 있으면 시효는 중단된다(168조 3호). 승인은 시효의 이익을 받을 당사자(예: 채무자)가 그 시효의 완성으로 권리를 상실하게 될 자에 대하여 그 권리의 존재를 인정한다고 표시하는 것이다. 승인에는 특별한 방식이 요구되지 않으므로, 그것은 명시적으로뿐만 아니라 묵시적으로도 할 수 있다. 그리고 일부변제는 묵시적 승인에 해당한다. 판례도 같은 입장이다.[12] 한편 일부변제가 있으면, 그것이 채무의 일부로서 변제한 것인 한, 그 채무 전부에 대하여 시효중단의 효력이 발생하는 것으로 보아야 한다(판례[13]도 같음). 승인에 의하여 시효중단의 효력이 생기는 시기는 승인이 상대방에게 도달한 때이다.[14] 승인이 있는 경우에는 그때부터 다시 시효가 진행한다.

(2) 본 사안의 경우

본 사안에서 C가 B에게 채무의 일부인 1,000만원을 송금한 것은 일부변제로서 그의 채무의 묵시적 승인에 해당한다. 따라서 그의 채무 전부에 대하여 시효가 중단된다.[15] 시효의 중단시기는 송금일인 2011. 3. 10.이다. 그리하여 그 다음 날부터 다시 시효가 진행한다.

3. C의 송금과 A의 채무의 시효이익의 포기 여부

(1) 소멸시효 이익의 포기

소멸시효의 이익은 시효가 완성하기 전에는 포기하지 못하며(184조 1항), 시효가 완성된

---

11) A의 채무의 시효가 완성되었다고 하여 C의 채무가 당연히 소멸하는 것은 아니다. C는 단지 A의 채무가 시효소멸하였음을 이유로 그의 채무가 소멸하였다고 항변할 수 있을 뿐이다. 따라서 C의 송금에 의해 C의 채무의 시효가 중단되는지를 논의할 필요가 있다.

12) 대판 1980. 5. 13, 78다1790; 대판 1996. 1. 23, 95다39854.

13) 대판 1980. 5. 13, 78다1790.

14) 대판 1995. 9. 29, 95다30178.

15) 그 결과 변제를 한 나머지에 대하여 시효가 중단된다.

후에만 할 수 있다. 따라서 시효가 완성되기 전에 일부변제를 한 것은 시효중단 사유인 승인에는 해당할 수 있지만 시효이익의 포기일 수는 없다. 한편 포기가 유효하려면 포기자가 시효완성 사실을 알고서 하여야 한다.

보증인이 주채무의 소멸시효 완성 후에 보증채무를 이행한 것이 주채무의 시효이익의 포기로 인정될 수 있는지가 문제된다. 여기에 관하여 판례는, 주채무자가 아닌 보증인의 행위에 의하여 주채무에 대한 소멸시효 이익의 포기의 효과가 발생된다고 할 수 없으며, 주채무의 시효소멸에도 불구하고 보증채무를 이행하겠다는 의사를 표시한 경우 등과 같이 부종성을 부정하여야 할 다른 특별한 사정이 없는 한 보증인은 여전히 주채무의 시효소멸을 이유로 보증채무의 소멸을 주장할 수 있다고 한다.[16] 생각건대 먼저 보증인의 행위가 시효이익의 포기로서 유효한지를 검토하여야 한다. 그 뒤에 그것이 인정되는 경우에는 그 행위를 해석하여 그 취지를 분명하게 확정하여야 하되, 그 취지가 불분명하다면 주채무자의 시효이익 원용권도 포기하는 것으로 새기는 것이 옳다.

(2) 본 사안의 경우

본 사안에서 C의 1,000만원의 송금은 C의 채무에 대한 시효이익의 포기일 수는 없다. C의 채무는 시효가 완성되지 않았기 때문이다. 그 송금은 시효중단 사유인 승인에 해당할 뿐이다. 한편, 판례에 의하면, 본 사안의 경우 C가 A의 채무의 시효소멸에도 불구하고 보증채무를 이행하겠다는 의사를 표시한 경우 등과 같은 특별한 사정이 없으므로, C는 A의 채무의 시효소멸을 이유로 보증채무의 소멸을 주장할 수 있게 된다. 그런데, 사견에 따르면, 본 사안의 경우에 C는 A의 채무의 시효소멸을 알지 못한 것으로 보인다. 그렇다면 C의 송금은 그것이 설사 A의 채무에 대하여 시효이익의 포기에 해당한다고 하더라도 유효할 수가 없다. 그 결과 C의 송금은 A의 채무의 시효소멸에 영향을 미치지 못한다.

4. C가 그의 채무의 소멸을 주장할 수 있는지 여부

(1) 보증인의 부종성에 기한 권리

물음 1.에 대하여 논한 바와 같이, 보증인(연대보증인 포함)은 주채무가 시효소멸한 경우에 그것을 원용하여 자신의 채무의 소멸을 주장할 수 있다.

(2) 본 사안의 경우

본 사안에서 A의 채무는 소멸시효가 완성하였다. 따라서 C는 연대보증인으로서 주채무자인 A의 채무가 시효소멸하였으므로 자신의 채무도 소멸하였다고 주장할 수 있다.

5. 결 론

A는 자신의 채무가 시효소멸했음을 주장할 수 있고, 따라서 이행하지 않아도 된다. 그

---

16) 대판 2012. 7. 12, 2010다51192.

리고 C는 주채무인 A의 채무가 시효소멸했기에 자신의 채무도 소멸하였다고 주장할 수 있고, 그리하여 C도 그의 채무를 이행하지 않아도 된다.

Ⅲ. 물음 3.에 대하여

1. 논점의 정리

본 사안의 경우에 C의 채무는 — 위에서 논한 바와 같이 — 시효가 중단되어 현재까지도 시효가 완성되지 않았다. 그런데 A의 채무는 재산명시 신청을 하여 재산명시 결정을 받은 상태에서 응소 후 소취하가 된 경우 그때부터 6개월 내에 특별한 조치가 없는 경우에는 시효가 완성하게 된다. 그런 상황에서 본 문제에 있어서 B가 가압류신청을 한 것 때문에 A의 채무와 C의 채무의 시효에 영향을 주는지가 문제된다. 본 문제의 논점은 다음과 같다.

(1) B가 가압류신청을 하여 가압류기입등기가 된 것에 의해 A의 채무의 시효가 중단되는지, 특히 응소 후 소취하가 된 본 사안의 경우에는 응소한 때에 소급하여 시효가 중단되는지, 그리하여 현재 시효가 완성되지 않았는지 문제된다.

(2) 가압류절차에 의하여 C의 채무의 시효진행에 영향을 주는지 문제된다.

(3) A·C의 채무의 시효가 중단되었다면, 그것들은 각각 언제 시효가 완성하는지 문제된다.

2. 가압류와 A의 채무의 시효중단

(1) 가압류에 의한 시효중단

가압류가 있으면 소멸시효가 중단된다(168조 2호). 다만, 가압류명령이 취소된 때에는 시효중단의 효력이 없다(175조). 가압류에 의하여 시효가 중단되는 시기는 가압류명령을 신청한 때이다.

가압류의 경우에 시효중단의 효력이 언제까지 계속되는지 문제된다. 여기에 관하여 판례는 가압류에 의한 집행보전의 효력이 존속하는 동안은 시효중단의 효력이 계속된다고 한다.[17] 그런데 학설은 ⅰ) 판례에 찬성하는 견해(계속설)와 ⅱ) 판례에 반대하는 견해(비계속설)로 나뉘어 있다. 생각건대 판례는 가압류에 대하여 재판상 청구보다도 강력한 효과를 부여하는 것으로서 바람직하지 않다. 따라서 가압류에 의해서는 1회만 시효중단이 일어나고, 그 효과가 계속되지는 않는다고 해야 한다. 이렇게 새길 때, 새로 시효가 진행하는 시기는 가압류절차가 끝났을 때라고 해야 한다.

한편 판례에 의하면, 채권자가 응소하여 권리를 주장했으나 채무자의 소취하로 본안에서 그 권리주장에 대한 판단 없이 소송이 종료된 경우에는, 제170조 제 2 항을 유추적용하

---

17) 대판 2000. 4. 25, 2000다11102 등.

여 그때부터 6개월 이내에 재판상 청구 등 다른 시효중단 조치를 취한 경우에 한하여 응소시에 소급하여 시효중단의 효력이 있다고 한다.[18] 이에 따르면, 소취하로 소가 종료된 때부터 6개월 내에 가압류신청을 하면 응소시에 소급하여 시효가 중단된다.

(2) 본 사안의 경우

본 사안에서 B는 우선 재산명시 신청 및 그에 대한 결정에 의해 A·C에 대한 그의 채권의 시효를 일단 중단시켰다. 그러한 상태에서 B는 A·C가 제기한 소에서 2010. 5. 11.에 응소하여 적극적으로 그의 권리의 존재를 주장하여 승소하였으나, A가 항소한 뒤 소를 취하하였고, 거기에 B가 이의를 제기하지 않아 소취하로 2010. 12. 22. B에 대한 A의 소가 종료되었다. 이 경우에 A의 채무는 일단 B의 응소에 의해 2010. 5. 11.에 중단된다. 그렇지만 B에 대한 A의 소가 A의 소취하로 종료되었으므로, 소가 종료된 2010. 12. 22.부터 6개월 내에 다른 시효중단 조치가 없으면 응소에 의한 시효중단의 효력이 소멸하게 된다. 다행히 본 문제의 경우에는 소 종료 후 6개월 내인 2011. 3. 17.에 가압류신청이 있었고, 2011. 3. 19.에 가압류결정도 있었으므로, 응소에 따른 시효중단은 유효하게 된다. 그때 시효중단시점은 응소한 때인 2010. 5. 11.이다.

다른 한편으로 A의 채무는 가압류에 의해 다시 시효가 중단된다. 가압류에 의해 시효가 중단되는 시기는 가압류명령을 신청한 때인 2011. 3. 17.이다. 이때 중단된 시효가 언제부터 다시 진행하는지가 문제되는데, 판례에 따르면 시효중단의 효력이 계속된다고 하나, 사견에 의하면 가압류절차가 끝난 때이다.[19] 구체적으로는 가압류집행이 완료된 때, 그리하여 본 문제의 경우에는 가압류기입등기가 된 2011. 3. 22.의 다음 날부터라고 할 것이다.

3. 가압류가 C의 채무의 시효에 영향을 주는지 여부

(1) 주채무에 대한 시효중단이 보증인에게 효력이 있는지 여부

주채무자에 대한 시효중단은 보증인에 대하여 효력이 있다(440조). 그리하여 가압류에 의한 주채무의 시효중단도 보증인에게 절대적 효력이 있게 된다.

(2) 본 사안의 경우

본 사안에서 가압류에 의해 A의 채무의 시효가 중단되었다. 그리고 A의 채무의 시효중단은 연대보증인인 C에게도 영향을 미치므로, C의 채무의 시효도 가압류에 의해 중단된다.[20] 중단시점은 가압류명령을 신청한 때인 2011. 3. 17.이다. 그리고 그 시효중단의 효력이 계속되는지는 A의 채무에 대한 것과 동일하다.

---

18) 대판 2012. 1. 12, 2011다78606 등.
19) 판례(주 17의 원심판결)는 본집행 종료시에 다시 진행된다고 한다. 그러나 가압류절차와 본안절차는 별개이기 때문에 가압류절차가 끝난 때에 시효가 다시 진행한다고 해야 한다.
20) C의 채무의 시효는 B의 응소에 의해 중단되었는데, 이제 가압류에 의해 다시 중단되는 것이다.

4. A · C가 채무를 이행해야 하는지 여부

이상에서 논의한 바에 의하면, A의 채무의 시효는 먼저 B의 응소(및 6개월 내의 가압류)에 의해 중단되고, B의 가압류에 의해 다시 중단되어, 현재에도 시효가 완성되지 않았다. 따라서 A는 그의 채무를 이행해야 한다. 그리고 C의 채무의 시효는 일단 B의 응소에 의해 중단되고, A의 토지에 대한 B의 가압류에 의해 다시 중단되어 현재에도 시효가 완성되지 않았다. 그러므로 C도 그의 채무를 이행해야 한다.

5. A · C의 채무의 시효완성시기

A와 C의 채무의 가장 최근의 시효중단시점은 2011. 3. 17.로 같다. 그리고 그 채무들에 대한 시효중단의 효력이 언제까지 존속하는지도 동일하다. 그리하여 판례에 의하면, 집행보전의 효력이 존속하는 동안, 즉 가압류등기가 남아있는 한 시효중단의 효력이 지속하게 된다. 그러나 사견에 의하면, 가압류절차가 끝난 때부터 10년이 경과하면 시효가 완성하게 된다. 구체적으로 가압류기입등기가 된 2011. 3. 22.부터 10년 후인 2021. 3. 22. 밤 12시이다.

[21] 부재자의 재산관리와 실종선고의 효과

문제

서울에 처 B와 22세인 딸 C를 두고 있는 A는 사업을 하려고 2002. 5. 20.에 베트남으로 떠났다. A에게는 유일한 재산으로 그의 명의로 소유권등기가 되어 있는 X아파트가 있었다. A는 2002. 5. 30.에 B에게 국제전화로 그가 베트남에 도착하여 숙소를 구하였고 사업을 하려고 이것저것 알아보고 있다고 하였다. 그런데 그 후에는 전혀 연락이 없었다. 그런 상태에서 2007. 2. 26. B는 가정법원에 자신(B)을 A의 재산관리인으로 선임해 줄 것을 청구하였다. 그러자 가정법원은 2007. 9. 18. B를 A의 재산관리인으로 선임하는 결정을 내렸다. 그 후 2007. 11.에 B는 A의 재산관리인으로서 A의 X아파트를 D에게 팔고 소유권이전등기까지 해 주었다. 한편 C에 대하여 300만원의 금전채권을 가지고 있던 E는 그의 빚을 받기 위하여 2008. 1. 10. 가정법원에 A에 대하여 실종선고를 내려줄 것을 청구하였고, 가정법원은 2008. 11. 20.에 A에 대하여 실종선고를 내렸다. 그리고 A는 그 동안 베트남에서 사기를 당하여 노숙을 하면서 매우 어렵게 살았으며, 2009. 5.초에야 약간의 금전을 가지고 서울로 돌아왔고, 집에 들어갈 면목이 없던 그는 2009. 5. 21. F로부터 F의 집의 방 한 칸을 임차하는 계약을 체결하고 현재(2009. 6. 9) 그 곳에서 살고 있다.

1. 이 경우에 A와 F 사이에 체결한 방의 임대차계약은 유효한가?
2. 현재 X아파트의 소유권은 누구에게 있는가?

I. 물음 1.에 대하여

1. 논점의 정리

본 사안에서는 A에 대하여 실종선고가 되었다. 그 선고는 A의 딸 C의 채권자인 E의 청구에 따른 것이다. 여기서 우선 A에 대한 실종선고가 정당한지를 살펴보는 것이 좋을 것이다.[1]

그런데 본 문제에서 주로 묻고 있는 것은 A에 대하여 실종선고가 내려진 후에 A가 종래에 살던 곳에 돌아와 F와 체결한 방의 임대차계약이 유효한지이다. 이는 실종선고의 효과에 대한 것이다. 그중에서도 실종선고를 받은 자가 사망한 것으로 의제되는 범위가 어떻게

---

[1] 만약 실제 시험에서 이러한 문제가 출제되었는데, 배점이나 시간이 매우 적다면, 실종선고의 타당성 여부에 관하여 자세히 기술할 필요가 없다. 그리고 설사 부분적으로 실종선고가 정당하지 않은 사유가 있을지라도 그 선고는 기판력을 가질 것이므로, 선고가 유효하다는 전제에서 논의해 주어야 한다.

되는가의 문제이다.

2. A에 대한 실종선고의 정당성

(1) 실종선고의 의의·요건

1) 실종선고의 의의

부재자(종래의 주소나 거소를 떠나 당분간 돌아올 가능성이 없어서 그의 재산이 관리되지 못하고 방치되어 있는 자)의 생사불명의 상태가 오랫동안 계속되어 사망의 개연성은 크지만 사망의 확증이 없는 경우에 이를 방치하면 이해관계인에게 불이익을 준다. 여기서 민법은 일정한 요건 하에 실종선고를 하고, 일정시기를 표준으로 하여 사망한 것과 같은 효과를 발생하게 하고 있다. 이를 실종선고제도라고 한다.

2) 실종선고의 요건

법원이 실종선고를 하려면 다음 네 가지의 요건을 갖추어야 한다. 그리고 이들 요건이 갖추어지면 법원은 반드시 선고를 하여야 한다(27조 1항).

(개) 부재자의 생사불분명   부재자의 생사가 분명하지 않아야 한다. 즉 생존도 사망도 증명할 수 없어야 한다. 그런데 생사가 모든 자에게 불분명할 필요는 없으며, 선고 청구권자와 법원에 불분명하면 된다.

(내) 실종기간의 경과   생사불분명의 상태가 일정기간 동안 계속되어야 한다. 이 기간을 실종기간이라고 하며, 그 기간은 실종이 보통의 실종인가 특별실종인가에 따라 다르다. 보통실종은 보통의 경우의 실종이고, 특별실종은 사망의 가능성이 매우 높은 재난으로 인한 실종이다.

보통실종의 실종기간은 5년이다(27조 1항). 그 기간의 기산점은 민법에 규정이 없으나, 부재자가 살아 있었음을 증명할 수 있는 최후의 시기라고 해석된다.

특별실종(전쟁실종·선박실종·항공기실종·위난실종)의 실종기간은 1년이다(27조 2항).

(대) 청구권자의 청구   이해관계인이나 검사가 실종선고를 청구하여야 한다(27조 1항·2항). 여기서 이해관계인이라고 하면 실종선고를 청구하는 데 법률상 이해관계를 가지는 자, 즉 실종선고에 의하여 권리를 취득하거나 의무를 면하게 되는 자를 가리키며, 사실상 이해관계를 가지는 자는 그에 해당하지 않는다. 법률상 이해관계인의 예로는 부재자의 배우자, 추정상속인, 추정상속인의 채권자, 부재자의 재산관리인이 있다.

(래) 공시최고   위의 세 요건을 갖추면 법원은 공시최고를 하여야 한다(가사소송규칙 53조).

(2) 본 사안의 경우

본 사안에서 A는 2002. 5. 20.에 베트남으로 떠나 그의 재산이 관리되지 못하고 방치되어 있는 자이다. 따라서 그는 부재자이다.

A는 2002. 5. 30.에 전화가 온 뒤에는 전혀 연락이 없어 생사가 불분명하다. 그리고 그

의 생사가 불분명한 기간은 2002. 5. 30. 전화를 한 이후에 계속되고 있다. 그리하여 E가 실종선고를 청구한 2008. 1. 10. 당시에 이미 5년이 훨씬 지났다. 보통실종의 실종기간이 경과한 것이다(A의 경우에는 특별실종에 해당하지 않는다).

　본 사안에서는 E가 A에 대한 실종선고를 청구하였는데, 이것은 정당한가? E는 A의 추정상속인인 C의 채권자이다. 따라서 그는 A에 대한 실종선고 청구권자에 해당한다.

　한편 본 사안에 나타나 있지는 않으나, 아마도 실종선고의 청구를 받은 법원은 6개월 이상의 기간을 정하여 A나 A의 생사에 대하여 신고하도록 공고, 즉 공시최고를 하였을 것이다. 그리고 그 기간이 경과할 때까지 신고가 없었기에 실종선고를 하였을 것이다.

　결국 본 사안에서 A에 대하여 법원이 내린 실종선고는 정당하다.

3. A와 F 사이의 임대차계약이 유효한지 여부

⑴ 실종선고의 효과

실종선고가 확정되면 실종선고를 받은 자, 즉 실종자는 실종기간이 만료한 때에 사망한 것으로 본다(28조).

1) 사망의제

민법은 실종자의 사망을 추정하지 않고, 사망한 것으로 의제(간주)한다. 따라서 본인의 생존 기타 반증을 들어서 선고의 효과를 다투지 못하며, 이 효과를 뒤집으려면 실종선고를 취소하여야 한다. 그리고 실종선고의 효과는 선고절차에 참가한 자에 대하여 뿐만 아니라 제 3 자에 대하여도 생긴다.

2) 사망의제의 시기

민법은 실종기간이 만료한 때에 사망한 것으로 본다.

3) 사망의제의 범위

실종선고는 실종자의 종래의 주소(또는 거소)를 중심으로 하는 실종기간 만료시의 사법적 법률관계에 관하여 사망의 효과를 발생시킨다. 즉 ① 종래의 주소를 중심으로 하는 관계에 대하여만 사망을 의제하므로, 새로운 주소에서의 법률관계나 종래의 주소에 다시 돌아와 맺은 법률관계에는 영향이 없다. 실종선고는 실종자의 권리능력을 박탈하는 제도가 아니기 때문이다. ② 사법적 법률관계에 관하여만 사망을 의제하므로 공법상의 관계에는 영향을 미치지 않는다. ③ 사법적 법률관계인 이상 재산관계·가족관계 모두에 대하여 사망의 효과가 생긴다.

⑵ 소　결

　본 사안에서 A는 2008. 11. 20.에 실종선고를 받았다. 그리하여 그는 사망한 것으로 의제된다. 그런데 그가 사망한 것으로 의제되는 시기는 실종기간이 만료한 때이다. 구체적으로는 A의 생존을 증명할 수 있는 최후의 시기인 2002. 5. 30.로부터 5년이 경과한 때인

2007. 5. 30. 밤 12시이다.

A가 사망한 것으로 의제되는 것은 A의 종래의 주소를 중심으로 하는 실종기간 만료시의 사법적인 법률관계에 관하여서이다. 그리고 사법적 법률관계인 이상 재산관계뿐만 아니라 가족관계에도 사망의 효과가 생긴다. 그리하여 A의 재산은 상속이 개시되고, 배우자 B는 재혼을 할 수 있게 된다. 그런데 A가 새로운 주소에서 맺은 법률관계나 종래의 주소에 다시 돌아와 맺은 법률관계에는 사망의 효과가 생기지 않는다. 실종선고는 실종자의 권리능력을 박탈하는 제도가 아니기 때문이다. 따라서 A가 서울에 돌아와 F와 체결한 방의 임대차계약은 — 비록 그의 종래의 주소가 서울이기는 하지만 — 새로운 주소에서 맺은 것으로서 사망의 효과가 생기지 않으며, 유효하다.

Ⅱ. 물음 2.에 대하여

1. 논점의 정리

본 사안에서는 첫째로 A가 부재자인지를 살펴보아야 한다. 둘째로 A가 부재자라면, 부재자인 A의 재산관리방법이 어떠한지를 보아야 한다. 셋째로 가정법원에 의하여 A의 재산관리인으로 선임된 B가 어떤 권한을 가지는지를 검토하여야 한다. 특히 B가 법원의 허가 없이 A의 아파트를 처분한 행위가 유효한지, 더구나 A에 대하여 실종선고기간이 만료된 뒤에 그러한 경우에도 유효한지가 문제이다. 넷째로 B의 처분이 제126조의 표현대리에 해당하는지도 검토해 보아야 한다. 그럼에 있어서 재산관리인의 권한을 기본대리권으로 하는 경우와 부부의 일상가사대리권을 기본대리권으로 하는 경우를 살펴보아야 한다. 다섯째로 B의 처분이 유효하다면 X아파트의 소유권이 구체적으로 누구에게 속하는지, 만약 B의 처분이 무효라면 어떻게 되는지를 살펴보아야 한다.

2. A가 부재자인지 여부

(1) 부재자의 의의

민법 제22조에 의하면 부재자는 「종래의 주소나 거소를 떠난 자」이다. 그러나 이러한 자 가운데 재산관리가 필요하지 않은 자는 부재자로 다룰 필요가 없다. 그러므로 부재자는 「종래의 주소나 거소를 떠나 당분간 돌아올 가능성이 없어서 그의 재산이 관리되지 못하고 방치되어 있는 자」라고 하여야 한다. 통설·판례도 같은 취지이다(강의, A-340 참조).

이러한 부재자는 생사가 불분명할 필요는 없다. 즉 생존이 분명한 자도 부재자일 수 있고, 또 생사가 불분명한 자도 실종선고를 받을 때까지는 부재자이다.

(2) 본 사안의 경우

본 사안에서 A는 2002. 5. 20.에 그의 주소를 떠나 당분간 돌아올 가능성이 없어서 그의 재산이 관리되지 못하고 방치되고 있다. 그리고 A는 생사가 불분명하기는 하나, 그렇더라도 실종선고를 받을 때까지는 부재자로 되는 데 지장이 없다. 따라서 A는 — 실종선고를 받기 전에는 — 부재자에 해당한다.

3. A의 재산관리방법

(1) 부재자의 재산관리방법

민법은 부재자의 재산관리에 관하여 부재자가 스스로 관리인을 둔 때와 그렇지 않은 때를 구별하여 규율한다. 그러면서 앞의 경우에는 원칙적으로 간섭을 하지 않고 부득이한 때에만 간섭을 한다.

1) 부재자 자신이 관리인을 두지 않은 경우

부재자가 관리인을 두지 않은 경우에는 가정법원은 이해관계인이나 검사의 청구에 의하여 재산관리에 필요한 처분을 명하여야 한다(22조 1항 1문). 여기의 이해관계인은 부재자의 재산관리에 법률상 이해관계를 가지는 자이다. 예컨대 추정상속인, 채권자, 배우자, 부양청구권자, 보증인이 그렇다. 그리고 가정법원이 명할 수 있는 재산관리에 필요한 처분으로는 재산관리인의 선임(가사소송규칙 41조), 경매에 의한 부재자의 재산매각(가사소송규칙 49조) 등이 있으며, 전자가 가장 보통의 방법이다.

2) 부재자 자신이 관리인을 둔 경우

이 경우에는 민법은 원칙적으로 간섭을 하지 않는다. 다만, 민법은 재산관리인의 권한이 본인의 부재 중에 소멸한 때(22조 1항 2문)와 부재자의 생사가 분명하지 않게 된 때(23조)에는 예외적으로 간섭을 하고 있다.

(2) 본 사안의 경우

본 사안에서 부재자 A는 재산관리인을 두지 않았다. 따라서 가정법원은 이해관계인이나 검사의 청구에 의하여 재산관리에 필요한 처분을 명하여야 한다. 본 사안에서는 부재자인 A의 배우자 B가 법원에 자신을 A의 재산관리인으로 선임해 달라고 청구하였으며, 가정법원은 B를 A의 재산관리인으로 선임하는 결정을 하였다. 이는 이해관계인인 B의 청구에 의하여 가정법원이 부재자 A의 재산관리에 필요한 처분을 정당하게 행한 것이다.

4. B가 X아파트를 처분한 것이 유효한지 여부

(1) 법원이 선임한 재산관리인의 권한

부재자 자신이 재산관리인을 두지 않은 경우에 가정법원에 의하여 선임된 관리인은 일종의 법정대리인이다.

그 관리인은 부재자의 재산에 관하여 제118조가 정하는 관리행위를 자유롭게 할 수 있으나, 재산의 처분과 같은 행위를 하려면 가정법원의 허가를 얻어야 한다(25조 1문). 판례에 의하면, 소유권이전등기 말소등기절차 이행청구나 인도청구, 부재자 재산에 대한 소송상의 보존행위를 하기 위하여 한 소송행위의 추완신청, 부재자 재산에 대한 임료청구 또는 불법행위로 인한 손해배상청구 등은 허가 없이 할 수 있으나, 부재자 재산의 처분, 재판상 화해는 허가가 있어야 할 수 있다(강의, A-342 참조).

관리인이 법원의 허가 없이 처분행위 등을 한 경우에는 그 처분행위는 무효이다. 판례도 같다.[2] 그런데 법원의 허가는 장래의 처분행위를 가능하게 할 뿐만 아니라 기왕의 처분행위에 대하여 추인을 하게 할 수도 있으므로, 허가 없이 처분행위를 한 뒤에 법원의 허가를 얻고서 추인을 한 경우에는 처분행위는 추인으로 유효하게 된다(강의, A-342 참조).

관리인의 권한은, 그의 선임결정이 취소되지 않는 한, 설사 부재자에 대한 실종선고기간이 만료되거나[3] 또는 부재자의 사망이 확인된 후에도[4] 소멸하지 않는다. 한편 판례는 실종선고가 확정된 때에는 재산관리인의 지위가 종료된다고 한다.[5]

(2) 소 결

본 사안에서 B는 A의 재산관리인으로서 제118조가 정하는 관리행위는 자유롭게 할 수 있다. 그러나 재산의 처분과 같은 행위를 하려면 가정법원의 허가를 얻어야 한다.

본 사안의 경우에 B가 A의 X아파트를 D에게 팔고 소유권이전등기를 한 것은 부재자인 A의 재산을 처분한 것으로서 그것을 유효하게 하려면 가정법원의 허가를 받았어야 한다. 그런데 B는 법원의 허가 없이 그 행위를 하였다. 따라서 B의 X아파트 처분행위는 무효이다. B의 X아파트의 처분이 무효인 것은 단지 법원의 허가가 없었기 때문이며, 그 처분시기가 A에 대한 실종선고기간이 만료된 뒤인 것과 후에 A에 대하여 실종선고가 내려진 것과는 관계가 없다. 만약 B가 법원의 허가를 얻고서 처분행위를 했었다면 처분행위시가 실종기간이 만료된 뒤였을지라도, 그리고 후에 A에 대하여 실종선고가 내려졌을지라도, 그 처분행위는 유효하였을 것이다.

5. B의 X아파트 처분행위가 제126조의 표현대리인지 여부 1-재산관리권을 기본대리권으로 하여

(1) 제126조의 표현대리의 요건

제126조의 표현대리가 성립하려면 다음의 요건을 갖추어야 한다.

1) 기본대리권의 존재

대리인이 일정한 범위의 대리권, 즉 기본대리권을 가지고 있어야 한다.

---

2) 대판 1960. 6. 30, 4292민상751; 대판 1970. 1. 27, 69다1820 등.
3) 대판 1981. 7. 28, 80다2668(허가받은 행위를 실종기간이 만료된 후에 한 경우임).
4) 대판 1967. 2. 21, 66다2352; 대판 1970. 1. 27, 69다719; 대판 1971. 3. 23, 71다189 등.
5) 대판 1987. 3. 24, 85다카1151.

2) 권한을 넘은 대리행위
대리인이 권한 밖의 법률행위를 하였어야 한다.

3) 정당한 이유의 존재
상대방(제 3 자)이 대리인에게 대리권이 있다고 믿을 만한 정당한 이유가 있어야 한다.

그런데 이것의 의미에 대하여는 견해가 대립한다. 다수설은 선의·무과실을 가리킨다고 하나, 법관이 변론종결 당시까지 존재하는 제반자료 및 사정을 종합하여 판단할 때 대리권의 존재가 명백하다고 할 수밖에 없는 경우에 정당한 이유가 있다고 하는 견해, 객관적으로 보아 대리권이 있다고 믿을 만한 사유로 이해할 것이라는 견해도 주장된다(송덕수, 총칙, [221] 참조).

그리고 판례는 전체적으로는 선의·무과실이라고 이해하는 범주에 머물러 있다.

생각건대 제반사정에 비추어 볼 때 보통사람이라면 대리권이 존재하는 것으로 믿었을 것이 분명하다고 여겨지는 경우에 정당한 이유가 있다고 하여야 한다.

정당한 이유 유무를 판단하는 시기는 대리행위 당시이다. 판례·학설도 같은 입장이다(강의, A-225 참조).

4) 법정대리에의 적용 문제
제126조가 임의대리 외에 법정대리에도 적용되는가에 관하여 학설은 긍정설과 부정설로 나뉘어 대립하고 있다. 그리고 판례는 긍정하는 견지에 있다(강의, A-226). 사견으로는 제한능력자의 경우를 제외하고는 법정대리에도 제126조를 적용하는 것이 필요하다고 생각한다.

(2) 본 사안의 경우
본 사안에서 가정법원에 의하여 A의 재산관리인으로 선임된 B는 일종의 법정대리인이다. 그런데 A는 제한능력자도 아니므로 B에 관하여는 제126조가 적용되어야 한다.

이제 B의 X아파트 처분행위가 제126조의 요건을 갖추었는지 검토해 보기로 한다. B는 관리행위는 자유롭게 할 수 있는 권한을 가지고 있다. 기본대리권이 있는 것이다. 그리고 B는 X아파트의 처분권한은 없는데 처분행위를 하였다. 이는 권한을 넘은 대리행위에 해당한다. 그런데 여러 사정에 비추어 볼 때 보통사람이 B에게 X아파트의 처분권한이 있다고 믿었으리라고 생각되지 않는다. 부재자의 재산관리인이 법원의 허가 없이 부재자의 재산을 처분하는 것은 이례적이기 때문이다. 따라서 B가 X아파트를 처분한 행위는 제126조의 표현대리로 되지 않는다. 그 결과 D는 재산관리권을 기본대리권으로 하는 제126조의 표현대리를 이유로 X아파트의 처분행위의 유효를 주장하지 못한다.

6. B의 X아파트 처분행위가 제126조의 표현대리인지 여부 2 — 부부의 일상가사대리권을 기본대리권으로 하여

(1) 부부의 일상가사대리권과 제126조의 표현대리
부부는 일상의 가사에 관하여 서로 대리권이 있다(827조). 이 일상가사대리권이 제126

조의 표현대리에 있어서 기본대리권이 될 수 있는지 문제된다.

1) 학   설

([14]번 문제 Ⅳ. 5. ⑵ 1) 참조)

2) 판   례

([14]번 문제 Ⅳ. 5. ⑵ 2) 참조)

3) 사   견

([14]번 문제 Ⅳ. 5. ⑵ 3) 참조)

⑵ 본 사안의 경우

본 사안에서 B는 A의 처로서 일상가사대리권을 가지고 있다. 그러한 일상가사대리권도 제126조의 표현대리의 기본대리권으로 될 수 있다. 그런데 일상가사대리권을 기본대리권으로 하여 제126조의 표현대리가 성립하려면 「일상가사범위 내에 속한다고 믿을 만한 정당한 이유」가 있어야 한다. 생각건대 일반적으로 처가 남편의 아파트를 처분한 것은 매우 이례적인 것이고, 더욱이 생활비가 부족하여 어쩔 수 없이 처분한 것과 같은 특별한 사정도 없는 경우에는 더욱 그러하다는 점에 비추어 볼 때, 본 사안의 경우에는 B가 아파트를 처분하는 것에는 일상가사범위 내에 속한다고 믿을 만한 정당한 이유가 없다. 그러므로 B가 X아파트를 처분한 행위는 일상가사대리권을 기본대리권으로 한 표현대리로 되지 않는다. 결국 D는 일상가사대리권을 기본대리권으로 하는 제126조의 표현대리를 이유로 X아파트의 처분행위의 유효를 주장하지 못한다.

7. A의 X아파트의 소유권의 귀속 문제(결론)

본 사안에서 B가 X아파트를 처분한 행위는 무효이다. 따라서 X아파트에 관하여 D 명의로 소유권이전등기가 되어 있을지라도 X아파트 소유권은 — 실종선고 이전에는 — A에게 있고 D에게 속하지 않는다.

그러한 상태에서 A에 대하여 실종선고가 내려졌다. 그러면 A는 실종기간이 만료한 때에 사망한 것으로 의제된다. 그 결과 A의 X아파트는 상속이 개시된다. 그 시기는 실종기간이 만료한 때인 2007. 5. 30. 밤 12시이다. 구체적으로 X아파트는 누구에게 어떻게 상속되는가? A의 유족으로는 A의 배우자 B와 딸 C가 있다. 따라서 A의 X아파트는 B·C에게 공동상속된다(1000조 1항·1003조 1항). 그리고 상속분은 B가 1.5이고 C가 1.0이다. 한편 공동상속인은 상속재산을 공유한다(1006조). 그리하여 B와 C는 X아파트를 공유하고, 그들의 지분은 각각 3/5과 2/5이다.

이 경우에 B의 지분에 관하여는 D에게 처분한 것이 유효하다고 하여야 하는가? 이는 무권대리인의 지위와 본인의 지위가 동일인에게 귀속하는 경우(혼동)와 유사하다. 따라서 그에 관한 이론을 적용하여야 한다. 여기에 관하여 학설은 무권대리행위가 당연히 유효하다는 견해, 원칙적으로는 무권대리행위가 유효하게 되나, 공동상속을 한 때에는 상속인 전원의 추인이 없으면 유효하게 되지 않는다는 견해, 양자의 지위는 혼동되지 않고 분리되어 병존하며 다만 추인을 거절하는 것이 신의칙에 반하는 때에는 추인거절의 항변이 허용되지 않는다는 견해로 나뉘어 있다(강의, A-234 참조). 그리고 판례는 무권대리인이 본인을 단독상속한 경우에 관하여 무권대리행위를 주장하는 것은 금반언의 원칙이나 신의칙에 반하여 허용될 수 없다고 한다.[6] 생각건대 원칙적으로 유효하다고 하되, 공동상속에 관하여 예외를 인정하는 둘째 견해가 타당하다. 이러한 사견을 본 사안에 적용하면, 본 사안에서 B·C 모두가 D에 대한 처분을 추인하지 않는 한 B의 처분이 유효하게 되지 않는다고 하여야 한다. 여기서 B의 추인도 필요한지에 관하여 생각해 볼 여지가 있으나, 재산관리인으로서 한 처분을 당연히 받아들이도록 하는 것이 적절하지 않으므로 그의 추인도 필요하다고 할 것이다. 그리고 D의 입장에서 보아도 C의 추인이 없을 경우 B의 지분만을 취득하도록 하는 것이 바람직하지도 않으므로 위와 같이 새겨야 한다.

　　결국 X아파트는 B·C가 공유하며, 그들의 지분은 B가 3/5이고 C는 2/5이다.

---

6) 대판 1994. 9. 27, 94다20617.

[22] 실종선고 취소의 효과

문제

처 B와 자 C를 두고 있는 A는 회사 동료인 D와 함께 건설 근로자로서 리비아에 가서 일을 하던 중 1993. 7.부터 소식이 끊겼다. 그러자 B와 C는 A를 찾기 위하여 애타게 수소문하다가 사망한 것으로 보고 실종선고를 청구하여 2000. 5. 3. 실종선고를 받았다. 그런데 D는 A가 그 동안 테러단체에 납치되어 노동을 하고 있다는 소식을 전해 들어 A의 생존 사실을 알고 있었으나, 평소 흠모하던 B와의 혼인을 원하여 실종선고 당시에 그 사실을 밝히지 않았다. 그 후 B는 C와 A의 유일한 재산인 X주택을 상속하여 2000. 10. 15. E에게 매각하고 소유권이전등기를 해 주었고, E는 2001. 2. 25. 그 주택을 F에게 매도하고 등기를 넘겨 주었다. E는 A의 실종에 대하여 전혀 몰랐으나, F는 D의 친구로서 D로부터 A의 생존 사실을 들어 알고 있었다. 한편 B는 X주택의 매각대금 중 자신의 몫을 생활비로 쓰다가 그때까지 그녀를 잘 돌보아 주던 D와 2001. 6. 5. 재혼하였고, C는 매각대금 중 자신의 몫을 받아 도박을 하다가 모두 잃어버렸다. 그런데 그 뒤에 A가 테러단체에서 탈출하여 돌아와 2002. 11. 20. A에 대한 실종선고가 취소되었다. 현재는 2003. 2. 8.이다.

이 경우에 A의 재산관계와 혼인관계는 어떻게 되는가?

I. 논점의 소재

A의 재산관계로는 우선 X주택의 회복 여부가 문제된다. 그럼에 있어서는 X주택의 매매가 실종선고의 취소에 의하여 무효로 되는지, 아니면 예외적으로 유효한 것으로 다루어지는지가 주로 문제이다. 여기에 관하여는 학설의 대립이 있으므로 그에 대하여도 살펴보아야 한다. 다음에는 B·C가 실종선고를 직접원인으로 하여 재산을 취득한 자로서 이익반환의무가 있는지도 문제된다. 그리고 B·C의 이익은 X주택의 매각으로부터 생긴 것이므로 X주택의 회복 여부와 여기의 이익반환과의 관계도 언급되어야 한다.

A의 혼인관계와 관련하여서는 B와 D의 재혼이 A에 대한 실종선고 취소에 의하여 영향을 받는지, 그리하여 A·B의 혼인이 부활하는지가 특히 문제된다. 그리고 A·B의 혼인이 부활하는 경우에 B·D 사이의 혼인과의 관계도 살펴보아야 한다.

II. X 주택의 회복관계

1. 서　설

　본 사안에 있어서 X주택의 소유자인 A에 대하여 실종선고가 내리자 그의 처인 B와 자 C가 X주택을 상속하여 E에게 매각하였다. 그리고 E는 다시 F에게 매도하였다. 그 후 A에 대한 실종선고가 취소되었다. 이러한 경우에 B·C와 E 사이의 매매계약, E와 F 사이의 매매계약이 실종선고의 취소에 의하여 영향을 받아 무효로 되는지가 문제된다.

　실종선고가 취소되면 실종자의 사망을 원인으로 한 권리변동은 없었던 것으로 된다. 다만, 「실종선고 후 취소 전에 선의로 한 행위」는 영향을 받지 않는다(29조 1항 단서).

　본 사안의 경우에 B·C와 E 사이의 매매와 E와 F 사이의 매매는 모두 실종선고 후 취소 전에 행하여졌다. 그래서 문제는 이들 매매가 「선의」로 행하여졌는가이다. 아래에서 이에 관한 이론을 살펴본 뒤에 본 사안의 경우에 관하여 검토하기로 한다.

2. 계약의 경우에 선의의 의미

　실종선고 후 그 취소 전에 행하여진 행위가 계약인 경우에는 양 당사자가 있기 때문에, 그 행위가 유효하기 위하여서 당사자 쌍방이 선의이어야 하는지, 아니면 당사자 일방만이 선의이어도 무방한지가 문제된다. 여기에 관하여는 견해가 대립하고 있다.

　(1) **학설**(재산행위에 관한 학설)

　제 1 설은 계약에서는 당사자 쌍방이 선의이어야 하고 일방 당사자만이 선의이면 행위에 영향을 미친다고 하며, 이것이 우리의 다수설이다.[1] 제 2 설은 일률적으로 효력을 결정하지 않고, 선의자에 대하여는 유효라고 하고 악의자에 대하여는 무효라고 하여 상대적으로 효력을 결정하자고 한다.[2] 제 3 설은 실종선고를 직접원인으로 하여 재산을 취득한 자(을)로부터 그것을 양수한 자(병)가 선의이면, 을·병 쌍방이 선의인 경우는 물론 병만이 선의인 경우에도 을·병 사이의 양도행위는 유효하고, 따라서 그 후의 전득자(정)가 악의라도 권리를 취득한다고 하며, 다만 악의자 정이 책략을 써서 병을 도구로 사용하여 중간에 개재시켰을 경우에는 예외로 할 것이라고 한다.[3] 제 4 설은 전득자가 선의인 경우에는 제29조 제 1 항 단서의 보호를 받는다고 한다.[4]

　(2) **검토 및 사견**

　생각건대 하나의 법률행위의 유효 여부를 다룸에 있어서 당사자 각각에 대하여 효력을

---

1) 곽윤직, 총칙, 116면; 김상용, 총칙, 204면; 김증한·김학동, 총칙, 152면; 이영준, 총칙, 897면; 장경학, 총칙, 260면-262면.
2) 김기선, 총칙, 122면; 김용한, 총칙, 143면; 이태재, 총칙, 113면; 황적인, 총칙, 84면.
3) 고상룡, 총칙, 106면; 김민중, 총칙, 214면; 김준호, 총칙, 116면.
4) 이은영, 총칙, 205면.

달리 정하는 것은 올바르지 않다. 그런 점에서 제2설, 제3설, 제4설은 부적절하다. 그리고 제3설은 선의자를 가장 많이 보호하기는 하나 그 반면에 실종자 보호에 소홀하며, 또한 그 견해에서는 여러 경우의 구별이 근거 없이 행하여질 뿐더러 복잡하다. 제2설에 의하면, 마지막 취득자가 악의이면 반환청구를 당하고, 그 이전의 자는 선의이어도 담보책임을 지게 되어 선의자를 보호하지 못하게 되는 문제점이 있다. 제4설은 실종선고를 직접원인으로 재산을 취득한 자와 그로부터 재산을 취득한 자가 모두 선의이어도 전득자가 악의이면 선의의 취득자가 보호되지 못하게 되어 문제이다.

사견으로는 기본적으로는 다수설을 따라 쌍방 선의가 필요하다고 하되, 어느 한 단계에서 계약의 양 당사자가 선의이면 그 이후의 전득자는 설사 악의라고 하더라도 반환청구를 당하지 않는다고 하여야 한다. 그 이유는 전득자 이전의 선의의 자를 보호하기 위함이다. 이렇게 하는 것이 생존한 실종자와 전득자의 이해관계를 적절히 조화시키는 길이기도 하다. 이때의 이론구성은 한 세트의 양 당사자의 선의에 의하여 하자는 치유되었고 그 후의 취득자는 선의의 자의 하자 없는 권리를 취득하였다고 하면 될 것이다.

3. 본 사안의 경우

본 사안에 있어서 X주택의 매매계약은 두 번 이루어졌다. 그중 B·C와 E 사이의 매매계약에 관하여 보면, B·C와 E는 모두 선의의 자이다. 그런데 두 번째의 매매계약에서는 E는 선의였으나 F는 악의였다. 그렇지만, 사견에 의하면, 앞의 매매에 의하여 E는 X주택에 관하여 하자 없는 소유권을 취득하였다고 할 것이고, 그리하여 그로부터 X주택을 매수한 F는 그가 비록 악의의 자일지라도 E의 하자 없는 소유권을 승계하므로 F 역시 완전한 소유권을 취득하였다고 할 것이다. 그 방법에 의하여 선의의 자인 E가 보호되어야 한다. 만약 F가 악의이어서 X주택을 반환하여야 한다면 F는 E에게 매도인으로서의 담보책임을 물을 수 있게 되고, 그러면 선의의 자 보호가 불가능하게 된다.

결국 본 사안에 있어서 A에 대한 실종선고가 취소되었더라도 B·C와 E 사이의 매매는 여전히 유효하고, 이들 쌍방이 모두 선의였기 때문에 E·F 사이의 매매도 유효하다고 하여야 한다. 그 결과 A는 F에게 X주택의 반환(소유권이전등기 및 인도)을 청구하지 못하며, F는 X주택의 소유권을 확정적으로 취득하게 된다.

Ⅲ. B·C의 이익반환 문제

1. 서   설

본 사안에서 B·C는 실종자인 A의 처와 자로서 A에 대하여 실종선고가 내리자 A의 X주택을 상속한 뒤 처분하였다. 그리고 그 대가를 받아 B는 생활비로 쓰다가 재혼하였고, C

는 도박으로 모두 잃었다. 이러한 B·C가 A에 대하여 실종선고가 취소된 본 사안의 경우 이익을 반환하여야 하는지가 문제된다.

본 사안의 경우에 B·C는 A의 상속인으로서 A에 대한 실종선고를 직접원인으로 하여 재산을 취득한 자이다. 민법은 제29조 제2항에서 실종선고를 직접원인으로 재산을 취득한 자의 이익반환에 관하여 규정하고 있다. 여기서 B·C가 동 조항에 의하여 이익을 반환하여야 하는지, 반환범위는 어떤지에 관하여 살펴보아야 한다.

2. 실종선고를 직접원인으로 하여 재산을 취득한 자의 이익반환의무

실종선고가 취소되면 실종선고를 직접원인으로 하여 재산을 취득한 자는 — 그가 재산을 보유하고 있는 한 — 그가 선의이든 악의이든 재산권을 상실한다. 재산권이 부동산 소유권이라고 하더라도 민법 제187조에 의한 물권변동이 일어나게 되어 등기가 없이도 그 권리는 실종자에게 당연히 되돌아가게 된다. 그리하여 실종자는 소유권에 기하여 반환청구를 할 수 있고, 재산 취득자는 부동산을 반환하여야 한다.

재산 취득자가 재산을 처분한 경우에도, 그는 그 대가를 보유할 법률상의 원인이 없으므로 그것을 부당이득으로서 실종자에게 반환하여야 한다. 그런데 그 이득 전부를 반환하게 하면 선의의 취득자에게 예측하지 못한 손해를 주게 되므로, 민법은 제29조 제2항에서 그가 선의인지 악의인지에 따라 반환범위를 달리 규정하고 있다. 여기의 반환의무는 성질상 부당이득의 반환이고, 반환범위도 부당이득에서와 같은 취지로 규정하고 있다.

실종선고를 직접원인으로 하여 재산을 취득한 자의 예로는 실종자의 상속인, 실종자로부터 유증을 받은 자, 실종자로부터 사인증여를 받은 자, 생명보험 수익자 등을 들 수 있다. 그에 비하여 이들로부터 법률행위에 의하여 재산을 취득한 전득자는 실종선고를 직접원인으로 재산을 취득한 자가 아니다.

민법 제29조 제2항에 의하면, 재산취득자가 선의인 경우에는 그 받은 이익이 현존하는 한도에서 반환할 의무가 있고, 악의인 경우에는 그 받은 이익에 이자를 붙여서 반환하고 손해가 있으면 그것도 배상하여야 한다. 이와 같이 재산 취득자가 선의인 경우에는 현존이익만 반환하면 되는데, 여기서 현존이익이라 함은 원물이 그대로 있거나 또는 그것이 모습을 바꾸어 남아 있는 이익이다. 그리고 악의의 취득자의 경우의 이자는 법정이자로서 연 5푼이다.

실종자의 이익반환청구권은 재산 취득자가 재산을 처분하지 않고 그대로 보유하고 있든 처분하고 있든 언제나 인정되며, 또한 처분한 경우 상대방이 악의이어서 재산을 반환청구할 수 있는 때에도 역시 인정된다. 그때에는 실종자는 상대방에 대한 재산반환청구권과 실종선고를 직접원인으로 하여 재산을 취득한 자에 대한 이익반환청구권을 선택적으로 행사할 수 있다. 그에 비하여 상대방에게 반환청구를 할 수 없는 경우(쌍방이 선의인 경우)에는 이익반환청구권만 가지게 된다.

실종자의 이익반환청구권은 부당이득 반환청구권이므로 선고취소 후 10년의 시효에 걸린다.

3. 본 사안의 경우

본 사안에서 B와 C는 실종자인 A의 상속인이므로 실종선고를 직접원인으로 하여 재산을 취득한 자들이다. 그런데 B·C는 A의 X주택을 상속한 뒤 E에게 매각하였다. 따라서 B·C는 원물반환의무는 없고, 가액반환의무만이 문제된다. 한편 B와 C는, A를 찾기 위하여 애쓴 점으로 볼 때, 모두 A의 실종선고가 사실에 반함을 알지 못하였다. 그러므로 B와 C는 현존이익만 반환하면 된다. B와 C를 나누어 구체적인 반환범위를 살펴보기로 한다.

(1) B의 반환범위

B는 X주택의 매각대금 중 그녀의 몫을 받아서 그 일부를 생활비로 사용하였다. 그리고 그 나머지를 가지고 재혼하였다.

여기서 생활비로 지출한 것은 일단 현존이익이 있는 것으로 보아야 한다. 왜냐하면 매각대금으로 생활비를 지출하지 않았으면 다른 비용을 지출하였을 것이기 때문이다. 즉 다른 생활비의 지출을 면하게 되어 이익이 아직도 존재하는 것으로 해석하여야 하는 것이다. 그런데 다른 한편으로 민법 제833조에 의하면 부부의 생활비는 공동으로 부담하여야 한다. 따라서 재혼 이전의 생활비의 반은 공제되어야 한다. 그러나 이것도 B에게 소득이 있을 경우에 한한다. B에게 전혀 소득이 없었다면 모두가 공제되어야 한다. 부인은 가사노동으로 생활비를 부담하는 것으로 보아야 하기 때문이다.

한편 B가 재혼 당시에 가지고 간 금액은 그 후에 지출되지 않았으면 현존이익으로 반환되어야 한다. 만약 지출되었다고 하더라도 이익은 현존하는 것으로 추정하여야 하며(학설·판례도 같음), 그 결과 이익이 현존하지 않음을 증명하지 못하면 그 범위에서 반환하여야 한다.

(2) C의 반환범위

C는 X주택의 매각대금 중 그의 몫을 받아 모두 도박으로 잃어버렸다. 이 경우 C에게는 현존이익이 없다고 할 것이다.[5] 따라서 A는 C에 대하여서는 이익반환을 청구할 수 없다.

---

5) 근래의 판례는 법률상 원인 없이 취득한 이익이 금전상의 이득인 경우에는 취득한 자가 소비하였는지를 불문하고 현존한 것으로 추정한다(대판 2008. 6. 26, 2008다19966; 대판 2022. 10. 14, 2018다244488. 대판 2005. 4. 15, 2003다60297·60303·60310·60327도 참조). 이러한 판례는 실종선고가 취소된 경우의 이익반환의무에도 적용된다. 그 의무도 부당이득 반환의무에 해당하기 때문이다. 그런데 그 판례에 의하더라도, 본 사안에서는 C가 받은 금전을 도박으로 모두 잃어버렸다는 것이 확정되어 있으므로(증명된 것으로 생각해야 함), 현존이익 추정이 깨어진 것으로 보아야 한다.

⑶ A의 B에 대한 이익반환청구권의 시효 문제

A의 B에 대한 이익반환청구권은 10년의 시효에 걸리는데, 본 사안의 경우에는 실종선고의 취소가 최근에 있었기 때문에 권리는 당연히 행사할 수 있다.

Ⅳ. A의 혼인관계 문제

1. 서　　설

본 사안에 있어서 실종자 A의 처 B는 실종선고 후 D와 재혼하였다. 그럼에 있어서 B는 실종선고가 사실에 반함을 알지 못하였으나(선의), D는 이를 알고 있었다. 즉 B는 악의의 D와 재혼을 한 것이다. 그 뒤에 A에 대한 실종선고가 취소되었는데, 그에 의하면 A · B 사이의 구 혼인관계가 부활하는지, B · D 사이의 신 혼인관계는 어떻게 되는지가 문제된다.

2. 실종선고의 취소와 혼인관계

실종선고가 취소되면 실종자와 배우자 사이의 혼인관계는 부활한다. 그런데 잔존 배우자가 재혼한 경우에는 문제가 있다. 여기에 관하여서 민법 제29조 제 1 항 단서가 적용되는지, 그리고 적용될 경우에 해석을 어떻게 하여야 하는지 문제이다.

잔존 배우자가 재혼한 경우에 있어서 실종선고가 취소된 때에 구 혼인관계(전 혼인관계)가 부활하는지, 신 혼인관계(후 혼인관계, 즉 재혼관계)가 영향을 받는지에 관하여는 견해가 대립하고 있다. 아래에서 먼저 여기에 관한 학설을 정리하고 그 타당성을 검토해 보기로 한다.

⑴ 학　　설

학설은 하나를 제외하고는 제29조 제 1 항 단서의 행위에 가족행위도 포함된다고 한다. 그런데 구체적인 효과에 대하여는 다시 세 가지 견해로 나뉜다.

다수설은 혼인의 경우에는 쌍방이 선의이어야 한다고 해석한다.[6] 그리하여 재혼 당사자 중 하나라도 악의인 경우에는 구 혼인관계가 부활하는데, 그 혼인관계는 제840조 제 1 호의 이혼원인이 되고, 신 혼인관계는 중혼이 되어 취소할 수 있다고 한다. 그런가 하면 다수설을 따르면서도 재혼 당사자 모두가 선의인 경우에는 구 혼인관계는 부활하지 않으나, 일방 또는 쌍방이 악의인 경우에는 재혼은 무효라고 하는 견해도 있다.[7]

제 2 설은 신 혼인관계의 배우자가 선의인 경우에는 실종선고의 취소가 신 혼인관계에 영향을 미치지 않으며, 신 혼인관계의 배우자가 악의인 경우에는 구 혼인관계가 부활하고 신 혼인관계는 중혼이 되어 취소할 수 있게 된다고 한다.[8]

---

6) 곽윤직, 총칙, 116면; 김상용, 총칙, 205면; 김용한, 총칙, 144면; 김주수, 총칙, 187면; 김증한 · 김학동, 총칙, 153면; 박동섭, 친상, 109면; 장경학, 총칙, 263면; 황적인, 총칙, 84면.
7) 김증한 · 김학동, 총칙, 153면.
8) 이은영, 총칙, 208면.

제 3 설은 쌍방이 악의이면 구 혼인관계가 부활하나, 그 이외의 경우에는 구 혼인관계가 부활하지 않는다고 한다.[9]

제 4 설은 제29조 제 1 항 단서의 행위에 가족행위는 포함되지 않는다고 하면서, 실종선고가 취소되면 구 혼인관계가 부활하고 신 혼인관계는 선의·악의를 불문하고 언제나 중혼이 된다고 한다. 이때 어느 혼인을 유지할 것인가는 그들의 협의에 맡겨야 할 것이나, 협의가 이루어지지 않을 경우에는 혼인해소의 가사심판에 의하여 해결할 수 있을 것이라고 한다.[10]

(2) 검토 및 사견

생각건대 제29조 제 1 항 단서의 행위에서 가족행위가 제외되어야 할 이유는 없다. 그리고 가족행위의 경우에도 양 당사자가 선의인 때에만 실종선고의 취소에도 불구하고 유효하다고 하여야 한다. 결국 실종자의 배우자가 재혼한 경우 실종선고가 취소되면 재혼(신 혼인관계)의 당사자 쌍방이 모두 선의인 경우에는 구 혼인관계는 부활하지 않는다. 그에 비하여 신 혼인관계의 당사자 중 일방이라도 악의인 경우에는 구 혼인관계가 부활한다고 할 것이다.

그런데 이때 신 혼인관계가 무효라고 하지는 않아야 한다. 민법이 혼인의 무효와 취소를 철저하게 구별하여 무효원인을 규정하고 있고(815조), 중혼이 있을 때 후혼은 무효가 아니고 취소할 수 있도록 한 점(816조·818조)을 보면, 구 혼인관계의 부활로 중혼관계가 생겨신 혼인관계는 취소할 수 있는 혼인이라고 새기는 것이 옳다.

이에 의할 경우 전혼은 이혼할 수 있는 혼인으로서 실종자의 이혼청구가 가능하다고 하여야 한다. 이때의 이혼사유를 통설은 제840조 제 1 호의 배우자의 부정행위라고 한다. 그러나 이는 부정확하다. 실종자의 잔존 배우자가 악의인 때에는 배우자의 부정행위라고 할 수 있지만, 상대방만이 악의인 때에는 배우자의 부정행위라고 할 수 없으므로 그때에는 제840조 제 6 호의 「기타 혼인을 계속하기 어려운 중대한 사유가 있을 때」라고 하여야 한다.

3. 본 사안의 경우

본 사안에 있어서 실종자인 A의 처 B는 재혼 당시 선의였으나, 상대방인 D는 악의였다. 따라서, 전술한 사견에 의하면, 실종선고의 취소가 있으면 A·B의 구 혼인관계는 부활한다. 그리고 그 혼인관계는 이혼할 수 있는 혼인이 된다. 이혼사유는 실종자의 배우자가 아니고 상대방이 악의이므로 배우자의 부정행위가 아니고, 제840조 제 6 호의 혼인을 계속하기 어려운 중대한 사유이다. 한편 B·D의 신 혼인관계는 중혼이 된다. 그리하여 그 혼인관계는 취소할 수 있는 혼인이 된다.

---

9) 이태재, 총칙, 112면-114면.
10) 고상룡, 총칙, 108면.

Ⅴ. 결 론

1. A의 재산관계

본 사안에 있어서 B·C와 E 사이의 매매는 쌍방이 선의로 행한 것이므로 A에 대한 실
종선고가 취소되더라도 유효하고, 그에 따라 E·F 사이의 매매도 유효하다고 하여야 한다.
그리하여 X주택의 소유권은 F가 확정적으로 취득하고, A는 F에게 X주택의 반환을 청구하
지 못한다.

B가 재혼 당시까지 소득이 전혀 없었다면 그녀가 생활비로 쓴 부분은 모두가 현존이익
이 아니고, 소득이 있었다면 생활비의 반만이 현존이익이라고 하여야 한다. 그리하여 그것
은 반환되어야 한다. 그리고 B가 재혼 당시에 가지고 간 금액은 그 후에 지출되지 않고 남
아 있었으면 현존이익으로 반환하여야 한다. 만약 지출되었더라도 이익의 현존이 추정되어
야 하므로 현존이익이 없음을 증명하지 못하면 그 범위에서 반환하여야 한다.

C는 그의 몫을 도박으로 모두 잃었으므로 현존이익이 없어서 반환의무가 없다.

2. A의 혼인관계

혼인관계에 관하여 보면, 잔존 배우자 B는 선의이나 상대방인 D는 악의이어서 실종선
고의 취소에 의하여 A·B 사이의 구 혼인관계가 부활한다. 그리고 그 혼인관계는 이혼할
수 있는 혼인이 된다. 그리고 B·D 사이의 신 혼인관계는 중혼이 되어 취소할 수 있는 혼인
으로 된다.

[23] 법인 아닌 사단의 법률관계

   전라북도 전주시 중노송동에 거주하고 있는 무주택자 38인은 주택법에 따라 아파트를 건설하기 위한 지역주택조합을 설립하기로 하였다. 그리하여 그들은 자신들 전원을 조합원으로 하고 A를 조합장으로 하는 B지역주택조합을 구성하고, 그 조합의 대표의 방법, 총회의 운영, 재산의 관리 등도 정관으로 확정한 뒤, 주택법(11조) 및 동법 시행령(20조)에 의하여 주택조합의 설립인가를 받았다. B조합의 정관에 의하면, 사업시행자 및 시공회사의 선정 및 약정은 조합원총회의 결의를 거쳐야 하고, 예산으로 정한 사항 외에 조합원의 부담이 될 계약 등에 관한 사항은 조합 임원회의 결의를 거쳐야 하며, 그러한 결의가 없는 경우에는 계약이 모두 무효라고 규정되어 있다. 그런데 A는 총회결의를 거치지 않고 B조합과 C건설회사 사이에 아파트 신축공사의 도급계약을 체결하였다. 그리고 D회사가 C건설회사로부터 아파트 신축공사 중 토목공사에 관하여 하도급을 받게 되자, A는 총회 또는 임원회의 결의가 없이 B조합이 C건설회사의 D회사에 대한 하도급대금채무를 보증하는 계약을 체결하였다. 또한 A는 아파트 신축공사의 대금을 마련하기 위하여, 총회나 임원회의 결의가 없이, 이미 확보되어 있는 B조합의 토지들 중 X토지를 E에게 매도하는 계약을 체결하였다.

   1. 이 경우에 B조합의 법적 성격은 무엇인가?
   2. B조합과 C건설회사 사이의 아파트 신축공사 도급계약은 유효한가?
   3. B조합과 D회사 사이의 보증계약은 유효한가?
   4. B조합과 E 사이의 매매계약은 유효한가?

〈관련 특별법 규정〉

주택법

제11조(주택조합의 설립 등) ① 많은 수의 구성원이 주택을 마련하거나 리모델링하기 위하여 주택조합을 설립하려는 경우(제5항에 따른 직장주택조합의 경우는 제외한다)에는 관할 특별자치시장, 특별자치도지사, 시장, 군수 또는 구청장(구청장은 자치구의 구청장을 말하며, 이하 "시장·군수·구청장"이라 한다)의 인가를 받아야 한다. 인가받은 내용을 변경하거나 주택조합을 해산하려는 경우에도 또한 같다.

②-⑥ 생략

⑦ 제1항에 따라 인가를 받는 주택조합의 설립방법·설립절차, 주택조합 구성원의 자격기준·제명·탈퇴 및 주택조합의 운영·관리 등에 필요한 사항과 제5항에 따른 직장주택조합의 설립요건 및 신고절차 등에 필요한 사항은 대통령령으로 정한다.

⑧-⑨ 생략

「주택법 시행령」

제20조(주택조합의 설립인가 등) ① 법 제11조 제1항에 따라 주택조합의 설립·변경 또는 해산의 인가를 받으려는 자는 신청서에 다음 각 호의 구분에 따른 서류를 첨부하여 주택건설대지(리모델링주택조합의 경우에는 해당 주택의 소재지를 말한다. 이하 같다)를 관할하는 시장·군수·구청장에게 제출해야 한다.

1. 설립인가신청: 다음 각 목의 구분에 따른 서류

  가. 지역주택조합 또는 직장주택조합의 경우

  1) 창립총회 회의록

  2) 조합장선출동의서

  3) 조합원 전원이 자필로 연명(連名)한 조합규약

  4) 조합원 명부

  5) 사업계획서

  6) 해당 주택건설대지의 80퍼센트 이상에 해당하는 토지의 사용권원을 확보하였음을 증명하는 서류

  7) 해당 주택건설대지의 15퍼센트 이상에 해당하는 토지의 소유권을 확보하였음을 증명하는 서류

  8) 그 밖에 국토교통부령으로 정하는 서류

  …

② 제1항 제1호 가목 3)의 조합규약에는 다음 각 호의 사항이 포함되어야 한다.

1. 조합의 명칭 및 사무소의 소재지

2. 조합원의 자격에 관한 사항

3. 주택건설대지의 위치 및 면적

4. 조합원의 제명·탈퇴 및 교체에 관한 사항

5. 조합임원의 수, 업무범위(권리·의무를 포함한다), 보수, 선임방법, 변경 및 해임에 관한 사항

6. 조합원의 비용부담 시기·절차 및 조합의 회계

6의 2. 조합원의 제명·탈퇴에 따른 환급금의 산정방식, 지급시기 및 절차에 관한 사항

7. 사업의 시행시기 및 시행방법

8. 총회의 소집절차·소집시기 및 조합원의 총회소집요구에 관한 사항

9. 총회의 의결을 필요로 하는 사항과 그 의결정족수 및 의결절차

10. 사업이 종결되었을 때의 청산절차, 청산금의 징수·지급방법 및 지급절차

11. 조합비의 사용 명세와 총회 의결사항의 공개 및 조합원에 대한 통지방법

12. 조합규약의 변경 절차

13. 그 밖에 조합의 사업추진 및 조합 운영을 위하여 필요한 사항

③~⑥ (생략)

⑦ 주택조합(리모델링주택조합은 제외한다)은 법 제11조에 따른 주택조합 설립인가를 받는 날부터 법 제49조에 따른 사용검사를 받는 날까지 계속하여 다음 각 호의 요건을 모두 충족해야 한다.

1. 주택건설 예정 세대수(설립인가 당시의 사업계획서상 주택건설 예정 세대수를 말하되, 법 제20조에 따라 임대주택으로 건설·공급하는 세대수는 제외한다. 이하 같다)의 50퍼센트 이상의 조합원으로 구성할 것. 다만, 법 제15조에 따른 사업계획승인 등의 과정에서 세대수가 변경된 경우에는 변경된 세대수를 기준으로 한다.

2. 조합원은 20명 이상일 것

⑧~⑪ (생략)

I. 물음 1.에 대하여

1. 논점의 소재

본 사안에서 B지역주택조합은 무주택자 38인이 주택법에 따라 아파트를 건설하기 위하여 조직한 단체이다. 사람의 결합체인 단체에는 사단과 조합의 두 가지가 있다. 여기의 B조합도 이 둘 중에 하나일 것이다. 그런데 만약 B조합이 사단이라면 그에 대하여 법인의 성립요건이 구비되어 있지 않으므로 법인 아닌 사단이 될 것이다. 따라서 아래에서는 법인 아닌 사단과 조합에 관하여 살펴본 뒤, 그 이론에 기초하여 B조합이 그것들 가운데 어느 것에 해당하는지를 검토해 보아야 한다.

2. 법인 아닌 사단과 조합

⑴ 법인 아닌 사단

사단의 실질을 가지고 있지만 법인으로 되지 않는 것을 「법인 아닌 사단」이라고 한다. 법인 아닌 사단으로 인정되려면, 단체로서의 조직을 갖추고, 대표의 방법·총회의 운영·재산의 관리 기타 단체의 중요한 점이 정관이나 규칙으로 확정되어 있어야 한다.[1]

⑵ 조   합

조합은 2인 이상의 특정인이 서로 출자하여 공동사업을 경영할 목적으로 결합한 단체이다.

⑶ 법인 아닌 사단과 조합의 구별

사단과 조합은 단체성의 강약에 의하여 구별된다.[2] 사단은 단체가 구성원의 개성을 초월한 존재가 된다. 거기에서는 단체의 행동은 그의 기관에 의하여 행하여지고, 그 법률효과는 단체 자체에 귀속하며 그 구성원에 속하지 않는다. 그에 비하여 조합은 단체가 구성원으로부터 독립한 존재이기는 하나, 단체로서의 단일성보다 구성원의 개성이 강하게 나타난다. 거기서는 단체의 행동은 구성원 전원 또는 그들로부터 대리권이 주어진 자에 의하여 행하여지고, 그 법률효과는 구성원 모두에게 귀속된다.

어떤 단체가 사단인가 조합인가는 명칭에 의해서가 아니고 실질에 의하여 판단하여야 한다. 따라서 조합의 명칭을 가지고 있더라도 사단으로서의 요건을 갖추고 있으면 법인 아닌 사단이라고 하여야 한다. 판례도 같다.[3]

⑷ 법인 아닌 사단의 예

우리의 판례에 의하면, 종중, 교회, 구 주택건설촉진법에 의한 주택조합·연립주택조합

---

1) 판례도 같은 취지이다. 대판 1999. 4. 23, 99다4504 등.
2) 대판 1999. 4. 23, 99다4504 등.
3) 대판 1994. 4. 26, 93다51591 등.

등은 법인 아닌 사단에 해당한다(강의, A-362 참조).

3. 소   결

본 사안에서 B조합이 법인 아닌 사단인지 조합인지 외견상 분명하지는 않다. 그렇지만 B조합이 대표를 정하고 임원회를 두고 있는 점 등으로 볼 때, 단체로서의 조직을 갖추고 있는 것으로 보이고, 대표의 방법, 총회의 운영, 재산의 관리 등도 정관으로 확정한 점은 단체성이 강한 사단으로서의 면모를 보인다. 또한 B조합이 주택법과 동법 시행령에 의하여 설립인가를 받았다고 하는데, 이들에 의하면, 조합규약에 조합원의 제명·탈퇴·교체, 총회의 소집절차·소집시기, 총회의 의결을 필요로 하는 사항·의결정족수·의결절차 등도 정하도록 되어 있다(특히 「주택법 시행령」 20조 2항 참조). 그러므로 B조합이 이러한 요건을 구비하여 설립인가를 받았다면, B조합은 법인 아닌 사단으로서의 실질을 갖추었다고 할 것이다. 그리고 판례는 주택법의 전신에 해당하는 주택건설촉진법에 의한 주택조합을 법인 아닌 사단이라고 하고 있다. 이러한 점들에 비추어볼 때, 본 사안에서의 B조합은 그 명칭에 불구하고 법인 아닌 사단에 해당한다고 할 것이다.

Ⅱ. 물음 2.에 대하여

1. 논점의 소재

본 사안에서 B조합의 정관에 의하면 사업시행자 및 시공회사의 선정 및 약정은 조합원총회의 결의를 거치도록 되어 있다. 그런데 B조합의 대표인 A가 조합원총회의 결의 없이 B조합과 C건설회사 사이의 아파트 신축공사의 도급계약을 체결하였다.

B조합이 정관으로 사업시행자 및 시공회사의 선정·약정에 총회의 결의를 거치도록 한 것은 대표권의 제한에 해당한다. 그리고 A가 총회의 결의 없이 C건설회사와 아파트 신축공사 도급계약을 체결한 것은, 이 제한을 위반한 것이다. 여기서 A가 총회의 결의 없이 도급계약을 체결한 것이 대표권제한의 위반이어서 그 계약이 무효로 되는지, 아니면 다른 근거에서, 예컨대 제276조 제 1 항의 위반이어서 무효로 되는지, 그것도 아니라면 계약이 유효한지가 문제된다.

2. 법인 아닌 사단의 법률관계 일반

민법은 법인 아닌 사단에 관하여 그것의 재산귀속관계를 총유로 한다는 규정(275조·278조)만을 두고 있다. 그러면서 총유에 관하여는 사단의 정관 기타 규약에 의하는 외에는 제276조·제277조에 의한다고 한다(275조 2항). 그리고 제276조에서는 총유물의 관리·처분은 사원총회의 결의에 의하며(동조 1항), 각 사원은 정관 기타의 규약에 좇아 총유물을 사용·수익할 수 있다고 규정한다(동조 2항).

이들 규정에 의하여 규율되지 않는 법률관계는 어떻게 결정되어야 하는가? 여기에 관하여 통설·판례는, 법인 아닌 사단에 대하여는 사단법인에 관한 규정 가운데에서 법인격을 전제로 하는 것을 제외하고는 모두 이를 유추적용하여야 한다는 데 일치하고 있다(강의, A-363 참조). 문제는 대표권제한의 경우에는 어떤가이다. 여기에 관하여 판례는 법인 이사의 대표권제한에 관한 민법 제60조는 유추적용될 수 없다고 한다.[4]

3. 문제의 해결

본 사안에서 A가 C건설회사와 도급계약을 체결한 것은 대표행위에 해당한다. 그런데 그럼에 있어서 총회의 결의를 거치지 않았다. 이러한 경우에 도급계약의 유효 여부는 다음의 두 단계에서 검토되어야 한다. 우선 그 도급계약의 체결이 제276조 제 1 항의 총유물의 관리·처분에 해당하여 그 규정에 의하여 무효로 되는지를 살펴보아야 한다. 그리고 만약 그렇지 않다면, 다음 단계로 그러한 경우의 법률관계가 어떻게 확정되어야 하는지를 논의하고, 그 결론에 의하여 도급계약의 유효 여부를 정하여야 한다.

(1) 그 도급계약이 제276조에 의하여 무효로 되는지 여부

법인 아닌 사단에 있어서 총유물의 관리 및 처분에 관하여는 정관이나 규약이 정한 바가 있으면 그에 따라야 하고(275조 2항), 그에 관한 정관이나 규약이 없으면 사원총회의 결의에 의하여 행하여야 한다(276조 1항). 따라서 정관이나 규약에 정함이 없는 경우 사원총회의 결의를 거치지 않은 총유물의 관리 및 처분행위는 무효이다.[5]

그런데 총유물의 관리 및 처분행위라 함은 총유물 그 자체에 관한 법률적·사실적 처분행위와 이용·개량행위를 말하는 것으로서, 본 사안에서 B조합이 C건설회사와 공사 도급계약을 체결하는 것은 단순한 채무부담행위에 불과하여 총유물 그 자체에 대한 관리 및 처분행위라고 볼 수 없다. 따라서 여기의 도급계약에 대하여는 제276조 제 1 항이 적용되지 않으며, 그 결과 본 사안에서 도급계약이 총회의 결의 없이 체결되었다고 하여 제276조 제 1 항에 의하여 당연히 무효라고 할 수는 없다.[6]

(2) 정관으로 정한 대표권제한을 위반한 경우의 효과

1) 서   설

본 사안에서 A는 정관으로 정한 대표권제한을 위반하여 대표행위를 하였다. 그런데 이렇게 법인 아닌 사단의 대표자가 대표권제한에 위반하여 대표행위를 한 경우의 효과에 대하여는 법률에 명문규정이 두어져 있지 않다. 따라서 그 문제는 해석으로 결정하여야 한다.

---

4) 대판 2003. 7. 22, 2002다64780.
5) 판례도 같음. 대판 1996. 8. 20, 96다18656; 대판 2003. 7. 22, 2002다64780 등.
6) 동지 대판 2003. 7. 22, 2002다64780.

2) 판례·학설

판례는, 앞에서 언급한 바와 같이, 비법인사단의 경우에는 대표자의 대표권제한에 관하여 등기할 방법이 없어 제60조의 규정을 준용할 수 없고, 비법인사단의 대표자가 정관에서 사원총회의 결의를 거쳐야 하도록 규정한 대외적 거래행위에 관하여 이를 거치지 않은 경우에도, 그 거래 상대방이 그와 같은 대표권제한 사실을 알았거나 알 수 있었을 경우가 아니라면 그 거래행위는 유효하다고 보아야 하고, 이 경우 거래 상대방이 대표권제한 사실을 알았거나 알 수 있었음은 이를 주장하는 비법인사단측이 주장·증명할 것이라고 한다.[7] 그리고 학자들은 여기에 관하여 거의 논의를 하고 있지 않으나, 논의하는 경우에는 판례에 찬성하고 있다.[8]

3) 사   견

생각건대 판례가 거래 상대방의 악의·과실을 문제삼는 것은 법인 대표에 준용되는(59조 2항 참조) 대리규정 가운데 제126조를 준용한 것으로 보인다.[9] 판례는 법인 아닌 사단의 경우 대표권제한을 등기할 방법이 없다는 이유로 그러한 해석을 하고 있다. 판례의 이러한 해석도 주장될 여지가 있다. 그러나 민법의 취지를 보다 깊이 음미해 보면 판례는 적절하지 않다. 제60조는 대표권제한에 관하여 등기가 있으면 모든 제 3 자에게 대항할 수 있도록 규정하고 있다. 등기의 존재를 악의와 동일시한 것이다. 이 정신에 비추어보면 등기가 행하여질 수 없는 법인 아닌 사단의 경우에는 그와 거래한 상대방의 선의 여부를 살펴서 상대방이 대표권제한 사실을 모르면(선의) 그를 언제나 보호하여야 한다. 그리고 제60조에 있어서처럼 법인 아닌 사단 쪽에서 상대방의 악의를 증명하게 함이 옳다.

4) 본 사안의 경우

위의 사견에 의하면, 본 사안의 경우에는 거래의 상대방인 C건설회사가 A의 대표권제한 사실을 몰랐던 때에는 도급계약은 유효하나, 그것을 알았던 때에는 무권대표행위가 되어 효력이 생기지 않는다고 할 것이다. 그런데 본 사안에 있어서 어떤 경우에 해당하는지는 분명치 않다. 한편 C건설회사의 선의 여부에 관하여는, 상대방인 C건설회사가 자신이 선의임을 증명할 필요가 없고, 도급계약의 효력을 부정하려는 B조합이 C건설회사가 악의임을 주장·증명하여야 한다.

《참 고》────────────────────────────────

B조합과 C건설회사 사이의 도급계약이 유효한 경우에는 B조합은 도급계약상의 채무를 이행하여야 한다. 이때 그로 인하여 B조합에게 손해가 발생하면 B조합은 A에 대하여 채무불이행책

---

7) 대판 2003. 7. 22, 2002다64780.
8) 이영준, 총칙, 909면 등.
9) 그러나 증명책임 면에서는 제126조에 관한 판례와 다르다. 거기서는 상대방이 선의·무과실을 증명하도록 하고 있기 때문이다. 대판 1968. 6. 18, 68다694 참조.

임을 물을 수 있다. A는 이사와 마찬가지로 선량한 관리자의 주의로써 직무를 수행하여야 하는데(61조 참조), 그렇지 않았기 때문이다. 그에 비하여 B조합의 조합원은 A의 행위로 손해를 입었더라도 그것은 간접적인 손해에 불과하여 B조합에 손해배상을 청구할 수 없다.[10]

한편 도급계약이 무효(무권대표)인 경우에는 B조합의 추인이 없는 한 C건설회사는 B조합에 그 이행을 청구하지 못한다. 그러나 A에 대하여 불법행위책임을 물을 수 있고, B조합에 대하여 제35조를 유추하여 불법행위책임을 물을 수 있다.[11]

다만 C건설회사에 과실이 있으면 과실상계를 하게 될 것이고(763조 · 396조 참조), 그에게 중과실이 있으면 B조합에 대하여는 불법행위책임을 묻지 못한다.[12]

Ⅲ. 물음 3.에 대하여

1. 논점의 소재

본 사안에서 B조합은 정관에서 예산으로 정한 사항 외에 조합원의 부담이 될 계약에 대하여는 조합 임원회의 결의를 거치도록 정하고 있었다. 그런데 A는 총회나 임원회의 결의 없이 B조합이 C건설회사의 D회사에 대한 하도급대금채무를 보증하는 계약을 체결하였다.

A가 체결한 보증계약이 유효하려면 A의 행위가 B조합의 권리능력의 범위 내에서 행하여졌어야 하고, 또한 A의 행위가 대표권제한에 해당하지 않아야 한다. 따라서 먼저 A의 행위가 권리능력 범위 내의 것인지를 살펴보아야 한다. 그런 뒤에는 대표권제한을 위반한 것인지를 검토해 보아야 한다. B조합이 일정한 계약체결의 경우에 임원회의 동의를 얻도록 한 것은 대표권의 제한에 해당한다. 그런데 A가 이를 위반하였다. 여기서 A가 임원회의 결의 없이 보증계약을 체결한 것이 대표권제한을 위반한 것이어서 그 계약이 무효로 되는지, 아니면 제276조 제 1 항에 위반되어 무효로 되는지, 아니면 유효한지가 문제된다.

2. A의 보증계약 체결이 B조합의 권리능력의 범위 내에 있는지 여부

법인 아닌 사단에는 권리능력이 인정되지 않는다. 그러나 비법인사단으로서의 권리능력은 인정된다고 할 것이다. 그리고 거기에는 법인의 권리능력에 관한 규정을 유추적용하여야 한다. 법인규정에 의하면 법인은 법률의 규정에 좇아 정관으로 정한 목적의 범위 내에서 권리와 의무의 주체가 된다. 그러므로 비법인사단도 정관으로 정한 목적의 범위 내에서 권리능력을 가진다고 하여야 한다.

---

10) 동지 1999. 7. 27, 99다19384.
11) 대판 2003. 7. 25, 2002다27088도 동지임.
12) 대판 2003. 7. 25, 2002다27088; 대판 2008. 1. 18, 2005다34711 등.

여기의 목적범위 내에 관하여는 학설이 대립하나, 다수설은 목적에 위반하지 않는 범위 내라고 너그럽게 새기며, 판례도 유사하다.[13] 그리고 사견은 다수설에 찬성한다.

본 사안의 경우 B조합의 정관에서 목적을 어떻게 정하고 있는지는 자세히 알 수 없다. 다만 B조합이 아파트 건축을 위한 단체이므로 그것이 주된 목적일 것이다. 그렇다면 A가 체결한 보증계약은 그 목적에 정확하게 맞는 행위는 아니다. 그렇지만 그 보증계약은 아파트의 건축을 담당하는 건설회사가 하도급 받은 회사에 대하여 부담하는 하도급대금채무를 보증하는 것이어서, A의 그 행위는 B조합의 목적에 위반하지 않는 범위 내에 있다고 할 수 있다. 결국 위의 사견에 의하면 A가 보증계약을 체결한 것은 B조합의 권리능력의 범위 내에서 행한 것이다.

3. 여기에 제276조 제1항이 적용되는지 여부

법인 아닌 사단에 있어서 총유물의 관리 및 처분에 관하여는 앞에서 기술하였다(Ⅱ. 3. ⑴ 참조). 그에 의하면 총유물의 관리 및 처분에 관하여 정관이나 규약에서 정한 바가 없으면 사원총회의 결의에 의하여야 하며, 그러한 절차를 거치지 않은 총유물의 관리·처분행위는 무효로 된다. 그런데 여기서 총유물의 관리 및 처분이라 함은 총유물 그 자체에 관한 이용·개량행위나 법률적·사실적 처분행위를 의미하는 것이므로, 타인간의 금전채무를 보증하는 행위는 총유물 그 자체의 관리·처분이 따르지 않는 단순한 채무부담행위에 불과하여 이를 총유물의 관리·처분행위라고 볼 수는 없다.

판례는 과거에는 단순히 보증하는 경우에도 총유물의 관리·처분의 법리가 적용된다고 하였으나, 근래에 전원합의체 판결로 앞의 판결을 폐기하고 위와 같이 해석하고 있다.[14]

4. 정관으로 정한 대표권제한을 위반한 경우의 효과

판례에 의하면, 본 사안과 같은 경우에 조합 임원회의 결의를 거치도록 한 조합정관은 조합장의 대표권을 제한하는 규정에 해당하므로, 거래 상대방이 그와 같은 대표권제한 및 그 위반사실을 알았거나 과실로 인하여 이를 알지 못한 때에는 그 거래행위가 무효로 된다고 보아야 하며, 이 경우 그 거래 상대방이 대표권제한 및 그 위반사실을 알았거나 알지 못한 데에 과실이 있다는 사정은 그 거래의 무효를 주장하는 측이 이를 주장·증명할 것이라고 한다.[15]

이는 사원총회의 결의를 요구하는 경우에 관한 판례[16]와 같은 맥락에 있는 것으로서, 그에 대하여는 전술한 비판이 그대로 적용된다(Ⅱ. 3. ⑵ 참조). 즉 사견에 의하면 D회사가

---

13) 자세한 사항은 [25]번 문제의 Ⅰ. 2. ⑴ 1) 참조.
14) 대판(전원) 2007. 4. 19, 2004다60072·60089.
15) 대판(전원) 2007. 4. 19, 2004다60072·60089.
16) 대판 2003. 7. 22, 2002다64780.

A의 대표권제한 사실을 알았는지에 따라 유효 여부가 결정된다.

5. 문제의 해결

사견에 의하면 D회사가 A의 대표권에 제한이 있음을 몰랐을 경우에는 보증계약은 유효하나, 알았을 경우에는 보증계약이 무권대표행위가 되어 효력이 생기지 않는다. 그런데 본 사안이 어느 경우에 해당하는지는 분명치 않다.

IV. 물음 4.에 대하여

1. 논점의 소재

본 문제는 A가 총회나 임원회의 결의 없이 B조합의 X토지를 E에게 매도한 경우에 매매계약이 유효한지를 묻고 있다. 이 문제를 해결하려면, 우선 B조합의 토지를 매도하는 것이 총유물의 관리·처분에 해당하는지를 살펴보아야 한다. 그런 뒤에 만약 그렇다면 그에 관하여 정관에 규정이 있는지, 없다면 그 법률관계가 어떻게 결정되는지를 검토하여야 한다.

2. 토지 매도가 총유물의 관리·처분에 해당하는지 여부

비법인사단의 경우 총유물의 관리 및 처분은 사단의 정관 기타 규약에 정한 바가 없으면 사원총회의 결의에 의하여야 한다(275조 2항·276조 1항). 여기서 총유물의 관리 및 처분은 총유물 그 자체에 관한 이용·개량행위나 법률적·사실적 처분행위를 의미한다(판례도 같음). 따라서 비법인사단이 그 총유물을 매도하는 것은 총유물 처분의 전형적인 예에 해당한다.

3. 총유물의 처분방법

총유물의 처분방법은 제1차적으로 정관 기타의 규약으로 정할 수 있다(275조 2항). 그런데 만약 정관 기타의 규약에 정한 바가 없으면 사원총회의 결의에 의하여야 한다(276조 1항). 따라서 규약에 정한 바가 없는데, 총회의 결의 없이 처분한 경우에는 그 처분은 무효로 된다.[17]

그리고 이는 처분권한이 없이 처분한 경우에 해당하므로 표현대리가 적용될 여지도 없다. 판례도, 주택조합의 대표자가 조합원총회의 결의를 거쳐야 하는 조합원 총유에 속하는 재산의 처분에 관하여는 조합원총회의 결의를 거치지 않고는 이를 대리하여 결정할 권한이 없다 할 것이어서 그러한 행위에는 제126조의 표현대리규정이 준용될 여지가 없다고 한다.[18] 따라서 총회의 결의 없이 처분한 행위는 제126조의 요건이 구비되었는지에 관계없이

---

17) 판례도 같다. 대판 1996. 8. 20, 96다18656; 대판 2001. 5. 29, 2000다10246 등.
18) 대판 2003. 7. 11, 2001다73626.

무효이다. 그러나 그 행위는 무권대표행위로서 본인인 비법인사단에 의하여 추인이 될 수는 있다.

《참 고》

총유물의 처분에 사원총회의 결의가 필요하다고 할 때(276조 1항 참조), 사원총회의 결의는 총유물의 처분행위의 효력요건 중 특별효력요건에 해당한다. 따라서 사원총회의 결의가 없으면 그 처분행위가 당연히 무효로 되고, 거기에 제126조가 적용되지 않는 것이다.

4. 문제의 해결

본 사안의 경우 B조합의 정관에는 B조합의 토지의 처분에 관하여 특별한 규정이 두어져 있지 않다. 그러므로 B조합이 토지를 처분하려면 제276조 제 1 항에 따라 조합원총회의 결의를 거쳐야 한다. 그런데 A는 조합원총회의 결의를 얻지 않고 B조합의 X토지를 E에게 매도하였다. 따라서 B조합과 E 사이의 매매계약은 무효로 된다. 다만 여기의 무효는 무권대리에서와 마찬가지로 확정적 무효가 아니고 유동적 무효라고 할 것이다. 그 결과 B조합의 추인이 있으면 소급하여 유효하게 된다(133조 본문 참조).

[24] 재단법인 출연재산(出捐財産)의 귀속시기

문제

A는 그의 생존시인 1976. 4. 10. 그가 소유하고 있던 서울시 소재 토지를 X재단법인의 설립을 위하여 출연하였고, 그 후 X는 1980. 5. 9. 설립허가를 얻어 같은 해 5. 20. 그 설립등기를 마쳤다. 그런데 그 토지에 대하여 X 명의로 등기를 하지 않고 있던 중 A가 사망하였고, 그러자 A의 유일한 혈육인 A의 동생 B가 1985. 3. 10. 상속을 원인으로 하여 그 토지의 소유권등기를 마쳤다. 그 후 1993. 5. 20. B는 그 토지를 C에게 매각하여 그에게 소유권이전등기를 해 주었다. 그리고 현재는 1998. 2. 8.이다.

이 경우 법률관계는 어떻게 되는가?

Ⅰ. 문제의 제기

본 사안에서 A는 토지를 출연하여 재단법인을 설립하였다. 그런데 그 출연 토지에 관하여 재단법인 명의로 등기를 하지 않고 있는 동안에 A가 사망하자, A의 동생 B가 상속을 원인으로 하여 자신의 명의로 소유권이전등기를 한 뒤, 그 토지를 C에게 매각하고 등기까지 넘겨 주었다. 본 문제는 이 경우의 X, B, C 사이의 법률관계를 묻고 있다.

본 문제에 있어서 가장 중요한 논점은 부동산(토지)을 출연하여 재단법인을 설립하는 경우에 그 부동산이 법인에 귀속하는 시기가 언제이냐이다. 그리고 이는 가장 선결되어야 하는 논점이기도 하다. 왜냐하면 B가 토지를 처분할 때 그 토지의 소유관계가 어떠한가에 따라 당사자들의 법률관계도 달라지기 때문이다.

만일 B가 토지를 처분할 당시에 그 토지의 소유권이 이미 X재단법인에 귀속한 상태라면, B는 타인의 토지를 처분한 것이 되고, 그 결과 C는 특별한 사정이 없는 한 토지의 소유권을 취득할 수 없게 될 것이다. 또한 B는 X에 대하여 불법행위책임이나 채무불이행책임을 져야 할지도 모른다. 그리고 B와 C 사이에서는 B의 매도인으로서의 담보책임, 채무불이행책임, 불법행위책임 등이 문제될 수 있다. 그에 비하여 B가 토지를 처분할 당시에 그 토지의 소유권이 B에게 있었다면 B의 처분은 유효하게 되고, 따라서 특별한 사정이 없는 한 C는 토지의 소유권을 취득하게 될 것이다. 다만, B는 X에 대하여 채무불이행책임이나 불법행위책임을 지게 될지 모른다. 한편 이때 B·C 사이에서는 그들 사이의 매매가 무효로 되는 특별한 사정이 있는 경우에는, 토지소유권 취득 여부와 대금 등의 반환가능성 여부가 문제될 수 있다.

아래에서 먼저 X재단법인을 설립하기 위하여 출연한 토지의 소유권이 누구에게 있는지를 살펴보고, 그것을 바탕으로 하여 구체적인 법률관계를 검토하기로 한다.

Ⅱ. 출연 토지의 소유관계

1. 서   설

본 사안에서 A는 1976. 4. 10.에 X재단법인의 설립을 위하여 토지의 출연행위를 하였다. 그리고 1980. 5. 9. X재단법인의 설립허가를 얻어 1980. 5. 20.에 그 설립등기를 마쳤다. 그런데 그 토지를 X 명의로 등기하지 않고 있는 동안에 A가 사망하였고, B가 그 토지를 상속을 원인으로 하여 자신의 명의로 소유권이전등기를 하였다. 이러한 경우에 토지의 소유관계가 어떻게 되느냐가 문제된다.

민법은 제48조에서 재단법인 출연재산의 귀속시기에 관하여 일반적으로 규정하고 있다. 그중 제 1 항은 「생전처분으로 재단법인을 설립하는 때에는 출연재산은 법인이 성립된 때로부터 법인의 재산이 된다」고 규정한다. 이 규정만에 의하면 본 사안의 경우에는 법인의 성립시인 법인의 설립등기시(33조 참조), 즉 1980. 5. 20.에 출연 토지의 소유권이 X재단법인에 귀속하는 것으로 된다. 그런데 다른 한편으로 재산 출연행위는 법률행위(물권행위)인바, 민법은 제186조에서 법률행위에 의한 부동산 물권변동에 관하여 성립요건주의(형식주의)를 규정하고 있다. 동조는 「부동산에 관한 법률행위로 인한 물권의 득실변경은 등기하여야 그 효력이 생긴다」고 규정한다. 이 규정에 의하면, 본 사안의 경우 토지에 관하여 X재단법인 명의로 등기까지 마쳐야 토지의 소유권이 X에게 귀속하게 되며, 그리하여 아직은 X재단법인에게 귀속하지 않은 것으로 된다.

이처럼 우리 민법상 제48조와 제186조가 충돌하고 있는데, 이를 어떻게 해결할 것인가가 문제된다.

여기에 관하여 학설·판례를 살펴보고 사견을 정리한 뒤, 그에 기하여 본 사안의 경우를 설명하기로 한다.

2. 학설·판례 및 사견

(1) 학   설

부동산을 출연하여 재단법인을 설립하는 경우에 그 부동산이 법인에 귀속하는 시기에 관하여는 세 가지 견해가 대립하고 있다.

1) 다 수 설

다수설은 제48조를 제187조의 「기타 법률의 규정」으로 보아서 등기 없이 제48조가 정하는 시기에, 그리하여 생전처분으로 재단법인을 설립하는 때에는 법인이 성립하는 때에, 그리고 유언으로 재단법인을 설립하는 때에는 유언자가 사망한 때에 법인에 귀속한다고 한다.[1] 다수설은 그 이유로 다음의 것을 든다.

① 소수설에 의하면 재단법인이 설립등기를 갖추더라도 출연재산에 대한 이전등기·인도를 할 때까지는 전혀 재산이 없는 재단법인이 있게 되는데, 이는 재단법인의 본질에 반한다. ② 이에 대하여 소수설은 등기·인도 전까지는 법인의 성립 또는 설립자의 사망시에 법인에게 출연재산의 이전청구권이 생긴다고 하나, 소수설이 전제하는 것처럼 출연행위가 물권행위라면 그 물권행위에서 이전청구권이라는 채권적 청구권이 생기게 되는 모순이 발생하고, 따라서 이전청구권이 생긴다고 하려면 출연행위가 채권행위라고 하여야 한다. 그런데 그렇게 새긴다면 다른 문제가 생긴다. 즉 그때에 이행행위가 필요한가는 법률이 정할 문제이고, 그에 대하여 제48조가 필요 없다고 규정하고 있기 때문이다. ③ 제48조는 제187조의 「기타 법률의 규정」에 해당한다. ④ 제48조는 법인 설립자의 의사를 존중하는 동시에 출연재산을 보호하려는 취지의 것이다. ⑤ 제48조는 반드시 제186조, 제188조의 성립요건주의(형식주의)의 이론과 부합시켜야 할 개연성이 없다.

2) 소수설(제 1 소수설)

이러한 다수설에 대하여, 권리 이전에 형식을 필요로 하지 않는 재산권은 법인의 성립 또는 설립자의 사망시에 당연히 법인에 귀속되지만, 부동산 물권과 같이 그 이전에 등기를 요하는 것은 법인의 성립 또는 설립자의 사망시에 법인에게 출연 부동산 이전청구권이 생길 뿐이고(이 청구권의 근거는 48조임) 출연 부동산이 현실로 이전하는 것은 등기를 한 때라고 하는 견해가 소수설(제 1 소수설)로 주장된다.[2] 이 견해가 들고 있는 이유는 다음과 같다.

① 재단법인 설립행위는 법률행위이므로 다수설의 해석은 물권변동에 관한 성립요건주의(형식주의)의 대원칙(186조 — 등기 필요)에 반한다. ② 제48조는 대항요건주의(의사주의)를 취했던 일본민법을 부주의하게 답습한 것이고, 따라서 동조는 제186조의 대원칙과 조화되도록 해석하여야 한다. ③ 제48조는 제187조의 「기타 법률의 규정」이라고 해석할 수 없다. ④ 다수설은 소수설에 의할 경우에는 재산 없는 재단법인이 존재할 수 있다고 반대하나, 재산 이전청구권도 재산권이므로 이러한 비판은 부당하다.

3) 판례 지지 견해(제 2 소수설)

그런가 하면 후술하는 현재의 판례를 지지하는 견해도 있다.[3]

(2) 판 례

판례는 과거에는 다수설에 따르고 있었다. 그리하여 재단법인 설립에 있어서 출연재산

1) 고상룡, 총칙, 192면; 곽윤직, 총칙, 136면; 김기선, 총칙, 144면; 김민중, 총칙, 249면; 김상용, 총칙, 232면; 김용한, 총칙, 165면; 김주수, 총칙, 219면; 이태재, 총칙, 142면; 장경학, 총칙, 313면.
2) 김증한·김학동, 총칙, 180면; 이영준, 총칙, 941면; 이은영, 총칙, 267면.
3) 황적인, 물권, 95면.

은 등기 없이 법인의 설립과 동시에 당연히 법인에 귀속한다고 하였다. 그런데 그 후 태도를 바꾸어 현재에는 다음과 같은 특수한 이론을 취하고 있다. 즉「재단법인을 설립함에 있어서 출연재산은 그 법인이 성립된 때로부터 법인에 귀속된다는 제48조의 규정은 출연자와 법인과의 관계를 상대적으로 결정하는 기준에 불과하여, 출연재산이 부동산인 경우 출연자와 법인 사이에서는 법인의 성립 외에 등기를 필요로 하는 것은 아니지만, 제3자에 대한 관계에 있어서는 출연행위는 법률행위이므로 출연재산의 법인에의 귀속에는 등기를 필요로 한다」고 한다.[4]

(3) 검토 및 사견

　여기의 문제는 결국 제186조 · 제187조의 적용범위의 문제이다. 그런데 다수설은 제48조가 제187조의「기타 법률의 규정」에 해당한다고 파악하여 이 경우에 제187조가 적용된다는 것이고, 제1소수설은 재산 출연행위는 법률행위이므로 거기에는 법률행위에 의한 부동산 물권변동 규정인 제186조가 적용되어야 하며, 제48조는 재산의 귀속시기를 소급시키는 데 불과하다는 견해이다. 그리고 현재의 판례(및 그 지지설)는 출연자와 법인 사이에서는 제48조가 적용되나, 법인과 제3자 사이에서는 제186조가 적용되어야 한다는 입장이다.

　이들 중 판례의 태도는 물권관계가 당사자 사이의 관계와 제3자에 대한 관계에서 서로 달라질 수 있다는 것으로서 그것은 대항요건주의 이론 그 자체이며, 우리 민법이 취하고 있는 성립요건주의에 있어서는 전혀 근거가 없는 부당한 해석이다. 성립요건주의의 가장 큰 특징은 법률관계가 분열되지 않고 획일적으로 결정된다는 데 있다.

　그러면 다수설과 제1소수설 중 어느 견해가 타당한가? 제48조는 일본 민법과 같은 대항요건주의에 있어서 적당한 규정이다(일본민법 42조가 유사한 내용으로 되어 있음). 그러나 성립요건주의에 있어서 그러한 규정이 있으면 곤란하다. 성립요건주의에서는 물권변동이 모든 자에 대한 관계에서 획일적으로 일어나기 때문이다. 즉 부동산의 등기 없이 법인 성립시에 법인의 재산으로 된다는 규정이 있으면, 그에 의하여 모든 자에 대한 관계에서 법인 성립시에 법인의 재산으로 되게 된다. 그 결과 등기를 믿고 거래한 자가 예측하지 못한 손해를 입을 수가 있다. 따라서 물권변동에 관하여 의용민법과 달리 성립요건주의로 원칙을 바꾸었으면 그러한 규정을 수정하였어야 한다. 결국 제48조는 입법상 부주의에 의한 것이라고 할 수 있다. 그러나 제48조가 잘못된 입법이긴 하지만 그 규정이 있는 한 다수설처럼 해석하지 않으면 안 된다. 제1소수설처럼 해석하면 제48조를 사문화시키기 때문이다. 즉 그것은 해석론의 한계를 넘는 것이다.

---

4) 대판(전원) 1979. 12. 11, 78다481 · 482. 동지 대판 1981. 12. 22, 80다2762 · 2763; 대판 1993. 9. 14, 93다8054.

3. 본 사안의 경우

위의 사견에 의하면, 재단법인을 설립하기 위한 부동산의 소유권은 법인이 성립한 때, 즉 법인의 설립등기시에 재단법인에 귀속하게 된다. 따라서 본 사안의 경우에는 1980. 5. 20.에 토지의 소유권이 X재단법인에 귀속하게 되었다. 토지에 관하여 X 명의로 소유권이전등기를 하였을 필요가 없다. 그리하여 1980. 5. 20. 이후에는 특별한 사정이 없는 한 토지의 등기 명의에도 불구하고 소유권은 X에게 있으며, 그 결과 본 사안에 있어서 B는 X에게 속하는 토지에 관하여 상속에 의한 등기와 처분을 한 것이 된다.

Ⅲ. X와 C 사이의 법률관계

1. X의 C에 대한 등기말소청구

전술한 바와 같이, 토지의 소유권은 법인 성립시인 1980. 5. 20.에 X에 귀속하였다. 그 결과 B는 X의 토지를 자신의 토지처럼 C에게 매도한 것이다. 이러한 경우에 C는 처분권한 없는 B로부터 토지의 소유권을 취득할 수 없으며, C가 토지소유권을 취득하려면 특별한 규정이 있어야 한다. 그런데 우리 민법은 부동산거래에 관하여 공신의 원칙을 채용하지 않고, 또 위와 같은 경우에 있어서 제 3 자를 보호하는 특별한 규정을 두고 있지도 않다. 따라서 C는 토지의 소유권을 취득할 수 없으며, C 명의의 소유권등기는 원인무효의 등기이다.

그러므로 법률상의 토지소유자인 X는 등기명의인인 C에 대하여 등기말소청구권을 가진다. 그리고 C가 토지를 점유하고 있으면 X는 C에 대하여 소유물 반환청구권을 행사할 수 있다.

2. C의 등기부 시효취득 가부

본 사안의 경우에 만약 C의 등기 및 점유기간이 10년이 넘었으면 C가 제245조 제 2 항의 등기부 취득시효에 의하여 토지의 소유권을 취득할 수 있을 것이다. 그러나 본 사안의 경우에는 C의 명의로 등기된 기간이 5년도 채 되지 않으므로 등기부 취득시효에 의한 소유권 취득은 인정되지 않는다. 이 경우라면 C 명의의 등기기간이 10년에 미달한 경우에 B의 등기기간이 합산될 수 있는가? 그러나 설사 등기기간을 합산할 수 있다고 하더라도 「자주점유」라는 요건을 구비하지 못하여 시효취득은 할 수 없다. 왜냐하면 B는 A의 타주점유를 승계하였고 또 새로운 권원이 없으므로 자주점유로 전환되지도 않기 때문이다. 결국 C의 시효취득은 인정되지 않는다. 그리하여 위 1.에서 기술한 X의 C에 대한 등기말소청구, 소유물 반환청구는 전혀 영향을 받지 않는다.

IV. X와 B 사이의 법률관계

1. 불법행위의 성립 여부

사견에 의할 경우에는 B가 토지를 C에게 매각하였다고 하여도 X는 토지의 소유권을 상실하지 않는다. 따라서 소유권 상실이라는 손해는 없으나 X가 소송 등에 비용을 지출한 경우에는 B의 행위가 X에 대하여 불법행위로 될 수 있다. 다만, 불법행위의 성립요건(가해행위, 가해자의 고의·과실, 가해자의 책임능력, 가해행위의 위법성, 가해행위로 인한 손해발생) 중 가해자의 고의·과실이 문제이다. 만일 B가 A의 재산 출연사실을 전혀 알지 못했다면 B의 과실을 인정하기 어려울 것이다.

한편 불법행위로 인한 손해배상청구권의 시효소멸 여부도 검토를 필요로 한다. 불법행위로 인한 손해배상청구권은 피해자나 그 법정대리인이 그 손해 및 가해자를 안 날로부터 3년간 이를 행사하지 않으면 시효로 인하여 소멸하고(766조 1항), 불법행위를 한 날로부터 10년이 경과한 때에도 소멸한다(766조 2항). 본 사안에 있어서 B는 1993년에 토지를 매각하였으므로 위의 둘 가운데 후자(10년)는 문제되지 않는다. 그러나 3년의 단기시효기간은 때에 따라서는 경과되었을 수도 있다. 즉 X가 손해 및 가해자를 언제 알았느냐에 따라 시효가 완성된 경우일 수도 있는 것이다. 그런데 본 사안에서 그 시기는 불분명하다. 만일 근래에 비로소 알았다면 시효기간은 경과하지 않은 것이 되고, 따라서 그때에는 X는 B에 대하여 불법행위를 이유로 손해배상을 청구할 수 있다.

2. 채무불이행책임의 성립 여부

위의 사견에 의하면 본 사안의 경우 토지의 소유권은 법인 성립시에 이미 X에게 귀속되었다. 따라서 A는 X재단법인에 대하여 소유권이전의무는 없었다. 이와 같이 피상속인인 A에게 소유권도 없고 소유권이전의무도 없기 때문에 A의 상속인인 B도 역시 그러한 의무를 부담하지 않는다. 그러므로 B가 X재단법인에 대하여 채무불이행을 이유로 한 손해배상책임을 지지는 않는다.

3. B의 부당이득 여부

본 사안의 경우에 X와 B 사이에서 B의 부당이득은 원칙적으로 존재하지 않는다. 왜냐하면 X가 토지의 소유권을 가지므로 손실이 없기 때문이다. 따라서 X가 B에 대하여 부당이득을 이유로 대금의 반환을 청구할 수는 없다. 그러나 B가 만일 토지를 점유하여 사용하였었다면 그에 대하여 부당이득을 인정할 수 있다. 다만, 부당이득 반환청구권 가운데 1988. 2. 8. 이전의 사용이익에 대한 것은 시효로 소멸하여 행사할 수 없다.

V. B와 C 사이의 법률관계

1. B의 담보책임

본 사안의 경우에 토지의 소유권은 1980. 5. 20.에 이미 X재단법인에게 귀속하였다. 따라서 B는 그 토지의 소유권을 상속에 의하여 취득할 수 없었으며, 상속에 의한 소유권이전등기는 무효의 등기였다. 또한 그러한 상태에서 B가 그 토지를 C에게 매도한 것은 타인의 권리매매에 해당한다. 그런데 타인의 권리를 매매한 경우에는 매도인은 그 권리를 취득하여 매수인에게 이전하여야 하며(569조), 매도인이 그 권리를 취득하여 매수인에게 이전할 수 없는 때에는 매도인은 일정한 담보책임을 지도록 되어 있다(570조).

본 사안의 경우 B가 X로부터 토지소유권을 취득하여 C에게 이전할 수 있는지는 분명하지 않다. 그러나 그 토지가 X의 유일한 재산인 점에 비추어 보면 그 가능성은 희박하다고 할 것이다. 따라서 C는 B에게 담보책임을 물을 수 있다고 하여야 할 것이다. 구체적으로는 C가 토지소유권이 B에게 속하지 않았음을 몰랐으면(선의) C는 계약을 해제하면서 손해배상을 청구할 수 있고, C가 그 사실을 알았으면(악의) 손해배상은 청구할 수 없고 계약을 해제할 수만 있다(570조 참조). 만약 C가 토지소유권이 B에게 속한다고 믿었기 때문에 매매계약을 체결한 경우라면, 착오취소와 담보책임의 경합이 문제되나, 설사 착오취소의 요건이 구비되었다고 하더라도 통설처럼 담보책임만 물을 수 있다고 하여야 한다.

2. B의 채무불이행책임

B가 토지소유권을 C에게 이전해 주지 못하여 채무불이행의 요건이 갖추어지는 경우에는 B의 채무불이행책임도 인정되어야 한다. 그리고 설사 C가 토지소유권이 B에게 속하지 않음을 알고 있더라도(악의), B의 책임있는 사유로 이행하지 못하는 경우에는, C는 제570조 단서에 의하여 B에 대하여 담보책임은 묻지 못하지만 채무불이행의 일반규정(390조·546조)에 의하여 채무불이행책임은 물을 수 있다. 판례도 같은 태도이다.[5] 결국 B의 소유권이전 의무의 불이행이 채무불이행의 요건을 모두 갖추는 경우에는, C는 B에 대하여 채무불이행을 이유로 손해배상을 청구할 수 있다.

3. B의 불법행위책임

경우에 따라서는 B의 행위가 C에 대하여 불법행위로 될 수도 있다. 그때에는 C는 B에 대하여 불법행위를 이유로 손해배상을 청구할 수 있다. 다만, 불법행위로 인한 손해배상청구권이 3년의 단기시효에 걸려 소멸하였는지를 검토하여야 하는데(766조 1항), 그것은 본 사안에 있어서는 불분명하다.

---

5) 대판 1970. 12. 29, 70다2449; 대판 1993. 11. 23, 93다37328.

4. B의 부당이득 여부

본 사안의 경우에 B와 C 사이에 B의 부당이득은 존재하지 않는다. 왜냐하면 B와 C 사이의 계약은 사회통념상 불능이 아니고, 따라서 무효가 아니어서, B의 이득에 대하여는 법률상의 원인(계약)이 있기 때문이다.

《참 고》────────────────────────────────────

참고로 사견(다수설)과 달리 제186조 적용설(제1 소수설)을 취할 경우에 법률관계가 어떻게 되는지 요점만을 적어 두기로 한다.

1. X와 C 사이의 관계

⑴ 토지의 소유권은 X재단법인의 성립 후에도 여전히 A에게 있다가 A의 사망시에 B에게 상속된다. 그리하여 B의 처분은 자신의 토지의 처분으로서 특별한 사정이 없는 한 유효하다. 따라서 토지소유자는 C이고, X는 C에 대하여 등기말소를 청구할 수 없다.

⑵ 다만, C가 B의 배임행위에 적극 가담하여 토지를 매수한 경우에는, 2중매매에 관한 판례에 의하면, B·C 사이의 매매는 사회질서에 반하여 무효로 될 것이다. 그리고 X는 B를 대위하여 C에 대하여 등기말소를 청구할 수 있게 된다.

2. X와 B 사이의 관계

⑴ B의 채무불이행책임

A는 X재단법인에 대하여 소유권이전의무를 부담하고 있었고, 그의 사망으로 그 의무는 B에게 승계되었다. 그런데 B가 토지를 C에게 처분함으로써 그 의무는 이행불능으로 되었다. 따라서 X는 B에 대하여 채무불이행으로 인한 손해배상청구권을 취득하게 된다(소유권 상실 및 기타 비용의 배상청구). 다만, 손해배상청구권의 소멸시효 완성 여부를 검토하여야 한다. 그리고 통설·판례에 의하면 이행불능의 경우에 대상청구권도 취득하므로 X는 B에 대하여 받은 대금을 청구할 수 있다.

⑵ B의 불법행위책임

X는 B에 대하여 불법행위책임을 물을 수 있다.

⑶ 두 책임의 경합(다만 시효가 완성되었을 수 있음)

3. B와 C 사이의 관계

⑴ C가 소유권을 취득한 경우에는 문제가 없다.

⑵ C가 B의 배임행위에 적극 가담하여 매수한 경우(그리하여 B·C 사이의 매매가 무효인 경우)에는, 지급한 대금의 반환 등이 문제된다. 이는 제746조의 문제인데, 판례·통설에 의하면 C는 지급한 대금을 반환청구할 수 없게 되고 단지 X가 B를 대위하여 C 명의의 등기의 말소를 청구할 수 있게 된다. 그에 비하여「불법」을「선량한 풍속 위반」이라고 좁게 새기는 사견에 의하면, B·C가 계약이 무효임을 모르고 급부한 것인 한 제742조에 의하여 B의 C에 대한 등기말소청구와 C의 지급한 대금의 반환청구가 모두 가능하게 된다. 물론 X가 B의 C에 대한 등기말소청구를 대위행사할 수도 있다.

──

[25] 법인의 행위능력·불법행위능력과 법인 이사의 대표권 남용

   A 법인의 이사들 가운데 하나인 B는 C로부터 A 법인의 시설확충 명목으로 단독으로 A법인 명의로 5억원을 빌렸다. 그리고 그 5억원은 그가 처음부터 의도하였던 대로 그의 처인 D의 옷가게를 개설하는 데 사용하였다. 한편 C가 5억원을 빌려줄 때 B의 그러한 의도를 알고 있었는지는 분명치 않다. 그 후 D의 옷가게는 영업이 잘 되지 않아 문을 닫게 되었고, B·D는 C에게 채무를 변제하지 못하였다.
   1. 이 경우에 A·B·C 사이의 법률관계를 논하시오.
   2. A 법인이 학교법인이라면 A·B·C 사이의 법률관계는 어떻게 되는가?
〈물음 (2)와 관련된 특별법 규정〉
사립학교법
제16조(이사회의 기능) ① 이사회는 다음 각 호의 사항을 심의·의결한다.
 1. 학교법인의 예산·결산·차입금 및 재산의 취득·처분과 관리에 관한 사항
 2호 이하 생략.
제28조(재산의 관리 및 보호) ① 학교법인이 그 기본재산에 대하여 매도·증여·교환·용도변경하거나 담보로 제공하려는 경우 또는 의무를 부담하거나 권리를 포기하려는 경우에는 관할청의 허가를 받아야 한다. 다만, 대통령령으로 정하는 경미한 사항은 관할청에 신고하여야 한다.
 ②-④ (생략)
제73조(벌칙) (생략)

Ⅰ. 물음 1.에 대하여

1. 논점의 소재

   본 문제에 있어서 A·B·C 사이의 법률관계는 A·B 사이, B·C 사이, A·C 사이로 나누어 볼 수 있다. 그런데 이들 법률관계 가운데 우선적으로 검토되어야 할 것은 A·C 사이의 것이다. A·C 사이의 법률관계가 어떻게 되느냐에 따라 다른 법률관계가 직접 영향을 받게 되기 때문이다.
   A·C 사이의 법률관계에 있어서는, 첫째로, B의 금전대차에 기한 법률관계가 문제된다. 여기서는 먼저 B의 금전대차행위가 A의 대표행위로서 유효한지가 문제된다. 그리고 이를 판단하기 위하여서는, B가 행한 금전대차행위가 법인의 능력범위 내에서 행한 것으로

되는지와 나아가 그것을 단독으로 행한 것이 대표권 행사 면에서 흠이 없는지를 검토하여야 한다. 그런데 설사 B의 행위가 유효요건을 모두 갖추었다고 하더라도 만약 C가 B의 배임적인 의도를 알고 있었던 것과 같은 특별한 사정이 있는 경우에는 별도의 논의가 필요하다. 이는 이른바 대표권 남용의 문제이다. 둘째로, B의 행위에 의하여 A가 C에 대하여 불법행위책임을 지는지가 문제된다.

B·C 사이의 법률관계에서는 B가 C에 대하여 금전대차에 기한 채무를 부담하는지와 불법행위책임을 지는지가 문제된다. 그리고 만일 A법인과 B가 모두 불법행위책임을 지는 경우에는 이들 책임의 관계도 언급되어야 한다.

A·B 사이의 법률관계에서는 B가 A법인에 대하여 어떠한 책임을 부담하는지가 문제된다. 이는 A에게 손해가 생긴 경우에 있어서 내부관계의 문제이다.

2. A·C 사이의 법률관계

⑴ 금전대차에 기한 법률관계

1) A·C 사이에 금전대차가 유효하게 성립하는지 여부

⑺ 서   설   B는 A법인의 여러 이사 중 하나이다. 이러한 B가 A법인 명의로 C와 금전대차행위를 하였다. 이러한 B의 행위가 A의 행위로서 유효하게 되는지가 문제된다. B의 행위가 유효한 대표행위로 인정되려면 B의 행위가 A의 능력범위 내에서 행하여졌어야 하고, 또한 B의 행위가 대표권제한에 해당하지 않아야 한다. 이하에서 이들에 관하여 살펴보기로 한다.

⑷ **법인의 권리능력**   민법은 법인의 권리능력에 관하여「법인은 법률의 규정에 좇아 정관으로 정한 목적의 범위 내에서 권리와 의무의 주체가 된다」고 규정하고 있다(34조). 이 규정에서 법인의 권리능력이 법률과 목적에 의하여 제한됨이 분명하나, 그 외에도 법인은 사람과 달리 육체가 없기 때문에 권리능력이 성질상 제한되기도 한다. 그리고 보면 법인의 권리능력은 성질·법률·목적에 의하여 제한된다고 할 수 있다.

이들 가운데 목적에 의한 제한은 법인이 정관으로 정한 범위 내에서 권리능력을 갖는다는 것이다. 여기의「목적범위 내」의 의미에 관하여 학설은 ⅰ) 적극적으로「목적을 달성하는 데 필요한 범위」라고 해석하는 견해,[1] ⅱ)「목적에 위반하지 않는 범위 내」라고 새기는 견해(다수설),[2]「목적범위 내」를 권리능력의 제한과 동시에 이사의 대표권제한이라고 하면서 전자의 측면에서는 모든 재산적 권리·의무를 포괄하는 것으로 넓게 해석해야 하고 후자의 측면에서는 법인의 이익과 거래의 안전이 조화를 이루는 범위에서 넓게 해석해야 할

---

1) 김주수, 총칙, 227면.
2) 곽윤직, 총칙, 140면; 김기선, 총칙, 148면; 김상용, 총칙, 237면; 김용한, 총칙, 173면; 김증한·김학동, 총칙, 189면; 백태승, 총칙, 234면; 이태재, 총칙, 145면; 장경학, 총칙, 319면.

것이라는 견해3)로 나뉘어 대립하고 있다. 그런가 하면 「목적범위 내」는 권리능력의 제한이 아니고 행위능력만의 제한이라고 하는 견해4)도 있다. 그리고 판례는 「목적 사업을 수행하는 데 있어 직접 또는 간접으로 필요한 행위」가 법인의 목적범위 내의 행위라고 새긴다.5) 생각건대 법인에게 충분한 활동기회를 주고 또 거래의 안전을 보호하기 위하여서는 다수설처럼 너그럽게 해석하여야 할 것이다. 그리고 「목적범위 내」는 행위능력의 제한이나 대표권제한은 아니라고 하여야 한다.

　(대) **법인의 행위능력**　　　법인의 행위능력에 관하여 본다면, 법인은 권리능력이 있는 범위 내에서는 언제나 행위능력을 가진다고 하여야 한다. 즉 행위능력의 범위는 권리능력의 범위와 일치한다. 통설도 같은 견지에 있다. 법인의 행위능력의 범위를 벗어난 대표기관의 행위는 법인의 행위가 아니고 대표기관 개인의 행위에 불과하다.

　(래) **이사의 대표권제한**　　　이사는 법인의 대표기관으로서 법인의 사무에 관하여 법인을 대표한다. 그리고 이사가 2인 이상인 경우에도 각 이사는 단독으로 법인을 대표한다(59조). 다만, 이사의 대표권은 제한할 수 있으나 그 제한은 반드시 정관에 기재하여야 하며, 정관에 기재되지 않은 대표권의 제한은 무효이다(41조). 그리고 정관에 기재한 경우에도 이를 등기하지 않으면 제3자에게 대항하지 못한다(60조).6)

　(매) **본 사안의 경우**　　　본 사안에 있어서 B의 금전대차행위가 A법인의 권리능력·행위능력의 범위 내에서 행하여진 것인가? 본 사안의 경우에 A법인의 목적범위는 분명하지 않다. 그러나 「목적범위 내」를 「목적에 위반하지 않는 범위 내」라고 넓게 새겨야 하므로 시설확충의 명목으로 금전대차를 한 것은 어떤 종류의 법인이든 목적범위 내로 되는 데 어려움이 없을 것이다. 결국 다른 특별한 사정이 없는 한 B의 금전대차는 A법인이 권리능력을 가지고 있는 범위 안에서 행한 행위이다. 그리고 법인은 권리능력이 있는 범위에서 행위능력이 있다고 보아야 하므로 B의 금전대차는 A법인이 행위능력 역시 가지고 있는 범위에서 행한 것이다.

　본 사안에서는 법인 이사의 대표권제한에 관하여 언급이 없다. 따라서 대표권에 특별한 제한이 없는 것으로 보인다. 설사 제한이 있더라도 정관에 기재되고 등기되어야 하기 때문에, 그러한 설명이 없는 본 사안의 경우에는 A법인이 C에게 대표권제한을 주장할 여지가 거의 없다. 그러한 점에서 볼 때, 본 사안에 있어서는 법인 이사는 각자가 단독으로 법인을 대표할 수 있다고 할 것이다. 그 결과 B가 단독으로 금전대차를 한 것은 대표권 행사에 있

---

　3) 이은영, 총칙, 238면.
　4) 고상룡, 총칙, 200면.
　5) 대판 1987. 12. 8, 86다카1230; 대판 1988. 1. 19, 86다카1384; 대판 1991. 11. 22, 91다8821; 대판 1999. 10. 8, 98다2488; 대결 2001. 9. 21, 2000그98; 대판 2007. 1. 26, 2004도1632 등.
　6) 여기의 제3자가 선의의 제3자에 한정되는지에 관하여는 견해가 대립되나, 여기에서는 쟁점이 아니므로 설명을 생략한다.

어서 문제가 없다.

요컨대 B의 금전대차는 — C의 악의 등과 같은 특별한 사정을 고려하지 않는다면 — 일단 A법인의 행위로서 유효하게 성립한다.

2) B의 대표권 남용의 문제

(개) 서　설　　본 사안의 경우에 B는 대표권의 범위 안에서 금전대차라는 대표행위를 하였다. 그런데 그럼에 있어서 자신의 처 D의 이익을 위하여 그 행위를 하였다. 그러한 경우에 B의 행위를 언제나 A법인에게 귀속시킨다면 법인에게 가혹하게 된다. 여기서 이른바 대표권의 남용이 문제된다. 이는 대리권의 남용과 같은 취지의 것이다.

(내) 대표권 남용 이론　　여기서 주의할 것은, 대표권의 남용은 대표기관이 「대표권의 범위 안에서」 오직 자기나 제3자의 이익을 꾀하기 위하여 대표행위를 행한 경우에 생기는 문제라는 점이다. 대표기관이 「대표권의 범위를 넘어서」 자신의 이익 등을 꾀하기 위하여 대표행위를 한 경우에는 대표권의 남용이 문제되지 않는다.[7] 문헌들에서는 이 두 경우를 제대로 구별하지 못하고 있다. 그러다 보니 — 특히 대표권 남용에 관한 — 학설도 파악하기가 어렵다. 한편, 판례는 대표권 남용에 관하여 통일되어 있지 않다. 주류는 제107조 제1항 단서 유추적용설의 견지에 있으나,[8] 두 개의 판결에서는 권리남용설을 따르고 있다.[9] 뒤의 판결은 그와 같은 경우에도 「일응 회사의 행위로서 유효하고, 다만 그 행위의 상대방이 그와 같은 정을 알았던 경우에는 그로 인하여 취득한 권리를 회사에 대하여 주장하는 것이 신의칙에 반하므로 회사는 상대방의 악의를 입증하여 그 행위의 효과를 부인할 수 있을 뿐이라고」 한다.

대표권 남용은 대리권 남용과 맥을 같이하므로 그에 대한 이론도 동일하다고 할 것이다. 그리하여 그에 관한 이론을 보면, 학설은 제107조 제1항 단서 유추적용설, 권리남용설, 대리권남용 명백설로 나뉘어 있다. ⅰ) 제107조 제1항 단서 유추적용설은 다수설로서 상대방이 대리인의 배임적 의도를 알았거나 알 수 있었을 경우 대리행위의 효력을 부인한다. ⅱ) 권리남용설은 대리인의 권리남용의 위험은 원칙적으로 본인이 부담하여야 할 것이나, 상대방의 악의·중과실 등 주관적 태양에 따라 상대방의 권리행사가 신의칙에 반하는 경우에는 상대방이 그 위험을 부담한다고 한다. ⅲ) 대리권남용 명백설은 상대방이 대리인의 배임행위를 알았거나 정당한 이유 없이 알지 못한 때에는 대리권이 부정되고 대리인의 대리행위는 무권대리로 된다고 한다. 판례는 다수설과 같다. 생각건대 대리권 남용과 비진의표시는 취지가 다르므로 제107조 제1항 단서 유추적용설은 부적당하고, 또 대리권남용 명백

---

7) 그 경우에는 일단 대표행위가 법인의 행위로 되는지가 검토되어야 하고, 나아가 표현 대표행위가 된다면 거기에서 다시 대표권의 남용이 문제될 수 있다. 견해에 따라서는 법인에 대하여 민법 제35조의 책임을 논하기도 한다.
8) 대판 1988. 8. 9, 86다카1858; 대판 1993. 6. 25, 93다13391; 대판 1997. 8. 29, 97다18059.
9) 대판 1987. 10. 13, 86다카1522; 대판 2016. 8. 24, 2016다222453.

설은 대리권 남용의 경우 무권대리가 된다고 하는 점에서 옳지 않다. 그러므로 권리남용설을 취해야 할 것이다. 다만, 권리남용설을 취하되, 대표권 남용에 관한 판례의 예외적인 것처럼 악의인 경우에만 권리남용이 된다고 하여야 하고, 중과실의 경우는 제외하는 것이 타당하다. 중과실이 있는 경우에는 본인보다 선의의 상대방을 더 보호하여야 하기 때문이다.

이러한 대리권 남용에 관한 사견은 대표권 남용에도 그대로 적용되어야 한다. 그 결과 상대방이 대표기관의 배임적인 의도를 안 경우(악의)에만은 법률행위에 기한 권리 주장은 권리남용이 된다고 하여야 한다.

(대) **본 사안의 경우**   본 사안에 있어서 C가 악의인지는 분명치 않다. 그런데 C가 악의인지 여부에 따라 효과는 달라진다. 따라서 이하에서는 C가 악의인 경우와 선의인 경우로 나누어 법률관계를 살펴보아야 한다. C가 선의인 한 설사 그에게 중과실이 있더라도 과실이 없는 때와 같이 다루어야 한다.

3) 금전대차에 기한 A·C 사이의 구체적인 **법률관계**

(가) **C가 선의인 경우**   C가 B의 배임적 의도를 몰랐던 경우, 즉 선의인 경우에는 B의 대표행위는 A의 행위로서 유효하다. 따라서 A는 C에 대하여 금전대차에 기한 의무를 부담한다. 그 의무는 5억원의 원금지급의무와 이자약정이 있었다면 이자지급의무이다. 이 경우에 B나 D는 C에 대하여 금전대차에 기한 의무가 없다.

(나) **C가 악의인 경우**   만약 C가 B의 배임적 의도를 알고 있었던 경우, 즉 악의인 경우에는 C는 금전대차에 기한 주장을 A에게 하지 못한다. 그것은 권리남용으로 보아야 하기 때문이다. 이때 C가 A에 대하여 불법행위책임을 물을 수 있느냐는 별개의 문제이며, 그에 관하여는 따로 살펴보아야 한다.

⑵ **A가 C에 대하여 불법행위책임을 지는지 여부**

1) 서   설

본 사안에 있어서 A법인에게 금전을 대여한 C는 금전을 받지 못하고 있다. 이러한 경우에 C가 A법인에 대하여 불법행위를 이유로 손해배상을 청구할 수 있는지 문제된다.

우리 민법상 법인의 불법행위책임의 요건을 간략하게 정리하고, 본 사안의 경우에 그 요건이 갖추어졌는지를 검토해 보기로 한다. 그리고 여기서도 구체적인 법률관계를 살펴볼 때에는 다시 C가 선의인 때와 악의인 때로 나누어 보아야 한다.

2) 법인의 불법행위가 성립하기 위한 요건

법인은 이사 기타 대표자가 그 직무에 관하여 타인에게 가한 손해를 배상할 책임이 있다(35조 1항). 이러한 법인의 불법행위가 성립하려면 첫째로 대표기관의 행위가 있어야 한다. 둘째로, 대표기관이 직무에 관하여 타인에게 손해를 가하였어야 한다. 여기서「직무에 관하여」라는 것은 외형상 대표기관의 직무수행행위라고 볼 수 있는 행위뿐만 아니라 직무행위와 사회관념상 견련성을 가지는 행위를 포함한다(통설·판례도 같다). 이러한 외형이론은 상대방의 신뢰를 보호하기 위한 이론이기 때문에 상대방이 악의이거나 중과실이 있는 때에는 상대방을 보호하지 않는다. 셋째로, 대표기관의 행위가 제750조의 일반 불법행위의 요건을 구비하여야 한다. 제35조 제 1 항은 제750조의 특별규정이기 때문이다. 그리하여 대표기관의 가해행위, 고의·과실, 책임능력, 가해행위의 위법성, 손해발생(인과관계 포함)이 있어야 한다. 그런데 견해에 따라서는 제750조의 요건이 필요하지 않다고 하거나,[10] 제750조의 요건 중 책임능력만은 필요하지 않다고 한다.[11]

3) 본 사안의 경우

본 사안에 있어서 A법인의 불법행위책임이 발생하는가는 C가 선의인 경우와 악의인 경우로 나누어 살펴보아야 한다.

(카) C가 선의인 경우   본 사안의 경우 B의 행위는 대표기관의 행위이다. 그리고 B의 행위는 외형이론에 의할 때 직무에 관하여 행한 것이다. 그런데 C가 선의라면 B의 금전대차행위가 A법인의 행위로서 유효하게 되기 때문에 C에게 손해가 발생한다고 하기는 어렵다. 그 밖에 B의 행위가 제750조의 요건을 갖추는가에 관하여 보면 C에게 손해가 발생하지 않은 것을 제외하고는 요건이 갖추어진다고 볼 수도 있다. 결국 C가 선의인 경우에는 C가 A에 대하여 금전대차에 기한 권리를 행사할 수 있으므로 A는 C에 대하여 불법행위책임을 지지 않는다고 하여야 한다.

(나) C가 악의인 경우   C가 악의인 경우에 위와 달라지는 점은 B의 행위가 직무에 관한 행위인가와 C에 대한 손해발생 여부이다. 외형이론에 의할 때 상대방이 악의인 경우에는 직무에 관한 행위로 인정되지 않는다. 여기의 악의는 직무에 관한 행위인지에 관한 악의는 아니지만 그에 준하는 것으로 보아야 할 것이다. 그에 비하여 C가 악의이면 B의 금전대차는 A의 행위로 되지 않으므로 C에게 손해는 생긴다고 할 수 있다. 결국 C가 악의인 경우에는 C에게 손해는 발생하였지만 B의 행위가 직무에 관한 행위로 인정되지 못하여 역시 A의 불법행위책임이 생기지 않는다고 할 것이다.

3. B·C 사이의 법률관계

(1) 서 설

본 사안에 있어서 B·C 사이에서는 우선 구체적인 금전대차계약을 체결한 B가 C에 대하여 어떤 의무를 부담하는지가 문제된다. 나아가 B가 C에 대하여 직접 불법행위책임을 지는지도 문제이다. 그리고 이들은 모두 C가 선의인지 악의인지에 따라 차이를 보일 수 있으므로 C가 선의인 경우와 악의인 경우로 나누어 보아야 한다.

---

10) 김증한·김학동, 총칙, 194면; 이은영, 총칙, 288면.
11) 이영준, 총칙, 951면.

(2) B가 금전대차에 기한 의무를 부담하는지 여부

1) C가 선의인 경우

C가 B의 배임적 의도를 알지 못한 경우에는, 전술한 바와 같이, B의 행위는 곧바로 A 법인의 행위로 된다. 따라서 그 효과는 A와 C에게 발생하고 B에게는 발생할 여지가 없다. 즉 B는 금전대차에 기한 반환의무를 지지 않는다.

2) C가 악의인 경우

C가 B의 배임적 의도를 알았던 경우에는 C는 A법인에 대하여 금전대차상의 권리를 행사하지 못한다. 그것은 권리남용이 되기 때문이다.

그러면 이때 B에게는 행사할 수 있는가? 여기에 관하여는 다음과 같은 견해를 생각해 볼 수 있다. 즉 법인 대표에는 대리에 관한 규정이 준용되고(59조 2항), 대표권 남용의 경우에는 법인의 행위라고 주장하지 못하므로 대리에서의 무권대리와 유사하여, 거기에 무권대리의 규정을 유추적용하여야 한다는 견해가 그것이다. 그러나 대표권 남용과 대리권 남용은 결코 대표권이나 대리권이 없이 대리행위가 행하여진 것이 아니고, 대리권이 있을 뿐만 아니라 그 범위 내에서 대리행위가 행하여진 경우이다. 따라서 그 경우에 결과만을 생각하여 무권대리규정을 유추적용하는 것은 옳지 않다.[12]

(3) B가 C에 대하여 불법행위책임을 부담하는지 여부

1) C가 선의인 경우

B의 행위가 C에 대하여 불법행위가 되려면, 가해행위, 고의·과실, 책임능력, 위법성, 손해발생(인과관계 포함)이라는 요건이 갖추어져야 한다.

C가 선의인 경우에는 B의 행위가 A법인의 행위로 인정된다. 따라서 그때에는 다른 요건은 제쳐두고라도 손해발생이라는 요건이 갖추어지지 않는다고 할 것이다. C는 A법인에 대하여 채권을 가지고 그것을 유효하게 행사할 수 있기 때문이다. 결국 C가 선의인 경우에는 B의 행위는 C에 대하여 불법행위가 되지 않고, 그 결과 B는 C에 대하여 손해배상책임을 지지 않는다.

2) C가 악의인 경우

C가 악의인 경우에는 C는 A에 대하여 금전대차에 기한 권리를 행사하지 못한다. 그러므로 그때는 C에게도 손해가 발생한다고 볼 것이다. 그리고 그 외의 불법행위의 요건도 모두 갖추어진다고 할 수 있다. 결국 C가 악의인 경우에는 B는 C에 대하여 불법행위책임을 진다. 다만, C가 악의이므로 채권자인 그에게도 과실이 있다고 보아야 하고, 따라서 과실상계를 하여야 한다.

이와 같이 C가 악의인 경우에는 B가 불법행위책임을 지나, 그 경우 A법인은 불법행위책임을 지지 않으므로, 두 책임 사이의 관계는 문제가 되지 않는다. 만약 두 책임 모두 인정

---

12) 무권대리규정을 직접 적용하는 것은 더욱 부당하다.

된다면 두 책임은 부진정연대채무의 관계에 있다고 하여야 한다.

4. A·B 사이의 법률관계

⑴ 서　　설

A·B 사이에서는 B가 A법인에 대하여 어떤 책임을 지는지가 문제된다. 여기서도 C가 선의인 경우와 악의인 경우로 나누어 보아야 한다.

⑵ C가 선의인 경우

C가 선의인 경우에는 B의 행위가 A법인의 행위로 된다. 그런데 B가 C로부터 빌린 5억 원은 D가 써버렸다. 이때 B의 책임이 문제이다.

이사 선임행위는 일종의 위임계약이므로, 이사는 법인에 대하여 선량한 관리자의 주의로써 그의 직무를 수행할 의무가 있다. 민법은 제61조에서 이사의 선관주의의무를 명문으로 규정하고 있다. 그리고 이사가 이러한 선관주의의무에 위반한 경우에는 그는 법인에 대하여 채무불이행에 의한 손해배상책임을 진다. 또한 그 위반행위가 동시에 법인에 대하여 불법행위로 되는 때에는 불법행위책임도 진다(청구권 경합설의 입장).

본 사안에서 C가 선의라면 A법인이 금전대차에 기한 의무를 부담하게 됨으로써 손해가 발생한다. 그리고 B는 선관주의의무를 위반한 것으로 된다. 그리하여 B는 A에 대하여 채무불이행으로 인하여 손해배상책임을 진다. 그 밖에 B의 행위는 A에 대하여 불법행위가 된다고 보아야 하므로, 불법행위책임도 지게 된다. 그 결과 A는 B에게 두 손해배상청구권을 선택적으로 행사할 수 있다(청구권 경합설).

⑶ C가 악의인 경우

C가 악의인 경우에도 이사의 선관주의의무 위반은 마찬가지로 인정된다. 그리하여 그 경우 혹시 A에게 손해가 생겼다면 채무불이행 또는 불법행위를 이유로 손해배상을 청구할 수 있다. 그러나 그때는 C가 A에게 금전대차의 유효를 주장하지 못하므로 특별한 사정이 없는 한 손해는 발생하지 않을 것이다. 따라서 원칙적으로 B는 손해배상책임이 없다.

Ⅱ. 물음 2.에 대하여

1. 문제의 제기

본 사안의 경우에 A법인이 학교법인이라면 B의 금전대차에는 사립학교법이 적용된다. 그 결과 B가 법인 명의로 금전대차를 하려면 이사회의 심의를 거쳤어야 한다(사립학교법 16조). 나아가 관할청의 허가도 얻었어야 한다(사립학교법 28조 1항). 그런데 본 사안에서 B는 이사회의 심의도 거치지 않고 관할청의 허가도 받지 않은 채 단독으로 C로부터 A법인 명의로 금전을 빌렸다. 여기서 우선 B의 금전대차행위가 유효한지 문제된다. 그리고 그 결과에 따

라 A·C, B·C, A·B 사이의 법률관계가 달라지게 된다. 그리하여 아래에서 먼저 B의 금전
대차가 유효한지에 관하여 논의한 뒤, 각각의 법률관계를 살펴보기로 한다.

2. B의 금전대차행위가 유효한지 여부

(1) 서   설

본 사안에서는 학교법인의 이사가 사립학교법의 관련규정을 준수하지 않고 법인 명의
로 행위를 하였다. 그러한 경우의 이사의 행위가 법인의 행위로 유효하게 되는지가 문제되
는 것이다.

(2) 효력규정 위반행위의 효과

본 사안의 경우에 관련된 사립학교법 규정은 강행법규로서 학교법인의 재산의 부실화
를 막기 위한 효력규정이라고 보아야 한다. 여기의 이 효력규정을 위반한 경우 자체에 관하
여 직접 논의하는 문헌은 적다.

그에 관하여 어떤 문헌은 ⅰ) 그러한 경우는 권리능력의 제한으로 볼 수 없고 행위능력
의 제한의 문제로 보아야 한다고 한 뒤, 그때에는 직무권한의 유월에 해당하는바, 거기에는
제126조를 우선적용하고 그 적용의 결과 당사자에게 불공평한 효과를 초래하는 경우에는
제35조를 적용하는 것이 타당하다고 한다.13) 그런가 하면 ⅱ) 그 경우 제126조의 표현대리
를 적용할 것이라는 견해14)도 있다. 한편 판례는 학교법인이 사립학교법 제16조 제 1 항에
의한 이사회의 심의·의결 없이 학교법인 재산의 취득·처분행위를 하거나, 구 사립학교법
(1997. 1. 13. 법률 제5274호로 개정되기 전의 것) 제28조 제 1 항의 규정에 의하여 관할청의 허가
없이 의무부담행위를 한 경우에 그 행위는 효력이 없고, 학교법인이 그 후에 위 의무부담행
위를 추인하더라도 효력이 생기지 않는다고 한다.15)

그런가 하면 많은 문헌에서는 법인의 대표기관이 자신의 개인적 이익을 꾀할 목적으로
권한을 남용해서 부정한 대표행위를 한 경우에 관하여 논의하고 있다. 본 사안의 경우가 그
러한 경우에 해당하는지 분명하지는 않으나 전술한 문헌에 비추어 보면 그렇게 파악될 가
능성이 큰 것으로 보인다. 그리하여 그에 관하여도 살펴보기로 한다. 학설은 제126조 우선
적용설, 제35조 적용설, 제126조·제35조의 선택적 적용설로 나뉘어 있다. ⅰ) 제126조 우
선적용설은 법인의 불법행위책임을 묻기 전에 표현대리의 성립 여부를 따지는 것이 옳다고
한다.16) ⅱ) 제35조 적용설은 법인의 불법행위책임을 인정하자고 한다.17) ⅲ) 제126조·제

---

13) 고상룡, 총칙, 197면·215면.
14) 김증한·김학동, 총칙, 199면-200면.
15) 대판 2000. 9. 5, 2000다2344.
16) 고상룡, 총칙, 215면; 곽윤직, 총칙, 143면; 장경학, 총칙, 327면.
17) 김기선, 총칙, 152면. 그 밖에 김민중, 총칙, 261면; 김상용, 총칙, 242면; 이영준, 총칙, 947면은 제35조
   적용설을 취하나, 대표권을 넘어서 부정행위를 한 경우를 대표권 남용의 경우와 혼동하고 있다. 백태승,
   총칙, 241면은 명시적으로 이 두 경우를 구분할 필요가 없다고 하면서 역시 제35조 적용설을 취한다.

35조의 선택적 적용설은 제126조와 제35조를 선택적으로 적용할 수 있다고 한다.[18]

　　생각건대 사립학교법 제16조·제28조와 같은 효력규정에 의한 법률상의 제약은 법인의 능력(권리능력·행위능력)의 제한이라고 볼 수 없다. 능력이 개별적인 행위에 대하여 허가 등의 유무에 의하여 나누어질 수는 없기 때문이다. 그리고 그것은 또한 대표권의 제한이라고도 하지 않아야 한다. 그렇게 해석하게 되면 — 가령 제126조가 적용되어 유효한 것으로 다루어질 수 있어서 — 일정한 행위의 효력을 부인하는 효력규정의 취지를 살릴 수 없기 때문이다. 그러한 효력규정은 일정한 대표행위에 법률이 요구하는 특별한 유효요건이라고 보아야 한다. 따라서 규정에 위반한 행위는 언제나 무효이고 결코 유효하게 되지 못한다고 하여야 한다. 그 결과 그러한 경우에는 법인 및 대표기관의 불법행위책임만 남게 된다.

《참 고》─────────────────────────────────────

　　결국 본 사안의 경우는 권한을 넘어서 부정한 대표행위를 한 경우에 해당하지 않는다고 할 것이다. 그러므로 그에 관한 견해의 타당성은 검토할 필요가 없겠으나 참고로 언급하기로 한다. 대표행위의 경우는 대리행위에서와 달리 대표권한을 넘는 경우가 생기기 어렵다. 법인에는 특수성이 있기 때문이다. 즉 법인은 정관으로 정한 목적의 범위 내에서 권리능력을 가지고(34조), 이사의 대표권제한은 등기하지 않으면 제3자에게 대항하지 못한다(60조). 그럼에도 만약 대표권을 넘어서 행위한 경우가 있다면 그때에는 제126조만 적용하는 것이 옳다. 그러지 않으면(35조를 적용하거나 그것과 126조를 선택적으로 적용하면) 대표권제한이 무의미하게 되기 때문이다. 그리고 언제 그러한 경우로 될 것인가를 생각해 보면, 우선 목적범위 외의 행위는 권리능력이 없는 경우이므로 그에 해당하지 않는다. 그리고 효력규정에 위반한 경우도 특별 유효요건 문제이므로 역시 아니다. 그에 비하여 정관에 의한 대표권의 제한은 어렵지만 때에 따라서 그에 해당할 수 있을 것이다. 정관에 의한 대표권제한은 등기하지 않으면 제3자에게 대항하지 못한다. 따라서 그 경우에는 정관 및 등기부에의 기재 또는 기록 여부에 의하여 행위의 효과가 일응 정해진다. 그러나 등기부에 기록되어 제3자에 대항할 수 있다고 하더라도 제3자(행위의 상대방)가 대표권이 있다고 믿을 만한 정당한 이유가 있으면 대표에 준용되는 제126조에 의하여 상대방은 행위의 유효를 주장할 수 있다고 하여야 할 것이다. 예컨대 등기는 되어 있지만 그것을 보지 못하여 알지 못하였고 대표기관이 적극적인 기망행위를 하여 대표권이 있다고 믿은 경우에 그렇다. 그러나 사단법인에 있어서 총회의 의결에 의한 대표권의 제한은 내부적 제한에 불과하다고 보아야 한다. 따라서 그에 위반하더라도 행위는 무효로 되지 않는다고 해야 한다. 결국 정관에 의한 제한의 경우에만 대표권을 넘는 대표행위 문제가 생길 수 있을 뿐이다.

　　그리고 만약 본 사안의 경우를 대표권을 넘는 경우로 이해하는 경우에는 다시 대표권 남용을 검토하여야 한다(표현 대표행위에서의 대표권 남용).

───

18) 김주수, 총칙, 233면; 이태재, 총칙, 148면; 황적인, 총칙, 118면.

⑶ 소   결

본 사안에 있어서 B의 행위는 효력규정에 위반하여 행하여졌고, 따라서 그 행위는 무
효이다. 그리고 사견에 의하면 그에 대하여는 제126조가 준용되지 않는다. 즉 제126조에 의
하여 금전대차의 유효성을 주장할 수도 없는 것이다.

3. A·C 사이의 법률관계

⑴ 금전대차에 기한 법률관계

본 사안의 경우 B의 행위는 무효이므로 A·C 사이에 금전대차의 효과는 생기지 않는
다. 그리하여 C는 금전대차에 기하여 A에게 금전지급을 청구하지 못한다. 이 경우에 대표
권 남용은 문제삼을 필요도 없다.

⑵ A가 C에 대하여 불법행위책임을 지는지 여부

A가 C에 대하여 불법행위책임을 지는지는 판례의 외형이론에 따를 때 C가 악의이거나
중과실이 있는 경우와 나머지의 경우로 나누어 보아야 한다. 왜냐하면 판례의 외형이론에
의하면 앞의 경우에는 대표기관의 행위가 직무에 관한 행위로 인정되지 않기 때문이다. 여
기에서 악의라 함은 대표기관의 행위에 이사회의 결의와 관할청의 허가가 있어야 함을 아
는 것을 가리킨다. 그리고 B의 배임적 의도를 C가 안 경우는 위의 악의와 마찬가지로 취급
하는 것이 타당하다. 한편 본 사안의 경우에는 금전대차가 무효이어서 C에게 언제나 손해
가 발생한다고 할 것이다.

C가 악의이거나 그에게 중과실이 있는 경우에는 B의 행위가 직무에 관한 행위로 인정
되지 않아서 A는 불법행위책임을 지지 않는다.

그에 비하여 C가 선의·무과실이거나 선의이고 경과실만 있는 경우에는 A는 C에게 불
법행위책임을 진다.

4. B·C 사이의 법률관계

⑴ B가 금전대차에 기하여 의무를 부담하는지 여부

본 사안의 경우 B의 금전대차는 A의 행위로 될 수 없을 뿐만 아니라 그 자체가 무효이
다. 따라서 A 외에 B도 금전대차에 기한 의무를 부담하지 않는다. 이때 C가 선의인지는 묻
지 않는다.

⑵ B가 C에 대하여 불법행위책임을 부담하는지 여부

본 사안의 경우 금전대차는 무효이고, 그 결과 C는 손해를 입게 된다. 따라서 B의 행위
는 언제나 C에 대하여 불법행위가 된다고 할 것이다. 다만, C가 악의인 경우에는 과실상계
를 하여야 할 것이다.

한편 C가 선의·무과실, 또는 선의·경과실인 경우에는 법인 A와 이사 B가 모두 불법

행위책임을 지는데, 이 두 책임은 부진정연대채무 관계에 있다고 하여야 한다.

5. A·B 사이의 법률관계

법인 이사인 B가 A법인에 대하여 선관주의의무를 부담하는 것은 학교법인에 있어서도 마찬가지이다. 그러므로 A법인이 불법행위책임을 지는 경우 A는 B에 대하여 채무불이행을 이유로, 그리고 불법행위를 이유로 손해배상을 청구할 수 있다(청구권 경합설의 입장). 그에 비하여 C가 악의이거나 그에게 중과실이 있는 경우에는 A에게 불법행위책임이 생기지 않으므로 특별한 사정이 없는 한 아마도 손해가 생기지 않을 것이다. 따라서 그 경우에 B는 원칙적으로 A에게 손해배상책임을 지지 않는다.

제 2 부
물 권 법

[26] 물권적 청구권(1)

문 제

　건물소유자 A는 그의 건물을 B에게 임대하여 주었다. 임대차기간 중 B는 C로부터 C 소유의 기계를 임차하여 A의 건물에 부착시켜 사용하여 왔다. 그 후 건물의 임대차기간이 만료되자 B는 기계를 그대로 방치한 채 퇴거해 버렸다.

　1. 이 경우 A, B, C 사이의 법률관계를 논하시오.

　2. 위 사안에 있어서 B가 퇴거한 뒤 A가 기계를 사용하고 있는 경우라면 A·C 사이의 법률관계는 어떻게 되는가?

Ⅰ. 물음 1.에 대하여

1. 논점의 정리

　본 사안은 건물임차인 B가 A의 건물에 C 소유의 기계를 부착하여 사용하다가 임대차가 종료한 후 그대로 두고 가버린 경우이다.

　이러한 경우에 있어서 법률관계를 논하려면 먼저 A의 건물에 부착된 기계의 소유자를 확정하여야 한다. 기계의 소유자가 확정되어야 기계를 둘러싼 법률관계가 논의될 수 있기 때문이다. 그런 다음에는 그 결과를 바탕으로 A·B·C 사이의 법률관계를 살펴보아야 한다.

　그런데 본 사안의 경우 기계의 소유자가 A나 B로 확정될 가능성은 적다. 그리하여 C가 기계의 소유자라고 가정하고 A·B·C 사이의 법률관계로 문제되는 것들을 정리하면 다음과 같다.

　A·C 사이에서는 무엇보다도 물권적 청구권의 인정 여부와 인정되는 경우의 비용부담이 문제되며, 불법행위의 성립 여부도 문제이다. A·B 사이에서는 임차인 B의 의무가 무엇인지, 그리하여 본 사안의 경우에는 어떠한 의무의 위반이 있는지가 문제이다. 그리고 의무위반이 있다면 B의 채무불이행으로 되는지, 그것은 동시에 불법행위로도 되는지 문제이다. 그 외에 B의 권리에 대하여도 한 번 걸러 줄 필요는 있다. 끝으로 B·C 사이에서는 임차인 B가 C에 대하여 어떠한 의무를 위반하여 어떤 효과가 발생하는지 검토하여야 한다. 여기서도 채무불이행과 불법행위가 논의될 것이다.

2. 기계의 소유권이 누구에게 속하는지의 문제

(1) 서   설

본 사안에 있어서 B가 A의 건물에 부착하여 사용하던 기계는 본래 C 소유로서 B가 C로부터 임차한 것이다. 그러한 C 소유의 기계가 B의 건물에 부착됨으로써 소유권의 변동이 있는지 문제된다. 그리고 만약 소유권의 변동이 있다거나 없다고 인정되는 경우에 B나 C가 어떠한 특별한 권리를 가지는지도 살펴보아야 한다.

본 사안의 경우에 기계의 소유권이 변동된다면 그 원인은 부합일 것이다. 그중에서도 건물, 즉 부동산에 동산이 부합하는지 문제된다. 따라서 아래에서 먼저 부동산에의 부합에 관하여 필요한 범위에서 정리한 뒤에, 본 사안의 경우에 대하여 검토해 보기로 한다.

(2) 부동산에의 부합(附合)

소유자를 달리하는 수개의 물건이 결합하여 1개의 물건으로 되는 것이 부합이다. 부합에는 부동산에 다른 물건이 부합하는 경우(부동산에의 부합)와 동산 사이의 부합의 두 가지가 있다.

1) 부동산에의 부합의 의의와 요건

부동산에의 부합은 부동산에 다른 물건이 부합하는 경우이다.

그 요건으로서는 우선 주물은 부동산이어야 한다. 그런데 그에 부합하는 물건이 동산이어야 하는가에 관하여는 학설이 대립하고 있으며, 판례는 부동산도 무방하다는 입장이다(강의, B-219 참조). 그리고 부합이 인정되려면 부착·합체가 일정한 정도에 이르러야 한다. 그 정도는 주물인 부동산 또는 부합한 동산을 훼손하지 않으면 분리할 수 없거나 그 분리에 과다한 비용을 요할 정도이어야 한다(257조 참조). 그 밖에 부합이 인공적으로 일어났는가 자연적으로 일어났는가는 묻지 않는다.

2) 부동산에의 부합의 효과

부합의 요건이 갖추어진 경우에는 부동산 소유자가 그의 부동산에 부합한 물건의 소유권을 취득한다(256조 본문). 부합한 물건이 동산이고 그 가치가 주물인 부동산의 가격을 초과하고 있어도 마찬가지이다.

다만, 부합한 물건이 타인의 권원(權原)에 의하여 부속된 경우에는 부동산소유자가 그 소유권을 취득하지 않으며, 그것은 부속시킨 자의 소유로 남는다(256조 단서). 여기서 말하는 권원은 지상권·전세권·임차권 등과 같이 타인의 부동산에 자기의 동산을 부속시켜서 그 부동산을 이용할 수 있는 권리를 가리킨다. 주의할 것은 부속된 물건이 완전히 부동산의 일부분(구성부분)으로 되는 경우에는 권원에 기하여 부속시킨 때에도 부합이 성립된다는 점이다. 그때에는 예외가 인정되지 않고 원칙이 그대로 적용되어 그 부분의 소유권은 부동산 소유자에게 속한다. 한편 권원에 의하여 물건을 부속시킨 경우에 그 물건의 소유자가 부속

시킨 자(권원을 가진 자)가 아니고 제 3 자라면 소유권은 당연히 제 3 자에게 남는다고 하여야
한다.

(3) **본 사안의 경우**

본 사안의 경우에 B가 기계를 A의 건물에 부착시킨 것이 부동산에 동산이 부합한 것에
해당하는지가 문제이다. 그것은 기계의 부착 정도에 따라 결정된다. 본 사안에서 부착시킨
것이 만약 부합한 기계를 훼손하지 않으면 분리할 수 없거나 기계의 분리에 과다한 비용을
요할 정도로 견고하게 부착되었다면 부합이 인정될 것이다. 그러나 그렇지 않다면 부합이
인정되지 않는다.

본 사안에서 기계가 어느 정도로 부착되었는지는 분명치 않다. 추측으로는 기존의 건물
에 기계를 설치한 것으로 보아 분리가 그다지 어렵지 않을 것으로 생각된다. 만약 이러한
추측이 사실이면 기계는 건물에 부합하지 않는다. 그리고 기계의 소유권은 소유자인 C에게
그대로 남는다.

설사 본 사안의 경우에 기계가 강하게 부착되어 부합이 인정된다고 하더라도, 그 기계
는 임차인 B가 임차권이라는 권원에 기하여 부속시킨 것이기 때문에 제256조 단서에 의하
여 건물소유자인 A가 기계의 소유권을 취득하지 않는다. 그리하여 기계의 소유권은 남아
있게 된다. 물론 기계의 소유권은 임차인 B가 아니고 본래의 소유자인 C에게 남는다.

결국 부합이 인정되든 안 되든 기계의 소유권은 본래의 소유자인 C에게 속한다.

3. A·C 사이의 법률관계

(1) **개   설**

본 사안의 경우 A와 C 사이의 법률관계로는 무엇보다도 물권적 청구권이 중요하다. 그
다음에는 A와 C의 행위가 각각 C와 A에 대하여 불법행위가 되는지도 문제이다.

(2) **물권적 청구권의 문제**

1) **서   설**

본 사안의 경우 C 소유의 기계가 A의 건물에 방치되어 있다. 그렇게 해 둔 자는 임차인
B였다. 이러한 경우에 기계소유자인 C나 건물소유자 A는 물권적 청구권을 가지는가, 가진
다면 그 권리는 어떤 것이고 상대방은 누구인가, 그리고 그 권리를 행사하는 때에 비용은
누가 부담하는가가 문제된다.

아래에서 먼저 물권적 청구권에 관한 이론을 비용부담을 중심으로 하여 필요한 범위에
서 간략히 살펴본 뒤에 전술한 문제들을 검토해 보기로 한다.

2) **물권적 청구권 일반**

(가) **의   의**   물권적 청구권은 물권의 내용의 실현이 어떤 사정으로 말미암아 방해당
하고 있거나 방해당할 염려가 있는 경우에 물권자가 방해자에 대하여 그 방해의 제거 또는

예방에 필요한 일정한 행위를 청구할 수 있는 권리이다.

　　(나) 종　　류　　　물권적 청구권은 그 기초가 되는 물권이 무엇인가에 의하여 점유권에 기한 물권적 청구권과 본권에 기한 물권적 청구권으로 나누어진다. 그런가 하면 물권적 청구권은 그 전제가 되는 침해의 모습에 의하여 물권적 반환청구권, 물권적 방해제거청구권, 물권적 방해예방청구권의 셋으로 나누어진다. 한편, 명문의 규정은 없지만 일종의 물권적 청구권으로 수거허용청구권을 인정할 것인지가 문제되나, 그에 관하여는 뒤에 비용부담과 관련하여 논의하기로 한다.

　　(다) 발생요건　　　물권적 청구권의 발생요건은 각종의 물권적 청구권에 따라 다르나, 일반적인 것으로는 ① 침해 사실, ② 침해의 위법성을 들 수 있다. 그 외에 침해자의 고의·과실은 묻지 않으며, 객관적인 사실로 충분하다.

　　(라) 당 사 자　　　물권적 청구권의 당사자에는 물권적 청구권자와 그 상대방의 둘이 있다. 그 가운데 물권적 청구권자는 침해당하고 있거나 침해당할 염려가 있는 물권자이다. 그는 직접점유를 하고 있지 않아도 상관없다.

　　그리고 물권적 청구권 행사의 상대방은 현재 물권을 침해하고 있거나 침해당할 염려가 있는 상태를 발생시키고 있는 자이다. 과거에 침해했으나 현재는 그러지 않는 경우에는 과거에 침해했던 자가 상대방으로 되지 않으며, 현재의 침해자가 상대방이다. 한편 임대인·임치인 등의 간접점유자도 상대방이 될 수 있다.

　　3) 물권적 청구권을 행사하는 경우의 비용부담 문제

　　(가) 물권적 청구권의 내용이 비용부담의 문제인지에 관한 학설　　　일반적으로 문헌들은 행위청구권, 인용청구권과 같은 물권적 청구권의 내용 내지 본질의 문제가 곧 비용부담의 문제라고 이해한다. 그러나 어떤 문헌은, 물권적 청구권의 본질이 행위청구권이냐 인용청구권이냐의 문제는 물권에 대하여 어느 정도의 절대적 보호를 부여할 것이냐의 가치판단의 문제이고, 비용부담의 문제는 청구권으로서의 물권적 청구권에 대하여 채권의 규정을 유추적용함으로써 발생하는 불합당이 있는가, 있다면 어떠한 방법으로 이를 피할 것인가의 문제로서, 양자는 존재의 평면을 달리한다고 한다.[1]

　　(나) 수거허용청구권의 인정 여부에 관한 학설　　　우리의 다수설은 물권적 청구권으로 반환청구권, 방해제거청구권, 방해예방청구권의 셋만 인정한다. 그런데 근래 이들 외에 수거허용청구권이 인정되어야 한다는 주장이 제기되고 있다.[2]

　　그리고 동일한 경우에 반환청구권과 방해제거청구권이 경합할 수 있는가에 관하여 대부분의 문헌은 이를 인정하나, 수거허용청구권 인정설의 입장에서는 이를 부정한다.[3] 그런

---

1) 이영준, 물권, 46면. 동지 김증한·김학동, 물권, 28면. 한편 고상룡, 물권, 38면은 비용부담 문제를 물권의 내용 문제로 다루려는 것은 잘못된 생각이라고 한다.
2) 이은영, 물권, 69면 등.
3) 이은영, 물권, 72면.

가 하면 사무관리로 되는 때에는 두 권리가 병존하기는 하지만 두 권리가 동순위적으로 대립하지는 않는다는 견해도 있다.4)

(대) **비용부담에 관한 학설·판례·사견**

(a) 학　설　　비용부담 문제에 관한 학설을 보기로 한다. 그에 관한 학설은 크게는 6가지로 나눌 수 있으나, 학설의 내부에서 다시 견해가 나뉘기도 한다.

제 1 설(행위청구권설)은 물권적 청구권은 상대방에 대하여 적극적인 행위를 청구할 수 있고, 따라서 이때의 비용은 방해자의 고의·과실을 불문하고 언제나 방해자가 부담한다고 한다.5) 문헌에 따라서는 이 견해를 취하면서 다른 설명을 덧붙이기도 한다. 그중 하나는 물권적 청구권은 순수 행위청구권이라고 하고, 비용도 상대방이 부담한다고 하면서, 다만 수거허용청구권이 인정되어야 할 것이라고 주장한다.6) 다른 하나는, 물권적 청구권의 본질과 비용부담은 존재의 평면이 다르다고 하면서, 물권적 청구권은 본질상으로는 행위청구권이지만, 그 비용부담의 문제는 민법 제473조의 유추적용에 의하여 해결하여야 하며, 그 결과 원칙적으로 비용은 동조 본문에 따라 상대방의 부담으로 할 것이나 상대방의 행위와 전혀 관계없이 물권의 침해상태가 발생한 때에는 동조 단서의 법정신에 따라 물권자의 부담으로 해야 할 것이라고 한다.7)

제 2 설(행위청구권설의 수정설)은 원칙적으로 행위청구권설의 입장을 취하면서 반환청구의 경우에 예외를 인정하는 견해이다. 즉 물권적 청구권은 원칙적으로 행위청구권인데, 반환청구의 경우 그 상대방인 현재의 점유자가 스스로 점유를 취득한 것이 아닌 때에는 예외적으로 상대방에 대하여 인용만을 청구할 수 있다고 한다.8) 이 견해에 의하면 비용은 원칙적으로 상대방이 부담하고, 예외적인 경우에 한하여 물권자(반환청구권자)가 부담하게 된다.

제 3 설(책임설)은 방해상태가 상대방의 유책사유에 의하여 생긴 때에는 상대방에 대하여 적극적인 배제행위, 따라서 그 비용부담도 청구할 수 있으나, 상대방에게 책임없는 사유로 생긴 때에는 물권자 자신이 그 방해를 제거하는 것을 상대방에게 인용케 하는 데 그치고, 그 비용도 물권자가 부담한다고 한다.9)

(b) 판　례　　판례는 비용부담에 관하여는 태도를 명백히 밝힌 바가 없다. 그런데 물권적 청구권이 행위청구권임은 분명히 하고 있다. 이에 비추어 보면 판례에 의할 경우 물권적 청구권의 상대방이 비용을 부담하게 될 것이다.

(c) 검토 및 사견　　　사견을 제시하기 전에 상술한 우리나라의 학설과 판례의 타당성

---

4) 이상태, 물권, 30면.
5) 김기선, 물권, 182면; 장경학, 물권, 134면.
6) 이은영, 물권, 69면.
7) 이영준, 물권, 47면.
8) 김상용, 물권, 57면; 김증한·김학동, 물권, 26면; 황적인, 물권, 33면.
9) 곽윤직, 물권, 24면.

여부를 검토해 보기로 한다.

먼저 물권적 청구권의 본질 내지 내용의 문제와 비용부담의 문제가 구별되어야 하는 가? 어떤 권리이든 그것의 성질 내지 내용은 곧 그 권리를 행사할 때의 비용문제를 당연히 포함하고 있다. 이러한 원칙이 물권적 청구권의 경우에만 제외되어야 할 설득력 있는 근거 는 없다. 결국 물권적 청구권의 본질 내지 내용의 문제와 비용부담의 문제는 분리되지 않아 야 한다.

다음에 수거허용청구권이 인정되어야 하는가? 생각건대 반환청구권은 상대방이 점유를 취득한 경우에 인정되는 권리이다. 그리고 점유취득이 인정되려면 점유설정의사가 필요하 다(통설). 그런데 위의 경우 토지소유자인 을은 점유설정의사가 없다고 하여야 한다. 따라서 갑은 을에 대하여 반환청구권을 가지지 못한다. 그러면 이 경우에 갑은 아무런 권리도 없다 고 할 것인가? 만약 그리하면 갑은 소유권 행사를 할 수 없게 된다. 그러므로 어떤 권리가 인정되어야 마땅하다. 그런데 이 경우에 관하여는 민법에 규정이 전혀 없다. 즉 법률에 틈 이 있는 것이다. 그 틈은 이론에 의하여 채워져야 한다. 그 이론은 사견에 의하면 수거허용 청구권을 인정하는 것이다. 그리고 그 근거는 신의칙이라고 하여야 한다.

이제 비용부담에 관한 학설·판례에 대하여 개별적으로 검토해 본다. 제 1 설(행위청구권 설) 중 본래의 모습의 것은 동일한 경우에 반환청구권과 방해제거청구권이 경합하는 때에는 먼저 소를 제기한 자가 상대방에게 비용을 전가시키는 불합리가 발생하는 점에서 문제가 있다. 제 1 설 중 수거허용청구권을 인정하는 견해는 뒤에 보는 것처럼 결과에서는 사견과 같다. 그러나 그 권리의 인정 근거(216조의 인지사용청구권)의 측면에서 다르며, 그 점에서는 지지하기 어렵다. 제 1 설 중 비용부담의 문제를 물권적 청구권의 본질과 구별해야 한다는 견해는 우선 그 점에서 옳은지 깊은 검토가 필요하고, 또 제473조의 유추적용의 결과 도출 에 무리가 있다. 제 2 설은 결과에서는 비교적 타당하나 특정한 경우에만 예외를 인정한 이 유의 설명에서 불충분하다. 제 3 설은 물권적 청구권의 문제에 유책사유를 등장시키는 점에 서 바람직하지 않고, 또 그에 의하면 동일한 경우 반환청구권과 방해제거청구권이 경합하는 때에는 먼저 소를 제기하는 자가 스스로 비용을 부담하게 되는 문제가 있다.

4) 본 사안의 경우

본 사안의 경우 기계 소유자인 C 또는 건물 소유자인 A에게 물권적 청구권이 인정되는 지를 보기로 한다.

전술한 논의에 비추어 볼 때, A는 C 소유의 기계를 점유하고 있지 않다. 기계가 B에 의하여 A의 건물에 부착되고 방치되었으나, 그것에 대하여 A의 점유설정의사를 인정하기는 어렵기 때문이다. 그 결과 C는 A에 대하여 소유물 반환청구권을 가지지 못한다. 다만, 이 경우 C는 수거허용청구권은 가질 수 있다.

다음에 A에 대하여 보면, A는 C의 기계에 의하여 건물의 사용을 방해받고 있다. 그리고 그 방해를 정당화할 근거도 없다. 따라서 A는 소유물 방해제거청구권을 가지게 된다. 그리고 이때의 그 권리의 상대방은 처음 침해한 B가 아니고 현재 침해하고 있는 기계의 소유자 C이다. 즉 A는 C에 대하여 방해제거청구권을 가진다.

C가 A에 대하여 수거허용청구권을 행사하는 경우 그 행위비용은 당연히 C가 부담한다. 그리고 그 곳으로부터의 운송비용 역시 C가 부담한다. 한편 A가 C에 대하여 방해제거청구권을 행사할 때 행위(방해제거행위)비용은 사견에 의할 때 상대방인 C가 부담한다. 물권적 청구권은 행위청구권이기 때문이다. 그리고 그 곳으로부터 C의 주소지까지의 운송비용도 소유자인 C가 부담한다.

(3) 불법행위 문제

본 사안의 경우에 A나 C가 각각 상대방에 대하여 불법행위책임을 지는지 문제된다.

불법행위가 성립하려면 가해행위, 가해자의 고의·과실, 책임능력, 가해행위의 위법성, 손해발생(인과관계 포함) 등의 요건이 필요하다. 그런데 A나 C는 모두 고의나 과실이 있지 않다. 따라서 A의 행위나 C의 행위는 어느 것이든 상대방에 대하여 불법행위가 아니다. 결국 둘 중 누구에게도 불법행위 책임은 생기지 않는다.

4. A·B 사이의 법률관계

(1) 서　　설

본 사안에서 B는 A 소유 건물의 임차인으로서 A의 건물을 사용하였는데 임대차기간이 만료되자 C의 기계를 그대로 둔 채 퇴거해 버렸다. 이러한 경우에 B가 A에 대하여 어떤 책임을 지는가가 문제된다.

이 문제를 해결하기 위하여서는 먼저 임차인의 의무가 무엇인지 살펴보아야 하고, 본 사안에서 의무위반이 있는지를 검토하여야 한다. 이하에서 이들에 관하여 기술하려고 한다. 그리고 B가 A에 대하여 권리를 가지는 것은 없는지도 간단히 언급할 것이다.

(2) 임차인의 권리·의무

임차인은 임대인에 대하여 여러 가지 권리를 가지고 의무를 부담한다. 여기서는 그 가운데 먼저 임차인의 의무를 보고, 이어서 권리에 관하여 적어보기로 한다.

1) 임차인의 의무

임차인은 임차물을 사용·수익하는 대가로서 차임을 지급할 의무, 즉 차임지급의무를 부담한다(618조).

그리고 임차인은 임대차관계의 종료로 임차물을 임대인에게 반환할 때까지 선량한 관리자의 주의를 가지고 보관할 의무가 있다(374조). 이러한 임차물보관의무에 위반하면 당연히 채무불이행에 의한 손해배상책임을 지게 된다(390조).

그 밖에 임차인은 임대차가 종료한 때에 임차물을 반환하여야 할 의무가 있다. 이 임차물반환의무도 계약상의 의무이다. 임차인에게 이러한 의무가 있으므로, 임대인은 계약상의 반환청구권을 가진다. 임대인이 임차물의 소유권도 가지고 있는 경우에는 계약상의 반환청구권 외에 물권적 청구권으로서 소유물 반환청구권도 가지게 된다. 한편 임차물을 반환할 때에는 임차인은 이를 원상에 회복하여야 한다(654조·615조). 만약 목적물의 통상의 용익을 방해하는 것이 부착되어 있는 때에는 이를 제거하고 원상에 회복하여서 반환하여야 한다.

다른 한편으로 임차인은 임차물에 부속시킨 물건을 철거할 수 있다(654조·615조).

2) 임차인의 권리

임차인의 권리에는 임차권, 비용상환청구권, 계약갱신청구권, 지상물 매수청구권, 부속물 매수청구권, 차임감액청구권, 철거권 등이 있다. 이들 중 본 사안에서 문제가 될 수도 있는 비용상환청구권과 부속물 매수청구권에 대하여만 다소 부연하여 설명하기로 한다.

비용상환청구권은 임차인이 임차물에 부가한 것이 임차물의 일부를 이루게 되는 경우에 인정되는 권리이다(626조 2항).

그리고 부속물 매수청구권은 건물 기타 공작물의 임차인이 그 사용의 편익을 위하여 임대인의 동의를 얻어 임차물인 건물 기타의 공작물에 부속시킨 물건이 있거나 또는 임대인으로부터 매수한 부속물이 있는 때에 임대차 종료시에 임대인에 대하여 그 부속물의 매수를 청구할 수 있는 권리이다(646조). 이 권리는 임차물에 부가한 것이 독립한 존재를 갖고 있고, 임차인이 그 소유권을 가지고 있는 경우에 인정된다. 임차인이 제 3 자 소유의 물건을 부가한 경우에 관하여는 논의가 없으나, 그때에는 부속물 매수청구권이 없다고 할 것이다.

(3) 본 사안의 경우

건물임차인 B는 임대인 A에 대하여 임차물인 건물의 반환의무가 있다. 아울러 그 물건을 원상에 회복시켜야 할 의무도 있다. 그런데 본 사안에 있어서 B는 자신이 A의 건물에 부착한 C의 기계를 그대로 두고 가버렸다. 이 경우 아마도 건물은 반환된 듯하나 원상으로 회복하지 않은 점에서 B는 계약상의 의무를 위반하였고, 따라서 채무불이행책임을 진다. 그리고 이는 다른 한편으로 A의 건물을 용도에 따라서 사용할 수 없게 하는 점에서 A에 대한 불법행위도 된다고 할 것이다. 그 결과 A는 B에 대하여 채무불이행이나 불법행위의 어느 것을 이유로 하여서도 손해배상을 청구할 수 있다(청구권 경합설의 입장).

본 사안의 경우 B에게는 의미 있는 특별한 권리가 없다. 그에게 기계의 철거권이 있기는 하나, 그의 소유가 아니어서 별 의미가 없다. 그리고 B는 비용상환청구권이나 부속물 매수청구권도 없다. C의 기계가 A의 건물에 흡수되지 않기 때문에 비용상환청구권을 가질 수 없으며, C의 기계를 A의 동의를 얻어서 부속시켰는지 분명치 않고 더구나 A로부터 매수한 것은 더더욱 아닐뿐더러, 설사 그 요건이 갖추어졌더라도 기계의 소유자가 C이어서 기계의 임차인인 B가 타인 소유의 물건을 매수하라고 할 수도 없기 때문에 부속물 매수청구권도 가지지 못한다.

5. B·C 사이의 법률관계

(1) 서　설

B는 A의 건물에 부착된 기계의 임차인이다. 기계의 임대차기간은 아마도 건물의 임대차기간과 같을 것으로 보인다. 그런데 B는 그 기계를 임대인인 C에게 반환하지 않았다. 이 경우에 B가 C에 대하여 어떠한 책임을 지는지 문제된다.

(2) 임차인의 의무

임차인의 의무에 관하여는 앞에서 살펴보았다. 그리고 그 설명은 기계의 임대차의 경우에도 그대로 타당하다.

(3) 본 사안의 경우

본 사안에 있어서 B는 기계를 임대차기간 동안 선량한 관리자의 주의로 보관한 뒤에 임대차 만료시에 반환하여야 한다. 그런데 B는 이를 이행하지 않고 있다. 이는 채무불이행이 된다. 따라서 C는 B에 대하여 채무불이행을 이유로 손해배상청구권을 가진다. 그리고 그것은 동시에 B의 C에 대한 불법행위이기도 하여 C는 불법행위를 이유로 손해배상책임을 물을 수도 있다. 이 두 책임 가운데 어느 것을 물을 것인가는 C의 선택에 달려 있다(청구권경합설).

물론 C는 손해배상을 청구하면서 기계의 인도(반환청구권)도 청구할 수 있다. 그 권리는 계약에 의하여 인정되는 것이다. 소유권에 기한 반환청구권은 B가 기계를 점유하고 있지 않는 한 B에 대하여는 인정되지 않으며, A에 대하여 수거허용청구권을 가지게 될 뿐이다.

Ⅱ. 물음 2.에 대하여

1. 문제의 제기

물음 2.의 경우에는 B가 퇴거한 후 A가 C의 기계를 사용하고 있다. 이때 A·C 사이의 법률관계가 물음 1.의 경우와 어떻게 달라지는지가 문제이다.

물음 2.의 사안에 있어서 특별한 것은 A가 C의 기계를 사용한다는 점이다. 이것이 물권적 청구권의 발생에 영향을 미치는지가 중요한 문제이다. 그 밖에 A의 행위가 C에 대하여 불법행위가 되는지도 살펴보아야 한다.

2. 물권적 청구권의 문제

본 사안에 있어서는 A가 기계를 사용하고 있다. 이러한 경우에는 A에게 점유설정의사가 인정된다. 그 결과 A는 기계의 점유자로 된다. 따라서 이 경우 기계소유자인 C는 A에 대하여 소유물 반환청구권을 가진다. 그 반면에 물음 1.의 경우에 인정되었던 수거허용청구권은 가지지 못한다. 그리고 A는 C에 대하여 방해제거청구권을 가지지 못한다고 할 것이다. A가 C의 기계를 점유하여 사용하고 있는 한 그것이 A 자신에 대하여 침해 내지 방해라고 할 수 없기 때문이다. 다만, 후에 만약 A가 기계의 점유를 포기하면 방해제거청구권이 생길 수 있을 것이다. 이때 불법 사용에 대한 손해배상은 별문제이다.

비용부담에 관하여 보면, C의 반환청구권의 경우 행위비용은 상대방인 A가 부담한다. 그러나 그 곳으로부터의 운송비용은 소유자인 C가 부담한다.

3. 불법행위 문제

A가 C의 기계를 사용하는 것은 소유자인 C에 대하여 불법행위로 된다. 따라서 C는 A에 대하여 불법행위를 이유로 손해배상을 청구할 수 있다.

[27] 물권적 청구권(2)

문제

경기도 화성군에 있는 임야인 X토지는 일제강점기에 A의 조부(祖父)인 B 명의로 사정(査定)되었다. 그런데 그 토지에 대하여 1974. 6. 26. 국가(대한민국) 앞으로 소유권보존등기가 되었다. 그 후 C와 D가 국가로부터 그 토지를 공동으로 매수하였고, 그리하여 그 토지의 각 2분의 1 지분에 관하여 1997. 12. 2.자 매매를 원인으로 하여 1998. 1. 22. C와 D 앞으로 소유권이전등기가 되었다. C와 D는 그의 이름으로 등기한 뒤 X토지에 관하여 재산세를 납부하고, 간혹 그 곳에 가서 살펴보기도 하였다. 한편 A는 B의 재산을 그 부모를 거쳐 최종적으로 단독상속한 자인데, 2013. 1.에 와서야 X토지에 대하여 위와 같은 여러 사정이 있음을 알게 되었다. 현재는 2013. 3. 2.이다.

1. 이 경우에 X토지의 소유관계는 어떻게 되는가?
2. 이 경우에 A와 국가, C, D 사이의 법률관계를 논하시오.

Ⅰ. 물음 1.에 대하여

1. 논점의 정리

본 문제의 논점을 정리하면 다음과 같다.

(1) X토지의 사정(査定)의 효과가 문제된다. 즉 사정의 결과로 인하여 X토지의 소유권이 A에게 속하는지, 아니면 국가에 소유권이 속하는지 문제된다.

(2) C·D가 매매에 의하여 X토지의 소유권을 취득하는지 문제된다.

(3) C·D가 등기부 취득시효에 의하여 X토지의 소유권을 취득하는지 문제된다.

2. 사정으로 인한 X토지의 소유관계

(1) 사정의 효과

일제강점기에 일본은 토지조사령을 공포하여 토지의 「조사」, 토지소유자 및 경계의 「사정」에 착수하였다. 이 「사정」은 토지소유자를 확정하는 행정처분으로서 절대적인 효력을 가졌다. 그리하여 「사정」에 의해 어떤 자가 소유자로 정해지면, 그는 소유권을 확정적으로 원시취득하며, 그 이전의 소유자는 소유권을 상실하였다.[1] 한편 일제강점기에 취득한 소

---

1) 송덕수, 물권, [33] 참조.

유권은 현행민법 하에서도 효력이 인정된다(부칙 2조).

(2) 본 사안의 경우

본 사안에서 X토지는 B의 명의로「사정」되었다. 따라서「사정」에 의하여 X토지의 소유권은 원시적으로 B에게 귀속하게 된다. 이러한 B의 소유권은 현행민법 하에서도 그 효력이 인정된다. 그런데 그 후 B가 사망하여[2] 그 토지가 A의 부모를 거쳐 A에게 단독상속되었다. 그 결과 X토지의 소유권은 A에게 속하게 된다. 이때 상속에 의한 물권변동은 등기 없이도 일어나기 때문에(187조), A의 이름으로 등기하지 않았더라도 차이가 없다.

그 반면에 X토지에 관하여 국가 명의로 행하여진 소유권보존등기는 소유권 없는 자의 것이므로 무효이다.

3. C·D가 매매에 의하여 X토지의 소유권을 취득하는지 여부

(1) 타인 소유 토지를 자기의 토지로 매도한 경우

타인에게 속하는 토지를 자기의 토지로 알고 매매한 경우에도 매매계약은 유효하다(569조 참조). 그리고 그 경우에 매도인이 토지소유권을 취득하여 매수인에게 이전하면 매수인은 유효하게 소유권을 취득한다. 그런데 매도인이 토지소유권을 취득함이 없이 매매계약에 기하여 소유권이전등기만 해서는 매수인은 소유권을 취득하지 못한다. 그때에는 매도인이 — 매매계약 속에 포함되어 있는(물권행위의 독자성을 부정하는 사견) — 물권행위(처분행위)를 처분권한 없이 행하여 그 물권행위가 무효이고, 따라서 물권변동이 일어날 수 없기 때문이다(186조 참조).

(2) 본 사안의 경우

본 사안에서 국가는 X토지가 국가 소유인 것으로 생각하고 X토지를 C·D에게 매도한 것으로 보인다. 이 경우에 국가와 C·D 사이의 매매계약은 유효하다. 그러나 그 토지에 관하여 C·D 명의로 소유권이전등기가 되었더라도 C·D는 매매계약에 기하여 소유권을 취득하지 못한다. C·D가 소유권을 취득하려면 국가와 C·D 사이에 유효한 물권행위가 있어야 하는데, 국가는 X토지에 관하여 처분권한이 없어서 국가와 C·D 사이의 소유권이전의 합의(처분행위)가 유효하지 않기 때문이다. 그런가 하면 부동산거래에 관하여는 무권리자로부터 소유권취득을 할 수 있는 선의취득제도도 인정되지 않는다. 결국 본 사안에서 C·D는 매매계약에 기해서는 X토지의 소유권을 취득하지 못한다.

4. C·D가 취득시효(특히 등기부 취득시효)에 의하여 X토지의 소유권을 취득하는지 여부

(1) 서 설

본 사안의 경우에 C·D는 자기들의 점유만으로는 점유 취득시효를 하지 못한다. 점유

---

2) B의 사망시기가 현행민법 시행 전인지 후인지 불분명하나, 어느 때이든 결과에서는 차이가 없다.

기간이 20년이 되지 않기 때문이다. 국가의 점유까지 합하여 점유 취득시효를 할 수 있는지가 문제되는데(199조 참조), 본 사안에서 국가가 점유하고 있었는지가 불분명하다. 만약 국가가 점유하고 있었음이 증명되면 C·D가 점유 취득시효에 의해 X토지의 소유권을 취득할 수도 있다(245조 1항 참조). 그 외에 등기부 취득시효에 의해 소유권을 취득하는지가 문제된다. 아래에서는 이것에 대하여만 좀 더 자세히 살펴보기로 한다.

(2) 부동산의 등기부 취득시효의 요건

등기부 취득시효에 의해 부동산 소유권을 취득하려면 다음의 요건을 갖추어야 한다. ① 부동산 소유자로 등기되어 있을 것, ② 일정한 요건을 갖춘 점유(자주점유·평온 공연한 점유)가 있을 것, ③ 이 점유가 10년간 계속되었을 것, ④ 점유자가 선의·무과실일 것이 그것이다. 그리고 이들 요건이 갖추어지면 점유자는 곧바로 부동산의 소유권을 취득한다. 부동산을 공동으로 점유하고 있는 경우에는 공유자는 지분을 취득하게 된다.

(3) 본 사안의 경우

본 사안에서는 위 (2)의 ①~④의 요건을 모두 갖춘 것으로 보인다. 따라서 그 요건을 모두 갖춘 때에 C·D가 X토지의 소유권을 취득한다(공유). 그 시기는 불분명하나, X토지에 관하여 C·D 앞으로 소유권이전등기가 된 1998. 1. 22. 무렵부터 10년이 경과한 2008. 1. 22. 무렵일 것이다. 그리고 C·D의 소유권취득으로 인하여 A(B, A의 부모도 같음)는 소유권을 상실한다.

5. 결　론

X토지는 처음에는 B의 소유이었다가 A의 부모를 거쳐 A에게 귀속하였다. 그런데 C·D가 그 토지에 관하여 등기부 취득시효에 의해 2008. 1. 22. 무렵에 소유권을 취득하게 되었고, 그 반사적 효과로서 C·D가 소유권을 취득할 당시 X토지의 소유자(B, A의 부모, A 중 누구라도)는 X토지의 소유권을 상실하게 된다. 그리하여 현재는 C·D만이 X토지의 소유자이다.

II. 물음 2.에 대하여

1. 논점의 정리

본 문제에서 묻고 있는 법률관계는 A와 국가 사이, A와 C·D 사이, 국가와 C·D 사이의 셋이 있고, 그 각각에 있어서 논점은 다음과 같다.

(1) A와 국가 사이에서는 A가 국가에 대하여 ① 채무불이행을 이유로 손해배상을 청구할 수 있는지, ② 불법행위를 이유로 손해배상을 청구할 수 있는지(시효완성 여부도 검토), ③ 부당이득의 반환을 청구할 수 있는지(시효완성 여부도 검토), ④ 이들 중 복수의 권리가 인정된다면 그 권리들 사이의 관계가 문제된다.

⑵ A와 C·D 사이에서는 A가 C·D에 대하여 불법행위를 이유로 손해배상을 청구할 수 있는지, 부당이득의 반환청구를 할 수 있는지 문제된다.

⑶ 국가와 C·D 사이에 어떤 법률관계가 있는지 문제된다.

2. A와 국가 사이의 관계

⑴ 서   설

본 사안에서 A는 C·D가 등기부 취득시효에 의하여 X토지의 소유권을 취득하게 됨으로써 X토지의 소유권을 상실하였다. 그리하여 A가 입은 손해를 전보하는 방법이 문제된다.

⑵ A가 채무불이행을 이유로 손해배상을 청구할 수 있는지 여부

1) A가 물권적 청구권인 등기말소청구권의 이행불능을 이유로 손해배상을 청구할 수 있는지 여부

근래 전원합의체 판결[3]이 이 문제에 관하여 판례의 입장을 확실히 정리하였다. 그 판결의 다수 의견에 따르면, 소유자가 자신의 소유권에 기하여 실체관계에 부합하지 않는 등기명의인을 상대로 그 등기말소나 진정명의 회복을 청구하는 경우에 그 권리는 물권적 청구권으로서 방해배제청구권의 성질을 가지며, 소유자가 그 후에 소유권을 상실함으로써 등기말소 등을 청구할 수 없게 되었다면 등기말소 등 의무자에 대하여 그 권리의 이행불능을 이유로 제390조상의 손해배상청구권을 가지지 못한다고 한다. 제390조의 손해배상청구권은 계약 또는 법률에 기하여 이미 성립해 있는 채권관계에서 본래의 채권이 동일성을 유지하면서 그 내용이 확장되거나 변경된 것으로서 발생하는 것인데, 등기말소청구권 등의 물권적 청구권은 그 권리자인 소유자가 소유권을 상실하면 그 발생의 기반이 아예 없게 되어 더 이상 그 존재 자체가 인정되지 않기 때문이라고 한다.[4] 생각건대 물권적 청구권은 물권의 존재와 운명을 같이하는 것이며, 채권과 성질이 다르다. 그리하여 제390조는 물권적 청구권에는 적용되지 않는다고 새겨야 한다. 결국 판례(다수의견)가 타당하다.

이와 같은 경우에 대상청구권을 가지지도 못한다. 대상청구권도 기존의 채권관계를 전제로 하기 때문이다.

2) 본 사안의 경우

본 사안에서 A는 C·D가 X토지의 소유권을 취득하기 전에는 국가에 대하여 물권적 청구권으로서 등기말소청구권을 가지고 있었다. 그 권리는 방해제거청구권이다(214조). 그런데 C·D가 소유권을 취득하게 됨으로써 A 자신이 소유권을 잃게 되었다. 그때 A가 국가에 대하여 제390조에 기하여 국가의 등기말소의무의 이행불능을 이유로 하여 손해배상을 청구하

---

3) 대판(전원) 2012. 5. 17, 2010다28604.

4) 이러한 다수의견에 대하여 별개의견은, 청구권의 발생기초가 채권이든 물권이든 이미 성립한 청구권에 대하여는 그 이행불능으로 인한 전보배상을 인정하는 것이 법리적으로 불가능하지 않으며, 이를 허용할 것인지는 법률정책적 결단인데, 종래의 판례가 이를 인정한 것은 옳다고 한다.

지는 못한다. 그리고 A는 국가에 대하여 대상청구권을 행사하지도 못한다.

(3) A가 불법행위를 이유로 손해배상을 청구할 수 있는지 여부

1) 일반 불법행위의 성립요건

불법행위(일반 불법행위)가 성립하려면 다음 네 가지 요건을 갖추어야 한다. ① 가해자의 고의 또는 과실에 의한 행위가 있을 것, ② 가해자에게 책임능력이 있을 것, ③ 가해행위가 위법할 것, ④ 가해행위에 의하여 손해가 발생할 것이 그것이다. 이들 요건 중 ④와 관련하여 부연하여 설명하기로 한다. 불법행위가 성립하려면 손해가 발생하여야 하는데, 본 사안의 경우와 같이 국가가 타인의 토지를 자신의 것으로 매도하여 등기를 해 준 뒤에 매수인이 등기부 취득시효에 의하여 소유권을 취득하게 된 때에는 언제 본래의 토지소유자가 손해를 입는지 문제된다. 여기에 관하여 판례 중에는 소유권이전등기 말소청구소송 또는 진정명의 회복을 위한 소유권이전등기 청구소송이 패소확정된 때라는 것이 있다.[5] 그러나 매수인이 소유권을 취득하여 본래의 토지소유자가 소유권을 상실한 때에 손해를 입는다고 보아야 한다. 따라서 손해배상청구권의 소멸시효의 기산점도 이때가 될 것이다.[6]

2) 본 사안의 경우

본 사안에서 전술한 일반 불법행위의 요건 중 국가에게 고의·과실이 있었는지, 국가의 매도행위가 위법한지는 불분명하다. 그렇지만 타인의 명의로 사정된 토지에 대하여 자신의 명의로 등기한 데에는 과실이 있다고 할 수 있고, 타인의 토지를 매도한 것에 위법성을 인정할 수 있다. 그리고 국가의 책임능력은 문제되지 않는다. 또한 국가의 매도행위에 의해 A(또는 그의 조부 B나 부모)가 손해를 입었다. 따라서 A는 국가에 대하여 불법행위로 인한 손해배상청구권을 가진다.

문제는 그 권리가 소멸시효에 걸려 소멸했는지이다. A가 손해를 입은 시점은 C·D가 등기부 취득시효에 의해 X토지의 소유권을 취득한 2008. 1. 22. 무렵이다. 그러므로 A가 국가에 대하여 가지는 불법행위를 이유로 한 손해배상청구권의 소멸시효의 기산점도 그때이다. 여기서 A의 이 손해배상청구권이 시효로 소멸했는지를 본다. A는 2013. 1.에 와서야 그에게 X토지의 소유권이 있었는데 상실했음을 알게 되었다. 즉, A가 손해 및 가해자를 안 날부터 3년이 지나지 않았다(766조 1항 참조). 그리고 국가가 불법행위를 한 날은 불법행위의 요건을 모두 구비한 2008. 1. 22. 무렵이므로 불법행위를 한 날부터 10년이 경과하지도 않았다(766조 2항 참조). 따라서 A는 국가에 대하여 불법행위를 이유로 손해배상을 청구할 수 있다.

---

5) 대판 2005. 9. 15, 2005다29474; 대판 2009. 1. 15, 2007다51703.
6) 같은 취지: 지원림, "물권적 방해배제청구의 이행불능과 전보배상," 법률신문 2012. 6. 11.자; 윤진수, "소유물반환의무 위반으로 인한 손해배상책임의 법적 성질," 법률신문 2012. 8. 13.자.

⑷ A가 부당이득을 이유로 반환청구를 할 수 있는지 여부

1) 부당이득의 일반적 성립요건과 효과

부당이득이 성립하기 위해서는 ① 타인의 재산 또는 노무에 의하여 이익을 얻었을 것(수익), ② 그러한 이익을 얻음으로 인하여 타인에게 손해를 가했을 것(손실), ③ 수익과 손실 사이에 인과관계가 있을 것, ④ 법률상의 원인이 없을 것이라는 네 가지 요건이 필요하다(741조).

이들 요건이 갖추어진 경우에는 손실자는 이득자에 대하여 부당이득의 반환청구권을 가진다. 이때 반환범위는 수익자가 선의이면 현존이익에 한정되나, 악의이면 받은 이익에 이자를 붙여서 반환하고 손해가 있으면 그것도 배상해야 한다(748조).

2) 본 사안의 경우

본 사안에서 국가는 A(또는 A의 조부인 B나 부모)의 재산에 의하여 매매대금이라는 이익을 얻었고, 그로 인하여 A는 소유권 상실이라는 손실을 입었다. 그리고 이 이익과 손실 사이에는 사회관념상 인과관계를 인정할 수 있다. 또한 국가가 A의 토지를 처분함으로써 이익을 얻은(침해부당이득) 이 사안에서 국가에게는 소유권이라는 권한이 없고, 따라서 법률상 원인이 존재하지 않는다. 결국 본 사안에서 A는 국가에 대해 부당이득 반환청구권을 가진다. A가 국가에게 부당이득으로 반환청구를 할 수 있는 범위는 국가가 선의인지 악의인지에 따라 다른데, 본 사안에서 국가가 선의인지는 불분명하다. 한편 부당이득 반환청구권의 성립시기는 — A가 손실을 입게 되는 시점인 — C · D가 소유권을 취득한 때 즉 2008. 1. 22. 무렵이라고 할 것이다. 그리하여 A의 부당이득 반환청구권은 현재 10년의 소멸시효가 완성되지 않은 상태에 있다.

그 외에 본 사안에서 국가가 C · D에게 매도하기 전에 X토지를 사용하였다면 사용이익도 반환하여야 한다. 다만, 판례 · 통설에 의하면, 국가가 선의인 경우 즉 국가에게 소유권이 있다고 믿고 있었던 경우에는 사용이익을 반환할 의무가 없다고 하게 될 것이다(201조 1항 참조).7) 그리고 그 범위에서는 부당이득도 성립하지 않는다고 하게 될 것이다. 그런데 본 사안에서 국가가 C · D에게 토지를 매도하여 인도한 것이 1998. 1. 22. 무렵이므로, 설사 국가가 악의이더라도 사용이익의 반환청구권은 10년의 시효가 완성되어 행사할 수 없다.

⑸ A의 권리들(국가에 대한 손해배상청구권과 부당이득 반환청구권) 사이의 관계

1) 불법행위로 인한 손해배상청구권과 부당이득 반환청구권의 관계

불법행위와 부당이득은 직접적인 목적이 다르고, 따라서 그 요건과 효과에 있어서도 차이가 있으므로, 두 청구권의 경합을 인정하는 것이 옳다. 통설 · 판례8)도 같은 입장이다.

---

7) 그러나 사견은 통설 · 판례와 달리 사용이익을 반환해야 한다는 입장에 있다. 자세한 점은 송덕수, 물권, [95] 참조.
8) 대판 1993. 4. 27, 92다56087.

2) 본 사안의 경우

본 사안에서 A는 두 권리를 모두 가진다. 그리하여 그는 두 권리를 선택적으로 행사할 수 있다. 그런데 그가 그중에 어느 하나를 행사하여 변제를 받으면 다른 권리도 함께 소멸한다.

3. A와 C·D 사이의 관계

C·D는 등기부 취득시효에 의하여 X토지의 소유권을 원시적으로 취득한다. 이러한 C·D의 행위는 A에 대한 불법행위가 아니다. 그리고 그가 부당이득을 한 것도 아니다. 따라서 A는 C·D에 대해 어떤 권리도 가지지 못한다.

4. 국가와 C·D 사이의 관계

본 사안에서 만약 C·D가 취득시효에 의해 X토지의 소유권을 취득하지 못한다면, C·D는 국가에 대하여 채무불이행책임, 매도인의 담보책임, 불법행위, 부당이득 등의 여러 문제가 생기게 될 것이다. 그런데 C·D가 소유권을 취득하여 그러한 문제가 생기지 않게 되고, 따라서 국가와 C·D 사이에 특별한 법률관계는 없다.

5. 결   론

본 사안에서 A는 국가에 대하여 채무불이행을 이유로 손해배상을 청구할 수는 없으나, 불법행위를 이유로 손해배상을 청구할 수 있고, 부당이득 반환청구권도 가진다. A의 이 두 권리는 경합적으로 존재한다. 그리고 A와 C·D 사이, 국가와 C·D 사이에는 특별한 법률관계가 없다.

[28] 등기청구권·중간생략등기·점유 취득시효

문제

A는 1970. 3. 11. 자신의 X토지를 B에게 매도하고 점유를 이전하였고, B는 1971. 12. 29. 그 토지를 C에게 매도하고 역시 점유를 이전하였다. 그런데 B와 C는 모두 토지에 관하여 소유권이전등기는 하지 않았고, B는 1984년 사망하였다. 그리고 D는 B의 유일한 상속인이다. 한편 X토지는 현재(2003. 1. 7.)까지도 C가 점유하여 사용하고 있다.

이 경우에 C는 X토지에 관하여 소유권이전등기를 할 수 있는가?

I. 논점의 소재

본 사안에 있어서 C는 X토지를 B로부터 매수하였다. 그런데 B는 그 토지를 A로부터 매수하여 미등기 전매를 한 것이다. 따라서 X토지에 관하여는 아직까지도 A 명의로 소유권 등기가 되어 있다. 그런데 한편으로 C는 X토지를 1971년부터 현재인 2003년까지 점유하여 사용해 오고 있다.

이러한 경우에 C가 X토지에 관하여 소유권이전등기를 할 수 있는 방법으로는 두 가지를 생각해 볼 수 있다.

첫째로, 매수인으로서 등기청구권을 행사하여 등기하는 방법이다. 그러나 이 방법이 가능하게 되려면 여러 가지 해결하여야 할 문제가 있다. 우선 C의 등기청구권이 어디에서 발생하는 어떤 성질의 권리인지 규명하여야 한다. 그리고 그 권리의 상대방이 누구인지도 문제이다. 특히 C에 대하여 X토지를 직접 매도하지 않은, 현재의 등기명의인인 A에 대하여도 등기청구권을 가지는지 문제된다. 이는 중간생략등기의 문제이기도 하다. 만약 A에 대한 등기청구권이 없다면, B에 대한 등기청구권은 있는지, 그리고 B가 A에 대하여 등기청구권을 가지는지도 살펴보아야 한다. C가 A에 대하여 직접 등기청구권을 가지지는 못하지만, C가 B에 대하여는 등기청구권이 있고, 또 B가 A에 대하여 등기청구권이 있다면, C는 B에 대하여 가지는 자신의 등기청구권을 보전하기 위하여 B가 A에 대하여 가지고 있는 등기청구권을 대위행사하고 그 뒤에 자신의 등기청구권을 행사할 수도 있기 때문이다. 이는 채권자대위권의 영역의 문제이다. 그런데 이와 같은 채권자대위권 행사가 가능하려면 C의 B에 대한, 그리고 B의 A에 대한 등기청구권이 모두 존재하고 있어야 한다. 즉 소멸시효에 걸려 소멸하지 않았어야 한다. 본 사안에 있어서 그 문제는 없는지 검토가 필요하다. 그리고 그때에는

B의 경우 X토지를 매도하여 인도한 후에는 점유하고 있지 않았음을 유의하여야 한다.

둘째로는, 부동산의 점유 취득시효에 의하여 등기하는 방법이다. C는 X토지를 매수하였으나 아직까지 등기하지 않고 있었다. 그런데 마침 C는 X토지를 1971년부터 현재까지 20년이 넘도록 점유·사용해 오고 있다. 그리하여 점유 취득시효에 의하여 소유권이전등기를 할 수 있는지 검토해 볼 수 있다. 이 문제와 관련하여서는 점유 취득시효의 요건의 구비 여부가 관건이겠으나, 그것 외에 첫째의 방법과 둘째의 방법의 관계 등도 음미해 볼 문제이다.

이하에서 이 두 가지의 방법에 관하여 차례로 구체적으로 살펴보기로 한다.

Ⅱ. C가 등기청구권을 행사하여 등기할 수 있는지 여부

1. 서   설

본 사안의 경우에 C가 자신의 등기청구권을 행사하여 등기하는 방법으로는 다시 두 가지를 생각할 수 있다. 그중에 하나는 C가 B에 대하여 등기청구권을 가지고, B가 또한 A에 대하여 등기청구권을 가지는 경우에, C가 자신의 B에 대한 등기청구권을 보전하기 위하여 B의 A에 대한 등기청구권을 대위행사하고, 그 뒤에 C 자신의 B에 대한 등기청구권을 행사하여 등기하는 방법이다. 나머지 하나는 C가 A에 대하여 직접 등기청구권을 가지고 있다고 인정되는 경우에 그 등기청구권을 행사하여 등기하는 방법이다.

등기청구권을 행사하여 등기하는 이 두 가지 방법 각각에 대하여 그 가능 여부를 검토하기로 한다.

2. B의 등기청구권 대위행사 후 등기하는 방법

⑴ 전제조건

C가 B의 A에 대한 등기청구권을 대위행사한 뒤 자신의 등기청구권을 행사하여 등기할 수 있으려면 여러 가지 요구조건이 충족되어야 한다. 먼저 C의 B에 대한, 그리고 B의 A에 대한 등기청구권이 발생하여야 한다. 여기서 등기청구권의 발생원인을 살펴보아야 할 필요가 있다. 둘째로, 이 두 등기청구권이 시효로 소멸하지 않았어야 한다. 셋째로, 채권자대위권의 요건이 갖추어져야 한다. 특히 채권자가 자신의 특정한 채권인 등기청구권을 보전하기 위하여 채무자의 등기청구권을 행사할 수 있어야 한다.

⑵ 등기청구권의 발생원인 및 성질

1) 등기청구권의 의의

등기청구권은 등기신청을 등기권리자와 등기의무자가 공동으로 하여야 할 경우에 등기를 원하는 일방 당사자가 다른 당사자에 대하여 등기신청에의 협력을 청구할 수 있는 권리이다. 본 사안에서 C나 B는 모두 부동산 매수인으로서 그들 명의로 소유권이전등기를 신청

하려면 각각 매도인인 B나 A와 공동으로 하여야 하며, 그때 B나 A가 등기신청에 협력하지
않으면 협력을 청구할 수 있어야만 한다.

　2) 등기청구권의 발생원인·성질에 관한 학설·판례·사견

　이러한 등기청구권의 발생원인과 성질에 대하여는 법률에 규정이 없으며, 학설·판례
에 맡겨져 있는 실정이다.

　(가) 학　　설　　학설은 모두 발생원인을 한 가지로 설명하지 않고 여러 가지 경우로
나누고 있다. 등기청구권의 발생원인이 모든 경우에 있어서 동일하게 설명될 수 없는 점에
서 볼 때 학설의 이러한 태도는 타당하다. 등기청구권의 발생원인 및 성질에 관한 이론 중
에서 여기서는 본 사안에 해당하는 경우에 관한 것만 보기로 한다. 본 사안에서 C나 B는
부동산매매를 원인으로 하여 등기를 신청하여야 하므로 그것은 법률행위에 의한 물권변동
의 경우에 속한다.

　법률행위에 의한 물권변동의 경우에 있어서 등기청구권의 발생원인 및 성질에 관하여
는 학설이 대립하고 있다. 제 1 설은 원인행위인 채권행위에서 발생하며, 그 성질은 채권적
청구권이라고 한다. 이 견해는 물권행위의 독자성을 부정하는 입장에서 주장되기도 하고,[1]
독자성을 인정하면서 주장되기도 한다.[2] 제 2 설은 물권행위가 행하여진 경우에는 물권행위
의 효력으로서 등기청구권이 발생하고 채권행위가 물권행위를 동반하지 않는 경우에는 채
권행위의 효력으로서 등기청구권이 발생하며, 이때 등기청구권의 성질은 모두 채권적 청구
권이라고 한다.[3] 제 3 설은 등기청구권은 매매계약 기타 채권계약의 효력으로서 발생할 수
도 있고, 물권적 합의와 부동산의 인도가 있는 경우에는 취득자에게 물권적 기대권이 생기
고 이 물권적 기대권의 효력으로도 생기며, 등기청구권의 성질은 앞의 경우에는 채권이나
뒤의 경우에는 물권적이라고 한다.[4] 제 4 설은 등기청구권은 물권적 합의 중에 당연히 포함
되고 있는 것이며(물권적 합의에서 발생한다고 하여도 좋다고 한다), 그 성질도 물권적인 것이라고
한다.[5] 제 5 설은 등기청구권은 물권적 합의로부터 나오는 것이지만 등기 전단계로서의 물
권적 합의는 물권행위로까지 완성된 것이 아니므로 여전히 등기청구권은 채권적 청구권일
수밖에 없다고 한다.[6]

---

1) 곽윤직, 물권, 105면; 이태재, 물권, 96면. 고상룡, 물권, 125면은 이 경우의 등기청구권의 발생원인은 당
　 연히 제186조 소정의 법률행위라고 하면서, 그 법률행위는 채권행위를 의미하므로 이러한 채권행위로부
　 터 등기청구권이 발생하고 그 성질은 채권적 청구권이라고 한다.
2) 이은영, 물권, 210면; 장경학, 물권, 247면.
3) 김기선, 물권, 102면. 이상태, 물권, 107면도 유사하다.
4) 김상용, 물권, 199면; 김증한·김학동, 물권, 98면. 윤철홍, 물권, 89면도 같은 취지이나, 물권적 합의만
　 이 물권적 기대권의 요건인 것으로 설명한다. 그리고 황적인, 물권, 112면은 물권적 기대권의 효력으로
　 서 등기청구권이 발생한다고만 설명한다.
5) 김용한, 물권, 141면. 이 문헌은 이어서 물권적 기대권의 이론은 유익한 것이라고 하면서, 물권적 합의
　 로부터 물권적 기대권이 생기고 그것을 근거로 하여 등기청구권이 발생한다고 하여도 불합리하지 않다
　 고 한다.
6) 이영준, 물권, 193면.

(나) **판　례**　　판례는 제 1 설과 같다.7)

(다) **검토 및 사견**　　생각건대, 제 1 설이 지적하는 바와 같이, 물권행위 내지 물권적 합의는 이행행위(급부행위)이므로 그로부터 급부청구권이 발생할 수는 없다. 그리고 등기는 물권행위와 동등한 가치를 가지는 물권변동에 필요한 요건이며, 따라서 이 두 요건은 어느 한쪽이 다른 쪽을 강제하지 못한다. 이러한 점에서 볼 때 물권행위에서(또는 물권행위에서도) 등기청구권이 발생한다고 하는 제 2 설 내지 제 5 설은 옳지 않다. 제 3 설은 우리 법상 물권적 기대권이 인정될 수 없다는 점에서 더욱 지지되기 어렵다. 다음에 등기청구권의 성질에 관하여 보면, 우리 법상 등기가 있기 전에는 설사 물권행위가 행하여졌더라도 물권변동은 일어나지 않는다. 따라서 등기청구권자가 물권에 기한 물권적 청구권을 가질 수는 없다. 결국 등기청구권은 채권적 청구권이라고 하여야 한다.

3) 본 사안의 경우

본 사안에 있어서 C는 B로부터 X토지를 매수한 자로서 B와의 매매계약(채권행위)에 기하여 등기청구권을 가진다. 또한 B 역시 A와의 매매계약을 기초로 하여 등기청구권을 취득한다. 그리고 C와 B의 등기청구권은 모두 채권적 청구권이다.

⑶ **등기청구권의 소멸시효 문제**

1) 서

본 사안에서 C나 B는 오랫동안 그들의 등기청구권을 행사하지 않고 있었다. 이러한 경우에 그들의 등기청구권이 소멸시효에 걸려 소멸하지는 않았는지 문제된다.

2) 학설·판례·사견

(가) **학　설**　　법률행위에 의한 물권변동의 경우, 특히 부동산매매에 있어서 등기청구권이 소멸시효에 걸리는지에 관하여는 견해가 대립하고 있다. 제 1 설은 그 권리가 채권적 청구권이라고 파악하고 그 성질에 충실하게 해석하여, 10년의 소멸시효에 걸린다고 한다.8) 제 2 설은 원칙적으로는 10년의 시효에 걸리나, 매수인이 목적물을 인도받아 점유하고 있는 경우에는 소멸시효에 걸려 소멸하지 않는다고 한다. 이 견해는 그 이유로 뒤의 경우에는 물권적 기대권에 기하여 등기청구권이 생기고 그 성질이 물권적이어서 그렇다고 하거나,9) 그 때에는 소유권이전청구권을 행사하고 있기 때문이라고 하기도 하고,10) 또는 목적물을 인도받고 있으면 매도인은 매수인에 대한 등기의무의 존재를 승인한 것이어서 소멸시효가 중단되기 때문이라고 하는가 하면,11) 이 문제는 실효이론에 의하여 해결하는 것이 가장 타당하나 시효제도의 존재의의에 비추어 그때에는 소멸시효에 걸리지 않는다고 함이 타당하다고

---

7) 대판(전원) 1976. 11. 6, 76다148; 대판 1976. 11. 23, 76다342 등.

8) 곽윤직, 물권, 106면; 장경학, 총칙, 706면.

9) 김상용, 총칙, 733면; 김주수, 총칙, 544면; 김증한·김학동, 물권, 98면. 황적인, 물권, 113면도 물권적 기대권으로 설명해야 한다고 주장한다.

10) 이은영, 물권, 214면.

11) 고상룡, 물권, 130면; 이상태, 물권, 113면; 이태재, 물권, 97면.

하기도 한다.12)

(내 판　례　　판례는, 형식주의를 취하고 있는 현행 법제상으로 보아 매수인의 등기청
구권은 채권적 청구권에 불과하여 소멸시효제도의 일반원칙에 따르면 매매목적물을 인도받
은 매수인의 등기청구권도 소멸시효에 걸린다고 할 것이지만, 부동산의 매수인으로서 그 목
적물을 인도받아서 이를 사용·수익하고 있는 경우에는 그 매수인을 권리 위에 잠자고 있는
것으로 볼 수도 없고 또한 매도인 명의로 등기가 남아 있는 상태와 매수인이 인도받아 이를
사용·수익하고 있는 상태를 비교하면 매도인 명의로 잔존하고 있는 등기를 보호하기보다
는 매수인의 사용·수익상태를 더욱 보호하여야 할 것이므로, 부동산을 매수한 자가 그 목
적물을 인도받은 경우에는 그 매수인의 등기청구권은 다른 채권과는 달리 소멸시효에 걸리
지 않는다고 한다.13) 학설 중 제 2 설은 이러한 판례를 지지하고 있는 것이다.

　　그런데 판례는 여기서 더 나아가「부동산의 매수인이 그 부동산을 인도받은 이상 이를
사용·수익하다가 그 부동산에 대한 보다 적극적인 권리행사의 일환으로 그 부동산을 처분
하고 그 점유를 승계하여 준 경우에도 그 이전등기청구권의 행사 여부에 관하여 그가 그
부동산을 스스로 계속 사용·수익만 하고 있는 경우와 특별히 다를 바 없으므로 위 두 어느
경우에나 이전등기청구권의 소멸시효는 마찬가지로 진행되지 않는다」고 한다.14) 이는 과거
에 매수인이 그 목적물의 점유를 상실하여 더 이상 사용·수익하고 있는 상태가 아니라면
그 점유상실 시점으로부터 그 이전등기청구권에 관한 소멸시효가 진행한다는 판례15)와 소
멸시효가 진행하지 않는다는 판례16)가 대립하여 엇갈려 있던 것을 전자를 폐기하고 후자로
통일한 것이다.

　　매수인이 점유를 상실하여도 등기청구권이 소멸시효에 걸리지 않는다는 판례에 대하여
는 논의가 적으며, 판례에 찬성하는 견해가 보인다.17) 위의 제 1 설은 이론상 판례에 찬성하
지 않을 것이나, 제 2 설을 따른다고 하여 당연히 찬성하게 되지는 않는다.

(다 검토 및 사견　　생각건대 학설 중 제 2 설과 판례는 실질적 타당성 면에서 고려할
가치가 없지는 않다. 그러나 등기청구권을 채권적 청구권으로 파악하여야 하는 한 그 권리
는 10년의 시효에 걸린다고 하여야 할 것이다. 더욱이 매수인이 목적물을 인도받아 점유하
고 있는 것이 소유권이전청구권 내지 등기청구권의 행사일 수 있다거나 또는 그 경우를 매
도인의 등기의무에 대한 승인이라고 보는 것도 무리이다. 그리고 소멸시효제도의 존재의의
로부터 그 결론을 이끌어 낼 수도 없다. 그 밖에 물권적 기대권으로 설명하는 이론은 물권

12) 이영준, 총칙, 801면.
13) 대판(전원) 1976. 11. 6, 76다148. 동지 대판 1980. 1. 15, 79다1799; 대판 1988. 9. 13, 86다카2908; 대
　　판 1990. 12. 7, 90다카25208; 대판(전원) 1999. 3. 18, 98다32175 등 다수의 판결이 있다.
14) 대판(전원) 1999. 3. 18, 98다32175.
15) 대판 1996. 9. 20, 96다68; 대판 1997. 7. 8, 96다53826; 대판 1997. 7. 22, 95다17298.
16) 대판 1976. 11. 23, 76다546; 대판 1977. 3. 8, 76다1736; 대판 1988. 9. 27, 86다카2634.
17) 고상룡, 물권, 130면.

적 기대권을 인정할 수 없기 때문에 취할 수 없다. 뿐만 아니라 제 2 설 및 판례처럼 해석하면 부동산매수인이 등기를 하지 않아도 보호되게 되어 성립요건주의의 취지가 몰각되게 된다. 그리고 그것은 등기부와 실제의 권리관계의 불일치를 심화시키는 문제를 일으킨다. 이러한 점들에 비추어 볼 때 제 1 설이 타당하다.

한편 이러한 사견의 입장에서는 부동산매수인이 점유를 상실하였는가는 아무런 영향도 없다. 매수인이 점유를 하고 있어도 등기청구권에 관한 소멸시효가 진행하기 때문이다.

3) 본 사안의 경우

사견에 의하면 C의 B에 대한 등기청구권은 매매계약 당시인 1971. 12. 29.에 발생하여 소멸시효가 진행한다. 그리고 그로부터 10년 후인 1981. 12. 29.의 종료와 함께 소멸시효가 완성한다.

B의 A에 대한 등기청구권은 1970. 3. 11.에 발생하여 역시 그때부터 소멸시효가 진행하며, 그로부터 10년 후인 1980. 3. 11.의 종료시에 소멸시효가 완성한다.

결국 사견에 의하면 C의 B에 대한 등기청구권이나 B의 A에 대한 등기청구권은 모두 소멸시효에 걸려 소멸하였다고 할 것이다(절대적 소멸설).

《참 고》

참고로 제 2 설이나 판례에 의한 결과를 보기로 한다. 이들에 의하면 C의 B에 대한 등기청구권은 C가 X토지를 인도받아 점유하고 있고, 그 상태가 현재에도 계속되고 있기 때문에 인도받을 때부터는 소멸시효가 진행하지 않게 된다. 그리고 B의 A에 대한 등기청구권은, 판례 및 그것을 지지하는 견해에 의하면, B가 A로부터 X토지를 인도받아 점유하던 때부터 역시 소멸시효가 진행하지 않으며, 그것은 B가 X토지를 C에게 매도하고 점유를 승계한 본 사안의 경우에도 여전히 소멸시효가 진행하지 않게 된다. 그 결과 B의 A에 대한 등기청구권은 B가 사망한 1984년 그의 상속인인 D에게 상속된다.

---

(4) 채권자대위권 행사의 문제

1) 서

본 사안에서 C가 B에게 등기청구권을 가지고 있고, B도 A에 대하여 역시 등기청구권을 가지고 있다면, 채권자대위권의 요건이 구비되어 있는 경우에는, C가 B의 등기청구권을 대위행사하여 일단 B의 명의로 등기를 하고, 그 뒤에 C가 B에 대한 자신의 등기청구권을 행사하여 자기의 명의로 등기할 수 있을 것이다. 여기서 C가 B의 등기청구권을 대위행사할 수 있는지에 관하여 살펴보기로 한다.

2) 채권자대위권의 의의와 요건

채권자대위권은 채권자가 자기의 채권을 보전하기 위하여 그의 채무자에게 속하는 권리를 행사할 수 있는 권리이다. 민법은 제404조에서 채권자대위권을 규정하고 있다.

　채권자대위권의 요건은, 첫째로 채권자가 자기의 채권을 보전할 필요가 있을 것, 둘째로 채무자가 제 3 자에 대하여 대위행사에 적합한 권리를 가지고 있을 것, 셋째로 채무자가 스스로 그의 권리를 행사하지 않을 것, 넷째로 채권자의 채권이 이행기에 있을 것의 네 가지이다. 이들 중 첫째의 요건은 그 당연한 전제로 채권자에게 채권이 있을 것이 필요하다. 한편 위의 네 가지 요건 중 본 사안과 관련하여 의미가 큰 것은 첫째의 것이다. 그리하여 그에 관하여 좀더 자세히 살펴보기로 한다.

　채권자대위권이 행사될 수 있으려면 채권보전의 필요성이 있어야 한다. 언제 채권보전의 필요성이 있는가에 관하여는 학설이 대립하고 있으며, 판례의 태도는 파악하기가 쉽지 않다.

　먼저 판례는, ① 보전하려고 하는 채권이 금전채권이거나 그 불이행으로 손해배상채권으로 변함으로써 금전채권으로 되는 때에는 채무자의 자력이 당해 피보전채권을 변제하기에 충분하지 않은 경우, 즉 무자력인 경우에 한하여 대위권 행사가 인정되나, ② 특정채권의 보전을 위한 경우에는 채무자의 무자력은 요건이 아니라고 한다(강의, C-179 참조). 그리고 특정채권의 보전을 위한 경우로 채무자가 하여야 할 등기절차를 채권자가 대위행사하는 것과 임차인이 임대인의 방해배제청구권을 대위행사하는 것이 있다. ③ 그 외에 판례는 다른 한편으로 피보전채권이 금전채권인데도 채무자의 자력 유무를 묻지 않고 대위권 행사를 허용하기도 하였다(강의, C-178 참조). 그런가 하면 대법원은 최근에 전원합의체 판결로,「보전의 필요성은 채권자가 보전하려는 권리의 내용, 채권자가 보전하려는 권리가 금전채권인 경우 채무자의 자력 유무, 채권자가 보전하려는 권리와 대위하여 행사하려는 권리의 관련성 등을 종합적으로 고려하여 채권자가 채무자의 권리를 대위하여 행사하지 않으면 자기 채권의 완전한 만족을 얻을 수 없게 될 위험이 있어 채무자의 권리를 대위하여 행사하는 것이 자기 채권의 현실적 이행을 유효·적절하게 확보하기 위하여 필요한지 여부를 기준으로 판단하여야 하고, 채권자대위권의 행사가 채무자의 자유로운 재산관리행위에 대한 부당한 간섭이 되는 등 특별한 사정이 있는 경우에는 보전의 필요성을 인정할 수 없다」고 하였다.[18]

　여기에 관한 학설로는 종래의 판례와 관련하여 우선 판례지지설(원칙적으로 무자력이 필요하다는 견해)이 있다. 그런데 그중에는 판례의 태도 전부에 관하여 타당하다는 견해[19]가 있는가 하면, 판례의 태도 가운데 ③에 관하여는 언급하지 않은 채 판례가 타당하다고 하는 견해[20]도 있고, 판례의 ③의 태도는 옳지 않고 ①, ②만이 타당하다고 하는 견해도 있다.[21] 둘째로는 대위권의 행사는 채권자가 채무자의 권리를 대신 행사하는 것이므로 거기에 채무

18) 대판(전원) 2020. 5. 21, 2018다879.
19) 곽윤직, 채총, 131면; 김증한·김학동, 채총, 184면.
20) 김기선, 채총, 177면; 김용한, 채총, 237면.
21) 김상용, 채총, 237면.

자의 무자력을 요구하는 것은 부당하다는 견해(무자력 불필요설)[22]가 있다. 셋째로는 채무자의 무자력을 대위권 행사의 전제로 해야 할 것인가는 채무자의 제 3 채무자에 대한 권리가 채권자의 채권에 대하여 담보로서의 관련성이 강하거나 또는 밀접불가분의 관계에 있느냐 하는 점을 고려하여 판단하면 될 것이라고 하는 견해가 있다. 그런 견해는 다시, 채권자대위권이 포괄적 담보권이라는 입장에서 다른 채권자 또는 제 3 자의 이익을 해치지 않는 범위 내에서는 채무자의 자력 유무에 관계없이 대위권 행사를 인정해도 좋다는 견해[23]와 채권자대위권을 재산관리권이라고 하면서 채무자의 이익을 해치지 않을 경우에 무자력을 요구하지 않아야 한다고 하는 견해[24]로 나누어진다.

생각건대 판례가 특정채권의 보전을 위하여 대위권 행사를 허용하는 경우는 채권자대위권의 본래의 목적을 벗어난 것이나, 그것이 현재의 사회적 요청을 충족시키고 있음을 고려할 때 판례의 태도에 찬성해야 할 것이다. 그러나 피보전채권이 금전채권인 경우에까지 이를 확장하는 것(위 ③)은 바람직하지 않다.

3) 본 사안의 경우

본 사안에 있어서 C가 B의 등기청구권을 대위행사할 수 있는가?

만약 등기청구권의 소멸시효에 관하여 판례 및 그에 찬성하는 견해를 따르는 경우에는, 이를 긍정할 수 있을 것이다. 채권자인 C가 채무자인 B에 대하여 등기청구권을 가지고 있고, 또 채무자인 B(후에는 D)가 제 3 채무자인 A에 대하여 등기청구권도 가지고 있을 뿐만 아니라, 등기청구권의 보전을 위한 대위행사이므로 — 어느 견해에 의하든 — 채권보전의 필요성도 인정되며, 채무자 B(D)는 자신의 권리를 행사하지 않고 있고, 끝으로 채권자 C의 등기청구권이 이행기에 있어서, 채권자대위권의 요건이 모두 갖추어지기 때문이다.

그러나 등기청구권의 소멸시효에 관한 사견에 의하면, C의 등기청구권과 B(D)의 등기청구권이 이미 오래 전에 소멸시효에 걸려 소멸하였기 때문에, 채권자대위권의 당연한 요건인 채권자의 채권도 없고, 또 채무자의 권리도 없어서 대위행사 문제는 처음부터 생기지 않는다.

⑸ 소   결

사견에 의하면, 본 사안의 경우에 C는 B의 등기청구권을 대위행사하는 방법으로 등기할 수도 없다. 그러나 판례에 의하면, C는 B(D)의 등기청구권을 대위행사하여 B의 명의로 등기한 후, 자신의 등기청구권을 행사하여 자기의 명의로 소유권이전등기를 할 수 있다.

---

22) 김주수, 채총, 221면.
23) 김형배, 채총, 350면.
24) 이은영, 채총, 436면.

3. C가 직접 A에 대하여 등기청구권을 행사하는 방법

(1) 전제조건

본 사안에 있어서 C가 직접 A에 대하여 등기청구권을 행사하는 방법으로 X토지에 관하여 자신의 명의로 소유권이전등기를 할 수 있으려면, 그 당연한 전제로 C가 A에 대하여 등기청구권을 가지고 있어야 한다. 그리고 그 등기청구권이 시효로 소멸하지 않았어야 한다. 그런데 — 시효소멸 여부에 관하여는 별론으로 하고 — 등기청구권의 존재 여부에 관하여 보건대, A와 C는 매매계약의 직접 당사자가 아니고 최초의 양도인·최후의 양수인의 관계에 있다. 이와 같이 계약의 당사자가 아닌 자 사이에 등기청구권이 인정되는가, 그리고 그러한 자 사이에 행하여진 등기는 유효한가가 문제된다. 이들은 중간생략등기의 문제이다.

(2) 중간생략등기의 문제

1) 의　　의

중간생략등기는 부동산물권이 최초의 양도인으로부터 중간취득자를 거쳐 최후의 양수인에게 전전이전되어야 할 경우에 중간취득자에의 등기를 생략해서 최초의 양도인으로부터 직접 최후의 양수인에게 등기하는 것을 말한다. 이러한 중간생략등기에 있어서는 두 가지가 문제된다. 하나는 중간생략등기가 이미 행하여진 경우에 그 등기가 유효한가이고, 나머지 하나는 최후의 양수인이 최초의 양도인에 대하여 등기청구권을 가지는가이다. 그런데 문헌들은 거의 대부분 이러한 구별을 하지 않고 있다. 이 둘은 반드시 일치하지는 않으므로 구별하여 살펴보아야 한다.

중간생략등기의 유효성과 관련하여서는 그 등기를 금지하고 있는 부동산등기특별조치법 규정(2조·8조 1호·11조)이 있음을 유의하여야 한다. 그러나 그 규정은 효력규정이 아니고 단속규정이라고 이해하여야 한다. 따라서 그에 위반하더라도 벌칙의 제재는 별도로 하고 사법상 효력이 당연히 없어지는 것은 아니다. 그렇게 새기지 않으면 거래의 안전을 보호할 수 없기 때문이다. 통설과 판례도 같은 입장이나, 효력규정이라고 하는 소수설도 있다.

2) 중간생략등기의 유효성

이와 같이 중간생략등기의 금지규정이 단속규정에 불과하기 때문에 중간생략등기의 유효 여부는 학설·판례에 맡겨져 있다.

(개) 학　　설　　　학설은 크게 무효설, 조건부 유효설, 무조건 유효설의 셋으로 나누어지고, 그 내부에서 다시 세분되기도 한다. 무효설에는 절대적 무효설과 상대적 무효설이 있고, 무조건 유효설에는 물권적 기대권설, 독일민법 원용설, 제 3 자를 위한 계약 병존설, 기타가 있다.

ⅰ) 절대적 무효설은, 중간생략등기 금지규정을 효력규정으로 이해하면서 「이제는 형사처벌의 대상이 되고 있는 중간생략등기는 효력규정 위반으로 무효인 등기로 보아야 할

것」이라고 한다.25) 그리고 이 견해는 성립요건주의 하에서는 중간생략등기 이행청구권이 허용되어서는 안 된다고 한다.26)

ⅱ) 상대적 무효설은 형식주의 하에서는 중간생략등기는 물권변동의 과정은 물론이고 물권의 현재상태도 공시하지 못하므로 원칙적으로 무효라고 해야 하나, 그것이 오래 전부터 관행되고 있으므로 거래의 안전을 고려하여 제 3 자가 나타난 때에는 일반적인 제 3 자 보호의 원칙에 의하여 이 등기의 무효 주장을 배제해야 한다고 한다.27)

ⅲ) 조건부 유효설은 3자 합의가 있어야 한다는 견해이다. 그런데 이 견해는, 중간생략등기는 양도인·양수인·중간자의 3자의 합의를 요하는 것이지만, 이러한 합의가 없음에도 불구하고 일단 중간생략등기가 경료되면 그 등기는 실체관계에 부합하는 것이어서 유효하다고 한다.28) 그리고 이 견해는 3자 합의가 없는 때에는 최종양수인은 최초양도인에 대하여 직접 소유권이전등기를 청구할 수 없다고 한다.29)

ⅳ) 물권적 기대권설은 갑·을 사이에 물권을 이전한다는 합의로 말미암아 을은 물권적 기대권을 취득하고, 을이 병에게 물권적 기대권을 양도한 경우에는 병은 갑에 대하여 직접 등기를 청구할 수 있다고 한다.30) 이 견해는 중간생략등기가 행하여진 경우의 유효성은 당연히 인정할 것이다.

ⅴ) 독일민법 원용설은, 우리 민법에 명문규정은 없지만 독일민법 제185조 제 1 항을 원용하여 비권리자의 처분은 권리자의 동의를 얻어서 행한 것일 때에는 유효하다고 해야 하는데, 갑·을, 을·병 사이의 부동산의 전전매매가 있었다면 갑·을 사이의 물권행위(채권행위에 포함됨)는 비권리자인 을이 갑의 부동산소유권을 처분하는 데 대한 동의로서의 의미를 갖는 것으로 새길 수 있다고 한다. 따라서 을·병 사이의 채권행위와 그에 포함된 물권행위는 유효하게 되고, 이들 갑·을, 을·병 사이의 채권행위와 물권행위에 의하여 갑·병 사이에 그러한 채권행위와 물권행위가 있었던 것이 되며, 거기에다가 갑으로부터 병으로의 이전등기가 있으므로 소유권은 유효하게 갑으로부터 병에게 이전한 것이 된다고 한다. 그리고 갑·병 사이에 채권행위가 있었던 것으로 다루어지기 때문에 병은 갑에 대하여 등기청구권을 갖는다고 한다.31)

학설들 가운데 일부(ⅱ설, ⅹ설)는 등기청구권에 관하여 전혀 밝히지 않고 또 그 결과를 짐작하기도 어렵다.

㈏ **판 례**   판례는 중간생략등기는 3자 합의가 있을 때 유효함은 물론이나 3자

---

25) 김상용, 물권, 174면.
26) 전주 문헌, 173면.
27) 장경학, 물권, 231면.
28) 이영준, 물권, 128면.
29) 전주 문헌, 125면.
30) 김용한, 물권, 132면; 황적인, 물권, 100면.
31) 곽윤직, 물권, 91면.

합의가 없더라도 합의가 없었음을 이유로 그 무효를 주장하지 못하고, 그 말소를 청구하지도 못한다고 한다.[32] 그리고 등기청구권이 인정되려면 관계당사자 전원의 합의가 있어야 한다고 한다. 즉 중간자의 동의 외에 최초의 자와 최종의 자의 동의도 필요하다고 한다.[33]

(라) 사   견   생각건대 — 등기의 공신력이 인정되는 경우 — 중간생략등기는 무효라고 하여야 한다. 그런데 우리 법상 등기의 공신력이 없어서 그렇게 새길 수 없다. 그러나 거래의 안전만을 고려하여 등기청구권까지 인정하여서는 안 될 것이다. 결과적으로 판례처럼 이미 행하여진 중간생략등기는 유효하다고 하되, 등기청구권은 관계당사자 전원의 합의가 있는 경우에만 인정된다고 해석하여야 할 것이다. 이러한 해석은 이미 행하여진 등기의 유효성 설명에 어려움이 있으나, 등기의 공신력이 없는 상태에서 거래의 안전을 보호하기 위하여 불가피한 일이라고 하는 수밖에 없다.

(3) 본 사안의 경우

본 사안에 있어서 A로부터 C로 직접 소유권이전등기가 된다면, 그것은 중간생략등기이다. 사견에 의하면, 그러한 등기가 이미 행하여졌다면 거래의 안전을 보호하기 위하여 부득이 유효하다고 하여야 한다. 그러나 본 사안의 경우처럼 아직 등기가 행하여지지 않은 경우에는 A · B · C 전원의 합의가 있는 때에만 C는 A에 대하여 등기청구권을 가진다고 할 것이다. 단순히 B(또는 D)의 동의가 있는 것만으로는 충분하지 않다.

《참 고》

판례에 의할 때에도 사견과 같다. 그러나 위의 학설 중 iv), v), vi), ix)설에 의하면 C는 아마도 A에 대하여 등기청구권을 가지게 될 것이다. 그러나 등기청구권이 발생한다고 하여 곧바로 등기할 수 있는 것은 아니다. C의 그 등기청구권이 소멸시효에 걸려 소멸하지 않는다는 입장에 서 있어야 등기를 할 수 있다.

Ⅲ. 점유 취득시효를 원인으로 하여 등기를 할 수 있는지 여부

1. 서   설

본 사안에 있어서 C가 매매계약을 원인으로 하여 X토지에 관하여 소유권이전등기를 할 수 있다면 다른 방법은 필요하지 않다. 그런데 사견에 의하면 그 방법으로는 등기를 할 수 없다. 그리하여 이제는 C가 X토지를 오랫동안 점유 · 사용해 온 것을 근거로 하여 점유 취득시효에 의하여 소유권을 취득할 수 있는지 문제된다.

---

32) 대판 1969. 7. 8, 69다648; 대판 1979. 7. 10, 79다847; 대판 1980. 2. 12, 79다2104; 대판 2005. 9. 29, 2003다40651.
33) 대판 1994. 5. 24, 93다47738; 대판 1995. 8. 22, 95다15575; 대판 1997. 5. 16, 97다485 등.

2. 부동산의 점유 취득시효

민법은 제245조에서 부동산소유권의 취득시효로서 점유 취득시효와 등기부 취득시효를 규정하고 있다. 둘 가운데 본 사안은 점유 취득시효만 문제되므로, 그에 관하여만 요건과 효과를 살펴보기로 한다.

(1) 요　　건

1) 주　　체

부동산의 점유 취득시효의 요건으로는 우선 주체가 있다. 취득시효는 권리의 주체가 될 수 있는 자이면 누구든 가능하다. 자연인은 물론이고 사법인·공법인과 법인 아닌 사단이나 재단도 주체일 수 있다.

2) 객　　체

객체는 부동산이다. 그 부동산은 타인의 물건이어야 할 필요는 없으며, 자기의 부동산인데도 소유권을 증명할 수 없을 때에는 취득시효를 주장할 수 있다(통설·판례도 같음). 그리고 1필의 토지의 일부도 객체가 될 수 있다. 또한 국유재산이나 공유재산도 일반재산은 시효취득이 될 수 있다.

3) 일정한 요건을 갖춘 점유

일정한 요건을 갖춘 점유가 있어야 한다. 구체적으로는 자주점유이어야 하고, 또 평온·공연한 점유이어야 한다. 자주점유와 평온·공연한 점유는 법률상 추정된다(197조 1항).

4) 20년간의 점유

위와 같은 점유가 20년간 계속되어야 한다.

이 20년의 기간의 기산점에 관하여 판례는 과거에는 시효의 기초가 되는 점유가 시작된 때이며, 시효취득을 주장하는 자가 임의로 기산점을 선택하지 못한다고 하였다.[34] 그 뒤 판례가 변경되어, 시효기간 중 계속해서 등기명의자가 동일한 경우에는 기산점을 어디에 두어도 무방하나,[35] 시효기간 만료 후 이해관계 있는 제3자가 있는 경우에는 기산점을 임의로 선택할 수 없다고 하였다.[36] 그 후 여기에 약간 수정을 가하여, 취득시효 완성 후 등기명의가 변경되고, 그 뒤에 다시 취득시효가 완성된 때에는 등기명의 변경시를 새로운 기산점으로 삼아도 무방하다고 하였다.[37]

학설은 ⅰ) 실제로 점유를 시작한 때가 기산점이라는 견해,[38] ⅱ) 판례를 지지하는 견해,[39] ⅲ) 임의로 기산점을 선택할 수 있다는 견해[40] 등으로 나뉘어 있다.

---

34) 대판 1966. 2. 28, 66다108.
35) 대판 1976. 6. 22, 76다487·488.
36) 대판 1977. 6. 28, 77다47.
37) 대판(전원) 1994. 3. 22, 93다46360; 대판 1995. 2. 28, 94다18577; 대판 1999. 2. 12, 98다40688.
38) 곽윤직, 물권, 191면; 이은영, 물권, 388면.
39) 이영준, 물권, 465면. 이상태, 물권, 229면-230면은 변경된 초기 판례의 태도와 같다.

생각건대 원래 점유기간의 기산점을 임의로 선택하는 것은 이론상 옳지 않다. 그리고 반대설이 기산점을 임의로 선택할 수 있도록 하려는 이유는 취득시효 완성자로 하여금 시효취득을 쉽게 하게 하려는 데 있는데, 사견으로는 점유 취득시효의 요건이 갖추어지면 사실상 소유권 취득을 인정하여야 하고 또 그리할 수 있다고 생각되므로 기산점의 임의선택 허용과 같은 조치는 필요하지 않다.

(2) 효   과

통설·판례는 이상과 같은 요건이 갖추어진 경우에는 점유자에게 등기청구권이 발생하고, 그 권리를 행사하여 등기함으로써 비로소 소유권을 취득한다고 한다. 그러나 점유 취득시효의 여러 가지 문제점을 생각하면 그 요건을 엄격하게 적용하되, 요건이 갖추어지면 사실상 소유권을 취득하는 것으로 해석하여야 한다. 한편 취득시효에 의한 소유권 취득이 원시취득인가(다수설), 승계취득인가(소수설)에 대하여는 견해가 나뉘나, 이론상 원시취득이라고 새겨야 한다.

점유 취득시효가 완성된 경우의 등기청구권의 발생원인과 성질에 관하여는 ⅰ) 제245조 제 1 항의 법률규정에서 발생하고 성질은 채권적 청구권이라는 견해41)와 ⅱ) 물권적 기대권의 효력으로서 등기청구권이 발생한다는 견해42)가 대립하고 있다. 뒤의 견해는 성질은 명백히 밝히지 않으나 아마도 물권적 청구권 내지 물권적인 권리라고 할 것이다. 판례는 이 경우의 등기청구권은 채권적 청구권이라 하며, 그 등기청구권은 점유가 계속되는 한 시효로 소멸하지 않는다고 한다.43) 사견으로는 취득시효의 요건이 갖추어진 경우에는 점유자에게 사실상 소유권이 있고 그때는 실체관계와 등기가 불일치하는 경우이어서 물권의 효력으로서 물권적 청구권인 등기청구권이 발생한다고 할 것이다.

취득시효의 경우의 등기는 성질상 보존등기이어야 하나, 형식상 이전등기가 행하여진다. 그리고 이때의 등기신청은 취득시효 완성자가 등기의무자(등기명의인 또는 그 상속인)와 공동으로 하여야 한다.

점유 취득시효는 점유자가 스스로 매매 또는 증여와 같은 자주점유의 권원을 주장하였으나 그것이 인정되지 않은 경우에 주장하는 일이 많다. 이러한 것도 허용해 줄 것인가의 문제가 있다. 이를 인정하면 두 번의 기회가 주어지기 때문이다. 이 문제는 종래 자주점유의 추정과 관련하여 논의되고 있다. 판례는 과거에는 그때에도 타주점유라고 볼 수 없다는 판결과 그때에는 자주점유로 추정되지 않는다는 판결이 혼재하였으나, 현재에는 그 사유만으로 자주점유의 추정이 번복되거나 점유권원의 성질상 타주점유라고 볼 수 없다는 입장이

---

40) 고상룡, 물권, 303면.
41) 고상룡, 물권, 133면; 곽윤직, 물권, 107면; 김기선, 물권, 104면; 이상태, 물권, 109면; 이영준, 물권, 196면; 이은영, 물권, 217면; 이태재, 물권, 97면; 장경학, 물권, 249면.
42) 김상용, 물권, 193면; 김용한, 물권, 144면; 김증한·김학동, 물권, 99면; 황적인, 물권, 112면.
43) 대판 1996. 3. 8, 95다34866·34873.

다.44) 이러한 판례에 대하여 지지하는 견해가 다수설이나, 반대하는 소수설도 있다. 생각건대 이 경우에 자주점유로 추정함은 소송이론의 면에서 그리고 타당성의 면에서 의문이 없지 않으나, 현행법상 배척하기가 어려울 것이다.

3. 본 사안의 경우

본 사안에 있어서 C가 점유 취득시효에 의하여 X토지의 소유권을 취득할 수 있는지를 보기로 한다.

본 사안의 경우에 C는 주체 면에서 취득시효를 할 수 있다. 그리고 X토지는 객체가 되는 데 지장이 없다. X토지가 실질적으로는 C의 소유이지만 취득시효가 불가능한 것은 아니다. 나아가 C는 X토지를 소유의 의사로 평온·공연하게 점유하고 있다. 이러한 자주점유, 평온·공연한 점유는 민법상 추정되기 때문에 반대증명이 없는 한 인정된다. 그리고 C가 매매를 주장하였는데 인정되지 못하였더라도 자주점유로 추정된다(판례도 같음). 점유기간은 1971. 12. 29. 무렵부터 2003. 1. 7.까지 30년이 넘도록 계속되었다. 이 점유기간의 기산점을 임의로 선택할 수 있는지에 관하여 논란이 있다. 그러나 임의로 선택할 수 없다고 하여야 한다.

결국 본 사안에서 C는 점유 취득시효의 요건이 갖추어졌다. 그 결과 C는 사실상 소유권을 취득한다고 할 것이다. 그리고 C에게는 소유권이라는 물권의 효력으로서 발생하는 물권적 청구권으로서 등기청구권이 발생한다. 그리하여 그 권리를 행사하여 자신의 명의로 등기할 수 있다. 그 등기는 소유권이전등기이고 그 상대방은 A이며, C와 A는 공동으로 등기를 신청하여야 한다.

《참 고》───────────────────────────────────────

참고로 말하면, 판례에 의하는 경우에는 점유기간의 기산점을 임의로 선택할 수 있고, 그리하여 현재 등기청구권이 생기는 것으로 될 수도 있다. 그리고 그 등기청구권을 행사하여 소유권이전등기를 하면, 그때 비로소 X토지의 소유권을 취득하게 된다.

Ⅳ. 결 론

본 사안에 있어서 C가 X토지에 관하여 소유권이전등기를 할 수 있는 방법으로는, 부동산매수인으로서 등기청구권을 행사하여 등기하는 것과 점유 취득시효를 원인으로 등기하는 것의 두 가지가 있고, 전자에는 다시 C가 B의 등기청구권을 대위행사한 후 자신의 등기청

───────────────

44) 대판(전원) 1983. 7. 12, 82다708·709, 82다카1792·1793 등.

구권을 행사하는 방법과 C의 A에 대한 등기청구권을 행사하여 등기하는 방법을 생각할 수
있다.

　　그런데 사견으로는 C가 B의 등기청구권을 대위행사하는 방법은 C와 B의 등기청구권이
모두 소멸시효에 걸려 소멸하였기 때문에 불가능하고, C의 A에 대한 등기청구권은 인정될
수 없어서 역시 행사될 수 없다. 그에 비하여 C는 점유 취득시효의 요건을 갖추었으므로
그것을 주장하여 등기를 할 수는 있다.

[29] 부동산 물권변동(물권행위의 무인성 인정 여부와 제3자 보호)

문 제

　A는 착오(취소요건을 갖춘 착오라고 가정함)에 빠져서 그의 X토지를 B에게 매도하고 B의 이름으로 X토지의 소유권이전등기도 해 주었다. 그 뒤 A는 자신이 착오에 빠져서 계약을 체결하였음을 깨닫고, B와 체결한 매매계약을 착오를 이유로 취소하였다. 그런데 그 후 B는 X토지가 자기의 이름으로 등기되어 있는 것을 이용하여 X토지를 C에게 매도하고 등기도 넘겨 주었다.

　이 경우에 X토지의 소유권에 관한 법률관계는 어떻게 되는가?

I. 논점의 정리

　본 사안에 있어서 A는 착오에 빠져서 자신의 X토지를 B에게 매도하는 계약을 체결하고 그에 관하여 소유권이전등기까지도 마친 후에 착오를 이유로 매매계약을 취소하였다. 이러한 경우에 B에게 이전되었던 X토지의 소유권이 계약 취소에 의하여 A에게 당연 복귀하는지가 문제된다. 그런데 이 문제에 대하여 제대로 답하기 위하여서는 착오를 이유로 한 취소에 의하여 X토지의 소유권이전의 합의가 영향을 받아 무효로 되는지를 검토하여야 하며, 설사 소유권이전의 합의가 무효로 되더라도 제3자가 보호되는 다른 근거는 없는지도 살펴보아야 한다.

　본 사안에 있어서는 A의 착오가 취소요건을 갖춘 것이라고 가정되어 있다. 그런데 여기서 취소요건이 갖추어졌다 함은 채권행위인 매매계약에 관하여서이다. 따라서 채권행위의 이행으로서 행하여진 물권행위, 즉 본 사안의 경우 소유권이전의 합의도 착오를 이유로 당연히 취소할 수 있다는 의미는 아니다. 채권행위에 관하여 착오취소의 요건이 갖추어진 경우 가운데에는 그 착오가 물권행위에도 존재하여 그것 역시 취소될 수 있는 때가 있는가 하면, 물권행위에 대하여는 취소할 수 없는 착오만이 존재하는 때도 있다. 가령 객체의 동일성의 착오는 전자의 예이고, 표시행위의 착오는 후자의 예이다. 이 두 경우의 착오취소의 효과는 이론, 특히 물권행위의 무인성 인정 여부에 관한 이론에 따라서 차이를 보이게 된다.

　이와 같이 착오취소의 요건이 물권행위에도 갖추어진 경우와 물권행위에는 취소요건이 갖추어지지 않은 경우에 취소의 효과에 있어서 차이를 보이므로, 본 사안에서 X토지의 소유관계와 관련하여서는 이 두 경우를 나누어 살펴보아야 한다. 그런데 그 순서는 이해의 편

-233-

의상 물권행위에는 취소요건이 갖추어지지 않은 경우를 먼저 논의하는 것이 낫다.

Ⅱ. 물권행위에는 착오취소의 요건이 갖추어지지 않은 경우

1. 서   설

가령 본 사안에 있어서 A가 X토지의 매매계약을 체결하기 위하여 편지로 매도청약을 하면서 매매대금을 의도했던 것과 다르게 기재하고 이를 모른 채 B에게 소유권이전등기를 넘겨 주었다면, A가 B와의 사이에 행한 소유권 이전의 합의라는 물권행위에는 동기의 착오만 존재할 뿐 법률행위의 내용의 착오는 없다. 따라서 물권행위는 착오취소의 요건을 갖추지 못한다.

이처럼 채권행위는 취소요건이 갖추어지고 그 이행행위인 물권행위는 취소요건이 갖추어지지 못한 경우에, 착오자인 A가 매매계약을 취소하면, 물권행위의 효력은 어떻게 되는가? 만약 물권행위의 효력이 그대로 유지된다면 C는 당연히 보호될 수 있을 것이나, 물권행위도 무효로 된다면 C는 보호되지 못하게 된다. 그리하여 후자의 경우라면 제 3 자인 C를 보호할 수 있는 다른 방법을 찾아야 한다.

그런데 이들은 결국 물권행위에 무인성을 인정할 것이냐에 달려 있다. 그래서 아래에서는 먼저 물권행위의 무인성에 관한 학설·판례를 살펴보고, 이어서 본 사안의 경우에 대하여 보기로 한다.

2. 물권행위의 무인성 인정 여부

물권행위는 보통 채권행위의 이행행위로서 행하여진다. 이와 같이 채권행위가 먼저 행하여지고 그 이행행위로서 물권행위가 따로 독립하여 행하여진 때에, 그 원인행위인 채권행위가 존재하지 않거나 무효이거나 취소·해제되는 경우에, 그 채권행위를 원인으로 하여 따로 행하여진 물권행위도 무효가 되어 물권변동이 없었던 것으로 되느냐가 물권행위의 무인성의 문제이다.

(1) 학   설

이에 대하여 물권행위의 효력은 그 원인인 채권행위의 부존재·무효·취소·해제 등으로 당연히 영향을 받는다는 것이 물권행위의 무인성을 부정하는 견해(유인론)이고, 물권행위의 효력은 그 원인이 되는 채권행위에 영향을 받지 않는다는 견해가 물권행위의 무인성을 인정하는 견해(무인론)이다. 그리하여 채권행위가 실효하는 경우, 유인론에 의하면 물권행위도 효력을 잃게 되나, 무인론에 의하면 물권행위는 그대로 유효하게 된다.

무인론과 유인론은 각기 여러 가지 이유를 든다. 그중 중요한 것만을 추리면, 무인론에서는 무인성을 인정함으로써 등기에 공신력을 주고 있지 않은 우리 민법의 결함을 보정하여 거래의 안전을 보호할 수 있으며, 또한 무인성의 인정이 사회일반의 거래의식에 부합한다고 한다. 그에 비하여 유인론에서는 무인론이 거래의 안전을 보호한다고 하지만 그 범위가 그다지 넓지 않으며, 그에 의하면 악의의 제 3 자까지도 보호하게 되는 단점이 있다고 한다.

한편 우리나라에서 주장되고 있는 무인론은 모두 상대적 무인론이다. 즉 언제나 무인성이 인정되는 것이 아니고, 원칙적으로는 무인성이 인정되나 일정한 경우에는 물권행위가 유인성을 띤다고 한다. 그런데 어떤 경우에 유인으로 되느냐에 관하여는 견해가 일치하지 않는다. 채권행위의 유효를 물권행위의 조건으로 한 경우, 채권행위와 물권행위가 외형상 하나의 행위로 행하여진 경우에 유인으로 된다는 데 대하여는 다툼이 없으나, 채권행위·물권행위 양자에 관하여 무효·취소원인이 공통한 경우에 관하여는 채권행위와는 별도로 물권행위 자체의 효력의 문제라는 견해1)와 그것 역시 예외적으로 유인으로 되는 경우로 설명하는 견해2)가 대립된다.

(2) 판　　례

판례는 우리 법제에서 물권행위의 무인성은 인정되지 않는다고 한다.3)

(3) 검토 및 사견

생각건대 무인론이 거래의 안전을 보호하고 있음은 부인할 수 없으나, 유인론에서 주장하는 것처럼, 유인론에 의하는 경우와 큰 차이가 없으며, 그 이론에 따른다면 악의의 제 3 자까지 보호하는 무시못할 단점이 수반된다. 악의의 제 3 자가 보호되면 그 뒤에서 진정한 권리자가 희생되고 있음을 상기하여야 한다. 그리고 민법이 여러 곳에서 (선의의) 제 3 자 보호규정을 두고 있는데, 그러한 규정을 두고 있는 취지를 살리기 위하여서도 유인론을 취하여야 한다. 또한 무인론을 따르는 경우, 특히 상대적 무인론의 경우, 실제로 구체적인 사례에서 물권행위의 실효 여부 판정이 매우 어려워지는 현실적인 문제점도 생긴다. 그 밖에 일반인의 의식으로도 채권행위가 실효하면 물권행위도 실효하는 것으로 여길 것이다. 결국 물권행위의 무인성은 부정되어야 한다.

이처럼 물권행위의 무인성이 부정되어야 하므로 독자성도 인정되어야 할 이유가 없다. 그 결과, ① 물권행위와 채권행위는 특별한 사정이 없는 한 하나의 행위로 행하여지는 것이 원칙이다(독자성 부인). 따라서 그 행위에 관한 제한능력·의사의 흠결·하자 등은 두 행위에 모두 영향을 미친다. 그러나 이때 물권행위가 효력을 잃게 되는 것은 물권행위 자체에 흠이 있기 때문이며, 유인·무인과는 관계가 없다.4) ② 그에 비하여 채권행위와 물권행위가 따로 행하여진 경우, 예컨대 매매계약 체결 후 그 이행으로서 물권의 이전만을 목적으로 하는 법

---

1) 김용한, 물권, 97면.
2) 김증한·김학동, 물권, 59면.
3) 대판 1977. 5. 24, 75다1394; 대판 1982. 7. 27, 80다2968; 대판 1995. 5. 12, 94다18881·18898.
4) 유인·무인은 물권행위에는 흠이 없는 경우에 원인행위인 채권행위가 실효하는 때에 문제된다.

률행위를 따로 하는 경우에는, 채권행위의 실효는 반대의 특약이 없는 한 원칙적으로 물권행위에 효력을 미친다(유인).

3. 무인론과 유인론에 따른 결과

물권행위의 무인성을 인정하거나 부정하는 경우에 본 사안과 같이 채권행위가 취소된 때에는 구체적으로 어떤 결과가 되는지를 보기로 한다. 앞서 본 바와 같이, 사견은 물권행위의 무인성을 부정하는 입장에 있어서 무인성을 인정하는 이론은 살펴볼 필요가 없겠으나, 교육적인 의미에서 무인론의 경우도 기술하기로 한다.[5]

(1) 무인론을 따르는 경우

무인론에 의하면, 채권행위에만 취소원인이 존재하고 물권행위에는 취소원인이 없는 경우에 채권행위가 취소되는 때에는, 채권행위의 실효는 물권행위에 영향을 미치지 않는다. 따라서 이미 변동된 물권은 원래의 물권자에게 당연 복귀하지 않는다. 다만, 변동된 물권은 법률상 원인 없는 이득, 즉 부당이득이 되므로 현재의 물권자는 원래의 물권자에게 반환하여야 할 채무를 부담한다. 그렇지만 물권을 복귀시키려면 물권변동에 관한 규정(186조·188조 1항)에 따라 물권행위와 공시방법(부동산의 경우 등기, 동산의 경우 인도)을 갖추어야 한다.

이처럼 채권행위가 취소되더라도 물권행위의 효력은 그대로 유지되기 때문에 물권자로부터 물권을 양수한 자도 유효하게 물권을 취득한 것으로 된다. 그리하여 무인론을 취하면 이 경우에 제 3 자는 이론상 당연히 보호된다. 제 3 자가 선의인가 악의인가는 묻지 않는다. 즉 취소할 수 있는 법률행위를 기초로 하여 물권을 양수한 제 3 자가 취소할 수 있는 법률행위임을 알고서 양수하였더라도 그는 보호된다. 그러므로 무인론을 따르는 때에는 이 경우에 제 3 자를 위한 법률규정은 필요하지 않다.

(2) 유인론을 따르는 경우

유인론을 취하는 경우에는 보통 물권행위의 독자성도 부인한다. 그리하여 물권행위는 원칙적으로 채권행위에 포함되어 행하여진 것으로 이해한다. 그리고 그때 채권행위가 취소되면 그에 포함되어 있는 물권행위도 효력을 잃게 된다. 그러나 이는 물권행위의 무인성을 부정한 결과가 아니고, 채권행위·물권행위가 합해져서 행하여져 물권행위에도 취소원인이 같이 존재하고 있기 때문이다.

그에 비하여, 채권행위와 물권행위가 분명히 따로 행하여졌고 그중에 채권행위에만 취소원인이 있는 경우에 채권행위가 취소되면 어떻게 되는가? 유인론에 의하면 이때에도 원칙적으로 물권행위는 효력을 잃는다. 이는 물권행위의 무인성을 인정하지 않은 결과이다. 이 경우에 물권행위가 효력을 잃음으로써 변동된 물권은 변동되지 않았던 것으로 된다. 왜냐하

---

5) 물권행위의 무인성과 관련한 논의에서는 무인성을 인정할 것인지 여부보다는 그 이론을 정확하게 이해하는 것과, 각 이론에 따를 때 어떤 결과가 생기는지를 올바르게 알고 있는 것이 더 중요하다.

면 법률행위에 의한 물권변동이 일어나려면 물권행위와 공시방법(등기·인도)의 두 요건을
갖추어야 하는데, 채권행위의 취소에 의하여 그 요건 중의 하나인 물권행위가 소급해서 효
력이 없었던 것으로 되기 때문이다.

　　어쨌든 유인론을 취하면 물권행위가 채권행위에 포함되어 행하여지는 원칙적인 경우뿐
만 아니라 물권행위가 채권행위와 따로 행하여지는 예외적인 경우에도, 채권행위를 취소하
면 물권행위도 효력을 잃게 되어 물권은 본래의 권리자에게 당연 복귀하게 된다. 그리하여
물권을 복귀시키기 위한 물권행위나 공시방법(등기·인도)은 행할 필요가 없다. 그 결과, 만
약 취소할 수 있는 법률행위의 당사자 일방으로부터 물권을 양수한 자가 있으면 — 특별한
법률규정이 없는 한 — 그는 채권행위의 취소에 의하여 물권을 상실하게 된다. 즉 유인론을
취하는 경우에는 진정한 권리자는 보호되나, 그 반면에 제 3 자 내지 거래의 안전이 위협받
게 된다. 특히 우리 법상 부동산의 등기에는 공신력이 인정되지 않아서 더욱 그렇다. 이러
한 유인론에서는 법률의 특별규정이 있는 경우에만 제 3 자가 보호될 수 있다. 따라서 제 3
자 보호규정은 유인론에서는 대단히 중요한 의미를 가진다.

　(3) 민법 제109조 제 2 항의 의미와 제 3 자 범위의 확장

　　민법은 제109조 제 2 항에서 착오를 이유로 한 취소를 가지고 선의의 제 3 자에게 대항
하지 못한다고 규정한다.

　　이러한 제 3 자 보호규정은 유인론에서는 대단히 중요하다. 무엇보다도 등기에 공신력
이 없는 우리 법제 하에서 부동산 거래의 경우 제 3 자는 — 착오가 있는 때에는 — 제109
조 제 2 항에 의하여서만 보호될 수 있기 때문이다. 그에 비하여 무인론을 취하는 때에는 이
경우 제109조 제 2 항은 불필요한 규정이 된다. 무인론에서는 이 경우에는 제 3 자가 이론상
당연히 보호되기 때문이다. 다만, 무인론은 악의의 제 3 자까지도 보호하는 문제점은 있다.

　　유인론에 따르면 제 3 자가 법률규정에 의하여서만 보호될 수 있기 때문에 제 3 자 보호
규정의 해석이 매우 중요하게 된다.[6] 특히 제 3 자의 범위가 그렇다. 본 사안에 관계된 제
109조 제 2 항에서 선의의 제 3 자는 본래 취소의 의사표시가 있었던 때를 기준으로 하여
「그 이전에」 착오로 인한 의사표시임을 알지 못하고 새로운 이해관계를 맺은 자이다. 그런
데 이러한 해석은 우선 — 등기의 공신력이 인정되지 않고 있는 우리 법에서의 — 부동산
거래에는 적당치 않다. 법률행위에 착오가 존재하느냐뿐만 아니라 착오 있는 법률행위가 취
소되었는가도 외부의 제 3 자로서는 쉽게 알 수 없다. 그럼에도 불구하고 법률행위에 착오
가 있어 취소될 수 있는가에 관하여 선의인 제 3 자는 보호되고 취소가 있었다는 사실을 알
지 못하는 제 3 자는 보호되지 못한다는 것은 균형을 잃은 것이고 실질적으로도 부당하다.
거래의 안전을 보호하고 아울러 실질적으로도 타당하게 하려면 「취소할 수 있는 법률행위

---

6) 그러나 무인론을 따르더라도 다음에 보는 둘째의 경우에는 제 3 자 보호규정에 의하여서만 제 3 자가 보
　호되기 때문에 그때에는 제 3 자 보호규정의 해석이 마찬가지로 중요하게 된다.

임을 알지 못한 제 3 자」외에 「취소가 있었음을 알지 못한 제 3 자」도 보호하여야 한다. 그
러고 보면 제109조 제 2 항의 「선의의 제 3 자」는 — 부동산 거래의 경우 — 법률행위의 취
소에 의한 말소등기가 행하여진 시기를 기준으로 하여 그 시기까지 취소의 의사표시가 있
었음을 알지 못하고 새로이 이해관계를 맺은 자도 포함한다고 새겨야 한다. 판례는 사기의
경우에 관하여 같은 태도를 취하고 있다.[7]

이러한 제 3 자 범위의 확장은 동산 거래에 있어서도 필요하다. 그리고 물건 이외의 거
래, 예컨대 지명채권의 거래의 경우에도 마찬가지로 새겨야 한다.

4. 본 사안의 경우

이제 사견인 유인론의 견지에서 본 사안에 있어서 X토지의 소유관계를 구체적으로 살
펴보기로 한다.

유인론에 의하면, 본 사안의 경우 A의 매매계약 취소에 의하여 X토지의 소유권은 B에
게 이전하지 않았던 것으로 된다. 이렇게 X토지의 소유권이 A에게 당연 복귀하는 이유는
매매계약의 취소가 소유권이전의 합의라는 물권행위에 영향을 미치기 때문이다. 그런데 이
경우 물권행위가 무효로 되는 것은 유인이기 때문인가 취소원인(하자)이 공통이어서인가? 유
인론을 취하는 한 결과는 마찬가지이나, 이론상으로는 후자로 보는 것이 나을 것이다. 즉
유인론을 취하면서 아울러 물권행위의 독자성도 부정하는 이론에서는 물권행위가 채권행위
와 따로 행하여졌는지 「불분명한 경우」물권행위가 채권행위 속에 포함되어 행하여진 것으
로 해석한다. 그런데 본 사안의 경우가 불분명한 때에 해당한다. 따라서 본 사안에 있어서
도 물권행위가 채권행위에 포함되어 행하여졌다고 보아야 한다. 그리하여 취소원인은 두 행
위에 공통으로 존재하게 된다. 그 때문에 본 사안에서 매매계약(채권행위)만을 취소하더라도
그것과 한 몸을 이루고 있는 물권행위도 효력을 잃게 되는 것이다.

그런데 착오취소에 의한 물권의 당연 복귀는 B로부터 X토지를 매수한 C가 있고 또 C
와 같은 제 3 자를 보호하는 특별규정(109조 2항)이 두어져 있어서 영향을 받는다. 즉 만약
C가 제109조 제 2 항의 선의의 제 3 자로 인정되면 그 선의의 C를 보호하기 위하여 X토지의
소유권은 A에게 되돌아가지 않는다. 여기서 C가 제109조 제 2 항의 선의의 제 3 자인지를
검토하여야 한다. 그럼에 있어서는 먼저 C가 동 조항에서 말하는 제 3 자인지를 살펴보아야
한다. 그리고 나서 X토지의 소유관계를 논의할 것이다.

본 사안에서 C는 B로부터 X토지를 매수한 자이다. 그런데 A가 B와의 사이에 체결한
매매계약을 취소한 후에 매수하였다. 이러한 경우에도 제109조 제 2 항의 제 3 자로 되는지
가 문제된다. 앞에서 본 바와 같이, 제109조 제 2 항의 제 3 자는 본래 취소의 의사표시가 있
기 전에 착오로 인한 의사표시임을 알지 못하고 새로운 이해관계를 맺은 자이다. 그러나 취

---

7) 대판 1975. 12. 23, 75다533.

소가 있은 후에 취소가 있었음을 모르고 새로이 이해관계를 맺은 자도 제 3 자에 포함시켜
야 한다. 그리하여 부동산 거래의 경우에는 법률행위의 취소에 의한 말소등기가 행하여질
때까지 취소가 있었음을 알지 못하고 새로이 이해관계를 맺은 자도 동 조항의 제 3 자라고
하여야 한다. 이러한 이론에 의할 때, 본 사안의 C는 제 3 자로 될 수 있다. 다만, 그가 취소
가 있었는지를 알았는가는 불분명하다. 그러므로 C가 A의 취소사실을 몰랐던 경우(선의)와
알았던 경우(악의)로 나누어 기술하기로 한다.

   C가 선의인 경우에는 제109조 제 2 항 때문에 A는 C에 대하여 A·B 사이의 매매계약이
취소로 인하여 무효라고 주장하지 못한다. 그 결과 A는 C에게 X토지의 소유권이전등기의
말소를 청구할 수 없으며, X토지의 소유권은 C에게 귀속한다. 다만, 제109조 제 2 항이 「선
의의 제 3 자에게 대항하지 못한다」고 하고 있기 때문에 C가 무효를 인정하는 것은 무방하다.

   그에 비하여 C가 악의인 경우에는 A·B 사이의 매매계약은 A의 취소에 의하여 무효로
되고, A는 매매계약이 무효임을 C에게 주장할 수 있다. 그리하여 C는 X토지의 소유권을 상
실하게 된다. 그리고 X토지의 소유권은 A의 매매계약 취소와 함께 A에게 당연 복귀하며,
그는 C에 대하여 소유권에 기한 물권적 청구권(방해제거청구권)을 행사하여 X토지의 소유권
이전등기의 말소를 청구할 수 있다.[8]

Ⅲ. 물권행위에도 착오취소의 요건이 갖추어진 경우

1. 서   설

   가령 본 사안에 있어서 A가 X토지 외에 Y토지도 소유하고 있었고 그중 Y토지를 팔려
고 하면서 X토지를 매도하는 내용의 매매계약을 체결하고 X토지에 관하여 소유권이전등기
를 해 준 경우(그러나 매수인 B는 X토지를 매매하는 것으로 올바르게 알고 있었음)에는, 일종의 동일
성의 착오에 해당하는데, A는 B와의 매매계약(즉 채권행위)도 동일성의 착오에 빠져서 체결
하였고 B와의 소유권이전의 합의도 역시 동일성의 착오에 빠져서 행한 것으로 인정된다.
그리고 이러한 동일성의 착오는 법률행위의 내용의 착오이고 또 중요부분의 착오이다.

   이와 같이 채권행위뿐만 아니라 물권행위에도 취소요건이 갖추어진 경우에 착오를 이
유로 한 취소가 있으면 물권행위의 효력은 어떻게 되는가가 문제된다. 이러한 경우에는 계
약이 취소되면 물권행위도 함께 취소한다거나 아니면 따로 물권행위의 취소절차를 밟지 않
아도 물권행위까지 취소된다고 해석하여야 한다. 그리하여 X토지의 소유관계는 물권행위의

---

8) 사견과 달리 무인론을 취하는 경우에는 A의 착오취소가 있더라도 그것은 A·B 사이의 물권행위에는 영
   향을 미치지 않게 된다. 그 결과 X토지의 소유권은 B에게 이전되었고 또 C가 유효하게 양수한 것으로
   된다. 즉 C는 X토지의 소유권을 유효하게 취득하게 된다. C가 악의이더라도 마찬가지이다. 이렇게 C가
   보호되는 것은 무인론이라는 이론에 의하여서이며, 제109조 제 2 항 때문이 아니다. 제109조 제 2 항은
   무인론에서는 이 경우 전혀 의미가 없다.

취소의 효과가 어떠냐에 의하여 정하여진다.

2. 물권행위의 취소와 그 경우의 제 3 자 보호

방금 언급한 바와 같이, 채권행위의 이행으로서 물권행위가 행하여졌고 취소원인이 채권행위·물권행위에 공통으로 존재하는 경우에 계약이 취소되면 물권행위까지도 취소된 것으로 보아야 한다. 따라서 취소에 의하여 물권행위도 소급하여 효력을 잃는다. 이처럼 취소원인(하자)이 두 행위에 공통한 경우에는, 취소에 의하여 물권행위 자체가 효력을 잃기 때문에, 물권행위의 유인·무인 문제는 생기지도 않는다. 물권행위의 유인·무인 문제는 물권행위에는 흠이 없고 채권행위에만 흠이 있는 경우에 채권행위가 실효할 때 생기기 때문이다. 그 결과 이러한 경우에는 유인·무인에 관계없이 물권은 당연 복귀한다. 즉 법률행위에 의한 물권변동의 두 가지 요건인 물권행위와 공시방법(등기·인도) 중 물권행위가 처음부터 효력이 없었던 것으로 되기 때문에 물권변동은 일어나지 않았던 것으로 되는 것이다.[9]

이에 대하여 무인론의 입장에서는 예외적으로 유인으로 되는 경우로 설명하기도 하고,[10] 물권행위 자체의 효력의 문제라고 하기도 한다.[11] 어느 견해를 취하든 결과에서는 차이가 없으나, 이론상으로는 후자가 옳다.[12]

어쨌든 물권행위에도 취소원인이 갖추어진 경우에 계약이 취소되면 물권행위의 무인성을 인정하느냐에 관계없이 물권행위도 효력을 잃게 되어 물권변동은 일어나지 않았던 것으로 된다. 그리고 제 3 자가 이해관계를 맺고 있을 경우에 제 3 자 보호도 제 3 자 보호규정에 의하여서만 가능하다. 즉 무인론을 취하고 있더라도 제 3 자는 제109조 제 2 항과 같은 제 3 자 보호규정에 의하여서만 보호될 수 있다. 그리하여 이때에는 무인론에서도 제 3 자 보호규정이 의미를 가지게 된다.

이처럼 착오의 경우라면 유인·무인과 관계없이 제 3 자가 제109조 제 2 항에 의하여서만 보호되기 때문에, 그 규정에서의 제 3 자의 범위의 확정도 중요한 문제이다. 즉 동 조항의 제 3 자에 해당하면 보호되지만, 제 3 자에 해당하지 않으면 전혀 보호될 수 없기 때문이다. 그런데 제109조 제 2 항의 제 3 자의 범위는 앞에서 설명한 것이 그대로 타당하다(Ⅱ. 3.

---

9) 문헌들은 이 경우에 관하여 「당연 복귀한다」거나 제187조에 의한 물권변동이라고 한다. 그러나 엄격하게 말하면 그것은 부정확하다. 정확하게는 본문과 같이 물권행위가 실효함으로 말미암아 물권변동이 일어나지 않았던 것으로 되는 것이다.

10) 김증한·김학동, 물권, 59면.

11) 김용한, 물권, 97면.

12) 한편 김증한·김학동, 물권, 60면은 무인론을 취하면서 하자가 공통인 경우는 채권행위와 물권행위가 동시에 행하여진 경우 혹은 양 행위 사이에 시간적 거리가 멀지 않은 경우에 주로 나타날 것이라고 한다. 그러나 하자의 공통 문제는 두 행위의 시간 간격과 직접 관계가 없다. 가령 속아서 계약을 맺고 몇 달이 지난 후에도 속은 사실을 여전히 모른 채 물권행위를 하였다면 사기는 물권행위에도 공통한 것처럼, 경우에 따라서 다르게 된다. 그러므로 시간 간격에 의하여 공통 여부가 크게 영향을 받는 것처럼 설명되지는 않아야 한다.

(3) 참조). 즉 취소가 있은 후에 이해관계를 맺은 자도 동 조항의 제 3 자에 포함시켜야 한다. 이러한 제 3 자 범위의 확장이 여기에서는 무인론을 취하더라도 필요함은 물론이다.

3. 본 사안의 경우

이제 물권행위에도 취소요건이 갖추어져 있는 경우에 X토지의 소유관계에 관하여 보기로 한다.

물권행위에도 취소요건이 갖추어져 있는 경우에 그 원인행위인 계약이 취소되면 물권변동은 일어나지 않았던 것으로 된다. 그러나 이 효과는 제109조 제 2 항에 의하여 제한된다. 동 조항에 의하면 착오취소를 가지고 선의의 제 3 자에게 대항하지 못하기 때문이다. 그 결과 제 3 자가 있고 그가 선의이면 그는 보호되고, 그가 악의인 때에는 보호되지 못한다. 따라서 본 사안에서 X토지의 소유관계를 밝히려면 C가 제109조 제 2 항에서 말하는 선의의 제 3 자인지를 검토하여야 한다. 이하에서 먼저 C가 「제 3 자」에 해당하는지를 먼저 보고, C가 선의인지 불분명하므로 C가 선의인 경우와 악의인 경우로 나누어 X토지의 소유관계를 기술하기로 한다.

주의할 것은 여기의 모든 설명은 물권행위의 무인성을 인정하든 부정하든 동일하다는 점이다.

C는 A가 매매계약을 취소한 후에 B로부터 토지를 매수한 자이다. 이러한 자도 제109조 제 2 항의 제 3 자에 해당한다고 하여야 한다.

그리고 C가 선의인 경우, 즉 A의 취소사실을 몰랐던 경우에는 A는 C에 대하여 매매계약이 취소되어 무효로 되었다고 주장하지 못한다. 그리하여 A는 C에게 X토지의 소유권이전등기의 말소를 청구하지 못하며, X토지의 소유권은 C에게 귀속한다. 그러나 C가 무효를 인정하는 것은 무방하다.

그에 비하여 C가 악의인 경우, 즉 A의 취소사실을 알았던 경우에는 A·B 사이의 매매계약은 A의 취소에 의하여 무효로 되고, A는 매매계약의 무효를 가지고 C에게 주장할 수 있다. 그리하여 C는 X토지의 소유권을 상실하게 된다. X토지의 소유권은 취소와 함께 A에게 되돌아오며, A는 C에 대하여 소유권에 기한 물권적 청구권(방해제거청구권)을 행사하여 X토지의 소유권 이전등기의 말소를 청구할 수 있다.

Ⅳ. 결   론

X토지의 소유관계는 물권행위에는 취소요건이 갖추어지지 않은 경우와 물권행위에도 취소요건이 갖추어진 경우로 나누어 보아야 한다. 그리고 그 각각을 다시 C가 선의인 때와 악의인 때로 세분하여야 한다.

물권행위에는 취소요건이 갖추어지지 않은 경우에, C가 선의인 때에는 A는 C에 대하여 매매계약이 취소로 인하여 무효로 되었다고 주장하지 못하며, X토지의 소유권은 C에게 귀속하게 되나, C가 악의인 때에는 A는 C에 대하여 무효를 주장할 수 있고, X토지의 소유권은 A에게 되돌아가게 된다. 이는 사견이 물권행위의 무인성을 인정하지 않은(내지는 물권행위의 독자성을 인정하지 않은) 결과이며, 만약 물권행위의 무인성을 인정하였다면 결론이 달라졌을 것이다.

물권행위까지 취소요건이 갖추어져 있는 경우에도, 결과에서는 위의 경우와 같다. 즉 X토지의 소유권은 C가 선의인 때에는 C에게 귀속하나, C가 악의인 때에는 A에게 되돌아가게 된다.

[30] 명의신탁의 해지

문제

　B로부터 부동산을 매수한 A종중은, 사전에 종중원인 C와 그 부동산의 등기를 C 앞으로 해 두기로 한 약정에 따라, 그 부동산의 소유권이전등기를 B로부터 직접 C에게로 하게 하였다. A종중은 편의상 그렇게 하려고 할 뿐 어떤 탈법의 목적도 전혀 없었다. 그 뒤 A가 C와의 명의신탁계약을 해지하였다. 그런데 C는 그 부동산이 자신의 명의로 등기되어 있는 것을 기화로 그 부동산을 D에게 매각하고서 소유권이전등기도 해 주었다.

　이 경우에 A는 D에게 소유권이전등기의 말소를 청구할 수 있는가?

I. 문제의 제기

　　본 문제는, 오랜 기간에 걸쳐 우리 판례에 의하여 확립된, 이른바 명의신탁에 관한 것이다. 그리고 궁극적으로는 명의신탁계약이 해지된 경우의 효과를 묻고 있다.

　　그런데 이 문제를 해결하기 위하여서는 선결적으로 살펴보아야 할 것이 있다. 그것은 다름이 아니고 본 사안의 경우가 명의신탁을 원칙적으로 금지시킨 「부동산 실권리자 명의 등기에 관한 법률」(이하에서는 부동산실명법이라고 약칭한다)에 의하여 규율되는가이다. 검토하건대 동법 제8조 제1호에 의하면, 종중의 부동산의 명의신탁은 조세포탈 등 탈법의 목적이 없는 경우에는 위 법률의 대부분의 규정의 적용을 받지 않게 된다. 따라서 본 사안의 경우는 종래의 판례이론에 의하여 규율된다고 할 수 있다. 그러므로 이하에서는 부동산실명법은 접어두고 종래처럼 판례를 바탕으로 하여 보기로 한다.

　　이 문제를 해결하기 위하여서는 거쳐야 할 단계가 적지 않다. 우선, 명의신탁이 무엇이고 또 그것이 유효한지 여부를 살펴보아야 한다. 그리고 나서는, 명의신탁이 판례에 의하여 인정되는 것인 만큼, 설사 명의신탁의 유효성을 부정하는 견지에 있다 하더라도 판례의 입장에 서서 본 사안의 경우에 명의신탁의 성립요건이 갖추어졌는지를 검토하여야 한다. 특히 본 사안의 경우처럼 공부상(公簿上) 신탁자인 A 명의로 등기되지 않은 때에도 명의신탁관계가 성립할 수 있는지를 살펴보아야 한다. 그 뒤에는 명의신탁이 성립한 경우의 법률관계를 정리해 둘 필요가 있다. 이들 문제를 모두 본 후에 비로소 그것들을 바탕으로 하여 가장 중요한 문제인 명의신탁이 해지된 경우의 효과를 논의하여야 할 것이다. 특히 명의신탁이 해지되면 수탁자(본 사안의 경우에는 C)에게 이전된 부동산소유권이 등기 회복 없이도 신탁자(본

사안의 경우에는 A)에게 복귀하는지, 그리하여 D는 부동산소유권을 취득하지 못하게 되고 A
는 D에게 소유권이전등기의 말소를 청구할 수 있는지를 검토하여야 한다.

앞에서도 언급한 것처럼 명의신탁 자체가 판례에 의하여 인정된 제도이기 때문에, 본
문제에 관하여는 주로 판례의 입장에서 기술하려고 한다. 그리고 필요한 경우에는 학설들과
사견을 덧붙일 것이다.

II. 명의신탁의 의의와 유효성

1. 명의신탁의 의의

판례에 의하면, 명의신탁은 「대내적 관계에서는 신탁자가 소유권을 보유하고 관리·수
익하면서 공부상(公簿上)의 소유명의만을 수탁자로 하여 두는 것」이다. 이러한 판례의 개념
정의에 따르면, 명의신탁은 공부에 의하여 소유관계가 공시되는 재화, 즉 토지·건물·「입
목에 관한 법률」에 의하여 등기된 입목·선박·항공기·자동차·일정한 건설기계 등에 한하
여 인정된다. 그리고 소유권에 관하여만 명의신탁이 인정된다. 그러나 판례는 임야의 사정
(査定), 귀속재산의 불하, 전화가입의 청약에 있어서도 명의신탁을 인정하였으며, 단순한 계
약관계에 해당하는 경매·입찰의 경우나 심지어 매매계약의 경우에도 명의신탁이 성립할
수 있는 것처럼 설시하고 있다.[1]

2. 명의신탁의 유효성

부동산실명법이 제정되기 전에 판례는 명의신탁의 유효성을 널리 인정하고 있었다. 그
에 비하여 학설은 대립하였다. 명의신탁은 허위표시이고, 따라서 무효라는 견해, 명의신탁
은 신탁행위이고 허위표시가 아니어서 유효하다는 견해, 명의신탁에서의 수탁자의 표현소
유(表見所有)가 허위표시는 아니지만 제108조 제 2 항의 유추적용에 의하여 제 3 자를 보호할
수 있다는 견해, 명의신탁을 획일적으로 유효·무효로 결정할 것이 아니고, 영미 신탁법에
서 발전된 수동신탁의 법리를 적용하여 구체적으로 그 유효·무효를 판단함이 타당하다는
견해 등이 그것이다. 생각건대 이론적으로는 첫째 견해가 타당하다. 왜냐하면 명의신탁의
경우에는 가장된 행위의 법률효과의 발생이 의욕되지 않기 때문이다. 그러한 입장에 있게
되면 명의신탁된 재산의 취득자는 그가 선의인 경우에만 제108조 제 2 항에 의하여 보호될
수 있다.

그런데 새로이 제정·시행된 부동산실명법이 명의신탁을 원칙적으로 무효화하면서 예

---

1) 이처럼 판례가 명의신탁의 법리를 확대적용 내지 남용한 것은 문제이나, 이것은 본 문제의 해결과 직접
   관계가 없으므로 설명을 생략한다. 그에 관하여는 송덕수, "명의신탁," 고시연구 1993. 1, 108면·124면
   참조.

외를 인정하고 있어 그 예외적인 경우는 그 법상 유효하다고 할 수밖에 없게 되었다.

Ⅲ. 명의신탁의 성립요건

1. 판례이론

명의신탁이 성립하려면 당연한 요건으로 공부상 수탁자 명의의 등기 또는 등록이 있어야 하고, 그 밖에 신탁자와 수탁자 사이에 명의신탁관계의 설정에 관한 합의가 있어야 한다. 이들 요건을 나누어 살펴보기로 한다.

(1) 명의신탁 설정의 합의

판례에 의하면, 공부상 타인 명의로 등재된 것만으로는 명의신탁은 성립하지 않는다. 명의신탁관계가 성립하려면 신탁자와 수탁자 사이에 명의신탁관계의 설정에 관한 합의, 즉 명의신탁계약이 있어야 한다. 다시 말해서, 신탁자가 수탁자에게 재산의 소유명의를 신탁적으로 이전할 것을 내용으로 하는 계약이 있어야 한다. 그런데 판례는 이러한 명의신탁계약 내지 명의신탁 설정의 합의가 반드시 명시적이어야 할 필요는 없고 묵시적이거나 전후 사정에 비추어 합의가 있다고 볼 수 있으면 충분하다고 한다.

(2) 공부상 수탁자 명의의 등기 또는 등록

명의신탁이 성립하려면, 공부상 수탁자 명의로 등기 또는 등록이 되어야 한다. 공부의 대표적인 예로는 부동산등기부를 들 수 있는데, 판례는 토지대장·가옥대장(현행법 상의 건축물대장에 해당) 등도 이에 포함시키고 있다. 물론 등록원부도 여기의 공부에 해당한다. 명의신탁의 법리를 확대적용하는 경우에는 토지사정인명부(土地査定人名簿) 또는 수분양자명부(受分讓者名簿) 등의 사적 서류도 공부로 다루고 있다. 그리고 공부상 명의는 반드시 소유명의에 한하지 않으며, 담보권자의 명의나 심지어 채권자 내지 계약당사자 명의일 수도 있다(확대적용의 경우).

한편 판례에 의하면, 공부상 신탁자 명의로 등기 또는 등록된 사실이 없더라도 명의신탁이 유효하게 성립한다(이른바 중간생략등기에 의한 명의신탁). 그리하여 가령, 본 사안의 경우처럼, 신탁자가 타인(매도인)으로부터 부동산을 매수하면서 자신의 명의로 등기함이 없이 수탁자와의 명의신탁계약에 기하여 매도인으로부터 직접 수탁자 앞으로 소유권이전등기를 하는 때에도 명의신탁은 유효하게 성립할 수 있게 된다. 그리고 이러한 경우에 명의신탁관계를 인정하는 것이 물권변동의 법리(성립요건주의)에 반하지도 않는다고 한다.

(3) 명의신탁을 하는 목적이 요건인지 여부

판례는 명의신탁을 하는 목적은 묻지 않는다. 따라서, 당사자 특히 신탁자의 단순한 편의를 위하여서도 명의신탁을 할 수 있다. 다만, 앞서 언급한 부동산실명법에 의하면 종중부동산의 명의신탁도 조세포탈, 강제집행의 면탈 또는 법령상의 제한의 회피를 목적으로 하는 경우에는 명의신탁약정이 무효로 되는데(동법 8조·4조), 본 사안은 그러한 경우에 해당하지 않아서 그 법에 의하여 명의신탁약정이 무효로 되지도 않는다.

2. 본 사안의 경우

본 사안에서는 A와 C 사이에 부동산의 소유권이전등기를 C 앞으로 해 두기로 하는 계약이 있었는바, 이것은 명의신탁계약이다. 그리고 그 약정에 따라 수탁자인 C 앞으로 부동산의 소유권이전등기를 하였다. 명의신탁의 성립에 필요한 두 가지 요건인 「명의신탁 설정의 합의」와 「공부상 수탁자 명의의 등기」가 존재하고 있는 것이다.

한편, 부동산의 소유권이전등기는 매도인 B로부터 매수인(신탁자) A에게 한 뒤에 다시 수탁자 C에게 하도록 하지 않고, 사전(事前)에 행한 명의신탁계약에 따라 매도인 B로부터 곧바로 수탁자인 C에게로 하게 하였다. 이와 같은 이른바 중간생략등기에 의한 명의신탁은 판례에 의하면 유효성이 인정된다.

그 밖에 판례는 명의신탁을 하는 목적은 묻지 않는다.

따라서 판례에 의하면, 본 사안의 경우에는 A와 C 사이에 유효하게 명의신탁이 성립하게 된다. 그 결과 그들을 둘러싸고 명의신탁의 법률관계가 발생하게 된다.

Ⅳ. 명의신탁의 법률관계

1. 판례이론

판례에 의하면, 명의신탁의 경우에 소유권(또는 기타의 재산권)은 대외관계 내지 제 3 자에 대한 관계에서는 수탁자에게 이전되지만, 대내관계, 즉 신탁자·수탁자 사이의 관계에서는 신탁자에게 보류된다(이른바 권리의 관계적 귀속). 따라서 명의신탁의 법률관계는 대내관계와 대외관계로 나누어 살펴볼 수 있다. 다만, 법률관계 가운데 명의신탁의 해지에 관하여는 따로 살펴보는 것이 좋다. 왜냐하면 명의신탁 해지의 효과에 관한 판례의 이해에 학자들의 견해가 일치하지 않고 있기 때문이다.

(1) 대내관계

명의신탁계약에 의하여 수탁자 명의로 등기 또는 등록이 되었을지라도 신탁자와 수탁자 사이의 관계에서는 신탁자가 소유권(또는 기타의 재산권)을 보유하며, 그가 신탁재산을 관리·수익하게 된다. 따라서 신탁자는 언제나 수탁자에게 명의신탁된 부동산에 대한 그의 실질적인 소유권을 주장할 수 있다. 그에 비하여, 수탁자는 자기 명의로 등기되어 있을지라도 신탁자에 대하여 소유권이 자기에게 있음을 주장할 수 없다.

명의신탁관계가 신탁의 목적달성 불능, 존속기간 경과, 해지 등의 사유로 종료된 경우에는 수탁자는 신탁자에게 명의를 복귀시켜야 할 의무가 있다. 그리고 신탁 종료로 신탁자가 가지는 신탁등기의 말소등기청구권은 소멸시효의 대상이 될 수 없다.

(2) 대외관계

명의신탁의 경우 제 3 자에 대한 관계(대외관계)에서는 수탁자만이 소유자(또는 기타의 재산권자)로 다루어지며, 따라서 그 자만이 소유권(또는 기타의 재산권)을 행사할 수 있고 신탁자는 권리를 행사할 수 없다. 즉 수탁자가 신탁재산을 처분한 경우에는, 그 제 3 취득자는 그가 명의신탁의 사실을 알았는지 여부를 묻지 않고(즉 선의·악의를 불문하고) 완전히 유효하게 소유권을 취득한다.

2. 본 사안의 경우

앞서 본 바와 같이, 판례에 의하면 본 사안의 경우에는 A와 C 사이에 명의신탁이 유효하게 성립하게 된다. 그 결과 A와 C 사이에서는 신탁자인 A가 부동산의 소유권을 보유한다. 그에 비하여 대외관계, 즉 제 3 자에 대한 관계에서는 수탁자인 C만이 소유자로 다루어지며, 그만이 소유권을 행사할 수 있다. 그리고 C의 처분은 그에게 처분권한이 있는 한 완전히 유효하게 된다. 그러나 본 사안의 경우처럼 명의신탁이 해지된 후에 처분된 경우에는 처분의 유효성이 당연히 인정되지는 않으며 그에 대하여는 좀 더 살펴보아야 한다.

V. 명의신탁 해지의 효과

1. 명의신탁 해지의 효과에 관한 이론

(1) 판　　례

명의신탁에 있어서 신탁자는 특별한 사정이 없는 한 언제든지 명의신탁계약을 해지하고 신탁재산의 반환을 청구할 수 있다. 그런데 그러한 해지가 있는 경우에 신탁된 부동산의 소유권이전등기의 회복이 없어도 소유권이 법률상 당연히 신탁자에게 복귀하는가, 아니면 수탁자로부터 신탁자에게 소유권등기의 회복이 행하여지는 때에 비로소 복귀하는가가 문제된다.

대판(전원) 1980. 12. 9, 79다634만을 보면 우리 판례가 전자의 입장을 취하고 있는 것처럼 보이지만, 그 사안이 대내관계에 관한 것이었고 또 그 판결 이후에 대외관계에 관하여 반대취지의 판결이 나오고 있는 점에 비추어 볼 때 반드시 그렇다고 하기는 어렵다. 오히려 대내관계와 대외관계에 따라 다른 것으로 보인다.

판례는 대외적인 관계에 관하여는 과거부터 일관하여 명의신탁이 해지되더라도 부동산의 소유권이 당연히 신탁자에게 복귀하지 않으며, 등기명의를 회복할 때까지는 소유권을 가지고 제 3 자에게 대항할 수 없다고 한다. 따라서 부동산의 명의신탁이 해지되더라도 신탁자 명의로 등기하기 전에 수탁자나 — 그가 사망한 경우에는 — 그의 상속인이 그 부동산

을 제 3 자에게 유효하게 처분할 수 있다. 이때 제 3 자가 명의신탁의 사실을 알았는지 여부
는 묻지 않는다. 그러나 제 3 취득자에게 등기를 이전하기 전에 신탁자가 먼저 등기를 하였
다면, 그 제 3 자는 소유권을 취득하지 못한다.

　　그에 비하여, 대내적인 관계에 관하여는 판례가 변천하였다. 처음에는 대내관계에 있어
서도 명의신탁의 해지로써 소유권이 당연 복귀하지 않는다는 입장이었다. 그러나 그 후 반
대취지의 판결이 나왔으며, 급기야 처음의 판결은 1980년의 전원합의체 판결에 의하여 폐
기되었다. 그리하여 현재에는 대내관계에서는 신탁 해지에 의하여 소유권이 당연히 복귀한
다는 태도를 취하고 있다.

　　이와 같은 판례(특히 1980년의 전원합의체 판결)의 이해에 대하여는 견해가 엇갈리고 있으
나, 다수설은 전술한 사건과 같은 의미로 이해하고 있다. 그러나 소수설은 판례를, 해지가
있는 경우에 모든 관계에서 소유권이 복귀한다는 의미로 이해한다.

(2) 학   설

　　명의신탁이 해지된 경우에 소유권이 당연 복귀하는가에 관하여 학설은 채권적 효과설,
물권적 효과설, 대내외관계 구별설로 나누어져 있다.

1) 채권적 효과설

　　채권적 효과설은 물권행위의 독자성과 무인성을 인정하는 견해로서, 그에 의하면 해지
에 의하여 소유권이 신탁자에게 당연히는 복귀하지 않고 수탁자는 부당이득으로서 신탁자
에게 보유하는 소유권을 반환할 의무를 부담하는 데 불과한 것이므로, 이러한 소유권 반환
에 관하여 새로운 물권적 합의와 이전등기가 있는 때에 비로소 신탁자에게 그 소유권이 반
환된다고 한다. 따라서 명의신탁이 해지되었더라도 소유 명의가 수탁자에게 남아 있는 동안
은 그로부터 소유권을 취득한 제 3 자는 적법하게 소유권을 취득한 것이 되고, 신탁자는 단
지 수탁자에 대하여 손해배상청구만 할 수 있다. 이 견해는 적어도 제 3 자에 대한 관계에서
는 판례와 동일한 결과에 도달하게 된다.

2) 물권적 효과설

　　물권행위의 무인성을 부정하는 물권적 효과설은 등기(말소 또는 이전)를 기다릴 필요 없
이 소유권이 당연 복귀한다고 한다. 이 견해는, 그 이유로, 해제에 관하여 물권적 효과설을
취하므로 해지에서도 마찬가지로 새겨야 한다는 점을 든다. 이 견해에 의하면, 말소등기나
이전등기를 하기 전에 수탁자가 제 3 자에게 처분하여도 그 제 3 자는 무권리자로부터 취득
한 것이 되어 유효하게 소유권을 취득하지 못하게 되며, 따라서 선의의 제 3 자 보호문제가
생기게 된다. 그런데 해지에는 민법 제548조 제 1 항 단서와 같은 규정이 없다. 그렇지만 이
견해는 해제와 해지는 오직 소급효가 있고 없는 점에서만 차이가 있을 뿐이므로 소급효를
전제로 하는 점을 제외하고는 민법 제548조가 해지에 준용된다고 해야 할 것이라고 한다.
즉, 소유권은 당연 복귀하지만 민법 제548조 제 1 항 단서의 준용에 의하여 제 3 자를 보호

하여야 한다는 것이다.

3) 대내외관계 구별설

다수의 학자들은 대내관계와 대외관계로 나누어 파악하고 있는 판례를 지지하고 있다.

(3) 사   견

사견은 명의신탁이 가장행위이어서 무효라는 입장이다. 그러한 입장에서는 해지의 효과는 처음부터 문제가 되지 않는다. 그렇지만 명의신탁이 판례에 의하여 인정되는 것인 만큼, 판례의 입장에서 해지의 효과에 관하여 생각해 보기로 한다.

소급효가 있는 해제와 소급효가 없는 해지는 반드시 동일하게 취급되어야 하는 것은 아니다. 물권행위의 무인성을 부정하는 — 판례의 — 입장에서 볼 때, 해제의 경우에는 그것의 소급효 때문에 소유권이전이 처음부터 없었던 것이 되어 소유권이 당연 복귀한다고 할 것이지만, 해지의 경우에는 해지가 있을 때까지는 유효하게 소유권을 보유하므로 소유권을 되돌리려면 새로운 물권행위가 요구된다고 보아야 할 것이다. 즉, 계약해지에 의한 물권변동은 민법 제186조에 의한 물권변동이라고 하여야 한다. 그리하는 것이 민법 제548조 제1항 단서와 같은 제3자 보호규정도 없는 상황에서 등기부를 믿고 거래한 제3자를 보호하는 작용도 하게 될 것이다.

이러한 이론을 명의신탁에 적용하게 되면, 명의신탁이 해지되더라도 대외관계에서는 소유권이 당연히 신탁자에게 복귀하지 않는다. 그에 비하여, 대내관계에 있어서는 명의신탁의 특수성에 비추어 해석되어야 한다. 명의신탁의 경우에는 대내관계에서는 소유권이 처음부터 신탁자에게 보류되어 있다. 따라서 명의신탁의 해지가 있으면 등기의 회복이 없어도 신탁자는 본래부터 자신이 가지고 있던 소유권을 이제는 아무 제약 없이 행사할 수 있는 것으로 된다고 하여야 한다. 그러고 보면, 명의신탁의 유효성을 인정하는 경우, 그 해지의 효과에 관한 판례는 결과에서 타당하다. 다만, 판례가 해지가 있으면 대내관계에서는 소유권이 당연히 「복귀」한다고 하는데, 이는 적절한 표현이라고 할 수 없다.

2. 본 사안의 경우

판례에 의하면, 본 사안의 경우에 A가 C와의 명의신탁계약을 해지하였더라도 대외관계에서는 소유권은 여전히 수탁인인 C에게 있고 A에게 당연히 복귀하지는 않게 된다. 그 권리가 A에게 되돌아 오려면 부동산 소유권이전의 합의와 등기가 있어야 한다. 따라서 본 사안의 경우에는, 등기를 회복하기 전에 C가 D에게 부동산을 매각하고 등기를 넘겨 주었으므로, D는 유효하게 소유권을 취득하게 된다. D가 명의신탁의 사실을 알고 있었더라도 마찬가지이다. 그 결과, A는 D에게 부동산의 소유권이전등기의 말소를 청구할 수 없게 된다.

한편 학설 가운데 채권적 효과설에 의할 경우에도 결과에서는 판례에서와 같게 된다. 그에 비하여 물권적 효과설에 의하면 D가 선의인지 여부에 따라 달라지게 된다. 만약 D가 선의라면, 그는 민법 제548조 제 1 항 단서의 유추적용에 의하여 보호되게 된다. 그러나 그가 악의라면, 그는 부동산의 소유권을 취득하지 못하고, 등기말소청구를 당하게 된다. 그 밖에 대내외관계 구별설에 의하면 근거나 결과 모두가 전술한 판례에 의한 것과 동일하게 된다.

명의신탁을 가장행위로서 무효라고 하는 사견의 입장에서는 — 중간생략등기에 의한 명의신탁의 경우에도 명의신탁이 성립한다고 보는 한 — 본 문제는 민법 제108조의 문제로 된다. 따라서 D는 그가 선의인 경우에만 민법 제108조 제 2 항에 의하여 부동산의 소유권을 취득하게 될 것이다. 그리하여 A는 D가 악의인 경우에만 등기말소를 청구할 수 있게 된다.

VI. 결   론

판례에 의하면, 본 사안의 경우에는 D가 선의이든 악의이든 유효하게 부동산의 소유권을 취득하므로 A는 D에 대하여 등기말소를 청구하지 못한다. 그리고 명의신탁의 유효성을 긍정하는 한, 판례처럼 새기는 것이 타당하다.

그에 비하여 명의신탁을 가장행위로서 무효라고 하는 사견에 의하면, D는 선의인 경우에만 부동산의 소유권을 취득할 수 있으므로(108조 2항), A는 D가 악의인 경우에 한하여 등기말소를 청구할 수 있다.

물론, 어느 견해를 취하든 이 경우에 A가 C에 대하여 불법행위로 인한 손해배상을 청구할 수 있는 것은 별문제이다.

[31] 이른바 계약명의신탁의 법률관계

문제

A는 B가 소유하고 있는 X토지를 매수하고 싶었으나, 자신이 직접 나서기 곤란한 사정이 있어서 친척인 C로 하여금 매수하게 하려고 하였다. 그리하여 2008. 1. 5. A는 C에게 사정을 말하고 X토지의 매수대금을 줄테니 그 토지를 C의 명의로 매수하고 소유권등기도 C 앞으로 하라고 하였다. 그렇지만 그 토지의 소유자는 A 자신임을 분명히 하였다. A의 부탁을 받은 C는 2008. 2. 20. A가 부탁한 대로 자신(C)이 매수인이 되어 B로부터 X토지를 2억원에 매수하는 매매계약을 체결하고, 그 대금을 A에게서 받아 모두 지급하였다(잔금 지급일: 2008. 3. 20). 그리고 C는 2008. 3. 27. 자기 앞으로 X토지에 관하여 소유권이전등기도 마쳤다.

1. 이 경우에 A는 X토지의 소유권을 취득하는가? 취득하거나 취득하지 않는다면 그 근거는 무엇인가?
2. 위 물음 1.에서 A가 토지의 소유권을 취득하지 못한 때가 있다면, A는 C 또는 B에 대하여 어떤 권리를 행사할 수 있는가?
3. 위 사안에서 C가 X토지를 자신의 것이라고 하면서 D에게 매도하고 소유권이전등기도 해 주었다면, D는 X토지의 소유권을 취득하는가?

I. 물음 1.에 대하여

1. 논점의 정리

먼저 A와 C 사이의 약정이 명의신탁약정인지, 그 가운데에서도 이른바 계약명의신탁에 해당하는지를 검토하여야 한다. 그리고 그에 대하여 어떤 법 또는 이론이 적용되는지를 살펴보아야 한다.

다음에는 C가 A와의 약정에 따라 C 자신의 명의로 매수하고 등기까지 마친 본 사안의 경우에, 그 약정이 유효한지, 그리고 X토지에 관하여 물권변동이 일어나는지를 논의하여야 한다. 아울러 그 논의의 결과 X토지의 소유권이 누구에게 있는지도 기술하여야 한다.

2. 명의신탁인지 여부

(1) 명의신탁 일반

1) 명의신탁의 의의

명의신탁은 종래 우리 대법원의 판결들에 의하여 확립된 제도이다. 그에 의하면, 명의신탁은 「대내적 관계에서는 신탁자가 소유권을 보유하여 관리·수익하면서 공부상의 소유명의만을 수탁자로 하여 두는 것」이다.

이러한 명의신탁은 많은 경우에 조세포탈·투기 등 불법 또는 탈법적인 수단으로 악용되었다. 그리하여 1990년에 「부동산등기 특별조치법」을 제정하면서 이를 규제하는 명문규정을 두었으나, 실효를 거두지 못하였다. 그래서 다시 「부동산 실권리자 명의 등기에 관한 법률」(이하 부동산실명법이라 함)을 제정하여 보다 강력하게 명의신탁을 규제하게 되었다. 이 부동산실명법은 1995. 3. 30.에 제정되어 1995. 7. 1.부터 시행되고 있다.

2) 명의신탁약정의 의의와 부동산실명법이 적용되지 않는 경우

부동산실명법에 의하면, 명의신탁약정은 부동산에 관한 소유권이나 그 밖의 물권(부동산물권)을 보유한 자 또는 사실상 취득하거나 취득하려고 하는 자(실권리자)가 타인과의 사이에서 대내적으로는 실권리자가 부동산에 관한 물권을 보유하거나 보유하기로 하고 그에 관한 등기(가등기 포함)는 그 타인의 명의로 하기로 하는 약정(위임·위탁매매의 형식에 의하거나 추인에 의한 경우를 포함함)이라고 정의한다(동법 2조 1호).

그러나 ① 채무의 변제를 담보하기 위하여 채권자가 부동산에 관한 물권을 이전받거나(양도담보) 가등기하는 경우(가등기담보), ② 부동산의 위치와 면적을 특정하여 2인 이상이 구분소유하기로 하는 약정을 하고 그 구분소유자의 공유로 등기하는 경우, 즉 이른바 상호명의신탁, ③ 신탁법 또는 「자본시장과 금융투자업에 관한 법률」에 따른 신탁재산인 사실을 등기한 경우(신탁법 등에 따른 신탁)는 부동산실명법에서 말하는 명의신탁에서 제외되며(동법 2조 1호 가-다목), 따라서 이들 세 경우에는 부동산실명법이 적용되지 않는다.

한편 종중·배우자·종교단체 명의신탁은 조세포탈, 강제집행의 면탈 또는 법령상 제한의 회피를 목적으로 하지 않는 경우에는, 부동산실명법의 대부분의 주요 규정의 적용을 받지 않는다(동법 8조).

3) 명의신탁의 모습

부동산실명법이 규율하는 명의신탁에는 세 가지 모습이 있다. 전형적인 명의신탁, 중간생략 명의신탁, 계약명의신탁이 그것이다.

전형적인 명의신탁(2자간 등기명의신탁)은 부동산물권자로 등기된 자가 명의신탁약정에 의하여 타인 명의로 등기하는 경우이다.

중간생략 명의신탁(3자간 등기명의신탁)은 신탁자가 상대방과 물권을 취득하는 계약을 체결하면서 그 물권에 관한 등기는 수탁자와의 명의신탁약정에 기하여 상대방으로부터 직접 수탁자 앞으로 하게 하는 경우이다.

그리고 계약명의신탁은 수탁자가 신탁자와의 계약에 의하여 자신이 계약의 일방당사자가 되고 그의 명의로 등기를 하기로 하는 경우이다. 이 경우는 본래 명의신탁이 아니고 허수아비행위인데, 부동산실명법은 이것도 명의신탁이라고 하여 동일하게 규율하고 있다. 부동산실명법이 계약명의신탁을 명의신탁으로 규율하는 이상, 이 경우에는 수탁자가 매수행위를 한다는 위임과 등기명의는 수탁자로 한다는 명의신탁의 약정이 있는 것으로 해석할 수밖에 없다.

(2) 본 사안의 경우

본 사안에서 A는 X토지를 사실상 취득하려고 하는 자인데, A·C 사이에서는 A가 X토지에 관한 소유권을 보유하기로 하고 그에 관한 등기는 C 명의로 하기로 하는 약정을 하였다. 이러한 A·C 사이의 약정은 부동산실명법상의 명의신탁약정에 해당한다. 그리고 동법상의 명의신탁의 유형 가운데 이른바 계약명의신탁에 속한다.

본 사안에서 A·C는 부동산실명법이 시행된 후인 2008. 1. 5.에 명의신탁약정을 하고 그 후에 약정에 따라 C 명의로 X토지를 매수하고 등기도 마쳤다. 따라서 이에 대하여는 부동산실명법이 적용된다.

그리고 본 사안은 양도담보나 가등기담보, 상호명의신탁, 신탁법 등에 따른 신탁에 해당하지 않는다. 또한 종중 부동산의 명의신탁이나 배우자 명의신탁, 종교단체 명의신탁도 아니다. 따라서 본 사안의 경우에는 부동산실명법의 관련규정이 제한 없이 적용되게 된다.

3. 계약명의신탁의 법률관계

(1) 계약명의신탁에 있어서 명의신탁약정 및 물권변동의 유효 여부에 관한 이론

부동산실명법에 의하면, 일반적으로 명의신탁약정은 무효이다(동법 4조 1항). 그리고 명의신탁약정에 따라 행하여진 등기에 의한 부동산에 관한 물권변동은 무효이나, 다만 부동산에 관한 물권을 취득하기 위한 계약에서 명의수탁자가 어느 한쪽 당사자가 되고 상대방 당사자는 명의신탁약정이 있다는 사실을 알지 못한 경우에는 유효하다고 한다(동법 4조 2항).

이러한 부동산실명법의 규정은 계약명의신탁에도 적용된다. 계약명의신탁의 경우에 이들 규정이 적용된 결과를 자세히 기술하면 다음과 같다.

전술한 바와 같이, 계약명의신탁의 경우에는 수탁자가 매수행위를 한다는 위임과 등기명의는 수탁자로 한다는 명의신탁약정이 있는 것으로 해석된다. 그리고 그때의 명의신탁약정은 부동산실명법 제4조 제1항에 의하여 무효로 되고, 위임도 일부무효의 법리에 의하여 무효로 된다고 할 것이다.

다음에 물권변동의 유효 여부는 수탁자와 계약을 체결한 상대방(가령 매도인)이 명의신

탁약정이 있다는 사실을 알았는지에 달려 있다. 즉 그 상대방이 악의인 때에는 등기 및 물권변동도 무효로 되나, 그가 선의인 때에는 등기 및 물권변동은 유효하다(동법 4조 2항). 그리하여 상대방이 선의인 때에는 수탁자는 완전히 물권을 취득하게 된다.[1] 그에 비하여 수탁자의 상대방이 악의인 때에는 명의신탁약정 및 물권변동은 무효로 되고, 따라서 수탁자는 소유권을 취득할 수 없게 된다.

　　(2) 본 사안의 경우

　　본 사안의 경우에는 A·C 사이에 이른바 계약명의신탁이 존재한다. 이를 구체적으로 분석해 보면, A와 C 사이에는 X토지의 매수를 A가 C에게 맡기는 내용의 위임계약과, 그럼에 있어서 X토지의 소유권이전등기는 C 명의로 한다는 명의신탁약정이 있는 것으로 해석된다. 그리고 여기의 명의신탁약정은 부동산실명법에 의하여 무효로 되고(동법 4조 1항), 위임계약도 일부무효의 법리에 의하여 무효로 된다.

　　한편 계약명의신탁에 있어서 물권변동의 유효 여부는 수탁자의 상대방이 명의신탁약정이 있었는지를 알고 있었는지에 좌우된다. 이 사안의 경우, 상대방인 B가 명의신탁약정이 있었음을 몰랐던 때(선의)에는, X토지의 소유권은 상대방인 B로부터 수탁자인 C에게로 유효하게 이전하게 된다. X토지의 소유권이 A·C의 내부관계에서도 A에게 있는 것으로 인정되지는 않는다. 그에 비하여 B가 명의신탁약정이 있었음을 알았던 때(악의)에는, B로부터 C로의 소유권이전은 무효로 되고, 따라서 C는 소유권을 취득하지 못한다. A가 소유권을 취득하지 못함은 물론이다. 이때 X토지의 소유권은 C 명의로 등기되어 있을지라도 여전히 매도인인 B에게 있게 된다.

4. 결   론

　　본 사안의 경우 A는 언제나, 그리하여 C가 X토지의 소유권을 취득하든 안하든, X토지의 소유권을 취득하지 못한다. 그 이유는 부동산실명법상 A·C 사이의 명의신탁약정이 무효로 되기 때문이다.

Ⅱ. 물음 2.에 대하여

1. 논점의 정리

　　위에서, 본 사안의 경우 A는 언제나 X토지의 소유권을 취득하지 못함을 보았다. 그런데 그때 A가 명의수탁자인 C나 수탁자의 상대방인 B에 대하여 어떤 권리를 행사할 수 있는지를 묻고 있다.

　　이에 대하여는 물권변동이 유효하여 X토지의 소유권이 B로부터 C로 유효하게 이전된

---

[1] 대판 2002. 12. 26, 2000다21123.

경우와 물권변동이 무효로 되어 X토지의 소유권이 이전되지 않은 경우로 나누어 살펴보아
야 한다. 그리고 그 각각에 있어서 A의 B에 대한 권리와 C에 대한 권리로 나누어 검토할
것이다.

2. X토지의 물권변동이 유효한 경우

전술한 바와 같이, 본 사안에서 상대방인 B가 선의인 경우에는 X토지의 소유권은 C에
게 유효하게 이전하게 된다.

(1) A의 B에 대한 권리

이 경우 A는 B에게 아무런 청구도 하지 못한다. A·C 사이의 명의신탁약정은 무효일
뿐만 아니라 A·B 사이에 아무런 법률관계도 없기 때문이다.

(2) A의 C에 대한 권리

1) B가 선의인 경우 C가 X토지의 소유권을 취득하게 되는데, C의 이 소유권은 적법한
것이어서 B로부터 반환청구를 당하지 않는다. 그런데 A·C 사이의 명의신탁약정은 무효이
어서, A는 A·C 내부관계에서도 X토지의 소유권을 가지지 못한다. 또한 A는 C에게 명의신
탁을 해지하고 X토지에 관하여 소유권이전등기를 하라고 청구할 수도 없다.

2) 문제는 A가 C에게 부당이득을 이유로 X토지의 소유권이전등기를 청구할 수 있는지
이다. 이 문제에 답하려면 먼저 이러한 경우에 A와 C 사이에 부당이득의 요건이 갖추어졌
는지를 검토해 보아야 한다. 그리고 그 요건이 갖추어져 있다면 반환의 객체가 무엇인지 자
세히 살펴보아야 한다.

부당이득이 성립하기 위해서는 ① 타인의 재산 또는 노무에 의하여 이익을 얻었을 것
(수익), ② 그러한 이익을 얻음으로 인하여 타인에게 손해를 가했을 것(손실), ③ 수익과 손실
사이에 인과관계가 있을 것, ④ 법률상의 원인이 없을 것이라는 네 가지 요건이 필요하다.
본 사안에서는 B가 선의이어서 C가 X토지의 소유권을 취득하는 경우에 이들 요건을
모두 충족하는지를 보기로 한다. 이와 같은 경우에 C가 타인인 A의 재산에 의하여 이익을
얻었음은 분명하다(①의 요건 구비). 그런데 그 수익이 구체적으로 어떤 것인지는 뒤에 따로
살피기로 한다. 그리고 C는 이익을 얻음으로 인하여 A에게 손해를 가하였다(②의 요건 구비).
또한 C의 수익과 A의 손실 사이에 사회관념상 연락관계를 인정할 수 있으므로 ③의 요건도
충족한다. 그런가 하면 C의 수익에는 법률상 원인이 없다(④의 요건 구비). 그런데 이 요건에
서도 어떤 수익에 대한 것인지의 논의를 필요로 한다.

이제 C가 받은 이익이 무엇인지를 검토해 본다. C의 수익으로 생각할 수 있는 것은 X
토지의 소유권 자체와 C가 A로부터 받은 매수대금이다. 이들 중 X토지의 소유권은 B·C
사이의 매매계약에 의한 것이고, 또한 부동산실명법에 의하여 그 유효성이 인정된다. 따라
서 그것이 법률상 원인 없는 이익이라고 볼 수는 없다. 그리고 만약 부동산 소유권 자체가

이익이라고 보아 그것의 반환청구를 인정하게 되면, 명의신탁을 금지하는 부동산실명법의 취지를 제대로 살릴 수 없게 된다. 그에 비하여 C가 A로부터 받은 매수대금은 위임과 명의신탁약정이 무효임에도 불구하고 받은 것이어서 법률상 원인 없는 이익임이 분명하다. 따라서 위의 경우 A는 C에게 부당이득을 이유로 반환청구를 할 수 있되, 반환청구의 객체는 X토지의 소유권이 아니고 그(A)가 C에게 제공한 X토지의 매수대금이다. 판례도 같은 견지에 있다.[2] 이때 반환의 범위는 C가 그 이득이 법률상 원인 없는 것인지를 알았는지 여부에 따라 차이가 있다(748조 참조).

3. X토지의 물권변동이 무효인 경우

본 사안에서 B가 악의인 경우에는 C는 X토지의 소유권을 취득하지 못하고 그 소유권은 여전히 B에게 있게 된다. 그리고 상대방 B와 수탁자 C 사이의 계약은 원시적으로 물권변동의 목적달성이 불가능하여 무효라고 할 것이다. 그리하여 B는 C에게 계약의 무효를 원인으로 한 원상회복으로 등기의 말소를 청구할 수 있고(이전등기도 가능함), C는 B에게 급부한 것의 반환을 청구할 수 있다. 이때 A가 B나 C에게 어떤 권리를 행사할 수 있는지가 문제이다.

⑴ A의 B에 대한 권리

A와 B 사이에는 법률관계가 존재하지 않는다. 그리고 A·C 사이의 명의신탁약정은 무효이어서 그에 기하여 A가 B에게 행사할 수 있는 권리는 없다. 그 결과 A·B 사이에 특별한 사정이 없는 한 A는 B에게 X토지의 소유권이전등기를 청구할 수 없다. 일부 견해는 상대방을 대위하여 수탁자 명의의 등기를 말소하고 자기 명의로 등기청구를 할 수 있다고 하나,[3] 이는 옳지 않다. 다만 A는 C에게 금전 부당이득 반환청구권을 가지므로, 이를 보전하기 위하여 수탁자를 대위하여 그 상대방에 대한 급부반환청구권을 행사할 수 있다. 이 경우, 판례에 의하면 C가 무자력이 아니어도 대위행사가 인정될 것이나, 사견에 의하면 C가 무자력인 때에만 대위행사가 인정된다.[4]

⑵ A의 C에 대한 권리

이 경우에 A는 C에 대하여 X토지에 관한 소유권이전등기를 청구할 수 없다. C 명의의 소유권이전등기는 무효일 뿐만 아니라 A·C 사이의 명의신탁약정도 무효이고 A가 B로부터 X토지의 소유권을 이전받을 수 있는 근거도 없기 때문이다.

그런데 이러한 경우에도 A는 C에 대하여 부당이득 반환청구권을 가진다. A·C 사이의 위임·명의신탁약정이 무효이어서 C가 A로부터 받은 X토지 매수대금은 법률상 원인 없는

---

2) 대판 2005. 1. 28, 2002다66922.
3) 이영준, 물권, 161면; 이은영, 물권, 286면.
4) [58]번 문제 I. 6.도 참조.

이득이기 때문이다. 이때의 반환범위는 C가 그 이득이 법률상 원인 없는 것임을 알았는지에 따라 차이가 있다(748조 참조).

III. 물음 3.에 대하여

1. 논점의 정리

이 문제는 계약명의수탁자인 C가 자신의 명의로 소유권이전등기를 마친 X토지를 D에게 매도한 경우에 D가 X토지의 소유권을 취득하는지를 묻고 있다.

이 문제도 물음 (2)에 있어서와 마찬가지로 B가 선의이어서 C가 유효하게 X토지의 소유권을 취득한 경우와 B가 악의이어서 C가 X토지의 소유권을 취득하지 못한 경우로 나누어 살펴보아야 한다. 그리고 그럼에 있어서 제3자 보호를 규정한 부동산실명법 제4조 제3항에 관한 해석이 필요하다.

2. B가 선의인 경우

B가 선의인 경우에는 C는 X토지의 소유권을 유효하게 취득한다. 따라서 C가 X토지를 자신의 소유물로 D에게 매도하고 소유권이전등기를 해주었다면, 이는 토지의 소유자가 정상적으로 토지를 매매하고 소유권을 이전해 주는 경우에 해당한다. 따라서 D는 유효하게 X토지의 소유권을 취득한다. 즉 B가 선의이면 D는 언제나 X토지의 소유권을 취득한다. 여기에 부동산실명법 제4조 제3항은 적용될 필요가 없다.

3. B가 악의인 경우

B가 악의인 경우에는 C가 X토지의 소유권을 취득하지 못한다. C 명의의 소유권이전등기는 실체관계에 부합하지 않는 무효의 것이다. 그리하여 C가 X토지를 타인에게 매도한 것은 타인의 토지를 매도한 것이 된다. 그 매매계약이 무효는 아니지만 그에 기하여 D에게 소유권이전등기를 해주었더라도 D는 계약에 의하여 X토지의 소유권을 취득하지 못한다. D가 보호되려면 법률의 특별규정이 필요하다.

부동산실명법은 제4조 제3항에서 명의신탁약정 또는 그에 기한 물권변동의 무효는 제3자에게 대항하지 못한다고 규정한다. 여기의 제3자가 선의이어야 하는지에 관하여 긍정설과 부정설이 대립하나, 선의의 자에 한정하고 있지 않으므로 악의의 자도 포함된다고 하여야 한다. 그리고 여기의 제3자는 명의신탁에 기하여 새로이 이해관계를 맺은 자이며, 물권을 취득한 자에 한정되지 않는다. 이와 같이 무효를 가지고 제3자에게 대항하지 못하므로, 수탁자가 그에게 등기명의가 있음을 이용하여 목적부동산을 타인에게 매도하고 소유권이전등기를 해 준 경우에는 그 매수인은 소유권을 취득한다.

위에서 본 바와 같이, 본 사안에서 B가 악의인 경우에는 D가 C와의 계약에 의하여 X토지의 소유권을 취득하지는 못하나, 부동산실명법 제 4 조 제 3 항에 의하여 X토지의 소유권을 취득할 수 있게 된다. D는 명의수탁자 C로부터 목적물을 매수한 자로서 그 규정에서 말하는 제 3 자에 해당하기 때문이다. 그리고 D는 그가 악의일지라도 X토지의 소유권을 취득한다고 할 것이다.

4. 결   론

D는 그가 선의이든 악의이든 언제나 X토지의 소유권을 취득한다. 그런데 그 근거는 B가 선의인 때에는 C·D 사이의 계약이고, B가 악의인 때에는 부동산실명법 제 4 조 제 3 항이다.

[32] 동산 물권변동(선의취득 등)

문제

A는 그의 삼촌으로부터 일본제 전자 손목시계를 선물로 받고서 평소 알고 지내던 B에게 그 사실을 자랑하였다. 그러자 자신의 시계가 매우 낡아 새로운 시계가 필요했던 B는 어떻게 해서든지 그 시계를 손에 넣으려고 마음먹었다. 그리고는 A에게 「내가 시계에 대하여 잘 아는데, 그 시계는 일제같지만 실제로는 홍콩에서 조립한 것이다」라고 거짓말을 하여 A를 속인 뒤, 그 말을 듣고 크게 실망한 A로부터 그 시계를 싼 값에 매수하여 대금을 지급하고 시계를 넘겨 받았다. 그 후 이러한 일련의 과정을 옆에서 모두 지켜보고 있었던 B의 친구 C가 B에게 그 시계를 자신에게 팔 것을 종용하였고, 금전이 궁해진 B는 C로부터 자신이 A에게 지급한 것보다 약간 많은 대금을 받고 그 시계를 C에게 넘겨 주었다. 그런데 그러한 일들이 있은 며칠 뒤 A는 자신이 B에게 속은 것을 알았다. 그리하여 B에게 사기를 이유로 그와의 시계 매매계약을 취소한다고 하였다. 물론 그 시계는 아직까지도 C가 차고 다니고 있다.

이 경우에 시계의 소유관계는 어떻게 되는가?

I. 서 론

본 사안의 경우에 시계의 소유권은 처음에는 그것을 선물받은 A에게 있었다. 그런데 A가 시계를 B에게 매도하였고 B는 다시 C에게 매도하였다. 그리고 A로부터 B에게로, B로부터 C에게로의 소유권이전에 필요한 요건(188조 1항 참조)도 모두 갖추었다. 사안이 명확하지 않아 그 시기를 확정할 수는 없지만 A와 B, B와 C 사이에 소유권이전의 합의(물권행위)가 있었다고 보아야 하고, 또한 시계의 인도도 있었기 때문이다. 따라서 시계의 소유권은 일단 A에게서 B를 거쳐 C에게 이전되어 있었다. 그런데 그 후에 A가 사기를 이유로 B와의 매매계약을 취소하였다.

이러한 경우에 시계의 소유관계를 밝히려면 우선 A와 B 사이의 계약이 사기를 이유로 하여 취소될 수 있는 것인지, A의 취소가 적법한지를 검토하여야 한다. 그럼에 있어서는 사기를 이유로 한 취소의 요건 외에 취소의 방법, 취소할 수 있는 기간의 경과 여부에도 주의를 기울여야 한다. 그 뒤에는 사기를 이유로 한 매매계약의 취소가 A·B 사이의 소유권이전의 합의, 즉 물권행위에도 영향을 미치는지, 그리하여 물권행위까지 효력을 잃게 되는지를

살펴보아야 한다. 왜냐하면 물권행위가 효력을 잃게 되면, A와 B 사이에 일어난 물권변동
(시계 소유권이전)은 일어나지 않았던 것으로 되기 때문이다. 그 결과 C의 소유권 취득에도
영향을 미치게 된다. 따라서 이제는 C를 보호하는 특별한 근거가 있는지를 조사하고 그것
이 요구하는 요건이 구비되었는지를 검토하여야 한다. 그런데 그 근거로서는 민법 제110조
제 3 항과 제249조의 둘을 생각해 볼 수 있으므로 그 규정들에 관하여 자세히 살펴보아야
한다.

그 밖에 A · B 사이의 계약이 폭리행위 또는 사회질서에 반하는 행위이어서 무효인지도
문제된다.

Ⅱ. 사기를 이유로 한 매매계약 취소의 정당성

1. 사기를 이유로 한 법률행위 취소의 요건

사기를 이유로 법률행위를 취소할 수 있으려면 여러 가지 요건이 갖추어져야 한다(110
조 1항).

⑴ 의사표시의 존재

사기에 의한 의사표시가 인정되기 위하여서는 그 당연한 전제로서 의사표시가 존재하
여야 한다. 의사표시가 존재하지 않는 한 의사표시의 취소는 필요하지도 가능하지도 않다.

⑵ 사기자의 고의

사기자, 즉 기망행위자(상대방 또는 제 3 자)에게 고의가 있어야 한다. 그런데 여기의 고의
의 의미에 관하여는 견해가 나뉘고 있다. 통설은 2단계의 고의, 즉 표의자를 기망하여 착오
에 빠지게 하려는 고의와 다시 그 착오에 기하여 표의자로 하여금 의사표시를 하게 하려는
고의가 필요하다고 한다. 그에 비하여 소수설은 3단계의 고의, 즉 기망행위, 착오 야기, 이
에 기한 의사표시에 관하여 고의가 있어야 한다고 한다. 생각건대 소수설이 말하는 기망행
위의 고의는 통설에서의 제 1 단계의 고의에 포함된다. 왜냐하면 후자는 전자를 당연한 전
제로 하고 있기 때문이다. 그러고 보면 이러한 견해 대립은 설명방법에 있어서만 다를 뿐
실질적으로는 차이가 없다. 그러므로 어느 견해에 의하여도 무방할 것이나 복잡한 설명을
피하기 위하여서는 통설에 따르는 것이 나을 것이다.

⑶ 기망행위

사기자의 기망행위가 있어야 한다. 여기서 기망행위라 함은 표의자에게 그릇된 관념을
가지게 하거나 이를 강화 또는 유지하려는 모든 용태를 말한다. 기망행위는 적극적으로 허
위의 사실의 주장 또는 날조일 수도 있고, 소극적으로 진실한 사실을 은폐하려는 것일 수도
있다.

(4) 기망행위의 위법성

기망행위가 위법하여야 한다. 사회생활에 있어서는 타인의 부지나 착오를 이용하는 것이 어느 정도까지는 허용되어야 하므로, 모든 기망행위가 위법하다고 할 수는 없다. 기망행위 가운데에는 위법성이 조각되는 것도 있으며 그러한 경우에는 사기에 의한 의사표시가 되지 않는다. 구체적인 경우에 위법성의 유무는 각각의 경우의 사정 위에서 신의칙 및 거래관념에 의하여 판단하여야 한다.

(5) 기망행위와 의사표시 사이의 인과관계

기망행위와 의사표시 사이에 인과관계가 있어야 한다. 즉 표의자가 기망행위로 인하여 의사표시를 하였어야 한다. 따라서 표의자가 기망행위에 의하여 착오에 빠졌어야 하고, 또 이 착오에 기하여 의사표시를 하였어야 한다. 그리고 상대방 있는 의사표시가 제 3 자의 사기에 의하여 행하여진 경우에는 상대방이 그 사실을 알았거나 알 수 있었어야 한다.

(6) 기　　타

그 밖에 취소기간이 경과하지 않았어야 한다. 그리하여 추인할 수 있는 날, 즉 속은 것을 깨달은 날로부터 3년, 법률행위를 한 날로부터 10년이 경과하지 않았어야 한다(146조).

한편, 이와 같은 요건이 갖추어졌을 경우에 취소할 수 있는 법률행위의 상대방이 확정되어 있는 때에는, 취소는 그 상대방에 대한 의사표시로 하여야 한다(142조).

2. 위 이론의 본 사안에의 적용

전술한 이론을 본 사안에 적용해 보기로 한다.

본 사안의 경우에 A는 B와 매매계약을 체결하였으므로 A의 의사표시가 존재한다. 그리고 사기자인 B에게 고의(2단의 고의)도 있다. B가 어떻게 해서든지 시계를 차지하려고 마음먹고 A에게 거짓말을 하여 그것에 속은 A로부터 그 시계를 싼 값에 매수한 것을 보면, B에게는 A를 기망하여 착오에 빠지게 하려는 고의도 있고, 또 그 착오에 기하여 표의자로 하여금 의사표시를 하게 하려는 고의도 있다. 그런가 하면 사기자인 B의 — 적극적인 — 기망행위도 존재한다. B는 A를 속이는 거짓말을 했기 때문이다. 뿐만 아니라 그 기망행위(거짓말)는 위법하다. 그 외에 기망행위와 의사표시 사이에 인과관계도 있다고 할 것이다. 즉 A는 B의 거짓말을 진실한 것으로 믿음으로써 착오에 빠졌고, 또 그 착오에 기하여 매도의 의사표시를 하였다. 그리고 본 사안의 경우에는 상대방의 사기에 의하여 의사표시가 행하여졌으므로 상대방의 악의 등은 문제되지 않는다.

그 외에 본 사안에서 분명히 밝혀져 있지는 않지만, A가 시계를 매도한 때로부터 매매계약을 취소할 때까지 10년 가까운 오랜 기간이 경과한 것으로 보이지 않으며, A가 속은 것을 깨달은 때로부터는 겨우 며칠이 경과하였으므로 A의 취소권이 소멸하지도 않았다.

요컨대 본 사안의 경우에는 A가 사기를 이유로 하여 B와 체결한 매매계약을 취소하는

데 필요한 요건이 모두 충족되어 있다. 따라서 A에게는 취소권이 인정된다.

한편 사기를 이유로 한 취소는 취소할 수 있는 법률행위의 상대방에 대한 의사표시로 하여야 하는데, 본 사안의 경우 B는 취소할 수 있는 법률행위인 시계 매매계약의 상대방이므로 A가 B에게 취소한다고 통지한 것은 정당한 취소에 해당하게 된다. 그 결과 본 사안의 경우에 A와 B 사이의 계약은 적법하게 취소되었고, 그리하여 그 계약은 처음부터 무효였던 것으로 된다(141조).

Ⅲ. 취소에 의하여 A·B 사이의 물권행위도 실효하는지 여부

1. 서 설

전술한 바와 같이 A·B 사이의 계약은 적법하게 취소되었다. 그런데 그 취소에 의하여 A와 B 사이의 물권행위, 즉 시계의 소유권이전의 합의까지도 효력을 잃게 되는지가 문제이다. 만약 계약의 취소에도 불구하고 물권행위만은 그대로 유효하다면, B가 부당이득 반환의무를 부담하는 것은 별론으로 하고, C는 권리자인 B로부터 시계의 소유권을 취득한 것이 되므로 그 권리는 취소 전후 계속하여 C에게 귀속하게 된다. 그에 비하여 물권행위가 — 소급하여 — 실효하는 것으로 인정되면, C는 그가 보호될 수 있는 특별한 법적 근거가 없는 한 시계의 소유권을 잃게 된다. 왜냐하면 그때에는 A·B 사이에 동산 물권변동에 필요한 두 가지 요건인 물권행위와 인도 가운데 물권행위라는 요건이 처음부터 갖추어지지 않았던 것으로 되고, 그 결과 C가 시계의 소유권을 무권리자로부터 취득한 것으로 되기 때문이다. 다만, C를 보호하는 특별한 근거가 있다면 C는 그것에 의하여 시계의 소유권을 보전할 수 있을 것이다.

A·B 사이의 물권행위의 효력이 소멸하는지는 물권행위의 유인성·무인성과 직접 관련되어 있는 문제이다. 따라서 아래에서 먼저 물권행위의 무인성에 관한 학설·판례를 살펴보고, 이어서 본 사안의 경우에 대하여 판단해 보기로 한다.

2. 물권행위의 무인성에 관한 학설·판례

채권행위가 먼저 행하여지고 그 이행으로서 물권행위가 따로 독립하여 행하여진 때에, 그 원인행위인 채권행위가 존재하지 않거나 무효이거나 취소·해제되는 경우에, 그 채권행위를 원인으로 하여 「따로 행하여진」 물권행위도 무효가 되어 물권변동이 없었던 것으로 되는가가 문제된다. 이것이 바로 물권행위의 무인성의 문제이다.

여기에 관하여는 무인성을 부정하는 견해인 유인론과, 그것을 인정하는 견해인 무인론이 대립하고 있다. 유인론에 의하면 물권행위의 효력은 그 원인인 채권행위의 부존재·무효·취소·해제 등에 당연히 그 영향을 받는다고 하게 된다. 그 결과 채권행위가 취소된 때에는 그에 기하여 행하여진 물권행위도 소급해서 무효로 된다. 그에 비하여 무인론에 의하면 물권행위의 효력은 그 원인이 되는 채권행위에 영향을 받지 않는다고 하게 된다. 그러므로 채권행위가 취소되더라도 그에 기하여 행하여진 물권행위는 여전히 효력을 유지하게 된다. 그런데 우리나라에서 주장되고 있는 무인론은 상대적 무인론으로서 일정한 경우에는 물권행위가 유인성을 띤다고 한다. 어떤 경우에 그러한가에 대하여는 견해가 일치하지 않으나, 대체로 채권행위의 유효를 물권행위의 전제로 한 경우, 동산의 현실매매와 같이 채권행위와 물권행위가 외형상 하나의 행위로 행하여진 경우, 채권행위와 물권행위 사이의 시간적 거리가 멀지 않은 때(반대 견해 있음), 양 행위에 대하여 반사회질서성 또는 불공정행위성이 있는 경우(반대 견해 있음) 등이 그 예라고 할 수 있다. 이러한 견해들 가운데 학설로서는 유인론이 다수설이고 판례도 유인론의 입장에 있다.

그런데 주의할 것은 물권행위의 무인성 여부는 물권행위가 채권행위로부터 따로 독립하여 행하여진 때에만 문제된다는 점이다. 두 행위가 하나로 합해져서 행하여진 때에는 물권행위에도 흠이 있게 되어 물권행위는 채권행위의 실효 때문이 아니고 그 자체의 흠 때문에 효력을 잃게 된다. 그리고 보면 우리의 무인론이 유인이 되는 경우로「두 행위가 외형상 하나의 행위로 행하여진 경우」를 드는 것은 부정확한 것이라고 할 수 있다.

3. 본 사안에의 적용

(1) 서   설

본 사안의 경우에 A·B 사이의 매매는 아마도 현실매매였을 것으로 생각된다. 왜냐하면 거짓말로 속여서 시계를 싼 값에 매수하는 B로서는 거짓말이 탄로나거나 또는 A의 마음이 변할 것을 염려하여 계약과 동시에 이행하려 했을 것이기 때문이다. 그러나 본 사안의 문구상으로는 현실매매인지를 확정할 수 없다. 따라서 다음에서 현실매매인 경우와 아닌 경우로 나누어 살펴보기로 한다.

(2) 현실매매인 경우

만약 A·B 사이의 매매가 현실매매라면 물권행위는 채권행위와 동시에 행하여진 것이 된다. 따라서 사기와 같은 채권행위의 하자는 곧 물권행위의 하자로 된다. 그 결과 채권행위인 A·B 사이의 매매계약이 취소되면 시계의 소유권이전의 합의도 소급해서 무효로 된다. 이는 물권행위에 무인성을 인정하느냐와는 무관하다. 유인·무인은 채권행위에만 흠이 있고 물권행위에는 흠이 없는 경우에 있어서 채권행위가 실효하는 때에 문제되기 때문이다.[1] 이처럼 물권행위가 소급해서 실효하기 때문에 유인론에 의하든 무인론에 의하든 A·B 사이에서는 물권변동(시계의 소유권이전)이 없었던 것으로 된다. 그 결과 앞서 기술한 바와 같

---

1) 그렇지 않다고 하더라도 우리나라의 무인론은 현실매매와 같이 채권행위·물권행위가 외형상 하나의 행위로 행하여진 경우에는 유인으로 된다고 하여 결국 같은 결과를 인정한다.

이 다른 특별한 보호근거가 없는 한 C의 소유권 취득도 없었던 것이 된다.

(3) 현실매매가 아닌 경우

A·B 사이의 매매가 현실매매가 아닌 경우에는 물권행위가 언제 행하여졌는지, 그리고 그 행위는 유인인가 무인인가, 그리하여 매매계약 취소로 물권행위도 소급해서 효력을 잃는지가 문제된다.

여기에 관하여 유인론자는 — 물권행위의 독자성을 부인하므로 — 물권행위는 원칙적으로 A·B 사이의 매매계약(채권행위)에 포함되어 행하여진 것이고, 그것은 유인행위라고 하게 된다. 그 결과 유인론에 의하면 앞의 현실매매의 경우처럼 A의 매매계약 취소로 A·B 사이의 시계의 소유권이전의 합의도 소급해서 무효로 된다. 그에 따라 B의 소유권 취득은 없었던 것으로 되고 C의 소유권 취득도 그것에 영향을 받게 된다.

그에 비하여 무인론자는 — 논의하는 학자가 거의 없으나 논의하는 학자에 의하면 — 물권행위는 채권행위와는 별개의 것이고, 반대의 의사가 명백하지 않는 한 시계를 인도한 때에 행하여진 것으로 해석한다. 그리고 그것은 무인행위라고 하게 된다. 다만, 우리나라에서 주장되고 있는 무인론은 상대적 무인론으로서 일정한 경우에는 유인이라고 하는데, 그러한 경우의 하나로 채권행위와 물권행위 사이에 시간적 거리가 멀지 않은 때에는 사기와 같은 취소원인이 양 행위에 공통적으로 존재할 수 있다고 설명한다. 그러나 그것에 반대하고 개별적으로 검토해야 한다는 견해도 있다. 생각건대 만약 무인론의 입장에 서 있다면 전설(前說)과 같이 주장하여서는 안 된다. 왜냐하면 취소원인의 공통적인 존재 여부는 두 행위의 시간 간격과는 — 전혀 무관하지는 않지만 — 직접적인 관계가 없기 때문이다. 따라서 후설처럼 설명하여야 한다. 그러나 어떻게 새기더라도 본 사안의 경우에는 물권행위, 즉 시계의 소유권이전의 합의는 유인으로 되어 매매계약 취소에 의하여 소급적으로 효력을 잃게 된다. 왜냐하면 전설에 의하면 두 행위 사이에 시간 간격이 멀지 않아서 사기라는 취소원인이 양 행위에 공통적으로 존재하고, 후설에 의하더라도 개별적으로 판단해 볼 때 본 사안의 경우에 A는 「B에게 속은 상태에서」 채권행위인 매매계약뿐만 아니라 물권행위인 소유권이전의 합의도 — 그것이 인도시에 행하여졌다고 보든 다른 때에 행하여졌다고 보든 — 행하였기 때문이다. 그 결과 앞의 유인론에 의한 경우처럼 A로부터 B로의 시계 소유권이전은 없었던 것으로 되고, 또 C의 소유권 취득도 영향을 받게 된다.

결국 A·B 사이의 매매가 현실매매가 아니라고 하더라도 A가 매매계약을 취소함으로써 둘 사이의 시계 소유권이전의 합의는 소급하여 무효로 되고, 따라서 B는 소유권을 취득하지 않았던 것으로 된다. 아울러 C도 다른 특별한 보호수단이 없으면 소유권을 상실하게 된다. 그리고 이러한 결과는 물권행위의 무인성을 인정하든 않든 똑같이 인정된다.

IV. C가 선의의 자로서 보호되는지 여부

1. C를 보호할 수 있는 근거규정

전술한 바와 같이 A가 시계 매매계약을 취소함으로써 그 계약과 그에 기한 시계 소유권이전의 합의는 — 적어도 A · B 사이에서는 — 소급해서 효력을 잃게 되었다. 따라서 물권행위의 무인성을 인정하든 인정하지 않든 C는 이론에 의하여서는 보호될 수 없으며, 그는 취소의 효과를 제한하거나 또는 무권리자로부터의 권리취득을 인정하는 등의 특별규정이 있어야만 보호될 수 있다.

그런데 그러한 규정으로 민법은 제110조 제3항과 제249조를 두고 있다. 그러므로 이하에서 C가 이 규정들에 의하여 보호될 수 있는지를 검토해 보기로 한다. 그러기 위하여서는 먼저 본 사안과 같은 경우에 위 두 규정이 중복하여, 즉 선택적으로 적용될 수 있는지, 아니면 어느 하나만 적용될 수 있는지를 살펴보아야 한다. 그 뒤에 적용이 가능한 규정이 요구하고 있는 요건이 갖추어졌는지를 검토할 것이다.

2. 제110조 제3항과 제249조의 선택적 적용가능성

민법은 물건거래에 있어서 동산점유의 공신력만을 인정하고 있다. 동산의 선의취득에 관한 제249조가 그것이다. 동조는 물론 착오 · 사기 · 강박을 이유로 법률행위가 「취소된 후에」 그 법률행위를 기초로 하여 동산에 관한 권리를 새로이 취득한 제3자에 대하여 적용된다. 그런데 동조가 위와 같은 이유로 법률행위가 「취소되기 전에」 동산에 관한 권리를 취득한 제3자에게도 적용되는가? 그리하여 그 제3자는 제109조 제2항 · 제110조 제3항에 의하여도, 그리고 제249조에 의하여도 보호될 수 있는가? 아니면 어느 하나만 적용될 수 있는가?

이러한 문제는 공신의 원칙이 채용되어 있는 분야에서는 선의의 제3자 보호규정이 필요하지 않음에도 불구하고 우리 민법이 동산의 선의취득을 인정하면서 제110조 제3항 등을 동산거래에도 적용될 수 있는 형태로 규정하고 있는 데서 생긴다. 그리고 이러한 논의는 제249조가 요구하는 요건과 제110조 제3항 등이 요구하는 요건이 차이가 있기 때문에 필요하다. 즉 제110조 제3항 등은 제3자의 선의만을 요구하고 있으나 제249조는 제3자의 선의 외에 무과실과 같은 그 밖의 요건도 요구하고 있어서, 후자를 적용하는 경우보다는 전자를 적용하는 경우에 제3자가 쉽게 보호될 수 있을 것이다. 참고로 말하면 위의 문제는 물권행위의 무인성을 부정하는 입장(유인론)에서 논의의 실익이 클 것이다. 그러나 무인론에서도 실익이 없지는 않다. 물권행위의 무인성을 인정하더라도 취소에 의하여 물권행위가 실효되는 경우가 있기 때문이다.

여기에 관하여는 학자들이 거의 논의를 하고 있지 않아서 학설은 가늠하여 볼 수 없다.

그러나 세 견해, 즉 ⅰ) 제249조만을 적용할 수 있다는 견해(제249조 적용설), ⅱ) 제110조 제 3 항 등만을 적용할 수 있다는 견해(제110조 제 3 항 등의 적용설), ⅲ) 제110조 제 3 항 등과 제249조를 선택적으로 적용할 수 있다는 견해(선택적 적용설)를 생각해 볼 수 있다. 가정적인 이들 세 견해는 모두 나름대로의 이유를 가지고 있으면서 동시에 문제점도 지니고 있다.[2] 그렇지만 실제의 적용에 있어서 가장 문제점이 적은 것이 선택적 적용설이므로 그 견해를 취해야 할 것이다. 그리하여 동일한 경우에 권리를 취득한 제 3 자는 그 각각의 요건을 증명하여 선택적으로 그의 권리취득의 유효함을 주장할 수 있다고 하여야 한다. 다만, 요건상 제249조의 것이 제110조 제 3 항 등의 것보다 더 엄격하므로 제249조를 원용할 실익은 없을 것이다.

3. C가 제110조 제 3 항의 선의의 제 3 자로서 보호되는지 여부

⑴ 제110조 제 3 항의 해석

민법은 제110조 제 3 항에서 「전 2항의 의사표시의 취소는 선의의 제 3 자에게 대항하지 못한다」고 규정하고 있다. 물건거래의 경우에 유인론에서는 제 3 자가 이 규정에 의해서만 보호될 수 있기 때문에 이 규정은 대단히 중요한 의미를 가지게 된다. 그에 비하여 무인론에서는 이론 자체에 의하여 제 3 자가 보호되기 때문에 이 규정은 별로 큰 의미가 없다. 그러나 무인론에 의한다고 하더라도 물권행위가 소급하여 효력을 잃게 되는 경우에는 의미를 가지게 되는데, 본 사안은 그러한 경우에 해당한다.

제110조 제 3 항에서 제 3 자라고 하면 사기 또는 강박에 의한 의사표시의 당사자와 그 포괄승계인 이외의 자 가운데에서 그 의사표시를 기초로 하여 새로이 이해관계를 맺은 자만을 가리킨다. 예컨대 사기 또는 강박으로 물건을 매수한 자로부터 다시 매수한 자나 압류 채권자가 그에 속한다.

그리고 선의라 함은 의사표시가 사기 또는 강박에 의한 것임을 모르는 것이다. 제 3 자의 선의·악의를 결정하는 표준이 되는 시기는 법률상 이해관계를 맺은 때이다. 따라서 이해관계를 맺은 때에 선의이면 그 이후에 알았더라도 상관없다.

한편 제 3 자는 선의이기만 하면 선의인 데 과실이 있어도 보호된다. 대항하지 못한다는 것은 사기 또는 강박에 의한 의사표시의 취소를 주장할 수 없다는 것이다.

⑵ C가 제110조 제 3 항의 선의의 제 3 자인지 여부

본 사안의 경우에 B로부터 시계를 매수한 C는 사기에 의한 의사표시를 기초로 하여 새로이 이해관계를 맺은 자에 해당한다. 따라서 그는 제110조 제 3 항의 제 3 자에 속한다. 그런데 C는 B의 친구로서 B가 A를 속여서 A의 시계를 싼 값으로 매수하는 과정을 모두 지켜보았다. 그 결과 그는 B와 계약을 체결할 당시 A의 의사표시가 사기에 의한 것임을 알고

---

2) 자세한 점은 송덕수, "법률행위가 취소된 경우의 제 3 자 보호," 고시연구 1989. 11, 21면-24면 참조.

있었다. 따라서 C는 악의의 제 3 자로서 제110조 제 3 항에 의하여 보호될 수 없다.

4. C의 시계 소유권 취득이 제249조의 선의취득으로 되는지 여부

(1) 동산의 선의취득의 요건

제249조에 의한 선의취득이 인정되려면 여러 가지 요건을 갖추어야 한다.

1) 객　체

먼저 그 객체는 금전(반대설 있음), 등기·등록으로 공시되는 동산, 명인방법에 의하여 공시되는 지상물, 증권적 채권 이외의 모든 동산이다.

2) 양도인에 관한 요건

양도인에 관한 요건으로, 양도인이 점유하고 있을 것과 양도인이 무권리자일 것이 필요하다. 그런데 이들 가운데 후자와 관련하여 주의하여야 할 점이 있다. 그것은 취소할 수 있는 법률행위에 기하여 동산의 소유권을 취득한 후에 그 법률행위가 취소된 경우에는, 비록 취득 당시에는 법률행위가 취소되기 전이라 하더라도 취소 후에는 양도인을 무권리자라고 인정하여야 한다는 점이다. 이 경우에 만약 무권리자라고 새기지 않으면 제 3 자는 권리자로부터 물권을 취득하기 때문에 선의취득은 처음부터 문제가 되지 않는다(188조 1항의 적용 문제임).

3) 동산의 양도행위

양도인과 양수인 사이에 동산물권 취득에 관하여 유효한 거래행위가 있었어야 한다.

4) 양수인에 관한 요건

양수인에 관한 요건으로 선의취득자가 평온·공연하게 점유를 취득하였어야 하고, 또 선의·무과실이어야 한다.

이 가운데 선의는 거래 당시에 양도인이 무권리자임을 알지 못하는 것이다. 가령 가장 매매의 매수인이 무권리자임을 알지 못하고 그로부터 전득한 제 3 자는 선의이고, 따라서 선의취득을 할 수 있다. 그런데 취소할 수 있는 법률행위의 경우에 아직「취소가 있기 전에」제 3 자가 권리를 취득한 때에는 다른 문제가 생긴다. 취소가능한 법률행위라 할지라도 그것이 취소될 때까지는 유효하고, 그리하여 모든 제 3 자가 선의라는 결과로 된다. 즉 제 3 자가 법률행위의 취소가능성을 알고 있었더라도 그는 양도인의 권리에 관한 한 선의인 것이다. 그 결과 제 3 자는 취소가능성을 알고 있었다고 할지라도 선의취득에 의하여 보호 받게 될 것이다. 그러나 이는 옳다고 할 수 없다. 취소할 수 있는 법률행위에 기초하여 새로이 이해관계를 맺은 자 가운데 법률행위가 취소될 수 있다고 알고 있었던 자는 보호되지 않아야 할 것이다. 독일민법은 그러한 취지를 명문으로 규정하고 있으나(동법 142조 2항), 명문규정이 없더라도 마찬가지로 새겨야 한다. 그리고 여기서 법률행위의 취소가능성을 알고 있다 함은 사기 등과 같은 취소원인 사실을 알고 있는 것으로 충분하다.

⑵ 위의 이론의 본 사안에의 적용

본 사안의 경우에 C가 선의취득의 요건을 갖추었는지를 검토해 보기로 한다.

우선 객체의 면에서는 시계가 예외적인 것에 해당하지 않는 동산이므로 문제가 없다.

그리고 양도인에 관한 요건도 충족하고 있다. C가 소유권을 취득할 당시에 B는 정당한 권리자였다. 그러나 A의 취소에 의하여 B가 처음부터 권리를 취득하지 않았던 것으로 되므로 B는 무권리자였다고 인정된다. 또한 무권리자인 B가 시계를 점유하고 있었으므로 양도인의 점유라는 요건도 갖추었다.

다음에 C는 양도인인 B와 유효하게 시계 매매계약을 체결하였다.

또한 양수인 C는 평온·공연하게 시계의 점유를 취득하였다. 그러나 그는 선의는 아니다. C는 A·B 사이의 계약이 취소되기 전에 시계의 소유권을 취득하였다. 그렇지만 그는 A·B 사이의 계약이 B의 사기에 의하여 체결되었음을 알고 있었다. 즉 취소원인 사실을 알고 있었던 것이다. 그런데 앞서 기술한 바와 같이, 이처럼 취소원인 사실을 알고 있는 경우에는 선의취득에 있어서 「선의」라고 보지 않아야 하기 때문에 C는 선의가 아니고 악의라고 하여야 한다.

따라서 C는 선의취득에 의하여 시계의 소유권을 취득하지도 못한다.

V. A·B 사이의 매매가 폭리행위 또는 반사회질서 행위인지 여부

그 밖에 A·B 사이의 매매가 폭리행위(104조)나 사회질서에 반하는 행위(103조)인지도 문제될 수 있다.

그러나 본 사안은 단지 B가 시계를 싼 값에 매수했다고 하고 있을 뿐이므로 급부와 반대급부 사이에 현저한 불균형이 있다고 할 수 없고, 또 B가 A의 궁박·경솔 또는 무경험을 이용했다고 볼 만한 사정도 없다. 따라서 A·B 사이의 매매는 폭리행위가 아니다.

그리고 B가 A를 속여서 시계를 매수한 것만으로 사회질서에 반한다고 볼 수도 없다.

결국 A·B 사이의 매매가 폭리행위나 반사회질서행위에 해당하여 무효라고 하지는 못한다. 그러므로 그에 따른 문제는 논의할 필요도 없다.

VI. 결   론

A는 B에게 속아서 그의 시계를 B에게 매도하였으므로, 그는 B와의 시계 매매계약을 사기를 이유로 취소할 수 있다. 그리고 본 사안의 경우 A는 적법하게 그 계약을 취소하였다. 그 결과 A·B 사이의 계약은 소급해서 무효로 되고, 본 사안의 경우에는 그것과 함께 A·B 사이에 행하여진 시계의 소유권이전의 합의도 처음부터 효력이 없었던 것이 된다. 이

는 물권행위의 무인성을 인정하든 부정하든 차이가 없다.

　　이와 같이 A·B 사이의 소유권이전의 합의도 소급해서 무효로 되므로 B가 취득했던 시계의 소유권은 취득하지 않았던 것으로 된다. 따라서 B로부터 시계의 소유권을 양수한 C는 민법 제110조 제 3 항이나 제249조에 의하여서만 보호될 수 있으며, 본 사안의 경우 이 두 규정은 선택적으로 적용될 수 있다. 그런데 본 사안에서 C는 B가 A를 속여서 시계를 매수한 사정을 알고 있었다. 따라서 그는 제110조 제 3 항에서의 제 3 자이기는 하지만 「선의」의 자가 아니어서 동조에 의하여 보호되지는 못한다. 즉 시계의 소유권을 보전하지 못한다. 뿐만 아니라 제249조에서도 그는 선의취득의 다른 요건은 대부분 갖추었으나 「선의」라는 요건을 갖추지 못한 것으로 되어 동조에 의하여서도 시계의 소유권을 취득하지 못한다.

　　또한 A·B 사이의 매매계약이 폭리행위나 사회질서 위반행위는 아니어서 그에 따른 논의는 할 필요가 없다.

　　결국 본 사안의 경우 시계의 소유권은 취소와 함께 A에게 귀속하게 된다. 따라서 A는 현재 시계를 점유하고 있는 C에 대하여 소유권에 기하여 물권적 청구권, 즉 소유물 반환청구권을 행사할 수 있다.

[33] 악의의 무단점유자의 법률관계

문제

A는 1965. 11. 18. 어느 지역의 14번지를 매수하여 같은 해 11. 26. 그의 명의로 소유권이전등기를 마치고 이를 소유하여 오던 중, 1971. 8. 12.경 그 토지(대지) 위에 건축되어 있던 구가옥을 철거하고 새로이 주택을 신축하였다. 그러면서 A는 자신의 토지와 인접해 있는 국가소유의 일반재산인 그 지역 15번지 중 3분의 2 정도에 해당하는 부분(편의상 X부분이라고 한다)을 국가가 설치해 놓은 철조망을 제거한 뒤 그 둘레에 담장을 설치하고 그 안에 창고와 차고를 만드는 외에 나머지 부분을 마당으로 사용하는 방법으로 점유하였다. 그 후 B는 1991. 3. 18. A로부터 14번지와 그 지상의 주택을 매수하여 등기도 마쳤고, X부분도 A와 똑같이 현재(1998. 1. 3)까지 점유·사용하여 오고 있다. 그리고 위 15번지는 1950년대 이래 지금까지 계속하여 국가 명의로 등기되어 있다.

이 경우에 A, B, 국가 사이의 법률관계를 논하시오.

I. 문제의 제기

본 문제의 사안에서 14번지는 문제될 여지가 없다. 그 토지는 소유자였던 A가 B에게 적법하고 유효하게 양도하여 현재 B가 소유자로서 점유하고 있기 때문이다. 문제는 15번지의 3분의 2 정도에 해당하는 X부분에 관하여서이다. 그 토지는 국가의 명의로 등기되어 있는 국가 소유의 것인데, A가 1971년경부터 무단으로 점유하였고 그 이후에 B가 역시 계속 점유하고 있기 때문이다.

X부분의 법률관계는 A－B, A－국가, B－국가 사이 각각에 대하여 살펴보아야 한다.

그런데 그 중점은 B와 국가 사이의 관계이다. 그리고 B와 국가 사이에서는 무엇보다도 B가 X부분에 관하여 점유 취득시효에 의하여 소유권 취득을 할 수 있는가가 문제된다(그것은 다른 법률관계에도 영향을 미치게 된다). 그러나 그 밖에도 B에 대하여 국가가 물권적 청구권을 행사할 수 있는지, 부당이득 반환청구권을 가지는지, 그리고 두 권리가 모두 인정된다면 그 권리들 사이의 관계는 어떠한지도 검토하여야 한다. 그런가 하면 B의 행위가 국가에 대하여 불법행위가 되고, 그 결과 국가가 불법행위를 이유로 한 손해배상청구권을 행사할 수 있는지도 문제이다. 그리고 이들 문제를 검토함에 있어서는 권리의 소멸시효의 완성 여부도 살펴보아야 한다.

A와 국가 사이에서는 국가가 A에 대하여 물권적 청구권, 부당이득 반환청구권 또는 불법행위를 이유로 한 손해배상청구권을 행사할 수 있는지가 문제된다.

마지막으로 A와 B 사이에서는 A가 B에 대하여 담보책임을 져야 하는지가 문제된다.

한편 위의 여러 문제들을 논함에 있어서는 우선 사실관계의 불명확한 점이 제거되어야 한다. 본 사안에서는 사실관계가 대체로 명확하다. 그러나 X부분이 A·B 사이의 매매의 목적물이었는지, 그리고 B가 그 토지가 국가 소유임을 알면서 점유를 시작하였는지 등이 반드시 명확하지는 않다. 다만, 사안에서 B가 A로부터 14번지를 매수하여 등기를 마쳤다고 하고 그에 관한 다툼 유무에 대하여 언급이 없는 점을 보면, 아마도 X부분은 매매 목적물이 아니었던 것 같다. 그리고 만일 그렇다면 B는 X부분이 A 소유가 아니고 국가 소유임을 알고 있었을 것으로 판단된다. 따라서 이하에서는 이러한 전제에 서서 논의하기로 한다. 그러나 그렇지 않을 경우를 생각하여 그 경우에 대하여도 언급을 하기로 한다.

Ⅱ. B와 국가 사이의 법률관계

1. B의 시효취득 여부

(1) 서   설

본 사안의 경우에 B는 국가 소유에 속하는 X부분을 1991년부터 점유하여 왔다. 따라서 그 자신의 점유만으로는 X부분의 소유권을 시효취득할 수 없다. 그러나 A의 점유가 B에게 승계될 수 있어서 B가 A의 점유까지 자신의 점유로 주장할 수 있다면 점유 취득시효에 의한 시효취득이 고려될 수 있다.

(2) 부동산의 점유 취득시효의 요건

1) 개   관

민법은 제245조 제 1 항에서 부동산의 점유 취득시효에 관하여 규정하고 있다. 그에 의하면, 「20년간 소유의 의사로 평온, 공연하게 부동산을 점유하는 자는 등기함으로써 그 소유권을 취득한다」. 이 규정을 바탕으로 하여 볼 때 부동산의 점유 취득시효의 요건은 ① 주체, ② 객체, ③ 일정한 점유 즉 소유의 의사로 평온·공연하게 하는 점유, ④ 점유가 20년간 계속되었을 것(시효기간), ⑤ 점유자 명의의 등기로 나눌 수 있다. 이들 요건을 본 문제의 논의에 필요한 범위에서 기술하기로 한다.

2) 주   체

점유 취득시효의 주체는 제한이 없다. 권리의 주체가 될 수 있는 자는 모두 시효취득의 주체가 될 수 있다. 그리하여 모든 개인과 법인(사법인·공법인), 나아가 법인 아닌 사단 또는 재단도 그 주체가 될 수 있다. 판례도 같은 태도이다.

3) 객 체

부동산의 점유 취득시효의 객체는 부동산이다. 그런데 여기의 부동산이 독립한 것이어야 하는가, 바꾸어 말하면 부동산의 일부에 관하여도 시효취득이 인정되는가가 문제된다. 토지의 일부에 관하여는 학설·판례가 모두 시효취득을 인정하고 있다. 생각건대 토지의 일부의 점유자도 보호할 필요가 있고 또 시효취득을 인정하여도 무리가 생기지 않을 것이므로 시효취득을 인정하여야 한다. 건물의 일부에 관하여도 토지의 경우에 준하여 생각할 수 있으나, 건물이라는 물건의 특수성을 생각해 볼 때 시효취득 인정에 신중하여야 할 것이다.

한편 국유의 토지도 시효취득의 대상이 되는지가 문제된다. 국유재산법 제 5 조 제 2 항은 1994년의 개정이 있기 전에는 모든 국유재산이 시효취득의 대상이 되지 않는다고 규정하고 있었다. 그리하여 동법 하에서는 국유토지에 관하여 시효취득을 할 수가 없었다. 판례도 그러한 태도를 취하고 있었다. 그런데 1991. 5. 13. 헌법재판소가 위의 국유재산법 제 5 조 제 2 항에 대하여 일부 위헌결정을 선고하였다.[1] 즉 동 조항이 국유재산 중 잡종재산에 대하여까지 시효취득의 대상이 되지 않는다고 규정한 것은 헌법 제11조 제 1 항, 제23조 제 1 항 및 제37조 제 2 항에 위반된다고 하였다. 이 위헌결정으로 인하여 국유재산이라도 행정재산(공공용재산·공용재산 등), 보존재산을 제외한 잡종재산만은 시효취득의 대상이 될 수 있게 되었다. 그리고 그 결정에 맞추기 위하여 1991. 5. 13.에 국유재산법 제 5 조 제 2 항도 단서를 신설하는 개정을 하였다. 그 뒤 변화가 있어서 현재에는 그 법 제 7 조 제 2 항에서 「행정재산은 민법 제245조에도 불구하고 시효취득의 대상이 되지 아니한다」고 규정하여, 일반재산(구 잡종재산)은 시효취득의 대상이 되도록 하였다.[2]

4) 일정한 요건을 갖춘 점유

점유 취득시효에 의하여 부동산의 소유권을 취득하려면 점유자가 소유의 의사로 평온·공연하게 점유하여야 한다. 즉 자주점유, 평온·공연한 점유가 필요하다.

(개) 일 반 론   통설에 의하면 자주점유는 소유의 의사로 하는 점유이며, 여기서 소유의 의사라 함은 소유자가 할 수 있는 것과 같은 배타적 지배를 사실상 행사하려고 하는 의사를 말한다고 한다. 그리고 법률상 그러한 지배를 할 수 있는 권한, 즉 소유권을 가지고 있거나 또는 소유권이 있다고 믿고 있어야 하는 것이 아니고, 사실상 소유할 의사가 있는 것으로 충분하다고 한다. 판례도 통설과 같은 입장에 있다. 한편 평온한 점유는 강포(強暴)에 의하지 않은 점유이고, 공연한 점유는 은비(隱秘)하지 않은, 즉 드러내 놓고 하는 점유이다.

(내) 악의의 무단점유자 문제   우리 민법상 점유자는 소유의 의사로 평온, 공연하게 점유

---

1) 헌재 1991. 5. 13, 89헌가97.
2) 참고로 말하면, 이러한 점들은 공유재산의 경우에도 유사하다. 즉 공유재산 전부에 관하여 시효취득을 금지하던 지방재정법 제74조 제 2 항에 대하여 1992. 10. 1.에 헌법재판소의 위헌결정이 선고되었고, 그 후 1994. 12. 22.에 동 조항도 국유재산법 제 5 조 제 2 항처럼 개정되었다. 그 후 그 규정은 동일한 내용으로 「공유재산 및 물품관리법」 제 6 조 제 2 항으로 되었다.

한 것으로 추정된다(197조 1항). 따라서 점유자로서는 자신이 점유하고 있다는 것만 증명하면 반대증명이 없는 한 시효취득을 할 수 있게 된다.

그런데 문제는 부동산의 소유권이 타인에게 속하는 것을 알면서도 등기없이 그 부동산을 점유한 자, 즉 악의의 무단점유자도 취득시효에 의하여 부동산의 소유권을 취득할 수 있는가이다. 1997년의 대법원 전원합의체 판결(대판(전원) 1997. 8. 21, 95다28625)을 고려할 때 이는 이론상으로뿐만 아니라 실제에 있어서도 매우 중요하고, 또 본 문제의 해결과 관련하여서도 가장 중요한 문제이다. 여기에 관하여 먼저 판례를 살펴본 뒤 학설을 정리하고, 이어서 사견을 적어 보기로 한다.

(a) 판   례   판례는 1997년의 전원합의체 판결3) 이전에는 악의의 무단점유에 관하여 원칙을 세워 놓고 있지 않았다. 1997년의 판결 이전에는 자주점유 여부는 점유취득의 원인이 된 점유권원의 성질에 의하여 결정되는데, 그 성질이 불분명한 때에는 민법 제197조 제1항에 의하여 자주점유로 추정된다고 하는 기본태도4) 위에서 악의의 무단점유에 해당하는 경우에 관하여 타주점유를 인정하였는가 하면, 자주점유를 인정하기도 하였고, 일단 자주점유로 추정한 후에 그 추정을 번복한 것도 있었다. 이러한 대법원의 태도는 1997년의 전원합의체 판결에 의하여 여러 면에서 크고 작은 변화를 보인다.

우선 자주점유 여부를 권원의 성질에 의하여서만 결정하여야 한다는 이전의 판례와 달리, 「점유취득의 원인이 된 권원의 성질이나 점유와 관계 있는 모든 사정에 의하여 외형적·객관적으로 결정되어야 한다」고 한다. 그리고 자주점유 추정규정이 권원의 성질이 불분명한 경우에 한하지 않고 모든 경우에 적용된다는 견지에 있다. 뿐만 아니라 악의의 무단점유에 관하여 하나의 새로운 원칙을 천명하였다. 즉 악의의 무단점유임이 증명된 경우에는 자주점유의 추정은 깨어진다고 한다. 아울러 그러한 입장에서 종래 대법원이 무단점유의 경우에 당연히 자주점유를 인정한 판결들을 폐기하였다. 이와 같은 현재의 판례에 의하면 악의의 무단점유의 경우에는(그것이 증명된 때에는), 자주점유의 추정이 깨어져서 점유자가 자신의 점유가 자주점유임을 증명하여야만 시효취득을 할 수 있게 된다. 그러나 그 경우는 악의의 무단점유임이 증명된 상태이기 때문에 자주점유의 증명이 사실상 불가능할 것이다.

(b) 학   설   학설은 자주점유 여부의 판단에 관하여는 과거의 판례를 지지하는 통설5)과 개별적인 경우의 여러 사정을 참작하여 판정할 것이라는 소수설6)이 대립하고 있으며, 자주점유 추정규정의 적용범위와 관련하여서는 그 규정이 부동산의 점유 취득시효에는 적용되지 않는다는 견해7)가 있는가 하면, 과거의 판례의 태도를 지지하거나 또는 특히

3) 앞에서 인용한 대판(전원) 1997. 8. 21, 95다28625를 가리킨다. 이하 같다.
4) 대판(전원) 1983. 7. 12, 82다708·709, 82다카1792·1793 참조.
5) 대표적으로 곽윤직, 물권, 147면.
6) 노승두, "제245조의 「소유의 의사」에 관한 소고," 사법논집 제7집(1976), 91면.
7) 최병조, "부동산의 점유 취득시효와 점유자의 소유의사의 추정," 판례실무연구[Ⅰ], 1997, 162면.

1983년의 전원합의체 판결을 합리적으로 해석하려는 시도를 하는 견해도 있다.

한편 악의의 무단점유에 관하여는 ⅰ) 무단점유의 경우에는 자주점유의 추정을 빌릴 것도 없이 그 자체로서 자주점유라는 견해,8) ⅱ) 악의의 무단점유자에게도 자주점유 추정의 원칙이 적용되어야 한다는 견해,9) ⅲ) 불법 내지 무단침해를 증명한 경우는 당연히 타주점유로 보아야 할 것이라거나10) 또는 무단점유는 특별한 사정이 없는 한 권원의 성질상 타주점유로 보는 것이 옳다는 견해,11) ⅳ) 악의의 무단점유에 대하여는 특별한 사정이 없는 한 자주점유의 추정을 번복하여야 한다는 견해12) 등이 대립하고 있다.

(c) 사   견   생각건대 자주점유 여부의 판단에 관한 과거의 판례와 통설에는 의문이 있다. 우선 여기의 권원의 의미가 문제이다. 권원은 본래「점유를 취득하는 근거로서의 법률행위 기타의 법률요건」을 의미한다. 그런데 통설과 과거의 판례는 권원을「점유취득의 원인인 사실」의 의미로 사용한다. 이는 전문용어를 근거 없이 본래의 의미와 다르게 사용하는 것으로서 올바르지 못하며, 혼란을 야기하게 된다. 그리고 자주점유에서 소유의 의사 유무는 독일에서 해석되는 것처럼 객관적으로 드러난 의사지향(Willensrichtung)에 의하여 판단되어야 한다. 여기의 의사는 내심에 숨겨진 것이 아니어야 하고 객관적으로 드러나야 하는데, 그것을 판단하는 중요한 자료로서 점유를 취득하게 된 원인, 특히 (본래의 의미의) 권원이 사용될 수 있을 것이다. 다만, 우리 민법에는 자주점유 추정규정이 두어져 있어서 점유는 자주점유로 추정되어야 하는 만큼, 자주점유의 문제는 자주점유인지 아닌지의 판단보다는 오히려 반대증명의 문제로 돌아가게 된다. 이러한 점에서 볼 때, 1997년의 판결은 여러 면에서 그 이전의 판례에 비해 진일보한 것으로 생각된다.

자주점유 추정규정의 적용범위와 관련하여 그 규정이 부동산의 점유 취득시효에 적용되지 않는다는 견해는 충분한 근거가 없다. 그리고 1997년의 판결이 있기 전의 판례는 자주점유 추정규정의 적용범위를 근거 없이 축소시키고 있을 뿐만 아니라 그 의미도 분명하지 않다. 그에 비하여 1997년의 판결은 고무적이다. 결국 우리 법상 점유자가 점유사실만 증명하면 모든 점유가 제197조 제 1 항에 의하여 일단은 자주점유로 추정된다고 하여야 한다. 만일 그에 대하여 상대방이 가령 점유자가 타주점유를 취득하게 된 권원을 증명하면 그 추정은 깨어질 것이고, 따라서 그 후에는 점유자가 스스로 소유자로서의 의사지향을 적극적으로 주장·증명하여야 한다.

8) 전하은, "악의의 자주점유," 민사재판의 제문제, 제 8 권(1994), 147면; 서정우, "무효인 양도계약과 양수인의 자주점유," 법조 1977. 10, 90면. 남효순, "프랑스 민법상의 점유 및 취득시효," 앞의 판례실무연구[Ⅰ], 236면도 유사하다.
9) 이성호, "미국법상의 Adverse Possession제도 및 시효제도의 본질론에 비추어 본 악의의 점유자의 부동산 점유 취득시효 문제," 앞의 판례실무연구[Ⅰ], 349면; 조성민, "무단점유의 경우에 자주점유의 추정이 깨지는지 여부," 판례월보 1997. 11, 22면.
10) 주석 물권법(상), 1991, 574면.
11) 박해성, "무단점유자의 점유가 자주점유인가," 앞의 판례실무연구[Ⅰ], 366면.
12) 윤진수, "「악의의 무단점유와 자주점유」에 대한 소견," 앞의 판례실무연구[Ⅰ], 381면.

이제 마지막으로 악의의 무단점유가 자주점유인지를 검토해 보기로 한다. 자주점유는 소유의 의사로써 하는 점유이며, 그 개념상 자주점유에는 정당한 권원의 존재도, 그 권원의 존재에 대한 믿음도 필요하지 않다. 그럼에도 우리의 일부 학설과 판례가 악의의 무단점유를 자주점유가 아니라고 한 것은 오직 그러한 점유를 한 자로 하여금 시효취득을 할 수 없도록 하기 위하여서이다. 악의의 무단점유자에 대하여 시효취득을 부정하여야 함은 마땅하다. 그러나 그 방법으로 자주점유의 개념을 이용하는 것은 바람직하지 않다. 우선 그것은 역사적인 개념을 목적을 위하여 변용한 것이다. 또한 민법 제202조 제2문은 자주점유가 선의점유와 별개의 것임을 분명히 보여 주고 있다. 뿐만 아니라 뒤에 보는 바와 같이, 위와 같은 방법이 반드시 부득이하다고 생각되지도 않는다.

악의의 무단점유자의 시효취득 배제에 대한 근거는 오히려 민법 제245조 제1항의 취지 및 민법의 근본입장에서 찾을 수 있고, 또 그리함이 타당하다. 우리 민법이 부동산 물권변동의 공시방법으로 등기를 마련하고 있고, 또한 등기가 있어야만 물권변동이 일어나는 성립요건주의를 취하고 있는 점, 우리 법상 부동산은 무주의 것이라도 선점자가 소유권을 취득할 수 없다는 점, 악의의 무단점유자에 대하여도 시효취득을 허용하게 되면, 특히 제대로 관리되지 못하는 국·공유지는 적지 않게 사인에 의하여 시효취득될 것이라는 점 등에 비추어 볼 때, 민법 제245조 제1항은 정당하게 소유권을 가지고 있지만 권원을 증명할 수 없어서 그의 소유권을 증명할 수 없는 자로 하여금 소유권의 주장·증명을 쉽게 할 수 있도록 하는 규정이라고 보아야 한다.[13] 그리고 우리 민법도 진정한 권리를 존중하는 입장에 서 있는 만큼 근본적으로 부동산 침탈자의 소유권 취득을 허용하지 않을 것으로 판단된다.

요컨대 제245조 제1항은 시효취득을 널리 인정하는 방향으로 해석되어서는 안 된다. 그러나 해석론으로서 마음대로 그 한계를 좁히기는 어렵다. 다만, 동 조항의 취지와 민법의 근본입장에 비추어 보호되지 않아야 하는 비교적 극단적인 경우는 배제될 수 있을 것이다. 사견으로는 권원이 없고 또 그에 관하여 악의인 때만은 시효취득을 배제하여야 할 것이라고 생각한다. 그런데 이는 취득시효의 요건이 갖추어진 경우에 있어서 예외에 해당하기 때문에, 그 요건은 시효취득을 다투는 상대방이 증명하여야 한다. 이때 그 요건(권원 없음 및 선의)의 증명은 완화시켜 개연성의 증명으로 충분하다고 하여야 할 것이다. 결국 악의의 무단점유자도 자주점유의 요건을 갖출 수 있고, 일단 제197조 제1항에 의하여 자주점유자로 추정된다. 그러나 상대방이 점유자가 권원 없는 악의의 점유자임을 증명하면 시효취득을 할 수 없게 된다.

5) 20년간의 점유

점유 취득시효에 의하여 부동산의 소유권을 취득하려면, 점유자가 소유의 의사로 평

---

13) 더욱 자세한 점은 송덕수, "악의의 무단점유와 취득시효," 인권과 정의(대한변호사협회지) 제243호, 1996. 11, 38면-39면＝송덕수, "악의의 무단점유와 취득시효," 앞의 판례실무연구[Ⅰ], 266면-267면 참조.

온·공연하게 「20년간 점유」하였어야 한다. 그리고 여기의 점유에도 점유의 승계에 관한 민법 제199조가 적용된다. 그 결과 점유자의 승계인은 자기의 점유만을 주장할 수도 있고, 자기의 점유와 전점유자의 점유를 아울러 주장할 수도 있다(동조 1항). 그런데 전점유자의 점유도 아울러 주장하는 경우에는 그 하자도 승계한다(동조 2항). 한편 판례에 의하면, 시효기간 중 등기명의인이 동일하고 취득자의 변동이 없는 경우에는 시효기간의 기산점을 어디에 두어도 무방하다.

6) 점유자 명의의 등기

점유 취득시효에 의하여 소유권을 취득하려면, 우리 민법에서는 점유자의 명의로 등기가 되어야 한다. 그러나 이는 무지에서 비롯된 잘못된 입법이므로 무시하여야 하며, 취득시효의 요건을 엄격하게 해석한 뒤 그러한 요건을 갖추는 한 소유권(적어도 사실상의 소유권)을 취득하는 것으로 해석하여야 한다. 그런데 통설·판례는 취득시효의 요건을 갖추는 때에 등기명의인에 대한 등기청구권을 취득하고, 그 권리를 행사하여 등기를 한 때에 비로소 소유권을 취득하게 된다고 한다.

⑶ 본 사안의 검토

본 사안의 경우에 B가 점유 취득시효의 요건을 갖추었는지를 검토하여 보기로 한다. 우선 B는 권리능력 있는 자(자연인)로서 취득시효의 주체가 될 수 있다.

다음에 취득시효의 객체에 관하여 본다. 본 사안에서 X부분은 국가 소유의 일반재산인 토지이다. 따라서 국유재산법 제 5 조 제 2 항에 관한 1991년의 헌법재판소 결정이 나오기 전까지는 X부분이 시효취득될 수 없었다. 그러나 위의 결정에 의하여 국유토지라도 일반재산에 해당하는 것은 시효취득될 수 있게 되었다. 그리고 본 사안의 X부분은 하나의 독립한 토지가 아니고 그 일부에 불과하다. 그러나 통설·판례가 그리한 것처럼 토지의 일부에 관하여도 시효취득이 인정되어야 하므로, 그것도 문제가 되지 않는다. 결국 객체에 관한 요건도 구비하고 있다.

B는 자주점유, 평온·공연한 점유를 하고 있는가? 본 사안에 있어서 B의 점유기간은 7년이 채 되지 않는다. 따라서 그가 점유 취득시효를 주장하려면 그의 전 점유자인 A의 점유도 아울러 주장하지 않으면 안 된다. 그런데 A의 점유나 승계인 B의 점유는 모두 강포에 의한 점유가 아닌 듯하고 또 명백하게 드러내 놓고 하는 점유이어서 평온·공연한 점유의 요건은 충족하고 있다. 그러나 자주점유를 하고 있는지에 관하여는 쉽게 단정할 수 없다. 전술한 것처럼 1997년의 전원합의체 판결 이전에는 악의의 무단점유도 자주점유로 인정될 수 있었다. 그러나 1997년의 판결에 의하여 악의의 무단점유임이 증명된 경우에는 자주점유의 추정이 깨어지고, 따라서 자주점유 사실을 따로 증명하지 못하면 자주점유가 인정되지 못하게 된다. 본 사안에서 전 점유자인 A는 자신의 매수토지(14번지)와 국유토지(15번지) 사이에 있는 철조망을 임의로 제거한 뒤 그 국유지의 일부인 X부분에 창고·차고를 설치하고

나머지 부분을 마당으로 사용하였다. 이는 A가 X부분이 타인 소유임을 알면서 무단으로 점유한 이른바 악의의 무단점유에 해당한다. 그리고 X부분에 대한 B의 점유의 모습도 A의 그것과 동일하나, B가 그 부분이 A의 소유가 아니라는 사실을 알았는지는 분명하지 않다. B가 14번지만을 매수한 것을 보면 이를 알고 있었던 것으로 보이기는 한다.

어쨌든 B도 타인 소유임을 알고서 점유했다면 A, B의 점유는 모든 기간에 있어서 악의의 무단점유로 된다. 그러나 설사 B가 선의로 점유하였다고 하더라도, 그가 A의 점유까지 함께 주장하는 한, 두 사람이 점유한 모든 기간의 것이 악의의 무단점유로 되게 된다. 그리고 현재의 판례에 의하면, B는 자주점유 추정을 받지 못하게 되어 그가 따로 자주점유를 하고 있음을 증명하지 못하는 한 시효취득을 할 수 없게 된다. 그러나 사견에 의하면, A와 B의 점유가 당연히 자주점유인 것은 아니나, 여러 사정에 비추어 판단해 볼 때 소유자로서의 의사지향이 인정될 수도 있고, 그때에는 자주점유로 된다. 그리고 그것에는 자주점유 추정규정이 적용된다. 그러나 상대방인 국가가 A·B가 권원이 없는 악의의 무단점유자임을 증명하면 시효취득이 배제되게 된다. 그런데 본 사안에서는 적어도 A의 점유가 악의의 무단점유임이 분명하다(즉 증명된 것으로 보인다). 따라서 사견에 의하여도 B는 X부분에 관하여 시효취득을 할 수 없다.

위에서 X부분에 대한 시효취득이 불가능함이 명백해졌다. 따라서 취득시효의 다른 요건은 더 나아가 검토할 필요가 없다. 그러나 언급한다면, B는 자신의 점유뿐만 아니라 A의 점유도 주장할 수 있다. 그리하여 — 비록 악의의 점유이기는 하지만 — 20년간의 점유요건은 갖추게 된다.

그리고 — 실제로는 그렇지 않지만 — 만약 시효취득의 다른 요건이 갖추어진다면, 통설·판례에 의할 때에는 B는 요건 구비시에 국가에 대하여 소유권이전등기 청구권을 가지게 되고 그것을 행사하여 등기하면 그때에 소유권을 취득하게 된다. 그러나 사견에 의하면 요건 구비시에 곧바로 소유권을 사실상 취득하게 된다.

결국 B는 점유 취득시효에 의하여 X부분의 소유권을 취득하지 못한다.

2. 국가의 소유물 방해제거청구권

(1) 이   론

소유권의 내용의 실현이 점유상실 이외의 방법으로 방해되고 있는 경우에는, 소유자는 소유물 방해제거청구권을 가진다(214조). 이때 점유자에게 고의·과실이 있는지는 묻지 않는다. 그리고 반드시 방해자가 최초의 방해자이어야 하는 것도 아니다.

(2) 본 사안의 경우

본 사안의 경우에 B는 현재 국가의 소유인 15번지의 일부(즉 X부분)를 권원 없이 점유하고 있다. 그 결과 국가의 토지소유권의 내용실현이 방해받고 있다. 그 방해는 A에 의하여 처음 시작되기는 하였으나, 소유물 방해제거청구권과 같은 물권적 청구권은 현재의 침해자를 상대방으로 하므로 B가 그 상대방이 된다. 결국 국가는 B에 대하여 소유물 방해제거청구권을 가진다.

그리고 이 권리는 통설에 의하면 소멸시효에 걸리지도 않는다. 다만, 20년의 시효에 걸린다는 소수설도 있기는 하나, 본 사안의 경우에는 B가 침해한 것이 7년도 되지 않았으므로 그 견해에 의하더라도 소멸하지 않고 존재한다.

그런데 이 권리를 행사하는 경우에 방해제거비용은 누가 부담하여야 하는가? 물권적 청구권을 행사하는 경우의 비용부담에 관하여는 여러 견해가 대립하나, 물권적 청구권은 행위청구권이므로 행위비용은 마땅히 점유자가 부담하여야 한다.14) 따라서 본 사안에 있어서 B가 설사 X부분이 국가 소유임을 몰랐다 하더라도 방해제거비용은 B가 부담한다고 해야 한다.

그 밖에 본 사안의 경우에는 소유물 방해제거청구권을 행사하는 때에도 민법 제201조 내지 제203조가 적용 내지 유추적용된다고 하여야 한다. 그 결과 B가 악의의 점유자라면 수취한 과실이 있으면 그것을 반환하여야 하며, 소비하였거나 과실로 인하여 수취하지 못한 경우에는 그 과실의 대가를 보상하여야 한다(201조 2항). 그리고 거기에는 X부분의 이용대가도 포함된다고 하여야 한다. 그에 비하여 B가 선의의 자라면 B는 과실의 반환의무가 없다(201조 1항). 한편 B는 그가 선의이든 악의이든 필요비의 상환을 청구할 수 있고(203조 1항), 유익비는 그 가액의 증가가 현존한 경우에 한하여 국가(회복자)의 선택에 좇아 그 지출금액이나 증가액의 상환을 청구할 수 있다(203조 2항).

3. 국가의 부당이득 반환청구권

(1) 서   설

본 사안의 경우에 B는 타인(국가) 소유의 토지를 원인 없이 점유하여 사용해 오고 있다. 따라서 국가가 B에 대하여 부당이득 반환청구권을 가지는지가 문제된다.

(2) 부당이득의 일반적 성립요건

부당이득이 성립하려면 ① 타인의 재산 또는 노무에 의하여 이익을 얻었을 것(수익), ② 그러한 이익을 얻음으로 인하여 타인에게 손해를 가했을 것(손실), ③ 수익과 손실 사이에 인과관계가 있을 것, ④ 법률상의 원인이 없을 것의 네 요건이 필요하다(741조).

(3) 본 사안의 경우

본 사안에 있어서 B가 X부분을 사용한 것은 이들 요건을 모두 갖추고 있다. 따라서 일단 국가는 B에 대하여 부당이득 반환청구권을 가질 수 있게 된다.

그런데 여기서 소유물 방해제거청구권과 부당이득 반환청구권의 관계가 문제된다. 그

---

14) 물권적 청구권을 행사하는 경우의 비용부담에 관하여 자세한 사항은 [26]번 문제 I. 3. (2) 3)을 참조할 것.

에 관하여는 견해가 대립한다. 다수설은 이득자가 단순히 점유만을 취득하고, 따라서 손실
자가 물권적 청구권을 가지는 경우에도 그들 사이의 관계는 부당이득 반환의 관계라고 보
고, 민법 제201조 내지 제203조는 바로 그러한 특수한 부당이득 반환의 내용을 규정한 것이
라고 해석한다. 그리하여 원물반환의 경우에는 언제나 제201조 내지 제203조만을 적용할
것이라고 한다. 그에 비하여 이러한 특수이론을 지지하지 않는 견해는 부당이득 규정에 의
하여 반환범위를 정한다. 이들 중 앞의 견해에 의하면, B의 부당이득 반환의무의 범위는 소
유물 방해제거청구권의 행사에 관하여 설명한 것과 같다. 그러나 뒤의 견해에 의하면, B는
그가 선의이면 X부분에 생긴 과실이나 수익도 현존하는 한 반환하여야 하고 비용을 지출하
고 있는 때에는 그 결과가 현존하는 한 반환청구할 수 있으며, 그가 악의이면 과실에 관하
여는 앞의 견해에 있어서와 별로 차이가 없으나 비용에 관하여는 상환을 청구할 수 없어서
앞의 견해와 차이를 보이게 된다. 생각건대 특수이론에 문제가 없지 않으나, 여러 경우의
불균형을 시정하기 위하여 그 견해에 따르는 것이 나을 것이다.

4. B의 불법행위로 인한 국가의 손해배상청구권

(1) 서   설

B가 X부분을 점유·사용하고 있는 것이 불법행위가 되는지가 문제된다.

(2) 일반 불법행위의 성립요건

불법행위가 성립하려면 가해행위, 가해자의 고의·과실, 가해자의 책임능력, 가해행위
로 인한 손해발생 등의 요건이 필요하다(750조·753조·754조). 그리고 불법행위로 인한 손해
배상청구권은 물권적 청구권, 부당이득 반환청구권과 경합하여 존재할 수 있다.

(3) 본 사안의 경우

본 사안의 경우에는 B의 가해행위가 있고, 또 그로 인하여 국가(타인)에 손해가 발생하
였다. B에게 책임능력이 있는지는 불분명하나, 부동산을 매수하는 것 등을 볼 때 일단 책임
능력이 존재하는 것으로 생각할 수 있다. 그 밖에 B에게 고의·과실이 있는지가 문제되나
B가 악의라면 당연히 고의가 인정될 것이고, 설사 그가 선의라고 하더라도 특별한 사정이
없는 한 지적도 등을 제대로 살피지 않은 B에게 과실을 인정하여야 할 것이다. 결국 B에게
책임능력이 있다면 B는 국가에 대하여 불법행위를 한 것이 된다.

다만, 국가가 B에 대하여 가지는 손해배상청구권은 5년의 시효에 걸린다.[15] 그러므로
발생한 지 5년이 경과한 손해는 배상청구를 할 수 없다. 그리고 제766조에 의하면 불법행위
로 인한 손해배상청구권은 피해자가 그 손해 및 가해자를 안 날로부터 3년간 행사하지 않
으면 시효로 소멸한다. 따라서 국가가 그의 손해와 B가 가해자임을 안 때로부터 3년이 경과

---

15) 본 사안의 기준시기인 1998. 1. 3.에는 예산회계법 96조 1항이, 2016. 10. 1.에는 국가재정법 96조 1항
   이 그 근거이다.

한 손해에 대하여는 배상청구를 할 수 없다.

Ⅲ. A와 국가 사이의 법률관계

1. 국가의 소유물 방해제거청구권의 성립 여부

A는 국가 소유의 X부분을 권원 없이 점유·사용하였었다. 여기에 관하여 소유물 방해제거청구권이 성립하는가?

앞서 언급한 바와 같이 물권적 청구권은 항상 현재의 침해자를 상대방으로 한다. 따라서 본 사안의 A와 같이 처음에 침해했었지만 현재 침해하고 있지 않은 자에 대하여는 물권자는 물권적 청구권을 가지지 못한다. 결국 국가는 A에 대하여는 소유물 방해제거청구권을 행사할 수 없다.

2. 국가의 부당이득 반환청구권

본 사안에서 A가 X부분을 점유·사용한 것은 국가에 대하여 부당이득이 된다. 다만, 부당이득 반환청구권이 5년의 소멸시효에 걸리므로[16] 현재로부터 5년 이전에 사용·수익한 것에 관하여는 부당이득 반환청구를 할 수 없다(소멸시효 완성의 효과에 관한 절대적 소멸설의 입장임).[17] 그리고 이때의 부당이득 반환범위는 물권적 청구권과의 경합이 문제되는 경우와 유사하다(앞의 Ⅱ. 3. (3) 참조). 즉 특수이론을 지지하는 입장에서는 이 경우에도 제201조 내지 제203조에 의하여 반환범위를 정하게 된다.

3. A의 불법행위를 이유로 한 국가의 손해배상청구권

A가 X부분을 점유·사용한 것도 국가에 대하여 불법행위가 된다. 따라서 국가는 A에 대하여 일단 불법행위를 이유로 한 손해배상청구권을 가진다. 그러나 여기서도 현재로부터 5년 이전에 사용·수익한 것에 대하여는 손해배상청구권이 소멸하게 되고,[18] 그 이후의 것이라도 국가가 손해 및 A가 가해자임을 안 때로부터 3년이 경과한 것(766조)에 대하여는 배상청구권이 소멸한다(절대적 소멸설).

---

16) 본 사안의 기준시기인 1998. 1. 3.에는 예산회계법 96조 1항이, 2016. 10. 1.에는 국가재정법 96조 1항이 그 근거이다.

17) 만일 상대적 소멸설이라면, 그러한 이득에 관하여는 A에게 시효이익을 주장할 수 있는 권리(원용권)가 생기고, 그 원용권을 행사하여야 비로소 부당이득 반환청구권이 소멸한다.

18) 전주 참조.

Ⅳ. A와 B 사이의 법률관계

A와 B 사이에서는 특별히 문제될 것이 없다. 다만, A가 X부분을 매매 목적물에 포함시킨 경우, 즉 계약의 해석상 X부분이 매매 목적물에 포함된 경우에는 B가 A에 대하여 제572조에 의한 담보책임을 물을 수 있는지만이 문제된다.

그런데 본 사안은 그러한 경우로 보이지는 않는다. 또한 우리 판례는 토지가 매매 목적물일 경우에 매우 특별한 사정이 없는 한 지적도상의 토지를 매매 목적물로 보고 있어서 그러한 판례에 의하면 더욱 담보책임을 물을 여지가 없다. 뿐만 아니라 설사 X부분이 매매 목적물에 포함된다고 하더라도, 본 사안의 경우에는 담보책임을 물을 권리가 제572조가 정한 권리행사기간(즉 B가 선의인 경우에는 안 날로부터 1년, 악의인 경우에는 계약한 날로부터 1년)의 경과로 말미암아 소멸해 버려서 담보책임을 물을 수 없다.

[34] 점유자와 회복자의 관계

문 제

　농촌에 살고 있던 A는 1995. 4. 21. 집을 비워둔 채 직장을 구하여 서울로 왔다. 그런 상태에서 B는 A의 집을 자기가 매수한 것처럼 서류를 위조하여 2005. 3. 8. A의 집과 그 대지에 관하여 자신의 명의로 소유권이전등기를 한 뒤, 2005. 4. 1. C에게 매도하고 2005. 4. 26. C 명의로 소유권이전등기를 해 주었다. 평소 전원주택을 꿈꾸어 오던 C는 그 후 그 집을 대대적으로 수리하고 2005. 6. 1.부터 현재(2007. 5. 5)까지 그 집에서 살고 있으며, 집안에 나무도 여러 그루 심고 건축허가를 받지 않고 사랑채를 지어서 사용하고 있다. 그리고 2006년 봄부터는 집안에 텃밭을 일구어 채소를 재배하여 수확해 먹었으며 현재에도 밭에는 채소가 심어져 있다.

　이 경우에 A·B·C 사이의 법률관계는 어떻게 되는가?

Ⅰ. 논점의 정리

　A·B 사이의 법률관계로는 집과 대지에 관하여 B가 소유권을 취득하는지, B의 A에 대한 불법행위가 성립하는지, B의 부당이득이 존재하는지, B의 처분에 대하여 A가 추인을 할 수 있는지가 문제된다.

　A·C 사이의 법률관계로는 우선 C가 집과 대지에 관하여 소유권을 취득하는지, 만약 취득하지 못한다면 A가 C에 대하여 방해배제를 청구할 수 있는지가 문제된다. 그리고 C가 집·대지를 사용한 데 대한 이득반환과, C의 비용상환청구, 사랑채·나무·채소의 소유권 귀속과 그 정리문제가 있고, 그 밖에 불법행위와 등기부 취득시효도 살펴보아야 한다.

　B·C 사이의 법률관계로는 B의 C에 대한 불법행위, 부당이득, 채무불이행, 담보책임 등이 문제된다.

Ⅱ. A·B 사이의 법률관계

1. B의 소유권 취득 여부

B는 서류를 위조하여 집과 대지에 관하여 매매를 원인으로 하여 소유권 이전등기를 하

였다. 그러나 그에 의하여 B가 집 등에 관하여 소유권을 취득하지는 못한다. 우리 민법상 부동산에 관한 물권변동이 일어나려면 물권행위와 등기가 필요한데(186조), 본 사안에서는 등기는 있지만 그에 대응하는 물권행위가 없기 때문이다.

2. B의 불법행위

일반 불법행위의 성립요건은 ① 가해행위, ② 가해자의 고의·과실, ③ 가해자의 책임능력, ④ 가해행위의 위법성, ⑤ 가해행위에 의한 손해발생이다.

본 사안에 있어서 B에게 책임능력이 있는지는 불분명하다. 그러나 책임능력이 없는 것으로 보이는 사정이 언급되지 않았고, 또 그 요건은 면책사유의 문제이어서 가해자가 책임능력 없음을 증명하여야 하는 것이기 때문에, 일단 책임능력이 있는 것으로 보고 기술하기로 한다. 한편 본 사안의 경우 B의 행위에 의하여 A는 등기말소 등의 행위를 할 필요가 있어서 손해를 입은 것이 된다. 그 밖의 요건은 모두 갖추어진 것으로 인정된다. 결국 B는 A에 대하여 불법행위책임을 진다.

3. B의 부당이득 반환의무의 문제

부당이득의 일반적 성립요건은 ① 타인의 재산 또는 노무에 의하여 이익을 얻었을 것(수익), ② 그러한 이익을 얻음으로 인하여 타인에게 손해를 가했을 것(손실), ③ 수익과 손실 사이의 인과관계, ④ 법률상의 원인이 없을 것이다.

본 사안의 경우에 이러한 요건이 갖추어졌는지 문제된다. 그런데 이 경우에는 A가 집과 대지의 소유권을 잃지 않기 때문에 손실이 있다고 할 수 없다. 따라서 B의 부당이득 반환의무는 생기지 않는다.

4. B의 처분을 A가 추인할 수 있는지 여부

A의 집과 대지를 B가 C에게 매도하여 소유권이전등기를 해 준 경우에 B·C 사이의 물권행위(소유권이전의 합의)는 처분권한이 없는 자의 행위이어서 무효이다. 그렇지만 그러한 무권리자의 처분행위는 권리자가 소급하여 추인할 수 있다. 통설·판례도 같은 태도이다(강의, A-247 참조). 즉 A는 B의 처분행위를 추인할 수 있고, 그때에는 B의 처분행위는 처음부터 유효했던 것으로 인정된다.

Ⅲ. A·C 사이의 법률관계

1. C가 집·대지에 관하여 소유권을 취득하는지 여부

⑴ 소유권 취득문제

본 사안의 경우 B·C 사이에 집과 대지에 관하여 물권행위(채권행위 포함)와 등기가 있다. 그러나 B·C 사이의 물권행위(소유권이전의 합의)는 무효이다. 왜냐하면 물권행위는 처분행위이고 그것이 유효하려면 행위자에게 처분권한이 있어야 하는데, B는 처분권한이 없기 때문이다. 그 결과 C는, 물권변동에 필요한 두 가지 요건 중 물권행위의 요건을 갖추지 못하여(186조 참조), 집과 대지에 관하여 소유권을 취득하지 못한다.

이 경우 설사 C가 B를 소유자라고 믿고 매수하였더라도 마찬가지이다. 우리 법상 등기의 공신력이 없어서 C는 선의취득도 할 수 없는 것이다. C는 점유 취득시효(245조 1항)나 등기부 취득시효(245조 2항)에 의하여 소유권을 취득하지도 못한다. 무엇보다도 시효기간(각각 20년, 10년)이 부족하기 때문이다. 결국 C는 집과 대지에 관하여 소유권이 없으며, 그것들의 소유권은 여전히 A에게 있게 된다.

⑵ C의 A에 대한 방해

본 사안의 경우 C는 점유할 권리 없이 A가 소유하고 있는 집과 대지를 점유하여 사용하고 있다. 따라서 A는 C에 대하여 집과 대지에 관하여 반환청구를 할 수 있다(213조 본문). 그때의 반환비용은 상대방인 C가 부담한다고 할 것이나, 본 사안에서는 별로 문제되지 않는다.

그리고 C는 A의 대지 위에 사랑채를 지어 사용하고 있는데, 뒤에 보는 바와 같이 사랑채의 소유권은 C가 취득하나, 사랑채로 인하여 A의 대지 사용이 방해를 받게 된다. 따라서 A는 C에 대하여 방해제거청구권(214조)을 행사하여 사랑채를 철거하고서 대지를 반환하라고 할 수 있다.

A의 집과 대지에 관하여 C 명의로 소유권이전등기가 되어 있는 것도 일종의 방해라고 할 수 있다. 따라서 A는 이에 대하여도 C에게 방해제거청구로서 무효인 소유권이전등기의 말소등기도 청구할 수 있다. 말소등기 대신에 이전등기를 청구하여도 무방하다(판례도 같음).

2. C가 집·대지를 사용한 데 대한 이득반환 문제

C가 집과 대지를 사용한 데 따른 이득을 반환하여야 하는지가 문제된다.

이 문제를 해결하려면 먼저 여기에 적용되는 법률규정을 찾아야 한다. 여기에 관하여 통설은 이득자가 단순히 점유만을 취득하고, 따라서 손실자가 물권적 청구권을 가지는 경우에도 그들 사이의 관계는 부당이득 반환의 관계라고 보고, 거기에는 제201조 내지 제203조가 적용된다고 한다. 판례도 선의의 점유자에 대하여 제748조 제 1 항에 우선하여 제201조 제 1 항을 적용하고 있다. 생각건대 통설처럼 해석하지 않으면 동일한 경우에 있어서 물권적 청구권을 행사하는 때와 부당이득 반환청구권을 행사하는 때에 차이가 있어서 문제이다. 그러므로 통설을 따라야 한다.

이제 제201조 내지 제203조를 적용하여 구체적인 반환범위를 판단해 보기로 한다. 본 사안의 경우 C는 선의의 자이다. 따라서 C는 제201조 제 1 항에 의하여 과실을 취득할 수 있다. 통설은 여기의 과실은 천연과실뿐만 아니라 법정과실도 포함한다고 새긴다. 그러나 제201조 제 2 항의 법문(소비·훼손·과실의 대가 등), 제201조 제 1 항의 내용적 부당성, 여기의 과실에 법정과실을 포함시키면 사용이익도 마찬가지로 다루게 되어 부당하다는 점 등에 비추어볼 때, 여기의 과실은 천연과실만을 의미한다고 새겨야 한다. 즉 본 사안에서 C는 과수의 열매와 같은 천연과실은 취득할 수 있다.

C는 법정과실이나 집·대지를 사용한 데 따른 이익 즉 사용이익은 반환하지 않아도 되는가? 통설·판례는 사용이익을 천연과실과 마찬가지로 취급하여 그것을 반환할 필요가 없다고 한다(강의, B-156 참조). 그러나 이는 옳지 않다. 제201조의 과실에는 천연과실만 포함된다고 하여야 하며, 그 결과 법정과실은 반환할 의무가 있다고 하여야 한다. 그리고 사용이익도 마찬가지로 반환하여야 한다.

3. C의 비용상환청구

(1) 필요비의 상환청구

1) 점유자가 점유물을 반환할 때에는 회복자에 대하여 점유물을 보존하기 위하여 지출한 금액 기타 필요비의 상환을 청구할 수 있다(203조 1항 본문). 그러한 필요비에는 보존비·수선비·공조·공과 등이 포함된다.

다만, 점유자가 과실을 취득한 경우에는 필요비 가운데 통상의 필요비만은 상환을 청구할 수 없다(203조 1항 단서). 통설·판례는 점유자가 목적물을 이용한 경우도 동일하게 취급한다. 그러나 사용이익이 과실로 다루어지지 않아야 함은 앞에서 기술하였다.

점유자의 필요비상환청구권은 점유자가 회복자로부터 점유물의 반환을 청구받거나 회복자에게 점유물을 반환한 때에 비로소 행사할 수 있다.

2) 본 사안에 있어서 C가 집을 대대적으로 수리한 비용에는 필요비에 해당하는 것과 후술하는 유익비에 해당하는 것이 있을 것이다. 이 중에 필요비에 해당하는 것은 A가 C에게 집과 대지의 반환을 청구하거나 C가 반환한 때에 반환청구를 할 수 있다. 통설은 C가 집 등을 사용하였다는 이유로 필요비의 상환청구를 인정하지 않고 또한 A가 C에 대하여 사용이익의 반환청구도 할 수 없다고 할 것이나, 이는 옳지 않다. C는 사용이익은 반환하여야 하고, 그 반면에 필요비는 상환청구를 할 수 있다고 새겨야 한다. 다만, C가 천연과실을 취

득한 때는 필요비의 상환청구를 할 수 없다.

(2) 유익비의 상환청구

점유자가 점유물을 개량하기 위하여 지출한 금액 기타 유익비에 관하여는 그 가액의 증가가 현존한 경우에 한하여 회복자(채무자)의 선택에 좇아 그 지출금액이나 증가액의 상환을 청구할 수 있다(203조 2항). 점유자의 유익비상환청구권의 발생시기는 필요비의 경우와 마찬가지로 점유자가 점유물의 반환을 청구받거나 점유물을 반환한 때이다.

본 사안에 있어서 C가 지출한 수리비 가운데에는 유익비가 포함되어 있다. 따라서 C는 그가 집과 대지를 반환하거나 A로부터 반환청구를 받은 때에 A의 선택에 좇아 그 지출금액이나 증가액의 상환을 청구할 수 있다.

(3) 유치권의 보호

점유자의 비용상환청구권은 필요비이든 유익비이든 제320조의 「물건에 관하여 생긴 채권」이므로 유치권에 의하여 보호를 받을 수 있다. 다만, 점유자가 유익비를 청구하는 경우에 회복자는 법원에 상당한 상환기간을 허락해 줄 것을 요청할 수 있는데(203조 3항), 그 유예기간이 허락되면 점유자의 유치권은 성립하지 않는다.

본 사안에 있어서 C의 필요비·유익비의 상환청구권은 유치권에 의하여 보호될 수 있다. 따라서 A가 C에게 비용을 제공함이 없이 집과 대지의 반환을 청구하는 경우, C는 비용을 변제받을 때까지 집 등의 점유를 계속하고 인도를 거절할 수 있다.

4. 사랑채·나무·채소의 귀속문제

(1) 사 랑 채

사랑채는 하나의 건물로서 우리 법상 토지와는 별개의 부동산이다. 따라서 C가 사랑채를 짓는 경우에 그 사랑채는 대지에 부합하지 않는다. C가 대지를 사용할 수 있는 권리가 없어도 마찬가지이다. 즉 사랑채의 소유권은 C에게 속한다. 그런데 C의 사랑채의 건축으로 A의 대지 이용은 방해를 받고 있다. 그러므로 A가 C에 대하여 방해제거청구권을 행사하여 사랑채의 철거를 청구할 수 있는 것이다. 설사 A가 철거청구를 하지 않아도 C는 사랑채의 수거의무가 있다. 또한 C는 사랑채의 소유자로서 수거할 권리도 있다.

(2) 나 무

C가 A의 대지를 사용할 권리 없이 나무를 심은 경우 그 나무는 대지에 부합하고, 그리하여 수목은 A의 소유에 속한다. 판례도 같은 입장이다(강례, B-221 참조). 따라서 C는 나무를 수거할 권리도 의무도 없다. 다만, C는 부당이득에 관한 규정에 의하여 A에게 보상을 청구할 수 있다(261조).

(3) 채 소

C가 2006년도에 채소를 재배하여 수확해 먹은 것은 사용이익의 반환의 문제이다. 그에

비하여 C가 채소를 심어 2007년 현재 밭에서 자라고 있는 것에 대하여는 소유권의 귀속부
터 살펴보아야 한다.

　　토지소유자 아닌 자가 타인의 토지에서 농작물을 경작한 경우에 관하여 판례는, 적법한
권원 없이 타인의 토지에서 경작하였더라도 농작물의 소유권은 경작자에게 귀속한다고 한
다. 그리고 학설은 ⅰ) 토지에의 부합을 인정하여야 한다는 견해, ⅱ) 부합을 인정하지 않
는 판례를 지지하는 견해, ⅲ) 무권원의 경작자가 선의인 경우에는 경작자에게 수거권을 인
정하고, 부합이 된 경우에는 보상청구권을 선택적으로 행사할 수 있도록 하자는 견해로 나
뉘어 있다(송덕수, 물권, [130] 참조). 생각건대 위의 판례는 부합에 관한 제256조에 어긋날뿐더
러 타당성도 없다. 그리고 ⅲ)설은 근거가 없다. 결국 농작물의 경우에는 당연히 부합의 법
리가 적용되어야 한다. 그 결과 씨앗을 뿌린 때에 농작물의 소유권은 토지소유자에게 속하
게 되고, 경작자는 보상청구만 할 수 있게 된다(261조).

　　본 사안의 경우, 판례에 의하면 채소의 소유권이 C에게 속하게 될 것이나, 사견에 의하
면 채소의 소유권은 부합에 의하여 A에게 속하게 되고, C는 A에 대하여 부당이득 규정에
의하여 보상을 청구할 수 있게 된다(261조).

5. C의 불법행위 여부

　　본 사안의 경우에 C가 A에 대하여 불법행위를 한 것은 아니다.

Ⅳ. B·C 사이의 법률관계

1. B의 C에 대한 불법행위

　　B가 C에게 A의 집과 대지를 자신의 소유인 것처럼 판 행위는 불법행위가 된다. 따라서
C는 B에 대하여 불법행위를 이유로 손해배상을 청구할 수 있다.

2. B의 채무불이행책임

　　B·C 사이의 집·대지의 매매는 유효하다(569조 참조). 그러므로 B는 계약상 A의 집과
대지의 소유권을 C에게 이전해 주어야 한다. 그런데 아직까지 그 의무를 이행하지 않고 있
다. 이는 이행지체에 해당한다.[1] 따라서 C는 B에게 소유권이전과 함께 지연배상을 청구할
수 있다(390조). 그리고 C가 상당한 기간을 정하여 이행을 최고하여도 그 기간 내에 이행하
지 않을 때에는 C는 계약을 해제하고 손해배상을 청구할 수 있다(544조·551조).

　　한편 C의 채무불이행을 이유로 한 손해배상청구권과 불법행위로 인한 손해배상청구권

---

1) 본 사안의 경우에 B가 C에게 소유권을 이전해 주지 않고 있는 것이 이행불능이라고 판단할 여지도 있
　으나, 농촌에 비워둔 집이고 시가가 높지 않을 것임을 고려할 때 이행지체라고 보는 것이 나을 것이다.

은 경합하여 존재한다고 할 것이다(청구권 경합설의 입장).

3. B의 담보책임

B가 A의 집·대지를 매도한 것은 타인의 권리매매에 해당하며, 그러한 경우에는 매도인 B는 그 권리를 취득하여 매수인 C에게 이전하여야 한다(569조). 그리고 이 경우 매도인 B가 그 권리를 취득하여 매수인 C에게 이전할 수 없는 때에는 매수인 C는 계약을 해제하고 손해배상을 청구할 수 있다(570조). 이때의 손해배상은 채무불이행의 경우와 달리 신뢰이익의 배상이다. 그런데 판례는 이행이익의 배상이라고 한다.[2] 한편 본 사안의 경우에 B가 그 권리를 취득하여 이전할 수 없다고 새겨야 하는지는 문제이다. 여기의 이전불능은 채무불이행에 있어서보다는 완화되어 해석되므로 이를 인정하여도 무방할 것이다.

---

2) 대판 1993. 1. 19, 92다37727.

[35] 점유 취득시효 · 대상청구권(代償請求權)

문제

X토지는 A의 조부(祖父)의 명의로 사정(査定)받은 후 소유권보존등기는 행하여지지 않은 채 A의 부(父)를 거쳐 A에게 상속되었고, 1981년 A의 명의로 소유권보존등기가 행하여졌다. 그 후 A와 B시(市) 사이에 X토지의 매매계약이 체결되어, B가 A에게 매매대금 5,000만원을 지급하였고, 1993. 2. 15.에 1993. 2. 1.의 매매를 원인으로 하여 B 명의의 소유권이전등기가 행하여졌다. 그런데 X토지 중 일정부분(7분의 5 정도)(그 부분을 Y라고 함)은 C가 1969년경 D에게 D 소유의 건물의 부지로 임대하여 그로부터 매년 10만원의 차임을 수령하는 방법으로 계속하여 점유하여 왔다. 그리고 현재는 1994. 5. 1.이다.

이 경우에 A, B, C, D 사이의 법률관계를 논하시오.

I. 논점의 소재

본 사안에서는 X토지 중 7분의 5에 해당하는 일정부분(Y라고 함)을 C가 24년 정도 점유·사용하여 왔는데 그 뒤에 Y를 포함한 X토지 전부를 등기 명의인인 A가 B시(市)에 매도하고 소유권이전등기를 해 주었다.

여기에서는 우선 Y에 관하여 누가 소유권을 가지는지, 특히 C가 취득시효에 의하여 소유권을 취득하게 되는지 검토하여야 한다. 그리고 나서 그것을 바탕으로 하여 당사자 사이의 법률관계를 살펴보아야 한다.

법률관계 중에는 A와 C 사이의 것이 가장 중요하다. 거기에서는 A가 B로부터 받은 5,000만원에 대하여 C가 대상청구권을 행사할 수 있는지, 그리고 A의 행위가 C에 대하여 채무불이행이나 불법행위가 되는지가 문제된다. 그 밖에 A가 C에 대하여 부당이득 반환청구권이 있는지도 문제이다. 그 가운데 대상청구권의 인정 여부가 핵심이다.

A와 B 사이의 법률관계에서는 그들이 체결한 계약이 유효한지 여부가 검토되어야 한다. 그리고 만약 무효라면 무효인 경우의 법률관계를 논의해야 한다.

B와 C 사이의 법률관계는 A와 B 사이의 계약이 유효인지 무효인지에 따라 달라지게 된다. 구체적인 논점은 사소하지만 여러 가지일 수 있다.

C와 D 사이의 법률관계로는 임대차계약의 효력, 임대차의 목적물을 반환한 경우의 문제 등이 있다.

B와 D 사이에서는 D가 임차권을 가지고 B에게 대항할 수 있는지, 만약 대항할 수 없다면 어떤 효과가 생기는지가 문제된다. 구체적으로는 물권적 청구권, 부당이득, 불법행위 등이 논의될 것이다.

A와 D 사이에서는 부당이득이나 불법행위의 문제가 검토될 수 있다.

무릇 사례문제에서의 법률관계를 논함에 있어서는 논리적으로 올바른 개인적인 견해의 시각에서 일관성 있게 논의를 진행하여야 한다. 그러나 특별한 사정이 있는 경우에는 다른 고려를 해야 할 필요도 있다. 예컨대 사견이 확고한 판례와 다른 견지에 서 있을 때 그렇다. 그런 점에서 볼 때 본 사안과 관련하여서도 특별한 고려를 하는 것이 바람직하다. 부동산의 점유 취득시효의 요건과 효과에 관하여는 판례가 거대하고 확고한 독자적인 체계를 세워놓고 있고, 대상청구권에 대한 판례도 견고해지고 있기 때문이다. 따라서 이하에서는 사견에 따라서 논의해 가되, 의미가 있는 곳에서는 판례에 따른 결과도 기술할 것이다.

한편 이들 법률관계는 A·B 사이의 매매계약이 유효인지 무효인지에 따라 크게 영향을 받게 되나, 본 사안에서는 무효로 인정될 만한 사정에 관하여 특별한 언급이 없으므로 지나치게 복잡해지지 않게 하기 위하여 A와 C 사이의 법률관계를 다룰 때까지는 유효한 것을 전제로 하여 논의하기로 한다. 그 다음부터는 ─ 다양한 사고를 위한 교육의 목적으로 ─ 유효인 경우와 무효인 경우를 나누어 살펴볼 것이다.

Ⅱ. Y의 소유자가 누구인지 여부(C가 시효취득을 할 수 있는지 여부)

1. 서   설

본 사안에 있어서 Y는 1필의 토지인 X의 일부분이기는 하나 그것이 취득시효에 지장이 되지 않는다면 C에 대하여 취득시효의 요건이 갖추어질 가능성이 있다. C가 Y를 20년이 넘도록 D에게 임대하는 방법으로 점유해 왔기 때문이다. 그리하여 여기서 C가 Y에 대하여 취득시효에 의하여 소유권을 취득하는지 살펴보려고 한다.

민법이 부동산의 취득시효로 점유 취득시효와 등기부 취득시효의 둘을 규정하고 있는데(245조), 본 사안에 관련되는 것은 점유 취득시효이다. 그래서 아래에서는 본 사안의 해결에 필요한 범위에서 점유 취득시효의 요건과 효과를 간단히 정리하고, 이어서 그것을 본 사안에 적용해 보려고 한다.

2. 부동산의 점유 취득시효

(1) 요   건

부동산의 점유 취득시효의 요건으로는, 첫째로, 주체의 면에서 권리의 주체가 될 수 있는 자이어야 한다.

둘째로, 객체는 부동산이다. 그 부동산은 타인의 물건이어야 할 필요는 없으며, 자기의 부동산인데도 소유권을 증명할 수 없을 때에는 취득시효를 주장할 수 있다. 그리고 1필의 토지의 일부도 객체가 될 수 있다(통설·판례). 1필의 토지의 일부에 관하여 점유 취득시효가 완성한 때에는 먼저 취득시효가 완성된 토지부분에 대하여 분필절차를 밟은 후에 시효취득의 등기를 하여야 한다.

셋째로, 일정한 요건을 갖춘 점유가 있어야 한다. 즉 자주점유이어야 하고, 또 평온·공연한 점유이어야 한다. 이들 점유는 법률상 추정된다(197조 1항). 그리고 여기의 점유는 직접점유에 한하지 않으며, 간접점유라도 무방하다.

넷째로, 위와 같은 점유가 20년간 계속되어야 한다. 이 20년의 기간의 기산점에 관하여, 판례는 시효기간 중 계속해서 등기명의자가 동일한 경우에는 기산점을 어디에 두어도 무방하나, 시효기간 만료 후 이해관계 있는 제3자가 있는 경우에는 기산점을 임의로 선택할 수 없다고 하며, 다만 취득시효 완성 후 등기명의가 변경되고 그 뒤에 다시 취득시효가 완성된 때에는 등기 명의 변경시를 새로운 기산점으로 삼아도 무방하다고 한다.[1] 이에 대하여 학설은 i) 실제로 점유를 시작한 때가 기산점이라는 견해,[2] ii) 판례를 지지하는 견해,[3] iii) 임의로 기산점을 선택할 수 있다는 견해[4] 등이 있다. 생각건대 원래 점유기간의 기산점을 임의로 선택하는 것은 이론상 옳지 않다. 그리고 반대설이 기산점을 임의로 선택하게 할 수 있도록 하려는 이유는 취득시효 완성자로 하여금 시효취득을 쉽게 하려는 데 있는데, 사견으로는 점유 취득시효의 요건이 갖추어지면 사실상 소유권 취득을 인정하여야 하고 또 그리할 수 있다고 생각되므로 기산점의 임의선택 허용과 같은 조치는 필요하지 않다.

(2) 효 과

1) 판 례

판례(및 이를 지지하는 통설)에 의하면, 위와 같은 점유 취득시효의 요건이 갖추어진 경우에는 점유자(취득시효 완성자)에게 등기청구권이 발생하고, 그 권리를 행사하여 등기함으로써 비로소 소유권을 취득한다고 한다. 그리고 취득시효 완성 후 등기 전에 목적부동산을 타인이 등기명의인으로부터 매수하여 등기를 이전한 경우에는, 취득시효 완성자는 매수인에 대하여 시효완성을 주장하지 못한다고 한다. 이는 판례의 2중매매에 관한 법리와 같다. 이에 대하여 반대하는 견해도 있다.[5]

2) 검토 및 사견

생각건대 위와 같은 판례(및 통설)는 옳지 않다. 판례는 다른 한편으로 목적부동산이 시

1) 대판 1977. 6. 28, 77다47; 대판(전원) 1994. 3. 22, 93다46360 등.
2) 곽윤직, 물권, 191면; 이은영, 물권, 388면.
3) 이영준, 물권, 465면. 이상태, 물권, 229면-230면은 판례와 같은 태도를 취하면서 마지막 부분에 대하여는 언급이 없다.
4) 고상룡, 물권, 303면.
5) 양창수, 민법연구 제3권, 1995, 448면.

효기간이 경과되기 전에 처분된 경우에는 시효취득이 가능하다고 하고 있는바, 이는 시효기간 경과 후의 처분과 비교할 때 균형이 맞지 않다(19년 점유시 매각한 경우와 21년 점유시 매각한 경우를 비교해 보라). 그리고 그러한 판례에 따르면, 점유기간이 길어질수록 등기명의인의 처분가능성이 증가하여 취득시효에 의한 소유권 취득은 점점 더 어려워지는 모순이 발생한다.

그리하여 사견으로는 제245조 제 1 항의 「등기」 부분은 후에 등기하면 법률상 소유권이 취득된다는 형식적인 의미로 축소하여, 취득시효의 요건이 갖추어지면 언제나 등기를 할 수 있는 사실상의 소유권을 취득하는 것으로 새기는 것이 바람직하다고 생각한다. 그때의 등기는 단지 소유권 취득을 마무리하는 절차적인 의미만 갖는다고 해석하여야 한다.

그런데 이러한 해석을 하는 경우에 반드시 짚고 넘어가야 할 문제들이 있다. 그중 하나는 취득시효의 요건의 구비 여부가 엄격하게 검토되어야 한다는 것이다. 그리하여 적어도 악의의 무단점유자에 대하여는 시효취득을 금지하여야 한다. 바람직하기는 취득시효의 요건을 현재보다 더욱 강화하는 입법이 필요하다. 또 하나는 거래의 안전 보호 문제이다. 취득시효 완성자를 언제나 보호하면 취득시효 완성 후에 목적부동산을 양수한 자가 보호되지 못한다. 이 때문에 판례나 학설이 주저하는 듯하다. 그러나 어차피 점유 취득시효제도를 두었다면 그로 인한 거래의 안전의 위협은 감수하여야 한다.

3) 점유 취득시효가 완성된 경우의 등기청구권의 발생원인과 성질

여기에 관하여 학설은 ⅰ) 제245조 제 1 항의 법률규정에서 발생하고 성질은 채권적 청구권이라는 견해, ⅱ) 물권적 기대권의 효력으로서 등기청구권이 발생한다는 견해로 나뉘어 대립하고 있다.[6]

판례는 이 경우의 등기청구권은 채권적 청구권이라고 한다. 그 결과 그 권리는 취득시효 완성 당시의 등기명의인에 대하여만 행사할 수 있고 그로부터 매수한 자에 대하여는 행사하지 못한다고 한다. 그리고 취득시효 완성으로 인한 소유권이전등기 청구권은 점유가 계속되는 한 시효로 소멸하지 않는다고 한다.[7]

사견으로는 점유 취득시효가 완성된 경우에는 점유자에게 사실상 소유권이 있고, 그때는 실체관계와 등기가 불일치하는 경우이어서 물권의 효력으로서 물권적 청구권인 등기청구권이 발생한다고 할 것이다. 그리고 그때의 등기청구권은 물권과 따로 소멸시효에 걸리지 않는다고 하여야 하므로 시효로 소멸하지도 않는다. 그 결과 사견에 의하면 취득시효 완성자는 취득시효 완성 후에 목적물의 처분이 있더라도 현재의 등기명의인(매수인)에 대하여 등기청구권을 행사하여 등기를 할 수 있게 된다.

---

6) 여기에 관한 문헌은 전술한 [28]번 문제 Ⅲ. 2. ⑵를 참조할 것.
7) 대판 1996. 3. 8, 95다34866·34873.

3. 본 사안의 경우

본 사안의 경우에 Y에 대하여 C의 점유 취득시효의 요건이 갖추어졌는지, 그리고 C가 Y에 대하여 소유권을 취득하게 되는지를 검토해 보기로 한다.

본 사안에 있어서 C는 자연인으로서 점유 취득시효를 할 수 있다. 그리고 Y는 취득시효의 객체로 될 수 있다. Y가 비록 X토지의 일부분에 지나지 않기는 하나, 1필의 토지의 일부에 대하여도 취득시효가 가능하기 때문이다. 다만, 이때 취득시효에 의한 등기를 하려면 먼저 Y부분의 분필등기를 하고 나서 취득시효를 원인으로 하는 등기를 하여야 한다. 다음에 C는 Y를 점유해 오고 있다. C가 Y를 직접점유하고 있지는 않고 D에게 임대하는 방법으로 간접점유를 하고 있으나, 간접점유도 취득시효의 요건으로서의 점유로 되는 데 지장이 없다. 나아가 C는 Y를 D에게 임대하고 있는 것으로 보아 소유의 의사로 점유하고 있는 것으로 보인다. 즉 자주점유이다. 또한 폭력을 사용하거나 은밀하게 점유하는 것이 아니므로 평온·공연한 점유라고 할 것이다. 사실 자주점유와 평온·공연한 점유는 법률상 추정되기 때문에 반대증명이 없는 한 그러한 점유는 인정된다. 끝으로 20년간의 점유의 요건도 갖추어져 있다. 20년의 점유기간의 기산점은 사안에서는 분명치 않으나 아마도 1969년경이거나 그 이전일 것이다. 따라서 적어도 1969년부터 20년이 경과한 1989년에 취득시효가 완성되었다. 결국 1989년경에 점유 취득시효의 요건이 모두 갖추어졌다고 할 것이다.

그런데 본 사안에서 1993년 2월 Y부분을 포함한 X토지의 등기명의인인 A가 X토지를 B시(市)에게 매도하고 소유권이전등기까지 해 주었다. 점유 취득시효 완성 후에 등기명의인이 타인에게 목적부동산을 매각한 것이다.

이러한 경우에 사견에 의하면 1989년경에 C는 Y에 대하여 사실상 소유권을 취득한다. 그리하여 C는 우선 Y를 X토지로부터 분리하는 분필등기를 하고, 이어서 현재의 등기명의인인 B에 대하여 취득시효에 의한 등기청구권을 행사하여 등기를 할 수 있다. 그렇게 되면 C는 Y에 대하여 형식적·법률적으로도 소유권을 취득하게 된다. 어쨌든 사견에 의하면, 이 경우에만은 등기가 소유권 정리의 마무리 절차에 불과하므로 Y에 대하여 C 명의로 등기하지 않았더라도 C를 소유자라고 할 수 있다.

그에 비하여 판례(및 이를 지지하는 통설)에 의하면, 본 사안의 경우에 C는 20년의 점유기간의 기산점을 임의로 선택할 수 없고, 따라서 1989년경에 취득시효의 요건이 완성되며, 그 때 당시의 등기명의인인 A에 대하여 채권적인 등기청구권을 취득한다. 그 등기청구권은 취득시효 완성자의 점유가 계속되는 한 소멸시효에 걸리지도 않는다. 그리하여 C는 취득시효 완성 후 — Y에 대하여 분필등기를 한 뒤에 — A에 대하여 소유권이전등기 청구권을 행사하여 등기할 수 있었고, 등기를 마쳤으면 Y에 대한 소유권을 취득하였을 것이다. 그런데 C의 등기가 있기 전에 A가 Y를 포함한 X토지를 B에게 매도하고 소유권이전등기를 해 주었다. 이러한 경우에는 판례에 따르면 Y부분을 포함한 X토지의 소유권은 B가 유효하게 취득하게 되고, C는 B에 대하여 취득시효를 주장하지 못한다. 그리하여 C는 B에 대하여는 소유권이전등기 청구권을 가지지 못한다. 결국 취득시효에 의하여 소유권을 취득하지 못하게 되는 것이다.[8)

요컨대 본 사안의 경우 Y의 소유자는 사견에 의하면 C이나, 판례에 따르면 Y를 포함한 X토지의 소유자는 B이다.

Ⅲ. A와 C 사이의 법률관계

1. C에게 대상청구권(代償請求權)이 있는지 여부

(1) 문제의 제기

사견에 의하면, 본 사안의 경우에 C가 Y의 소유권을 취득하게 되어 B는 Y에 대하여는 아직 소유권을 취득하지 못하게 된다. 그 결과 B가 A에게 지급한 매매대금도 A·B 사이에 다시 검토될 것이다.

그런데 점유 취득시효 완성의 효과에 관한 판례에 의하면, 본 사안의 경우 C는 1989년경에 A에 대하여 Y에 관한 채권적인 소유권이전등기 청구권을 가지게 된다. 이는, 판례의 입장에서는, A가 C에 대하여 일종의 의무를 부담하는 것으로 생각한다. 그리고 그 후 A가 B에게 X토지를 매도하고 등기를 이전해 줌으로써 A의 그 의무가 이행불능으로 되었다고 관념할 수 있다. 여기서 본 사안의 경우 채무자인 A가 X토지 중 Y부분(이행의 목적물)에 대한 매매대금(5,000만원 가운데 Y부분에 해당하는 금액)을 받음으로써 이행을 불능하게 하는 사정의 결과로 그에게 목적물에 대신하는 이익이 생겼다고 보아서 대상청구권이 인정될 수는 없는지가 문제된다.

아래에서 먼저 대상청구권 일반에 관하여 간략하게 기술하고 나서, 취득시효 완성자의 대상청구권에 관하여 학설·판례를 살펴보고, 이어서 본 사안의 경우에 대하여 보기로 한다.

(2) 대상청구권 일반

1) 의의 및 인정근거

대상청구권(대용물청구권 또는 대체이익청구권이라는 표현이 더 나음)은 이행을 불능하게 하는 사정의 결과로 채무자가 이행의 목적물에 대신하는 이익을 취득하는 경우에 채권자가 채무자에 대하여 그 이익을 청구할 수 있는 권리이다.

우리 민법은, 독일이나 프랑스와 달리, 대상청구권에 관하여 명문의 규정을 두고 있지

---

8) 판례에 의하면, 만약 후에 A가 다시 B로부터 X토지를 매수하면 A에 대한 등기청구권을 행사하여 소유권을 취득할 수 있다. 다만, 등기청구권이 시효로 소멸하지는 않고 있었어야만 한다. 판례는, 취득시효 완성자는 점유를 상실하여도 등기청구권이 바로 소멸하지 않고, 10년의 소멸시효에 걸린다고 한다(대판 1996. 3. 8, 95다34866·34873 참조).

않다. 그런데 통설·판례가 이를 인정하고 있다. 그러나 소수설은 대상청구권을 제한적으로 인정하여야 한다고 주장한다. 생각건대 대상청구권은 우리 법에서도 인정되어야 할 뿐만 아니라 그것도 일반적으로 인정되어야 한다.

명문규정이 없는 우리 민법 하에서 대상청구권을 어떤 근거에서 인정할 것인가에 관하여는, ⅰ) 결국 조리에서 찾을 수밖에 없다는 견해, ⅱ) 우리 민법의 다른 개별적인 규정들의 배후에 존재하는 보다 일반적인 법원칙 내지 법의 이치를 법률에 규정되지 아니한 사항에 적용하는 법유추 또는 전체유추에 의하여 대상청구권을 인정할 수 있다는 견해, ⅲ) 민법 제390조가 근거규정이고 제 2 조가 이를 수정하는 규정이라는 견해 등이 대립하고 있다. 생각건대 민법은 그 개별적인 규정이 독립적으로 해석되어서는 안 되며, 관련되는 모든 규정을 고려하여 전체적인 견지에서 우리 민법이 일정한 사항에 관하여 어떠한 가치판단을 내렸는가를 탐구하는 방법으로 해석되어야 한다. 이러한 관점에서 볼 때 대상청구권은, 민법 제342조(물상대위) 등에서 명문의 형태로 표현되어 있는 「경제관계상 속하지 않아야 할 자에게 귀속된 재산적 가치는 그것이 마땅히 속하여야 할 자에게 돌려져야 한다」는 우리 민법의 근저에 흐르는 사상(근본사상)에서 그 근거를 찾을 수 있다.

2) 요　　건

대상청구권이 성립하려면, 첫째로, 채무의 객체(목적물)의 급부, 즉 채무이행이 불능으로 되었어야 한다(후발적 불능). 그 전제로 당연히 객체의 급부의무, 즉 채무가 존재하여야 함은 물론이다. 이행불능에 채무자에게 유책사유가 있는지는 묻지 않는다.

둘째로, 급부를 불능하게 하는 사정의 결과로 채무자가 채무의 객체에 관하여 그것에 대신하는 이익9)을 취득하여야 한다. 여기의 「대신하는 이익」의 예로는 손해배상, 수용보상금, 보험금, 매매대금 또는 이들에 대한 청구권을 들 수 있다. 매매대금과 같이 거래행위 내지 법률행위에 기한 이익도 여기의 「대신하는 이익」에 포함됨을 유의하여야 한다. 사견과 달리 보험금을 제외시키려는 견해도 있다.

셋째로, 급부가 불능하게 된 객체와 채무자가 그에 관하여 대신하는 이익을 취득하는 객체 사이에 동일성이 있어야 한다.

3) 효　　과

대상청구권은 채권적 청구권이다. 따라서 그 요건이 갖추어졌다고 하여 「대신하는 이익」이 채권자에게 직접 이전되지는 않는다. 그리고 손해배상청구권의 발생 유무는 대상청구권의 성립에 영향을 미치지 않는다.

채권자가 대상청구권을 행사하는 경우에 채무자는 그가 취득한 것 모두를 채권자에게 인도하여야 한다. 취득한 것 이상을 인도할 필요가 없으며, 「대신하는 이익」이 채권의 객체의 통상의 가치를 넘는 경우 또는 채권자와 합의된 가격보다 많은 경우에도 그 이익 모두를

---

9) 이를 대상(代償)이라고 표현하나, 대상은 본래 그러한 의미가 아니어서 부적당하다.

급부하여야 한다. 견해에 따라서는 채권자가 입은 손해의 한도에서 대상청구권을 인정하는 것이 적당하다고 하거나, 원칙적으로 시가에 제한되어야 하지만 고의의 급부불능의 경우에는 채무자가 얻은 이익 모두를(그리하여 초과가치도) 반환하여야 한다고 주장하기도 한다. 생각건대 앞의 견해에 의하면 채무자에게 유책사유가 있는 경우에는 대상청구권이 무의미하게 되고, 또 그러한 해석의 타당성도 의심스럽다. 그리고 뒤의 견해는 고의의 경우와 나머지의 경우를 구분할 근거가 없을 뿐만 아니라, 고의가 없는 때에는 앞의 견해에서와 같은 비판을 면할 수 없다.

(3) 취득시효 완성자의 대상청구권 인정 여부

부동산의 점유 취득시효가 완성되었으나 아직 소유권이전등기를 하기 전에 그 등기가 불가능하게 된 경우에 대상청구권이 인정되는가? 그리고 만일 인정된다면 어떤 요건 하에 인정될 수 있는가? 이것이 취득시효 완성자의 대상청구권의 문제이다.

1) 학　설

여기에 관하여는 논의가 많지 않으나, 학설은 ⅰ) 취득시효 완성자에게 대상청구권을 인정하는 것이 바람직하다는 견해, ⅱ) 대상청구권 인정에 반대하는 견해가 대립하고 있다.

2) 판　례

판례는 처음에는 구체적인 요건을 언급하지 않은 채 취득시효 완성자에게 대상청구권이 인정된다는 태도를 취하고 있었다.[10] 그러다가 그 후 요건을 제시하는 새로운 판결이 나왔다. 그 판결은,「점유로 인한 부동산 소유권 취득기간 만료를 원인으로 한 등기청구권이 이행불능이 되었다고 하여 대상청구권을 행사하기 위하여는 그 이행불능 전에 등기명의자에 대하여 점유로 인한 부동산 소유권 취득기간이 만료되었음을 이유로 그 권리를 주장하였거나 그 취득기간 만료를 원인으로 한 등기청구권을 행사하였어야 하고, 그 이행불능 전에 위와 같은 권리의 주장이나 행사에 이르지 않았다면 대상청구권을 행사할 수 없다고 봄이 공평의 관념에 부합한다」고 한다.[11]

3) 검토 및 사견

판례의 타당성을 검토해 보기로 한다. 그런데 이 문제는 취득시효 완성의 효과와 분리하여 논의될 수 없다.

전술한 바와 같이(Ⅱ. 2. ⑵ 2) 참조), 사견에 의하면, 점유 취득시효의 다른 요건이 갖추어지면 등기 없이도 사실상 소유권이 취득된 것과 같은 결과를 인정하여야 한다. 이때의 등기는 단지 소유권 취득을 마무리하는 절차적인 의미만을 갖는다고 하여야 한다. 이러한 사견에 의하면, 점유 취득시효의 경우 등기명의인은 채무를 부담하고 있지 않으며, 따라서 채

---

10) 대판 1994. 12. 9, 94다25025; 대판 1995. 7. 28, 95다2074; 대판 1995. 8. 11, 94다21559; 대판 1995. 12. 5, 95다4209.
11) 대판 1996. 12. 10, 94다43825.

무불이행책임을 질 수 없고, 단지 불법행위만이 문제될 수 있다. 이처럼 채무 자체가 존재하지 않으므로 대상청구권은 문제가 되지 않는다. 예컨대 취득시효가 완성한 후 목적부동산이 수용된 경우에는, 취득시효 완성자는 등기청구권이라는 채권이 아니고 소유권을 취득하는 것이며, 따라서 대상청구권이 인정될 여지가 없다. 그리고 이때의 수용보상금은 바로 소유권의 대가이므로 당연히 시효취득자가 취득하여야 한다.

그러나 점유 취득시효 완성의 효과에 관하여 판례의 입장에 따르면 다르다. 판례에 의하면 취득시효 완성자는 등기청구권이라는 채권을 가진다. 그 결과 수용과 같은 사유로 등기의무를 이행할 수 없게 된 경우에는 대체이익을 채권자에게 반환하여야 한다. 그런데 그러한 해석은 다른 판례와 모순을 보인다. 즉 취득시효 완성 후의 처분이 유효하고 처분대가(가령 매각대금)를 소유자가 보유할 수 있다고 하는 판례에 맞지 않게 된다. 여기서 취득시효에 관한 판례 전부에 완벽하게 부합하는 이론을 정립하는 것이 불가능함을 알 수 있다. 그러므로 이제는 두 가지 해석 가능성 가운데 어느 하나를 선택하여야 한다. 그런데 두 판례 중 더 중요한 것은 시효완성 후의 처분이 유효하다는 판례이다. 그리고 이 점은 취득시효 완성 후의 등기명의인의 채무불이행책임을 부정하는 판례에 의하여서도 암시되고 있다. 따라서 그 판례에 맞는 해석을 하여야 한다. 결국 판례의 견지에서 보아도 취득시효 완성자의 대상청구권은 인정되지 않아야 한다. 다만, 시효완성 후의 처분이라도 처분금지 가처분 결정이 내려진 뒤에는 처분이 무효가 되므로, 그 가처분 결정 후의 대체이익(가령 수용보상금)은 시효취득자가 취득할 수 있게 될 것이다. 그러나 이는 가처분 결정에 의하여 처분이 금지된 상태에서 취득시효에 의하여 소유권을 취득하기 때문에 생기는 결과이며, 결코 대상청구권의 문제가 아니다.

(4) 본 사안의 경우

점유 취득시효의 요건이 갖추어진 경우에 점유자가 사실상 소유권을 취득하게 된다는 사견에 의하면, 본 사안에 있어서 Y는 C의 소유에 속한다. 따라서 X토지를 B에게 매도한 A는 X토지 중 Y부분은 타인 소유 토지를 매도한 것이 된다. 그러므로 A는 B에 대하여 Y부분의 소유권을 취득해서 이전해 주어야 할 의무가 있다. 그런데 이때 A가 이를 할 수 없는 경우에는 B에게 담보책임을 져야 한다(572조). 구체적으로 B는 그가 선의인 때에는 Y를 제외한 나머지 부분만이면 매수하지 않았을 경우에는 계약 전부를 해제하고 손해배상을 청구할 수 있으나, 나머지 부분만이라도 매수하였을 경우에는 대금감액청구권과 손해배상청구권을 행사할 수 있고, 그가 악의인 때에는 대금감액청구권만 가진다.

점유 취득시효 완성의 효과에 관한 판례의 입장에 충실하게 해석하면, 본 사안의 경우 대상청구권은 인정되지 않아야 한다. 취득시효 완성 후에 처분금지 가처분 결정이 있지도 않기 때문이다.

점유 취득시효가 완성된 경우에 있어서의 대상청구권에 관한 판례에 의하더라도 본 사안에 있어서는 대상청구권이 인정되지 않는다. 판례가 요구하고 있는 요건인 등기청구권의 주장이나 행사가 없었기 때문이다.

2. A가 C에 대하여 채무불이행책임을 지는지 여부

⑴ 서   설

본 사안에서 A가 C의 점유 취득시효 요건이 완성된 Y부분을 포함하여 X토지를 B에게 매도하고 소유권이전등기를 해 준 것이 채무불이행(이것이 인정된다면 이행불능)으로 되어 그 손해배상을 해야 하는지가 문제된다. 이것이 인정되려면 당연한 전제로 점유 취득시효가 완성된 부동산의 소유자에게 취득시효 완성자에 대하여 소유권이전등기 의무라는 채무가 존재하여야 한다.

⑵ 판   례

판례는 취득시효 완성자의 등기청구권을 채권적 청구권으로 이해한다. 이러한 판례의 입장에서는 논리적으로 등기명의인의 등기의무(채무)가 인정될 것이다. 그리고 그 의무를 책임있는 사유로 이행할 수 없게 된 경우에는 이행불능책임을 져야 할 것이다. 그러나 우리 대법원은 「시효취득으로 인한 소유권이전등기 청구권이 있다고 하더라도 이로 인하여 부동산소유자와 시효취득자 사이에 계약상의 채권·채무관계가 성립하는 것은 아니므로」 채무불이행책임을 묻는 것은 옳지 않다고 한다.[12] 이러한 판례에 대하여 학설들은 대체로 비판적이다.

⑶ 검토 및 사견

취득시효 완성의 효과에 관한 판례의 입장에서 볼 경우, 채무불이행책임을 인정하지 않는 판례가 타당하다. 취득시효 완성시 등기청구권은 비소유자가 소유자에 대하여 가지는 권리이기 때문에 보통의 채권과 다르다. 이 경우 등기명의인의 의무는 소유자의 등기이전의무이다. 그럼에도 불구하고 그것의 위반을 채무불이행이라고 하여서는 안 될 것이다. 그렇게 새기면 취득시효 완성 후의 처분이 유효하다는 것과도 모순된다. 그리고 이러한 의무를 이행하지 않고 있는 경우에 이행지체책임을 물을 수 있다고도 하게 될 것이다. 채무불이행 문제 자체에 관한 판례에 의할 때도 마찬가지이다. 그에 비하여 사견에 의하면, 취득시효가 완성된 후에는 시효취득자가 소유권을 취득하게 되므로 그 후 등기명의인의 처분은 채무불이행이 아니고 불법행위로 된다.

⑷ 본 사안의 경우

본 사안에 있어서는 사견에 의하든 판례에 의하든 A의 C에 대한 이행불능책임은 생기지 않는다.

---

12) 대판 1995. 7. 11, 94다4509.

3. A가 C에 대하여 불법행위책임을 지는지 여부

A의 처분행위가 C에 대하여 채무불이행이 아니라면 불법행위는 되는가?

(1) 판   례

판례는 과거부터 취득시효 완성 후의 소유자의 처분을 불법행위 문제로 처리하여 왔다. 그러면서 구체적으로는, 취득시효 완성 후의 소유자의 처분행위가 취득시효 완성자에 대한 불법행위로 되려면 처분 당시에 취득시효 완성의 사실을 알았거나 알 수 있었어야 하며, 특별한 사정이 없는 한 부동산에 관한 취득시효가 완성된 후에 그 취득시효를 주장하거나 이로 인한 소유권이전등기 청구를 하기 이전에는 그 등기명의인인 부동산소유자로서는 취득시효 사실을 알 수 없었다고 보아야 한다고 한다.13)14)

(2) 사   견

사견으로는 취득시효가 완성된 후 등기명의인이 처분하는 것은 원칙적으로 소유권침해의 불법행위가 된다고 할 것이다.

(3) 본 사안의 경우

본 사안에 있어서 A가 C의 점유 취득시효 완성의 사실을 알았는지는 분명치 않다. 그러나 일반적으로 생각하면 알 수는 있었을 가능성이 크다. 왜냐하면 X토지의 대부분이 타인(D) 건물의 부지로 되어 있었기 때문이다. 그런데 취득시효에 있어서의 불법행위에 관한 판례에 의하면, C가 A에 대하여 취득시효를 주장하거나 등기청구를 한 바가 없기 때문에 A는 취득시효의 사실을 알 수 없었던 것으로 인정될 것이다. 그 결과 A는 C에 대하여 불법행위책임도 지지 않게 된다.

사견에 의할 때에는, 특별한 사정이 없는 한 A의 고의나 과실이 인정될 수 있고, 따라서 불법행위책임이 생긴다고 하게 된다.

4. A가 C에 대하여 부당이득 반환청구권을 가지는지 여부

본 사안에 있어서 A가 C에 대하여 그 동안 C가 D에게 Y를 임대하여 얻은 이득을 부당이득으로 반환청구할 수 있는지 문제된다. 여기에 관한 학설과 판례는 없는 듯하다.

생각건대 만약 점유 취득시효의 효과에 관한 판례에 의한다면, 일단 A는 그때까지 Y에 대한 적법한 소유자라고 하여야 할 것이고, 따라서 부당이득 반환청구권을 가진다고 하게 될 것이다. 그러나 판례에 의한다고 하여도 만약 C가 취득시효를 주장하였으면 A의 처분행

---

13) 대판 1974. 6. 11, 73다1276; 대판 1988. 4. 11, 88다카8217; 대판 1993. 2. 9, 92다47892; 대판 1994. 4. 12, 93다60779; 대판 1995. 6. 30, 94다52416; 대판 1995. 7. 11, 94다4509; 대판 1998. 4. 10, 97다 56495; 대판 1999. 9. 3, 99다20926.

14) 취득시효 완성의 경우의 대상청구권 인정에 관한 판례는 그 요건을 판례의 불법행위 성립요건에 일치시킨 것이다.

위가 오히려 C에 대하여 불법행위가 되는 점에 비추어 보면 그것이 인정될지 의문이다. 한
편 사견처럼 취득시효가 완성되는 경우 사실상 소유권을 취득한다고 하게 되면, C는 소유
자로서 이득을 한 것이 되어 A의 부당이득 반환청구권은 생기지 않게 된다.

Ⅳ. A와 B 사이의 법률관계

판례에 의하면 취득시효 완성 후의 처분행위는 원칙적으로 유효하다. 다만, 부동산을
취득한 제 3 자가 소유자의 불법행위에 적극 가담한 때에는 사회질서에 반하여 무효라고 한
다.15) 이러한 판례이론은 2중매매의 법리와 유사한 것으로서 타당하다고 할 수 있다.

그런데 본 사안의 경우가 예외적인 때에 해당하는지는 분명치 않다. 만약 예외에 해당
하지 않는다면, 취득시효 완성의 효과에 관한 판례에 따르는 경우에는, A·B 사이의 계약이
완전히 유효하게 되어 특별한 문제가 생기지 않는다. 그러나 사견에 의하면 계약은 유효하
되 권리의 일부가 타인에게 속하는 것이 되어 제572조의 담보책임이 생긴다. 그 구체적인
효과에 관하여는 앞에서 기술하였다(Ⅲ. 1. ⑷ 참조).

그에 비하여 예외적인 때에 해당하는 경우에는(그 경우에는 권리의 일부에 관한 것이더라도
계약 전부가 사회질서에 반하는 것으로 보아야 할 것이다), 사회질서 위반행위의 효과가 문제된다.
그리하여 판례에서는 제746조의 불법원인급여의 문제가 될 것이나, 2중매매에서처럼 취득
시효 완성자에게 등기를 해 줄 수 있게 될 것이다. 그러나 제746조의 불법을 선량한 풍속
위반이라고 좁게 해석하는 사견의 입장에서는 이 경우 제742조에 의하여 효과가 정해진다.
즉, 무효임을 모르고 급부한 경우에는 반환청구(등기말소·대금반환)를 할 수 있고, 알고 급부
한 경우에는 반환청구를 하지 못한다.

Ⅴ. B와 C 사이의 법률관계

본 사안에서 A와 B 사이의 매매가 유효하다면, 취득시효 완성의 효과에 관한 판례에
의할 경우에는, C는 Y를 불법으로 점유한 것이 된다. 그리하여 Y의 소유자인 B는 Y의 간접
점유자인 C(및 직접점유자인 D)에 대하여 물권적 청구권을 행사하여 방해제거를 청구할 수 있
다. 그리고 B는 C에게 불법행위를 이유로 손해배상을 청구할 수 있다. 그 밖에 점유를 계속
한다면 부당이득 반환청구도 할 수 있다. 그러나 취득시효 완성의 효과에 관하여 사견에 따
르면, C는 B에 대하여 등기를 청구할 수 있다. 그리하여 완전한 소유권을 취득할 수 있다.
C의 점유가 B에 대하여 불법행위가 될 이유도 없다. B의 부당이득 반환청구권도 인정되지
않는다.

---

15) 대판 1993. 2. 9, 92다47892; 대판 1995. 6. 30, 94다52416; 대판 1998. 4. 10, 97다56495; 대판 2002.
  3. 15, 2001다77352.

그에 비하여 A와 B 사이의 매매가 사회질서에 반하여 무효라면, 제103조·제746조에 관한 판례에 의하면, C는 B에 대하여 A의 등기말소청구권을 대위하여 등기를 말소한 후 Y 부분에 한하여 취득시효를 원인으로 하여 자신의 명의로 등기할 수 있다. 그리고 제 3 자에 의한 채권침해를 이유로 손해배상을 청구할 수도 있다. 그러나 제746조에 관한 사견에 의하면, 이 경우에는 사회질서에 반하더라도 선량한 풍속 위반은 아니므로 A·B가 무효임을 모르고 급부하였다면 제742조에 의하여 서로 반환의무가 있어서 C는 A의 등기말소청구권을 대위할 수도 있다. C가 B에 대하여 제 3 자에 의한 채권침해를 이유로 손해배상을 청구할 수 있는 것은 판례에 의할 경우와 같다.

VI. C와 D 사이의 법률관계

본 사안에서 A와 B 사이의 매매가 유효하다면, 취득시효 완성의 효과에 관한 판례에 의하면, C와 D 사이의 임대차는 A·B 사이의 매매에 의하여 깨뜨려진다. 그러나 C·D 사이의 임대차의 채권적 효력은 지속된다. 그 결과 D가 B에게 Y를 반환한 경우에는 C에 대하여 임차권에 기하여 채무불이행책임을 이유로 손해배상청구를 할 수 있다. 그러나 사견에 의하면, C·D의 임대차는 그대로 효력을 지속하게 된다.

그에 비하여 A와 B 사이의 매매가 사회질서에 반하여 무효인 경우에는, C·D 사이에는 특별한 문제가 생기지 않는다.

VII. B와 D 사이의 법률관계

본 사안에 있어서 A·B 사이의 매매가 유효하다면, 취득시효 완성의 효과에 관한 판례에 의할 경우, B는 Y의 소유자로서 Y의 직접점유자인 D에 대하여 방해제거를 청구할 수 있다. 그리고 불법행위를 이유로 손해배상을 청구할 수도 있다. 그러나 사견에 의하면, D의 점유는 B에 의하여 배제되지 않는다. B가 불법행위를 이유로 손해배상을 청구할 수도 없다.

그에 비하여 A·B 사이의 매매가 사회질서에 반하여 무효인 경우에는, B와 D 사이에는 특별한 문제가 생기지 않는다.

VIII. A와 D 사이의 법률관계

본 사안에서 D의 행위는 취득시효 완성 전까지는 A에 대하여 불법행위가 될 수도 있다. 그러나 사견에 의하면, 취득시효의 완성으로 그것은 모두 적법한 것으로 되었다고 할 것이다. 설사 판례처럼 등기가 없이는 C가 소유권을 취득할 수 없다고 하더라도, D에게는 고의나 과실이 없어 불법행위는 되지 않는다고 하여야 한다. 그리고 A의 처분행위도 설사 그것이 무효인 때에도 D에 대하여 불법행위가 되지는 않는다고 할 것이다.

[36] 2중등기·등기부 취득시효 등

어느 지역에 있는 X토지에 관하여는 1940년대에 A 명의로 소유권보존등기가 행하여졌다. 그 뒤 B는 X토지를 농지개혁법에 의하여 분배받아 1953. 12. 20. 상환을 완료하고 이를 원인으로 1957. 11. 2. 그의 명의로 소유권이전등기를 마쳤다. 한편 C는 1958. 8. 24. B로부터 위 토지를 매수하였는데, 등기에 관하여는 그 토지가 미등기인 것으로 잘못 알고 1964. 2. 7. 그의 명의로 소유권보존등기를 하였다. 그 후 D는 C로부터 X토지를 매수하여 1970. 5. 7. 소유권이전등기를 마치고 현재(2003. 1. 10.)까지 점유·사용해 오고 있다.

이 경우에 X의 소유관계를 비롯한 법률관계를 논하시오.

I. 논점의 소재

(1) 본 사안에 있어서는 X토지에 관하여 A 명의로 소유권보존등기가 행하여진 후에 B가 농지개혁법에 의하여 그 토지를 분배받아 그의 명의로 소유권이전등기를 하였는데, 그 뒤에 B로부터 X토지를 매수한 C는 그 토지가 미등기인 줄 알고 그의 명의로 소유권보존등기를 하였다. 그 후 D는 C로부터 그 토지를 매수하고 소유권이전등기를 하였으며 그 상태로 32년이 경과하였다.

(2) 이러한 경우에 살펴보아야 할 법률관계에는 여러 가지가 있다.

1) 동일한 X토지에 관하여 A 명의의 소유권보존등기와 C 명의의 소유권보존등기가 행하여졌는데 2중등기인 C의 소유권보존등기가 유효한지 문제된다.

2) D가 매매계약에 의하여 유효하게 X토지의 소유권을 취득하게 되는지도 문제된다.

3) 만약 D가 매매계약에 의하여 X토지의 소유권을 취득하지 못한다면 등기부 취득시효에 의하여 소유권을 취득할 수는 있는지 살펴보아야 한다.

4) D가 점유 취득시효에 의하여 X토지의 소유권을 취득할 수는 없는가도 검토 대상이다.

5) 만약 이상의 방법에 의하여 D가 X토지의 소유권을 취득하지 못한다면 D는 어떤 방법으로 그 소유권을 취득할 수 있는가가 문제된다.

6) 마지막으로, C가 D에 대하여 매도인으로서 담보책임 또는 채무자로서 채무불이행책임을 부담하지는 않는지도 살펴보아야 한다.

Ⅱ. C의 소유권보존등기의 유효 여부

1. 서   설

본 사안에 있어서는 X토지에 관하여 처음에 A 명의로 소유권보존등기가 행하여졌다. 그런데 그 후 동일한 토지에 관하여 C 명의의 소유권보존등기가 다시 행하여졌다. 이처럼 동일한 부동산에 대하여 2중으로 보존등기가 되어 있는 경우에 어느 등기가 효력이 있는지, 특히 제 2 등기가 유효한지가 문제된다.

2. 2중등기(중복등기)의 효력

우리의 부동산등기부는 1 부동산 1 등기기록(사례 당시에는 1 등기용지)의 원칙에 따라 편성되어 있다. 그리하여 하나의 부동산에 대하여는 하나의 등기기록만을 둔다. 따라서 어떤 부동산에 관하여 등기가 행하여지면 비록 그 등기가 부적법한 것일지라도 그것을 말소하지 않는 한 다시 등기를 하지 못한다. 이미 행하여진 등기와 충돌하는 등기가 신청되면 등기관은 등기신청을 각하하여야 하는 것이다. 그런데 동일 부동산에 관하여 절차상의 잘못으로 2중으로 등기가 된 경우에는 어떻게 되는가? 이것이 2중등기(중복등기)의 효력의 문제이다. 이러한 문제는 본 사안의 경우처럼 보존등기에서 자주 발생한다.

주의할 것은, 동일한 부동산에 관하여 2중등기가 있는 경우에 그중 하나가 부동산의 표시에 있어서 실물과 너무나 현격한 차이가 있어서 도저히 그 부동산의 등기라고 볼 수 없는 경우에는 부동산의 실제상황에 합치하는 등기가 효력을 갖는다는 점이다(통설·판례). 그런데 본 사안은 그런 경우로 보이지 않으므로 실물과 차이가 전혀 또는 거의 없어서 동일성을 인식할 수 있는 경우를 전제로 하여 효력을 논의하기로 한다.

(1) 학   설

2중등기의 효력에 관하여는 절차법설, 실체법설, 절충설이 대립하고 있다.

절차법설은 2중등기의 경우 제 2 등기(후등기)는 제 1 등기의 유효·무효를 불문하고 언제나 무효라고 한다.[1]

실체법설은 단순히 등기의 선후만을 따져서 결정할 것이 아니고 실체관계를 따져서 실체관계에 부합하는 등기를 유효한 것으로 인정하려고 한다.[2]

절충설은 원칙적으로 절차법설을 취하면서 예외를 인정하는 견해인데, 예외를 어떤 범위에서 인정할 것인가에 따라 다시 두 가지로 세분된다. 그중 하나는 최근의 판례와 같이,

---

1) 김기선, 물권, 106면.
2) 고상룡, 물권, 98면; 김상용, 물권, 166면. 곽윤직, 물권, 85면은 등기명의인이 동일인인 경우에는 제 2 등기가 무효라고 하여야 하나, 등기명의인이 동일인이 아닌 경우에는 본문과 같이 실체관계에 부합하는 등기를 유효하다고 할 것이라고 한다. 이영준, 물권, 113면은 내용이 간명하지는 않으나, 실체법설에 가까운 견해라고 스스로 밝히고 있다.

원칙적으로는 제 2 등기가 무효이지만 제 2 등기가 실체관계에 부합하고 제 1 등기가 무권리자에 의한 등기임이 밝혀진 때에는 예외적으로 제 1 등기가 무효라고 한다.3) 나머지 하나는, 원칙적으로 제 2 등기가 무효이지만 제 1 등기가 유효했더라도 제 2 등기가 제 1 등기 명의인의 권리에 기하여 이루어진 경우에는 제 2 등기를 실체관계에 기한 등기로 보아 존속시키는 것이 바람직하다고 한다.4)

(2) 판   례

판례는 처음에는 동일 명의인의 2중등기이든 명의인을 달리하는 2중등기이든 언제나 제 2 등기가 무효라고 하는 절차법설의 입장에 있었다.

그러다가 1978년의 전원합의체 판결에서 동일한 부동산에 관하여 등기명의인을 달리하여 2중의 보존등기가 된 경우에 대하여 실체법설을 수용한 듯이 표현하였다.5) 그런데 그 후 절차법설을 따른 판결6)과 실체법설을 따른 판결7)이 병존하여 일관성이 없었다.

그 뒤 1990년에 전원합의체 판결에 의하여 엇갈리던 판례가 통일되었다. 그 판결은, 「동일 부동산에 관하여 등기명의인을 달리하여 중복된 소유권보존등기가 경료된 경우에는 먼저 이루어진 소유권보존등기가 원인무효가 되지 아니하는 한 뒤에 된 소유권보존등기는 비록 그 부동산의 매수인에 의하여 이루어진 경우라도 1 부동산 1 용지주의를 채택하고 있는 부동산등기법 아래에서는 무효」라고 한다.8) 이는 대법원이 절충설을 명백히 한 것이다. 즉 제 2 등기는 원칙적으로 무효이지만 예외적으로 제 1 등기가 원인무효이고 제 2 등기가 실체관계에 부합하는 경우에 한하여 제 2 등기를 유효로 한다는 것이다. 이처럼 2중등기에 관하여 전원합의체 판결이 두 번이나 선고되었는데, 이것은 모두 등기명의인이 다른 경우에 관한 것임을 주의하여야 한다. 등기명의인이 동일한 경우의 판례는 변한 적이 없다.

결국 현재의 우리 판례는 다음과 같이 정리할 수 있다. 동일인 명의로 소유권보존등기가 2중으로 된 경우에는 언제나 제 2 등기가 무효이고,9) 등기명의인을 달리하여 2중의 보존등기가 된 경우에는 원칙적으로는 제 2 등기가 무효이지만 제 1 등기가 원인무효인 때에는 예외적으로 제 2 등기가 유효하다.

(3) 검토 및 사견

생각건대 절차법설은 1 부동산 1 등기기록의 원칙에 충실하고 간명하기도 하나, 제 2 등기가 실체적 유효요건을 갖추었더라도 제 2 등기를 말소한 뒤에 다시 등기를 하여야 하

3) 이상태, 물권, 92면.
4) 민법주해[IV], 1992, 144면(김황식 집필).
5) 대판(전원) 1978. 12. 26, 77다2427.
6) 대판 1979. 12. 26, 79다1555; 대판 1981. 11. 18, 81다1340 등.
7) 대판 1981. 2. 10, 80다2027; 대판 1987. 3. 10, 84다카2132 등.
8) 대판(전원) 1990. 11. 27, 87다카2961, 87다453. 이 판결 이후 그 후속 판결이 계속 이어지고 있다. 대판 1997. 11. 28, 97다37494; 대판 1998. 9. 22, 98다23393; 대판 2002. 7. 12, 2001다16913 등 참조.
9) 대판 1979. 1. 16, 78다1648.

는 번거로움이 있다. 실체법설은 지나치게 혼란을 가져 올 우려가 있어서 선뜻 받아들이기
가 어렵다. 절충설 중 첫째 견해는, 2중등기의 대부분이 유효한 제 1 등기(보존등기)가 있는데
도 미등기인 줄로 잘못 알고 새로이 제 2 등기(보존등기)를 한 경우라는 실제의 현실에 비추
어 볼 때, 실체적인 판단을 하는 예외 인정이 무의미하게 된다. 결국 절차법에 충실하면서
도 예외 인정을 의미 있게 하려면 절충설 중 둘째 견해를 취해야 한다.

　　그에 의하면, 등기명의인이 동일한 경우에는 절차법설에 따라 언제나 제 2 등기가 무효
라고 한다. 그런데 등기명의인을 달리하여 2중의 등기가 된 경우에는 제 1 등기가 무효인 때
에는 물론이고 제 1 등기가 유효했더라도 제 2 등기가 제 1 등기 명의인의 권리에 기하여 이
루어진 경우에는 제 2 등기를 실체관계에 기한 등기로 보아 존속시키게 된다. 다만, 이러한
때에도 제 2 등기의 최후의 명의인은 제 1 등기를 말소청구할 수도 있고(방해배제청구), 아니
면 제 1 등기에 자기 명의의 등기를 하고 제 2 등기와 그에 기한 등기를 말소하여 폐쇄할 수
도 있다고 하여야 한다.10)

3. 본 사안의 경우

　　본 사안에 있어서 제 1 등기인 A 명의의 소유권보존등기는 원인무효가 아니다. 따라서
판례에 의하면, 제 2 등기인 C 명의의 소유권보존등기가 무효로 된다. 이에 의하면 C는 X토
지의 소유권을 취득하지 못한다.

　　그러나 사견에 의하면, 제 2 등기인 C 명의의 소유권보존등기가 제 1 등기 명의인인 A
의 권리 자체에 기한 것은 아니지만 A의 권리를 승계한 B의 권리에 기한 것이므로 C의 등
기를 실체관계에 부합하는 것으로 보아 존속시켜야 한다. 즉 A 명의의 소유권보존등기가
무효이고 C 명의의 소유권보존등기는 유효하다. 그 결과 C는 X토지의 소유권을 유효하게
취득하게 된다.

Ⅲ. D가 매매계약에 의하여 소유권을 취득하는지 여부

　　본 사안에서 D는 C로부터 X토지를 매수하고 1970. 5. 7. 소유권이전등기까지 마쳤다.
이러한 경우에 D가 매매계약에 기하여 X토지의 소유권을 취득하게 되는지 문제된다. 그리
고 만약 소유권을 취득하지 않는다면 D가 C에 대하여 어떤 권리를 가지는지도 살펴보아야
한다. 이들은 위 Ⅱ.에서 논의된 결과에 따라 달라진다.

　　판례에 의하면, C의 소유권보존등기는 무효이고, 따라서 C는 X토지의 소유권을 취득하
지 못하므로, 등기의 공신력이 없는 우리 민법상 D는 그가 비록 매매계약에 기하여 C로부
터 소유권이전등기를 마쳤을지라도 그 방법으로는 X토지의 소유권을 취득하지 못한다. 이

---

10) 앞의 민법주해[Ⅳ], 144면.

때 D는 C에 대하여 X토지에 관한 소유권이전등기 청구권을 가지게 된다. 그런데 그 권리가 현재에도 소멸하지 않고 존속하고 있는지는 문제이나, 그에 관하여는 뒤에서 자세히 보기로 한다.

그에 비하여 사견에 의하면, C의 소유권보존등기가 유효하고, 그 결과 C가 X토지의 소유권을 취득하였으므로, D는 C와의 매매계약과 자신 명의의 소유권이전등기에 의하여 X토지의 소유권을 유효하게 취득하게 된다(186조). 그리고 이때 D는 이미 완전한 권리를 취득하였기 때문에 C에 대한 권리가 남아 있지 않다.

Ⅳ. D가 등기부 취득시효에 의하여 소유권을 취득하는지 여부

1. 서　　설

본 사안에서 D는 X토지를 C로부터 매수하여 1970. 5. 7.에 소유권이전등기를 마치고 그 상태로 32년이나 경과하였다. 여기서 D가 설사 X토지의 소유권을 매매계약에 기하여 취득할 수 없다고 할지라도 등기부 취득시효에 의하여 취득할 수는 없는지 문제된다. 이것 역시 사견처럼 C의 등기를 유효하게 해석하는 경우에는 생기지 않는 문제이다. 여기의 논의는 판례의 입장에 있을 때 의미가 있다.

본 사안에서 특이한 점은, 2중등기 가운데 하나의 등기를 기초로 하여 등기부 취득시효를 할 수 있는지 판단하여야 한다는 것이다. 아래에서 등기부 취득시효의 요건을 「등기」를 중심으로 하여 개괄적으로 살펴보고, 그 뒤에 본 사안에 대하여 검토해 보기로 한다.

2. 등기부 취득시효의 요건

등기부 취득시효는 민법 제245조 제 2 항이 규정하고 있는데, 그 요건에는 여러 가지가 있다.

(1) 주　　체

주체에 관하여 보면, 권리의 주체가 될 수 있는 자는 모두 취득시효의 주체가 될 수 있다. 그리하여 자연인, 사법인·공법인은 물론이고 법인 아닌 사단 또는 재단도 시효취득을 할 수 있다.[11]

(2) 객　　체

객체는 부동산이다. 부동산의 일부는 점유 취득시효와는 달리, 등기부 취득시효는 인정되지 않는다. 부동산의 일부에 대하여는 소유자로 등기되어 있을 수 없기 때문이다.

---

11) 등기부 취득시효를 하려면 부동산 소유자로 등기되어 있어야 하나, 법인 아닌 사단 또는 재단도 그 명의로 등기할 수 있으므로(부동산등기법 26조), 그 요건을 갖추는 데 지장이 없다.

⑶ 부동산 소유자로 등기되어 있을 것

해당 부동산에 관하여 소유자로 등기되어 있어야 한다. 이 등기는 형식적인 유효요건이나 실질적인 유효요건을 갖추지 않았어도 상관없다. 다만, 형식적 유효요건을 결여한 등기 가운데 2중등기의 경우에는 문제가 있다. 즉 2중등기로서 무효인 것도 제245조 제 2 항의 등기로 될 수 있는지가 문제되는 것이다.

1) 학   설

여기에 관하여 학설은 부정설과 긍정설로 나뉘어 대립하고 있다. 부정설은 2중등기로서 무효인 등기는 제245조 제 2 항에서 말하는 등기에 해당하지 않는다고 한다.[12) 이 견해는 그 이유로, 동 조항에 있어서의 등기는 1 부동산 1 등기기록의 원칙에 위배되지 않는 것이어야 한다는 점을 든다. 긍정설은 2중등기로서 무효인 등기도 제245조 제 2 항에서 말하는 등기에 해당한다고 한다.[13) 이 견해는 그러한 등기명의인도 보호할 필요성이 있다는 견지에 서 있는 듯하다.

2) 판   례

판례는, 1996년의 전원합의체 판결 이전에는, 2중등기로서 무효인 제 2 등기를 제245조 제 2 항의 등기에 해당하지 않는다고 하기도 하고,[14) 동 조항의 등기에 해당한다고도 하여[15) 엇갈리고 있었다. 그러다가 1996년의 전원합의체 판결에 의하여 엇갈리고 있던 판례를 통일하였다. 이 판결은, 제245조 제 2 항의 「'등기'는 부동산등기법 제15조가 규정한 1 부동산 1 용지주의에 위배되지 아니한 등기를 말하므로, 어느 부동산에 관하여 등기명의인을 달리하여 소유권보존등기가 경료된 경우 먼저 이루어진 소유권보존등기가 원인무효가 아니어서 뒤에 된 소유권보존등기가 무효로 되는 때에는 뒤에 된 소유권보존등기나 이에 터잡은 소유권이전등기를 근거로 하여서는 등기부 취득시효의 완성을 주장할 수 없다」고 하면서, 과거의 판례 가운데 뒤의 것을 폐기하였다.[16)

3) 검토 및 사견

생각건대 등기부 취득시효는 등기가 하나만 존재하는 경우를 전제로 한 것이다. 따라서 2중등기의 경우에는 달리 보아야 한다. 즉 2중등기에 있어서는 유효한 제 1 등기에 의한 진정한 소유자 보호를 위하여 제 2 등기에 기한 등기부 취득시효는 부정하여야 한다. 만약 제 2 등기에 의한 등기부 취득시효를 인정하고 제 1 등기에 기하여서도 등기부 취득시효가 가능하다고 하면 등기에 관계없이 이제는 점유에 의하여 소유관계가 확정되는 혼란을 가져올

---

12) 서민, "등기부 취득시효의 요건," 민사판례연구[Ⅷ], 1992, 64면; 이영준, 물권, 468면; 이은영, 물권, 409면.
13) 고상룡, 물권, 326면.
14) 대판 1978. 1. 10, 77다1795.
15) 대판 1988. 4. 12, 87다카1810; 대판 1994. 4. 26, 93다16765. 그 밖에 대판 1994. 2. 8, 93다23367은 2중등기에 관한 것은 아니나 「등기부 취득시효의 요건으로서 소유자로 등기한 자라 함은 적법 유효한 등기를 마친 자일 필요는 없고 무효의 등기를 마친 자라도 상관없다」고 한다.
16) 대판(전원) 1996. 10. 17, 96다12511. 동지 대판 1998. 7. 14, 97다34693.

수도 있다. 결국 부정설이 옳다.

⑷ 일정한 요건을 갖춘 점유

일정한 요건을 갖춘 점유가 있어야 한다. 구체적으로는 자주점유와 평온·공연한 점유가 필요하다. 그런데 이들 점유는 민법상 추정된다(197조 1항).

⑸ 10년간의 점유

위의 점유가 10년간 계속되어야 한다. 이때에 자신이 소유자로 등기된 기간과 점유기간이 때를 같이하여 10년간 계속되어야 하는지가 문제된다.

학설은 ⅰ) 전 소유자 명의의 등기기간까지 포함해서 10년이면 충분하다는 다수설[17])과 ⅱ) 자신의 명의로 등기된 기간과 점유기간이 때를 같이하여 다같이 10년이어야 한다는 소수설[18])이 대립하고 있다.

판례는 과거에는 소수설과 같았으나 현재에는 다수설로 변경하였다.[19])

생각건대 소수설은 진실한 권리자를 보호하기 위하여 요건을 엄격하게 새기려고 하는데, 등기부 취득시효의 요건에는 선의·무과실도 있어서 이를 보완할 수 있으며, 만약 소수설처럼 해석하면 부동산 거래가 잦은 경우에는 등기부 취득시효가 대단히 어려워지는 문제가 생긴다. 따라서 다수설·판례처럼 새기는 것이 옳다.

⑹ 점유자의 선의·무과실

점유자는 선의·무과실이어야 한다. 이들 중 점유자의 선의는 추정되나(197조 1항), 무과실은 추정되지 않는다. 그러므로 시효취득을 하는 자가 선의인 데 과실이 없었음을 증명하여야 한다. 그리고 이 선의·무과실은 시효기간 내내 계속되어야 할 필요는 없으며, 점유를 개시한 때 갖추고 있으면 충분하다(통설·판례도 같음).

3. 본 사안의 경우

본 사안에 있어서 D가 등기부 취득시효에 의하여 X토지의 소유권을 취득할 수 있는 요건을 모두 갖추었는지 검토해 보기로 한다. 그럼에 있어서 특히 문제가 되는 것이 등기라는 요건이므로 그 요건은 맨 뒤에 살펴볼 것이다.

본 사안에서 D는 자연인으로서 등기부 취득시효의 주체가 될 수 있다. 그리고 X토지는 취득시효의 객체가 되는 데 문제가 없다. 다음에 D는 X토지를 점유하여 오고 있다. 그 점유는 D가 소유권이전등기를 하고 있는 점으로 미루어 아마도 자주점유일 것이다. D의 점유가 평온·공연한 점유인지는 분명치 않으나, 사안에서 특별한 언급이 없는 것과 민법상 평온·공연한 점유가 추정되는 것에 비추어 볼 때, 이를 인정하여도 무방할 것이다. 그 밖에 D가

---

17) 고상룡, 물권, 322면; 곽윤직, 물권, 192면; 김용한, 물권, 276면; 김증한·김학동, 물권, 156면; 이상태, 물권, 231면; 이은영, 물권, 411면; 장경학, 물권, 438면; 황적인, 물권, 220면.
18) 김상용, 물권, 387면; 이영준, 물권, 469면.
19) 대판(전원) 1989. 12. 26, 87다카2176; 대판 1990. 1. 25, 88다카22763.

점유 개시시에 선의·무과실이었는지는 확실하게 알 수 없다. 이들 중 선의는 추정되어 어려움이 적으나, 무과실은 문제이다. 그러나 이 문제는 본 사안에서는 중요한 것이 아니므로 여기에서는 접어두고 일응 무과실인 것으로 보고 논의하기로 한다. 나아가 D의 점유기간은 그의 점유가 1970년경부터 시작된 것으로 보이므로 10년이 훨씬 넘었다. 그리고 그 기간은 D 자신의 명의로 소유권등기가 된 기간과 같다.

　　문제는 본 사안의 경우 D의 명의로 소유권이전등기가 되어 있기는 하나 그 등기가 2중등기 가운데 제 2 등기를 기초로 이루어졌다는 데에서 생긴다. 앞서 본 바와 같이, 2중등기 가운데 무효인 등기는 제245조 제 2 항의 등기에 해당하지 않는다고 보아야 한다(판례도 같음). 그 결과, 2중등기의 효력에 관한 판례에 의하면, 본 사안의 경우에는 D는 「등기」라는 요건을 갖추지 못하여 등기부 취득시효에 의하여 X토지의 소유권을 취득할 수 없다. 그러나 2중등기의 효력에 관한 사견에 의하면, C의 소유권보존등기가 유효하여 D는 매매계약에 의하여 소유권을 취득하므로 취득시효 문제는 아예 생기지도 않는다.

　　만약 본 사안의 경우에 D 이전에 C가 ― 비록 2중등기의 효력에 관한 판례에 따라 C의 소유권보존등기는 무효일지라도 ― 등기부 취득시효에 의하여 X토지의 소유권을 이미 취득하였다면 D는 C로부터 매매계약에 의하여 소유권을 양수한 것으로 될 것이다. 그러나 판례에 의하면, 본 사안에 있어서 C도 등기부 취득시효를 할 수 없다. 2중등기로서 무효인 제 2 등기는 그 자체도 제245조 제 2 항의 등기로 인정되지 않기 때문이다. 즉 C 명의의 등기가 없는 것으로 되어 등기부 취득시효에 의하여 소유권을 취득할 수 없는 것이다.

V. D가 점유 취득시효에 의하여 소유권을 취득하는지 여부

1. 서   설

　　본 사안에 있어서 D는 X토지를 1970년경부터 2003년에 이르기까지 점유·사용해 오고 있다. 여기서 X토지에 관한 D의 부동산 소유권 점유 취득시효의 요건이 구비되었는지, 그리고 D 명의의 소유권이전등기가 그 취득시효에 의한 등기로서 인정되는지가 문제된다. 만약 이들이 긍정된다면 D는 이미 점유 취득시효에 의하여 X토지의 소유권을 취득한 것이 된다.

2. 부동산의 점유 취득시효의 요건과 효과

　　부동산 점유 취득시효의 요건과 효과에 관하여는 전술한 「등기청구권·중간생략등기·점유 취득시효」([28]번)의 문제와 「점유 취득시효·대상청구권」([35]번)의 문제에서 충분하게 설명하였다. 따라서 여기서는 중복을 피하기 위하여 요점만을 간략히 기술하기로 한다. 자세한 사항은 그 부분을 참고하기 바란다.

점유 취득시효의 요건으로는 ① 주체로서 권리의 주체가 될 수 있는 자, ② 객체로서 부동산, ③ 자주점유 및 평온·공연한 점유, ④ 20년간의 점유 등이 필요하다.

그리고 점유 취득시효의 요건이 갖추어진 경우에는 판례 및 통설에 의하면, 점유자는 등기명의인에 대하여 등기청구권을 취득하고 이를 행사하여 자신의 명의로 등기하면 소유권을 취득하게 된다. 그러나 사견에 의하면 위의 요건이 구비되면 점유자는 사실상 소유권을 취득하는 것으로 보아야 한다.

3. 점유 취득시효와 2중등기의 효력

앞에서 본 바와 같이(Ⅱ. 2. 참조), 2중등기의 효력에 관하여는 절차법설·실체법설·절충설이 대립하고 있고, 판례는 절충설을 취하고 있다. 그런데 그 법리가 2중등기가 되어 있는 부동산에 관하여 제2등기 명의인이 취득시효의 요건을 갖춘 경우에도 그대로 적용되어야 하는지가 문제된다.

(1) 판 례

판례는 그 법리는 후행 보존등기 또는 그에 기하여 이루어진 소유권이전등기의 명의인이 당해 부동산의 소유권을 원시취득한 경우에도 그대로 적용된다고 한다.[20] 그리하여 제1등기가 원인무효인 경우만 제2등기가 유효하다고 하는 판례의 절충설을 점유 취득시효에 있어서도 관철하고 있다.

(2) 학 설

이러한 판례에 대하여 학설로는, 판례가 점유 취득시효를 부정하고 있다고 보면서,[21] 판례 사안을 보면 취득시효 완성자가 국가라는 것을 의식한 것은 아닌지 의문이 가지만, 점유 취득시효제도의 근본취지(진실한 권리자 보호)에 입각하여 생각하면 결과적으로 이러한 판례의 태도는 타당하다고 하는 견해[22]가 있다.

(3) 검토 및 사견

먼저 위의 판례는 점유 취득시효의 경우에 있어서 2중등기의 효력만에 관한 것으로 파악하여야 하며, 점유 취득시효 자체의 효력과는 직접 관계가 없는 것으로 이해하여야 한다. 즉 판례는 취득시효 완성자의 등기가 제2등기이지만 유효한 것으로 인정할 것인가에 관하여, 제1등기가 원인무효가 아니므로 제2등기는 유효할 수 없다고 하는 것이다. 이는 2중

20) 대판 1996. 9. 20, 93다20177·20184(후행 보존등기의 명의인이 점유 취득시효의 요건을 갖춘 경우); 대판 2008. 2. 14, 2007다63690(후행 보존등기의 명의인이 점유 취득시효의 요건을 갖춘 경우); 대판 2011. 7. 14, 2010다107064(후행 보존등기에 기하여 이전등기를 받은 자가 점유 취득시효의 요건을 갖춘 경우) 등. 이들 판결(특히 마지막 판결)은 얼핏 보면 2중등기의 경우에 점유 취득시효를 부정한 것처럼 보이나, 그렇게 볼 것이 아니며, 그 판결들은 단지 소유자의 등기말소청구가 유효하다는 측면에서 판시한 것으로 보아야 한다. 따라서 점유 취득시효를 주장할 수 있고, 그것은 별개라고 보아야 한다.
21) 이는 대판 1996. 9. 20, 93다20177·20184에 대한 평가이다.
22) 고상룡, 물권, 316면.

등기의 효력에 관한 판례의 절충설에 비추어 볼 때 당연한 것이다.

그리고 사견처럼 절충설을 취하되 예외의 범위를 다소 넓게 파악하더라도, 이 경우의 등기는 유효할 수 없다. 그 등기(제 2 등기)는 등기가 하나만 있는 경우에 있어서 제 1 등기 명의인의 권리에 기하여 행하여진 것이 아니기 때문이다.

주의할 것은, 전술한 바와 같이, 위의 판례는 점유 취득시효 자체의 효력에 관한 것은 아니므로, 판례에 의하더라도 점유 취득시효의 요건을 갖추었음을 이유로 점유자가 등기청구권을 행사하여 소유권을 취득할 수는 있다는 점이다. 만약 위의 판례가 이러한 가능성도 봉쇄하는 것이라면 그 판례는 옳지 않다. 그에 관하여는 뒤에 따로 자세히 논의하기로 한다 (Ⅵ. 2. 참조).

4. 본 사안의 경우

위에서 본 것처럼 본 사안에 있어서 설사 D가 점유 취득시효의 요건을 구비하였다고 하더라도 D 명의의 소유권이전등기는 유효하게 될 수 없다. D의 등기가 유효하다고 하려면 2중등기의 효력에 관하여 실체법설을 취하여야 하는데, 판례나 사견은 절충설의 입장에 있기 때문이다. 이와 같이 D의 등기가 무효이어서, 판례에 따르든 사견에 의하든,23) 현재의 상태에 의하여 D가 X토지에 관하여 점유 취득시효에 의한 소유권 취득을 할 수는 없다. 그러나 이것이 D가 절대로 점유 취득시효에 의하여 소유권 취득을 할 수 없다는 의미는 아니다. 그에 관하여는 후술한다(Ⅵ. 3. 참조).

이에 덧붙여 무효등기의 유용 문제도 생각해 볼 수 있다. 즉 D의 무효의 등기를 후에 취득시효에 의한 등기로 쓸 수 있는지가 그것이다. 그러나 그러려면 그 등기가 실체관계에 부합하여야 하고, 이해관계 있는 제 3 자도 없어야 한다. 그런데 본 사안에서, 취득시효에 관한 판례에 의하면, 아직 D는 소유권을 취득하지 못한다. 따라서 D의 소유권이전등기는 취득시효의 등기로 유용할 수 없다.

Ⅵ. D가 X토지의 소유권을 취득할 수 있는 방법

1. 서   설

사견에 의하면 본 사안의 경우에 D는 C로부터 X토지의 소유권을 유효하게 양수한 것이 된다. 따라서 이러한 사견의 입장에서는 D가 소유권을 취득하는 방법을 새삼스럽게 살펴보아야 할 이유가 없다.

그러나 판례에 의하면 C의 등기는 무효이고, 따라서 D는 X토지의 소유권을 매매계약

---

23) 여기의 사견은 취득시효와 2중등기의 관계에 관한 것일 뿐이다. 본 사안에서는 — 사견으로는 — 이미 D가 소유자이어서 다른 검토가 필요하지 않다.

에 의하여 취득하지 못한다. 그런가 하면 D의 등기는 취득시효에 의한 등기로서 효력을 가지지 못한다. 결국 판례에 따르면 본 사안의 경우에 현재 D는 X토지의 소유권을 전혀 취득하지 못한 것이 된다. 여기서 판례에 의할 때 D가 X토지의 소유권을 취득할 수 있는 방법은 없는지 살펴보아야 할 필요가 있다.

　　D가 X토지의 소유권을 취득할 수 있는 방법으로는 D가 X토지의 매수인으로서 취득하는 방법과 점유 취득시효에 의하여 취득하는 방법의 둘을 생각해 볼 수 있다. 아래에서 이 두 방법에 관하여 차례대로 검토해 보기로 한다.

2. D가 매수인으로서 소유권을 취득하는 방법

(1) 방법의 개요

　　판례에 의하면 본 사안의 경우 제1등기에 기초한 B의 소유권이전등기가 유효하다. 따라서 D가 매매에 기하여 B로부터 소유권이전등기를 해 올 수 있다면 그는 X토지의 소유권을 취득하게 된다. 그 방법으로는 두 가지를 생각해 볼 수 있다.

　　그중 하나는, 만약 현재에도 D가 C에 대하여 등기청구권을 가지고 있고 C 역시 B에 대하여 등기청구권을 가지고 있다면, D가 먼저 C의 B에 대한 등기청구권을 대위행사하여 C의 명의로 등기하고, 이어서 C에 대한 자신의 등기청구권을 행사하여 등기하는 것이다.

　　나머지 하나는, 만약 D가 직접 B에 대하여 등기청구권을 가진다면 그 권리를 행사하여 등기하는 것으로서 이 등기는 중간생략등기이다.

　　이 두 방법에 대하여 가능성을 판례의 입장에서 타진해 보기로 한다.

(2) D가 C의 B에 대한 등기청구권을 대위행사하는 경우

　　1) D가 C의 B에 대한 등기청구권을 대위행사하고 이어서 자신의 C에 대한 등기청구권을 행사하려면 여러 가지 난관을 극복하여야 한다. 먼저 D가 C에 대하여 등기청구권을 가지게 되었고 그 권리가 소멸시효에 걸려 소멸하지 않았어야 한다. 그리고 C의 B에 대한 등기청구권도 현재까지 존재하고 있어야 한다.

　　2) D는 C로부터 X토지를 매수한 자로서 C에 대하여 등기청구권을 가진다.[24] D가 등기청구권을 가지는 시기는, 판례에 의하면, 매매계약이 체결된 시기인 1970년 무렵이다. 그리고, 판례에 따르면, 그 등기청구권은 채권적 청구권이어서 원칙적으로 10년의 소멸시효에 걸리나, 목적물을 인도받아 사용·수익하고 있으면 시효로 소멸하지 않는다.[25] 그런데 본 사안에서 D는 X토지를 매수한 때부터 현재까지도 점유·사용하고 있다. 그 결과, 판례에 의할 경우, D는 C에 대하여 매매계약에 기하여 등기청구권을 취득하였고 그 권리는 현재까지

---

24) 등기청구권의 발생원인과 성질에 관하여는 전술한 [28]번 문제에서 자세히 살펴보았으므로 여기서는 생략한다.
25) 자세한 사항은 전술한 [28]번 문제 참조.

도 소멸하지 않고 남아 있다.

3) 다음에 C가 B에 대하여 등기청구권을 가지는지에 관하여 본다. C 역시 B로부터 부동산을 매수한 자로서 매매계약에 의하여 등기청구권을 취득한다. 그 시기는 매매계약 당시인 1958. 8. 24.이다. 그리고 그의 등기청구권도 그가 X토지를 점유·사용하고 있는 한 소멸시효에 걸리지 않는다. 그런데 C가 자신의 명의로 유효하게 등기하지 않고(본 사안의 등기는 판례에 의하면 무효임) D에게 매도하고 점유도 이전하여 주었다. 점유이전 시기는 1970년 무렵으로 보인다. 이러한 경우에도 C의 등기청구권이 그대로 존재하는지 문제된다. 여기에 관하여 현재의 판례는, 부동산을 처분하고 그 점유를 승계하여 준 경우에도 이전등기청구권의 소멸시효는 진행하지 않는다고 한다.26) 따라서 판례에 의하면 C의 B에 대한 등기청구권도 시효로 소멸하지 않고 존속한다.

4) 이와 같이 D는 C에 대하여 등기청구권을 가지고 C는 B에 대하여 등기청구권을 가지기 때문에, 본 사안의 경우에 채권자대위권의 요건이 갖추어진다면 D는 C의 등기청구권을 대위행사할 수 있다.

채권자대위권의 요건은 ① 채권자가 자기의 채권을 보전할 필요가 있을 것, ② 채무자가 제 3 자에 대하여 대위행사에 적합한 권리를 가지고 있을 것, ③ 채무자가 스스로 그의 권리를 행사하지 않을 것, ④ 채권자의 채권이 이행기에 있을 것의 네 가지이다.

이 가운데 ①이 가장 문제이나, 판례는 채무자가 하여야 할 등기절차를 채권자가 대위행사하는 경우에 관하여 채무자가 무자력인지를 불문하고 채권보전의 필요성을 인정하여 대위권 행사를 인정한다.27)

이러한 판례에 의하면, 본 사안의 경우, D는 C의 B에 대한 등기청구권을 행사하여 C의 명의로 소유권이전등기를 할 수 있다. 그리고 그 후에 D 자신의 C에 대한 등기청구권을 행사하여 자신의 명의로 소유권이전등기를 할 수 있다. 그렇게 되면 이제 D는 X토지의 소유권을 유효하게 취득하게 된다.

(3) D가 B에 대하여 등기청구권을 행사하는 경우

본 사안의 경우 C는 일종의 미등기 전매를 한 셈이다. 따라서 이때 최종양수인인 D가 최초양도인인 B에 대하여 등기청구권을 가질 수 있는지 문제된다. 만약 이 권리가 인정된다면 D는 그 권리를 행사하여 한 번에 직접 자신의 명의로 등기를 할 수 있을 것이다. 이는 중간생략등기의 영역에서의 문제이다.

중간생략등기의 유효 여부와 그 경우의 등기청구권에 관하여는 설명을 생략하고,28) 판례에 대하여만 언급하기로 한다. 판례에 의하면, 중간생략등기는 그것이 이미 행하여진 경

---

26) 대판(전원) 1999. 3. 18, 98다32175. 여기에 관한 자세한 학설·판례에 대하여도 전술한 [28]번 문제를 참조하라.
27) 채권자대위권의 요건에 관한 자세한 점도 전술한 [28]번 문제를 참조하라.
28) 그에 관하여 자세한 점은 전술한 [28]번 문제를 참조하라.

우에는 3자 합의가 없었더라도 합의가 없었음을 이유로 무효주장을 하지 못하나, 등기청구권이 인정되려면 관계당사자 전원의 합의가 있어야 한다.

본 사안에 있어서는 중간생략등기라고 볼 등기가 행하여지지는 않았으며, D의 B에 대한 등기청구권만이 문제이다. 그런데 본 사안의 경우에는 B·C·D 전원의 합의가 없다. 따라서 판례에 의하면, D는 B에 대하여 등기청구권을 가지지 못한다. 그 결과 D는 B에 대하여 직접 등기청구권을 행사하여 X토지에 관하여 자신의 명의로 등기할 수는 없다. 즉 이 방법으로는 소유권 취득이 불가능하다.

3. D가 점유 취득시효에 의하여 소유권을 취득하는 방법

(1) 서   설

위 V.에서 D가 점유 취득시효에 의하여 소유권을 취득하는지에 관하여 행한 논의는 현재의 상태에서 소유권이 취득되었는가의 문제, 좀 더 정확하게는 일종의 2중등기인 D의 소유권이전등기가 유효한가의 문제이다. 이에 관하여 판례는 절충설을 고수하여 그 등기도 무효라고 하였다. 그런데, 거기서 언급한 것처럼, 그 판례는 취득시효 자체까지 부정하는 것은 아니라고 이해해야 한다. 2중등기 중 무효인 제2등기에 기하여 등기부 취득시효를 할 수 없다고 하여 점유 취득시효까지 부정되어서는 안 된다. 등기부 취득시효는 등기를 기초로 하여 소유권을 취득하는 것이므로, 다른 유효한 등기가 있는 경우에는 특별히 다루어져야 한다. 그러나 점유 취득시효는 등기를 기초로 한 것이 아니므로 설사 2중등기가 되어 있다고 하여 그에 의한 소유권 취득이 제약을 받을 수는 없다. 그러므로 본 사안의 경우, 판례에 의하면, D가 점유 취득시효의 요건을 구비하면 그에 기하여 소유권을 취득할 수도 있는 것이다.

(2) 점유 취득시효 요건의 구비 여부

점유 취득시효의 요건에 관하여서는 앞에서 기술하였으므로(V. 2. 참조), 여기서는 본 사안에 있어서 D가 그 요건을 모두 갖추었는지만 검토하기로 한다.

D는 자연인으로서 점유 취득시효의 주체가 될 수 있고, X토지는 그 객체로서 문제가 없다. 그리고 D는 소유권이전등기를 하고 점유하고 있는 자이므로 그의 점유는 자주점유일 것이며, 자주점유는 법률상 추정된다. D의 점유가 평온·공연한 점유인지는 불분명하나, 그것 역시 추정되므로 별문제가 없다. 다음에 D의 점유기간은 1970년 무렵부터 30년이 넘게 경과하였으므로 20년 경과의 요건을 갖추었다. 그때 점유기간의 기산점이 문제이나, 뒤에 보는 바와 같이 D의 등기청구권이 시효로 소멸하지 않으므로 기산점을 점유 개시시로 잡아도 문제가 없다. 요컨대 D는 점유 취득시효의 요건을 모두 구비하였다.

(3) 점유 취득시효에 의한 효과

판례에 의하면 D는 점유 취득시효의 요건을 갖춘 때에, 즉 20년의 점유를 한 때인

1990년 무렵에 등기청구권을 취득한다. 그리고 그의 등기청구권은, 판례에 따르면, 점유가 계속되는 한 시효로 소멸하지 않는다.29) 따라서 D는 그의 등기청구권을 행사하여 자신의 명의로 소유권이전등기를 할 수 있고, 그 등기까지 하면 ― 판례상 ― X토지의 소유권을 취득한다.

4. 기   타

본 사안에서 판례에 의하면 D는 매매계약 또는 점유 취득시효에 의하여 X토지에 관하여 소유권이전등기를 할 수 있다. 그런데 어떤 방법에 의할 것인가는 D의 선택에 달려 있다.

D의 이와 같은 새로운 등기가 행하여지는 경우 기존의 D의 소유권이전등기는 어떻게 해야 하는가? 그 등기는 무효의 것으로서 말소되어야 한다.30)

Ⅶ. C가 D에 대하여 담보책임·채무불이행책임을 지는지 여부

사견에 의하면 그렇지 않으나, 판례에 따르면 본 사안의 경우 D는 현재까지 X토지의 소유권을 취득하지 못한 것이 된다. 이때 D가 C에 대하여 매도인으로서의 담보책임 또는 채무자로서의 채무불이행책임을 물을 수 있는지 문제된다.

본 사안의 경우에 만약 C가 담보책임을 진다면 그것은 제570조에 의한 것이다. 그런데 본 사안에 있어서는 동조의 담보책임의 요건을 갖추지 못하였다고 할 것이다. C는 X토지의 소유권을 취득하여 D에게 이전할 수 있고, 따라서 이전불능이라고 볼 수 없기 때문이다. 설사 이전불능이라고 하여도 권리행사기간이 경과하였다고 보아야 한다. 제570조의 담보책임을 물을 수 있는 권리는 이전불능시부터 10년 동안 행사할 수 있다고 해야 하는데, 계약시부터 무려 32년여가 지났기 때문이다.

본 사안에서 C는 D에 대하여 매도인으로서 소유권이전의무를 부담한다. 그런데 그 의무를 제대로 이행하지 않은 것이 된다. 그렇지만 채무불이행의 요건이 갖추어졌다고 하더라도 그로 인한 손해배상청구권 역시 10년의 소멸시효가 완성되었다고 할 것이다.

결국 D는 C에 대하여 담보책임도 채무불이행책임도 물을 수 없다.

---

29) 여기에 관한 자세한 설명은 전술한 [28]번 문제, [35]번 문제를 참조하라.

30) 참고로 말하면, 사례의 현재시점(2003. 1. 10) 당시에 시행되던 부동산등기규칙(대법원규칙 1805호)은 제115조(현행 33조) 이하에서 2중등기(중복등기)에 관하여 등기관이 직권으로 정리할 수 있도록 규정하고 있다. 그리하여 본 사안의 경우에 점유 취득시효가 완성되어 그에 기하여 소유권이전등기가 된 때에는 등기관은 동 규칙 제118조(현행 36조)에 의하여 다른 등기를 직권으로 정리할 수 있을 것이다.

Ⅷ. 결   론

본 사안의 경우의 결론을 사견에 의할 때와 판례에 의할 때로 나누어 따로 정리해 보기로 한다.

먼저 사견에 의하면, C 명의의 소유권보존등기는 2중등기이지만 유효하다. 그 결과 C는 X토지의 소유권을 유효하게 취득하게 된다. 그리고 D는 X토지의 소유권을 권리자인 C로부터 유효하게 양수한다. 따라서 더 이상의 문제는 생기지 않는다.

그에 비하여 판례에 의하면, C 명의의 소유권보존등기는 무효이고, 그 결과 C는 X토지의 소유권을 취득하지 못한다. 그리고 D는 그가 비록 C로부터 X토지를 매수하고 등기도 하였으나, 무권리자로부터의 매수이어서 D 역시 X토지의 소유권을 취득하지 못한다. 나아가 D는 등기부 취득시효에 의하여 소유권을 취득하지도 못한다. 또한 D 명의의 소유권이전등기가 점유 취득시효에 의한 등기로서 유효하게 되지도 않는다. 이와 같이 D는 현재 상태로는 X토지의 소유권이 없으나 소유권을 취득할 수는 있다. 그 하나는 먼저 C의 B에 대한 등기청구권을 대위행사하여 C 명의로 등기한 후 D 자신의 명의로 등기하는 방법이고, 다른 하나는 점유 취득시효의 요건을 증명하여 그것을 원인으로 소유권이전등기를 하는 방법이다. 그러나 D가 직접 B에 대하여 등기청구권을 행사하여 등기할 수는 없다. 한편 D는 C에 대하여 매도인으로서의 담보책임을 물을 수도 없고, 채무불이행책임을 물을 수도 없다.

[37] 공유물의 법률관계

문 제

　A와 B는 X토지를 공유하고 있으며, A의 공유지분은 2/3이고 B의 공유지분은 1/3이다. X 토지는 처음에는 비어 있는 상태였다. 그런데 얼마 후부터 A가 B와 협의 없이 X토지의 1/2 에 해당하는 부분을 2년간 C에게 임대차보증금 3,000만원을 받고 임대해 주었고, C는 그 토지에 자신의 목재들을 쌓아놓고 있다.

　그 뒤 B가 위와 같은 사실을 알고서 우선 A에게 X토지에 있는 C의 목재들을 제거하고 X토지를 자신에게 인도하라고 하였다. 또한 그동안 B가 X토지를 사용하지 못함으로써 받은 손해를 부당이득으로 반환하라고 하면서, X토지의 임대차보증금 3,000만원의 1/2인 1,500 만원을 지급하라고 하였다. 이에 대하여 A는 자신의 지분이 2/3이나 되므로 토지를 반환하 지 않아도 되며, 목재들이 쌓여 있는 면적이 X토지 전체의 1/2밖에 되지 않으므로 부당이득 의 반환의무도 전혀 없다고 주장하였다.

　아울러 B는 다른 한편으로 C에게 X토지에 있는 C의 목재들을 제거하고 X토지를 자신에 게 인도하라고 하였다. 그리고 자신에게 임대차보증금 1,500만원을 지급하라고 하였다.

　이 경우에 A와 C에 대한 B의 청구는 정당한가?

1. 논점의 정리

　　이 문제의 논점을 B와 A 사이의 것과 B와 C 사이의 것으로 나누어 정리하면 다음과 같다.

⑴ B와 A 사이의 논점

　　B는 A에게 X토지의 방해제거청구 및 인도청구[1]를 하고 있다. 이와 같은 B의 청구가 정당한지를 판단하려면, 우선 공유물의 관리방법을 어떻게 정하는지, 그리하여 과반수 지분 권을 가지는 공유자가 다른 공유자와 협의를 하지 않고 공유물을 타인에게 임대한 것이 적 법한 것으로서 허용되는지, 나아가 타인에게 임대한 공유자에게 방해제거청구 및 반환청구 를 할 수 있는지 검토해야 한다.

---

[1] 이는 정확하게는 방해배제청구(또는 방해제거청구)라고 해야 한다. 인도청구는 반환청구를 가리키고, 그 것은 상대방이 물건을 전부점유하고 있는 경우에만 인정되기 때문이다. 그런데 사회에서는 본문에서와 같은 식의 표현을 자주 사용한다.

그리고 B는 A에게 A가 임차인 C로부터 받은 임대차보증금의 반인 1,500만원을 부당이 득으로 반환하라고 청구하고 있다. 이러한 B의 청구가 정당한지를 판단하려면, 과반수 지분 권자가 다른 공유자와 협의 없이 공유물을 제3자에게 임대한 경우에 부당이득 반환의무를 부담하는지, 제3자에게 임대하여 임대차보증금을 받은 경우에 임대차보증금을 반환해야 하는지, 과반수 지분권자가 자기의 지분비율에 미달하는 부분을 임대한 경우에는 어떤지, 그리고 반환을 해야 할 경우 그 비율은 어떻게 정해야 하는지를 검토해야 한다.

(2) B와 C 사이의 논점

B는 C에게 X토지의 방해제거청구 및 인도청구를 하고 있다. 이 문제를 판단하려면 C 가 과반수 지분권자인 A로부터 X토지를 임차한 것이 적법한 것인지를 검토해야 한다.

B는 C에게 임대차보증금액의 반인 1,500만원을 자신에게 지급하라고 한다. 이 문제 역 시 A가 C에게 임대한 것이 적법한지에 달려 있다.

2. A에 대한 B의 청구가 정당한지

(1) 방해제거청구 및 인도청구에 대하여

1) 공유물의 관리방법

공유물의 이용 및 개량 등 관리에 관한 사항은 공유자의 지분의 과반수로 결정한다(265 조 본문). 그리고 판례에 따르면, 공유자 사이에 공유물을 사용·수익할 구체적인 방법을 정 하는 것은 공유물의 관리에 관한 사항으로서 제265조에 따라 공유자의 지분의 과반수로써 결정하여야 할 것이고,[2] 과반수의 지분을 가진 공유자는 다른 공유자와 사이에 미리 공유 물의 관리방법에 관한 협의가 없었다 하더라도 공유물의 관리에 관한 사항을 단독으로 결 정할 수 있으므로, 과반수의 지분을 가진 공유자가 그 공유물의 특정부분을 배타적으로 사 용·수익하기로 정하는 것은 공유물의 관리방법으로서 적법하다.[3] 그리고 공유자가 공유물 을 타인에게 임대하는 행위 및 그 임대차계약을 해지하는 행위도 공유물의 관리행위에 해 당하므로 제265조 본문에 의하여 공유자의 지분의 과반수로써 결정하여야 한다.[4]

이러한 판례에 의할 때, 과반수 지분권자가 다른 공유자와 협의 없이 공유물의 전부나 일부를 자신이 직접 배타적으로 사용·수익하거나 제3자에게 임대한 것은 공유물의 관리 방법으로서 적법하고, 따라서 그러한 경우에 다른 공유자는 과반수 지분권자에 대하여 방해 제거 및 반환을 청구하지 못한다.

---

2) 대판 2020. 9. 7, 2017다204810 등.
3) 대판 2001. 11. 27, 2000다33638·33645 등.
4) 대판 2010. 9. 9, 2010다37905.

2) 본 사안의 경우

본 사안에서 A는 과반수 지분권자이다. 따라서 A는 B와 협의를 하지 않고도 X토지를 제 3 자에게 임대할 수 있고, 그러한 임대는 적법하다. 그러므로 B는 A에게 X토지의 방해제거청구와 반환청구를 할 수 없다.

⑵ 부당이득 반환청구에 대하여

1) 과반수 지분권자가 공유물을 배타적으로 사용·수익하거나 제 3 자에게 임대한 경우의 부당이득 반환 문제

판례에 따르면, 공유자 1인이 공유물의 전부 또는 일부(특정부분)를 배타적으로 사용하는 경우에 다른 공유자는 그의 지분 비율로 부당이득의 반환을 청구할 수 있다.[5] 배타적 사용자가 과반수 지분권자라도 같다.[6] 그리고 배타적 사용 부분이 사용 공유자의 지분 비율에 미달해도 마찬가지이다.[7] 과반수 지분권자가 제 3 자에게 공유물의 전부나 일부를 임대한 경우에도 동일하다고 해야 한다.

판례는, 공유자가 공유물을 제 3 자에게 임대한 경우에 부당이득 반환의 범위(또는 불법행위로 인한 손해배상의 범위)는 부동산 임대차로 인한 차임 상당액이고, 부동산의 임대차보증금 자체에 대한 다른 지분 소유자의 지분비율 상당액을 구할 수는 없다고 한다.[8] 임대차보증금은 장차 임차인에게 반환해야 하기 때문에도 그 보증금을 부당이득이라고 할 수 없다. 한편 공유자 또는 제 3 자가 배타적으로 지배하는 부분이 공유물의 일부인 경우에는 그 점유부분에 해당하는 차임에 대하여 지분 비율로 반환해야 한다.[9]

2) 본 사안의 경우

본 사안의 경우 A는 과반수 지분권자이다. 판례에 의할 때, 그가 C에게 X토지를 임대한 것은 적법하나, 그로 인하여 다른 공유자인 B에게 손해를 입혔고, 따라서 A는 B에게 손실을 부당이득으로 반환해야 한다(불법행위도 인정됨). 임대부분이 A의 지분 비율에 미달하지만 반환의무가 있다. 그런데 부당이득의 반환범위는 임대한 토지 부분에 대한 차임 상당액이고, 임대차보증금 자체가 아니다. 그리고 차임 상당액을 B의 지분 비율(1/3)만큼 반환해야 한다. 결국 본 사안의 경우에 B의 A에 대한 임차보증금 1,500만원의 반환청구는 정당하지 않다. 설사 보증금 반환청구가 정당하다고 해도 반환범위는 1,500만원이 아니고 B의 지분 비율만큼인 1,000만원이 되어야 한다.

---

5) 대판 2001. 12. 11, 2000다13948 등.
6) 대판 2002. 5. 14, 2002다9738 등.
7) 대판 2001. 12. 11, 2000다13948 등.
8) 대판 1991. 9. 24, 91다23639; 대판 2021. 4. 29, 2018다261889.
9) 대판 1991. 9. 24, 88다카33855; 대판 2011. 7. 14, 2009다76522·76539 참조.

3. C에 대한 B의 청구가 정당한지

(1) 방해제거청구 및 인도청구에 대하여

1) 과반수 지분권자가 임대한 경우에 임차인에게 방해제거청구 및 인도청구를 할 수 있는지

판례는, 공유물을 타인에게 임대하는 것은 공유물의 관리방법에 해당하므로 제265조 본문에 의하여 지분의 과반수로 결정한다고 한다.[10] 그리고 과반수 지분의 공유자가 그 공유물의 특정부분을 배타적으로 사용·수익하기로 정하는 것은 공유물의 관리방법으로서 적법하다고 할 것이므로, 과반수 지분의 공유자로부터 사용·수익을 허락받은 점유자에 대하여 소수 지분의 공유자는 그 점유자가 사용·수익하는 건물의 철거나 퇴거 등 점유배제를 구할 수 없다고 한다.[11] 여기에는 공유물의 사용·수익을 허락받은 점유자가 임차인인 경우도 당연히 포함된다.[12]

2) 본 사안의 경우

본 사안의 경우에 A가 C에게 X토지의 일부를 임대하였는데, 그 임대차는 과반수 지분권자가 공유물의 관리방법을 정한 것이어서 다른 공유자인 B와 협의를 하지 않았더라도 적법하다. 그리고 판례에 따르면 본 사안과 같은 경우에 소수 지분권자인 B는 적법한 임차인인 C에게 방해제거 및 인도를 청구할 수 없다.

(2) 임차보증금 1,500만원의 청구에 대하여

본 문제에서 B가 C에게 어떤 근거로 임차보증금 1,500만원의 지급을 청구하는지는 알 수 없다. 그런데 아마도 부당이득 반환청구이거나 불법행위로 인한 손해배상청구일 가능성이 크다.

이와 관련하여 판례는, 과반수 지분의 공유자로부터 다시 그 특정부분의 사용·수익을 허락받은 제3자의 점유는 다수 지분권자의 공유물관리권에 터잡은 적법한 점유이므로 그 제3자는 소수 지분권자에 대하여도 그 점유로 인하여 법률상 원인 없이 이득을 얻고 있다고는 볼 수 없다고 한다.[13] 그리고 그 제3자의 점유가 적법하다면 그는 불법행위책임도 지지 않는다고 해야 한다.

위에서 설명한 바에 따르면, 본 사안의 경우에 C는 적법하게 점유하는 자로서 부당하게 이득을 한 바가 없어서 부당이득의 반환의무가 없다. 그리고 불법행위책임도 지지 않는다. 따라서 B는 C에게 임차보증금 1,500만원의 지급을 청구할 수 없다.

---

10) 대판 2010. 9. 9, 2010다37905.
11) 대판 2002. 5. 14, 2002다9738.
12) 전주의 판결 사안에서는 점유자가 임차인이었다.
13) 대판 2002. 5. 14, 2002다9738.

4. 결   론

B의 A에 대한 방해제거청구와 인도청구는 정당하지 않다. 그리고 B가 A에게 부당이득
반환을 청구할 수는 있으나, 그 범위는 임대부분의 차임 상당액 중 그의 지분 비율만큼이
며, 임대차보증금 1,500만원이 아니다. 따라서 임대차보증금 1,500만원의 청구도 정당하지
않다

B의 C에 대한 방해제거청구 및 인도청구와 임대차보증금 1,500만원의 청구는 모두 정
당하지 않다.

[38] 관습법상의 법정지상권

  A는 서울시 중구 남창동에 있는 X토지(13.9㎡인 대지) 중 1/27 지분을 가지고 있었으며, 그 토지 중 1.7㎡ 지상에 미등기건물인 시멘트벽돌조 점포를 신축하여 사용하고 있었다. A는 2006. 1. X토지의 지분 및 건물을 B에게, B는 2008. 1.에 C에게 순차로 매도하였고, 그에 따라 C는 2008. 2.에 X토지의 지분에 관하여 소유권이전등기를 마쳤으나, 점포는 미등기이어서 그에 관하여는 이전등기를 하지 못하였다. 그렇지만 C는 점포도 점유하여 사용하고 있다. 그 뒤 2008. 5.에 C는 D에게 금전을 빌리면서 그 채권을 담보하기 위하여 X토지의 지분에 D 명의의 근저당권설정등기를 해 주었다. 그런데 채권의 변제기가 지나도록 C가 채무를 변제하지 않자 D가 그의 근저당권을 실행하여 경매절차가 개시되었고, 그 경매에서 D가 X토지의 지분을 경락받고 2012. 1. 경락대금을 모두 지급하였다. 그런데 아직 D 명의로 지분의 이전등기를 하지는 않았다. 현재는 2012. 2. 18.이다.

  1. 이 경우에 점포의 소유자는 누구인가? 그리고 그는 점포에 관하여 소유권등기를 할 수 있는가?
  2. 이 경우에 A가 소유했던 X토지의 1/27 지분은 누구에게 속하는가?
  3. 이 경우에 X토지의 1/27 지분의 귀속권자는 점포 소유자에 대하여 점포철거 및 대지인도를 청구할 수 있는가?

Ⅰ. 물음 1.에 대하여

1. 논점의 정리

본 문제의 논점을 정리하면 다음과 같다.

⑴ 건물(점포)을 신축한 경우에 등기 없이 소유권을 취득하는지 문제된다.

⑵ 건물을 신축한 자가 건물에 관하여 미등기인 채로 건물을 양도하였으나, 미등기건물이어서 등기되지 않은 경우에 그 소유권이 이전되는지 문제된다.

⑶ 만약 소유권이 A에게 있다면 그가 등기할 수 있는지 문제된다.

2. 건물신축의 경우의 소유권 취득

⑴ 건물을 신축한 경우에는 제187조가 적용되어 그에 관하여 등기하지 않아도 신축한

자가 건물의 소유권을 취득한다. 그러나 그 건물을 처분하려면 제187조 단서에 따라 먼저 소유자 명의로 등기해야 한다.

(2) 본 사안의 경우에 A가 점포를 신축하였다. 따라서 점포가 신축된 때에 A가 그 점포의 소유권을 취득한다. A가 점포의 소유권을 취득하기 위해 그의 명의로 등기를 할 필요는 없다.

3. 건물을 미등기인 채로 양도한 경우에 소유권이 이전되는지 여부

(1) 미등기건물의 소유자가 그 건물을 처분하려면 먼저 자신의 명의로 등기해야 한다 (187조 단서). 그러고 나서 처분하고 양수인에게 이전등기를 해 주어야 한다. 다만, 통설·판례는 양수인이 건물의 보존등기를 하여도 그 등기의 효력을 인정하고 있다.

(2) 본 사안의 경우에 A는 점포에 관하여 자신의 명의로 등기를 하지 않고 B에게 매도하였고, B 역시 미등기 상태로 C에게 매도하였으며, 그 점포에 관하여 B나 C 명의의 이전등기가 없음은 물론이고 보존등기도 행해지지 않았다. 따라서 점포의 소유권이 B나 C에게 이전되지 않았다.

4. 점포의 소유자

본 사안에서 점포의 소유권은 그것의 신축시에 A에게 귀속하였고, 그 소유권이 B나 C에게 이전되지 않았으므로, 법률상 점포의 소유권은 여전히 A에게 속한다.

5. A가 그의 명의로 등기를 할 수 있는지 여부

(1) 등기사항

등기사항에는 실체법상의 것과 절차법상의 것이 있다. 전자는 등기하지 않으면 사법상의 일정한 효력(권리변동의 효력 등)이 생기지 않는 사항 즉 등기가 필요한 사항이며, 후자는 부동산등기법상 등기를 할 수 있는 사항이다.

(2) 본 사안의 경우

본 사안에서 점포의 소유권은 등기가 없이도 A에게 속한다. 따라서 A의 소유권등기는 실체법상의 등기사항은 아니다. 그러나 그것은 부동산등기법상 등기할 수 있는 것이다. 절차법상의 등기사항인 것이다. 따라서 A는 점포에 관하여 그의 명의로 소유권등기(보존등기)를 할 수 있다. 다만, A는 점포의 양도인이어서 그의 명의로 등기한 뒤 B에게 이전등기를 해 주어야 한다.

II. 물음 2.에 대하여

1. 논점의 정리

본 문제에서는 담보권(저당권) 실행경매에서 공유지분을 경락받고 대금을 모두 지급하였으나, 아직 그 공유지분의 이전등기를 하지 않은 경우에 경락인이 소유권을 취득하게 되는지가 문제된다.

2. 경락인이 소유권을 취득하는 시기

부동산에 관하여 담보권 실행경매가 행해지는 경우에 경락인이 목적부동산의 소유권을 취득하는 시기는 매각대금을 다 낸 때이다(민사집행법 268조·135조). 이 소유권취득은 제187조에 의한 물권변동이어서 경락인 명의의 등기는 필요하지 않다.

3. 결   론

본 사안에서 D는 C가 설정한 근저당권의 실행절차에서 X토지의 지분을 경락받았다. 그리고 2012. 1. 경락대금을 모두 지급하였다. 따라서 D는 매각대금을 다 낸 때에 X토지의 1/27 지분을 취득하게 되었고, 현재 그 지분의 귀속자는 D이다.

III. 물음 3.에 대하여

1. 논점의 정리

본 사안의 경우에 A·B·C 중에 어느 하나라도 법정지상권 등의 건물(점포) 소유를 위한 대지이용권이 있다면 토지지분권자인 D가 점포철거 및 대지인도청구를 할 수 없다. 왜냐하면 A에게 법정지상권 등이 있다면, A는 법정지상권 등을 취득할 당시의 토지소유자에 대하여 법정지상권 등의 등기를 할 수 있고, B·C와 같은 점포의 양수인은 점포의 양도인을 대위하여(C의 경우 순차대위하여) 법정지상권 등의 등기를 할 수 있으며, 신의칙상 대지소유자는 점포철거 및 대지인도청구를 하지 못하기 때문이다(판례). B에게 법정지상권 등이 생긴 때에도 마찬가지이다. 또한 C에게 법정지상권 등이 생긴다면 그 자신이 법정지상권 등의 권리가 있어서 대지소유자는 점포철거 및 대지인도청구를 하지 못한다.

그리하여 본 문제에서 검토할 논점은 다음과 같다.[1]

(1) C가 제366조의 법정지상권을 취득하는지 문제된다.

---

1) 아래의 점들 외에 철거청구 등을 점포소유자인 A 외에 건물의 처분권자인 C에게도 할 수 있는지 문제되나, 여기서는 묻지 않으므로, 논의에서 제외한다. 우리 판례는 사실상 처분을 할 수 있는 자에게도 철거청구를 할 수 있다고 한다. 자세한 점은 송덕수, 물권, [133]; 강의, B-225 참조.

⑵ A에게 관습법상의 법정지상권이 인정되는지 문제된다.

⑶ 특히 공유자였던 자가 건물을 신축한 경우에도 법정지상권 등이 인정되는지 문제된다.

⑷ D가 공유자로서 철거청구 및 대지인도청구를 할 수 있는지 문제된다.

2. C가 제366조의 법정지상권을 취득하는지 여부

⑴ 제366조의 법정지상권의 성립요건

제366조의 법정지상권이 성립하려면 다음의 요건이 갖추어져야 한다.

1) 저당권 설정 당시에 건물이 존재했어야 한다. 그런데 그 건물은 저당권 설정 당시에 실제로 존재하고 있었으면 충분하며, 반드시 보존등기가 되어 있어야 하는 것은 아니다. 그리하여 무허가 건물이나 미등기 건물이라도 법정지상권이 성립한다.[2]

2) 저당권이 설정될 당시에 토지와 건물이 동일한 소유자에게 속하고 있었어야 한다. 판례에 의하면, 미등기 건물을 그 대지와 함께 매수한 사람이 그 대지에 관하여만 소유권이 전등기를 넘겨받고 건물에 대하여는 그 등기를 이전받지 못하고 있다가, 대지에 대하여 저당권을 설정하고 그 저당권의 실행으로 대지가 경매되어 다른 사람의 소유로 된 경우에는, 저당권의 설정 당시에 대지와 건물이 각각 다른 사람에 속하고 있었으므로 법정지상권이 성립할 여지가 없다고 한다.[3]

3) 토지와 건물 중 어느 하나에 또는 둘 모두에 저당권이 설정되어야 한다.

4) 경매로 인하여 토지와 건물의 소유자가 달라져야 한다.

⑵ 본 사안의 경우

본 사안의 경우에 C가 저당권을 설정할 당시에 대지지분권자는 C이고 점포소유자는 A이어서 대지와 건물의 소유자가 달랐다. 그러므로 위의 판례에 따르면 C의 법정지상권은 성립하지 않는다.

3. A에게 관습법상의 법정지상권이 인정되는지 여부

⑴ 관습법상의 법정지상권의 성립요건

관습법상의 법정지상권이 성립하려면 다음의 세 요건이 갖추어져야 한다.

1) 토지와 건물이 동일인의 소유에 속하고 있었을 것.

2) 토지와 건물의 소유자가 다르게 되었을 것. 이 요건과 관련하여 판례는, 토지의 점유·사용에 관하여 당사자 사이에 약정이 있는 것으로 볼 수 있거나 토지소유자가 건물의 처분권까지 함께 취득한 경우에는 관습법상의 법정지상권을 인정할 까닭이 없어서, 미등기 건물을 그 대지와 함께 매도하였다면 비록 매수인에게 그 대지에 관하여만 소유권이전등기

---

2) 대판 1964. 9. 22, 63아62.
3) 대판(전원) 2002. 6. 20, 2002다9660.

가 되고 건물에 관하여는 등기가 되지 않아 형식적으로 대지와 건물이 그 소유명의자를 달리하게 되었다 하더라도 매도인에게 관습법상의 법정지상권을 인정할 이유가 없다고 한다.4)

3) 건물철거특약이 없을 것

(2) 본 사안의 경우

본 사안에서 A는 점포를 그 대지지분과 함께 B에게 매도하였으므로, 위의 판례에 의하면, B에게 매도할 때나 C에게 매도할 때나 모두 관습법상의 법정지상권을 취득하지 못한다.

4. 공유지분에 저당권을 설정한 경우의 문제

(1) 위 2.와 3.의 설명은 토지의 단독소유나 구분소유적 공유관계의 경우에 있어서 저당권이 설정된 때에 인정된다.5) 그런데 본 사안은 C가 토지의 공유지분 위에 근저당권을 설정하였다. 그로부터 생기는 문제는 없는지 살펴보아야 한다.

(2) 판례는, 공유토지의 공유자 1인이 그 지상에 건물을 소유하면서 그의 토지공유지분에 대하여 저당권을 설정한 후 그 저당권의 실행으로 그 공유지분의 소유권이 제3자에게 넘어간 경우에 그 건물의 소유를 위한 법정지상권의 성립을 인정하게 되면 이는 마치 토지공유자의 1인으로 하여금 다른 공유자의 지분에 대하여까지 지상권설정의 처분행위를 허용하는 셈이 되어 부당하므로 이러한 경우에는 당해 토지에 관하여 건물의 소유를 위한 법정지상권이 성립할 수 없다고 한다.6)

(3) 이러한 판례에 따르면, 본 사안은 공유지분 위에 근저당권이 설정된 경우이어서도 법정지상권이 성립될 수 없다.

5. 방해제거청구권 및 반환청구권이 성립하는지 여부

(1) 소유물 방해제거청구권 및 반환청구권의 요건

소유물 방해제거청구권은 소유자가 소유권을 방해하는 자에 대하여 방해의 제거를 청구할 수 있는 권리이다(214조). 그 요건은 다음과 같다. ① 청구권자는 소유권의 내용실현을 방해받고 있는 소유자이다. ② 상대방은 현재 방해하고 있는 자이다. ③ 상대방이 점유침탈 이외의 방법으로 소유권을 방해하고 있어야 한다. 타인의 토지의 전부 또는 일부 위에 불법으로 건축을 하고 있는 경우도 방해에 해당한다. ④ 상대방의 고의·과실은 묻지 않는다.

소유물반환청구권은 소유자가 그의 소유에 속하는 물건을 점유하는 자에 대하여 반환을 청구할 수 있는 권리이다(213조). 그 요건은 다음과 같다. ① 청구권자는 점유하고 있지 않은 소유자이다. ② 상대방은 현재 그 물건을 전부점유하고 있는 자이다. ③ 상대방에게

---

4) 대판(전원) 2002. 6. 20, 2002다9660.
5) 대판 2004. 6. 11, 2004다13533.
6) 대판 1987. 6. 23, 86다카2188; 대판 1993. 4. 13, 92다55756; 대판 2004. 6. 11, 2004다13533; 대판 2014. 9. 4, 2011다73038·73045 등. 송덕수, 물권, [222]; 강의, B-365 참조.

점유할 권리가 없어야 한다(213조 단서). ④ 상대방의 고의·과실은 묻지 않는다.

(2) 본 사안의 경우

본 사안에서 D는 X토지의 공유지분권자이다. 그리고 점포의 법률상 소유자인 A는 그 토지를 점유할 권리가 없다. 그럼에도 불구하고 A는 X토지에 건축을 하여 토지를 점유하고, 그럼으로써 D의 토지사용을 방해하고 있다. 따라서 D는 A에 대하여 방해제거청구권을 행사하여 점포철거를 청구할 수 있다.

나아가 D는 C에게 반환청구권을 행사하여 대지인도를 청구할 수 있다.[7]

6. 공유자로서 권리주장을 할 수 있는지 여부

(1) 지분에 기한 방해제거청구

제 3 자가 공유물의 이용을 방해하고 있는 경우에 각 공유자는 그의 지분에 기하여 단독으로 공유물 전부에 대한 방해의 제거를 청구할 수 있다.[8]

본 사안의 경우 D는 제 3 자인 C가 D의 공유물의 이용을 방해하고 있으므로 그의 지분에 기하여 단독으로 방해의 제거를 청구할 수 있다. 즉 점포철거 및 대지인도를 구할 수 있다.

(2) 공유관계에 기한 방해배제청구

제 3 자가 공유물의 이용을 방해하고 있는 경우에 공유자들은 전원이 공동으로 공유관계를 주장하여 방해제거를 청구할 수 있다.

따라서 본 사안의 경우 D는 다른 공유자들 모두와 함께 점포의 법률상 소유자인 A에 대하여 공유관계 자체에 기하여 점포철거 및 대지인도를 청구할 수 있다.

7. 결   론

점포의 법률상 소유자인 A와 점포의 사실상 소유자(처분권자)인 C는 모두 X토지의 사용권이 없다. 따라서 X토지의 공유지분권자인 D는 단독으로 또는 다른 공유자 전원과 함께 점포소유자인 A에게 점포철거 및 대지인도를 청구할 수 있다.

---

7) D가 C에게도 이러한 청구를 할 수 있는지 문제된다는 점은 앞에서(주 1) 기술하였다. 그리고 대판 1986. 12. 23, 86다카1751은, 건물을 매수하여 점유하고 있는 자는 등기부상 아직 소유자로서의 등기명의가 없다 하더라도 그 권리의 범위내에서 그 점유중인 건물에 대하여 법률상 또는 사실상 처분을 할 수 있는 지위에 있고 그 건물이 건립되어 있어 불법으로 점유를 당하고 있는 토지소유자는 위와 같은 지위에 있는 건물점유자에게 그 철거를 구할 수 있다고 한다.

8) 대판 1968. 9. 17, 68다1142·1143 등.

[39] 전세금 반환청구권을 전세권과 분리하여 양도할 수 있는지 여부

문 제

건물 소유자 A는 2000. 2. 7. B회사와의 사이에 A의 건물 중의 한층인 12층 전체를 전세금 5억권, 전세기간 2000. 3. 1.부터 2001. 2. 28.까지로 정하여 전세권설정계약을 체결하고, 2000. 4. 7. 전세권설정등기를 해 주었다. 그런데 B회사는 2001년 2월말경 부도에 이르게 되자 A와 사이에 체결된 전세권설정계약을 합의해지하면서, 2001. 3. 4. A에 대한 전세금 반환채권액 5억원을 B회사 근로자의 대표자인 C에게 양도하고, 같은 달 6일 A에 대하여 그 양도통지를 하였고, 그 통지는 그 다음날인 같은 달 7일 A에게 도달하여 A도 이를 승낙하였으며, B회사는 같은 달 9일 위 전세건물부분을 A에게 인도하였다. 한편 B회사의 채권자인 D는 채권보전을 위하여 2001. 3. 9. B회사의 A건물에 대한 전세권 위에 전세권 가압류 부기등기를 마쳤다. 그리고 현재(2001. 5. 6)에 이르렀다.

이 경우의 법률관계를 논하시오.

I. 논점의 정리

본 사안에 있어서 살펴보아야 할 논점은 여러 가지이다.

우선 B회사가 A의 건물 중의 한층(12층)에 관하여 전세권을 취득하였는가가 문제된다. 둘째로는, 만약 B의 전세권이 성립하였다면 B의 전세기간의 만료일인 2001. 2. 28.이 지난 뒤에도 여전히 존속하고 있는지가 문제된다. 셋째로, B와 A가 전세권설정계약을 합의해지함으로써 혹시 전세권이 소멸하게 되는지도 검토대상이다. 넷째로, 본 사안에서 B는 자신의 전세권과 분리하여 전세금 반환청구권을 C에게 양도하였는데, 이처럼 전세금 반환청구권을 전세권과 분리하여 양도할 수 있는지가 문제된다. 이는 B가 C에게 전세금 반환청구권을 양도한 것이 유효한지의 문제이다. 그리고 이 논점이 본 사안에 있어서 가장 중요한 것이다. 다섯째로, 만일 전세금 반환청구권의 전세권과의 분리 양도가 가능하다면 본 사안의 경우에 채권양도의 대항요건이 구비되었는지도 살펴보아야 한다. 여섯째로, C가 전세금 반환청구권을 유효하게 양수하였다면 그와 전세권을 압류한 D 사이의 우열관계가 문제된다. 이 문제는 위의 다섯째의 논점과 함께 검토할 수도 있다. 일곱째로, A가 전세권말소등기를 신청하는 경우 D가 이에 승낙할 의무가 있는지도 살펴보아야 한다. 그 밖에, D가 채권자취소권을 행사할 수 있는지, D가 B에 대하여 불법행위를 이유로 손해배상을 청구할 수 있는지도 문제된다.

Ⅱ. B의 전세권의 성립 여부

1. 서   설

전세권을 취득하는 방법에는 전세권의 양도나 상속도 있다. 그러나 보통은 부동산 소유자와의 전세권설정계약과 등기에 의하여 취득된다. 본 사안에 있어서 B도 설정계약에 의하여 전세권을 취득하려고 하였다. 그러므로 이하에서는 설정계약에 의하여 전세권이 성립하기 위한 요건을 정리하고, 본 사안의 경우에 그 요건이 구비되었는지, 그리하여 B가 전세권을 취득하였는지를 살펴보려고 한다.

2. 전세권설정계약의 경우에 전세권의 성립요건

(1) 전세권설정계약

전세권설정계약에 의하여 전세권이 성립하려면 먼저 전세권설정계약이 있어야 한다. 그리고 이 전세권설정계약에는 물권적 합의가 포함되어 있는 것으로 보아야 한다.

(2) 전세권등기

전세권이 성립하려면 전세권의 등기가 행하여져야 한다. 법률행위에 의한 부동산 물권변동이기 때문에 민법 제186조에 따라 당연히 등기가 필요하게 되는 것이다.

(3) 전 세 금

전세권이 성립하기 위하여 전세금의 지급이 필요한가에 관하여는 학설이 대립하고 있다. 통설은, 전세금의 지급은 전세권의 요소이므로 당사자의 물권행위와 등기 외에 약정된 전세금을 주고받은 때에 전세권이 성립한다고 한다.[1] 그에 비하여 다른 견해는 전세금의 지급이 전세권의 요소가 아니라고 하거나,[2] 전세권의 성립요건이 아니라고 한다.[3]

생각건대 전세권은 전세금과 분리하여 생각할 수 없는 권리이며, 민법 제303조 제 1 항이 전세금의 지급을 요구하는 것은 그러한 취지에서 규정한 것으로 볼 것이다. 그리고 전세금의 지급 없이 약정된 것만으로 목적부동산을 사용할 수 있다는 것은 타당하지 않다. 결국 전세금의 지급은 전세권의 성립요건이라고 보아야 한다.

(4) 객   체

전세권의 객체인 부동산은 1필의 토지 또는 1동의 건물에 한하지 않으며, 그 일부라도

---

1) 대표적으로 곽윤직, 물권, 258면; 이은영, 물권, 655면.
2) 김증한·김학동, 물권, 415면.
3) 이영준, 물권, 683면.

무방하다. 다만, 전세권의 목적이 부동산의 일부일 때에는 전세권의 등기신청시에 그 도면을 첨부하여야 한다.

(5) 목적부동산의 인도 여부

전세권은 목적부동산을 점유할 권리를 포함하나, 설정자가 목적부동산을 인도하는 것은 전세권의 성립요건은 아니다.

3. 본 사안의 경우

본 사안의 경우에 건물 소유자인 A와 건물을 사용하려고 하는 B 사이에 2000. 2. 7. 전세권설정계약이 체결되었다. 그리고 2000. 4. 7.에 전세권설정등기까지 마쳤다. 따라서 전세권의 성립요건 중 2가지인 전세권설정계약과 등기를 갖추었다. 그 밖의 요건으로 전세금의 지급이 필요한바, 그에 관하여 사안이 분명하지는 않으나 후에 전세금의 반환청구권을 양도한 것으로 보아 전세금의 지급이 있었던 것이 분명하다. 한편 B의 전세권의 목적부동산은 A의 건물의 일부인 12층의 한층에 한정되나 건물의 일부도 전세권의 객체가 될 수 있으므로 이것은 전세권의 성립에 지장이 되지 않는다.

요컨대 본 사안에 있어서 B의 전세권은 성립되었다. 그 시기는 분명하지 않으나 대체로 전세권등기 전에 전세금이 지급되는 점에 비추어 볼 때 등기시인 2000. 4. 7.일 것으로 생각된다.

Ⅲ. B의 전세권의 갱신 여부

1. 문제의 제기

본 사안의 경우에 전세기간은 2001. 2. 28.까지로 약정되어 있으나 그 후 B가 전세금을 반환받지 않은 채 2001. 3. 9.까지 목적부동산을 여전히 점유하고 있었다. 그리고 전세금 반환청구권은 2001. 3. 4.에 C에게 양도되었다. 이러한 경우에 2001. 3. 1. 이후에도 여전히 B에게 전세권이 존재하고 있는지가 문제된다.

이 문제와 관련한 제도로 민법 제312조 제4항의 전세권의 법정갱신이 있다. 이는 주택임대차보호법에 의하여 보호되는 주택임대차와의 형평을 고려하여 1984년에 신설된 것으로서, 건물전세권에 관하여만 인정된다.

이하에서 본 사안의 경우에 이 법정갱신제도에 의하여 B에게 2001. 3. 1. 이후에도 전세권이 있는지를 살펴볼 것이다.

2. 건물전세권의 법정갱신의 요건

(1) 민법규정의 내용

제312조 제4항에 의하면, 「건물의 전세권설정자가 전세권의 존속기간 만료 전 6월부터 1월까지 사이에 전세권자에 대하여 갱신거절의 통지 또는 조건을 변경하지 아니하면 갱신하지 아니한다는 뜻의 통지를 하지 아니한 경우에는 그 기간이 만료된 때에 전전세권(前傳貰權)과 동일한 조건으로 다시 전세권을 설정한 것으로 본다」고 하고, 그 경우 전세권의 존속기간은 그 정함이 없는 것으로 본다고 규정한다.

(2) 등기가 필요한지 여부

여기서 한 가지 문제는 이러한 법정갱신을 가지고 제3자에 대항하기 위하여서는 등기가 필요한가이다.

여기에 관하여는 필요설과 불필요설이 대립하고 있다. 필요설은 법정갱신은 등기하지 않으면 제3자에게 대항하지 못한다는 견해이다.[4] 그에 비하여 불필요설은 법정갱신은 제187조에 의한 물권변동이므로 등기 없이도 제3자에게 대항할 수 있다고 한다.[5]

한편 판례는 불필요설의 견지에 있다.[6]

생각건대 등기가 없다고 하여 제3자에게 대항할 수 없다고 해석하면 법정갱신을 인정하는 취지를 살릴 수 없게 된다. 따라서 등기가 없어도 제3자에게 대항할 수 있다고 하여야 한다. 제312조 제4항 단서의 존속기간 규정도 이를 전제한 것으로 보인다. 결국 법정갱신의 경우는 제187조에 의한 물권변동처럼 취급할 필요가 있다. 그러한 점에서 불필요설이 타당하다.

3. 본 사안의 경우

본 사안의 경우에 A는 B와 2001년 2월말경에 전세권설정계약을 합의해지하였다. 그런데 민법 제312조 제4항의 규정상 이것만으로는 법정갱신을 저지할 수 없다. 동 조항에 의하면 전세권의 존속기간이 만료되기 1개월 전까지 일정한 내용의 통지를 하였어야 하기 때문이다. 따라서 A·B 사이에서는 전세권의 법정갱신이 일어나고, 그 결과 2001년 3월 이후에도 B는 여전히 전세권을 가지게 된다. 다만, 그 경우 B의 전세권은 존속기간을 정하지 않은 것으로 의제되기 때문에, A나 B는 언제든지 상대방에 대하여 전세권의 소멸을 통고할 수 있고, 상대방이 이 통고를 받은 날로부터 6개월이 경과하면 전세권은 소멸하게 된다(313조). 그런데 이 소멸통고의 경우에 전세권의 말소등기가 없이도 전세권이 당연히 소멸하는

---

4) 곽윤직, 물권, 259면; 이은영, 물권, 658면; 장경학, 물권, 611면.
5) 고상룡, 물권, 478면; 김상용, 물권, 542면; 김용한, 물권, 429면; 김증한·김학동, 물권, 417면; 이상태, 물권, 323면; 이영준, 물권, 685면.
6) 대판 1989. 7. 11, 88다카21029.

지에 관하여 논란이 있으나, 제313조의 규정이 있는 한 말소등기 없이 전세권이 소멸한다고 새길 수밖에 없다(강의, B-74 참조).

　　이처럼 B의 전세권에 관하여 법정갱신은 일어나나 그에 대한 등기는 행하여지지 않은 상태이다. 이러한 경우에 법정갱신을 가지고 제3자에게 대항할 수 있는지 문제되나, 전술한 바와 같이, 등기 없이도 대항할 수 있다고 해석하여야 한다.

Ⅳ. B의 전세권의 소멸 여부

1. 서　　설

전세권설정계약의 합의해지, 전세금 반환청구권의 양도, 전세금 반환청구권의 양도통지·승낙, 건물의 인도 등이 있는 경우에 전세권이 소멸하는지, 소멸한다면 그 시기가 언제인지 문제된다. 만일 특히 전세금 반환청구권이 양도되기 전에 이미 전세권이 소멸하고 존재하지 않는다면, 그리하여 전세금 반환청구권만 남아 있다면, 전세금 반환청구권 양도의 문제가 단순하여질 것이기 때문에 이에 관하여 살펴볼 필요가 있다. 그런데 이 문제는 전세권설정계약의 합의해지의 경우, 전세금 반환청구권의 양도의 경우, 건물 인도의 경우로 나누어 보는 것이 적당하다.

2. 전세권설정계약의 합의해지의 경우

전세권설정계약의 합의해지만으로 전세권이 소멸하는가? 여기에 관하여 학설은 보이지 않는다. 한편 판례는 이 문제에 대하여 직접적으로 판단한 적은 없으나, 하나의 판결에서 전세금 반환채권의 양도 후에 전세권이 소멸된다고 하고 있어서 아마도 전세금 반환채권의 양도 전까지는 전세권이 존속한다는 전제에 서 있는 것으로 보인다.[7]

생각건대 합의해지는 법률행위에 해당한다. 따라서 합의해지에 의하여 전세권이 소멸하기 위하여서는 법률행위에 의한 부동산 물권변동의 요건인 물권행위와 등기를 모두 갖추어야 한다(186조). 만일 합의해지만으로 전세권이 소멸한다고 새기면, 그 후 외관상으로만 존재하는 전세권이 양도되는 경우 양수인을 보호할 수도 없다.

본 사안의 경우에 A와 B 사이에 전세권설정계약의 합의해지는 있었으나 그에 따른 전세권의 말소등기는 없었으므로 B의 전세권은 — 합의해지만으로 — 소멸하지 않는다고 할 것이다. 즉 여기서는 제186조가 적용되는데 동조가 정하는 요건 중 등기요건을 갖추지 못하였으므로 전세권은 소멸하지 않는다.

---

7) 대판 1999. 2. 5, 97다33997.

3. 전세금 반환청구권 양도의 경우

전세금 반환청구권이 양도된 경우에 전세권이 소멸되는지에 관하여도 학자들의 논의는 없다. 그런데 판례는, 분명치는 않지만, 전세금 반환청구권이 전세권과 분리되어 양도되면 전세권이 소멸된다는 견지에 있다.[8] 이는 아마도 전세권의 담보물권성, 그중 피담보채권에 부종하는 성질 때문에 소멸한다는 의미인 것으로 이해된다.

이 문제는 실질적으로는 전세권의 소멸 자체의 문제라기보다는 전세금 반환청구권의 분리 양도의 문제이기 때문에 뒤에 분리 양도에 관하여서 볼 때 같이 살펴보는 것이 나을 것이다.

4. 전세권의 목적부동산을 반환한 경우

전세권자가 전세권의 목적부동산을 전세권설정자에게 반환한 경우에 전세권이 소멸하는가?

전술한 바와 같이(Ⅱ. 2. (5)), 전세권의 목적부동산의 인도 및 점유는 전세권의 성립요건이 아니다. 따라서 전세권자가 목적부동산을 전세권설정자에게 반환하였다고 하여 전세권이 소멸하게 되지는 않는다.

본 사안의 경우에 B가 2001. 3. 9. 목적부동산을 A에게 반환하였으나, 그것만으로 B의 전세권이 소멸하지는 않는다.

Ⅴ. B가 C에게 전세금 반환청구권을 양도한 것이 유효한가?

1. 서　　설

본 사안에 있어서 B는 A에 대한 전세금 반환청구권을 B회사 근로자의 대표자인 C에게 양도하였다. 그리고 B는 이미 A와 전세권설정계약을 합의해지하였기 때문에 전세권은 함께 양도하지 않았다. 즉 전세권과 분리하여 전세금 반환청구권만 양도한 것이다. 이와 같이 B가 C에게 전세금 반환청구권을 양도한 것이 유효한지 문제된다.

이 문제는 전세권의 법적 성질, 특히 그것이 용익물권인지 담보물권인지와 직접 관련된다. 그러므로 여기서 전세권이 어떤 성질의 권리인지에 관하여 간략하게 정리해 보기로 한다. 전세권이 용익물권인지 담보물권인지에 관하여는 담보물권설과 특수 용익물권설이 대립하고 있다. 전설은 전세권은 담보물권 중에서 부동산질권에 해당한다고 한다.[9] 그에 비하여 후설은 전세권은 용익물권인 동시에 담보물권이기도 하지만 주된 성질은 용익물권이라

---

8) 전주의 판결 참조.
9) 김기선, 물권, 301면.

는 견해로서 우리의 다수설이다.10) 판례는 다수설과 같다.11) 생각건대 전세권은 목적부동산의 사용·수익을 그 본체로 하는 권리이므로 그것이 용익물권인 것은 분명하다. 그런데 다른 한편으로 민법은 전세권자의 우선변제권을 인정하고 있다. 따라서 전세권은 담보물권이기도 하다. 이러한 점으로 볼 때, 전세권은 용익물권이면서 동시에 담보물권이라고 보아야 할 것이다.

　이와 같이 전세권은 일종의 담보물권이므로 담보물권의 통유성인 부종성, 수반성, 물상대위성, 불가분성도 가지고 있다. 그 가운데 여기의 문제와 직결되는 성질은 부종성과 수반성이다. 전세권은 전세금 반환청구권에 부종하는 성질(부종성)이 있다. 이러한 성질이 있어서 전세권은 전세금이 존재하지 않으면 독립하여 존재할 수 없고, 전세금 반환청구권이 소멸하면 전세권도 소멸하게 된다. 전세권은 전세금에 수반하는 성질(수반성)도 있다. 그 결과 전세금에 대한 권리가 양도·상속 등으로 그 동일성을 유지하면서 승계된 때에는, 전세권도 그에 따라서 승계된다. 전세금 반환청구권의 전세권과의 분리 양도의 문제는 무엇보다도 이 수반성을 고려하여 논의되어야 한다.

2. 전세금 반환청구권을 전세권과 분리하여 양도할 수 있는가에 관한 학설·판례와 사견

(1) 학　설

전세금 반환청구권을 전세권과 분리하여 양도할 수 있는가에 관하여는 긍정설, 부정설, 절충설의 세 견해가 대립하고 있다.

　긍정설은 전세금 반환청구권을 전세권과 분리하여 양도할 수 있다고 한다.12) 그리고 부정설은 전세권이 담보물권성을 가지는 한 전세금 반환청구권만을 전세권으로부터 분리하여 양도할 수 없다고 한다.13) 끝으로 절충설은, 전세금 반환청구권의 양도는 그 채권양도에 참여한 당사자 사이에서만 채권적 효력을 가지며, 그렇지 않은 제 3 자에 대한 관계에서는 양도의 효력이 인정되지 않는다고 한다.14)

(2) 판　례

우리 대법원은 초기에는 분리 양도를 부정하였다.15) 그 뒤, 하나의 판결에서는 전세권자의 전세금 반환청구권을 전세계약 자체와 분리하여 양도할 수 있다고 하였다.16) 그런데 이 판결은 전세권등기가 없는 이른바 미등기 전세에 관한 것이므로 전세권의 경우와는 달

---

10) 대표적으로 곽윤직, 물권, 255면.
11) 대판 1989. 9. 26, 87다카2515; 대판 1995. 2. 10, 94다18508; 대판 2005. 3. 25, 2003다35659.
12) 김증한·김학동, 물권, 423면; 이영준, 물권, 690면. 고상룡, 물권, 486면도 전세금 반환청구권의 양도를 인정하면서 전세권은 소멸한다고 한다.
13) 곽윤직, 물권법, 1999(구판), 354면; 김상용, 물권, 539면.
14) 이은영, 물권, 663면.
15) 대판 1966. 6. 28, 66다771; 대판 1966. 7. 5, 66다850; 대판 1966. 9. 6, 66다769.
16) 대판 1969. 12. 23, 69다1745.

리 보아야 한다.

대법원은 근래에 와서 분리 양도를 원칙적으로 부정하고 예외적으로 일정한 경우에 한하여 그것을 인정하고 있다. 즉「전세권을 그 담보하는 전세금 반환채권과 분리하여 양도하는 것은 허용되지 않는다고 할 것이나, ‥ 전세권이 존속기간의 만료로 소멸한 경우이거나 전세계약의 합의해지 또는 당사자간의 특약에 의하여 전세금 반환채권의 처분에도 불구하고 전세권의 처분이 따르지 않는 경우 등의 특별한 사정이 있는 때에는 채권양수인은 담보물권이 없는 무담보의 채권을 양수한 것이 된다」고 한다.[17]

그리고 최근에는「전세권이 존속하는 동안은 전세권을 존속시키기로 하면서 전세금 반환채권만을 전세권과 분리하여 확정적으로 양도하는 것은 허용되지 않는 것이며, 다만 전세권의 존속 중에는 장래에 그 전세권이 소멸하는 경우에 전세금 반환채권이 발생하는 것을 조건으로 그 장래의 조건부채권을 양도할 수 있을 뿐」이라고 한다.[18]

(3) 사   견

전세권은 용익물권임과 동시에 담보물권이기도 하다. 그리고 이 담보물권성에 기하여 전세권은 수반성을 가지고 있다. 그리하여 전세권은 전세금 반환청구권에 수반하게 된다. 이러한 점에서 볼 때, 전세권이 존재하고 있는 상태에서 그것과 분리하여 전세금 반환청구권만 양도하는 것은 허용되지 않는다고 보아야 한다. 전세금을 전세권의 요소로 보아야 하기 때문에도 전세권이 있는 경우에는 부정설을 취해야 한다.[19] 다만, 전세권이 — 적어도 용익물권적 측면에서 — 완전히 소멸하여 전세금 반환청구권만이 남아 있는 경우에는 그 권리를 당연히 양도할 수 있다고 할 것이다. 그런데 이는 전세권이 존재하면서 그것과 분리하여 양도하는 경우는 아니다. 그리고 보면 우리 판례가 전세권의 존속기간 만료의 경우에 분리 양도를 인정하는 것은 적절하나, 전세계약의 합의해지의 경우 또는 당사자간의 특약에 의하여 전세금 반환채권만을 처분한 경우에 분리 양도를 인정하는 것은 부적절하다.

3. 본 사안의 경우

본 사안에 있어서는, 앞에서 본 바와 같이(Ⅳ. 참조), A·B 사이의 전세권설정계약의 합의해지에도 불구하고 B의 전세권은 소멸하지 않고 존속한다. 그리고 그 상황에서 B는 전세금 반환청구권을 C에게 양도하였다. 이는 전세금 반환청구권만을 전세권과 분리하여 양도한 것이다. 그런데 이러한 전세금 반환청구권의 분리 양도는 우리 법상 허용되지 않는다고 하여야 한다. 그리하여 전세금 반환청구권의 양도는 무효라고 하여야 한다.[20]

---

17) 대판 1997. 11. 25, 97다29790. 동지 대판 1999. 2. 5, 97다33997.
18) 대판 2002. 8. 23, 2001다69122.
19) 긍정설, 절충설에서는 전세금 반환청구권이 제 3 자에게 이전되었는데도 청구권자 아닌 자에게 전세권이 존재하게 되어 문제이다.
20) 만일 대판 1999. 2. 5, 97다33997에 따른다면, 본 사안의 경우에는 전세금 반환청구권이 유효하게 양도

VI. 전세금 반환청구권 양도의 대항요건 구비 여부

1. 서   설

본 사안에 있어서 B는 C에게 지명채권에 해당하는 전세금 반환청구권을 양도하였다. 그런데 이 권리의 양도는 앞에서 본 바와 같이 사견에 의하면 무효이다. 따라서 전세금 반환청구권의 양도를 가지고 제3자에 대항하기 위한 요건을 갖추었는지는 따질 필요도 없다.

그러나 만일 우리 판례와 같이 본 사안의 경우에 전세금 반환청구권의 분리 양도를 허용한다면 대항요건을 살펴보아야 한다. 즉 대항요건 구비 여부는 전세금 반환청구권의 양도가 유효한 경우에 문제된다. 우리의 판례와 일부 학설이 본 사안의 경우에 전세금 반환청구권의 양도를 유효한 것으로 인정하고 있으므로 본 사안에서 지명채권 양도의 대항요건이 갖추어졌는지에 관하여도 논의하기로 한다.

2. 지명채권 양도의 대항요건

(1) 개   관

민법은 지명채권 양도에 의하여 채무자 또는 제3자가 예측하지 못한 손해를 입지 않도록 하기 위하여 제450조에서 지명채권 양도의 대항요건에 관하여 규정하고 있다. 이에 의하면 지명채권의 양도는 양도인이 채무자에게 통지하거나 채무자가 승낙하지 않으면 채무자에게 대항하지 못하며, 나아가 그러한 통지나 승낙을 확정일자 있는 증서에 의하여 하지 않으면 채무자 이외의 제3자에게 대항하지 못한다.

이처럼 지명채권 양도의 대항요건은 채무자에 대한 대항요건과 제3자에 대한 대항요건이 다른데, 여기서는 주로 후자가 문제이므로 그에 관하여 좀더 부연 설명하기로 한다.

(2) 제3자에 대한 대항요건

채권양도의 제3자에 대한 대항요건은 채권의 배타적 귀속에 관한 공시방법이다. 여기서 제3자라 함은 당해 채권에 관하여 양수인의 지위와 양립하지 않는 법률상의 지위를 취득한 자이며, 2중양수인, 채권 위의 질권자, 채권을 압류한 양도인의 채권자, 양도인이 파산한 경우의 파산채권자 등이 그 예이다. 그리고 제3자에게 대항한다는 것은 동일채권에 관하여 양립할 수 없는 법률상의 지위를 취득한 자 상호간에 우열을 결정한다는 것이다. 즉 가령 양수인과 2중양수인 사이, 양수인과 질권자 사이 또는 양수인과 압류채권자 사이에서 누가 우선하는가를 정하는 것이다.

구체적으로 우열관계를 결정하는 방법은 다음과 같다.21) 먼저 양수인과 2중양수인 사이에서는 누가 먼저 확정일자 있는 증서에 의한 통지나 승낙의 요건을 갖추었는가에 따라

된다고 할 것이다.
21) 여기에 관하여 보다 자세한 내용은 [64]번 문제 참조.

결정된다. 그리고 이때 요건을 갖추는 정확한 시기에 관하여 학설은 ⅰ) 확정일자설과 ⅱ) 도달시설로 나뉘어 있으나, 판례처럼 통지도달시 또는 승낙시라고 하여야 한다.22) 그에 비하여 양수인과 기타의 제 3 자, 가령 압류채권자·가압류채권자 사이에서는 양수인이 확정일자 있는 통지 또는 승낙의 요건을 갖추는 시기와 압류명령·가압류명령 등의 효력발생시기가 비교되어야 한다. 판례는 이 경우에도 2중양수의 경우에 있어서와 같이 다루려고 하나, 그것은 옳지 않다.

3. 본 사안의 경우

본 사안에 있어서 채권양도인인 B는 채무자인 A에게 양도통지를 하였고 또한 A도 이를 승낙하였다. 그런데 이러한 양도통지나 승낙이 확정일자 있는 증서로 행하여졌는지는 불분명하다. 그러나 양도통지가 우편으로 이루어진 것을 보면 내용증명우편을 이용하였을 가능성이 크다. 그렇다면 본 사안의 경우에 B의 채권양도는 제 3 자에 대하여 대항요건을 갖추었다고 보아도 무리가 없을 듯하다. 이 경우 대항요건 구비일자는 통지의 도달일인 2001. 3. 7.이다.

그에 비하여 만일 통지가 위의 추측과 달리 일반우편에 의한 것이었다면 제 3 자에 대한 대항요건은 구비하지 않은 것이 된다.

Ⅶ. C와 D의 우열관계

1. 서　설

만일 B의 C에게의 전세금 반환청구권의 양도가 유효하다면, 그리고 D가 제450조 제 2 항의 제 3 자에 해당한다면, 양수인인 C와 D 사이의 우열관계가 문제된다.

앞서 언급한 바와 같이, 사견에 의하면 C는 전세금 반환청구권을 유효하게 양수할 수 없다. 그러나 판례와 일부 학설에 따르면 C는 전세금 반환청구권을 유효하게 양수하게 된다. 이때 혹 D가 그와 양립할 수 없는 지위를 가진다면 C와 D 사이에 누가 우선하는가가 문제되는 것이다.

여기서도 판례의 견지에서 C의 권리 양수를 유효한 것으로 보고 논의하기로 한다.

2. 지명채권 양도의 제 3 자에 대한 대항요건

지명채권 양도를 가지고 제 3 자에게 대항하기 위한 요건에 관하여는 앞에서 이미 기술하였다(Ⅵ. 2.). 그러므로 여기에서는 D가 제450조 제 2 항의 제 3 자인가에 관하여만 살펴보기로 한다.

---

22) 대판(전원) 1994. 4. 26, 93다24223.

전술한 바와 같이, 제3자에 대한 대항요건에 있어서 제3자는 당해 채권에 관하여 양수인의 지위와 양립하지 않는 법률상의 지위를 취득한 자이다. 그리고 본 사안에서 D는 채권양도인인 B의 채권자로서 B의 전세권을 가압류한 자이다. 이러한 D의 지위는 전세금 반환청구권의 양수인인 C의 지위와 양립할 수 없다. 그러므로 D도 제450조 제2항의 제3자에 해당한다고 보아야 한다.

3. 소   결

본 사안에 있어서 C와 D 사이의 우열관계는 C가 제3자에 대한 대항요건을 갖추는 시기와 D의 가압류의 효력발생시기의 비교에 의하여 결정되어야 한다(앞의 VI. 2. 참조).

본 사안의 경우에 C에 대한 채권양도와 관련하여서는 아마도 확정일자 있는 증서에 의하여 채권양도의 통지가 있었던 것 같다. 그리하여 C는 제3자에 대한 대항요건을 갖추었던 듯하다. 그 일자는 2001. 3. 7.이다. 그런데 D의 가압류의 효력발생시기인 명령의 송달시는 본 사안의 경우에는 분명하지 않다. B의 전세권에 대하여 가압류의 부기등기가 행하여진 것을 보면 가압류결정이 내려진 것은 분명하다. 그러나 그 결정 정본이 제3채무자인 A에게 송달되었는지, 그렇다면 그 일시가 언제인지가 사안에 나타나 있지 않다. 만약 송달이 되었더라도 도달일은 2001. 3. 9. 이후일 것으로 보인다.

이러한 점으로 볼 때, 만약 C에의 전세금 반환청구권의 양도가 유효하다면, 나아가 B의 통지가 내용증명우편에 의하여 행하여졌다면, C와 D 사이에서는 C가 D에 우선하게 된다. 그러나 B의 통지가 내용증명우편에 의한 것이 아니라면 C는 채권양수를 가지고 제3자인 D에 대항하지 못하므로 D가 C에 우선하게 된다. 물론 사견처럼 C의 채권양수를 무효라고 보면 C, D의 우열관계는 처음부터 문제되지 않는다.

VIII. A의 전세권말소등기 신청의 경우 D가 승낙할 의무가 있는지 여부

1. 서   설

현행 부동산등기법은 제57조 제1항에서 「등기의 말소를 신청하는 경우에 그 말소에 대하여 등기상 이해관계 있는 제3자가 있을 때에는 제3자의 승낙이 있어야 한다」고 규정하고 있다(사례의 현재시점 당시의 부동산등기법 171조도 유사함). 따라서 본 사안의 경우에 만일 전세금 반환청구권의 양도가 유효하고 전세권이 소멸하였다고 본다면, D는 등기상 이해관계 있는 제3자로서 승낙의무를 부담하는지가 문제된다.

사견은 본 사안의 경우에 전세금 반환청구권의 양도가 무효이고, B의 전세권은 소멸하지 않는 것으로 이해한다. 그러나 전세금 반환청구권의 유효한 양수를 인정하고, 나아가 전세권의 소멸을 인정하는 견해도 있을 수 있으므로, 그러한 견지에서 이 문제를 살펴보기로 한다.

2. 학설·판례

이 문제에 관한 학설은 보이지 않는다. 한편 우리 대법원은 본 사안과 같은 경우에 전세금 반환청구권의 양수를 유효한 것으로 인정하였으며, 「그로 인하여 전세금 반환채권을 담보하는 물권으로서의 전세권마저 소멸」하였다고 하면서, 전세권의 가압류 부기등기는 무효이므로 전세권을 가압류한 자는 전세권설정자의 전세권설정등기의 말소등기에 등기상 이해관계 있는 제 3 자로서 이를 승낙하여야 할 의무가 있다고 하였다.[23]

3. 본 사안의 경우

만일 우리 대법원과 같이 전세금 반환청구권의 분리 양도의 유효성과 그에 따른 전세권의 소멸을 인정한다면, 본 사안의 경우에 D는 A가 전세권설정등기의 말소등기를 신청하는 경우에 등기상 이해관계 있는 제 3 자로서 승낙할 의무가 있다고 하여야 한다.

그러나 사견에 의하면 본 사안의 경우 전세금 반환청구권의 분리 양도는 유효하지 않으며, 또한 전세권은 소멸하지 않고 존속하고 있다. 이러한 사견의 견지에서는 A가 전세권설정등기의 말소신청을 할 수 없게 된다. 그 결과 D의 승낙의무 문제는 아예 생기지도 않는다.

IX. 기타의 법률관계

1. D가 채권자취소권을 행사할 수 있는지 여부

(1) 서   설

본 사안의 경우에 B회사는 부도에 이르게 되자 전세금 반환청구권을 C에게 양도하였다. 이러한 B의 행위는 채무자로서 책임재산을 적극적으로 감소시킨 것으로서 채권자인 D를 해치는 것이 된다. 여기서 D가 채권자취소권을 행사하여 B의 전세금 반환청구권의 양도를 취소하고 그 권리를 다시 B에게 되돌릴 수 있는지 문제된다.

(2) 채권자취소권의 요건

채권자취소권은 채권자를 해함을 알면서 행한 채무자의 법률행위(사해행위)를 취소하고 채무자의 재산을 회복하는 것을 목적으로 하는 채권자의 권리이다. 채권자취소권이 성립하려면, 먼저 채무자가 채권자를 해하는 법률행위(사해행위)를 하였어야 하고, 또한 채무자 및 수익자 또는 전득자가 사해사실을 알고 있었어야 한다(악의). 첫째 요건에서 채권자를 해한다는 것은 채무초과 또는 무자력을 가리킨다.

---

23) 대판 1999. 2. 5, 97다33997.

⑶ 본 사안의 경우

본 사안의 경우에 B는 부도에 직면하여 전세금 반환청구권을 C에게 양도하였는바, 이는 B가 무자력인 상태에서 법률행위를 한 것이라고 볼 수 있다. 즉 B의 양도는 사해행위이다. 그리고 B는 양도 당시에 부도에 이른 사실을 알고 있었으므로 전세금 반환청구권의 양도에 의하여 그의 공동담보에 부족이 생긴다는 것을 알고 있었다. 즉 악의이다. 또한 C도 B의 근로자의 대표자로서 이러한 사실을 알고 있었을 가능성이 크다. 그리고 보면 본 사안의 경우에 채권자취소권의 요건은 구비되었다고 볼 것이다.

그러면 D는 채권자취소권을 무제한으로 행사할 수 있는가? 현행 근로기준법은 제38조 (사례의 현재시점 당시의 근로기준법 37조)에서 임금채권의 우선변제를 규정하고 있다. 그에 의하면 임금, 재해보상금, 그 밖에 근로관계로 인한 채권은 사용자의 총재산에 대하여 질권·저당권 또는 「동산·채권 등의 담보에 관한 법률」에 따른 담보권에 따라 담보된 채권 외에는 조세·공과금 및 다른 채권에 우선하여 변제되어야 하며(1항 본문), 최종 3개월분의 임금·재해보상금만은 질권·저당권 또는 「동산·채권 등의 담보에 관한 법률」에 따른 담보권에 따라 담보된 채권, 조세·공과금 및 다른 채권에 우선하여 변제되어야 한다(2항). 따라서 C를 비롯한 근로자가 B에 대하여 가지는 임금채권·퇴직금채권을 행사하는 방법으로 전세금 반환청구권을 양수한 것이라면 근로자에게 우선변제권이 있으므로 그 범위에서는 B의 양도를 사해행위라고 하지 않아야 할 것이다. 그 결과 역시 그 범위에서는 D는 채권자취소권을 행사할 수 없다고 하여야 한다.

2. D가 B에 대하여 불법행위를 이유로 손해배상을 청구할 수 있는지 여부

B의 채권양도가 D에 대하여 불법행위가 되는지 문제되나, B의 행위는 불법행위 요건을 갖추지 못한다고 할 것이다. C가 근로자로서 B에게 임금채권을 가지고 있는 경우에는 더욱 그렇다.

3. D가 B에 대하여 부당이득 반환청구권을 가지는지 여부

B가 C에게 채권을 양도한 것이 D에 대하여 부당이득인지 문제될 수 있으나, 이 또한 아니라고 하여야 한다.

4. D가 C에게 제3자에 의한 채권침해를 이유로 손해배상을 청구할 수 있는지 여부

C가 B로부터 전세금 반환청구권을 양수한 것이 제3자에 의한 채권침해로서 D에 대하여 불법행위가 되는지 문제된다. 그러나 C의 행위는 불법행위 요건을 구비하기 어렵다고 할 것이다.

X. 결 론

본 사안에서 문제되는 법률관계는 여러 가지이다. 그리고 그것들에 관하여 앞에서 자세히 살펴보았다. 따라서 여기서는 법률관계 중 중요한 몇 가지만을 요약해서 정리해 보기로 한다. 그럼에 있어서 사견에 의한 경우와 별도로 판례에 의한 경우도 적어 보려고 한다.

사견에 의할 경우, 본 사안에 있어서 B의 전세권은 소멸하지 않으며, 전세금 반환청구권의 분리 양도는 무효이고, 그 결과 그 권리는 여전히 B에게 속한다.

그에 비하여 만일 판례에 의한다면, 본 사안의 경우에 B의 전세권은 소멸하며, 전세금 반환청구권의 분리 양도는 유효하고, 그 결과 C가 전세금 반환청구권을 취득하게 된다. 그리고 이때 C와 D 사이의 우열관계에서는 아마도 C가 D에 우선하게 되며, D는 A가 전세권의 말소등기를 신청할 경우 이해관계 있는 제 3 자로서 승낙할 의무가 있다.

[40] 전세권의 목적물이 양도된 경우의 법률관계

문 제

A는 2004. 6. 1. B 소유의 사무실용 건물(X건물)에 관하여 전세금 3억 원, 전세기간 2년 (2004. 7. 1.－2006. 6. 30)의 내용으로 전세권설정계약을 체결하였다. 그 후 A는 B에게 약정된 전세금을 지급하고 2004. 7. 1.부터 위 건물에 거주하였으며, 그 달 17일 약정된 내용 (전세금 3억원, 존속기간 2004. 7. 1.－2006. 6. 30, 변제기 2006. 6. 30, 전세권자 A)으로 전세권설정등기를 마쳤다. 한편 B는 2005. 3. 6. C에게 이 건물을 6억 1,000만원에 매도하면서, 이 건물에 2003년에 설정되어 있던 D은행의 근저당권으로 담보되는 피담보채무 2억 5,000만원, A에 대한 전세금 반환채무 3억원을 X건물 매수인인 C가 인수하기로 하여 B는 C로부터 매매대금에서 위 인수한 채무 5억 5,000만원을 공제한 나머지 6,000만원만을 지급받았고, C는 그 달 21일 그 건물에 관하여 그의 명의로 소유권이전등기를 마쳤다. 그 뒤 근저당권자인 D은행은 2007년 2월경 위 건물에 대한 경매를 신청하였고, 그 경매절차에서 E가 8월 4일에 경락받아, 그 무렵 경매대금을 완납하고, 그 달 26일 그의 명의로 소유권이전등기를 마쳤다. 그리고 이 경매절차에서 A는 720만원을 배당받았다. 현재는 2007. 10. 4. 이다.

이 경우의 법률관계를 논하시오.

Ⅰ. 논점의 정리

본 사안에 있어서 아마도 A는 B 소유의 X건물에 전세권을 취득한 것으로 보인다. 그런데 A의 전세권이 존속하고 있는 상황에서 B는 A의 전세권의 목적물인 건물을 C에게 매도하였고, 그러면서 매매대금에서 전세금만큼 공제한 나머지만을 지급받았다. 그 후 A의 전세권보다 먼저 성립한 D의 근저당권이 실행되어 E가 X건물을 경락받았다.

이러한 경우에는 우선 A가 B 소유의 X건물에 관하여 전세권을 취득하였는지, 그랬다면 그 효과로서 어떤 권리를 가지게 되는지를 살펴보아야 한다. 둘째로는, B와 C 사이에서 C가 X건물의 소유권을 취득하는지, 그리고 B가 C로부터 전세금을 공제하고서 대금을 지급받은 것이 법적으로 어떤 의미를 가지는지를 검토하여야 한다. 셋째로, X건물의 소유권이 C에게 이전하였다면 그것이 A·B의 전세권관계에 영향을 미치는지가 문제된다. 특히 A는 전세금 반환청구권을 B와 C 가운데 누구에게 행사할 수 있는지가 문제이다. 넷째로, A의 전세권이 존속기간의 만료로 소멸하게 되는지도 논의할 필요가 있다. 다섯째로, D의 신청에 의하여 X건물이 경매되었는데 그 경매의 효과에 관하여 살펴보아야 한다. 구체적으로는 E가 X건물의 소유권을 취득하는지, 취득한다면 그 시기는 언제인지, 그리고 경락에 의하여 D의 저당권이 소멸하는지, 나아가 A의 전세권도 소멸하는지 등이 문제된다. 끝으로, B·C 사이의 법률관계로서 X건물의 경매에 의하여 C가 소유권을 잃게 되는 경우에 C가 B에 대하여 매도인으로서의 담보책임을 물을 수 있는지도 보아야 한다.

Ⅱ. A의 전세권의 취득 및 그 효과

1. 서   설

본 사안의 경우에 A가 B 소유의 X건물에 전세권을 취득하게 된 것은 분명한 것으로 보인다. 그럼에도 불구하고 여기서 A의 전세권의 성립에 관하여 살펴보는 것은 그것이 본 사안에 있어서의 여러 법률관계에 직접 영향을 미치는 기초적인 관계이기 때문이다. 그리고 전세권이 성립하는 경우에 A가 가지는 권리 또한 다른 법률관계의 전제로 되기 때문이다.

2. A의 전세권의 성립

⑴ 서   설

전세권을 취득하는 방법에는 전세권의 양도나 상속도 있다. 그러나 보통은 부동산 소유자와의 전세권설정계약과 등기에 의하여 취득된다. 본 사안의 경우에 A도 전세권설정계약에 의하여 전세권을 취득하려고 하였다. 그러므로 아래에서 설정계약에 의하여 전세권이 성립하기 위한 요건을 간략하게 정리하고, 본 사안의 경우에 그 요건이 구비되었는지를 검토해 보려고 한다.

⑵ 설정계약에 의한 전세권 성립의 요건

전세권설정계약에 의하여 전세권이 성립하려면 먼저 전세권설정계약이 있어야 한다. 그리고 전세권의 등기도 필요하다. 그 밖에 전세금의 지급이 필요한가에 관하여는 필요하다는 견해(다수설)와 필요하지 않다는 견해(소수설)가 대립하고 있으나, 전자가 타당하다.[1]

⑶ 본 사안의 경우

본 사안에 있어서는 A는 B와 2004. 6. 1. B 소유의 X건물에 관하여 전세권설정계약을 체결하였고, 2004. 7. 1.에(또는 그 이전에) 전세금을 지급하였으며, 2004. 7. 17.에 전세권설정등기를 마쳤다. 이러한 점으로 볼 때, A는 X건물에 관하여 유효하게 전세권을 취득하게 되었다.

---

1) 여기에 관하여 자세한 점은 [39]번 문제 Ⅱ. 2.를 참조하라.

3. A의 전세권 취득의 효과

A가 전세권에 기하여 어떠한 권리를 가지는지를 본 문제의 해결에 필요한 범위 안에서 간략하게 정리하기로 한다.

전세권자인 A는 목적부동산인 X건물을 점유하여 그 용도에 좇아 사용·수익할 권리가 있다(303조 1항). 그리고 A는 그의 전세권을 B의 동의 없이 자유로이 양도할 수 있고, 그 위에 저당권을 설정할 수 있으며, 임대할 수도 있다(306조).

전세권이 소멸하면 A는 목적부동산인 X건물을 인도하고 전세권등기의 말소등기에 필요한 서류를 교부하여야 하며, 다른 한편으로 B에 대하여 전세금의 반환을 청구할 수 있다. 그리고 이들은 동시이행관계에 있다(317조). 전세권설정자인 B가 전세금의 반환을 지체한 때에는 A는 민사집행법의 규정에 의하여 X건물의 경매를 청구할 수 있고, 그때 후순위 권리자 기타 채권자보다 전세금의 우선변제를 받을 권리가 있다(303조 1항). 그 밖에 A는 부속물 수거권, 부속물 매수청구권, 유익비상환청구권도 가진다.

Ⅲ. B와 C 사이의 법률관계

1. 서   설

본 사안에 있어서 C는 B로부터 전세권이 설정되어 있는 X건물을 6억 1,000만원에 매수하였다. 그런데 매매대금 6억 1,000만원 중 D의 근저당권의 피담보채무인 2억 5,000만원과 A의 전세금 반환채무 3억원을 공제하고 나머지 6,000만원만 B에게 지급하였다.

여기에서 먼저 C가 B로부터 X건물의 소유권을 유효하게 취득하게 되는지 문제된다. 그런가 하면 C가 매매대금 중 채무들을 제외한 나머지만 B에게 지급한 것의 법적 의미도 살펴보아야 할 사항이다. 이들에 관하여 아래에서 차례로 보기로 한다.

B와 C 사이에서는 그 밖에도 X건물의 경매에 의하여 C가 X건물의 소유권을 잃게 되는 경우에 B에 대하여 담보책임을 물을 수 있는지도 문제되나, 그에 관하여는 다음에 경매의 효과를 다룬 후에 살펴보기로 한다.

2. C의 X건물의 소유권 취득

우리 민법상 법률행위에 의하여 부동산 물권변동이 일어나려면 물권행위와 등기라는 두 요건을 갖추어야 한다(186조). 그 외에 목적물의 점유 이전은 요건이 아니다. 그리고 물권변동이 부동산 소유권의 이전인 경우에 객체에 전세권이나 저당권이 존재하는지 여부는 물권변동에 아무런 영향이 없다.

본 사안에 있어서 C는 B와의 사이에 2005. 3. 6. X건물의 매매계약을 체결하였다. 이 매매계약에는 소유권이전의 합의라는 물권행위도 포함되어 있다고 보아야 한다.[2] 그리고 2005. 3. 21.에 그 건물에 관하여 C 명의로 소유권이전등기도 행하여졌다. 그리하여 X건물의 소유권이전에 필요한 물권행위와 등기라는 두 요건을 갖추었다. 그 결과 C는 두 요건을 모두 갖추게 된 2005. 3. 21.에 X건물의 소유권을 취득하였다. 그 건물에 이미 D의 근저당권과 A의 전세권이 존재하고 있으나, 그것은 C의 소유권 취득에 장애가 되지 않는다.

3. C가 매매대금 중 채무액을 공제한 나머지만 지급한 행위의 의미

(1) 서   설

X건물의 매수인인 C가 매도인인 B에게 매매대금 6억 1,000만원 중 D의 근저당권의 피담보채무 2억 5,000만원과 A에 대한 전세금 반환채무 3억원을 공제한 나머지 6,000만원만 지급한 것은 채무인수인가 아니면 이행인수인가?

(2) 채무인수와 이행인수

채무인수는 채무를 그 동일성을 유지하면서 인수인에게 이전하는 것을 목적으로 하는 계약이다. 채무인수는 당사자의 면에서는 채권자·채무자·인수인의 3자가 모두 당사자가 되는 경우, 채권자와 인수인만이 당사자로 되는 경우, 채무자와 인수인만이 당사자로 되는 경우의 세 가지가 있다. 민법에 명문규정은 없지만 채권자·채무자·인수인 3자가 채무인수를 할 수 있음은 당연하다. 그리고 채무인수는 채권자와 인수인 사이의 계약으로 할 수도 있다(453조 1항). 다만, 이해관계 없는 제 3 자는 채무자의 의사에 반하여 채무를 인수하지 못한다(453조 2항). 한편 채무인수는 채무자와 인수인 사이의 계약으로도 할 수 있다. 그러나 이 방법으로 채무인수를 하는 경우에는 채권자의 승낙이 있어야 그 효력이 생긴다(454조 1항).

이행인수는 인수인이 채무자의 채무를 이행할 의무를 채무자에게 부담하는 채무자·인수인 사이의 계약이다. 이행인수는 채무자·인수인 사이의 계약에 의한 채무인수와 유사하다. 그러나 이행인수의 경우에는 인수인은 채무자에 대하여 그 채무를 변제할 의무를 질 뿐 직접 채권자에 대하여 의무를 부담하지는 않는다.

(3) 판   례

판례는 부동산의 매수인이 채무를 인수하면서 매매대금에서 채무액을 공제하기로 약정하는 경우에는 다른 특별한 약정이 없는 한 채무인수가 아니고 이행인수로 보아야 할 것이라고 한다.[3]

---

2) 물권행위의 독자성을 인정하는 견해는 대체로 B가 C에게 X건물의 소유권이전등기에 필요한 서류를 넘겨줄 때 물권행위가 있었던 것으로 본다.

3) 대판 1990. 1. 25, 88다카29467; 대판 1993. 2. 12, 92다23193; 대판 1993. 6. 29, 93다19108; 대판 1994. 5. 13, 94다2190; 대판 1994. 6. 14, 92다23377; 대판 1995. 8. 11, 94다58599; 대판 1997. 6. 24, 97다1273; 대판 2007. 9. 21, 2006다69479·69486 등.

(4) 사　견

생각건대 면책적 채무인수의 경우에는 기존의 채무자가 채권관계로부터 완전히 벗어나게 되므로 채무인수를 쉽게 인정하여서는 안 될 것이다. 그러한 점에서 볼 때, 매매대금 중 채무액을 공제한 경우를 원칙적으로 이행인수로 파악하는 판례는 타당하다.

(5) 본 사안의 경우

본 사안의 경우에 근저당채무 및 전세금 반환채무의 채무자인 B와 인수인인 C 사이에 채무인수와 채무액 공제가 있었다.[4] 앞에서 살펴본 바에 따르면 이것은 채무인수라고 보기보다는 이행인수로 보아야 한다. 만일 채무인수로 본다고 하면 채무자와 인수인 사이의 계약에 의한 채무인수일 것인데, 그것이 유효하려면 채권자인 D와 A의 승낙이 있어야 한다. 그러나 본 사안에서 이들의 승낙 여부는 언급되어 있지 않다. 이는 승낙이 없어서라고 볼 것이다.

결국 B와 C 사이에서는 C가 B와의 사이에 B의 D · A에 대한 채무에 관하여 이행인수를 한 것으로 보아야 한다. 그 결과 채권자인 D · A에 대하여 B는 채무를 면하지 못한다.

IV. X건물의 소유권이전과 전세권관계, 특히 전세금 반환채무자

1. 서　설

본 사안에 있어서 A의 전세권의 목적물인 X건물은 A의 전세권이 존재하고 있는 동안에 C에게 매도되어 소유권이 이전되었다. 이러한 경우에 전세권설정자인 B와 전세권자인 A 사이의 관계가 목적물의 양도에 의하여 영향을 받는지가 문제된다. 무엇보다도 양수인인 C가 B의 지위를 승계하는지, 그리하여 전세금 반환채무를 부담하는지가 어려운 문제이다.

여기에 관하여 먼저 학설 · 판례를 살펴보고, 이어서 본 사안의 경우에 대하여 검토해 보기로 한다.

2. 전세권 목적물의 양수인의 지위에 관한 학설 · 판례 및 사견

전세권설정자는 전세권의 목적물을 제3자에게 양도할 수 있다. 그런데 이러한 양도가 있는 경우에 양수인이 전세권설정자의 지위를 승계하는지가 문제된다. 전세권의 경우에는 주택임대차보호법 제3조 제4항에서와 같이 승계를 인정하는 명문규정이 없기 때문에 해석으로 결정하여야 한다.

(1) 학　설

여기에 관하여 학설은 승계부정설과 승계인정설로 나뉘어 있다. 승계부정설은 전세권

---

4) 본 사안에서 채무인수에 관한 명시적인 표현은 없으나 묵시적으로 그러한 특약이 있었다고 보아야 할 것이다.

의 목적부동산에 관한 소유권 변동이 있더라도 전세권에 관한 권리의무관계가 신 소유자에게 당연히 승계되는 것이 아니고 구 소유자가 여전히 전세권설정자로서의 지위에서 책임을 진다고 한다.5) 그에 비하여 승계인정설은 전세권의 목적부동산에 관한 소유권 변동이 있으면 설정자의 지위는 신 소유자에게 당연승계되고 구 소유자는 원칙적으로 면책된다고 한다.6)

(2) 판   례

판례는 승계인정설의 견지에 있다. 즉 전세권이 성립한 후 목적물의 소유권이 이전되는 경우 전세권은 전세권자와 목적물의 소유권을 취득한 신 소유자 사이에서 계속 동일한 내용으로 존속하게 된다고 보아야 하고, 따라서 목적물의 신 소유자는 구 소유자와 전세권자 사이에 성립한 전세권의 내용에 따른 권리·의무의 직접적인 당사자가 되어 전세권이 소멸하는 때에 전세권자에 대하여 전세권설정자의 지위에서 전세금 반환의무를 부담하게 되고, 구 소유자는 전세권설정자의 지위를 상실하여 전세금 반환의무를 면하게 된다고 보아야 할 것이라고 한다.7)

(3) 사   견

생각건대 전세권설정자에 관하여 규정하고 있는 전세권의 여러 규정의 적용결과를 상상해 보면 승계인정설이 적절한 것으로 보인다.

그러나 주택임대차보호법 제 3 조 제 3 항 또는 민법 제307조와 같은 명문규정 없이 물권에 관하여 그러한 해석을 할 수 있는지 의문이다. 만약 전세권의 경우에 그렇게 새긴다면 지상권의 경우나 심지어 저당권의 경우까지 확대되지 말라는 법이 없다. 그리고 승계인정설이 실질적으로 반드시 타당하지도 않다. 만일 양수인이 무자력자이고 목적물의 교환가치로 전세권자가 완전한 변제를 받지 못한다면, 목적물의 양도에 전세권자가 전혀 영향을 미칠 수 없었음에도 불구하고 승계인정에 의하여 전세권자는 불이익을 입게 된다. 그런가 하면 전세권의 여러 규정은 목적물의 소유권이 변동되지 않은 경우를 전제로 하고 있다. 그러므로 규정에 따라서는 해석에 의하여 전세권설정자를 현재의 소유자로 새길 수도 있다.

요컨대 전세권의 목적물이 양도되더라도 양수인은 양도인의 지위를 승계하지 않는다고 할 것이다. 그 결과 특별한 사정이 없는 한 전세금 반환채무도 양수인이 아니고 양도인이 부담한다고 하여야 한다.

3. 본 사안의 경우

본 사안의 경우에 전세권의 목적물인 X건물의 소유권이 B로부터 C에게 이전되었지만, 그렇다고 하여 B의 지위가 당연히 C에게 승계되지는 않는다. 그 결과 전세금 반환채무도

5) 이상태, "전세목적물의 양도와 전세금 반환의무," 민사판례연구[XXIII], 2001, 208면 이하.
6) 민법주해[VI], 1992, 189면(박병대 집필). 이은영, 물권, 548면은 용익물권 전부에 대하여 양수인이 용익물권 설정자의 지위를 인수하게 된다고 한다.
7) 대판 2000. 6. 9, 99다15122; 대판 2006. 5. 11, 2006다6072.

B가 부담한다.

만일 B와 C 사이에 채무인수가 있고 그에 대하여 채권자인 A가 승낙하였으면 면책적 채무인수가 되어 B는 면책되고 C가 그 채무를 부담하게 될 것이나, 앞에서 본 바와 같이 본 사안에서는 채무인수는 존재하지 않고 단지 이행인수만 있으므로 전세금 반환채무는 B만이 부담하고 C는 B에 대하여만 전세금 반환채무를 부담할 뿐이다.

V. A의 전세권이 존속기간의 만료로 소멸하는지 여부

1. 서   설

본 사안의 경우 A의 전세권의 존속기간은 2004. 7. 1.부터 2006. 6. 30.까지이다. A의 전세권은 이와 같은 존속기간이 만료되면 당연히 소멸하는가?

본 사안에 있어서 A가 존속기간이 만료된 후에도 여전히 목적물을 점유하여 사용하고 있는지는 분명치 않다. 추측하기로는 A가 점유하고 있을 것으로 보이나 확실치 않으므로 A가 점유하고 있는 경우와 반환한 경우 모두에 대하여 검토할 필요가 있다.

2. A가 여전히 점유하고 있는 경우

만일 A가 전세권의 존속기간이 만료된 후에도 X건물을 반환하지 않고 여전히 점유하고 있는 경우에 관하여 본다.

이러한 경우는 다시 민법 제312조 제 4 항에 의하여 법정갱신이 일어나는 때와 그러지 않은 때로 나누어진다. 만일 전세권설정자(여기서는 C로 해석해야 함)가 존속기간의 만료 전 6개월부터 1개월 사이에 일정한 내용의 통지를 하지 않았다면 존속기간이 만료된 때에 전전세권과 동일한 조건으로 다시 전세권을 설정한 것으로 다루어진다. 다만, 이 경우에 새로이 성립한 전세권의 존속기간은 정하지 않은 것으로 되어, 제313조의 소멸통고제도가 적용된다. 그에 비하여 전세권설정자가 법정갱신이 일어나지 않도록 하는 통지를 적법하게 하였다면 법정갱신은 일어나지 않는다.

(1) 법정갱신이 일어나는 때

법정갱신이 일어나는 때에는 당연히 A는 다시 전세권을 가지게 된다. 그리고 소멸통고에 의하여 전세권이 소멸되지 않는 한 그 전세권은 계속 존속한다.

(2) 법정갱신이 일어나지 않는 때

법정갱신이 일어나지 않는 때에는 A가 목적물을 점유하고 있다고 하더라도 전세권은 소멸하게 된다. 그런데 여기서 전세권이 소멸한다고 하는 것은 용익물권으로서의 전세권에 한정된다.[8] 담보물권으로서의 전세권은 소멸하지 않는다. 그리하여 전세권자는 목적물을

---

8) 이영준, 물권, 700면은 전세권이 소멸하게 되면 이제까지 용익권으로서의 전세권은 담보권으로서의 전세

인도하고 전세권등기의 말소등기에 필요한 서류를 교부하여야 하지만, 다른 한편으로 전세금의 반환을 청구할 수 있다. 만일 전세권설정자(사건으로는 B)가 전세금의 반환을 지체한 때에는 전세권자는 민사집행법의 규정에 의하여 목적물의 경매를 청구할 수 있고, 후순위 권리자 기타 채권자보다 전세금의 우선변제를 받을 권리가 있다. 그리고 전세권자와 전세권설정자의 이들 의무는 동시이행관계에 있다. 그 때문에 용익권으로서의 전세권이 소멸하였을지라도 전세금의 반환을 받을 때까지 전세권자는 목적물을 점유·사용할 수 있게 된다. 결국 법정갱신이 일어나지 않았다고 하더라도 A는 전세금을 반환받을 때까지 X건물을 점유하여 사용할 수 있다.

3. A가 X건물을 인도한 경우

A가 X건물을 C에게 인도한 경우의 효과도 A가 X건물을 점유하고 있는 경우와 원칙적으로 다르지 않다. 왜냐하면 A의 점유는 A의 전세권의 존속요건이 아니기 때문이다. 따라서 그 경우도 다시 법정갱신이 일어나는 때와 그러지 않은 때로 세분된다.

법정갱신이 일어나는 때는 A는 다시 전세권을 가진다. 다만, A의 목적물반환이 전세권의 포기로 해석될 여지가 있다. 그러한 경우라면 전세권의 말소등기까지 하게 되면 전세권은 소멸하게 된다.

그에 비하여 법정갱신이 일어나지 않는 때는 용익물권으로서의 전세권은 소멸하게 되므로 A는 담보물권으로서의 전세권만을 가지게 된다. 그리하여 A는 전세금 반환청구권을 행사할 수 있다. 그는 당연히 경매청구권과 우선변제권도 가진다.

VI. X건물의 경매의 효과

1. 서   설

본 사안에 있어서 A의 전세권의 목적물인 X건물에는 전세권이 설정되기 전에 이미 D의 근저당권이 설정되어 있었다. 그런데 그 근저당권에 의하여 담보된 채무의 변제가 없었고, 그리하여 그 건물에 경매가 행하여졌다. 그리고 그 경매절차에서 E가 경락을 받아 대금을 완납하고 소유권이전등기도 마쳤으며, A는 720만원을 배당받았다.

여기서는 우선 경매에 의하여 E가 X건물의 소유권을 취득하는지, 만일 소유권을 취득한다면 그 시기는 언제인지 문제된다. 그리고 경매에 의하여 D의 저당권과 — 그것이 존재한다면 — A의 전세권이 소멸하는지도 문제된다. 뿐만 아니라 720만원만 배당받은 A의 나머지 채권은 어떤 성격을 가지는지도 살펴보아야 한다.

아래에서 먼저 경매에 관하여 간략하게 정리하고, 이어서 앞에서 언급한 논점들에 관하

권으로 체제변화를 일으킨다고 한다.

여 논의하기로 한다.

2. 담보권 실행경매에 의한 저당권 실행

저당권을 실행하는 보통의 절차는 민사집행법이 정하는 담보권의 실행을 위한 경매이다(민사집행법 264조 이하).

저당권을 실행하기 위하여서는 유효한 채권과 저당권이 존재하고 또한 채권이 이행기가 되었어야 한다.

담보권 실행경매에 있어서 경매절차는 경매의 신청, 경매개시결정, 매각, 대금의 납부와 배당의 순서로 이루어진다. 배당은 매수인이 낸 대금에서 매각비용을 제하고 또한 제3취득자가 목적부동산에 지출한 필요비·유익비를 상환한 나머지를 가지고 담보권자·일반채권자에게 그의 순위와 효력에 따라 행한다.

경매에 의한 매각, 즉 매각허가결정의 효력에 관하여 본다. 경매(공경매)의 경우에 매수인은 매각대금을 다 낸 때에 매각의 목적 권리인 소유권을 취득한다(민사집행법 268조·135조). 이 경우에 소유권이전이라는 물권변동은 민법 제187조에 의하여 등기 없이 효력이 생긴다. 매각이 있는 경우에 매각 목적물 위에 존재한 저당권은 모두 소멸한다(민사집행법 268조·91조 2항). 그리고 지상권·지역권·전세권·등기된 임차권 등의 용익권은 그것이 저당권에 대항할 수 없는 것이면 매각으로 소멸한다(민사집행법 268조·91조 3항). 저당권에 대항할 수 있는가는 저당권의 설정시기를 기준으로 하여 결정된다. 한편 부동산의 점유자가 매수인에게 그 부동산을 인도하지 않을 경우, 법원은 매수인이 대금을 낸 뒤 6개월 이내에 신청하면 채무자·소유자 또는 부동산 점유자에 대하여 부동산을 매수인에게 인도하도록 명할 수 있고(민사집행법 268조·136조 1항 본문), 만약 채무자·소유자 또는 점유자가 인도명령에 따르지 않을 때에는 매수인 또는 채권자는 집행관에게 그 집행을 위임할 수 있다(민사집행법 268조·136조 6항).

전세권이 존재하는 경우에 저당권의 실행에 의하여 전세권이 소멸하지 않으면 문제될 것이 없으나, 전세권이 소멸한 경우에는 전세권자는 그 순위에 따라 우선변제를 받게 된다. 만약 전세권자가 그의 우선변제권을 행사해서 목적부동산의 매각대금으로부터 배당을 받았는데 그 배당으로 전세금을 완전히 변제받지 못한 경우에는, 그 변제받지 못한 나머지 금액은 무담보의 채권으로 남게 된다. 전세권자는 그 부분의 만족을 위하여 단순한 채권자로서 채무자의 일반재산에 대하여 강제집행을 하거나(집행권원이 필요함) 또는 타인이 집행하는 경우에 그 배당에 가입할 수 있다.

3. 본 사안의 경우

본 사안의 경우에는 D가 근저당권을 실행하여 X건물에 대하여 경매가 이루어졌다. 그 경매절차에서 E가 2007. 8. 4. 경락을 받았고 그 무렵에 경매대금을 다 냈으며, 2007. 8. 26.

E 명의로 소유권이전등기를 마쳤다.

사정이 위와 같다면, 앞에서 본 이론에 의할 때, E는 경매대금, 즉 매각대금을 다 냈을 때 X건물의 소유권을 취득하게 된다. E의 소유권 취득은 민법 제187조에 의한 물권변동이기 때문에 등기를 필요로 하지 않는다. 따라서 E가 소유권을 취득하는 시기는 등기한 때인 2007. 8. 26.이 아니다.

그리고 X건물의 매각허가결정에 의하여 X건물 위에 설정되어 있던 D의 근저당권은 소멸한다. 그리고 만일 A의 전세권이 존재하고 있다면 그의 전세권은 D의 근저당권보다 나중에 성립하였으므로 매각허가결정에 의하여 마찬가지로 소멸한다. 그런데, 앞서 본 바와 같이(V.), A는 경우에 따라 전세권을 가지고 있을 수도 있고 그렇지 않을 수도 있다. 만약 법정갱신이 일어난 경우라면 A는 완전한 전세권(용익물권도 포함)을 보유하고 있을 것이고, 법정갱신이 일어나지 않은 경우라면 담보물권으로서의 전세권만 보유하고 있을 것이다. 어떤 전세권이든 A의 그 권리는 X건물의 매각허가결정에 의하여 소멸하게 된다.

한편 A가 X건물을 점유하고 있다면 A는 E에게 그것을 인도하여야 한다. A가 인도를 지체하면 E는 대금 완납시로부터 6개월 이내에 인도명령을 청구할 수 있고, 그에 기하여 X건물의 인도를 강제집행할 수 있다.

그리고 A는 그의 우선변제권을 행사하여 X건물의 매각대금으로부터 배당을 받을 수 있다. 그런데 본 사안에서는 A가 3억원 중 불과 720만원만 배당받았다. 이 경우 A는 나머지 2억 9,280만원을 전세권설정자(사견에 의할 경우 B)에 대하여 청구할 수 있다. A의 이 채권은 무담보의 채권이다. 그러므로 그는 단순한 채권자로서 B의 일반재산에 대하여 강제집행을 할 수 있고 타인이 집행하는 경우에 그 배당에 가입할 수 있다.

Ⅶ. C가 B에 대하여 매도인으로서의 담보책임을 물을 수 있는지 여부

1. 서   설

본 사안에 있어서 C는 B로부터 X건물을 매수하여 소유권을 취득하였으나, X건물 위에 존재하는 D의 저당권이 실행되어 E에게 경락됨으로써 그 건물의 소유권을 상실하였다. 이러한 경우에 C가 B에 대하여 매도인으로서의 담보책임을 물을 수 있는지가 문제된다.

2. 매매의 목적이 되는 권리가 저당권·전세권에 의하여 제한되어 있는 경우의 매도인의 담보책임

매매의 목적인 부동산 위에 설정된 저당권이나 전세권의 행사로 인하여 매수인이 그 소유권을 취득할 수 없거나 취득한 소유권을 잃은 때, 그리고 매수인이 출재로 그 소유권을 보존한 때에는 매도인은 일정한 담보책임을 부담한다(576조).

(1) 요　　건

이에 의하여 매도인이 담보책임을 지는 경우는 세 가지이다. 첫째로, 저당권 또는 전세권의 행사로 매수인이 목적부동산의 소유권을 취득할 수 없을 때이다. 이는 목적부동산에 관하여 매매계약만 있고 아직 물권행위와 등기가 없는 상태에서 저당권 등이 실행된 경우이다. 둘째로, 저당권 등의 행사로 매수인이 목적부동산의 소유권을 잃은 때이다. 이는 매수인이 완전히 소유권을 취득한 후에 저당권 등이 실행된 경우이다. 셋째로, 매수인이 출재를 하여 소유권을 보존한 때이다.

주의할 것은, 위의 어느 경우이든 매수인이 그의 출재로 소유권을 보존할 특약이 있는 때에는 담보책임이 인정되지 않는다는 점이다. 가령 저당채무 또는 전세금을 공제해서 대금을 정한 때에 그렇다.

(2) **담보책임의 내용**

담보책임의 내용은 소유권을 취득할 수 없거나 소유권을 잃은 때에는 언제나 계약을 해제하고 아울러 손해배상을 청구할 수 있으며, 그의 출재로 소유권을 보존한 때에는 그 출재의 상환을 청구하고 아울러 손해배상을 청구할 수 있다는 것이다(576조).

3. 본 사안의 경우

본 사안에 있어서 C는 B로부터 X건물의 소유권을 완전하게 취득하였는데, 그 후 X건물 위의 근저당권자인 D의 근저당권 실행에 의하여 그 소유권을 잃었다. 이러한 점으로 보면 B에게 담보책임을 물을 수 있을 것으로 보인다. 그런데 본 사안의 경우에는 다른 한편으로 B·C 사이의 매매계약 당시에 C는 매매대금 중 근저당채무와 전세금을 공제한 나머지만 B에게 지급하였다. 이것이 이행인수에 해당함은 앞에서 살펴본 바 그대로이다(Ⅲ. 3. 참조). 그리고 이 이행인수에는 C가 그의 출재로 소유권을 보존한다는 특약이 포함되어 있다고 하여야 한다. 따라서 본 사안의 경우에 B·C 사이에서는 위의 담보책임 규정이 적용되지 않는다. 즉 C는 B에게 매도인으로서의 담보책임을 물을 수 없다.

Ⅷ. 결　　론

이상에서 논의한 바를 바탕으로 중요한 법률관계를 요약·정리해 보기로 한다.

A는 전세권설정계약과 전세권설정등기에 의하여 유효하게 전세권을 취득하였다. 그 결과 A는 목적부동산인 X건물을 점유·사용할 수 있으며, 전세권이 소멸하면 전세금의 반환을 청구할 수 있다.

그리고 C는 B로부터 X건물을 매수하여 유효하게 소유권을 취득하게 된다. 그 건물에 D의 근저당권과 A의 전세권이 존재하고 있지만 이것들은 C의 소유권 취득에 장애가 되지 않는다. 한편 C가 B에게 매매대금 중 근저당채무와 전세금을 공제한 나머지만 지급한 것은 채무인수가 아니고 이행인수라고 보아야 한다.

　본 사안에 있어서 A의 전세권의 목적물인 X건물의 소유권이 전세권의 존속 중에 C에게 이전되었는데, 그렇다고 하여 B의 지위가 C에게 당연히 승계된다고 볼 것이 아니다. 그리하여 A에 대한 전세금 반환채무도 B가 부담한다.

　A의 전세권은 존속기간이 만료되었다고 하여 당연히 소멸되지는 않는다. 만일 법정갱신이 일어나는 때라면 A는 새로운 전세권을 취득하게 되고, 법정갱신이 일어나지 않는 때라면 용익물권으로서의 전세권은 소멸하지만 담보물권으로서의 전세권은 보유하며 전세금을 반환받을 때까지 목적물을 점유할 수 있다.

　D의 근저당권의 실행에 의하여 E는 매각대금을 다 낸 때에 X건물의 소유권을 취득한다. 그리고 X건물의 매각허가결정에 의하여 D의 근저당권은 소멸하고, A의 전세권도 소멸한다. 그때 A는 우선변제권을 행사하여 매각대금으로부터 배당을 받을 수 있으며, A의 나머지의 채권은 무담보의 채권으로 된다. 한편 A가 X건물을 점유하고 있다면 E에게 인도하여야 한다.

　끝으로 X건물의 경매에 의하여 그 소유권을 잃게 된 C가 매도인인 B에 대하여 담보책임을 물을 수 있는지가 문제되나, 본 사안의 경우에는 B와 C 사이에 C가 그의 출재로 소유권을 보존한다는 특약이 있었으므로 담보책임 규정이 적용되지 않으며, 그 결과 C는 B에게 담보책임을 물을 수 없다.

[41] 유치권의 성립요건과 불가분성

문제

　서울시 소재 4필지를 소유하고 있는 A 등은 B에게 그 토지들 위에 7동의 다세대주택(총 56세대)을 재건축하는 공사를 도급 주었다. 그리고 B는 그 재건축공사 중 창호공사를 C에게 2억 6천만원에 하도급을 주었다. 그 후 C는 창호공사를 완료하였으나, 공사대금은 B로부터 1억 1천만원만 지급받았다. 그러자 C는 그가 창호공사를 한 다세대주택 중 7세대를 점유하기 시작하였다. 그런데 현재에는 다른 주택에 대한 점유는 상실하고 4동 301호만을 점유하고 있다. 한편 C가 점유한 4동 301호에 관하여는 D가 타인들과 공유로 소유권보존등기를 하였다가 다른 공유자들의 지분을 모두 이전받아 그가 단독소유하기에 이르렀다. 그 뒤 D는 C에게 4동 301호를 인도하라고 청구하였다. 그에 대하여 C는 그가 받지 못한 창호공사 대금 1억 5천만원을 모두 받을 때까지는 인도하지 않겠다고 한다. C가 4동 301호에 행한 창호공사 대금은 350만원이다.

　　C의 주장은 정당한가?

Ⅰ. 논점의 정리

　　본 사안에서 C는 재건축공사의 원수급인인 B로부터 창호공사를 하도급받았다. C는 56세대의 창호공사를 완료하였으나 공사대금 2억 6천만원 중 1억 5천만원을 지급받지 못하였다. 그 후 C는 4동 301호를 점유하고, 나머지 대금을 받을 때까지 인도하지 않겠다고 하고 있다. 이는 C가 유치권을 주장하고 있는 것이다.

　　따라서 본 문제의 물음에 답하려면 사안의 경우에 유치권의 요건이 갖추어져 있는지를 살펴보아야 한다. 특히 채권과 목적물 사이의 견련관계가 존재하는지를 세심하게 검토하여야 한다. 그리고 유치권의 요건이 구비되어 있는 때라면, 이제는 C가 채권 전부를 변제받을 때까지 4동 301호를 점유할 수 있는지도 논의하여야 한다. 이는 유치권의 피담보채권의 범위와 불가분성의 문제이다. 끝으로 유치권이 인정되는 경우 그 구체적인 효과가 어떻게 되는지도 정리하여야 할 필요가 있다.

Ⅱ. 유치권의 요건의 구비 여부

1. 유치권의 요건

(1) 유치권은 타인의 물건 또는 유가증권을 점유한 자가 그 물건이나 유가증권에 관하여 생긴 채권이 변제기에 있는 경우에 그 채권의 변제를 받을 때까지 그 물건 또는 유가증권을 유치할 수 있는 물권이다(320조 1항).

(2) 유치권은 다음의 요건이 갖추어지면 법률상 당연히 성립한다(320조).

1) 유치권의 목적물로 될 수 있는 것은 물건과 유가증권이다. 그리고 이러한 목적물은 유치권자의 소유이어서는 안 되고 타인의 소유이어야 한다.

2) 유치권이 성립하려면 목적물의 점유가 필요하다. 그리고 그 점유는 계속되어야 하며, 유치권자가 점유를 잃으면 유치권은 소멸한다(328조). 그런데 점유가 불법행위에 의하여 시작되지는 않았어야 한다(320조 2항).

3) 점유자가 채권을 가지고 있어야 한다. 이때 채권의 발생원인은 묻지 않는다. 그리고 점유자의 채권은 변제기에 있어야 한다(320조 1항).

4) 유치권이 성립하기 위해서는 채권이 유치권의 목적물에 관하여 생긴 것이어야 한다(320조 1항). 즉 채권과 목적물 사이에 견련관계가 있어야 한다. 어떠한 경우에 견련관계가 인정될 것인가에 관하여 학설은 대립하고 있다.

통설(이원설)은 채권이 목적물 자체로부터 발생한 경우와 채권이 목적물의 반환청구권과 동일한 법률관계 또는 동일한 사실관계로부터 발생한 경우에 견련관계가 있다고 하나,[1] 위 통설의 표준에 소극적이지만 일정한 의의를 인정하면서 유형적 고찰을 추진하여야 한다는 견해,[2] 채권의 목적물 자체로부터 발생한 경우에 한하여 견련성을 인정하고 공평의 원칙상 이에 준할 수 있는 경우를 포함시켜야 한다는 견해[3]도 있다.

그리고 판례는, 유치권제도의 본래의 취지인 공평의 원칙에 특별히 반하지 않는 한, 채권이 목적물 자체로부터 발생한 경우는 물론이고 채권이 목적물의 반환청구권과 동일한 법률관계나 사실관계로부터 발생한 경우도 포함한다고 한다.[4]

생각건대 유치권은 물권으로 되어 있어서 채무자 이외의 자에게 미치는 영향이 크다. 따라서 유치권의 성립은 엄격한 요건 하에 제한적으로 인정되어야 한다. 즉 유치권의 취지와 효력을 고려하여 볼 때 유치권이 인정되어야 할 필요성이 있을 정도로 채권과 목적물 사이에 밀접성이 있을 경우에 견련관계가 있다고 할 것이다.

5) 유치권의 발생을 배제하는 특약이 없어야 한다.

---

1) 곽윤직, 물권, 285면; 김상용, 물권, 596면; 김증한 · 김학동, 물권, 460면 등.
2) 고상룡, 물권, 533면.
3) 이영준, 물권, 712면 등.
4) 대판 2007. 9. 7, 2005다16942.

2. 본 사안의 경우

본 사안에서 유치권의 목적물은 4동 301호이며, 그것은 유치권이 문제되는 C의 소유가 아니고 타인인 D의 소유에 속한다. 따라서 목적물의 요건은 구비되어 있다.

C는 목적물인 4동 301호를 점유하고 있으며, 그 점유는 계속되고 있다. 그리고 본 사안에서 C의 점유가 불법행위에 의하여 시작된 것으로 보이지는 않는다.

점유자인 C는 1억 5천만원의 채권을 가지고 있고, 사안에서 C가 공사를 완료하였는데 공사대금을 1억 1천만원만 지급받았다고 한 것에 비추어볼 때 C의 채권은 변제기에 있는 것으로 판단된다.

문제는 C의 채권이 유치권의 목적물인 4동 301호에 관하여 생긴 것인지이다. 전술한 사견에 의하면, 본 사안의 경우에는 C에게 유치권이 인정되어야 할 필요성이 있을 정도로 채권과 목적물 사이에 밀접성이 있다고 여겨지며, 따라서 견련관계가 인정된다.[5] 판례는 사견과는 달리 이원설의 입장이나, 이러한 사안의 경우에 채권과 목적물 사이에 견련관계를 인정한다.[6] 다만, C의 채권 전부에 관하여 견련관계가 인정되는지는 후에 불가분성의 문제로 따로 살펴보기로 한다.

그 밖에 본 사안에서 유치권의 발생을 배제하는 특약은 없다.

이상에서 본 바와 같이, 본 사안의 경우에 C는 유치권의 요건을 모두 구비하고 있다.

III. 유치권의 불가분성

1. 유치권의 불가분성

유치권자는 채권 전부의 변제를 받을 때까지 유치물 전부에 대하여 그 권리를 행사할 수 있다(321조). 이것이 유치권의 불가분성이다. 유치권에는 이러한 불가분성이 있어서 유치권자는 채권의 일부가 변제된 뒤에도 채권이 남아있는 한 유치물 전부에 대하여 유치권을 행사할 수 있는 것이다. 그런데 이 불가분성이 논의되려면 그 전제로서 유치권에 의하여 담보되는 채권 즉 피담보채권의 범위와 유치권의 물적 범위가 확정되어야 한다.

2. 피담보채권의 범위와 유치권의 물적 범위

유치권의 피담보채권의 범위는 유치물과의 견련관계에 의하여 결정된다고 하여야 한다. 그리하여 사견에 의하면, 유치권의 취지와 효력을 고려하여 볼 때 어떤 범위의 채권이 유치권이 인정되어야 할 필요성이 있을 정도로 목적물과 견련관계가 인정되느냐에 의하여

---

5) C가 원수급인이 아니고 하수급인이라고 하여 달리 취급할 이유가 없다.
6) 대판 2007. 9. 7, 2005다16942.

결정된다. 그리고 이는 개별적인 경우에 여러 가지 사정을 종합하여 판단하여야 한다.

유치권의 효력이 미치는 목적물의 범위 즉 유치권의 물적 범위는 피담보채권과의 견련
관계에 의하여 결정되어야 한다. 따라서 수개의 물건이 있는 경우에는 그 가운데 피담보채
권과 견련관계가 있는 물건에 한하여 유치권의 효력이 미치게 된다.

3. 본 사안의 경우

본 사안에 있어서 C의 유치권에 의하여 담보되는 채권의 범위는 어떻게 되는가? 그에
관하여 4동 301호에 행한 창호공사대금인 350만원만이라는 견해를 생각할 수 있다. 그러나
본 사안의 경우에 B와 C는 창호공사대금을 각 세대별로 정한 것이 아니고 전체적으로 평가
하여 정하였다. 그리고 그 대금도 한꺼번에 지급하기로 하였다. 또한 공사계약을 세대별로
체결하지 않고 일괄하여 하나로 체결하였다. 이러한 점을 고려해서 볼 때, C는 지급받지 못
한 공사대금채권 전부에 관하여 유치권을 행사할 수 있다고 하여야 한다. 그리고 본 사안의
경우 C가 점유하고 있는 4동 301호는 위의 피담보채권과 견련관계가 인정되는 유치권의 물
적 범위에 해당한다. 한편 유치권에는 불가분성이 있으므로 C는 유치물인 4동 301호에 관하
여 그의 잔여 공사대금채권 1억 5천만원 전액을 변제받을 때까지 유치권을 행사할 수 있다.

판례도 같은 입장이다.[7]

IV. 유치권의 효력

1. 유치권자의 권리

유치권자는 채권의 변제를 받을 때까지 목적물을 유치할 수 있다. 여기서 유치한다는
것은 목적물의 점유를 계속하고 인도를 거절하는 것이다.

유치권은 물권이기 때문에 채무자뿐만 아니라 모든 자에게 주장할 수 있다. 그리하여
유치물의 소유권이 채무자 이외의 자에게 있는 경우에는 소유자에게도 이를 주장할 수 있다.

2. 본 사안의 경우(결론)

본 사안의 경우 C는 유치권자이다. 그리고 유치물의 소유자가 채무자인 B가 아니고 D
이나, 유치권자는 소유자에게도 유치권을 행사할 수 있기 때문에, D에 대하여도 유치물의
인도를 거절할 수 있다. 한편 C의 유치권의 피담보채권은 C의 남은 채권 전부(1억 5천만원)
이고, C는 1억 5천만원을 전부 변제받을 때까지 유치물인 4동 301호를 계속 점유하고 인도
를 거절할 수 있다. 요컨대 본 사안에 있어서 C의 주장은 정당하다.

---

7) 대판 2007. 9. 7, 2005다16942.

[42] 유치권의 법률관계

〈공통된 사실관계〉

A는 대지와 그 위의 X주택(시가 5억 원)을 소유하고 있다. 그 대지와 주택에는 2014. 10. 에 D 명의로 근저당권설정등기가 되어 있다. 그러한 상태에서 A는 2015. 10. 25. B와 사이에 그 주택을 B에게 2015. 12. 1.부터 2년간 보증금 5,000만원, 차임 월 200만원으로 임대하기로 하는 계약을 체결하였고, 그에 따라 2015. 12. 1.에 B는 그 주택을 인도받아 거주하고 있다. 그런데 2017. 11. 초에 발생한 지진으로 X주택의 벽이 갈라지고 지붕의 기와가 상당부분 무너져 내렸다. B는 X주택에서 거주하기가 어렵게 되자 2017. 11. 12. 공사업자인 C에게 X주택의 수리를 맡기면서 그 주택(대문과 현관)의 열쇠를 넘겨주었다. 그리고 공사가 끝날 때까지 당분간 친지의 집에서 지내기로 하였다. 한편 B는 주택의 수리비용은 당연히 A가 부담할 것으로 생각하고 A에게 미리 알리지는 않았다. 그 후 C는 X주택의 수리를 마치고 B에게 수리비용 450만원을 달라고 하였다. 그런데 B는 수리비용은 A에게 받으라고 하면서 지급하지 않았다. 그러면서 X주택의 열쇠는 돌려달라고 하였다. 그러자 C는 자신은 수리비용을 받을 때까지는 X주택의 열쇠를 돌려줄 수 없다고 하면서 주지 않고 있으며, 그의 조수에게 그 주택에 B가 들어가지 못하도록 주택 안에서 지키게 하고 있다. 현재는 2017. 12. 10.이다. (아래의 두 물음은 별개의 것임)

[제 1 문]

〈추가된 사실관계〉

그런 상태에서 A가 C에게 수리비는 지급하지 않으면서 X주택을 인도하라고 하였다. 그러자 C는 수리비를 지급받을 때까지는 인도할 수 없다고 하였다. 이에 대하여 A는 C에게 자신은 X주택의 소유자로 반환청구를 하는 것이고, 자기가 수리를 맡긴 것도 아니며, 또 수리비가 X주택 가격에 비하여 현저히 적으니 적어도 일부를 제외하고라도 반환해야 한다고 주장하였다.

이 경우에 A의 주장이 정당한가?

[제 2 문]

〈추가된 사실관계〉

그 후 D의 근저당권으로 담보된 채권이 변제되지 않자 D는 근저당권을 실행하여 A의 대지와 X주택에 대하여 경매신청을 하였고, 경매절차에서 A의 대지와 X주택은 E에게 매각되어 E는 매각대금을 모두 지급하였다. 그런 뒤에 E는 C에게 X주택을 인도하라고 하였다. 그러자 C는 자신은 수리비를 받을 때까지 X주택을 인도하지 않겠다고 하였다.

이 경우에 E에 대한 C의 인도거절은 정당한가?

Ⅰ. [제1문]에 대하여

1. 논점의 정리

본 문제의 논점을 정리하면 다음과 같다.

⑴ 우선 C가 행사하는 권리가 무엇인지를 살펴보아야 한다. 무엇보다도 C의 권리가 유치권인지 문제된다.

⑵ C가 행사하는 권리가 유치권일 경우에 본 사안에서 유치권의 요건이 구비되었는지 검토하여야 한다. 그럼에 있어서는 특히 채권과 목적물 사이의 견련관계에 유의해야 한다.

⑶ C에게 유치권이 성립한 경우에 C가 구체적으로 어떤 권리를 행사할 수 있는지 문제된다. 특히 C가 채권 전액의 변제를 받을 때까지 X주택 전부를 유치할 수 있는지와 채무자가 아닌 소유자도 유치권의 상대방에 해당하는가가 중요한 문제이다.

2. C가 행사하는 권리의 성질: 유치권

유치권은 타인의 물건 또는 유가증권을 점유한 자가 그 물건이나 유가증권에 관하여 생긴 채권이 변제기에 있는 경우에 그 채권의 변제를 받을 때까지 그 물건 또는 유가증권을 유치할 수 있는 물권이다(320조 1항).

본 사안의 경우에 주택수리업자인 C는 주택수리에 관한 채권의 변제를 받지 못하자 해당 주택(X주택)을 점유하고 그 인도를 거절하고 있다. 그리고 그 권리를 X주택의 소유자인 A에게 행사하고 있다. 이는 물권인 유치권을 행사하는 것이다.[1]

3. C에게 유치권의 성립요건이 갖추어져 있는지 여부

⑴ 유치권의 성립요건

([41]번 문제 Ⅱ.1. 참조)

⑵ 본 사안의 경우

본 사안에서 C의 권리의 목적물은 X주택으로서 물건이며, 더욱이 C 소유가 아니고 타인인 A의 소유물이다. 그리고 C는 점유보조자인 조수를 통하여 X주택을 직접점유하고 있으며, 그 점유는 불법행위에 의하여 시작되지 않았다. 또한 C는 B에게 주택수리비채권을 가지고 있다. 그런가 하면 C의 수리비채권은 목적물인 X주택 자체에 관하여 발생한 것으로서

---

[1] 동시이행의 항변권을 행사하는 것이 아니다.

22

채권과 목적물 사이에 견련관계도 존재한다. 그 외에 본 사안의 경우에 유치권 발생을 배제하는 특약도 없다.

이러한 점에 비추어 볼 때, 본 사안의 경우에 C에게 유치권의 성립요건이 모두 구비되어 있다.

4. 본 사안의 경우에 C가 행사할 수 있는 권리

(1) 유치권자가 목적물을 유치할 권리

유치권의 성립요건이 구비된 경우에 유치권자는 채권 전부의 변제를 받을 때까지 목적물을 유치할 수 있다. 여기서 「유치」한다는 것은 목적물의 점유를 계속하고 인도를 거절하는 것이다. 그리고 유치권자는 유치물 전부에 대하여 유치권을 행사할 수 있다(321조). 이것이 유치권의 불가분성이다.[2]

유치권은 물권이기 때문에 채무자뿐만 아니라 모든 자에게 주장할 수 있다. 그 결과 유치권 목적물의 소유권이 채무자 이외의 자에게 있는 경우에는 소유자에게도 유치권을 행사할 수 있다.

(2) 본 사안의 경우

본 사안의 경우에 C에게는 유치권이 인정된다. 그리고 유치권은 채무자가 아닌 목적물의 소유자에게도 행사할 수 있으므로, C는 그의 유치권을 X주택의 소유자인 A에게도 행사할 수 있다. 또한, 유치권은 채권 전부를 변제받을 때까지 목적물 전부에 대하여 행사할 수 있으므로, C는 X주택 전부를 유치할 수 있다.

5. 결　론

C에게 유치권이 있으므로, 아무리 A가 X주택 수리비채권의 채무자가 아니고 X주택의 소유자라고 하더라도 C에게 X주택의 반환청구를 할 수 없다. 그리고 유치권에는 불가분성이 있어서 A는 C에게 X주택의 일부만을 점유할 수 있게 해달라고 요구할 권리도 없다. 결국 A의 주장은 정당하지 않다.

Ⅱ. [제 2 문]에 대하여

1. 논점의 정리

(1) C에게 유치권이 인정되는지 검토해야 한다.

(2) C에게 유치권이 인정되는 경우에 C의 유치권 행사의 상대방이 문제된다. 특히 C가 유치권 취득 전에 설정된 근저당권에 기한 경매의 매수인에게 유치권을 행사할 수 있는지

---

2) 대판 2007. 9. 7, 2005다16942도 참조.

를 살펴보아야 한다.

2. 본 사안의 경우에 유치권의 성립요건이 구비되었는지 여부

이에 대하여는 위 I. 3.에서 논의한 것이 여기에도 그대로 타당하다. 즉 C에게 유치권의 성립요건이 모두 구비되어 있다.

3. C가 E에게 유치권을 행사할 수 있는지 여부

(1) 근저당권에 기한 경매의 매수인에게 유치권을 행사할 수 있는지 여부

유치권은 물권이기 때문에 채무자뿐만 아니라 모든 자에게 주장할 수 있다. 그 결과 유치권의 존속 중에 유치물의 소유권이 제 3 자에게 양도된 경우에는 유치권자는 그 제 3 자에 대하여도 유치권을 행사할 수 있다.[3] 이는 경매의 경우에도 마찬가지이다. 부동산유치권자는 목적부동산의 경매(통상의 강제경매·담보권 실행경매)의 경우에 매수인(경락인)에 대하여도 유치물의 인도를 거절할 수 있다(민사집행법 91조 5항·268조 참조). 그런데 이 경우 유치권자가 경락인에게 피담보채권의 변제를 청구할 수는 없다.[4] 한편 판례는, 부동산에 저당권이 설정되거나 가압류등기가 된 뒤에 유치권을 획득하였더라도 경매개시 결정등기가 되기 전에 민사유치권을 취득하였다면 경매절차의 매수인에게 유치권을 행사할 수 있다고 한다.[5]

(2) 본 사안의 경우

본 사안의 경우에 D의 근저당권은 C가 유치권을 취득하기 전에 설정되었고 E는 그 저당권에 기하여 X주택의 소유권을 취득하였다. 그런데 판례에 따르면, 그렇다 하더라도 C가 유치권을 D의 근저당권에 기한 경매에 관하여 경매개시 결정등기가 되기 전에 취득한 만큼 C는 그의 유치권을 E에게 행사할 수 있게 된다.

4. 결   론

위에서 본 바와 같이, 본 사안의 경우에 C는 유치권을 가지고 있고, 그의 유치권을 E에게 행사할 수 있다. 따라서 C가 E에게 X주택의 인도를 거절한 것은 정당하다.

---

3) 대판 1972. 1. 31, 71다2414.
4) 대판 1996. 8. 23, 95다8713.
5) 대판(전원) 2014. 3. 20, 2009다60336.

[43] 질권의 법률관계

〈공통된 기초사실〉

A회사는 2014. 8. 26. B회사로부터 B회사 소유의 X건물 중 지하 1층 전부(이 사건 상가)를 임대차기간 2014. 9. 13.부터 2019. 9. 13.까지, 보증금 10억원, 차임 월 천만원으로 정하여 임차하였다(이 사건 임대차계약). A회사는 그 무렵 B회사에 위 임대차보증금 10억원을 지급하였다.

[제1문]

〈추가된 사실관계〉

B회사는 2014. 7. 26. C회사에게 10억원을 빌려주었고, 그에 관하여는 채무증서가 작성되어 있으며, 그 증서는 B회사측이 소지하고 있다.

이 경우에 A회사와 B회사는 A회사의 B회사에 대한 위 임대차보증금 반환채권을 담보하기 위하여 C회사에 대한 B회사의 10억원의 금전채권에 대하여 A회사를 질권자, B회사를 채무자 겸 질권설정자, C회사를 제3채무자로 하는 질권을 설정하려고 한다. 어떻게 해야 질권이 설정되는가? 만약 A회사가 채무증서를 가지고 있다가 B회사에 반환하면 질권은 소멸하는가?

[제2문]

〈추가된 사실관계〉

A회사와 B회사는 2014. 11. 23. A회사의 B회사에 대한 위 임대차보증금 반환채권을 담보하기 위하여 C은행에 대한 B회사 명의의 10억원의 예금채권에 대하여 A회사를 질권자, B회사를 채무자 겸 질권설정자, C은행을 제3채무자로 하는 질권설정계약을 체결하였다. 그리고 A회사는 같은 날 C은행으로부터 확정일자 있는 질권설정승낙서를 교부받았다.

그 후 A회사는 2014. 12. 16. C은행의 Y지점에 모사전송의 방법으로 질권해제통지서를 전송하였고(A회사와 B회사는 담보신탁계약의 수익권 금액 10억원인 3순위 우선수익자로 담보를 변경하기로 하였으나, 아직 담보가 변경되지 않았음에도 변경된 것으로 잘못 알고 질권해제통지서를 보냄), C은행의 직원인 D가 질권해제통지서를 모사전송 받은 직후 B회사에 위 예금채권을 변제하였다.

A회사는 이 사건 임대차계약 후 이 사건 상가에서 A슈퍼를 운영하다가 영업 부진으로 2015. 12. 4. 운영을 중단하고, 위 상가를 B회사에 인도하였다. 이후 A회사는 2016. 2. 28.경

B회사에 이 사건 임대차계약의 해지를 통보하면서(계약상 해지는 정당하다고 가정함) 임대
차보증금 반환과 손해배상을 청구하겠다는 내용의 서면을 발송하였다. 그에 대하여 B회사
는 2016. 3. 5.경 A회사에게 이 사건 임대차계약이 해지되었음을 전제로 임대차보증금은 곧
반환할 예정이며, A회사의 손해배상청구는 부당하다는 내용의 답신을 하였다.

이 경우에 B회사의 주장이 타당한지 논하시오.

[제 3 문]

〈추가된 사실관계〉

A회사와 B회사는 2014. 11. 23. A회사의 B회사에 대한 위 임대차보증금 반환채권을 담보
하기 위하여 C은행에 대한 B회사 명의의 12억원의 예금채권에 대하여 A회사를 질권자, B회
사를 채무자 겸 질권설정자, C은행을 제 3 채무자로 하는 질권설정계약을 체결하였다. 그리
고 A회사는 같은 날 C은행으로부터 확정일자 있는 질권설정승낙서를 교부받았다.

그 후 A회사는 이 사건 임대차계약 후 이 사건 상가에서 A슈퍼를 운영하다가 영업 부진
으로 2015. 12. 4. 운영을 중단하고, 위 상가를 B회사에 인도하였다. 이후 A회사는 2016. 2.
28.경 B회사에 이 사건 임대차계약의 해지를 통보하였다(계약상 해지는 정당하다고 가정함).

이 경우에 A회사는 B회사의 예금채권으로부터 임차보증금 반환채권의 변제를 받을 수 있
는가? 받을 수 있다면 그 경우의 법률관계는 어떻게 되는가? 그리고 A회사가 C은행으로부
터 12억원을 받아서 10억원은 자신이 가지고 2억원을 B회사에게 지급한 때에는 법률관계가
어떻게 되는가? 만약 B회사와 C 은행 사이의 예금계약이 무효임에도 A회사가 B회사의 예
금채권으로부터 임차보증금 반환채권의 변제를 받았다면, 법률관계가 어떻게 되는가?

Ⅰ. [제 1 문]에 대하여

1. 본 사안의 경우에 질권설정방법

⑴ 논점의 정리

본 사안에서는 임대차보증금 반환채권의 채무자인 B회사의 금전채권에 질권을 설정하
려고 한다. B회사의 채권은 지명채권이다. 그리고 본 사안의 경우 채무증서(채권증서)가 있
다. 이러한 경우에 질권설정방법이 문제이다.

⑵ 권리질권의 설정방법

질권은 양도성 있는 재산권 위에도 설정될 수 있다(345조). 그러한 질권을 권리질권이라
고 한다. 그리고 지명채권은 권리질권의 목적이 되는 권리이다.

권리질권의 설정방법은 법률에 다른 규정이 없으면 그 권리의 양도방법에 의해야 한다
(346조). 따라서 지명채권 위에 질권이 설정된 경우인 채권질권도 권리질권이므로 그 설정은

채권의 양도방법에 의해야 한다. 그런데 채권질권의 경우에 채권증서가 있는 때에는 그 증서를 질권자에게 교부해야 효력이 생긴다(347조). 결국 채권질권이 성립하려면 질권설정의 합의와 채권증서의 교부가 필요하게 된다.

질권설정의 합의는 그것 자체만으로 효력이 생기나, 그것을 가지고 제 3 채무자 기타의 제 3 자에게 대항하려면 제 3 채무자에게 질권설정을 통지하거나 제 3 채무자가 승낙해야 하고, 특히 제 3 채무자 이외의 제 3 자에게 대항하려면 이 통지나 승낙을 확정일자 있는 증서로써 해야 한다(349조 1항·450조).

(3) 본 사안의 경우

본 사안에서 B회사의 1억원의 금전채권에 질권을 설정하려면, A회사와 B회사 사이에 질권설정의 합의(채권양도의 방법)와 채권증서의 교부가 있어야 한다.

2. A회사가 채무증서를 반환한 경우에 질권이 소멸하는지 여부

채권질권자인 A회사가 채권증서를 가지고 있다가 그 증서를 B회사에 반환한 경우에 질권이 소멸하는지가 문제된다. 여기에 관하여 학설은 대립하고 있다. ⅰ) 통설은 증서를 반환하더라도 질권이 소멸하지 않는다고 하나, ⅱ) 소수설은 증서를 반환하면 질권이 소멸한다고 한다.[1] 생각건대 채권질권에 관하여는 제332조(점유개정 금지)와 같은 규정이 따로 두어져 있지 않으므로 통설이 타당하다.

사견에 따르면, 본 사안의 경우 A회사가 채무증서를 B회사에 반환하더라도 질권은 소멸하지 않는다.

Ⅱ. [제 2 문]에 대하여

1. 논점의 정리

[제 2 문]에서 문제되는 논점을 정리하면 다음과 같다.

(1) 우선 A회사가 보낸 질권해제통지서의 성질이 무엇인지 문제된다. 구체적으로 본래의 해제인지 해지나 합의해지인지를 살펴보아야 한다.

(2) A회사의 통지로 질권설정계약이 합의해지된 경우에 제 3 채무자인 C은행의 보호가 문제된다.

(3) 질권설정계약이 합의해지되지 않은 경우에 제 3 채무자인 C은행의 보호가 문제된다.

---

1) 송덕수, 물권, [199] 참조.

2. A회사가 보낸 질권해제통지서의 성질

(1) 질권해제통지가 해제인가?

본 사안에서 A회사는 질권해제통지로 질권설정계약을 소급해서 무효로 만들려고 하지는 않았다. 그러므로 그 통지는 해제가 아니다.

(2) 질권해제통지가 해지 또는 합의해지인가?

해지나 합의해지는 계속적 계약에서만 문제된다. 그리하여 질권설정계약의 성질을 살펴보아야 하는데, 질권설정계약의 의미가 ⅰ) 물권계약인지 ⅱ)물권적 합의를 포함하는 채권계약인지 학설이 대립할 여지가 있으나, 어떻게 보든 질권설정계약은 계속적 계약이 아니다. 그럼에도 불구하고 판례는 위와 같은 사안의 경우에 합의해지(또는 합의해지의 불성취)라고 보고 있다.[2] 이러한 판례는 옳지 않다.

(3) 사　　견

생각건대 질권해제에 관하여 합의가 된 경우라면 질권해제통지는 「질권소멸에 관한 물권적 합의」이고, 근거가 있는 일방적 해제라면 그 통지는 「질권을 소멸시키려는 물권적 단독행위」라고 보아야 한다.

3. A회사의 통지로 질권설정계약이 합의해지된 경우의 제 3 채무자(C은행)의 보호

(1) 서　　설

본 사안에서는 A의 해제통지 후 C은행의 직원 D가 B회사에 예금채권을 변제하였다. 그 변제가 유효한지 문제된다.

(2) 검　　토

이 문제에 관하여 판례[3]는, 질권설정계약이 합의해지된 경우 질권설정자가 그 해지를 이유로 제 3 채무자에게 원래의 채권으로 대항하려면 질권자가 제 3 채무자에게 해지사실을 통지해야 한다고 한다. 그리고 제 3 채무자의 선의가 추정된다고 한다.

그런데 사견은, 우선 「합의해지」가 틀린 표현이고, 그 경우에는 제452조 제 1 항 후단이 유추적용되어야 한다는 입장이다. 즉 반드시 질권자가 통지할 필요가 없고, 제 3 채무자가 선의이면 보호되어야 한다. 그리고 제 3 채무자는 선의로 추정되어야 하며, 그 점에서는 판례가 타당하다.

(3) 본 사안의 경우

본 사안에서 「해제」(질권 소멸 단독행위)의 효력이 발생하는지는 분명하지 않다. 그런 상태에서 판례는 유사한 경우에 관하여, 합의해지가 되었으면 질권자 A회사의 통지가 있었고

---

2) 대판 2014. 4. 10, 2013다76192.
3) 대판 2014. 4. 10, 2013다76192.

C은행의 선의가 추정되어 C은행은 A회사에 대하여도 그의 변제의 유효를 주장할 수 있다고 한다.[4] 그러나 사견은, 사안의 경우에는 합의해지가 있는 것이 아니고 거기에는 제452조 제1항 후단이 유추적용되어야 하므로, C은행이 선의인 한(선의는 추정됨) C은행은 변제로 A회사에 대항할 수 있다고 새기는 입장이다.

4. A회사의 통지로 질권설정계약이 합의해지되지 않은 경우의 제3채무자 보호

(1) 서 설

A회사의 통지로 질권이 소멸하지 않은 경우에 C은행의 보호가 문제된다.

(2) 검 토

여기에 관하여 판례[5]는, 만일 질권자가 제3채무자에게 질권설정계약의 해지사실을 통지하였다면, 설사 아직 해지가 되지 않았다고 하더라도 선의인 제3채무자는 질권설정자에게 대항할 수 있는 사유로 질권자에게 대항할 수 있다고 한다. 그리고 해지통지가 있었으면 그 해지사실은 추정되고, 해지통지를 믿은 제3채무자의 선의도 추정되어, 제3채무자가 악의라는 점은 그 선의를 다투는 질권자가 증명할 책임이 있다고 한다.

그러나 A회사의 질권해제통지는 「해지」가 아니고 질권 소멸의 단독행위이다. 따라서 판례처럼 해지가 되지 않은 경우라고 상정할 것이 아니고 질권이 소멸하지 않은 경우를 상정해서 논의해야 한다. 그리고 사견으로는 그 경우에도 제452조 제1항 후단이 유추적용됨이 타당하다. 또한 제3채무자의 선의는 추정되어야 한다. 그렇게 되면 제3채무자는 그가 선의이면 보호될 것이다.

(3) 본 사안의 경우

판례는 본 사안과 유사한 경우에 관하여, 해지가 되지 않았어도 C은행(선의로 추정된다고 함)은 A회사에 대항할 수 있다고 한다. 그런데 사견은 제452조 제1항의 유추적용에 의해 C은행이 A회사에 대항할 수 있다고 해석한다.

5. 결 론

결국 A회사의 손해배상청구는 부당하다. 그리고 B회사의 주장이 타당하다.

---

4) 대판 2014. 4. 10, 2013다76192.
5) 대판 2014. 4. 10, 2013다76192.

Ⅲ. [제 3 문]에 대하여

1. A회사가 B회사의 예금채권으로부터 임차보증금 반환채권의 변제를 받을 수 있는지 여부

(1) 논점의 정리

A회사가 B회사의 예금채권으로부터 변제받는 방법으로는 먼저 예금채권의 이자로부터 변제받는 방법을 검토해야 한다. 그런가 하면 질권을 실행하여 우선변제를 받는 방법도 검토해야 하는데, 구체적으로는 채권의 직접청구 방법과 민사집행법이 정하는 집행방법을 살펴보아야 한다.

(2) 예금채권의 이자로부터 변제받는 방법

입질채권이 이자가 있는 경우에는 채권질권의 효력이 그 이자에도 미친다(100조 2항). 그리하여 질권자는 이자를 직접 추심하여 우선변제에 충당할 수 있다(353조 1항·2항, 355조, 343조, 323조). 따라서 본 사안에서 B회사의 예금채권이 이자를 발생시키는 것이라면 A회사는 그 채권의 이자를 직접 추심하여 우선변제에 충당할 수 있다.

(3) 채권의 직접청구

질권자는 질권의 목적이 된 채권을 직접 청구할 수 있다(353조 1항). 여기서 「직접 청구할 수 있다」는 것의 의미에 관하여 통설은, 제 3 채무자에 대한 집행권원이나 질권설정자의 추심위임 등을 요하지 않고, 또한 질권설정자의 대리인으로서가 아니고 질권자가 자기의 이름으로 추심할 수 있다는 것이다. 이러한 통설은 타당하다.

위의 통설 및 사견에 의하면, 본 사안의 경우에 A회사는 B회사의 예금채권을 직접 추심할 수 있다.

(4) 민사집행법이 정하는 집행방법

채권질권자는 직접청구 외에 민사집행법에 정해진 집행방법에 의해 질권을 실행할 수 있다(354조). 그 방법에는 채권의 추심, 전부(轉付), 현금화(환가)의 세 가지가 있다(민사집행법 273조 1항·3항, 223조-250조). 이들은 모두 질권의 실행에 의한 것이므로 판결이나 그 밖의 집행권원을 요하지 않고 질권의 존재를 증명하는 서류만 제출되면 개시된다(민사집행법 273조 1항).

본 사안의 경우에 A회사는 전술한 민사집행법에 정해진 집행방법에 의해서 질권을 실행할 수도 있다.

2. A회사가 예금채권으로부터 변제받은 경우의 법률관계

(1) 서   설

A회사가 예금채권으로부터 변제받은 경우의 법률관계는 주로 직접청구의 경우에 대하여 논의되고 있다. 그런데 그 외의 경우도 살펴보아야 한다.

(2) 직접청구의 경우

전술한 바와 같이, 질권자는 질권의 목적이 된 채권을 직접 청구할 수 있는데, 그 경우의 효과가 문제된다.

그에 관하여 통설은 추심의 효과는 그 채권의 채권자에게 귀속하는 것이고, 당연히 질권자의 채권에 충당되는 것이 아니라고 한다. 그러나 여기의 「직접 청구할 수 있다」는 것은 채권자를 통하지 않고 질권자 자신이 곧바로 청구할 수 있다는 것이다. 따라서 특별규정 (353조 4항 참조)이 없다면 청구의 효과는 질권자에게 귀속함이 마땅하다. 이러한 사견에 의하면, 통설에 의하는 경우와 달리, 금전채권에 질권이 설정되어 있는 때에는 질권자는 그 채권을 직접 추심하여 자기채권의 변제에 충당할 수 있다. 판례도 같은 견지에 있다.6)

다른 한편으로 판례는, 금전채권의 질권자가 제353조 제1항·제2항에 의하여 자기채권의 범위 내에서 직접청구권을 행사하는 경우 질권자는 질권설정자의 대리인과 같은 지위에서 입질채권을 추심하여 자기채권의 변제에 충당하고 그 한도에서 질권설정자에 의한 변제가 있었던 것으로 보므로, 그 범위 내에서는 제3채무자의 질권자에 대한 금전지급으로써 제3채무자의 질권설정자에 대한 급부가 이루어질 뿐만 아니라 질권설정자의 질권자에 대한 급부도 이루어진다고 한다.7)

사견 및 판례에 의하면, 본 사안의 경우에 A회사가 C회사에 직접청구하여 급부를 수령한 때에는 A회사의 채권의 변제에 충당된다. 그 결과 A회사의 그 부분의 채권은 소멸하게 된다. 그리고 C회사의 지급에 의해 B회사의 A회사에 대한 채권도 — 급부된 범위에서 — 소멸하게 된다.

(3) 기타의 경우

질권자인 A회사가 예금채권의 이자로부터 우선변제를 받는 경우와, 민사집행법이 정하는 집행방법에 의해 집행하는 경우에도 A회사 채권의 변제에 충당된다고 보아야 할 것이다.

3. A회사가 12억원을 받아서 10억원을 자신이 가지고 2억원을 B회사에 지급한 경우의 법률관계

(1) 판례는, 질권자가 제3채무자로부터 자기채권을 초과하여 금전을 지급받은 경우 그 초과부분의 지급에 관하여는 제3채무자의 질권설정자에 대한 급부와 질권설정자의 질권자에 대한 급부가 있다고 볼 수 없으므로, 제3채무자는 특별한 사정이 없는 한 질권자를 상대로 초과지급 부분에 관하여 부당이득 반환을 구할 수 있다고 할 것이지만, 부당이득 반환청구의 상대방이 되는 수익자는 실질적으로 그 이익이 귀속된 주체이어야 하는데, 질권자가 초과지급 부분을 질권설정자에게 그대로 반환한 경우에는 초과지급 부분에 관하여 질권설

---

6) 대판 2005. 2. 25, 2003다40668.
7) 대판 2015. 5. 29, 2012다92258.

정자가 실질적 이익을 받은 것이지 질권자로서는 실질적 이익이 없다고 할 것이므로, 제 3 채무자는 질권자를 상대로 초과지급 부분에 관하여 부당이득 반환을 구할 수 없다고 한다.[8]

(2) 본 사안의 경우, 판례에 의하면, A회사가 10억원을 가진 것은 자기채무의 변제에 충당한 것이다. 그리고 C은행은 2억원에 관하여 A회사에 부당이득 반환청구를 할 수 없다. 그런가 하면 B회사가 2억원을 받은 것은 C은행이 B회사에 대하여 채무변제를 한 것이 된다.

4. B회사와 C은행 사이의 예금계약이 무효임에도 예금채권으로부터 변제받은 경우의 법률관계

(1) 판례는, 입질채권의 발생원인인 계약관계에 무효 등의 흠이 있어 입질채권이 부존재한다고 하더라도 제 3 채무자는 특별한 사정이 없는 한 상대방 계약당사자인 질권설정자에 대하여 부당이득 반환을 구할 수 있을 뿐이고 질권자를 상대로 직접 부당이득 반환을 구할 수 없다고 한다.[9]

(2) 본 사안에서 B회사와 C은행 사이의 예금계약이 무효임에도 A회사가 B회사의 예금채권으로부터 임차보증금 반환채권의 변제를 받았다면, 위의 판례에 의하면, C은행은 B회사에 대해 부당이득 반환청구를 할 수는 있으나, A회사에 대하여는 부당이득 반환청구를 할 수 없다.

---

8) 대판 2015. 5. 29, 2012다92258.
9) 대판 2015. 5. 29, 2012다92258.

[44] 저당건물의 증축과 저당권의 효력

　A는 경기도 이천군에 철근콘크리트 단층 건물(공장·창고·기숙사) 2,700m²(이하 기존건물이라 한다)을 소유하고 있던 중 1층 창고(옆으로 증축함) 25m²와 2, 3층 사무실(위로 증축함) 각 950m²(이하 증축부분이라 한다)를 증축하였다. 그런데 A는 이 건물이 증축되기 1년 전에 그(A)가 B에 대하여 부담하고 있거나 장차 부담할 모든 채무를 담보하기 위하여 기존건물과 그 건물이 서있는 토지에 채권최고액 20억원, 근저당권자 B, 채무자 A로 된 근저당권설정등기를 하였다. 그리고 증축 후 15일 뒤에 기존건물의 등기부상 표시를 증축된 후의 건물(이하 이 사건 건물이라 한다)로 변경등기를 하고, 그로부터 1년 후에 기존의 근저당권의 효력이 증축부분에 미친다는 내용의 근저당권변경등기를 하였다. 그런가 하면 A에 대한 다른 채권자 C는 증축이 있기 6개월 전에 기존건물과 그 건물이 서있는 토지에 채권최고액 50억원, 근저당권자 C, 채무자 A로 된 근저당권설정등기를 마쳤고, 증축이 있은 6개월 뒤에 그 근저당권의 효력이 증축부분에 미친다는 내용의 근저당권변경등기를 하였다. 한편 증축이 있고 나서 2년이 지나도록 A가 B에게 채무를 변제하지 않자(변제기가 지났음) B는 그의 근저당권을 실행하여 이 사건 건물에 대한 경매를 신청하였고, 그에 따라 개시된 경매절차에서 D가 25억 2천만원에 이 사건 건물을 경락받고 경매대금을 모두 지급하였다(이 중에 증축건물의 감정평가가액은 10억원이다). 그리고 그 경매대금에서 집행비용 2천만원을 공제하고 남은 금액 25억원 중 B가 그의 채권액 18억원을 배당받고, 그 나머지를 C가 배당받았다.

　1. 이 경우에 D는 증축부분의 소유권을 취득하는가? 이 증축부분이 기존건물로부터 독립성이 있는지는 불분명하다.

　2. 이 경우에 C는 B에게 경매대가 중 증축부분에 해당하는 액을 반환청구할 수 있는가?

Ⅰ. 물음 1.에 대하여

1. 논점의 정리

　본 문제에서 D가 증축부분의 소유권을 취득하려면 B의 근저당권이 유효하고, 나아가 그 근저당권의 효력이 증축부분에도 미쳐야 한다. 그러므로 D가 증축부분의 소유권을 취득하는지에 대하여 답을 하려면 다음의 것들을 검토해야 한다.

　⑴ B의 근저당권이 유효한지,

⑵ 증축부분이 제358조의 저당건물(기존건물)의 부합물로 되는지,

⑶ B의 근저당권변경등기의 효력이 있는지 등이 그것이다.

⑷ 그리고 이들의 논의결과를 바탕으로 하여 D가 소유권을 취득하는지를 판단해야 한다.

2. B의 근저당권이 유효한지 여부

본 사안에서 B의 근저당권이 보통의 근저당인지 포괄근저당인지는 불분명하다. 그것이 보통의 근저당이라면 당연히 유효하다. 그런데 포괄근저당이라면 유효 여부가 문제된다. 포괄근저당이 유효한지에 대하여 학설은 유효설, 제한적 유효설 등 여럿으로 나뉘어 있으나, 판례는 유효성을 인정하고 있다. 사견은 기본계약을 명시하고 그에 기하여 발생하는 모든 채권을 담보한다는 내용의 포괄근저당은 유효하나, 그 밖의 것은 무효라고 새기는 입장이다.

본 사안의 경우에는 B의 근저당에 관하여 기본계약이 명시되었는지 등이 명백하지 않은 상태이므로, 일단 판례의 태도에 따라 B의 근저당이 유효한 것으로 보고 논의를 진행하기로 한다.

3. 증축부분이 저당건물의 부합물로 되는지 여부

⑴ 서   설

저당권의 효력은 저당부동산에 부합된 물건에 미친다(358조 본문). 그리고 건물의 증축부분도 기존의 건물에 부합할 수 있으며, 그때에는 저당권의 효력이 거기에도 미친다(판례도 같음). 따라서 본 사안에서 증축부분에 근저당권의 효력이 미치는지를 판단하려면 그 증축부분이 저당부동산에 부합하였는지를 검토해 보아야 한다.

⑵ 부동산에의 부합의 요건

부동산에 다른 물건이 부합하려면 다음의 두 요건을 갖추어야 한다. 첫째로 부합되는 물건(부합의 모체)은 부동산이어야 한다. 그 부동산은 토지 외에 건물이라도 무방하다. 부합하는 물건(부합물)이 동산에 한정되는지에 대하여 학설은 대립하고 있으며, 판례는 부동산도 포함된다는 견지에 있다. 둘째로 부착·합체가 일정한 정도에 이르러야 한다. 구체적으로는 부합되는 부동산이나 부합하는 동산을 훼손하지 않으면 분리할 수 없거나 분리에 과다한 비용이 필요해야 한다.

⑶ 증축부분이 독립한 소유권의 객체로 되기 위한 요건

건물의 증축부분이 기존의 건물과 별개의 독립한 소유권의 객체로 되면 거기에는 근저당권의 효력이 미치지 못한다. 따라서 증축부분이 독립한 소유권의 객체로 되기 위한 요건을 살펴보아야 한다.

건물의 소유자[1]가 증축한 부분이 독립한 소유권의 객체로 되는 방법에는 ① 새로운 건

---

1) 임차인 등이 임차권에 기하여 증축을 한 것이 독립성을 가지는 경우에도 증축부분이 독립한 소유권의

물을 기존의 건물의 부속건물로 신축하는 것2)과 ② 기존의 건물에 부착하였으나 구분건물
로 되는 것이 있다. 이 둘 가운데 본 사안은 ②만이 문제되므로 판례에 따라 구분건물이
되기 위한 요건만을 기술하기로 한다. 판례에 의하면, 증축부분이 구분건물로 되기 위해서
는 ⓐ 증축부분이 구조상·이용상 독립성을 가져야 하고, ⓑ 증축부분의 소유자의 구분소
유의사가 객관적으로 표시된 구분행위가 있어야 한다.3) 이때 ⓑ를 위해서 건물이 집합건
축물대장에 등록되거나 구분건물로서 등기부에 등기되어야 할 필요는 없으며, 구분건물이
물리적으로 완성되기 전에도 건축허가신청이나 분양계약 등을 통하여 장래 신축되는 건물
을 구분건물로 하겠다는 구분의사가 객관적으로 표시되면 구분행위의 존재를 인정할 수
있다.4)

(4) 본 사안의 경우

본 사안에서는 증축부분이 기존건물에 부착되어 있다. 그런데 그것이 기존건물로부터
독립성이 있는지는 불분명하다. 그리고 본 사안에서 A의 구분행위가 없고,5) 오히려 기존건
물의 표시변경등기를 하였다. 이러한 태도는 증축부분을 별개의 소유권의 객체로 삼지 않겠
다는 의미로 보인다. 결국 본 사안의 증축부분은 부합물이다. 그리하여 거기에는 근저당권
의 효력이 미친다.

4. B·C의 근저당권변경등기의 효력 문제

(1) 서　　설

본 사안에서 B와 C의 근저당권변경등기가 유효하다면 증축부분에 대하여는 C의 변경
등기가 B의 변경등기보다 앞서게 된다. 그 때문에 D가 증축부분의 소유권을 취득하지 못하
는 것인지(나아가 증축부분에 대한 경매대가에 관한 한 C가 B에게 우선하는지6))가 문제된다.

(2) 증축부분의 등기방법

증축부분의 등기방법에는 ① 기존건물의 구성부분이나 부합물로 등기하는 것과 ② 기
존건물과 별개의 소유권의 객체로서 등기하는 것이 있다. 그 가운데 ①의 방법은 기존건물
의 건축물대장에 변동사항을 기재한 뒤 증축으로 인한 표시변경등기를 하게 된다. 그리고
②의 방법은 증축부분이 기존건물에 부착된 경우와 별개의 건물을 신축한 경우가 다르다.
이 중에 전자의 경우에는 구분건물로 등기해야 한다.7) 그에 비하여 후자의 경우에는 증축

객체가 되나, 이것은 본 사안과 거리가 있으므로 설명을 생략한다.
2) 이것은 넓은 의미로 보면 증축이나, 좁은 의미에서는 증축이 아니다.
3) 대판 1999. 7. 27, 98다32540; 대판 1999. 7. 27, 98다35020.
4) 대판(전원) 2013. 1. 17, 2010다71578.
5) 구분행위가 인정되려면 건물의 특정부분을 구분건물로 하겠다는 처분권자의 구분의사가 객관적으로 외
　부에 표시되어야 한다. 대판 2016. 6. 28, 2016다1854·1861; 대판 2016. 6. 28, 2013다70569 참조.
6) 이는 물음 2.의 문제임.
7) 구체적으로는 기존건물에 대한 건축물대장 전환신청을 하여 일반건축물대장을 집합건축물대장으로 전환
　시킨 후(국토교통부령인 「건축물대장의 기재 및 관리 등에 관한 규칙」 15조), 기존건물의 표시변경등기

부분을 별개의 독립한 건물로 보존등기를 해야 한다.[8]

(3) 근저당권변경등기의 효력

판례[9]에 따라 아래의 두 경우로 나누어 근저당권변경등기의 효력을 살펴본다.

1) 증축부분이 기존건물의 구성부분이거나 부합된 경우

이 경우에는 건물표시변경등기는 증축 후에 현존하는 건물을 표상하는 유효한 등기이고, 기존건물에 설정된 저당권은 법률에 다른 규정이나 설정행위에 다른 약정이 없는 한 증축부분에도 효력이 미친다. 따라서 이 경우에는 기존건물에 설정된 저당권의 효력을 증축부분에 미치게 하는 취지의 저당권변경등기를 할 수 없고, 설사 그러한 등기가 되었더라도 그 등기는 무효이다.

2) 증축부분이 별개의 건물이고 구분건물로 할 의사가 있었던 경우

이 경우에는 구분건물로 등기해야 하며, 건물표시변경등기는 할 수 없다. 그러므로 건물표시변경등기가 있은 후 기존건물에 설정된 저당권의 효력을 증축부분에 미치게 하는 취지의 저당권변경등기를 했더라도 그 저당권의 효력이 별개의 건물인 증축부분에 미칠 수 없다.

(4) 본 사안의 경우

본 사안에서는 증축부분이 독립한 소유권의 객체가 되지 못하고 기존건물에 부합한다. 따라서 건물표시변경등기는 유효하고, 기존건물의 근저당권의 효력이 증축부분에 미친다. 그리고 근저당권변경등기는 무효로 된다.

5. 결   론

본 사안에서 증축부분은 기존건물에 부합된 것이다. 그러므로 B의 근저당권은 그 증축부분에 효력이 미친다. 그 결과 B의 저당권에 기하여 경락을 받은 D는 증축부분의 소유권도 취득한다.

Ⅱ. 물음 2.에 대하여

1. 논점의 정리

본 문제에서 만약 C가 B에게 증축부분에 해당하는 경매대가를 반환청구할 수 있다면 그것은 부당이득을 이유로 할 것이다. 따라서 부당이득의 요건을 검토해야 한다. 그런데 그럼에 있어서 중요한 것은 ① 증축부분에 관한 한 C의 근저당권이 B의 근저당권에 우선하는

와 증축부분의 집합건물로서의 보존등기를 해야 한다.
8) 구체적으로는 별도의 건축물대장을 작성한 뒤 신축건물의 보존등기를 해야 한다.
9) 대판 1999. 7. 27, 98다32540.

가, ② B의 근저당권의 효력이 증축부분에 미치지 않는가를 살펴보아야 한다. 그런 뒤에 그 것들을 기초로 하여 결론을 도출해야 한다.

2. B가 부당이득을 하였는지 여부

(1) 부당이득의 요건

부당이득의 일반적 성립요건은 ① 타인의 재산 또는 노무에 의하여 이익을 얻었을 것 (수익), ② 그러한 이익을 얻음으로 인하여 타인에게 손해를 가했을 것(손실), ③ 수익과 손실 사이에 인과관계가 있을 것, ④ 법률상의 원인이 없을 것의 네 가지이다.

(2) 본 사안의 경우

본 사안의 경우에 증축부분에 해당하는 금액을 B가 배당받은 것이 C에 대하여 부당이 득이 되는지 여부는 위 (1)에서 기술한 요건 중 ④만이 문제이다. 그런데 그에 대하여 판단 하려면 아래 3.과 4.의 논의가 선행되어야 한다.

3. 증축부분에 관하여 C의 근저당권이 B의 근저당권에 우선하는지 여부

본 사안에서 기존건물에 설정되어 있는 C의 근저당권의 효력을 증축부분에 미치게 하 는 근저당권변경등기가 B의 근저당권변경등기보다 먼저 행해졌다. 그것 때문에 증축부분에 관하여 C의 근저당권이 B의 근저당권에 우선하는지 문제된다. 그런데 물음 1.에서 본 것처 럼 B·C의 근저당권변경등기는 무효이다. 따라서 C의 근저당권이 우선하지 못한다.[10]

4. B의 근저당권의 효력이 증축부분에 미치는지 여부

물음 1.에서 본 것처럼 B의 근저당권의 효력이 증축부분에도 미친다.

5. 결 론

B의 근저당권의 효력이 증축부분에도 미치므로, B가 증축부분에 대한 경매대가에서 배 당을 받은 것은 법률상 원인 있는 정당한 것이다. 따라서 B가 배당을 받은 것은 부당이득이 아니다. 결국 C는 B에 대하여 증축부분에 해당하는 액의 반환청구를 할 수 없다.

---

10) 이와 같이 해석하는 수밖에 없지만 등기를 해주고 효력이 없다고 하게 되는 문제는 있다.

[45] 저당권의 실행에 의한 법정지상권

문제

　A는 타인으로부터 X토지를 매수하여 소유권이전등기를 하고 그 위에 건물을 신축하였다. 그리고 그 건물에 관하여 소유권보존등기도 마쳤다. 그 후 A는 B로부터 금전을 빌리면서 B의 금전채권을 담보하기 위하여 그의 X토지 위에 B에게 저당권을 설정하여 주었다(저당권설정등기를 마침). 그런데 A가 B에 대한 채무를 변제하지 않자 B가 그의 저당권을 실행하였고, B는 경매절차에 참가하여 A의 X토지를 경락받았으며 경매대금도 모두 납부하였다. 그러나 아직 B 자신의 명의로 소유권이전등기를 하지는 않았다. 그 뒤 A는 건물을 C에게 매도하고 소유권이전등기를 해 주었다.

　이 경우에 A, B, C 사이의 법률관계는 어떻게 되는가?

I. 논점의 정리

　　본 사안에 있어서는 X토지와 그 위의 건물을 소유하고 있던 A가 그중 X토지에 대하여만 B에게 저당권을 설정해 주었는데, 후에 그 저당권이 실행되어 B가 경락을 받았다. 그 뒤 A는 건물을 C에게 매도하였다.

　　이 경우에 우선 X토지 경매의 효과가 어떻게 되는지가 문제된다. 나아가 건물소유자인 A가 X토지의 사용권을 가지는지도 문제된다. 여기서 만약 A가 토지사용권을 가지게 된다면 그것은 아마도 제366조에 의한 법정지상권일 것이다. 한편 A가 건물을 C에게 매도함에 의하여 C도 토지사용권을 가지는지, 만약 토지사용권이 없다면 C는 건물을 철거하여야 하는지, 건물을 철거하지 않아도 된다면 C가 토지사용권을 취득할 방법은 있는지 문제된다. 그리고 이러한 중요한 법률관계가 결정되면 그 뒤에 남는 부수적인 사항, 예를 들면 A가 토지사용권을 갖는다면 그 기간은 얼마 동안이고, 사용대가는 지급하여야 하는지, A는 C에 대하여 어떤 의무를 부담하는지, C는 X토지의 사용대가를 지급하여야 하는지 등을 살펴보아야 한다.

　　아래에서는 논의의 편의를 위하여 먼저 X토지의 경매의 효과에 관하여 기술한 뒤, A의 법정지상권 성립 여부, A의 건물양도의 효과 등을 차례로 보고, 이어서 A-B, A-C, B-C의 법률관계에 대하여 살펴보기로 한다.

II. X토지 경매의 효과

1. 서   설

본 사안에서 X토지는 저당권자인 B의 신청에 의하여 경매절차가 개시되었다. 그리고 저당권자 겸 채권자인 B가 경매절차에 참가하여 X토지를 경락받았으며, 경매대금도 모두 납부하였다.

2. 저당권 실행의 효과

이러한 저당권 실행에 의한 경매, 즉 담보권 실행경매의 경우에는 경락인(매수인)이 매각대금을 다 낸 때에 목적인 권리, 즉 소유권을 취득한다(민사집행법 268조·135조). 이 경우의 물권변동은 제187조에 의한 것이기 때문에 경락인 명의의 등기는 필요하지 않다.

매각허가결정이 있으면 경매 목적물 위에 설정된 저당권은 모두 소멸한다. 그리고 지상권·전세권 등의 용익권은 저당권에 대항할 수 없는 것이면 소멸하나, 저당권에 대항할 수 있는 것은 존속한다. 경우에 따라서는 법정지상권을 취득하거나 법정지상권의 대항을 받을 수도 있다.

부동산의 점유자가 경락인에게 그 부동산을 인도하지 않을 경우에, 법원은 매수인이 대금을 낸 뒤 6개월 이내에 신청하면 채무자·소유자 또는 부동산 점유자에 대하여 부동산을 매수인에게 인도하도록 명할 수 있다(민사집행법 268조·136조 1항 본문). 그리고 만약 채무자·소유자 또는 점유자가 인도명령에 따르지 않을 때에는, 매수인 또는 채권자는 집행관에게 그 집행을 위임할 수 있다(민사집행법 268조·136조 6항). 그 밖에 소유권을 근거로 인도를 구할 수도 있다.

3. 본 사안의 경우

본 사안에 있어서 경락인 B는 X토지를 경락받아 경매대금을 모두 납부하였다. 이러한 B는 경매대금을 모두 낸 때에 X토지의 소유권을 취득한다. 이것은 제187조에 의한 물권변동이므로 B 명의의 등기는 필요하지 않다. 그러나 B가 이 토지를 타인에게 매도하려면 제187조 단서에 따라 먼저 자신의 명의로 등기하여야 한다.

III. A의 법정지상권의 성립 여부

1. 서   설

본 사안에 있어서 A는 X토지와 그 위의 건물을 소유하고 있었다. 그러다가 X토지 위에 설정된 저당권이 실행되어 X토지의 소유권이 B에게 취득되었다. 그 결과 X토지와 그 위의 건물의 소유자가 다르게 되었다. 이러한 경우에 건물소유자인 A가 X토지의 사용권으로 제366조에 의한 법정지상권을 가지게 되는지 문제된다.

아래에서 먼저 제366조에 의한 법정지상권의 요건과 효과를 필요한 범위에서 정리한 뒤, 본 사안의 경우를 검토해 보기로 한다.

2. 제366조에 의한 법정지상권

⑴ 의 의

민법 기타의 법률은 동일인의 소유에 속하였던 토지와 건물(또는 입목)이 각각 그 소유자를 달리하게 된 일정한 경우(4가지)에 건물(또는 입목)소유자에게 그의 건물(또는 입목) 소유를 위하여 법률상 당연히 지상권이 생기도록 규정하고 있는데, 이것이 법정지상권이다. 그 가운데 민법 제366조는 저당물의 경매로 인하여 토지와 그 지상건물의 소유자가 다르게 된 경우에 건물소유자에게 법정지상권을 인정하고 있다.

⑵ 성립요건

1) 저당권설정 당시에 건물이 존재할 것

제366조에 의한 법정지상권이 성립하려면, 첫째로, 저당권설정 당시에 건물이 존재하고 있어야 한다. 이것이 통설이고,[1] 판례도 같으나, 소수설은 저당권설정 당시는 건물이 존재하지 않았더라도 그 후에 건물을 축조한 경우 법정지상권의 성립을 인정하자고 한다.[2] 생각건대 소수설처럼 해석하면 토지의 담보가치가 떨어져 저당권자에게 피해를 주게 되어서 적절하지 않다. 건물이 저당권설정 당시에 존재하고 있으면 되고, 그 건물에 반드시 보존등기가 되어 있을 필요는 없다.

2) 소유자의 동일성

저당권설정 당시에 토지와 건물이 동일한 소유자에게 속하고 있어야 한다. 저당권설정 당시에 토지와 건물이 각기 다른 자에게 속하고 있었던 때에는 법정지상권의 성립은 인정되지 않는다. 저당권이 설정될 당시에는 토지와 건물이 동일인의 소유였으나, 그 후 토지와 건물 가운데 하나를 소유자가 처분한 경우에도 법정지상권은 성립한다(학설·판례도 같음).

3) 저당권의 설정

토지나 건물의 어느 하나에 또는 둘 모두에 저당권이 설정되어야 한다. 어느 한 쪽에도 저당권이 설정되지 않은 때에는 판례가 인정하는 관습법상의 법정지상권이 성립할 수는 있겠으나, 제366조에 의한 법정지상권은 성립하지 않는다.

4) 경매로 소유자가 달라질 것

경매로 인하여 토지와 건물의 소유자가 다르게 되어야 한다. 여기의 경매가 담보권 실

---

1) 대표적으로 곽윤직, 물권, 350면.
2) 김용한, 물권, 575면.

행경매만을 의미하는가³⁾ 통상의 강제경매도 포함하는가⁴⁾에 관하여는 견해가 나뉜다. 생각건대 판례가 인정하는 관습법상의 법정지상권은 그것이 통상의 강제경매, 국세징수법에 의한 공매에 의하여 성립하는 경우에는 여기에 흡수시키고 나머지는 부인함이 옳다. 그러한 입장에 선다면 여기의 경매에는 통상의 강제경매 등도 포함시켜야 할 것이다.

⑶ 성립시기와 등기

법정지상권이 성립하는 시기는 토지나 건물의 경매로 그 소유권이 경매의 매수인에게 이전하는 때이다. 따라서 구체적으로는 매수인이 매각대금을 모두 낸 때에 법정지상권이 성립한다.

법정지상권의 성립은 제187조에 의한 물권변동이다. 따라서 법정지상권이 성립하기 위하여 등기가 행하여질 필요는 없다. 그러나 그 법정지상권자가 그 권리를 처분하려면 제187조 단서에 의하여 등기를 하여야 한다.

법정지상권을 취득한 건물소유자는 등기 없이도 법정지상권을 취득할 당시의 토지소유자에 대하여는 물론이고 그로부터 토지소유권을 양수한 제3자에 대하여도 그의 법정지상권을 가지고 대항할 수 있다. 그리고 법정지상권을 취득한 자는 토지소유자에 대하여 지상권설정등기를 청구할 수 있다. 법정지상권이 성립한 후 토지가 제3자에게 양도된 때에는 그 양수인에 대하여 등기청구권을 가진다.

3. 본 사안의 경우

본 사안에 있어서 제366조에 의한 법정지상권의 성립요건이 갖추어져 있는지를 보기로 한다.

본 사안의 경우에는 B의 저당권이 설정될 당시에 A의 건물이 존재하고 있었다. 그리고 역시 B의 저당권이 설정될 당시에 X토지와 그 위의 건물이 모두 동일인인 A에게 속하고 있었다. 또한 X토지와 그 위의 건물 가운데 하나인 토지에 저당권이 설정되었다. 나아가 X토지의 경매에 의하여 X토지는 B에게 귀속하게 되어 토지와 건물의 소유자가 다르게 되었다. 결국 법정지상권의 성립요건이 모두 갖추어졌다.

그리하여 제366조에 의하여 법정지상권이 성립한다. 권리자는 건물만의 소유자인 A이다. 그리고 A가 법정지상권을 취득하게 되는 시기는 경매에 의하여 X토지의 소유권이 B에게 이전된 시기, 즉 B가 매각대금을 모두 낸 때이다. 이 경우 A가 법정지상권을 취득하기 위하여 법정지상권 설정등기를 할 필요도 없다. 이는 제187조에 의한 물권변동이기 때문이다. 즉 A는 등기 없이 법정지상권을 취득한다. 그리하여 A는 B의 토지를 사용할 권리를 갖는다. 한편 A는 토지소유자인 B에 대하여 지상권설정등기 청구권을 갖는다.

---

3) 이상태, 물권, 424면.
4) 곽윤직, 물권, 351면 등.

Ⅳ. A의 건물양도의 효과

1. 서   설

앞에서 본 바와 같이, 본 사안에서 A는 X토지의 소유권이 B에게 이전된 때에 법정지상권을 취득하였다. 그럼에 있어서 A 명의로 법정지상권 설정등기를 할 필요도 없었다. 그러나 A가 법정지상권을 타인에게 양도하려면 제187조 단서에 따라 먼저 자신의 명의로 법정지상권 설정등기를 하고, 그 이전등기를 하여야 한다. 그런데 본 사안의 경우에 A는 법정지상권 등기를 전혀 하지 않은 채 그의 건물을 C에게 매도하고 건물의 소유권이전등기만 해주었다. 이러한 때에 C가 법정지상권을 취득하는지, 아니면 건물을 철거하여야 하는지, 혹 법정지상권을 취득할 방법은 없는지 등이 문제된다.

2. 법정지상권자가 건물의 소유권만 이전해 준 경우의 효과

(1) 법정지상권의 취득 여부

법정지상권을 취득한 건물소유자가 법정지상권 등기 없이 건물만을 타인에게 양도한 경우에 건물양수인은 법정지상권을 취득하는가?

1) 학설 및 사견

여기에 관하여 학설은 부정설과 긍정설로 나뉘어 있다. 부정설은 건물양수인은 법정지상권 취득의 등기가 없으면 토지소유자에 대하여 법정지상권을 주장할 수 없다고 한다.[5] 이 견해는 제187조 단서가 적용되어야 하기 때문이라고 한다. 그에 비하여 긍정설은 건물의 존립 보호라는 법정지상권 제도의 취지를 살리려면 건물의 소유권이 누구에게 귀속하든 법정지상권의 공시는 당해 건물의 소유권이전등기로 갈음된다고 하면서, 해석론으로는 이러한 법정지상권은 마치 지역권의 부종성(292조)과 유사한 성질을 갖고 있어서 이를 유추적용하는 것이 적절할 것이라고 한다.[6]

생각건대 긍정설은 제187조에 어긋날 뿐만 아니라, 그렇게 되면 법정지상권을 취득하지 않은 건물양수인을 지나치게 보호하는 것이 된다. 그러므로 부정설을 취하여야 할 것이다.

2) 판   례

판례는 제366조의 법정지상권은 건물소유권의 종속적인 권리가 아니라고 하면서 부정설을 취한다.[7] 다만, 판례는 법정지상권을 취득한 건물소유자가 법정지상권 설정등기를 하지 않고 건물을 양도한 경우에는, 특별한 사정이 없는 한, 건물과 함께 지상권도 양도하기로 하는 채권적 계약이 있는 것으로 보고, 건물양수인은 건물양도인을 순차 대위하여 토지

---

5) 김증한·김학동, 물권, 534면; 이영준, 물권, 840면 등.
6) 고상룡, 물권, 690면.
7) 대판 1980. 9. 9, 78다52; 대판 1981. 9. 8, 80다2873.

소유자에 대하여 법정지상권 설정등기 절차 이행을 구할 수 있다고 한다.[8] 이러한 판례는
학설에 의하여서도 지지되고 있으며, 타당하다고 할 수 있다.

　⑵ 토지소유자가 건물철거를 청구할 수 있는지 여부

　법정지상권을 취득하지 못한 건물양수인에 대하여 토지소유자가 건물의 철거를 청구할
수 있는가?

　여기에 관하여 판례는 과거에는 이를 인정하였으나,[9] 그 후 전원합의체 판결에 의하여
이를 허용하지 않는 쪽으로 판례를 변경하였다. 그 판결은, 미등기의 법정지상권자로부터
건물소유권 및 법정지상권을 양수한 자는 채권자대위에 의하여 전의 건물소유자들을 순차
대위하여 지상권설정등기 및 이전등기를 청구할 수 있으므로, 토지소유자가 건물양수인을
상대로 건물철거를 구하는 것은 지상권의 부담을 용인하고 설정등기 절차를 이행할 의무
있는 자가 그 권리자를 상대로 청구하는 것이어서 신의성실의 원칙상 허용될 수 없다고 한
다.[10] 즉 현재의 판례에 의하면, 토지소유자는 신의칙상 법정지상권이 붙어 있는 건물의 양
수인에 대하여 건물철거를 청구할 수 없으며, 건물양수인은 양도인을 대위하여 법정지상권
의 설정등기 및 이전등기를 할 수 있다.

　이러한 판례에 대하여도 학설은 긍정적이다.

　3. 본 사안의 경우

　본 사안에서 A는 C에게 건물을 양도하고 건물의 소유권이전등기만 해 주었다. 이러한
경우에는 사견 및 판례에 의하면 C는 법정지상권을 취득하지 못한다. C가 법정지상권을 취
득하려면 먼저 A의 명의로 법정지상권 설정등기를 하고 이어서 자신의 명의로 지상권이전
등기를 하여야 한다.

　그리고 본 사안에서 법정지상권자인 건물소유자 A가 법정지상권의 설정등기를 하지 않
고 건물을 C에게 양도하였는데, 이러한 경우에는 특별한 사정이 없는 한 건물과 함께 지상
권을 양도하기로 하는 채권적 계약이 있는 것으로 보아야 한다. 따라서 C는 A를 대위하여
토지소유자인 B에 대하여 법정지상권 설정등기를 청구할 수 있다.

　한편 판례·학설에 의하면 토지소유자 B는 건물양수인인 C에 대하여 건물의 철거를 청
구할 수는 없다. 그것은 신의칙상 용인될 수 없다고 한다. 그리하여 본 사안의 경우 C는 건
물을 철거당하지 않고, 양도인인 A를 대위하여 법정지상권의 설정등기를 하고 이어서 자신
의 명의로 이전등기를 할 수 있다. 그렇게 되면 C는 유효하게 법정지상권을 취득하게 된다.

---

　8) 대판 1981. 9. 8, 80다2873 등.
　9) 대판 1982. 10. 12, 80다2667.
　10) 대판(전원) 1985. 4. 9, 84다카1131·1132 등.

Ⅴ. A와 B 사이의 법률관계

1. 서   설

앞에서 자세히 본 바와 같이, B가 매각대금(경매대금)을 모두 낸 때에 A는 등기 없이도 법정지상권을 취득한다. 그리하여 A는 B의 토지를 사용할 수 있다. 그런데 A의 법정지상권의 내용이 문제이다. 먼저 일반적인 경우에 관하여 정리한 뒤, 본 사안을 살펴보기로 한다.

2. 법정지상권의 내용

⑴ 효력이 미치는 범위

법정지상권의 범위는 해당 건물의 대지에 한정되지 않으며 건물로써 이용하는 데 필요한 한도에서 대지 이외의 부분에도 미친다.

⑵ 존속기간

법정지상권의 존속기간에 관하여는 견해가 대립한다. ⅰ) 다수설은 제281조의 기간을 정하지 않은 지상권으로 보아 동조 제 1 항에 의하여 제280조가 정하는 최단 존속기간으로 보아야 한다고 하나,[11] ⅱ) 사회상규에 적합하게 결정되어야 하며 제280조 제 1 항의 최단 기간을 엄수할 필요는 없다는 견해,[12] ⅲ) 당사자의 청구에 의하여 법원이 정해야 한다는 견해[13]도 있다.

판례는 다수설과 같다.[14]

생각건대 법정지상권의 존속기간에 관하여는 보통의 지상권에 있어서 존속기간의 약정이 없는 경우와 같이 다루어 무리가 없을 것이다.

⑶ 지   료

지료는 우선 당사자의 협의에 의하여 결정하게 되나 협의가 성립하지 않는 경우에는 당사자의 청구에 의하여 법원이 정한다(366조 단서). 그리고 법정지상권에 관한 지료가 결정된 바 없다면, 법정지상권자가 지료를 지급하지 않았다고 하더라도 지료지급을 지체한 것으로 볼 수 없으므로, 토지소유자는 법정지상권자가 2년 이상의 지료를 지급하지 않았음을 이유로 지상권소멸청구를 할 수 없다(학설·판례도 같음).[15]

---

11) 곽윤직, 물권, 352면; 김상용, 물권, 730면; 김용한, 물권, 577면; 김증한·김학동, 물권, 534면; 이상태, 물권, 425면; 장경학, 물권, 815면.
12) 이은영, 물권, 628면.
13) 이영준, 물권, 841면.
14) 대판 1992. 6. 9, 92다4857.
15) 이영준, 물권, 841면; 이은영, 물권, 629면. 대판 1994. 12. 2, 93다52297; 대판 1996. 4. 26, 95다52864; 대판 2001. 3. 13, 99다17142.

3. 본 사안의 경우

본 사안에 있어서 법정지상권을 취득한 A는 B의 토지를 건물의 대지뿐만 아니라 건물로써 이용하는 데 필요한 한도에서 그 이외의 부분도 사용할 수 있다.

그리고 그 법정지상권의 존속기간은 제280조의 최단기간으로 정해진다. 따라서 건물이 석조 등 견고한 것이면 30년, 그 외의 건물이면 15년간 존속한다.

지료는 A와 B의 협의에 의하여 결정되나, 협의가 성립되지 않으면 이들의 청구에 의하여 법원이 정한다. 그리고 지료에 관하여 결정되지 않았으면 토지소유자 B는 지료지급 연체를 이유로 지상권소멸청구를 할 수 없다.

VI. A와 C 사이의 법률관계

본 사안에서 A는 C에게 법정지상권 있는 건물을 양도하면서 건물의 소유권이전등기만 해 주고 법정지상권 등기는 해 주지 않았다. 이러한 경우에 C가 법정지상권을 취득하지 못한다는 데 대하여는 앞에서 기술하였다(Ⅳ. 참조). 그러면 A는 법정지상권 이전의무를 부담하지 않는가?

만약 A와 C 사이에 명시적으로 법정지상권 양도의 합의가 있었다면 A에게는 당연히 법정지상권 이전의 의무가 있다. 그러나 설사 그러한 명시적인 합의가 없었다고 하더라도 타인 토지 위의 건물을 양도하는 만큼 특별한 사정이 없는 한 묵시적으로 그러한 합의가 있었던 것으로 보아야 한다. 따라서 그때에도 법정지상권 이전의 의무를 부담한다. 즉 특별한 사정이 없는 경우에는 명시적인 합의가 없었더라도 A는 제187조 단서에 따라 먼저 자신의 명의로 법정지상권 설정등기를 하고 그 뒤에 C에게 그 이전등기를 해 주어야 한다.

본 사안에 있어서는 A의 법정지상권 이전의무의 불이행이 발생한다. 그러므로 C는 A에 대하여 채무불이행을 이유로 손해배상을 청구할 수 있다. 물론 C의 손해배상청구권은 소멸시효가 완성하지 않았어야 한다.16)

VII. B와 C 사이의 법률관계

1. 서   설

본 사안에서 C는 A로부터 건물의 소유권은 넘겨 받았으나 법정지상권은 취득하지 못하였다. 이러한 경우에 토지소유자 B가 C에 대하여 건물의 철거를 청구할 수 없다는 점,

---

16) 채무불이행으로 인한 손해배상청구권의 소멸시효기간은 판례에 의하면 손해배상청구권 발생시부터 10년이나, 학설 가운데에는 채권 발생시부터 10년이라는 견해도 있다.

C는 건물양도인인 A를 대위하여 B에 대하여 법정지상권 설정등기를 청구하고, 그 후에 A에 대하여 법정지상권 이전등기를 청구하여 법정지상권을 취득할 수 있다는 점에 대하여는 앞에서 살펴보았다(V. 참조). 그래서 여기서는 C가 토지의 사용대가를 지급하여야 하는지, 그 지급이 없으면 부당이득이나 불법행위가 되는지를 보기로 한다.

2. 건물양수인의 이득반환 문제

(1) 판례에 의하면, 법정지상권 있는 건물의 양수인으로서 장차 법정지상권을 취득할 지위에 있어 대지소유자의 건물철거나 대지인도 청구를 거부할 수 있는 지위에 있는 자라고 할지라도 그 대지의 점거사용으로 얻은 실질적 이득은 이로 인하여 대지소유자에게 손해를 끼치는 한에 있어서는 부당이득으로서 이를 대지소유자에게 반환할 의무가 있다고 한다.[17) 그리고 이러한 임료 상당 부당이득의 반환청구까지도 신의성실의 원칙에 반한다고 볼 수 없다고 한다.[18)

이러한 판례는 학설에 의하여도 지지된다.[19)

생각건대 토지소유자와 법정지상권자의 이익의 조정이라는 측면에서 볼 때 법정지상권의 성립에 의하여 토지에 제한을 가하고 있는 건물소유자에게 부당이득 반환의무를 면해 주는 것은 균형을 잃는 일이 된다. 따라서 판례처럼 해석하여야 한다.

(2) 건물양수인이 법정지상권의 승계 없이 토지를 사용하고 있는 것이 불법행위라고 보기는 어렵다. 불법행위의 요건 가운데 특히 위법성을 인정할 수 없을 것이기 때문이다.

3. 본 사안의 경우

본 사안에 있어서 C는 건물양수 이후 법정지상권을 취득하게 될 때까지 건물대지의 사용으로 인한 이득을 부당이득으로 B에게 반환하여야 한다. 그 범위는 토지의 임료 상당액이라고 할 것이다.

그에 비하여 C는 B에 대하여 불법행위책임은 지지 않는다.

---

17) 대판 1988. 10. 24, 87다카1604; 대판 1995. 9. 15, 94다61144; 대판 1997. 12. 26, 96다34665.
18) 대판 1988. 10. 24, 87다카1604.
19) 이영준, 물권, 841면.

[46] 저당권의 침해에 대한 구제

　X토지를 소유하고 있는 A는 그 토지 위에 지하 6층, 지상 20층 규모의 오피스텔 건물을
건축하여 분양하기로 하고, 1996. 9. 6. 공사에 착수하였으며, 1996. 5. 1.부터 분양을 개시하
여 총 460세대 중 370세대를 분양하였다. A는 1996. 12. 9. 위 건물의 건축자금으로 사용하
기 위하여 B로부터 180억원을 빌리면서 그 담보로 X토지에 채권최고액 140억원의 근저당권
을 B 앞으로 설정해 주었다. A가 1998. 1. 14. 위 건물의 건축공사를 지하 1층까지 완성한
상태에서 부도를 내자, A로부터 오피스텔을 분양받은 수분양자들이 중심이 되어 C조합을
결성하였고, C조합은 1998. 2. 24. A로부터 위 건물 건축사업의 시행권을 양수한 뒤 공사를
재개하여 현재(2000. 3. 7)는 지하층의 공사를 모두 마친 상태이다. 그리하여 지하 1층 내지
지하 6층까지의 기둥, 지붕 및 주벽 등의 시공이 완료되었다.
　1. 이 경우에 B가 근저당권 실행을 위한 경매신청을 한다면 지하 구조물이 경매 목적물에
　　당연히 포함되는가? 또는 B가 지하 구조물을 경매 목적물에 포함시킬 수 있는가?
　2. 이 경우에 B는 근저당권의 침해를 이유로 위 건물의 신축행위를 금지시킬 수 있는가?

I. 물음 1.에 대하여

1. 지하 구조물이 경매 목적물에 당연히 포함되는지 여부

⑴ 논점의 정리

　이 문제는 지하 구조물이 X토지에 부합되느냐에 달려 있다. 그 구조물이 X토지에 부합
하면 X토지가 경매되는 경우에 그 구조물도 당연히 경매 목적물에 포함될 것이나, 부합하
지 않으면 당연히 포함되지는 않을 것이기 때문이다.

　따라서 이 문제를 해결하기 위해서는 지하 구조물이 X토지에 부합하는지, 그리고 그
소유권은 누구에게 속하는지를 살펴보아야 한다. 그럼에 있어서 C조합의 성격도 언급할 필
요가 있다.

⑵ 지하 구조물의 소유관계

1) 건축 중인 구조물의 소유권 귀속

　건물을 짓고 있으나 아직 완성되지 않은 경우의 구조물의 소유관계에 관하여는 논의가
많지 않다.

⑺ 학   설   학설은 둘로 나뉘어 있다. 하나는, 건축 중인 구조물은 토지의 일부(종속
정착물)이거나 부합물(강한 부합)이므로 그 소유권은 토지소유자에게 귀속되고 토지와 별개의
거래의 객체가 될 수 없으나, 이러한 구조물이 타인의 권원에 의하여 부속된 경우에는 토지
에 부합하지 않고 동산으로서 독립하여 거래의 객체가 될 수 있다고 한다. 다른 하나는, 건
축 중인 구조물은 언제나 부합하지 않고, 따라서 그것은 토지의 정착물이 아니고 동산으로
파악할 것이라고 한다.

⑻ 판   례   판례는 건축 중인 구조물이 토지로부터 독립한 부동산으로서의 건물이
라고 하기 위하여서는 기둥과 지붕 그리고 주벽이 이루어지면 된다고 하면서, 설계된 대로
완성되어 있을 필요는 없고, 가령 지하층 부분만으로도 구분소유권의 대상이 될 수 있는 구
조인 경우에는 미완성 상태이기는 하지만 독립된 건물이라고 한다.[1]

⑼ 사   견   생각건대 건축 중인 구조물은 그것이 토지에 정착되어 있는 한 원칙적
으로 토지에 부합한다고 보아야 한다. 그것은 건축을 하는 자가 토지소유자이든 타인이든
마찬가지이다. 그러나 타인이 권원에 의하여 건축하는 경우에는 토지에 부합하지 않는다고
할 것이다(256조 단서). 그리고 소유자는 거래상 필요할 경우 건축 중인 구조물은 토지와 별
도로 거래할 수 있다고 하여야 한다. 한편 이러한 결과는 건축 중인 건물이 완성될 때까지
동일하게 인정되어야 한다. 즉 판례처럼 일부만이 완성된 경우를 미완성의 독립한 「건물」
로 파악하지는 않아야 한다.

요컨대 완성되지 않은 상태의 구조물은 「건물」은 아니며, 일정한 경우에는 토지와 별
개의 물건으로 다루어진다고 할 것이다. 그때의 그 구조물은 건물이 아니기 때문에 법적으
로는 동산처럼 다루는 것이 좋을 것이다.

2) 본 사안의 경우

본 사안에서 건축 중인 구조물이 누구의 소유에 속하는지를 보기 전에 C조합의 성격을
살펴보기로 한다. C조합은 A로부터 오피스텔 건물을 분양받은 자들이 중심이 되어 구성된
단체이다. C조합의 성격은 사안상으로는 불분명하나, 법인 아닌 사단일 것으로 추측되며,
그것이 아니라면 민법상의 조합일 것이다.

본 사안의 경우 X토지는 A 소유이다. C조합의 구성원이 오피스텔을 분양받았고, 그 분
양계약의 내용에 X토지에 대한 지분의 매매도 포함되어 있을 것이나, 그들은 아직 소유권
을 취득하지 못하였다. 따라서 본 사안에서 C조합은 X토지의 소유자로부터 건축사업의 시
행권을 양수하여 공사를 하고 있는 것이 된다.

본 사안에 있어서 건축 중인 구조물은 A가 공사를 하고 있던 중에는 X토지에 부합한
것으로 보아야 한다(256조 본문). 그런데 건축시행권을 C조합이 양수함에 따라 그때부터는
그 구조물은 X토지에 부합하지 않고(256조 단서), C조합의 소유에 속한다고 할 것이다. 그 소

1) 대판 2001. 1. 16, 2000다51872; 대판 2003. 5. 30, 2002다21592·21608.

유의 구체적인 모습은 C조합이 법인 아닌 사단이라면 C조합의 조합원이 총유하는 것이고, C조합이 조합이라면 조합원이 합유하는 것이다.

이 경우 지하 구조물은 토지와는 별개의 물건이나, 아직 건물로 인정할 수 없으므로 부동산으로 다룰 것은 아니고 동산처럼 다루어야 한다.

(3) 결　　론

본 사안의 지하 구조물은 X토지에 속하지 않으므로, B가 근저당권 실행을 위하여 경매신청을 한 경우 그 구조물은 경매 물건에 당연히 포함되지는 않는다.

2. B가 지하 구조물을 경매 목적물에 포함시킬 수 있는지 여부

(1) 논점의 정리

위에서 본 사안의 경우 지하 구조물의 소유권은 근저당권의 목적물인 X토지에 속하지 않고 C조합에 속함을 보았다. 그러므로 B가 지하 구조물을 경매 목적물에 포함시키려면 그에게 일괄경매청구권이 인정되어야 한다. 아래에서 일괄경매청구권의 요건을 정리하고, 이어서 본 사안에 있어서 그 요건이 갖추어졌는지를 살펴보기로 한다.

(2) 일괄경매청구권의 요건

토지를 목적으로 저당권을 설정한 후 그 설정자가 그 토지에 건물을 축조한 때에는 저당권자는 토지와 함께 그 건물에 대하여도 경매를 청구할 수 있다(365조). 이것이 토지 저당권자의 일괄경매권이다.

1) 일괄경매청구권이 인정되려면 첫째로, 토지에 저당권이 설정된 후에 건물이 축조되었어야 한다. 이 요건의 전제로 당연히 「건물」이 존재하여야 한다. 이와 관련하여 판례는 완공이 되지 않았을지라도 건물로서의 실질과 외관을 갖추고 그의 지번·구조·면적 등이 건축허가 또는 건축신고의 내용과 사회통념상 동일하다고 인정되는 경우에는 부동산경매의 대상이 될 수 있다고 한다.[2] 그러나 이미 시공된 부분이 건축허가 또는 건축신고된 것과 사회통념상 동일성이 인정되지 않는 경우에는 그렇지 않다고 한다.[3]

2) 둘째로, 건물을 저당권설정자가 축조하여 소유하고 있어야 한다. 저당권설정 후 토지를 양수한 자가 건물을 축조한 때에는 일괄경매권이 없다. 저당권설정자가 건물을 축조한 뒤 그 건물을 제 3 자에게 양도한 때에도 마찬가지로 새겨야 한다.

3) 그 밖에 저당권설정자로부터 저당토지에 대한 용익권을 설정받은 자가 그 토지에 건물을 축조한 경우에도 일괄경매권은 없다고 하여야 한다(강의, B-371 참조). 그런데 판례는 위와 같은 경우라도 그 후 저당권설정자가 그 건물의 소유권을 취득한 때에는 저당권자는 토지와 함께 건물에 대하여도 경매를 청구할 수 있다고 한다.[4]

---

2) 대결 2005. 9. 9, 2004마696.
3) 대결 2004. 9. 3, 2004마480.
4) 대판 2003. 4. 11, 2003다3850.

4) 이러한 설명이 근저당권의 경우에도 그대로 타당함은 물론이다.

(3) 본 사안의 경우

본 사안에 있어서는 「건물」이 존재하지 않는다. 판례도 경매와 관련하여서는 건물로서의 실질과 외관을 갖추고 그의 지번·등기·건축허가 또는 건축신고의 내용과 사회통념상 동일하다고 인정되는 경우에 이를 부동산경매의 대상으로 삼을 수 있다고 한다. 또한 본 사안의 경우 지하 구조물은 근저당권의 소유자인 A가 축조하기 시작하였으나 현재는 그 소유권이 C조합에 있다고 보아야 한다. 따라서 근저당권자 B는 일괄경매청구권을 가지지 못하며, 그 결과 B는 지하 구조물을 경매 목적물에 포함시킬 수 없다.

Ⅱ. 물음 2.에 대하여

1. 문제의 제기

본 사안에 있어서 C조합은 근저당권이 설정되어 있는 X토지에 건물신축공사를 계속하고 있다. C조합의 이러한 행위가 근저당권을 침해하는 행위인지, 그리하여 B가 그 행위를 배제할 수 있는지 문제된다. 이는 가치권이라는 저당권의 성질과 관련하여 검토되어야 한다.

2. 저당권의 성질

저당권은 채무자 또는 제 3 자가 채무의 담보로 제공한 부동산 기타의 목적물을 인도받지 않고 단지 관념상으로만 지배하다가 채무의 변제가 없는 경우에 그 목적물로부터 우선변제를 받는 물권이다(356조). 저당권은 물질적인 지배를 직접 목적으로 하는 물질권이 아니고, 목적물의 교환가치를 지배하는 가치권이다.

저당권은 목적물의 교환가치만 지배할 수 있을 뿐 그것을 이용할 수 있는 권리는 아니기 때문에 저당권설정자가 목적물을 통상의 용법에 따라 사용·수익하거나 제 3 자에게 용익하게 하여도 그것은 저당권의 침해가 아니다.

3. 저당토지 위의 건물신축이 저당권의 침해인지 여부

저당권의 침해가 있는 때에는 저당권자는 방해의 제거나 예방을 청구할 수 있다(370조·214조). 문제는 저당토지 위에 건물을 신축하는 것이 저당권의 침해에 해당하는지이다.

(1) 학   설

여기에 관하여 학자들의 논의는 적으며, 최근의 판례와 관련하여 저당권의 침해라고 인정하는 견해가 주장되고 있다.[5] 이 견해는 저당권설정자가 건물을 신축하는 도중에 저당권자가 저당권의 실행에 착수한 경우 건물의 계속적인 건축행위는 저당권의 침해이어서 저당

---

5) 판례실무연구[Ⅷ], 308면(김재형), 333면(배성호).

권자는 저당권에 기한 방해배제청구권을 행사하여 그 행위의 중지를 구할 수 있다고 한다. 이에 대하여 저당권설정자의 건물 신축행위는 토지의 통상적인 사용방법이므로 그것은 저당권의 침해가 아니라는 견해도 있다.

(2) 판   례

판례는, 저당목적물의 소유자 또는 제3자가 저당목적물을 멸실·훼손하는 경우는 물론 그 밖의 행위로 저당부동산의 교환가치가 하락할 우려가 있는 등 저당권자의 우선변제청구권의 행사가 방해되는 결과가 발생한다면 저당권자는 저당권에 기한 방해배제청구권을 행사하여 방해행위의 제거를 청구할 수 있다고 한다. 그리고 대지의 소유자가 나대지 상태에서 저당권을 설정한 다음 대지상에 건물을 신축하기 시작하였으나 피담보채무를 변제하지 못함으로써 저당권이 실행에 이르렀거나 실행이 예상되는 상황인데도 소유자 또는 제3자가 신축공사를 계속한다면, 이는 경매절차에서 매수희망자를 감소시키거나 매각가격을 저감시켜 결국 저당권자가 지배하는 교환가치의 실현을 방해하거나 방해할 염려가 있는 사정에 해당한다고 한다.6)

(3) 사   견

생각건대 저당권이 지배하는 교환가치를 위태롭게 하지 않음이 마땅하다는 견지에서 볼 때, 판례 및 그에 찬성하는 견해가 타당하다.

4. 본 사안의 경우

본 사안의 경우 B의 근저당권의 실행이 예상되는 상황이다. 그런데도 C조합이 건물의 신축행위를 계속하는 것은 저당부동산인 X토지의 교환가치의 실현을 방해 또는 방해할 염려가 있는 사정에 해당한다. 따라서 B는 C조합에 대하여 저당권에 기한 방해배제청구권을 행사하여 건물 신축행위의 중지를 청구할 수 있다. 판례도 이러한 경우에 관하여 같은 입장이다.7)

---

6) 대판 2006. 1. 27, 2003다58454.
7) 대판 2006. 1. 27, 2003다58454.

[47] 공동저당(1)

A는 그가 B에 대하여 가지고 있는 6,000만원의 채권을 담보하기 위하여 B의 X토지(시가 1억원)와 그 위의 Y건물(시가 5,000만원)에 2008. 6. 12.에 각각 1번 저당권등기를 하였다. 그 후 X토지에는 C와 D가 각각 3,000만원, 4,000만원의 채권을 담보하기 위하여 C는 2008. 7. 15.에, D는 2008. 7. 25.에 저당권등기를 하였다. 그리고 Y건물에는 E가 7,000만원의 채권을 담보하기 위하여 2008. 8. 12.에 저당권등기를 하였다.

1. 이 경우에 A의 채권이 이행기가 지났음에도 불구하고 B가 이행하지 않자(C·D·E의 채권도 모두 이행기가 지났다고 하자) 2009. 2. 10. A가 X토지와 Y건물을 경매에 부쳐 그것들이 각각 1억원과 5,000만원에 매각되었다면, 그 매각대금은 어떻게 배당되는가? (경매비용과 이자는 없는 것으로 가정한다. 아래에서도 같다)

2. 본문 사안의 경우에 A가 2009. 2. 20.에 X토지만을 경매에 부쳐 1억원에 매각되었다면, 그 매각대금은 어떻게 배당되는가?
   Y건물이 먼저 경매되었다면(매각대금 5,000만원) 어떤가?

I. 물음 1.에 대하여

1. 논점의 정리

본 사안에서 A는 B에 대한 6,000만원의 채권을 담보하기 위하여 B의 X토지와 Y건물에 저당권을 취득하였다. 그런데 X토지와 Y건물에는 타인의 저당권도 설정되어 있다. 그 후 A가 X토지와 Y건물을 모두 경매에 부쳐 동시에 배당하는 경우에 매각대금의 배당관계를 묻고 있다.

동일한 채권의 담보로서 복수의 부동산 위에 설정된 저당권을 공동저당이라고 한다 (368조). 본 사안의 A의 저당권들은 공동저당에 해당한다. 그리고 보면 본 문제는 공동저당에 있어서 동시배당을 하는 경우에 배당이 구체적으로 어떻게 되는지를 묻고 있는 것이다.

2. 공동저당에 있어서 동시배당의 경우의 배당

공동저당의 목적부동산 전부를 경매하여 그 경매대가를 동시에 배당하는 때에는, 각 부동산의 경매대가에 비례하여 피담보채권의 분담을 정한다(368조 1항). 그리고 여기서「각 부동산의 경매대가」란, 판례에 의하면, 매각대금에서 당해 부동산이 부담할 경매비용과 선순위채권을 공제한 잔액을 말한다.[1]

3. 본 사안의 경우

본 사안에서 A는 그의 6,000만원의 채권을 X토지와 Y건물의 경매대가에 비례하여 변제받는다. 그리하여 6,000만원 중 4,000만원(=6,000만원×1억원/(1억원+5,000만원))은 X토지의 경매대가로부터 변제받고, 2,000만원(=6,000만원×5,000만원/(1억원+ 5,000만원))은 Y건물의 경매대가로 변제받는다.

한편 X토지의 매각대금 중 A가 변제받고 남은 6,000만원은 먼저 C에게 3,000만원이 배당되고, 그 뒤 D가 나머지 3,000만원을 배당받는다. 그리하여 D는 1,000만원을 변제받지 못하게 되고, D의 그 채권은 무담보의 채권으로 존속한다. 그리고 Y건물의 매각대금 중 A가 변제받고 남은 3,000만원은 E가 배당받는다. 그리하여 E는 4,000만원의 채권은 변제받지 못하고, 무담보의 채권으로 남게 된다.

II. 물음 2.에 대하여

1. X토지만을 경매한 경우

(1) 논점의 정리

본 물음은 A가 X토지만을 경매에 부친 경우에 매각대금의 배당에 관하여 묻고 있다. 이는 공동저당에 있어서 이시배당(異時配當)의 경우에 공동저당권자가 어떻게 변제받고, 그 나머지는 누가 어떻게 변제받게 되는가의 문제이다.

(2) 공동저당에 있어서 이시배당의 경우의 배당

1) 민법규정

공동저당의 목적부동산 가운데 일부만이 경매되어 그 대가를 먼저 배당하는 경우에는, 공동저당권자는 그 대가로부터 그의 채권의 전부를 변제받을 수 있다(368조 2항 1문). 그리고 이 경우에 그 경매된 부동산의 후순위저당권자는 동시에 배당하였다면 공동저당권자가 다른 부동산의 경매대가로부터 변제받을 수 있는 금액의 한도에서 공동저당권자를 대위하여 저당권을 행사할 수 있다(368조 2항 2문).

2) 대위권의 발생 및 그 시기

후순위저당권자의 이러한 대위는 공동저당권자가 채권의 전부를 변제받은 경우뿐만 아니고 일부만을 변제받은 경우에도 인정되어야 한다. 통설도 같다. 만약 그렇게 해석하지 않으면, 공동저당권자가 어느 부동산의 경매대가 전부로부터 채권의 일부를 변제받은 때에는,

---

[1] 대판 2003. 9. 5, 2001다66291.

그 부동산의 후순위저당권자는 담보권을 상실하는 결과로 되는 반면에 다른 부동산의 후순위저당권자는 대위 없는 배당을 받게 되어 유리하게 되는 불균형이 생기기 때문이다.

후순위저당권자의 대위권은 공동저당권의 채권이 완전히 변제되는 때에 발생한다. 공동저당권자가 그의 채권의 일부만을 변제받은 경우에는, 공동저당권자가 다른 부동산의 경매대가로부터 채권액의 나머지를 완전히 변제받아 공동저당권이 소멸하는 때에 비로소 대위권이 생긴다.

3) 대위의 효과

여기서「대위」한다는 것은 공동저당권자가 가지고 있던 저당권이 후순위저당권자에게 이전한다는 의미이다. 통설도 같다. 그리고 이것은 법률상 당연히 발생하는 것이므로 등기가 필요하지 않다(187조).

(3) 본 사안의 경우

A가 X토지만을 경매에 부쳐 1억원에 매각되었다면, A는 그 1억원으로부터 그의 채권액 6,000만원 전부를 변제받는다. 그리고 A가 변제받고 남은 4,000만원은 먼저 C에게 3,000만원이 배당되고, 나머지 1,000만원이 D에게 배당된다. 한편 D가 변제받지 못한 3,000만원 중 2,000만원은 후에 Y건물이 경매되면 D가 A를 대위하여 그 경매대가로부터 변제받고, 나머지 경매대가 3,000만원은 E가 변제받게 된다. 그리고 D의 1,000만원의 채권과 E의 4,000만원의 채권은 무담보의 채권으로 존속한다.

2. Y건물이 먼저 경매된 경우

(1) 논점의 정리

이 문제 역시 이시배당의 경우에 어떻게 배당이 되는지를 묻고 있다. 다만, 먼저 Y건물이 경매된 경우에 관한 것일 뿐이다.

(2) 공동저당에 있어서 이시배당의 경우의 배당

위 1.에서 설명하였다.

(3) 본 사안의 경우

Y건물이 먼저 경매되어 5,000만원을 경매대가로 받았다면, A가 그 5,000만원 전부를 변제받는다. 그 뒤 X토지가 경매되면, 경매대가 1억원 중 A가 변제받지 못한 1,000만원을 먼저 변제받고, 그 다음에는 동시배당의 경우에 A가 X토지로부터 변제받을 수 있는 한도인 4,000만원 중 A가 변제받지 않은 3,000만원을 E가 A를 대위하게 된다. 그리하여 E가 3,000만원을 변제받고, 나머지 6,000만원은 C가 먼저 그로부터 3,000만원을 배당받고, D가 3,000만원을 배당받게 된다. 이 경우 역시 D의 1,000만원의 채권과 E의 4,000만원의 채권은 무담보의 것으로 남게 된다.

[48] 공동저당(2)

문 제

갑은 을에 대한 9,000만원의 채권을 담보하기 위하여 을의 G토지(시가 1억원)에 2008. 9. 5. 1번 저당권등기를 하고, 을의 누나인 병의 H토지(시가 5,000만원)에 같은 날 역시 1번 저당권등기를 하였다. 그리고 정은 을에 대한 그의 5,000만원의 채권을 담보하기 위하여 G토지에 2008. 9. 22. 저당권등기를 하였고, 무는 병에 대한 2,000만원의 채권을 담보하기 위하여 H토지에 2008. 9. 25. 저당권등기를 하였다.

1. 이 경우에 갑의 채권이 변제기가 되어 갑이 H토지를 경매에 부쳐 그것이 5,000만원에 경매되었다면, 그 매각대금은 어떻게 배당되고, 그때 을·병·정의 지위는 어떻게 되는가? (경매비용과 이자는 없는 것으로 가정한다. 아래에서도 같다) G토지가 먼저 경매되었다면(매각대금 1억원) 어떻게 되는가?

2. 본문 사안의 경우에 갑이 G토지와 H토지를 같이 경매에 부쳐 동시에 매각되었다면 어떤가?

Ⅰ. 물음 1.에 대하여

1. 논점의 정리

본 사안의 경우 갑은 을에 대한 9,000만원의 채권을 담보하기 위하여 을의 G토지와 병의 H토지에 저당권을 취득하였다. 이는 동일한 채권의 담보로서 복수의 부동산에 저당권이 설정된 공동저당이다. 그런데 공동저당의 목적부동산인 G토지와 H토지는 그 모두가 채무자인 을의 소유에 속하지 않고, 그중 H토지는 을의 누나인 병의 소유에 속하고 있다. 그리하여 병은 물상보증인에 해당한다. 그리고 G토지와 H토지에는 각각 정과 무의 저당권이 설정되어 있다. 이러한 경우에 있어서 H토지나 G토지가 경매되는 때에 그 매각대금이 어떻게 배당되는지를 묻고 있다.

이와 같은 경우에는 공동저당에 있어서 후순위저당권자의 대위와 물상보증인의 변제에 의한 대위가 충돌하게 된다. 그때 누구를 우선시킬 것인지가 문제된다.

2. 공동저당에 있어서 후순위저당권자의 대위

공동저당의 목적부동산 가운데 일부만이 경매되어 그 대가를 먼저 배당하는 경우에는,

공동저당권자는 그 대가로부터 그의 채권의 전부를 변제받을 수 있다(368조 2항 1문). 그리고 이 경우에 그 경매된 부동산의 후순위저당권자는 동시에 배당하였다면 공동저당권자가 다른 부동산의 경매대가로부터 변제받을 수 있는 금액의 한도에서 공동저당권자를 대위하여 저당권을 행사할 수 있다(368조 2항 2문).

3. 변제에 의한 대위

(1) 의   의

변제에 의한 대위란 채무의 변제가 제 3 자에 의하여 행하여진 경우에, 변제자가 채무자에 대하여 취득한 구상권을 확보하게 하기 위하여, 종래 채권자가 가지고 있던 채권에 관한 권리가 구상권의 범위 안에서 변제자에게 이전하는 것이다.

(2) 요   건

1) 변제 기타로 채권자에게 만족을 줄 것

물상보증인이 저당권의 실행으로 소유권을 잃은 경우도 이에 해당한다.

2) 변제자 등이 채무자에 대하여 구상권을 가질 것

구상권을 가질 수 있는 자로는 불가분채무자·연대채무자·보증인·물상보증인·담보물의 제 3 취득자·후순위담보권자를 들 수 있다.

3) 변제할 정당한 이익이 있거나(법정대위의 경우) **채권자의 승낙이 있을 것**(임의대위의 경우)

변제할 정당한 이익이 있는 자는 변제로 당연히 채권자를 대위한다(481조). 이 경우에는 채권자의 승낙이 없어도 법률상 당연히 대위가 일어나기 때문에 법정대위라고 한다. 「변제할 정당한 이익이 있는 자」의 예로는 불가분채무자·연대채무자·보증인·물상보증인·담보물의 제 3 취득자·후순위담보권자가 있다.

변제할 정당한 이익이 없는 자는 채권자의 승낙이 있어야 채권자를 대위한다(480조 1항).

(3) 효   과

채권자를 대위한 자는 자기의 권리에 의하여 구상할 수 있는 범위에서 채권 및 그 담보에 관한 권리를 행사할 수 있다(482조 1항).

그리고 변제자대위는 채권의 일부가 변제된 경우에도 인정된다. 그때에는 대위자는 변제한 가액에 비례하여 채권자와 함께 그의 권리를 행사한다(483조 1항).

4. 후순위저당권자와 물상보증인의 관계

(1) 서   설

공동저당의 목적부동산 중 일부가 물상보증인이나 제 3 취득자의 소유에 속하는 경우에, 그러한 부동산이 경매된 때에는, 그 소유자였던 물상보증인은 변제에 의한 대위규정(481조·482조)에 의하여 구상권을 취득하고 다른 부동산에 대하여 공동저당권자를 대위하게 된다. 그리하여 후순위저당권자의 대위와 충돌하게 된다. 이때 물상보증인과 후순위저당권자 중 누구를 우선시켜야 하는지가 문제된다.

(2) 학　　설

여기에 관하여 학설은 변제에 의한 대위 우선설, 후순위저당권자의 대위 우선설, 선등기자의 대위 우선설로 나뉘어 있다. 변제에 의한 대위 우선설은 제368조 제 2 항을 채무자 소유의 수개의 부동산 위에 저당권이 존재하는 경우에 한하여 적용되는 것으로 보아 물상보증인을 우선시킨다.[1] 후순위저당권자 대위 우선설은 물상보증인·제 3 취득자·후순위저당권자의 실질적 이해관계를 비교·교량할 때, 물상보증인이나 제 3 취득자도 부동산의 가액에 비례한 피담보채권의 안분액의 한도에서는 후순위저당권자에 우선하지 않는다고 한다.[2] 선등기자의 대위 우선설은 물상보증인의 저당권설정등기·제 3 취득자의 소유권이전등기와 후순위저당권자의 저당권등기 가운데 어느 것이 먼저 행하여졌는가에 따라 선등기자의 대위를 우선시킬 것이라고 한다.[3]

(3) 판　　례

판례는 물상보증인의 대위를 우선시키고 있다.[4] 그리하여 물상보증인은 그 전액에 관하여 공동저당권자를 대위하나, 채무자 소유 부동산 위의 후순위저당권자는 물상보증인의 부동산에 공동저당권을 대위할 수 없다고 한다. 그러면서 물상보증인의 부동산 위의 후순위저당권자는 물상보증인이 대위취득한 1번저당권에 대하여 물상대위를 할 수 있다고 한다.[5]

(4) 사　　견

물상보증인이나 제 3 취득자는 채무자가 아니면서 자신의 부동산을 담보로 제공한 자이다. 따라서 그러한 자는 함께 담보를 제공한 채무자보다 더욱 보호되어야 한다. 그리고 채무자의 부동산에 후순위저당권을 취득한 후순위저당권자는 채무자와 동일시되어야 한다. 채무자가 아닌 담보제공자를 보호하기 위해서이다. 이 점은 후순위저당권자가 저당권을 취득하기 전에 물상보증인의 부동산에 공동저당이 설정된 경우뿐만 아니라 저당권 취득 후에 공동저당이 설정된 경우에도 마찬가지이다. 그렇게 새기지 않으면 후자의 경우 후순위저당권자가 우연한 사정으로 기대하지 않은 부당한 이익을 얻게 되기 때문이다. 그러나 채무자의 부동산 위에 후순위저당권이 성립한 후에 공동저당의 목적부동산이 양도된 경우에는, 후순위저당권자의 대위를 우선시켜야 한다. 그리하지 않으면 후순위저당권자의 정당한 기대가 침해되기 때문이다. 그리고 그 경우에는 양수인은 이미 대위를 각오하였을 것이고, 그렇지 않더라도 대위를 하게 하더라도 부당하지 않다. 결국 원칙적으로는 물상보증인·제 3 취

---

1) 곽윤직, 물권, 364면; 이은영, 물권, 826면.
2) 김상용, 물권, 747면; 이상태, 물권, 443면; 이영준, 물권, 867면.
3) 김학동, 물권, 562면.
4) 대판 1994. 5. 10, 93다25417; 대판 1996. 3. 8, 95다36596 등.
5) 대판 1994. 5. 10, 93다25417; 대판 2001. 6. 1, 2001다21854.

득자가 우선되나, 후순위저당권이 성립한 후에 부동산을 취득한 자는 우선하지 않는다. 그리고 물상보증인·제 3 취득자가 우선하는 경우 그의 부동산에 후순위저당권을 취득한 자는 물상보증인·제 3 취득자의 대위권(1번저당권) 위에 물상대위한다고 새겨야 한다(370조·342조 유추). 이는 제 3 취득자에 관하여 예외가 인정되는 것을 제외하고는 판례와 동일하다.

5. 본 사안의 경우

(1) H토지가 먼저 경매된 경우

본 사안에서 H토지가 먼저 경매되어 매각대금으로 5,000만원을 받았다면, 갑이 그 5,000만원을 모두 변제받는다. 그리고 그 후 G토지가 경매되면, 그 매각대금 1억원에서 갑이 변제받지 못한 4,000만원을 변제받게 된다. 그리하여 그 나머지 6,000만원의 처리가 문제이다.

그런데 본 사안에서 물상보증인인 병은 변제에 의한 대위의 요건을 구비하였다. 저당권의 실행으로 그의 H토지의 소유권을 잃었고, 채무자에 대하여 구상권을 가지고 있으며, 변제할 정당한 이익이 있는 자이어서 법률상 당연히 대위할 수 있기 때문이다. 한편 본 사안에서 G토지의 후순위저당권자인 정은, 만약 본 사안의 경우에 제368조 제 2 항이 적용된다면, H토지에 관하여 공동저당권자인 갑을 대위할 수 있게 된다. 그리하여 병의 변제에 의한 대위와 정의 공동저당권자의 대위가 충돌하게 되어 문제이다.

그럴 경우 사견은 원칙적으로 물상보증인의 변제에 의한 대위를 우선시켜야 한다는 입장이다. 그에 의하면(판례에 의하여도 같음), 물상보증인인 병이 6,000만원 중 5,000만원에 관하여 갑을 대위하게 된다. 그리고 무가 그 5,000만원 가운데 2,000만원을 물상대위하게 된다. 그 나머지 3,000만원은 병이 그대로 취득하게 된다. 한편 정은 6,000만원 가운데 병이 대위하지 않은 1,000만원만 변제받게 된다. 그리하여 정의 4,000만원의 채권은 무담보의 것으로 남게 된다.

(2) G토지가 먼저 경매된 경우

G토지가 경매되어 받은 매각대금 1억원으로부터는 먼저 갑이 9,000만원을 변제받는다. 그리고 그 나머지 1,000만원은 정이 변제받는다.

그 후 H토지가 경매되어 5,000만원을 매각대금으로 받은 경우에 그것의 배당이 문제된다.

이 경우에, 제368조 제 2 항이 적용된다면, 정이 공동저당권자인 갑을 대위할 수 있게 된다. 그런데 사견은 원칙적으로 물상보증인을 우선시켜야 한다는 입장이므로, 그에 의하면 정은 H토지의 매각대금에 관하여 갑을 대위하지 못한다. 그리하여 5,000만원 중 2,000만원은 무가 변제받고, 그 나머지 3,000만원은 병에게 귀속하게 된다. 그리고 이때도 정의 4,000만원의 채권은 무담보의 것으로 존속한다.

Ⅱ. 물음 2.에 대하여

1. 논점의 정리

본 문제는 후순위저당권자와 물상보증인이 있을 경우에 동시배당을 할 때에는 어떻게 배당을 하여야 하는지에 관한 것이다.

2. 동시배당의 경우의 문제

이시배당에 관한 위의 물음 1.의 결과는 이시배당의 경우뿐만 아니라 동시배당의 경우에도 관철되어야 한다. 그렇지 않으면 동시배당의 경우에 불합리한 결과가 생기고, 동시배당을 할 때와 이시배당을 할 때 사이에 불균형이 생기기 때문이다. 그러기 위하여서는 이시배당을 한다면 변제에 의한 대위가 우선하게 되는 경우(즉 원칙적인 경우)에 공동저당의 목적 부동산 전부를 경매하여 그 경매대가를 동시에 배당하는 때에는, 공동저당권자는 먼저 채무자 소유의 부동산의 매각대금으로부터 변제를 받고 부족한 금액에 관하여서만 물상보증인 소유 부동산의 매각대금으로부터 변제를 받아야 한다. 이때에는 동시배당에 관한 제368조 제 1 항이 적용되지 않아야 하는 것이다.[6] 그에 비하여 후순위저당권자의 대위가 우선하게 되는 예외적인 경우에는 그 규정이 적용되어 부동산의 경매대가에 비례하여 피담보채권의 분담을 정한다.

3. 소 결

본 사안에서 G토지와 H토지가 동시에 매각되었고, 그 대금이 각각 1억원과 5,000만원인 경우에 관하여 배당이 어떻게 되는지를 보기로 한다.

이 경우는 비록 동시배당을 하는 경우이지만 제368조 제 1 항이 적용되지 않아야 하며, 공동저당권자는 우선 채무자 소유의 저당부동산의 매각대금으로부터 변제를 받고 부족한 부분만 물상보증인 소유의 부동산의 매각대금으로부터 변제를 받아야 한다.

이러한 사견에 따르면, 공동저당권자인 갑은 먼저 G토지의 매각대금 1억원으로부터 그의 채권액 9,000만원 전부를 변제받아야 한다. 그리고 그 나머지 1,000만원은 정이 변제받는다. 그리고 사견에 의하면, 정은 물상보증인인 병의 H토지의 매각대금에 대하여 갑을 대위하지 못한다. 그리하여 H토지의 매각대금 5,000만원에서는 무가 2,000만원을 변제받고, 그 나머지 3,000만원은 그 소유자 병이 취득한다. 그 결과 정의 4,000만원의 채권은 무담보의 채권으로 남게 된다.

이러한 결과는 이시배당의 경우와 같으며, 이를 달성하기 위하여 동시배당임에도 불구하고 제368조 제 1 항이 적용되지 않도록 한 것이다.

---

6) 동지 양창수, 민법연구 제 4 권, 1997, 316면.

《참 고》──

이 경우에 제368조 제 1 항을 적용하면 다음과 같이 된다.

동조에 의하면, 공동저당권자인 갑은 두 부동산의 경매대가에 비례하여 변제를 받아야 한다. 그리하여 갑은 G토지의 매각대금 1억원으로부터 6,000만원(＝9,000만원×1억원/(1억원＋5,000만원))을, H토지의 매각대금 5,000만원으로부터 3,000만원(＝9,000만원×5,000만원/(1억원＋5,000만원))을 변제받는다. 그리고 이때는 경매에 의하여 갑의 공동저당권이 모두 소멸하므로, 물상보증인인 병이 G토지에 관하여 공동저당권자를 대위하지 못한다. 그 결과 G토지의 매각대금 1억원 중 갑이 변제받고 남은 4,000만원은 정이 모두 취득한다. 그리고 H토지의 매각대금 5,000만원 중 갑이 변제받은 나머지 2,000만원은 무가 변제받게 된다. 이러한 결과는 이시배당의 경우와 다르며, 물상보증인 병에게 부당하게 불리한 것이다.

──

[49] 누적적 근저당권과 물상보증인의 변제에 의한 대위

** 문 제**

　A는 인테리어 업자인 B와 사이에 그가 B에게 인테리어 자재를 계속적으로 공급하고 B가 그 대금을 바로 지급하기로 하는 계약을 체결하였다. 그리고 B는 그 자재 대금채권을 담보하기 위하여 자신의 X토지(시가 7,000만원) 위에 채권최고액을 1억원으로 하는 근저당권을 설정해주었다. 또 B는 친지 C에게 부탁하여 A의 동일한 채권을 담보하기 위하여 C의 Y건물 (시가 9,000만원) 위에 채권최고액을 1억원으로 하는 근저당권을 설정해주도록 했다. 그런데 이 두 근저당권에 관하여 부동산등기부에 공동담보라는 뜻의 기재는 하지 않았다. 그 후 X토지에는 B에 대한 D의 5,000만원의 채권을 담보하기 위하여 D의 저당권이 설정되었고, 이어서 Y건물 위에는 C에 대한 E의 7,000만원의 채권을 담보하기 위하여 E의 저당권이 설정되었다. 그로부터 6개월쯤 지났을 때 A는 B가 인테리어 자재 대금을 제때 지급하지 않고 계속 미루자 B와의 자재 공급계약을 해지하고, 그의 근저당권에 기하여 Y건물의 경매를 신청하였다. 그 당시 A의 자재 대금채권액은 지연손해금을 포함하여 1억 4,000만원이었다. 그리고 Y건물의 매각대금 9,000만원이 모두 A에게 배당되었다. 그 뒤 A는 다시 X토지에 대하여 경매를 신청하였고, 그 경매에서 X토지는 7,000만원에 매각되었다. 그 당시 A의 채권액은 지연손해금을 포함하여 5,000만원이었다.

　이 경우에 X토지의 매각대금은 누구에게 어떻게 배당되어야 하는가?(집행비용은 무시하기로 함)

Ⅰ. 논점의 정리

　본 문제의 논점을 정리하면 다음과 같다.

　⑴ 우선 B의 X토지에 설정된 근저당권과 C의 Y건물에 설정된 근저당권의 성격(관계)이 무엇인지 문제된다. 즉 그 근저당권들이 개별적인 근저당권인지, 공동근저당권인지, 누적적 근저당권인지가 문제되는 것이다.

　⑵ 다음에 만약 두 근저당권이 누적적 근저당권이라면 X토지의 매각대금에 대하여 A가 어떻게 권리를 행사할 수 있는지, 특히 채권최고액 전부의 범위에서 우선변제를 받을 수 있는지 문제된다.

　⑶ 나아가 물상보증인인 C가 변제에 의한 대위를 할 수 있는지 문제된다.

(4) 마지막으로 만약 C의 변제에 의한 대위가 가능하다면 Y건물의 후순위저당권자도 보호될 수 있는지 문제된다.

Ⅱ. A의 두 근저당권의 법적 성격

1. 서   설

본 문제의 사안에서 X토지 위의 근저당권과 Y건물 위의 근저당권은 모두 채권자 A와 채무자 B 사이의 계속적 자재 공급계약에서 발생하는 동일한 채권을 담보하기 위하여 설정된 것이다. 그런데 그 근저당권들에 관하여 부동산등기부상 공동담보라는 뜻의 기재는 없었다. 개별적인 근저당권의 형태로 등기된 것이다. 이와 같은 경우에 두 근저당권이 법적으로 어떤 성격을 가지는지 살펴보아야 한다.

2. 개별적인 근저당권인지 여부

본 사안의 경우에 두 근저당권의 피담보채권은 하나의 기본계약에서 발생하는 동일한 채권이다. 그런데 그 채권을 담보하기 위하여 X토지와 Y건물이라는 별개의 부동산에 근저당권이 설정된 것이다. 이러한 경우에 피담보채권이 동일하다는 이유만으로 피담보채권이 자동으로 분할되어 각각 채권최고액이 5,000만원인 근저당권이라고 보아서는 안 된다. 그러한 해석은 담보범위를 달리하여 채권최고액 1억원 전부를 각기 담보하려고 하는 당사자의 의사에 반하기 때문이다.

3. 공동근저당권인지 여부

본 사안에서 두 근저당권에는 부동산등기부에 공동담보라는 뜻이 기재되어 있지 않다. 그리고 공동근저당권으로 판단해야 할 다른 특별한 사정이 있지도 않다. 그러므로 이 두 근저당권은 공동근저당권이 아니라고 해야 한다.

4. 누적적 근저당권인지

(1) 누적적 근저당권 인정에 관한 판례 · 학설 · 사견

판례는, 「당사자 사이에 하나의 기본계약에서 발생하는 동일한 채권을 담보하기 위하여 여러 개의 부동산에 근저당권을 설정하면서 각각의 근저당권 채권최고액을 합한 금액을 우선변제받기 위하여 공동근저당권의 형식이 아닌 개별 근저당권의 형식을 취한 경우, 이러한 근저당권은 민법 제368조가 적용되는 공동근저당권이 아니라 피담보채권을 누적적(累積的)으로 담보하는 근저당권에 해당한다.」고 한다.[1] 그리고 학설은 대체로 위의 판례를 따르

---

1) 대판 2020. 4. 9, 2014다51756·51763.

고 있다.

생각건대 누적적 근저당권이 민법에 명문으로 규정되어 있지는 않으나, 판례처럼 그것을 인정하는 것이 타당하다. 당사자의 의사를 존중할 필요가 있고 또 그것을 인정해도 부당한 결과가 생기지 않기 때문이다.

(2) 본 사안의 경우

본 사안의 경우에 A는 X토지와 Y건물에 동일한 채권을 담보하기 위하여 근저당권 2개를 설정받았고, 그러면서 두 근저당권의 채권최고액을 합한 2억원까지 우선변제받기 위하여 공동근저당권의 형식이 아니고 개별 근저당권의 형식을 취했다. 그러한 점에서 볼 때, A의 두 근저당권은 누적적 근저당권에 해당한다.

Ⅲ. X토지의 매각대금에 대하여 A가 어떻게 권리를 행사할 수 있는지

1. 서　설

본 사안에서 A는 누적적 근저당권의 하나인 Y건물 위의 근저당권을 실행하여 매각대금 9,000만원 전부를 배당받았고, 이제 X토지에 관하여 근저당권을 실행하여 X토지가 7,000만원에 매각되었다. 그리고 A의 채권액은 5,000만원이다. 이러한 경우에 A가 X토지의 매각대금 가운데 어떤 범위에서 우선변제를 받을 수 있는지 살펴보아야 한다. 문제는 채권최고액 1억원 전부에 관하여 우선변제를 받을 수 있는지이다.

2. 판례·사견

우리 판례는, 「누적적 근저당권은 공동근저당권과 달리 담보의 범위가 중첩되지 않으므로, 누적적 근저당권을 설정받은 채권자는 여러 개의 근저당권을 동시에 실행할 수도 있고, 여러 개의 근저당권 중 어느 것이라도 먼저 실행하여 그 채권최고액의 범위에서 피담보채권의 전부나 일부를 우선변제 받은 다음 피담보채권이 소멸할 때까지 나머지 근저당권을 실행하여 그 근저당권의 채권최고액 범위에서 반복하여 우선변제를 받을 수 있다.」고 한다.[2]

생각건대 누적적 근저당권을 인정한다면 판례의 이 결론도 따르는 것이 옳다. 즉 누적적 근저당권자는 각 근저당권에 관하여 반복적으로 채권최고액 전부에 관하여 우선변제를 받을 수 있다고 해야 한다.

3. 본 사안의 경우

위의 판례·사견에 따르면, A는 X토지의 매각대금 7,000만원으로부터 채권최고액 1억

---

2) 대판 2020. 4. 9, 2014다51756·51763.

원 전부의 범위에서 자신의 채권액 5,000만원의 변제를 받을 수 있다. 그 결과 A는 7,000만 원 중 5,000만원을 배당받게 된다. 문제는 A가 배당받고 남은 나머지 2,000만원이 누구에게 귀속되는지이다. 이 문제는 아래에서 살펴본다.

Ⅳ. 물상보증인 C가 변제에 의한 대위를 할 수 있는지

1. 서　설

본 사안에서 물상보증인 C는 A가 신청한 경매에 의하여 Y건물이 매각됨으로써 Y건물의 소유권을 잃었고, 또 배당도 전혀 받지 못하였다. 이러한 경우에 C가 X토지에 관하여 변제에 의한 대위를 할 수 있는지, 그리하여 X토지 매각대금으로부터 일부라도 배당을 받을 수 있는지 문제된다.

2. 변제에 의한 대위

(여기에 관하여는 [48]번 문제 Ⅰ. 3. 참조)

3. 누적적 근저당권의 경우에 변제에 의한 대위를 하여야 하는지

판례는, 누적적 근저당권의 경우에 물상보증인이 변제에 의한 대위의 요건을 갖추었으면 채무자 소유의 부동산에 관하여 채권자를 대위한다고 한다. 구체적으로 「채권자가 하나의 기본계약에서 발생하는 동일한 채권을 담보하기 위하여 채무자 소유의 부동산과 물상보증인 소유의 부동산에 누적적 근저당권을 설정받았는데 물상보증인 소유의 부동산이 먼저 경매되어 매각대금에서 채권자가 변제를 받은 경우, 물상보증인은 채무자에 대하여 구상권을 취득함과 동시에 민법 제481조, 제482조에 따라 종래 채권자가 가지고 있던 채권 및 담보에 관한 권리를 행사할 수 있다. 이때 물상보증인은 변제자대위에 의하여 종래 채권자가 보유하던 채무자 소유 부동산에 관한 근저당권을 대위취득하여 행사할 수 있다고 보아야 한다.」고 한다.[3]

생각건대 우리 판례는 공동근저당권의 경우에 물상보증인의 대위를 채무자 부동산 위의 후순위저당권자의 대위에 우선시킨다.[4] 물상보증인은 채무자가 아니면서 채무자를 위하여 자기 재산을 담보로 제공한 자이어서 두텁게 보호되어야 하고, 채무자 재산 위의 후순위저당권자는 채무자와 동일시되어야 하기 때문에, 위와 같은 판례는 타당하다. 그리고 그러한 법리는 같은 이유로 누적적 근저당권의 경우에도 그대로 인정되어야 한다.

---

3) 대판 2020. 4. 9, 2014다51756·51763.
4) 대판 1994. 5. 10, 93다25417 등.

4. 본 사안의 경우

본 사안에서 물상보증인인 C는 변제에 의한 대위의 요건을 갖추었다. A의 근저당권 실행으로 그의 Y건물의 소유권을 잃었고, 채무자에 대하여 구상권을 가지고 있으며, 변제할 정당한 이익이 있는 자이어서 법률상 당연히 채권자를 대위할 수 있기 때문이다.

그리고 물상보증인의 변제에 의한 대위가 채무자 재산 위의 후순위저당권자의 대위에 우선하므로, D는 C에 대하여 대위를 주장하지 못한다.

결국 C는 B에 대한 구상권 9,000만원(Y건물의 시가)의 범위에서 A의 채권 및 근저당권을 취득한다. 그 결과 X토지의 매각대금 7,000만원 중 채권최고액 1억원에서 A가 변제받아야 하는 5,000만원을 제외하고 2,000만원을 배당받을 수 있게 된다. 그리하여 X토지의 후순위저당권자인 D는 전혀 배당받지 못한다. 한편 물상보증인 C의 Y건물에는 E의 저당권도 있었기 때문에 종국적으로 C가 2,000만원을 취득할지 여부는 좀 더 논의해야 한다.

V. Y건물의 후순위저당권자인 E가 보호되는지

저당권의 경우 물상대위가 인정된다(370조·342조). 즉 저당권은 저당부동산의 멸실·훼손 또는 공용징수로 인하여 저당권설정자가 받을 금전 기타 물건에 대하여도 행사할 수 있다. 이러한 물상대위는 물상보증인이 담보부동산에 관하여 금전을 취득하는 때에도 인정되어야 한다. 저당권에서의 물상대위에 관한 민법규정이 유추적용되어야 하는 것이다. 판례도—공동근저당권에 관하여—물상보증인 부동산 위의 후순위저당권자는 물상보증인이 대위취득한 1번저당권에 관하여 물상대위를 할 수 있다고 한다.[5]

이러한 이론에 따르면, 본 사안에서 C의 Y건물에 저당권을 가지고 있던 E는 C가 변제에 의한 대위에 의하여 X토지의 매각대금으로부터 취득하게 된 2,000만원에 대하여 물상대위를 할 수 있다. 그 결과 그 2,000만원은 최종적으로 E가 취득하게 된다.

VI. 결   론

본 사안의 경우 A의 두 근저당권은 누적적 근저당권이다. 그리하여 A가 이미 Y건물의 매각대금 9,000만원 전부를 배당받았더라도, 그는 X토지의 매각대금에 대하여 채권최고액 1억원 전부의 범위에서 우선변제를 받을 수 있다. 그 결과 X토지의 매각대금 7,000만원 중 먼저 A에게 그의 채권액에 해당하는 5,000만원이 배당된다. 그리고 누적적 근저당권의 경우에도 물상보증인의 변제에 의한 대위가 채무자 재산 위의 후순위저당권자의 대위에 우선

---

5) 대판 1994. 5. 10, 93다25417 등.

하므로, X토지의 매각대금 중 A에게 배당되고 남은 2,000만원은 물상보증인 C에게 배당된다. 그런데 C의 Y건물 위에는 후순위저당권자 E가 있고, E는 C가 배당받을 금전에 물상대위하므로, C에게 배당된 2,000만원은 E의 물상대위에 따라 E에게 배당된다. 결과적으로 X토지의 후순위저당권자인 D는 전혀 배당받지 못하게 된다.

[50] 가등기담보

문제

X토지의 소유자 A는 1999. 5. 13. B에게 근저당권을 설정해 주고 3억 5,000만원을 빌렸다. 그런데 A가 1999. 11. 이후의 이자를 연체하자 B는 X토지에 관하여 담보권 실행경매를 신청하여 경매개시 결정을 받았다. 이에 A는 2000. 11. 22. C에게, C가 A에게 2억원을 빌려 주면 그 돈으로 B에 대한 연체이자·위약금·경매취하비용 등 위 경매를 취하시키는 데 필요한 비용 등으로 쓰고, 대신 C는 담보로 X토지에 관하여 가등기를 설정받되 만일 A가 3개월 후인 2001. 2. 22.까지 위 대여금을 변제하지 못하면 본등기를 하기로 약정하였다. 그리고 그 약정에 따라 A는 C 명의로 소유권이전청구권 가등기와 본등기를 할 수 있도록 그에 필요한 서류를 교부해 주었다. 이 약정 당시 X토지의 시가는 4억 6,000만원이었다. 그 뒤 C는 2000. 11. 23. 위 서류를 이용하여 X토지에 관하여 소유권이전청구권 가등기를 마쳤다. C는 2000. 12. 2. 위 약정에서 정한 대여금의 용도에 따라 연체이자와 위약금 합계 8,000여 만원 및 경매취하비용 1,200여 만원을 B에게 변제하고 위 경매를 취하시켰으나, A에게 직접 건네주기로 하였던 나머지 대여금은 A에게 지급하지 않았다. A는 C에게 나머지 대여금의 지급을 독촉하기도 하였으나, 다른 사정이 있어 더 이상 문제삼지 않다가, C와 갈등이 생기게 되자 C에게 자신의 채무를 정산하고 이 사건 가등기를 말소할 것을 요구하였는데, C는 이를 미루다가 2001. 10. 23. 위 가등기에 기하여 X토지에 관하여 소유권이전등기를 마쳤다. 그런 상태로 현재(2002. 1. 15.)에 이르렀다.

1. 이 경우에 「가등기담보 등에 관한 법률」이 적용되는가?
2. 이 경우에 A는 C에게 그의 채무를 변제하고 X토지에 관하여 행하여진 C 명의의 가등기와 소유권이전등기를 말소하라고 청구할 수 있는가?
3. 위의 사안의 경우에 만약 C가 X토지를 D에게 매도하고 소유권이전등기도 해 주었다면, A는 D에게 소유권이전등기의 말소를 청구할 수 있는가?

Ⅰ. 물음 1.에 대하여

1. 문제의 제기

이 사안에서 X토지의 소유자 A는 채권담보의 목적으로 C와 대물변제예약을 하고 그 채권을 담보하기 위하여 C 앞으로 소유권이전청구권 보전의 가등기를 해 주었다. 이는 전형적인 가등기담보에 해당한다. 그런데 X토지의 예약 당시의 시가가 4억 6,000만원이고, 채권액은 2억원이다. C는 그 2억원 중에 9,200만원을 A 대신 변제하였고 그 외에는 A에게 지급하지 않았다. 한편 B의 저당권으로 담보된 채권액은 3억 5,000만원이고, 그것의 담보를 위해 근저당권이 설정되어 있다.

　　이러한 경우에 「가등기담보 등에 관한 법률」(이하 가담법이라 함)이 적용되는지 문제된다. 이 문제는 가담법 제 1 조와 관련하여 살펴보아야 한다. 이때 선순위 근저당권의 취급도 문제이다. 그리고 C의 채권액이 얼마인지, 즉 실제로 교부되지 않은 금액에 대하여도 채권이 성립하는지도 검토할 필요가 있다.

2. 가담법의 적용범위

　　가담법은 채무불이행이 생긴 때에 이전하기로 한 부동산의 가액(예약 당시의 시가)이 차용액과 이에 붙인 이자의 합산액을 넘는 경우에 적용된다(동법 1조). 따라서 차용액과 이자의 합산액이 부동산의 가액에 미치지 못하는 때에는 가담법이 적용되지 않는다. 판례도 같이 새긴다.[1]

　　그리고 그 재산에 관하여 선순위의 근저당권이 설정되어 있는 경우에는 그 재산의 가액에서 그 피담보채무액을 공제한 나머지 가액이 차용액과 이에 붙인 이자의 합산액을 초과하는 경우에만 그 적용이 있다고 보아야 한다. 판례도 같다.[2]

　　한편 소비대차에 있어서는 실제로 교부된 것이 아니고 약정된 것을 차용액으로 보아야 한다. 물론 약정 후 소비대주가 급부를 하지 않은 경우에는, 그는 급부를 하여야 할 의무가 있으며, 차주는 급부를 받기 전에는 반환의무 등이 없다.

3. 본 사안의 경우

　　본 사안의 경우 대물변제예약된 X토지의 예약 당시의 시가는 4억 6,000만원인데, 그 재산 위에 가등기담보가 성립하기 전에 이미 B의 근저당권이 설정되어 있으므로 그 피담보채권 3억 5,000만원을 제하여야 한다. 그렇게 하면 1억 1,000만원이 남게 되어, 그 금액은 A의 C로부터의 차용액 2억원에 미치지 못하게 된다. 그 결과 가담법 제 1 조의 규정상, 본 사안에는 가담법이 적용되지 않는다. 판례도 같은 입장이다.[3]

---

1) 대결 1990. 1. 23, 89다카21125·21132; 대판 1993. 10. 26, 93다27611 등.
2) 대판 2006. 8. 24, 2005다61140.
3) 대판 2006. 8. 24, 2005다61140.

Ⅱ. 물음 2.에 대하여

1. 문제의 제기

본 사안에서 C는 X토지에 관하여 가등기에 기하여 본등기까지 마쳤다. 그 당시 C가 대여금액 가운데 A에게 실제로 지급한 금액은 9,200만원에 지나지 않는다. 그리하여 X토지의 가액(4억 6,000만원)은 선순위 저당권자의 채권액(3억 5,000만원)과 C가 실제 급부한 9,200만원의 합산액을 초과한다. 그런데도 C는 A에게 차액을 지급하지 않았다. 이러한 경우에 C의 가등기 및 본등기가 유효한지 문제된다. 이들 등기가 무효라면 A는 C에게 그 등기의 말소를 청구할 수 있을 것이다.

그리고 설사 C 명의의 가등기·본등기가 유효하더라도 A가 C에게 채무를 변제하고 C 명의의 그 등기들의 말소등기를 청구할 수 있는지도 살펴보아야 한다.

《참 고》

　　가담법에는 양도담보의 경우에 관하여 위와 같은 내용의 명문의 규정이 제11조에 두어져 있다. 그리고 그 규정은 가담법이 적용되는 가등기담보에 유추적용되어야 한다(강의, B-418 참조). 그런데 그 규정이 가담법의 적용이 없는 가등기담보에는 적용 또는 유추적용되지 않아서 문제이다.

---

2. 가담법의 적용이 없는 가등기담보의 효력

⑴ 판례는, 가담법이 시행되기 전에 채권자가 채권담보의 목적으로 부동산에 가등기를 하였다가 그 후 변제기까지 변제를 받지 못하여 소유권이전의 본등기를 한 경우에는, 당사자들 사이에 채무자가 변제기에 피담보채무를 변제하지 않으면 채권채무관계는 소멸하고 부동산의 소유권이 확정적으로 채권자에게 귀속된다는 명시의 특약이 없는 한, 그 본등기도 채권담보의 목적으로 경료된 것으로서 정산절차를 예정하고 있는 이른바 「약한 의미의 양도담보」가 된 것으로 볼 것이라고 한다.[4]

그리고 「약한 의미의 양도담보」에서는 채무의 변제기가 도과된 이후일지라도 채권자가 그 담보권을 실행하여 정산하기 전에는 채무자는 언제든지 채무를 변제하고 그 채무담보 목적의 가등기 및 가등기에 기한 본등기의 말소를 구할 수 있다고 한다.[5]

한편 「약한 의미의 양도담보」가 이루어진 경우 부동산이 귀속정산의 방법으로 담보권이 실행되어 그 소유권이 채권자에게 확정적으로 이전되었다고 인정하려면 채권자가 가등기에 기하여 본등기를 경료하였다는 사실만으로는 부족하고 담보부동산을 적정한 가격으로 평가한 후 그 대금으로써 피담보채권의 원리금에 충당하고 나머지 금원을 반환하거나 평가

---

4) 대판 2005. 7. 15, 2003다46963 등.
5) 대판 1987. 11. 10, 87다카62; 대판 2005. 7. 15, 2003다46963.

금액이 피담보채권액에 미달하는 경우에는 채무자에게 그와 같은 내용의 통지를 하는 등 정산절차를 마친 사실이 인정되어야 한다.6)

(2) 판례는 가담법이 시행되고 있는 현재에도 가담법의 적용을 받지 않는 경우에는 그에 해당하는 위의 이론을 그대로 적용한다. 그리하여 변제기에 피담보채무를 변제하지 않으면 채권채무관계가 소멸하고 부동산의 소유권이 확정적으로 채권자에게 귀속된다는 명시의 특약이 없는 한, 그 본등기도 채권담보의 목적으로 경료된 것으로서 정산절차를 예정하고 있는 이른바 「약한 의미의 양도담보」가 된 것으로 보아야 하고,7) 이와 같이 「약한 의미의 양도담보」가 된 경우에는 채무의 변제기가 도과된 후라고 하더라도 채권자가 담보권을 실행하여 정산절차를 마치기 전에는 채무자는 언제든지 채무를 변제하고 채권자에게 위 가등기 및 그 가등기에 기한 본등기를 청구할 수 있다고 한다.8) 이러한 판례는 타당하다.

3. 본 사안의 경우

위의 이론에 의하면 본 사안의 경우에 A가 C에게 그의 채무를 변제하고 C 명의의 가등기와 소유권이전등기의 말소청구를 할 수 있는지는 A · C 사이에 채무불이행시 채권자가 확정적으로 소유권을 취득한다는 특약이 있었는지 여부에 좌우된다. 그러한 특약이 있었으면 A는 등기말소를 청구할 수 없으나, 특약이 없었으면 A는 채무를 변제하고 등기말소를 청구할 수 있다. 이때 A가 변제할 채무는 2억원 및 그에 대한 이자가 아니고, 실제로 교부받은 것에 해당하는 9,200만원 및 그에 대한 이자이다.

본 사안에 있어서 그러한 특약이 있었는지는 불분명하다. 따라서 특약이 있는 경우와 없는 경우로 나누어 위에서와 같이 기술하는 수밖에 없다.

Ⅲ. 물음 3.에 대하여

1. 논점의 정리

이 문제를 해결하려면 먼저 C 명의의 소유권이전등기가 무효인지 검토해보아야 한다. 그리고나서는 C의 등기가 무효인 경우 D의 소유권이전등기의 말소를 배제하는 근거가 있는지, 그리고 C의 등기가 유효하다면 D의 소유권이전등기의 말소를 인정하는 근거가 있는지를 살펴보아야 한다.

---

6) 대판 1996. 7. 30, 95다11900; 대판 2005. 7. 15, 2003다46963.
7) 대판 1995. 2. 17, 94다38113; 대판 2005. 7. 15, 2003다46963; 대판 2006. 8. 24, 2005다61140.
8) 대판 1991. 7. 26, 90다15488; 대판 1992. 1. 21, 91다35175; 대판 2006. 8. 24, 2005다61140.

2. C 명의의 소유권이전등기의 유효성

이 사안에서 만약 A와 C 사이에 A의 채무불이행시 채권자 C가 확정적으로 X토지의 소유권을 취득한다는 특약이 있었다면 C 명의의 소유권이전등기는 당연히 유효하게 된다. 그런데 A와 C 사이에 그러한 특약이 없었다고 하여도 C의 등기는 유효하다고 새겨야 한다. 가담법이 적용되는 경우라면 그 등기를 무효라고 할 것이고, 거기에 가담법 제11조 단서가 유추적용된다고 할 것이나, 이 사안은 가담법의 적용이 없는 경우이므로 위와 같이 새겨야 하는 것이다.

3. D의 등기의 말소청구의 근거가 있는지 여부

본 사안의 경우 C는 정산절차를 마치지 않았다. 그러나 C의 소유권 취득이 무효는 아니라고 할 것이다. 그리고 여기에는 가담법 제11조 단서가 유추적용될 것이 아니므로, 그에 기하여 등기말소를 청구할 수 없다. 또한 A가 D에게 등기말소를 청구할 수 있다는 근거도 없다. 따라서 A는 어떤 경우든 D에 대하여 소유권이전등기의 말소를 청구할 수 없다고 할 것이다. 그리하여 설사 D가 악의인 때에도 A는 등기말소를 청구하지 못한다.

《참 고》────────────────────────────

이 사안이 가담법 제11조 단서가 유추적용되는 경우라면 결과가 달라진다. 그런데 그 경우 유추적용의 내용에 관하여는 견해가 나뉘어 있다. 다수설은 가담법 제11조 단서 전부의 유추적용을 인정하여 채무의 변제기로부터 10년이 경과하거나 선의의 제3자가 소유권을 취득한 때를 제외하고는 등기말소를 청구할 수 있다고 하나, 소수설은 변제기가 경과한 때로부터 10년이 경과한 경우에는 유추적용을 부인하고 선의의 제3자가 소유권을 취득한 경우에 관한 것만 유추적용을 인정하여 선의의 제3자가 소유권을 취득한 때를 제외하고는 등기말소를 청구할 수 있다고 한다(강의, B-418 참조).

[51] 점유개정(占有改定)에 의한 2중양도담보

X농장에서 돼지들을 키우는 A는 B와 C로부터 양돈사료를 공급받고 있었다. A는 B와 C에 대한 그의 양돈사료 대금채무를 담보하기 위하여 각 점유개정의 방법으로 X농장에서 당시까지 사육하고 있거나 장래에 사육하게 될 돼지(이하 이 사건 돼지라 한다)를 각각의 목적물로 하여, 먼저 2000. 12. 21. B와 피담보채권액을 1억원으로 정한 유동집합물 양도담보계약을, 그 후 2002. 1. 28. C와 피담보채권액을 2억원으로 정한 유동집합물 양도담보계약을, 다시 2002. 10. 25. B와 피담보채권액을 2억원으로 정한 유동집합물 양도담보계약을 체결하였다. 그러면서 그 각 채무불이행시 이 사건 돼지에 대한 강제집행이 개시되더라도 이의가 없음을 인낙하는 취지의 공정증서도 함께 작성하였다. 그런데 A가 그 각 양돈사료 대금채무를 연체하자 먼저 B가, 다음으로 C가, 이 사건 돼지를 각 압류한 다음, 이에 따라 진행된 유체동산 경매절차에서 이 사건 돼지가 D에게 1억 3,000만원(집행비용은 논외로 한다)에 일괄 매각되었다.

1. 이 경우에 B, C는 양도담보권을 취득하는가?
2. 이 사건 돼지 매각대금 1억 3,000만원은 누구에게 배당되어야 하는가?

I. 물음 1.에 대하여

1. 논점의 정리

본 사안에서는 A가 채무를 담보하기 위하여 B · C 각각에 대하여 점유개정의 방법으로 돼지들을 목적물로 하여 유동집합물 양도담보계약을 체결하였다. 본 문제는 이러한 경우에 B · C가 양도담보권을 취득하는지를 묻고 있다.

이 물음에 답하려면 우선 위와 같은 경우에 「가등기담보 등에 관한 법률」(이하 가담법이라 함)이 적용되는지, 그리고 가담법이 적용되든 적용되지 않든 동산 양도담보의 법적 성질이 어떠한지를 살펴보아야 한다.

다음에는 동산 양도담보권 성립의 요건을 기술하고, 본 사안에서의 두 양도담보가 그 요건을 갖추고 있는지 검토하여야 한다. 그럼에 있어서는 특히 양도담보의 목적물과 공시방법에 유의하여야 한다.

그리고나서는 위의 논의를 기초로 본 사안의 경우에 B · C가 각각 양도담보권을 취득하는지를 구체적으로 살펴보아야 한다.

2. 양도담보와 가담법

(1) 널리 양도담보라고 하면 물건의 소유권(또는 기타의 재산권)을 채권자에게 이전하는 방법에 의하여 채권을 담보하는 경우를 가리킨다.

양도담보는 과거에서부터 많이 행하여져 왔으나, 그것을 규율하는 명문규정은 민법과 특별법 어디에도 없었다. 그렇지만 판례는 그 유효성을 인정하고 그에 대하여 체계적인 이론을 세워 두고 있었다. 그 후 가담법이 제정되면서, 양도담보권의 일부 특히 부동산의 양도담보는 그 법의 규율을 받게 되었다.

문제는 가담법의 규율대상이 아닌 양도담보는 어떻게 할 것인가이다. 여기에 관하여 학설은 양도담보의 이원화가 불합리하다는 이유로 동산 양도담보에도 부동산 양도담보와 같이 이론구성하여야 한다는 견해만이 나타나 있다. 그러나 판례는 동산 양도담보를 가담법 제정 전의 이론에 의하여 판단하고 있다(강의, B-423 참조). 생각건대 가담법은 그 적용대상을 부동산(및 등기·등록으로 공시되는 재산권)의 양도담보 가운데 부동산의 가액이 채권액을 초과하는 경우만으로 명시하고 있다(동법 1조·18조 참조). 그리고 설사 동산 양도담보에 가담법을 유추적용한다고 하더라도 구체적으로 어떤 결과를 인정할지 문제이다. 결국 가담법이 규율대상으로 삼고 있지 않은 경우에는 가담법 제정 전의 이론에 의해 규율하는 것이 타당하다.

(2) 본 사안은 동산 양도담보의 경우이다. 따라서 위의 사견과 판례에 의하면, 여기에는 가담법이 적용 또는 유추적용되지 않고, 종래의 이론이 적용된다.

3. 동산 양도담보권의 법적 성질

(1) 양도담보권의 법적 성질에 관하여는 근래에는 깊이 논의하고 있지 않다. 특히 동산 양도담보에 가담법을 유추적용하자는 견해는 동산 양도담보에 별다른 설명을 하지 않는다. 그 견해는 아마도 부동산 양도담보에 있어서와 마찬가지로 채권자가 양도담보권이라는 일종의 담보권을 가진다고 할 것이다(담보물권설). 그리고 양도담보는 담보 목적으로 소유권을 신탁적으로 이전한 것이라는 신탁적 소유권이전설을 취하는 학자는 동산 양도담보와 부동산 양도담보를 구별하지 않는다.[1]

한편 판례는 동산 양도담보에 관하여는 가담법이 제정되기 전의 통설·판례와 마찬가지로 신탁적 소유권이전설의 입장에 있다.

사견도 판례와 같다. 그에 의하면, 동산 양도담보에 있어서처럼 가담법의 적용을 받지 않는 경우에는, 양도담보는 일종의 신탁행위이고, 그에 의하여 소유권은 채권자에게 이전하되 채권자는 그 권리를 채권담보의 목적을 넘어서 행사할 수 없는 관계가 성립하게 된다.

---

1) 이영준, 물권, 913면 이하.

채권자가 담보권을 취득하는 것이 아니다.

(2) 본 사안의 경우 B·C는 각각 A와 동산의 양도담보계약을 체결하였다. 그러므로 만약 B·C와 A 사이의 양도담보가 완전히 유효하다면, 사건 및 판례에 의하면 B·C가 취득하는 양도담보권은 담보권이 아니고 소유권이 된다. 그런데 양도담보가 B·C 모두에 대하여 완전히 유효한지는 그 요건의 구비 여부를 깊이 검토하여야 알 수 있으며, 현재로서는 알 수 없다.

4. B·C가 양도담보권을 취득하는지 여부

(1) 동산 양도담보권 성립의 요건

양도담보권은 양도담보권 성립에 관한 물권적 합의와 목적재산권의 이전에 필요한 공시방법을 갖춤으로서 성립한다. 그 물권적 합의는 양도담보계약에 포함되어 행하여진다. 이러한 점은 동산의 양도담보에 있어서도 마찬가지다.

그런데 본 사안과 관련하여서는 양도담보계약의 경우 집합물이 그 목적물이 될 수 있는지, 그리고 점유개정이 공시방법으로서 가능한지를 살펴보아야 한다.

(2) 집합물을 목적물로 하는 동산 양도담보

회사의 상품·원자재 등과 같은 여러 동산이 집합물로서 양도담보의 목적이 될 수 있는지 문제된다. 여기에 관하여 판례는 그 목적동산을 종류·장소 또는 수량지정에 의하여 특정할 수만 있다면 그 집합물 전체를 하나의 재산권으로 하는 담보권의 설정이 가능하다고 한다. 판례는 구체적으로 원자재, 양어장 내의 뱀장어들, 의류들, 농장 내의 돼지들에 관하여 양도담보설정을 인정한다(강의, B-426 참조). 그리고 학설도 대체로 이에 찬성한다. 이러한 판례·학설은 타당하다.

(3) 공시방법으로서 점유개정(占有改定)이 가능한지 여부

동산의 양도담보를 성립시키기 위해서는 동산의 인도가 있어야 한다. 그리고 여기의 인도는 점유개정이라도 무방하다(통설·판례도 같음)(강의, B-427 참조). 문제는 점유개정에 의하여 2중으로 양도담보를 하는 경우에도 두 양도담보가 모두 유효하게 되는지이다.

2중양도담보에 관하여 보기 전에, 동산의 소유자가 그 동산을 2중으로 양도하고 모두 점유개정의 방법으로 매도인이 점유를 계속하는 경우에 누가 소유권을 취득하는가에 관하여 본다. 이에 대하여 학설은 ⅰ) 현실의 인도가 인도의 기본형이기 때문에 먼저 현실의 인도를 받은 자가 소유권을 취득한다는 견해와, ⅱ) 먼저 점유개정에 의하여 양수받은 자가 소유권을 취득하며, 그 후 점유개정에 의하여 양수받은 자가 소유권을 취득하는지는 선의취득의 문제로 돌아가 선의에 의하여 현실의 인도를 받아야 소유권을 취득한다는 견해로 나뉘어 있다. 판례는 예전에는 근거를 밝히지 않은 채 먼저 현실의 인도를 받아 점유를 해온 자가 소유권을 취득한다고 하였으나, 근래에는 2중양도담보의 경우에 관하여 제 1 의 채권

자가 소유권을 취득하고 제 2 의 채권자는 선의취득이 인정되지 않는 한 양도담보권을 취득
할 수 없다고 한다(강의, B-118 참조).

이를 검토해 본다. 점유개정에 의한 소유권양도가 인정되는 한 점유개정에 의한 2중양
도는 보통의 2중양도와는 다르다고 할 것이다. 이때는 제 1 양도에서도 소유권이전을 위한
공시방법이 갖추어져 있기 때문이다. 따라서 그 경우에는 일단 제 1 양수인이 소유자로 되
며, 제 2 양수인은 무권리자로부터 양수한 것이 되어 선의취득의 요건이 갖추어지지 않는
한 소유권을 취득할 수가 없다. 그런데 점유개정에 의한 선의취득은 인정되지 않아야 하므
로(다수설·판례도 같음)(강의, B-125 참조), 이러한 경우에는 제 2 양수인은 선의로 현실의 인도
를 받은 때에만 선의취득에 의하여 소유권을 취득하게 된다. 결국 앞의 ii)설과 판례가 타
당하다.

위의 이론은 2중양도담보에도 그대로 적용된다. 즉 양도담보에 의하여 채권자는 소유
권을 취득하므로 그 요건도 소유권양도의 경우와 동일한 것이다.

⑷ **본 사안의 경우**

사견과 판례의 의하여 본 사안의 경우를 검토해 보기로 한다.

본 사안에서 먼저 B가 A와 1억원의 채권을 담보하기 위하여 양도담보계약을 체결하였
다. 그리고 그 계약에는 물권계약도 포함되어 있다. B와 A는 양도담보의 목적물을 X농장에
서 사육하고 있거나 장래 사육하게 될 돼지로 하였는데, 이러한 유동적 집합물도 특정되어
있으므로 양도담보의 목적물로 될 수 있다고 하겠다. 나아가 A는 B에게 돼지들을 현실의
인도를 하지 않고 점유개정을 하였는데, 점유개정도 동산 양도담보를 성립시키기 위한 인도
의 대용물로서 유효하다. 따라서 본 사안에서 B는 일단 1억원을 피담보채권으로 하는 양도
담보권을 취득한다.

다음에 C는 어떤가? 본 사안에서 A는 다시 C와 2억원의 채권을 담보하기 위하여 양도
담보계약을 체결하였다. 이 경우 A와 C 사이의 양도담보계약에 물권적 합의가 포함되어 있
다는 점, 유동적 집합물인 돼지가 그 목적물로 될 수 있다는 점은 B에 있어서와 같다. 그런
데 A가 C에게 점유개정의 방법으로 양도담보한 것은 B에 관하여서와는 다른 의미를 가진
다. 우리 법상 A가 점유개정에 의하여 B에게 양도담보를 설정하였을 때 B는 돼지들의 소유
권을 취득하며, A는 적어도 대외적으로는 무권리자로 된다. 그 결과 A가 C에게 양도담보를
설정한 때에는 무권리자로서 한 것이어서 C는 돼지들의 소유권을 취득할 수 없다. 그때 C
가 소유권을 취득하려면 선의취득을 하여야 하는데, 점유개정은 선의취득에서의 점유취득
으로 인정되지 않아야 하므로, 선의취득도 불가능하다. 결국 C는 양도담보권을 취득하지 못
하는 것이다. 판례도 같은 입장이다.[2]

---

2) 대판 2004. 10. 28, 2003다30463; 대판 2005. 2. 18, 2004다37430.

5. 결   론

본 사안의 경우 B는 양도담보권을 취득하나, C는 양도담보권을 취득하지 못한다.

II. 물음 2.에 대하여

1. 논점의 정리

만약 채권자가 양도담보권을 취득한다면, 그는 양도담보권을 실행하여 그 매각대금으로부터 자기 채권의 우선변제를 받을 수 있다. 그런데, 전술한 바와 같이, 본 사안의 경우 B는 양도담보권을 취득하였으나, C는 양도담보권을 취득하지 못하였다. 그 결과 B는 양도담보권이 실행되면 우선변제를 받을 수 있으나, C는 그렇지 못하고 단순한 채권자로서만 권리를 행사할 수 있을 뿐이다. 문제는 B가 처음에는 피담보채권액을 1억원으로 정하여 양도담보계약을 체결하였는데 나중에 피담보채권액을 2억원으로 정한 양도담보계약을 체결하였는바, B의 양도담보권에 의하여 담보되는 범위가 어떻게 되는지이다. 한편 본 사안에서 B · C가 양도담보의 목적물인 돼지들을 압류하여 경매한 것의 성격도 살펴보아야 한다. 편의상 이에 관하여 먼저 정리하기로 한다.

2. 본 사안의 압류 · 경매의 성격

(1) 동산을 목적으로 하는 유동집합물 양도담보설정계약을 체결하면서 채무불이행시 강제집행을 수락하는 공정증서를 작성한 경우, 양도담보권자로서는 그 집행증서에 기하지 않고 양도담보계약의 내용에 따라 이를 사적으로 타에 처분하거나 스스로 취득한 후 정산하는 방법으로 현금화할 수도 있지만, 집행증서에 기하여 담보목적물을 압류하고 강제경매를 실시하는 방법으로 현금화할 수도 있다. 그런데 후자에 의하여 강제경매를 실시할 경우, 그 방법에 의한 경매절차는 강제집행이지만, 그 실질은 일반 강제집행절차가 아니라 동산 양도담보권의 실행을 위한 환가절차라고 보아야 한다. 따라서 그 압류절차에 압류를 같이 한 양도담보설정자의 다른 채권자는 양도담보권자에 대한 관계에서 압류경합권자나 배당요구권자로 인정될 수 없고, 그 결과 환가로 인한 매득금에서 환가비용을 공제한 잔액은 양도담보권자의 채권변제에 우선적으로 충당하여야 한다.[3]

(2) 본 사안에 있어서 B · C가 집행력 있는 공정증서에 기하여 돼지들을 압류하고 강제경매하도록 하였는데, 그 경매절차는 강제집행이지만 실질은 일반 강제집행절차가 아니고 동산 양도담보권의 실행을 위한 환가절차이다. 그러므로 본 사안의 경우 양도담보권을 취득한 B와 달리 양도담보권이 없는 C는 안분비례에 의하여 배당을 받을 수 있는 압류경합권자

---

3) 대판 2005. 2. 18, 2004다37430 등.

나 배당요구권자로 인정될 수 없고, 만약 매각대금에서 B가 우선변제를 받고 잔액이 있으면 그로부터 일반 채권자와 동일하게 변제를 받을 수 있을 뿐이다. 그런데 본 사안에서 B가 얼마만큼 우선변제를 받을 수 있는지는 좀더 검토되어야 한다.

3. B가 우선변제를 받을 수 있는 범위

본 사안에서 B는 2000. 12. 21. 돼지들에 관하여 양도담보권을 취득하였다. 그때의 피담보채권액은 1억원이었다. C는 그 뒤인 2002. 1. 28. 피담보채권액을 2억원으로 하여 동일한 방법으로 양도담보계약은 체결하였으나, 그는 양도담보권을 취득하지 못하였다. 그런 상태에서 2002. 10. 25. B는 A와 피담보채권액을 2억원으로 하여 양도담보계약을 체결하였다. 이러한 경우에 B의 양도담보권에 의하여 담보되는 범위가 문제된다.

본 사안에서 2002. 10. 25. A · B 사이의 양도담보계약에 의하여 B의 피담보채권은 1억원에서 2억원으로 증액된 것으로 보아야 한다(판례도 같다).[4]

동산 양도담보 실행을 위한 환가절차에서 경매에 의한 매각대금은 환가비용을 제외하고는 양도담보권자에게 우선적으로 배당되어야 한다. 그런데 본 문제에서는 집행비용은 논외로 하였으므로, 매각대금 1억 3,000만원은 모두 B에게 배당되어야 하며, C는 전혀 배당을 받지 못한다. 유사한 사안에서 판례도 같은 입장에 있다(위의 판례 참조).

---

4) 대판 2005. 2. 18, 2004다37430.

제 3 부
채권법총론

[52] 종류채권

　농부인 A는 쌀 상인 B에게 그(A)가 작년에 생산한 쌀 100가마 가운데 10가마를 70만원의 대금으로 판다는 내용의 계약을 체결하였다. 그리고 B는 A의 요구에 따라 70만원의 대금 전액을 계약 체결시에 A에게 지급하였다. 그 후 A는, 쌀을 운송회사인 C정기화물편으로 B의 주소지에 송부(送付)하기로 한 B와의 약정에 따라, 쌀 10가마를 C정기화물편으로 B의 주소지에 송부하였다. 그런데 쌀을 실은 C정기화물 트럭이 도중에 강으로 전복되어 쌀이 모두 떠내려가 버렸다.

　이 경우에 A·B 사이의 법률관계를 논하시오.

Ⅰ. 논점의 정리

　이 경우에는 우선 그 계약에 의하여 발생하는 A·B 사이의 채권관계의 내용, 특히 B가 A에 대하여 가지게 되는 채권의 성질이 무엇인지 문제된다. 즉 그것이 종류채권인지, 만약 종류채권이라면 보통의 것인지 특수한 것인지가 문제이다.

　둘째로, B의 채권이 종류채권이라면 특정이 필요하게 되는데, 그 방법과 시기 및 효과가 문제된다. 즉 본 사안에 있어서 특정이 일어나는지, 일어난다면 그 시기가 언제이고, 또 구체적인 효과가 어떻게 되는지를 살펴보아야 한다.

　셋째로, A가 계약 당시에 지급한 매매대금을 현재 이후에도 그대로 보유할 수 있는지, 아니면 B에게 반환하여야 하는지의 문제도 있다.

　마지막으로, 만약 본 사안의 경우에 특정이 일어났다면, 그 이후에는 A가 다른 물건으로 급부할 수 없는지도 살펴보아야 한다.

Ⅱ. B의 채권의 성질

1. 서　　설

　본 사안에서 A는 B와 쌀의 매매계약을 체결하였다. 그런데 이들 중 매도인인 A는 쌀과 무관한 자가 아니고 쌀을 생산하는 농부이다. 그리고 이 매매계약에서는 어느 쌀이든 관계없이 10가마를 매도하기로 한 것이 아니고, A 자신이 작년에 생산한 쌀 100가마 중에 10가마를 급부하기로 하였다.

이러한 경우에 B가 취득하는 채권이 종류채권인지, 그리고 그중에 특수한 것인지 보통의 것인지가 문제된다.

2. 종류채권과 재고채권(在庫債權)

(1) 의   의

종류채권이란 목적물(급부되어야 하는 물건)이 종류와 수량에 의하여 정하여지는 채권이다. 예컨대 쌀 20kg, 맥주 50병의 급부를 목적으로 하는 채권이 그 예이다. 이러한 종류채권에 있어서 종류를 표현하는 공통의 표지를 종류표지라고 한다. 종류표지의 결정은 당사자가 자유롭게 할 수 있다. 그리하여 당사자는 종류표지의 누적에 의하여 종류를 좁힐 수도 있다. 가령 채권의 목적물을 맥주 50병에서 더 나아가 OB맥주 50병, 2003년산 OB맥주 50병으로 표현하는 것이 그 예이다. 그런가 하면 「한정된 범위의 목적물」을 종류표지로 사용할 수도 있다. 즉 급부의 목적물을 종류로 지정하고서 거기에 다시 제한을 가하여 한정된 범위의 종류물 가운데 일정량의 급부를 약속할 수도 있다. 채무자 자신 또는 거래기업의 재고나 생산물로만 급부하기로 하는 때가 그렇다. 구체적인 예로는, 특정창고에 있는 쌀 10가마를, 또는 갑이라는 농부가 생산했거나 생산할 마늘 100접을 급부하기로 한 경우를 들 수 있다. 이러한 경우의 채권을 재고채권 또는 한정(제한) 종류채권이라고 한다.[1]

(2) 재고채권과 조달의무

재고채권도 종류채권이다. 여기서도 목적물은 종류에 의하여 지정되기 때문이다. 다만, 재고채권은 처음부터 일정한 재고로만 급부의무를 부담하는 점에서 보통의 종류채권과 구별된다. 재고채권의 경우에 채무자는 — 보충적으로 조달의무를 인수하지 않는 한 — 재고가 도난 또는 소실로 말미암아 부족하거나 전혀 없더라도 물건을 시장에서 조달할 의무가 없다.

재고채권의 경우에 채무자가 재고 아닌 물건으로 채무를 이행할 수 있는가? 이는 계약해석의 문제이다. 해석상 채무자에게 다른 물건을 조달할 의무는 없지만 권리는 있는 경우도 있다. 재고약관이 단지 채무자만을 위한 것일 때 그러한 해석이 행하여질 여지가 있다. 만약 해석에 의하여 그러한 권리가 있는지 불분명한 경우에는 그 권리를 인정하지 않아야 한다.

---

1) 이 두 용어는 모두 이상적이지 않다. 재고채권이라는 용어는 재고가 현재 창고에 있는 물건만을 가리키기 때문에 장차 생산될 물건도 객체로 될 수 있다는 점과 어울리지 못하고, 한정(제한) 종류채권이라는 용어는 종류표지가 누적되는 경우 모두를 가리키는 것으로 오해할 소지가 있는 점에서 그렇다. 그렇지만 전자가 목적물이 제한되어 있다는 당해 채권의 특징을 제대로 보여 줄 수 있어서 더 낫다. 그래서 저자는, 통설이 대부분 한정 종류채권이라고 표현하고 있음에도 불구하고, 재고채권이라는 용어를 사용하기로 한다.

⑶ 재고채권의 존재 유무 판단

구체적인 경우에 보통의 종류채권이 존재하는지 재고채권이 존재하는지는 계약의 해석으로 결정하여야 한다. 재고채권에 관한 명시적인 합의가 없을지라도 여러 사정으로부터 그러한 합의가 인정될 수도 있다. 가령 채무자 자신의 저장물로만 이행하려는 것을 채권자가 알 수 있었던 경우, 채권자가 처음부터 일정한 생산지의 재고만을 구하려고 했던 경우에 그렇다. 그리고 채무자 스스로 생산한 물건과 동종의 물건의 급부가 약속된 경우에는 원칙적으로 재고채권이라고 보아야 한다. 예컨대 상품 생산자가 그가 생산하는 종류의 상품을 매도하는 경우, 또는 농부가 농산물을 매도하는 경우에는, 재고에 한정시킨다는 특약이 없어도 — 다른 특별한 사정이 없는 한 — 재고채권이 발생한다고 하여야 한다.

3. 본 사안의 경우

본 사안에 있어서 매수인 B는 A와의 매매계약에 기하여 쌀 10가마의 인도를 청구할 수 있는 채권을 가진다. 이러한 B의 채권은 종류채권이다. 채권의 목적물이 쌀이라는 종류와 10가마라는 수량에 의하여 정하여져 있기 때문이다. 그런데 본 사안에서는 급부의 객체가 어느 쌀이든 10가마이면 충분한 것이 아니고 A가 작년에 생산한 쌀 100가마 중 10가마이어야 한다. 이는 급부의 목적물을 종류로 지정하고서 거기에 다시 제한을 가하여 한정된 범위의 종류물 가운데 일정량의 물건의 급부를 약속하는 경우이다. 그러한 경우에 재고채권이 발생하게 됨은 위에서 기술한 바와 같다. 일반적으로 쌀을 생산하는 농부가 쌀을 매도하는 때에는 특약이 없더라도 재고채권으로 해석되어야 한다. 그런데 본 사안에서는 A가 작년에 생산한 쌀 100가마 중 10가마를 급부하기로 명시적으로 약정하였으므로 재고채권이 발생하였음은 더욱 분명하다.

본 사안의 경우에 B가 A에 대하여 가지는 쌀의 인도청구권이 재고채권이므로, A는 그의 쌀로써만 급부하면 되고, 그의 재고가 모두 없어져도 다른 쌀을 구하여 급부할 의무는 없다.

Ⅲ. B의 재고채권의 특정

1. 서　　설

B의 A에 대한 채권은 재고채권이다. 그런데 재고채권도 종류채권의 특수한 것이므로 채무자가 이행하려면 종류물 가운데 이행할 물건을 구체적으로 선정하여야 한다. 이것이 종류채권의 특정의 문제이다. 종류채권의 특정에 있어서는 특정의 방법, 시기가 우선 문제된다. 그리고 특정이 되었거나 되지 않았다면 그 효과가 설명되어야 할 것이다.

2. 재고채권의 특정

(1) 특정의 전제조건

재고채권에 있어서 특정이 일어나려면 그 전제조건으로 다음의 두 가지를 갖추어야 한다.

첫째로, 목적물이 재고에 해당하여야 한다. 채권의 목적물이 재고에 한정되기 때문이다.

둘째로, 적합한 품질의 것이어야 한다. 종류물의 품질에 차이가 있는 경우에 어떤 물건으로 급부하여야 하는가에 관하여는 민법 제375조 제 1 항이 규정하고 있다. 그에 의하면, 먼저 법률행위의 성질이나 당사자의 의사에 의하여 품질을 정하게 되며, 그것들에 의하여 정할 수 없는 때에는 중등품질의 물건으로 급부하여야 한다. 따라서 채무자는 하품으로 이행할 수 없고 채권자는 상품으로 이행하라고 요구할 수 없다. 여기서 중품이라 함은 종류물 가운데 중등품질의 것이므로, 재고채권의 경우에는 구체적인 재고 가운데 중품이어야 한다. 품질미달의 물건이 제공된 경우에는 특정이 일어나지 않는다. 또 채권자는 수령할 필요가 없고 적합한 품질의 물건의 급부를 요구할 수 있다.

(2) 특정방법

1) 서   설

민법은 제375조 제 2 항에서 두 가지의 특정방법을 규정하고 있다. 그러나 사적 자치의 원칙상 당사자가 계약으로 특정방법을 정할 수 있으며, 그때에는 제375조 제 2 항이 적용되지 않는다. 동 조항의 지정권 부여는 약정된 특정방법 가운데 하나이다. 그 외에 당연히 당사자의 합의에 의하여서 특정할 수도 있다. 이들 중 합의에 의한 특정이 가장 우선하며, 그것이 없으면 약정된 특정방법(지정권 부여 포함)에 의하여 특정이 일어날 수 있고, 이 두 방법 모두에 의하여 특정이 일어나지 않는 때에는 제375조 제 2 항 앞부분에서 정한 방법인「채무자가 이행에 필요한 행위를 완료」하는 것에 의하여 특정된다. 본 사안에서는 합의에 의한 특정이나 약정된 특정방법에 의한 특정이 일어날 여지가 없으므로 이 마지막 방법에 관하여 자세히 살펴보기로 한다.

2) 채무자가 이행에 필요한 행위를 완료하는 경우

「이행에 필요한 행위를 완료」하는 것이라 함은 채권관계의 내용에 따라서 채무자가 이행을 위하여 하여야 하는 행위를 다하는 것이다. 이행에 필요한 행위를 완료하는 시기는 채권관계의 내용, 즉 채무의 종류에 따라 다르다. 채무는 급부장소(이행장소)에 의하여 지참채무·추심채무·송부채무로 나누어진다.

(가) **지참채무**   지참채무는 채무자가 목적물을 채권자의 주소지 또는 합의된 제 3 지에서 급부하여야 하는 채무이다. 통설은 채권자의 주소지에서 급부(이행)하여야 하는 채무만을 지참채무라고 하나,[2] 가령 신부가 혼수를 장차 생활할 곳으로 가져오게 한 경우와 같이 제

---

2) 대표적으로 곽윤직, 채총, 30면.

3지를 급부장소로 합의한 때에도 지참채무라고 보아야 한다. 민법은 급부장소를 당사자가 특별히 정하지 않는 한 특정물채무 이외의 채무는 원칙적으로 지참채무로 규정하고 있다 (467조). 따라서 종류채무도 원칙적으로 지참채무이다.

지참채무에서는 채무자가 채권자의 주소지 또는 합의된 제3지에서 적시에 채무의 내용에 좇아 현실적으로 변제의 제공(현실의 제공)을 한 때, 즉 목적물이 채권자의 주소 또는 합의된 제3지에 도달하여 채권자가 언제든지 수령할 수 있는 상태에 놓인 때에 특정되고, 목적물을 분리하거나 우편·철도 등의 운송기관에 발송을 위탁한 것만으로는 특정이 생기지 않는다. 따라서 발송을 위탁한 경우에 도달 전에 불가항력으로 멸실된 때에는, 특정이 없으므로 채무자는 급부의무를 면하지 못한다. 다만, 지참채무라 하더라도 미리 수령을 거절한 경우에는, 추심채무와 마찬가지로 현실제공까지는 필요 없고 구두제공을 하면 특정이 생긴다고 해야 한다(460조 단서 참조).

(나) **추심채무**   추심채무는 채권자가 채무자의 주소지 또는 합의된 제3지에 와서 목적물을 추심하여 변제받아야 하는 채무이다. 통설은 추심채무에서도 합의된 제3지에서 추심하여야 하는 경우, 가령 곡물수확 장소에 와서 인도받도록 한 경우를 제외하나, 이는 옳지 않다.

추심채무는 채무자의 이행에 채권자의 추심행위가 필요하므로 채무자가 목적물을 분리하여 채권자가 추심하러 온다면 언제든지 수령할 수 있는 상태에 놓아두고 이를 채권자에게 통지하여 수령을 최고한 때, 즉 구두의 제공을 한 때 특정이 생긴다(460조 단서 참조). 통설[3]도 마찬가지로 새기나, 「추심채무에서도 채권자의 수령거절이 없는 한 목적물을 준비하여 현실제공하고 목적물을 분리·지정해 놓아야 특정이 생긴다」고 하는 견해[4]도 있다.

생각건대 소수설은 통설에서 말하는 구두제공이라는 용어가 본래의 의미와 맞지 않는다는 데서 나온 주장인 듯하다. 그런데 그 소수설은 반대로 현실제공이라는 용어를 본래의 의미로 사용하지 않고 있다. 이 두 견해는 실질에 있어서는 같은 것으로 보인다. 설명의 편의상 통설처럼 하여도 무방할 것이다.

(다) **송부채무**   송부채무의 의의와 특정방법에 관하여는 견해가 대립하고 있다.

통설은 채권자 또는 채무자의 주소 이외의 제3의 장소에 목적물을 송부하는 채무인데, 그러한 송부채무의 경우에는 목적물을 송부하여야 하는 제3지가 채무의 본래의 이행장소인 때에는 지참채무와 같고, 제3지가 본래의 이행장소는 아니지만 채무자가 호의로 제3지로 송부하는 경우에는 목적물을 분리하여 제3지로 발송하는 때에 특정이 생긴다고 한다.[5] 그런가 하면 후술하는 사견을 따르는 소수설이 있다.[6]

---

3) 대표적으로 곽윤직, 채총, 30면; 김형배, 채총, 63면.
4) 이은영, 채총, 111면.
5) 대표적으로 곽윤직, 채총, 30면.
6) 이은영, 채총, 688면·112면.

생각건대 통설은 송부채무에서 실제로는 송부채무로 다루어야 할 경우를 전혀 다루지 않고 있다. 즉 통설이 말하는 「제 3 지가 본래의 이행장소인 경우」는 지참채무이며, 「채무자가 호의로 제 3 지에 송부하는 경우」는 추심채무에 불과하기 때문이다. 그리고 통설은 제 3 지에 송부하기로 한 채무만을 송부채무라고 하는데, 채권자의 주소지로 송부하기로 한 경우도 송부채무에서 제외시킬 이유가 없다. 다만, 지참채무인데 채무자의 편의상 송부하는 경우는 송부가 채무자의 행위를 대신하는 것이므로 송부채무가 아니다. 송부채무는 송부의 합의가 있는 경우에 생긴다.

사견에 의하면, 송부채무란 채무자가 목적물을 채권자의 주소지 또는 합의된 제 3 지에 송부하여야 하는 채무이다. 이러한 송부채무에서는 채무자로서는 목적물을 분리하여 운송기관에 맡겨 송부하기로 한 장소로 송부하면 이행에 필요한 행위를 다한 것이 된다. 그러므로 송부채무의 경우에는 목적물의 발송의 위탁으로 특정이 생긴다. 그리고 여기서도 채권자가 수령을 거절하면 구두제공만으로 특정된다.

(3) 특정의 효과

1) 급부위험의 이전

종류채권이 특정되면 종류채권은 동일성을 유지하면서 특정물채권으로 변한다(375조 2항). 그 결과 급부위험은 특정에 의하여 채무자로부터 채권자에게 이전된다. 그리하여 특정된 목적물이 불가항력으로 멸실되면 채무자는 급부의무를 면한다. 채무자에게 책임있는 사유로 멸실되더라도 다른 물건의 급부의무는 없고 손해배상의무만 부담한다. 물건이 훼손된 경우에도 그 물건을 급부하면 된다. 이들은 모두 특정물채권에 관한 규정·이론에 의한 것이다.

견해에 따라서는 종류채무가 특정에 의하여 특정물채무로 변경되는 것은 결코 아니라고 한다.[7] 이 견해는 변경권 등과 같은 효과가 남아 있음을 이유로 든다. 이러한 특수성이 있음은 사실이지만, 그것 때문에 특정물채권으로 변하지 않는다고 하면 특정물채권으로서의 성질을 설명하기에 부적절하다. 결국 특정물채권으로 변한다고 하되, 특수성을 가지고 있다고 하면 충분할 것이다.

2) 대가의 위험 문제

종류채권이 매매 기타의 쌍무계약으로부터 발생한 경우에는 급부의 위험 외에 대가의 위험도 문제된다. 그런데 대가의 위험은 특정에 영향을 받지 않는다. 여기에 관한 자세한 점은 뒤에서 설명하기로 한다(Ⅳ. 참조).

3) 변경권 문제

특정이 있은 후에 채무자가 특정에 구속되는가의 문제가 있다. 이것도 잠시 후에 따로 자세히 보기로 한다(Ⅴ. 참조).

---

7) 이은영, 채총, 115면 등.

3. 본 사안의 경우

본 사안에 있어서 A와 B는 A가 쌀을 C정기화물편으로 B의 주소지로 송부하기로 약정하였다. 따라서 사견에 의하면 A의 쌀 인도채무는 송부채무가 된다. 이러한 사견에 의할 때 특정이 일어났는지, 일어났다면 그 시기가 언제인지 살펴보기로 한다.

본 사안의 경우에 특정이 일어나려면 그 전제로 우선 A가 그의 재고인 100가마의 쌀 중에서 10가마를 부쳤어야 한다. A의 채무가 종류채무 가운데 재고채무이기 때문이다. 본 사안에서는 아마도 이 요건을 갖추었을 것으로 보인다.

다음에 A와 B는 쌀의 품질에 관하여 약정한 바가 없다. 그리고 본 사안과 같은 매매계약에서는 법률행위의 성질에 의하여서 목적물의 품질이 정하여질 수도 없다. 이처럼 당사자의 의사나 법률행위의 성질에 의하여 목적물의 품질을 정할 수 없으므로 A는 중품의 쌀을 급부하여야 한다. 그런데 A의 채무가 재고채무이므로 재고 가운데 중품이어야 한다. 즉 그의 쌀 100가마 중 중품을 송부하였어야 한다. 본 사안에서 이 요건이 갖추어졌는지는 분명치 않으나 일단 갖추어진 것으로 보고 논의를 진행하려고 한다.

본 사안의 경우에 A·B의 합의에 의한 특정은 없다. 그리고 A·B 사이에 특정방법을 특별히 약정하지도 않았다. 따라서 제375조 제 2 항에 의하여 A가 이행에 필요한 행위를 완료한 때 특정이 생긴다. 그런데 본 사안에서 A의 이행행위 완료가 있었는지 문제이다. 전술한 바와 같이 A의 쌀 인도채무는 송부채무이다. 그리고 송부채무에 있어서는 채무자가 목적물을 분리하여 운송기관에 맡겨 송부하기로 한 장소로 송부하면 이행행위를 완료한 것이 된다. 그리하여 목적물의 발송의 위탁으로 특정이 생긴다. 본 사안에서는 A가 C정기화물편으로 쌀을 이미 부쳤기 때문에 특정은 이루어진다. 그 시기는 C정기화물편에 발송을 맡긴 때이다.

본 사안에 있어서는, 사견에 의할 때, C정기화물에 쌀을 맡긴 때에 특정이 일어나고, 그때 종류채권은 특정물채권으로 변한다. 그 결과 급부의 위험은 그때 채무자인 A로부터 B로 이전된다. 그리하여 본 사안에서처럼 목적물이 A의 책임없는 사유로 멸실된 경우에는 채무자인 A는 — 다른 쌀이 남아 있더라도 — 채무를 면한다. 그리고 손해배상의무도 없다. A가 이미 받은 70만원의 대금을 보유할 수 있는지, 그리고 만일 보유할 수 없다면 다른 쌀을 급부할 수는 있는지에 관하여는 따로 살펴보기로 한다.

《참 고》

참고로 송부채무에 관한 통설에 의할 경우에 어떻게 되는지를 기술하기로 한다. 그 견해에 의하면, 본 사안에서 채무자인 A가 채권자인 B의 주소지로 쌀을 부치기로 하였다는 점에서 아마도 지참채무로 파악될 것으로 보인다. 만약 그렇다면 본 사안에서는 쌀이 B의 주소지에 도달하여 수령할 수 있는 상태가 되어야 특정이 일어나게 된다. 그런데 본 사안에서는 도착이 되지 않았으므로 특정이 일어나지 않을 것이다. 그 결과 특정의 효과도 생기지 않아서 A는 여전히 종류채무를 이행하여야 한다. 즉 그의 쌀이 남아 있는 한 다른 쌀을 급부하여야 한다. 물론 추가적인 대가를 받을 수는 없다.

IV. A가 매매대금을 보유할 수 있는지 여부

1. 서   설

방금 본 바와 같이, 본 사안에서 A는 다른 쌀을 급부할 의무는 없다. 그런데 A에게 급부의무가 없다 하더라도 만약 B로부터 받은 매매대금을 반환하여야 한다면 A로서는 손실을 입게 된다. 여기서 급부의무를 면하게 된 A가 B로부터 이미 받은 매매대금을 반환하지 않고 보유할 수 있는지가 문제된다. 이는 쌍무계약에 있어서의 대가의 위험의 문제이다.

2. 종류채권의 특정과 대가의 위험

앞에서 언급한 것처럼, 종류채권이 매매 기타의 쌍무계약으로부터 발생한 경우에 대가의 위험은 특정에 의하여 영향을 받지 않는다. 즉 민법 제537조, 제538조가 정하는 것 그대로이다.

제537조에 의하면, 쌍무계약의 당사자 일방의 채무가 당사자 쌍방의 책임없는 사유로 이행불능으로 된 때에는 채무자가 위험을 부담한다. 그리고 제538조에 의하면, 쌍무계약의 당사자 일방의 채무가 채권자의 책임있는 사유로 이행할 수 없게 된 때와 채권자의 수령지체 중에 당사자 쌍방의 책임없는 사유로 이행할 수 없게 된 때에는 채권자가 위험을 부담한다.

따라서 우리 민법상 종류채권이 특정되었어도 수령지체의 요건이 갖추어지기 전에는 대가의 위험은 특정 전과 마찬가지로 채무자가 부담한다. 그러나 특정과 거의 동시에 채권자가 수령지체에 빠지는 경우도 많다. 그렇지만 이론상으로는 확실히 특정은 수령지체, 즉 채권자지체에 선행한다. 특히 송부채무에 있어서 그렇다.

특정시기와 채권자지체 시기가 거의 일치하는 경우에는, 특정된 후에 목적물이 불가항력으로 멸실된 때에는 대체로 채권자지체의 상태에서의 멸실일 것이므로 채무자는 급부의무를 면하면서 상대방의 이행을 청구할 수 있다. 그리고 보면 특정과 관련한 대가위험 부담 논의는 송부채무와 같이 특정 후에도 상당기간 동안 채권자지체로 되지 않는 경우에만 의미가 있다. 송부채무의 경우에 송부된 목적물이 채권자에게 도달하기 전에 당사자 쌍방의 책임없는 사유로 멸실되었다면, 멸실이 특정 후에 일어났으므로 채무자는 급부의무를 면한다. 그러나 아직 채권자지체의 요건은 갖추어지지 않았기 때문에 대가의 위험은 여전히 채무자가 부담하고 그는 채권자에게 이행을 청구하지 못한다. 채무자가 이미 대가를 받았다면 그것은 부당이득이어서 반환하여야 한다.

3. 본 사안의 경우

본 사안에서 A의 채무는 송부채무로서 A가 쌀 10가마를 C정기화물에 맡겨 부치게 한 때 특정되었다. 그런데 그 쌀이 B에게 도달하기 전에 A·B 모두의 책임없는 사유로 물에 떠내려갔다. 즉 특정 후 도달 전에 멸실이 일어난 것이다. 따라서 A의 채무는 아직 채권자 지체로는 되지 못한다.[8] 그 결과 A는 쌀의 급부의무는 면하지만 B에게 대금지급을 청구하지는 못한다. A에게는 제538조 제1항 제2문이 적용되지 못하고 제537조가 적용되어 A가 여전히 대가의 위험을 부담하기 때문이다.

한편 본 사안에서는 A가 이미 대금을 받았는바, 그것은 상대방의 의무 없는 것을 수령한 것으로서 부당이득이므로 B에게 반환하여야 한다. 다만, 이때 A가 이 대금을 그대로 보유하기 위하여 다른 쌀로 급부할 수 있는가는 후술하는 특정의 구속성의 문제이다.

《참 고》

송부채무에 관한 통설에 의하면, 이 경우 A는 여전히 재고채무를 부담하고 있어서 재고가 남아 있는 한 이행불능으로 되지 않고, 따라서 위험부담 문제가 생기지 않는다.

V. A가 다른 쌀로 급부할 수 있는지 여부

1. 서   설

본 사안에 있어서 A는 쌀의 급부의무는 면하였지만 그가 받은 대금도 반환하여야 하기 때문에, 가령 쌀을 제값보다 많이 받고 팔았다고 생각되는 경우에는 A로서는 그 대금을 그대로 보유하고 싶어서 다른 쌀로 급부하려고 할 것이다. 이것이 허용될 것인지 문제된다. 이는 특정의 구속성(변경권) 문제이다.

2. 특정의 구속성(변경권) 여부

⑴ 구속성의 인정 여부

1) 학   설

종류채권이 특정되면 채무자가 특정에 구속당하는가에 관하여는 많은 문헌에서 논의하고 있다. 그런데 그 가운데에는 분명하게 원칙적으로 변경권을 인정하여야 한다고 하거나[9]

---

8) 채권자지체로 되려면 수령불능 또는 수령거절까지 있어야 한다.

9) 김증한·김학동, 채총, 37면; 이은영, 채총, 116면.

원칙적으로 부정하여야 한다고 하는 문헌도 있으나,[10] 인정과 부정 중 어느 것이 원칙인지 불분명한 문헌도 많다.[11]

　2) 사　　견

　　생각건대 종류채권의 경우 채권자는 원칙적으로 분리된 물건 자체에 어떤 이익을 가지지 않는다. 그가 만약 이익을 가지고 있다면 그는 특정물채권을 발생시켰을 것이다. 그러고 보면 특정된 종류채권은 특정물채권과 완전히 동일시할 수는 없다. 그리고 제375조 제 2 항은 모든 행위를 완료한 채무자만을 보호하기 위한 취지의 것으로 보아야 한다. 따라서 채무자는 그 규정의 보호를 스스로 포기할 수 있고, 그 결과 이미 발생한 특정을 다시 무효화하고 다른 물건으로 급부할 수 있다고 할 것이다. 그러나 채권자가 물건의 선택에 협력하거나 그가 이미 물건을 검사한 경우처럼 채권자가 특정된 물건 자체에 이익을 가지는 때에는 채무자가 특정에 구속된다고 해야 한다. 특정의 구속성을 원칙적으로 부인해야 할 다른 이유도 있다. 주장·증명의 면에서 볼 때 그렇다. 예외는 그것을 주장한 자가 증명하여야 하므로 그 점에서 특정의 구속성을 부인하는 것이 좋다. 채무자는 반대사실을 주장하기 어렵고 또 채권자가 특정된 물건에 특별한 이익이 없다는 것을 거의 증명할 수 없는 데 비하여, 채권자는 그러한 이익에 관하여 그리고 채무자를 특정에 구속시키는 다른 사정에 관하여 주장과 증명이 현저하게 쉽기 때문이다. 결국 특정의 구속성은 원칙적으로 부정되고, 변경권이 원칙적으로 인정되어야 한다.

　⑵ 구속성이 인정되거나 인정되지 않는 경우의 효과

　　특정에의 구속이 인정되지 않는 경우에는 특정된 종류채권(특정물채권)은 다시 종류채권의 상태로 되돌아간다. 따라서 채무자는 같은 종류의 다른 물건으로 급부할 수 있다.

　　특정에의 구속이 인정되는 경우에는 채무자는 특정된 물건으로 급부하여야 하며, 만약 그것이 불가능하고 불능에 대하여 유책사유가 있으면 손해배상을 해야 한다.

　3. 본 사안의 경우

　　본 사안에 있어서 채권자 B는 특정된 쌀(떠내려간 쌀)에 대하여는 특별한 이익을 가지지 않는다. 따라서 A는 특정에 구속당할 필요가 없다. 그리하여 본 사안의 경우 채무자 A는 B로부터 계약 당시에 받은 매매대금 70만원을 그대로 보유하기 위하여 자신의 남은 쌀 중에 10가마를 급부할 수 있다. 물론 A가 다른 쌀로 급부할 것인가, 아니면 그것을 포기하고 B에게 70만원을 반환할 것인가는 A의 선택에 달려 있다.

---

　10) 김기선, 채총, 70면.
　11) 곽윤직, 채총, 31면; 김상용, 채총, 49면; 김용한, 채총, 55면; 김형배, 채총, 65면.

VI. 결 론

본 사안의 경우 A의 쌀 10가마 인도채무는 종류채무 중에서 재고채무이다. 그리고 그것은 송부채무이다. 따라서 A의 채무는 A가 쌀을 C정기화물에 맡겨 송부하게 한 때에 특정된다.

한편 종류채권이 특정되면 급부의 위험이 채무자로부터 채권자에게 이전되는바, 본 사안에서 A의 채무가 특정 후에 A에게 책임없는 사유로 이행불능으로 되었기 때문에 A는 채무를 면하게 된다. 그의 쌀이 남아 있어도 마찬가지이다. 그러나 본 사안의 경우에 특정은 되었지만 채권자지체로는 되기 전에 목적물이 멸실되었으므로 대가의 위험은 제537조에 따라 여전히 A가 부담한다. 그 결과 A는 B에게 대금지급을 청구할 수 없다. 그런데 본 사안에서는 A가 이미 대금을 받았기 때문에, 이는 부당이득으로서 B에게 반환하여야 한다.

그 밖에 A가 가령 매매대금을 그대로 보유하기 위하여 자신의 다른 쌀로 급부할 수 있는지가 문제되는데, 이는 긍정하여야 한다.

[53] 선택채권

A는 곧 결혼하게 될 조카 B에게 결혼 축하 선물로 무엇인가를 해 주고 싶었다. 그리하여 A는 평소에 그가 아끼던 도자기 한 점(X도자기)이나 쌀 10가마 또는 금전 100만원 중에서 B가 원하는 것을 B에게 주기로 B와 계약을 체결하였다. 그 후 A는 B에 대한 결혼 선물 문제로 그의 처인 C와 크게 다투었고, 그 과정에서 화가 난 나머지 X도자기를 깨뜨려 버렸다. 이 경우에 A와 B 사이의 법률관계는 어떻게 되는가?

I. 논점의 정리

본 사안에 있어서 A는 B와 증여계약을 체결하였다. 그런데 증여의 객체는 계약 당시에 확정하지 않고 X도자기, 쌀 10가마, 금전 100만원 중 B가 선택하는 것으로 정하도록 하였다. 그런데 그 뒤에 A가 X도자기를 고의로 깨뜨려 버렸다.

이러한 경우에는 첫째로, A·B 사이의 관계가 법률관계인지 비법률관계인지 검토해 볼 필요가 있다. A와 B가 삼촌과 조카 사이이고 삼촌이 증여하려고 하기 때문이다.

둘째로, A나 B가 증여계약을 해제할 수 있는지가 문제된다. 이는 무엇보다도 증여계약이 서면에 의하여 체결되지 않은 경우에 그렇다.

셋째로, A·B 사이의 증여계약에 의하여 B가 취득하게 되는 채권의 성질과 내용이 무엇인지 문제된다. 그 채권이 선택채권인지, 그렇다면 선택권은 누구에게 있는지가 특히 중요하다.

넷째로, 본 사안에서 B가 취득하는 채권이 선택채권인 경우 A가 X도자기를 깨뜨린 것에 의하여 특정이 일어나는지도 문제이다. 이것이 본 문제에 있어서 핵심적인 부분이다.

다섯째로, X도자기의 멸실 후의 법률관계도 살펴보아야 한다. 그 법률관계는 X도자기의 멸실에 의하여 남은 급부에 특정이 일어나는지 여부에 따라 달라지게 된다. 그리고 만약 누구에게 선택권이 있다면, 그가 어떤 선택을 하느냐에 의하여 각기 다른 법률관계가 생기게 될 것이다.

여섯째로, 만약 선택권자가 있음에도 불구하고 선택권 행사를 하지 않는다면 어떻게 되는지도 검토해 보아야 할 것이다.

끝으로, A가 X도자기를 깨뜨린 것이 B에 대하여 불법행위가 되는지도 살펴볼 수 있을 것이다.

Ⅱ. A·B 사이의 관계가 법률관계인지 여부

1. 서   설

본 사안에서 A는 B의 삼촌으로서 조카인 B에게 결혼 축하 선물을 주려고 하였고, 그것을 위하여 3가지 중에 하나를 준다는 내용의 계약을 체결하였다. 이러한 점 때문에 A·B 사이의 관계가 법률관계에 해당하지 않는 것으로 생각될 여지가 있다.

2. 법률관계와 비법률관계(특히 호의관계)의 구별

(1) 법률관계와 비법률관계의 구별 필요성

사람의 사회생활관계 가운데에는 법에 의하여 규율되는 것이 있는가 하면 그렇지 않은 것도 있다. 전자가 법률관계이고, 후자가 비법률관계이다. 비법률관계는 그 모습이 다양한데, 그것의 중요한 한 경우로서 호의관계라는 것이 있다. 널리 호의관계라고 하면 호의로 어떤 행위를 하기로 하는 생활관계를 말한다. 비법률관계 중 법률관계와의 구별이 특히 문제되는 것이 이 호의관계이다.

호의관계에는 법이 적용되지 않는다. 그러나 엄격하게 말하면 전혀 적용되지 않는 것은 아니다. 호의관계의 특징은 청구권이 없다는 데 있다. 즉 호의행위자의 법적인 급부의무는 없다. 그렇다고 하여 전혀 법적인 의무가 없다고 단정할 수는 없다. 「본래의 급부의무」는 언제나 존재하지 않지만, 경우에 따라서는 「기타의 행위의무」(신의칙상의 의무)가 인정될 수는 있다.[1]

이처럼 호의관계는 법률관계와 다르기 때문에 양자는 구별되어야 한다.

(2) 법률관계와 비법률관계(호의관계)의 구별표준[2]

호의관계와 법률관계의 구별표준에 관하여 우리의 문헌은 한결같이 당사자의 구체적인 의사, 즉 법률적 구속을 받으려는 의사(법률효과의사)를 내세운다. 생각건대 이러한 통설은 취하고자 하는 결론에서는 타당하다. 그런데 표현으로는 행위자의 상대방이 제반사정 하에서 적절한 주의를 베풀었으면 어떻게 이해했어야 하느냐, 즉 법적으로 구속당하는 것으로 이해했어야 하느냐의 관점에서 호의관계인지 여부를 결정하여야 한다고 했으면 한다. 그렇게 하여 구체적인 의사가 중요하지 않음을 나타내 주는 것이 좋다.

구체적·개별적인 경우에 법률관계와 호의관계를 구별하는 데 고려하여야 할 표준으로는 먼저 행위자에 의하여 약속된 행위의 무상성 또는 비자익성을 들 수 있다. 그러나 그것

---

1) 「본래의 급부의무」, 「기타의 행위의무」의 개념에 관하여는 강의, C-74 이하 참조.
2) 여기에 관한 자세한 사항은 송덕수, "호의관계의 법률문제," 민사법학 제15호, 1997, 425면 이하 참조.

은 충분조건은 아니다. 민법은 증여, 사용대차, 무상위임, 무상임치 등의 무상계약도 인정하고 있기 때문이다. 나아가 호의의 종류·원인·목적, 특히 상대방에 대한 경제적 및 법적 의미, 호의행위가 행하여진 경우의 사정, 그리고 그 경우에 존재하는 당사자들의 이익 등도 있다.

3. 본 사안의 경우

본 사안의 경우에 A·B 사이의 관계가 법률관계인지 비법률관계, 특히 호의관계인지 여부는 행위자인 A의 상대방 B가 제반사정 하에서 적절한 주의를 베풀었다면 호의관계로 판단했어야 하는지에 의하여 결정되어야 한다.

그런데 본 사안에서 B로서는 A가 B에 대하여 급부의무를 부담하지 않는 약속만 한 것으로 보기는 어렵다. 왜냐하면 A가 구체적인 급부를 제시하고 있기 때문이다. 따라서 A가 B에게 무상행위를 한 것이기는 하지만, 여러 사정에 비추어 볼 때 B는 단순한 호의를 베푼 것으로 이해하지 않았어야 하고, 법적 의무를 부담하겠다는 것으로 이해했어야 한다. 결국 A·B 사이의 관계는 호의관계가 아니고 법률관계이다. 그리고 구체적으로는 증여계약이 존재한다.

Ⅲ. A나 B가 증여계약을 해제할 수 있는지 여부

1. 서　　설

앞에서 본 바와 같이, A와 B 사이에는 법률관계로서의 증여계약이 체결되었다.

그런데 민법은 증여에 관하여 특유한 해제원인 3가지를 규정하고 있다. 서면에 의하지 않은 증여의 해제(555조), 망은행위에 의한 증여의 해제(556조), 재산상태의 악화에 의한 증여의 해제(557조)가 그것이다.

이 가운데 둘째, 셋째의 것은 본 사안에서 그것들에 관련된 특별한 언급이 전혀 없어서 고려할 가치가 없다. 그에 비하여 첫째의 것은 검토해 볼 필요성이 있다. 사안에서는 분명하지 않으나, 본 사안의 계약의 당사자나 그 목적에 비추어 볼 때, A와 B가 증여계약과 관련하여 서면을 작성하지 않았을 가능성이 있기 때문이다.

2. 서면에 의하지 않은 증여의 해제

증여계약은 증여의 의사가 서면으로 표시되지 않은 경우에는 각 당사자가 이를 해제할 수 있다(555조). 여기서 서면으로 표시되어야 하는 것은 증여자의 「증여의 의사」이다. 이처럼 증여자의 증여의 의사가 서면에 나타나면 충분하므로, 반드시 증여계약서가 있어야 하는 것도 아니고 거기에 수증자가 표시되지 않아도 무방하다.

서면작성 시기에는 제한이 없다. 따라서 증여계약 당시에 서면을 작성하지 않았더라도, 그 후에 서면을 작성하면 그때부터는 서면에 의한 증여로 된다(학설·판례도 같음).3)

서면에 의하지 않은 증여는 당사자 모두, 그리하여 증여자뿐만 아니라 수증자도 해제할 수 있다. 이행이 있었더라도 이행부분이 일부에 지나지 않는 때에는 해제가 가능하다. 다만, 일부가 이행된 경우에 증여가 해제된 때에는, 해제는 이미 이행한 부분에 대하여는 영향을 미치지 않는다(558조).

3. 본 사안의 경우

만약 본 사안에 있어서 A의 증여의 의사가 서면으로 표시되지 않았다면 A나 B는 증여계약을 해제할 수 있다. 그리고 본 사안에서는 이행된 바가 전혀 없기 때문에 해제가 있으면 계약은 전부가 무효로 된다(직접효과설의 입장).

그런데 본 사안의 증여가 그에 해당하는지는 정확하게 알 수 없다. 따라서 여기서는 해제할 수 없는 경우이거나, 설사 해제할 수 있더라도 해제를 하지 않는 경우로 보고 논의를 진행하기로 한다.

IV. B의 채권의 내용

1. 서   설

본 사안에 있어서 B는 증여계약의 수증자이다. 그러므로 B는 증여계약에 기하여 채권을 취득하게 될 것이다. 그런데 본 사안의 경우에는 증여의 목적물이 확정되어 있지 않다. 약정대로라면 X도자기, 쌀 10가마, 금전 100만원 가운데 하나가 목적물이 될 것이다. 이러한 경우에도 수증자인 B의 채권이 성립하는지, 성립한다면 그것은 선택채권인지 종류채권인지, 그리고 그 내용은 어떠한지가 문제된다.

2. 선택채권

(1) 의의 및 발생

선택채권은 채권의 목적이 선택적으로 정하여져 있는 채권이다. 갑이라는 말이나 을이라는 소를 급부하기로 하는 경우가 그 예이다. 선택채권도 하나의 채권이며, 민법은 이를 유효한 것으로 인정하고 있다(380조 이하).

선택채권에 있어서는 급부(채권의 목적)는 선택에 의하여 그것이 특정되기 전까지는 확정되지 않으며, 따라서 이행할 수 없고 또한 강제집행도 하지 못한다. 그러므로 선택채권에서는 선택이 중요한 의미를 가진다.

---

3) 곽윤직, 채각, 118면; 대판 1989. 5. 9, 88다카2271; 대판 1992. 9. 14, 92다4192.

선택채권은 증여·매매와 같은 법률행위에 의하여 생길 수도 있고 법률규정에 의하여 생길 수도 있다.

(2) 종류채권과의 구별

선택채권은 채권의 목적이 특정되어 있지 않고 후에 특정이 필요하다는 점에서 종류채권과 유사하다. 그러나 선택채권에 있어서는 선택되어야 할 급부의 수가 확정되어 있고 또한 각 급부의 개성이 중요시된다. 그에 비하여 종류채권에서는 급부의 범위가 예정되어 있지 않으며 급부의 개성이 무시된다.

(3) 선택권과 선택권자

선택채권에 있어서 수개의 급부 가운데 구체적으로 이행될 하나의 급부를 선정하는 의사표시가 급부의 선택이고, 이 선택을 할 수 있는 법률상의 지위가 선택권이다. 누가 선택권을 가지는가는 선택채권의 발생원인인 법률규정 또는 법률행위에 의하여 정하여진다. 그런데 선택권자를 정하는 법률규정이나 당사자의 약정이 없으면 선택권은 채무자에게 속한다(380조).

3. 본 사안의 경우

본 사안에 있어서 B는 A에 대하여 증여계약에 기한 채권을 가진다. 그런데 급부는 X도자기, 쌀 10가마, 금전 100만원 가운데 어느 하나를 주는 것으로 정하여져 있다. 선택적으로 정하여져 있는 것이다. 그리고 각 급부는 각기 개성이 뚜렷하다. 따라서 B의 채권은 종류채권이 아니고 선택채권이다. 그리고 그 채권은 증여계약이라는 법률행위에 의하여 발생하였다. 민법상 이러한 채권도 유효하다.

한편 B의 선택채권에 있어서 선택권자는 A·B 사이의 계약에 의하여 이미 B로 확정되어 있다. 「B가 원하는 것을 주기로」 약정하였기 때문이다. 그 결과 B의 채권에서의 급부는 장차 B가 어떻게 선택하느냐에 따라 세 가지(또는 잔존하는 두 가지) 중에 어느 하나로 확정될 것이다. 그러나 선택권자인 B가 선택하지 않는 경우도 있을 수 있으며, 그에 관하여는 뒤에 따로 살펴보기로 한다(Ⅶ. 참조).

Ⅴ. X도자기 멸실의 효과(잔존급부에의 특정 여부)

1. 서   설

본 사안에서 증여자인 A는 선택적 급부의 목적물 중 하나인 X도자기를 멸실시켰다. 그리하여 X도자기의 급부는 불가능하게 되었다. 이러한 경우에 선택채권의 급부가 이행이 가능한 것에 한정되는지가 문제된다. 이것은 급부불능에 의한 특정의 문제이다.

2. 급부불능에 의한 특정

(1) 서   설

민법은 제385조에서 급부불능에 있어서 특정에 관하여 규정하고 있다. 그러면서 동조 제1항에서는 원시적 불능과 후발적 불능(이행불능)의 경우에 잔존급부에 특정된다고 하며, 제2항에서는 후발적 불능의 경우에 관하여 잔존급부에 특정이 일어나지 않는 예외를 규정하고 있다. 그러므로 급부불능에 의한 특정은 예외가 없는 원시적 불능과 예외가 있는 후발적 불능으로 나누어 살펴보아야 한다.

(2) 원시적 불능의 경우

수개의 급부 가운데에서 채권이 성립할 당시부터 원시적으로 불능한 것이 있는 때에는 채권은 잔존하는 급부에 관하여 존재한다(385조 1항). 즉 잔존급부에 특정이 일어난다.

(3) 후발적 불능의 경우

후발적 불능의 경우에는 선택권 없는 당사자의 과실로 불능이 된 때와 그렇지 않은 때가 다르다.

1) 선택권 없는 당사자의 과실로 급부가 후발적으로 불능(이행불능)으로 된 때에는 잔존급부에 특정되지 않는다(385조 2항). 따라서 채권자가 선택권자인 경우 그는 채무자의 과실로 불능으로 된 급부를 선택하여 채무자에게 책임있는 이행불능을 이유로 손해배상을 청구할 수 있고, 채무자가 선택권자인 경우 그는 채권자의 과실로 불능으로 된 급부를 선택하여 채무자에게 책임없는 이행불능을 이유로 채무를 면할 수 있다. 이러한 경우에 불능으로 된 급부를 선택할 수 있게 하기 위하여 민법은 제386조에서 선택의 소급효를 규정하고 있다. 왜냐하면 선택의 소급효가 인정되면 불능으로 된 급부를 선택한 경우에 그 선택은 채권이 발생한 때에 소급하므로, 현재는 불능이지만 채권 발생시에 가능했던 급부가 선택될 수 있기 때문이다. 여기서 제386조는 제385조 제2항을 돕는 규정임을 알 수 있다. 그런데 우리 문헌들은 대체로 제386조가 선택에 의한 특정만에 관한 규정이고 또한 그 경우에 관하여서만 의미를 가지는 것으로 오해하고 있는바, 이는 잘못이다.[4]

2) 한편 선택권이 있는 당사자의 과실에 의하여 또는 당사자 쌍방의 과실없이 급부가 후발적으로 불능으로 된 때에는, 채권은 잔존하는 급부에 존재한다(385조 1항).

3. 본 사안의 경우

본 사안에 있어서 선택권은 채권자인 B에게 있다. 그런데 X도자기를 채무자 A가 멸실시켰다. 그리하여 선택권 없는 당사자의 과실에 의하여 급부가 후발적으로 불능으로 된 경

---

4) 우리의 문헌들은 나아가, 급부불능에 의한 특정은 선택에 의한 특정과 달리 소급효가 없다고도 하는데, 이러한 기술은 매우 의미 없는, 불필요한 것이다.

우에 해당한다. 따라서 본 사안의 경우에는 채권은 잔존급부에 특정되지 않는다. 그 결과 선택권자인 B의 선택권은 급부불능에 의하여 영향을 받지 않는다. 즉 그는 불능으로 된 X 도자기의 급부를 선택할 수도 있고, 나머지 가능한 두 급부 가운데 하나를 선택할 수도 있다.

Ⅵ. B가 하나의 급부를 선택한 경우의 법률관계

1. 서   설

방금 본 바와 같이, 본 사안에 있어서 B는 불능으로 된 급부를 포함하여 3가지 급부 가운데 자유롭게 어느 하나를 선택할 수 있다. 여기서는 그러한 경우의 효과에 관하여 살펴 보려고 한다.

그러기 위하여 먼저 필요한 범위에서 선택권의 행사방법과 선택의 효과를 기술할 것이 다. 그리고 나서 선택된 각각의 급부별로 법률관계를 검토할 것이다.[5)

2. 선택권의 행사와 선택의 효과

선택채권의 당사자 일방이 선택권을 가지는 경우에는, 선택권은 상대방에 대한 의사표 시에 의하여 행사한다(382조 1항). 선택의 의사표시는 상대방 있는 것으로서 상대방에게 도 달한 때 효력이 발생한다. 그리고 일단 효력이 생기면 상대방의 동의가 없는 한 철회하지 못한다(382조 2항).

선택이 행하여지면 선택채권은 단순채권으로 변한다. 반드시 특정물채권으로 되는 것 이 아니다. 급부의 목적물이 특정물인가, 불특정물인가, 금전인가에 따라 각각 특정물채권, 종류채권, 금전채권으로 된다. 그리하여 가령 종류채권으로 되면 다시 특정이 필요하게 된다.

3. B가 X도자기의 급부를 선택한 경우

앞서 본 바와 같이, 본 사안에서 A는 선택권 없는 당사자인데 그의 고의로 X도자기가 멸실되었다. 따라서 채권자 B는 불능으로 된 X도자기의 급부도 선택할 수 있다.

만약 B가 X도자기의 급부를 선택한 경우에는, 선택의 소급효(386조)에 의하여 B는 채권 성립 당시에 A에 대하여 X도자기라는 특정물의 인도를 청구할 수 있는 채권을 가진 것으로 된다. 그리하여 A는 특정물채무의 채무자로서 X도자기를 선량한 관리자의 주의로 보존하고 이행기에 인도하였어야 한다(374조). 그런데 A가 X도자기를 고의로 깨뜨려 버렸다. 그 결과 A의 특정물채무는 이행불능으로 되었다. 채무불이행이 된 것이다. 따라서 B는 A에 대하여 채무불이행 가운데 이행불능을 이유로 손해배상을 청구할 수 있다.

---

5) 본 문제처럼 커다란 논점이 적은 경우에는 이와 같이 개별적인 경우들에 관하여서도 논의해 주는 것이 좋다.

4. B가 쌀 10가마의 급부를 선택한 경우

⑴ 본 사안에서 쌀 10가마라고 할 때 쌀은 불특정물(종류물)이다. 따라서 만약 B가 쌀 10가마의 급부를 선택하면 B의 채권은 종류채권이 된다. 그러므로 이때 A가 채무를 이행하려면 적합한 품질의 물건 가운데 구체적인 것으로 특정되어야 한다.

⑵ 종류채권에서 종류물의 품질에 차등이 있을 경우에는 적합한 품질의 물건을 급부하여야 한다. 종류채권의 경우 목적물의 품질은 먼저 법률행위의 성질이나 당사자의 의사에 의하여 정하여지나, 이들에 의하여 정하여지지 않는 때에는 채무자는 중품으로 급부하여야 한다.

민법은 제375조 제 2 항에서 종류채권에 있어서의 특정의 방법으로 두 가지를 규정하고 있다. 그러나 사적 자치의 원칙상 당사자가 계약으로 특정방법을 정할 수 있으며, 그때에는 동 조항이 적용되지 않는다. 그 외에 합의에 의하여 특정할 수도 있다. 이들 중 합의에 의한 특정이 가장 우선한다. 그 다음에는 약정된 방법에 의하여 특정된다. 지정권 부여도 그 방법 가운데 하나이다. 마지막으로 앞의 두 방법에 의한 특정이 없는 경우에는 채무자가 이행에 필요한 행위를 완료한 때 특정이 생긴다.

여기서 채무자의 이행행위 완료시기가 언제인지 문제된다. 그 시기는 채무가 지참채무인가, 추심채무인가, 송부채무인가에 따라 다르다. 그런데 본 사안은 지참채무이므로 그에 관하여만 보기로 한다.

지참채무에서는 채무자가 채권자의 주소지 또는 합의된 제 3 지에서 적시에 채무의 내용에 좇아 현실적으로 변제제공(현실제공)을 한 때, 즉 목적물이 채권자의 주소 또는 합의된 제 3 지에 도달하여 채권자가 언제든지 수령할 수 있는 상태에 놓인 때에 특정된다. 다만, 지참채무라 하더라도 채권자가 미리 수령을 거절한 경우에는 추심채무와 마찬가지로 현실제공까지는 필요 없고 구두제공을 하면 특정이 생긴다고 하여야 한다.

⑶ 본 사안에서 만약 B가 쌀 10가마의 급부를 선택하게 되면 B의 채권은 종류채권으로 된다. 그리고 그것은 보통의 종류채권이다. 그런데 본 사안의 경우 급부하여야 할 쌀의 품질에 관하여 특별한 약정도 없었고 그에 적용될 법률규정도 없다. 그러므로 B는 쌀들 가운데 중등품질의 쌀로 급부하여야 한다(375조 1항).

한편 민법은 급부장소에 관하여 당사자가 특별히 정하고 있지 않는 한 특정물채무 이외의 채무는 지참채무를 원칙으로 규정하고 있다(467조). 그리하여 종류채무도 원칙적으로 지참채무이다. 본 사안의 경우 A·B 사이에 급부장소에 관하여 특별히 정하고 있지 않으므로 A의 채무도 지참채무이다. 그 결과 A의 종류채무는 A가 품질에 맞는(즉 중품인) 쌀 10가마를 B의 주소지에 가지고 가서 B가 언제든지 수령할 수 있도록 하면 그때 특정된다. 그리고 그때부터는 B의 채권은 특정물채권이 된다.

5. B가 금전 100만원의 급부를 선택한 경우

B가 금전 100만원의 급부를 선택하게 되면 B의 채권은 금전채권으로 된다.

널리 금전채권이라고 하면 금전의 급부를 목적으로 하는 채권이다. 그러한 금전채권에는 금액채권, 금종채권, 특정 금전채권, 외국 금전채권 등이 있으나, 보통은 금액채권이다. 금액채권은 일정 금액의 지급을 목적으로 하는 채권이다. 금액채권은 특약이 없는 한 채무자의 선택에 따라 각종의 통화로 변제할 수 있다.

금전채권에 관하여는 이행불능이 발생하지 않으며 이행지체만 생길 수 있다. 민법은 이 금전채권의 이행지체에 관하여 제397조의 특칙을 두고 있다. 그에 의하면 금전채무의 불이행에 있어서는 채권자는 손해를 증명할 필요가 없으며, 채무자는 과실없음을 항변하지 못한다(397조 2항). 그리고 금전채무의 불이행에 있어서의 손해배상액은 법정이율에 의하여 정하는 것이 원칙이나, 법령의 제한에 위반하지 않는 약정이율이 있으면 그 이율에 의하여 정한다(397조 1항).

본 사안에 있어서 만약 B가 금전 100만원의 급부를 선택하게 되면 금전채권, 특히 금액채권에 관하여 위에서 설명한 것이 그대로 적용된다.

Ⅶ. B가 선택권 행사를 하지 않는 경우

1. 서　　설

본 사안에 있어서 급부의 선택권을 가지고 있는 B가 선택권을 행사하지 않는 경우도 생각해 볼 수 있다. 그러한 경우에 어떻게 되는지가 문제이다.

2. 선택권의 이전

선택권자의 선택권 행사가 없으면 선택권 없는 당사자는 이행할 수 없는 불안정한 지위에 놓이게 된다. 여기서 민법은 선택권의 이전에 관하여 규정하고 있다. 선택권 이전에 관하여 민법은 선택권자가 당사자 일방인 경우와 제 3 자인 경우를 나누어 규정하고 있다. 이들 가운데 여기서는 본 사안에 관계된 앞의 경우만을 보기로 한다.

당사자 일방이 선택권을 가지는 경우에 있어서, 선택권 행사의 기간이 있는 때에 선택권자가 그 기간 내에 선택권을 행사하지 않으면 상대방은 상당한 기간을 정하여 그 선택을 최고할 수 있고 그럼에도 불구하고 그 기간 내에 선택하지 않으면 선택권은 상대방에게 이전한다(381조 1항). 다음에, 선택권 행사의 기간이 없는 때에는 채권의 기한이 도래한 후 상대방이 상당한 기간을 정하여 그 선택을 최고할 수 있고 그럼에도 불구하고 선택권자가 그 기간 내에 선택하지 않으면 선택권은 상대방에게 이전한다(381조 2항).

3. 본 사안의 경우

본 사안의 경우에는 선택권을 당사자의 일방인 채권자 B가 가지고 있다. 그리고 선택권 행사기간은 정해져 있지 않다. 또한 채권의 기한은 특별히 정하지 않았으므로 채권성립과 동시에 이행기에 있는 것으로 해석된다. 따라서 이 경우에 채무자 A는 B에 대하여 상당한 기간을 정하여 선택할 것을 최고할 수 있다. 그럼에도 불구하고 B가 그 기간 내에 선택하지 않으면 선택권은 A에게 이전한다. 만일에 이에 의하여 A에게 선택권이 이전된다면, 그때에는 X도자기의 급부가 선택권 있는 당사자의 과실에 의하여 불능으로 된 것이므로 잔존하는 급부에 특정되게 된다. 즉 A는 X도자기의 급부를 선택할 수는 없다.

Ⅷ. A가 B에게 불법행위책임을 지는지 여부

A가 X도자기를 깨뜨린 것이 B에 대하여 불법행위로 되는지가 문제된다.

불법행위의 성립에는 ① 가해행위, ② 가해자의 고의 · 과실, ③ 가해자의 책임능력, ④ 가해행위의 위법성, ⑤ 손해발생(인과관계 포함) 등의 요건이 필요하다.

그런데 본 사안에 있어서 A의 행위가 이들 요건을 모두 갖추었다고 보기는 어렵다. 특히 위법성의 요건이 그렇다. A는 비록 채무자이기는 하나, 멸실 당시 X도자기의 소유자였다. 따라서 A의 X도자기 멸실행위는 위법하다고 하지 않아야 한다. B에게 손해가 있는지도 의심스럽다. 급부는 X도자기에 관한 것 이외에도 두 가지가 더 있을 뿐더러, 본 사안에서는 B가 X도자기의 급부를 선택하여 채무불이행을 이유로 손해배상을 청구할 수도 있기 때문이다. 그리고 본 사안의 경우는 제3자에 의한 채권침해도 아니다. 결국 본 사안에 있어서 A는 B에 대하여 불법행위책임은 지지 않는다고 할 것이다.

[54] 채무불이행으로 인한 손해배상

　A는 주택 수리업자인 B에게 그의 집의 지붕의 수리를 의뢰하였다. B는 그의 조수(助手)인 C를 보내어 그것을 수리하게 하였다. 그런데 C는 그로서는 최선을 다했으나 원래 경험이 적고 기능이 부족하여 비가 새게 수리를 하였다. 그 뒤 비가 새어 곰팡이가 피었고 그 때문에 2~3년 후에 A의 몇몇 그림이 못쓰게 되었다.

　1. A는 B에게 그의 그림이 상한 데 대한 손해배상을 청구할 수 있는가?

　2. 사례에 있어서 A가 그림이 상한 데 대한 분노로 인하여 자살하였다면, A의 처(妻) D는 B에 대하여 부양료 및 위자료를 청구할 수 있는가?

Ⅰ. 논점의 정리

　　본 사안에서는 지붕 수리의무를 부담하고 있는 B가 그의 조수인 C를 시켜 수리하게 하였는데 제대로 수리가 되지 않아 그 후에 그림이 상하고 A가 자살하는 일이 발생하였다. 본 문제는 이러한 경우에 A가 채무자인 B에게 그림이 상한 데 대하여 손해배상을 청구할 수 있는지(물음 1.의 경우)와 A가 자살하였다면 그의 처인 D가 부양료 및 위자료를 청구할 수 있는지(물음 2.의 경우)를 묻고 있다.

　　본 문제의 핵심은 그림이 상한 것과 남편이 자살한 데 대하여 채무불이행으로 인한 손해배상청구를 할 수 있는가에 있다. 이를 해결하기 위하여서는 우선 본 사안의 경우에 B의 채무불이행이 성립하는지를 살펴보아야 한다. 그럼에 있어서 직접적인 행위자가 B의 조수인 C라는 점을 유의하여야 한다. 다음에, 만약 B의 채무불이행이 성립한다면 손해배상의 범위는 어떻게 되는지 결정하여야 한다. 그것과는 별도로 다른 한편으로 혹시 B가 사용자책임을 지지는 않는지도 짚어 보아야 할 것이다. 그리고 나서 이것들에 대한 논의 결과를 바탕으로 하여 종합적으로 물음에 답하려고 한다.

Ⅱ. B의 채무불이행의 성립 여부

1. 서　　설

　　본 사안에서는 A와 B 사이에 지붕수리에 관한 계약이 체결되었다. 그 계약의 성질은 도급이다. 이 도급계약의 결과 B는 지붕 수리의무를 부담하게 된다. 본 사안의 경우에 B가 지붕 수리의무를 불이행하였는지가 문제된다.

　본 사안에 있어서 B의 채무불이행이 성립한다면 그것은 불완전급부(이는 통설의 불완전이행에 포함됨)가 될 것이다. 왜냐하면 본 사안의 경우에는 B의 지붕 수리의무가 — 비록 B의 조수 C에 의하여서이기는 하지만 — 이미 이행되었고, 따라서 이행지체나 이행불능일 수 없기 때문이다.

　그리하여 아래에서는 먼저 불완전급부의 요건을 정리하고, 이어서 본 사안의 경우에 그 요건이 구비되었는가를 검토하려고 한다. 그리고 그때에는 채무자가 직접 수리하지 않고 조수가 수리한 점에도 유의할 것이다.

2. 불완전급부

(1) 의　　의

　불완전급부(하자 있는 이행)란 채무자가 급부의무의 이행행위를 하였으나 그 이행에 하자가 있는 것을 말한다. 이러한 불완전급부는 불완전이행의 한 가지로 설명되는 것이 보통이나, 독립한 유형으로 파악하는 것이 옳다(송덕수, 채총, [61] 참조). 하자 있는 이행의 경우에는 그 흠있는 이행의 결과로 채권자의 다른 법익이 침해되는 경우도 있다. 그 경우에 늘어난 손해를 확대손해 또는 부가적 손해라고 한다.

(2) 법적 근거

　민법은 이행지체, 이행불능과 달리 불완전급부 또는 불완전이행에 관하여 명시적으로 규정한 바가 없다. 이러한 상황 하에서 불완전급부 또는 불완전이행의 법적 근거를 어디에서 찾을 것인가가 문제된다.

　학설은 대체로 포괄적인 모습의 규정인 제390조에서 그 근거를 찾는다.[1] 그에 비하여 일부 학설은 형식적으로는 제390조에서 근거를 찾을 수 있으나, 실질적인 근거는 부수적 용태의무의 위반[2] 또는 채권관계의 구성요소인 급부의무·부수적 의무·보호의무의 위반[3]에 있다고 한다.

　생각건대 불충분하기는 하지만 제390조는 포괄적 규정으로서 모든 채무불이행의 원천이라고 보아야 한다. 따라서 불완전급부도 제390조에 의하여 하나의 채무불이행으로 인정된다고 할 것이다.

---

1) 김기선, 채총, 159면; 김용한, 채총, 156면; 김주수, 채총, 137면; 김증한·김학동, 채총, 74면; 이은영, 채총, 237면; 장경학, 채총, 179면.
2) 곽윤직, 채총, 91면.
3) 김형배, 채총, 220면.

(3) 요 건

1) 개 관

불완전급부의 요건은 네 가지이다. ① 이행행위가 있었을 것, ② 이행에 하자가 있을 것(불완전할 것), ③ 채무자의 유책사유, ④ 위법할 것이 그것이다. 이들 중 ④는 특별히 문제될 것이 없으므로, ①~③에 관하여만 좀더 부연하기로 한다.

2) 이행행위

불완전급부가 성립하려면, 이행행위가 있어야 한다. 이행행위가 없는 경우에는 이행지체나 이행불능이 문제될 뿐 불완전급부의 문제는 생기지 않는다.

3) 이행에 하자가 있을 것

불완전급부가 되려면, 이행에 흠이 있어야 한다. 그러한 경우로는 급부된 목적물 자체에 흠이 있는 때(가령 병든 가축의 급부)도 있고, 채무자가 하자 있는 결과를 발생시키거나(가령 수급인이 완성한 일에 흠이 있는 경우) 채무자가 행하여야 할 노력을 다하지 않은 때(가령 의사가 수술을 잘못 한 경우)도 있다.

4) 채무자의 유책사유(有責事由)

불완전급부의 성립에도 다른 채무불이행에 있어서와 마찬가지로 채무자의 유책사유(귀책사유)가 필요하다. 채무자의 유책사유는 채무자의 고의·과실보다 넓은 개념이다. 민법 제391조에 의하여 채무이행에 관하여는 채무자의 법정대리인이나 이행보조자의 고의·과실이 채무자의 고의·과실로 의제(간주)되기 때문이다.

여기서 이행보조자라 함은 채무자가 채무의 이행을 위하여 사용하는 자이며, 그것에는 좁은 의미의 이행보조자와 이행대행자가 있다. 그 가운데 좁은 의미의 이행보조자는 채무자가 채무를 이행함에 있어서 마치 손·발처럼 사용하는 자이다. 그 전형적인 예는 조수이다. 그리고 이행대행자는 채무자의 이행을 위하여 단순히 보조하는 것이 아니라 독립하여 채무의 전부 또는 일부를 채무자에 갈음하여 이행하는 자이다.

좁은 의미의 이행보조자의 행위에 대하여는 언제나 제391조가 적용되나, 이행대행자의 경우에는 일정한 때에만 동조가 적용된다.[4]

한편 이행보조자의 과실 판단에 있어서 그 기준은 이행보조자가 아니고 채무자(그것도 평균적 채무자)이다.[5] 따라서 채무자가 기술이 부족한 이행보조자를 사용한 경우에는 설사 이행보조자가 최선을 다하였을지라도 채무자로서의 기준에 미달하면 그에게 과실이 있는 것으로 되며, 그 결과 제391조에 의하여 채무자의 과실로 인정된다.

(4) 효 과

불완전급부의 요건이 갖추어진 경우의 효과는 어떻게 되는가?

---

4) 여기에 관한 자세한 사항은 후술하는 [86]번 문제 참조.
5) 김형배, 채총, 158면; 이은영, 채총, 256면.

1) 학　　설

여기에 관하여 학설은 ― 불완전이행에 관하여 ― 한결같이 ① 완전이행이 가능한 경우와 ② 완전이행이 불가능한 경우로 나누어 설명한다.[6] 그러면서 ①의 경우에는 완전이행청구권을 가지나 추완방법이 있으면 그때에는 추완청구권만을 가지며, 완전이행 또는 추완청구권 이외에 이행지체에 대한 손해배상, 확대손해에 대한 배상도 청구할 수 있다고 한다. 그리고 ②의 경우에는 확대손해의 배상과 이행불능에 의한 전보배상만을 청구할 수 있다고 한다. 그 밖에 ①의 경우에는 채권자가 상당한 기간을 정하여 이행을 최고하여도 채무자가 이행을 하지 않는 때에는 채권자는 계약을 해제할 수 있고, ②의 경우에는 곧 계약을 해제할 수 있다고 한다.

2) 사　　견

생각건대 이러한 통설에는 의문이 있다. 즉 ①의 경우에 통설은 완전이행청구권과 추완청구권을 인정하는데, 손해배상방법에 관한 우리 민법상의 금전배상주의(394조)에 비추어 볼 때 이들 권리는 허용되기 어려울 것으로 보이기 때문이다. 특히 추완청구권은 ― 통설이 비록 신의칙을 근거로 비켜가려고 하나 ― 원상회복에 해당하는 것이어서 문제이다.

불완전급부의 경우에 수령의 거절이 인정될 수 있는 때도 있으나, 일반적인 효과는 이행지체·이행불능과 마찬가지로 손해배상이라고 하여야 한다. 그리고 여기의 손해배상에 있어서도 배상범위는 제393조에 의하여 결정된다.

3. 본 사안의 경우

본 사안에 있어서 B의 불완전급부가 성립하는지를 보기로 한다.

본 사안의 경우에는 B의 지붕 수리의무는 일단 이행되었다. 즉 이행행위가 존재한다. 그런가 하면 지붕 수리가 비가 새도록 흠있게 이루어졌다. 흠(하자)있는 이행인 것이다.

그리고 이러한 흠있는 이행은 조수의 능력부족에서 비롯되었다. 여기서 B의 유책사유가 있는지 문제된다. 조수는 좁은 의미의 이행보조자이다. 따라서 조수의 과실은 곧 채무자의 과실로 된다(391조). 그런데 본 사안에서 조수인 C는 자신의 능력으로는 최선을 다하였다. 다만, 그가 경험과 기능이 부족하여 제대로 수리하지 못한 것이다. 이와 같은 경우에 조수의 과실 유무는 누구를 기준으로 판단하여야 하는가? 이행보조자의 과실에 있어서는 조수가 아니고 채무자, 그것도 지붕 수리업자로서 평균적인 자를 기준으로 하여야 한다. 따라서 조수로서는 능력을 최대한 발휘하였더라도 그것이 평균적인 지붕 수리업자의 능력에 미치지 못한 경우에는 그에게는 과실이 있다고 하여야 한다. 이렇게 볼 때, 본 사안에 있어서 조수 C는 비록 자신으로서는 최선을 다하였지만 그것은 지붕 수리업자의 능력에는 미달한다. 그러므로 C에게는 과실이 있다. 그리고 제391조에 의하여 C의 과실은 B의 과실로 의제

---

6) 대표적으로 곽윤직, 채총, 94면.

된다. 결국 채무자 B의 유책사유도 있다.

끝으로 본 사안에서 흠있는 이행을 정당화하는 사유는 없다. 따라서 위법성도 인정된다.

요컨대 본 사안의 경우에 C가 지붕을 제대로 수리하지 못하고 비가 새도록 한 것은 B의 불완전급부로 된다. 그 결과 A는 B에 대하여 불완전급부를 이유로 손해배상을 청구할수 있다.

Ⅲ. 손해배상의 범위

1. 서   설

채무불이행의 경우 채무불이행이라는 사실이 있다고 하여 곧바로 손해배상을 청구할수 있는 것은 아니다. 그로 인하여 손해가 발생하고 있어야 한다. 그리고 손해가 발생하고있어도 어떤 범위에서 배상되어야 하는지가 결정되어야 한다.

민법은 제393조에서 손해배상의 범위에 관하여 규정하고 있다. 그 제1항에서는 통상의 손해를 배상하도록 하고, 제2항에서는 특별한 손해는 예견가능성이 있는 때에만 배상하도록 한다. 그런데 이 규정을 어떻게 해석하여야 하는가에 관하여는 견해가 나뉘고 있다.그리하여 아래에서 여기에 관한 학설·판례를 정리하고, 이를 검토해 보기로 한다.

2. 손해배상 범위의 결정기준

(1) 학   설

손해배상 범위의 결정기준에 관한 학설은 크게 ⅰ) 상당인과관계설, ⅱ) 규범목적설,ⅲ) 위험성 관련설, ⅳ) 신의칙설로 나누어지고, 이들 가운데 ⅰ), ⅱ)는 다시 몇 가지로 세분된다.

ⅰ) 상당인과관계설은 채무불이행 또는 불법행위와 상당인과관계에 있는 손해를 배상하여야 한다는 견해이다. 그리고 객관적으로 보아 어떤 전행사실(前行事實)로부터 보통 일반적으로 초래되는 후행사실(後行事實)이 있을 때 양자는 상당인과관계에 있다고 한다. 이러한상당인과관계설로서 우리나라에서 주장되고 있는 것은 두 가지이다. 하나는 원인과 결과의상당성이 일반인의 통념을 표준으로 하여 객관적으로 판단되어야 한다고 하는 객관적 상당인과관계설[7]이고, 다른 하나는 채무불이행 당시에 보통인(평균인)이 알 수 있었던 사정과 채무자가 특히 알고 있었던 사정을 함께 고찰의 대상으로 삼아야 한다는 절충설[8]이다. 이것이 우리의 다수설이다. 그리고 이 절충설을 취하면서 상당성을 판단함에 있어서 특별한 고

---

7) 이태재, 채총, 135면.
8) 곽윤직, 채총, 113면; 김상용, 채총, 179면; 김용한, 채총, 202면; 이은영, 채총, 287면; 장경학, 채총, 215면.

려가 필요하다고 하는 견해도 있다.9) 한편 절충설에서는 제393조에 관하여 그 제 1 항은 상당인과관계의 원칙을 선언한 것이고, 제 2 항은 절충설의 견지에서 고찰의 대상으로 삼는 사정의 범위를 규정한 것이라고 새긴다.

ⅱ) 규범목적설은 규범의 보호목적이 어떤 손해를 배상하여야 하는가를 결정하여야 한다는 견해이다. 규범목적설로서 우리 나라에서 주장되고 있는 것에는 두 가지가 있다. 그중 하나는, 제393조가 사실적 인과에서 일어난 손해로부터 배상할 손해를 한정하는 보호범위를 획정하는 기준을 정한 규정에 불과하다고 한다.10) 나머지 하나는, 규범의 보호범위는 상당인과관계와 더불어 손해배상책임의 범위를 결정할 때 존중되어야 한다고 한다.11) 이 견해는 제393조 제 1 항은 상당인과관계를 채택한 것이고, 그 제 2 항은 상당인과관계설의 미진한 점을 보충해 주고 있다고 한다.

ⅲ) 위험성 관련설은 손해를 피침해규범과 직접적인 관련이 있는 1차손해와 그 1차손해를 기점으로 하여 야기된 후속손해로 나누어, 1차손해는 제390조를 근거로 채무자에 귀속되고, 후속손해는 1차손해가 가지는 위험성과 후속손해 사이의 평가적 관계, 즉 위험성 관련이 있는 경우에 한하여 채무자에 귀속된다고 한다.12) 그리고 이러한 위험성 관련은 특별한 경우를 제외하고는 일반적으로 긍정되어야 한다고 한다. 이 견해에 의하면 제390조는 1차손해에 관한 규정이고, 제393조는 후속손해에 관한 규정이라고 한다.

ⅳ) 신의칙설은 제393조가 배상범위를 규정하고 있지만, 배상범위 확정의 최후의 표준은 손해배상제도의 목적·신의칙·공평의 원칙이라거나13) 또는 신의칙·공평의 원칙이라고 하는14) 견해이다.

(2) 판　　례

우리 판례는 다수설과 마찬가지로 상당인과관계설을 취하고 있다.

(3) 검토 및 사견

생각건대 규범목적설은 독일에서 완전배상의 원칙상 상당인과관계가 인정되는 범위가 너무 넓어서 그것을 제한할 목적으로 등장하였다. 그런데 우리의 상당인과관계설은 그렇지 않다. 그리고 그 표준이 너무 막연하다. 위험성 관련설은 상당인과관계설의 문제점을 시사해 주는 바가 있으나, 지나치게 복잡하며, 채무불이행에는 적절하지 못한 것으로 보인다. 상당인과관계설은 채무불이행 또는 불법행위가 성립하면서 발생하는 손해의 배상에 관하여 부적절한 결과를 가져올 수 있어서 문제이다(강의, C-135 참조). 따라서 그 부분의 수정이 필

---

9) 이은영, 채총, 289면; 김상용, 채총, 180면. 특히 뒤의 문헌은 규범의 보호목적, 위험성관련도 상당성 판단의 요소로 삼자고 한다.

10) 김기선, 채총, 112면.

11) 이호정, 채총, 78면-79면.

12) 김형배, 채총, 256면.

13) 김증한·김학동, 채총, 146면.

14) 김주수, 채총, 174면.

요하다.

사견을 정리한다. 채무불이행 또는 불법행위에 의한 손해 가운데는 채무불이행 또는 불법행위가 성립하면서 발생하는 것과 그 밖의 것이 있다. 전자가 직접적 손해이고, 후자가 후속손해이다. 이 중에 직접적 손해는 가해행위에 의하여 야기된 것인 한 상당인과관계가 없어도 배상되어야 한다. 그에 비하여 후속손해는 가해행위와 조건관계에 있다고 하여 모두 배상하게 할 수는 없다. 배상범위의 제한이 필요한 것이다. 배상범위를 제한하는 이론은 여러 가지가 있을 수 있으나, 그중에 상당인과관계설이 가장 합리적으로 배상범위를 결정할 수 있는 이론이라고 생각된다.

이러한 사견의 입장에서 보면 직접적 손해는 제393조가 아니고 제390조에 의하여 배상이 인정된다고 볼 것이며, 제393조는 그것을 전제로 하고 있다. 그리고 제393조는 후속손해에 관한 것으로 그 제 1 항은 후속손해에 관한 상당인과관계원칙 규정이고, 제 2 항은 상당인과관계의 원칙과는 별개로 특별손해의 배상을 인정하기 위한 규정이다(강의, C-135 참조).

3. 제393조의 해석(손해배상의 범위)

위에서 적은 바와 같이, 제393조는 통상손해와 특별손해에 관하여 규정하고 있으나, 이는 후속손해만에 관한 것으로 보아야 한다. 따라서 손해배상의 범위문제는 직접적 손해·통상손해·특별손해의 셋으로 나누어 보아야 한다.

(1) 직접적 손해

예컨대 특정물채무에 있어서 채무자의 과실로 목적물이 멸실된 경우, 목적물의 가치는 직접적 손해이다. 이러한 손해는 가해행위와 상당인과관계에 있을 필요가 없이 배상되어야 하며, 그 근거는 제393조가 아니고 제390조(750조)라고 하여야 한다.

(2) 통상손해

후속손해 가운데에는 통상의 손해만을 배상하는 것이 원칙이다(393조 1항). 여기서 통상의 손해라는 것은 그 종류의 채무불이행이 있으면 보통 일반적으로 발생하는 것으로 생각되는 범위의 손해이다. 채권자는 이러한 통상손해에 관하여는 채무자의 예견 유무를 묻지 않고 배상을 청구할 수 있다.

(3) 특별손해

특별한 사정으로 인한 손해 즉 특별손해는 채무자가 그 사정을 알았거나 알 수 있었을 때에 한하여 배상책임이 있다(393조 2항). 이와 같이 특별손해는 그것을 발생시킨 「특별한 사정에 관하여」 채무자가 이를 알았거나 알 수 있었을 경우에만 배상책임이 있다. 특별한 사정에 관하여 예견가능성이 있으면 충분하고 그 결과인 손해에 관하여는 예견가능성이 필요하지 않다.[15]

---

15) 대판 2002. 10. 25, 2002다23598.

문제는 이 예견가능성을 언제를 기준으로 하여 결정할 것인가이다. 학설은 ⅰ) 이행기설,[16] ⅱ) 채무불이행시, 즉 이행지체의 경우에는 이행기, 이행불능의 경우에는 불능시, 불완전이행의 경우에는 불완전이행을 한 때라는 견해,[17] ⅲ) 계약체결시설[18]이 대립하고 있다. 그리고 판례는 이행기설을 취한다.[19] 생각건대 ⅰ)설은 단순히 이행기라고만 하여 채무불이행의 유형별 특수성을 살리지 못한다. 그리고 ⅲ)설은 보호해야 할 채권자의 이익을 충분히 보호하지 못하며, 채무자를 과대보호하게 된다. 가령 계약 당시에는 몰랐지만 이행기 전에 알았던 사정으로 인한 손해는 배상되어야 옳은데, 이 견해에서는 그럴 수 없다. 결국 채무불이행시라는 ⅱ)설이 타당하다.

4. 손해배상 범위에 관한 특수문제

(1) 손익상계

채무불이행으로 손해를 입은 자가 같은 원인으로 이익을 얻고 있는 때에는 손해에서 그 이익을 공제하여야 한다. 이를 손익상계라고 한다. 손익상계에 관하여 민법에 명문의 규정은 없지만 당연히 인정되어야 한다.

(2) 과실상계

채무불이행에 관하여 채권자에게 과실이 있는 때에는 법원은 손해배상의 책임 및 그 금액을 정함에 있어서 이를 참작하여야 한다(396조). 이를 과실상계라고 한다.

Ⅳ. 사용자책임 문제

1. 서 설

본 사안에서 C는 B의 피용자로 보인다. 여기서 혹시 B가 A에 대하여 사용자책임을 지지는 않는지 문제된다.

2. 사용자책임의 요건

사용자책임이 성립하려면, ① 어떤 사무에 종사시키기 위하여 타인을 사용할 것, 즉 사용관계의 존재, ② 피용자가 사무집행에 관하여 손해를 가했을 것, ③ 제3자에게 손해를 가했을 것, ④ 피용자의 가해행위가 일반 불법행위의 요건을 갖출 것(논란 있음), ⑤ 사용자가 면책사유 있음을 증명하지 못할 것이라는 요건을 갖추어야 한다(756조).

이들 요건이 갖추어진 경우에는 사용자는 손해배상책임을 진다. 이때 배상범위에 대하

16) 곽윤직, 채총, 116면; 이태재, 채총, 138면.
17) 김기선, 채총, 115면; 김용한, 채총, 207면; 김주수, 채총, 182면; 장경학, 채총, 227면; 황적인, 채총, 150면.
18) 김형배, 채총, 264면.
19) 대판 1985. 9. 10, 84다카1532.

여는 제393조가 준용된다(763조).

3. 본 사안의 경우

본 사안에서 C는 B의 조수로서 피용자이다. 따라서 B·C 사이에 사용관계가 존재한다. 그리고 C는 지붕 수리라는 업무행위 도중에 손해를 발생시켰다. 그리고 A에게 손해를 가하였으므로 제 3 자에 대한 가해도 있었다. 다음에 피용자의 불법행위 요건에 관하여 보면, C가 나름대로는 최선을 다하였지만 불법행위에서의 과실 유무도 지붕 수리의 경우는 그 직종의 평균적인 자를 기준으로 하여 결정되어야 하므로 역시 과실이 있다고 하여야 한다. 그리고 C에게 책임능력이 있는지 분명치는 않으나 특별한 언급이 없으므로 일응 있는 것으로 보기로 한다. 그 외에 위법성, 손해발생은 당연히 존재한다. 따라서 그 요건도 충족한다. 마지막으로 B가 C의 선임·감독에 상당한 주의를 하였다거나 또는 상당한 주의를 하여도 손해가 발생하였을 것이라는 증명이 있으면 면책되나, 그 증명은 대단히 어렵고, 실제 우리 판례에서는 인정해 준 예가 매우 적다. 결국 사용자책임의 요건을 모두 갖추었다고 할 것이다.

그 결과 A는 B에 대하여 사용자책임을 물을 수 있다. 그런데 배상범위가 문제이다. 특히 본 문제에서 묻고 있는 것은 특수하다. 따라서 그에 관하여는 뒤에서 구체적으로 검토하기로 한다.

V. 물음의 해결

1. 물음 1.에 대하여

전술한 논의를 바탕으로 하여 물음 1.에서 묻고 있는 것, 즉 그림이 상한 데 대하여 손해배상을 청구할 수 있는가에 관하여 검토해 보려고 한다. 그럼에 있어서 채무불이행책임 외에 사용자책임의 문제를 따로 살펴볼 것이다.

⑴ 채무불이행책임 유무

사견에 의하면, 물음 1.의 사안에서 그림이 상한 것은 C의 하자 있는 지붕 수리의 후속 손해이나 그것과 상당인과관계 있는 손해라고 할 수 없다. 지붕에서 비가 새면 일반적으로 그림이 상한다고 보기 어렵기 때문이다. 그러므로 통상손해로서 배상청구를 할 수는 없고, B측(C)에서 수리되는 지붕 아래에 그림이 있다는 것을 알았거나 알 수 있었을 경우에만 특별손해로서 배상청구를 할 수 있을 뿐이다. 그리고 이때 예견가능성은 불완전급부가 발생한 때를 기준으로 판단한다.

그런데 물음 1.의 사안에서 C가 그림이 있는 것을 알았는지 알 수 있었는지 정확하게 판단할 수 있는 자료는 없다. 사실 상한 그림이 고가의 예술품인지 일반적으로 가정에서 걸어 두는 것인지에 따라, 그리고 수리된 집이 화가 또는 화랑 운영자의 소유인가 아닌가 등에 따라 판단이 달라질 수 있다. 그러나 특별한 사정이 없다면 C는 그림이 상하게 될 사정을 알 수는 없었을 것이다.

결국 A는 B에 대하여 그림이 상한 데 대하여는 손해배상을 청구할 수 없다고 할 것이다.

(2) 사용자책임 유무

앞에서 본 바와 같이, 물음 1.의 사안에서 B의 사용자책임의 요건은 갖추어져 있다. 그러나 그 요건이 갖추어진 경우에도 손해배상 범위에 관하여는 제393조가 준용된다(763조). 따라서 원칙적으로 직접적 손해와 통상손해가 배상되고, 특별손해는 특별사정에 관하여 예견가능성이 있는 때에만 배상된다.

그런데 그림이 상한 것은 직접적 손해는 물론 통상손해도 아니고, 특별손해로 되기도 어렵다. 그 결과 A는 B에 대하여 그림이 상한 데 대하여는 사용자책임을 이유로 하여서도 배상을 청구할 수 없다.

2. 물음 2.에 대하여

이제 물음 2.의 사안에서 묻고 있는 A가 자살한 경우의 A의 처 D의 손해에 대하여 보기로 한다.

(1) 채무불이행책임

물음 2.의 사안에서 D가 입게 된 부양권 상실 및 정신적 고통은 A의 자살로 인한 것으로서 B의 불완전급부에 대하여는 간접손해에 불과하다. 그리고 그 손해는 불완전급부가 성립하면서 발생한 직접적 손해도 아니고, 또 그러한 불완전급부의 경우에 일반적으로 발생하는 통상손해도 아니다. 따라서 특별손해로 되는 경우에만 D는 배상청구를 할 수 있다.

만약 지붕 수리시에 그 아래의 방에 고가의 그림이 있다는 사실, 그 그림에 대한 애착 정도 등을 A가 C에게 말해 준 것과 같은 특별한 사정이 있을 경우에는, D의 손해는 특별손해로서 배상되어야 한다. 그런데 이 사안에서 그와 같은 특별한 사정이 있다는 언급이 없다. 그리하여 일반적인 경우로 보아 판단하면, 이 사안에서 B(C)로서는 D에게 손해를 발생시킨 특별사정, 즉 A의 자살가능성을 알지도 못했고 알 수도 없었다고 할 것이다. 그 결과 D의 부양료 및 위자료는 특별손해로서도 배상될 필요가 없다. 즉 D는 부양료와 위자료를 청구할 수는 없다.

(2) 사용자책임

D가 B의 사용자책임을 이유로 부양료와 위자료를 청구할 수 있는가에 관하여는 물음 1.의 해결에서와 동일하다. 즉 B의 사용자책임의 요건은 갖추어졌으나, D의 부양권 상실과 정신적 손해는 그 배상범위에 포함되지 않는다. 따라서 D는 B에 대하여 사용자책임을 이유로 하여서도 부양료와 위자료를 청구할 수 없다.

[55] 손해배상의 범위

  A는 충청북도 영동군에 살면서 그의 여러 밭에서 배추를 다량으로 재배하고 있는 농민이다. 배추 도매상인 B는 2010. 9. 15. A로부터 A의 여러 밭 중 집 앞에 위치한 밭(이를 X토지라고 함)에서 자라고 있는 배추(1,000포기 정도로 예상함) 전부를 350만원에 매수하는 계약을 체결하였고, 계약 당시에 A에게 선금으로 150만원을 지급하였다. 그리고 나머지 대금 200만원은 2010. 10.초에 A가 배추를 뽑아서 B에게 인도할 때 지급하기로 하였다. 그런데 A·B 사이에 계약으로 정해진 배추가격은 당시의 시가인 포기당 3,000원보다 500원 정도 비싼 것이다.

  이 경우에 관하여 다음 물음에 답하시오(다음 두 물음은 별개의 사안임).

 1. 위의 사안에서 A와 B 사이에 계약이 체결된 뒤 9월 하순 경에 배추 값이 폭등하여 한 포기에 10,000원에 이르렀다. 그러자 A는 B와 계약을 체결한 것을 후회하면서 배추를 더 비싸게 팔고 싶어 했다. 그러다가 서울에 있는 대형 유통업체인 C회사의 이사 D가 A에게 와서 X토지에 있는 배추가 이미 B에게 팔린 사실을 모르고 그 배추를 팔지 않겠느냐고 했고, 2010. 9. 20. A는 C회사에 그 배추를 1,200만원에 팔기로 하는 매매계약을 체결하였다(당시의 배추시세는 포기당 11,000원임). 그러고 나서 2010. 9. 30. A는 D에게 배추를 인도하였고 대금도 모두 받았다(이때의 배추시세는 포기당 12,000원임). 한편 A는 B와 계약을 체결할 때 이미 B가 A로부터 배추를 매수하여 배추 소매상에게 포기당 5,000원에 팔기로 되어 있음을 알고 있었다. 현재는 2010. 10. 30.이고, 현재의 배추시세는 포기당 17,000원이다.

    이 경우에 B는 A에게 어떤 권리를 행사할 수 있는가?

 2. 위의 사안에서 10월 초에 배추 값이 한 포기에 15,000원까지 상승하였다. 그렇게 배추 파동이 심각해지자 김치공장을 경영하는 갑은 원료인 배추를 공급하지 못하여 걱정만 하고 있다가 10. 5. 밤에 A의 X토지에 있는 배추를 몰래 모두 뽑아가지고 가서 김치를 담아 버렸다(당시의 배추시세는 포기당 15,000원임). 현재는 2010. 10. 30.이고, 현재의 배추시세는 포기당 17,000원이다.

    이 경우에 B는 A 또는 갑에게 어떤 권리를 행사할 수 있는가?

I. 물음 1.에 대하여

1. 논점의 정리

본 문제에 대하여 답을 하려면 먼저 선결문제로서 다음 두 가지에 대하여 검토해야 한다. 첫째로 A·B 사이의 매매가 특정물매매인지, 그리하여 B의 배추인도청구권이 특정물채권인지 여부와, 둘째로 B가 A에게 지급한 150만원의 성질이 무엇인지, 즉 계약금인지 매매대금의 일부인지가 그것이다.

그 뒤에 검토해야 할 논점은 다음과 같다.

(1) D가 C회사(아래에서는 C라고 한다) 명의로 체결한 A·C 사이의 매매계약이 유효한지, 그리고 A가 D에게 배추를 인도한 것이 B에 대한 채무불이행 즉 이행불능인지가 문제된다.

(2) A가 D에게 배추를 인도한 것이 A의 이행불능이라면 그 효과로서 B의 손해배상청구권이 성립할텐데, 그때 손해배상의 범위가 문제된다.

(3) B가 A·B 사이의 계약을 해제할 수 있는지와, 해제한 경우의 효과가 문제된다.

(4) B가 A·C 사이의 매매와 관련하여 대상청구권을 행사할 수 있는지 문제된다.

(5) 그 외에 배추 가격 폭등과 관련하여 A가 사정변경을 이유로 계약을 해제할 수 있는지, A가 C에게 배추를 매도한 것이 B에 대하여 불법행위가 되는지 문제된다.

2. 선결문제

(1) A에 대한 B의 배추인도청구권의 성질

A는 단순히 배추 1,000포기를 인도하기로 한 것이 아니고, X토지에서 자라고 있는 배추 전부를 인도하기로 하였다. 따라서 B의 배추인도청구권은 종류채권이 아니고 특정물채권이다. 그 결과 B의 채권에 있어서는 종류채권의 특정이 필요하지 않으며, 또한 A는 특정물채무자로서 배추들을 선관주의로 보존할 의무가 있다(374조).

(2) B가 A에게 지급한 150만원의 성질

본 사안에서 B는 A에게 「선금으로」 150만원을 지급하였다. 그러므로 그 150만원은 계약금이 아니고 매매대금 중 일부를 먼저 지급한 것에 해당한다. 그것이 계약금이 아니기 때문에 해약금으로 추정되지도 않는다(565조 참조).

3. A·C 사이의 매매계약의 유효 여부와 A의 이행불능이 성립하는지 여부

(1) A·C 사이의 계약의 유효 여부

본 사안에서 A는 X토지에 있는 배추 전부를 B에게 팔기로 하는 계약을 체결하였다. 그러고 나서 A는 D와 동일한 배추를 C에게 팔기로 하는 계약을 체결하였다. 2중매매를 한 것이다. 이 경우에 A·C 사이의 매매계약이 유효한지 문제된다.

원칙적으로 2중매매는 유효하다. 다만, 판례는, 부동산의 매도인의 배임행위에 적극 가담하여 이루어진 토지의 2중매매는 반사회질서의 법률행위로서 무효라고 한다.[1] 그런데 판례에 의하면, 2중매수인이 매도인의 매도사실을 알았다는 것만으로는 무효로 되지 않는다고 한다.[2]

본 사안의 경우에 D는 C회사의 이사로서 C의 행위능력이 있는 모든 사항에 관하여 대표권이 있다. 그리고 이사가 2인 이상인 경우에는 각자가 법인을 대표한다(59조 1항-민법상 법인의 경우).[3] 따라서 D가 C의 명의로 체결한 X토지상의 배추의 매매계약은 C 자신의 계약이 되고, 직접 C에게 효력이 발생한다. 한편 본 사안에서 A·C 사이의 계약은 2중매매에 해당한다. 그리고 계약을 체결할 당시 D는 A·B 사이에 배추의 매매계약이 체결된 사실을 알지도 못했다. 따라서 A·C 사이의 매매계약은 사회질서에 반하지 않으며, 유효하다.

(2) A의 이행불능의 성립 여부

1) 이행불능의 의의·요건·효과

이행불능이란 채권이 성립한 후에 채무자에게 책임있는 사유로 이행할 수 없게 된 것을 말한다.

이행불능이 성립하려면 그 요건으로, ① 채권의 성립 후에 이행이 불가능하게 되었을 것(후발적 불능), ② 채무자에게 책임있는 사유로 이행이 불능으로 되었을 것, ③ 이행불능이 위법할 것이 필요하다.

이행불능의 요건이 갖추어진 경우에는 채권자는 채무자에 대하여 손해배상을 청구할 수 있다(390조). 이때의 손해배상은 그 성질상 이행에 갈음하는 손해배상, 즉 전보배상이다. 그리고 계약에 기하여 발생한 채무가 이행불능으로 된 때에는 채권자는 계약을 해제할 수 있다(546조). 그 외에 대상청구권의 요건이 구비되면 그 권리도 인정된다(통설·판례).

2) 본 사안의 경우

본 사안에서 A는 C에게 X토지에 있는 배추를 매도하고, 2010. 9. 30.에 배추를 모두 인도하였다. 이와 같이 A가 D를 통하여 C에게 배추를 인도한 뒤에는 사회통념상 A의 B에 대한 배추인도의무는 이행불능으로 되었다고 보아야 한다. 사회통념상 불능인 것이다. 그리고 A·B 사이의 계약 당시에는 배추가 존재하였고 A가 B에게 배추를 인도할 수 있었으므로 후발적 불능에 해당한다. 그리고 A의 유책사유에 관하여 보면, A의 이행불능에는 A의 고의가 존재하여 당연히 A에게는 유책사유가 있다. 또한 A의 이행불능을 정당화해 줄 수 있는 위법성 조각사유는 없다. 결국 B에 대한 A의 배추인도의무는 이행불능으로 되었다.

---

1) 대판 1969. 11. 25, 66다1565 등 다수의 판결.
2) 대판 1981. 1. 13, 80다1034.
3) 본 사안에서 C회사가 만약 상사회사 중 합명회사, 합자회사, 유한회사라면, 각각 상법 제207조, 제269조, 제562조에 의하여 D의 행위는 대표기관의 행위로서 C회사의 행위로 된다. 그런데 C회사가 주식회사이고 D가 대표이사가 아니라면 D의 행위는 C회사를 대리한 것으로 보아야 할 것이다.

그 결과 B는 A에 대하여 배추인도청구권의 이행불능을 이유로 손해배상을 청구할 수 있다. 그리고 B는 해제권도 가진다. 그 밖에 대상청구권도 인정될 수 있다. B에 대한 손해배상의 범위, 해제권, 대상청구권에 대하여 아래에서 좀 더 자세히 살펴보기로 한다.

4. B에 대한 손해배상의 범위

(1) 손해배상의 범위에 관한 이론

1) 이행불능의 경우의 손해배상청구권 발생

이행불능의 경우에 채권자에게 손해배상청구권이 발생한다. 그런데 이행불능의 요건만으로는 충분하지 않다. 손해배상청구권이 생기려면 이행불능의 요건 외에 손해의 발생이 있어야 하며, 또 그것이 배상범위(393조 참조)에 해당해야 한다. 이행불능의 경우의 손해배상이 전보배상임은 앞에서 기술한 바와 같다.

2) 손해배상 범위의 결정기준

(손해배상 범위의 결정기준에 관한 학설·판례·검토 및 사견은 [54]번 문제 Ⅲ. 2. (1)-(3)을 참조할 것)

3) 제393조의 해석(손해배상의 범위)

(여기에 관하여는 [54]번 문제 Ⅲ. 3. (1)-(3)을 참조할 것)

(2) 본 사안의 경우

본 사안의 경우에 B의 직접적 손해는 배추인도의무가 이행불능이 될 당시 즉 2010. 9. 30.의 배추의 가치 만큼이다. 그때 배추의 가치가 포기당 12,000원이었으므로 직접적 손해 전체의 액수는 12,000원×1,000포기＝1,200만원이다. 통설 및 판례처럼 이 직접적 손해를 따로 인정하지 않으면 그것은 다음의 통상손해에 포함된다.

본 사안에서 ― 사견에 의할 때 ― 통상손해는 배추인도의무의 이행불능시(2010. 9. 30.)부터 현재(2010. 10. 30.)까지의 손해배상액에 대한 지연이자이다.[4] 지연이율은 상사 법정이율인 연 6푼(상법 54조)이라고 해야 한다. 왜냐하면 B의 배추매매행위는 상인인 B의 상행위이기 때문이다.[5]

본 사안에서 B의 특별손해는 B가 A로부터 배추를 매수하여 배추소매상에게 전매하면서 받았을 이익이다. 특별손해는 채무자가 특별한 사정을 알았거나 알 수 있었을 때에 한하여 배상책임이 있는데(393조 2항), 본 사안에서 A는 B와 계약을 체결할 때 이미 B와 배추소매상 사이에 배추의 전매계약이 체결되어 있음을 알고 있었다. 따라서 A는 전매이익을 특별손해로서 배상해야 한다. 배상액은 포기당 1,500원씩(5,000원−3,500원) 1,000포기에 해당하는 150만원이다.[6]

---

4) 판례도 같다. 대판 1996. 6. 14, 94다61359·61366 등.

5) 민사상 법정이율은 연 5푼이다. 제379조 참조.

6) 배추인도의무의 이행불능시의 배추의 가치가 12,000원으로 5,000원보다 커도 배상을 인정해야 한다. 왜냐하면 B가 전매의 매수인(배추 소매상)에게 이행을 하지 못하면 B는 배추의 가치만큼 배상해야 하기

5. B의 해제권

(1) 이행불능의 경우의 해제의 요건과 효과

1) 해제의 요건

채무자에게 책임있는 사유로 이행이 불능하게 된 때에는 채권자는 계약을 해제할 수 있다(546조). 해제권 발생의 요건은 채무불이행으로서의 이행불능의 성립으로 충분하고, 보통의 이행지체에서와 달리 최고는 필요하지 않다. 그리고 채무자의 채무가 상대방의 채무와 동시이행관계에 있다고 하더라도 그 이행의 제공을 할 필요도 없다.[7]

2) 해제의 효과

채무불이행을 이유로(이행불능에 한하지 않음) 계약이 해제되면 해제된 계약은 소급해서 무효로 된다(직접효과설의 입장). 따라서 아직 이행하지 않는 채무가 있어도 이행할 필요가 없게 된다.

계약이 해제되면 각 당사자는 원상회복의무가 있다(548조 1항 본문). 이 원상회복의무는, 직접효과설을 취하게 되면, 부당이득 반환의무의 성질을 가지게 된다.

민법상 계약을 해제하면서 손해배상을 청구할 수도 있다(551조). 손해배상의 범위에 관하여 학설은 ⅰ) 이행이익설, ⅱ) 신뢰이익설로 나뉘어 있다. 그리고 판례는 초기에는 이행이익만을 청구할 수 있고 신뢰이익은 청구할 수 없다고 하였으나,[8] 근래에는 이행이익의 배상을 구하는 것이 원칙이지만 그에 갈음하여 신뢰이익의 배상을 구할 수도 있다고 한다.[9] 목적물의 가격이 변동되는 경우에는 어느 시기를 기준으로 하여 손해배상액을 정해야 하는지 문제된다. 여기에 관하여 통설은 해제시를 기준으로 하자고 한다. 그러나 사견은 이행불능의 경우에는 불능시를 기준으로 하는 것이 타당하다고 생각한다. 그 외에 통설은 해제에 의한 손해배상청구권은 지급을 최고한 때부터 지연이자가 발생한다고 한다.

(2) 본 사안의 경우

B가 A·B 사이의 계약을 해제하면 그 계약은 소급해서 무효로 된다. 따라서 아직 이행하지 않은 B의 잔금채무(200만원의 금전채무)는 이행할 필요가 없게 된다. 그리고 계약이 해제되면 각 당사자가 원상회복의무를 부담하게 되므로, A는 B로부터 받은 150만원을 반환해야한다. 또한 B는 해제를 하면서 손해배상을 청구할 수도 있다. 손해배상의 범위는 이행이익

때문이다. 그리고 B는 손해배상을 청구하면서 그의 대금채무는 이행해야 한다. 채무불이행의 경우에는 본래의 채무가 동일성을 유지한 채 손해배상채무로 변하는 것일 뿐 본래의 채무가 소멸하지 않으므로, 채무불이행으로 된 채무가 쌍무계약에 의하여 생긴 것일지라도 위험부담의 문제가 생기지 않으므로, 상대방의 채무는 그대로 존속하기 때문이다. 따라서 본 사안에서 B가 자신의 대금채무를 이행하지 않으려면, A·B 사이의 계약을 해제하거나 A의 손해배상의무와 자신의 대금채무를 대등액에서 상계해야 한다.

7) 대판 1977. 9. 13, 77다918; 대판 2003. 1. 24, 2000다22850도 같은 입장이다.

8) 대판 1983. 5. 24, 82다카1667.

9) 대판 2002. 6. 11, 2002다2539; 대판 2003. 10. 23, 2001다75295.

으로서 — 사견에 의하면 — 이행불능시의 배추의 가치에 해당하는 것이다. 그리하여 A는 포기당 12,000원씩 1,000포기에 대한 금액인 1,200만원을 배상해야 한다. 그런데 여기서 B의 대금 350만원을 제해야 한다.10) 그 결과 850만원을 손해배상으로 청구할 수 있다. 그리고 통설에 따르면 그것의 지급을 최고한 때부터는 지연이자도 청구할 수 있다. 이때 지연이자도 상사상의 법정이율인 연 6푼으로 계산해야 한다.

6. B의 대상청구권

(1) 대상청구권 일반

(대상청구권의 의의·요건·효과에 대하여는 [35]번 문제 Ⅲ. 1. (2), [78]번 문제 Ⅱ. 2. (2) 참조)

효과에 대하여 한 가지만 추가하기로 한다. 채무자의 유책사유로 이행불능이 발생한 경우에는 채권자는 채무불이행으로 인한 손해배상청구권과 아울러 대상청구권도 가지게 된다. 그리하여 채권자는 두 권리를 선택적으로 행사할 수 있다. 다만, 그가 대상청구권을 행사하여 「대신하는 이익」을 수령하는 때에는, 손해배상액이 수령한 이익의 가치만큼 감소된다.

(2) 본 사안의 경우

본 사안의 경우에 B에 대한 A의 채무가 후발적 불능으로 되었다. 그리고 채무의 객체 (배추)에 관하여 그것에 대신하는 이익(C에 대한 매매대금)을 취득하였다. 또한 급부가 불능하게 된 객체와 채무자가 「대신하는 이익」을 취득하는 객체 사이에 동일성이 있다. 이와 같이 B의 대상청구권의 요건이 모두 갖추어졌으므로, B는 대상청구권을 가진다. 따라서 B는 A에게 「대신하는 이익」을 청구할 수 있다. B가 청구할 수 있는 것은 그 이익 전부인 1,200만원이다. 그런데 B가 대상청구권을 행사할 때에는 그는 대금을 모두 지급해야 한다. 한편 B는 손해배상청구권과 대상청구권 중 어느 것이든지 선택적으로 행사할 수 있다. 그리고 만약 대상청구권을 행사하여 「대신하는 이익」을 수령하면 손해배상액은 그 이익만큼 줄어든다.

7. 기타의 문제

(1) 본 사안의 경우에 배추가격의 폭등과 관련하여 A가 사정변경을 이유로 배추매매계약을 해제할 수 있는지 문제된다.

통설은 일반적으로 사정변경의 원칙을 인정하고 있고, 판례도 근래에는 이를 인정하고 있다.11) 그러나 판례는 매매목적물의 시가가 올랐다고 하여 계약을 해제할 만한 사정변경이 있다고 할 수 없다고 한다.12) 생각건대 사정변경의 원칙은 인정되어야 하나, 가격상승을 이유로 해제를 인정하는 데에는 신중해야 한다.

---

10) B는 잔금채무 200만원을 면하고, 이미 지급한 150만원을 반환받기 때문에, 대금 전부인 350만원을 제해야 한다.

11) 대판 2007. 3. 29, 2004다31302 등.

12) 대판 1991. 2. 26, 90다19664.

이러한 사견과 판례에 따르면, 본 사안의 경우에 A가 사정변경을 이유로 A·B 사이의 배추매매계약을 해제할 수는 없다고 하게 된다.

(2) A가 이미 B와 매매계약을 체결한 배추를 다시 C에게 매도한 것이 B에 대하여 불법행위가 되는지를 검토해본다. 자본주의 시장경제에서는 경쟁이 당연히 인정된다. 그리고 채권은 배타성이 없어서 실질적으로 양립할 수 없는 것도 병존할 수 있다. 따라서 A의 배추에 대하여 B의 채권이 성립했더라도 동일한 배추에 대하여 다른 자인 C의 채권이 성립하는 것이 허용된다. 그리고 특별한 사정이 없는 한 2중으로 매도한 A의 행위가 위법하다고 할 수도 없다.[13] 결국 A의 2중매도행위는 B에 대한 불법행위가 아니다. 따라서 B는 A에 대하여 불법행위를 이유로 손해배상을 청구할 수는 없다.

8. 결론(A에 대한 B의 권리)

B는 A에게 배추인도의무의 이행불능을 이유로 손해배상을 청구할 수 있다. 손해배상의 범위는 직접적 손해로 1,200만원, 통상손해로 1,200만원에 대하여 이행불능시부터 현재까지의 상사 법정이율에 따른 지연이자, 특별손해로 150만원을 합한 금액이다.

B는 A·B 사이의 계약을 해제할 수 있다. 그때에는 B는 200만원의 잔금채무를 이행할 필요가 없다. 그리고 B는 해제를 하면서 아울러 손해배상을 청구할 수 있다. 손해배상액은 850만원이다. 그런가 하면 손해배상을 최고한 때부터는 지연이자도 청구할 수 있다.

B는 대상청구권을 행사하여 A가 C로부터 받은 1,200만원을 청구할 수 있다. 그 경우 B는 대금채무를 이행해야 한다. 그리고 B는 손해배상청구권과 대상청구권을 선택적으로 행사할 수 있다.

Ⅱ. 물음 2.에 대하여

1. 논점의 정리

본 문제에 대한 답을 하기 위하여 논점을 A에 대한 것과 B에 대한 것으로 나누어 정리하면 다음과 같다.

(1) A에 대한 문제

1) 갑의 행위에 의하여 A의 채무에 어떤 영향이 있는지, 즉 A의 채무가 소멸하는지가 문제된다. 이는 책임없는 이행불능의 문제이다.

2) 만약 A의 채무가 소멸한다면 B의 매매대금채무의 운명이 문제된다. 이는 위험부담의 문제이다.

3) A가 갑에 대하여 손해배상청구권을 가지는지, 그리고 그때 B가 A에 대하여 대상청

---

13) 다만, 만약 A가 B로부터 대금을 모두 받고서 C에게 매도했다면 위법하다고 볼 여지가 있다.

구권을 행사할 수 있는지 문제된다.

(2) 갑에 대한 문제

갑의 행위가 B에 대하여 불법행위가 되는지, 즉 직접 불법행위가 되거나 제 3 자에 의한 채권침해로서 불법행위가 되는지 문제된다.

2. A에 대하여 청구할 수 있는 권리

(1) A의 채무의 존속 여부

채권이 채무자에 책임없는 사유로 이행불능이 되면 채권은 소멸한다. 여기에 관하여는 명문의 규정이 없지만, 그 경우에는 채권의 목적달성이 불가능하고, 유책사유도 없어서 채무자에게 손해배상청구도 할 수 없으므로, 채권이 소멸하는 것으로 해석한다.

본 사안에서는 갑의 행위에 의해 A의 배추인도의무는 이행할 수 없게 되었다. 그런데 그 이행불능에 채무자인 A에게는 유책사유가 없다. 책임없는 이행불능인 것이다. 따라서 A의 배추인도의무는 소멸한다. 그리고 B는 A에게 손해배상을 청구하지도 못한다. A에게 유책사유가 없기 때문이다.

(2) B의 대금채무의 운명

제537조에 의하면, 쌍무계약의 당사자 일방의 채무가 당사자 쌍방이 책임없는 사유로 이행할 수 없게 된 경우에는, 채무자는 상대방의 이행을 청구하지 못한다. 이때 매수인이 계약금이나 대금 일부를 이미 지급하였다면 매도인은 부당이득으로 이를 반환해야 한다(통설·판례).

본 사안의 경우에 A의 배추인도의무는 쌍무계약의 당사자 일방의 채무이다. 그런데 그것이 제 3 자 갑의 행위에 의하여, 즉 당사자 쌍방의 책임없는 사유로 이행할 수 없게 되었다. 따라서 A는 상대방인 B의 대금채무의 이행을 청구하지 못한다. 그 결과 B는 잔금 200만원을 지급할 필요가 없다. 그리고 B가 이미 지급한 150만원은 부당이득이므로 A는 그것을 B에게 반환해야 한다.

(3) B의 대상청구권

1) 대상청구권 일반

여기에 관하여는 물음 1.에 대하여 논의하면서 설명하였다(위 Ⅰ. 6. (1) 참조).

2) 본 사안의 경우

본 사안의 경우에는 갑의 행위에 의하여 B에 대한 A의 배추인도의무가 이행불능으로 되었다. 다음에 급부를 불능하게 하는 사정의 결과로 A가 채무의 객체에 관하여 그것에 대신하는 이익을 취득했는지를 본다. 본 사안에서 갑의 행위는 A에 대하여 불법행위이다.[14]

---

14) 일반 불법행위의 요건을 갖추었는지에 대한 상세한 검토는 생략한다.

따라서 A는 갑에 대하여 손해배상청구권을 취득한다. 그리고 A의 이 손해배상청구권은 목적물에 「대신하는 이익」이다.[15] 그런가 하면 급부가 불능하게 된 객체와 A가 그에 관하여 「대신하는 이익」을 취득하는 객체가 모두 배추이어서 동일성이 있다. 그리하여 B는 A에게 「대신하는 이익」인 손해배상청구권을 이전하라고 청구할 수 있다.

3. 갑에 대하여 청구할 수 있는 권리의 문제

(1) 갑의 행위가 B에 대하여 직접 불법행위가 되는지 여부

본 사안에서 갑의 행위는 직접 B에 대한 가해행위가 아니다. 배추의 소유권이 B에게 속하고 있지도 않기 때문이다. 따라서 갑의 행위는 B에 대한 직접적인 불법행위가 아니다.

(2) 갑의 행위가 제 3 자에 의한 채권침해로 B에 대하여 불법행위가 되는지 여부

1) 제 3 자에 의한 채권침해

제 3 자에 의한 채권침해가 불법행위를 성립시킬 수 있는지에 관하여 현재 우리의 학설은 일치하여 긍정하고 있다. 그런데 그 근거에 대하여는 견해가 대립한다. 그 가운데 통설(위법성설)은, 채권의 성질상 상대권인 채권도 예외적으로 일정한 경우에는 제 3 자에 의하여 침해될 수 있고, 그것이 불법행위로 성립하려면 다시 불법행위의 요건을 갖추어야 하며, 무엇보다도 위법성을 갖추어야 한다고 주장한다. 그리고 판례는, 「제 3 자에 의한 채권침해가 불법행위를 구성할 수 있으나 제 3 자의 채권침해가 반드시 언제나 불법행위가 되는 것이 아니고 채권침해의 태양에 따라 그 성립 여부를 구체적으로 검토하여 정하여야 한다」는 태도를 취하고 있다. 이는 학설 중 위법성설과 같은 입장이다. 생각건대 통설·판례가 취하고 있는 위법성설은 우리 민법에 가장 잘 어울리는 해석이라고 할 수 있다. 그러나 위법성이 지나치게 강조될 필요는 없다. 채권도 그 성질상 제 3 자에 의하여 침해될 수 있으며, 그 침해가 불법행위의 요건을 갖추게 되면 불법행위로 된다고 하면 충분하다.

이러한 사견에 의하면, 제 3 자에 의한 채권침해가 불법행위가 되려면 그것이 일반 불법행위의 요건을 갖추어야 한다. 그럼에 있어서 특히 고의·과실과 위법성이라는 요건의 구비 여부가 문제된다. 그리고 불법행위가 성립하면 피해자인 채권자는 가해자인 제 3 자에 대하여 손해배상을 청구할 수 있다.

2) 본 사안의 경우

본 사안의 경우에는 갑의 행위에 의하여 B의 배추인도청구권이 소멸하였다. 따라서 일단 제 3 자에 의한 채권침해가 가능한 경우이다. 그런데 본 사안에서 갑은 B의 채권의 존재를 알지 못했을 가능성이 크다. 그렇다면 갑에게는 고의뿐만 아니라 과실도 없게 된다. 결국 갑의 행위는 B에 대하여 제 3 자에 의한 채권침해로서의 불법행위도 아니라고 할 것이다.

---

15) 손해배상을 이미 받았으면 받을 배상액이 「대신하는 이익」이다.

4. 결 론

(1) A에 대한 권리

B는 A에 대하여 배추의 인도를 청구하지 못하고, 배추인도의무의 불능을 이유로 하여 손해배상을 청구하지도 못한다. 그리고 B의 대금채무도 소멸한다. 그리하여 B는 200만원의 잔금채무를 면하며, 이미 지급한 150만원은 부당이득으로 반환을 청구할 수 있다. 그 외에 A는 갑에 대하여 불법행위를 이유로 하여 손해배상을 청구할 수 있는데, 그 손해배상청구권은 목적물(배추)에 대신하는 이익이므로, B는 대상청구권을 행사하여 그 손해배상청구권의 이전을 청구할 수 있다.

(2) 갑에 대한 권리

갑의 행위는 B에 대하여는 직접적인 불법행위도 아니고, 제3자에 의한 채권침해로서의 불법행위도 아니다. 따라서 B는 갑에 대하여 불법행위를 이유로 손해배상을 청구하지 못한다. 그리고 다른 권리도 없다.

[56] 손해배상액의 예정(위약벌)·보통거래약관

문 제

　A는 택지개발회사인 B회사로부터 택지 50평방미터를 2,000만원에 분양받는 계약을 체결하였다. 그러면서 A는 B회사에 계약보증금으로 400만원을 지급하였고, 그 400만원은 분양대금으로 충당하기로 하였다. 한편 A와 B회사가 협의하여 확정한 분양계약서에는, A의 채무불이행이 있을 때 또는 불가항력이나 그 밖의 사유로 계약의 목적을 달성할 수 없을 때에는 B회사가 계약을 해제할 수 있다는 조항, 계약이 해제된 경우에는 A가 지급한 계약보증금은 B가 몰취한다는 조항, A의 채무불이행이 있는 경우에는 A는 B회사에게 계약보증금과는 별도로 손해배상을 해야 한다는 조항 등이 두어져 있다. 그 뒤 A는 나머지 분양대금을 지급하지 못했다. 그러자 B회사는 A와 분양계약을 체결한 토지의 소유권이전등기에 필요한 서류를 갖추어 놓고 두 차례에 걸쳐 A에게 남은 분양대금을 지급하라고 하였다. 그런데도 A의 지급이 없자 B회사는 A에게 'A와 체결한 토지분양계약을 해제하며, A가 지급한 400만원의 계약보증금을 몰수하겠고, A는 B회사가 입은 손해도 배상하라'는 취지의 통지문을 보냈다.

　이 사안에 대하여 다음 물음에 답하시오(두 물음의 사안은 별개의 것임).

1. 위의 경우에 A는 B회사의 요구에 모두 따라야 하는가?

2. 위의 경우에, 만약 토지분양계약이 B회사가 제시한 보통거래약관에 기하여 체결되었고, 위 사안에서 말한 조항(즉 A의 채무불이행이 있을 때 또는 불가항력이나 그 밖의 사유로 계약의 목적을 달성할 수 없을 때에는 B회사가 계약을 해제할 수 있다는 조항, 계약이 해제된 경우에는 A가 지급한 계약보증금은 B가 몰취한다는 조항, A의 채무불이행이 있는 경우에는 A는 B회사에게 계약보증금과는 별도로 손해배상을 해야 한다는 조항)이 그 약관에 있었다면, A와 B회사 사이의 법률관계는 어떻게 되는가?

I. 물음 1.에 대하여

1. 논점의 정리

본 문제의 논점을 정리하면 다음과 같다.

⑴ A가 B에게 지급한 400만원의 계약보증금의 법적 성격이 무엇인지, 즉 위약금인가, 그중에서 위약벌인가, 그리고 계약금인가 문제된다.

(2) 분양계약서에 있는 해제권 발생조항, 해제시 계약보증금 몰취조항, 손해배상조항이 유효한지 문제된다. 특히 계약보증금의 약정에 제104조가 적용되는지, 제398조 제 2 항이 유추적용되는지 검토하여야 한다.

(3) 위 (2)에서 기술한 계약서상의 어떤 조항이 무효인 경우의 효과를 살펴보아야 한다.

(4) 이상에서 논의한 바를 바탕으로 하여 B회사(아래에서는 B라고 한다)의 해제, 계약보증금의 몰수, 손해배상 요구가 정당한지를 검토해야 한다.

2. A가 지급한 계약보증금의 성격

(1) 위약금과 계약금

위약금은 채무불이행의 경우에 채무자가 채권자에게 지급할 것을 약속한 금전이다. 위약금에는 위약벌의 성질을 가지는 것과 손해배상액의 예정의 성질을 가지는 것이 있는데, 민법은 후자로 추정한다(398조 4항).

계약금은 계약을 체결할 때 당사자 일방이 상대방에게 교부하는 금전 기타의 유가물이다. 이 계약금을 수수하면서 위약금의 특약을 하는 경우가 있다. 그것이 위약계약금이다. 위약계약금에는 위약벌의 성질을 가지는 것과 손해배상액의 예정의 성질을 가지는 것이 있다. 이들 중 어느 것인지 불분명할 때에는 후자로 추정해야 할 것이다.

위약금이든 위약계약금이든 위약벌의 성질을 가지는 경우에는 손해배상은 별도로 해야 한다.

(2) 본 사안의 경우

본 사안에서 A가 B에게 지급한 계약보증금 400만원은 계약을 하면서 수수된 것으로서 계약금에 해당한다. 그런데 채무불이행이 있을 때 그것을 몰취한다는 조항이 있는 것으로 보아 위약계약금임을 알 수 있다.[1]

다른 한편으로 본 사안에서는 A가 채무불이행을 할 경우 A는 계약보증금과 별도로 손해배상을 하도록 약정되어 있다. 따라서 여기의 계약보증금은 손해배상액의 예정이 아니고 위약벌이다.

3. 분양계약서상의 조항들의 유효 여부

(1) 해제권 발생조항

계약의 당사자는 계약에서 해제권의 발생에 관하여 약정할 수 있다(543조 1항 참조). 그런데 그 내용이 선량한 풍속 기타 사회질서에 반하는 경우에는 제103조에 의해 무효로 된다.

본 사안에서는 불가항력으로 계약의 목적을 달성할 수 없는 경우에도 B가 계약을 해제할 수 있다고 약정되어 있다. 이는 선량한 풍속 기타 사회질서에 반하는 것으로 생각된다.

---

1) 위약계약금은 실제로 수수된 점에서 단순히 지급하기로 약정만 하고 있는 위약금과 차이가 있다.

따라서 해제권 발생조항은 제103조에 의하여 무효로 된다고 할 것이다. 이때 무효로 되는 것이 해제권 발생조항 전부가 아니고 불가항력으로 인한 경우에 한정된다고 새길 수도 있다. 그런데 그 조항에서 불가항력 이외의 경우에도 무효로 새겨야 할 때가 있고, 그것을 분리하기가 어려우므로, 그 조항 전부를 무효라고 새기는 것이 법률문제를 간명하게 처리하는 길이다. 한편 이 조항이 무효로 되는 경우에 그 후의 문제는 아래에서 따로 기술하기로 한다.

(2) 계약보증금 몰취조항

1) 위약벌이 과다한 경우의 효력

민법은 손해배상액의 예정액이 과다한 경우에는 법원이 적당히 감액할 수 있다고 규정한다(398조 2항). 그런데 위약벌이 과다한 경우에 대해서는 규정이 없다. 이에 대하여 다수설과 판례[2]는 위약벌이 부당하게 과다하여도 제398조 제 2 항을 유추적용하여 감액할 수 없다고 한다. 다만, 판례는, 의무의 강제에 의하여 얻어지는 채권자의 이익에 비하여 약정된 벌이 과도하게 무거울 때에는 그 일부 또는 전부가 공서양속에 반하여 무효로 된다고 한다.[3] 그러나 제103조의 규정상 법률행위의 내용이 사회질서에 반하는 경우에는, 법률행위의 전부 또는 그 일부조항 전체가 무효로 되고 그것의 일부만 무효로 될 수는 없다.

2) 본 사안의 경우

본 사안에서 토지분양대금의 20%에 해당하는 금액을 위약벌로 약정한 것에 대하여 제398조 제 2 항을 유추적용하지 못하며, 따라서 그 규정에 의해 감액을 하지는 못한다. 문제는 그러한 약정이 사회질서에 반하는지이다. 여기에 관하여는 긍정설과 부정설의 두 견해가 모두 주장될 수 있다. 즉 대금의 20%에 해당하는 금액을 위약벌로 약정한 것은 사회질서에 반할 정도로 과다하다고 할 수도 있고(긍정설), A의 채무불이행이 B로 하여금 택지분양의 기회를 잃게 할 수도 있음을 고려할 때 지나치지 않다고 볼 수도 있는 것이다(부정설).[4] 사견은 제103조에 위반되지 않는다는 입장이 낫다고 생각한다. 이러한 사견에 따르면, 계약보증금 몰취조항은 유효하다.[5]

(3) 손해배상조항

본 사안에서는 A의 채무불이행이 있을 경우 A가 B에게 계약보증금과는 별도로 손해배상을 해야 한다고 약정하고 있다. 이 조항은 유효성을 부정할 근거가 없다. 즉 계약보증금 몰취조항이 유효한 경우는 물론이고, 설사 그 조항이 무효라고 하더라도 — 계약보증금은 도외시해야 하지만 — 손해배상을 하도록 하는 것이 결코 부당하지 않기 때문이다.

---

2) 대판 1993. 3. 23, 92다46905; 대판 2002. 4. 23, 2000다56976; 대판 2005. 10. 13, 2005다26277.

3) 대판 1993. 3. 23, 92다46905; 대판 2002. 4. 23, 2000다56976.

4) 대판 1993. 3. 23, 92다46905는 백화점수수료 위탁판매 매장계약에서 임차인이 매출신고를 누락하는 경우 판매수수료의 100배에 해당하고 매출신고 누락분의 10배에 해당하는 벌칙금을 임대인에게 배상하기로 한 위약벌의 약정이 공서양속에 반하지 않는다고 한다.

5) 그에 비하여 만약 제103조에 위반된다고 하는 긍정설을 취하면, 계약보증금의 일부 또는 전부가 무효라고 하게 될 것이다.

4. 계약조항의 일부가 무효인 경우의 효과

(1) 계약조항이 무효인 경우의 처리 문제

계약의 일부 조항이 무효인 경우에는, 그 계약조항이 처음부터 없었던 경우와 마찬가지로, 계약의 보충적 해석이 행해져야 한다. 그 경우에는 우선 거기에 적용될 수 있는 임의규정과 다른 관습이 있으면 관습에 의하여 보충되고, 관습이 없으면 임의규정에 의하며, 임의규정도 없거나 임의규정에 의해 보충될 수 없는 때에는 마지막으로 제반사정 하에서 신의칙에 의하여 보충을 하여야 한다.6)

(2) 본 사안의 경우

본 사안에서 해제권 발생조항은 무효이다. 따라서 그 부분은 보충적 해석으로 채워야 한다. 그런데 해제권의 발생에 관한 관습은 그 존재가 확인되어 있지 않다. 따라서 해제권 발생에 관한 민법규정이 있는지를 조사해야 한다. 여기서 제544조가 본 사안에 적용될 수 있는 규정임을 알 수 있다. 그러므로 본 사안에서 제544조에서 정한 요건이 갖추어졌다면 B는 토지분양계약을 해제할 수 있다. 그에 대하여는 아래에서 따로 논하기로 한다.

그에 비하여 계약보증금 몰취조항, 손해배상조항은 무효가 아니기 때문에, 그 조항상의 요건이 구비되면 그에 의한 효과가 발생한다.

5. B의 해제가 유효한지 여부

(1) 서　　설

방금 본 바와 같이, 본 사안에는 제544조가 적용된다. 따라서 본 사안에서 B가 분양계약을 해제한 것이 적법한지는 제544조가 정하는 요건이 구비되었는지 여부에 달려 있다.

(2) 이행지체(보통의 이행지체)의 경우의 해제권 발생요건

보통의 이행지체에 있어서 해제권이 발생하려면, ① 채무자의 유책사유에 의한 이행지체가 있을 것, ② 채권자가 상당한 기간을 정하여 이행을 최고했을 것, ③ 최고기간 내에 이행이나 이행의 제공이 없었을 것이라는 세 가지 요건이 갖추어져야 한다. 한편, 계약서에 명문으로 위약시의 법정해제권의 포기 또는 배제를 규정하지 않은 이상 위약벌에 관한 특약의 유무 등은 채무불이행으로 인한 법정해제권의 성립에 아무런 영향이 없다.7)

(3) 본 사안의 경우

본 사안에는 위약벌의 특약이 있으나, 그것은 채무불이행이 있는 경우에 법정해제권의 발생에는 전혀 영향이 없다. 그리하여 본 사안의 경우에 제544조가 정하는 요건이 갖추어졌는지를 살펴보기로 한다. 본 사안에서 A의 유책사유에 의한 이행지체가 있다. A의 채무는

---

6) 자세한 사항은 강의, A-94; 송덕수, 총칙, [95] 참조.
7) 대판 1983. 8. 23, 82다카1366; 대판 1990. 3. 27, 89다카14110.

금전채무이기 때문에 그에게 과실이 없다고 하여도 그것을 이유로 항변하지도 못한다(397조
2항). 그리고 B는 두 번에 걸쳐 이행의 최고를 하였다. 상당한 기간을 정하여 최고하였는지
는 불분명하지만, 설사 기간을 정하지 않고서 최고하였더라도 최고가 유효하고 단지 해제권
이 상당한 기간이 지난 뒤에 생기기 때문에, 본 사안에서 2번의 최고를 한 만큼 그 요건도
갖추게 되었을 것이다. 그런가 하면 최고기간 내에 채무자인 A의 이행이나 이행의 제공도 없
었다. 결국 본 사안의 경우에 B의 해제의 요건이 갖추어졌고, 따라서 B의 해제는 유효하다.

6. 결   론

본 사안의 경우에 B의 해제는 유효하다. 그리고 계약보증금 몰취조항은 유효하고, 그
조항이 정하는 요건이 구비되었기에, B는 그 조항에 따라 계약보증금을 몰취할 수 있다. 또
한 B에게 채무불이행으로 인한 손해배상청구권의 요건이 모두 갖추어져 있으면 A는 손해
배상도 해야 한다.

Ⅱ. 물음 2.에 대하여

1. 논점의 정리

본 문제의 논점을 정리하면 다음과 같다.

(1) B가 보통거래약관(이하에서는 약관이라고 한다)을 계약내용으로 주장할 수 있는지가 문
제된다.

(2) 문제의 약관조항이 「약관의 규제에 관한 법률」(이하에서는 약관법이라고 한다)에 의해
무효로 되는지가 문제된다.

(3) 만약 어느 약관조항이 무효인 경우라면 구체적인 효과가 어떻게 되는지 문제된다.

(4) 이상의 논의를 바탕으로 하여 법률관계를 기술해야 한다.

2. B가 약관을 계약내용으로 주장할 수 있는지 여부

(1) 사업자가 약관을 계약내용으로 주장할 수 있기 위한 요건

우리 약관법은 일정한 요건을 갖추지 못한 경우에는 사업자(약관 사용자)는 해당 약관을
계약내용으로 주장할 수 없다고 규정한다. 그리고 그러한 요건으로 ① 사업자가 약관내용
을 분명하게 밝힐 것(약관법 3조 2항)과 ② 사업자가 약관의 중요내용을 설명할 것(약관법 3조
3항)을 규정하고 있다. 그 밖에 고객의 동의가 필요한지 문제되는데, 사견은 고객의 동의가
필요하다고 하되 명백한 반대의사를 표시하지 않으면 묵시적인 동의를 인정할 수 있다는
입장이다.8)

---

8) 자세한 사항은 송덕수, 채각, [12] 참조.

(2) 본 사안의 경우

본 사안의 경우 위의 요건이 갖추어져 있는지는 불분명하나, 일단 구비된 것으로 보고
논의하기로 한다.

3. 문제의 약관조항이 약관법에 의해 무효로 되는지 여부

(1) 약관의 내용통제

약관법은 한편으로 개별적인 약관조항이 무효로 되는 경우를 규정하고(약관법 7조-14조),
다른 한편으로 일반규정의 형태로 무효인 경우를 규정하고 있다(약관법 6조).

(2) 본 사안의 경우

본 사안의 해제권 발생조항은 사업자인 B에게 법률에서 규정하고 있지 않은 해제권을
부여하여 고객에게 부당하게 불이익을 줄 우려가 있는 조항이다(약관법 9조 2호 참조). 그 조
항에서는 불가항력의 경우에도 해제권을 부여하고 있기 때문이다. 또한 그 조항은 고객에게
부당하게 불리한 조항(약관법 6조 2항 1호)으로서 공정성을 잃은 것으로 추정되고, 약관법 제
6조 제1항에 의해 무효로 되는, 신의칙을 위반하여 공정성을 잃은 약관조항이기도 하다.
따라서 그 조항은 약관법 제9조 제2호, 제6조 제1항·제2항 제1호에 의해 무효이다.

본 사안의 계약보증금 몰취조항은 약관법 제9조 제4호에 의해 무효로 되는「계약의
해제로 인한 원상회복의무를 상당한 이유 없이 고객에게 과중하게 부담시키거나 고객의 원
상회복청구권을 부당하게 포기하도록 하는 조항」에 해당한다. 그리고 약관법 제6조 제1
항·제2항 제1호에도 저촉된다. 그리하여 그 조항도 무효이다.

그에 비하여 손해배상조항은 — 계약보증금에 대한 부분을 제외한다면 — 부당하지 않
으며, 유효하다.

4. 문제의 약관조항이 무효인 경우의 구체적인 효과

(1) 약관조항이 무효인 경우의 법률효과

약관의 전부 또는 일부의 조항이 무효인 경우에는 계약은 원칙적으로 나머지 부분만으
로 유효하게 존속하며, 유효한 부분만으로는 계약의 목적 달성이 불가능하거나 그 유효한
부분이 한쪽 당사자에게 부당하게 불리한 경우에는 그 계약 전체가 무효로 된다(약관법 16
조). 그런데 계약이 무효규정을 제외한 나머지 부분만으로 유효하게 되는 경우에는 계약의
틈이 생길 수 있다. 그때에 틈은 법률행위의 해석에 의해 보충되어야 한다. 그리하여 우선
관습에 의해 보충되고(106조), 관습이 없으면 임의규정에 의하며, 임의규정도 없으면 순수한
보충적 해석이 행해져야 한다.

해제권의 발생에 대하여는 관습이 없으므로 해제규정에 의해 채워지게 된다. 그에 비하
여 위약벌에 해당하는 계약보증금에 대하여는 관습뿐만 아니라 임의규정도 없으며, 그 부분

은 다른 내용으로 채워질 필요가 없고 무효로 되는 것으로 종결된다.

⑵ 본 사안의 경우

본 사안에서 약관 중 해제권 발생조항과 계약보증금 몰취조항은 무효이다. 그런데 그것을 제외한다고 하여 계약의 목적달성이 불가능하거나 한쪽 당사자에게 부당하게 불리하게 되지는 않는다. 즉 약관법 제16조 단서에 해당하지 않는다. 따라서 본 사안의 토지분양계약은 나머지 부분만으로 유효하다.

문제는 무효조항 부분이 어떤 내용으로 채워지는지이다. 우선 해제권 발생조항 부분은 이행지체 경우의 해제권 발생규정인 제544조가 적용된다. 그리고 본 사안의 경우 제544조의 요건이 구비되었다(위 Ⅰ. 5. 참조). 그러므로 해제의 효과가 발생한다. 그리고 A는 B에게 손해가 있으면(손해배상청구권의 요건이 갖추어진 경우) 손해도 배상해야 한다(손해배상조항은 유효함). 다음에 계약보증금 조항은 무효이며, 그 부분은 다른 것으로 채우는 것이 부적절하다. 따라서 본 사안에서 그 조항에 기해 지급한 계약보증금은 원상회복을 위해 B가 A에게 반환해야 한다.

5. 결 론

본 사안의 경우에 B의 해제는 유효하다. 그 결과 A · B 사이의 계약은 소급해서 무효로 된다(직접효과설). 그리고 B는 A로부터 받은 계약보증금 400만원을 몰수할 수 없으며, A에게 반환해야 한다. 그러면서 그것을 받은 날부터 이자도 붙여야 한다(548조 2항). 그 외에 A는 B에게 손해가 생긴 때에는 그 손해도 배상해야 한다.

[57] 채권자지체를 이유로 한 계약해제

문제

A는 B로부터 충북 옥천군 소재 답 82㎡(X토지라 함)를 300만원에 매수하기로 하는 매매계약을 체결하고, B에게 매매대금을 모두 지급하였다. 사실 A는 B와 이 계약을 체결하기 전에 C로부터 공장용지 및 그 위의 공장건물의 지분(Y), 공장용지 뒤쪽의 밭(맹지)(Z), 공장진입로인 X토지를 매수하여 대금을 모두 지급하고 Y와 Z의 소유권이전등기도 모두 마쳤으나, X토지는 B 명의이어서 등기를 이전하지 못하자 그동안의 세금 등을 고려하여 추가로 300만원을 들여 그 토지를 매수한 것이다. 그 후 B는 X토지에 관한 소유권이전등기 업무를 위임받은 법무사 D에게 등기에 필요한 서류를 교부하였다. 그런데 그 얼마 뒤 D는 B에게 'A가 X토지에 관하여 B가 직접 농지전용과 농지보전부담금 전부를 처리하여 신청해달라고 요구하고 있어 처리가 곤란하다.'는 문자메시지를 보냈다. 그러자 B는 A에게 'X토지에 관한 농지보전부담금을 부담하라고 하니 이를 계약해제로 간주하겠다.'는 취지의 부동산 매매계약 해지통보서를 보냈다. 그런 뒤에 B는 A로부터 지급받은 매매대금 등으로 3,572,250원을 공탁하였다.

이 경우에 A는 B에게 X토지의 소유권이전등기를 청구할 수 있는가?

I. 논점의 정리

본 문제 사안의 경우에 A·B 사이의 X토지 매매계약이 유효하다면, A는 B에게 X토지의 소유권이전등기를 청구할 수 있다. 그런데 만약 그 계약이 해제되어 소급하여 효력을 잃게 되었다면, 당연히 A는 X토지의 소유권이전등기를 청구하지 못한다. 본 사안에서 B가 A에게 보낸 해지통보서는 정확하게는 계약해제의 의사표시를 담고 있는 계약해제통지서이다. 그리고 그 해제는 A의 채권자지체를 이유로 한 것이다. 문제는 B의 해제가 적법한지이다.

그 문제를 해결하려면 먼저 우리 법상 채권자지체를 이유로 계약을 해제할 수 있는지 살펴보아야 한다. 그러고 나서 그것이 긍정된다면 본 사안의 경우에 해제의 요건을 갖추었는지 검토해야 한다.

Ⅱ. 채권자지체를 이유로 계약을 해제할 수 있는지

1. 서 설

민법의 계약해제는 채무불이행을 전제로 하고 있다(544조-546조 참조). 그런데 채권자지체는 채무자의 채무불이행이 아니고 채권자의 의무위반이기 때문에 그것을 이유로 해서도 계약해제를 할 수 있다고 할 수 있는지 문제된다.

2. 채권자지체의 의의 및 요건

채권자지체란 채무의 이행에 급부의 수령 기타 채권자의 협력을 필요로 하는 경우에, 채무자가 채무의 내용에 좇은 이행의 제공을 하였음에도 불구하고 채권자가 그것의 수령 기타의 협력을 하지 않거나 혹은 협력을 할 수 없기 때문에 이행이 지연되고 있는 것이다(400조).

채권자지체의 요건은 ① 채권의 성질상 이행에 채권자의 협력을 필요로 할 것, ② 채무의 내용에 좇은 이행의 제공이 있을 것, ③ 채권자의 수령불능 또는 수령거절이다. 그 외에 채권자의 유책사유와 위법성도 필요한지는 견해에 따라 다른데, 채권자지체 책임을 법정책임이라고 보는 사견의 입장에서는 요건이 아니라고 한다.

3. 채권자지체를 이유로 해제할 수 있는지

채권자지체를 채무불이행이라고 보는 견해는 채권자지체의 경우에 채무자가 일정한 요건 하에 계약을 해제할 수 있다고 한다. 그에 비하여 채권자지체 책임을 법정책임이라고 하는 견해는 계약해제권을 인정하지 않는다.[1] 그리하여 학설이 나뉘어 있다.

판례[2]는, 채권자지체가 성립하는 경우 그 효과로서 원칙적으로 채권자에게 민법 규정에 따른 일정한 책임이 인정되는 것 외에, 채무자가 채권자에 대하여 일반적인 채무불이행 책임과 마찬가지로 손해배상이나 계약해제를 주장할 수는 없으나, 계약당사자가 명시적·묵시적으로 채권자에게 급부를 수령할 의무 또는 채무자의 급부 이행에 협력할 의무가 있다고 약정한 경우, 또는 구체적 사안에서 신의칙상 채권자에게 위와 같은 수령의무나 협력의무가 있다고 볼 특별한 사정이 있다고 인정되는 경우에는 그러한 의무위반에 대한 책임이 발생할 수 있다고 한다. 그러면서 그중 신의칙상 채권자에게 급부를 수령할 의무나 급부 이행에 협력할 의무가 있다고 볼 특별한 사정이 있는지는 추상적·일반적으로 판단할 것이 아니라 구체적 사안에서 계약의 목적과 내용, 급부의 성질, 거래관행, 객관적·외부적으로 표명된 계약당사자의 의사, 계약체결의 경위와 이행상황, 급부의 이행과정에서 채권자의 수

---

[1] 그 외의 견해에 대하여는 송덕수, 채총, [113] 참조.
[2] 대판 2021. 10. 28, 2019다293036.

령이나 협력이 차지하는 비중 등을 종합적으로 고려해서 개별적으로 판단해야 한다고 한다.

생각건대 채권자지체로 인한 계약해제가 인정되려면 채권자에게 수령의무 내지 협력의무가 인정되어야 하고, 그것의 위반(채무불이행)이 있어야 한다. 그런데 우리 민법상 채권자의 수령의무 내지 협력의무는 일반적으로 규정되어 있지 않다. 그런가 하면 그에 관한 개별적인 규정도 없다. 그리고 채권자지체의 규정에 비추어보아도 채권자지체의 경우에 일반적으로 계약해제가 인정되지는 않는다고 해야 한다. 다만, 판례처럼 당사자 사이에 수령의무내지 협력의무가 있다고 약정하거나 구체적인 사안에서 신의칙상 그러한 의무가 있다고 볼특별한 사정이 있다고 인정되는 경우에는 예외적으로 그러한 의무위반을 이유로 해제를 할수 있다고 보아야 한다. 결국 판례가 타당하다.

Ⅲ. 본 사안의 경우에 B가 해제할 수 있는지, 그리고 A가 소유권이전등기를 청구할 수 있는지

본 사안에서 B는 A에게 X토지 매매계약 해제의 의사표시를 하였다. 만약 B의 그 해제가 적법하다면 A·B 사이의 계약은 소급해서 무효가 되고(직접효과설), 그 결과 A는 B에게 X토지의 소유권이전등기를 청구할 수 없다. 그에 비하여 B의 해제가 부적법하다면 A·B 사이의 계약은 여전히 유효하게 되어 A는 B에게 X토지의 소유권이전등기를 청구할 수 있게된다. 그러므로 B의 해제가 적법한지를 살펴보아야 한다.

판례 및 사견에 따르면, 채권자인 A의 수령의무 내지 협력의무는 원칙적으로 인정되지않는다. 그리고 A의 수령의무 내지 협력의무를 발생시키는 A·B 사이의 명시적·묵시적 약정도 없다. 또한 본 사안에서 A의 수령의무를 발생시키는 특별한 사정도 보이지 않는다. A가 X토지를 이미 다른 사람으로부터 매수했음에도 등기 명의가 B로 되어 있어서 그것을 다시 B로부터 매수한 사정에 비추어보면, 오히려 B가 농지보전부담금을 처리해주어야 마땅할것으로 생각된다. 결국 본 사안에서 A의 수령의무 내지 협력의무는 존재하지 않으며, 따라서 B의 계약해제는 적법하지 않다. 그리고 B의 해제가 부적법하므로 A·B 사이의 계약은여전히 효력을 보유하고 있고, 그 결과 A는 그 계약에 기하여 B에게 X토지의 소유권이전등기를 청구할 수 있다.

[58] 채권자대위권·명의신탁·임대차 등

문제

A는 1992년 4월 자신이 가진 자금의 반은 예금을 하고 나머지 반은 부동산에 투자할 생각으로 그 방법을 찾고 있던 중 부동산 중개업소에 매물로 나와 있는 C 소유의 2층짜리 X건물(그 대지를 포함한다. 이하 같다)을 매수하려고 하였다. 그런데 자신이 직접 나서는 것이 싫어 1992. 5. 3. 사촌 동생인 B에게 그 사정을 말하고 A의 자금(A의 계획대로 보유자금의 반)으로 X건물을 B의 이름으로 매매계약을 체결하고 그것의 소유권이전등기도 B의 명의로 해 두라고 하였다. 그런데 X건물의 실질적인 소유자가 A임은 분명히 하였다. 그리하여 B는 1992. 5. 12. C와 X건물의 매매계약을 체결하였고, C에게 매매대금을 모두 지급하였으며, 1992. 6. 23.에 X건물에 관하여 B 명의로 소유권이전등기도 마쳤다. 이때 C는 A와 B 사이에 있었던 사정을 전혀 알지 못하였고 알 수도 없었다. 현재는 2010. 2. 27.이다.

위의 사안을 토대로 하여 다음 각 물음에 답하시오(아래의 각 물음은 별개의 사안임).

1. 위 사안에서 D는 2009. 5. B를 협박하여 X건물을 시가의 3분의 1 정도에 매수하여 그 (D)의 명의로 등기한 뒤, 그 한 달 후에 아무것도 모르고 또 알 수도 없었던 E에게 팔고 소유권이전등기도 해 주었다.

   (1) 이 경우에 A는 B나 다른 자에게 어떤 권리를 행사할 수 있는가?

   (2) 만약 위 본문의 모든 사건이 위에 기재된 때보다 10년 후에 일어났다면(물음의 사건 시점과 현재시점은 그대로이다) A는 어떤 권리를 행사할 수 있는가?

2. 위 본문의 사안에서 B가 2008. 9. 10. A의 허락 없이 자기가 보관하고 있던 X건물의 열쇠를 이용하여 자신의 이름으로 X건물 중 비어 있던 Y부분을 갑에게 임차보증금 5,000만원, 월 차임 100만원, 임차기간 1년으로 정하여 임대하였다. 그 뒤 갑은 Y부분을 사무실로 사용해 오고 있다. 그러던 중 갑은 2009. 5. 17. 5,000만원의 임차보증금채권을 을에게 양도하였다. 그리고 을은 '갑이 을에게 임차보증금채권을 양도하였다'는 취지로 기재된 편지를 갑으로부터 받아 B에게 내용증명우편으로 보냈으며, 그 편지는 2009. 6. 5.에 B에게 도달하였다. 한편 갑은 임차기간 1년이 지났음에도 불구하고 B와 아무런 약정도 함이 없이 Y부분을 현재까지 그대로 사무실로 사용하고 있다.

   (1) 이 경우에 B와 갑 사이의 임대차계약은 유효하게 성립하였는가? 그리고 현재도 유효한가?

   (2) 이 경우에 을은 임차보증금채권을 유효하게 취득하는가? 만약 유효하게 취득한다면 을이 임차보증금을 반환받기 위하여 어떤 권리를 행사할 수 있는가?

I. 물음 1.의 (1)에 대하여

1. 논점의 정리

본 문제의 논점을 정리하면 다음과 같다.

(1) A·B 사이의 약정이 (계약)명의신탁인지, 그리고 그 효력이 어떻게 되는지 문제된다. 이와 관련하여 「부동산 실권리자 명의 등기에 관한 법률」(아래에서는 부동산실명법이라 한다)의 시행시기에 유의해야 한다.

(2) B·C 사이의 매매와 물권변동의 효력이 발생하는지 문제된다.

(3) B·D 사이의 계약이 유효한지, 취소할 수 있는지, 취소하는 경우의 효과가 문제된다.

(4) 만약 A·B 사이의 약정과 B·C 사이의 물권변동이 유효하다면 등기를 그대로 두어도 되는지, 그렇지 않다면 어떻게 해야 하는지 문제된다. 이와 관련하여 A가 B에게 등기말소를 청구할 수 있는지, 만약 이것이 인정되지 않는다면 부당이득 반환청구권을 가지는지 문제된다.

(5) A가 B에 대한 그의 부당이득 반환청구권을 보전하기 위하여 B가 D에 대하여 가지는 부당이득 반환청구권을 대위행사할 수 있는지 문제된다. A의 대위행사가 인정되려면 채권자대위권의 요건이 갖추어져야 하며, 특히 채권보전의 필요성이 있어야 한다.

(6) A가 C에게 행사할 수 있는 권리가 있는지 문제된다.

(7) 이들 권리의 소멸시효 완성 여부가 문제된다.

2. A·B 사이의 약정의 법적 성격과 유효성

(1) 본 사안의 경우에 A와 B는 1992. 5. 3. A가 X건물을 매수하면서 계약명의와 등기명의를 B로 하기로 하는 약정을 하였다. 이는 명백한 계약명의신탁 약정이다. 이 경우에는 A와 B 사이에 B가 X건물을 매수한다는 위임과 등기명의는 B 앞으로 한다는 명의신탁의 약정이 있는 것으로 이해된다. 이러한 계약명의신탁에 관하여 규율하는 법률로 부동산실명법이 있다. 그런데 부동산실명법은 1995. 7. 1.부터 시행되고 있다. 따라서 본 사안의 A·B 사이의 명의신탁약정에 대하여는 부동산실명법이 적용되지 않고 기존의 판례이론이 적용된다.

(2) 부동산실명법이 시행되기 전에 판례는 명의신탁의 유효성을 널리 인정하고 있었다. 이러한 판례에 의하면 본 사안의 경우 A·B 사이의 명의신탁약정과 그에 기한 B 명의의 소유권이전등기는 유효하다.

3. C·B 사이의 X건물에 관한 물권변동의 효력

본 사안에서 B는 A·B 사이의 명의신탁의 약정에 따라 C로부터 그의 명의로 X건물을 매수하는 매매계약을 체결하였고, 그에 기하여 X건물에 관하여 B의 명의로 소유권이전등기도 마쳤다. 이러한 경우에 기존의 판례에 의하면 C·B 사이의 매매계약과 물권변동은 당연히 유효하다. 따라서 판례에 의하면 X건물의 소유권은 대내적(A·B 사이)으로는 A에게 속하지만, 대외적으로는 수탁자인 B에게 속하게 된다.

이와 같이 B로의 소유권이전이 유효하지만, 새로 시행된 부동산실명법에 의해 B 명의의 등기를 실명등기하여야 하는 문제는 남으며, 그에 대하여는 아래에서 따로 설명한다.

4. B·D 사이의 계약의 효력 유무

(1) 본 사안에서 D는 B를 협박하여 X건물을 시가의 3분의 1 정도에 매수하였다. 이러한 B·D의 매매계약은 급부와 반대급부 사이에 현저한 불균형이 있어서 폭리행위일 가능성이 있다(104조 참조). 그런데 본 사안의 경우에 B가 궁박·경솔 또는 무경험의 상태에 있었는지, 나아가 D가 B의 궁박 등을 이용하였는지 불확실하다. 그리하여 일단 폭리행위가 아닌 것으로 보고 논의를 진행하기로 한다.

(2) 본 사안에서 B가 D의 협박을 받아 X건물을 D에게 매각한 것이 강박에 의한 의사표시인지 문제된다. 강박에 의한 의사표시로 되려면, ① 의사표시의 존재, ② 강박자의 고의, ③ 강박행위, ④ 강박행위의 위법성, ⑤ 강박행위와 의사표시 사이의 인과관계라는 요건을 모두 갖추어야 한다. 본 사안의 경우에 이들 요건이 모두 갖추어졌는지 명백하지는 않다. 특히 본 사안의 협박이 공포심을 일으키게 하는 행위인 강박행위인지 불분명하다. 그렇지만 시가의 3분의 1 정도의 헐값에 매도한 것을 보면 공포심을 느꼈을 것으로 판단된다.

따라서 B는 강박에 의한 의사표시라는 이유로 D와 체결한 계약을 취소할 수 있다(110조 1항). 그런데 그 취소를 가지고 선의의 제3자에게 대항하지 못한다(110조 3항). 본 사안의 경우 E는 B·D의 강박행위를 기초로 하여 새로이 이해관계를 맺은 자로서 여기의 제3자에 해당한다. 그리고 그는 강박에 의한 의사표시임을 알지 못하였으므로 선의이다. 따라서 B는 B·D 사이의 계약을 취소해도 E에 대하여는 그 취소를 가지고 대항하지 못하며, 그는 D에 대하여 부당이득 반환청구만 할 수 있을 뿐이다.

5. A가 B에 대하여 행사할 수 있는 권리

(1) 실명등기의 문제

부동산실명법이 시행되기 전에 명의신탁약정에 따라 부동산에 관한 물권을 명의수탁자의 명의로 등기하거나 등기하도록 한 명의신탁자(기존 명의신탁자)는 그 법 시행일부터 1년의 기간(유예기간) 이내에 실명등기(명의신탁자 명의로의 등기)를 해야 한다(동법 11조 1항 본문). 만약 그 기간 이내에 실명등기 또는 매각처분을 하지 않은 경우에는 그 기간이 지난 날 이후의 명의신탁약정이 무효로 된다(동법 12조 1항).

(2) **명의수탁자에 대한 부당이득 반환청구권의 존재와 부당이득의 내용**

부동산실명법이 시행되기 전에 명의신탁약정을 하고 수탁자 명의의 등기를 한 뒤에 그 법이 시행되었고 유예기간 내에 실명등기를 하지 못한 경우에는 명의신탁약정이 무효로 되어 명의수탁자가 부동산의 소유권을 취득하게 된다. 그런데 수탁자의 소유권은 법률상 원인이 없는 것이 된다. 그리하여 신탁자는 수탁자에 대하여 부당이득 반환청구권을 가진다(741조 참조). 문제는 부당이득의 내용이 무엇인지이다. 그에 대하여 판례는, 그러한 경우에 명의신탁자는 유예기간이 경과하기 전까지는 언제라도 명의신탁약정을 해지하고 당해 부동산에 관한 소유권을 취득할 수 있었던 것이므로, 명의수탁자는 당해 부동산 자체를 부당이득하였다고 보아야 할 것이고, 부동산실명법 제3조 및 제4조가 명의신탁자에게 소유권이 귀속되는 것을 막는 취지의 규정은 아니므로 명의수탁자는 명의신탁자에게 자신이 취득한 당해 부동산을 부당이득으로 반환할 의무가 있다고 한다.[1]

이 경우에 명의수탁자가 명의신탁된 부동산을 제3자에게 처분하여 부당이득으로 부동산 자체를 반환할 수 없는 때에는, 신탁자는 수탁자에게 이행불능을 이유로 손해배상을 청구할 수 있다. 그리고 그때 배상할 손해액은 그 부동산의 시가 상당액이다.[2]

(3) **본 사안의 경우**

본 사안의 경우에 B 명의의 소유권이전등기는 부동산실명법 시행 후 1년 이내에 실명등기를 했어야 한다. 그런데 그것이 지켜지지 않았다. 그리하여 A·B 사이의 명의신탁약정은 무효로 되고 B가 X건물의 소유권을 취득하게 된다. 그렇지만 B의 X건물 소유권은 부당이득이 되며, 부당이득의 내용은 부동산 자체이다. 따라서 A는 B에 대하여 X건물에 대하여 소유권이전등기를 청구할 수 있다. 그런데 본 사안에서 B가 X건물을 D에게 팔았고 D는 E에게 다시 팔고 소유권이전등기도 해 주었다. 이때 B는 B·D 사이의 계약을 강박에 의한 의사표시를 이유로 취소할 수 있으나, B의 취소는 선의의 제3자인 E에게는 주장하지 못한다. 그 결과 B의 A에 대한 X건물의 소유권이전의무는 이행불능으로 되었다. 그러므로 A는 B에게 이행불능을 이유로 손해배상을 청구할 수 있는데, 그때 배상할 손해액은 이행불능 당시(즉 D 명의의 소유권이전등기시)의 X건물의 시가 상당액이다.

6. A가 B의 D에 대한 권리를 대위행사할 수 있는지 여부

(1) **서   설**

본 사안의 경우에 A는 B에 대하여 손해배상청구권(이는 부당이득 반환청구권이 변한 것임)을 가지고 있다. 그런가 하면 B는 D에 대하여 계약취소권을 가진다. 그리고 B가 B·D 사이

---

1) 대판 2009. 7. 9, 2009다23313 등. 그런데 판례처럼 새기면 부동산실명법 제11조의 취지를 살리기 어려운 문제가 있다.
2) 대판 2006. 1. 27, 2005다39013 참조.

의 계약을 취소하면 D는 부당이득 반환의무로서 X건물의 등기말소의무를 부담한다. 그런데 D가 선의의 E에게 X건물을 매도하고 소유권이전등기를 해 줌으로써 D의 B에 대한 등기말소의무는 D에게 책임있는 사유로 이행불능으로 된다. 그리하여 B는 D에게 이행불능을 이유로 손해배상을 청구할 수 있다. 이때 청구할 수 있는 배상액은 이행불능이 된 때 즉 E에게 소유권이전등기를 한 때의 X건물의 시가 상당액이다.[3]

이러한 경우에 A가 B에 대하여 가지고 있는 손해배상청구권을 보전하기 위하여 B의 D에 대한 취소권 및 손해배상청구권을 대위행사할 수 있는지 문제된다.

(2) 채권자대위권의 요건

(여기에 관하여는 [28]번 문제 Ⅱ. 2. ⑷ 2) 참조)

(3) 본 사안의 경우

본 사안의 경우에는 두 가지 견해가 주장될 수 있다. 하나는, A의 B에 대한 채권(피보전채권)과 B의 D에 대한 채권(피대위채권)이 모두 소유권이전등기 의무의 이행불능으로 인한 가액배상의 금전채권으로 귀착될 성질의 것이기는 하지만, 피보전채권인 전자는 명의신탁 해지를 원인으로 한 소유권이전등기 청구권이 변형된 것이고, 피대위채권인 후자 역시 명의신탁된 부동산의 원상회복이 불가능함으로 인하여 가액배상청구권으로 변형된 것으로서, 양 채권이 그 발생원인에 있어 직접적인 관련성이 있는 이상, A가 D에 대하여 C의 가액배상청구권을 대위행사함에 있어서 일반 금전채권의 경우와 같이 B가 무자력임을 그 요건으로 할 필요가 없다는 견해이다.[4] 다른 하나는, 금전채권의 경우에는 채무자가 무자력이어야 하고, 본 사안의 경우에 예외를 인정하지 않아야 한다는 견해이다. 생각건대 피보전채권이 등기청구권과 같은 특정채권인 경우에 무자력의 요건을 요구하지 않는 것은 사회적인 요청을 수용하기 위해 불가피하게 허용한다고 해도, 피보전채권이 금전채권인 경우까지 무자력 요건을 완화하는 것은 바람직하지 않다. 따라서 둘째 견해를 취해야 한다.[5] 결국 본 사안의 경우에 A가 B의 D에 대한 취소권과 가액배상청구권을 대위행사하려면 B가 무자력이어야 하며, 그렇지 않으면 그 권리들을 대위행사하지 못한다.

7. A가 C에 대하여 행사할 수 있는 권리가 있는지 여부

본 사안의 경우에 명의신탁이 유효하고 C가 매매계약을 모두 이행했기 때문에, A가 C에 대하여 행사할 수 있는 권리는 없다.

---

3) 동지 대판 2006. 1. 27, 2005다39013.
4) 대판 2006. 1. 27, 2005다39013이 그러한 견지에 있다.
5) 다만, 대변제청구권과 같이 성질이 특수한 때에는 다르게 보아야 한다.

8. A의 권리의 소멸시효 문제

A가 B에 대하여 가지는 X건물의 소유권이전등기 청구권은 부당이득 반환청구권으로서 10년의 시효에 걸린다.[6] 그리고 그 권리는 실명등기의 유예기간이 만료되는 1996. 7. 1. 0시에 발생한다. 따라서 그때부터 10년이 되는 2006. 6. 30. 밤 12시에 소멸시효에 걸려 소멸한다. 이렇게 A의 권리가 이미 소멸하였기 때문에, 설사 B가 무자력이더라도 A는 B의 권리를 대위행사하지도 못한다.

9. 결 론

A는 B에 대하여 부당이득 반환청구권으로 X건물의 등기말소청구권을 가지고 있었으나 그 권리가 이미 소멸하여 A는 그 권리를 행사할 수 없다. 그 권리가 소멸하지 않았다면 그 권리는 B의 처분으로 이행불능으로 인한 손해배상청구권으로 변하여 존속했을 것이다.

B는 D에 대하여 B·D 사이의 계약을 취소할 수 있고, 취소하면 D에게 X건물의 등기말소를 청구할 수 있게 되는데, D가 그 건물을 선의의 E에게 처분하여 D는 등기말소를 할 수 없어서 B는 D에게 등기말소의무의 이행불능을 이유로 손해배상을 청구할 수 있다. 그때의 배상액은 이행불능 당시 즉 D가 E에게 소유권이전등기를 할 때의 X건물의 시가 상당액이다.

A가 B의 D에 대한 취소권·손해배상청구권을 대위행사할 수 있는지 문제되는데, 본 사안의 경우에는 A의 피보전채권이 시효로 소멸하여 B의 권리를 대위행사할 수도 없다. 만약 피보전채권이 존재한다면, 사견에 의하면, B가 무자력인 때에 한하여 대위행사를 할 수 있게 된다.

A는 C에게는 아무런 권리도 행사하지 못한다.

Ⅱ. 물음 1.의 (2)에 대하여

1. 논점의 정리

본 문제에서 본문의 모든 사건들이 기재된 때보다 10년 후에 일어났다면 명의신탁약정을 비롯한 모든 사건들이 부동산실명법 시행 후에 발생한 것이 된다. 그러므로 부동산실명법의 적용 아래서 다음의 것을 검토해야 한다.

(1) A·B 사이의 약정의 효력, C·B 사이의 물권변동의 효력, B·D 사이의 계약의 효력이 문제된다.

(2) A가 B에게 X건물의 등기말소를 청구할 수 있는지, 그것이 불가능하다면 부당이득

---

6) 동지 대판 2009. 7. 9, 2009다23313.

반환청구권을 가지는지, 그 경우에 부당이득의 내용이 무엇인지 문제된다.

　(3) A가 B의 D에 대한 권리를 대위행사할 수 있는지 문제된다.

　(4) A가 C에 대하여 행사할 수 있는 권리가 있는지 문제된다.

　(5) 그에 비하여 A의 권리의 시효소멸은 문제되지 않는다.

2. A·B 사이의 약정의 효력

　A·B 사이의 약정은 부동산실명법상의 계약명의신탁에 해당한다. 그리고 이 경우에는 B가 X건물을 매수한다고 하는 위임과 등기명의는 B앞으로 해 둔다는 명의신탁약정이 있게 된다. 이 가운데 명의신탁약정은 부동산실명법 제 4 조 제 1 항에 의하여 무효로 되고, 위임도 일부무효의 법리에 의하여 무효로 된다.

3. C·B 사이의 물권변동의 효력

　(1) 계약명의신탁의 경우에 물권변동의 유효 여부는 수탁자와 계약을 체결한 상대방이 명의신탁약정이 있다는 사실을 알았는지에 달려 있다. 즉 그 상대방이 악의인 때에는 등기 및 물권변동도 무효로 되나, 그가 선의인 때에는 등기 및 물권변동은 유효하다(부동산실명법 4조 2항).

　그리하여 상대방이 선의인 때에는 수탁자는 완전히 물권을 취득하게 된다. 이때 신탁자는 수탁자의 상대방에 대하여 아무런 청구도 하지 못한다. 법률관계가 없기 때문이다. 다만, 그는 수탁자를 상대로 부당이득의 반환청구를 할 수 있을 것이다. 그런데 신탁자가 제공한 금전만을 부당이득으로 청구할 수 있을 뿐 부동산 자체의 반환은 청구할 수 없다. 판례도 같은 입장이다.[7]

　(2) 본 사안의 경우에 수탁자의 상대방인 C는 A·B 사이에 명의신탁약정이 있음을 알지 못하였다. 즉 선의이다. 따라서 C·B 사이의 X건물의 매매계약과 그에 기한 등기·물권변동은 유효하게 된다. 그 결과 B는 X건물의 소유권을 취득하게 된다.

4. B·D 사이의 계약의 효력

　여기에 대하여는 물음 1.에 대한 설명(I . 4)이 그대로 타당하다. 그러므로 B·D 사이의 매매계약은 폭리행위는 아닌 것으로 보이나, 강박에 의한 의사표시이어서 B는 그것을 이유로 그 계약을 취소할 수 있다. 다만, B는 계약의 취소를 가지고 선의의 제 3 자인 E에게 대항하지는 못한다.

---

　7) 대판 2005. 1. 28, 2002다66922; 대판 2009. 3. 26, 2008다34828.

5. A가 B에 대하여 행사할 수 있는 권리

본 사안의 경우에 A·B 사이의 명의신탁약정은 무효이므로 A는 명의신탁의 해지를 원인으로 하여 X건물의 소유권이전등기를 청구하지 못한다. 그는 단지 부당이득 반환청구권을 행사할 수 있을 뿐이다. 이때 부당이득의 내용은, 앞에서 기술한 바와 같이(II. 3. ⑴ 참조), A가 제공한 금전이며, 부동산 자체가 아니다. 즉 A는 그가 B에게 X건물의 매수대금으로 제공한 금전을 부당이득으로 반환청구할 수 있다.

6. A가 B의 D에 대한 권리를 대위행사할 수 있는지 여부

본 사안의 경우에 A는 B에 대하여 부당이득 반환청구권으로서 금전채권을 가지고 있으며, 그 권리는 시효로 소멸하지도 않았다. 그리고 B는 D와 체결한 계약을 강박에 의한 의사표시를 이유로 취소할 수 있고, B가 취소하면 D는 B에게 X건물의 등기말소의무를 부담한다. 그런데 본 사안에서 D가 X건물을 선의의 제3자인 E에게 매도하고 소유권이전등기를 해 주었기 때문에, D의 등기말소의무는 D에게 책임있는 사유로 이행불능이 되었다. 따라서 B는 D에게 등기말소의무의 이행불능을 이유로 손해배상을 청구할 수 있다. 이때 배상액은 이행불능이 된 때, 즉 E 명의로 소유권이전등기가 된 때의 X건물의 시가 상당액이다.

여기서 A가 자신의 B에 대한 부당이득 반환청구권을 피보전채권으로 하여 B가 D에 대하여 가지고 있는 취소권·손해배상청구권을 대위행사할 수 있는지가 문제된다. 그에 대하여는 물음 1.과 관련하여 논의하였고(I. 6. 참조), 사견은 B가 무자력인 경우에만 대위행사를 인정하는 입장이다.[8]

7. A가 C에 대하여 행사할 수 있는 권리가 있는지 여부

A와 C 사이에는 전혀 법률관계가 없기 때문에 A는 C에 대하여는 아무런 권리도 행사하지 못한다.

8. 결 론

A는 B에 대하여 부당이득 반환청구권을 가지며, 그때 부당이득의 내용은 A가 B에게 제공한 금전이다.

A가 자신의 B에 대한 부당이득 반환청구권을 보전하기 위하여 B가 D에 대하여 가지고 있는 취소권·손해배상청구권을 대위행사할 수 있는지 문제되는데, 사견은 B가 무자력인

---

8) 그런데 대판 2006. 1. 27, 2005다39013은 B가 무자력이 아니어도 대위행사를 인정하는 태도를 취하고 있다.

경우에만 대위행사할 수 있다고 해석한다.

A는 C에 대하여는 행사할 수 있는 권리가 없다.

Ⅲ. 물음 2.의 (1)에 대하여

1. 논점의 정리

본 사안에서는 명의수탁자인 B가 자신의 이름으로 X건물 중 Y부분을 임대하였다. 그 임대차가 유효한지 문제된다. 그리고 B와 갑 사이에 약정된 임차기간이 경과하였는데 갑은 B와 아무런 약정도 없이 사용하고 있다. 이 경우에 묵시의 갱신이 일어나는지 문제된다. 그 외에 본 사안에서 갑이 임차보증금채권을 을에게 양도하였고, 을이 갑의 편지를 받아 B에게 보냈는데, 그러한 경우 보증금반환청구권이 언제 발생하는지 문제된다.

2. B가 한 임대차가 유효한지 여부

물음 1.에 대하여 살펴본 바와 같이, 본 사안의 경우 A·B 사이에 계약명의신탁이 존재한다. 그리고 그때는 부동산실명법이 적용되기 전이기 때문에, 판례에 의하면, A·B 사이의 명의신탁약정과 그에 기한 물권변동은 유효하다. 그런데 1995. 7. 1.부터 부동산실명법이 시행되었고, 그에 따르면 X건물에 관하여는 시행 후 1년 이내에 실명등기를 했어야 하는데 그러지 않아, 1996. 7. 1.에 B가 X건물의 소유권을 취득하게 되었다.9)

이러한 상태에서 B가 Y부분을 갑에게 임대한 것이다. 이것은 X건물의 소유자가 적법하게 임대한 것이므로, 그 임대차계약은 당연히 유효하다.

3. 임대차의 묵시의 갱신(법정갱신)이 일어났는지 여부

(1) 묵시의 갱신

임대차기간이 만료한 후 임차인이 임차물의 사용·수익을 계속하는 경우에, 임대인이 상당한 기간 내에 이의를 하지 않는 때에는, 전 임대차와 동일한 조건으로 다시 임대차한 것으로 본다(639조 1항 본문). 다만, 존속기간은 약정이 없는 것으로 다루어져서 당사자는 언제든지 계약해지의 통고를 할 수 있고, 일정한 기간이 경과하면 해지의 효력이 생긴다(639조 1항 단서·635조). 이를 묵시의 갱신 또는 법정갱신이라고 한다.

한편 판례에 의하면, 임대차의 존속 중에 보증금반환채권이 양도되고 임대인에게 양도통지가 된 경우에는, 그 후 당사자 사이에 임대차의 갱신에 관한 명시적 또는 묵시적 합의가 있었다고 해도 그 합의의 효과는 보증금채권의 양수인에게는 미치지 않는다.10) 그리하

---

9) 다만, A는 B에 대하여 부당이득 반환청구권을 가졌으나, 10년간 행사하지 않아 시효로 소멸하였다.

10) 대판 1989. 4. 25, 88다카4253·4260.

여 임대차는 더 이상 갱신되지 않고 본래의 기간 만료시에 종료된다.

(2) 본 사안의 경우

본 사안의 경우에는 갑의 임차기간이 2008. 9. 10.부터 1년간인데, 갑이 1년이 지난 뒤에도 Y부분을 계속하여 사용하고 있고, 그에 대하여 임대인인 B가 상당한 기간 내에 이의를 제기하지도 않고 있다. 따라서 B와 갑 사이의 Y부분의 임대차계약은 전 임대차와 동일한 조건으로 다시 임대차한 것으로 의제된다(639조 1항 본문). 묵시의 갱신이 일어나는 것이다. 갱신된 임대차의 존속기간은 판례11)에 의하면 2009. 9. 9.까지이다.12) 그 후에 또 다시 갱신이 일어나는가? 그렇지 않다. 그 이유는 다음과 같다.

2009. 5. 17. 갑이 임차보증금채권을 을에게 양도하였다. 그리고 갑이 양도통지를 하는 내용의 편지를 을이 받아 채무자인 B에게 내용증명우편으로 보냈다. 이것은 채권양도인의 통지로서 유효하다. 그런데 판례에 의하면, 본 사안의 경우에 양도통지까지 있은 2009. 6. 5. 이후에는 B와 갑 사이에 임대차 갱신에 관하여 명시적·묵시적 합의가 있더라도 그것은 양수인에게 미치지 않는다. 그 결과 B와 갑 사이의 임대차는 2009. 9. 9.에 만료하게 된다.13)

4. 결 론

본 사안의 경우에 B와 갑 사이의 임대차계약은 유효하게 성립하였다. 그리고 그 계약은 한 번 묵시의 갱신이 일어나서 2009. 9. 9.까지 임대차가 존속하였다. 그러나 판례에 의하면, 임차보증금채권이 양도되고 양도통지가 된 뒤에는 명시적·묵시적 갱신이 일어날 수 없어서 B와 갑 사이의 임대차는 2009. 9. 9.에 만료되었다. 그러므로 2009. 9. 10.부터는 임대차계약이 없이 갑이 Y부분을 사용하는 것이 된다.

Ⅳ. 물음 2.의 (2)에 대하여

1. 논점의 정리

본 문제의 논점을 정리하면 다음과 같다.

(1) 갑의 임차보증금채권의 양도가 유효요건을 갖추었는지 문제된다.

(2) 임차보증금채권의 양도가 유효한 경우 그 채권과 임차물(Y부분)의 인도 사이의 관계가 문제된다.

(3) 을이 임차보증금 반환청구권을 행사할 수 있는지, 그리고 을이 그 권리를 행사하기

---

11) 대판 1989. 4. 25, 88다카4253·4260.
12) 그러나 이러한 판례에 대하여는 비판이 가해진다. 묵시의 갱신의 경우에는 임대차의 존속기간은 약정하지 않은 것으로 되어 언제든지 계약해지의 통고를 할 수 있는 것으로 다루어지기 때문이다. 양창수, 민법연구 제 2 권, 1991, 304면 이하 참조.
13) 동지 1989. 4. 25, 88다카4253·4260.

위하여 B가 갑에 대하여 가지는 Y부분의 인도청구권을 대위행사할 수 있는지도 문제된다. 이는 금전채권의 보전을 위하여 대위권행사를 하는 것이므로, 채권자대위권의 요건 중 특히 채권보전의 필요성(채무자의 무자력)에 대하여 주의깊게 살펴보아야 한다.

(4) 을이 임차보증금을 반환받기 위하여 직접 갑에게 Y부분을 B에게 인도하라고 청구할 수 있는지 문제된다.

2. 을이 임차보증금채권을 유효하게 취득하는지 여부

(1) 임차보증금의 의의 및 성질

임차보증금은 부동산임대차 특히 건물임대차에 있어서 임대인의 채권(차임채권·손해배상채권 등)을 담보하기 위하여 임차인이나 제 3 자가 임대인에게 교부하는 금전 기타의 유가물이다.

보증금의 성질에 관하여 학설은 ⅰ) 임대차 종료 후 임차인이 목적물을 인도한 때에 임차인의 채무불이행이 없었을 것을 정지조건으로 하는 정지조건부 반환채무를 수반하는 금전소유권의 이전이라는 견해, ⅱ) 임대차 종료시에 임대인의 반대채권의 존재를 해제조건으로 하여 반환된다고 하는 견해로 나뉘어 있다.14) 판례는 보증금반환청구권의 발생시기에 관하여 과거에는 임대차종료시라고 하였으나, 지금은 건물인도시라고 한다.15) 그리고 보증금에서 채무 등을 공제하려면 임대인이 공제 주장을 해야 한다고 한다. 생각건대 ⅰ)설과 판례는 보증금반환청구권은 목적물 반환시에 공제한 잔액에 대하여 발생하게 된다는 견해로서 임차인 보호에 적절하다.

임대인의 보증금반환의무는 임차인의 임차물반환의무와 동시이행관계에 있다(통설·판례도 같음).

(2) 채권양도

지명채권 즉 채권자가 특정되어 있는 채권은 원칙적으로 양도성을 갖는다(449조 1항 본문).

지명채권의 양도는 당사자인 양도인과 양수인의 합의에 의해 행해진다. 그런데 민법은 채무자와 기타의 제 3 자를 보호하기 위해 일정한 요건을 갖추지 못하면 채권양도를 가지고 이들에게 대항하지 못하도록 규정하고 있다(450조). 채권양도의 대항요건은 채무자에 대한 대항요건과 제 3 자에 대한 대항요건으로 나누어진다.

채무자에 대한 대항요건은 「채무자에 대한 양도인의 통지」 또는 「채무자의 승낙」이다(450조 1항). 통지는 양도인이 채무자에 대하여 해야 한다. 그러나 반드시 양도인이 직접 할 필요는 없고, 사자나 대리인으로 하여금 하게 할 수 있으며, 양수인이 양도인의 대리인으로서 통지를 할 수도 있다.16)

---

14) 문헌에 대하여는 송덕수, 채각, [142] 참조.
15) 강의, D-240 참조.
16) 대판 1994. 12. 27, 94다19242 등.

제 3 자에 대한 대항요건도 양도인의 통지 또는 승낙인데(450조 1항), 그 통지 또는 승낙을 확정일자 있는 증서로써 해야 한다(450조 2항). 내용증명우편의 일자는 확정일자에 해당한다.

(3) 본 사안의 경우

본 사안에서 갑이 B에 대하여 가지고 있는 5,000만원의 임차보증금채권은 지명채권이다. 따라서 그 채권은 양도인과 양수인의 합의로 양도할 수 있다. 본 사안에서는 갑이 을에게 그 채권을 양도하였다. 그리고 그 채권양도에 관하여 양도인인 갑이 쓴 편지를 을이 채무자인 B에게 내용증명우편으로 보내는 방법으로 통지를 하였다. 이 경우에 양수인인 을은 사자로서 양도인인 갑의 통지를 대신 보낸 것이며, 이러한 통지도 양도인의 통지로서 유효하다. 그리고 그 통지는 확정일자 있는 증서로써 한 것이기도 하다. 그리하여 갑의 임차보증금채권의 양도는 유효하고, 채권양도의 채무자·제 3 자에 대한 대항요건도 갖추어졌다. 그 결과 을은 임차보증금채권을 유효하게 취득한다.

3. 을이 임차보증금을 반환받기 위하여 행사할 수 있는 권리

(1) B에 대한 을의 보증금반환청구권의 발생시기

임차보증금 반환청구권은 임대차가 종료한 뒤 임차물을 반환한 때에 발생한다. 그것도 차임채무·손해배상채무를 공제한 잔액에 관하여 발생한다.

본 사안의 경우에는 B와 갑 사이의 임대차가 묵시적으로 갱신되었다. 그런데 임차보증금채권이 양도된 뒤에 당사자가 행한 명시적·묵시적 갱신의 합의는 보증금채권의 양수인에게는 미치지 않으므로,17) 본 사안의 경우에는 임대차가 이미 2009. 9. 9.에 만료되었고, 더 이상 갱신이 되지는 않는다. 따라서 임대차는 만료되었으므로, 이제 갑이 Y부분을 B에게 인도할 때 갑의 B에 대한 채무가 있으면 그 채무를 공제한 금액에 관하여 을의 보증금반환청구권이 발생한다.

(2) 을이 B의 Y부분 인도청구권을 대위행사할 수 있는지 여부

1) 서　　설

본 사안의 경우에 B는 갑으로부터 Y부분을 인도받으면서 을에게 임차보증금을 반환하게 된다. B의 임차보증금 반환채무는 갑의 Y부분 인도의무와 동시이행관계에 있기 때문이다. 따라서 본 사안에서 B가 Y부분의 인도청구권을 행사하지 않으면서 을에게 임차보증금도 반환해주지 않는 경우에 을은 B의 갑에 대한 Y부분의 인도청구권을 대위행사할 필요성이 생긴다. 여기서 을이 B의 권리를 대위행사할 수 있는지가 문제된다.

---

17) 대판 1989. 4. 25, 88다카4253·4260. 이 판례에 대하여는, 묵시의 갱신은 갱신의 합의가 아니고 의제이므로 그 점에서도 부적절하다는 비판이 있다. 그리고 그렇기 때문에 묵시의 갱신은 법정갱신이라고 하는 것이 더 낫다고 한다. 양창수, 민법연구 제 2 권, 306면 참조.

2) 채권자대위권의 요건

(여기에 관하여는 [28]번 문제 Ⅱ. 2. ⑷ 2) 참조)

3) 본 사안의 경우

본 사안의 경우에 대위채권자는 을이고 피보전채권은 을의 임차보증금 반환청구권이다. 그리고 대위채권은 B가 갑에 대하여 가지는 Y부분의 인도청구권이다.[18]

본 사안에 있어서 채권자대위권의 요건 중 문제가 되는 것은 피보전채권이 금전채권임에도 불구하고 채무자인 B가 무자력이 아니어도 대위행사가 인정되는지이다. 여기에 관하여 판례는, 「이 사건의 경우와 같이 채권자가 양수한 임차보증금의 이행을 청구하기 위하여 임차인의 가옥명도가 선이행되어야 할 필요가 있어서 그 명도를 구하는 경우에는 그 채권의 보전과 채무자인 임대인의 자력 유무는 관계가 없는 일이므로 무자력을 요건으로 한다고 할 수 없다」고 한다.[19] 그러나 사견은 금전채권의 보전을 위해서 대위권의 행사를 할 경우에는 채무자가 무자력이어야 한다는 입장이다. 그러므로 본 사안의 경우에, 판례에 의하면, B가 무자력이 아니어도 을은 갑에 대한 B의 Y부분 인도청구권을 대위행사할 수 있으나, 사견에 따르면 B가 무자력인 때에만 을의 대위행사가 인정된다.

⑶ 을이 직접 갑에게 Y부분을 B에게 인도하라고 청구할 수 있는지 여부

1) 문헌[20]에 따라서는, 기간이 정해져 있는 임대차계약의 기간 중에 보증금채권을 양도한 임차인은 임대차가 종료되면 목적물을 임대인에게 인도하여 보증금채권의 실현을 위하여 협력할 의무가 있다고 한다. 즉 임대차가 종료하기만 하면 채권양수인은 자신의 권리로서 보증금채권의 양도인인 임차인에게 목적물을 임대인에게 인도할 것을 청구할 수 있다고 한다. 그에 대하여 다른 문헌[21]은, 우리 법은 채권자가 자기 채권의 만족을 위하여 채무자를 상대로 그가 제 3 자에 대하여 부담하는 의무의 이행을 청구할 수 있는 방도를 마련하지 않고 있다고 하면서, 임대인은 임대차가 종료되면 임차인에게 목적물의 인도를 청구할 수 있으나 그 청구 여부는 그의 의사에 달린 것이고, 보증금반환청구권의 양수인이 임차인에 대한 — 채권양도계약상의 — 채권자라고 하여 특약이 없는 이상 일반적으로 임차인에 대하여 임대인에게 목적물을 인도하라고 청구할 수는 없다고 한다.

생각건대 임차보증금채권 양도에 기하여 양수인이 직접 채무자에게 인도인에 대하여 인도하라고 청구할 수 있는 법적 근거는 없다. 따라서 그러한 청구는 할 수 없다고 할 것이다.

2) 본 사안의 경우에 을이 직접 갑에게 Y부분을 B에게 인도하라고 청구할 수는 없다.

---

18) 판례와 달리 묵시의 갱신의 경우 갱신된 임대차는 존속기간의 약정이 없는 것으로 다루어져야 한다는 견해에서는, 먼저 을이 임차보증금채권의 보전을 위해 B의 해지통고권을 대위행사하는 것이 검토되어야 할 것이다. 그리고 그 다음에 다시 B의 인도청구권의 대위행사를 논의해야 한다.

19) 대판 1989. 4. 25, 88다카4253 · 4260.

20) 한기택, 민사판례연구[XⅡ], 1990, 43면 이하.

21) 양창수, 민법연구 제 2 권, 326면.

[59] 채권자취소권(1)

문제

A는 2006. 10. 15. B로부터 5,000만원을 이자 월 2푼, 변제기를 1년 후로 하여 빌리면서 B의 대여금채권을 담보하기 위하여 자신의 유일한 재산인 X토지(시가 1억원)에 채권의 최고액을 1억원으로 하는 근저당권을 설정해 주었다. 그리고 A는 2007. 12. 5. C로부터 7,000만원을 이자 월 2푼, 변제기를 6개월 후로 하여 빌렸다. 2008. 1. 16. A는 X토지를 그의 형인 D에게 1억원에 매도하고 같은 달 28. 소유권이전등기를 해 주었다. 한편 D의 채권자인 E는 D가 채무를 변제하지 않자 2008. 2. 13. X토지를 가압류하였다. 그 뒤 채권을 변제받지 못한 B는 X토지에 설정된 자신의 근저당권을 실행하였고, 그 매각대금으로 받은 1억원은 B에게 6,800만원이 지급되고 나머지는 E에게 지급되었다. 현재는 2008. 4. 20.이다.

1. 이 경우에 C는 A와 D 사이의 매매를 사해행위를 이유로 취소할 수 있는가?
2. 만약 이 경우에 사해행위의 취소가 인정된다면, C는 그 취소의 효력을 E에게도 주장할 수 있는가?

I. 물음 1.에 대하여

1. 논점의 정리

본 사안에서 C는 A의 채권자이다. 그리고 채무자인 A는 그의 유일한 재산인 X토지를 그의 형인 D에게 매도하였다. 물음 1.은 이러한 경우에 C가 A의 매도행위를 사해행위를 이유로 취소할 수 있는지를 묻고 있다.

이 물음에 답하려면 본 사안의 경우에 사해행위 취소의 요건이 모두 구비되었는지를 검토하여야 한다. 그 가운데 특히 A의 매도행위가 사해행위인지, A와 D의 악의 여부, 취소권의 행사기간의 문제를 자세히 살펴보아야 한다. 그리고 사해행위인지를 검토함에 있어서는 매매의 목적물에 담보권이 설정되어 있는 경우의 자력산정의 방법, 채무자가 유일한 재산인 부동산을 매도하는 행위가 사해행위인지 등에 유의하여야 한다.

2. 채권자취소권의 요건

본 문제의 해결에 필요한 범위에서 채권자취소권의 요건을 간략하게 정리하기로 한다.

(1) **채권자의 채권**(피보전채권)**의 존재**

채권자취소권이 성립하려면 채권자가 보전하여야 할 채권을 가지고 있어야 한다. 피보전채권의 전형적인 것은 금전채권이다. 그리고 이러한 채권자의 채권은 사해행위가 있기 전에 발생한 것이어야 한다(통설·판례). 그러나 채권이 이행기에 있을 필요는 없다(통설).

(2) **사해행위**(詐害行爲)

채권자취소권이 성립하려면 사해행위가 있어야 한다.

1) 사해행위는 채무자가 행하였어야 하며, 채무자 이외의 자가 행한 행위는 취소하지 못한다. 그리고 사해행위는 원칙적으로 법률행위이나, 그에 한정되지는 않는다.

2) 취소의 대상이 되는 사해행위는 매매·대물변제·저당권설정과 같이 직접 재산권을 목적으로 하는 법률행위(또는 기타의 행위)이어야 한다(406조 1항 본문).

3) 채권자를 해하는 법률행위가 사해행위이다. 여기서 채권자를 해한다는 것은 채무자의 재산행위로 말미암아 채무자의 적극재산이 소극재산인 채무의 총액보다 적은 것, 즉 채무초과 또는 무자력을 가리킨다.

채무자가 양도한 목적물에 담보권이 설정되어 있는 경우에는 그 목적물 중에서 일반 채권자들의 공동담보로 되는 책임재산은 피담보채권액을 공제한 부분만이다.[1]

채무자가 부동산을 매각하는 것이 사해행위로 되는가? 여기에 관하여 학설은 i) 상당한 대가에 의한 부동산의 매각은 언제나 사해행위가 되지 않는다는 견해, ii) 일정한 경우에만 제한적으로 사해행위가 된다는 견해로 나뉘어 있다(송덕수, 채총, [138] 참조). 그리고 판례는, 채무자가 유일한 재산인 부동산을 매각하여 소비하기 쉬운 금전으로 바꾸는 행위는 그 매각이 채권자에 대한 정당한 변제에 충당하기 위하여 상당한 가격으로 이루어졌다든가 하는 특별한 사정이 없는 한 원칙적으로 사해행위가 된다고 한다.[2] 생각건대 채무자가 부동산을 매각하면 채권자로서는 변제를 받기가 그만큼 어려워진다. 그리고 채무자가 재산을 빼돌리기 위하여 부동산을 매각하는 때도 많다. 그러한 점을 고려할 때 i)설처럼 해석하지 않아야 하며, 원칙적으로는 사해행위가 아니라고 하되, 유일한 부동산을 처분하였다는 등의 특별한 사정이 있는 때에는 사해행위가 된다고 하여야 한다.

채무자가 채무초과의 상태에서 근저당권이 설정된 부동산을 매도하는 경우에는 부동산가액에서 피담보채권액을 공제한 잔액의 범위 내에서는 사해행위가 된다.[3] 그러나 피담보채권액이 부동산가액을 초과한 때에는 사해행위로 되지 않는다(판례도 같음).

(3) **채무자 등의 악의**

채권자취소권이 인정되려면 채무자가 사해행위에 의하여 채권자를 해함을 알고 있었어

---

1) 대판 1997. 9. 9, 97다10864.
2) 대판 1998. 4. 14, 97다54420.
3) 대판 1996. 5. 14, 95다50875 등.

야 한다(406조 1항 본문). 그리고 사해행위로 인하여 이익을 받는 자(수익자)나 전득한 자(전득자)가 그 행위 또는 전득 당시에 채권자를 해함을 알고 있었어야 한다(406조 1항 단서). 채무자의 악의의 증명책임은 취소채권자에게 있으나, 수익자 또는 전득자의 악의는 채권자가 증명할 필요가 없고, 책임을 면하려는 수익자 또는 전득자가 그들의 선의를 증명하여야 한다. 한편 판례는 채무자의 악의와 관련하여, 채무자가 유일한 부동산을 매각한 경우에는 채무자의 사해의 의사가 추정된다고 한다.[4]

3. 채권자취소권의 소멸

채권자취소권은 채권자가 취소원인을 안 날로부터 1년, 법률행위가 있은 날로부터 5년 내에 행사하여야 한다(406조 2항).

4. 본 사안의 경우

(1) 본 사안에서 채권자취소권을 행사하려는 C는 A에 대하여 7,000만원의 금전채권을 가지고 있다. 이는 채권자의 피보전채권에 해당한다. 그리고 C의 이 채권은 사해행위 여부가 검토되는 A·D 사이의 매매(2008. 1. 16.)가 있기 전에(2007. 12. 5.) 발생한 것이다. C의 채권은 아직 변제기가 되지 않았으나, 피보전채권이 변제기에 있지 않아도 채권자취소권을 행사할 수 있다.

A의 X토지 매도행위가 사해행위인지 검토해 보기로 한다. A가 행한 X토지의 매도행위는 「채무자」가 행한 「직접 재산권을 목적으로 하는 법률행위」이다. 문제는 그것이 채권자 C를 해치는 행위인지이다. A의 행위가 C를 해치는 것으로 되려면 채무자의 적극재산이 채무의 총액보다 적어야 한다. 본 사안의 경우에 A의 적극재산은 유일한 X토지의 시가에서 근저당권으로 담보된 피담보채권액을 공제한 부분만이다. 따라서 1억원에서 원본 5,000만원과 그에 대한 이자를 제한 금액이 A의 적극재산이다. 이 금액은 C의 채권액인 7,000만원에 미달한다. 그런데 이는 A의 매도행위의 전이나 후나 마찬가지이다. 즉 이것만으로 사해행위인지는 단정할 수 없는 것이다.

본 사안에서 A는 그의 유일한 재산인 X토지를 그의 형에게 매도하였다. 그러한 경우에 대하여 학설 가운데는 사해행위가 아니라는 견해도 있으나, 판례는 특별한 사정이 없는 한 사해행위가 된다고 한다. 사견도 사해행위로 보아야 한다는 입장이다. 이때 사해행위로 되는 것은 X토지의 가액에서 B의 채권액을 공제한 잔액의 범위에서이다.

C가 채권자취소권을 행사하려면 채무자인 A가 악의이어야 하며, 수익자인 D도 악의이어야 한다. 그런데 본 사안에 있어서 이들 모두가 악의인지는 불분명하다. 따라서 두 경우로 나누어야 한다. 즉 A·D가 모두 악의인 경우에는 C는 사해행위로 취소할 수 있으나, A·

---

4) 대판 1998. 4. 14, 97다54420 등.

D 중 어느 하나라도 선의이면 C는 취소를 할 수 없다. 다만, D의 악의는 C가 증명할 필요가 없고 D가 선의임을 증명하여야 하므로, D가 선의를 증명하지 못하면 악의로 인정된다. 그리고 판례에 의하면 유일한 부동산을 매각한 A는 악의로 추정된다.

(2) C가 채권자취소권을 행사하려는 시점은 2008. 4. 20.이며, 이는 사해행위가 문제되는 A의 X토지 매도일인 2008. 1. 16.로부터 불과 3개월 정도밖에 되지 않은 때이다. 따라서 C는 채권자취소권 행사를 할 수 있는 기간 내에 있다.

(3) 요컨대 C는 A·D가 모두 악의인 경우에는 A·D 사이의 매매를 사해행위로 취소할 수 있으나, 둘 중에 어느 하나라도 선의이면 취소할 수 없다.

Ⅱ. 물음 2.에 대하여

1. 논점의 소재

본 사안에서 E는 사해행위(요건이 구비되었다고 가정함)로 인한 수익자 D의 채권자이다. E는 D와 새로운 법률관계를 맺지는 않고 이미 가지고 있는 채권자로서 그의 채권확보를 위하여 D 명의의 X토지를 가압류하였다.

여기서의 문제는 사해행위의 취소의 효력이 E에게도 미치는지이다. 이 문제를 해결하기 위하여서는 우리 통설·판례가 인정하고 있는 취소의 상대적 효력이 과연 어떤 의미를 가지고 있는지, 그리고 E와 같은 자에게 그 효력이 미치는지를 살펴보아야 한다.

2. 사해행위 취소의 상대적 효력

(1) 상대적 효력의 내용

통설·판례에 의하면, 사해행위 취소의 효력은 채권자와 수익자 사이 또는 채권자와 전득자 사이에만 발생하며, 채무자나 제 3 자에게는 미치지 않고, 또 채무자와 수익자 사이의 또는 수익자와 전득자 사이의 법률관계에도 미치지 않는다. 따라서 채무자는 취소판결에 기하여 아무런 권리도 취득하지 못한다. 그리고 채권자가 변제받은 나머지는 수익자나 전득자에 귀속한다. 다만, 채무자는 수익자나 전득자의 손실로 부당이득을 한 것이 되므로, 수익자 등은 그 범위에서 채무자에 대하여 부당이득의 반환을 청구할 수 있다.

(2) 사해행위 취소의 효력이 미치지 않는 제 3 자의 범위

사해행위 취소의 효력이 미치지 않는 제 3 자의 범위를 사해행위를 기초로 목적부동산에 관하여 새롭게 법률행위를 한 그 목적부동산의 전득자 등만으로 한정할 것인지가 문제된다.

1) 판 례

여기에 관하여 판례는 사해행위의 목적부동산을 새로운 법률관계에 의하여 취득한 전득자 등은 제406조 제 1 항 단서에 의하여 보호되므로 취소의 효력이 미치지 않는 제 3 자의 범위를 그러한 자만으로 한정할 것은 아니라고 한다.[5] 그러면서 사해행위 취소 목적부동산을 가압류한 수익자의 채권자에게 취소판결의 효력이 미치지 않는다고 한다.[6]

2) 사   견

생각건대 판례처럼 해석하면, 수익자의 채권자는 수익자의 재산취득이라는 우연한 사정으로 반사적 이익을 누리게 된 이해관계인에 지나지 않음에도 불구하고 오히려 새로운 법률관계를 맺은 전득자보다도 더 두텁게 보호되는 문제점이 있다. 그는 전득자와도 달리 선의일 필요도 없기 때문이다. 그리고 단순한 이해관계인에 지나지 않는 수익자의 채권자의 채권이 취소채권자의 반환청구권보다 우선하게 되어, 그 경우에는 사해행위 취소판결의 실효성이 없게 된다. 따라서 사해행위 취소의 효력은 사해행위의 결과로 이익을 얻은 수익자의 채권자에게는 미친다고 하여야 한다.

3. 물음 ⑵의 해결

판례에 의하면 C 는 사해행위의 취소의 효력을 E에게 주장하지 못한다. 그에 비하여 사견에 의하면 C는 그 효력을 E에게 주장할 수 있게 된다.

---

5) 대판 2005. 11. 10, 2004다49532.
6) 대판 2009. 6. 11, 2008다7109.

[60] 채권자취소권(2)

〈공통된 기초사실〉

A는 X토지를 소유하고 있는데, 그 토지는 A가 소유하고 있는 유일한 부동산이다. X토지의 시가는 10억 원이고 그 가격에 변동이 없다. X토지에는 B가 A에 대하여 가지고 있는 3억 원의 채권을 담보하기 위하여 채권최고액을 3억 2천만 원으로 하는 B의 근저당권이 등기되어 있다. (아래 두 물음의 사안은 별개의 것임)

[제 1 문]

〈추가된 사실관계〉

그런가 하면 A는 C에게 8억 원의 금전채무를 부담하고 있다. 그러한 상태에서 A는 X토지를 자신의 형인 D에게 10억 원에 매도하는 계약을 체결하고, D에게 X토지에 관하여 소유권이전등기도 해주었다.

이 경우에 C는 채권자취소권을 행사할 수 있는가? 행사할 수 있다면 구체적인 행사범위는 어떻게 되는가?

[제 2 문]

〈추가된 사실관계〉

그런가 하면 A는 E에게 12억 원의 금전채무를 부담하고 있다. 그러한 상태에서 A는 F로부터 15억 원을 빌리면서 금전소비대차 계약서와 근저당권 설정계약서를 작성하고 X토지에 F의 15억 원의 채권을 담보하기 위하여 채권최고액을 18억 원으로 하는 근저당권설정등기를 해주었다. F는 A와 계약을 체결할 당시 A에게 적극재산보다 채무가 더 많다는 것을 알고 있었고, A도 자신의 재산상황을 잘 알고 있었다. 그 후 A는 F로부터 빌린 금전 중 3억 원으로 B에 대한 채무를 변제하고 B의 근저당권설정등기를 말소하였다.

이 경우에 E는 채권자취소권을 행사할 수 있는가? 행사할 수 있다면 구체적인 행사범위는 어떻게 되는가?

Ⅰ. [제 1 문]에 대하여

1. 논점의 정리

⑴ 먼저 본 사안의 경우에 C에게 채권자취소권의 요건이 구비되었는지를 검토해야 한

다. 특히 근저당권이 설정된 유일한 부동산의 매각행위가 사해행위인지, 그리고 채무자·수
익자의 악의가 인정되는지가 문제된다.

　(2) C의 채권자취소권이 성립된 경우에 그 권리가 행사기간이 경과하여 소멸했는지도
검토해야 한다.

　(3) C에게 채권자취소권이 인정되는 경우에 그 권리의 행사범위를 살펴봐야 한다. 그럼
에 있어서 매매 전체를 취소할 수 있는지도 논의해야 한다.

2. C의 채권자취소권의 요건이 구비되었는지 여부

(1) 채권자취소권의 요건

([59]번 문제 Ⅰ. 2. 참조)

(2) 본 사안의 경우

1) 본 사안에서 C는 채무자 A에 대하여 8억 원의 금전채권을 가지고 있다. 이는 채권자
의 피보전채권에 해당한다. 그리고 C의 그 채권은 사해행위가 문제되는 A·D 사이의 매매
가 있기 전에 발생하였다. 한편 C의 채권이 이행기에 있는지는 알 수 없으나, 채권자취소권
은 채권의 이행기가 되기 전에도 행사할 수 있으므로, C의 채권이 이행기에 있는지는 문제
되지 않는다.

　A의 X토지 매도행위가 사해행위인지 살펴보기로 한다. A가 행한 X토지의 매도행위는
피보전채권의 「채무자」가 행한 법률행위이고, 또한 「직접 재산권을 목적으로 하는 법률행
위」이기도 하다. 문제는 그것이 채권자 C를 해하는 법률행위인지이다. A의 매도행위가 C를
해하는 행위로 되려면 A의 적극재산이 소극재산인 채무의 총액보다 적어야 한다. 그리고
채무자 소유 부동산에 제 3 자의 담보권이 설정되어 있는 경우에는, 그 담보권으로 담보된
채권액을 제외한 나머지 부분만이 일반채권자들의 공동담보로 되는 책임재산이 되므로,[1]
그 부분만을 적극재산으로 보아야 한다. 따라서 본 사안의 경우 A의 적극재산은 X토지의
시가 10억 원에서 B의 근저당권으로 담보된 피담보채권액 3억 원을 제외한 7억 원이다. 이
금액은 C의 채권액인 8억 원에 미달한다. 그런데 이는 A가 매도를 하기 전이나 후나 마찬
가지이다. 그러므로 A의 매도행위가 사해행위인지는 단정할 수 없다.

　본 사안의 경우에 A는 그의 유일한 재산인 X토지를 매도하였다. 그러한 경우에 대하여
판례는 특별한 사정이 없는 한 사해행위가 된다고 한다. 나아가 판례는 채무자가 채무초과
의 상태에서 근저당권이 설정된 부동산을 매도한 경우에는, 부동산 가액에서 피담보채권액
을 공제한 잔액의 범위에서는 사해행위가 된다고 한다. 이러한 판례에 따를 때, 본 사안에
서 A가 X토지를 D에게 매도한 행위는 10억 원에서 3억 원을 공제한 잔액인 7억 원의 범위
에서는 사해행위가 된다.

---

1) 대판 2007. 7. 26, 2007다23081 등.

C에게 채권자취소권이 인정되려면 채무자인 A가 악의이어야 하고, 수익자인 D도 악의이어야 한다. 채무자의 악의의 증명책임은 취소채권자인 C에게 있으나, 수익자 D의 악의는 채권자가 증명할 필요가 없고, 책임을 면하려는 수익자가 자신의 선의를 증명해야 한다. 본 사안의 경우 A와 D가 악의인지는 불분명하다. 다만, 판례는 채무자가 자신의 유일한 부동산을 매각한 경우에는 채무자의 사해의사가 추정된다고 하므로,[2] 이 판례에 따르면 A가 그의 선의를 증명하지 못하는 한 그는 악의로 인정된다. 그리고 수익자인 D도 자신의 선의를 증명하지 못하면 악의로 인정된다.

(2) 결국 판례에 따르면, A·D 모두 자신의 선의를 증명하지 못하면 C는 채권자취소권을 행사할 수 있으나, A나 D 가운데 어느 하나라도 자신의 선의를 증명하면 C는 채권자취소권을 행사할 수 없다.

3. C의 채권자취소권이 소멸했는지 여부

⑴ 채권자취소권의 행사기간

채권자취소권은 채권자가 취소원인을 안 날로부터 1년, 법률행위가 있은 날로부터 5년 내에 행사하여야 한다(406조 2항).

⑵ 본 사안의 경우

본 사안의 경우에 C의 채권자취소권(발생했다고 가정함)이 행사기간의 경과로 소멸하게 되었는지는 불분명하다. 문제에서 시점이 나타나 있지 않기 때문이다. 일단 소멸하지 않은 것으로 보고 논의한다.

4. C의 채권자취소권의 행사범위

⑴ 채권자취소권의 행사범위에 관한 이론

취소의 범위는 취소채권자의 채권액을 표준으로 하므로, 다른 채권자가 있더라도 원칙적으로 자신의 채권액을 넘어서 취소하지는 못한다. 판례도 같다.[3] 따라서 사해행위가 가분이면 채권보전에 필요한 범위에서 일부취소를 하여야 한다. 그러나 목적물이 불가분이거나 분할취소가 부적당한 특별한 사유가 있는 경우 또는 다른 채권자가 배당참가를 신청할 것이 분명한 경우에는 그의 채권액을 넘어서도 취소권을 행사할 수 있다. 통설·판례도 같다.

채권자취소권은 채권의 공동담보를 보전하는 것을 목적으로 하므로, 취소의 범위는 다른 한편으로 공동담보의 보전에 필요하고 충분한 범위에 한정된다.

채권자취소권이 행사되면 원칙적으로 원상회복으로서 사해행위의 목적물을 채무자에게 반환하여야 하며, 원물반환이 불가능하거나 현저히 곤란한 때에 한하여 원상회복의무의

---

2) 대판 1998. 4. 14, 99다54420 등.
3) 대판 2002. 10. 25, 2006다64441 등.

이행으로서 목적물의 가액 상당을 배상하여야 한다.[4] 한편 판례는 채무자가 채무초과의 상태에서 근저당권이 설정된 부동산을 매도하는 경우에는, 부동산 가액에서 피담보채권액을 공제한 잔액의 범위 내에서는 사해행위가 되고, 따라서 그 잔액의 한도에서 양도 등 행위를 취소하고 그 가액의 배상을 구할 수 있을 뿐이라고 한다.[5] 그런데 이는 사해행위 후 변제 등에 의하여 저당권설정등기가 말소된 경우에 관한 것이다.

(2) 본 사안의 경우

본 사안에서 채권자 C는 8억 원의 금전채권을 가지고 있다. 그러므로 그 채권의 범위에서만 채권자취소권을 행사할 수 있다. 그런가 하면 앞에서 본 바와 같이(앞의 2. (2) 2) 참조), A의 매도행위는 7억 원의 범위에서 사해행위로 된다. 따라서 그 범위에서만 취소할 수 있다. 그 결과 C는 7억 원의 범위에서 A·D 사이의 매매계약을 취소할 수 있다. 그런데 X토지의 매매계약을 대금 일부에 관해서만 취소하는 것이 적절하지 않으므로 그 전부에 관하여 취소할 수 있다고 해야 한다. 그리고 C가 매매계약 전부를 취소하면 법원은 X토지 전부에 관하여 소유권이전등기의 말소를 명해야 한다. 이 경우는 기존의 근저당권이 소멸하지 않아서 매매계약 전부가 취소되어도 공동담보가 아닌 부분까지 회복되는 것도 아니기 때문이다.[6]

5. 결　론

A·D 사이의 매매계약은 7억 원의 매매대금의 범위에서 사해행위로 된다. 따라서 C는 그 범위에서 매매계약을 취소할 수 있다고 할 것이다. 그런데 X토지 매매계약의 일부만을 취소하도록 하는 것은 적절하지 않으므로 그 전부에 관하여 취소할 수 있다고 해야 한다.

II. [제 2 문]에 대하여

1. 논점의 정리

(1) 먼저 E에게 채권자취소권의 요건이 구비되었는지를 검토해야 한다. 특히 근저당권이 설정된 상태에서 다른 자로부터 금전을 빌리면서 근저당권을 설정해준 행위가 사해행위인지 문제된다.

(2) E의 채권자취소권이 성립한 경우에 그 권리가 행사기간의 경과로 소멸했는지 검토

---

4) 대판 1998. 5. 15, 97다583163 등.
5) 대판 2001. 12. 27, 2001다33734.
6) 판례는,「사해행위 후 변제 등에 의하여 저당권설정등기가 말소된 경우에 사해행위를 취소하여 그 부동산 자체의 회복을 명하는 것은 당초 일반 채권자들의 공동담보로 되어 있지 않던 부분까지 회복을 명하는 것이 되어 공평에 반하는 결과가 되므로,」그 부동산의 가액에서 저당권의 피담보채무액을 공제한 잔액의 한도에서 사해행위를 취소하고 그 가액의 배상을 구할 수 있을 뿐이라고 한다. 대판 2001. 12. 27, 2001다33734.

해야 한다.

　　(3) E에게 채권자취소권이 인정되는 경우에 그 권리의 행사범위를 살펴보아야 한다. 그
럼에 있어서 원상회복이 가능한지, 가능하다면 구체적으로 어떤 방법으로 해야 하는지도 논
의해야 한다.

2. E의 채권자취소권의 요건이 구비되었는지 여부

(1) 채권자취소권의 요건

1) 채권자의 채권(피보전채권)의 존재

채권자취소권이 성립하려면 채권자가 보전하여야 할 채권을 가지고 있어야 한다. 그리
고 그 채권자의 채권은 사해행위가 있기 전에 발생한 것이어야 한다.

2) 사해행위

채권자취소권이 성립하려면 사해행위가 있어야 한다.

채무자가 행한 행위만 사해행위로 될 수 있으며, 채무자 이외의 자가 행한 행위는 취소
할 수 없다.

취소의 대상이 되는 사해행위는 매매·저당권 설정과 같이 직접 재산권을 목적으로 하
는 법률행위(또는 기타의 행위)이어야 한다.

채권자를 해하는 법률행위가 사해행위이다. 여기서 채권자를 해한다는 것은 채무자의
재산행위로 말미암아 채무자의 적극재산이 소극재산인 채무의 총액보다 적은 것, 즉 채무초
과 또는 무자력을 가리킨다. 채무자의 자력을 산정함에 있어서 채무자 소유 부동산에 제 3
자의 담보권이 설정되어 있는 경우에는 제 3 자에게 담보로 제공된 재산의 가액에서 그 제
3 자가 가지는 피담보채권액을 공제한 잔액만을 채무자의 적극재산으로 평가해야 한다.[7]
한편 판례는, 이미 채무초과의 상태에 빠져 있는 채무자가 그의 유일한 재산인 부동산을 채
권자 중의 어느 한 사람에게 담보로 제공하는 행위는 원칙적으로 다른 채권자들에 대한 관
계에서 사해행위가 된다고 한다.[8] 이러한 판례에 비추어보면, 이미 채무초과의 상태에 있는
채무자가 채무를 부담하면서 그것을 담보하기 위하여 새로운 채권자에게 담보권을 설정하
는 행위도 사해행위로 된다고 할 것이다. 그리고 판례에 따르면, 채무자가 채무초과의 상태
에서 근저당권이 설정된 부동산을 매도하는 경우에는 부동산 가액에서 피담보채권액을 공
제한 잔액의 범위 내에서는 사해행위가 되므로,[9] 채무자가 채무초과의 상태에서 근저당권
이 설정된 부동산에 다른 채권자를 위해 근저당권을 설정한 경우에는 부동산 가액에서 선
순위 근저당채무를 공제한 잔액의 범위에서 역시 사해행위로 된다고 보아야 한다.

---

　7) 대판 2012. 1. 12, 2010다64792 등.
　8) 대판 1986. 9. 23, 86다카83 등.
　9) 대판 1996. 5. 14, 95다50875 등.

3) 채무자 등의 악의

([59]번 문제 I.2.(3) 참조)

⑵ 본 사안의 경우

1) 본 사안에서 E는 채무자 A에 대하여 12억 원의 금전채권을 가지고 있다. 이는 채권자의 피보전채권에 해당한다. 그리고 E의 그 채권은 사해행위가 문제되는 A의 근저당권설정행위가 있기 전에 발생하였다.

A의 근저당권설정행위가 사해행위인지 살펴본다. A가 F를 위하여 X토지에 근저당권을 설정해준 행위는 피보전채권의 「채무자」가 「직접 재산권을 목적으로 행한 법률행위」이다. 문제는 그 행위가 채권자인 E를 해하는 법률행위인지이다. 본 사안의 경우에 채무자 A가 F에게 근저당권을 설정해주기 전에는, A의 적극재산은 X토지의 시가 10억 원에서 B의 채권액 3억 원을 공제한 7억 원이고, A의 소극재산은 E의 12억 원의 채무이다(담보되고 있는 B의 3억 원은 제외됨). 따라서 이미 A는 채무초과의 상태에 있다. 그리고 A가 F에게 근저당권을 설정해준 뒤에는, X토지는 그 전부가 적극재산에서 제외되고, A에게는 F로부터 빌린 15억 원이 있으나 채무도 역시 15억 원이 추가되어 채무초과 상태는 더 심화되었다. 그리하여 채무초과의 상태에 있음은 — 근저당권 설정 후에 더 심화되기는 했지만 — 근저당권 설정 전이나 후나 마찬가지이다. 그런데 이와 같은 경우, 즉 채무초과의 상태에 있는 채무자가 다른 자에게 근저당권을 설정해주는 행위는 사해행위로 된다고 하여야 한다. 즉 10억 원에서 기존의 근저당채무인 3억 원을 공제한 7억 원의 범위에서 사해행위를 한 것이다.

2) 본 사안의 경우에는 채무자 A는 자신의 재산상황을 잘 알고 있었으므로 근저당권 설정에 의하여 채권자를 해함을 알고 있었다. 즉 악의이다. 그리고 수익자인 F도 A와 계약을 체결할 당시 A가 채무초과 상태에 있음을 알고 있었다. 이와 같이 A와 F가 모두 악의이다.

3) 결국 본 사안의 경우 E는 — 행사기간이 경과하지 않았다면 — 채권자취소권을 행사할 수 있다.

3. E의 채권자취소권이 소멸했는지 여부

여기에 관하여는 앞의 I.3.의 설명이 E에 대하여도 그대로 적용될 수 있다.

4. E의 채권자취소권의 행사범위

⑴ 채권자취소권의 행사범위에 관한 이론

(여기에 관하여는 앞의 I.4.⑴ 참조. 거기에 아래의 것만 추가하면 됨)

판례는, 근저당권설정계약 중 일부만이 사해행위에 해당하는 경우에는 특별한 사정이 없는 한 그 원상회복은 근저당권설정등기의 채권최고액을 감축하는 근저당권변경등기 절차

의 이행을 명하는 방법에 의할 것이라고 한다.10)

  (2) 본 사안의 경우

  본 사안에서 채권자 E는 12억 원의 금전채권을 가지고 있다. 그러므로 그 채권의 범위에서만 채권자취소권을 행사할 수 있다. 그리고 A의 근저당권설정행위는 7억 원의 범위에서 사해행위로 된다. 따라서 E는 그 범위에서만 근저당권설정행위를 취소할 수 있다. 그런데 이때 F의 근저당권설정행위를 전부 취소하게 되면, X토지 중 3억 원에 해당하는 부분은 본래 채권자들의 공동담보로 되어 있지 않던 것인데 그것까지 회복하게 되어 문제이다. 그리고 그것을 피하면서 타당한 결과를 얻는 방법은 판례가 제시하는 것처럼, 변제한 선순위 근저당권의 피담보채무액을 공제한 잔액의 한도에서 사해행위를 취소하고,11) 근저당권설정등기의 채권최고액을 변제한 선순위 근저당권의 피담보채무액을 3억 원으로 감축하는 근저당권변경등기 절차의 이행을 명하는 것이다. 이와 달리 가액배상을 명할 것이 아니다.

  5. 결   론

  본 사안의 경우에 E는 채권자취소권을 행사할 수 있다. 구체적으로는 변제한 선순위 근저당권의 피담보채권액 3억 원을 공제한 잔액의 한도에서 A의 근저당권설정행위를 취소하여야 한다. 그리고 법원은 그 원상회복으로 F의 근저당권설정등기의 채권최고액을 3억 원으로 감축하는 근저당권변경등기 절차의 이행을 명해야 한다.

---

  10) 대판 2006. 12. 7, 2006다43620.
  11) 근저당권설정행위를 7억 원의 범위에서 취소할 수 있다고 해서는 안 된다. 만약 그렇게 하면 11억 원 (최고액 18억 원−7억 원=11억 원)만큼 F의 근저당권이 존재하게 되어 X토지의 가액 중 사해행위에 해당하는 7억 원에 대해 공동담보가 확보되지 못하게 되기 때문이다. 7억 원의 공동담보가 확보되려면 10억 원에서 선순위 근저당권의 피담보채무액 3억 원을 뺀 나머지에 대하여 근저당권설정이 취소되어야 하고, 그러려면 A의 근저당권설정행위는 3억 원을 제외한 나머지가 취소되어야 한다.

[61] 연대채무에서의 구상관계·대물변제

문제

　B, C, D 세 사람은 A에 대하여 60만원의 연대채무를 부담하고 있다. 그 채무의 변제기가 된 뒤에 A가 B의 집에 놀러 왔고, 그 곳에서 A는 도자기(45만원의 가치를 가짐) 하나를 발견하고 매우 가지고 싶어했다. 그러자 B는, 그 도자기로 A에 대한 채무를 변제한 것으로 하자고 하였고, A는 그 제안을 받아들여 그 도자기를 받아 가지고 갔다. 이때 B는 이런 사실을 C, D 누구에게도 전혀 알리지 않았다. 그 후 C는 이러한 사실을 모르고, 또한 B, D 누구에게도 알리지 않고서 A에게 채무변제를 위하여 60만원을 지급하였다.

　이 경우에 A, B, C, D 사이의 법률관계를 논하시오.

I. 논점의 정리

　본 사안에 있어서는 우선 채권자인 A가 그의 연대채무자 중 1인인 B의 도자기를 받아 가지고 간 행위가 법적으로 어떤 성격을 가지는지와 그 효력이 어떠한지가 문제된다. 구체적으로는 그것이 대물변제에 해당하는가, 그리고 만약 대물변제에 해당한다면 그에 따른 효과는 어떻게 되는가가 문제된다.

　다음에 A와 B 사이에 도자기의 수수가 있은 후에 C가 A에게 금전을 지급한 행위가 법적으로 어떤 의미를 가지고 또 어떤 효과를 발생시키는지, 특히 구상관계가 어떻게 되는지 문제된다. 사안의 경우에 도자기를 급부한 B는 그러한 사실을 다른 연대채무자인 C에게 통지하지 않았고, 후에 금전을 지급한 C도 금전지급을 할 것이라는 통지를 B에게 하지 않았다. 이러한 경우에 제426조와 관련하여 효과가 논의될 필요가 있다. 그리하여 구체적으로 누가, 누구에게 얼마를 구상할 수 있는지를 검토해 보아야 한다. 그리고 그 외의 효과에 관하여서도 살펴보아야 한다.

　한편, 특히 위의 두 번째 문제를 해결하기 위하여서는 연대채무자들인 B, C, D의 부담부분이 어떻게 되는지가 먼저 정리되어야 한다. 본 사안의 경우에 B, C, D의 부담부분에 관하여는 명시적인 언급이 없다. 그리고 부담부분의 결정에 직접·간접으로 영향을 줄 수 있는 특별한 사정도 보이지 않는다. 따라서 제424조에 의하여 균등한 것으로 추정된다고 할 것이다. 그러므로 이하에서는 B, C, D의 부담부분이 동일하다고 보고 논의해 나가려고 한다.

Ⅱ. A와 B 사이의 행위의 법적 성격 및 효력

1. 서   설

본 사안에 있어서 채권자 A가 연대채무자 B의 도자기를 가지고 싶어하자, B는 그 도자기로 A에 대한 채무를 변제한 것으로 하자고 하였고, A는 그러기로 하여 그 도자기를 받았다. 이러한 A와 B 사이의 행위가 법적으로 어떤 의미가 있는지 문제된다. 무엇보다도 대물변제인지가 문제된다. 만약 이것이 대물변제로 인정된다면 그에 따른 효과가 발생하게 될 것이다.

이하에서 먼저 대물변제의 의의와 요건, 효과를 살펴보고, 이어서 본 사안의 경우가 그에 해당하는지, 만약 그렇다면 그 구체적인 효과가 어떻게 되는지를 논의하기로 한다.

2. 대물변제의 의의 · 요건 · 효과

(1) 대물변제의 의의 및 법적 성질

1) 의   의

대물변제의 의의는 대물변제의 법적 성질을 어떻게 파악하느냐, 즉 이를 계약으로 보느냐 여부에 따라 달라진다. 사견은 대물변제를 계약으로 보아야 한다고 생각하기 때문에 그 견지에서 정의해 보기로 한다.

대물변제는 본래의 급부에 갈음하여 다른 급부를 현실적으로 함으로써 채권을 소멸시키는 채권자 · 변제자 사이의 계약이다.[1]

2) 법적 성질

대물변제의 법적 성질에 관하여는 세 가지 견해가 대립된다. 제 1 설은 대물변제는 특수한 요물 · 유상계약이라고 한다.[2] 그리고 제 2 설에 의하면, 대물변제의 본질은 변제이지 계약이 아니며, 대물변제에 관한 합의는 대물급부에 의한 변제가 변제로서의 효력을 갖기 위한 하나의 요건에 불과하다고 한다.[3] 그 외에, 대물변제는 채무의 이행행위로서 변제에 준하는 효과를 가진다는 점에서 변칙적 변제방법이라고 하는 견해[4]도 있다.

한편 판례는 다수설처럼 요물계약설을 취하고 있다.[5]

생각건대 대물변제는 다른 객체로 급부하는 데 관한 합의와 대물급부가 모두 본질이다. 그런데 둘째 견해는 전자를 종된 것으로 구성하고, 마지막 견해는 전자를 무시한다. 따라서 요물계약설이 타당하다. 그러나 대물변제의 유상성은 당연한 것은 아니다.

---

1) 대물변제를 변제라고 보는 견해에서는 대물변제는 「채무자(또는 제 3 자)가 채권자의 승낙을 얻어 현실적으로 다른 급여를 한 경우」라고 한다.
2) 곽윤직, 채총, 360면; 김증한 · 김학동, 채총, 373면.
3) 김상용, 채총, 492면; 김형배, 채총, 718면.
4) 이은영, 채총, 728면.
5) 대판 1987. 10. 26, 86다카1755.

(2) 대물변제의 요건

대물변제가 성립하려면 다음 네 가지 요건이 필요하다.

첫째로, 당사자 사이에 합의 내지 계약이 있어야 한다. 당사자는 누구도 일방적으로 급부를 변경할 수 없다. 따라서 대물변제가 성립하려면 대물변제에 관한 당사자 사이의 합의가 있어야 한다. 민법 제466조가 「채무자가 채권자의 승낙을 얻어」라고 규정하고 있는 것은 이를 의미한다. 이러한 합의는 묵시적으로도 행하여질 수 있다.

둘째로, 채권이 존재하여야 한다. 이는 당연한 요건이다.

셋째로, 본래의 급부와 다른 급부를 하여야 한다. 여기의 다른 급부의 내용이나 종류는 묻지 않는다. 동산 또는 부동산 급부는 물론이고 제 3 자에 대한 채권양도이어도 무방하고, 어음·수표의 교부도 이행에 갈음하여 행하여지는 것은 여기의 급부에 해당한다. 그리고 급부는 약속된 것만으로는 부족하며 현실적으로 행해져야 한다. 대물급부로 부동산 소유권이 이전하는 때에는 대물변제의 의사표시 외에 등기도 완료되어야 한다. 그러나 점유이전은 필요하지 않다. 그에 비하여 대물급부로 동산 소유권을 이전하는 경우에는 인도가 있어야만 한다. 한편 본래의 급부와 다른 급부는 가치가 같아야 하는 것이 아니며, 차이가 있어도 무방하다. 가치가 적은 것으로 급부한 경우에도 일부의 대물변제라고 표시하지 않는 한 채권 전부가 소멸한다.

넷째로, 「본래의 채무이행에 갈음하여」 다른 급부가 행하여졌어야 한다. 다른 급부가 「이행을 위하여」 행하여진 경우에는 대물변제가 되지 않으며, 「이행에 갈음하여」 즉 본래의 채무를 소멸시키기 위하여 행하여져야 한다.

(3) 대물변제의 효과

대물변제는 변제와 같은 효력이 있다(466조). 따라서 채권은 소멸하고 담보권이 있으면 그것도 소멸한다. 그리고 그 범위에서 변제규정도 적용된다.

한편 연대채무에 있어서 연대채무자 1인과 채권자 사이에 대물변제가 있는 경우에는 다른 연대채무자에게도 효력이 있어서(절대적 효력) 다른 연대채무자도 모두 채무를 면하게 된다.

3. 본 사안의 경우

본 사안에 있어서 대물변제의 요건이 갖추어져 있는지 검토해 보기로 한다.

본 사안의 경우에는 B가 A에게 자신의 도자기로 A에 대한 60만원의 연대채무를 변제한 것으로 하자고 했고, A가 그 제안을 받아들였다. 이는 대물변제에 관하여 B가 청약을 하고 A가 승낙한 것을 의미한다. 즉 A와 B 사이에는 대물변제에 관한 합의가 명백하게 존재한다.

그리고 A와 B 사이에는 A가 B에 대하여 채권을 가지고 있다. 따라서 채권의 존재라는 요건도 갖추고 있다.

다음에 채권 본래의 급부(60만원의 금전지급)와 다른 급부가 행하여졌는지에 관하여 본다. 본 사안에서 B는 A에게 특정 도자기를 인도하였다. 이는 본래의 급부와 다른 급부를 행한 것이 된다. 도자기는 동산인데, 그것의 급부도 다른 급부에 해당하기 때문이다. 그리고 급부가 단순히 약속된 것이 아니고 실제로 행하여졌다. 도자기의 가치가 45만원으로서 본래의 급부인 60만원에는 미달하나 그렇다고 하여 대물변제의 성립이 방해되지는 않는다. 그리고 여기의 급부는 일부의 대물변제라는 표시가 없으므로 전부의 대물변제라고 보아야 한다.

마지막으로 본 사안에서 다른 급부로 행하여진 도자기의 인도는 이행에 갈음하여 행하여졌다. B가 A에게 채무를 변제한 것으로 하자고 제안한 것을 A가 받아들여 급부가 되었기 때문이다.

요컨대 본 사안의 경우에 B가 A에게 도자기를 인도한 것은 B가 A에 대하여 부담하고 있는 60만원의 연대채무 전부에 관하여 대물변제를 한 것이다. 대물변제의 요건이 모두 갖추어졌기 때문이다.

이와 같이 대물변제의 요건이 갖추어졌으므로 그 효과가 발생하게 된다. 구체적으로는 B는 A에 대한 연대채무를 면하게 된다. 즉 A의 B에 대한 채권은 소멸하게 된다. 소멸범위는 그 채권(60만원) 전부이다. 그리고 연대채무자 1인의 대물변제는 절대적 효력이 있기 때문에, 본 사안에 있어서 C·D도 모두 채무를 면하게 된다. 그런데 이 문제는 뒤에 보는 바와 같이 이론에 따라서는 다른 해석이 행하여지기도 한다(Ⅲ. 참조).

Ⅲ. C의 금전지급의 효과

1. 문제의 제기

연대채무자 중 1인이 변제 기타 자기의 출재로 채무자 전원을 공동면책하게 한 때에는 다른 연대채무자의 부담부분에 대하여 구상권을 행사할 수 있다(425조 1항). 이러한 구상권이 성립하려면 우선 연대채무자의 1인이 모든 채무자를 위하여 채무를 소멸하게 하거나 또는 감소하게 하였을 것, 즉 공동면책이 필요하다. 뿐만 아니라 자기의 재산의 감소로 타인의 재산을 증가하게 하는 것인 자기의 출재가 있어야 한다. 그 밖에 자기의 부담부분을 넘어서 공동면책을 얻었어야 하느냐에 관하여는 논란이 있으나, 연대채무자 사이의 부담부분이라는 것은 각 채무자가 부담하여야 할 채무액이 아니고 일정한 비율이라고 보아야 하므로, 부담부분의 초과가 구상권의 성립요건은 아니라고 하여야 한다.

본 사안에 있어서는 먼저 B의 대물변제에 의하여 다른 연대채무자인 C, D가 모두 채무를 면하게 되었다. 즉 공동면책이 있었다. 그리고 B의 대물변제는 B의 출재에 해당한다. 한편 본 사안의 경우에 B, C, D의 부담부분(출재분담비율)은 같은데, 이때 부담부분과 관련하여 구상권이 제한될 여지는 없다.

이와 같은 B의 대물변제가 있은 후에 C가 A에게 채무를 변제할 의도로 60만원을 지급하였다. 그런데 이러한 C의 금전지급에 의하여도 C의 구상권이 발생하는지가 문제된다. 여기에 관하여 특별히 다르게 취급하지 않고 일반적인 이론에 충실하게 해석하게 되면, C에게는 구상권이 생길 수가 없다. 왜냐하면 B의 대물변제에 의하여 이미 B, C, D의 연대채무는 모두 소멸하였고, 그 결과 C의 금전지급에 의하여 공동면책이 일어날 여지가 없기 때문이다. 그런데 민법은 제426조에서 연대채무의 경우에 면책행위를 한 자가 통지를 게을리한 때에 구상권을 제한하고 있다. 그리하여 사정에 따라서는 C도 동조에 의하여 구상권을 가질 수 있게 된다. 여기서 B나 C의 구상권은 제426조와 관련하여 논의되어야 함을 알 수 있다.

본 사안의 경우에 면책행위자는 B, C 둘이다. 그리고 이들 모두가 통지를 하지 않았다. 즉 먼저 대물변제를 한 B는 대물변제 후에 사후통지를 하지 않았고, 그 뒤에 A에게 60만원을 지급한 C는 사전통지를 하지 않았다. 그러므로 제426조의 해석에 있어서 본 사안과 관련하여 중요한 것은 제1 면책행위자의 사후통지도 없었고 제2 면책행위자의 사전통지도 없었던 경우에 관한 이론 및 결과이다. 이하에서 그 이론에 관하여 살펴보고, 이어서 타당한 이론을 본 사안의 경우에 적용해 보기로 한다.

2. 제1 면책행위자의 사후통지도 없었고 제2 면책행위자의 사전통지도 없었던 경우의 효과

(1) 학   설

우리의 학자들은 일치하여, 연대채무자가 공동면책을 얻기 위하여 출재행위를 함에 있어서는 다른 채무자에 대하여 사전 및 사후에 통지를 하여야 하며, 이 통지는 구상권이 발생하기 위한 요건도 구상권이 소멸하기 위한 원인도 아니고 구상권의 제한을 받게 하는 것일 뿐이라고 한다.[6] 그리고 제426조는 사전의 통지나 사후의 통지의 어느 한 쪽만을 게을리한 경우에만 적용되는 것이라고 전제한 뒤, 한 채무자가 사후의 통지를 게을리하고 다른 채무자가 사전의 통지를 게을리한 때에 관하여는 민법에 규정이 없기 때문에 해석으로 해결할 수밖에 없으며, 그 경우에는 일반원칙에 따라 제1의 출재행위만이 유효한 것으로 새겨야 할 것이라고 한다.[7]

(2) 판   례

여기에 관한 우리의 판례는 없다. 다만, 판례는 보증채무에 있어서 이와 동일한 법리가 적용될 수 있는 경우(즉 주채무자가 면책행위를 하고도 사후통지를 하지 않은 동안에 수탁보증인이 사전통지 없이 2중의 면책행위를 한 경우)에 대하여 연대채무에 관하여 기술한 우리의 통설과 같은

---

6) 대표적으로 곽윤직, 채총, 232면.
7) 대표적으로 곽윤직, 채총, 234면.

결과를 인정하고 있다.8) 이러한 점에 비추어 볼 때 판례는 연대채무에 대하여도 같은 태도를 취할 가능성이 크다.

(3) 검토 및 사견

1) 통설의 비판적 검토

위와 같은 우리의 통설에는 의문이 있다.9)

첫째로, 통설과 같이 해석하면 제426조의 적용범위는 매우 좁게 된다. 통설에 의하면, 제426조 제 1 항은 ― 만일 제 1 항의 대항사유에 변제가 포함된다면 제 1 변제자의 사후통지는 있었고 ― 오직 면책행위자의 사전의 통지만 없었던 경우에만 적용되고, 동조 제 2 항은 제 1 면책행위자의 사후통지만 없었고 제 2 면책행위자의 사전통지는 있었던 경우에만 적용된다. 그러나 이러한 경우는 거의 생길 수가 없다. 2중 면책행위가 발생했다면 그것은 대부분 두 통지가 모두 없었던 경우일 것이다. 그럼에도 불구하고 통설처럼 해석하면, 그 경우는 제426조 제 1 항·제 2 항 어느 것도 적용되지 않게 된다. 둘째로, 제426조의 기원인 개정 전 프랑스민법 제2031조에 비추어 보거나 타당성이나 법의식으로 보아도 제426조의 통지에 있어서 중요한 것은(그리하여 원칙은) 면책행위자의 「사후의 통지」라고 보아야 한다. 그리하여 동조 제 2 항은 설사 제 2 면책행위자가 사전의 통지를 하지 않았더라도 제 1 면책행위자가 사후의 통지를 안 한 경우에는 제 2 면책행위자가 선의인 한 제 2 면책행위자를 보호하려는 취지로 이해되어야 한다. 그리고 동조 제 1 항은 다른 채무자에게 일정한 사유가 있는 때만은 예외적으로 사전의 통지를 하도록 하여 다른 채무자를 보호하려는 취지로 이해되어야 한다. 셋째로, 통설은 면책행위자에게 2중의 통지라는 과중한 부담을 지우고 있다. 넷째로, 제426조 제 2 항에서 사전의 통지를 명문으로 요구하고 있지 않을 뿐만 아니라, 동조항이 제 2 면책행위자의 선의를 요구하고 있다. 만일 제 2 면책행위자가 사전의 통지를 할 것을 원했다면 「선의」라는 요건 외에 그것도 추가시켰을 것이다. 한편 분명치는 않지만 일부 견해는 제426조 제 1 항의 대항사유에 변제 등을 포함시키고 있으나, 그것은 옳지 않다. 변제·대물변제와 같은 절대적 효력 있는 사유가 발생한 경우에는 그 절대적 효력에 의하여 채무는 모두 소멸한다. 그러므로 그 후에 다른 연대채무자가 다시 변제를 하였다고 하여도 그에게는 구상권이 생길 여지가 없다. 이렇게 구상권이 없으므로, 면책행위자의 「구상권」을 제한하는 제426조는 거기에 적용될 수가 없는 것이다.

요컨대 통지가 필요한 경우는 모두 제426조의 적용범위로 끌어들여야 한다. 그리고 제426조의 중점은 면책행위자의 사후통지에 있다. 따라서 사후통지·사전통지 모두가 없는 경우는 사후통지가 없는 경우로서 사전통지가 있었는가를 묻지 않고 제426조 제 2 항을 적

---

8) 대판 1997. 10. 10, 95다46265. 이 판결에 관한 비판적 연구로는 송덕수, "수탁보증인이 사전통지 없이 2중의 면책행위를 한 경우의 구상관계," 민사판례연구[XXIV], 2002, 250면 이하 참조.

9) 이에 관한 자세한 점은 송덕수, "연대채무 및 보증채무에 있어서 면책행위자가 통지를 하지 않은 경우의 효과," 송상현교수 화갑기념논문집, 「21세기 한국민사법학의 과제와 전망」, 2002, 366면 이하 참조.

용하여야 한다. 그 결과 제 2 면책행위자는 그가 선의인 때에는 제 1 면책행위자에 대하여 자기의 면책행위의 유효를 주장할 수 있다. 그에 비하여 제 1 면책행위자의 사후통지가 있었으면 아무리 제 2 면책행위자가 선의라고 하더라도 구상권은 제한되지 않는다. 한편 제 426조 제 1 항의 대항사유는 변제, 대물변제와 같은 절대적 효력 있는 사유는 포함되지 않으며, 면책행위와 관계없는, 절대적 효력 없는 사유만이다.

2) 사견에 의할 경우의 구체적 효과

(가) 제426조 제 2 항이 적용되기 위한 요건　　전술한 바와 같이, 위와 같은 사견에 의하면, 제 1 면책행위자의 사후통지도 없었고 제 2 면책행위자의 사전통지도 없었던 경우에는 제 426조 제 2 항이 적용된다.

여기서 제426조 제 2 항이 적용되기 위한 요건을 살펴보기로 한다. 첫째로, 동 조항은 어느 연대채무자가 변제 기타 자기의 출재로 공동면책된 경우에 적용된다. 여기의 공동면책 행위의 전형적인 예는 변제이나, 대물변제·경개·공탁·상계 등도 포함된다. 둘째로, 동 조항이 적용되려면 면책행위자가 사후통지를 하지 않아 다른 연대채무자가 변제 기타 유상의 면책행위를 하였어야 한다. 셋째로, 제 2 면책행위자가 선의이어야 한다. 그가 악의인 경우, 즉 공동면책이 있었음을 안 경우에는 그는 자기의 면책행위의 유효를 주장하지 못한다. 제 2 면책행위자가 선의인 한 그가 사전의 통지를 하였는지 여부는 묻지 않아야 한다. 사후의 통지를 하지 않은 데 대하여 과실을 요하는가에 관하여는 긍정하는 견해[10]도 있으나 반대하여야 한다.[11] 그리고 제 2 면책행위자는 선의이면 충분하고 무과실이어야 할 필요는 없다.

(나) 구체적인 효과

(a) 제426조 제 2 항이 적용되기 위한 요건이 갖추어진 경우에는 제 2 면책행위자는 제 1 면책행위자에 대하여 자기의 면책행위의 유효를 주장할 수 있다.

그런데 문제는 제 2 면책행위자가 자기의 면책행위의 유효를 주장한 경우에 그 효과가 어떤 범위의 자에게 미치는가이다. 이에 대하여는 절대적 효과설과 상대적 효과설이 대립하고 있다.

절대적 효과설은 제 2 면책행위의 유효의 효과가 모든 자, 즉 채권자 및 모든 채무자에 대하여 미친다는 견해로서 소수설이다.[12] 이 견해는 상대적 효력만을 인정하면 구상관계가 복잡해지므로 절대적 효력을 인정함이 타당하다고 한다.

상대적 효과설은 제 2 면책행위의 유효의 효과가 모든 자에게 미치지 않고 과실있는 제 1 면책행위자와 선의의 제 2 면책행위자 사이에만 미친다는 견해로서, 우리의 다수설이다.[13] 이 견해는, 제426조 제 2 항에 의하여 제 2 면책행위자가 유효주장을 할 수 있는 것은

---

10) 김기선, 채총, 222면; 이태재, 채총, 202면.
11) 동지 주석민법, 채권총칙 (2), 2000, 236면(강봉수 집필).
12) 김상용, 채총, 313면.
13) 대표적으로 곽윤직, 채총, 233면.

법률상 당연한 것이 아니라 일종의 의제에 지나지 않으므로 제 2 면책행위자의 주장이 있을 때에 비로소 면책의 효력이 생기는 것이고, 또한 이 제도는 구상관계를 공평하게 하려는 것이므로 선의의 제 2 면책행위자를 보호하기 위하여서는 상대적 효과를 인정하는 것으로 충분하다고 한다.

생각건대 제426조 제 2 항은 일정한 경우에 제 2 면책행위자가 「자기의 면책행위의 유효를 주장할 수 있다」고 하고 있을 뿐, 단순히 그 면책행위가 유효하다거나 유효했던 것으로 본다(일본민법 443조 2항 참조)고 규정되어 있지 않다. 그리고 제 2 면책행위자의 면책행위 당시 채무는 제 1 면책행위자의 적법한 면책행위에 의하여 소멸하고 존재하지 않게 되는데, 그것을 유효주장에 의하여 뒤집는 것은 부적당하다. 또한, 통설이 드는 바와 같이, 실질적 타당성 면에서도 제 2 면책행위자의 보호를 위해서는 상대적 효과를 인정하는 것만으로 충분하다. 결국 상대적 효과설이 타당하다고 할 것이다. 절대적 효과설에서는 구상관계의 복잡성을 이유로 상대적 효과설에 반대하나, 그것은 설득력 있는 반대이유가 될 수 없다.

(b) 이제 상대적 효과설에 의할 경우에 구체적으로 그 효과가 어떻게 되는지 살펴보기로 한다.

상대적 효과설에 의하면 제 2 면책행위자의 면책행위는 제 1 면책행위자와의 사이에서만 유효한 것으로 인정된다. 그 결과 제 2 면책행위자는 제 1 면책행위자의 구상을 거절하고 오히려 자신이 그 자에 대하여 구상할 수 있다. 그러나 제 2 면책행위자는 제 1 면책행위자 이외의 채무자에 대하여는 구상권이 없다. 그들에게는 제 2 면책행위가 유효하게 되지 않기 때문이다. 다만, 제 2 면책행위자는 제 1 면책행위자가 제 3 의 채무자에 대하여 가지는 구상권 또는 구상받은 것을 부당이득으로 반환청구할 수 있다.

한편 채권자에 대한 관계에서는 제 1 면책행위자의 면책행위만이 유효하므로, 채권자가 제 2 면책행위자로부터 받은 급부가 그 자에 대하여 부당이득이 된다. 그리하여 제 2 면책행위자는 일단 채권자에 대하여 자신이 급부한 것을 부당이득으로 반환청구를 할 수 있다. 그런데 문제는 제 1 면책행위자로부터 구상 또는 반환을 받은 한도에서 그 반환청구권이 당연히 제 1 면책행위자에게 이전하는가이다. 다수설은 이와 같이 설명하나,[14] 소수설은 그와 같이 설명하면 제 2 면책행위자 자신의 부담부분에 대한 반환청구권의 설명이 빠지게 되므로 제 2 면책행위자의 부당이득 반환청구권 전액이 제 1 면책행위자에게 이전된다고 해석할 것이라고 한다.[15] 생각건대 소수설의 그 지적은 정확성이 있다. 그러나 아마도 다수설에서도 결과는 같아질 것이다. 그러면 정확성을 위해서 소수설처럼 설명하여야 하는가? 그렇지 않다. 소수설은 제 1 면책행위자의 급부액과 제 2 면책행위자의 급부액이 같은 경우에는 적당하나, 두 급부액이 다른 경우에는 올바르지 않게 된다. 결국 소수설은 일반적인 설명으로

---

14) 대표적으로 곽윤직, 채총, 233면.
15) 대표적으로 민법주해[X], 1995, 153면(차한성 집필).

는 옳지 않으며, 다수설처럼 해석하되 거기에 제 2 면책행위자의 부담부분 해당분도 포함되는 것으로 새겨야 할 것이다.

한 가지 문제는 제 1 면책행위와 제 2 면책행위에 있어서 출재액이 다른 경우에 제 2 면책행위자의 부담부분을 어느 면책행위를 기준으로 산정할 것인가이다. 그에 관하여는 제 1 면책행위 기준설, 제 2 면책행위 기준설이 대립하고 있다. 생각건대 제426조 제 2 항이 자기의 면책행위의 유효를 주장할 수 있다고 규정하므로 형식논리적으로는 후설이 적당해 보인다. 그러나 그렇게 새기면 대외적으로 유효한 제 1 면책행위가 내부적으로 제대로 정산되지 않게 된다. 따라서 제 2 면책행위자의 부담부분은 제 1 면책행위를 기준으로 정하여야 한다.

3. 본 사안의 경우

이제 전술한 이론을 바탕으로 하여 본 사안의 경우에 C의 금전지급의 효과에 대하여 살펴보기로 한다.

본 사안에 있어서 제 1 면책행위자인 B는 도자기로 대물변제를 하였다. 그런데 그는 면책행위 후에 C, D에게 사후의 통지를 하지 않았다. 그 후 제 2 면책행위자인 C는 B, D에게 사전의 통지를 함이 없이 A에게 채무를 변제할 생각으로 60만원을 지급하였다. 즉 본 사안은 제 1 면책행위자의 사후통지도 없었고, 제 2 면책행위자의 사전통지도 없었던 경우이다.

이와 같이 사후통지·사전통지가 모두 없었던 경우에는, 사견에 의하면, 제426조 제 2 항이 적용되어야 한다. 그리하여 동 조항의 적용요건을 갖추었는지 검토하여야 한다. 본 사안의 경우에 B의 대물변제에 의하여 공동면책이 있었다. 그리고 그 면책행위자인 B의 사후통지가 없는 상황에서 제 2 면책행위자인 C의 유상의 면책행위가 있었다. 또한 제 2 면책행위자인 C는 B의 대물변제에 의하여 공동면책이 있었는지 알지 못하였다. 즉 선의이다. 결국 본 사안의 경우에는 제426조 제 2 항이 적용되기 위한 요건이 모두 갖추어져 있다.

따라서 C는 B에 대하여 자기의 면책행위의 유효를 주장할 수 있다. 그런데 C의 면책행위의 유효의 효과는 모든 자에게 미치지 않고 과실있는 B와의 사이에만 미친다고 하여야 한다(상대적 효과설).

이러한 사견, 즉 상대적 효과설에 의할 경우, C 자신의 면책행위는 B와의 사이에서만 유효한 것으로 인정된다. 그에 비하여 채권자인 A나 다른 채무자인 D에 대하여는 유효하게 되지 않는다. 즉 C·B 사이의 관계 이외에서는, 그리하여 일반적·대외적으로는 B의 대물변제가 유효하다. 그런데 C·B 사이에서는 C의 변제가 유효하므로, B가 C에게 구상하면, C는 구상을 거절하고 오히려 자신이 그에 대하여 구상할 수 있다. 그러나 C는 D에 대하여는 구상권이 없다. 다만, C는 B가 D에 대하여 가지는 구상권 또는 구상받은 것을 부당이득으로 반환청구할 수 있다. 한편 A에 대한 관계에서는 B의 대물변제만이 유효하므로, A가 C로부터 급부받은 것이 그에 대하여 부당이득이 된다. 따라서 C는 A에 대하여 자신이 급부한 것을 부당이득으로 반환청구를 할 수 있다. 그런데 그 반환청구권은 C가 B로부터 구상 또는 반환받은 한도에서 B에게 당연히 이전한다. 이때 이전범위에 C의 부담부분 해당분도 포함된다.

아래에서는 구체적인 구상액수까지 설명하기로 한다. 본 사안의 경우 C는 B에 대하여 20만원(부담부분이 균등하므로 60만원을 3으로 나눈 액수임)을 구상할 수 있다. 그리고 C는 B가 D에 대하여 가지는 15만원의 구상권(제 1 면책행위인 45만원 가치의 급부를 기준으로 한 부담부분)을 부당이득으로 반환청구할 수 있고, 따라서 그 권리를 대위행사할 수도 있다. 한편 C는 A에 대하여 일단 60만원의 부당이득 반환청구권을 가지게 되나, 그중 50만원 해당분은 B에게 당연히 이전된다. 이 50만원은 C가 B에게 구상한 20만원, D가 구상당하는 15만원(45만원을 3으로 나눈 것), 그리고 C의 부담부분 15만원(역시 45만원을 3으로 나눈 것)의 합계이다. 그리하여 나머지 10만원의 부당이득 청구권만 C에게 남는다. 그 결과 최종적으로는 B가 15만원(대물변제액 45만원＋C에게 구상당한 20만원－A에 대한 50만원의 부당이득 반환청구권액＝15만원), C가 15만원(변제액 60만원－B에게 구상한 20만원－D에게 A의 구상권을 대위행사한 15만원－A에 대한 부당이득 반환청구권액 10만원＝15만원), D가 15만원을 부담하게 된다. 결국 제 1 면책행위자인 B의 대물변제 목적물의 가치 45만원을 각자의 부담부분에 맞추어 나눈 것과 같아진다.

《참 고》────────────────────────────────────

여기서 참고로 사후통지·사전통지가 모두 없는 경우에 일반원칙에 따라 제 1 의 면책행위만이 유효하다고 하는 통설에 의할 경우의 효과를 간략하게 적어 보기로 한다.

통설에 의하면 누구에 대한 관계에서나, 그리하여 A나 D에 대한 관계에서뿐만 아니라 B·C 사이에서도 B의 대물변제만이 유효하다. 그리고 C는 B에 대하여 자신의 변제의 유효를 주장할 수 없다. 그 결과 구상권은 B만이 가지게 된다. 즉 B는 C, D에 대하여 15만원씩 구상할 수 있다. 그에 비하여 C는 그가 선의일지라도 B 또는 D에 대하여 전혀 구상권이 없다. 다만, C의 채무변제는 비채변제가 되고, 그가 선의이므로 그는 A에 대하여 제742조에 의하여 자신이 급부한 60만원에 관하여 반환청구권을 가지게 된다. 그 외에 다른 주장은 할 수 없다.

한 가지 덧붙이자면, 통설에 의할 경우에는 B의 대물변제에 의하여 B는 채권자 A의 승낙이 없더라도 A를 대위할 수 있게 된다. 연대채무자는 변제할 정당한 이익이 있는 자이기 때문이다(481조의 법정대위). 그리하여 A의 C, D에 대한 채권은 B의 구상권의 범위(15만원씩)에서 B에게 이전된다.[16]

────────────────────────────────────

16) 이러한 변제에 의한 대위는 통설의 경우에만 가능하며 전술한 사견에 있어서는 허용되지 않는다. 변제에 의한 대위는 구상권이 있는 경우에만 성립하는데, 사견에 의하면, B가 C에 대하여 구상권이 없기 때문이다. 또한 변제에 의한 대위는 변제자가 출재로 채무자를 위하여 채권자에게 만족을 주는 면책행위를 하였어야 인정되는데, 사견에 의하면, C는 존재하지 않는 채무의 변제를 위하여 출재행위를 하였으므로 채권자에게 만족을 주는 면책행위를 한 것이 아니어서 C에게도 역시 대위가 인정되지 않는다고 할 것이다.

Ⅳ. 결   론

위에서 논의한 법률관계를 당사자 중 2인의 관계에 관하여 중요한 것만 요약·정리해 보기로 한다.

A와 B 사이의 관계에서는 B의 대물변제가 유효하다. 그리고 B는 A에 대하여 50만원의 부당이득 반환청구권을 가진다.

A와 C 사이의 관계에서는 C의 변제는 비채변제이다. 그리고 C는 채무가 없음을 알지 못하였다. 따라서 C는 A에 대하여 제742조에 의하여 일단 60만원의 부당이득 반환청구권을 가진다. 그러나 C가 B에게 구상한 20만원, B가 D에 대하여 가지는 구상권을 대위행사하는 15만원, 그리고 C의 부담부분 15만원 등 합계 50만원의 부당이득 반환청구권은 B에게 이전되고, 나머지 10만원에 대하여만 C가 A에 대하여 반환청구할 수 있다.

B와 C 사이의 관계에서 C는 B에게 20만원을 구상할 수 있다. 그리고 B가 D에 대하여 가지는 구상권 또는 구상받은 금액을 부당이득으로 반환청구할 수 있다. 그 구상권을 대위행사할 수도 있다.

B와 D 사이의 관계와 C와 D 사이의 관계에 대하여는 이미 앞에서 기술하였다. 그 밖에 A와 D 사이에는 아무런 법률관계도 성립하지 않는다.

[62] 부진정연대채무·상계

문제

　A회사의 재무과장으로서 자금 입출금 등의 업무를 담당하던 갑은 A회사 명의의 근보증서와 이사회입보결의서 및 약속어음 배서를 위조하여 X레미콘 주식회사를 통하여 B은행에 제출함으로써 B은행은 위 서류들이 적법하게 작성된 것으로 믿고 X레미콘과 금전 소비대차계약을 체결하고 X레미콘에게 100억원을 대출해 주었다. 이때 B은행이 갑의 불법행위로 인하여 손해를 입은 데 대하여 B은행의 과실은 30%로 인정된다. 그 후 B은행은 X레미콘으로부터 10억원을 변제받고, X레미콘이 B은행에 대하여 가지고 있던 20억원의 예금채권과 상계하였다.

　이 경우에 B은행과 X레미콘, A회사 사이의 채권·채무관계는 어떻게 되는가?

I. 논점의 정리

　본 문제의 논점을 정리하면 다음과 같다.

　⑴ X레미콘(이하 X라 한다)과 B은행(이하 B라 한다) 사이에 체결된 금전 소비대차계약의 효력이 X에게 미치는지, 아니면 A회사(이하 A라 한다)나 갑에게 미치는지 문제된다.

　⑵ 갑의 행위가 B에 대하여 불법행위인지, 그렇다면 B의 손해액은 얼마인지 문제된다.

　⑶ A가 B에 대하여 사용자책임을 지는지 문제된다.

　⑷ X와 B 사이의 금전소비대차가 유효하다면, X와 A의 책임은 어떤 관계에 있는지, 즉 부진정연대채무인지 문제된다.

　⑸ X의 변제, B의 상계의 효력이 문제된다. 본 사안에서는 특히 X와 A의 채무액이 달라서 변제·상계의 효력이 어느 부분에 관하여 발생하는지를 논의해야 한다.

　⑹ A 명의의 근보증이 A에게 효력이 있는지 문제된다.

　⑺ X와 A 사이에서 A의 사용자책임이 인정되는지 문제된다.

II. X와 B 사이에 체결된 금전소비대차의 효력

　⑴ 본 사안에서 금전소비대차 계약은 X와 B 사이에 체결되었다. 이 계약은 X에 관하여 보면 X의 명의로 체결한 것이어서 타인 명의를 사용하여 행한 법률행위도 아니다. 따라서

그 계약의 효력은 당연히 그 당사자인 X(및 B)에게 미친다.

(2) 본 사안의 금전 소비대차계약이 허위표시를 요소로 하는 가장행위인지를 살펴본다. 사안에서 분명하지는 않으나, 만약 본 사안이 A가 X를 내세워 대출을 받은 것이라면 허위표시 여부가 문제될 수 있다. 그런데 판례에 의하면, 대출제한규정을 회피하기 위하여 실질적인 주채무자가 제 3 자를 형식상의 주채무자로 내세우고 금융기관도 이를 양해하여 제 3 자에 대하여는 채무자로서의 책임을 지우지 않을 의도 하에 제 3 자 명의로 대출관계 서류를 작성받은 경우에는 허위표시라고 한다.[1] 그러나 적어도 법률상의 효과를 제 3 자에게 귀속시키려는 의사가 있는 한 허위표시가 아니라고 한다.

본 사안의 경우에 X는 형식적으로 명의만을 빌려준 것이 아니고, 소비대차계약의 법률효과를 받으려는 것으로 보인다. 그러므로 X · B 사이의 금전 소비대차계약은 허위표시행위가 아니다. 결국 그 금전 소비대차계약은 유효하고, 그 결과 X는 B에 대하여 그 계약에 기하여 100억원의 대출금 상환의무(및 약정이자의 지급의무)를 부담한다.

Ⅲ. 갑의 행위가 B에 대한 불법행위인지 여부

(1) 일반불법행위의 성립요건은 ① 가해행위, ② 가해자의 고의 · 과실, ③ 가해자의 책임능력, ④ 위법성, ⑤ 가해행위에 의한 손해발생이다(750조).

(2) 본 사안에서 갑은 서류위조 등의 방법으로 B를 속여 계약을 체결하게 한 가해행위를 하였고, 그에게는 고의가 있으며, 갑이 A의 재무과장인 것을 보면 책임능력도 있다. 그리고 갑이 서류를 위조하여 B를 속인 행위는 위법하고, 갑의 가해행위에 의하여 B는 100억원의 대출이라는 손해를 입었다. 즉 갑의 행위는 B에 대하여 불법행위가 된다.

Ⅳ. A가 B에 대하여 사용자책임을 지는지 여부

1. 서   설

위에서 본 바와 같이 갑은 B에 대하여 불법행위를 하였다. 그런데 갑은 A의 직원이다. 여기서 A가 갑의 행위에 대하여 B에게 사용자로서 책임을 지는지 문제된다.

2. 사용자책임의 요건

사용자책임이 성립하려면, ① 타인을 사용하여 어느 사무에 종사하게 하였을 것, 즉 사용관계의 존재, ② 피용자가 사무집행에 관하여 손해를 가했을 것, ③ 제 3 자에게 손해를 가했을 것, ④ 피용자의 가해행위가 일반 불법행위의 요건을 갖출 것(이설 있음), ⑤ 사용자

---

1) 대판 2001. 5. 29, 2001다11765 등 다수의 판결.

가 면책사유 있음을 증명하지 못할 것이다(756조). 한편 판례는 ②의 요건과 관련하여, 피용자의 불법행위가 사무집행행위에 해당하지 않음을 피해자 자신이 알았거나 중과실로 알지 못한 경우에는, 피해자는 사용자책임을 물을 수 없다고 한다.

3. 본 사안의 경우

본 사안에서 A는 사용자이고 갑은 피용자이어서 A·갑 사이에 사용관계가 존재한다(①의 요건 구비). 그리고 갑이 서류를 위조하여 X에게 제출한 것은 외형상 사무집행에 관한 행위이며, B에게 과실이 있기는 하지만 30%이어서 중과실도 아니다(②의 요건 구비). 나아가 갑의 행위로 제3자인 B에게 손해를 가하였다(③의 요건 구비). 또한 갑의 가해행위가 일반 불법행위의 요건을 갖추었으며(④의 요건 구비), A의 면책사유는 증명된 바 없다(⑤의 요건 구비).

따라서 A는 갑의 가해행위에 의하여 B에게 생긴 손해에 대하여 사용자책임을 진다. 그런데 B의 과실이 30%이므로 A는 B의 손해액 100억원 중 70억원에 대하여만 손해배상채무를 부담한다.

V. X의 채무와 A의 채무 사이의 관계

(1) 통설에 의하면, 부진정연대채무는 수인의 채무자가 동일한 내용의 급부에 관하여 각각 독립하여 전부급부의무를 부담하고, 그중 1인의 전부급부가 있으면 모든 채무자의 채무가 소멸하는 다수당사자의 채무로서, 민법의 연대채무가 아닌 것이라고 한다. 부진정연대채무가 되기 위해서 동일한 원인에 의해서 채무가 발생해야 하는지가 문제되나, 판례는 동일한 원인에 의할 것을 요구하지 않으며,[2] 그러한 판례가 타당하다고 생각한다.

(2) 이러한 판례 및 사견에 의하면, 본 사안의 경우에 X가 B에 대하여 부담하는 대출금 상환의무와 A가 사용자책임으로 인하여 B에게 지는 손해배상의무는 별개의 원인으로 발생한 독립한 채무지만 동일한 경제적 목적을 가진 채무로서 서로 중첩되는 부분에 관하여는 일방의 채무가 변제 등으로 소멸하면 타방의 채무도 소멸하는 부진정연대채무의 관계에 있다.[3]

---

2) 대판 2000. 3. 14, 99다67376 참조.
3) 본 문제의 모델이 된 사안의 판결도 같은 입장에 있다. 대판 2000. 3. 14, 99다67376 참조.

VI. X의 변제와 B의 상계의 효력

1. 부진정연대채무에서 변제·상계의 효력

(1) 절대적 효력이 있는지 여부

부진정연대채무의 경우에 채무자 1인의 변제는 절대적 효력이 있으며, 여기에 관하여는 논란이 없다. 따라서 채무자 1인의 전부변제가 있으면 모든 채무자가 채무를 면하게 된다. 일부변제가 절대적 효력을 가지는가에 관하여는 ⅰ) 절대적 효력설과 ⅱ) 상대적 효력설이 대립되나, 일부변제의 경우에도 그 범위에서는 채권의 목적이 달성되므로 절대적 효력을 인정해야 한다. 판례도 공동불법행위의 경우에 일부변제에 의한 공동면책을 인정한다.[4]

상계에 관하여 통설은 절대적 효력을 인정한다. 그리고 판례는 과거에는 상대적 효력만 있다고 하였으나, 판례를 변경하여 현재는 「상계로 인한 채무소멸의 효력은 소멸한 채무 전액에 관하여 다른 부진정연대채무자에게 미친다」고 하여 상계에 절대적 효력을 인정하고 있다.[5]

(2) 부진정연대채무자 사이에 채무액이 다른 경우의 효력

부진정연대채무자 사이에 부담하는 채무액이 다른 경우에 연대채무자 중 1인이 변제를 하면 다른 연대채무자의 채무가 어떤 범위에서 소멸하는지가 문제된다. 그러한 경우에 소액 채무자가 그의 채무의 전부 또는 일부를 변제한 때에는, 변제금액만큼 다액 채무자의 채무가 소멸하게 되고, 특별한 문제가 없다.[6] 그런데 다액 채무자가 그의 채무의 일부를 변제한 때에는, 중첩된 부분의 채무가 먼저 소멸하는가 아니면 중첩되지 않은 부분 즉 다액 채무자만이 부담하는 채무가 먼저 소멸하는가의 문제가 생긴다. 여기에 관한 이론으로는 ⅰ) 중첩되는 부분의 채무가 먼저 소멸한다는 내측설, ⅱ) 중첩되지 않는 채무가 먼저 소멸한다는 외측설, ⅲ) 연대채무자의 책임비율(공동불법행위의 경우에는 과실비율)에 따라 소멸한다는 안분설이 있다. 그리고 판례는 과거 안분설(과실비율설)을 취한 것이 많았고, 근래 외측설을 취한 판결이 일부 나왔었는데, 최근에 전원합의체 판결로 전자를 변경하고 외측설로 통일하였다.[7] 사견으로는 판례도 취하고 있는 ⅱ)의 외측설이 채권자(피해자)를 두텁게 보호하는 점에서 바람직하다고 생각한다.

2. 본 사안의 경우

본 사안의 경우 B에 대하여 X는 100억원의 대출금 상환의무를, A는 70억원의 손해배상의무를 부담하고 있고, 그 채무들은 부진정연대의 관계에 있다. 그러한 상황에서 X가 B

---

4) 대판 1976. 7. 13, 74다746.
5) 대판(전원) 2010. 9. 16, 2008다97218.
6) 대판 2012. 2. 9, 2009다72094.
7) 대판(전원) 2018. 3. 22, 2012다74236. 동지 대판 2018. 4. 10, 2016다252898; 대판 2018. 3. 27, 2015다70822.

에게 변제한 10억원은, 사견인 외측설에 의하면, 중첩되지 않은 부분을 소멸시킨다. 그리고 B가 X에 대하여 가지고 있던 20억원의 예금채권과 상계한 것도 중첩되지 않은 부분의 채권을 소멸시킨다. 그리하여 X의 변제, B의 상계에 의하여 X의 채무액은 100억원에서 70억원으로 줄어드나, A의 채무액 70억원에는 변함이 없다.[8]

Ⅶ. B와 A 사이의 근보증의 효력 여부[9]

(1) 본 사안에서 갑은 위조한 서류를 이용하여 A의 명의로 B와 근보증계약을 체결하였다. 그 계약이 A에게 효력이 있는지 문제된다.

(2) 본 사안의 경우에 갑은 A의 재무과장으로서 A를 대리하여 근보증계약을 체결할 대리권이 있다. 그러나 본 사안에서는 A의 이사회의 결정 등이 없이 그가 임의로 근보증을 하였다. 즉 대리권이 없이 대리행위를 한 것이다. 그런가 하면 그 행위가 표현대리의 요건을 갖추지도 못한다. A의 근보증이 혹시 표현대리가 된다면 그것은 제126조에 의한 것일 것이다. 그런데 상대방인 B가 갑에게 대리권이 있다고 믿을 만한 정당한 이유는 없다고 생각된다. 결국 갑이 A 명의로 체결한 근보증계약은 무권대리행위로서 A에게 효력이 발생하지 않는다.

Ⅷ. X와 A 사이의 관계

본 사안에서 갑의 행위에 의하여 X가 손해를 입었는지는 불분명하다. 그런데 만약 X가 대출받은 금전을 갑이 가져가 소비하였다는 등의 사정이 있으면 X에게 손해가 발생하게 된다. 그러한 경우에는 A는 갑의 사용자로서 X에게 사용자책임을 지게 될 가능성이 크다. 다만, X가 갑의 행위가 사무집행행위가 아니라는 점을 알았거나 중과실로 인하여 몰랐을 때에는 사용자책임을 물을 수 없다.

Ⅸ. 결 론

본 사안의 경우에 X는 B에 대하여 70억원의 대출금 상환의무를 부담하고, A는 B에 대하여 70억원의 손해배상의무를 부담한다. 그리고 X와 A의 두 채무는 부진정연대채무이다. 그에 비하여 A 명의의 근보증은 A에게 효력이 없다. 한편 갑의 행위로 X에게 손해가 생겼다면 A는 X에 대하여 사용자책임을 질 가능성이 있다.

---

8) 만약 ⅰ)의 내측설에 의하면 X의 채무액은 70억원으로, A의 채무액은 40억원으로 줄어들고, ⅲ)의 안분설에 의하면 X의 채무액은 70억원으로, A의 채무액은 49억원으로 줄어든다.
9) 약속어음의 문제는 논의를 하지 않기로 한다.

[63] 지명채권 양도의 제한

〈공통된 기초사실〉

A는 2020. 8. 16. B와 사이에 자신(A)의 X토지를 B에게 10억원에 매도하는 계약을 체결하였다. 그리고 B는 약정에 따라 계약금 1억원을 계약 당일에 A에게 지급하였고, 중도금 4억원은 2020. 9. 16.에 지급하기로 하였으며, 잔대금 5억원은 2020. 10. 16.에 X토지의 소유권이전등기에 필요한 서류를 교부받으면서 지급하기로 하였다. 그 후 B는 중도금은 약정된 기일에 지급하였으나, 잔대금은 현재(2020. 12. 14)까지도 지급하지 않고 있다. 한편 그 계약에서 A와 B는 'A의 매매대금채권은 타인에게 양도하지 못한다'는 특약을 하였다. 그러나 B의 소유권이전등기 청구권의 양도에 대하여는 특별한 약정을 하지 않았다.

[〈추가된 사실관계 1, 2〉는 별개임]

[제1문]

〈추가된 사실관계 1〉

2020. 9. 16. A는 C와 사이에 자신의 B에 대한 5억원의 잔대금채권을 C에게 양도하였고, 당일 그 양도 사실을 내용증명 우편으로 B에게 통지하여 그 통지가 같은 달 18. B에게 도달하였다. 채권의 양도 당시에 C는 A와 B 사이에 매매대금채권의 양도금지 특약이 있는 것을 알지 못했으나, 조금만 주의를 기울였더라도 그 사실을 알 수 있었다. 그 후 2020. 12. 14. C는 B에게 잔대금 5억원을 지급하라고 청구하였다.

이 경우에 B는 C의 청구에 응하여야 하는가?

[제2문]

〈추가된 사실관계 2〉

2020. 11. 16. B는 D에게 X토지를 12억원에 매도하기로 하는 내용의 계약을 체결하였고, 그러면서 A에 대하여 가지는 소유권이전등기 청구권을 D에게 양도하였다. 그리고 B는 계약 당일 그 청구권의 양도 사실을 내용증명 우편으로 A에게 통지하였고, 그 통지가 2020. 11. 18. A에게 도달하였다. 그 후 2020. 12. 14. D는 A에게 '잔대금 5억 원을 지급받으면서 X토지의 소유권이전등기 절차를 이행하라'고 하였다.

이 경우에 A가 X토지의 소유권이전등기 절차를 이행하여야 하는가?

Ⅰ. [제 1 문]에 대하여

1. 논점의 정리

이 문제의 논점을 정리하면 다음과 같다.

⑴ 우선 A의 잔대금채권의 성질이 무엇인지, 특히 그것이 지명채권인지 판단해야 한다.

⑵ 본 사안의 경우 지명채권 양도의 대항요건을 갖추었는지를 살펴보아야 한다.

⑶ 지명채권에 관하여 양도금지의 특약이 있는 경우에 채권양도가 유효한지를 검토하여야 한다.

2. A의 잔대금채권의 성질

A가 B에 대하여 가지고 있는 매매 잔대금채권은 금전채권이다. 그리고 그 채권의 채권자가 특정되어 있다. 따라서 A의 잔대금채권은 지명채권에 해당한다.

3. 본 사안에서 지명채권 양도의 대항요건을 갖추었는지

⑴ 지명채권 양도의 대항요건

민법이 정하고 있는 지명채권 양도의 대항요건은 채권양도에 대한 양도인의 통지 또는 양수인의 승낙이다(450조 1항). 그리고 이는 대항하게 되는 자가 채무자이든 기타의 제 3 자이든 마찬가지이다. 다만, 제 3 자에게 대항하기 위해서는 통지 또는 승낙을 확정일자 있는 증서로써 해야 한다(450조 2항).

어떤 것이 확정일자가 되는지에 관하여는 민법 부칙 제 3 조가 정하고 있다. 그에 의하면 내용증명 우편의 일자와 같이 공무소에서 사문서에 어느 사항을 증명하고 기입한 일자도 그에 해당한다.

제 3 자에 대한 대항요건에서 「제 3 자」는 「그 채권에 관하여 양수인의 지위와 양립할 수 없는 법률상의 지위를 취득한 자」를 가리킨다(통설·판례). 그러한 제 3 자의 예로는 채권의 2중양수인, 채권 위의 질권자를 들 수 있다.

⑵ 본 사안의 경우

본 사안에서 A는 그의 잔대금채권을 C에게 양도하였고, 그 양도 사실을 그가 직접 채무자에게 통지하였다. 그것도 확정일자 있는 증서로 하였다. 내용증명 우편으로 통지를 했기 때문이다. 따라서 본 사안의 경우에 A의 채권양도는 채무자에 대하여뿐만 아니라 제 3 자에 대하여도 대항요건을 갖추었다. 그런데 본 사안에서는 제 3 자에 대한 대항요건은 특별히 문제되지 않는다.

4. 지명채권 양도금지 특약이 있는 본 사안의 경우에 C가 B에게 채무이행을 청구할 수 있는지

(1) 서　　설

본 사안에서는 A와 B 사이에 매매대금채권의 양도금지 특약이 있었다. 그리고 C는 그 특약에 대해 선의이나, 선의인 데 중과실이 있다. 그러한 상태에서 A가 C에게 매매 잔대금 채권을 양도한 것이 유효한지 문제된다.

(2) 양도금지 특약이 있는 경우에 행한 채권양도의 효력

채권은 당사자가 반대의 의사표시를 한 경우에는 양도하지 못한다(449조 2항 본문). 그러나 그 의사표시로써 선의의 제 3 자에게 대항하지 못한다(449조 2항 단서). 따라서 양도금지 특약이 있어도 양수인이 선의이면 양도가 유효하게 된다. 양수인이 선의이지만 선의인 데 과실이 있으면 어떻게 되는가? 여기에 관하여 학설은 대립하나,[1] 판례는 확고하게 중과실의 경우에도 악의와 같이 다루고 있다.[2] 판례는 과거부터 그러한 입장을 취했는데, 최근에도 전원합의체 판결에 의해 그 판례를 유지하였다.

《참 고》──

최근 전원합의체 판결의 요지(대판(전원) 2019. 12. 19, 2016다24284)

[다수의견] (가) 채권은 양도할 수 있다. 그러나 채권의 성질이 양도를 허용하지 아니하는 때에는 그러하지 아니하다(민법 제449조 제 1 항). 그리고 채권은 당사자가 반대의 의사를 표시한 경우에는 양도하지 못한다. 그러나 그 의사표시로써 선의의 제 3 자에게 대항하지 못한다(민법 제449조 제 2 항).

이처럼 당사자가 양도를 반대하는 의사를 표시(이하 '양도금지 특약'이라고 한다)한 경우 채권은 양도성을 상실한다. 양도금지 특약을 위반하여 채권을 제 3 자에게 양도한 경우에 채권양수인이 양도금지 특약이 있음을 알았거나 중대한 과실로 알지 못하였다면 채권 이전의 효과가 생기지 아니한다. 반대로 양수인이 중대한 과실 없이 양도금지 특약의 존재를 알지 못하였다면 채권양도는 유효하게 되어 채무자는 양수인에게 양도금지 특약을 가지고 채무이행을 거절할 수 없다. 채권양수인의 악의 내지 중과실은 양도금지 특약으로 양수인에게 대항하려는 자가 주장·증명하여야 한다.

──

그리고 통설·판례는 양도금지 특약의 효력은 계약당사자 사이뿐만 아니라 제 3 자에게도 미치는 것으로 본다(물권적 효력설). 특히 최근의 전원합의체 판결은, 계약당사자가 그들

---

1) 사견은 선의이기만 하면 과실이 있어도 대항할 수 없다고 해석한다. 송덕수, 채총, [190] 참조.
2) 대판 2003. 1. 24, 2000다5336·5343; 대판(전원) 2019. 12. 19, 2016다24284 등.

사이에 발생한 채권을 양도하지 않기로 약정하는 것은 계약자유의 원칙상 당연히 허용되는 것인데, 민법에서 별도의 규정까지 두어 양도금지 특약에 관하여 규율하는 것은 이러한 특약의 효력이 당사자 사이뿐만 아니라 제 3 자에게까지 미치도록 하는 데 그 취지가 있다고 한다.[3)]

⑶ 본 사안의 경우

본 사안에서 계약당사자인 A와 B 사이에 매매대금채권의 양도금지 특약이 있었고, 양수인은 그 특약에 대해서 선의이지만 선의인 데 중과실이 있다. 따라서 판례에 의할 경우, B는 그 특약을 가지고 C에게 대항할 수 있다.

5. 결   론

판례에 따르면, 본 사안의 경우에 B는 매매대금채권의 양도를 금지하는 특약을 가지고 C에게 대항할 수 있다. 따라서 B는 C의 청구에 응할 필요가 없다.[4)]

Ⅱ. [제 2 문]에 대하여

1. 논점의 정리

이 문제의 논점을 정리하면 다음과 같다.

⑴ 우선 B의 소유권이전등기 청구권의 성질이 무엇인지, 특히 그것이 지명채권인지 판단해야 한다.

⑵ 본 사안의 경우에 지명채권 양도의 대항요건을 갖추었는지를 살펴보아야 한다.

⑶ 소유권이전등기 청구권이 양도된 경우에 양도인의 통지가 있으면 양수인이 매도인에게 등기절차 이행을 청구할 수 있는지를 검토하여야 한다.

2. B의 소유권이전등기 청구권의 성질

B가 A에 대하여 가지고 있는 소유권이전등기 청구권은 채권자가 특정되어 있는 것으로서 지명채권에 해당한다.

3. 본 사안의 경우 지명채권 양도의 대항요건을 갖추었는지

⑴ 지명채권 양도의 대항요건

(위 Ⅰ. 3. ⑴과 동일함)

---

3) 대판(전원) 2019. 12. 19, 2016다24284.
4) 만약 사견에 따라 B가 선의인 C에게 양도금지 특약으로 대항할 수 없다면, B는 C의 청구에 응해야 한다.

⑵ 본 사안의 경우

본 사안에서 소유권이전등기 청구권을 가지고 있던 B가 그 권리를 D에게 양도하였고, 그 양도 사실을 채무자 A에게 확정일자 있는 증서로 통지하였다. 따라서 지명채권 양도의 일반적인 대항요건은 갖추었다.

그런데 소유권이전등기 청구권 양도의 경우에도 그 요건만 갖추면 충분한지 문제된다. 그에 대하여 아래에서 따로 살펴본다.

4. 본 사안의 경우 D가 A에게 등기절차 이행을 청구할 수 있는지

⑴ 지명채권 양도의 제한, 특히 채권의 성질에 의한 제한

지명채권은 원칙적으로 양도성을 가진다(449조 1항 본문). 그런데 채권의 성질이 양도를 허용하지 않는 때에는 그 채권은 양도할 수 없다(449조 1항 단서). 그리고 — 아래에서 설명하는 바와 같이 — 판례에 따르면, 매매로 인한 소유권이전등기 청구권은 그 권리의 성질상 양도가 제한된다고 한다.

⑵ 소유권이전등기 청구권 양도의 경우 매도인에게 등기절차 이행을 청구할 수 있는지에 관한 판례

판례는, 부동산의 매매로 인한 소유권이전등기 청구권은 물권의 이전을 목적으로 하는 매매의 효과로서 매도인이 부담하는 재산권이전의무의 한 내용을 이루는 것이고, 매도인이 물권행위의 성립요건을 갖추도록 의무를 부담하는 경우에 발생하는 채권적 청구권으로 그 이행과정에 신뢰관계가 따르므로, 소유권이전등기 청구권을 매수인으로부터 양도받은 양수인은 매도인이 그 양도에 대하여 동의하지 않고 있다면 매도인에 대하여 채권양도를 원인으로 하여 소유권이전등기 절차의 이행을 청구할 수 없고, 따라서 매매로 인한 소유권이전등기 청구권은 특별한 사정이 없는 이상 그 권리의 성질상 양도가 제한되고 그 양도에 채무자의 승낙이나 동의를 요한다고 할 것이므로 통상의 채권양도와 달리 양도인의 채무자에 대한 통지만으로는 채무자에 대한 대항력이 생기지 않으며 반드시 채무자의 동의나 승낙을 받아야 대항력이 생긴다고 한다.5)

⑶ 본 사안의 경우

판례에 따르면, 소유권이전등기 청구권 양도의 경우에는 양도인의 통지만으로 양수인에게 대항할 수 없고 반드시 채무자의 동의나 승낙을 받아야 대항력이 생긴다. 그런데 본 사안에서는 양도인 B의 통지만 있었고, 채무자 A의 동의나 승낙이 없었다. 그러므로 소유권이전등기 청구권의 양수인 D는 채권양도를 가지고 채무자 A에게 대항할 수 없다. D가 A에게 대항하려면 반드시 A의 동의나 승낙을 받아야 한다. 그리하여 A는 그가 소유권이전등기 청구권의 양도에 동의나 승낙을 할지를 자유롭게 결정할 수 있다.

---

5) 대판 2001. 10. 9, 2000다51216 등.

5. 결   론

A는 B의 청구에 반드시 따라야 할 의무가 없으며, 등기절차의 이행을 거절할 수 있다.[6]

---

6) 본 사안의 경우에 잔대금의 변제기 이후의 지연이자는 문제삼을 필요가 없다. 왜냐하면 B의 잔대금지급
   의무와 A의 소유권이전등기 의무는 동시이행관계에 있어서 A의 이행의 제공이 있지 않은 한 지체책임
   이 생기지 않기 때문이다.

[64] 지명채권 양도의 대항요건

　A는 2002. 12. 2. 자신이 B에 대하여 가지고 있는 600만원의 물품 대금 채권을 C에게 양도하고, 12월 3일 내용증명우편으로 위 양도사실을 B에게 통지하여 그 통지가 12월 4일 B에게 도달하였다. 한편 A의 채권자인 D는 A가 B에 대하여 가지고 있는 채권 중 300만원에 대하여 법원에 채권가압류 신청을 하여 2002. 12. 3.자 가압류결정 정본이 12월 4일 B에게 송달되었다. 그 후 B는 D로부터 이행청구를 받고 2002. 12. 9. D에게 300만원을 지급하였다. 현재는 2003. 12. 21.이다.

　　이 경우의 법률관계를 논하시오.

I. 논점의 정리

　　본 사안에서 A는 자신이 B에 대하여 가지고 있는 채권을 C에게 양도하였다. 그리고 그는 이 양도사실을 내용증명우편으로 채무자 B에게 통지하였다. 한편 A의 채권자인 D가 A의 B에 대한 채권의 일부에 관하여 채권가압류 신청을 하였는데, 그 가압류결정 정본이 공교롭게도 양도통지가 도달한 것과 같은 날에 채무자 B에게 도달하였다. 그 뒤에 채무자 B가 D에게 가압류된 채권액을 변제하였다. 본 문제는 이러한 경우의 법률관계를 묻고 있다.

　　본 사안에 있어서 A가 B에 대하여 가지고 있는 채권은 채권자가 특정되어 있는 이른바 지명채권이다. 지명채권의 양도는 양도인과 양수인 사이의 낙성계약에 의하여 행하여진다. 따라서 채권양도에 관여하지 않는 채무자와 제3자는 예측하지 못한 손해를 입을 염려가 있다. 그리하여 민법은 이들을 보호하기 위하여 제450조 이하의 특별규정을 두고 있다. 거기에서는 채권양도를 가지고 채무자 또는 제3자에게 대항하기 위하여서는 일정한 요건을 갖추어야 한다고 규정한다. 본 문제는 이러한 채권양도의 대항요건, 특히 제3자에 대한 대항요건에 관한 것이다.

　　본 사안에 있어서는, 첫째로, D가 제3자에 대한 대항요건에서 제3자에 해당하는지, 그리고 C가 제3자에 대한 대항요건을 모두 갖추었는지 문제된다. 둘째로, 만약 C가 대항요건을 갖추었다면 C와 D 사이에서의 우열관계는 어떻게 되는지도 문제이다. 그럼에 있어서 우열관계의 결정기준이 무엇인지를 중점적으로 살펴보아야 한다. 셋째로, 만약 C와 D가 순위가 같다면 어떻게 되는지, 채무자 B는 이행을 거절할 수 있는지도 문제된다. 그리고 B

가 D에게 가압류된 채권액을 이행한 경우에 어떤 효과가 생기는지도 검토하여야 한다.

Ⅱ. C가 채권양도의 대항요건을 갖추었는지 여부

1. 서   설

본 사안에서 C는 A로부터 채권을 양수한 양수인이다. 그리고 D는 채권양도인인 A의 채권자로서 A가 C에게 양도한 채권 중 일부에 관하여 가압류결정을 받은 자이다. 따라서 D가 만약 채권양도의 제 3 자에 대한 대항요건에 있어서 「제 3 자」에 해당하면, C가 제 3 자에 대한 대항요건을 갖추어야만 D에게 대항할 수 있게 된다. 여기서 본 사안의 경우에 C가 그 요건을 갖추었는지 살펴보아야 한다.

2. 채권양도의 제 3 자에 대한 대항요건

채권양도의 대항요건은 제 3 자에 대한 것도 채무자에 대한 것과 마찬가지로 양도인의 통지 또는 양수인의 승낙이다(450조 1항). 다만, 이 방법만으로 대항할 수 있게 하면 제 3 자의 지위가 불안하기 때문에, 민법은 제 3 자에게 대항하기 위하여서는 통지 또는 승낙을 확정일자 있는 증서로써 하도록 규정하고 있다(450조 2항).

어떤 것이 확정일자가 되는지에 관하여는 민법 부칙 제 3 조가 정하고 있다. 그에 의하면 사문서에 공증인 또는 법원서기가 일정한 절차에 따라 확정일자인을 찍은 경우의 일자, 공정증서에 기입한 일자, 그리고 공무소에서 사문서에 어느 사항을 증명하고 기입한 일자(예: 내용증명우편의 일자) 등이 그에 해당한다.

통지나 승낙을 확정일자 있는 증서로 하라는 것은 통지행위나 승낙행위 자체를 확정일자 있는 증서로 하여야 하며, 통지나 승낙이 있었음을 확정일자 있는 증서로 증명하라는 것이 아니다.

제 3 자에 대한 대항요건에서 「제 3 자」의 범위가 문제되나, 학설·판례는 일치하여 그 채권에 관하여 양수인의 지위와 양립하지 않는 법률상의 지위를 취득한 자라고 한다. 이러한 제 3 자의 예로는, 채권의 2중양수인, 채권 위의 질권자, 채권을 압류한 또는 가압류한 양도인의 채권자, 양도인이 파산한 경우의 파산채권자 등을 들 수 있다.

3. 본 사안의 경우

본 사안에 있어서 가압류채권자인 D는 「제 3 자」에 해당한다. 따라서 채권양수인인 C가 D에게 대항하기 위하여서는 제 3 자에 대한 대항요건을 갖추어야 한다.

지명채권 양도의 제 3 자에 대한 대항요건은 확정일자 있는 증서로 양도인이 통지를 하거나 채무자가 승낙을 하는 것이다. 본 사안에서는 채권양도인인 A가 채무자 B에게 양도의 통지를 하였다. 따라서 그 요건은 갖추었다. 그리하여 이제 확정일자 있는 증서로 한 것인지를 보건대, A는 B에게 내용증명우편으로 양도의 통지를 보냈는바, 내용증명우편은 확정일자 있는 증서의 대표적인 예에 해당한다. 결국 C는 제3자에 대한 대항요건을 갖추었다고 할 것이다.

Ⅲ. C와 D 사이의 우열관계

1. 서　　설

방금 본 바와 같이, 채권양수인 C는 제3자에 대한 대항요건을 갖추었다. 그런데 그러한 C가 언제부터 제3자에 대하여 대항할 수 있는지 그 정확한 시기가 문제이다. 왜냐하면 그 시기 이후에는 제3자에 대항할 수 있기 때문이다. 그런데 그에 대응하여 제3자에 해당하는 D는 언제부터 자신의 권리를 주장할 수 있는지도 살펴보아야 한다. 그리고 이 두 시기가 비교되어야 한다. 그래야 누구의 권리가 우선하는지 결정될 수 있을 것이기 때문이다.

2. 채권양수인과 제3자의 우열관계

지명채권의 양수인은 제3자에 대한 대항요건을 갖추면 그 제3자에 대하여 대항할 수 있다. 여기서 「대항한다」고 하는 것은 동일 채권에 관하여 양립할 수 없는 법률상의 지위를 취득한 자 사이에 있어서 그 우열을 결정하는 것이다. 그런데 구체적으로 우열관계를 결정하는 방법이 문제이다.

(1) 양수인과 2중양수인 사이의 우열관계

양수인과 2중양수인 사이에서는 그들 중 하나에 대하여는 확정일자 있는 증서로 통지나 승낙이 있었고 다른 하나에 대하여는 없었던 경우에는, 양도시기나 확정일자 시기를 불문하고 전자가 우선하고 그 자만이 채권자가 된다.

그러나 그들 모두에 대하여 확정일자 있는 증서에 의한 통지나 승낙이 있었던 경우에 관하여는, ⅰ) 확정일자의 전후에 의하여 결정하여야 한다는 견해(확정일자설)[1]와 ⅱ) 통지의 도달시 또는 승낙시에 의하여야 한다는 견해(도달시설)[2]가 대립하고 있다. 한편 판례는 「확정일자의 선후에 의하여 결정할 것이 아니라, 채권양도에 대한 채무자의 인식, 즉 확정일자 있는 양도통지가 채무자에게 도달한 일시 또는 확정일자 있는 승낙의 일시의 선후에 의하여 결정하여야 할 것」이라고 한다.[3] 생각건대 판례의 태도(이는 ⅱ설과 같음)가 적절하다.

---

1) 곽윤직, 채총, 221면; 김기선, 채총, 288면; 김주수, 채총, 389면; 김형배, 채총, 597면.
2) 이은영, 채총, 629면.
3) 대판(전원) 1994. 4. 26, 93다24223 등.

⑵ 양수인과 기타의 제 3 자 사이의 우열관계

양수인과 기타의 제 3 자, 가령 압류채권자·가압류채권자와는 어떻게 우열관계를 정하여야 하는가?

1) 학설·판례

여기에 관하여 학자들의 논의는 보이지 않는다. 그리고 판례는 전술한 2중양수에서의 법리가 채권양수인과 동일 채권에 대하여 가압류명령을 집행한 자 사이의 우열을 결정하는 데도 마찬가지로 적용된다고 하면서, 확정일자 있는 채권양도 통지와 가압류결정 정본의 제 3 채무자(채권양도의 경우에는 채무자)에 대한 도달의 선후에 의하여 그 우열을 결정하여야 한다고 한다.4)

2) 사　　　견

그러나 이러한 판례에는 의문이 있다. 채권의 2중양수의 경우에는 채권양수인이 둘이고 그들 각각에 대하여 제 3 자에 대한 대항요건 구비 여부를 검토할 수 있어서, 그것에 의하여 우열관계를 결정할 수 있다. 그러나 기타의 제 3 자의 경우는 다르다. 압류채권자·가압류채권자와 같은 다른 제 3 자에 있어서는 그들이 대항요건을 갖추는 것은 생각할 수가 없다. 다른 것이 대항요건에 갈음하는 것도 아니다. 그러므로 채권의 2중양수의 법리를 적용하여 제 3 채무자의 인식시기와 채권양도시의 채무자의 인식시기를 비교하는 것은 옳지 않다. 그러한 처리는 제 3 자에 대한 대항요건 구비시 「채권양수인이」 채권양도를 가지고 제 3 채무자에게 대항할 수 있다고 규정한 제450조에도 반한다.5)

올바르게 해석하자면 제 3 자가 자신의 권리를 주장할 수 있는 시기 전에 채권양수인이 제 3 자에 대하여 대항할 수 있게 되었는지가 조사되어야 한다. 그리하여 가압류의 경우라면 가압류결정의 효력발생시기와 채무자가 확정일자 있는 증서로 행한 통지를 받은 시기 또는 확정일자 있는 증서로 승낙한 시기가 비교되어야 한다. 다만, 가압류결정은 제 3 채무자에게 송달된 때에 효력이 발생하므로 판례의 결론은 사견과 일치하기는 한다. 그러나 사견은 송달시가 가압류결정의 효력발생시기이기 때문에 그것을 기준으로 삼는 점에서, 단순히 인식시설의 태도를 취하는 판례와 차이가 있다.6)

그리고 사견과 같은 해석은 가압류채권자뿐만 아니라 압류채권자, 파산채권자, 질권자의 경우(질권의 경우는 채권의 종류에 따라 질권의 성립시기가 다름을 주의할 것. 송덕수, 채총, [197]; 송덕수, 물권, [199] 참조)에도 똑같이 적용되어야 한다. 그리하여 일반적으로 당해 제 3 자에게 효력이 발생한 시기와 채권양수인의 대항요건 구비시기를 비교하여 우열관계를 정하여야 한다. 이때 대항요건 구비시기는 채무자가 인식한 때이다.

---

4) 전주의 판결.
5) 판례의 방식대로라면 채권양수인뿐만 아니라 제 3 자도 서로 「대항하는」 형식이 된다.
6) 판례도 사견과 같은 견해라면, 판례는 2중양수와 같은 법리가 적용된다는 논리구성에서만 문제가 있다.

　　나아가 만약 채권양수인이 대항할 수 있는 시기와 제3자가 권리를 주장할 수 있는 시기가 동일하다면 우열관계가 어떻게 되는지 문제이다. 여기에 관하여 학자들의 논의는 없으나, 판례는 채권양도의 통지, 가압류 또는 압류명령 등이 제3채무자에 동시에 송달된 경우에는 그들 상호간에 우열이 없다고 한다.[7]

　　그리고 대항 여부 결정을 위한 두 기준시기가 정확한 시간은 알 수 없고, 날짜는 같은 경우에는 부득이 동일한 것으로 추정하는 수밖에 없다.[8]

3. 본 사안의 경우

　　본 사안에 있어서 채권양수인 C가 채권양도를 가지고 제3자 D에 대하여 대항할 수 있는 시기는 A의 내용증명우편이 B에게 도달한 2002. 12. 4.이다. 그리고 제3자 D의 신청에 의한 가압류결정의 효력발생시기는 그 정본이 제3채무자 B에게 도달한 2002. 12. 4.이다. 그리하여 두 날짜가 같다. 그런데 내용증명우편과 가압류결정 정본의 정확한 도달시기는 알 수 없다. 따라서 두 시기는 동일한 것으로 추정하여야 한다. 결국 두 시기가 동일하여 C와 D는 어느 하나가 우월하지 않고 동순위가 된다.

IV. B가 D에게 이행한 경우의 효과

1. 서　　설

　　본 사안에서 B는 확정일자 있는 증서에 의한 채권양도의 통지와 가압류결정 정본을 동시에 받았다. 그리하여 채권양수인 C와 가압류채권자 D는 동순위가 되었다. 우선 이러한 경우에 어떤 효과가 생기는지 문제된다. 그리고 채무자 B가 이들 중 어느 하나에게 변제한 경우의 효과도 문제이다.

2. 양수인과 제3자가 동순위인 경우의 효과

　　과거에 우리 판례는 채권양도 통지와 채권가압류결정 정본이 동시에 제3채무자에게 도달된 경우에 양수인의 양수금 청구에 대하여 채무자가 채권양도 통지와 채권가압류결정 정본을 동시에 송달받은 사실로써 대항할 수 있다고 하였다.[9] 그러나 대법원은 전원합의체 판결로 이 판결을 폐기하고 다음과 같이 판시하였다. 「채권양도 통지, 가압류 또는 압류명령 등이 제3채무자에 동시에 송달되어 그들 상호간에 우열이 없는 경우에도 그 채권양수인, 가압류 또는 압류채권자는 모두 제3채무자에 대하여 완전한 대항력을 갖추었다고 할

---

　　7) 주 3의 판결.
　　8) 주 3의 판결도 같다.
　　9) 대판 1987. 8. 18, 87다카553.

것이므로, 그 전액에 대하여 채권양수금, 압류전부금 또는 추심금의 이행청구를 하고 적법
하게 이를 변제받을 수 있고, 제 3 채무자로서는 이들 중 누구에게라도 그 채무 전액을 변제
하면 다른 채권자에 대한 관계에서도 유효하게 면책되는 것이며, 만약 양수채권액과 가압류
또는 압류된 채권액의 합계액이 제 3 채무자에 대한 채권액을 초과할 때에는 그들 상호간에
는 법률상의 지위가 대등하므로 공평의 원칙상 각 채권액에 안분하여 이를 내부적으로 다
시 정산할 의무가 있다고 할 것이다」.[10]

　　여기에 관하여 문헌에서의 논의는 보이지 않으나, 받아들일 수 있다고 생각된다.

　　한편 이러한 경우의 채권양수인의 채권과 가압류채권자의 채권은 부진정연대채권 관계
에 있다고 할 것이다.

3. 본 사안의 경우

　　위의 판례에 의하면, 본 사안의 경우 C나 D는 누구든지 B에 대하여 이행청구를 할 수
있고, 그 이행청구에 대하여 B는 채권양도 통지와 가압류결정 정본의 동시 도달을 이유로
이행을 거절할 수 없다.

　　그리고 B가 C나 D 중 누구에게 변제하여도 그 변제는 유효하여 그는 다른 채권자에
대한 관계에서도 면책된다. 따라서 본 사안에서 B가 D에게 변제한 것은 유효하고, B는 D뿐
만 아니라 C에 대하여도 300만원의 범위에서 면책된다. 이러한 C와 D의 채권은 부진정연
대채권 관계에 있다고 보아야 한다.

　　나아가 본 사안에서는 양수채권액(600만원)과 가압류채권액(300만원)의 합계액(900만원)이
제 3 채무자 B에 대한 채권액(600만원)을 초과하므로, B의 300만원의 변제에 관하여 C · D가
내부적으로 채권액의 비율로 정산할 의무가 있다. 즉 B가 변제한 300만원을 C · D의 채권총
액 900만원(600만원＋300만원)에 대한 채권인 600만원과 300만원의 비율로 나누어 가져야
한다. 그렇게 계산하면 C는 200만원($300 \times 600/900 = 200$)이고, D는 100만원($300 \times 300/900 = 100$)
이다. 따라서 D는 B로부터 변제받은 300만원 중 200만원을 C에게 급부하여야 한다.

V. 결   론

　　본 사안에 있어서 A로부터 채권을 양수한 C는 제 3 자에 대한 대항요건을 갖추었다. 그
리고 가압류채권자인 D는 제 3 자에 대한 대항요건에서 「제 3 자」에 해당한다.

　　그런데 본 사안에서 C가 대항요건을 구비한 시기와 D의 신청에 의한 가압류결정의 효
력발생시기가 동일하다. 전자는 양도통지의 도달시이고, 후자는 가압류결정 정본의 도달시
인데, 이들이 같은 날에 도달하였고 선후를 알 수 없어서 동시에 도달한 것으로 추정되기

---

10) 주 3의 판결.

때문이다. 따라서 C와 D는 동순위를 갖는다고 보아야 한다.

　이와 같이 C와 D가 동순위를 갖는 경우에는 C나 D는 누구든지 B에 대하여 이행청구를 할 수 있고, 청구가 있는 때 B는 이를 거절하지 못한다. 그리고 B가 C나 D 중 누구에게 변제하든 변제는 유효하고 B는 다른 채권자에 대한 관계에서도 면책된다. 따라서 B는 D에 대하여는 완전히 채무를 면하고, C에 대하여는 300만원만큼 면책된다.

　한편 본 사안의 경우에는 B가 D에게 변제한 것에 관하여 C와 D가 채권액의 비율로 내부적으로 정산할 의무가 있다. 구체적으로 D는 B로부터 지급받은 300만원 가운데 200만원을 C에게 급부하여야 한다.

[65] 병존적 채무인수

문제

   A는 B에 대하여 100만원의 금전채권을 가지고 있다. 그런데 A는 B의 변제 가능성을 믿지 못하여, 스스로 B의 후견인임을 자처하는 C와의 사이에 「C가 B와 더불어 동일한 내용의 채무를 A에 대하여 부담하기로 한다」고 약정하였다. 그러나 자존심이 강하고 평소 C를 달가와하지 않던 B는 C가 A와 그러한 약속을 하는 데 반대하였다. 그 후 A는 C에게 50만원의 채무를 면제하였고, 그리하여 C는 A에게 50만원을 변제하였다.

   이 경우의 법률관계를 논하시오.

I. 논점의 정리

   본 사안에 있어서 채권자 A는 제3자인 C와의 사이에 채무자 B의 반대에도 불구하고 C가 A에 대하여 B와 같은 내용의 채무를 부담하기로 하는 약정을 하였다. 여기에서 우선 A와 C 사이의 약정이 법적으로 어떤 의미를 갖는지가 문제된다. 즉 면책적 채무인수인지, 병존적 채무인수인지, 아니면 보증채무나 연대채무인지 문제되는 것이다. 그리고 그러한 약정이 채무자 B의 의사에 반하여서도 행하여질 수 있는지 살펴보아야 한다.

   본 사안에서는 후에 A가 C에게 50만원의 채무를 면제하였는데, 이 면제가 B에게도 효력이 있는지 문제된다.

   한편 C가 A에게 50만원을 변제한 것의 효과가 어떻게 되는지, 그리고 그때 C가 B에 대하여 변제한 것에 관하여 구상할 수 있는지도 문제이다.

II. A·C 사이의 약정의 의미와 그것이 가능한지 여부

1. A·C 사이의 약정의 의미

   본 사안에서 A는 C와의 사이에 C가 B와 더불어 동일한 내용의 채무를 A에 대하여 부담하기로 약정하였다. 이러한 약정이 법적으로 어떠한 의미를 갖는가?

   이 약정의 법적 성격으로는 면책적 채무인수, 병존적 채무인수, 보증계약, 연대채무 약정 등을 생각해 볼 수 있다. 이들 중 어느 것으로 볼 것인가는 계약 해석의 문제이다. 그런데 아마도 면책적 채무인수는 아닐 것이다. 왜냐하면 면책적 채무인수의 경우에는 본래의 채무자가 채무관계로부터 완전히 벗어나게 되는데, 본 사안에서는 B가 여전히 채무를 부담하고 있기 때문이다. 그리고 연대채무라고 보기도 어렵다. B와 C 사이에 주관적인 공동목적이 없기 때문이다. 그리하여 이제 남은 것은 보증채무와 병존적 채무인수인데, 이 둘은 대단히 흡사하여 어느 하나로 결정하기가 쉽지 않다. 그렇지만 B가 채무를 부담할 당시 A가 그 이행을 담보할 보증인을 요구한 바가 없고, C와의 약정내용에 주채무의 이행을 담보한다는 점이 나타나지 않은 것을 보면, 보증채무라고 하는 것도 부적절하다. 물론 C가 자신의 이해관계가 얽혀 있지 않은 점 때문에 보증적인 측면이 없지는 않다. 그러나 C가 B와 더불어 동일한 내용의 채무를 부담한다는 약정내용과 B가 채무를 부담한 후에 A의 요구와 관계없이 C가 그러한 약정을 한 것으로 볼 때, 보증계약이라기보다는 오히려 병존적 채무인수로 보는 것이 옳다.

2. A·C가 B의 의사에 반하여서도 약정할 수 있는지 여부

(1) 서   설

본 사안에서 채무자 B는 C가 A와 채무부담 약정을 하는 데 반대하였다. 그런데도 이 약정의 효력이 발생하는지 문제된다.

(2) 병존적 채무인수의 종류와 특징

병존적 채무인수는 당사자의 면에서 세 가지 경우가 있다.

첫째로, 채권자·채무자·인수인의 3자가 계약으로 병존적 채무인수를 할 수 있다.

둘째로, 채권자와 인수인 사이의 계약으로도 할 수 있다. 이때 채무자의 의사에 반하여서도 할 수 있는가가 문제된다. 여기에 관하여 학설은 긍정설과 부정설이 대립하고 있다. 긍정설은, 병존적 채무인수는 순전히 채무자의 채무의 담보를 그 목적으로 하는 것이므로 채무자의 의사에 반하여서도 할 수 있다고 한다.[1] 그에 비하여 부정설은 이해관계 없는 제3자는 채무자의 반대의사가 있으면 제453조 제2항을 유추하여 병존적 채무인수도 할 수 없다고 한다.[2] 한편 판례는 긍정설의 견지에 있다.[3] 생각건대 민법이 이해관계 없는 제3자는 채무자의 의사에 반하여 변제할 수 없도록 하고(469조 2항) 또한 면책적 채무인수도 할 수 없도록 한 점(453조 2항)에 비추어 볼 때 병존적 채무인수도 마찬가지로 다루는 부정설도 고려할 만하다. 그러나 병존적 채무인수는 실질적으로 보증과 같은 채무담보의 성격을 가지며, 민법상 보증은 주채무자의 의사에 반하여서도 할 수 있으므로(444조 2항 참조), 병존적 채무인수도 보증처럼 다루어야 한다. 즉 긍정설이 타당하다.

셋째로, 인수인·채무자 사이의 계약으로 할 수 있는가가 문제되는데, 그 계약으로 채

---

1) 곽윤직, 채총, 317면; 김상용, 채총, 424면; 장경학, 채총, 466면.
2) 이은영, 채총, 641면.
3) 대판 1988. 11. 22, 87다카1836 등.

권자에게 직접 채권을 취득하게 하는 때에는 채권자의 수익의 의사표시가 필요하게 되며, 채권자에게 채권을 취득시키지 않는 때에는 이행인수로서 병존적 채무인수가 아니다.

⑶ 본 사안의 경우

본 사안은 채권자와 인수인 사이의 계약에 의하여 병존적 채무인수를 하는 경우에 해당한다. 따라서 A와 C는 채무자인 B의 의사에 반하여서도 병존적 채무인수를 할 수 있다. 결국 본 사안의 경우 A·C 사이의 약정은 병존적 채무인수로서 유효하다.

3. B의 채무와 C의 채무 사이의 관계

⑴ 서   설

A·C 사이의 약정이 병존적 채무인수에 해당하는데, 이 경우 B의 채무와 C의 채무가 어떤 관계에 있는지가 문제이다.

⑵ 학설·판례·사견

병존적 채무인수의 경우에 본래의 채무자와 인수인 사이의 관계에 관하여는 연대채무설,[4] 보증채무설,[5] 부진정연대채무설[6]이 대립하고 있다.

그리고 판례는, 중첩적 채무인수에서 인수인이 채무자의 부탁 없이 채권자와의 계약으로 채무를 인수하는 것은 매우 드문 일이므로 채무자와 인수인은 원칙적으로 주관적 공동관계가 있는 연대채무관계에 있고, 인수인이 채무자의 부탁을 받지 아니하여 주관적 공동관계가 없는 경우에는 부진정연대관계에 있는 것으로 본다.[7]

생각건대 병존적 채무인수는 보통은 채권자와 인수인 사이의 계약에 의하여 행하여지고 채무자의 부탁 없이도 할 수 있으므로 절대적 효력사유는 넓게 인정되지 않아야 한다. 즉 부진정연대채무로 추정하는 것이 옳다.

⑶ 본 사안의 경우

본 사안의 경우에 B와 C는 부진정연대채무를 부담한다. 따라서 B·C는 모두 전부급부 의무를 지며, B·C 중 어느 1인에게 생긴 사유는 변제·대물변제·공탁·상계와 같이 채권을 만족시키는 것만이 절대적 효력이 있고 나머지는 상대적 효력만 있다. 그리고 B·C 사이에는 부담부분이 없고, 구상관계가 당연히는 발생하지 않는다.

Ⅲ. A의 C에 대한 채무면제의 효력

⑴ 본 사안에서 A는 C에게 50만원의 채무를 면제하였다. 채무의 일부를 면제한 것이

---

4) 김형배, 채총, 633면; 이은영, 채총, 643면; 이태재, 채총, 339면; 장경학, 채총, 467면.
5) 김기선, 채총, 296면.
6) 곽윤직, 채총, 319면; 김상용, 채총, 426면; 김주수, 채총, 417면; 김증한·김학동, 채총, 328면.
7) 대판 2009. 8. 20, 2009다32409 등.

다. 이러한 A의 채무면제가 어떤 효과를 발생시키는지 문제된다. 특히 그것이 B의 채무에도 영향을 미치는지 여부가 중요하다. 이 문제는 A·C 사이의 약정을 어떻게 보느냐에 따라 달라진다. 사견은 그것을 부진정연대채무라고 보기 때문에 그러한 입장에서 살펴보기로 한다.

(2) 부진정연대채무의 경우 채무자 1인에게 생긴 사유는 채권을 만족시키는 사유인 변제·대물변제·공탁·상계만이 절대적 효력을 가진다. 그리고 그 이외의 사유는 모두 상대적 효력만 있다. 그 결과 채무면제도 그것이 채무의 전부면제이든 일부면제이든 당해 채무자에게만 효력이 발생하며, 다른 채무자에게는 영향이 없다.

(3) 본 사안에 있어서 A의 C에 대한 50만원의 채무면제는 채무의 일부면제로서 C에 대하여만 효력이 생긴다. 따라서 C는 A에 대하여 50만원의 채무는 면하고 50만원의 채무만 부담하게 된다. 그리고 C에 대한 채무면제는 B에게는 효력이 없다. 그러므로 B는 A에 대하여 여전히 100만원의 채무를 부담한다.

IV. C의 변제의 효과와 구상관계

1. 서　　설

본 사안에서 C는 A로부터 50만원의 채무를 면제받은 후 나머지 50만원의 채무를 변제하였다. C의 이 변제가 어떤 효과를 발생시키는지 문제된다. 더 나아가 변제한 C가 B에 대하여 변제한 것의 상환을 청구할 수 있는지의 문제, 즉 구상관계도 살펴보아야 한다. 그 외에 C의 변제에 의하여 B가 부당이득을 얻은 것인지도 문제된다.

2. C의 변제의 효과

전술한 바와 같이, 부진정연대채무의 경우에도 채무자 1인의 변제는 다른 채무자에게도 효력(절대적 효력)이 있다. 그런데 일부변제의 경우에도 마찬가지로 보아야 하는가에 관하여는 견해가 대립한다. 어떤 견해는 연대채무와 달리 일부변제에는 절대적 효력이 없다고 하나,[8] 채권자의 2중만족을 이유로 절대적 효력을 인정하여야 한다는 견해[9]도 있다. 생각건대 일부변제의 경우에도 그 범위에서는 공동목적이 달성되므로 후자가 타당하다.

본 사안의 경우 C의 50만원의 변제에 의하여 C는 채무를 모두 면하게 된다. 그리고 C의 그 변제는 B의 채무에 관하여는 일부변제에 해당하고, 그 범위에서는 B에게도 효력이 생긴다. 그 결과 B는 50만원의 채무를 부담하게 된다.

---

8) 곽윤직, 채총, 177면; 김용한, 채총, 333면; 김형배, 채총, 484면.
9) 김상용, 채총, 319면; 이은영, 채총, 516면.

3. 구상관계

A에게 50만원을 지급한 C가 B에게 상환을 청구할 수 있는가?

부진정연대채무의 경우에는 채무자들 사이에 주관적인 공동관계가 없어서 부담부분이 없고, 따라서 구상관계가 당연히는 생기지 않는다. 다만, 채무자들 사이에 특별한 법률관계가 있는 때에는 그에 기하여 구상관계가 생길 수 있을 뿐이다.

본 사안의 경우 C와 B는 부진정연대채무자이다. 그리고 그들 사이에는 특별한 법률관계도 없다. 그러므로 50만원을 지급한 C는 B에 대하여 전혀 구상을 할 수 없다.

4. 부당이득 문제

C가 B에 대하여 부당이득을 이유로 반환을 청구할 수 있는지 문제된다.

부당이득의 성립요건은 타인의 재산 또는 노무에 의하여 이익을 얻었을 것(수익), 그러한 이익을 얻음으로 인하여 타인에게 손해를 가했을 것(손실), 수익과 손실 사이에 인과관계가 있을 것, 법률상의 원인이 없을 것의 네 가지이다(741조). 그리고 부당이득이 성립하면 손실자는 이득자에 대하여 이득의 반환을 청구할 수 있다. 구체적인 반환범위는 수익자가 선의인지 악의인지에 따라 다르다. 선의의 수익자는 그 받은 이익이 현존하는 한도에서 반환의무가 있고(748조 1항), 악의의 수익자는 그 받은 이익에 이자를 붙여 반환하고 손해가 있으면 이를 배상하여야 한다(748조 2항).

본 사안의 경우에 C의 50만원의 변제에 의하여 B는 50만원의 채무를 면하게 되었다. 수익이 있는 것이다. 그리고 C는 50만원의 손실을 입었으며, B의 수익은 C의 손실로 인하여 생겼다. 또한 B의 수익은 법률상 정당한 원인 없이 발생하였다. C의 채무는 A에게 존재할 뿐 B에게도 존재하는 것은 아니기 때문이다. 결국 B가 50만원의 채무를 면한 것은 부당이득이다. 따라서 손실자인 C는 B에 대하여 부당이득 반환청구권을 가진다. 그런데 B로서는 C의 변제가 있을 때까지는 그가 채무를 면하게 된 줄도 모르고 있었을 것이므로 선의라고 보아야 하며, 그리하여 선의의 수익자로서 현존이익만 반환하면 된다. 그런데 B가 받은 이익은 현존하는 것으로 추정되어야 하므로(판례는 금전상의 이익만 현존하는 것으로 추정함), B는 그가 현존이익이 없음을 증명하지 못하는 한 50만원을 반환하여야 한다. 한편 B가 C의 변제가 있었음을 안 때부터는 악의의 수익자로서 책임을 져야 한다. 그리하여 받은 이익 50만원에 이자(법정이자)를 붙여서 반환하여야 하고, 손해가 있으면 그것도 배상하여야 한다.

Ⅴ. 결　론

본 사안에 있어서 A와 C 사이의 약정은 병존적 채무인수 계약에 해당한다. 그리고 그러한 병존적 채무인수 약정은 채무자인 B의 의사에 반하여서도 할 수 있다고 하여야 한다. 그러므로 A·C의 병존적 채무인수는 B의 반대에도 불구하고 유효하다.

그리고 본 사안에서 본래의 채무자인 B의 채무와 병존적 채무인수인인 C의 채무의 관계에 관하여는 견해가 대립되나 부진정연대채무라고 보아야 한다.

본 사안의 경우에 A가 C에게 50만원의 채무를 면제한 것은 C에 대하여만 효력이 있고 B에게는 효력이 없다. 따라서 B는 C에 대한 채무의 일부면제가 있었더라도 여전히 100만원의 채무를 부담한다.

C의 50만원의 채무변제가 B에게 효력이 있는지에 관하여는 논란이 있으나, 절대적 효력이 있다고 하여야 한다. 그리하여 C의 변제에도 불구하고 B는 여전히 채무를 부담하게 된다. 그리고 본래 부진정연대채무의 경우에는 구상관계가 생기지 않을 뿐만 아니라, B·C 사이에 특별한 법률관계가 있지도 않아서, 50만원을 변제한 C는 B에게 변제한 것의 상환을 청구할 수 없다.

[66] 채권의 준점유자에 대한 변제·이자제한·채권양도

문제

    B는 A로부터 1,000만원을 이자 월 3푼으로 1년간 빌렸다. 그 직후(같은 날) A는 급히 돈이 필요하여 B에 대한 채권을 C에게 960만원에 양도하고 그 사실을 B에게 전화로 알렸다. 그 뒤 B는 C에게 이자도 지급하지 않고 있었다. B의 채무의 변제기가 되었을 때 C의 조카인 D가 B에게 와서 자신이 C의 조카인데 C의 대리인으로서 채권을 변제받으러 왔다고 하면서 위조된 C의 위임장을 보여 주었다. B는 D를 C의 정당한 대리인이라고 믿고 자신이 가지고 있던 500만원을 D에게 지급하였다. 그러면서 그 500만원으로 원본을 갚는 것으로 하겠다고 하였다. 그러자 D는 이자 360만원을 먼저 갚아야 하고, 그 나머지로 원본을 갚는 것이라고 말하였다. 그로부터 6개월 후 B가 A에게 C의 연락처를 물은 뒤 C에게 연락하여 나머지 이자와 원본을 모두 갚는 것이라고 하면서 950만원을 지급하였다. 그러자 C는 ― 6개월 전에 D가 B로부터 500만원을 받아간 것을 모르고 ― '원본 1,000만원과 지금까지의 이자 540만원을 합하여 1,540만원을 갚아야지 왜 이것만 갚느냐'고 하였다. 한편 B가 A로부터 금전을 빌릴 때부터 현재까지도 이자제한법 제 2 조 제 1 항에 따른 금전대차에 관한 계약상의 최고이자율은 변함없이 연 24퍼센트라고 가정한다.

    이 경우에 C의 말이 정당한가?

Ⅰ. 논점의 정리

    본 문제의 논점을 정리하면 다음과 같다.

    ⑴ 본 사안에서 A의 이자채권이 발생하는데, A·B 사이의 이자약정이 전범위에서 유효한지, 즉 이자제한법에 의하여 제한되는지 문제된다.

    ⑵ A가 그의 B에 대한 채권을 C에게 양도한 것이 유효한지, 그럼으로써 이자채권도 양도되는지, 채권양도의 대항요건이 구비되었는지, 그 효과는 어떠한지가 문제된다.

    ⑶ B의 D에 대한 변제가 유효한지 문제된다. 그와 관련하여 우선 일부변제가 유효한지를 검토해야 하고, 나아가 채권자의 대리인을 사칭한 자에 대한 변제가 채권의 준점유자에 대한 변제로 되어 유효하게 되는지 살펴보아야 한다.

    ⑷ B의 D에 대한 변제가 유효하다면, 그것의 구체적인 효과를 검토해야 한다. 특히 채권의 원본 외에 이자가 있는 경우에 변제로 제공한 급부가 그 전부를 소멸시킬 수 없는 경

우에 어느 것에 먼저 충당(변제충당)되어야 하는지 문제된다.

⑸ 혹시 B가 채무액을 초과하여 지급한 경우라면 그 뒤처리도 살펴보아야 한다.

⑹ 이러한 논의를 바탕으로 하여 B가 C에게 1,540만원을 변제해야 하는지를 검토해야 한다.

Ⅱ. 이자의 제한 문제

⑴ 금전소비대차에 관한 계약상의 최고이자율은 연 25퍼센트를 초과하지 않는 범위 안에서 대통령령으로 정한다(이자제한법 2조 1항). 그리고 본 문제에서 가정된 최고이자율은 연 24퍼센트이다.[1] 한편 이자가 제한이율에 따라 산정된 금액을 초과하는 경우에는 그 초과부분의 이자는 무효이다(이자제한법 2조 3항). 그리하여 초과부분의 이자지급의무는 성립하지 않으며, 채권자는 제한초과이자를 청구할 수 없다.

⑵ 본 사안의 경우 월 3푼의 이자가 약정되었다. 이것은 연으로 환산하면 36퍼센트인데, 그중 24퍼센트까지만 유효하고, 그것을 초과하는 6퍼센트의 이자약정은 무효이다. 따라서 이자채권자 A는 B에게 연 24퍼센트의 이자만 청구할 수 있다.

Ⅲ. 지명채권 양도의 문제

⑴ 채권자가 특정되어 있는 채권 즉 지명채권은 원칙적으로 양도성을 가진다. 그리고 원본채권과 함께 이자채권이 있는 경우에 원본채권이 양도되면 종된 권리인 이자채권도 양도된다.[2] 한편 민법상 지명채권의 양도를 가지고 채무자에게 대항하려면 채무자에 대한 대항요건을 갖추어야 한다. 그 요건은 채무자에 대한 양도인의 통지 또는 채무자의 승낙이다(450조 1항). 이러한 대항요건이 갖추어지면 양수인은 채무자에게 채권을 주장할 수 있다.

⑵ 본 사안에서 A의 B에 대한 1,000만원의 금전채권은 채권자가 특정되어 있는 지명채권이다. 이러한 지명채권을 A가 C에게 양도하였고, 그 사실을 양도인인 A가 채무자인 B에게 통지하였다. 지명채권 양도의 채무자에 대한 대항요건도 갖춘 것이다. 그리고 A가 양도한 1,000만원의 채권은 원본채권이므로 그 채권의 양도로 그것의 종된 권리인 이자채권도 C에게 양도된다. 그 결과 C는 B에게 1,000만원의 채권과 그에 대한 이자채권을 행사할 수

---

1) 본 문제에서는 최고이율을 정하는 대통령령(「이자제한법 제 2 조 제 1 항의 최고이자율에 관한 규정」)이 개정되어 최고이율이 달라지면 문제의 해설이 부분적으로 부정확하게 될 수 있어서 최고이율을 아예 제시하였다. 그런데 실제의 시험문제에서는 최고이율을 제시하지 않을 가능성이 크다. 그러한 경우에는 최고이율을 알아내어 그에 맞게 논의해야 한다.

2) 이자채권의 이러한 부종성은 「이미 변제기가 된 이자채권」의 경우에는 상당히 완화되나, 본 사안에서는 이자채권이 발생하자마자 양도되었으므로 그 문제는 생기지 않는다.

있다.

Ⅳ. B의 D에 대한 변제가 유효한지 여부

1. 서   설

본 사안에서 B는 D에게 채무의 일부를 변제하였다. 그래서 먼저 일부변제가 유효한지를 검토해야 한다. 다른 한편으로 D는 채권자가 아니다. 그러므로 그는 원칙적으로 변제수령권한이 없다. 그런데 D에게 표현수령권한이 있는지 문제된다. 만약 D가 채권자의 준점유자로 인정된다면 D에 대한 변제가 일정한 요건 하에 유효하게 될 것이다.

2. 일부변제의 유효성

채무자가 채무의 일부를 변제하여 채권자 또는 표현수령권자가 수령하면 그것은 변제로서 유효하게 된다.

3. 채권의 준점유자에 대한 변제

채권의 준점유자란 채권을 사실상 행사하는 자이다. 채권의 준점유자에 대한 변제는 일정한 요건이 갖추어진 때에는 변제의 효과가 생긴다.

(1) 대리인을 사칭한 경우의 문제

어떤 자가 스스로 채권자라고 하지 않고 채권자의 대리인이라고 사칭하면서 채권을 행사하는 경우에 채권의 준점유자로 되는지 문제된다. 여기에 관하여 학설은 ⅰ) 채권자를 사칭하는 경우와 구별하지 않는 견해(다수설), ⅱ) 사실행위에만 인정하고 이행행위가 법률행위인 때에는 표현대리의 문제로 보는 견해, ⅲ) 채권자의 귀책사유가 전제되어야 한다는 견해로 나뉘어 있다. 그리고 판례는 준점유자가 스스로 채권자라고 하여 채권을 행사하는 경우뿐만 아니라 채권자의 대리인이라고 하면서 채권을 행사하는 때에도 채권의 준점유자에 해당한다고 한다.[3] 생각건대 채권의 준점유자제도는 선의로 변제한 자를 보호하기 위한 것이므로 준점유자로서의 요건이 갖추어지는 한 대리인으로서 행사하는 것을 특별히 다루어서는 안 된다. 결국 ⅰ)설과 판례가 타당하다.

(2) 준점유자에 대한 변제가 유효하기 위한 요건

채권의 준점유자에 대한 변제가 유효하려면 변제자가 선의·무과실이어야 한다(470조). 여기서 선의라는 것은 준점유자에게 변제수령권한이 없음을 알지 못한 것만으로는 부족하며, 적극적으로 수령권한이 있다고 믿었어야 한다. 그리고 무과실은 그렇게 믿은 데에 대하여 과실이 없는 것이다. 한편 변제자의 선의·무과실은 변제의 유효를 주장하는 자가 증명

---

3) 대판 2004. 4. 23, 2004다5389.

해야 한다.

⑶ 준점유자에 대한 변제의 효과

채권의 준점유자에 대한 변제가 유효요건을 갖춘 경우의 효과가 문제된다. 여기에 관하여 학설은 ⅰ) 변제의 효과는 확정적이고, 따라서 변제자는 준점유자에 대하여 변제한 것의 반환을 청구하지 못한다는 견해, ⅱ) 원칙적으로는 ⅰ)설과 같되, 진정한 채권자에게 2중으로 변제한 때에는 예외적으로 준점유자에 대한 반환청구권을 인정해야 한다는 견해, ⅲ) 제470조는 변제자의 항변권을 정한 규정이며, 채무자는 준점유자에 대하여 변제한 것의 반환을 청구할 수 있다는 견해로 나뉘어 있다. 그리고 판례는 ⅰ)설과 같다.4) 생각건대 제470조는 변제가「효력이 있다」고 규정하고 있는데, 이는 변제를 절대적 확정적으로 유효하게 하는 방법으로 채무자를 보호하려는 것이다. 따라서 ⅰ)설 및 판례가 타당하다.

4. 본 사안의 경우

본 사안에서 D는 실제로 C의 조카이고, 위조된 C의 위임장을 보여주면서 B에게 채권을 행사하였다. 즉 채권자의 대리인을 사칭한 것이다. 그런데 위에서 논한 바와 같이, 대리인을 사칭한 경우에도 채권의 준점유자로 인정될 수 있으며, 본 사안에서는 D가 위임장까지 제시하고 있으므로, D는 채권의 준점유자라고 보아야 한다. 그리고 본 사안에서 B는 D를 정당한 대리인이라고 믿었다. 즉 선의인 것이다. 다만, B가 그렇게 믿은 데에 과실이 있는지는 불분명하다. 그런데 위조된 위임장이 제시된 만큼 B에게 과실은 없다고 보아야 할 것이다. 이와 같이 준점유자에 대한 변제의 유효요건을 갖추었으므로 B의 변제는 유효하고, 또 그 효과는 확정적이다. 따라서 B는 그 범위에서 채무를 면하게 된다. 그리고 B는 D에게 반환청구를 할 수 없다.5)

V. B가 변제한 것이 이자·원본 중 어느 것에 충당되는지의 문제

1. 변제충당

변제충당이란 변제로서 제공한 급부가 채무 전부를 소멸하는 데 부족한 경우에 그 변제를 어느 채무에 충당할 것인지의 문제이다. 변제충당은 당사자 사이에 충당에 관한 합의가 있으면 우선 그에 따라 이루어지고(합의충당), 합의가 없을 때에는 법률규정에 의해 지정충당·법정충당의 순으로 행해진다.

충당방법 중 지정충당은 변제의 충당이 지정권자의 지정에 의해 이루어지는 경우이다. 지정충당에 있어서 충당지정권자는 1차적으로는 변제자이다(476조 1항·478조). 이 변제자의

---

4) 대판 1980. 9. 30, 78다1292.

5) 이 경우에 채권자 C만이 D에게 부당이득 반환청구권을 가진다.

지정에 변제수령자의 동의는 필요하지 않으며, 수령자가 이의를 제기할 수도 없다. 그런데 변제자의 지정이 없으면 변제수령자가 지정할 수 있다(476조 2항·478조).

  민법은 제479조에서, 채무자가 1개 또는 수개의 채무의 비용 및 이자를 지급할 경우에 변제자가 그 전부를 소멸하게 하지 못한 급여를 한 때에는 비용·이자·원본의 순서로 변제에 충당하여야 하고(1항), 비용·이자·원본 상호간에 있어서는 법정충당을 할 것이라고 규정한다(2항). 이 제479조가 지정충당에 대한 제한인지 문제된다. 여기에 관하여 학설은 ⅰ) 긍정설(다수설)과 ⅱ) 부정설로 나뉘어 있다. ⅰ)설은 제479조 제 1 항과 다르게 일방적으로 지정할 수 없다는 견해이고, ⅱ)설은 지정충당이 제479조에 우선한다고 한다. 그리고 판례는 ⅰ)설과 같다.[6] 생각건대 제479조의 내용은 그와 다른 합의가 없는 한 관철되어야 할 합리적인 것이다. 따라서 ⅰ)설 및 판례와 같이 새겨야 한다. 주의할 것은 여기의 이자는 법령의 제한이 있는 때에는 제한 내의 이자만을 가리킨다.

2. 본 사안의 경우

  본 사안에서 B는 D에게 500만원을 변제하면서 원본에 충당한다고 지정하였다. 그런데 D가 이의를 제기한 점에 비추어볼 때 그에 관하여 B·D 사이의 합의는 존재하지 않는 것으로 보인다. 그러므로 B의 지정에도 불구하고 제479조 제 1 항에 따라 먼저 이자에 충당되어야 한다. 여기의 이자는 법령상 제한 내의 것만을 가리킨다. 그리하여 500만원은 먼저 1년간의 이자 240만원에 충당되고, 나머지 260만원이 원본에 충당된다. 한편 그 후에 B가 C에게 950만원을 지급한 것은, 우선 남은 원본 740만원에 대한 6개월의 이자인 88만 8,000원과 원본 740만원의 합계액인 828만 8,000원을 넘게 된다. 그 때문에 초과액을 반환청구할 수 있는지 문제된다. 그에 대하여는 아래에서 따로 살피기로 한다.

VI. B가 초과지급한 금액의 반환 문제

  (1) 채무가 없음에도 불구하고 변제자가 채무가 없음을 모르고 변제한 경우(협의의 비채변제)에는 그 변제의 반환을 청구할 수 있다(742조).

  (2) 본 사안에서 B가 C에게 950만원을 지급할 당시 B의 채무액은 원본 740만원과 그에 대한 6개월의 이자 88만 8,000원으로 모두 828만 8,000원이었다. 그런데도 B는 채무액이 950만원이라고 생각하여 그 금액을 C에게 지급하였다. 이때 B가 초과지급한 121만 2,000원은 채무가 없는데도 그것을 모르고 변제한 것이다.[7] 따라서 B는 C에 대하여 초과지급한 121만 2,000원을 부당이득으로서 반환청구할 수 있다.

---

  6) 대판 1990. 11. 9, 90다카7262 등 다수의 판결.
  7) 그리고 그것의 변제가 도의관념에 적합한 것도 아니다.

Ⅶ. 결   론

본 사안에서 B가 D에게 500만원을 변제한 것은 채권의 준점유자에 대한 변제로서 유효하다. 그 변제는 B의 채무 중 1년간의 이자 240만원과 원본 260만원에 충당된다. 그 뒤 B가 C에게 950만원을 지급하였는데, 그것에 의해 828만 8,000원의 남은 원리금채무가 모두 소멸하며, 초과지급한 121만 2,000원은 좁은 의미의 비채변제이어서 부당이득을 이유로 반환을 청구할 수 있다. 결국 C가 B에게 1,540만원을 변제하라고 주장하는 것은 정당하지 못하다.

[67] 채권의 준점유자에 대한 변제

A(45세의 남자)는 오토바이를 운전하여 시속 35km의 속도로 가다가 정지신호를 미처 보지 못하고 횡단보도를 건너고 있던 B(53세 여자)를 치어 병원으로 옮겼으나, B는 그 다음 날 사망하였다. A는 이 사고 후 B의 상속인에게 손해배상을 하고 민·형사상의 합의를 하기 위하여 B의 상속인을 찾던 중 B의 가족관계등록부까지 조사하여 B의 오빠인 C와 언니인 D가 법률상 상속인인 것으로 알았고(C와 미혼인 D는 같은 집에 거주한다), C·D도 여동생인 B는 가족도 없이 혼자 떠돌아다니며 살았다고 하여 C·D가 정당한 상속인이라고 생각하였다. 그리하여 A는 C·D에게 손해배상금으로 5,000만원을 지급하고 C·D가 더 이상 민·형사상 책임을 묻지 않기로 합의하였다. 그런데 B에게는 내연관계를 맺고 살았던 E(남자)와의 사이에 태어난 아들 F가 있었으며, F는 E와 그의 처인 G 사이의 친생자로 출생신고가 되어 있었다. 그러다가 B가 사망하자 G는 F를 상대로 자기와 F 사이에 친생자관계가 부존재한다는 친생자관계 부존재 확인의 소를 제기하여 승소판결을 받았고, 그 판결에 기하여 F의 가족관계등록부에 B가 생모로 정정되었다.

위의 사안을 토대로 하여 다음 물음에 답하시오.

1. 이 사안에서 A와 C·D 사이의 합의는 유효한가? 그리고 A가 C·D에게 5,000만원을 지급한 것은 유효한가?

2. 위의 사안에서 C와 D는 A로부터 받은 5,000만원을 2,500만원씩 나누어 가졌다. 그리고 C와 D는 같이 X은행에 가서 둘 모두 자기 몫인 2,500만원을 1년 만기 정기예금으로 예치하였다. 그런데 그들의 예금의 만기가 되기 전에 C가 병으로 사망하였다. 그 뒤 D는 그 예금들의 만기 다음 날에 X은행에 자신의 예금통장과 도장뿐만 아니라 C의 그것들도 가지고 갔다. 그리하여 먼저 자신의 예금계약을 해지하고 예금을 반환받았다. 그런 뒤에 D는 자신이 C의 여동생으로서 D의 예금계약을 해지하겠다고 하였다. 그러면서 자신이 C와 주소도 같다고 말하고 C의 주민등록증과 자신의 주민등록증도 보여 주었다. 그리고 통장·도장을 제시하고 비밀번호도 신고된 것과 동일하게 입력하였다. 그러자 X은행 창구의 Y직원은 D에게 D의 예금의 원리금 2,590만원을 지급하였다. 그 후 멀리 떨어져 살던 C의 아들(C의 유족으로는 이 아들과 D 외에는 아무도 없다)인 I가 이 사실을 알고 X은행에 C의 예금의 원리금을 자신에게 지급하라고 청구하였다. X은행은 I에게 원리금을 지급하여야 하는가?

I. 물음 1.에 대하여

1. 논점의 정리

본 문제의 논점을 정리하면 다음과 같다.

(1) A가 B를 사망하게 한 행위의 법적 의미와 효과가 문제된다.

(2) C·D의 성격이 무엇인지, 즉 C·D가 B의 표현상속인인지 문제된다.

(3) A가 C·D와 그들이 5,000만원을 받고 민·형사상 책임을 묻지 않기로 합의하였는데, 그 합의의 성격이 무엇이고 그 합의가 유효한지 문제된다.

(4) A가 C·D에게 5,000만원을 지급한 것이 채권의 준점유자에 대한 변제로서 유효한지 문제된다.

2. A가 B를 사망하게 한 행위의 법적 의미의 효과

본 사안에서 A는 과실로 B를 오토바이로 치어 사망하게 하였다. 이러한 A의 행위는 제750조의 불법행위이며, 구체적으로는 생명침해이다. 따라서 A는 손해배상을 해야 한다.

생명침해의 경우에 가해자가 누구에게 어떤 내용의 손해배상을 해야 하는지 문제된다. 특히 재산적 손해에 대하여 그렇다. 여기에 관하여 학설은 대립하고 있다. ⅰ) 다수설은 피살자가 치명상을 입은 때에 그에게 신체침해를 이유로 한 배상청구권이 발생하였다가 피살자가 사망하면 그 청구권이 상속인에게 상속된다고 한다. 그에 비하여 ⅱ) 소수설은 생명침해의 경우의 재산상의 손해는 부양청구권의 침해와 같은 것을 의미하므로 피해자에 대하여 부양청구권을 가지고 있던 사람은 누구나 손해배상청구를 할 수 있다고 한다. 한편 판례는 이 문제를 정면으로 다루고 있지는 않으나, 생명침해로 인한 손해배상 사건에서 일실이익의 배상과 관련하여 ⅰ)설의 입장을 전제로 하여 판단을 하고 있다. 생각건대 생명침해와 신체침해는 본질적으로 다르기 때문에 ⅰ)설처럼 해석하는 것은 옳지 않으며, ⅱ)설이 타당하다.[1] 이와 같이 사견은 판례와 다른데, 아래에서는 실제에서 중요한 판례의 견지에서 논의를 진행하기로 한다.

3. C·D의 성격

위에서 기술한 바와 같이, 판례에 의하면, 생명침해의 경우에는 재산적 손해에 대한 배상청구권이 피살자에게 생겼다가 그가 사망한 때에 그의 상속인에게 상속되게 된다. 여기서 본 사안의 경우에 피살자 B의 상속인이 누구인지 살펴보아야 한다. B에게는 혈족으로 오빠 C와 언니 D, 그리고 아들 F가 있다. 이들 중 F는 피상속인 B의 직계비속으로서 상속의 제1 순위자이다(1000조 1항 1호). 그에 비하여 C·D는 피상속인의 형제자매로서 상속의 제3 순

---

1) 좀 더 자세한 이유는 송덕수, 채총, [312] 참조.

위자에 지나지 않는다(1000조 1항 3호). 따라서 F만이 유일한 상속인이고, C·D는 상속인이 되지 못한다. 그럼에도 불구하고 가족관계등록부만을 관찰하면 C·D가 상속인인 것처럼 보인다. 이른바 표현상속인(表見相續人)인 것이다.[2]

4. A와 C·D 사이의 합의의 성격과 유효 여부

(1) A와 C·D 사이의 합의의 성격

본 사안에서 A와 C·D 사이의 합의는 불법행위의 가해자가 피해자의 — 실제로는 올바르지 못한 — 상속인과 손해배상에 관하여 행한 것이다. 그 합의의 성질은 — 제731조에 충실하려면 — A와 C·D가 서로 양보하고 있는지의 유무에 따라서 민법상의 화해이거나 화해에 비슷한 무명계약이라고 해야 한다.

(2) A와 C·D 사이의 합의의 유효 여부

1) 합의의 유효 여부에 대한 학설·판례·사견

본 사안에서와 같은 합의가 유효한지에 대하여 학자들의 명백한 논의는 거의 없다. 그런데 i) 무효라는 견해와 ii) 취소할 수 있다는 견해로 정리할 수 있다. i)설은, 화해계약의 당사자는 분쟁의 대상이 된 당사자이어야 하며, 각자는 그에 관해 처분권을 가지고 있어야 한다고 한다. 따라서 처분권이 없는 경우에는 합의가 무효라고 한다.[3] 그에 비하여 ii)설은 본 사안과 같은 경우에는 「화해 당사자의 자격」에 관하여 착오가 있는 것이므로 제733조 단서에 의해 취소할 수 있다고 한다.[4]

판례는 본 문제와 유사한 경우에 관하여, 표현상속인은 손해배상채권을 포기할 권리가 없고 손해배상채권의 포기에는 채권의 준점유자 법리가 준용될 수도 없는 것이므로, 그러한 합의는 효력이 없어 가해자의 피해자에 대한 손해배상책임이 소멸될 수는 없다고 한다.[5]

생각건대 손해배상에 관하여 처분권이 없는 자가 행한 합의는 무효라고 해야 한다.

2) 본 사안의 경우

판례 및 사견에 따르면, 본 사안에서 C·D는 B의 상속인이 아니어서 B에 대한 불법행위로 인하여 생긴 채권에 관하여 처분권이 없다. 따라서 C·D가 손해배상에 관하여 A와 행한 합의는 무효이다. 그 결과 A와 C·D 사이의 합의는 손해배상채권에 영향이 없으며, 그 채권은 합의에도 불구하고 여전히 존재한다.[6]

---

2) C·D가 참칭상속인은 아니다. 그들이 상속인의 상속권을 침해하고 있는 것은 아니기 때문이다.
3) 강용현, 판례해설, 23호(1995), 83면은 본 문제의 경우와 유사한 사안에 관하여 무권리자가 포기한 것이므로 무효이고, 준점유자 법리가 유추되지 않는다고 한다.
4) 김증한·김학동, 채각, 652면 참조.
5) 대판 1995. 3. 17, 93다32996.
6) 만약 본 사안의 경우에 합의가 유효하되 취소할 수 있다고 새기면, 취소가 없는 한 A는 손해배상책임을 면하게 된다. 그리고 A의 변제는 유효하여 준점유자에 대한 변제의 문제도 생기지 않는다. 그때에는 C·D와 진정한 상속인 F 사이의 부당이득만 문제될 뿐이다.

5. A가 C·D에게 5,000만원을 지급한 것이 변제로서 유효한지 여부

(1) 서 설

본 사안에서 C·D는 B의 정당한 상속인이 아니고 표현상속인이다. 그리고 A가 C·D와 한 합의는 무효이며, A의 — F에 대한 — 손해배상채무는 존속한다. 또한 A가 C·D에게 5,000만원을 지급한 것은 진정한 채무변제가 아니다. 그런데 그것이 채권의 준점유자에 대한 변제로서 유효한지 문제된다.

(2) 채권의 준점유자에 대한 변제

1) 채권의 준점유자의 의의

채권의 준점유자란 채권을 사실상 행사하는 자이다(210조 참조). 여기서「채권을 사실상 행사한다」함은 거래관념상 채권을 행사할 정당한 권한을 가진 것으로 믿을 만한 외관을 가지는 것을 말한다. 채권의 준점유자의 예로 예금증서 기타의 채권증서와 인장을 소지한 자, 표현상속인을 들 수 있다.

채권의 준점유자에 대한 변제는 일정한 요건이 갖추어진 때에는 변제의 효과가 생긴다.

2) 준점유자에 대한 변제가 유효하기 위한 요건

([66]번 문제 Ⅳ. 3. (2) 참조)

3) 준점유자에 대한 변제의 효과

([66]번 문제 Ⅳ. 3. (3) 참조)

(3) 본 사안의 경우

표현상속인은 채권의 준점유자의 전형적인 예이다. 따라서 표현상속인에게 채무의 변제로서 금전을 지급한 것은 채권의 준점유자에 대한 변제에 해당한다. 앞에서 기술한 바와 같이, 본 사안에서 C·D는 B의 표현상속인이다. 그리고 가해자 A가 C·D에게 채무의 변제로서 5,000만원을 지급하였다. 그럼에 있어서 변제시에 A는 C·D가 B의 정당한 상속인이라고 믿고 있었다. 그런가 하면 A로서는 B의 가족관계등록부까지 조사한 만큼 A에게 선의인 데 과실이 있다고 보기는 어렵다. 즉 A는 선의·무과실인 것이다. 그러므로 A가 C·D에 대하여 5,000만원을 지급한 것은 채권의 준점유자에 대한 변제로서 유효하다.[7]

Ⅱ. 물음 2.에 대하여

1. 논점의 정리

본 문제의 논점을 정리하면 다음과 같다.

(1) 먼저 C의 예금채권이 C의 사망 후 누구에게 귀속하는지 문제된다.

---

7) 대판 1995. 3. 17, 93다32996도 본 문제와 유사한 경우에 관하여 본문의 내용과 같이 판단하였다.

⑵ D가 채권의 준점유자에 해당하는지, 그리고 X은행이 D에게 원리금을 지급한 것이 채권의 준점유자에 대한 변제로서 유효한지 문제된다.

⑶ 이상의 논의를 바탕으로 하여 X은행이 I에게 원리금을 지급해야 하는지 검토해 보아야 한다.

2. C의 예금채권의 귀속자

본 사안의 경우에 C에게는 유족으로 아들 I와 여동생 D밖에 없다. 이들 중 I는 피상속인 C의 직계비속으로서 상속의 제 1 순위자이고(1000조 1항 1호), 오빠 D는 피상속인의 형제자매로서 상속의 제 3 순위자이다(1000조 1항 3호). 따라서 I만이 C의 유일한 상속인이고 D는 상속인이 아니다. 이와 같이 I만이 C의 상속인이므로, C의 예금채권은 I에게 상속된다. 따라서 X은행은 C의 예금에 의한 원리금을 I에게 지급해야 한다.

3. X은행이 D에게 원리금을 지급한 것이 채권의 준점유자에 대한 변제로서 유효한지 여부

⑴ 서   설

본 사안에서 D는 C의 예금채권의 채권자가 아니다. 그리고 D는 C의 대리인도 아니다. 그럼에도 불구하고 대리인처럼 행세하여 X은행으로부터 C의 예금의 원리금을 받았다. 이러한 경우에 X은행이 D에게 원리금을 지급한 것이 채권의 준점유자에 대한 변제로서 유효한지 살펴보아야 한다. 만약 이것이 긍정된다면, X은행의 변제가 유효하게 되고, 그 결과 X은행은 I에게 지급할 필요가 없게 되기 때문이다.

⑵ 채권자의 대리인이라고 하면서 채권을 행사하는 경우에도 준점유자인지 여부

([66]번 문제 Ⅳ. 3. ⑴ 참조)

⑶ 본 사안의 경우

판례 및 사견에 의하면, 채권자의 대리인을 사칭하면서 채권을 행사하는 자도 채권의 준점유자에 해당한다. 그리고 그 점은 채권자가 사망한 후라도 마찬가지라고 해야 한다. 따라서 본 사안의 경우에 D는 C의 대리인이라고 하면서 C의 채권을 행사하는 자로서 채권의 준점유자이다. 그리고 X은행은 D에게 원리금을 지급하면서 C·D의 주민등록증들을 확인하고 통장·도장도 제시받았으며 비밀번호도 정확하게 입력된 것을 보았다. 그리하여 X은행은 D에게 C의 채권의 원리금을 수령할 권한이 있다고 믿었다. 즉 선의인 것이다. 그리고 위의 점들에 비추어 볼 때 X은행이 선의인 데 과실이 있다고 보기는 어렵다. 결국 X은행이 D에게 원리금을 지급한 것은 채권의 준점유자에 대한 변제로서 유효하다.[8]

---

8) 대판 2004. 4. 23, 2004다5389도 유사한 사안에 대하여 본문의 내용과 같이 판단하였다.

4. 결   론

본 사안의 경우에 C의 예금채권은 I에게 상속되므로 본래 X은행은 I에게 C의 예금에 관한 원리금을 지급해야 한다. 그런데 D가 X은행에 대하여 C의 대리인으로서 C의 예금채권을 행사한 것은 채권의 준점유자에 해당하고, X은행은 D에게 C의 예금채권의 수령권한이 있다고 믿었고(선의) 또 그렇게 믿은 데 과실이 없으므로, X은행의 D에 대한 원리금 지급은 채권의 준점유자에 대한 변제로서 유효하다. 그 결과 X은행의 I에 대한 원리금 지급채무가 소멸하게 되어, X은행은 I에게는 원리금을 지급할 의무가 없다.[9]

---

9) 이 경우에 D가 원리금을 수령한 것은 I에 대하여 부당이득이 된다.

[68] 변제충당

A회사는 B은행으로부터 여러 번에 걸쳐 대출을 받았다. 그리고 대출을 받으면서 타인에게 연대보증을 부탁한 적도 있다. 그리하여 C는 A회사의 하나의 대출금채무(이하에서는 이를 'X대출금채무'라고 함)에 대하여 연대보증을 하였다(이 연대채무는 「보증인 보호를 위한 특별법」의 적용을 받지 않는 것이라고 전제한다). 그런데 B은행은 A회사와 대출계약을 체결하거나 연대보증인과 연대보증계약을 체결할 때에는 언제나 '은행여신거래 기본약관'과 B은행의 여신정리규정을 사용하였고, 거기에는 변제충당의 순서와 방법이 규정되어 있었다. 2012. 12. 무렵 A회사가 B은행에 대하여 부담하고 있던 채무액은, 2009. 6. 3.에 월리 8%로 대출받은 S채무(담보 없음)의 잔액(원금 7억원과 그 이자 5,000만원), 2009. 7. 8.에 월리 8%로 대출받은 T채무(A회사의 부동산에 근저당이 설정된 채무)의 잔액(원금 5억원과 그 이자 3,000만원), 2009. 9. 15.에 월리 6.7%로 대출받은 X채무(C가 연대보증한 채무)의 잔액(원금 3억원과 그 이자 2,000만원) 등 모두 합하여 16억원이었다. 그리고 이 채무들의 이행기는 모두 대출일부터 6개월이었다. 그 후 A회사 회계 담당 직원 D가 2012. 12. 20. B은행에 10억원을 지급하였다. 그러면서 D는 그 10억원으로 X채무의 잔액 중 원금 3억원, T채무의 잔액 중 원금 5억원, S채무의 잔액 중 원금 2억원의 변제에 충당한다고 하였다. 그런데 B은행 측은 '은행여신거래 기본약관'과 B은행의 여신정리규정에 정해진 변제충당의 순서와 방법에 따라, A회사의 채권보전을 위하여 지출한 가지급금 500만원에 가장 먼저 충당한 후, 대출일자에 따라 S채무의 원리금 전액(7억 5,000만원)에 충당하고, 그 나머지로 T채무의 이자 2,000만원과 그 채무의 원금 2억 2,500만원에 충당하기로 하였다.

1. 이 경우에 D가 지급한 10억원은 어느 것에 충당되는가?('은행여신거래 기본약관'은 유효성에 문제가 없다고 전제하기로 한다)

2. 위의 사안에서, 만약 '은행여신거래 기본약관'과 B은행의 여신정리규정에 변제충당의 순서와 방법이 규정되어 있지 않다면(그리하여 A회사와 B은행 사이에 그에 관하여 정한 바가 전혀 없었다면), 그 10억원이 어느 것에 충당되는가?

I. 물음 1.에 대하여

1. 논점의 정리

본 문제의 논점을 정리하면 다음과 같다.

(1) B은행(아래에서는 B라고 한다)이 은행여신거래 기본약관과 B의 여신정리규정을 사용해서 계약을 체결했고, 그것들에 변제충당의 순서·방법이 규정되어 있었던 경우에, 그에 따른 변제충당이 유효한지가 문제된다.

(2) 변제자가 충당을 지정한 경우에도 B의 변제충당이 유효한지 문제된다.

(3) 채무의 원본 외에 비용·이자가 있는 경우에도 B의 변제충당이 유효한지 문제된다.

(4) 은행여신거래 기본약관은 유효하다고 전제하였으므로 논외로 한다.

2. B의 변제충당이 유효한지 여부

(1) 변제충당방법

민법은 변제충당의 방법에 관하여 제476조 내지 제479조를 두고 있다. 그런데 그 규정들은 임의규정이라고 이해된다(통설·판례). 따라서 당사자는 합의에 의해 충당할 수도 있다. 이를 합의충당(계약충당)이라고 한다. 이는 명문규정은 없지만 사적 자치에 의해 당연히 인정된다. 그리고 합의충당이 없을 때 법률규정에 의해 지정충당·법정충당이 행해진다.

당사자 사이의 합의에 의한 충당은 모든 것에 우선한다. 충당의 합의는 내용에 있어서 ① 구체적인 채무에의 충당에 관한 것일 수도 있고, ② 충당의 방법에 관한 것일 수도 있으며, 어느 것이라도 무방하다. 그리고 판례는, 그 약정이 채권자가 적당하다고 인정하는 순서와 방법에 의해 충당하기로 한 경우에, 그에 따른 충당은 효력이 있다고 한다.1)

(2) 본 사안의 경우

본 사안에서는 충당의 방법과 순서에 관하여 당사자 사이에 약정이 있다. 계약체결에 사용된 은행여신거래 기본약관(이는 보통거래약관임)에 규정되어 있기 때문이다. 따라서 그 약정에 따라 행한 충당은 유효하다.

그런데 본 사안의 경우에 변제자가 충당을 지정하였고, 또 채무의 원본 외에 비용·이자가 있었는데, 그러한 경우에도 약정된 방법에 따른 충당이 유효한지 문제된다. 그에 대하여는 아래에서 따로 살펴보기로 한다.

3. D가 충당을 지정한 경우에도 B의 충당이 유효한지 여부

(1) 충당의 약정이 있는 경우의 충당지정

판례에 의하면, 변제충당에 관한 별도의 약정(채권자가 적당하다고 인정하는 순서와 방법에 의

---

1) 대판 1991. 12. 10, 91다17092 등.

해 충당하기로 한 것)이 있는 경우에는, 채무자가 이 약정과 달리 특정채무의 변제에 충당한다고 지정하더라도, 그에 대하여 채권자가 명시적 또는 묵시적으로 동의하지 않는 한 그 지정은 효력이 없다고 한다.[2] 이러한 판례는 타당하다. 합의충당은 지정충당에 우선하기 때문이다.

(2) 본 사안의 경우

본 사안에서 변제자 측인 D가 특정채무에 충당을 지정하였다. 그러나 그에 대하여 B 측이 명시적 또는 묵시적으로 동의한 사정은 없다. 따라서 D의 지정은 효력이 없다. 즉 D의 지정에도 불구하고 B의 충당이 유효하다.

4. 채무의 원본 외에 비용·이자가 있는 경우에도 B의 충당이 유효한지 여부

(1) 충당의 약정이 있는 경우에 비용·이자의 문제

본 사안의 경우에는 채무의 원본 외에 비용(채권보전을 위한 가지급금이 이에 해당함)과 이자가 존재한다. 그런데 민법상 채무자가 1개 또는 수개의 채무의 비용 및 이자를 지급할 경우에 변제자가 그 전부를 소멸하게 하지 못한 급여를 한 때에는 비용·이자·원본의 순서로 변제충당해야 하고, 비용·이자·원본 상호간에는 법정충당을 해야 한다(479조). 이를 규정한 민법 제479조가 지정충당에 대한 제한인지에 대하여는 논란이 있는데, 다수설과 판례는 이를 긍정한다.[3] 이러한 다수설·판례는 타당하다. 그런데 제479조는 임의규정이고, 따라서 그와 다른 합의가 있으면 적용되지 않는다. 즉 충당방법에 관하여 약정이 있는 때에는 제479조가 적용되지 않고, 그 약정에 따라 충당되는 것이다.

(2) 본 사안의 경우

본 사안에서는 충당방법에 관하여 다른 약정이 있으므로, 제479조는 적용되지 않는다. 따라서 비용·이자가 있다고 하여 당연히 비용·이자 순으로 충당되어야 하는 것이 아니고, 약정된 바에 따라 충당한 것이 유효하다.

5. 결   론

본 사안의 경우에는 B가 약정된 순서와 방법에 따라 충당한 그 구체적인 충당이 유효하다.

II. 물음 2.에 대하여

1. 논점의 정리

본 문제는 충당에 관한 약정이 없는 경우에 D가 지급한 10억원이 어떻게 충당되는지를 묻고 있다. 본 문제의 논점을 정리하면 다음과 같다.

(1) D의 지정이 유효한지 문제된다.

---

2) 대판 1999. 11. 26, 98다27517; 대판 2004. 3. 25, 2001다53349.
3) 송덕수, 채총, [223]; 강의, C-361 참조.

⑵ 채무의 원본 외에 비용·이자가 있는 경우에 어떻게 충당해야 하는지 문제된다.

⑶ 여러 원본채무에 이자들이 있는 경우에 구체적인 충당방법이 문제된다.

2. 충당에 관한 약정이 없는 경우의 충당방법

당사자 사이에 충당에 관하여 약정이 없으면, 지정충당이 행해져야 한다. 지정충당에서 충당지정권자는 1차적으로는 변제자이다(476조 1항·3항, 478조). 이 변제자의 지정에 변제수령자의 동의는 필요하지 않으며, 또한 수령자가 이의를 제기할 수도 없다.

3. 채무의 원본 외에 비용·이자가 있는 경우의 충당방법

물음 1.에 대하여 논의하면서 기술한 바와 같이, 채무의 원본 외에 비용·이자가 있는 경우에는 지정충당에 대한 예외로서 비용·이자·원본의 순서로 충당되어야 한다(479조 1항). 그리고 비용·이자·원본 상호간에는 법정충당을 해야 한다(479조 2항).

법정충당방법은 제477조에 규정되어 있다.

4. 본 문제의 경우의 구체적인 충당방법

본 문제의 경우에는 충당에 관한 약정이 없으므로, 지정충당을 할 수 있다. 그리고 변제자의 지정도 있었다. 그런데 본 문제의 경우에는 채무의 원본 외에 비용·이자도 있어서 그 지정에도 불구하고 비용·이자·원본의 순으로 충당되어야 한다. 그리고 비용·이자에 모두 충당된 뒤 원본에 충당될 때에는 D의 지정의 효력을 인정할 수 있을 것이다.

구체적으로 D가 지급한 10억원은 먼저 비용에 해당하는 「A회사의 채권보전을 위하여 지출한 가지급금」 500만원에 충당된다. 다음에 이자에 충당되는데, 그 순서는 모든 채무들이 이행기가 되었으므로 변제이익이 많은 것에 먼저 충당된다. 그런데 저이율 채무보다는 고이율 채무가, 무담보 채무보다는 자기 재산에 담보권이 설정된 채무가 변제이익이 많다. 그러나 변제자가 주채무자인 경우에 보증인이 있는 채무와 보증인이 없는 채무는 변제이익에 있어서 차이가 없다(판례도 같음).

그리하여 D가 지급한 10억원은 맨 먼저 가지급금 500만원에 충당되고, T채무의 이자 3,000만원, S채무의 이자 5,000만원, X채무의 이자 2,000만원의 순으로 충당된다. 그리고 10억원 중 비용·이자에 충당된 위의 1억 500만원을 뺀 8억 9,500만원은 원본에 충당된다. 이 때 D가 지정한 비율로 나누어 충당하는 것이 바람직할 것이다. 그렇게 하면 X채무의 원금에 8억 9,500만원×3억/10억＝2억 6,850만원, T채무의 원금에 8억 9,500만원×5억/10억＝4억 4,750만원, S채무의 원금에 8억 9,500만원×2억/10억＝1억 7,900만원이 충당되게 된다.[4]

---

4) 만약 D의 지정을 무시하고 법정충당을 한다면 변제이익이 큰 순서로 T채무의 원본, S채무의 원본, X채무의 원본에 충당되어야 한다. 그 결과 T채무의 원본에 5억원, S채무 원본에 3억 9,500만원이 충당된다.

[69] 변제의 제공 · 계약금 · 계약해제 등

〈공통된 기초사실〉

A는 2009. 8. 5. B로부터 X부동산을 130억원에 매수하기로 하는 매매계약을 체결하고, 같은 날 계약금 13억원을 지급하였으며, 잔금 117억원은 2009. 10. 3.까지 지급하기로 하였다. 그리고 A가 잔금을 지급하면서 B로부터 X부동산 소유권이전등기에 필요한 서류를 받기로 하였다. 또한 'A가 채무불이행을 하면 B가 계약금을 몰수하고, B가 채무불이행을 하면 A에게 계약금의 배액을 상환하기로 한다.'고 약정하였다. (이 문제에서 현재의 시점은 특별히 언급되지 않은 경우에는 최종 행위가 행하여진 그 직후라고 가정한다.)

[제 1 문]

〈추가된 사실관계〉

계약이 체결된 뒤 부동산 가격이 크게 상승할 것으로 예상되자 B는 2009. 8.말경에 A에게 매매대금을 증액해 달라고 요청하였다. 그에 대하여 A는 확답을 하지 않고 있다가 B가 계약을 해제하지 않을까 하는 불안감이 생겨 2009. 9. 5. 잔금을 미리 지급하려고 117억원을 준비하여 B의 주소지로 가서 잔금을 지급하려고 하였다. 그러자 B는 잔금을 받지 않고 26억원을 내놓으면서 A와 체결한 매매계약을 해제한다고 하였다.

이 경우에 A와 B가 체결한 매매계약이 해제되는가?

[제 2 문]

〈추가된 사실관계〉

계약이 체결된 뒤 부동산 가격이 크게 상승할 것으로 예상되자 B는 2009. 8. 25. A에게 26억원을 지급하겠으며 A와 체결한 매매계약을 해제한다고 하고 2009. 8. 31.까지 그 금전을 받지 않으면 공탁하겠다고 통지하였다. 그러자 A는 2009. 8. 27.에 잔금을 준비하여 B의 집으로 찾아가서 B에게 잔금을 받으라고 하였다.

이 경우에 B가 A와 체결한 계약을 해제할 수 있는가?

[제 3 문]

〈추가된 사실관계〉

2009. 10. 3.까지 A는 잔금을 지급하지 않았다. 그 뒤 B는 A에게 두 차례에 걸쳐 잔금을 지급하라고 전화를 하고, 그래도 지급하지 않자, A를 상대로 하여 잔금 지급을 청구하는 소를 제기하였다. 그러자 A는 계약을 해제한다고 하였다.

이 경우에 A의 해제가 유효한가?

[제 4 문]

〈추가된 사실관계〉

A는 2009. 8. 10. X부동산을 C에게 150억원에 매도하기로 하는 계약을 체결하고, 계약 당일 C로부터 계약금으로 20억원을 받았으며, 잔금 130억원은 2009. 10. 15.에 X부동산의 소유권이전등기서류를 넘겨주면서 받기로 하였다. 그리고 A는 C와 'C가 채무불이행을 하면 A가 계약금을 몰수하고, A가 채무불이행을 하면 C에게 계약금의 배액을 상환하기로 한다.' 고 약정하였다. 그 후 2009. 9. 1. B가 A에게 X부동산 매매계약을 이행하지 않겠다고 하였다. 그러자 A는 B의 채무불이행으로 인하여 C에게 20억원의 손해배상을 해 줘야 하는 손해를 입었으니, 손해배상으로 적어도 20억원을 지급하라고 하였다. X부동산의 2009. 9. 1. 현재 시가는 170억원이다. 한편 B는 A와 C 사이에 매매계약이 체결될 때는 매매계약 체결 사실을 알지 못했으나, 2009. 8. 30. A로부터 그 사실을 들어 알게 되었다.

이 경우에 A의 손해액은 얼마인지, B가 A에게 배상해야 할 금액은 얼마인지를 논하시오.

[제 5 문]

〈추가된 사실관계〉

A가 잔금 지급기일까지 잔금을 지급하지 못하자, B는 2009. 10. 6. 잔금 지급을 최고하면서 잔금을 지급하지 않으면 X부동산 매매계약을 해제한다고 통지하였고, A가 잔금 지급기일의 연장을 요청하였으나 B는 2009. 10. 20. 이를 거절하면서 조속히 잔금을 지급하지 않으면 해제절차를 진행하겠다고 재차 통지하였다. 그리고 2009. 11. 5.과 2009. 12. 4. 두 차례에 걸쳐 잔금 미지급을 이유로 X부동산 매매계약을 해제한다고 통지하였다. 그 뒤 A가 2010. 4. 16. B에게 잔금을 마련하기 위하여 대출 등 여러 조치를 취하고 있으니 2010. 5.말까지 잔금 지급기일을 연장해달라고 요청하였고, B는 2010. 4. 30. A에게 '이 사건 부동산에 관하여 등기권리증 등 소유권이전에 필요한 모든 서류를 준비하여 둔 상태이므로 2010. 5. 31.까지 이 사건 매매계약에 따라 잔금 및 그 지연이자를 지급하고 소유권이전등기 및 부동산을 인도받고 만약 위 일시까지 잔금 지급의무를 게을리하는 경우에는 위 일시를 경과함으로써 이 사건 매매계약은 해제된다'고 통지하였다. 그런데 B는 2010. 5. 31.까지 X부동산에 관한 소유권이전등기에 필요한 제반 서류를 준비하고 있었으나, 부동산 매도용 인감증명서는 발급받지 않은 상태였다. 한편 A가 2010. 5. 31.까지 잔금을 지급하지 못하자 B가 그 다음날인 2010. 6. 1. 자신 명의의 부동산매도용 인감증명서를 발급받아 같은 날 D에게 X부동산에 관하여 소유권이전등기를 해 주었다.

이 경우에 B의 해제가 유효한가?

I. [제 1 문]에 대하여

1. 논점의 정리

본 문제에서 B의 해제가 유효하게 된다면 그것은 해약금에 기한 해제일 것이다. B에게 따로 해제권이 주어진 바도 없고, A의 채무불이행이 있지도 않기 때문이다. 그러한 관점에서 본 문제의 논점을 정리하면 다음과 같다.

⑴ 우선 여기의 계약금이 해약금인지가 문제된다.

⑵ 여기의 계약금이 해약금이라고 할 때, 해약금에 기한 해제는 당사자 일방이 이행에 착수할 때까지만 할 수 있는데(565조 1항), 이행기의 약정이 있는 경우라도 당사자가 이행기 전에 이행에 착수할 수 있는지 검토해야 한다.

⑶ 잔금을 준비하여 이행의 제공을 한 것이 이행의 착수인지 문제된다.

⑷ 이상의 것들을 살펴본 뒤에 B의 해제가 해약금에 기한 해제로서 유효한지 판단해야 한다.

2. 여기의 계약금이 해약금인지 여부

⑴ 본 사안에서 매수인 A는 매도인 B에게 계약금 13억원을 지급하였다. 그러면서 손해배상액의 예정의 성질을 가지는 위약계약금 특약을 하였다. 그에 비하여 해약금에 관한 명시적인 약정은 없었다. 이러한 경우에 A가 지급한 계약금이 해약금의 성질을 가지는지 문제된다.

⑵ 계약금이 어떤 성질을 가지는지는 계약금계약의 해석에 의하여 정해진다. 그런데 불분명한 때에는 해약금으로 추정된다(565조 1항). 그리고 판례는 손해배상액의 예정의 성질을 가지는 위약계약금의 특약이 있는 경우에는 특별한 사정이 없는 한 그 성질 외에 해약금의 성질도 가진다고 한다.[1]

⑶ 방금 기술한 바에 따르면, 본 사안의 계약금은 해약금에 해당한다.

3. 이행기 전에 이행에 착수할 수 있는지 여부

⑴ 채무자는 이행기에 이행(변제)해야 한다. 그러나 당사자의 특별한 의사표시가 없으면 채무자는 이행기(변제기) 전이라도 기한의 이익을 포기하여 이행할 수 있다(468조 본문). 그런데 이 경우 상대방의 손해는 배상해야 한다(468조 단서). 한편 판례는, 이행기의 약정이 있는 경우라도 당사자가 채무의 이행기 전에는 착수하지 않기로 하는 특약을 하는 등 특별한 사정이 없는 한 이행기 전에 이행에 착수할 수도 있다고 한다.[2] 이러한 판례는 제468조의 취

---

1) 대판 1992. 5. 12, 91다2151.
2) 대판 2006. 2. 10, 2004다11599. 동지 대판 1993. 1. 19, 92다31323; 대판 2002. 11. 26, 2002다46492.

지에 부합하는 것으로서 타당하다.

(2) 위의 판례에 따르면, 본 사안의 경우 특별한 사정이 없으므로 A는 이행기 전이라도 이행에 착수할 수 있다.

4. 잔금을 준비하여 이행의 제공을 한 것이 이행의 착수인지 여부

(1) 제565조에서 「이행에 착수」한다는 것은 객관적으로 외부에서 인식할 수 있는 정도로 채무의 이행행위의 일부를 하거나 또는 이행을 하기 위하여 필요한 전제행위를 하는 경우를 말하며, 단순히 이행의 준비를 하는 것만으로는 부족하다.[3] 그런데 그 행위가 반드시 계약내용에 맞는 이행제공의 정도까지 이르러야 하는 것은 아니다.[4] 한편 대법원은 매수인이 잔금 지급을 위해 금전을 가지고 매도인에게 가서 잔금을 준비해왔음을 알리면서 이전등기서류의 준비 여부를 문의한 경우에 잔금 지급의 이행에 착수했다고 본 바 있다.[5]

(2) 전술한 것처럼, 이행의 착수가 되기 위하여 계약내용에 맞는 이행제공의 정도까지 이르러야 하는 것은 아니고, 또 대법원이 본 사안과 유사한 경우에 이행의 착수를 인정한 점에 비추어볼 때, 본 사안에서 A가 잔금을 준비해 가지고 B에게 잔금을 지급하려고 한 것은 이행의 착수에 해당한다고 할 것이다.

5. 결   론

본 사안의 경우에 A가 B에게 지급한 계약금은 해약금의 성질을 가지고 있다. 그래서 B가 해약금에 기한 해제를 할 수 있는지 살펴보면, A는 이행기 전이라도 이행에 착수할 수 있고, A가 잔금을 준비하여 B에게 이행의 제공을 한 것은 이행의 착수에 해당한다. 이와 같이 A의 이행의 착수가 있었으므로 B는 해약금에 기한 해제를 할 수 없다(565조 1항). 따라서 B의 해제는 효력이 없고, A와 B 사이의 계약은 해제되지 않았으며 유효하다.

Ⅱ. [제 2 문]에 대하여

1. 논점의 정리

본 문제의 논점을 정리하면 다음과 같다.

(1) 매매계약의 당사자가 이행기 전에 언제나 이행에 착수할 수 있는지

(2) 만약 이행기 전에 이행에 착수할 수 없는 경우에 당사자 일방이 이행기 전에 잔금을 현실제공하면 이행에 착수한 것으로 되는지

---

3) 동지 대판 1993. 5. 25, 93다1114; 대판 1994. 5. 13, 93다56954 등.
4) 동지 전주의 판결.
5) 대판 1993. 5. 25, 93다1114.

(3) 위 (2)의 경우에 상대방이 계약을 해제할 수 있는지

2. 이행기 전에 이행에 착수할 수 있는지

(1) [제 1 문]에 관하여 설명한 바와 같이(위 I .3. (1)), 이행기의 약정이 있는 경우라도 당사자는 이행기 전에 이행에 착수할 수도 있다. 그러나 특별한 사정이 있는 때에는 다르다. 그리고 판례는, 매도인이 제565조에 의하여 계약을 해제한다는 의사표시를 하고 일정한 기한까지 해약금의 수령을 최고하며 기한을 넘기면 공탁하겠다고 통지를 한 경우에는, 매수인이 이행기 전에 이행에 착수할 수 없는 특별한 사정이 있는 경우에 해당한다고 한다.[6)]

(2) 위의 판례에 따르면, 본 사안에서는 B가 A에게 계약금의 배액(26억원)을 지급하겠고 A와 체결한 매매계약을 해제하겠으며 2009. 8. 31.까지 그 금전을 받지 않으면 공탁하겠다고 통지하였으므로, 본 사안은 A는 이행기 전에 이행에 착수할 수 없는 특별한 사정이 있는 경우에 해당한다.

3. A가 잔금을 준비하여 이행제공을 한 것이 이행의 착수인지 여부

(1) 판례는 매수인이 이행기 전에 이행에 착수할 수 없는 특별한 사정이 있는 경우에 매수인이 이행기 전에, 더욱이 매도인이 정한 해약금 수령기한 이전에 일방적으로 이행에 착수하겠다고 하여도 매도인의 계약해제권 행사에 영향을 미칠 수 없다고 한다.[7)]

(2) 본 사안의 경우에 A는 이행기 전에, 그것도 B가 정한 해약금 수령기한(2009. 8. 31.) 전에 일방적으로 B에게 잔금의 이행제공을 했다. 그런데 위의 판례에 따르면 A의 잔금제공은 B의 해제권 행사에 영향을 줄 수 있는 이행의 착수에 해당하지 않게 된다.

4. 결 론

본 사안의 경우에 A는 이행기 전에 이행에 착수할 수 없다. 따라서 A가 잔금의 이행제공을 해도 B는 해약금에 기한 해제를 할 수 있다.[8)]

Ⅲ. [제 3 문]에 대하여

1. 논점의 정리

본 사안에서 A가 행한 해제는 해약금에 기한 것으로 보인다. 왜냐하면 A에게는 다른 해제권 발생원인이 없기 때문이다. 따라서 본 문제에서는 A가 해약금에 기하여 해제할 수

---

6) 대판 1993. 1. 19, 92다31323.
7) 대판 1993. 1. 19, 92다31323.
8) 참고로 말하면, 본 사안의 경우에 해제 효과가 바로 발생하지는 않는다. 왜냐하면 해제의 효과는 계약금의 배액 제공이 있어야 생기기 때문이다(대판 1992. 7. 28, 91다33612 등 다수의 판결).

있는지를 검토해야 한다. 그럼에 있어서 특히 B의 이행착수가 있었는지가 문제이다.

이행착수와 관련해서는 매도인이 매수인에게 매매계약의 이행을 최고하고 매매잔대금의 지급을 구하는 소를 제기한 것만으로 이행에 착수하였다고 볼 수 있는지를 살펴보아야 한다.

2. B가 이행을 최고하고 잔대금 지급의 소를 제기한 것이 이행착수에 해당하는지 여부

(1) 판례는, 매도인이 매수인에 대하여 매매계약의 이행을 최고하고 매매잔대금의 지급을 구하는 소송을 제기한 것만으로는 이행에 착수했다고 볼 수 없다고 한다.9)

(2) 위의 판례에 따르면, 본 사안의 경우에 B가 이행최고를 하고 잔대금 지급의 소를 제기한 것은 이행착수가 아니다.

3. 결 론

본 사안의 경우에 B의 이행최고·소제기는 이행착수에 해당하지 않고 또 A도 이행착수를 하지 않았다. 이와 같이 당사자 쌍방이 이행의 착수를 하지 않았으므로 A는 해약금에 기하여 매매계약을 해제할 수 있다. 이때 A는 매수인으로서 계약금을 지급한 당사자이므로 그 계약금을 포기하면 충분하며, 매도인이 해제하는 경우처럼 계약금의 배액을 제공할 필요는 없다. 그리고 본 사안에서 A가 해제할 때에는 계약금을 포기한다는 것이 전제되었다고 할 것이며, 따라서 A의 해제 의사표시는 유효하다.

IV. [제 4 문]에 대하여

1. 논점의 정리

본 문제의 논점들은 다음과 같다.

(1) 이행거절의 경우10)에 손해배상을 청구할 수 있는지, 그리고 손해액 산정시기는 언제인지

(2) 전매이익이 손해에 해당하는지

(3) 손해배상액의 예정의 성질을 가지는 위약계약금 특약이 있는 경우에 예정액을 넘는 손해를 배상해야 하는지

2. 위 논점 (1)의 검토

(1) 판례에 따르면, 계약상의 채무자가 계약을 이행하지 않을 의사를 명백히 표시한 경우에 채권자는 신의성실의 원칙상 이행기 전이라도 이행의 최고 없이 채무자의 이행거절을

---

9) 대판 1995. 5. 23, 94다52904; 대판 2008. 10. 23, 2007다72274·72281.
10) 이행거절이 독립한 채무불이행 유형에 해당하는지에 관하여는 학설이 대립한다. 그러나 어떻게 이해하든 결과에서는 같다. 그러므로 여기서는 이행거절이 독립한 유형인지는 문제삼을 필요가 없다.

이유로 계약을 해제하거나 채무자를 상대로 손해배상을 청구할 수 있다.[11] 그리고 손해액은 이행거절 당시의 급부목적물의 시가를 표준으로 하여 산정한다.[12]

(2) 본 사안의 경우에 B는 2009. 9. 1.에 이행하지 않을 의사를 명백히 표시하였다. 따라서 A는 계약을 해제할 수도 있고 손해배상을 청구할 수도 있다. 그리고 손해배상을 청구할 경우에 손해액은, 여기에 관한 것으로는(전매이익 문제는 별도임) 170억원이다. 이때 만약 A가 계약을 해제하면 손해액은 40억원이다(170억 – 130억 = 40억원).

3. 논점 (2)의 검토

(1) 전매이익은 제393조의 특별손해에 해당한다. 그런데 특별손해는 그것을 발생시킨 특별한 사정에 관하여 채무자가 그것을 알았거나 알 수 있었어야 배상이 인정된다(393조 2항). 이 경우에 채무자의 예견가능성의 기준시기에 대하여 학설은 ⅰ) 이행기설, ⅱ) 채무불이행시설(이행지체의 경우 이행기, 이행불능의 경우 이행불능시, 불완전이행의 경우 불완전이행을 한 때), ⅲ) 계약체결시설로 나뉜다. 그런데 판례는 이행기설의 입장이다.[13] 사견은 채무불이행시설이 타당하다고 생각한다.

(2) 본 사안의 경우에 전매이익은 20억원이다(150억 – 130억 = 20억원). 그런데 이 20억원은 위 2.에서의 손해액 170억원(해제시 40억원)보다 적으며, 거기에 포함되어 있다. 따라서 이 전매이익을 별도로 배상청구할 필요가 없다. 그러나 위 2.의 청구를 하지 않고, 이 20억원의 청구를 할 수는 있다.

4. 논점 (3)의 검토

(1) 본 사안의 경우에 A와 C 사이에는 손해배상액의 예정의 성질을 가지는 위약계약금 특약이 있었다. 그리고 A는 B의 이행거절에 의해 배상예정액 13억원을 넘는 손해를 입었다(170억원. 해제하는 경우에는 40억원). 이러한 경우에 A가 B에게 13억원을 넘는 액에 대하여 손해배상을 청구할 수 있는지 문제된다.

(2) 손해배상액의 예정의 성질을 가지는 위약계약금 특약이 있을 경우에는, 다른 특약이 없는 한, 예정배상액에는 모든 손해(통상손해·특별손해)가 포함된다고 해석해야 한다.[14] 판례도 같은 취지이다.[15] 이러한 사견·판례에 따르면, 채권자는 실제의 손해액이 배상예정액보다 크다는 것을 증명해도 초과액을 청구할 수 없게 된다.[16]

---

11) 대판 2005. 8. 19, 2004다53173.
12) 대판 2007. 9. 20, 2005다63337.
13) 대판 1985. 9. 10, 84다카1532.
14) 특별손해는 제외된다는 견해도 있다.
15) 대판 1993. 4. 23, 92다41719 등.
16) 동지 대판 1970. 10. 23, 70다1756.

(3) 위의 사견·판례에 의할 때, 본 사안의 경우에 A는 — 계약을 해제하는 경우 — 40
억원의 손해를 입었지만 위약계약금 특약이 있어서 예정배상액 13억원만을 손해배상으로
청구할 수 있을 뿐 그것을 초과하는 금액을 청구할 수 없다.

5. 결   론

본 사안의 경우에 A가 입은 손해는 계약을 해제하지 않는 경우에는 170억원이고,[17] 해
제하는 경우에는 40억원이다. 그리하여 예정배상액 13억원을 초과한다. 그렇지만 A와 B 사
이에 손해배상액 예정의 성질을 가지는 위약계약금 특약이 있어서 B는 손해배상으로 예정
배상액인 13억원만 지급하면 된다.[18]

V. [제 5 문]에 대하여

1. 논점의 정리

본 문제의 논점은 크게 다음 두 가지이다.
(1) 본 사안의 경우에 B의 해제요건이 구비되었는지, 특히 변제제공이 있었는지
(2) B의 해제 의사표시도 유효한지

2. 논점 (1)의 검토

(1) 본 사안에서 B의 해제는 제544조에 의한 것이다. 따라서 그 경우의 해제요건을 구
비하였는지 살펴보아야 한다.
(2) 제544조가 정하는 보통의 이행지체의 경우에 해제요건은 ① 채무자의 유책사유에
의한 이행지체가 있을 것, ② 상당한 기간을 정하여 이행을 최고할 것, ③ 최고기간 내에
이행 또는 이행의 제공이 없을 것이다.
한편 쌍무계약에서 쌍방의 채무가 동시이행관계에 있을 때에는 채권자는 채무자를 이
행지체에 빠뜨리기 위해 이행의 제공을 하는 것 외에 최고기간에도 이행의 제공을 해야 하
는 문제가 있다. 그런데 이때의 제공은 이행지체를 위한 것과 달리 엄격하게 해석할 필요가
없다. 판례도 매수인이 잔대금의 지급준비가 되어 있지 않아 소유권이전등기 서류를 수령할
준비를 안 한 경우에는 매도인으로서도 그에 상응한 이행의 준비를 하면 족하다고 한다.[19]
(3) 본 사안의 경우에 B는 최고기간 중에 소유권이전등기에 필요한 제반 서류를 준비하
고 있었으나, 부동산 매도용 인감증명서는 발급하지 않은 상태였다. 즉 해제를 하려고 하는

---

17) 이때 A는 매매대금 130억원은 지급해야 한다. 따라서 실질적인 손해액은 40억원이다.
18) 물론 B는 그가 받은 계약금 13억원도 상환해야 하므로 A에게 모두 26억원을 지급해야 한다. 그때 제
   548조 제 2 항에 따라 받은 계약금에 대하여 이자도 지급해야 한다.
19) 대판 2012. 11. 29, 2012다65867.

B(채권자)의 이행제공이 완전하지 못했던 것이다. 여기서 최고기간 동안 B의 이행제공이 없었다는 이유로 B에게 해제권이 발생하지 않았다고 할 것인지 문제된다. 그런데 그렇게 해석하게 되면 수차례 잔금 지급기일을 연장해 오다가 결국 잔금 지급을 하지 못한 A를 지나치게 보호하게 되는 반면에 B에게는 가혹하게 된다. 또한 인감증명서는 바로 발급받을 수 있는 것이다. 그러한 점을 고려하여 대법원도 매수인이 잔금 지급준비가 되어 있지 않아 소유권이전등기 서류를 수령할 준비를 안 한 경우에는 매도인으로서 그에 상응한 이행의 준비를 하면 족하다고 하면서, 본 사안과 유사한 경우에 매도인이 이행의 제공을 마쳤다고 보았다.[20] 이러한 판례에 의하면, 본 사안의 경우에 B는 비록 인감증명서가 없었다고 해도 A에게 이행의 제공을 했다고 보아야 한다. 그리고 해제를 위한 다른 요건도 모두 구비되어 있다. 따라서 B의 해제요건은 모두 갖추어져 있다.

3. 논점 (2)의 검토

(1) 본 사안에서 B는 A에게 2010. 5. 31.까지 일정한 행위를 하지 않으면 위 일시를 경과함으로써 매매계약이 해제된다고 통지하였다. 이러한 통지가 해제의 의사표시로서 유효한지 문제된다.

(2) 판례는, 정해진 기간 내에 이행하지 않으면 계약이 당연히 해제된 것으로 한다는 이행청구는 그 이행청구와 동시에 그 기간 내에 이행이 없을 것을 정지조건으로 하여 미리 해제의 의사표시를 한 것으로 보며,[21] 그 결과 채무이행 없이 그 기간을 경과하면 곧바로 (즉 해제의 의사표시 없이) 해제의 효과가 발생하게 된다.[22] 이러한 판례는 채무자에게 특별히 불이익하지 않으므로 인정해도 무방하다.

(3) 전술한 판례·사견에 따르면, 본 사안의 경우에 B가 A에게 한 통지는 정지조건부 해제 의사표시에 해당하며, B가 지정한 2010. 5. 31.까지 A의 이행이 없었으므로 2010. 5. 31.이 경과함으로써 B·A 사이의 계약은 해제된다.

4. 결　론

본 사안의 경우에 B의 해제요건이 모두 갖추어져 있고, B가 정지조건부 해제 의사표시를 하였으며, 2010. 5. 31.까지 A의 이행이 없이 기간이 경과하여 정지조건이 성취되었으므로 B·A 사이의 계약은 해제되었다. 따라서 B·A 사이의 계약은 소급해서 무효로 되었다(직접효과설의 입장).

---

20) 전주의 판결 참조.
21) 대판 1981. 4. 14, 80다2381; 대판 1992. 12. 22, 92다28549.
22) 대판 1970. 9. 29, 70다1508.

[70] 변제에 의한 대위(1)

A는 B에게 그의 X토지에 저당권을 설정해 주고 3억원을 빌리려고 하였다. 그러자 B는 보증인도 세우라고 하였다. 그리하여 A는 C에게 보증을 부탁하였고, C는 B와의 사이에 서면으로 A의 채무 전액인 3억원에 관하여 보증하는 계약을 체결하였고, 계약서에 C와 B가 직접 서명날인하였다. 그 뒤 채무의 이행기가 되어 C는 B에게 1억 5,000만원을 지급하였다.

1. 이 경우에 C는 어떤 방법으로 보호될 수 있는가?
2. 위 사안에 있어서 더 이상 A나 C로부터 변제가 없자 B는 그의 저당권을 실행하여 X토지를 경매에 부쳤고, 그 결과 X토지는 2억 4,000만원에 매각되었다. 이때 그 매각대금은 어떻게 분배되는가?

I. 물음 1.에 대하여

1. 논점의 정리

본 사안에서는 먼저 C가 B와 체결한 보증계약이 유효한지, 그리하여 C의 보증채무가 유효하게 성립하였는지를 살펴보아야 한다. 그럼에 있어서는 무엇보다도 「보증인 보호를 위한 특별법」이 적용되는지, 그리고 그 법이 요구하는 요건을 갖추었는지를 검토하여야 한다.

다음에 본 사안의 경우에는 C가 보증인으로서 채무자 A의 채무를 변제하였다. 그런데 A의 채무의 전부가 아니고 일부만 변제하였다. 그러한 경우에 C가 구상권을 가지는지, 그리고 변제에 의한 대위를 할 수 있는지가 문제된다.

2. C의 보증채무가 성립하였는지 여부

(1) 보증채무의 성립

1) 보증계약

보증채무는 채권자와 보증인 사이에 체결되는 보증계약에 의하여 성립한다.

보증계약은 채권자와 보증인 사이에 체결되며, 주채무자는 당사자가 아니다. 그리고 보증인은 보통 주채무자의 부탁을 받고 보증계약을 체결하나, 부탁의 유무는 보증계약의 효력에는 영향이 없다.

보증계약은 보증의사가 보증인의 기명날인 또는 서명이 있는 서면으로 표시되어야 효력이 발생한다(428조의 2 1항 본문). 다만, 보증의 의사가 전자적 형태로 표시된 경우에는 효력이 없다(428조의 2 1항 단서). 그리고 「보증인보호를 위한 특별법」은 동법의 적용을 받는 보증(금전채무 보증의 대부분이 이에 해당함)에 관하여 특별한 요건을 요구하고 있다. 동법에 따르면, 보증계약을 체결할 때에는 보증채무의 최고액(最高額)을 서면으로 특정(特定)하여야 하며, 이는 보증기간을 갱신할 때에도 또한 같다(동법 4조). 이를 위반한 경우에는 보증계약이 무효라고 새겨야 한다.

2) 보증채무의 성립에 관한 요건

보증채무는 보증계약에 의하여 성립하므로 보증계약이 계약의 일반적 성립요건을 갖추어야 한다. 그러나 그 밖에도 보증채무와 주채무의 관계에서, 그리고 보증인의 자격과 관련하여 갖추어야 할 요건이 있다. 이는 보증계약의 특별성립요건이라고 할 수 있다.

(가) **주채무에 관한 요건**　보증채무는 주채무의 이행을 담보하는 채무이므로, 보증채무가 성립하려면 주채무가 존재하여야 한다.

보증채무는 주채무와 내용상 같아야 하므로 주채무는 대체적 급부를 내용으로 하여야 한다. 그러나 이는 본질적인 것은 아니다.

(나) **보증인에 관한 요건**　보증인을 세울 의무가 있지 않은 일반의 경우에는 보증인이 될 수 있는 자격에 관하여 원칙적으로 제한이 없다.

당사자 사이에 계약·법률규정 또는 법원의 명령에 의하여 채무자가 보증인을 세울 의무가 있는 경우에는, 그 보증인은 행위능력 및 변제자력이 있는 자로 하여야 한다(431조 1항). 그런데 이러한 보증인의 자격은 보증인을 세울 의무의 요건일 뿐이며 보증계약의 성립요건은 아니다. 따라서 보증인이 무자격자일지라도 일단 그와 보증계약을 체결하였으면 그 계약은 유효하다. 다만, 그 경우 채무자는 보증인을 세울 의무를 이행하지 않은 것으로 되고, 그 결과 기한의 이익을 잃는다(388조 2호).

(2) 본 사안의 경우

본 사안에서 보증인 C는 채무자 A의 부탁을 받고 채권자 B와 보증계약을 체결하였다.

그리고 보증인 C는 B와 서면으로 보증계약을 체결하였고, 거기에 직접 서명날인하였다. 그런가 하면 보증채무의 액을 3억원으로 특정하였다. 그리하여 민법과 「보증인보호를 위한 특별법」이 요구하는 요건도 갖추었다.

다음에 주채무인 A의 채무가 존재하고, 또 그 채무는 금전채무로서 대체적 급부를 내용으로 한다. 그리고 본 사안에서는 주채무자인 A와 채권자인 B의 계약에 의하여 보증인을 세울 의무가 있다. 그러한 경우에는 보증인인 C가 행위능력과 변제자력이 있어야 한다. 본 사안에서 C가 행위능력이 있는지는 불분명하다. 그에 비하여 그가 후에 1억 5,000만원을 지급한 것을 보면 변제자력(전부의 변제자력이 필요하지는 않다)은 갖추고 있다. 그러나 보증인이 무자격자일지라도 일단 보증계약을 체결하였으면 그 계약은 유효하므로, 본 사안에서는

B·C 사이의 보증계약은 유효하다고 할 것이다.

3. 보증인 C의 구상권 문제

(1) 서   설

보증인이 자기의 출재로 공동의 면책을 얻은 때에는, 그는 당연히 주채무자에 대하여 구상권을 가진다. 그런데 구상권의 범위는 보증인이 주채무자로부터 부탁을 받았는지 여부에 따라 다르다.

본 사안에서 보증인 C는 주채무자인 A로부터 부탁을 받고 보증인이 되었다. 그러므로 아래에서는 수탁보증인의 구상권에 관하여만 살펴보고, 그것을 기초하여 본 사안의 경우 C가 어떤 범위에서 구상권을 가지는지를 보기로 한다.

(2) 수탁보증인의 구상권

1) 면책행위에 의한 구상권

수탁보증인이 과실없이 변제 기타의 출재로 주채무를 소멸하게 한 때에는 주채무자에 대하여 구상권이 있다(441조 1항).

2) 사전구상권

수탁보증인은 일정한 경우에는 사전구상권을 가진다(442조). 그 경우 중에는 채무의 이행기가 도래한 때도 있다(442조 1항 4호).

3) 구상권의 범위

출재한 수탁보증인은 출재액, 면책된 날 이후의 법정이자, 필요비, 기타의 손해를 구상할 수 있다. 그러나 사전구상을 하는 경우에는 주채무인 원금과 사전구상에 응할 때까지 이미 발생한 이자와 기한 후의 지연손해금, 피할 수 없는 비용 기타의 손해액이 포함될 뿐이고, 주채무인 원금에 대한 완제일까지의 지연손해금은 포함될 수 없다.[1]

(3) 본 사안의 경우

본 사안에서 보증인 C는 과실없이 보증채무의 일부인 1억 5,000만원을 변제하였다. 그 결과 주채무자인 A도 그 범위에서 채무를 면하게 되었다. 구상권은 일부변제의 경우에도 당연히 인정되어야 한다. 따라서 본 사안의 경우에 보증인 C는 A에 대하여 구상권을 가진다. C의 구상권의 범위는 출재액 1억 5,000만원과 면책일 이후의 법정이자의 합산액이다.

한편 C는 보증채무의 이행기가 도래했으므로 사전구상권도 행사할 수 있다.

---

1) 대판 2002. 6. 11, 2001다25504 등.

4. C가 변제에 의한 대위를 할 수 있는지 여부

⑴ 변제에 의한 대위

1) 의의 및 법적 성질

변제에 의한 대위란 채무의 변제가 제 3 자에 의하여 행하여진 경우에, 변제자가 채무자에 대하여 취득한 구상권을 확보하게 하기 위하여, 종래 채권자가 가지고 있던 채권에 관한 권리가 구상권의 범위 안에서 변제자에게 이전하는 것이다.

변제에 의한 대위의 경우에 채권자의 권리가 변제자에게 이전되는가? 여기에 관하여 학설은, 종래 채권자가 가지고 있던 채권에 관한 권리가 법률상 당연히 변제자에게 이전한다고 하는 견해[2]와 변제자가 채권자의 권리를 이전받는 것이 아니라 채권자에게 그대로 둔채 변제자의 명의로 그 권리를 행사할 권한을 갖는 데 불과하다는 견해[3]로 나뉜다. 그리고 판례는 권리가 이전된다는 견지에 있다.[4] 생각건대 변제자대위의 경우에는 채권자는 이미 만족을 얻었으므로 채권 등이 아직도 그에게 남아있어야 할 이유가 없다. 따라서 법률에서 변제자가 채권자의 권리를 대위 또는 행사할 수 있다고 한 것은 채권자의 권리가 변제자에게 이전된다는 의미로 새겨야 한다. 결국 다수설과 판례가 타당하다.

2) 요   건

변제에 의한 대위의 요건은 다음과 같다.

⑺ 변제 기타로 채권자에게 만족을 줄 것

⑷ 변제자 등이 채무자에 대하여 구상권을 가질 것

변제자대위제도가 본래 변제자 등의 구상권의 실현을 확보하기 위한 것이므로 구상권이 없으면 대위는 일어나지 않는다. 판례도 같다.[5] 구상권을 가지는 자로는 불가분채무자·연대채무자·보증인·물상보증인·담보물의 제 3 취득자·후순위담보권자 등이 있다.

⑸ 변제할 정당한 이익이 있거나(법정대위의 경우) 채권자의 승낙이 있을 것(임의대위의 경우)

변제할 정당한 이익이 있는 자는 변제로 당연히 채권자를 대위한다(481조). 변제할 정당한 이익이 있는 자로는 불가분채무자·연대채무자·보증인·물상보증인·담보물의 제 3 취득자·후순위담보권자 등이 있다.

변제할 정당한 이익이 없는 자는 채권자의 승낙이 있어야 채권자를 대위할 수 있다(480조 1항).

3) 효   과

⑺ **일반적 효과**   채권자를 대위한 자는 자기의 권리에 의하여 구상할 수 있는 범위에

---

2) 곽윤직, 채총, 257면 등 다수설.
3) 이은영, 채총, 716면.
4) 대판 1988. 9. 27, 88다카1797 등.
5) 대판 1994. 12. 9, 94다38106.

서 채권 및 그 담보에 관한 권리를 행사할 수 있다(482조 1항). 여기서 「권리를 행사할 수 있다」는 것은 법률상 당연히 권리가 이전된다는 의미이다. 그리고 「채권에 관한 권리」는 이행청구권·손해배상청구권·채권자대위권·채권자취소권 등을 가리키며, 「채권의 담보에 관한 권리」는 질권·저당권과 같은 물적 담보와 보증인에 대한 권리와 같은 인적 담보 등을 포함한다. 한편 대위자는 그가 취득하는 권리를 구상권의 범위에서만 행사할 수 있다(482조 1항). 물론 대위자는 대위하지 않고 구상권을 행사할 수도 있다.

    (내) **일부대위**   변제자대위는 채권의 일부가 변제된 경우에도 인정된다. 그때에는 대위자는 변제한 가액에 비례하여 채권자와 함께 그의 권리를 행사한다(483조 1항). 이 경우 대위자와 채권자 사이에 우열관계가 있는지가 문제된다.

    여기에 관하여 학설은 대립하고 있다. ⅰ) 일부대위자는 대위한 권리가 비록 가분이더라도 그것을 단독으로 행사하지는 못하며, 채권자가 그 권리를 행사하는 경우에 그 채권자와 함께 그의 권리를 행사할 뿐이고, 또한 이 경우에 변제에 관하여는 채권자가 우선한다는 견해,6) ⅱ) 대위자는 채권자와 공동으로 담보권을 행사하고, 변제한 가액에 비례하여 경매대금의 분배를 받을 수 있다는 견해,7) ⅲ) 일부대위자는 채권자와 평등한 지위에서 그 채권액에 비례하여 권리행사를 함이 원칙이지만, 제3변제자가 채무자의 보증인·물상보증인·저당부동산의 제3취득자인 경우에는 채권자의 권리가 우선한다는 견해8) 등이 그것이다.

    판례는 채권자가 대위자에 우선하여 변제받는다고 한다.9)

    이들을 검토해 본다. 민법이 일부대위자는 언제나 채권자와 함께만 권리를 행사할 수 있도록 하고 있다(483조 1항). 그리고 일부대위의 경우에는 채권자가 완전한 만족을 받지 못하고 있으므로 대위에 의하여 채권자가 불이익을 입어서는 안 된다. 그러한 점에서 볼 때, ⅰ)설이 타당하다.

    (2) **본 사안의 경우**

    본 사안에서 C는 변제로 채권자에게 만족을 주었고, 또 그는 채무자 A에 대하여 구상권을 가지고 있다. 그리고 C는 변제할 정당한 이익이 있는 자이므로 변제를 하면 당연히 채권자를 대위한다. 이와 같이 C는 변제에 의한 대위의 요건을 모두 갖추었다. 따라서 채권자 B가 채무자 A에 대하여 가지고 있는 채권과 저당권이 C에게 이전된다.

    그런데 본 사안은 일부대위의 경우이다. 그리하여 채권·저당권의 행사방법과 결과가 문제이다. 사건에 의하면, C는 채권자인 B가 채권·저당권을 행사할 때만 B와 함께 그의 권리를 행사할 수 있고, 또 변제에 관하여는 채권자인 B가 C에 우선한다.

---

6) 곽윤직, 채총, 259면; 김상용, 채총, 482면; 김학동, 채총, 368면.
7) 김형배, 채총, 710면.
8) 이은영, 채총, 723면.
9) 대판 1988. 9. 27, 88다카1797; 대판 2002. 7. 26, 2001다53929.

5. 결   론

본 사안에서 C는 A에게 구상권을 행사할 수 있다. 그런가 하면 C는 변제에 의한 대위제도에 의하여 B로부터 자신에게 이전된 채권과 저당권을 A에게 행사할 수 있다. 그때에는 C는 그 권리를 B와 함께 행사하여야 하고, 변제에 관하여는 B가 C에 우선한다.

Ⅱ. 물음 2.에 대하여

1. 논점의 정리

본 문제에서는 일부대위의 경우에 채권자가 저당권을 실행한 때에 매각대금이 어떻게 분배되는지를 묻고 있다. 이는 결국 보증인 C와 채권자 B 사이의 우열관계가 어떻게 되는지의 문제이다.

2. 일부대위의 경우의 보증인과 채권자 사이의 우열관계

그에 관하여는 위(Ⅰ. 4. ⑴ 3) ㈐)에서 설명하였다.

3. 본 사안의 경우

사견에 의하면 X토지의 매각대금 2억 4,000만원에서 먼저 B가 이전에 변제받지 못한 1억 5,000만원을 변제받는다. 그리고 그 나머지를 C가 받는다. 그리하여 C는 9,000만원만 변제받게 된다.

[71] 변제에 의한 대위(2)

문제

갑은 을로부터 6억원을 빌리면서 병과 정에게 부탁하여 을 명의로 병의 G토지(시가 6억원)와 정의 H토지(시가 3억원)에 저당권을 설정하도록 하였다. 그 뒤 채무의 변제기가 되었는데도 갑이 변제를 하지 않자, 병은 G토지의 소유권을 잃을까봐 을에게 갑의 채무 전부를 변제하였다. 그 후 정은 그의 H토지를 무에게 팔고 등기를 넘겨주었다.

이 경우에 병은 H토지에 등기되어 있는 을의 저당권을 행사할 수 있는가?

Ⅰ. 논점의 정리

본 사안에서 병과 정은 타인의 채무를 담보하기 위하여 자신들의 토지에 저당권을 설정해 준 물상보증인이다. 그런데 병의 G토지와 정의 H토지의 시가는 각각 6억원과 3억원이다. 그리고 무는 나중에 정으로부터 정의 H토지의 소유권을 취득한 저당부동산의 제3취득자이다.

본 사안의 경우에 물상보증인 중 1인인 병이 채권자인 을에게 갑의 채무 6억원 전부를 변제하였다. 그때 병이 H토지에 등기되어 있는 을의 저당권을 행사할 수 있는지를 묻고 있다. 그럼에 있어서 정의 H토지가 병의 변제 후 무에게 소유권이 이전되어 있음을 유의하여야 한다.

여기서 문제되는 것은, 특히 변제에 의한 대위 가운데 법정대위자인 물상보증인이 다수인 경우에는 어떤 범위에서 대위할 수 있는가, 그리고 물상보증인으로부터 저당부동산의 소유권을 취득한 제3취득자에게 대위하려면 어떤 요건을 갖추어야 하는가이다.

Ⅱ. 변제에 의한 대위

앞의 [70]번 문제의 Ⅰ. 4. (1) 참조.

Ⅲ. 물상보증인이 여럿 있는 경우의 대위

1. 서   설

민법은 법정대위자가 여럿 있는 경우에 혼란을 피하고 공평을 유지하기 위하여 이들 사이의 대위의 순서와 비율을 규정하고 있다(482조 2항). 그 가운데에는 물상보증인이 여럿 있는 경우도 있다.

2. 물상보증인들 사이의 대위

민법은 물상보증인들 사이의 대위는 제 3 취득자들에 있어서와 동일하다고 규정한다(482조 2항 4호). 그리하여 물상보증인 중 1인이 변제하거나 담보권이 실행되어 소유권을 잃은 경우에는, 그는 각 부동산의 가액에 비례하여 다른 물상보증인에 대하여 채권자를 대위한다(482조 2항 3호 참조). 이때에는 대위를 위하여 미리 대위의 부기등기를 하였을 필요는 없다고 할 것이다.

3. 물상보증인으로부터의 제 3 취득자에 대한 대위

물상보증인이 여럿 있는 경우에 그중의 1인이 변제를 한 때에 다른 물상보증인으로부터 저당부동산의 소유권을 취득한 제 3 취득자에게 대위를 하기 위하여 어떤 요건을 갖추어야 하는가? 여기에 관하여는 우리 민법이 알기 쉽게 규정하고 있지 않다. 그리고 학설·판례는 대체로「보증인과 물상보증인 사이」를 규정하고 있는 민법규정(482조 2항 5호, 특히 그 단서)을 둘러싸고 논의하고 있다.

제482조 제 2 항 제 5 호의 구조는 특이하다. 그 본문은 물상보증인과 보증인간에는 그 인원수에 비례하여 채권자를 대위한다고 규정한다. 그리고 그 단서는 물상보증인이 수인인 때에는 보증인의 부담부분을 제외하고 그 잔액에 대하여 각 재산의 가액에 비례하여 대위한다고 규정한다. 문제는 그 다음 문장이다. 이 제 5 호는 그 뒤에「이 경우에 그 재산이 부동산인 때에는 제 1 호의 규정을 준용한다」는 문장을 덧붙이고 있다. 그런데 이 문장이 제 5 호의 본문에 관한 것인지, 단서에 관한 것인지가 불분명하여 문제이다.

이 마지막 문장의 해석에 관하여 학설은 대립하고 있다. 다수설은「보증인」은 대위의 부기등기를 하여야만 변제 후의 물상보증인으로부터 담보부동산을 취득한 제 3 취득자에 대하여 채권자를 대위할 수 있다는 의미로 새기고 있으나,[1] 소수설은 아래의 판례와 마찬가지로 물상보증인이 수인인 때에 그중 일부의 물상보증인이 다른 물상보증인에 대하여 대위할 경우에 미리 대위의 부기등기를 하지 않으면 그 저당물을 취득한 제 3 취득자에 대하여

---

1) 곽윤직, 채총, 261면; 김형배, 채총, 712면; 이은영, 채총, 725면 등.

대위를 할 수 없다는 의미로 해석한다.[2] 소수설은 그 문장을 단서에 한정되는 것으로 이해하고, 다수설은 본문에 관한 것으로 이해하고 있다.

그리고 판례는 소수설과 같은 견지에 있다.[3]

생각건대 그 문장은 그 모습상 단서에만 관련되는 것으로 보아야 한다. 또한 보증인의 경우에는 이미 제482조 제 2 항 제 1 호에 의하여 다수설처럼 해석될 수 있기 때문에 보증인에 대한 것이라면 그러한 규정은 필요하지 않게 된다. 결국 소수설 및 판례처럼 해석함이 옳다.

Ⅳ. 본 사안의 경우

본 사안에서 병은 변제에 의한 대위의 요건을 모두 갖추었다. 그는 변제로 채권자에게 만족을 주었고, 채무자 갑에 대하여 구상권을 가지며, 또한 변제할 정당한 이익이 있는 자이어서 대위에 관하여 채권자의 승낙이 필요하지도 않기 때문이다.

그러면 병은 — H토지에 변제에 의한 대위가 가능하다면 — 어느 범위에서 채권자를 대위하는가? 물상보증인이 여럿 있는 경우에는 각 부동산의 가액에 비례하여 채권자를 대위한다. 따라서 병은 H토지에 대하여는 채무액 6억원의 1/3(=3억원/(6억원＋3억원))인 2억원에 관하여 채권자인 을의 채권과 저당권을 대위할 수 있다.

그런데 H토지가 현재 물상보증인이 아니고 제 3 취득자에게 속하므로, 위의 사견(및 판례)에 의하면, 병이 대위를 하려면 변제 후 무의 취득 전에 대위의 부기등기를 하였어야 한다. 그리하여 살펴보건대 본 사안에서 병이 대위의 부기등기를 하였다는 것이 전혀 나타나 있지 않다. 무는 대위의 부기등기가 없는 상태에서 H토지의 소유권을 취득한 것이다. 따라서 병은 H토지에 대하여 을의 저당권을 대위하지 못한다. 즉 병은 을의 저당권을 행사할 수 없다.

---

2) 김상용, 채총, 484면.
3) 대판 1990. 11. 9, 90다카10305.

[72] 상계 등

A는 B에게 공장을 짓기 위한 토지를 물색하여 구입해 달라고 하였다. 그리고 그에 대하여는 보수를 지급하겠으며, 그것이 성사되면 성공보수도 지급하기로 하였다. 그리하여 B가 여기저기를 알아보던 중 적당한 토지(X토지라 함)를 발견하여 그 토지의 소유자인 C와 매매가격을 흥정하여 대금을 확정하였다. 그 뒤 B는 그 매매대금을 마련하기 위하여 D금융기관(법인)으로부터 자기(B) 이름으로 1억원을 대출받았다. 한편 D금융기관은 5년 전에 A의 토지(Y토지라 함) 위에 무단으로 건물을 짓고서 현재까지 그 곳에서 영업을 하고 있다. 그 일은 D의 대표이사인 E가 처음 추진하였으며, 정상적으로 이사회의 결의를 거쳐 실행되었다. Y토지의 토지 임대료 시세는 대략 월 300만원이다.

1. 이 경우에 A는 D에 대하여 권리를 가지는가? 가지고 있다면 그 내용은 무엇인가?
2. A와 B 사이의 법률관계의 성격은 무엇인가? 그리고 B는 그가 D로부터 1억원을 대출받은 것과 관련하여 A에 대하여 어떤 권리를 행사할 수 있는가?
3. 위 사안의 경우에서 A는 B가 D에 대하여 부담하고 있는 대출금채무와 같은 내용의 채무를 D에게 부담하기로 B와 합의하고 그에 대하여 D로부터 승낙을 받았다.
   (1) 이때 D는 A에게 상계를 할 수 있는가?
   (2) A는 D에게 상계를 할 수 있는가?
   (3) B는 D에게 A의 상계권을 대위행사할 수 있는가?

I. 물음 1.에 대하여

1. 논점의 정리

첫째로 D가 A의 Y토지 위에 무단으로 건물을 지어 영업을 해 온 것이 A에 대하여 불법행위인지, 그리하여 A가 D에 대하여 불법행위로 인한 손해배상청구권을 가지는지 문제된다. 그럼에 있어서는 D의 대표이사 E의 행위가 D의 불법행위로 되는지, 만약 D의 불법행위로 된다면 그 내용은 어떤 것이고, 불법행위의 효과는 어떠한지를 살펴보아야 한다.

둘째로 본 사안의 경우에 D의 부당이득이 성립하는지, 그리하여 A가 D에 대하여 부당이득 반환청구권을 가지는지 문제된다.

셋째로 본 사안의 경우에 A가 D에 대하여 물권적 청구권을 가지는지, 그것이 인정된다면 그 내용이 무엇인지 문제된다.

2. 불법행위 문제

(1) 서 설

본 사안에서는 D가 내부적으로 정상적인 절차를 밟아 A의 Y토지 위에 무단으로 건물을 짓고 영업을 해 오고 있다. 이러한 D의 행위가 A에 대하여 불법행위가 되는지가 문제된다.

우리 민법의 구조상 법인의 불법행위는 민법 제35조에서 정한 요건이 갖추어진 때에만 인정된다. 따라서 본 사안의 경우에 그 요건이 구비되어 있는지를 검토하여야 한다.

(2) 법인의 불법행위가 성립하기 위한 요건

법인의 불법행위가 성립하려면 세 가지 요건이 필요하다(35조 1항). 첫째로 대표기관의 행위가 있어야 한다. 둘째로 대표기관이 직무에 관하여 타인에게 손해를 가하였어야 한다. 여기서 「직무에 관하여」라는 것은 외형상 직무수행행위로 볼 수 있는 행위뿐만 아니라 직무행위와 사회관념상 견련성을 가지는 행위를 포함한다(통설·판례도 같다). 셋째로 대표기관의 행위가 제750조의 일반 불법행위의 요건을 구비하여야 한다(이것이 통설이나, 다른 견해도 있다). 그리하여 대표기관의 가해행위, 가해자의 고의·과실, 가해자의 책임능력, 가해행위의 위법성, 가해행위로 인한 손해발생이 있어야 한다.

《참 고》────────────────────────────

위에서 언급한 바와 같이 우리의 현행 민법상 법인의 불법행위는 제35조의 요건을 구비한 경우에만 인정될 수 있다. 그러나 제35조는 주로 법인의 대표기관이 자신의 이익을 위하여 가해행위를 한 경우에 법인에게 책임을 지워서 피해자를 보호하려는 규정이다. 따라서 그 규정은 법인의 정상적인 활동에 의하여 타인에게 손해를 입히는 경우에는 적절하지 않다. 이 경우에는 가해행위를 한 법인을 자연인과 마찬가지로 다루어 거기에 직접 제750조를 적용하는 것이 바람직하다. 그리하여 제35조에 따라 대표기관의 행위인지를 검토할 것이 아니고, 법인을 가해자로 하여 일반 불법행위의 요건이 갖추어졌는지를 살펴보는 것이 더 적절하다. 본 사안도 그러한 경우에 해당한다. 그러므로 본 사안의 경우에는 위의 이론구성과 달리 법인을 가해자로 하고 거기에 직접 일반 불법행위의 성립요건의 구비 여부를 논의하여도 좋다고 생각한다. 앞으로 이러한 이론의 연구가 깊이 행하여지기를 기대한다. 그런데 현재에는 이같은 이론이 확립되어 있지 않으므로 제35조에 따라 D의 책임이 생기는지를 검토하려고 한다.

────────────────────────────

(3) 본 사안의 경우

1) D의 손해배상책임의 존재

본 사안에 있어서 A는 D가 그의 Y토지 위에 건축을 하여 사용함으로써 손해를 입고 있다. 여기서 D의 가해행위는 D의 대표이사 E와 이사회에 의한 것이라고 할 수 있다. 즉 대표기관의 가해행위인 것이다. 그리고 Y토지 위에 D가 건축을 하여 그 건물을 사용하고 있는 것은 금융기관인 D의 직무행위 자체를 위한 것이다. 또한 D의 대표이사 E와 이사회에 서 의결한 이사들에 대하여 일반 불법행위 요건이 구비되어 있는지는 분명치 않다. 특히 고 의·과실, 책임능력이 문제이다. 그러나 Y토지의 소유권이 누구에게 있는지는 E 등이 알았 거나 알 수 있었을 것으로 생각된다. 적어도 과실이 있는 것이다. 그리고 이사들은 책임능 력을 갖추고 있으리라고 생각된다. 그 결과 D는 피해자인 A에 대하여 불법행위를 이유로 손해배상을 하여야 한다.

2) D의 불법행위의 종류

D가 A의 Y토지 위에 건축을 하여 건물을 계속 사용하고 있는 행위는 타인의 소유물을 점유하여 사용·수익하는 것으로서 소유권침해라는 불법행위에 해당한다.

3) 권리의 내용(손해배상의 범위)

타인의 부동산을 불법점유함으로 인하여 입은 손해는 특별한 사정이 없는 한 그 부동 산의 임료상당액이다. 판례도 같은 입장이다.[1] 이에 의하면 A의 손해는 300만원×5 (년)×12(개월)＝1억 8,000만원이 된다.

4) 손해배상청구권의 시효 소멸 여부

불법행위로 인한 손해배상청구권은 피해자나 그 법정대리인이 그 손해 및 가해자를 안 날로부터 3년간 행사하지 않으면 시효로 인하여 소멸한다(766조 1항). 본 사안에서는 D의 침 해가 5년간 계속되고 있기 때문에, 시효 소멸 여부가 문제된다. 그런데 본 사안에서 A가 그 것들을 알았는지는 불분명하다. 만약 A가 3년 이전에 그것들을 알았으면 3년 이전의 기간 동안의 손해에 대하여는 배상청구를 할 수 없다.

5) 기타의 문제

본 사안의 경우 D가 A에 대하여 손해배상책임을 지더라도, Y토지 위에 건축을 추진한 E나 그것을 결의한 이사들도 A에 대하여 손해배상책임을 진다(35조 1항 2문). 그러나 이는 물 음에서 묻는 것은 아니다.

3. 부당이득 문제

⑴ 부당이득의 요건

부당이득의 일반적 성립요건은 ① 타인의 재산 또는 노무에 의하여 이익을 얻었을 것 (수익), ② 그러한 이익을 얻음으로 인하여 타인에게 손해를 가했을 것(손실), ③ 수익과 손실 사이에 인과관계가 있을 것, ④ 법률상의 원인이 없을 것의 네 가지이다.

부당이득 문제에 있어서 수익을 한 자와 손실을 입은 자는 자연인에 한정되지 않으며,

---

1) 대판 1991. 9. 24, 91다20197; 대판 1994. 6. 28, 93다51539.

법인도 포함된다.

(2) 본 사안의 경우

1) 부당이득 반환청구권의 존재

D는 A의 토지 위에 건축을 하여 사용함으로써 수익을 얻었고, A는 D의 사용으로 인하여 손실을 입었다. 그리고 D의 수익과 A의 손실 사이에는 인과관계가 있으며, D는 Y토지를 사용할 권한이 없으므로 그의 수익에는 법률상의 원인이 없다. 따라서 A는 D에 대하여 부당이득의 반환청구권을 가진다.

앞에서 A는 D에 대하여 불법행위를 이유로 한 손해배상청구권을 가지고 있음을 보았다. 그런데 A는 그 권리 외에 부당이득 반환청구권도 가진다고 새겨야 한다(청구권의 경합). 이 두 권리는 직접적인 목적이 다르고, 따라서 그 요건과 효과도 차이가 있으므로 경합을 인정하는 것이 옳기 때문이다. 통설·판례2)도 같은 입장이다.

2) 권리의 내용(반환청구의 범위)

부당이득의 요건이 갖추어지면 수익자는 손실자에 대하여 그가 받은 이익을 반환하여야 한다(741조). 수익자의 이득과 손실자의 손실이 다른 경우에는 이득이 손실보다 크든 적든 그것 전부를, 그리고 그것만을 반환하면 된다고 하여야 한다. 판례3)와 일부 학설은 손실의 한도에서 이득을 반환할 것이라고 하나, 부당이득제도가 잘못 귀속된 이득을 올바르게 귀속시키려는 제도이므로 위와 같이 새겨야 한다.

구체적인 반환범위는 수익자가 선의인지 악의인지에 따라 다르다. 수익자가 선의이면 현존이익만 반환하면 되나(748조 1항), 악의이면 받을 이익에 이자를 붙여 반환하고 손해가 있으면 그것도 배상하여야 한다(748조 2항).

한편 부당이득으로 현물(원물)을 반환하는 때에는 소유권이 수익자에게 이전하였든 이전하지 않았든 언제나 반환범위를 제201조 내지 제203조에 의하여 정하여야 한다.4) 통설도 같다.

본 사안에서 D는 악의라고 볼 것이다. D가 타인의 토지에 건축을 한 것이기 때문이다. 따라서 D는 Y토지를 반환하여야 하는 외에 Y토지를 사용함으로써 얻은 이익 즉 사용이익도 반환하여야 한다. 문제는 사용이익에 이자를 붙여야 하는지이다. 판례는 악의의 점유자는 과실을 반환하여야 한다고만 규정한 제201조 제 2 항이 제748조 제 2 항에 의한 악의 수익자의 이자지급의무까지 배제하는 취지는 아니라고 하면서, 제748조 제 2 항에 의하여 받은 이익에 이자를 붙여 반환하여야 한다고 한다.5) 이 판례는 적어도 결과에서는 바람직하다.6)

---

2) 대판 1993. 4. 27, 92다56087.
3) 대판 1974. 7. 26, 73다1637; 대판 1982. 5. 25, 81다카1061; 대판 2008. 1. 18, 2005다34711.
4) 자세한 점은 강의, D-375.
5) 대판 2003. 11. 14, 2001다61869.
6) 이러한 판례는 제201조를 종국적 규정으로 보지 않는 입장이다. 그런데 이에 의하면, 동일한 경우에 제201조에 따라 권리를 행사하는 때와 제748조 제 2 항에 따라 권리를 행사하는 때에 반환범위에 차이가

본 사안에서 Y토지의 사용이익은 임료상당액이라고 보아야 한다. 판례도 대체로 같은 입장이다.[7]

결국 D가 반환하여야 할 범위는, 판례에 따르면, 사용이익 1억 8,000만원(＝300만원×12개월×5년)과 1억 8,000만원에 대한 연 5푼의 법정이자(379조 참조)[8] 900만원, 그리하여 모두 1억 8,900만원이다.

4. 물권적 청구권 문제

(1) 물권적 청구권의 요건·효과

1) 소유물반환청구권

소유자는 그의 소유에 속하는 물건을 점유하는 자에 대하여 그것의 반환을 청구할 수 있다(213조). 이것이 소유물반환청구권이다.

소유물반환청구권이 인정되려면 상대방이 점유할 권리 없이 소유자의 물건을 전부점유하고 있어야 한다.

2) 소유물방해제거청구권

소유자는 소유권을 방해하는 자에 대하여 방해의 제거를 청구할 수 있다(214조 전단). 이것이 소유물방해제거청구권이다.

소유물방해제거청구권은 상대방이 점유침탈 이외의 방법으로 소유권을 방해하고 있어야 한다.

3) 법인도 물권적 청구권의 상대방이 될 수 있다.

(2) 본 사안의 경우

본 사안에서는 D가 A의 Y토지에 건축을 하여 사용하고 있다. 여기서 D가 Y토지 위에 불법으로 건축을 하고 있는 것은 점유침탈 이외의 방법으로 Y토지 소유권을 방해하는 행위에 해당한다. 그리고 Y토지 위에 있는 건물을 사용하고 있는 것은 전부점유의 방법으로 Y토지 소유권을 방해하는 것이다. 따라서 A는 D에 대하여 소유물방해제거청구권과 소유물반환청구권을 행사하여, Y토지 위의 건물을 철거하고 Y토지를 인도(반환)하라고 청구할 수 있다.

한편 이러한 A의 물권적 청구권은 A의 불법행위로 인한 손해배상청구권·부당이득 반환청구권과 경합하여 존재한다(통설도 같다).

생기게 되어 문제이다. 입법적인 해결이 필요하다고 하겠다.
7) 대판 2002. 12. 6, 2000다57375.
8) 만약 A가 소를 제기하면 소장이 송달된 다음 날부터는 「소송촉진 등에 관한 특례법」이 정하는 이율(2019. 5. 21. 현재는 연 100분의 12)에 따라 법정이자가 계산된다.

Ⅱ. 물음 2.에 대하여

1. A·B 사이의 법률관계의 성격

(1) 본 사안에서 A는 B에게 토지를 물색하여 구입해 달라고 하였다. 그리고 그에 대한 보수의 지급도 약속하였다. 이것이 위임계약인지 문제된다.

(2) 위임은 당사자 일방(위임인)이 상대방(수임인)에 대하여 사무의 처리를 위탁하고 상대방이 이를 승낙함으로써 성립하는 계약이다(680조). 여기의 「사무」는 법률상 또는 사실상의 모든 행위로서 법률행위·준법률행위·사실행위를 포함한다. 그리고 위임은 낙성계약이므로 당사자의 합의만 있으면 성립한다.

(3) 본 사안에서 A가 B에게 위탁한 토지의 물색은 사실행위로서, 토지의 구입은 법률행위로서 그것들은 모두 위임에서의 「사무」에 해당한다. 따라서 본 사안의 경우에 A와 B 사이에는 A가 위임인이고 B가 수임인인 위임계약이 성립한다. 그리고 보수의 지급이 약정되었으므로 유상위임이다.

본 사안에서 A가 B에게 대리권을 수여하였는지는 불분명하다. B가 자신의 이름으로 금전의 대출을 받은 것을 보면 적어도 대출에 관하여는 대리권의 수여가 없었던 것으로 보인다.

2. B가 A에 대하여 가지는 권리

(1) 논점의 정리

B가 가지는 권리가 무엇인지는 A의 의무의 문제이다. 그리하여 위임인인 A가 어떤 의무를 부담하는가를 살펴보아야 한다.

(2) 위임인의 의무

위임인의 의무에는 여러 가지가 있다.

1) 비용선급의무

위임사무의 처리에 비용이 필요한 경우에는 수임인의 청구가 있으면 위임인은 이를 선급하여야 한다(687조).

2) 필요비상환의무

수임인이 위임사무의 처리에 관하여 필요비를 지출한 때에는, 위임인은 그 비용과 지출한 날 이후의 이자를 상환하여야 한다(688조 1항).

3) 채무대변제의무(債務代辨濟義務)

수임인이 위임사무의 처리에 필요한 채무를 부담한 때에는, 그는 위임인에게 자기에 갈음하여 이를 변제하게 할 수 있고(대변제청구권), 그 채무가 변제기에 있지 않은 때에는 상당한 담보를 제공하게 할 수 있다(688조 2항). 수임인의 대변제청구권은 수임인에게 대리권이

없는 경우에만 인정된다. 그리고 대변제청구권이 있더라도 비용선급청구권이 없어지는 것
은 아니며, 수임인은 두 권리를 선택적으로 행사할 수 있다.

4) 손해배상의무

수임인이 위임사무의 처리를 위하여 과실없이 손해를 받은 때에는, 위임인은 그 배상책
임이 있다(688조 3항). 그런데 이 규정은 위임이 무상인 경우를 전제로 한 것으로 보아야 한다.

5) 보수지급의무

이는 보수지급에 관하여 특약이 있는 때에만 인정된다(686조 1항).

(3) 본 사안의 경우(A에 대한 B의 권리)

1) 비용선급청구권

본 사안에서 B가 A로부터 부탁받은 토지 구입을 완료하려면 D로부터 대출받은 금액과
같은 비용이 필요하게 된다. 따라서 B는 비용선급청구권을 가진다.[9]

2) 필요비상환청구권 여부

B가 필요비를 지출한 것이 있다면 B는 A에 대하여 필요비상환청구권을 가지게 된다.
그런데 본 사안에서 필요비의 지출이 있었는지는 불분명하다.[10]

3) 대변제청구권(代辨濟請求權)

수임인 B는 D에 대하여 위임사무의 처리에 필요한 채무를 부담하였다. 따라서 B는 A
에게 그 채무의 변제를 청구할 수 있다(688조 2항). 판례도 주식회사의 이사가 회사의 공장매
수대금의 일부를 마련하기 위하여 타인으로부터 대출금을 차용하여 회사에게 교부한 경우
에 관하여 대변제청구를 인정한다.[11]

4) 손해배상청구권 여부

본 사안에서 B는 손해를 입은 것이 없다. 그리고 설사 B에게 손해가 있더라도 본 사안
의 위임은 유상이므로 B의 손해배상청구권은 부정되어야 한다.

5) 보수지급청구권

본 사안의 위임은 유상위임이다. 따라서 수임인인 B는 보수지급청구권을 가진다. 그리
고 맡은 일이 성사되면 성공보수청구권도 가지게 된다. B가 보수를 청구하는 시기는 특약
이 없으면 위임사무가 완료된 후이다(686조 2항 본문).

---

9) B가 이미 X토지의 매매대금을 지급하였다고 하여 선급청구권을 부정할 것은 아니다.
10) B가 대출금채무를 부담한 것이 필요비를 지출한 것으로 볼 것은 아니다.
11) 대판 2002. 1. 25, 2001다52506.

Ⅲ. 물음 3.에 대하여

1. 서 설

물음 3.에서는 우선 A가 B의 대출금채무와 같은 내용의 채무를 부담하기로 한 것이 어떤 성질의 것인지, 즉 면책적 채무인수인지, 병존적 채무인수인지, 이행인수인지가 문제된다. 생각건대 이 사안에서 A는 D에 대하여 분명히 채무를 부담하기로 하였다. 따라서 이행인수는 아니다. 그런데 B가 D에 대하여 면책되는 것인지는 분명하지 않다. 그런데 불분명할 때에는 B가 면책되지 않는 병존적 채무인수로 해석하여야 한다. 통설·판례도 같은 입장이다.

2. 물음 3.의 (1)에 대하여

(1) 상계의 요건

상계란 채권자가 채무자와 서로 같은 종류를 목적으로 하는 채권·채무를 가지고 있는 경우에 그 채무들을 대등액에서 소멸하게 하는 단독행위이다(492조 1항 참조). 상계의 요건은 다음과 같다.

1) 상계적상(相計適狀)

상계가 유효하려면 ① 당사자 쌍방이 채권을 가지고 있을 것, ② 두 채권이 동종의 목적을 가질 것, ③ 두 채권이 변제기에 있을 것, ④ 채권의 성질이 상계를 허용하는 것일 것, ⑤ 상계가 금지되어 있지 않을 것(당사자의 의사표시나 법률에 의하여 상계가 금지되지 않을 것)이 필요하다. 이 가운데 ⑤의 요건에 있어서 법률에 의하여 상계가 금지되는 경우는 여러 가지가 있는데, 그중에 고의의 불법행위에 관하여만 좀 더 설명한다.

채무가 고의의 불법행위로 인한 것인 때에는, 그 채무자는 상계로 채권자에게 대항하지 못한다(496조). 즉 고의로 불법행위를 한 자는 피해자의 손해배상청구권을 수동채권으로 하여 상계하지 못한다. 그리고 판례에 의하면, 부당이득의 원인이 고의의 불법행위에 기인함으로써 불법행위채권과 부당이득채권이 경합하는 경우 피해자가 부당이득채권만을 청구하는 때에도 제496조를 유추적용할 것이라고 한다. 이러한 판례는 타당하다. 한편 고의의 불법행위채권일지라도 수동채권이 아니고 자동채권으로 하여 상계하는 것(즉 불법행위의 피해자의 상계)은 허용된다. 통설·판례도 같다.

2) 상계적상의 현존

위와 같은 상계적상은 상계의 의사표시를 할 당시에 현존하여야 한다. 다만, 소멸시효가 완성된 채권이 완성 전에 상계할 수 있었던 것이면 그 채권자는 상계할 수 있다(495조).

(2) 본 사안의 경우

본 사안에서 A는 D에게 불법행위로 인한 손해배상채권과 부당이득 반환채권을 가지고, D는 A에게 대출금채권을 가지고 있어서, 당사자 쌍방이 모두 채권을 가지고 있다. 그리고 이들의 채권은 모두 금전채권으로서 동종의 목적을 가진 것이다. 두 채권이 변제기에 있는지는 불분명하다. A의 채권이 변제기에 있음은 확실하나, D의 채권의 변제기는 드러나 있지 않다. 그렇지만 이 채권도 일단 변제기에 있는 것으로 하고 논의하기로 한다. 그렇다고 하면 당사자 쌍방의 채권은 성질상 상계가 허용되는 것이다.

문제는 D가 고의로 불법행위를 한 자인데 그런 경우에도 상계할 수 있는지이다. 앞에서 본 바와 같이 고의로 불법행위를 한 자는 피해자의 손해배상채권을 수동채권으로 하여 상계하지 못한다. 그리하여 D는 A의 불법행위채권과 자신의 대출금채권을 상계할 수 없다 (496조). 그리고 설사 A가 부당이득채권만 행사하는 때에도 D는 상계하지 못한다. 부당이득의 원인이 고의의 불법행위에 기인함으로써 불법행위채권과 부당이득채권이 경합하는 경우에는 피해자가 부당이득채권만을 행사하는 때에도 제496조를 유추적용하는 것이 타당하기 때문이다.

3. 물음 3.의 (2)에 대하여

(1) 상계의 요건
위 2. (1)에서와 같다.

(2) 본 사안의 경우
본 사안에서 A가 상계하는 경우는 고의의 불법행위채권을 자동채권으로 하여 상계하는 것이다. 그것은 허용된다. 통설·판례[12]도 같다. 따라서 A는 그의 불법행위채권 또는 부당이득채권을 D의 대출금채권과 상계할 수 있다. A의 불법행위채권 중 제766조에 의하여 소멸시효가 완성된 것이 있으면, 소멸시효가 완성되기 전에 상계할 수 있었던 것이 아니면 (496조 참조), 그 부분으로는 상계하지 못한다.

한편 판례는 병존적 채무인수인이 상계를 하면 제418조 제1항에 의하여 채무자의 채무도 소멸된다고 한다.[13] 이에 의하면, 본 사안의 경우에 A가 상계하면 B의 대출금채무도 소멸하게 된다.

4. 물음 3.의 (3)에 대하여

(1) 논점의 정리
본 사안에서 B는 A에 대하여 비용선급청구권, 보수청구권, 대변제청구권 등을 가진다. 그러한 B가 채무자인 A가 D에 대하여 가지는 상계권을 대위행사할 수 있는지를 묻고 있다. 이는 본 사안에 있어서 채권자대위권의 요건이 갖추어져 있는지의 문제이다. 그 가운데에서

---

12) 대판 1975. 6. 24, 75다103; 대판 1983. 10. 11, 83다카542.
13) 대판 1997. 4. 22, 96다56443.

도 가장 중요한 것은 채권보전의 필요성이 있는지이다.

(2) **채권자대위권의 요건**

채권자대위권의 요건은 ① 채권자가 자기채권을 보전할 필요가 있을 것, ② 채무자가 제3자에 대하여 대위행사에 적합한 권리를 가지고 있을 것, ③ 채무자가 스스로 그의 권리를 행사하지 않을 것, ④ 채권자의 채권이 이행기에 있을 것의 네 가지이다. 위의 네 요건 중 본 사안에서 의미가 있는 것은 ①이다.

위 ①의 요건과 관련하여, 판례는 ㉠ 보전하려는 채권이 금전채권이거나 금전채권이 아니더라도 손해배상채권으로 귀착할 수밖에 없는 것인 때에는 채무자가 무자력인 경우에 한하여 대위권 행사가 인정되나, ㉡ 특정채권(등기청구권·방해배제청구권)의 보전을 위한 경우에는 채무자의 무자력은 요건이 아니라고 한다(강의, C-178 이하 참조). ㉢ 그런데 판례는 피보전채권이 금전채권임에도 불구하고 일정한 경우에는 채무자의 무자력을 요구하지 않고 있다. 수임인이 위임인에 대하여 가지는 대변제청구권을 보전하기 위하여 채무자인 위임인의 채권을 대위행사하는 경우도 그 예이다.[14] 한편 학설은 무자력요건설, 무자력불요설, 절충설로 나뉘어 있다(강의, C-184 참조). 생각건대 판례가 특정채권의 보전을 위하여 채무자의 자력 유무에 관계없이 대위권 행사를 허용하는 것은 채권자대위권의 본래의 목적을 벗어난 것이지만 그것이 현재의 사회적 요청을 충족시키고 있음을 고려할 때 허용할 수 있다. 그러나 피보전채권이 금전채권인 경우에까지 이를 확장하는 것은 바람직하지 않다. 다만, 대변제청구권과 같이 성질이 특수한 때에는 다르게 보아야 한다.

(3) **본 사안의 경우**

요건 ① 관련 : 본 사안에서 B의 A에 대한 대변제청구권은 금전채권이다. 그러나 그 대변제청구권은 통상의 금전채권과는 다른 목적을 갖는 것이므로 B가 그 대변제청구권을 보전하기 위하여 채무자인 A의 채권을 대위행사하는 경우에는 채무자의 무자력을 요구하지 않는다고 하여야 한다. 판례도 같다.

요건 ② 관련 : 형성권도 대위권의 목적이 된다. 그리하여 상계권도 대위행사할 수 있다.

요건 ③ 관련 : 본 사안에서 A가 그의 상계권을 행사하고 있는지는 분명하지 않다. 만약 A가 행사하지 않고 있으면 B는 A의 상계권을 대위행사할 수 있다.

요건 ④ 관련 : B의 채권은 이행기에 있다.

결국 B는 — A가 상계권을 행사하지 않고 있으면 — A의 상계권을 대위행사할 수 있다.

---

14) 대판 2002. 1. 25, 2001다52506.

제 4 부

채권법각론

[73] 합의·불합의

〈제 1 사례〉

자신의 X그림을 96만원에 매도하려고 하는 갑은, 을에게 편지로 매도청약을 하면서 대금을 69만원으로 잘못 기재하였다. 이러한 경우에,

[A] 을은 갑이 그 그림의 대금으로 96만원을 받으려는 것을 알고서 96만원에 매수하겠다고 답장을 보냈다.

[B] 을은 갑의 의사를 전혀 알지도 못했고 알 수도 없는 상황에서 69만원에 매수하겠다고 답장을 보냈다.

[C] 을은 갑의 의사를 알 수 없는 상태에서 69만원으로 쓰려고 하였는데 잘못하여 96만원에 매수하겠다고 답장을 보냈다.

한편 그 그림은 가격이 상승하여 현재에는 120만원을 호가하고 있다.

〈제 2 사례〉

[D] 병은 그의 Y그림을 69만원에 매도하려고 정에게 편지로 매도청약을 하였는데 거기에 대금을 잘못 기재하여 96만원에 팔겠다고 하였다. 그리고 이 편지를 받은 정은 병의 의사를 전혀 알지도 못했고 알 수도 없는 상황에서 96만원에 매수하겠다고 답장을 보냈다. 현재 Y그림의 시가는 120만원이다.

〈제 3 사례〉

[E] 무는 그의 Z그림을 96만원에 매도하려고 하였고, 그리하여 기에게 96만원에 팔겠다고 편지를 보냈다. 그런데 기는 무의 편지를 69만원이라고 잘못 읽고 69만원에 매수하겠다고 답장을 보냈다. 한편 기의 답장을 받은 무는 기의 편지에서 대금을 96만원으로 잘못 읽었다.

1. [A], [B], [C], [D], [E] 각 경우에 있어서 매매계약은 성립하는가? 만약 매매계약이 성립한 경우가 있다면 그 계약의 내용은 어떻게 되는가?

2. 각 경우에 있어서 갑, 을, 병, 정, 무 또는 기는 착오를 이유로 매매계약을 취소할 수 있는가?

Ⅰ. 문제의 제기

본 문제는 유사한 사안 5가지 경우를 제시하고 그 각각의 경우에 있어서 매매계약의 성립 여부 및 내용, 그리고 착오취소 가능성 여부를 묻고 있다. 그런데 이들을 해결하기 위해서는 ― 그 전부나 일부를 위하여 ― 공통적으로 적용되는 여러 이론을 정리해 둘 필요가 있다. 이러한 본 문제의 특성상 먼저 정리하여야 할 이론들을 살펴보고나서 구체적인 사안별로 올바른 결론을 찾아야 할 것이다. 여기서 살펴보아야 할 이론들과 그 순서는 다음과 같다.

본 문제의 물음 1., 2.를 해결하기 위하여서는 무엇보다도 계약의 성립요건으로서의 합의에 관하여 자세하게 검토할 것이 필요하다. 본 사안 각 경우의 계약은 모두 이른바 낙성계약에 해당하고, 낙성계약은 당사자의 합의만을 성립요건으로 하고 있기 때문이다. 합의에 관한 논의의 주된 내용은 합의가 무엇인지, 언제 합의가 존재하는 것으로 인정되는지, 그리고 합의가 인정되는 경우 어떤 것이 계약의 내용으로 되는지 등이다.

그 뒤에는 합의의 존재가 인정되지 않는 경우, 즉 불합의의 경우의 효과에 대하여 살펴보아야 할 필요가 있다. 이는 물음 1.의 해결에 필수적인 부분이기도 하지만, 물음 2.의 해결을 위한 전제이기도 하다.

다음에는 물음 2.를 위하여 합의·불합의와 착오의 관계에 관하여 살펴보아야 한다. 여기의 양자의 관계는 합의가 인정되는 유형별로 기술하는 것이 바람직하다. 그리고 불합의와 착오의 구별문제 또한 중요하다.

나아가, 물음 2.에 있어서 다른 요건이 갖추어져 있는 경우에 착오를 이유로 한 취소의 요건을 검토하기 위하여 착오취소의 요건을 정리해 둘 필요가 있다.

그리고 나서 그때까지의 이론을 바탕으로 하여 각 사안에 있어서 묻는 바에 답을 하려고 한다. 본 문제의 경우에는 사안이 여럿일 뿐만 아니라, 각 사안별 문제점을 이론검토 이전에 지적하는 것이 부적당하기 때문에, 여기서는 언급하지 않기로 한다.

Ⅱ. 계약의 성립요건으로서의 합의

1. 합의의 의의

계약은 ― 그것이 낙성계약일 경우 ― 둘 이상의 계약당사자의 의사표시의 일치에 의하여 성립한다. 계약을 성립시키는 이러한 의사표시의 일치를 합의라고 한다. 그리고 합의에 도달되지 못한 경우, 즉 의사표시의 불일치를 불합의라고 한다.

합의, 즉 계약당사자의 의사표시의 일치는 당사자의 (내적인) 의사의 일치인가, 아니면 (외적인) 표시의 일치인가? 일반적인 언어 관용에 의하면 합의는 의사의 일치를 의미하며, 그러한 입장에 서게 되면 착오 기타의 의사흠결의 경우에도 합의가 없는 것으로 된다. 로마법에서 그러하였다. 그러나 오늘날 학자들은 합의의 유무는 계약당사자의 표시(표시행위)만에 좌우된다고 한다. 특히 우리 민법은 고려되는 착오의 효과로 취소가능성을 규정하고 있기 때문에도 그와 같이 새길 수밖에 없다. 취소가능성은 법률행위 내지 계약의 유효한 성립을 전제로 하는데, 만약 합의를 의사의 일치라고 새기면 착오의 경우에는 계약이 불성립으로 되기 때문이다.

계약이 성립하기 위하여서는 반드시 당사자의 합의가 있어야 한다. 그런데 어떠한 사항에 관하여 합의가 있어야 하는지 문제된다. 합의가 필요한 범위는 계약의 종류와 당사자의 의사에 의하여 결정된다. 일반적으로 말하면 당사자들은 계약의 본질적인 구성부분에 관하여서는 반드시 합의를 하여야 한다. 가령 매매의 경우 매매의 객체와 대금, 임대차의 경우 임차물과 차임에 관하여 합의가 행하여져야 한다. 누가 계약당사자가 되어야 하고, 그들이 어떤 역할을 담당하여야 하는지(가령 매도인 또는 매수인)도 마찬가지이다. 민법은 개별적인 계약에 관하여 또는 공통적으로 적용하기 위하여 여러 규정을 두고 있으나, 계약의 본질적인 구성부분, 즉 계약에 필수불가결하고 그 종류를 결정하는 구성부분에 관하여는 보충하는 규정을 두고 있지 않다.[1] 그 부분은 당사자의 합의에 의하여 채우도록 하고 있는 것이다. 그에 비하여 보충하는 규정이 있는 사항에 관하여는 합의가 없어도 무방하다. 법률규정이 전혀 없는 사항이라 할지라도 부수적인 것에 불과한 때에는 합의가 필수적이지 않다. 물론 이들 사항에 대하여 당사자 일방이라도 합의가 필요하다고 표시하면 합의가 필요하게 된다.

2. 합의의 존재 여부 판단

(1) 개 설

언제 합의가 존재하는가 여부는 의사표시 내지 법률행위의 해석의 고려 하에서만 판단될 수 있다.

의사표시의 해석은 상대방 없는 의사표시인가 상대방 있는 의사표시인가에 따라 다른 원칙의 적용을 받는다. 그런데 계약에서의 의사표시는 상대방 있는 것이므로, 여기서는 그것에 관하여만 설명하기로 한다.

의사표시 내지 법률행위의 해석은 크게 밝히는 해석(단순한 해석)과 보충적인 해석으로 나누어지고, 밝히는 해석은 다시 자연적 해석과 규범적 해석으로 세분된다. 이들 해석의 순서를 보면, 제 1 차적으로는 자연적 해석이 행하여져야 하고, 자연적 해석이 행하여질 수 없는 경우에는 규범적 해석을 한다. 그리고 규범적 해석의 결과 틈이 발견되면 마지막으로 보충적 해석이 행하여진다. 이들 해석의 의미와 각 단계에 있어서의 합의 여부에 관하여 보기로 한다.

---

1) 다만, 고용계약에 있어서 보수에 관하여서는 예외적으로 규정이 있다. 제656조 제 1 항 참조.

(2) 의사표시의 해석과 합의

1) 자연적 해석의 경우

어떤 일정한 의사표시에 관하여 당사자가 사실상 일치하여 이해한 경우에는 그 의미대로 효력을 인정하여야 하는데, 이를 자연적 해석이라고 한다. 이는, 당사자 쌍방이 똑같이 이해한 경우에는 그것이 의사표시의 글자의 뜻과 다를지라도 당사자의 일치하는 이해를 보호하는 것이 사적 자치에 부합하기 때문에 인정되어야 한다. 이 해석을 계약에 관하여 말한다면, 계약의 당사자 쌍방이 그들의 의사표시를 동일한 의미로 이해한 경우에는 계약은 그들이 이해한 의미로 효력 있다고 하게 된다.

이러한 해석은 당사자들의 의사표시인 청약과 승낙이 객관적으로 상이한 경우뿐만 아니라, 동일하지만 다의적인 경우, 다의적이 아닌 동일한 의사표시인 경우 모두에 인정된다. 당사자들이 일치하여 이해 또는 의욕한 것이 착오에 의한 것인지 의도적인 것인지는 묻지 않는다.

어쨌든 청약과 승낙의 해석의 결과 당사자 쌍방의 사실상 일치하는 이해가 확정된 경우에는, 그러한 의미로 합의가 긍정되어야 한다. 이러한 해결은 당사자 쌍방에 의하여 의욕된 것을 목표삼기 때문에 누구에게도 불이익하지 않다. 그리고 이때의 합의는 내적인 또는 자연적인 합의라고 할 수 있다.

견해에 따라서는, 의사표시의 상대방이 표의자의 내심적 효과의사를 알았거나 기대가능한 주의를 하였더라면 알 수 있었던 경우에는 자연적 해석에 의하여 의사표시는 표의자의 내심적 효과의사대로 성립한다고 한다.[2] 즉, 이 견해는 상대방이 단순히 알 수 있었던 경우에도 자연적 해석을 인정하고 있는 점에서 사견과 다르다. 그러나 그러한 해석에는 근거가 없다. 자연적 해석의 주된 근거를 사적 자치에서 찾는 한, 알고 있는 경우와 달리 알 수 있었던 경우에는 자연적 해석은 가능하지 않다고 하여야 한다. 후자는 규범적 해석의 문제이다(후술 Ⅳ. 2. (1)도 참조).

2) 규범적 해석의 경우

당사자의 일치하는 이해가 확정되지 못하는 경우, 바꾸어 말하면 당사자들이 그들의 의사표시를 같은 의미로 생각하지 않은 경우에는, 규범적인 해석이 행하여진다. 그때에는 의사표시의 상대방이 제반사정 하에서 적절한 주의를 베푼 경우에 이해하였어야 하는 의미가 탐구되어야 한다. 상대방의 이해가능성을 고려하여 행하는 이러한 해석을 수령자시계에 의한 해석이라고 한다.

계약의 경우 청약과 승낙이 규범적 해석에 의하여 탐구되어야 하는, 법적으로 표준적인 의미에서 일치하는 때에는 계약은 그 의미의 내용으로 성립한다. 당사자들에 의하여 사실적

---

2) 백태승, 총칙, 372면; 이영준, 총칙, 299면. 이은영, 총칙, 427면은 이를 규범적인 해석의 일부로 설명하면서 동일한 결과를 인정한다.

으로 생각된 것의 불일치에도 불구하고 법적인 의미에서 의사표시의 일치, 즉 합의가 존재한다. 이러한 합의는 규범적인 합의라고 부를 수 있다.

3) 보충적 해석의 경우

보충적인 해석은 틈 있는 법률행위의 보충을 의미한다. 보충은 모든 법률행위에서 행하여질 수 있으나, 주로 계약에서 많이 행하여진다.

보충적인 해석은 자연적 해석 또는 규범적 해석에 의하여 법률행위의 성립이 인정된 후에 비로소 문제된다. 즉 계약에 있어서는 합의가 존재하는 경우에 틈이 있을 때 보충적 해석이 행하여지는 것이다. 따라서 보충적 해석은 그 자체가 합의 여부를 결정해 주는 것이 아니다.

3. 합의의 효과

계약당사자의 합의가 있으면 계약은 성립한다. 그 결과 각 당사자는 계약에 의하여 그에 속하는 청구권을 상대방에게 행사할 수 있다. 청구권의 범위는 해석에 의하여 결정된 계약내용에 따라서 정하여진다.

Ⅲ. 불 합 의

1. 불합의의 의의 및 종류

합의가 없는 경우를 불합의라고 한다. 즉 불합의는 의사표시의 불일치, 바꾸어 말하면 당사자 쌍방의 의사표시들이 해석에 의하여 표준적인 것으로 인정된 의미에서 일치하지 않는 것을 말한다. 따라서 불합의의 존재 여부를 결정하기 위하여서는, 의사표시의 해석에 의하여 당사자들의 사실적으로 일치하는 이해 또는 쌍방의 의사표시의 표준적인 의미의 일치가 있는지 조사하여야 한다. 이 양자가 부인되는 경우에만 불합의가 긍정된다.

불합의는 여러 가지 표준에 의하여 종류를 나눌 수 있다. 그러나 일반적으로는 불합의의 존재를 당사자들이 알고 있느냐 여부에 따라 크게 의식적인 불합의와 무의식적인 불합의로 나눈다. 그리고 이들 각각은 다시, 불합의가 어떤 사항에 관계하는가에 따라 본질적인 구성부분에 관한 불합의와 부수적인 구성부분에 관한 불합의로 세분될 수 있다.

2. 의식적인 불합의

계약당사자 쌍방이 계약이 체결되지 않았다는 점 또는 합의를 요하는 사항에 관하여 합의가 없음을 의식하고 있는 경우를 의식적인 불합의라고 한다.

의식적인 불합의가 계약의 본질적인 구성부분에 존재하는 경우에는 계약은 성립하지 않는다. 다만, 민법은 고용계약에 있어서만은 보수약정이 없어도 계약이 성립하도록 하는

그러나 의사와 표시행위의 의미가 불일치할지라도 착오를 이유로 한 취소가 처음부터 배제될 수 있다. 계약에 있어서 불합의가 존재하는 경우에 그렇다. 불합의의 경우에는, 특별한 사정이 없는 한, 계약은 불성립으로 된다. 그리고 계약이 성립하지 않은 만큼, 계약의 유효·무효, 그리하여 계약의 취소도 문제되지 않는다.

(3) 보충적 해석의 경우

보충적 해석은 합의·불합의에는 영향을 주지 않는다. 따라서 보충적 해석 자체에 관하여 착오와의 관계만 살펴보기로 한다. 보충적 해석에 의하여 법률행위가 가지는 의미가 표의자의 실제의 의사와 다른 경우에는 법률행위의 내용에 관한 착오로 되기는 하나 중요부분의 착오로 되기는 어려울 것이다. 그 결과 취소는 인정되지 않는다. 견해7)에 따라서는 보충적 해석에서는 양 당사자의 가정적 의사가 중시되므로 진의와 표시의 불일치에 따른 착오의 문제는 발생하지 않는다고 한다. 그러나 보충적 해석에 의하여 확정된 내용이 항상 양 당사자의 의사에 부합할 수는 없다. 따라서 불일치의 경우에는 착오 문제가 생길 수 있는 것이다.

3. 무의식적인 불합의와 착오 사이의 구별

무의식적인 불합의의 경우에도 넓은 의미에서 착오가 존재한다. 그러나 그 착오는 계약의 성립에 관한 것이다. 따라서 당사자 일방이 자신에 의하여 교부된 표시의 내용에 관하여 착오에 빠지는 경우(착오에 의한 의사표시)와는 관념상 명백히 구별된다. 그러나 실제에 있어서는 양자 가운데 어느 것에 해당하는지가 불분명한 경우가 있으므로, 구별에 관하여 자세한 논의가 필요하다.

불합의는 ― 무의식적인 불합의도 마찬가지로 ― 의사표시의 불일치, 즉 당사자 쌍방의 의사표시가 표준적인 것으로 인정되어야 하는 의미에서 일치하지 않는 것이다. 쌍방의 의사표시가 표준적인 의미에서 일치하면 비록 그 의미가 일방의 의사와 상이할지라도 무의식적인 불합의는 존재하지 않는다. 그런데 의사표시의 표준적인 의미는 해석에 의하여 탐구된다. 따라서 불합의를 확정하기 전에 당사자 쌍방의 의사표시인 청약과 승낙을 해석하여 그것들의 의미가 일치하는지 여부를 조사하여야 한다. 청약과 승낙이 해석에 의하여 탐구된 의미에서 일치하지 않는 경우에는 불합의가 존재한다. 그 경우에 당사자들이 계약의 성립을 믿고 있었다면 무의식적인 불합의로 될 것이다. 그때에는 계약은 원칙적으로 성립하지 않으며 당사자에 의한 취소는 필요하지도 않고 객체가 없어서 가능하지도 않다. 그에 비하여 해석상 청약과 승낙이 일치하는 경우에는 합의가 인정되고 계약은 유효하게 성립한다. 그 경우에 당사자 일방의 의사가 해석된 의사표시의 의미와 다른 때에는 그 당사자의 착오가 문제된다.

---

7) 백태승, 총칙, 385면.

V. 착오를 이유로 법률행위를 취소할 수 있기 위한 요건

1. 개   관

착오가 고려되려면, 즉 착오를 이유로 제109조에 의한 취소가 인정되려면 여러 가지 요건을 갖추어야 한다. 우선 기본적이고도 당연한 요건으로 의사표시의 존재와 의사표시에 있어서의 표의자(상대방은 아님)의 착오의 존재가 필요하다. 그 밖의 요건으로 법률행위의 내용에 착오가 있어야 하고, 또한 법률행위의 내용의 중요부분에 착오가 있어야 한다. 그리고 표의자에게 중과실이 없어야 한다. 이들 외에 견해에 따라서는 상대방의 인식가능성을 추가하기도 하나, 이는 법률에 반하는 것으로서 옳지 않다. 착오취소의 요건들 중 특히 중요한 「법률행위의 내용의 착오」, 「중요부분의 착오」에 관하여 좀더 부연하여 설명하기로 한다.

2. 법률행위의 내용의 착오

우리 민법 제109조에 의하면 법률행위의 내용의 착오만이 고려된다.[8] 어떠한 착오의 유형이 그에 해당하는가에 관하여는 견해가 대립된다.

사견으로는, 동기의 착오, 의미(내용)의 착오, 표시행위의 착오, 전달의 착오(표시기관의 착오), 상대방의 착오 등의 착오유형 가운데 상대방의 착오는 표의자의 착오가 아니고, 동기의 착오는 법률행위에 의한 법률효과와 무관하여 제외되어야 하며, 나머지의 것들은 모두 법률행위의 내용의 착오라고 생각한다.

3. 중요부분의 착오

착오를 이유로 취소가 인정되려면 법률행위의 내용의 중요부분에 착오가 존재하여야 한다. 그러한 착오가 인정되려면 착오가 주관적으로뿐만 아니라 객관적으로도 현저하여야 한다.

먼저 주관적으로 현저하여야 한다. 즉 착오자가 착오가 없었다면 표시를 하지 않았거나 그렇게 표시하지 않았어야 한다.

그런가 하면 착오가 객관적으로도 현저하여야 한다. 즉 보통인도 착오자의 입장이었다면 그러한 의사표시를 하지 않았을 것이라고 인정되어야 한다. 이를 판단함에 있어서는 착오자의 모든 개별적인 사정을 고려하되, 착오자의 고집·괴벽·주관적 기분·어리석은 관념과 같은 자의로부터 떠나서 합리적인 제3자의 입장에서 그리하여야 한다. 표의자에 의하여 추구된 목적을 고려하여 합리적으로 판단해 볼 때 표시의 의사와의 불일치가 현저하지

---

8) 이 때문에 일부 견해는 동기의 착오를 고려하기 위하여 동기가 표시되어 상대방이 알고 있으면 내용의 착오로 된다고 한다. 그러나 이러한 법률규정을 아예 무시하고 동기의 착오도 내용의 착오와 똑같이 규율하려는 견해도 있다.

않고 사소하다고 인정되는 경우에는 착오는 중요부분의 착오가 아니어서 고려되지 않는다. 그 전형적인 예는 미신적인 동기의 경우에서 볼 수 있다. 예컨대 전보로 잘 아는 호텔에 23호실을 예약하려고 하였는데 전보문언이 13호실로 되어 있는 경우에 두 객실이 같은 종류인 때에는 표시행위의 착오가 존재하나 그 착오는 합리적으로 판단하면 현저하지 않기 때문에 고려되지 않는다. 그리고 표의자가 착오로 표시를 행한 경우가 착오가 없었을 때보다 더 불이익하지 않은 때에도 객관적인 현저성이 없어서 착오는 고려되지 않는다고 하여야 한다.

VI. 물음 1.의 해결

이제 전술한 이론을 기초로 하여 각 사안에 대하여 물음에 답하기로 한다.

1. [A]의 경우

사안 [A]의 경우에 갑은 96만원에 매도할 의사를 가지고 을에게 편지로 매도청약을 하였는데 대금은 69만원으로 기재하였다. 그런데 을은 갑의 표시(69만원)에도 불구하고 갑의 의사(96만원)를 알고 있었다.

이러한 경우에는 비록 갑과 을의 의사표시가 객관적으로 다르지만 계약의 양 당사자의 의사가 96만원으로 일치한다. 이처럼 계약당사자 쌍방이 일치하여 이해하고 있는 경우에는 계약은 그들이 이해한 대로 효력이 인정된다. 이는 자연적 해석의 결과이다. 이때에는 자연적 합의가 존재하며, 그 결과 계약은 성립한다. 그리고 계약의 내용은 96만원에 X그림을 매매한다는 것이다.

2. [B]의 경우

사안 [B]의 경우에는 갑의 의사(96만원)와 을의 의사(69만원)는 일치하지 않는다. 따라서 자연적 해석이 행하여질 여지가 없다. 그리하여 이때는 규범적 해석이 행하여져야 한다.

규범적 해석은 의사표시의 상대방이 제반사정 하에서 적절한 주의를 베푼 경우에 이해하였어야 하는 의미가 탐구되어야 한다. 그리고 계약의 경우에는 이러한 방법에 의하여 양 당사자의 의사표시를 해석하여 탐구된 의미들이 일치하고 있어야 한다.

이 사안에서 우선 갑의 의사표시는 상대방인 을의 시각에서 해석되어야 한다. 이때 을의 실제의 의사는 중요하지 않다. 갑의 의사표시를 받은 을은 갑의 의사를 알 수도 없었다. 따라서 을은 제반사정 하에서 적절한 주의를 베풀었다고 하여도 갑이 편지로 청약한 내용 이상의 것을 알지는 못하였을 것이다. 결국 갑의 의사표시는 「X그림을 69만원에 매도하겠다」는 의미로 확정된다. 다음에 을의 의사표시는 갑의 시각에서 해석된다. 그리하여 갑이 합리적인 상대방으로서 제반사정 하에서 적절한 주의를 베풀었다면 이해하였을 의미가 탐구되어야 한다. 이때에도 갑의 실제 의사는 중요하지 않다. 그렇게 하면 다른 사정이 없는 한 갑도 을이 표시한 대로 이해했어야 한다. 그 결과 을의 의사표시는 「갑의 X그림을 69만원에 매수하겠다」는 의미로 확정된다.

다음 단계에서는 해석에 의하여 확정된 갑과 을의 의사표시의 의미를 비교해 보아야 한다. 그러한 결과 그 둘이 일치하면 합의(규범적 합의)가 인정되고, 불일치하면 불합의로 된다.

[B]의 사안에서는 갑과 을의 의사표시가 모두 69만원에 매매한다는 의미에서 일치한다. 합의가 인정되는 것이다. 따라서 이 사안에서도 매매계약은 성립한다. 그리고 매매계약의 내용은 69만원에 X그림을 매매한다는 것이다.

3. [C]의 경우

사안 [C]의 경우에 관하여 먼저 자연적 해석이 가능한지를 보기로 한다. 이 사안에서는 갑의 의사는 X그림을 96만원에 매도하겠다는 것이고, 을의 의사는 69만원에 매수하겠다는 것이다. 따라서 갑과 을의 의사는 일치하지 않는다. 이처럼 양 당사자가 같은 의미로 생각한 것이 아니기 때문에 ─ 갑의 의사와 을의 표시가 일치할지라도 ─ 자연적 해석은 행하여질 수 없고, 그리하여 자연적 합의도 인정되지 않는다.

그러면 규범적 합의는 있는가? 이를 결정하기 위하여서는 갑과 을의 의사표시를 각각 규범적으로 해석하여, 그것들의 의미가 일치하는지를 살펴보아야 한다.

규범적 해석에서는 갑의 의사표시는 을의 시각에서 해석하게 된다. 그런데 사안 [C]의 경우에도 을은 [B]의 경우와 마찬가지로 갑의 의사는 알 수도 없었다. 따라서 을은 그가 제반사정 하에서 적절한 주의를 베풀었다고 하더라도 갑의 의사표시를 갑이 표시한 대로 이해하였어야 한다. 즉 갑의 의사표시는 「X그림을 69만원에 매도하겠다」는 의미로 확정된다. 다음에 을의 의사표시는 상대방인 갑의 시각에서 해석하게 된다. 그때 갑의 실제 의사는 중요하지 않다. 합리적인 갑의 시각에서 을의 의사표시를 어떻게 이해했어야 하는지를 탐구하여야 하는 것이다. 이 사안에서 갑이 을의 의도나 기타를 알 수 있었을 것으로 보이는 특별한 사정이 없다. 그리고 보면 을의 의사표시는 을이 표시한 대로 「갑의 X그림을 96만원에 매수하겠다」는 의미로 확정된다.

이제, 해석에 의하여 확정된 갑의 의사표시와 을의 의사표시의 의미를 비교해 보면, 그 둘은 일치하지 않는다. 하나는 대금을 69만원으로 하였고, 다른 하나는 96만원으로 하였기 때문이다. 따라서 이 사안에서는 의사표시의 불일치, 즉 불합의가 존재한다. 그런데 그 불합의를 양 당사자 모두가 모르고 있다. 무의식적인 불합의인 것이다. 한편 그 불합의는 매매대금이라는 본질적인 구성부분에 관하여 존재하고 있다. 그 결과, 갑의 의사와 을의 표시가 일치하고 있지만, 그리고 갑과 을은 모두 합의가 있다고 믿고 있지만, 갑과 을 사이에 계약은 성립하지 않는다.

4. [D]의 경우

사안 [D]의 경우에는 특이하게도 매도인 병이 자기의 의사(69만원)보다 높은 가격(96만원)으로 매도청약을 하였는데, 상대방 정이 그 값(96만원)에 매수하겠다고 편지를 보냈다.

이 경우에 먼저 자연적 해석 가능성 여부를 보기로 한다. 이 사안에서 병의 의사는 Y그림을 69만원에 매도하겠다는 것이고 정은 96만원에 매수하겠다는 것이다. 따라서 양 당사자의 의사는 일치하지 않는다. 자연적 해석은 할 수 없는 것이다.

그리하여 다음에는 규범적 해석을 하여야 한다. 이 경우에 병의 의사표시는 정의 시각에서 해석되어야 하고, 정의 의사표시는 병의 시각에서 해석되어야 한다. 그런데 이 사안에서 병이나 정은 모두 상대방의 의사를 알 수 있는 사정이 없다. 그리하여 병의 의사표시는 표시된 대로 「Y그림을 96만원에 매도하겠다」는 의미로 확정되고, 정의 의사표시 역시 표시된 대로 「병의 Y그림을 96만원에 매수하겠다」는 의미로 확정된다.

이렇게 해석에 의하여 병과 정의 의사표시의 의미를 비교해 보면 양자는 일치한다. 따라서 합의가 인정된다. 그 결과 이 사안에서 병과 정 사이의 매매계약은 성립한다. 그리고 그 계약의 내용은 Y그림을 96만원에 매매한다는 것이다.

5. [E]의 경우

사안 [E]의 경우에는 특이하게 두 당사자가 모두 편지를 잘못 읽었다. 그리하여 그들은 모두 자기 생각대로 계약이 성립했을 것으로 믿고 있을 것이다. 이 경우에 관하여 먼저 자연적 해석이 가능한지를 보기로 한다. 이 사안에서 무의 의사는 Z그림을 96만원에 매도하겠다는 것이고, 기의 의사는 69만원에 매수하겠다는 것이다. 이처럼 양 당사자의 의사는 동일하지 않아서 자연적 해석은 행하여질 수 없다.

그리하여 이제 무와 기의 의사표시에 관하여 규범적 해석을 하기로 한다. 규범적 해석에서는 무의 의사표시는 기의 시각에서 해석하게 된다. 그리하여 기가 제반사정 하에서 적절한 주의를 베풀었다면 무의 의사표시를 어떻게 이해했어야 하는지를 탐구하여야 한다. 이 사안에서 기가 적절한 주의를 베풀었다면 무의 편지에서 96만원을 69만원으로 잘못 읽지 않았을 것이다. 따라서 무의 의사표시는 「Z그림을 96만원에 매도하겠다」는 의미로 확정된다. 한편 기의 의사표시는 무의 시각에서 해석하게 되는데, 무가 제반사정 하에서 적절한 주의를 베풀었다면 기의 편지에서 69만원을 96만원으로 잘못 읽지 않았을 것이다. 그러므로 기의 의사표시는 「무의 Z그림을 69만원에 매수하겠다」는 의미로 확정된다.

다음에 합의 여부를 판단하기 위하여 해석에 의하여 확정된 무와 기의 의사표시의 의미를 비교해 본다. 그리한 결과 두 의사표시의 의미(96만원, 69만원)는 일치하지 않는다. 불합의인 것이다. 그런데 이 사안에서 무는 96만원에 합의가 되었다고 믿고 있을 것이고, 기는 69만원에 합의가 되었다고 믿고 있을 것이다. 즉 양 당사자 모두 실제와 달리 합의가 있다고 믿고 있다. 따라서 불합의 가운데에서 무의식적인 불합의가 된다. 그리고 그 불합의는 매매대금이라는 본질적인 구성부분에 관하여 존재한다. 그러므로 무와 기가 모두 계약의 성립을 믿고 있었음에도 불구하고 무와 기 사이의 매매계약은 성립하지 않는다.

Ⅶ. 물음 2.의 해결

여기서는 각 사안의 경우에 착오를 이유로 한 취소가 가능한지를 살펴보기로 한다.

1. [A]의 경우

사안 [A]의 경우에는 갑·을 사이에 합의가 인정된다. 그리하여 계약이 성립하게 된다. 그렇지만 이 사안에서는 갑이나 을은 누구든 착오주장을 할 수 없다. 거기에서는 자연적 해석에 의하여 갑과 을이 일치하여 생각한 대로 의사표시의 효력이 인정되었고, 따라서 그들 모두에 관하여 의사와 표시의 불일치가 존재하지 않기 때문이다.

2. [B]의 경우

사안 [B]의 경우는 착오가 발생할 수 있는 전형적인 예이다. 이 사안에서는 합의가 인정되어 계약은 성립한다. 그런데 계약의 내부에서, 즉 갑의 의사표시에 있어서 의사(96만원)와 표시행위의 의미(69만원)가 일치하지 않았다. 표시행위의 착오가 발생한 것이다.

표시행위의 착오는 법률행위의 내용의 착오이다. 그리고 이 사안에서와 같은 착오는 주관적·객관적으로 현저하므로 중요부분의 착오이다. 그 밖에 갑에게 중과실이 있는 것으로 보이지는 않는다. 따라서 갑은 착오를 이유로 을과 체결한 매매계약을 취소할 수 있다. 갑이 계약을 취소할 경우에 을에게 손해배상을 인정할 것인가는 계약체결상의 과실의 인정 문제인데, 여기서는 논의에서 제외하기로 한다.

3. [C]의 경우

사안 [C]의 경우에는 갑과 을 모두가 의사와 다른 표시를 하였다. 표시행위의 착오가 있었던 것이다. 그런데 이 사안에서는 착오는 문제되지 않는다. 그 경우에는 불합의가 존재하여 갑과 을 사이에는 계약이 성립하지 않기 때문이다. 계약의 경우 착오는 합의가 존재하여 계약이 성립한 경우에 비로소 문제된다. 불합의로 인하여 계약이 성립하지 않는 경우에는 착오를 이유로 한 취소가 필요하지도 않고 객체가 없어서 취소가 가능하지도 않다.

4. [D]의 경우

사안 [D]의 경우에는 병과 정 사이에 합의가 존재하고, 따라서 계약이 성립한다. 그리고 계약 내부에서 당사자 일방인 병에 관하여 의사(69만원)와 표시행위의 의미(96만원)가 일치하지 않는다. 표시행위의 착오가 생긴 것이다.

이러한 경우에 병의 취소가 인정되는가? 이 사안에서 병은 착오가 없는 때보다 착오가 있는 때가 더 유익하다. 그는 그의 의사와 달리 매매대금을 더 받을 수 있기 때문이다. 그러한 때에는 착오에 — 중요부분의 착오라는 요건의 하나인 — 객관적인 현저성이 없다고 하여야 한다. 이 사안에서 병은 Y그림의 현재 시가가 매매대금 96만원보다 높은 120만원이어서 착오를 구실로 취소를 하고 싶을 것이다. 그러나 그것은 인정되지 않아야 한다. 착오취소권은 결코 후회권으로 사용되어서는 안 되기 때문이다. 요컨대 이 사안에 병의 착오는 객관적 현저성이 없어서, 그리하여 중요부분의 착오가 아니기 때문에 취소가 인정되지 않는다.

5. [E]의 경우

사안 [E]의 경우에 무와 기는 모두 의사표시를 하면서 착오에 빠지지 않았다. 다만, 그들은 모두 상대방의 표시를 잘못 읽었다. 그리고 기가 무의 표시를 잘못 읽고 자기 의사에 맞게 표시를 하여 두 당사자의 표시가 어긋나는 바람에 둘 사이에 합의가 인정되지도 않는다. 그리하여 계약은 불성립으로 되었다.

이처럼 이 사안에서는 불합의로 인하여 계약이 성립하지도 않았기 때문에, 설사 무나 기의 착오가 발생하였더라도 착오는 문제되지 않을 것이다. 그런데 무나 기는 모두 착오에 빠져서 의사표시를 한 것도 아니어서 착오는 더더욱 문제될 여지가 없다.

[74] 계약의 성립

문제

A는 B에게 자신이 소유하고 있는 일정한 골동품을 980만원에 팔려고 하였다. 그리하여 편지로 그러한 내용의 청약을 하려고 하였는데 A는 편지를 쓰면서 잘못하여 그 골동품을 890만원에 팔겠다고 하였다. 그러면서 그에 대한 회답을 10월 10일까지 해달라는 말을 덧붙였다. 그리고 그 편지는 2002. 9. 15.에 발송되어 같은 달 17일에 B에게 도착되었다. 한편 그러한 편지를 받은 B는 10월 5일에 「당신의 청약을 받아들이겠다」는 내용의 편지를 A에게 발송하였다. 그런데 B의 편지는 10월 12일에야 A에게 도착하였다.

이 경우에 있어서 A와 B 사이에 계약이 성립하는지 여부를 논술하고, 그 밖에 관련되는 제반 법률문제에 관하여도 언급하시오.

Ⅰ. 문제의 제기

(1) 본 문제에 있어서 A는 B에게 승낙기간을 정하여 골동품의 매도청약을 하였고, 그에 대하여 B가 승낙(「承諾」의 음이 '승락'이 아니고 '승낙'임을 주의)을 하기는 하였으나 그의 승낙표시는 승낙기간이 경과한 후에 비로소 도달하였다. 본 문제는 그러한 경우의 A · B 사이의 계약 성립 여부와 그 밖의 관련문제를 묻고 있다.

(2) 본 문제는 청약과 승낙에 의한 계약의 성립이 문제되는 경우에 해당한다. 따라서 본 문제를 올바르게 해결하기 위해서는 먼저 청약과 승낙에 의하여 계약이 성립하는 경우의 계약의 성립요건을 정리해 볼 필요가 있다. 그리고 그럼에 있어서는 승낙이 승낙기간 내에 도달하지 못한 경우의 효과와 청약과 승낙의 내용상의 일치에 관하여 특히 주의깊게 살펴보아야 한다. 본 사안의 경우에는 무엇보다도 그것들이 문제되기 때문이다.

그런 뒤에는 그러한 기술내용을 바탕으로 하여 본 사안의 경우에 A와 B 사이에 계약이 성립하는지를 검토해 보아야 한다.

한편 그 후에는 관련된 법률문제를 모조리 찾아 하나씩 기술하여야 할 것이다. 관련문제로서는 우선, 계약이 성립하지 않는 경우에 A와 B의 의사표시가 어떠한 법적 의미를 갖는지를 생각해 볼 수 있다. 그리고 그 외에도 계약의 내용은 무엇이며, 그때 A의 의사와 다른 표시는 법적으로 어떻게 취급되는지, 그리고 계약의 성립시기와 승낙의 효력발생시기는 언제인가 등이 있다.

Ⅱ. 계약의 성립요건

(1) 계약은 계약당사자의 의사표시의 일치, 즉 합의에 의하여 성립한다.[1] 그리고 그 의사표시는 청약과 승낙인 것이 보통이다.

(2) 청약은 그에 대응하는 승낙과 결합하여 일정한 계약을 성립시킬 것을 목적으로 하는 일방적·확정적 의사표시이다. 청약과 승낙에 의한 계약성립의 경우에 계약의 성립은 상대방의 동의에 좌우되기 때문에 청약은 승낙이 단순한 동의(가령 「예」라는 말)만으로도 행하여질 수 있도록 내용적으로 확정되어 있어야 한다. 따라서 청약은 계약의 본질적인 사항(예컨대 매매의 경우에는 매매의 객체와 대금)을 포함하고 있어야 한다. 그러나 그러한 사항이 청약 자체 속에서 반드시 명시적으로 표시되어 있어야 하는 것은 아니며, 어떤 표준에 의하여 확정할 수 있어도 무방하다.

청약자는 청약을 하면서 일방적으로 승낙기간을 정할 수 있다. 청약자가 승낙기간을 정하여 청약을 한 경우에는 상대방은 그 기간 내에 한하여 승낙할 수 있다. 그 기간이 경과하면 청약은 승낙적격을 잃게 된다. 그 뿐만 아니라 승낙은 승낙기간 내에 청약자에게 「도달」하여야 한다(528조 1항). 승낙의 통지가 승낙기간 내에 도달하지 못하면 계약은 성립할 수 없는 것이다. 다만, 보통의 경우라면 승낙기간 내에 청약자에게 도달할 수 있도록 발송된 승낙통지가 도중에 우편사고로 인하여 승낙기간이 경과한 후에 도달한 때에는 그 도착 전에 청약자가 지연의 통지를 발송하지 않은 한, 청약자는 지체없이 상대방에 대하여 연착의 통지를 하여야 하며(528조 2항), 만일에 청약자가 지연의 통지 또는 연착의 통지를 하지 않으면 승낙의 통지는 연착되지 않은 것으로 간주되어(528조 3항) 계약은 성립하는 것이 된다. 그에 비하여 승낙통지가 보통의 경우 승낙기간 내에 도달할 수 없게 발송되었거나 또는 승낙기간 내에 도달할 수 있게 발송되었지만 연착되었고, 청약자가 지연의 통지 또는 지체없는 연착의 통지를 한 때에는 계약은 성립할 수 없으며, 단지 청약자가 연착된 승낙을 새 청약으로 보고 그에 대하여 승낙할 수 있을 뿐이다(530조).

(3) 청약과 승낙에 의하여 계약이 성립하려면 청약과 승낙은 그 내용에 있어서 일치하여야 한다. 즉 합의가 존재하여야 한다.[2] 그런데 언제 합의가 존재하는 것으로 인정되는가라는 문제는 의사표시 내지 법률행위의 해석의 고려 하에서만 해결될 수 있다.

의사표시의 해석은 의사표시가 상대방 없는 것인가 상대방 있는 것인가에 따라 다른 원칙 아래서 행하여져야 한다. 그런데 계약에서의 의사표시는 상대방 있는 것이므로 여기서는 그에 관하여만 살펴보기로 한다.[3]

---

1) 낙성계약에서 그렇다. 그에 비하여 요물계약의 경우에는 그 밖에 물건의 인도 기타의 급부가 행하여져야 한다.
2) 문헌들은 일반적으로 이를 의사표시의 객관적 합치라고 일컫는다.
3) 자세한 내용에 관하여는 민법주해[Ⅱ], 1994, 170면 이하(송덕수 집필); 송덕수, "불합의," 고시연구

    의사표시 내지 법률행위의 해석은 크게 밝히는 해석(단순한 해석)과 보충적인 해석으로
나누어지고, 밝히는 해석은 다시 자연적 해석과 규범적 해석으로 세분된다. 이 가운데 규범
적 해석이 본래의 의미의 해석이다. 이들 해석의 순서를 보면, 제 1 차적으로는 자연적 해
석, 즉 당사자의 사실상 일치하는 이해의 확정으로서의 해석이 행하여져야 하고, 당사자의
사실상 일치하는 이해가 확정되지 않는 경우에 규범적인 해석이 들어선다. 그리고 규범적
해석의 결과 규율되지 않은 틈이 발견되면 마지막으로 보충적 해석이 행하여진다.

    어떤 일정한 의사표시에 관하여 당사자가 사실상 일치하여 이해한 경우에는 그 의미대
로 효력을 인정하여야 한다. 이를 자연적 해석이라고 한다. 표시의 문자적인 의미와 다를지
라도 당사자의 사실상 일치하는 이해를 보호하는 것이 사적 자치의 원칙에 부합하기 때문
이다. 계약에 관하여 말한다면, 계약의 당사자 쌍방이 그들의 의사표시를 동일한 의미로 이
해한 경우에는 그들이 이해한 의미로 효력이 있다. 이는 당사자들의 의사표시인 청약과 승
낙이 객관적으로 서로 다른 의미인 경우뿐만 아니라 동일하지만 다의적인 경우, 그리고 다
의적이 아닌 동일한 의사표시인 경우에도 그렇다. 이러한 경우의 표시를 falsa demonstratio
(그릇된 표시)라고 한다. 그릇된 표시는 해가 되지 않는다(falsa demonstratio non nocet). 어쨌든
청약과 승낙의 해석의 결과 당사자 쌍방의 사실상의 이해(사실상의 합의)가 확정되는 경우에
는 그러한 의미로 합의가 긍정되어야 한다.

    당사자의 일치하는 이해가 확정되지 못하는 경우, 즉 당사자들이 그들의 의사표시를 같
은 의미로 생각하지 않은 경우에는 규범적 해석이 행하여진다. 그리하여 제반사정 하에서
의사표시의 상대방이 적절한 주의를 베푼 경우에 이해하였어야 하는 의미가 탐구되어야 한
다. 상대방의 이해가능성을 고려하여 행하는 이러한 해석은 수령자시계(受領者視界) 또는 수
령자(상대방)의 이해가능성에 의한 해석이라고 한다. 계약의 경우 청약과 승낙이 규범적인
해석에 의하여 탐구되어야 하는, 법적으로 표준적인 의미(객관적인 표시가치)에 있어서 일치하
는 때에는 계약은 의사표시들의 법적으로 표준적인 의미로 성립한다. 당사자들에 의하여 사
실적으로 생각된 것의 불일치에도 불구하고 법적인 의미에서 의사표시의 일치, 즉 합의가 존
재한다.

    마지막으로 보충적 해석은 틈 있는 법률행위의 보충을 의미한다. 보충적 해석은 자연적
해석이나 규범적 해석에 의하여 법률행위의 성립이 인정된 후에 비로소 문제된다. 즉 법률
행위가 성립되었으나 일정한 점에 관하여 규율되지 않은 경우에 그것을 보충하는 것이다.
따라서 보충적 해석은 계약의 성립요건으로서의 합의와는 직접 관계가 없다.

1990. 1, 71면 이하 참조.

Ⅲ. 본 사안에 있어서 계약의 성립 여부

(1) 본 사안의 경우에 A와 B 사이에 계약이 성립하는지 여부를 판단하기 위하여서는 여러 가지 점을 검토하여야 한다. 첫째로 A의 B에 대한 편지가 정상적인 매도청약인지, 둘째로 승낙기간 내에 승낙이 도달하지 못한 때에도 계약이 성립할 수 있는지, 그리고 셋째로 B의 승낙통지가 A의 청약과 내용에 있어서 일치하는지 등이 그것이다.

(2) 앞서 본 바와 같이(위 Ⅱ. (2)), 청약은 승낙과 결합하여 일정한 계약을 성립시킬 것을 목적으로 하는 의사표시로서 상대방이 단순한 동의만을 표시하여도 충분할 정도의 확정적인 내용을 포함하고 있어야 한다. 즉 매매계약을 성립시키려고 하는 경우에는 청약이 매매의 객체와 대금과 같은 본질적인 사항을 포함하고 있어야 한다(적어도 확정할 수 있어야 한다). 본 사안에 있어서 A의 편지는 이 요건을 갖추고 있다. A의 편지가 일정한 골동품이라는 매매 객체를 지정하였고 또 대금도 정하고 있기 때문이다. A가 비록 매매대금을 그의 의사와 다르게 표시하기는 하였으나, 그것이 유효한 청약에 장애가 되지는 않는다.

(3) 본 사안의 경우에는 청약자인 A가 승낙기간을 정하여 청약을 하였다. 따라서 상대방인 B는, 그가 계약을 성립시키려고 하는 때에는 원칙적으로 그 승낙기간 내에 승낙통지를 A에게 도달시켜야 한다(528조 1항). B의 승낙통지가 승낙기간 내에 A에게 도달하지 않으면, 원칙적으로 계약은 성립할 수 없게 되는 것이다. 다만, 여기에는 한 가지 예외가 있다. 즉 승낙의 통지가 승낙기간 후에 도달하였지만 보통의 경우라면 그 기간 내에 도달할 수 있는 발송이었을 때에는 청약자가 그 도착 전에 지연의 통지를 하지 않은 한 지체없이 연착의 통지를 하여야 하며(528조 2항), 그러한 통지가 없으면 승낙의 통지는 연착되지 않은 것으로 간주된다(528조 3항).

이제 본 사안의 경우를 보건대, B의 편지는 승낙기간인 10월 10일을 지나서 10월 12일에야 A에게 도착하였다. 승낙통지가 승낙기간이 지난 뒤에 도달한 것이다. 그렇지만 본 사안의 경우에 B의 편지는 보통의 경우라면 승낙기간 내에 도달할 수 있는 발송이었다고 할 수 있다. 우리나라의 경우에 편지는 통상 발송 후 3일 내에(발송일 제외) 도달하는 것으로 되어 있다. 따라서 본 사안에 있어서 우편사고가 생기지 않았다면 B의 편지는 10월 8일경에는 A에게 도달하였을 것이다. 이 점은 A의 편지가 B에게 2일만에 도달한 점에 비추어 보아도 능히 짐작할 수 있다. 즉 본 사안의 경우는 바로 민법 제528조 제 2 항의 예외에 해당한다. 그러므로 본 사안의 경우에는 A가 B의 편지가 도착하기 전에 지연의 통지를 하였거나 또는 늦게 도착한 후에 지체없이 연착의 통지를 하지 않는 한, B의 승낙통지는 연착되지 않은 것으로 간주된다(528조 3항). 그런데 본 사안에 있어서 A가 지연의 통지나 연착의 통지를 하였는지는 분명하지 않다. 따라서 그러한 통지가 있는 경우와 없는 경우로 나누어 계약의 성립 여부를 살펴보아야 한다.

(4) A가 B의 편지를 받기 전에 지연의 통지를 하였거나 또는 B의 편지를 받은 뒤에 지체없이 연착의 통지를 한 경우에는 민법 제528조 제 3 항은 적용될 여지가 없다. 그리하여 B의 통지는 그대로 연착한 것으로 인정되어 계약은 성립할 수 없게 된다. B의 통지가 기간 내에 도달하지 못하여 계약을 성립시키지 못한 만큼(528조 1항), A와 B의 의사표시가 내용에 있어서 일치하는지 여부는 더 나아가서 따질 필요도 없다. 그리고 이 경우에 A의 의사표시는 효력을 잃게 되나(528조 1항), B의 승낙표시는 청약자인 A가 새 청약으로 볼 수는 있다(530조). 그 결과 A가 B에 대하여 승낙을 하면 계약은 성립할 수 있다.

(5) 그에 비하여 A가 B의 편지를 받기 전에 지연의 통지를 하지도 않았고 또 B의 편지를 받은 뒤에 지체없이 연착의 통지를 하지도 않은 경우에는 B의 승낙통지는 연착되지 않은 것으로 간주된다(528조 3항). 그러나 그것만으로 A와 B 사이에 당연히 계약이 성립한다고 단정할 수는 없다. 계약의 성립이 인정되기 위하여서는 A와 B의 의사표시가 내용에 있어서 일치하여야 한다. 그런데 이 점에 대하여 판단하려면 의사표시의 해석에 관한 전술한 원칙에 입각하여 A와 B의 의사표시를 해석하여 그 의미를 비교해 보아야 한다.

본 사안의 경우에는 A의 의사표시나 B의 의사표시에 관하여 자연적 해석이 행하여질 여지는 없다. A와 B가 동일한 의미로 이해하였다는 흔적이 전혀 없기 때문이다. 따라서 각자의 의사표시의 의미를 규범적 해석에 의하여 확정하여야 한다. 먼저 A의 의사표시는 B의 시각에서 해석되어야 한다. A는 비록 그의 골동품을 980만원에 팔려고 의도하였으나 B에게 편지를 쓰면서는 잘못하여 890만원에 팔겠다고 했다. 그리고 그러한 사정을 B는 전혀 알 도리가 없었다. 그러므로 B의 시각에서 볼 때 A의 청약은 「일정한 골동품을 890만원에 팔겠다」는 내용으로 확정된다. 한편 B의 승낙은 A의 청약을 받아들이겠다는 것이므로 A의 청약과 동일한 내용으로 확정된다. 그 의사표시의 상대방인 A의 시각에서 본다고 하여 B의 그러한 표시의 의미가 A의 의사대로 확정되는 것이 아님을 주의하여야 한다. 수령자시계에 의한 해석은 적절한 주의를 베푼 경우에 상대방이 「이해하였어야 하는」 의미로 확정되는 것이지 상대방이 실제로 이해한(생각한) 대로 확정되는 것이 결코 아니기 때문이다. 결국 B의 승낙은 「그 일정한 골동품을 890만원에 사겠다」는 내용으로 확정된다. 그 결과 A의 청약과 B의 승낙은 내용에 있어서 일치한다. 따라서 A와 B 사이에 골동품의 매매계약이 성립하게 된다.

IV. 관련문제

1. 계약이 성립하지 않은 경우의 문제

앞에서 본 바와 같이(III. (4)), A가 미리 지연의 통지를 하였거나 또는 연착 후에 지체없이 연착의 통지를 한 경우에는 A·B 사이에 계약은 성립하지 않으며, 그 경우에 A의 의사표시는 효력을 잃게 되지만(528조 1항), B의 승낙통지는 A에 의하여 새 청약으로 간주될 수 있다(530조). 따라서 A가 B에게 승낙을 하면 계약이 성립할 수 있게 된다.

2. 계약이 성립한 경우의 문제

A가 미리 지연의 통지를 하지도 않았고 또 연착 후에 지체없이 연착의 통지도 하지 않은 경우에는 계약이 성립하게 되는데, 그 경우에는 관련되는 법률문제가 여럿 있다.

(1) 계약의 내용

A와 B 사이에 골동품의 매매계약이 성립하는 경우에 계약의 내용은 무엇인가?

계약내용으로서 문제되는 것은 매매의 대금이다. 그런데 전술한 바와 같이(Ⅲ. (5)), A와 B의 의사표시는 모두 일정한 골동품을 890만원에 사고 판다는 것으로 확정되므로, 매매대금은 890만원으로 정하여진다. 당사자 일방의 내심의 의사인 980만원은 계약내용으로 되지 못한다. 이러한 결과가 인정되는 것은 계약의 성립요건으로서의 합의가 당사자의 의사의 일치가 아니고 당사자의 표시의 일치이기 때문이다. 만약 로마법에서처럼 합의가 의사의 일치였다면 본 사안의 경우에는 계약은 불성립으로 될 것이다.

(2) A의 착오 문제

계약이 성립하는 경우에 그 내용은 골동품을 890만원에 사고 판다는 것이다. 그리고 그것은 A와 B의 의사표시의 일치된 의미이기도 하다. 그런데 그러한 의사표시의 의미는 B의 경우에는 그의 의사와 일치하지만, A의 경우에는 의사와 일치하지 않는다. 즉 A의 의사표시의 경우에는 의사와 표시가 일치하지 않고, 그 불일치를 A 자신이 모르고 있다. 따라서 의사표시에 있어서의 착오, 구체적으로는 표시행위의 착오가 존재하게 된다. 그리고 여기의 착오는 매매대금을 표의자가 의도한 것과 상당히 차이나게 잘못 기재한 것인 만큼 민법 제109조 제 1 항의 법률행위의 내용의 중요부분의 착오라고 할 수 있다. 또한 A는 비록 매매대금을 표시함에 있어서 과실이 있기는 하였지만 그것이 중대한 것이라고까지는 할 수 없다. 따라서 A는 민법 제109조에 의하여 B와의 계약을 취소할 수 있다.

이러한 착오 문제는 계약에 있어서는 계약이 성립한 경우에만 문제됨을 주의하여야 한다. 우리 민법은 착오의 효과를 취소할 수 있는 것으로 규정하고 있는데, 이 취소는 법률행위의 유효한 성립을 전제로 한다. 그러므로 계약이 성립하지 않는 경우에는 법률행위가 불성립이어서 취소는 필요하지도 않고 또 취소될 객체가 없어서 취소가 가능하지도 않다. 따라서 그 경우에는 설사 당사자 일방의 의사표시에 있어서 의사와 표시가 불일치한다고 하더라도 착오를 이유로 한 취소는 따질 필요도 없다. 착오는 계약성립이 인정된 후의 문제인 것이다.

(3) A가 계약을 취소한 경우의 손해배상 문제

A가 민법 제109조의 요건 하에 계약을 취소한 경우에 그의 손해배상책임이 문제된다.

1) 학설·판례

민법은 착오자의 손해배상책임에 관하여 전혀 규정하고 있지 않다. 그러한 상황에서 학설은 ⅰ) 착오자에게 경과실이 있는 경우에만은 계약체결상의 과실책임을 인정하여야 한다는 견해[4]와, ⅱ) 착오자의 배상책임을 부인하는 견해[5]로 나뉘어 있다. 그리고 판례는 과실 있는 착오자의 불법행위책임을 부정한 바 있다.[6]

2) 사 견

생각건대 착오 있는 법률행위에 있어서 상대방은 그에게 아무런 책임이 없는 경우에도 법률행위가 취소되어 불이익을 입을 수 있다. 취소로 무효화된 법률행위가 유효하다고 믿은 상대방의 신뢰는 보호되어야 한다. 다만, 우리 민법상 착오자에게 중과실이 있는 때에는 법률행위를 취소할 수 없기 때문에(109조 1항 단서), 법률행위가 그대로 유효하여 상대방의 신뢰는 당연히 보호된다. 문제는 표의자에게 경과실이 있는 경우이다. 이 경우에 상대방은 계약체결상의 과실책임을 물을 수 있을 것이다. 즉 과실로 착오에 빠져 의사표시를 한 자가 법률행위를 취소한 경우에도 민법 제535조를 유추하여 신뢰이익의 배상책임을 인정하여야 한다. 배상책임의 근거를 계약체결상의 과실에서 구하는 한, 착오자에게 과실이 없는 경우에는 배상책임을 인정할 수 없을 것이다.

요컨대 표의자가 경과실에 의하여 착오에 빠지고, 후에 착오를 이유로 법률행위를 취소한 때에는 표의자는 상대방에 대하여 법률행위가 유효하다고 믿음으로써 받은 손해(신뢰이익)를 배상하여야 한다. 그러나 그의 배상의무는 법률행위가 유효함으로 인하여 생길 이익액(이행이익)을 넘지 못한다고 하여야 한다(535조 1항 단서 유추).

그리고 상대방이 착오를 알았거나 알 수 있었을 경우에는 상대방의 신뢰가 보호될 필요가 없으므로, 착오자에게 과실이 있다 할지라도 표의자는 배상책임을 지지 않는다고 하여야 한다(535조 2항 유추).[7]

3) 본 사안의 경우

전술한 바와 같이 A에게는 과실이 있으나 그것은 경과실에 지나지 않는다. 그러므로 그는 B와의 계약을 취소할 수 있는 것이다. 그런데 그가 계약을 취소한 때에는 그는 B에게 손해배상을 하여야 한다. 그에게는 과실이 있고, 상대방인 B는 A의 착오를 알지도 못했고 또 알 수도 없었던 것으로 보이기 때문이다. 즉 계약을 취소한 A는 B에 대하여 B가 계약이 유효하다고 믿음으로써 받은 손해(신뢰이익)를 배상하여야 한다. 다만, 그 배상액은 계약이 유효함으로 인하여 생길 이익액(이행이익)을 넘지 못한다고 할 것이다.

(4) 계약의 성립시기

1) A와 B 사이에 계약이 성립하는 경우에 계약이 성립하는 시기는 언제인가?

---

4) 김상용, 총칙, 502면; 김주수, 총칙, 380면; 백태승, 총칙, 430면; 이은영, 총칙, 533면.
5) 고상룡, 총칙, 436면; 김증한 · 김학동, 총칙, 351면.
6) 대판 1997. 8. 22, 97다13023.
7) 보다 자세한 내용은 송덕수, "착오자의 손해배상책임," 황적인 교수 화갑기념논문집 「손해배상의 제문제」, 1990, 1면 이하 참조.

2) 민법은 의사표시의 효력발생시기에 관하여 도달주의를 원칙으로 하고 있다(111조 1
항). 그런데 격지자 사이의 계약의 성립에 관하여서는 예외적으로 발신주의를 취하고 있다
(531조). 즉「격지자 간의 계약은 승낙의 통지를 발송한 때에 성립한다」고 규정하고 있다.
이 규정상의 격지자는 문자상으로는 장소적인 개념이지만 여기서는 시간적인 개념이다. 즉
의사표시의 발신과 도달 사이에 시간 간격이 있는 경우가 격지자이다. 따라서 서로 멀리 떨
어져 있는 자라도 전화로 의사표시를 하는 경우에는 의사표시의 발신과 도달이 거의 동시
에 이루어지므로 대화자에 지나지 않는다. 그에 비하여 가까이 사는 자라 하더라도 의사표
시를 편지로 하는 경우에는 격지자에 해당한다.

3) 본 사안의 경우 A와 B 사이의 계약은 격지자 사이의 것이다. 그러므로 그들 사이의
계약은 민법 제531조에 의하여 B의 승낙통지가 발송된 때인 10월 5일에 성립하게 된다.

⑸ B의 승낙의 효력발생시기

1) 서   설

방금 언급한 바와 같이, 민법은 의사표시의 효력발생시기에 관하여 도달주의를 취하고
있으나, 격지자 사이의 계약의 성립에 관하여는 도달주의의 예외로서 발신주의를 규정하고
있다. 그러나 다른 한편으로 민법 제528조 제1항과 제529조에서는 다시 발신주의를 제한
하고 있다. 즉 승낙기간을 정한 계약의 청약은 청약자가 그 기간 내에 승낙의 통지를「받
지」못하면 효력을 잃고(528조 1항), 승낙기간을 정하지 않은 계약의 청약은 청약자가 상당
한 기간 내에 승낙통지를 받지 못하면 효력을 잃는다(529조)고 규정한다. 여기서 격지자 사
이의 계약의 경우에는 민법 제531조와 제528조 제1항·제529조 사이에 충돌이 있게 된다.
왜냐하면 제531조에 의하면 승낙통지가 발송되면 그것이 비록 청약자에게 도달하지 않더라
도 계약은 성립하게 되는 데 비하여, 제528조 제1항·제529조에 의하면 승낙의 통지가 일
정한 기간 내에 청약자에게 도달하지 않으면 계약이 성립할 수 없게 되기 때문이다. 이러한
모순을 어떻게 해결할 것인가가 문제된다.

2) 학   설

여기에 관하여는 두 가지 견해가 대립하고 있다.

하나는, 승낙의 통지가 기간(승낙기간 또는 상당한 기간) 내에 청약자에게 도달할 것을 정
지조건으로 하여 승낙의 통지를 발송한 때에 소급하여 유효한 계약이 성립한다고 한다.[8]

다른 하나는 계약은 승낙이 효력을 발생하는 때에 성립하므로, 제531조는 승낙의 효력
발생시기에 관하여 발신주의를 규정한 것이라고 하면서, 승낙은 부도달을 해제조건으로 하
여 발신으로 효력이 발생한다고 한다.[9]

8) 김상용, 채각, 55면; 김형배, 채각, 109면.
9) 곽윤직, 채각, 43면; 김주수, 채각, 89면; 김증한, 채각, 44면; 이은영, 채각, 91면.

3) 검토 및 사견

생각건대 앞의 견해는 거래의 신속을 위하여 두어진 민법 제531조의 취지를 살리지 못하는 것으로서 올바르다고 할 수 없다. 따라서 뒤의 견해에 찬성하여야 한다.

승낙이 발신된 때에 효력이 발생하므로 계약의 효력도 역시 그때 발생한다고 할 것이다.

[75] 계약교섭의 부당파기와 손해배상

　A는 그의 신축건물 앞에 기념 조형물을 건립하기로 하고, 그 건립방법에 관하여 분야별로 5인 가량의 작가를 선정하여 조형물의 시안 제작을 의뢰한 후 그중에서 최종적으로 1개의 시안을 선정한 다음 그 선정된 작가와 조형물의 제작·납품 및 설치계약을 체결하기로 하였다. 그리하여 A는 B를 비롯한 조각가 4인에게 시안의 작성을 의뢰하면서 시안들 가운데 선정된 것의 작가와 조형물의 제작·납품 및 설치계약을 체결할 것이라는 사실을 알렸다. 그러나 당시 그 조형물의 제작비, 제작시기, 설치장소를 구체적으로 통보하지는 않았다. 그 후 A는 작가들이 제출한 시안 중 B가 제출한 시안을 당선작으로 선정하고 B에게 그 사실을 통보하였다. 그런데 A는 여러 가지 내부적 사정과 외부의 경제여건 등으로 B와의 사이에 위 조형물에 관하여 설치기간, 설치장소 및 그에 따른 제반사항을 정한 구체적인 계약을 체결하지 않고 있었다. 그러다가 당선사실 통지시부터 약 3년이 경과한 시점에 B에게 위 조형물의 설치를 취소하기로 하였다고 통보하였다.

　1. 이 경우에 A와 B 사이에 조형물의 설치계약이 성립하는가?

　2. B는 A에 대하여 손해배상을 청구할 수 있는가? 손해배상을 청구할 수 있다면 그 근거와 범위는 어떻게 되는가?

I. 물음 1.에 대하여

1. 논점의 소재

　본 사안에서는 먼저 A와 B 사이에 체결하려고 한 조형물의 설치계약의 성격이 무엇인지 규명하여야 한다. 그런 뒤에 그 계약이 성립하기 위하여 어떤 요건을 갖추어야 하며, 본 사안의 경우에 그 요건을 구비하였는지를 살펴보아야 한다.

2. 본 사안의 조형물 설치계약의 성격

　본 사안에서 A·B 사이에 체결하려고 한 계약은 A가 주문한 바에 따라서 B가 전적으로 자기의 재료를 사용하여 제작한 조형물을 A에게 공급하기로 하고, 이에 대하여 A가 보수를 지급하기로 한 것이었다. 이러한 계약은 제작물 공급계약에 해당한다.

　제작물 공급계약의 성질에 대하여 학설은 ⅰ) 제작물이 대체물인 때에는 매매이고, 부대체물인 때에는 도급이라는 견해, ⅱ) 언제나 도급이라는 견해, ⅲ) 제작물이 대체물인 때에는 제작물 공급계약이 아니고 주문판매계약이라고 하면서, 제작물 공급계약(제작물이 부대체물인 경우)은 도급과 매매의 성질을 함께 가지고 있는 혼합계약이라는 견해로 나뉘어 있다(송덕수, 채각, [171] 참조). 사견은 ⅰ)설에 찬성한다.

이와 같은 사견에 의하면 본 사안의 조형물 설치계약은 그 목적인 조형물이 부대체물이므로 일종의 도급계약이라고 하게 된다.

3. A·B 사이에 조형물 설치계약이 성립하는지 여부

(1) 계약의 성립요건

1) 일반적으로 계약(낙성계약)이 성립하려면 계약당사자의 의사표시의 일치, 즉 합의가 있어야 한다. 그리고 그 의사표시는 청약과 승낙인 것이 보통이다. 그러나 의사표시들이 청약·승낙의 관계에 있지 않더라도 실질적인 합의가 있으면 계약이 성립할 수 있다.

2) 청약은 그에 대응하는 승낙과 결합하여 일정한 계약을 성립시킬 것을 목적으로 하는 일방적·확정적 의사표시이다. 청약과 승낙에 의한 계약성립의 경우에 계약의 성립은 상대방의 동의에 좌우되기 때문에 청약은 승낙이 단순한 동의만으로도 행하여질 수 있도록 내용적으로 확정되어 있어야 한다. 따라서 청약은 계약의 본질적인 사항을 포함하고 있어야 한다.

3) 한편 계약을 성립시키는 합의는 우선 계약의 본질적인 사항(판례는 이를 「중요한 점」이라 한다)에 관하여 행하여져야 한다. 그에 비하여 민법이 각각의 계약유형에 있어서 상세하게 규정하고 있는 사항이나 모든 계약에 적용되는 일반규정이 규율하는 사항 등에 관하여는 당사자가 특별히 합의할 필요가 없다. 다만 후자에 해당할지라도 당사자 일방이 합의가 필요함을 표시한 때에는 합의가 있어야 계약이 성립한다.

(2) 본 사안의 경우

본 사안에 있어서 A가 시안 제작을 의뢰한 것은 청약이라고 볼 수 없다. 그에 대하여 동의를 표시하면 곧바로 계약이 성립할 수 있을 정도로 내용이 확정되어 있지 않기 때문이다.

그리고 B의 시안 제출은 얼핏 청약으로 볼 여지가 있으나, 그것도 본질적인 사항인 제작비가 포함되어 있지 않아서 역시 청약이라고 보기 어렵다. A의 당선작 선정 또한 승낙은 물론 청약으로 되기가 어렵다.

그러면 A와 B 사이에 실질적인 합의는 있는가? 본 사안의 조형물 설치계약에서 본질적 사항은 목적물인 조형물과 그 보수이다. 따라서 이에 관하여는 계약체결 당시에 이미 확정되어 있거나 적어도 구체적으로 확정할 수 있는 방법과 기준이 정해져 있어야 한다.[1] 사안에서 그것들 외에 합의가 필요한 부분은 드러나 있지 않다.

---

1) 판례도 같다. 대판 2001. 3. 23, 2000다51650 등.

본 사안의 경우 A와 B 사이에 조형물의 제작비에 관하여 합의가 이루어지지 않았다. 그에 비하여 조형물의 제작시기·설치장소에 관하여도 합의가 없으나, 그것은 반드시 합의를 하여야 할 사항은 아니다.[2] 이와 같이 조형물 설치계약의 본질적 사항에 관하여 합의가 없기 때문에, 본 사안에서 A·B 사이에 조형물 설치계약은 성립하지 않는다. 유사한 경우에 관하여 판례도 같은 태도를 취하고 있다.[3]

Ⅱ. 물음 2.에 대하여

1. 논점의 소재

본 사안에서 A와 B 사이에서는 조형물 설치계약에 관하여 상당한 정도로 협의가 되고 있었다. B가 제출한 시안을 A가 당선작으로 선정하고 B에게 그 사실을 통보까지 하였기 때문이다. 이러한 경우 B는 당연히 A와 계약을 체결할 것이라고 믿을 것이다. 그런데 당선사실 통지시부터 3년이 경과된 뒤에 A가 B에게 조형물 설치의 취소를 통보하였다.

여기서는 우선 A가 B에 대하여 계약체결상의 과실책임을 지게 되는지를 검토하여야 한다. 그런가 하면 A의 불법행위의 성립 여부를 살펴보아야 한다. 그 밖에 A가 계약체결상의 과실책임 또는 불법행위책임을 질 경우 손해배상의 범위가 어떻게 되는지도 문제이다.

2. A가 계약체결상의 과실책임을 지는지 여부

(1) 계약체결상의 과실이론

1) 의 의

계약체결상의 과실(체약상의 과실)이란 계약의 준비나 성립과정에서 당사자 일방이 그에게 책임있는 사유로 상대방에게 손해를 준 것을 말한다.

2) 인정범위

우리 민법은 원시적 불능에 관하여서만 체약상의 과실을 명문으로 규정하고 있다(535조). 이러한 상황에서 체약상의 과실을 원시적 불능을 넘어서서 널리 일반적으로 인정할 것인지가 문제된다.

(개) 학 설   그에 관하여 학설은 ⅰ) 체약상의 과실은 널리 일반적으로 인정되어야 한다는 견해(일반적 인정설)(통설)와 ⅱ) 명문규정이 있는 원시적 불능을 제외하고는 인정할 필요가 없다는 견해(한정적 인정설)로 나뉘어 있다.

(내) 판 례   판례는 체약상의 과실을 문제삼을 수도 있는 경우에 관하여 불법행위책

---

2) 대판 2003. 4. 11, 2001다53059는 본 사안과 유사한 경우에 있어서 이들에 관하여도 합의가 필요한 것처럼 설시하고 있다. 그러나 합의를 요구하는 당사자 일방의 의사표시가 없어서 합의는 요구되지 않는다고 새겨야 한다.
3) 대판 2003. 4. 11, 2001다53059.

임을 인정한 적이 있으나(강의, D-47 참조), 그것만으로 한정적 인정설의 견지에 있다고 단정할 수는 없다. 그리고 판례는, 계약이 의사의 불합치로 성립하지 아니한 경우 그로 인하여 손해를 입은 당사자가 상대방에게 부당이득 반환청구 또는 불법행위로 인한 손해배상청구를 할 수 있는지는 별론으로 하고, 상대방이 계약이 성립되지 아니할 수 있다는 것을 알았거나 알 수 있었음을 이유로 제535조를 유추적용하여 계약체결상의 과실로 인한 손해배상청구를 할 수는 없다고 한다.[4]

　(대 사　　견　　생각건대 한정적 인정설은 우리 민법이 채무불이행과 불법행위에 관하여 포괄적인 내용의 일반규정을 두고 있기 때문에(390조·750조) 체약상의 과실이 문제되는 경우들은 그 규정으로 해결할 수 있고, 따라서 명문규정이 없는 경우에는 체약상의 과실을 인정할 필요가 없다고 하나, 그 규정들이 체약상의 과실이 인정되어야 하는 경우를 모두 해결할 것으로 보이지는 않는다. 더욱 중요한 것은 특별한 관계에 있는 자는 일반인들 사이에서와 달리 규율되어야 한다는 점이다. 즉 계약의 준비 내지 교섭을 하고 있는 자들은 여러 면에서 계약당사자와 유사하게 다루어야 한다. 요컨대 체약상의 과실은 원시적 불능 외에도 일반적으로 인정되어야 한다.

3) 체약상의 과실책임의 요건과 효과

체약상의 과실책임이 성립하기 위한 공통적인 요건과 효과를 정리하기로 한다.[5]

체약상의 과실이 성립하기 위해서는 ① 계약체결을 위한 사회적인 접촉의 개시, ② 「기타의 행위의무」(신의칙상의 의무)의 위반이 있을 것, ③ 계약의 성립 전에 의무위반이 있을 것, ④ 가해자의 고의·과실이 있을 것이 필요하다. 그리고 ②의 「기타의 행위의무」의 위반이 있으려면, 당연히 그 전제로 「기타의 행위의무」의 존재가 필요하게 된다.

체약상의 과실의 요건이 갖추어지면 배상의무자는 배상의무를 생기게 한 사정이 없었다면 있었을 상태를 만들어 주어야 한다. 즉 그의 행위를 신뢰함으로써 생긴 손해(신뢰이익)를 배상하여야 한다(535조 1항 본문 유추). 다만 이행이익도 계산될 수 있는 때에는 이행이익의 한도에서 배상하면 된다고 할 것이다(535조 1항 단서 유추).

⑵ 본 사안의 경우

만약 체약상의 과실을 원시적 불능의 경우에만 인정한다면 이 경우에 A에게 체약상의 과실책임이 인정될 여지가 없다. 그러나 사견은 체약상의 과실이 널리 인정되어야 한다는 입장이기 때문에, 이러한 사견에 의하면 체약상의 과실책임 요건이 구비될 경우 A에게 그 책임이 성립하게 된다.

이제 A에게 체약상의 과실책임의 요건이 갖추어졌는지를 검토해 보기로 한다. 본 사안에서 A와 B는 조형물 시안작성이 의뢰될 때 조형물 설치계약 체결을 위한 사회적 접촉이

---

4) 대판 2017. 11. 14, 2015다10929.
5) 우리 문헌들은 개별적인 경우들로 나누어서만 검토하고 있으나, 공통사항의 논의가 필요하다.

개시되었다. 그런데 이 사안에서 A에게 신의칙상의 의무가 인정되기는 어렵다. 계약의 당사자는 계약체결의 자유(청약·승낙의 자유)를 가지고 있다. 그런데 당사자 일방이 상대방에게 계약체결에 기대를 가지게 했다고 하여 당연히 책임을 지도록 하면 당사자의 그 자유는 중대한 제한을 받게 될 것이다. 따라서 계약체결을 하여야 할 법적 의무는 인정되지 않아야 한다. 이러한 견지에서 본다면 본 사안의 경우, A의 체약상의 과실책임은 인정되지 않는다고 할 것이다. 불합의로 계약이 불성립한 경우에 계약체결상의 과실로 인한 손해배상청구를 부정하는 판례6)에 의해도 같은 결과로 된다. 그에 비하여 우리의 일부 학설은 본 사안과 같은 경우에 관하여 — 문헌에 따라서는 교섭성실의무와 같은 신의칙상의 의무를 언급하면서 — 체약상의 과실책임을 인정하고 있다.7) 그러나 그러한 견해는 옳지 않다.

3. A의 불법행위의 성립 여부

(1) 일반 불법행위의 성립요건

일반 불법행위가 성립하려면 ① 가해행위, ② 가해자의 고의 또는 과실, ③ 가해자의 책임능력, ④ 가해행위의 위법성, ⑤ 가해행위에 의한 손해발생이 필요하다.

(2) 본 사안의 경우

1) 학설·판례

이러한 경우에 관하여 우리의 일부 학설은 불법행위책임을 인정하고 있다.8) 그리고 판례도, 어느 일방이 교섭단계에서 계약이 확실히 체결되리라는 정당한 기대 내지 신뢰를 부여하여 상대방이 그 신뢰에 따라 행동하였음에도 상당한 이유 없이 계약의 체결을 거부하여 손해를 입혔다면 이는 신의성실의 원칙에 비추어 볼 때 계약자유의 한계를 넘는 위법한 행위로서 불법행위를 구성한다고 한다.9)

2) 사 견

본 사안의 경우에 A의 행위가 불법행위가 된다면, 가해행위는 A가 B에게 계약이 확실하게 체결되리라는 상당한 기대 내지 신뢰를 준 뒤 계약체결을 거부한 것이다. 이러한 가해행위는 선량한 풍속 기타 사회질서에 반하는 것으로 판단되며(실질적 위법론), 따라서 위법하다고 할 것이다. 그리고 A에게는 고의는 없을지라도 적어도 과실은 존재한다. A에게 책임능력이 있는지는 분명하지 않으나, 본 사안에서 특별한 언급이 없고 또한 그것은 면책사유의 문제이어서 가해자가 책임을 면하려면 자신에게 책임능력이 없음을 증명하여야 하기 때문에, 본 사안에서는 일단 A에게 책임능력이 있는 것으로 보고 문제삼지 않기로 한다. 그 밖에 A의 가해행위에 의하여 B에게 손해가 발생하였는지는 분명치 않다.

6) 대판 2017. 11. 14, 2015다10929.
7) 김상용, 채각, 74면; 김학동, 채각, 60면; 김형배, 채각, 130면; 지원림, 민사판례연구[XXV], 179면.
8) 양창수, 민법연구 제 1 권, 389면.
9) 대판 2001. 6. 15, 99다40418; 대판 2003. 4. 11, 2001다53059; 대판 2004. 5. 28, 2002다32301.

그런데 그에 관하여는 바로 이어서 손해배상의 범위를 검토하면서 논의하기로 한다. 요컨대 본 사안의 경우 만약 A의 위 가해행위에 의하여 B에게 손해가 생겼다면 A의 불법행위가 성립하나, B에게 손해가 생기지 않았다면 불법행위가 성립하지 않는다.

4. A의 손해배상의 범위

(1) 학설 · 판례

본 사안과 같이 계약교섭이 부당하게 파기된 경우에 체약상의 과실을 인정하는 학설은 그 경우에 신뢰이익을 배상할 것이라고 한다. 그리고 불법행위책임을 인정하는 판례는, 그러한 불법행위로 인한 손해는 일방이 신의에 반하여 상당한 이유 없이 계약교섭을 파기함으로써 계약체결을 신뢰한 상대방이 입게 될 상당인과관계 있는 손해로서 계약이 유효하게 체결된다고 믿었던 것에 의하여 입었던 손해 즉 신뢰손해에 한정된다고 한다.[10] 그러면서 판례는, 그 침해행위와 피해법익의 유형에 따라서는 계약교섭의 파기로 인한 불법행위가 인격적 법익을 침해함으로써 상대방에게 정신적 고통을 초래하였다고 인정되는 경우라면 그러한 정신적 고통에 대한 손해에 대하여는 별도로 배상을 구할 수 있다고 한다.

(2) 사   견

사견에 의하면 본 사안의 경우 A에게 체약상의 과실은 인정되지 않아야 하며, 불법행위책임은 인정될 여지가 있다. 따라서 불법행위와 관련하여서만 손해배상의 범위를 논의하기로 한다.

판례는 계약교섭의 부당파기의 경우 배상범위는 신뢰손해라고 하고 있다. 그런데 그 설시 내용으로 보면 그것은 신뢰이익이 아니다. 신뢰이익은 상대방을 만나지 않았다면 있었을 재산상태에서 현재의 재산상태를 빼는 방법으로 계산하기 때문이다. 판례의 그 배상범위는 계약체결에 대한 신뢰에 의하여 입은 손해에 지나지 않는다. 이는 결과에서는 타당하다. 왜냐하면 계약교섭 부당파기자는 계약체결에 대한 신뢰부여에 의하여 가해행위를 시작하고 그 행위가 교섭의 부당파기에 의하여 완결되며, 따라서 그러한 가해행위로 인한 손해는 신뢰에 기하여 입은 손해이기 때문이다. 그런데 이러한 결과는 제763조에 의하여 준용되는 제393조에 의하여 도출되며, 특별한 것이 아니다. 오히려 판례처럼 설명하면 혼란을 가져오게 된다. 사견에 의하면, 가해행위로 인하여 발생한 통상의 손해(통상손해)를 배상하여야 하고, 특별한 사정으로 인한 손해는 가해자가 그 사정을 알았거나 알 수 있었을 때에 한하여 배상의 책임이 있다(393조 참조). 이러한 관점에서 보면 정신적 손해는 제393조 제 2 항의 특별손해로서 예견가능성이 있는 경우에만 예외적으로 배상이 인정될 수 있을 뿐이다.

(3) 본 사안의 경우

위의 이론에 의하면, B가 시안을 제작할 때 든 비용은 배상범위에 포함되지 않는다. 그

---

10) 대판 2003. 4. 11, 2001다53059.

러나 B가 당선통지를 받은 뒤에 조형물 제작을 위하여 지출한 비용이 있다면 그것은 통상
손해로서 배상되어야 한다. 그런데 본 사안에서는 이러한 비용의 발생 여부가 불분명하다.
한편 정신적 손해는 특별손해의 요건을 갖춘 경우에 한하여 배상책임이 생긴다.

[76] 계약체결상의 과실

  회사에 다니고 있는 A는 현재 하고 있는 프로젝트가 끝난 뒤인 2009. 10. 20.부터 1주일
동안 휴가를 얻어 강원도 영월군 동강의 강가에서 그의 부모님 및 처와 함께 관광도 하면서
휴식을 즐기려고 하였다. 그리하여 9. 1.에 인터넷으로 휴가 중에 머물 만한 숙소를 물색하
였다. 그 결과 영월군청 홈페이지에서 경치 좋은 곳에 위치하고 가격도 저렴한 B의 민박집
을 발견하였다. 그리하여 그 민박집 홈페이지에 접속하여 예약을 하려고 하였다. 그런데 예
약하는 게시판에 2010. 10. 20.부터 1주일간 B가 민박하는 방 두 칸 전부를 사용하겠다고
쓴다는 것이 실수로 2010. 10. 2.부터 1주일간 방 두 칸을 사용하겠다고 하고 자신의 이메일
주소를 남겼다. 그러자 B는 A가 올바르게 적은 것으로 믿고 A에게 이메일로 숙박요금 35만
원 가운데 5만원을 미리 보내라고 하였고, A는 인터넷뱅킹으로 5만원을 송금하였다. 그 뒤
9. 7.에 B는 C로부터 10. 2.부터 10. 11.까지 10일 동안 자신의 회사 직원들이 그 집 방 두
칸을 다 사용하고 싶으며, 그 방값으로 매일 7만원씩 70만원을 내겠다는 내용의 전화를 받
았다. B는 무척 아쉬웠지만 이미 타인(A)과 계약을 하였기 때문에 10. 8.까지는 그럴 수 없
다고 하였다. 그리고 9. 15.에는, 10. 2.부터 1주일간 방 한 칸을 예약하고 싶다는 D의 전화를
받고 또 거절하였다. 한편 A는 9. 30.에 B의 민박집 홈페이지에 들어가 자신이 게시판에 썼
던 글을 보다가 날짜를 잘못 쓴 사실을 발견하였다. 그래서 A는 B에게 부랴부랴 전화를 걸
어 자신의 휴가가 10. 20.부터인데 10. 2.로 잘못 썼다고 하면서, 예약은 없었던 것으로 하
고, 미리 보낸 5만원은 돌려달라고 하였다. 그러자 B는 이제 와서 그러면 어떻게 하느냐며,
오히려 A 때문에 C와 계약을 못했으니 C가 계약하기로 했던 것과 같이 하루에 7만원씩 쳐
서 달라고 하였다. 그러면서 B는 다른 한편으로 그의 휴대전화에 기록되어 있는 C와 D의
전화번호로 전화를 하여 10. 2.부터 방들을 사용할 수 있다고 하였더니, C와 D는 모두 이미
다른 숙소를 구하여 갈 수 없다고 하였다. 그리하여 B의 방은 아무도 사용하지 않은 채로
10. 15.이 되었다.
  이 경우에 A와 B의 법률관계는 어떻게 되는가?

Ⅰ. 논점의 정리

  본 문제의 논점을 정리하면 다음과 같다.

(1) A·B 사이에 숙박계약이 성립했는지, 성립했다면 그 내용이 무엇인지 문제된다.

(2) A가 A·B 사이의 숙박계약을 착오를 이유로 취소할 수 있는지 문제된다.

(3) A가 예약을 없었던 것으로 하자는 것이 법적으로 어떤 의미가 있는지 문제된다.

(4) A가 계약을 취소한 것이고, 그 취소가 유효하다면, 그 효과가 어떻게 되는지 문제된다.

(5) A의 착오취소의 경우 A가 책임을 져야 하는지, 특히 계약체결상의 과실책임을 지는지와, 그때의 효과(배상범위)가 문제된다.

(6) 그 밖에 A가 지급한 5만원의 성격과 그가 그것에 기하여 숙박계약을 해제할 수 있는지 문제된다.

Ⅱ. A·B 사이에 숙박계약이 성립했는지 여부

1. 계약의 성립요건

계약(낙성계약)은 둘 이상의 계약당사자의 의사표시의 일치에 의하여 성립한다. 계약을 성립시키는 이러한 의사표시의 일치를 합의라고 한다. 합의는 계약의 본질적 구성부분에 관하여는 반드시 행해져야 한다. 그에 비하여 그 외의 부분에 관하여는, 특별히 합의가 필요하다고 표시되지 않은 한, 합의가 없어도 성립하는 데 지장이 없다. 숙박계약의 경우에는 숙소와 숙박비가 본질적 구성부분이다. 따라서 적어도 그것들에 관하여 합의가 있어야 숙박계약이 성립한다.

2. 본 사안의 경우

본 사안에서 A가 예약하는 게시판에 예약을 한 것에 의해 계약이 성립하게 되는지는 홈페이지 게시판의 성격에 좌우된다. 그 게시판에서 예약할 경우에 그대로 확정되는 시스템이라면,[1] 예약할 수 있도록 하고 있는 것이 불특정 다수인에 대한 청약이고 예약이 승낙이 되어 예약을 한 때에 계약이 성립하게 된다.[2] 그에 비하여 게시판에 올린 예약을 상대방인 B가 확인하거나 또는 숙박요금의 일부를 미리 보낸 때 비로소 계약이 확정되는 시스템이라면, B의 확인 또는 A의 송금이 있을 때 계약이 성립하게 된다.

본 사안의 경우에 어떤 시스템을 취하고 있는지 정확하게 알기는 어렵다. 그런데 A가 예약할 때 A를 확인하는 절차가 따로 없는 것으로 보이고, B가 확인 후 송금을 하도록 하는 점에 비추어 볼 때, A의 송금이 있을 때 계약이 성립하는 것으로 해석해야 할 것이다.

그리고 본 사안에서 숙박계약의 본질적 구성부분인 숙소와 숙박비에 관하여 A·B 사이

---

1) 그것은 빈방이 있을 경우에 그것이 그대로 나타나 있어야 하고, 또한 예약자의 정보확인 등과 같은 신뢰할 만한 절차가 수반되어야만 가능하다.
2) 예약이라고 하지만, 그것은 본계약의 예약을 하는 것이 아니고 계약을 하는 것임을 주의해야 한다.

에 합의가 이루어졌다. 그 외에 합의가 필요하다고 표시된 부분은 없다.

결국 A·B 사이의 숙박계약은 A로부터 B에게 5만원이 송금되었을 때 숙박계약이 성립하였고, 숙박계약의 내용은 B가 운영하는 민박집의 방 두 칸을 A가 2010. 10. 2.부터 1주일간 사용하고 그에 대한 숙박요금으로 A가 B에게 35만원을 지급한다는 것이다.

Ⅲ. A가 착오를 이유로 A·B 사이의 계약을 취소할 수 있는지 여부

1. 착오를 이유로 법률행위를 취소할 수 있기 위한 요건

(여기에 관하여는 [73]번 문제 Ⅴ. 1.-3. 참조)

2. 본 사안의 경우

본 사안의 경우 A는 예약을 하면서 2010. 10. 20.이라고 기재하려고 하였는데, 잘못하여 2010. 10. 2.이라고 기재하였다. 그리고 그렇게 잘못 기재한 것을 몰랐다. 그것은 표시행위의 착오에 해당한다. 그리고 그 경우에는 법률행위의 내용에 착오가 존재한다. 그런가 하면 그 착오는 법률행위의 내용의 중요부분의 착오이다. 왜냐하면 A는 착오가 없었다면 그러한 의사표시를 하지 않았을 것이고(주관적 현저성), 보통인도 A의 입장이었으면 그러한 의사표시를 하지 않았을 것이기 때문이다(객관적 현저성). 그리고 A가 그러한 의사표시를 하는 데 과실이 있기는 했지만, 그것을 중과실이라고 할 수는 없다. 이와 같이 착오취소의 요건이 모두 갖추어졌으므로, A는 그가 B와 체결한 숙박계약을 착오를 이유로 취소할 수 있다.

Ⅳ. A가 예약을 없었던 것으로 하자는 것의 의미

1. 취소 일반론

취소란 일단 유효하게 성립한 법률행위의 효력을 제한능력 또는 의사표시에 있어서의 착오·사기·강박을 이유로 법률행위를 한 때에 소급하여 소멸하게 하는 특정인(취소권자)의 의사표시이다.

취소권자는 제한능력자, 착오로 인하여 의사표시를 한 자, 사기·강박에 의하여 의사표시를 한 자, 그의 대리인 또는 승계인이다(140조).

취소는 취소권자의 일방적인 의사표시에 의하여 행한다. 이 취소의 의사표시의 방식에 관하여는 제한이 없다. 따라서 반드시 재판상 행해야 할 필요는 없다. 또한 명시적으로뿐만 아니라 묵시적으로도 할 수 있다. 그런가 하면 취소의 원인이 존재하는 한 명백히 밝히지 않아도 무방하다고 할 것이다.

법률행위의 상대방이 특정되어 있는 경우에는 취소의 의사표시는 그 특정되어 있는 상대방에 대하여 해야 한다(142조).

2. 본 사안의 A의 표시의 의미

본 사안에서 A가 예약을 없었던 것으로 하자고 표시한 것은 A·B 사이의 숙박계약을 취소한다는 의사표시이다. 그러면서 A가 2010. 10. 20.을 2010. 10. 2.로 잘못 썼다고 했는데, 그것은 자신이 착오를 이유로 취소한다는 것을 밝힌 것이다. 위에서 본 바와 같이, A는 착오를 이유로 계약을 취소할 권리가 있고, A가 취소의 의사표시를 하면서 올바른 상대방인 B에게 하였다. 따라서 A의 취소는 유효하다.

V. A의 취소의 효과

1. 법률행위 취소의 효과

법률행위가 취소되면 취소된 법률행위는 처음부터, 즉 소급적으로 무효였던 것으로 된다(141조 본문). 그리하여 취소된 법률행위가 채권행위인 때에는 채권은 발생하지 않고, 따라서 이행할 필요가 없다. 취소된 법률행위에 기하여 이미 이행이 된 때에는 급부한 것이 부당이득으로서 반환되어야 한다(741조 이하).

2. 본 사안의 경우

본 사안에서는 A의 취소가 유효하므로, A·B 사이의 숙박계약은 처음부터 무효였던 것으로 된다. 그 결과 A는 B에게 숙박요금 중 잔금 30만원을 지급할 의무가 없다. 그리고 A가 이미 지급한 5만원은 부당이득이어서 A는 B에게 5만원의 반환을 청구할 수 있다.

VI. A의 손해배상 문제

1. 서   설

본 사안에서는 A의 착오에 의하여 B가 손해를 입었다. 이러한 경우에 A가 B에게 손해배상을 해야 하는지 문제된다. 만약 A의 손해배상책임을 인정한다면 그것은 계약체결상의 과실(체약상의 과실)이나 불법행위를 이유로 할 것이다.

2. 착오취소의 경우 착오자의 손해배상책임에 관한 이론

(1) 학   설

착오를 이유로 법률행위를 취소한 자에게 경과실이 있는 경우에 관하여 학설은 ⅰ) 체약상의 과실을 인정하는 견해와 ⅱ) 착오자의 배상책임을 부정하는 견해로 나뉘어 있다.

(2) 판   례

판례는 그러한 경우에 관하여 불법행위책임을 부정한 바 있다.3)

(3) 검토 및 사견

생각건대 제109조가 경과실이 있는 착오자의 취소를 허용한다고 하여 그 자의 배상책임까지 배제하는 것으로 볼 수는 없다. 그리고 경과실 있는 착오자보다는 취소로 무효가 된 법률행위가 유효하다고 믿은 상대방의 신뢰가 더 보호되어야 한다. 따라서 학설 중 ⅰ)설이 타당하다. 한편 착오취소의 경우에는 특별한 사정이 없는 한 착오표시를 한 것이 불법행위의 요건을 갖추지는 못할 것이다.

이러한 사견에 의할 경우, 착오자에게 배상책임이 인정되려면, ① 착오를 이유로 한 취소가 있어야 하고, ② 표의자에게 경과실이 있어야 하며, ③ 상대방은 선의·무과실이어야 한다. 그리고 그 효과로서 착오자는 이행이익의 한도에서 신뢰이익을 배상해야 한다(535조 1항의 유추해석).

3. 본 사안의 경우

착오취소자의 체약상의 과실책임을 인정하는 사견에 의할 때, 본 사안의 경우 그 요건이 모두 갖추어져 있다. A의 착오취소가 있고(①의 요건 구비), 착오자인 A에게 경과실이 있으며(②의 요건 구비), 상대방인 B는 A의 착오를 몰랐고 모르는 데 과실도 없었기 때문이다(③의 요건 구비). 따라서 B는 A에게 체약상의 과실을 이유로 손해배상을 청구할 수 있다. B는 이행이익의 한도에서 신뢰이익의 배상을 청구할 수 있다. 그리하여 살펴보면, 본 사안에서 A가 예약하지 않았으면 B는 C와 숙박계약을 체결했을 것이고, 그랬으면 매일 7만원씩 2010. 10. 2.부터 1주일간의 숙박비인 49만원을 받았을 것이므로, B의 신뢰이익은 49만원이다. 그런데 49만원은 A의 계약이 유효했으면 받았을 이익 즉 이행이익인 35만원보다 크다. 그러므로 이행이익인 35만원까지만 배상하면 된다. 결국 A는 B에게 35만원을 배상해야 한다. A는 취소 후 B로부터 이미 지급한 5만원을 반환받으므로, 35만원 전부를 손해배상으로 지급해야 한다. A의 35만원 지급채무와 A의 5만원 반환청구권을 대등액에서 상계하면, A는 30만원을 지급하면 된다.

Ⅶ. A가 지급한 5만원의 성격과 A가 그에 기하여 계약을 해제할 수 있는지 여부

본 사안에서 A가 B에게 지급한 5만원은 숙박요금 중 일부를 먼저 보낸 것이므로, 계약금이 아니다. 따라서 그것은 해약금으로 추정되지도 않는다. 그렇기 때문에 A는 그가 지급한 5만원을 포기하면서 계약을 해제하지도 못한다(565조 참조).

---

3) 대판 1997. 8. 22, 97다13023.

[77] 동시이행의 항변권 등

문제

건물 소유자 A는 1995. 1. 15. B에게 자신의 건물(대지 포함, 이하 같음)을 5,000만원에 매도하기로 하는 계약을 체결하였다. 그 계약에 의하면 B는 계약금 1,000만원을 계약 당일에 지급하고(이것은 매매대금에 충당되는 것으로 약정함), 2,000만원은 중도금으로 같은 해 2. 15.에 지급하며, 잔금 2,000만원은 같은 해 3. 15.에 A로부터 건물의 소유권이전등기에 필요한 서류를 받으면서 지급하기로 하였다. 그리고 건물은 계약금 지급과 동시에 B에게 인도하기로 하였다. 그리하여 그 건물은 B가 계약금을 지급할 때에 B에게 인도되어 B에 의하여 점유 · 사용되어 왔다(그리고 그 상태가 현재까지 계속됨). 그런데 그 후 B는 자신이 예상한 금전 융통의 길이 막혀 중도금을 마련하지 못하였고, A의 수차례에 걸친 독촉에도 불구하고 중도금 지급을 미룰 수밖에 없었다. 그러나 그 뒤에도 자금사정은 여전히 좋지 못하여 이제는 잔금까지 지급하지 못한 채로 현재(1995. 4. 3.)에 이르렀다.

이 경우에 A가 B에게 취할 수 있는 법적 조치와 그러한 조치를 취하는 때에 생기는 법률문제에 대하여 논하시오.

I. 논점의 소재

본 사안에서 건물의 매수인 B는 그가 부담하고 있는 중도금 지급의무를 이행하지 않은 채로 잔금 지급기일도 넘김으로써 이제는 매도인인 A의 소유권이전의무도 이행기가 되었다. 그리고 현재까지 A의 소유권이전의무와 B의 중도금 · 잔금 지급의무가 모두 이행되지 않은 상태에 있다.

이러한 경우에 A가 취할 수 있는 법적 조치로는 우선 중도금 및 잔금의 지급청구를 생각할 수 있다. B의 중도금과 잔금의 지급의무는 모두 이행기가 되었고, 따라서 채권자인 A는 그것들의 지급을 청구할 수 있을 것이기 때문이다. 그런데 이 문제를 다룸에 있어서는 특히, A가 매매대금의 지급을 청구할 경우에 B가 동시이행의 항변권을 행사할 수 있는지에 관하여 주의깊게 살펴보아야 한다. A와 B 사이에 체결된 매매계약은 쌍무계약이고, 쌍무계약의 당사자에게는 일정한 요건 하에 동시이행의 항변권이 인정되기 때문이다(536조). 그리고 만약 그 권리가 인정된다면 그 권리의 행사 및 불행사의 효과도 살펴보아야 한다. 그런가 하면 A가 B에게 매매대금을 청구하면서 아울러 채무불이행을 이유로 손해배상까지 청구할 수 있는지도 중요하다. 손해배상의 문제도 부분적으로는 동시이행의 항변권과 관련되어 있다.

본 사안의 경우에 A가 취할 수 있는 법적 조치로서 매매계약의 해제도 생각해 볼 수 있다. 따라서 본 사안에 있어서 해제의 요건이 모두 갖추어져 있는지, 만약 갖추어지지 않았다면 어떻게 해야 해제가 가능한지를 검토해 보아야 한다. 그때에도 역시 동시이행의 항변권의 존재 여부가 크게 영향을 미치게 된다. 그 밖에 해제를 할 경우의 효과로서 계약금과 건물을 반환하여야 하는지, B가 건물을 사용한 대가를 반환하여야 하는지, 그리고 손해배상을 청구할 수 있는지도 문제된다.

끝으로 A가 계약을 계약금에 기하여 해제할 수 있는지도 살펴봄직하다.

Ⅱ. 중도금 및 잔금의 지급청구

1. 지급청구의 가능성

⑴ 하나의 채무가 존재하는 경우에 그 채무의 이행기가 되면 채권자는 채무자에 대하여 채무의 이행을 청구할 수 있다. 그 채무가 쌍무계약에 기하여 발생하였더라도 마찬가지이다. 만약 문제되는 채무가 쌍무계약으로부터 발생하여 그 채무의 채무자에게 동시이행의 항변권이 인정되는 경우에도 청구권 자체의 성립에는 아무런 영향이 없으며 단지 채무자가 자기 채무의 이행을 거절할 수 있을 뿐이기 때문이다.

⑵ 본 사안에 있어서 B는 중도금 지급의무와 잔금 지급의무를 부담하고 있고, 그것들의 이행기는 각각 1995. 2. 15.과 같은 해 3. 15.이었다. 따라서 1995. 4. 3. 현재의 시점에서 보면 B의 두 채무는 이행기가 지났고, 그 결과 A는 언제라도 B에 대하여 중도금 및 잔금의 지급을 청구할 수 있다. 그러나 이것이 청구를 받은 B가 어떠한 경우에도 즉시 지급하여야 하고 지급을 거절할 수 없다는 의미는 아니다. 만약 B에게 동시이행의 항변권이 있다면 그는 일정한 시기까지 금전 지급을 거절할 수 있을 것이다. 이 문제는 항을 바꾸어 설명하기로 한다.

2. B에게 동시이행의 항변권이 존재하는지 여부

⑴ 서   설

A·B 사이의 계약은 쌍무계약이다. 그러므로 그들은 일정한 요건 하에 동시이행의 항변권을 가질 수 있다. 아래에서 먼저 동시이행의 항변권의 성립요건을 개관한 뒤, 본 사안에 있어서 그 요건이 갖추어져 있는지를 검토해 보기로 한다.

(2) 동시이행의 항변권의 성립요건

1) 개   관

동시이행의 항변권의 성립요건으로는 ① 쌍무계약상의 채무(대가적 의미 있는 채무)의 존재, ② 상대방의 채무가 변제기에 있을 것, ③ 상대방이 이행 또는 이행의 제공을 하지 않고서 이행을 청구하였을 것의 셋을 들 수 있다(536조 참조).

2) 둘째 요건과 그중 특수문제

(가) 이들 중 본 문제와 관련하여 특히 자세히 살펴보아야 하는 것은 둘째 요건이다. 이 요건은 민법 제536조 제 1 항 단서가 규정하고 있는데, 그것은 상대방의 채무는 아직 변제기에 있지 않고 자기의 채무만이 변제기에 있는 당사자는 동시이행의 항변권이 없다는 의미이다. 그 결과 당사자의 일방이 법률규정 또는 특약에 의하여 선이행의무를 부담하는 경우에는 그 자는 동시이행의 항변권을 가지지 못한다.

(나) 그런데 여기서 문제되는 것은 선이행의무자가 이행하지 않고 있는 동안에 상대방 채무의 변제기가 도래한 경우에, 상대방의 청구에 대하여 선이행의무자가 동시이행의 항변권을 행사할 수 있는가이다. 통설과 판례는 이를 긍정하고 있다. 그런데 어떤 범위에서 이를 인정할 것인가에 대하여는 학설이 나뉜다.

다수설은 특별한 제한을 두지 않고 일반적으로 항변권을 인정하나,[1] 소수설은 당사자의 의사해석이나 계약의 성질에 비추어 선이행의무가 존속되어야 할 경우 이외에만 지체된 후이행채무와의 동시이행의 항변권을 인정할 것이라고 한다.[2] 판례는 얼핏보면 다수설과 같은 것처럼 보이나,[3] 많은 판결에서 「특별한 사정이 없는 한」 동시이행관계에 있다고 하고, 또 구체적인 경우에 선이행을 유지해야 할 특별한 사정이 있다고 인정한 적이 있는 점에 비추어 볼 때,[4] 특별한 사정이 없는 때에만 동시이행의 항변권을 인정하는 견지에 있다고 할 것이다.

생각건대 동시이행의 항변권을 인정하지 않아야 할 특별한 사정이 있는 경우에는 당연히 제외하여야 한다. 따라서 예외를 인정하는 소수설과 판례가 타당하다.

(3) 본 사안의 경우

이제 본 사안의 경우에 동시이행의 항변권의 성립요건이 갖추어져 있는지를 보기로 한다.

우선, 첫째의 요건이 구비되어 있음은 명백하며, 그에 관하여 상세히 기술할 필요가 없다. A·B는 매매계약이라고 하는 쌍무계약을 체결하였고, 그에 기하여 A와 B는 각각 서로 대가적인 의미에 있는 소유권이전의무, 대금 지급의무를 부담하고 있기 때문이다.

---

1) 곽윤직, 채각, 63면; 김상용, 채각, 91면; 김주수, 채각, 103면.
2) 이은영, 채각, 160면.
3) 대판 1970. 5. 12, 70다344; 대판 1970. 9. 29, 70다1464; 대판 1988. 9. 27, 87다카1029; 대판 2002. 3. 29, 2000다577 등.
4) 대판 1997. 4. 11, 96다31109.

다음에, 둘째 요건의 구비 여부에 대하여 본다. 본 사안에서 A와 B는, B가 A에게 계약금을 지급할 때에 A가 B에게 건물을 인도하고 계약금을 매매대금으로 충당하며 계약체결 1개월 후에 B가 A에게 중도금을 지급하고 또 그 1개월 후에 B가 잔금을 지급하면서 A로부터 건물의 소유권이전등기에 필요한 서류를 교부받기로 약정하였다. 그 가운데 A의 건물인도의무는 적시에 이행되었으나, B의 중도금과 잔금의 지급의무는 현재까지 불이행의 상태에 있다. 이때 A가 중도금 및 잔금의 지급을 청구하는 데 대하여 B가 동시이행의 항변권을 행사할 수 있는가가 여기의 문제이다.

본 사안에 있어서 B의 잔금 지급의무는 A의 소유권이전의무와 이행기가 같으며, 따라서 동시이행관계에 있다. 그러나 B의 중도금 지급의무는 그렇지 않다. 그것은 먼저 이행되어야 하는 의무, 즉 선이행의무인 것이다. 그렇지만 B가 그 의무를 이행하지 않고 있는 동안에 상대방인 A의 소유권이전의무도 이행기가 도래하였다. 그리고 본 사안의 경우에 그래도 중도금 지급의무가 먼저 이행되어야 한다고 할 만한 특별한 사정은 보이지 않는다. 따라서 A가 소유권이전의무를 이행하거나 이행의 제공을 하지 않는 한, B는 그의 잔금 지급의무의 이행청구에 대하여뿐만 아니라 중도금 지급의무의 청구에 대하여도 동시이행의 항변권을 행사할 수 있다.

셋째의 요건은, 본 사안에서는 A의 이행청구에 대하여 B가 동시이행의 항변권을 행사할 수 있으려면 항변의 상대방인 A가 자기 채무의 이행이나 이행의 제공을 하지 않고서 이행을 청구하였어야 한다는 것이다. 즉 A의 소유권이전의무의 이행이나 이행의 제공이 없었어야 한다. 본 사안에서 A가 소유권이전의무를 이행하지 않았음은 분명하다. 그런데 이행의 제공까지도 없었는지는 분명하지 않다. A가 만약 이행의 제공을 하고 있다면 B는 동시이행의 항변권을 행사할 수 없을 것이나, A가 이행의 제공을 하지 않고 있다면 B는 동시이행의 항변권을 행사할 수 있을 것이다.

요컨대 본 사안의 경우에는 동시이행의 항변권의 요건 가운데 첫째와 둘째의 것은 충족되어 있으나 셋째의 것은 구비 여부가 불분명하다. 따라서 본 사안에 있어서 A가 B에게 이행을 청구할 때에 B가 동시이행의 항변권을 행사할 수 있는지는 — 사안의 기술내용만으로는 확실하지 않은 — A의 이행의 제공 여부에 달려 있다. A가 이행의 제공을 하지 않고서 청구하는 경우에 한하여 동시이행의 항변권을 행사할 수 있는 것이다.

3. 동시이행의 항변권의 행사 또는 불행사의 효과

(1) 동시이행의 항변권의 불행사의 효과

1) 서　　설

B에게 동시이행의 항변권이 없는 경우에는 A의 이행청구에 대하여 법원이 B의 이행을 명하는 판결을 하게 될 것이다. 그런데 문제는 B에게 동시이행의 항변권이 있음에도 불구

하고 B가 그 권리를 행사하지 않는 경우이다.

2) 학설 · 판례 · 사견

(가) 학   설   여기에 관하여 압도적인 통설은 동시이행의 항변권은 재판상 또는 재판 외에서 행사(주장)하지 않는 한 현실화하지 않으며 행사했을 때에 비로소 그 기능을 발휘한 다고 한다.[5] 그리하여 만약 이를 주장하지 않으면 — 비록 상대방이 자기 채무를 제공하지 않았더라도 — 상대방의 청구권은 완전히 그 작용을 발휘한다고 한다. 그에 비하여 소수설 은 동시이행의 항변권은 쌍무계약으로부터 발생하는 채무의 성질에 해당하는 것으로 원용 을 기다리지 않고 계약의 체결과 동시에 그 항변권도 발생한다고 한다.[6] 그리고 이 견해는 동시이행의 항변권은 그 행사도 필요하지 않다고 한다.

(나) 판   례   판례는 주장이 없는 한 항변권의 존재를 고려하지 않는 점에서 통설과 같은 견지에 서 있는 것으로 보인다.[7]

(다) 사   견   위의 소수설은 동시이행의 항변권이 행사되지 않아도 효과가 인정되는 예외적인 경우를 해결하기 위하여 모든 경우에 대하여 그것이 존재하는 것만으로 효과가 생긴다고 주장한다. 그러나 동시이행의 항변권의 본질적인 기능은 이행거절에 있다. 그에 비하여 예외적인 경우들은 채무불이행 · 상계와 같은 해당 영역에서의 문제이며, 동시이행 의 항변권의 본질과는 거리가 있다. 그리고 그것들은 그 영역에서 무리없이 해결될 수 있다 (강의, D-65 참조). 그리하여 동시이행의 항변권의 행사필요성과 충돌하지 않는다. 결국 통설 이 타당하다.

3) 본 사안의 경우

본 사안의 경우에 A가 자기 채무를 제공하지 않고서 B의 중도금과 잔금의 지급을 청구 하는 경우(이때 B의 동시이행의 항변권은 존재함)에도, B가 동시이행의 항변권을 행사하지 않으 면, B의 그 권리는 고려되지 않는다. 따라서 항변권을 행사한 경우처럼 상환급부판결이 내 려질 수도 없다.

(2) 동시이행의 항변권의 행사의 효과

B에게 동시이행의 항변권이 인정되는 경우에, A의 청구에 대하여 B가 그 항변권을 행 사하는 때에는, A로서는 자기 채무의 이행제공 사실을 증명하여야만 B의 항변권을 소멸시 켜 이행판결을 받을 수 있다.

그에 비하여 B가 적법하게 동시이행의 항변권을 행사하였는데 A가 자기 채무의 이행 제공 사실을 증명하지 못하는 경우에는 어떻게 되는가? 이론상으로는 원고 패소판결을 내릴 수 있다고도 할 수 있겠으나, 통설은 B는 A의 이행과 상환으로 이행하여야 한다는 판결(상

---

5) 대표적으로 곽윤직, 채각, 65면.
6) 이은영, 채각, 148면 이하.
7) 대판 1967. 9. 19, 67다1231; 대판 1990 11. 27, 90다카25222; 대판 2006. 2. 23, 2005다53187 등.

환급부판결, 즉 일부 승소판결)을 내릴 것이라고 한다. 원래 이 항변권은 상대방의 청구를 전적
으로 부인하는 것이 아니고 상대방이 이행을 제공할 때까지라는 하나의 조건부로 이행을
거절할 수 있는 것에 지나지 않기 때문이라고 한다.

　　그리고 동시이행의 항변권의 행사에 의하여 상환급부판결이 선고되고, 그에 기하여 B
의 재산에 강제집행을 하는 경우에 A가 하는 급부가 집행력 있는 정본 부여의 요건인가,
아니면 집행 개시의 요건인가가 문제된다. 전자에 의하면 채권자쪽(본 사안의 경우에는 A)의
반대급부의 이행 또는 제공의 유무는 법원이 심사하게 되나, 후자에 의하면 집행관 기타의
집행기관이 심사하게 된다. 통설은 반대급부의 내용이 이미 확정되어 있으므로 집행기관이
심사하더라도 상대방을 특히 불이익하게 하지 않는다는 이유로 후자를 취하고 있으며, 판례
도 마찬가지이다.[8]

4. 손해배상청구의 가부

(1) 서　　설

　　본 사안의 경우에 A가 B에게 중도금과 잔금의 지급청구와 함께 채무불이행을 이유로
손해배상도 청구할 수 있는지가 문제된다. 그런데 본 사안에 있어서 B가 중도금과 잔금을
지급하지 않고 있는 것이 채무불이행이 된다면, 그것은 이행지체에 해당할 것이므로 먼저
이행지체, 그중에서도 금전채무의 이행지체의 요건을 정리하고, 이어서 본 사안의 경우를
보기로 한다.

(2) 이행지체의 요건

　　보통의 채무의 이행지체의 요건은, ① 채무의 이행기가 도래하였을 것, ② 채무의 이행
이 가능할 것, ③ 채무의 이행이 없을 것, ④ 이행이 늦은 데 대하여 채무자에게 유책사유
(채무자의 고의·과실 또는 법정대리인·이행보조자의 고의·과실)가 있을 것, ⑤ 이행하지 않는 것이
위법할 것(여기에 대하여는 이설 있음) 등이다.

　　이들 가운데 본 사안과 관련하여 ④의 요건에는 주의하여야 할 점이 있다. 금전채무에
관한 특칙(397조 2항) 때문에 금전채무의 이행지체의 경우에만은 채무자에게 과실이 없더라
도 채무자가 책임을 져야 한다는 것이 그것이다. 그리고 ⑤의 요건은 채무불이행을 정당화
하는 사유, 즉 위법성 조각사유가 없으면 위법하다고 평가되는 소극적 요건에 지나지 않는
다. 위법성 조각사유로서는 유치권·동시이행의 항변권 등이 있다.

(3) 본 사안의 경우

　　이제 B의 불이행이 이행지체의 요건을 갖추었는지를 검토해 보기로 한다. 그럼에 있어
서는 중도금 지급의무와 잔금 지급의무를 나누어야 한다. 왜냐하면 B의 잔금 지급의무는
중도금 지급의무와는 달리 대가적인 의미에 있는 A의 소유권이전의무와 동시이행관계에 있

---

8) 대결 1977. 11. 30, 77마371.

어서 특별히 다루어져야 하기 때문이다.

1) B의 중도금 지급의무의 불이행 문제

B의 중도금 지급의무의 이행기는 1995. 2. 15.이다. 따라서 이행기가 이미 지났다(①의 요건 충족). 그런데도 이행이 없다(③의 요건 충족). 그리고 금전채무는 특별한 사정이 없는 한 언제나 그 이행이 가능하다(②의 요건 충족). 그런가 하면 금전채무의 경우에는 채무자에게 과실이 없더라도 채무자가 지체의 책임을 져야 하므로(397조 2항), B의 유책사유 유무는 문제가 되지 않는다. 즉 B가 금전 융통을 못하게 된 것이 설사 그에게 과실이 없는 사유로 인한 것일지라도, 그것이 불가항력으로 인한 것이 아닌 한(본 사안의 경우에 불가항력이 있는 것으로 보이지는 않음), 그는 책임을 져야 하는 것이다(④의 요건 충족). 그 밖에 중도금 지급에 관하여는 적어도 일정한 요건 하에 B에게 동시이행의 항변권이 생기게 되는 잔금 지급의무의 이행기(1995. 3. 15.) 이전까지는 위법성의 요건(⑤의 요건)도 갖추고 있다. 결국 A는 B에 대하여 1995. 2. 16.부터 적어도 1995. 3. 14.까지에 대하여 이행지체책임을 물을 수 있다. 여기에 관하여는 판례도 「매수인이 선이행하여야 할 중도금 지급을 하지 아니한 채 잔대금 지급일을 경과한 경우에는 매수인의 중도금 및 이에 대한 지급일 다음날부터 잔대금 지급일까지의 지연손해금과 잔대금의 지급채무는 매도인의 소유권이전등기 의무와 특별한 사정이 없는 한 동시이행관계에 있」다고 하여 같은 태도를 취하고 있다.9)

나아가 만일 1995. 3. 15.에 A가 자기 채무의 이행의 제공을 하여 B의 동시이행의 항변권이 처음부터 성립하지 않는다면 B는 계속하여 이행지체의 책임을 지게 된다.

그리고 1995. 3. 15. 이후 어느 때에 A가 이행의 제공을 하여 이미 성립한 B의 동시이행의 항변권을 소멸시키는 경우에는 B는 그때부터 다시 이행지체의 책임을 지게 된다.

한편 만약 A가 현재까지 자기 채무의 이행의 제공을 하지 않고 있다면 B는 1995. 3. 15.부터는 동시이행의 항변권을 가지게 되고, 그 결과 그때 이후에는 이행지체책임을 지지 않는다(⑤의 요건 불충족). 판례도 같은 태도이다(강의, D-62 참조). 그리고 통설·판례에 의하면, 이러한 효과는 B가 동시이행의 항변권을 행사하지 않아도 인정된다(존재효과설). 한편 B의 지체책임의 범위, 즉 손해배상액(지연이자)은 약정이율이 없으므로 법정이율인 연 5푼에 의하여 계산된다(397조 1항·379조).

2) B의 잔금 지급의무의 불이행 문제

B가 잔금 지급의무의 불이행에 대하여 지체책임을 지게 되는가는 그에게 동시이행의 항변권이 있는지에 좌우된다. 만일 A가 자기 채무의 이행의 제공을 하지 않아서 B에게 동시이행의 항변권이 인정된다면 B는 지체책임을 지지 않으며, 이 경우에도 항변권이 존재하는 것만으로 그러한 효과가 발생한다. 그에 비하여 1995. 3. 15. 이후 A가 이행의 제공을 하여 B의 동시이행의 항변권을 성립시키지 않거나 또는 소멸시킨 경우에는 B는 그때부터

---

9) 대판 1991. 3. 27, 90다19930.

잔금 지급의무의 지체책임을 져야 한다. 이때의 손해배상범위가 법정이율에 의함은 물론이다.

Ⅲ. 매매계약의 해제

1. 해제요건의 구비 여부

⑴ 이행지체에 의한 해제권 발생의 요건

정기행위가 아닌 보통의 계약에 있어서 이행지체에 의하여 해제권이 발생하려면, ① 채무자에게 책임있는 사유로 이행을 지체하였을 것, ② 채권자가 상당한 기간을 정하여 이행을 최고하였을 것, ③ 최고기간 내에 이행 또는 이행의 제공이 없었을 것이 필요하다(544조).

이들 가운데 ①의 요건에는 채무자가 이행하지 않는 것이 위법할 것도 포함되어 있다. 따라서 채무자가 그의 불이행을 정당화할 수 있는 사유를 가지고 있는 때에는 해제권은 발생하지 않는다. 그러므로 채무자가 동시이행의 항변권을 가지고 있는 경우에는 채권자는 자기 채무의 이행을 제공하지 않으면 해제를 하지 못한다(통설·판례). 그러나 채권자가 일단 이행의 제공을 하여 상대방을 지체에 빠뜨린 때에는, 그 후에 다시 제공을 할 필요가 없다.

《참 고》

대법원도, 본 사안과 비슷한 사례에서, 토지의 소유권이전등기에 필요한 서류(그 판결 사안에서는 토지거래 신고필증이 문제됨)의 제공 없이 그와 동시이행 관계에 있는 중도금 및 잔금 지급채무 불이행을 이유로 한 계약해제의 의사표시는 효력이 없다고 하였다.10)

이 판결과 관련하여 한 가지 짚고 넘어가야 할 문제가 있다. 선이행의무인 매수인의 중도금 지급의무가 이행되지 않아 매도인에게 해제권이 발생하였는데, 그 후 매수인의 이행도 없고 매도인의 해제도 없이 잔금 지급기일 겸 매도인의 등기서류 교부일이 된 경우에, 매도인이 해제권을 행사할 수 있는가이다. 여기에 관하여는, 이미 발생한 해제권이 존재하며 그 후에는 동시이행 관계에 있어도 해제권을 행사할 수 있다는 견해, 이미 발생한 해제권이 존재하며 중도금 지급의무에 대하여 선이행을 유지할 특별한 사정이 있으므로 해제권을 행사할 수 있다는 견해, 매수인에게 동시이행의 항변권이 인정된다는 것은 해제권의 부정을 전제로 하는 것이기 때문에 매도인의 해제권이 소멸한다는 견해 등이 있을 수 있다. 사견으로는 마지막 견해가 타당하다고 생각한다. 판례도 같은 견지에 있는 것으로 생각된다.

그리고 ②와 관련하여서는 유예기간이 상당하지 않거나 유예기간을 정하지 않고서 한 최고도 유효하다고 해석됨을 유의하여야 한다(통설·판례). 다만, 그 경우에는 최고 후 객관적으로 보아서 상당한 기간이 지난 때에 해제권이 발생하게 된다. 그리고 최고의 방식에는

10) 대판 1992. 2. 14, 91다12349.

제한이 없다.

(2) 본 사안의 경우

본 사안의 경우에 A의 해제권을 검토해 보건대, 먼저 ①의 요건은 적어도 잔금 지급의무의 이행기(1995. 3. 15.)까지는 충족되어 있다. 중도금 지급의무는 선이행의무이어서 동시이행의 항변권이 인정되지 않기 때문이다. 그러나 1995. 3. 15.에 이르기까지 다른 요건이 구비되지 않아 A에게 해제권이 발생하지 않았고, 또 A가 이행의 제공도 하지 않으면, 그때부터는 B에게 동시이행의 항변권이 인정되므로 A는 해제권을 취득할 수가 없게 된다. 이때에도 해제권을 가지려면 채권자인 A는 최고기간 동안 자기 채무의 이행의 제공을 하여야 한다. 그런데 이들의 점은 분명하지 않다.

②의 요건과 관련하여서는 우선 A의 중도금 지급 독촉들이 여기의 최고에 해당하는지가 문제된다. 최고는 특별한 방식을 요하지 않으므로 A가 이행할 채무를 지시해서 이행을 요구하였다면 그것은 적법한 최고로 될 수 있을 것이다. 다만, 그것의 증명은 A가 하여야 한다. 그리고 독촉을 상당한 기간을 정하여 하였는지는 알 수 없으나, 설사 상당하지 않은 기간을 정하여 독촉하였거나 또는 유예기간을 정하지 않고서 독촉을 하였더라도 최고로서의 효과가 발생한다. 그 경우 해제권은 독촉 후 객관적으로 상당한 기간이 경과한 뒤에 발생할 것이다. 따라서 독촉이 1995. 2. 15. 직후 또는 적어도 1995. 3. 15. 이전에 행하여졌다면 이 요건이 충족되었다고 할 것이다.

끝으로 해제권이 발생하려면 ③의 요건, 즉 최고기간 내에 그의 책임있는 사유로 이행이나 이행의 제공을 하지 않았어야 하는데, 본 사안에서 금전융통의 길이 막힌 것은 B의 위법성을 조각하는 사유가 아니며,11) B의 이행의 제공까지도 없었음이 분명하므로 이 요건은 갖추어져 있다.

요컨대 A의 중도금 지급 독촉이 해제권을 발생시키는 데 적합한 최고이고 또 이른 시기의 것이었다면 A는 B와의 계약을 해제할 수 있다. 그러나 그것이 해제권을 발생시키기에 미흡한 경우에는 A는 자기 채무의 이행의 제공을 하면서 B에게 상당한 기간을 정하여 중도금 및 잔금 지급을 청구하여야만 상당한 기간이 지난 때에 해제권을 취득할 수 있다.

2. 계약을 해제하는 경우의 효과

만약 A가 적법하게 해제권을 취득하여 B와의 계약을 해제한다면 어떠한 효과가 생기는가?

해제의 법적 구성에 관하여는 해제의 소급효를 인정하는 직접효과설과, 미이행의무는

---

11) 금전채무자라도 해제를 위해서는 유책사유의 요건이 필요하다고 해야 하는데, 유책사유 조각사유가 없으므로 그 요건이 갖추어지는 것이다(송덕수, 채총, [43] 참조). 그에 대하여 해제를 위해서도 제397조 제 2 항을 근거로 금전채무자는 과실없음을 항변하지 못한다고 할 경우에는 당연히 유책사유가 있다고 하게 될 것이다.

장래에 대하여 소멸하지만 그때까지 존속하였던 채권관계는 원상회복을 위한 청산관계로 변형된다고 하는 청산관계설이 대립하고 있다. 그리고 판례는 직접효과설의 견지에 있다.[12]

이러한 다수설·판례에 의하면 본 사안의 경우 A의 해제에 의하여 A·B 사이의 건물 매매계약은 처음부터 무효였던 것으로 된다. 그 결과 아직 이행되지 않은 채무는 존재하지 않았던 것으로 되어 이행할 필요가 없다. 그리고 A·B는 원상회복의무가 있다. 따라서 B는 인도받은 건물을 A에게 반환하여야 한다. 아울러 B는 건물을 사용하여 얻은 이익도 반환하여야 한다. 이는 건물의 차임만큼이 될 것이다. 그런가 하면 A·B 사이에 체결된 계약금계약은 매매계약에 부수해서 행하여진 종된 계약이므로, 주된 계약인 매매가 해제에 의하여 무효로 되면 그 계약도 효력을 잃는다. 그 결과 A가 B로부터 교부받은 계약금은 부당이득이 되며, 따라서 A는 그것을 B에게 반환하여야 한다. 그리고 그때에는 그 금액에 관하여 그것을 받은 날로부터 이자를 붙여야 할 것이다(548조 2항). 그 밖에 A가 B에게 손해배상도 청구할 수 있는가가 문제되는데, 우리 민법은 제551조에서 해제와 함께 손해배상의 청구도 인정하므로 손해가 있으면 A는 B에 대하여 손해배상도 청구할 수 있다.

Ⅳ. 계약금에 기하여 해제할 수 있는지 여부

계약금은 당사자 사이에 다른 약정이 없는 한 해제권을 보류하기 위하여 수수된 것, 즉 해약금으로 추정된다(565조). 본 사안에 있어서도 다른 특약이 없는 것 같으므로 계약금은 해약금으로 추정된다고 할 것이다. 이러한 해약금에 기하여 A가 계약을 해제할 수 있는지가 여기의 문제이다.

해약금에 기하여 해제할 수 있는 것은 누구든 당사자 일방이 이행에 착수할 때까지만이다. 즉 상대방은 이행의 착수를 하지 않고 자기만이 이행에 착수하고 있더라도 해제를 할 수 없는 것이다(통설·판례). 따라서 본 사안의 경우와 같이 A 자신이 건물의 인도의무를 이행한 때에는 비록 상대방인 B의 채무이행의 착수가 없더라도 A는 해약금에 기한 해제를 할 수 없다.

---

12) 대판 1977. 5. 24, 75다1394; 대판 2002. 9. 27, 2001두5989 등.

[78] 위험부담·대상청구권·불법행위

문제

A는 2002. 4. 10. 자신이 소유하고 있는 고려시대의 도자기를 B에게 1,000만원에 매각하기로 하는 계약을 체결하였다. 그러면서 A는 B로부터 100만원을 계약금으로 받았고 그것은 매매대금으로 충당하기로 합의하였다. 그리고 나머지 대금 900만원은 2002. 5. 10.에 도자기를 인도하면서 받기로 하였다. 그러나 A·B는 모두 5월 10일에 이행을 하지 않았고 그러한 상태가 지속되었다. 그러던 중에 A의 친구인 C가 5월 15일에 A의 집에 놀러왔고, 평소 도자기에 관심이 많던 C는 그 날 A의 도자기를 구경하다가 잘못하여 그것을 그만 깨뜨리고 말았다. C는 A·B 사이의 거래에 관하여는 전혀 알지 못했었다. 그리고 멸실 당시의 도자기의 시가는 1,200만원이며, 현재는 2002. 5. 20.이다.

이 경우에 A·B·C 사이의 법률관계는 어떻게 되는가?

I. 논점의 소재

(1) 본 문제는 도자기의 매매계약이 체결되었으나 매도인인 A와 매수인인 B가 모두 이행을 하지 않은 채로 이행기(5월 10일)를 보냈고, 그러던 중에 제3자 C가 매매의 목적물을 멸실시킨 경우에 A·B·C 사이의 법률관계를 묻고 있다.

(2) A·B·C 사이의 법률관계 가운데 가장 중요한 A·B 사이의 관계에서는 다음의 세 가지가 문제된다.

첫째로, 매매계약상의 채권의 존부 내지 운명이 문제된다. 그런데 그에 대하여 결론을 내리려면 검토하여야 할 점이 많다. 우선 5월 10일에 A가 도자기를 인도하지 않은 것과 B가 잔금을 지급하지 않은 것이 이행지체로 되는지, 그렇지 않다면 그 이유는 무엇인지를 살펴보아야 한다. 그리고 C가 A의 도자기를 멸실시킴으로써 A는 도자기의 소유권이전 및 인도를 할 수 없게 되었는데, 그 책임을 A가 져야 하는지, 아니면 A는 그에 대하여 책임을 질 필요가 없는지가 문제된다. 더 나아가 만일 A에게 책임이 없다고 인정되어 A의 채무가 책임없는 이행불능으로 소멸하게 되는 경우에는, 상대방인 B의 대금지급의무의 존속 여부도 살펴보아야 한다. A·B 사이의 계약이 쌍무계약이기 때문에 위험부담이 문제되는 것이다.

둘째로, 만약 이행불능의 효과로서 채권자의 대상청구권을 인정한다면, A·B 사이에 대상청구권의 행사 여부가 문제될 수 있다. 물론 이 문제를 다루려면 대상청구권의 인정 여부가 논의되어야 하지만, 그것에 앞서 A의 채무의 목적물에 「대신하는 이익」(이것을 대상이라고 표현하는 사람도 있으나 그 표현은 좋지 않다)이 존재하는지도 살펴보아야 한다. 왜냐하면 대상청구권을 인정한다고 하더라도 본 사안에 있어서 「대신하는 이익」이 존재하지 않는 한 대상청구권에 대하여 문제삼을 필요가 없기 때문이다. 본 사안에 있어서는 후에 A·C 사이의 관계에서 검토하게 되는 A의 C에 대한 — 불법행위를 이유로 한 — 손해배상청구권이 「대신하는 이익」으로서 고려될 수 있을 것이다. 한편 B의 대상청구권이 인정되는 경우에 그의 대금지급의무는 전혀 영향을 받지 않는지도 논의하여야 한다. 이는 위험부담에 관한 채무자주의(537조)에 관련된 특수문제이다.

셋째로, B가 A에게 이미 지급한 100만원의 계약금의 반환 여부가 문제된다. 이 문제 역시 위험부담과도 관련된다. 그리고 대상청구권의 인정 여부에 영향을 받게 될 것이다.

(3) A·C 사이의 관계에서는, 위에서 언급한 바와 같이 A의 C에 대한 손해배상청구권의 존재 여부가 문제된다. 그리고 그 문제에서는 매매계약을 체결하고 이행기가 지난 뒤에도 매도인이 소유권을 가지고 있는지, 그리하여 제 3 자가 목적물을 멸실시킨 것이 그에 대한 불법행위인지를 살펴보아야 한다. 그 밖에 대상청구권을 인정하는 경우에 손해배상청구권의 이전 문제도 언급하여야 한다.

(4) B·C 사이의 관계에서는, C의 행위가 B에 대하여 불법행위로 되는지를 검토하여야 한다. 제 3 자에 의한 채권침해가 불법행위를 성립시키는지가 문제되는 것이다. 이 문제와 관련하여서는 먼저 제 3 자의 채권침해에 관한 이론을 살펴본 뒤, 본 사안에 있어서 불법행위의 요건의 구비 여부를 검토하여 불법행위의 성립 여부를 판단하여야 할 것이다.

Ⅱ. A·B 사이의 법률관계

1. 계약상의 채무의 존부(위험부담의 문제)

(1) A와 B의 이행지체 여부

1) 서 설

본 사안의 경우에 A와 B는 5월 10일에 각각 자신들의 의무(A의 소유권 이전 및 인도, B의 대금지급)를 이행하였어야 한다. 그런데 두 사람 모두 이행을 하지 않고 그 날을 넘겼다. 즉 이행기에 이행을 하지 않은 것이다. 여기서 A와 B가 이행을 하지 않은 것이 채무불이행 중의 이행지체인지가 문제된다.

2) 이행지체의 요건

보통의 채무(금전채무에 관하여는 채무자의 과실을 요하지 않음)의 이행지체의 요건은 ① 채무의 이행기가 도래하였을 것, ② 채무의 이행이 가능할 것, ③ 채무의 이행이 없을 것, ④ 이행이 늦은 데 대하여 채무자에게 책임있는 사유(채무자의 고의·과실 또는 법정대리인·이행보조

자의 고의·과실)가 있을 것, ⑤ 이행하지 않는 것이 위법할 것[1] 등이다. 이들 가운데 ⑤의
요건은 채무불이행을 정당화하는 사유, 즉 위법성 조각사유가 없으면 위법하다고 평가되는
소극적인 요건에 지나지 않는다. 위법성 조각사유로는 유치권·동시이행의 항변권 등이 있다.

3) 본 사안의 경우

이제 A와 B의 불이행이 이행지체의 요건을 갖추었는지를 검토해 보기로 한다. 먼저 두
사람의 채무의 이행기는 모두 5월 10일로서 이행기가 도래하였다(①의 요건 충족). 그런데도
이행이 없다(③의 요건 충족). 그리고 양자의 채무는 모두 기준시기인 이행기에 이행이 가능
하였다. 즉 5월 10일에 A는 그의 도자기를 인도할 수 있었고, 또 금전채무는 특별한 사정
이 없는 한 언제나 그 이행이 가능하므로 B의 채무도 이행할 수 있었던 것으로 인정된다(②
의 요건 충족). 그런가 하면 이행이 늦은 데 대한 채무자의 유책사유(귀책사유)도 있는 것으로
해석된다. A가 도자기를 인도하지 않을 다른 특별한 사정이 보이지 않으며, 금전채무의 경
우에는 채무자에게 과실이 없더라도 그가 지체의 책임을 져야 하므로(397조 2항) B의 유책사
유는 문제되지 않는다(④의 요건 충족). 이처럼 이행지체의 요건 다섯 가지 가운데 네 가지가
갖추어졌으므로, 이행지체의 성립 여부는 마지막 요건인 「위법성」이 있는지에 좌우된다. 그
런데 위법성이라는 요건을 갖추었는지는 쉽게 결정할 수 없다. 그에 관하여 단락을 바꾸어
살펴보기로 한다.

A·B 사이의 계약은 쌍무계약이다. 따라서 그들은 일정한 요건 하에 동시이행의 항변
권을 가질 수 있다. 그리고 본 사안의 경우에 A와 B에게 그 권리가 인정된다면 그들의 불이
행은 위법성이 없어서 이행지체로 되지 않는다.

동시이행의 항변권의 성립요건은, ① 쌍무계약상의 채무(대가적 의미 있는 채무)의 존재,
② 상대방의 채무가 변제기에 있을 것, ③ 상대방이 이행 또는 이행의 제공을 않고서 이행
을 청구하였을 것의 셋이다(536조). 이 가운데 첫째의 요건을 갖춘 것은 분명하다. A·B는
매매계약이라고 하는 쌍무계약을 체결하였고, 그에 기하여 그들은 각각 서로 대가적인 의미
에 있는 소유권이전의무, 대금지급의무를 부담하고 있기 때문이다. 그리고 둘째의 요건도
충족하고 있다. 양자의 채무는 모두 5월 10일이 이행기이기 때문이다. 그런가 하면 A나 B
모두 이행도 이행의 제공도 하지 않고 있으므로 셋째의 요건도 갖추어졌다. 따라서 A와 B
는 모두 동시이행의 항변권을 가지고 있었고, 그 결과 그들이 5월 10일에 이행을 하지 않은
것은 위법하지 않은 것이 되어 이행지체로 되지 않는다.

요컨대 A와 B가 그들의 채무를 이행하지 않은 채로 5월 10일을 넘긴 것은 이행지체가
아니다. 그러므로 A와 B는 모두 이행지체를 이유로 상대방에게 손해배상을 청구할 수도 없
고 또 계약을 해제하지도 못한다.

---

[1] 여기에 대하여는, 채무자의 고의·과실 속에 위법성 내지 의무위반이라는 요소가 포함되어 있으므로 위
법성을 별개의 요건으로 할 필요가 없다고 하는 소수설이 있다.

⑵ C의 도자기 멸실행위에 대한 A의 책임 유무

본 사안의 경우 C가 A의 도자기를 멸실시킴으로써 A의 소유권이전의무·인도의무는 이행불능이 되었다. 여기에 대하여 A가 책임을 져야 하는지가 문제된다.

민법 제392조 본문에 의하면, 채무자는 이행지체 중에 생긴 손해에 대하여는 자기에게 과실이 없는 경우에도 배상책임이 있다. 그러므로 만약 C가 도자기를 멸실시킬 당시에 A가 이행지체의 상태에 있었다면 A는 손해배상책임을 면하지 못할 것이다. 그러나 본 사안의 경우에는, 앞서 본 바와 같이 A가 5월 10일이 지나도록 그의 채무를 이행하지 않은 것이 이행지체로 되지 않으므로, A는 제392조에 의하여 책임을 질 필요는 없다. 한편 C는 결코 A의 이행보조자도 아니다. 따라서 A가 제391조에 의하여 채무자로서 책임을 지지도 않는다. 결국 C가 도자기를 멸실시킨 것은 채무자인 A에게는 책임없는 이행불능인 것이다. 그리고 그 결과로 A의 소유권이전의무·목적물인도의무는 당연히 소멸하게 된다.

⑶ B의 대금지급의무의 존속 여부

1) 서   설

위에서 본 것처럼 C에 의하여 도자기가 멸실됨으로써 A의 소유권이전의무·인도의무는 책임없는 이행불능으로 되어 소멸하였다. 이때 B의 대금지급의무는 존속하는가? 이는 위험부담의 문제이다.

2) 위험부담

쌍무계약의 당사자 일방의 채무가 채무자에게 책임없는 사유로 이행불능이 되어 소멸한 경우에 그에 대응하는 타방 당사자의 채무의 운명은 어떻게 되느냐가 위험부담의 문제이다. 위험부담에 관하여 우리 민법은, 당사자 일방의 채무가 당사자 쌍방의 책임없는 사유로, 즉 채무자 외에 상대방에게도 유책사유가 없이 이행할 수 없게 된 때에는 채무자는 상대방의 이행을 청구하지 못한다고 하며(537조의 채무자주의), 채권자에게 책임있는 사유로 이행할 수 없게 되었거나 또는 채권자의 수령지체 중에 당사자 쌍방의 책임없는 사유로 이행할 수 없게 된 때에는 채무자는 상대방의 이행을 청구할 수 있다고 한다(538조 1항의 채권자주의).

3) 본 사안의 경우

이제 본 사안의 경우에 위험부담이 문제되는지, 그리고 그러할 경우에 어떤 결과로 되는지를 살펴보기로 한다. 위험부담은 쌍무계약에 있어서 당사자 일방의 채무가 채무자에게 책임없는 사유로 후발적으로 불능(책임없는 이행불능)으로 된 경우에만 문제되는데, 본 사안의 경우 이들 요건이 모두 갖추어져 있다. A와 B 사이에 쌍무계약인 매매계약이 체결되어 있었고, 또 당사자 중의 하나인 A의 소유권이전의무·인도의무가 그에게 책임없는 사유로 이행불능으로 되었기 때문이다.[2] 더 나아가 본 사안의 경우에는 채무자의 이행불능에 대하여 채권자인 B의 유책사유도 없다. 제3자(C)의 행위에 의하여 불능이 발생했기 때문이다. 따

---

2) 만약 A의 이행지체가 인정된다면 채무불이행이 문제되며, 위험부담 문제는 생기지 않는다.

라서 본 사안에 있어서는 민법 제537조가 규정한 채무자주의가 적용된다. 그 결과 A는 자신의 채무도 면하지만 상대방인 B에 대하여 매매대금의 지급도 청구하지 못한다. 다만, B가 대상청구권을 취득하고 그것을 행사하는 경우에 관하여는 특별한 검토가 필요한데, 그에 대하여는 후술한다(Ⅱ. 2. (2), (3) 참조).

2. 대상청구권 문제

(1) 서 　설

뒤에 보는 바와 같이(Ⅲ. 참조), 본 문제에 있어서 A는 C에 대하여 손해배상청구권을 취득하게 되는데, 이는 대상청구권을 인정하는 입장에서 보면 채권의 객체(도자기)에 대신하는 이익에 해당한다. 따라서 대상청구권을 인정할 경우에는 채권자인 B가 채무자인 A에 대하여 「대신하는 이익」, 즉 대체이익인 손해배상청구권을 이전해 달라고 할 수 있는지의 문제가 제기된다. 이 문제를 해결하기 위하여 필요한 범위에서 대상청구권에 관하여 정리한 뒤, 본 사안의 경우를 검토해 보기로 한다.

(2) 대상청구권에 대한 개관(의의 · 인정근거 · 요건 · 효과)

1) 의 　의

대상청구권[3]은 이행을 불능하게 하는 사정의 결과로 채무자가 이행의 목적물에 대신하는 이익을 취득하는 경우에 채권자가 채무자에 대하여 그 이익을 청구할 수 있는 권리이다.

독일민법과 프랑스민법은 채권자의 대상청구권을 명문으로 규정하고 있으나, 우리 민법은 그러한 규정을 가지고 있지 않다. 그렇지만 우리의 학설은 이행불능의 경우에 채권자의 대상청구권을 인정하는 데 일치하고 있다. 다만, 그 권리를 일반적으로 인정할 것인가, 아니면 제한적으로만 인정할 것인가에 관하여는 견해가 나뉘고 있으며, 전자가 압도적인 다수설이다. 한편 우리 대법원은 1992년에 대상청구권을 인정한 최초의 판결을 하였으며,[4] 그 뒤에 다시 같은 취지의 판결을 잇달아 내놓고 있다.[5] 생각건대, 대상청구권은 인정되어야 하고 또 인정될 수 있는 한 그것은 제한적으로가 아니고 일반적으로 인정되어야 한다. 그것이 형평에 부합하고 법률문제를 간명하게 처리하는 길이기 때문이다.

2) 인정근거

명문규정이 없는 우리 민법 하에서 대상청구권을 어떤 근거로 인정할 것인가에 관하여는 ⅰ) 결국 조리에서 찾을 수밖에 없다는 견해, ⅱ) 우리 민법의 다른 개별적인 규정들의 배후에 존재하는 보다 일반적인 법원칙 내지 법의 이치를 법률에 규정되지 아니한 사항에 적용하는 법유추 또는 전체유추에 의하여 대상청구권을 인정할 수 있다는 견해, ⅲ) 민법

---

3) 저자는 이 용어보다는 대용물청구권 또는 대체이익청구권이 더 낫다고 생각한다. 명칭 문제를 포함하여 대상청구권 전반에 관하여는 송덕수, "대상청구권," 민사판례연구[ⅩⅥ], 1994, 19면 이하 참조.
4) 대판 1992. 5. 12, 92다4581 · 4598.
5) 대판 1994. 12. 9, 94다25025; 대판 1995. 2. 3, 94다27113 등.

제390조가 근거규정이고 제 2 조가 이를 수정하는 규정이라는 견해 등이 대립하고 있다(송덕수, 채총, [79] 참조).

생각건대 대상청구권은 제342조(물상대위) 등에서 명문의 형태로 표현되어 있는 「경제관계상 속하지 않아야 할 자에게 귀속된 재산적 가치는 그것이 마땅히 속하여야 할 자에게 돌려져야 한다」는 우리 민법의 근저에 흐르는 사상(근본사상)에서 그 근거를 찾을 수 있다.

3) 요　　건

대상청구권이 성립하려면 다음의 네 가지 요건을 갖추어야 한다.

첫째로, 급부(이행)가 후발적인 불능으로 되어야 한다. 급부가 원시적으로 불능인 때에는 채무가 성립하지 않으며, 따라서 대상청구권이 문제될 여지가 없다. 후발적 불능인 한 채무자에게 책임있는 사유로 인한 것이냐의 여부는 묻지 않는다.

둘째로, 채무자가 채권의 목적물에 관하여 그것에 대신하는 이익을 취득하여야 한다. 「대신하는 이익」(대체이익)의 예로는 손해배상, 수용보상금, 보험금, 매매대금, 그리고 이들에 대한 청구권을 들 수 있다.

셋째로, 급부를 불능하게 하는 사정의 결과로 채무자가 채권의 목적물에 관하여 「대신하는 이익」을 취득하여야 한다. 바꾸어 말하면 「급부를 불능하게 하는 사정」과 「대신하는 이익」 사이에 인과관계, 즉 상당인과관계가 있어야 한다.

넷째로, 급부가 불능하게 된 객체와 채무자가 그에 관하여 「대신하는 이익」을 취득한 객체 사이에 동일성이 존재하여야 한다.

4) 효　　과

대상청구권은 채권적인 청구권이다. 따라서 대상청구권의 요건이 갖추어졌다고 하여 「대신하는 이익」이 채권자에게 직접 이전되지는 않는다. 그리고 채무자는 그가 취득한 것 모두를 채권자에게 인도하여야 하며, 그 결과 대체이익이 채권의 목적물의 통상의 가치를 넘는 경우에는 초과가치도 인도하여야 한다. 일부 학자는 손해의 한도 내에서 대상청구권을 인정할 것이라고 하나, 그렇게 새기면 적어도 채무자에게 유책사유가 있는 경우에는 대상청구권이 무의미하게 될 뿐만 아니라 그러한 해석의 타당성도 의심스럽다.6)

5) 쌍무계약에서의 특수문제

끝으로 우리 민법상 대상청구권을 인정함에 있어서 제기되는 현저한 난점에 대하여 보기로 한다. 그것은 다름 아닌 쌍무계약에 있어서 당사자 일방의 채무가 당사자 쌍방에게 책임없는 사유로 이행할 수 없게 된 때에 발생한다. 그 경우에는 채무자는 상대방의 이행을 청구하지 못한다(537조). 그런데 대상청구권이 인정되면 이때에도 채권자는 그 청구권을 가지게 된다. 결국 채권자는 자기의 채무는 이행하지 않으면서 채무자가 취득한 「대신하는 이

---

6) 가령 증여의 목적물을 증여자가 타인에게 시가보다 비싸게 매각한 경우에 초과가치도 마땅히 수증자에게 속하여야 할 것이다.

익」은 청구할 수 있다는 결과로 된다.

이것이 부당함은 물론이다. 그러한 경우에 채권자가 대상청구권을 행사하면, 그는 제537조의 규정에도 불구하고 여전히 반대급부의무를 부담한다고 새겨야 한다. 이는 쌍무계약에 있어서 급부의무와 반대급부의무 사이의 견련성의 당연한 귀결이다. 즉 제537조에서 「상대방의 이행을 청구하지 못한다」는 것은 채권이 이행불능으로 되어 소멸한 점에 한하여 적용되는 것으로 보아야 한다.

요컨대 제537조의 규정상 채권자가 「대신하는 이익」을 청구하면서도 자신의 채무는 면할 수 있는 것처럼 보이나, 쌍무계약상의 당사자 쌍방의 채무의 견련성의 결과 대상청구권을 행사하는 채권자는 여전히 반대채무를 부담한다. 다만, 대상청구권은 채권자의 권리이지 의무가 아니므로, 채권자는 제537조에 의하여 자신의 채무를 면할 수도 있고 또 대상청구권을 행사할 수도 있다. 채권자가 대상청구권을 행사하는 경우에는 그는 자신의 채무를 이행하여야 하는데, 만약 「대신하는 이익」이 본래의 급부보다 적은 경우에는 그의 채무도 그에 상응하게(비례하여) 줄어든다(572조 참조).

(3) 본 사안에서의 검토

전술한 것처럼 명문의 규정은 없지만 우리 민법에서 대상청구권은 인정되어야 하고 또 인정될 수 있다. 그러한 견지에서 이제 본 사안의 경우에 대상청구권의 요건이 갖추어졌는지를 보기로 한다.

본 사안의 경우에 C가 도자기를 멸실시킴으로써 A의 소유권이전의무·인도의무는 이행불능, 즉 후발적 불능으로 되었으며, 그에 관하여는 이미 앞에서 살펴보았다(Ⅱ. 1. ⑵ 참조). 따라서 첫째의 요건은 갖추어졌다. 그리고 C가 도자기를 멸실시킴으로써 A는 C에 대하여 손해배상청구권을 취득하는데, 이는 채무자가 채권의 목적물에 관하여 그것에 대신하는 이익을 취득한 것이다(둘째 요건 구비). 그 권리는 「대신하는 이익」에 해당하고(손해배상을 이미 받은 경우에는 그 받은 금액이 대체이익이 된다), 그 이익은 채권의 목적물인 도자기에 관하여 취득한 것이기 때문이다. 또한 C가 「도자기를 멸실시킴으로써」 A가 C에 대하여 손해배상청구권을 취득하게 되었으므로, 「급부를 불능하게 하는 사정」과 「대신하는 이익」 사이에 상당인과관계도 있다(셋째 요건 구비). 마지막으로 불능으로 된 급부의 객체와 대체이익의 취득객체 사이에 동일성도 있다. 급부의 객체는 도자기(정확하게는 그 소유권)이고 대체이익인 손해배상청구권은 곧 그 도자기(의 소유권)에 관하여 발생하였기 때문이다(넷째 요건 구비). 결국 본 사안의 경우 대상청구권의 성립요건이 모두 충족되어 있다.

이처럼 대상청구권의 요건이 갖추어졌으므로 B는 대상청구권을 가지게 되었고, 그리하여 이행불능으로 되어 소멸한 채무의 채권자인 B는 채무자인 A에 대하여 그가 C에 대하여 가지게 된 손해배상청구권을 이전해 달라고 청구할 수 있다.[7] 즉 대상청구권이 성립했다고

---

7) 만약 A가 손해배상을 이미 받았다면 그 금액의 지급을 청구할 수 있다.

하여 A의 손해배상청구권이 당연히 B에게 이전되는 것은 아니다. 그리고 손해배상청구권의 이전은 배상의 전 범위에 관하여 청구할 수 있다.

앞에서 살펴본 바와 같이, 본 사안의 경우에는 쌍무계약상의 당사자 일방의 채무가 당사자 쌍방에게 책임없는 사유로 이행할 수 없게 되었고, 따라서 제537조의 규정상 A는 자신의 채무는 면하지만 상대방에 대하여 대금지급도 청구하지 못한다(앞의 Ⅱ. 1. (3) 참조). 그러나 그러한 때에도 채권자인 B는 대상청구권을 가지게 되는데, 만일 채권자인 B가 대상청구권을 행사하면 제537조의 규정에도 불구하고 쌍무계약상의 채무의 견련성에 비추어 그(B)도 같은 비율로 반대급부의무를 부담한다고 하여야 한다. 다만, 대상청구권은 채권자의 권리이지 의무가 아니므로, B는 대상청구권을 행사하지 않고 제537조에 의하여 자신의 채무를 면할 수도 있고 또 대상청구권을 행사하면서 반대급부의무를 부담할 수도 있다. 본 사안의 경우에는 B가 A로부터 대상청구권을 행사하여 이전받을 손해배상청구권의 범위는 도자기의 멸실 당시의 시가인 1,200만원을 상회할 것이므로, 자신의 채무인 1,000만원의 대금을 지급하면서 손해배상청구권(또는 이미 받은 손해배상)을 이전받는 것이 유리할 것이다(A가 손해배상을 받기 전이라면 C의 무자력 등이 염려될 수는 있다).

3. 계약금의 반환 여부

(1) 서 설

본 사안의 경우 매수인인 B가 계약을 체결하면서 A에게 계약금으로 100만원을 지급하였다. 이 계약금을 반환하여야 하는지가 문제된다.

(2) 계 약 금

계약금은 계약을 체결할 때에 당사자의 일방이 상대방에 대하여 교부하는 금전 기타의 유가물이다. 그런데 이러한 계약금의 교부도 하나의 계약이며, 매매 기타의 계약에 부수해서 행하여지는 종된 계약이다.

이처럼 계약금계약이 종된 계약이므로 주된 계약이 무효이거나 취소된 경우에는 계약금계약도 당연히 그 효력을 잃게 되고, 계약금의 교부자는 수령자에게 그 반환을 요구하게 된다. 일종의 부당이득이기 때문이다.

그리고 이러한 결과는 제537조가 적용되어 양 당사자가 모두 채무를 면하게 되는 경우에도 똑같이 인정되어야 할 것이다. 계약금에 관한 한 그 경우도 주된 계약이 소급해서 무효로 되는 경우와 달리 취급할 이유가 없기 때문이다.

그에 비하여 제538조가 적용되거나 채권자가 대상청구권을 행사하는 경우에는 채권관계가 소멸하지 않으므로 계약금계약은 유효하다고 할 것이다.

(3) 본 사안의 경우

본 사안에 있어서 B가 제537조의 적용을 주장하여 그의 채무도 면하게 되어 A·B 모두가 채무를 부담하지 않게 되는 경우에는 그들 사이의 계약금계약도 무효로 된다고 할 것이고, 그 결과 A가 이미 수령한 계약금은 부당이득이 되므로 A는 그것을 B에게 반환하여야 한다.

그에 비하여 B가 대상청구권을 행사하는 경우에는 계약금계약은 유효하다고 하여야 하므로, 그때에는 계약이 정상적으로 이행되는 경우와 마찬가지로 된다. 따라서 수령한 계약금은 부당이득이 아니며, 그것은 약정에 따라 매매대금에 충당되게 된다.

Ⅲ. A·C 사이의 법률관계

A와 C 사이에서는 C가 도자기를 멸실시킨 것이 A에 대하여 불법행위로 되는가가 문제된다.

우리 민법상 불법행위가 성립하려면, ① 가해행위, ② 가해자의 고의 또는 과실, ③ 가해자의 책임능력, ④ 가해행위의 위법성, ⑤ 가해행위에 의한 손해발생이라는 요건들이 필요하다(750조·753조·754조).

본 사안에 있어서는 책임능력의 유무만은 불분명하나 나머지의 요건은 모두 충족되어 있다. 즉, C의 도자기 멸실행위는 가해행위이고, C에게 과실이 있었고, 도자기의 소유권을 소멸시킨 것은 위법하다고 평가되며, 가해행위로 인하여 손해가 발생하기도 하였다. 아마 책임능력도 있을 것으로 보인다. 한편 이 경우의 피해자는 A이다. 도자기의 매매계약이 체결되었고 매도인의 인도의무의 이행기가 지났다고 하더라도 인도가 없는 한 도자기의 소유권은 여전히 A에게 있기 때문이다.

요컨대 C가 도자기를 멸실시킨 것은 A에 대한 불법행위로 되며, 따라서 A는 C에 대하여 손해배상청구권을 갖는다. 그리고 A의 이 손해배상청구권이 채권자 B의 대상청구권의 객체라는 데 대하여는 앞에서 설명하였다(Ⅱ. 2. 참조). 그 밖에 C의 행위에 의하여 B도 손해를 입게 되었는지에 관하여는 뒤에 따로 살펴본다(Ⅳ. 참조).

Ⅳ. B·C 사이의 법률관계

1. 서   설

C가 도자기를 멸실시킨 것이 A에 대하여 불법행위로 된다고 함은 위에서 살펴본 바 그대로이나, C의 그 행위가 B에 대하여도 불법행위로 되는지가 문제된다. 이것은 제3자에 의한 채권침해의 문제이다.

2. 제3자에 의한 채권침해와 불법행위

채권이 상대권이라는 점 때문에 제3자에 의한 채권침해가 채권자에 대하여 불법행위를 성립시킬 수 있는가에 관하여 논란이 있을 수 있으나, 현재 우리의 학설과 판례는 일치하여 이를 긍정하고 있다(강의, C-19 참조). 그런데 그 근거를 어디에 둘 것인가에 대하여는 견해가 대립하고 있으며, 지금까지도 논의가 계속되고 있다(송덕수, 채총, [18] 참조). 그러나 학설은 모두 제3자의 채권침해가 불법행위로 되려면 제750조의 요건을 갖추어야 한다는 입장에 있다(판례도 유사하다). 그리고 그 요건 중에는 특히 고의·과실과 위법성이 문제이다. 그 가운데 본 사안과 밀접하게 관계되는 고의·과실에 대하여 부연하기로 한다.

제3자의 채권침해가 불법행위로 되려면 가해자인 제3자의 고의 또는 과실이 있어야 한다. 그런데 채권에는 일반적으로 공시방법이 없으므로 제3자가 채권을 침해했더라도 그가 채권의 존재를 알지 못하는 한 고의는 물론이고 과실도 인정하기 어려울 것이다. 따라서 제3자의 채권침해가 불법행위로 되려면 우선 제3자가 채권의 존재를 알고 있을 것이 필요하다.

3. 본 사안의 경우

본 사안에 있어서 불법행위의 다른 요건들은 충족되어 있으나, 고의·과실 요건만은 그렇지 않다. 본 사안의 경우 C는 A와 B 사이의 거래에 관하여 아무 것도 모르고 있었다. 즉 B의 채권의 존재를 알지 못했던 것이다. 이러한 때에는 C의 고의는 물론이고 그의 과실도 인정하기 어렵다.

결국 C의 채권침해행위는 고의·과실 요건을 갖추지 못하여 B에 대한 불법행위는 아니라고 하여야 한다. 따라서 B는 자신의 권리에 기하여 C에 대하여 손해배상을 청구할 수는 없다. 그러나 그가 대상청구권을 행사하여 A로부터 이전받은 손해배상청구권을 행사할 수는 있다.

[79] 제3자를 위한 계약 등

문 제

A는 자식으로서 어머니인 C를 기쁘게 해 드릴 생각으로 C에게 TV를 사 드리려고 마음먹었다. 그리하여 그는 2002. 10. 15. 전자제품 상인인 B와 TV의 매매계약을 체결하면서, TV의 대금은 A가 2002. 10. 22.에 B에게 지급하고 그러면 B가 그날 중으로 TV를 직접 C에게 배달해 주기로 하였다. 또한 그 계약에서 C가 B에 대하여 TV의 인도를 청구할 수 있다고 약정하기도 하였다.

1. 이 경우의 계약도 유효한가? 유효하다면, 그 근거는 무엇인가?

2. C는 B에 대하여 TV의 인도청구권을 가지는가? 가진다면, 그때는 언제이고 또 그 근거와 과정은 어떠한가?

   그리고 만일 A와 B가, C의 행위와 관계없이 계약 당시에 C가 TV의 인도청구권을 취득한다고 약정하였다면 어떤가?

3. 2002. 10. 23.이 되었는데도 B가 TV를 C에게 인도하지 않았다면, B의 책임을 물을 수 있는가? 그럴 수 있다면, 누가 어떤 방법으로 할 수 있는가?

I. 물음 1.에 대하여

1. 서   설

본 사안의 경우에 A와 B는 TV의 매매계약을 체결하였다. 그러나 보통의 매매계약과 달리 본 사안에서는 계약당사자가 아닌 C가 TV의 인도를 청구할 수 있다고 약정하였다. 물음 1.은 이러한 모습의 계약도 유효한지, 그리고 유효하다면 그 근거가 무엇인지를 묻고 있다. 그에 대하여는 우선 특이한 모습을 보이는 본 사안의 계약이 어떤 성질의 것인지를 밝히고, 그 뒤에 그러한 계약의 유효 여부 및 근거를 논하면 될 것이다.

2. 사안의 계약의 성질: 제3자를 위한 계약

계약이 체결되면 그에 기하여 채권이 발생한다. 그리고 그 채권은 보통 계약당사자에게 귀속한다. 그런데 본 사안의 경우에는 계약당사자가 아닌 C가 TV의 인도청구권이라는 채권을 취득한다고 약정하였다. 이처럼 계약에 기한 채권을 제3자에게 취득시키려는 계약을 제3자를 위한 계약이라고 한다.

널리, 즉 광의로 제 3 자를 위한 계약이라고 하면 제 3 자에게 급부하여야 하는 계약 모두를 가리키나, 좁은 의미로 제 3 자를 위한 계약이라고 하면 광의의 제 3 자를 위한 계약 가운데 제 3 자가 계약에 기하여 급부청구권을 취득하는 경우만을 가리키며, 제 3 자가 채무자에 대하여 채권을 취득하지는 못하고 단지 채무자가 행한 급부를 수령할 수 있는 권한만을 갖는 이른바 부진정한 제 3 자를 위한 계약은 제외된다. 그리고 일반적으로 제 3 자를 위한 계약이라고 하면 좁은 의미의 것, 즉 진정한 제 3 자를 위한 계약을 일컫는다. (진정한) 제 3 자를 위한 계약에 있어서 제 3 자에 대하여 채무를 부담하게 되는 계약당사자를 낙약자(또는 약속자)라고 하고, 그의 상대방을 요약자(또는 수약자)라고 하며, 채권을 취득하는 제 3 자를 수익자라고 한다.

본 사안의 계약은 이와 같은 (진정한) 제 3 자를 위한 계약에 해당한다. 그리고 거기에서 A는 요약자이고, B는 낙약자이며, C는 수익자이다.

3. 사안의 계약의 유효성

제 3 자를 위한 계약의 유효성이 법 이전에 이미 인정되어야 하는 것은 아니다. 입법자는 그러한 계약의 유효성을 부정하여도 무방하다. 역사적으로 볼 때 근대 이전, 특히 로마법에서 제 3 자를 위한 계약이 원칙적으로 부정되었음이 이를 말해 준다. 오늘날에도 법률이 제 3 자를 위한 계약의 유효성을 인정하지 않는다고 하여 그 법률을 위헌이라고 볼 수 없다.

이처럼 법률이 제 3 자를 위한 계약의 유효 여부를 자유롭게 정할 수 있는데, 우리 민법은 제 3 자를 위한 계약의 유효성을 당연한 전제로 하는 규정을 두고 있다. 민법 제539조(특히 1항)가 그것이다. 이와 같은 규정상 우리 민법에 있어서 제 3 자를 위한 계약이 유효하다는 데 대하여는 이론의 여지가 없다. 본 사안의 계약도 제 3 자를 위한 계약으로서 당연히 유효하다고 할 것이다. 문제는 그러한 제 3 자를 위한 계약의 유효성의 근거이다.

4. 사안의 계약의 유효근거

(1) 통　설

제 3 자를 위한 계약이 유효한 근거가 무엇인가에 관하여 우리의 통설은 계약당사자의 의사에 기하여 효력이 생긴다고 설명하는 것으로 충분하다는 입장이다. 즉 계약당사자가 특별한 경제적·사회적 이유로 계약에서 생기는 효과를 제 3 자에게 귀속시키려고 할 때에 그 의사표시의 효과를 인정하여도 사적 자치 내지 계약자유에 비추어 조금도 이상할 것이 없다고 한다. 다만, 제 3 자는 그의 의사에 기하지 않고서 이익을 얻게 되나, 이는 제 3 자에게 귀속하는 법률효과를 절대적인 것으로 하느냐 여부의 문제에 불과하고 계약의 성립 자체에 관한 문제는 아니라고 한다.

(2) 검토 및 사견

생각건대, 민법 제539조 제1항에 의한 제3자를 위한 계약의 허용은 사적 자치의 당연한 결과라고 볼 수 없다. 왜냐하면 계약당사자들이 그들의 계약에서 타인의 권리취득을 규율하는 것은 그들의 사적 자치의 범위에는 포함될지 몰라도 제3자의 사적 자치에는 반하기 때문이다.

우리 민법상 — 명문의 규정(독일 민법 311조 1항 참조)은 없지만 — 채권은 법률에 특별규정이 없는 한 당사자 사이의 계약에 의하여서만 성립할 수 있다고 하여야 한다. 따라서 계약당사자가 아닌 자는 원칙적으로 그의 사전 동의 없이는 타인들이 체결한 계약에 기하여 채권을 취득할 수 없는 것이다. 그러기 때문에 역으로 계약당사자들에 의하여 행하여진 제3자에의 권리취득 약정은 원칙적으로 유효할 수 없다. 다만, 이와 같은 원칙은 법률에 특별규정이 있는 경우에는 적용되지 않는데, 민법 제539조 제1항은 바로 그러한 특별규정에 해당한다. 결국 우리 민법상 제3자를 위한 계약은 민법 제539조 제1항에 의하여 인정된다고 하여야 한다.

한편 법률에 의하여 제3자를 위한 계약의 유효성을 인정한 경우에 제3자의 권리취득을 위하여 제3자의 협력을 요구하지 않을 수도 있었을 것이다. 그런데 우리 민법은 제3자의 권리취득을 그의 의사에 반하여 강요하지 않기 위하여 제539조 제2항에서 제3자의 수익의 의사표시가 있어야만 제3자가 채권을 취득하는 것으로 규정한다. 이는 — 제3자의 — 사적 자치에 부합하는 방향으로 권리취득을 규율한 것이다.

II. 물음 2.에 대하여

1. 서   설

물음 2.에서는 본 사안의 경우에 C가 B에 대하여 TV의 인도청구권을 취득하는지 여부와, 취득한다면 그 시기와 근거 등은 어떠한지를 묻고 있다. 그러면서 다시 C의 행위의 필요 여부에 관한 특약의 유무에 의하여 두 경우를 나누고 있다. C의 행위가 필요한가에 관하여 특약이 없는 경우와, C의 행위와 관계없이 계약 당시에 C가 TV의 인도청구권을 취득한다고 약정한 경우가 그것이다.

물음 2.는 주로 제3자의 수익의 의사표시에 관하여 규정하고 있는 제539조 제2항의 해석을 둘러싸고 생기는 문제를 묻고 있다. 특히 채권 내지 청구권의 취득시기와 관련하여서는 수익의 의사표시가 어떤 성질의 것인지가 문제된다. 그에 따라서 채권의 취득시기가 달라지기 때문이다. 그러나 제539조 제1항과 관계가 없는 것은 아니다. 채권의 취득근거와 과정은 제1항의 문제에 속한다. 한편 C의 행위에 관하여 특약이 있는 경우에 있어서는, 제539조 제2항의 규정이 강행규정인지 여부가 핵심적인 사항이다. 그 규정이 강행규정이면 특약은 무효가 될 것이나, 임의규정이면 특약이 유효할 것이기 때문이다. 두 경우를 나누어 살펴보기로 한다.

2. C의 행위에 관하여 특약이 없는 경우

(1) 수익의 의사표시의 법적 성질

1) 학   설

수익의 의사표시의 법적 성질에 관하여 우리의 통설은 그것은 「제3자의 권리의 발생요건」이라고 한다.

그에 비하여 소수설은 — 제3자를 위한 계약의 경우에 제3자의 권리는 수익 거절의 의사표시를 해제조건으로 하여 당사자의 계약으로 생긴다고 하면서 — 수익의 의사표시는 제3자의 권리발생요건이 아니고 단지 제541조가 정한 당사자의 「제3자 권리의 변경·소멸권」을 소멸시키는 효과를 발생시키는 것에 지나지 않는다고 한다. 이 견해는 그 이유로 제539조 제1항, 제2항의 모순을 해결하기 위해서라는 점과, 변경·소멸은 발생 후의 문제이므로 시기가 달라져야 하고, 만일 그렇게 새기지 않으면 변경·소멸권의 의미가 없다고 한다.

2) 검토 및 사견

제539조 제1항, 제2항은 모순되지 않는 해석이 가능할 뿐만 아니라, 수익의 의사표시 없이 계약만으로 제3자에게 권리가 발생한다는 해석은 제539조 제2항에 명백히 반하며, 제3자의 권리의 변경·소멸은 제3자가 권리취득을 확정짓기 전에도 충분히 의미가 있기 때문에, 위의 소수설은 타당하지 않다.

우리 민법에서는 제3자가 수익의 의사표시를 하여야만 채권을 취득하게 된다. 따라서 제3자의 수익의 의사표시는 제3자가 채권(청구권)을 취득하기 위한 요건이라고 하여야 한다. 결국 통설이 타당하다.

(2) C의 채권(청구권)의 취득 여부와 시기

앞에서 살펴본 바와 같이(Ⅰ. 3. 참조), 본 사안의 계약은 제3자를 위한 계약으로서 유효하다. 따라서 제3자인 C가 채권을 취득함은 당연하다. 문제는 C가 채권을 취득하는 시기 등이다.

위 (1)에서 논한 것처럼, 우리 민법상 제3자를 위한 계약에 있어서 제3자는 수익의 의사표시를 하여야만 채권을 취득하게 된다. 따라서 본 사안의 경우에 C가 TV의 인도청구권을 취득하는 시기는 그가 낙약자인 B에 대하여 수익의 의사표시를 한 때이다.

(3) C의 채권취득의 근거와 과정

1) 제539조의 의미

제3자가 채권을 취득하는 근거는 요약자와 낙약자 사이의 계약이다(539조 1항 앞부분 참조). 한편 민법은 제539조 제 1 항에서 제 3 자를 위한 계약의 경우에 제 3 자가 채무자(낙약자)에 대하여 직접 이행을 청구할 수 있다고 규정하고 있다. 이는 제 3 자를 위한 계약에 있어서는 제 3 자가 요약자를 대위하지 않고 직접 자신이 이행을 청구할 수 있다는 의미이다. 즉 제 3 자가 낙약자에 대하여 채권을 취득한다는 것이다. 그러고 보면 제539조 제 1 항은 제 3 자를 위한 계약의 경우에 제 3 자는 계약으로부터 곧바로 채권을 취득한다는 취지를 규정하고 있는 셈이다. 그리고 제539조 제 2 항에서는 그 경우에 제 3 자의 권리는 그 제 3 자가 채무자(낙약자)에 대하여 계약의 이익을 받을 의사를 표시한 때에 생긴다고 한다.

　　이 두 규정에 관하여 우리의 학설은, 제539조 제 1 항에는 근대적인 제 3 자계약의 법리가 그대로 인정되어 있어서 그것만을 떼어서 보면 계약당사자가 원하는 데 따라 제 3 자는 아무런 행위를 하지 않고서도 채권을 취득하는 것과 같이 보이지만, 동조 제 2 항에서는 제 3 자의 권리의 발생이 수익의 의사표시를 하느냐 않느냐에 의하여 좌우되고 요약자·낙약자 사이의 계약에 기하여 제 3 자가 곧 채권을 취득하는 법리는 긍정되어 있지 않은 것처럼 보여서, 이들은 적어도 표면상 서로 모순을 보인다고 한다.

　　그러나 이러한 설명은 올바르다고 할 수 없다. 위의 견해는 제539조 제 1 항에서의「직접」이라는 표현이「제 3 자의 승낙이나 기타의 협력 없이」라는 의미까지도 포함하고 있다고 보는 입장인데, 그것은 민법의 태도를 잘못 파악한 것이다. 제 3 자를 위한 계약의 경우에 제 3 자가 그 계약으로부터「직접」채권을 취득하는가와 제 3 자가 채권을 취득하기 위하여 승낙이나 기타의 협력을 하여야 하는가는 별개의 것이다. 전자는 제 3 자가 채권을 중간취득자인 요약자로부터 양도받지 않고 계약으로부터 곧바로(처음부터) 취득하느냐의 문제이며, 후자는 제 3 자가 채권을 취득하려면 그의 일정한 협력을 필요로 하느냐의 문제이다. 즉 제539조 제 1 항의「직접」은「간접」(전래 내지 양도)에 반대되는 용어로서「곧바로」(처음부터)라는 의미이고, 그것은「제 3 자의 협력 없이」라는 의미까지도 포함하는 것은 아니다. 제 3 자의 권리취득에 그의 협력이 필요한가에 관하여는 제539조 제 2 항에서 분명히 규정하고 있다. 그러고 보면 우리 민법에서는, 제 3 자를 위한 계약의 경우에 제 3 자는 수익의 의사표시를 하여야만 채권을 취득하게 되지만(539조 2항), 그가 수익의 의사표시를 하여 채권을 취득하게 되는 때에는 그는 요약자에 의하여 매개됨이 없이 계약으로부터 곧바로 채권을 취득하게 되는 것이다(539조 1항).

　　2) 본 사안의 경우

　　이러한 이론을 본 사안에 적용해 보면, C가 B에 대하여 TV의 인도청구권을 취득하게 되는 근거는 요약자인 A와 낙약자인 B 사이에 체결된 TV의 매매계약이다. 그리고 C가 B에 대하여 채권(청구권)을 취득하는 것은 그가 B에 대하여 수익의 의사표시를 하는 때이기는 하나, 그때에는 그는 A에 의하여 매개되지 않고 계약으로부터 곧바로 채권을 취득하게 된다. 결코 C가 A로부터 채권을 양도받거나 A의 채권을 대위하는 것이 아니다.

3. C의 행위에 관하여 특약이 있는 경우

(1) 서   설

요약자와 낙약자가 제 3 자의 수익의 의사표시 등을 기다리지 않고 제 3 자가 당연히 채권을 취득한다고 약정한 경우에, 민법 제539조 제 2 항이 적용되지 않고 그 약정에 따라 수익의 의사표시 없이 제 3 자가 채권을 취득하느냐가 여기의 문제이다. 이는 동 조항이 강행규정이냐의 문제이기도 하다.

(2) 제539조 제 2 항의 성격

1) 학   설

제539조 제 2 항이 강행규정인지에 관하여는 긍정설(절대적 요건설, 강행규정설)과 부정설(상대적 요건설, 임의규정설)이 대립하고 있으며, 후자가 약간 다수설이다.

2) 사   견

생각건대, 전술한 바와 같이(Ⅰ. 4.), 제 3 자를 위한 계약에 기하여 제 3 자가 채권을 취득하게 되는 것은 사적 자치의 당연한 결과가 아니고 법률규정(539조 1항)에 의한 것이다. 한편 제 3 자를 위한 계약의 유효성을 인정하는 경우 법률은 명문으로 제 3 자의 승낙이나 기타의 협력 없이 채권이 제 3 자에게 취득되는 것으로 규정할 수도 있다. 그러나 우리 민법은 제 3 자에게 그의 의사에 반하는 권리취득을 강요하지 않기 위하여 제 3 자의 수익의 의사표시를 요구하고 있다. 이러한 우리 민법상 의사표시 불요의 특약은 유효할 수 없다. 요약자와 낙약자 사이에 특약이 있다고 하여 제 3 자가 당연히 권리를 취득하게 된다면, 그것은 곧 제 3 자에게 권리취득을 강요하는 것으로서 민법 제539조 제 2 항의 취지에 반하게 된다. 결국 수익의 의사표시 기타 일정한 행위를 요구하지 않는다는 특약은 강행규정인 제539조 제 2 항에 반하여 무효라고 하여야 한다.

(3) 본 사안의 경우

사견에 의하면, A와 B가 C의 행위와 관계없이 C가 계약 당시에 TV의 인도청구권을 취득한다고 한 약정은 강행규정인 제539조 제 2 항에 반하여 무효이다. 그 결과 그러한 약정이 있는 때에도 C는 수익의 의사표시를 하여야만 채권을 취득할 수 있게 되며, 채권의 취득시기는 특약이 없는 경우와 마찬가지로 수익의 의사표시를 한 때이다. 만일 제539조 제 2 항을 임의규정이라고 해석한다면, 약정대로 계약 당시에 채권을 취득하게 될 것이다.

한편 C가 채권을 취득하는 근거와 과정은 특약이 없는 경우와 똑같으며, 이는 제539조 제 2 항의 성질에 관한 견해 대립과는 무관하다.

Ⅲ. 물음 3.에 대하여

1. 서   설

본 사안의 경우에 B는 10월 22일에 A로부터 TV의 대금을 받으면 그날 중으로 C에게 TV를 배달해 주기로 하였다. 그런데 10월 23일이 되었는데도 TV를 배달하지 않았다면, 그 때 B에 대하여 누가 어떤 내용의 권리를 행사할 수 있느냐가 여기의 문제이다.

채무불이행책임을 물을 수 있는 자와 관련하여서는 먼저 10월 23일 이전에 C가 수익의 의사표시를 하였는지를 살펴보아야 한다. 왜냐하면 그때까지 C의 수익의 의사표시가 없는 한 C는 채무불이행책임의 전제가 되는 채권 자체를 취득하지 않기 때문이다. 그런데 본 사안에서는 C의 수익표시 유무가 불분명하다. 따라서 그때까지 수익표시가 있었던 경우와 없었던 경우로 나누어 살펴보아야 한다.

2. C가 10월 23일 이전에 수익의 의사표시를 한 경우

⑴ C 외에 A도 채권을 취득하는지 여부

C가 10월 23일 이전에 수익의 의사표시를 한 경우에는, 물론 C는 B에 대하여 채권을 취득하게 된다. 그런데 이때 A도 채권을 취득하는가가 문제된다.

우리의 학설은 제 3 자를 위한 계약의 경우에 제 3 자가 채권을 취득하는 것과 별도로 요약자도 낙약자에 대하여 제 3 자에 대한 채무를 이행할 것을 청구할 수 있다고 한다. 그것이 당사자의 의사에 부합한다는 것이다. 생각건대, 이는 계약의 해석에 의하여 결정될 문제이다. 그러나 만일 계약의 해석에 의하여 결정할 수 없는 경우에는, 요약자에게 제 3 자에의 급부청구권을 인정하여야 할 것이다. 왜냐하면 요약자는 낙약자가 제 3 자에게 급부하는 데 대하여 긴밀한 이해관계를 갖고 있는 것이 보통이기 때문이다.

결국 본 사안의 경우에 C가 수익표시를 하였다면, C뿐만 아니라 A도 채권을 취득하게 된다. 다만, A의 채권은 자신에게 급부하라고 청구할 수 있는 것이 아니고, C에게 급부하라고 청구할 수 있는 것이다.

⑵ C · A가 손해배상을 청구할 수 있는지 여부

1) 서

B가 10월 23일이 되었는데도 C에게 TV를 인도하지 않은 데 대하여 C와 (또는) A가 손해배상을 청구할 수 있는가? 이는 B의 그러한 행위가 채무불이행으로 되느냐의 문제이다.

2) 이행지체의 요건

B의 행위가 채무불이행으로 된다면 그것은 이행지체일 것이다. 이행지체는 이행기가 도래하고 이행이 가능한데도 채무자에게 책임있는 사유로 이행하지 않고 있는 것이다. 따라서 그 요건은 ① 이행기 도래, ② 이행 가능, ③ 이행이 없을 것, ④ 채무자의 유책(귀책)사

유, ⑤ 위법성이다. 이들 가운데 ①은 분명히 충족되어 있고, ③은 문제에서 전제되어 있다. 그리고 ②·④는 아마도 갖추어진 것으로 보인다. 문제는 ⑤이다. 위법성 요건은 채무불이행을 정당화하는 사유가 없으면 인정되는 소극적인 것이다. 그리고 정당화 사유의 대표적인 것은 동시이행의 항변권과 유치권이다. 그런데 여기에서는 동시이행의 항변권이 문제된다.[1] 그에 관하여 살펴보기로 한다.

3) 본 사안의 경우

본 사안의 경우 B는 A로부터 대금을 받은 후에 C에게 TV를 인도하기로 하였다. 따라서 A가 선이행의무자이다. 그리고 그의 의무의 이행기는 10월 22일이다. 그런데 10월 23일이 되었으므로 그의 채무의 이행기가 도래하였음은 물론이다. 그리하여 이때 C(또는 A)가 B에 대하여 이행을 청구하는 경우에는 A의 이행의 제공이 없는 한 B도 동시이행의 항변권을 행사할 수 있다. 동시이행의 항변권의 요건 중 ① 대가적 의미 있는 채무의 존재, ② 상대방의 채무가 변제기에 있을 것이라는 요건은 이미 갖추어져 있고, 단지 ③ 상대방의 이행의 제공이 없을 것이라는 요건만이 불분명하기 때문이다. 경우를 나누어서 보기로 한다.

A가 B에게 자기 채무의 이행의 제공을 한 경우에는 B는 채무불이행을 한 것이 된다. 따라서 채권자인 C는 당연히 B에 대하여 손해배상을 청구할 수 있다. 그런데 이 경우에 요약자인 A도 손해배상청구권을 취득하는가가 문제된다. A의 손해배상청구권으로는 두 가지를 생각할 수 있다. 그 하나는 C에게 손해배상을 하라고 청구하는 권리이고, 다른 하나는 A 자신에게 손해를 배상하라고 하는 것이다. 이 가운데 전자는 요약자의 채권취득 여부에서와 마찬가지의 이론이 적용된다고 하여야 한다. 즉 해석으로 결정할 문제이나, 불분명한 경우에는 그 권리는 인정되어야 한다. 그에 비하여 후자에 관하여는 견해가 대립한다. 긍정설은 요약자가 제 3 자에게 이행되는 것에 관하여 특별한 이익을 가질 때에는 그것에 관하여 독립 별개의 손해배상청구권을 취득한다고 보아야 한다고 하나, 부정설은 제 3 자에게 배상할 것을 청구할 수 있을 뿐이고 자기에게 배상할 것을 청구하지는 못한다고 한다. 생각건대, 요약자가 제 3 자에의 이행에 관하여 특별한 이익을 가지고 있다 하더라도 낙약자의 채무불이행으로 그가 입은 손해는 간접적인 — 대부분 정신적인 — 손해에 지나지 않으므로 그와 같은 손해의 배상은 인정되지 않아야 한다. 결국 A는 C에게 손해배상을 하라고 청구할 수는 있지만 자신에게 손해배상을 하라고 하지는 못한다.

A가 B에게 자기 채무의 이행의 제공을 하지 않은 경우에는, B의 행위는 채무불이행(이행지체)이 되지 않는다. 따라서 C와 A는 모두 B에 대하여 손해배상을 청구할 수 없다.

(3) A의 계약해제권 문제

계약해제권은 제 3 자는 가질 수가 없다. 그는 계약의 당사자가 아니기 때문이다. 해제권의 유무는 요약자인 A에게만 문제된다. A가 해제권을 취득하려면 해제권의 발생요건을

---

1) 동시이행의 항변권에 관한 제536조는 제 3 자를 위한 계약에도 적용된다.

구비하여야 한다.

본 사안의 경우에 발생가능한 해제권은 이행지체를 원인으로 하는 것이며, 그 요건은 ① 채무자의 유책(귀책)사유에 의한 이행지체가 있을 것, ② 상당한 기간을 정하여 이행을 최고할 것, ③ 최고기간 내에 이행 또는 이행의 제공이 없을 것 등이다(544조 참조). 이들 가운데 ①의 요건과 관련하여서는 B의 동시이행의 항변권 유무가 가장 문제된다. 따라서 A가 이행의 제공을 한 경우에만 그 요건을 충족시킬 수 있다. 그리고 ② · ③의 요건은 현재로서는 구비되어 있지 않으며, 해제권을 취득하려면 이들을 갖추어야 한다.

그러나 본 사안의 경우에는 이들 요건만으로 충분하지 않다. 제 3 자를 위한 계약에 있어서 제 3 자가 수익의 의사표시를 한 때에도 요약자가 단독으로 해제권을 행사할 수 있는지가 문제되기 때문이다. 여기에 관하여는 긍정설과 부정설이 대립하고 있으며, 전자가 다수설이다. 그리고 판례는 다수설과 마찬가지로 긍정설의 입장이다.[2] 생각건대, 이는 우선은 계약의 해석의 문제이다. 그러나 문제는 해석으로 결정할 수 없는 경우이다. 그런데 그러한 경우에 수익의 의사표시 후에도 요약자가 단독으로 해제할 수 있다고 한다면, 이는 제 3 자의 의사에 반하여 제 3 자로부터 권리를 박탈할 수 있게 되어 부당하다. 따라서 수익의 의사표시가 있은 후에는 제 3 자의 동의가 있는 때에만 해제할 수 있다고 하여야 한다.

이러한 사견에 의하면, 본 사안의 경우에는, 설사 다른 요건이 모두 갖추어져 있다고 하더라도 A는 계약을 해제할 수 없다고 하여야 한다. 다만, C가 해제에 동의하면 A는 해제를 할 수 있고, 그때에는 해제와 함께 C에게의 손해배상을 청구할 수 있다(551조).

3. C가 10월 23일 이전에 수익의 의사표시를 하지 않은 경우

(1) 만약 C가 10월 23일 이전에 수익의 의사표시를 하지 않았다면, C는 B에 대하여 채권을 취득하지 못한다. 그러나 A는 C에게 급부하라고 청구할 수 있는 권리를 가진다. 그리고 그때에도 B는 C에게 이행할 수 있으며, A에 대하여 그러한 내용의 채무를 부담하고 있다. 이 경우에도 B의 책임 유무는 A의 채무의 이행의 제공 유무에 좌우된다.

(2) A가 B에게 자기 채무의 이행의 제공을 한 때에는, A는 B에 대하여 C에게 손해배상을 하라고 청구할 수 있다. 그러나 자신에게 손해배상을 할 것을 청구하지는 못한다. 그에 비하여 C는 수익의 의사표시를 하지 않은 만큼 채권이 없고, 그 결과 채무불이행책임도 물을 수 없다.

그리고 이때 A가 자기 채무의 이행의 제공을 하면서 상당한 기간을 정하여 상대방(B)의 이행을 최고하였는데 그 기간 내에 상대방의 이행이나 이행의 제공이 없으면, 그는 B와의 계약을 해제할 수 있다(544조). 지금 문제삼는 경우는 제 3 자의 수익의 의사표시가 없는 때이기 때문에 C의 동의를 기다릴 이유도 없다. 그리고 A는 계약을 해제하면서 동시에 B에

---

2) 대판 1970. 2. 24, 69다1410 · 1411.

대하여 C에게 손해배상을 할 것을 청구할 수도 있다(551조).

⑶ A가 B에게 자기 채무의 이행의 제공을 하지 않은 경우에는 B의 행위는 채무불이행 (이행지체)이 아니다. 따라서 A는 B에 대하여 손해배상을 청구할 수도 없고, 또 계약의 해제 도 할 수 없다.

[80] 계약해제의 효과

문제

A는 2002. 9. 15. 자신이 소유하고 있는 X토지를 B에게 5,000만원에 팔기로 하는 내용의 계약을 체결하였다. 계약 당시에 B는 A에게 계약금으로 500만원을 지급하였고, 대금 중 2,000만원은 중도금으로 2002. 10. 15.에 X토지의 명의변경(소유권이전등기)에 필요한 서류를 받으면서 지급하기로 하고, 잔금 2,500만원은 B가 X토지를 C은행에 담보로 제공하고서 금전을 대출받아 2002. 11. 5.에 지급하기로 하였다. 그리하여 A는 2002. 10. 15.에 B로부터 중도금 2,000만원을 받으면서 등기서류를 교부하였고, B는 X토지의 소유권이전등기를 한 뒤 C은행에 저당권을 설정하여 주고서 2,500만원을 대출받았다. 그런데 B는 다른 급한 용도가 생겨 대출금으로 잔금을 지급하지 않고 다른 곳에 사용하였다. 한편 A와 B 사이의 매매계약의 계약서에는「매도자가 본 계약을 어겼을 때에는 계약금으로 받은 금액의 배를 매수자에게 주기로 하고 매수자가 본 계약을 어겼을 때에는 계약금은 무효가 되고 돌려달라는 청구를 하지 않기로 함」이라는 조항이 들어가 있다. 그리고 현재는 2003. 1. 15.이다.

이 경우에 A가 계약을 해제하기 위한 요건은 무엇이며, 그때의 법률관계는 어떻게 되는가?

I. 논점의 정리

본 사안에 있어서는 X토지에 관하여 매도인 A와 매수인 B가 매매계약을 체결하였다. 그에 의하면 계약 당시에 B가 계약금을 지급하기로 하였고, 매매대금 중 잔금은 X토지에 관하여 B 명의로 소유권이전등기를 한 뒤에 B가 그 토지를 담보로 하여 C은행으로부터 금전을 대출받아 지급하기로 하였다. 그런데 B는 약속을 어기고 C로부터 대출받은 금전을 다른 데 사용해 버렸다. 그리고 계약서에는 계약금에 관련한 특약조항이 두어져 있다.

본 문제는 이러한 경우에 관하여 두 가지를 묻고 있다. 하나는 매도인 A가 계약을 해제하기 위한 요건이 무엇인가이고, 다른 하나는 A가 계약을 해제하였을 경우의 법률관계이다. 이들 중 보다 중요한 것은 후자이다.

이 가운데 계약해제의 요건과 관련하여서는 채무불이행을 이유로 한 해제와 계약금에 기한 해제의 두 경우 모두를 살펴보아야 한다. 본 사안에 있어서는 계약금도 지급되어 있으므로, 그에 기한 해제 가능성도 검토해 볼 필요가 있는 것이다.

다음에 계약을 해제하였을 경우의 법률관계를 보려면 먼저 계약해제의 효과에 관한 논의가 필요하다. 그런 뒤에는 그 논의의 기초 위에서 A·B·C 사이의 법률관계를 구체적으로 살펴보아야 한다. 법률관계의 주요한 것으로는 X토지의 소유관계, 등기말소청구 문제, 손해배상 문제, 대금반환 문제 등이 있다. 그리고 손해배상과 관련하여서는 계약금에 관한 특약이 어떤 영향을 미치는지도 검토해 보아야 한다.

Ⅱ. 계약해제의 요건 문제

1. 서   설

본 사안에서 매수인 B는 매매대금 가운데 잔금을 지급하지 않았다. 이는 채무불이행 가운데 이행지체로 될 가능성이 크다. 그런데 채무불이행 중 이행지체의 경우에는 일정한 요건 하에 계약을 해제할 수 있다(544조). 그러므로 여기서 그 경우의 해제요건을 정리하여야 한다.

그런가 하면 다른 한편으로 계약금에 기한 해제도 검토하여야 한다. 왜냐하면 본 사안의 경우 B가 A에게 계약금을 지급하였는바, 만약 그 계약금이 해약금에 해당하고 해약금에 기한 해제가 가능한 때라면 그에 기하여 계약을 해제할 수도 있기 때문이다.

2. 이행지체를 이유로 한 해제의 경우

(1) 서   설

본 사안에 있어서 B가 A에게 잔금을 지급하지 않고 있는 것은 채무불이행으로서 이행지체에 해당한다. 그리고 본 사안에서의 계약은 정기행위가 아니고 보통의 이행지체이다. 그러므로 아래에서 보통의 이행지체에 있어서 계약해제의 요건을 기술하기로 한다.

(2) 이행지체를 이유로 한 해제권의 발생요건

정기행위가 아닌 보통의 계약에 있어서 이행지체를 이유로 계약을 해제할 수 있으려면 세 가지의 요건이 필요하다(544조). 그 세 요건과 중요 관련사항을 살펴보기로 한다.

1) 채무자의 유책사유에 의한 이행지체가 있을 것

채무자에게 책임있는 사유로 이행을 지체하였어야 한다. 이행지체를 이유로 해제할 수 있으려면 우선 채무불이행으로서의 이행지체의 요건이 구비되어야 한다. 즉 이행기가 도래하고, 이행이 가능하고, 이행이 없어야 하며, 채무자에게 유책사유가 있고, 또 위법하여야 한다.

이행지체의 요건으로 위법성도 있기 때문에 채무자에게 채무불이행을 정당화하는 사유가 있는 때에는 해제권은 생기지 않는다. 따라서 채무자에게 동시이행의 항변권이 있는 경우에는, 채권자는 자기의 채무에 관하여 이행의 제공을 하여야만 해제할 수 있다.

한편 채무자가 일부의 이행을 지체한 경우에는, 그 일부 불이행에 의하여 계약의 목적을 달성할 수 없는 때에만 계약 전부를 해제할 수 있고, 그 이외의 경우에는 불이행 부분에 관하여서만 해제권이 발생한다고 하여야 한다.

2) 상당한 기간을 정하여 이행을 최고할 것

채권자가 상당한 기간을 정하여 이행을 최고하였어야 한다. 여기의 상당한 기간은 채무자가 이행을 준비하고 이를 이행하는 데 필요한 기간으로서 채무의 성질이나 그 밖의 객관적인 사정을 고려하여 결정된다.

만약 채권자가 객관적으로 상당한 기간으로 생각되는 것보다 짧은 기간을 정하여 최고한 경우에는 최고의 효력은 부정되는가? 그렇게 해석하지 않아야 한다. 왜냐하면 제544조에 의한 해제권의 발생에서 중요한 것은 상당한 기간을 정한 최고가 아니고, 최고를 하여도 상당한 기간 내에 이행하지 않는 사실이기 때문이다. 그리고 최고를 무효라고 하면 채무불이행자를 지나치게 보호하는 문제도 생긴다. 따라서 기간이 상당하지 않아도 최고의 효력은 발생하고, 다만 해제권은 객관적으로 보아 상당한 기간이 경과한 때에 생긴다고 해석하여야 한다. 통설·판례도 같은 입장에 있다.[1]

그리고 이와 같이 해석하면, 기간을 정하지 않고 최고한 경우에도 최고는 유효하고 해제권은 상당한 기간이 지난 때에 생긴다고 할 수 있을 것이다. 이것 역시 통설·판례도 같다.[2] 한편 계약해제를 위한 최고는 채무자가 미리 이행하지 않을 의사를 표시한 때에는 필요하지 않다(544조 단서).

3) 최고기간 내에 이행 또는 이행의 제공이 없을 것

채무자가 최고기간 내에 이행 또는 이행의 제공을 하지 않았어야 한다. 쌍무계약에 있어서 채무자가 동시이행의 항변권을 가지고 있는 경우에는 그 권리를 소멸시키기 위하여 채권자도 이행의 제공을 하여야 하며, 그에 관하여는 첫째의 요건과 관련하여서도 언급하였다.

(3) 본 사안의 경우

이제 본 사안을 가지고 A가 해제하기 위하여 필요한 요건을 기술하기로 한다.

해제요건 가운데 첫째의 요건에 관하여 본다. B의 잔금 지급의무는 이행기가 2002. 11. 5.인데 현재(2003. 1. 15.)까지 지급하지 않고 있다(이행기 도래, 이행 없음). 그리고 B의 그 채무는 금전채무이어서 이행불능은 있을 수 없기 때문에 이행이 가능하다고 하여야 한다(이행가능). 나아가 B가 대출금을 의도적으로 다른 곳에 사용하였으므로 유책사유의 요건도 구비된다(397조 2항도 참조). 또한 A·B 사이의 매매계약은 쌍무계약이기는 하나, A는 B에게 이미 소유권이전등기도 해 주었고 객체가 토지이어서 인도는 특별히 따로 할 필요가 없으므로

---

1) 대표적으로 곽윤직, 채각, 87면. 대판 1979. 9. 25, 79다1135·1136.
2) 대표적으로 곽윤직, 채각, 105면-106면. 대판 1990. 3. 27, 89다카14110; 대판 1994. 11. 25, 94다35930.

그의 채무를 모두 이행하였다고 할 것이고, 따라서 B에게 동시이행의 항변권이 생길 여지가 없다. 그런가 하면 다른 정당화 사유도 없다. 그러므로 위법성이라는 요건도 갖추고 있다. 결국 본 사안의 경우 첫째의 요건은 이미 갖추어져 있음을 알 수 있다.

본 사안에 있어서 B가 지체한 채무는 B의 채무 가운데 일부이다. 그런데 그 부분은 매매대금 중 절반에 해당하므로 그것의 이행이 없는 한 A는 계약의 목적을 달성할 수 없다. 따라서 A는 — 다른 요건까지 갖추어지면 — B의 일부 불이행을 이유로 계약 전부를 해제할 수 있다.

다음에 A가 계약을 해제할 수 있으려면 둘째의 요건 구비를 위하여, A가 상당한 기간을 정하여 B에게 잔금 지급을 최고(청구)하여야 한다. 만약 A가 상당한 기간보다 짧게 또는 유예기간 없이 최고하여도 최고의 효력은 발생하나, 해제권은 객관적으로 상당한 기간이 경과한 때 생긴다. 그리고 이러한 최고는 B가 미리 불이행의 의사를 표시한 때에는 하지 않아도 무방하다. 본 사안의 경우 현재로서는 불이행의 의사가 표시되었다고 인정할 여지는 없다.

마지막으로 A의 최고에도 불구하고 B가 최고기간 내에 이행이나 이행의 제공을 하지 않아야 한다.

요컨대 본 사안의 경우 이행지체에 의한 해제권의 발생요건 가운데 첫째 요건은 갖추어졌으나 나머지 두 요건은 아직은 갖추어져 있지 않다. 따라서 A가 계약을 해제하려면 그 요건을 더 갖추어야 하며, 그는 현재 상태에서는 해제할 수 없다. 그리고 나머지 요건이 구비된다면 A는 B의 일부의 불이행을 이유로 계약 전부를 해제할 수 있다.

3. 계약금에 기한 해제의 경우

(1) 서 설

본 사안에서 B는 A에게 매매계약 당시에 500만원을 계약금으로 지급하였다. 그런데 만약 계약금이 해약금의 성질을 가질 때에는 경우에 따라 해약금에 기하여 계약당사자가 계약을 해제할 수 있다. 그러므로 혹시 본 사안에서도 계약금이 해약금으로 인정되어서 A가 그에 기초하여 해제할 수 있는지를 살펴보아야 할 것이다.

(2) 계 약 금

1) 계약금의 종류

계약금에는 성약금, 증약금, 위약계약금, 해약금 등이 있다. 성약금은 계약을 성립시키기 위한 계약금인데, 이는 우리 법상 계약의 낙성계약성과 모순되어 인정되지 않는다. 증약금은 계약체결의 증거로서의 의미를 갖는 계약금으로서, 이것은 계약금의 최소한도의 성질이다. 위약계약금은 채무불이행시에 의미를 갖는 계약금이며, 이는 다시 위약벌의 성질을 가지는 것과 손해배상액의 예정의 성질을 가지는 것으로 나누어진다. 해약금은 계약의 해제권을 보류하는 작용을 하는 계약금이다.

2) 해약금의 추정

계약금이 어떤 성질의 것이냐는 당사자의 법률행위의 해석의 문제이나, 우리 민법상 다른 약정이 없으면 해약금으로 추정된다(565조). 그리고 판례는 손해배상액의 예정의 성질을 가지는 위약계약금의 특약이 있는 경우에는 특별한 사정이 없는 한 그 성질 외에 해약금의 성질도 가진다고 한다.[3]

3) 해약금의 효력

계약금이 해약금일 경우 계약금의 교부자는 계약금을 포기하면서 계약을 해제할 수 있고, 계약금의 수령자는 그 배액을 상환하면서 계약을 해제할 수 있다(565조 1항). 계약을 해제할 수 있는 기간은 당사자의 일방이 이행에 착수할 때까지만이다. 통설·판례도 같은 입장이다(강의, D-150·151 참조).

(3) 본 사안의 경우

본 사안의 경우에는 계약금에 관하여 손해배상액의 예정의 성질을 가지는 위약계약금 특약이 있으나 그렇다고 하여도 동시에 해약금으로 추정된다. 그리하여 당사자 일방이 이행에 착수하기 전이었다면 A나 B는 모두 해약금에 기한 해제를 할 수 있었을 것이다. 그런데 본 사안의 경우에는 A는 그의 채무를 모두 이행하였고, B는 중도금 지급의무까지 이행하였다. 즉 당사자 모두가 이미 이행에 착수하고 있는 것이다. 따라서 이 경우에 B뿐만 아니라 A도 해약금에 기초하여 매매계약을 해제할 수는 없다.

Ⅲ. A가 계약을 해제하였을 경우의 법률관계

1. 서   설

본 사안에서 A는 B와의 매매계약을 아직 해제하지 않았다. 그렇지만 B의 이행지체가 발생하였기 때문에 A는 추가적인 요건을 구비하여 B와의 계약을 해제할 수 있다. 추가요건의 구비 여부가 확실한 것은 아니지만 본 문제에서는 일단 그 요건들이 갖추어질 것을 전제로 하여 A가 계약을 해제하면 법률관계가 어떻게 되는지에 관하여 묻고 있다.

계약해제시의 법률관계 문제는 결국 계약해제의 효과의 문제이다. 따라서 법률관계를 논하려면, 그에 앞서서 계약해제의 효과에 관하여 살펴보아야 한다. 아래에서 먼저 본 사안의 해결에 필요한 범위에서 해제의 효과를 정리하고, 그 뒤에 본 사안에서의 법률관계에 관하여 기술하기로 한다.

---

3) 대판 1992. 5. 12, 91다2151.

2. 계약해제의 효과

⑴ 해제의 효과에 관한 법리 구성

1) 학   설

해제의 효과에 관하여 현재 우리나라에서 주장되고 있는 학설로는 직접효과설과 청산 관계설이 있다. 직접효과설은 해제에 의하여 계약은 소급해서 무효로 된다는 견해이다.[4] 이 에 의하면 해제 당시에 아직 이행되지 않은 채무는 소멸하고, 이미 이행된 경우에는 급부가 부당이득이 되어 반환하여야 한다. 그에 비하여 청산관계설은 해제권의 행사에 의하여 기존 의 계약관계는 청산관계로 변경된다는 견해이다.[5] 이에 의하면 아직 이행되지 않은 채무는 소멸하고, 이미 급부한 것이 있으면 이를 반환해야 할 의무가 발생하게 된다고 한다.

2) 판   례

판례는 해제가 있으면 그 소급효로 인하여 계약의 효력이 소급하여 상실한다고 하여 직접효과설의 견지에 있다.[6]

3) 검토 및 사견

이러한 직접효과설이나 청산관계설은 모두 완전하지 못하다. 우선 직접효과설은 우리 민법상 계약을 해제하면서 동시에 채무불이행을 이유로 손해배상을 청구할 수 있다는 점을 논리적으로 설명하기 어렵다. 왜냐하면 직접효과설에 의하면 계약이 해제되면 해제된 계약 이 소급적으로 무효가 되어 채무가 존재하지 않았던 것이 되므로 채무불이행을 생각할 수 없기 때문이다. 그런가 하면 청산관계설은 제548조 제 1 항 단서의 제 3 자 보호규정이 무의 미하게 되어 문제이다. 그 이론에 의하면 제 3 자는 이론상 당연히 보호되므로 제 3 자 보호 규정은 불필요하게 된다. 그리고 보면 민법은 해제에 의하여 제 3 자가 침해되는 경우를 전 제로 했다고 볼 수 있는 것이다. 이처럼 두 이론 모두 문제점을 지니고 있으나 논리적인 흠 은 후자가 더 크다고 할 것이다. 따라서 청산관계설보다는 직접효과설을 취하여야 한다. 직 접효과설을 취할 경우 손해배상 문제는, 계약이 해제되어도 현실적으로 손해는 남게 되므로, 그것이 배상되어야 비로소 해제의 본래의 효과인 원상회복이 달성된다고 설명할 수 있다.

⑵ 구체적인 효과

위에서 본 바와 같이, 해제의 효과에 관한 이론으로는 직접효과설이 타당하므로 그러한 견지에서 해제의 구체적인 효과를 살펴보기로 한다.

1) 계약의 소급적 실효

⑺ **채권 · 채무의 소멸**   계약이 해제되면 계약에 의하여 발생한 법률효과는 해제에 의

---

4) 곽윤직, 채각, 99면; 김주수, 채각, 148면; 이태재, 채각, 123면.
5) 김상용, 채각, 148면; 김형배, 채각, 232면; 이은영, 채각, 251면.
6) 대판 1977. 5. 24, 75다1394; 대판 1982. 11. 23, 81다카1110; 대판 1995. 3. 24, 94다10061; 대판 2002. 9. 27, 2001두5989.

하여 소급해서 소멸한다. 그 결과 계약에 의하여 생긴 채권·채무는 해제에 의하여 모두 소멸한다.

(내 **물건 등의 권리가 이전(설정)된 경우**   계약의 이행으로서 권리의 이전이나 설정을 목적으로 하는 물권행위나 준물권행위가 행하여지고 또한 등기나 인도와 같은 권리의 이전(또는 설정)에 필요한 요건이 모두 갖추어져 권리의 이전(또는 설정)이 된 뒤에, 해제가 있으면 그 이전(또는 설정)된 권리는 당연 복귀하는지가 문제된다.

(a) 학   설   여기에 관하여 학설은 채권적 효과설과 물권적 효과설로 나뉘어 대립하고 있다. 채권적 효과설은 계약이 해제되더라도 이행행위(물권행위나 준물권행위) 자체는 그대로 효력을 보유하며 이를 전제로 하여 새로이 그 급부를 반환하여 원상회복을 시킬 채권관계가 발생한다고 한다.[7] 그에 비하여 물권적 효과설은 계약이 해제되면 일단 이전하였던 권리는 당연히 복귀한다고 한다.[8] 채권적 효과설은 물권행위의 무인성을 인정하는 견해이고, 물권적 효과설은 물권행위의 무인성을 부정하는 견해이다.

(b) 판   례   판례는 우리 법상 물권행위의 독자성과 무인성이 인정되지 않는다는 점과 제548조 제 1 항 단서가 거래안전을 위한 특별규정이라는 점을 들어 해제로 인하여 물권이 당연히 복귀한다고 보는 것이 타당하다고 한다.[9] 즉 물권적 효과설을 취한다.

(c) 사   견   생각건대 민법 제548조 제 1 항 단서의 제 3 자 보호규정은 해제에 의하여 제 3 자가 해쳐진다는 것을 전제로 한 규정이다. 그런데 채권적 효과설에 의하면 제 3 자가 해쳐지는 일이 생길 수가 없다. 따라서 우리 민법은 물권적 효과설의 입장에 있다고 보아야 한다.

2) 해제의 경우 제 3 자 보호

(가 서   설   해제의 효과에 관하여 청산관계설을 취하면 제 3 자는 이론상 당연히 보호된다. 직접효과설을 취하면서 아울러 채권적 효과설을 따르는 경우에도 마찬가지이다. 청산관계설에 의하면 해제의 소급효가 인정되지 않기 때문에 제 3 자가 이미 취득한 권리를 상실하는 일이 생기지 않으며, 직접효과설-채권적 효과설은 해제의 소급효는 인정하지만 권리변동이 있는 경우에는 권리변동까지 없었던 것으로 하지는 않기 때문이다. 그러므로 이들 학설에서는 특별한 제 3 자 보호조치가 필요하지 않다. 그에 반하여 직접효과설을 취하면서 아울러 물권적 효과설을 따르는 경우에는 해제에 의하여 이미 일어난 권리변동이 없었던 것으로 되므로, 제 3 자가 권리를 상실하여 손해를 입는 일이 생기게 된다. 이러한 직접효과설-물권적 효과설에서는 제 3 자를 보호하기 위한 소급효 제한이 필요하게 된다.

그런데 민법은 제548조 제 1 항 단서에서 해제에 의하여 제 3 자의 권리를 해하지 못하

---

7) 김기선, 채각, 96면; 김주수, 채각, 149면.
8) 곽윤직, 채각, 101면; 이태재, 채각, 127면.
9) 대판 1977. 5. 24, 75다1394; 대판 1982. 11. 23, 81다카1110; 대판 1995. 5. 12, 94다18881 · 18898 · 18904.

는 것으로 규정하고 있다. 이 규정은 직접효과설-물권적 효과설에서는 제 3 자 보호를 위하여 해제의 소급효를 제한하는 특별규정으로 이해된다. 그리하여 대단히 중요한 규정이 된다. 그러나 청산관계설이나 직접효과설-채권적 효과설에서는 그러한 규정은 불필요한 것이된다.

(내) **제 3 자의 범위**　　제 3 자 보호규정인 제548조 제 1 항 단서에서 말하는 제 3 자는 어떤 자인가? 우선 제 3 자의 범위를 보면 원칙적으로는 「해제의 의사표시가 있기 전에」 해제된 계약을 기초로 새로운 권리를 취득한 자를 가리킨다. 그러나 엄격하게 그러한 자에만 한정하면 해제의 의사표시가 있은 후에 권리를 취득한 자는 보호되지 못하게 된다. 이러한 결과는 옳지 않다. 해제의 의사표시가 있었는지는 제 3 자가 쉽게 알 수 없기 때문이다. 그러므로 해제의 의사표시가 있은 후에 이를 모르고 해제된 계약을 기초로 새로이 권리를 취득한 자도 여기의 제 3 자의 범위에 포함시켜야 한다. 다만, 부동산 물권의 경우 해제에 기한 말소등기가 있은 후 권리를 취득한 자는 보호할 필요가 없다. 결국 제548조 제 1 항 단서의 제 3 자는 — 등기의 공신력이 없는 부동산 거래의 경우를 중심으로 하여 보면 — 「해제의 의사표시가 있기 전에 해제된 계약을 기초로 새로이 권리를 취득한 자」와 「해제의 의사표시가 있은 후 그에 기한 말소등기가 있기 전에 해제의 의사표시가 있었음을 모르고 해제된 계약을 기초로 새로이 권리를 취득한 자」라고 하여야 한다. 판례도 이와 같은 제 3 자 범위의 확장을 인정한다.[10]

　　제 3 자의 예로는 해제된 매매계약의 매수인으로부터 소유권을 양수한 자, 저당권이나 질권을 설정받은 자를 들 수 있다. 그리고 여기의 제 3 자로 되려면 물권의 경우에는 등기나 인도와 같은 공시방법도 갖추어야 하며, 주식과 같이 권리 취득에 대항요건을 갖추어야 하는 경우에는 그 요건을 구비하여야 한다. 통설 · 판례도 마찬가지로 새긴다.[11]

　3) **원상회복의무**

　계약이 해제되면 각 당사자는 모두 원상회복의무를 부담한다(548조 1항 본문). 이 의무는 직접효과설에 의할 경우 부당이득 반환의무의 성질을 가지게 된다. 따라서 반환범위는 제 548조와 부당이득의 일반규정에 의하여 정하게 된다.

　4) **손해배상의무**

　민법은 제551조에서 계약을 해제하면서 동시에 채무불이행을 이유로 한 손해배상도 청구할 수 있도록 규정하고 있다. 앞에서 언급한 바와 같이, 해제의 효과에 관하여 직접효과설을 취하면 이 문제를 설명하기가 어려워진다. 그 견해에 의하면 논리적으로 채무불이행이 있을 수 없기 때문이다. 그러나 해제가 있었다고 하여도 현실적으로 손해는 남게 되고 그것

---

10) 대판 1985. 4. 9, 84다카130 · 131; 대판 1996. 11. 15, 94다35343; 대판 2000. 4. 21, 2000다584; 대판 2005. 6. 9, 2005다6341.

11) 대판 1971. 12. 14, 71다2014; 대판 1996. 4. 12, 95다49882; 대판 2000. 4. 11, 99다51685; 대판 2003. 1. 24, 2000다22850; 대판 2005. 1. 14, 2003다33004 등.

까지 배상하여야 진정한 원상회복이 된다고 이해할 수 있다. 민법은 직접효과설에 입각하면서도 이러한 손해 잔존의 현실을 감안하여 정책적으로 손해배상청구를 인정한 것이다.

손해배상의 범위에 관하여 학설은 ⅰ) 이행이익설(다수설)과 ⅱ) 신뢰이익설로 나뉘어 있다. 그리고 판례는 초기에는 이행이익만을 청구할 수 있고 신뢰이익은 청구할 수 없다고 하였으나,12) 근래에는 이행이익의 배상을 구하는 것이 원칙이지만 그에 갈음하여 신뢰이익의 배상을 구할 수도 있다고 한다.13) 생각건대 여기의 손해배상은 채무불이행으로 인한 것이므로 그 범위도 일반 채무불이행의 경우와 마찬가지로 이행이익이라고 하여야 한다. 그리고 신뢰이익의 배상은 인정되지 않는다. 다만, 헛되이 지출한 비용은 이행이익에 갈음하여 그것의 범위 안에서 배상청구를 인정하는 것이 바람직하다.14)

5) 해제의 효과와 동시이행

만약 해제에 의하여 당사자 쌍방이 원상회복의무·손해배상의무를 부담하는 경우에는 거기에 동시이행의 항변권에 관한 제536조가 준용된다(549조).

3. 본 사안에 있어서의 법률관계

이제 위에서 검토한 이론을 바탕으로 하여 A가 계약을 적법하게 해제하였다고 가정하여 그때의 법률관계를 살펴보기로 한다.

(1) B의 잔금채무의 존재 여부 및 X토지의 소유관계

본 사안에 있어서 만약 A가 B와 체결한 매매계약을 해제하였다면, 사견인 직접효과설에 의할 경우, A·B 사이의 계약은 소급해서 무효로 된다.

따라서 아직 이행하지 않은 B의 잔금 지급의무도 소멸하게 되고, 이미 이행한 채무도 발생하지 않았던 것이 된다.

그리고 본 사안에서는 X토지의 소유권이 완전히 B에게 이전된 상태에서 계약이 해제되었다. 그러한 때에는 제 3 자를 고려하지 않는다면 일단은 X토지의 소유권이 해제로 A에게 당연 복귀한다고 해석하여야 한다(물권적 효과설). 즉 소유권이 복귀하기 위하여 B와 A 사이의 물권행위나 등기는 필요하지 않다.

그런데 여기서 고려하여야 할 사항이 있다. 그것은 다름아닌 저당권자 C이다. C는 해제된 A·B 사이의 계약을 기초로 새로이 권리를 취득한 자이다. 그리고 저당권등기까지 마친 완전한 권리자이다. 따라서 C는 제548조 제 1 항 단서의 제 3 자에 해당하여 그 규정에 의하여 보호된다. 즉 A는 계약해제의 효과를 C에게 주장할 수 없다. 구체적으로 말하면 C에 대하여 저당권의 말소등기를 청구할 수 없다.

---

12) 대판 1983. 5. 24, 82다카1667.
13) 대판 2002. 6.11, 2002다2539; 대판 2003. 10. 23, 2001다75295.
14) 송덕수, 채총, [87] 참조.

문제는 이와 같은 보호되는 제3자가 있을 경우 A·B 사이의 계약의 운명이 어떻게 되느냐이다. 만약 C가 B로부터 X토지의 소유권을 양수하였다면 A에게 되돌아 올 소유권은 없다. 그러나 본 사안의 경우처럼 저당권만을 취득한 때에는 소유권의 복귀가 불가능하지 않다. 그리하여 여기에 대하여는 두 가지 견해를 생각해 볼 수 있다. 그 하나는 제3자의 권리를 해치지 않는 범위에서 소유권이 복귀한다는 견해이고, 나머지 하나는 제3자가 있는 한 계약은 전 범위에서 유효한 것으로 되고 소유권은 전혀 복귀하지 않는다는 견해이다. 여기에 관하여 문헌에서는 논의가 보이지 않는다. 생각건대 제548조 제1항 단서는 제3자에게 대항하지 못한다고 규정하고 있지 않고 「제3자의 권리를 해하지 못한다」고 하였을 뿐이다. 그리고 제3자를 해치지 않는 한 권리자를 보호하는 것이 타당하다. 결국 제3자의 권리의 제한이 있는 상태로 소유권은 복귀한다고 새기는 것이 옳다. 그 나머지의 문제는 손해배상으로 처리하면 될 것이다. 판례도 사견과 같은 취지인 것으로 생각된다.[15]

이러한 견해에 의하면, 본 사안의 경우 A의 해제가 있더라도 제3자 C의 저당권은 아무런 영향을 받지 않고 그대로 유효하다. 그렇지만 X토지의 소유권은 C의 저당권의 부담을 안은 채 A에게 복귀한다. 그때 저당권의 부담에 대하여는 B가 A에 대하여 손해배상을 하여야 한다.

(2) 원상회복의무·손해배상의무·동시이행

1) 계약의 해제가 있으면 당사자는 원상회복의무가 있다. 그리고 양 당사자가 모두 급부하였으면 당사자 쌍방이 이 의무를 부담한다. 본 사안의 경우에는 A·B 모두가 급부를 하였다. A는 X토지의 소유권을 이전하였고, B는 계약금과 중도금을 지급하였다. 따라서 이들은 모두 서로 급부를 반환하여야 한다.

2) 먼저 B에 대하여 보면, X토지의 소유권은 이미 A에게 복귀하였기 때문에 B는 소유권을 A에게 반환할 필요는 없다(물권적 효과설). 그러나 B 명의의 소유권등기는 말소하여야 한다. 그리고 B가 만약 X토지를 점유하고 있다면 그것을 인도하여야 한다.

3) 다음에 A가 수령한 계약금에 관하여는 특별한 검토가 필요하다. 본래 계약금은 매매대금의 일부가 아니다. 그러나 실제에 있어서는 계약금을 매매대금에 충당하는 특약을 하는 것이 보통이다. 본 사안에서도 그랬을 가능성이 크다. 만약 본 사안에서 그런 특약을 하였다면 그것은 이미 지급된 대금의 일부로 반환하는 것을 생각할 수 있다. 그에 비하여 그러한 특약이 없고 그것은 단지 계약금일 뿐이라면, 매매계약의 종된 계약인 계약금계약도 해제에 의하여 역시 무효로 되기 때문에 다른 문제가 없을 경우 계약금은 부당이득으로서 반환될 것이다. 그러나 그 반환이 쉽게 인정될 수가 없다. 본 사안에서 A·B가 계약금에 관하여 손해배상액의 예정으로서의 성질을 가지는 위약계약금 특약을 하였고, B의 채무불이행이 발생하였기 때문이다. 그리고 손해배상액의 예정이 있는 경우에는 해제가 있더라도 그

특약은 그대로 유효하고, 해제에 의한 손해배상의 기준이 된다. 본 사안에서는 손해배상액의 예정 특약 자체는 아니지만, 계약금을 수수하면서 손해배상액의 예정의 성질을 가지는 위약계약금 특약을 하였으므로, 손해배상액의 예정의 기능을 하게 됨은 마찬가지이다. 따라서 본 사안의 채무불이행에서도 그에 따른 결과가 인정되게 된다. 구체적으로는 A는 자신에게 손해가 발생하였는지, 손해가 얼마인지를 증명할 필요가 없이 계약금을 손해배상으로 차지하게 된다. 그리하여 B는 계약금의 반환을 청구하지 못한다.

주의할 것은, 이 손해배상으로 B가 더이상 배상의무가 없게 되는 것은 아니라는 점이다. A는 해제로 X토지의 소유권은 되찾았으나 C의 저당권의 부담을 안게 되었다. 따라서 C의 저당권의 부담이 있게 된 데 따른 손해배상은 별도로 하여야 한다. 그 범위는 C의 저당권으로 담보된 채무에 관련비용을 더한 것이 될 것이다. 손해배상액 예정의 성질을 가지는 위약계약금의 특약은 여기에는 관계가 없다고 하여야 한다.

A가 B로부터 받은 중도금은 B에게 반환하여야 한다.

4) A가 B에 대하여 부담하는 중도금 반환의무와 B가 A에 대하여 부담하는 등기말소의무, C의 저당권의 제한과 관련한 손해배상의무는 동시이행 관계에 있다.

[81] 계약금이 일부만 지급된 경우의 매매계약 해제 문제

문제

X토지의 소유자인 A는 2021. 3. 10. B에게 그의 X토지를 11억원에 매도하기로 하는 매매계약을 체결하였다. 그 계약에서 A와 B는 매매대금과 관련하여, 매수인 B가 계약금 1억 1,000만원 중 1,000만원은 계약 당일에 현장에서 지급하고(실제로 지급함) 계약금 중 나머지 1억원은 다음 날 송금하기로 하며, 중도금 4억 4,000만원은 2021. 4. 10.에 지급하고, 잔금 5억 5,000만원은 2021. 5. 10.에 X토지의 소유권이전등기 서류를 받으면서 지급하기로 하였다. 그리고 그 매매계약서에는 '매도인이 위약하였을 때에는 계약금의 배액을 매수인에게 배상하고 매수인이 위약하였을 때에는 계약을 무효로 하며 계약금 반환청구를 할 수 없다'는 조항은 있는데, '매도인은 계약금의 배액을 배상하면서 계약을 해제할 수 있고, 매수인은 계약금을 포기하고 이 계약을 해제할 수 있다'는 조항은 없다.

A는 계약체결 다음 날인 3. 11. 그 매매계약 체결을 중개하였던 공인중개사에게 그 매매계약을 해제하겠다고 하고 그의 은행계좌를 해지하여 폐쇄하였다. 그리고 A는 3. 12. B를 피공탁자로 하여 2,000만 원을 공탁하고, 같은 날 B에게 해약통고서를 보냈으며, 3. 14. 위 통고서가 B에게 도달하였다.

그 후 B가 4. 9.에 A에게 휴대전화 문자로 '4. 10. 11:00에 공인중개사 사무소에서 중도금을 지급할 테니, 그 시간에 그 사무소에 오라'는 취지의 메시지를 보냈다. 그랬더니 A는 X토지의 매매계약은 이미 해제되었으니 중도금은 지급할 필요가 없고, 자신이 공탁한 2,000만 원이나 수령하라고 하는 회신을 보냈다.

이 경우에 A와 B 사이에 체결한 X토지의 매매계약은 해제되었는가?

I. 논점의 정리

이 문제의 논점을 정리하면 다음과 같다.

(1) 본 사안의 경우에 계약금의 성질이 무엇인지

(2) 계약금이 해약금일 경우에 해약금에 기하여 해제할 수 있는지

(3) 계약금이 해약금일 경우에 매수인이 계약금의 일부만 지급한 때에 매도인은 수령한 금액의 배액만 제공하여 적법하게 해제할 수 있는지

Ⅱ. 본 매매계약에서 계약금의 성질이 무엇인지

1. 서   설

본 사안의 경우에 매매계약서에는 '매도인이 위약하였을 때에는 계약금의 배액을 매수인에게 배상하고 매수인이 위약하였을 때에는 계약을 무효로 하며 계약금 반환청구를 할 수 없다'는 조항(이를 편의상 X조항이라 한다)은 있는데, '매도인은 계약금의 배액을 배상하면서 이 계약을 해제할 수 있고, 매수인은 계약금을 포기하고 이 계약을 해제할 수 있다'는 조항(이를 편의상 Y조항이라 한다)은 없다. 이러한 경우에 본 사안에서의 계약금이 해약금의 성질을 가지는지 문제된다.

2. 계약금의 종류와 성질 결정 방법

계약금은 계약의 체결시에 당사자 일방이 상대방에게 교부하는 금전 기타의 유가물이다. 계약금의 교부도 하나의 계약이며, 그것은 금전 기타의 유가물의 교부를 요건으로 하므로 요물계약이다.

계약금의 종류에는 증약금, 위약계약금, 해약금이 있다. 증약금은 계약체결의 증거로서의 의미를 가지는 계약금이다. 위약계약금은 위약, 즉 채무불이행이 있는 경우에 의미를 가지는 계약금이다. 위약계약금에는 위약벌의 성질을 가지는 것과 손해배상액의 예정의 성질을 가지는 것이 있다. 해약금은 계약의 해제권을 보류하는 작용을 하는 계약금이다. 그리하여 이 해약금이 교부된 경우에는 계약금의 교부자는 그것을 포기하면서 계약을 해제할 수 있고, 교부받은 자는 그 배액을 상환하면서 계약을 해제할 수 있다.

계약금이 어떤 성질의 것인지는 계약금계약의 해석에 의하여 결정된다. 그런데 불분명한 때에는 해약금으로 추정된다(565조 1항). 그리고 판례는, 손해배상액의 예정의 성질을 가지는 위약계약금의 특약이 있는 경우에는 특별한 사정이 없는 한 그 성질 외에 해약금의 성질도 가진다고 한다.[1]

3. 본 사안의 경우의 계약금이 해약금의 성질도 가지는지

본 사안의 매매계약에는 X조항은 있는데, Y조항은 없다. 이 중에 X조항은 위약계약금 특약 중 손해배상액의 예정의 성질을 가지는 위약계약금 특약이고, Y조항은 해약금 특약이다. 이러한 특약의 결과 본 사안에서의 계약금이 손해배상액의 예정의 성질을 가지는 위약계약금인 것은 분명하다. 그런데 적어도 당사자는 해약금 특약을 하지는 않았다. 그렇지만 우리 판례는 손해배상액의 예정의 성질을 가지는 위약계약금의 특약이 있는 경우에는 특별한 사정이 없는 한 그 성질 외에 해약금의 성질도 가진다고 하며, 이러한 판례에 따르면 본

---

1) 대판 1992. 5. 12, 91다2151.

사안의 경우에 계약금은 해약금의 성질도 가지게 된다.

Ⅲ. A가 2,000만원을 공탁하여 해제한 것이 적법한 해제인지

1. 서　설

본 사안의 경우에 계약금으로 약정된 금액은 1억 1,000만원이다. 그런데 실제로 지급된 것은 1,000만원이고, 나머지 1억원은 계약 다음 날 송금하기로 하였다. 그런데 A는 나머지 1억원의 송금을 받지 않고 이미 수령한 1,000만원의 배액인 2,000만원만 공탁하면서 해제의 의사표시를 하였다. 이러한 경우에 적법하게 매매계약이 해제된 것인지 문제된다.

2. 계약금의 일부만 지급한 경우에 해약금에 기한 해제

이 문제를 검토하려면 먼저 계약금계약의 성질이 무엇인지, 특히 요물계약인지를 살펴보아야 한다. 계약금계약이 요물계약인지에 관하여는 학설이 대립하나, 다수설과 판례는 요물계약이라고 한다. 사견도, 민법(565조 1항)이 계약금의 경우에 그 교부를 요구하고 있으므로, 계약금계약은 요물계약이라고 보는 입장이다.

그리고 판례는 그러한 견지에서 먼저, 매매계약이 일단 성립한 후에는 당사자의 일방이 이를 마음대로 해제할 수 없는 것이 원칙이라고 한 뒤, 다만 주된 계약과 더불어 계약금계약을 한 경우에는 제565조 제 1 항의 규정에 따라 해제를 할 수 있기는 하나, 당사자가 계약금 일부만을 먼저 지급하고 잔액은 나중에 지급하기로 약정하거나 계약금 전부를 나중에 지급하기로 약정한 경우, 교부자가 계약금의 잔금 또는 전부를 지급하지 않는 한 계약금계약은 성립하지 않으므로 당사자가 임의로 주계약을 해제할 수는 없다고 한다.[2]

나아가 판례는, 계약금 일부만 지급된 경우 수령자가 매매계약을 해제할 수 있다고 하더라도, 그 해약금의 기준이 되는 금원은 「실제 교부받은 계약금」이 아니라 「약정 계약금」이라고 봄이 타당하다고 한다.[3] 그 이유는, 「실제 교부받은 계약금」의 배액만을 상환하여 매매계약을 해제할 수 있다면 이는 당사자가 일정한 금액을 계약금으로 정한 의사에 반하게 될 뿐 아니라, 교부받은 금원이 소액일 경우에는 사실상 계약을 자유로이 해제할 수 있어 계약의 구속력이 약화되는 결과가 되어 부당하기 때문이라고 한다.

3. 본 사안의 경우에 적법하게 해제되었는지

판례에 따르면, 본 사안의 경우에는 계약금 중 잔금이 지급되지 않았기 때문에 계약금계약이 성립하지 않았고, 따라서 계약금계약에 기하여 매매계약을 해제할 수 없게 된다. 그

---

2) 대판 2015. 4. 23, 2014다231378.
3) 대판 2015. 4. 23, 2014다231378.

리고 설사 계약금 중 일부만 지급된 경우에 수령자가 매매계약을 해제할 수 있다고 하더라
도, 그 해약금의 기준이 되는 금원은「실제 교부받은 계약금」이 아니라「약정 계약금」이기
때문에, A는 2,000만원이 아니고 2억 2,000만원을 제공하면서 해제해야 계약이 적법하게
해제된다. 그런데 본 사안의 경우에는 2,000만원만 공탁[4]하였기 때문에 A의 해제표시는 적
법하지 않고, 따라서 해제의 효과가 생기지 않는다.

Ⅳ. 결   론

판례에 의하면, 본 사안의 경우에 A는 계약을 해제할 수 없고, 설사 해제할 수 있다고
하더라도 해제하려면 A가 2억 2,000만원을 제공했어야 하는데 2,000만원만 제공했기 때문
에 해제의 요건을 갖추지 못했다. 따라서 A와 B 사이의 X토지의 매매계약은 적법하게 해제
되지 않았다.

---

4) 공탁이 있으면 변제가 있었던 것과 마찬가지로 채권이 소멸하므로(487조), 공탁이 있으면 당연히 변제
   제공이 있었던 것이 된다.

[82] 타인 토지의 매매

A는 C가 자신(C)의 토지를 팔려고 한다는 소식을 듣고, C로부터 그 토지를 사서 타인에게 비싸게 팔 계획을 세우고, 먼저 B와의 사이에 C의 토지에 관한 매매계약을 체결하였다. 그리고 그 계약 당시 B는 매매목적 토지가 C의 소유라는 것을 알고 있었다.

1. 이 경우에,

  (1) C가 A와의 매매대금 협의가 잘 되지 않자 토지를 D에게 매도하고 소유권이전등기까지 해 주었다면, B는 A에게 어떤 권리를 행사할 수 있는가?

  (2) C와 A가 매매대금의 협의를 하고 있는 사이에 C의 토지가 국가에 의하여 수용되었다면, B는 A에게 어떤 권리를 행사할 수 있는가?

2. 위의 사안에서 A가 C의 토지를 자기의 토지라고 속여서 B에게 매도하였는데 C가 그 토지를 E에게 매도하고 소유권이전등기까지 해 준 경우에 B의 A에 대한 권리는?

I. 물음 1.에 대하여

1. 문제의 소재

물음 1.의 사안의 경우에 A는 B와 토지의 매매계약을 체결하였다. 그런데 그 매매목적 토지는 매도인인 A가 아니고 제 3자인 C에게 속하는 것이었다. 즉 A는 타인(C)의 토지를 매도한 것이다. 그런데 그 계약체결 당시에 매수인인 B는 매매목적 토지가 매도인의 소유가 아니고 C의 소유라는 것을 알고 있었다(악의).

한편 물음 1.의 (1)에 있어서는, 위에서 더 나아가, 토지의 소유자인 C가 토지를 A가 아닌 D에게 매도하고 소유권이전등기까지 해 주었다. 그리고 물음 1.의 (2)에서는, C의 토지가 국가에 의하여 수용되어 버렸다. 물음은 이들 두 경우에 각각 B가 A에게 어떠한 권리를 행사할 수 있는지를 묻고 있다.

여기서는 우선 타인의 토지의 매매인 A·B 사이의 매매가 유효한지 문제된다. 그리고 그 매매가 유효하다면, 토지가 다른 자에게 매각되거나 또는 국가에 의하여 수용된 것이 법적으로 어떤 의미를 갖는지, 그 결과로 A가 B에 대하여 어떤 책임을 져야 하는지를 검토하여야 한다. 그러한 책임으로는 무엇보다도 매도인의 담보책임과 채무불이행책임을 생각해 볼 수 있다. 그러나 불법행위책임의 성립 여부도 살펴보아야 한다.

아래에서 먼저 A·B 사이의 매매의 유효 여부와 타인의 물건이 매매목적인 경우에 있어서 매도인의 담보책임 및 채무불이행책임에 관하여 살펴보고, 이어서 물음 1.의 (1), (2) 각각에 대하여 차례로 논하기로 한다.

2. A·B 사이의 매매의 유효성

매매는 보통 매도인에게 속하는 권리에 관하여 행하여진다. 그런데 본 사안의 경우에는 타인의 토지에 관하여 매매계약이 체결되었다. 이와 같은 타인 물건의 매매의 유효 여부에 관하여 민법은 직접적인 명문규정을 두고 있지는 않다. 그러나 제569조에서 「매매의 목적이 된 권리가 타인에게 속한 경우에는 매도인은 그 권리를 취득하여 매수인에게 이전하여야 한다」고 하고 있는바, 이 규정은 타인 물건 매매의 유효성을 전제로 하고 있다. 따라서 우리 민법상 타인의 물건의 매매도 유효하다. 통설과 판례[1]도 마찬가지로 새긴다. 그리고 이러한 매매의 유효성은 매수인이 매매 목적물이 매도인에게 속하지 않는 데 관하여 알았는지 몰랐는지를 묻지 않는다고 하여야 한다. 결국 본 사안에 있어서 A·B 사이의 매매는, 비록 B가 매매목적 토지가 매도인인 A에게 속하지 않음을 알고 있었을지라도 유효하다.

3. 타인의 물건이 매매의 목적인 경우에 있어서의 매도인의 담보책임과 채무불이행책임

(1) 서 설

본 사안에 있어서 A·B 사이의 매매가 유효하기 때문에, 이제 그러한 전제 하에서 물음 1.의 (1), (2)의 경우에 어떠한 법률관계가 성립하는지를 살펴보아야 한다. 그런데 핵심적인 논점은 매도인의 담보책임 유무와 채무불이행책임 유무일 것이므로 구체적인 논의에 앞서서 이들에 관하여 정리해 보려고 한다.

(2) 매도인의 담보책임

1) 문제의 제기

타인의 물건을 매매한 경우에는 매도인은 그 권리를 취득하여 매수인에게 이전하여야 한다(569조). 만약 매도인이 그 권리를 취득하여 매수인에게 이전할 수 없는 때에는, 매도인은 담보책임을 지게 된다(570조). 그런데 이 매도인의 담보책임의 요건과 효과에 관하여는 견해가 일치하지 않고 있다. 학설의 이러한 대립은 근본적으로는 매도인의 담보책임의 법적 성질에 관한 견해 차이에서 비롯된 것이다.

2) 매도인의 담보책임의 법적 성질

(가) 학 설   매도인의 담보책임의 법적 성질에 관하여, 하나의 학설은 매매계약의 유상성에 기하여 법률에 의하여 인정된 무과실책임이라고 한다.[2]

---

1) 대판 1993. 8. 24, 93다24445; 대판 1993. 9. 10, 93다20283 등.
2) 김기선, 채각, 132면; 김증한, 채각, 146면; 이태재, 채각, 173면; 주석 채권각칙 Ⅰ, 1985, 541면.

그런가 하면 결과에서는 위의 견해와 같으나 본질을 다르게 이해하는 견해, 즉 본질에 있어서는 채무불이행 내지 불완전이행에 대한 책임이며 다만 연혁적 이유로 법정책임으로 된 것이라는 견해도 있다.[3] 이 견해도 담보책임은 무과실책임이라고 한다.

그에 비하여 근래에 담보책임을 채무불이행책임이라고 하는 견해가 주장되어 세력을 얻고 있다.[4] 이 견해는 담보책임에 관한 민법규정을 채무불이행에 관한 규정의 특칙으로 이해한다. 그리하여 담보책임에서 규정되지 않은 사항에 대하여는 채무불이행책임의 일반원칙이 적용되어야 한다고 한다. 이 견해는 대체로 매도인의 담보책임은 무과실책임이 아니고 과실책임이라고 한다.[5] 그 결과 이 견해에 의하면 매도인에게 과실이 있는 경우에만 담보책임이 성립할 수 있게 된다. 다만, 학자에 따라서는 숨은 하자(물건의 하자를 가리키는 듯함)가 있는 경우에는 과실이 인정된다고 하거나[6] 또는 해제권은 과실없이도 발생한다고 하기도 한다.[7]

(내) **검토 및 사견**   생각건대 매도인의 담보책임은 매도인의 완전물 급부의무를 위반한 경우에 관한 책임이다. 따라서 본질적으로는 채무불이행책임이라고 할 수 있다. 그렇지만 보통의 채무불이행책임으로 파악할 수 없게 하는 특징이 매우 많다. 예를 들면 매도인의 유책사유를 요구하지 않는다는 점, 매수인이 악의인 경우에는 매도인에게 유책사유가 있더라도 원칙적으로 손해배상청구를 할 수 없다는 점 등이 그것이다. 그리고 담보책임의 이러한 특수한 모습은 로마법 이래의 연혁에 기인한다. 결국 매도인의 담보책임은 본질적으로는 채무불이행책임이지만 연혁상의 이유로 법정책임으로 된 것이라고 보아야 한다.

3) 타인 물건의 매매에 있어서의 매도인의 담보책임

(가) **요 건**   매도인의 담보책임의 법적 성질에 관한 위의 논의를 기초로 하여 본 문제의 해결에 필요한 범위에서 타인 물건의 매매에 있어서의 매도인의 담보책임의 요건을 기술하기로 한다.

타인의 물건의 매매의 경우에 담보책임이 발생하려면, 매매의 목적물은 현존하나 그것이 타인의 권리에 속하기 때문에 이전할 수 없어야 한다. 여기서 이전할 수 없다는 것은 채무불이행(이행불능)에 있어서와 같이 엄격하게 새길 필요가 없으며, 사회관념상 매수인에게 해제권을 행사하게 하는 것이 타당하다고 인정되는 정도의 이행장애가 있는 것을 의미한다 (통설·판례). 따라서 채무불이행으로서 이행불능에 해당하는 경우는 모두 여기의 이전불능에 포함된다.

매도인의 유책사유(고의·과실)가 필요한가에 관하여는 ⅰ) 필요하지 않다고 하는 무과

---

3) 곽윤직, 채각, 137면; 김상용, 채각, 201면.
4) 김주수, 채각, 199면; 김형배, 채각, 318면; 이은영, 채각, 307면 이하; 황적인, 채각, 232면.
5) 김주수, 채각, 199면; 황적인, 채각, 232면. 그러나 이은영, 채각, 305면은 무과실책임으로 설명한다.
6) 황적인, 채각, 232면.
7) 김주수, 채각, 203면.

실책임설과 ii) 필요하다고 하는 과실책임설이 대립하고 있다. 전자는 법정책임설을 취하는 모든 학자와 채무불이행책임설을 취하는 일부 학자8)가 주장하는 견해이고, 후자는 채무불이행책임설을 취하는 대다수의 학자가 지지하는 견해이다. 그 밖에 담보책임이 과실책임이라고 하면서 해제권은 과실없이도 발생한다고 하는 견해도 있음은 전술한 바와 같다. 생각건대 민법이 담보책임에 관한 규정에서 매도인의 책임있는 사유를 요구하지 않고 있는 것은 로마법 이래의 전통에 따른 것이며, 또한 법률에 의하여 그러한 모습으로 규율하고자 했던 것이다. 그러므로 매도인의 담보책임이 성립하기 위하여 매도인의 유책사유가 요구되지는 않는다고 할 것이다.

　　(ㄴ) 책임의 내용　　　　위와 같은 담보책임의 요건이 갖추어진 경우에는, 매수인은 우선 매매계약을 해제할 수 있다(570조 본문). 매수인의 선의·악의는 묻지 않는다. 해제권이 행사되면 양 당사자가 급부한 것들은 모두 원상회복되어야 한다.

　　선의의 매수인은 해제를 하면서 동시에 손해배상도 청구할 수 있다(570조 단서). 견해에 따라서는, 매도인이 상당한 행위를 하면 권리를 이전할 수 있는데 이것을 하지 않는 경우 매수인은 악의라도 손해배상을 청구할 수 있다고 한다.9) 그러나 이는 전혀 근거 없는 해석이며, 받아들일 수 없다.

　　한편 손해배상의 범위에 관하여는 i) 이행이익의 한도에서 신뢰이익을 배상하여야 한다는 견해10)와 ii) 이행이익을 배상하여야 한다는 견해11)가 대립하고 있으며, 후자가 다수설이다. 담보책임을 채무불이행책임이라고 하는 학자들은 한결같이 손해배상을 이행이익의 배상이라고 한다. 그에 비하여 법정책임설을 취하는 학자들은 신뢰이익설을 지지하는 것이 보통이나, 타인의 권리매매에 관하여만 예외적으로 이행이익의 배상이라고 하기도 한다.12) 판례는 담보책임 전체에 관하여는 분명치 않으나, 타인의 권리매매에 관하여는 과거 신뢰이익설을 취하다가 이행이익설로 변경되었다.13) 생각건대 매도인의 담보책임은 법정책임이고 그것은 매도인에게 유책사유가 없는 경우에도 발생하는 만큼 담보책임으로서의 손해배상책임은 언제나 신뢰이익의 배상이라고 새기는 것이 옳다. 다만, 후술하는 바와 같이 매도인에게 유책사유가 있는 경우에는 별도의 손해배상을 청구할 수 있다고 할 것이다. 그리고 여기의 손해배상은 채무불이행으로 인한 것이기 때문에 손해배상의 범위는 이행이익이다.

　　여기의 선의의 기준시기는 계약 당시이다. 그리고 매수인의 선의는 매수인이 증명할 필요가 없으며, 손해배상책임을 면하려는 매도인이 매수인의 악의를 증명하여야 한다.14) 손해

---

　　8) 이은영, 채각, 305면.
　　9) 김주수, 채각, 203면.
　　10) 이태재, 채각, 176면.
　　11) 곽윤직, 채각, 140면; 김주수, 채각, 204면; 황적인, 채각, 232면; 앞의 주석 채권각칙 Ⅰ, 560면.
　　12) 곽윤직, 채각, 140면이 그렇다.
　　13) 대판(전원) 1967. 5. 18, 66다2618; 대판 1979. 4. 24, 77다2290; 대판 1980. 3. 11, 80다78.
　　14) 동지 앞의 주석 채권각칙 Ⅰ, 558면.

배상액은 권리이전이 불능으로 된 때를 기준으로 하여 산정하여야 한다. 통설과 판례도 같은 태도이다.[15]

　담보책임을 물을 수 있는 권리의 행사기간에 관하여 민법은 명문의 규정을 두고 있지 않다. 그 결과 문헌들은 대체로 일반원칙에 따라 권리를 행사할 수 있다고 해석한다. 그런데 어떤 문헌은 타인의 권리매매의 경우, 즉 권리의 전부가 타인에게 속한 경우에도 권리의 일부가 타인에게 속한 경우와 마찬가지로 다루어야 한다고 하면서, 후자에 관한 민법 제573조를 유추적용하여 1년의 제척기간에 걸린다고 해석할 것이라고 한다.[16] 이는 옳지도 않거니와 해석론의 한계를 넘는 근거 없는 해석이다.

(3) 매도인의 채무불이행책임

　민법 제570조에 의하면, 매수인이 매매계약 당시 그 매매목적 권리가 매도인에게 속하지 않음을 안 때, 즉 악의인 때에는 담보책임으로서 손해배상을 청구하지 못한다(동조 단서). 그런데 이때 채무불이행을 이유로 하여서도 손해배상을 청구할 수 없는지(또는 계약을 해제할 수 없는지)가 문제된다.

1) 학　　설

　여기에 관하여 담보책임을 법정책임으로 이해하는 입장에서는, 채무불이행책임과 담보책임은 별개의 책임이므로 상호 배척하는 관계에 있지 않아 매수인이 그 어느 하나를 주장하든 양자를 주장하든 상관이 없다고 한다.[17] 그 결과 매수인이 악의인 경우에도 매도인의 유책사유로 권리를 이전할 수 없는 때에는 손해배상을 청구할 수 있다고 한다.[18] 그에 비하여 채무불이행책임설 주장자의 태도는 불분명하다. 일부 학자는 매도인에게 과실이 있는 경우 매수인이 악의인 때에도 손해배상(이행이익)을 청구할 수 있다고 한다.[19]

2) 판　　례

　판례는 다수설과 같은 입장에 있다. 즉 「타인의 권리를 매매의 목적으로 한 경우에 있어서 그 권리를 취득하여 매수인에게 이전하여야 할 매도인의 귀책사유로 인하여 이행불능이 되었다면 매수인이 매도인의 담보책임에 관한 민법 제570조 단서의 규정에 의해 손해배상을 청구할 수 없다 하더라도 채무불이행의 일반의 규정(546조·390조)에 좇아서 계약을 해제하고 손해배상을 청구할 수 있다」고 한다.[20]

3) 사　　견

　생각건대 매도인에게 책임있는 사유로 매도인이 매매의 목적이 되는 권리를 취득하여

---

15) 곽윤직, 채각, 171면; 앞의 주석 채권각칙 Ⅰ, 560면. 대판 1967. 5. 18, 66다2618; 대판 1981. 7. 7, 80다3122 등.
16) 김주수, 채각, 204면.
17) 김기선, 채각, 134면; 이태재, 채각, 173면.
18) 이태재, 채각, 178면; 앞의 주석 채권각칙 I, 557면.
19) 김형배, 채각, 332면.
20) 대판 1993. 11. 23, 93다37328. 동지 대판 1970. 12. 29, 70다2449.

매수인에게 이전하여 줄 수 없는 경우에 단지 매수인이 악의라는 이유만으로 책임을 묻지 못하게 하는 것은 옳지 못하다. 그리고 민법이 배타적으로 그러한 결과를 인정하라고 했다고 보이지도 않는다. 매도인에게 채무불이행책임의 요건이 갖추어지면 채무불이행책임(계약 해제 및 손해배상청구)을 물을 수 있다고 하여야 한다. 결국 다수설 및 판례가 타당하다. 담보책임을 채무불이행책임으로 이해할 경우에는 이 문제의 해결이 쉽지 않을 것이다.

4. 물음 1. (1)의 해결

(1) C의 행위의 법적 의미

물음 1. (1)의 사안의 경우에 C는 A와 매매 협의를 하다가 협의가 순조롭지 않자 그 토지를 D에게 매도하고 소유권이전등기까지 해 주었다. 그러한 때에는 사회관념상 B로의 소유권이전은 불가능하게 되었다고 보아야 할 것이다. 급부(소유권이전)가 계약 당시에는 불가능하지 않았으나 그 이후에 불가능하게 된 것이다. 즉 후발적으로 급부가 불가능하게 된 이른바 이행불능에 해당한다. 매도인이 목적물을 이중으로 양도한 경우에 관하여 이행불능으로 파악하는 통설·판례도 여기의 사안에 대하여 사견과 동일하게 판단할 것으로 생각된다.

(2) 담보책임을 물을 수 있는지 여부

물음 1. (1)의 사안의 경우에는 매매의 목적물은 현존하는데 그것이 타인에게 속하여 이전할 수 없는 때에 해당한다. 위에서 본 것처럼 물음의 사안에서 매도인의 의무는 이행불능이 되었고, 따라서 그것은 당연히 민법 제570조에서의 권리이전 불능으로 되기 때문이다. 사견에 의하면 매도인 A의 유책사유 유무는 불문하므로 여기서는 그 문제는 논의할 필요도 없다. 결국 매수인인 B는 A에 대하여 민법 제570조에 의하여 담보책임을 물을 수 있다.

구체적으로 B는 A와의 계약을 해제할 수 있다. 그러나 그가 악의이기 때문에 담보책임으로서의 손해배상을 청구할 수 없다. 그리고 B가 계약을 해제하는 때에는 그 계약은 소급해서 무효로 되고(직접효과설의 입장), A·B는 원상회복의 의무가 있다. 그 결과 B가 급부한 것이 있다면(가령 계약금·중도금 등) 부당이득으로 반환청구할 수 있다.

(3) 채무불이행책임을 물을 수 있는지 여부

타인 물건의 매매의 경우에 매도인이 그에게 책임있는 사유로 매매목적 권리를 취득하여 매수인에게 이전할 수 없는 때에는 매수인은 채무불이행의 일반규정(546조·390조)에 의하여 손해배상만을 청구하거나 계약의 해제와 동시에 손해배상을 청구할 수 있다고 하여야 한다.

물음 1. (1)의 사안의 경우 매도인 A의 소유권이전의무는 이행불능(후발적 불능)으로 되었다. 그리고 그러한 불이행에 대한 위법성 조각사유가 없으므로 위법성도 인정된다. 그런데 매도인인 A에게 유책사유가 있는지 문제이다. 생각건대 그 사안에서 A는 선관주의를 다했다고 보기 어렵다. 타인의 물건을 매도한 자라면 물건의 소유권 취득을 위하여 보다 적극적으로 노력하였어야 하기 때문이다. 따라서 그에게는 과실이 있다고 하여야 한다(이것의 증명은 B가 할 필요가 없고 책임을 면하려는 A가 반대증명을 하여야 한다).

그 결과 B는 A에게 민법 제390조에 의하여 이행에 갈음하는 손해배상을 청구할 수 있다.

이때 손해배상액은 이행불능으로 된 때, 즉 D에게로의 소유권이전등기가 된 때의 토지의 시가이다. 그런가 하면 B는 민법 제546조에 의하여 A와의 계약을 해제하고 동시에 토지 시가와 매매대금과의 차액을 손해배상으로 청구할 수도 있다.

(4) 불법행위책임을 물을 수 있는지 여부

사안의 경우에 A가 타인의 물건을 매매한 것은 민법상 유효한 것으로서 위법하지 않다. 따라서 A의 그러한 행위는 B에 대하여 불법행위로 되지 않는다. 그 결과 B는 A에게 불법행위를 이유로 손해배상을 청구할 수는 없다.

(5) 부당이득 반환청구권 유무

A와 B 사이의 계약은 유효하다. 따라서 B가 A에게 급부한 것이 있다고 하여도 그것은 결코 법률상 원인 없는 이득이 아니다. 그러므로 B는 A에게 부당이득을 이유로 하여 급부한 것의 반환을 청구하지는 못한다.

5. 물음 1. (2)의 해결

(1) 국가에 의한 토지수용의 법적 의미

물음 1. (2)의 사안의 경우에는 C와 A가 매매 협의를 하고 있는 사이에 C의 토지가 국가에 의하여 수용되었다. 그러한 때에는 사회관념상 B로의 소유권이전은 불가능하게 되었다고 보아야 한다. 즉 이 경우에도 후발적으로 급부가 불가능하게 된 이행불능이 존재한다. 판례는 매도인 소유 토지가 국가에 의하여 수용된 사안에서 매도인의 이행불능을 인정하고 있는데,21) 그러한 판례는 아마도 여기의 사안에 있어서도 같은 결과를 인정할 것이다.

(2) 담보책임을 물을 수 있는지 여부

물음 1. (2)의 사안의 경우에는 매매의 목적물은 현존하는데 그것이 타인에게 속하여 이전할 수 없는 때에 해당한다. 그리고 사견은 매도인의 담보책임을 매도인의 유책사유를 불문하고 인정하므로, 이 사안에서 A에게 유책사유가 있는지 여부는 검토할 필요도 없다. 즉 이 경우에 B는 민법 제570조에 의하여 계약을 해제할 수 있다. 그러나 B는 그가 악의이기 때문에 담보책임으로서 손해배상청구를 할 수는 없다(570조 단서). 그리고 계약을 해제한 때에는 A · B 모두 원상회복의무를 부담하므로 B는 자신이 급부한 것이 있으면 그것의 반환을 청구할 수 있다.

---

21) 대판 1972. 2. 22, 71다2115.

《참 고》

　담보책임을 채무불이행책임이라고 파악하고, 그 결과 담보책임이 성립하기 위하여 매도인의 과실이 필요하다고 하는 입장에서는, 여기의 경우에 있어서 담보책임을 인정할 수 없을 것이다. A에게는 과실이 없다고 하여야 하기 때문이다. 다만, 앞서 본 바와 같이, 채무불이행책임설을 취하면서도 매도인의 유책사유를 불문하거나 해제에 관하여서만은 과실을 묻지 않는 견해가 있는데, 그러한 견해에서는 위의 사견과 같은 결과를 인정할 것이다.

(3) 채무불이행책임을 물을 수 있는지 여부

　앞에서 논한 것처럼, 타인 물건의 매매의 경우에 매도인에게 유책사유가 있는 때에는, 매수인은 채무불이행의 일반규정에 의하여 매도인의 책임을 물을 수 있다고 하여야 한다. 그런데 물음 1. (2)의 사안의 경우에는 매매목적 토지가 매매 협의 도중에 국가에 의하여 수용되었고, 이는 매도인에게 책임없는 사유에 의한 것이다. 따라서 채무불이행책임의 요건이 충족되지 못한다. 그 결과 B는 이 경우에는 채무불이행을 이유로 하여서도 손해배상을 청구할 수 없다.

(4) 불법행위책임 · 부당이득 반환청구의 문제

　물음 1. (2)의 경우에도 1. (1)의 경우와 마찬가지로, A의 행위가 B에 대하여 불법행위가 아니므로 B는 불법행위를 이유로 손해배상을 청구할 수 없다. 한편 매매목적 토지가 국가에 의하여 수용됨으로써 A의 소유권이전등기 의무는 A · B 쌍방에게 책임없는 사유로 이행불능이 되어 소멸되었다. 그 결과 A는 B에게 대금지급을 청구하지 못한다(537조). 그리고 만약 B가 A에게 계약금이나 매매대금의 일부(또는 전부)를 지급했다면 B는 부당이득을 이유로 그것의 반환을 청구할 수 있다.

II. 물음 2.에 대하여

1. 서　설

　물음 1.의 사안은 매도인 A가 토지를 타인의 토지로서 매각한 경우이다. 그에 비하여 물음 2.의 사안에서는 매도인 A가 C의 토지를 자신의 토지라고 속여서, 즉 자신의 토지로 매각하였다. 이때 매수인이 매도인 소유의 토지라고 믿으려면 특수한 사정이 존재하여야 할 것이다. 가령 미등기 토지였거나 과거 A가 C에게 매도하였으나 C의 명의로 등기를 이전하지 않았거나 또는 A가 등기서류를 위조하여 자신의 명의로 등기를 하였다든지 하는 사정이 그 예이다. 그런데 본 사안이 어떠한 경우인지는 불분명하다.

　어떠한 특별한 사정이 있었든간에 물음 2.의 사안에서 A · B 사이의 매매는 유효하다고 하여야 한다. A가 비록 타인의 토지를 자신의 토지라고 속여서 매각하기는 하였으나 계약의 유효요건을 갖추지 못한 것은 아니기 때문이다. 그 결과 A는 B와의 계약에 기하여 B에게 토지의 소유권이전의무를 부담한다. 그런데 토지소유자 C가 자신의 토지를 E에게 매도하고 소유권이전등기까지 해 주었으므로 A의 B에 대한 소유권이전의무는 이행불능이 되었다. 따라서 물음 2.에서는 우선 A가 매도인으로서 담보책임을 부담하느냐가 문제된다. 그리고 채무불이행책임을 지는지도 중요한 문제이다. 그런가 하면 B가 착오 또는 사기를 이유로 A와의 계약을 취소할 수 있는지, 취소할 수 있다면 그것들과 담보책임의 관계 및 그 궁극적인 효과는 어떠한지도 살펴보아야 한다. 그 밖에 A의 불법행위책임이 성립하는지, 만일 그것이 성립한다면 채무불이행책임 등과 불법행위책임의 관계는 어떠한지도 논의의 대상이다.

2. 담보책임을 물을 수 있는지 여부

타인의 물건 매매에 있어서의 매도인의 담보책임에 관한 민법 제570조는 매도인이 타인의 물건을 자신의 것처럼 속여서 매각한 경우에도 적용된다고 하여야 한다. 그러므로 본 사안의 경우에도 동조의 요건이 갖추어지면 매수인은 매도인에게 담보책임을 물을 수 있다.

본 사안의 경우에 A의 소유권이전의무는 매매목적 토지의 소유권이 타인에게 속함으로 인하여 이행할 수 없게 되었다. 따라서 B는 A에게 민법 제570조에 의하여 담보책임을 물을 수 있다. 사견에 의하면 이때 A의 유책사유 유무는 묻지 않는다. 담보책임의 내용은, 본 사안에서 B가 선의이므로(속았음), 계약해제와 손해배상청구이다. 즉 B는 A와의 계약을 해제하고 이미 급부한 것이 있으면 원상회복을 청구할 수 있으며, 동시에 A에 대하여 손해배상을 청구할 수 있다. 여기의 손해배상의 범위는 사견에 의하면 신뢰이익이다.

그런데 담보책임 추궁의 문제는 아직 완결된 것이 아님을 주의하여야 한다. 이것은 착오 또는 사기를 이유로 한 취소와 관계되고 있으며, 그에 관하여 더욱 살펴보아야 한다. 그것에 대하여는 아래에서 보기로 한다.

3. 착오를 이유로 한 취소 여부

본 사안의 경우 어떤 사정에서인지는 불분명하지만 아마도 B는 매매목적 토지가 매도인인 A의 소유인 것으로 믿었던 것 같다. 즉 넓은 의미에서 착오에 빠져 있었던 것이다. 여기서 B가 A와의 계약을 착오를 이유로 취소할 수 있는지가 문제이다.

본 사안에서의 B의 착오는 동기의 착오에 해당한다. 따라서 착오를 이유로 한 취소의 인정 여부는 동기의 착오에 대한 태도에 의하여 결정된다. 다수설에 의하면 동기의 착오는 동기가 표시되어 상대방이 알고 있는 경우에는 표시행위의 내용의 착오로 된다고 한다. 이러한 다수설에 따른다면 B가 A에게 소유권이 있기 때문에 매수하게 되었음을 언급한 경우에만은 착오를 이유로 취소할 수 있다고 할 여지가 있다(다만 중요부분의 착오인지의 판단에서 취소가 부정될 수는 있다). 한편 판례는 동기의 착오에 관한 기본적인 입장은 다수설과 같으나, 소유권의 착오는 매매의 경우에는 중요부분의 착오가 아니라고 한다.[22] 이러한 판례에 의하면 본 사안의 경우 B는 착오를 이유로 취소할 수는 없다. 사견은 동기의 착오의 경우에는 민법 제109조에 의한 취소는 인정되지 않는다는 입장이다. 따라서 사견에 의할 때 본 사안에서 B가 착오를 이유로 취소할 여지는 없다.

착오를 이유로 한 취소가 인정된다고 할 경우에, 착오취소와 담보책임의 추궁 사이의 관계가 문제된다. 여기에 관하여 통설은 매도인의 담보책임이 성립하는 범위에서 민법 제109조의 적용을 배제하나, 소수설은 양자의 경합을 인정한다. 따라서 통설에 의하면 B는 담보책임만 물을 수 있으나, 소수설에 의하면 B는 담보책임을 물을 수도 있고 — 요건이 갖추어지면 — 착오를 이유로 취소할 수도 있다. 동기의 착오에 취소를 허용하지 않는 사견의 입장에서는 경합이 처음부터 문제되지 않는다.

4. 사기를 이유로 한 취소 여부

A가 토지를 자신의 소유라고 속인 데 대하여 B가 사기를 이유로 A와의 계약을 취소할 수 있는지가 문제된다.

사기를 이유로 계약을 취소하려면, ① 의사표시의 존재, ② 사기자의 고의(2단의 고의), ③ 기망행위, ④ 기망행위의 위법성, ⑤ 기망행위와 의사표시 사이의 인과관계라는 요건이 필요하다. 이 중에 ⑤의 요건의 구비 여부는 불분명하다. 그러나 아마도 인정될 수 있을 것이다. 따라서 B는 사기를 이유로 취소할 수 있다.

사기를 이유로 한 취소가 인정되는 경우에도 매도인의 담보책임이 경합할 수 있다. 이러한 경우에는 매수인의 취소권과 담보책임을 물을 수 있는 권리가 병존하며, 매수인은 두 권리를 선택적으로 행사할 수 있다고 하여야 한다. 판례도 같다.[23]

B가 사기를 이유로 A와의 계약을 취소한 경우에는 B가 이미 급부한 것이 있으면 그것은 부당이득이 되고, 따라서 반환을 청구할 수 있다.

5. 채무불이행책임을 물을 수 있는지 여부

본 사안의 경우에 A의 소유권이전의무는 후발적으로 불능으로 되었다. 그리고 그러한 불능에 대하여 A의 유책사유가 있다고 하여야 한다. 이는 물음 1. (1)의 경우보다 더욱더 인정되어야 한다(전술 Ⅰ. 4. (3) 참조). 또한 그러한 이행불능은 위법하다고 평가된다. 따라서 B는 민법 제390조에 의하여 채무불이행을 이유로 A에게 이행에 갈음하는 손해배상을 청구할

---

22) 대판 1959. 9. 24, 4290민상627.
23) 대판 1973. 10. 23, 73다268.

수 있다. 이때 손해배상은 이행불능으로 된 때, 즉 E에게로 소유권이전등기가 된 때의 토지의 시가이다. 그런가 하면 B는 제546조에 의하여 A와의 계약을 해제하고 동시에 토지 시가와 매매대금과의 차액을 손해배상으로 청구할 수도 있다.

6. 불법행위책임을 물을 수 있는지 여부

민법상 불법행위가 성립하려면, ① 가해행위, ② 가해자의 고의·과실, ③ 가해자의 책임능력, ④ 가해행위의 위법성, ⑤ 가해행위에 의한 손해발생이라는 요건이 필요하다.

본 사안의 경우에는 아마도 이러한 요건이 모두 갖추어진 것으로 판단된다(③의 요건은 불분명하나 갖추어진 것으로 생각된다). 따라서 B는 A에 대하여 불법행위를 이유로 손해배상을 청구할 수 있다.

이때 A의 이러한 불법행위책임과 채무불이행책임, 담보책임 사이의 관계가 문제된다. 불법행위책임과 채무불이행책임 사이의 관계에 관하여는 청구권 경합설, 법조 경합설, 청구권규범 경합설, 청구권규범 통합설 등이 대립하고 있으나, 다수설과 판례는 청구권 경합설의 입장에 있으며, 사견도 그 견해가 타당하다고 생각한다. 청구권 경합설에 의하면 피해자는 가해자인 채무자에 대하여 계약책임을 묻거나 불법행위책임을 물을 수 있다. 따라서 본 사안의 경우 B는 그의 선택에 좇아 A에게 불법행위를 이유로 손해배상을 청구할 수도 있고 채무불이행을 이유로 손해배상을 청구할 수도 있다.

불법행위책임과 담보책임 사이의 경합의 경우도 위와 마찬가지로 보아야 한다. 담보책임도 넓은 의미에서 계약책임에 포함되기 때문이다. 그 결과 본 사안의 경우에 B는 A에게 담보책임을 묻든지 불법행위를 이유로 손해배상을 청구하든지 자유롭게 선택할 수 있다.

그리고 위의 각각의 경우에 그 요건을 B가 스스로 증명하여야 함은 물론이다(채무불이행책임의 발생을 위한 A의 유책사유 요건은 예외임).

[83] 매도인의 하자담보책임과 소멸시효

문제

  갑은 1998. 7. 21. A와 사이에 A 소유의 X토지에 대하여 매매계약을 체결하고, 1998. 9. 14.에 갑 앞으로 소유권이전등기를 마쳤다. 갑은 2005. 6. 16. B에게 X토지를 매도하였고, C는 2005. 8. 13. B와 사이에 X토지의 매수인 지위를 승계하는 계약을 체결하였으며, 갑은 2005. 9. 30. C에게 X토지에 대한 소유권이전등기를 해주었다. C는 2006. 8. 초순경 X토지 지하에 폐콘크리트와 건설폐토석(이 사건 폐기물이라 함)이 매립되어 있는 것을 발견하고, 2006. 8. 7.경 갑에게 그 사실을 통지하였다. 갑은 C로부터 위와 같은 통지를 받은 직후인 2006. 8. 17.과 2006. 8. 23. 및 2006. 8. 31. 총 3회에 걸쳐 A에게 이 사건 폐기물의 발견 사실과 A가 이 폐기물을 처리하여 줄 것과 미처리 시 손해배상을 청구할 예정이라는 내용의 내용증명우편을 발송하였다. C는 이 사건 폐기물을 처리한 후 갑을 상대로 2006. 11. 9. 그 처리비용 상당의 손해배상청구의 소를 제기하였고, 갑은 그 소송에서 1억 5,000만원 및 그 지연손해금을 지급하라는 판결을 선고받자 2008. 10. 2. C에게 위 판결금 합계 166,764,765원을 지급하였으며, 위 판결은 2009. 1. 15. 확정되었다. 그리고 나서 갑은 2009. 8. 7. A에게 하자담보책임에 기한 손해배상으로서 갑이 이 사건 폐기물의 처리비용 상당액으로 C에게 지급한 금액의 배상을 구하는 소를 제기하였다.

  이 경우에 A는 갑에게 그가 요구한 금액을 배상해야 하는가?

I. 논점의 정리

  본 문제의 논점을 정리하면 다음과 같다.

  (1) 본 사안에서 A가 갑에 대하여 매도인으로서 하자담보책임을 지는지

  (2) 만약 A가 하자담보책임을 진다면 그 내용은 무엇인지

  (3) 갑이 A에게 하자담보에 기하여 손해배상을 청구할 수 있는 경우에 갑의 손해배상청구권 행사에 기간 제한이 있는지, 특히 그 권리에 소멸시효 규정이 적용되는지

Ⅱ. A가 갑에 대하여 하자담보책임을 지는지

1. 서　설

본 사안에서는 매매목적 토지에 건축폐기물이 매립되어 있었다. 그것이 매매목적물의 하자인지, 그리하여 A가 하자담보책임을 지는지 문제된다.

2. 매도인의 하자담보책임의 의의와 요건

(1) 의　의

매매의 목적물(물건)에 하자가 있는 경우에 대한 매도인의 담보책임을 하자담보책임이라고 한다.

(2) 요　건

1) 매도인의 하자담보책임이 성립하려면 첫째로 매매의 목적물에 하자가 있어야 한다(580조 1항 본문).

무엇이 하자인가에 관하여 학설은 i) 일반적으로 그 종류의 물건이 보통 가지고 있는 성질이 없는 경우가 하자라고 하는 객관설, ii) 당사자 사이에 합의된 성질이 없으면 하자가 존재하나 당사자의 의사가 불분명한 때에는 객관설처럼 판단할 것이라고 하는 주관설, iii) 물건이 본래 가지고 있어야 할 객관적 성질이 없는 경우와 매매당사자가 합의한 성질이 없는 경우가 모두 하자라고 하는 병존설로 나뉘어 있다. 그리고 판례는「매매의 목적물이 거래통념상 기대되는 성질·성능을 결여하거나 당사자가 예정 또는 보증한 성질을 결여한 경우」에 매도인이 하자담보책임을 진다고 한다.[1] 생각건대 하자는 계약체결 당시에 당사자에 의하여 전제된 성질이 없는 경우에 인정된다. 그리하여 먼저 당사자가 정한 목적물의 사용목적이 1차적인 표준이 된다(주관적 표준). 그런데 주관적 표준에 의하여 판단할 수 없을 때에는「그 종류의 물건이 일반적으로 가지고 있는 성질이 없는 경우」에 하자가 있다고 하여야 한다(객관적 표준).

2) 다음에 매수인이 하자 있는 것을 알았거나 과실로 인하여 알지 못한 때에는, 매도인은 하자담보책임을 지지 않는다(580조 1항 단서·581조 1항). 그러므로 담보책임을 물으려면 매수인이 선의이고 선의인 데 과실이 없어야 한다.

이 요건은 매수인이 그의 선의·무과실을 증명할 필요가 없고, 담보책임을 면하려는 매도인이 매수인의 악의 또는 과실있음을 증명해야 한다.

3. 본 사안의 경우

본 사안에서 매매계약의 목적물인 X토지에는 건축폐기물이 매립되어 있었다. 사건에

---

1) 대판 2000. 1. 18, 98다18506; 대판 2021. 4. 8, 2017다202050 등.

의할 경우 그것은 일반적으로 토지에 있지 않아야 할 것으로 하자에 해당한다. 사견 이외의 다른 학설이나 판례에 의하더라도 그것은 하자로 인정될 것이다. 그리고 매수인인 갑은 X토지에 건축폐기물이 매립되어 있는 것을 알지 못했고, 모르는 데 과실도 없었다. 선의·무과실이었던 것이다. 그리하여 본 사안에서는 매도인의 하자담보책임의 요건이 모두 갖추어져 있다. 그렇다고 하여 갑이 하자담보책임에 기한 권리를 행사할 수 있다고 단정할 수는 없다. 권리의 행사기간 문제를 검토해 보아야 한다.

Ⅲ. 갑이 하자담보책임에 기하여 A에게 행사할 수 있는 권리에 어떤 것이 있는지

1. 매도인의 하자담보책임의 내용

본 사안에서의 계약이 특정물매매에 해당하므로 매도인의 하자담보책임의 내용을 특정물매매를 중심으로 하여 기술한다.

우선 목적물의 하자로 인하여 계약의 목적을 달성할 수 없는 때에는, 매수인은 계약을 해제함과 동시에 손해배상을 청구할 수 있다(580조 1항 본문·575조 1항 1문). 여기서 목적물의 하자로 인하여 계약의 목적을 달성할 수 없다는 것은 그 하자가 중대하고 보수가 불가능하거나 가능하더라도 장기간을 요하는 등 계약해제권을 행사하는 것이 정당하다고 인정되는 경우를 의미한다.[2] 그리고 계약의 목적을 달성할 수 있는지 여부는 계약체결 당시의 모든 사정을 고려하여 매수인의 입장에서 판단해야 한다.

목적물의 하자가 계약의 목적을 달성할 수 없을 정도로 중대하지 않은 때에는, 매수인은 계약을 해제하지는 못하고 손해배상만 청구할 수 있다(580조 1항 본문·575조 1항 2문).

매수인이 매도인에 대하여 가지는 계약해제권·손해배상청구권은 매수인이 목적물에 하자가 있다는 사실을 안 날부터 6개월 내에 행사하여야 한다(582조). 판례는 이 기간은 재판상 또는 재판 외의 권리행사기간이고 재판상 청구를 위한 출소기간은 아니라고 한다.[3]

2. 본 사안의 경우

본 사안에서 X토지에 건축폐기물이 매립되어 있어서 갑이 계약의 목적을 달성할 수 없는지는 판단하기가 쉽지 않다. 그 폐기물을 제거하기가 매우 어렵거나 엄청난 양의 폐기물이 매립되어 있다면 계약의 목적을 달성할 수 없다고 판단될 여지도 있다. 그에 비하여 폐기물이 비교적 적게 매립되어 있거나 제거하기가 그다지 어렵지 않다면 계약 목적달성이 불가능하지는 않다고 하게 될 것이다. 그런데 본 사안에서는 매수인 갑으로부터 매수한 C가 폐기물을 이미 제거하고 그에 따른 처리비용을 배상하라고 청구했으므로 갑의 계약해제

는 문제삼을 필요가 없다.

본 사안의 경우 갑은 하자담보책임에 기하여 A에게 손해배상청구권을 가진다. 여기의 손해배상은 — 하자담보책임이 무과실의 법정책임을 고려할 때 — 신뢰이익의 배상이라고 해야 한다. 그리고 거기에는 하자로 인한 가치감소분도 포함되어야 한다. 하자담보책임의 경우에는 대금감액청구가 인정되지 않기 때문이다. 구체적인 손해배상액은 계산하기가 쉽지 않으나, C가 갑에게 폐기물 처리비용 등으로 청구한 금액과 유사하다고 판단해도 무방할 듯하다. 그런데 이 손해배상청구권을 갑이 행사한 것이 적법한 것인지는 권리행사기간과 관련하여 더 살펴보아야 한다.

Ⅳ. 갑의 A에 대한 손해배상청구권 행사가 적법한지 여부

1. 6개월의 제척기간 준수 여부

앞에서 본 바와 같이(위 Ⅱ. 2. (2) 참조), 하자담보책임에 기한 손해배상청구권은 매수인이 목적물에 하자가 있다는 사실을 안 날부터 6개월 내에 행사하여야 한다. 그런데 본 사안에서 갑은 2009. 8. 7.에 손해배상을 청구하는 소를 제기하였다. 그리고 갑이 X토지의 하자를 안 것은 C로부터 폐기물의 존재사실을 통지받은 2006. 8. 7.경이었다. 갑은 하자가 있음을 안 날부터 3년이 지난 뒤에야 A에게 손해배상청구를 한 것이다. 이와 같이 갑의 손해배상청구권 행사는 제척기간 6개월이 지난 후의 것이어서 적법하지 않다.

2. 갑의 손해배상청구권이 소멸시효에 걸려 소멸했는지 여부

(1) 서　　설

이 논의는, 갑이 끝까지 X토지의 하자에 대하여 선의이어서 6개월의 제척기간이 경과하지 않은 경우에, 그럼에도 불구하고 소멸시효에 걸려 소멸하는지를 문제삼는 것이다. 따라서 6개월의 제척기간이 경과하여 이미 권리가 소멸했으면 아래의 논의는 필요하지 않다. 그런데 여기서는 본 사안의 경우 비록 제척기간이 경과했지만 추가로 논의하기로 한다.[4)]

(2) 하자담보책임에 기한 손해배상청구권에 소멸시효 규정이 적용되는지

우리 판례는, 하자담보에 기한 매수인의 손해배상청구권은 권리의 내용·성질·취지에 비추어 민법 제162조 제1항의 채권 소멸시효의 규정이 적용되고, 제582조의 제척기간 규정으로 인하여 소멸시효 규정의 적용이 배제되지 않는다고 한다.[5)] 그리고 이때 다른 특별한 사정이 없는 한 무엇보다도 매수인이 매매목적물을 인도받은 때부터 소멸시효가 진행한다

---

4) 이 손해배상청구권이 채무불이행으로 인한 것이라면 6개월의 제척기간에 관계없이 손해배상청구권의 본래의 소멸시효가 논의될 수 있다, 물론 그때에는 A의 채무불이행 요건이 구비되었어야 한다.

5) 대판 2011. 10. 13, 2011다10266.

고 한다.[6]

생각건대 제척기간이 규정된 권리에 권리행사의 최장기간이 정해져 있지 않은 경우는 소멸시효 규정을 적용하기보다 해석으로 최장기간을 찾아야 하며(채권 이외의 권리도 같음), 그리하여 일반적인 채권처럼 10년간 행사할 수 있다고 새기는 것이 옳다. 그에 비하여 그 권리의 행사기간의 기산점에 관한 판례는 타당하다.

(3) 본 사안의 경우

판례에 따르면, 갑의 A에 대한 손해배상청구권은 갑이 X토지를 인도받은 때부터 10년이 경과하면 소멸시효에 걸려 소멸하게 된다.[7]

그리하여 살펴보면 갑이 X토지를 인도받은 시기는 확실치 않으나, 아마도 X토지에 관하여 소유권이전등기를 한 1998. 9. 14.경으로 보인다. 그리고 갑이 A에게 손해배상청구권을 행사한 것은 2009. 8. 7.이다. 그것은 소멸시효의 기산점인 1998. 9. 14.부터 10년이 지난 시점이었다. 그러므로 갑이 A에게 손해배상청구의 소를 제기한 것은 그의 손해배상청구권이 소멸시효에 걸려 소멸한 뒤이어서 적법하지 않다. 즉 갑의 그 청구에 대하여 A가 소멸시효 항변을 하면 A의 손해배상청구권은 인정되지 못한다.

V. 결 론

본 사안에서 갑은 A에 대하여 하자담보에 기하여 손해배상청구권을 가지나, 그 권리는 6개월의 제척기간의 경과로 이미 소멸하였다. 그리고 다른 한편으로 — 설사 갑이 X토지의 하자에 대하여 선의이고 무과실이었더라도 — 거기에 적용되는 소멸시효 규정에 따른 10년의 소멸시효기간도 지나서 시효로 소멸하였다. 그 결과 A는 갑에게 갑이 요구한 금액의 배상을 할 필요가 없다.

---

6) 대판 2011. 10. 13, 2011다10266.
7) 사견은 목적물을 인도받은 때부터 10년의 제척기간이 경과하면 소멸한다고 새긴다.

[84] 종류매매에 있어서 매도인의 하자담보책임

농민인 A는 자신이 준비한 감자종자가 부족하여 같은 마을에 사는 다른 농민 B에게 감자 종자로 쓸 감자를 10kg 팔라고 하였다. 그리고 준비가 되어 연락을 하면 A가 와서 그 감자를 가져가기로 하였다. 그 후 B는 자신의 감자들 중 비교적 질이 좋은 것으로 10kg을 준비하여 놓고 A에게 가져가라고 전화로 연락을 하였다. 그런데 B가 가지고 있는 감자들이 전체적으로 질이 떨어지는 것이어서 B가 준비한 감자도 하품(下品)에 불과한 것이었다.

1. 이 경우에 A는 B가 준비해 둔 감자를 가져와야 하는가?

2. 설문의 경우에 A가 바로 가지러 오지 않아서 B는 그 감자들을 처마 밑에 보관하였는데 그곳이 비가 새는 곳이어서 감자가 상당부분 썩어 버렸고, A는 그것을 모르고 수령하였다가 나중에 그 사실을 알게 되었다면, A는 B에 대하여 어떤 청구를 할 수 있는가? 만약 곡물 도둑이 들어 창고에 보관되어 있던 감자를 밖으로 내놓는 바람에 감자의 일부가 썩었다면 어떤가?

3. 설문에 있어서 A가 감자를 수령하여 심었는데, 그 감자가 잎말림병에 감염된 것이어서 30%만 발아되었고, 그 병이 A 자신이 준비하여 심은 감자에도 감염되어 그 수확량이 평소의 반 정도에 그쳤다면, A는 B에 대하여 어떤 청구를 할 수 있는가?

I. 물음 1.에 대하여

1. 논점의 정리

본 물음을 해결하려면 먼저 A · B 사이의 감자 매매계약의 성격이 무엇인지, 그리하여 그 계약에 기한 B의 감자 인도채무가 종류채무인지, 그리고 그중에서 재고채무(한정종류채무)인지를 밝혀야 한다. 그리고 나서 A의 채권이 만약 종류채권, 나아가 재고채권이라면 그 채무의 목적물의 품질에 차등이 있을 경우에 어떤 품질의 물건이 급부되어야 하는지를 살펴보아야 한다. 그런 다음에 본 사안에서 B가 급부하려고 준비한 감자가 적법한 품질의 것인지, 그리하여 A가 이를 수령하여야 하는지를 검토하여야 한다. 끝으로 채무자 B가 채무이행을 위하여 하여야 할 행위를 모두 완료하였는지도 언급할 필요가 있다.

2. A의 감자 인도채권의 성격

(1) A·B 사이의 감자 매매계약의 종류매매성

본 사안에서 A와 B는 감자의 매매계약을 체결하면서 그 목적물을 특정하지 않고 종류(감자)와 수량(10kg)으로 지정하였다. 이는 종류매매(불특정물매매)에 해당한다.

(2) A의 감자 인도채권의 종류채권성

본 사안에서 A는 감자의 매매계약에 기하여 B에 대하여 감자 10kg을 급부하라고 청구할 권리를 가진다. 이러한 A의 채권은 감자라는 일정한 종류에 속하는 물건을 10kg 급부하라고 청구할 수 있는 것으로서 종류채권에 해당한다.

(3) A의 감자 인도채권의 재고채권성(在庫債權性)

재고채권(한정종류채권)이란 한정된 종류물 가운데 일정량의 물건의 급부를 목적으로 하는 채권이다. 재고채권도 일종의 종류채권이나, 처음부터 일정한 재고로만 급부의무를 부담하는 점에서 보통의 종류채권과 다르다. 구체적인 경우에 보통의 종류채권이 존재하는지 재고채권이 존재하는지는 계약의 해석으로 결정할 문제이다. 그런데 채무자 스스로 생산한 물건과 동종의 물건의 급부가 약속된 경우에는, 재고에 한정시키는 특약이 없어도 — 다른 특별한 사정이 없는 한 — 재고채권이라고 보아야 한다.

본 사안의 경우 A·B는 모두 농민이고, A가 감자의 종자가 부족하여 B로부터 구입하려고 하고 있다. 이러한 점으로 볼 때 그들은 모두 감자를 재배·생산하는 것으로 판단된다. 그런데 위에서 본 바와 같이 자기가 생산한 물건을 판매하는 경우에는 특약이 없어도 재고채권이라고 보아야 하므로, 본 사안에서 A의 B에 대한 채권은 재고채권이라고 할 것이다.

3. B가 준비한 감자가 품질에 적합한 것인지 여부

(1) 재고채권에 있어서 목적물의 품질

종류채권에 있어서 같은 종류의 물건의 품질이 균일하지 않고 차이가 있는 경우에는, 제1차적으로 목적물의 품질이 법률행위의 성질이나 당사자의 의사에 의하여 정하여진다(375조 1항). 그런데 품질을 이들에 의하여 정할 수 없는 때에는 중등품질의 물건으로 급부하여야 한다(375조 1항). 한편 재고채권에 있어서는 구체적인 재고 중에서 중등품질의 것을 급부하면 된다. 모든 종류물 가운데 중등품질의 것을 급부하여야 하는 것이 아니다.

채무자가 정하여진 품질을 넘는 물건을 급부할 수 있는지에 관하여는 견해가 나뉜다. 다수설은 상등품이 채권자에게 불리할 수도 있으므로 상등품의 급부가 채무불이행이 되는지 여부는 그때그때의 거래의 목적에 의하여 정하여진다고 하거나 또는 중등품질이 아니면 안 될 사정이 없는 한 채무불이행이 되지 않는다고 한다. 그에 비하여 소수설은 채무불이행은 성립하지 않는다고 한다. 생각건대 이론상으로는 예외를 인정하는 다수설이 타당하나,

실제에 있어서 고품질의 물건이 채권자에게 불리한 경우는 생기기 어렵다(송덕수, 채총, [37] 참조). 따라서 특별한 사정이 없는 한 고품질의 물건을 급부할 수 있다고 할 것이다.

(2) 본 사안의 경우

앞에서 본 바와 같이, 본 사안에서 B는 재고채무를 부담하고 있다. 그런데 어떤 품질의 물건을 급부하여야 하는지는 법률행위(매매계약)나 당사자의 의사에 의하여 정하여지지 않는다. 따라서 B는 중등품질의 물건을 급부하여야 하는데, 여기의 중등품질은 B가 가지고 있는 감자, 즉 재고 중 중등품질이다.

그런데 B는 재고 중 상품(上品)으로 이행의 준비를 하였다. 즉 중품이면 충분한데 더 좋은 품질의 것을 준비한 것이다. 이는 허용된다고 할 것이다. 위에서 논의한 것처럼 고품질의 물건을 급부하는 것이 허용된다. 이 사안은 다수설도 채무불이행이 되는 예외적인 경우로 판단하지 않을 것이다.

요컨대 본 사안의 경우에 B가 재고 중 상품의 감자를 준비한 것은 품질의 면에서는 적법하다.

4. B가 채무이행을 위하여 하여야 할 행위를 완료하였는지 여부

(1) 서　　설

본 사안에서 채무자인 B가 채무자로서 하여야 할 행위를 완료하지 않았다면 A가 B의 요구에 따르지 않아도 무방할 것이다. 가령 B의 채무가 지참채무라면 A는 B에게 감자를 가져다 달라고 하면 되고, 그가 가서 가져올 필요가 없다. 본 사안의 경우 B의 채무가 지참채무인지, 아니면 다른 채무인지 문제된다.

(2) 급부장소에 의한 채무의 분류

채무는 급부장소(이행장소)에 의하여 지참채무·추심채무·송부채무로 나누어진다(강의, C-48 참조).

지참채무는 채무자가 목적물을 채권자의 주소지 또는 합의된 제 3 지에서 급부하여야 하는 채무이다. 이러한 지참채무에 있어서는 채무자가 채권자의 주소지 또는 합의된 제 3 지에서 적시에 채무의 내용에 좇아 현실적으로 변제의 제공을 하여야 한다.

추심채무는 채권자가 채무자의 주소지 또는 합의된 제 3 지에 와서 목적물을 추심하여 변제받아야 하는 채무이다. 추심채무에 있어서는 채권자의 추심행위가 필요하므로, 채무자가 목적물을 분리하여 채권자가 추심하러 온다면 언제든지 수령할 수 있는 상태에 놓아두고 이를 채권자에게 통지하여 수령을 최고하면 된다.

송부채무는 채무자가 목적물을 채권자의 주소지 또는 합의된 제 3 지에 송부하여야 하는 채무이다. 이러한 송부채무에 있어서는 채무자로서는 목적물을 분리하여 운송기관에 맡겨 송부하기로 한 장소로 송부하면 이행에 필요한 행위를 다한 것이 된다.

(3) B의 채무의 성질

본 사안에서 A와 B는 B가 감자를 준비한 뒤 연락을 하면 A가 와서 감자를 가져가기로 약정하였다. 따라서 B의 채무가 추심채무임을 알 수 있다. 이와 같이 B의 채무가 추심채무이므로 B로서는 감자를 다른 감자들로부터 분리하여 A가 가지러 오면 언제든지 수령할 수 있는 상태에 놓아두고 이를 A에게 통지하여 가져가라고 하면 된다. 그리고 본 사안의 경우에는 B가 실제로 그렇게 하였다. 그러므로 본 사안에 있어서 A는 B에게 가서 감자를 가져와야 한다.

5. 해   결

B의 감자 인도채무는 재고채무이고, 그는 재고 중 중품으로 급부하면 되지만, 상품으로 인도하여도 무방하고, B로서는 A와의 약정에 따라 하여야 할 행위를 모두 하였으므로, A는 B에게 가서 감자를 가져와야 한다.

II. 물음 2.에 대하여

1. 논점의 정리

본 사안에 있어서 A는 상당부분이 썩은 감자를 수령하였다. 이때 A가 B에 대하여 어떤 청구를 할 수 있는지를 묻고 있다.

여기서는 우선 A가 B에게 매도인으로서의 하자담보책임을 물을 수 있는지가 문제된다. 그 요건과 관련하여서는 감자가 썩은 것도 하자인지 검토할 필요가 있다. 이는 하자결정의 기준시기의 문제이다.

다음에는 B가 채무불이행책임을 지는지가 문제된다. 그와 관련하여서는 특히 감자가 썩은 데 대하여 B에게 유책사유가 있는지를 유의하여야 한다. 그리고 본 사안에서는 A가 수령을 지체하고 있는 도중에 감자가 썩었는데, 이것이 채권자지체인지도 살펴보아야 한다. 그 밖에 도둑(제3자)의 행위에 의하여 감자가 썩은 경우의 효과가 문제된다.

2. B에게 하자담보책임을 물을 수 있는지 여부

(1) 매도인의 하자담보책임 유무

매매의 목적물에 하자가 있는 경우에 대한 매도인의 담보책임을 하자담보책임이라고 한다.

하자담보책임이 성립하려면 ① 매매의 목적물에 하자가 있을 것과 ② 매수인의 선의·무과실의 두 요건이 필요하다(580조·581조). 본 문제의 해결을 위해서는 ①의 요건과 관련하여 하자 개념과 하자결정의 기준시기를 자세히 살펴보아야 한다.

1) 하자 개념

무엇이 하자인가에 관하여 학설은 객관설, 주관설, 병존설로 나뉘어 있다(송덕수, 채각, [97] 참조). 객관설은 일반적으로 그 종류의 물건이 보통 가지고 있는 성질이 없는 경우가 하자라고 한다. 주관설은 당사자 사이에 합의된 성질이 없으면 하자가 존재하나, 당사자의 의사가 불분명한 때에는 객관설처럼 판단할 것이라고 한다. 병존설은 물건이 본래 가지고 있어야 할 객관적 성질이 없는 경우와 매매 당사자가 합의한 성질이 없는 경우가 모두 하자라고 한다.

판례는 매매의 목적물이 거래통념상 기대되는 객관적 성질·성능을 결여하거나, 당사자가 예정 또는 보증한 성질을 결여한 경우에 매도인이 하자담보책임을 진다고 하여[1] 병존설과 유사한 것처럼 보인다. 그러나 다른 한편으로 물건이 통상의 품질이나 성능을 갖추고 있는 경우에도 당사자의 다른 합의가 있으면 예외가 인정된다고 하고 있어서,[2] 오히려 주관설에 가깝다고 할 것이다.

생각건대 객관설은 물건의 사용목적에 관한 당사자의 합의와 관념을 무시하는 단점이 있다. 그리고 병존설은 당사자가 합의한 성질은 있으나 객관적으로 흠이 있는 경우에도 하자를 인정하는데 이는 옳지 않다. 그에 비하여 주관설은 적절하다.

2) 하자결정의 기준시기

다음에 목적물의 하자를 어느 시점을 기준으로 하여 판단하여야 하는가가 문제된다.

여기에 관하여 학설은 ⅰ) 특정물매매에 있어서는 계약체결시, 종류매매에 있어서는 특정시라고 보는 견해, ⅱ) 위험이 이전하는 목적물 인도시라는 견해가 대립하고 있다(송덕수, 채각, [98]). 그리고 판례는 특정물매매에 관하여 계약성립시가 기준이 된다고 한다.[3] 생각건대 매도인의 담보책임은 무과실책임이므로 ⅱ)설처럼 해석하면 계약체결시 또는 특정시 이후에 매도인의 유책사유 없이 물건에 생긴 하자에 대하여도 매도인이 책임을 지게 되어 부당하다. 따라서 ⅰ)설을 취하여야 한다.

(2) 본 사안의 경우

본 사안에서 A가 수령한 감자가 썩어 있는 것은 어느 견해에 의하든 하자에 해당한다. 객관설이나 병존설에 의하면 감자라는 종류의 물건이 보통 가지고 있는 성질(안 썩음)이 없기 때문이고, 사견인 주관설에 의하여도 당사자 사이에 물건의 성질에 관하여 합의한 바가 없어서 객관설처럼 판단되기 때문이다.

이제 그 하자가 하자결정의 기준시기 이전에 발생한 것인지를 살펴보아야 한다. 본 사안의 경우 A·B 사이의 매매는 종류매매이다. 따라서 하자결정의 기준시기에 관한 사견에

1) 대판 2000. 1. 18, 98다18506 등.
2) 대판 2002. 4. 12, 2000다17834 등.
3) 대판 2000. 1. 18, 98다18506.

의하면, 하자는 특정시에 이미 존재하고 있어야 한다. 검토해보건대 본 사안에서 B는 추심 채무를 부담하고 있고, 그로서는 급부할 감자를 준비해 놓고 A에게 가져가라고 연락을 했을 때 채무의 이행에 필요한 행위를 완료하였다(위 I. 4. 참조). 그리하여 그때 종류채권의 목적물의 특정이 일어난 것이다(375조 2항). 그런데 그 후에 감자가 썩었다. 여기서 하자가 특정이 일어난 뒤에 발생하였음을 알 수 있다. 결국 본 사안에서 감자가 썩어 있었던 것은 하자담보책임에 있어서의 하자가 아니다. 그러므로 본 사안의 경우 다른 요건을 더 살펴볼 필요가 없이, A는 B에게 하자담보책임을 물을 수 없다고 할 것이다.

3. B에게 채무불이행책임을 물을 수 있는지 여부

(1) 매도인의 채무불이행책임

매도인이 담보책임 외에 채무불이행책임도 지는지, 어떤 요건이 갖추어진 경우에 그 책임을 지는지는 매도인의 담보책임의 법적 성질과 관련하여 논란이 되고 있다(강의, D-157 참조). 그런데 사견은 매도인의 담보책임은 본질적으로는 채무불이행책임이지만 연혁상의 이유로 법정책임으로 된 것이고, 그것은 무과실책임이라고 새긴다. 그리고 담보책임은 매도인에게 유책사유가 있는 경우에 채무불이행책임을 묻는 것을 배제하지 않는다고 해야 한다. 따라서 매수인은 담보책임의 요건이 구비되어 있는 때에는 담보책임을 물을 수도 있고, 채무불이행책임의 요건이 갖추어져 있는 때에는 그 요건을 증명하여 채무불이행책임을 물을 수도 있다. 판례도 같은 태도이다.[4]

(2) B의 채무불이행이 성립하는지 여부

본 사안에 있어서 B의 채무불이행이 성립한다면 그것은 불완전급부일 것이다.

불완전급부란 채무자가 급부의무의 이행행위를 하였으나 그 이행에 하자가 있는 것을 말한다. 이는 통설의 불완전이행에 포함된다. 불완전급부가 되려면 ① 이행행위가 있었을 것, ② 이행에 하자가 있을 것, ③ 채무자의 유책사유, ④ 불완전급부가 위법할 것이라는 요건이 필요하다(강의, C-115 이하 참조). 그 외에 불완전급부의 결과 확대손해가 발생했을 필요는 없다.

본 사안의 경우에는 채무자인 B의 이행행위가 있었고, 썩은 감자를 급부한 것은 이행에 하자가 있는 것이며, B에게 과실이 있고, 그러한 급부는 위법하다. 따라서 B의 불완전급부의 요건이 갖추어져 있다. 다만, A의 수령지체가 인정되면 B는 경과실이 있는 경우에는 면책되는데(401조), 이 사안에서 B가 감자를 처마 밑에 둔 것이 중과실인지 살펴보아야 한다. 이에 대하여는 논란이 있을 수 있으나, A가 감자종자로 쓰기 위하여 감자를 매수한다는 것을 B가 알고 있었고, 농민이라면 감자가 썩기 쉽고 또 잘 간수해야 한다는 점을 당연히 알고 있었어야 하므로, 중과실이 인정될 수 있다고 하겠다.

---

4) 대판 1993. 11. 23, 93다37328; 대판 2004. 7. 22, 2002다51586.

⑶ A의 채권자지체 여부

1) 본 사안의 경우 A가 B의 연락을 받고 곧바로 감자를 가져가지 않은 것이 채권자지체인지 문제된다.

2) 채권자지체(수령지체)란 채무의 이행에 급부의 수령 기타 채권자의 협력을 필요로 하는 경우에, 채무자가 채무의 내용에 좇은 이행의 제공을 하였음에도 불구하고 채권자가 그것의 수령 기타의 협력을 하지 않거나 혹은 협력을 할 수 없기 때문에 이행이 지연되고 있는 것이다.

채권자지체가 성립하려면 ① 채권의 성질상 이행에 채권자의 협력이 필요할 것, ② 채무의 내용에 좇은 이행의 제공이 있을 것, ③ 채권자의 수령불능 또는 수령거절이 있어야 한다.

채권자지체가 생기면 채무자는 채권자지체 중에는 고의 또는 중대한 과실이 있는 때에만 책임을 지고 경과실이 있는 때에는 면책된다(401조).

3) 본 사안에 있어서는 B의 채무는 그 이행에 채권자의 협력(수령)이 필요하고, B는 채무의 내용에 좇은 이행의 제공을 하였는데, 채권자인 A가 수령을 하지 않고 있었다. 따라서 A는 채권자지체에 빠져 있었던 것이다. 그리고 그 채권자지체 중에 B의 감자가 썩었다. 따라서 B는 감자가 썩은 데 대하여는 고의나 중과실이 있는 때에만 채무불이행책임을 지며, 경과실만 있는 때에는 면책된다. 그런데 본 사안에서는 B의 중과실이 인정되므로 B는 불완전급부책임을 진다고 할 것이다. 그 결과 A는 B에게 불완전급부를 이유로 손해배상을 청구할 수 있다. 만약 B에게 경과실만 있다고 한다면, B는 불완전급부책임은 지지 않는다. 그리고 이러한 B의 불완전급부책임은 그 요건이 구비되어 있는 한, B가 매도인으로서 담보책임을 지는지와 관계없이 인정된다.

4. 도둑이 감자를 내놓아 썩은 경우

만약 도둑이 창고에 있던 감자를 밖으로 내놓아 썩게 된 경우라면 채무자 B에게는 과실이 인정되지 않는다. 따라서 B는 불완전급부책임을 지지 않는다. 그리고 본 사안에서는 하자결정시기 이후에 감자가 썩었기 때문에 B의 하자담보책임도 생기지 않는다.

Ⅲ. 물음 3.에 대하여

1. 논점의 정리

이 사안에서는 우선 A가 B에게 하자담보책임을 물을 수 있는지 문제된다. 나아가 A에게 확대손해도 생겼는바, 그에 대하여 배상청구를 할 수 있는지도 검토해 보아야 한다. 그리고 두 책임 모두에 있어서 손해배상의 범위가 어떻게 되는지도 살펴보아야 한다.

2. A가 하자담보책임을 물을 수 있는지 여부

(1) 매도인의 하자담보책임

하자담보책임의 의의와 요건에 관하여는 앞에서 기술하였으므로 생략한다(Ⅱ. 2. (1) 참조).

매도인의 하자담보책임의 요건이 갖추어진 경우에는, 목적물의 하자로 인하여 계약의 목적을 달성할 수 없는 때에는, 매수인은 계약을 해제함과 동시에 손해배상을 청구할 수 있다(580조 1항·581조 1항·575조 1항 1문). 그에 비하여 목적물의 하자가 계약의 목적을 달성할 수 없을 정도로 중대하지 않은 때에는, 매수인은 계약을 해제하지는 못하고 손해배상만 청구할 수 있다(580조 1항·581조 1항·575조 1항 2문). 종류매매에 있어서는 계약의 해제 또는(및) 손해배상을 청구하지 않고 하자 없는 물건의 급부를 청구할 수 있다(581조 2항). 이 완전물급부청구권을 행사하는 때는 손해배상은 청구하지 못한다. 확대손해의 문제는 뒤에 따로 살펴본다. 그리고 매수인의 권리는 매수인이 하자가 있음을 안 날로부터 6개월 내에 행사하여야 한다(582조).

(2) 본 사안의 경우

본 사안에 있어서 감자가 잎말림병에 감염되어 있는 것은 하자 개념에 관하여 어떤 견해를 취하든 하자에 해당한다. 그리고 그 하자는 특정이 있기 전에 발생한 것이다. 또한 사안에서 매수인 A는 하자가 있음을 알지도 못했고 또 모른 데 과실도 없는 것으로 보인다. 선의·무과실인 것이다. 그 밖에 A가 감자에 하자가 있음을 안 때부터 얼마가 경과하였는지 알 수 없으나, 오래되지 않은 것으로 보인다. 따라서 A는 B에게 하자담보책임을 물을 수 있다.

A가 구체적으로 행사할 수 있는 권리를 본다. 이 사안에서 A는 감자의 하자로 인하여 계약의 목적을 달성할 수 없다. 그러므로 A는 계약을 해제하고 손해배상을 청구할 수 있다. 그러나 그는 해제와 손해배상을 청구하지 않고 완전물의 급부를 청구할 수 있다. 완전물의 급부시 담보책임으로서 손해배상을 청구하지는 못하나, B에게 유책사유가 있을 경우 채무불이행을 이유로 손해배상을 청구하는 것은 별문제이다.

A가 담보책임을 묻는 경우의 구체적인 손해배상의 범위를 살펴본다. 이 사안과 같은 경우에 관하여 판례는, 그 손해는 원고가 감자를 식재·경작하여 정상적으로 얻을 수 있었던 평균수입금에서 원고가 실제로 소득한 금액을 제한 나머지가 되어야 할 것이고, 원고가 실제로 들인 비용에서 원고가 소득한 금액을 공제한 금액이 아니라고 한다.[5] 그리고 종자가 30퍼센트만 발아하면 그 전부가 불량성을 가진다고 한다.[6] 사견은 매도인의 담보책임이 무과실책임인 만큼 배상범위는 신뢰이익이라는 입장이다. 이러한 사견에 의하면 구체적인

---

5) 대판 1989. 11. 14, 89다카15298.
6) 대판 1977. 4. 12, 76다3056.

배상범위는 A가 하자가 없다고 믿고서 지출한 비용, 가령 비료 구입비용 등에 한정된다.

3. A의 확대손해에 대하여 배상청구를 할 수 있는지 여부

A가 준비하여 심은 감자가 B로부터 급부받은 감자로부터 잎말림병이 감염되어 그 수확량이 반 정도에 그친 것은 하자로 인하여 발생한 손해, 즉 확대손해이다.

목적물의 하자로 인하여 확대손해가 생긴 경우에는, 매도인에게 유책사유가 있는 때에만 그 요건을 증명하여 불완전급부책임을 물을 수 있다고 하여야 한다. 판례도 같은 입장이다.[7] 그리고 그 확대손해는 통상손해가 아니고 특별손해라 할 것이므로, 그러한 사정을 알았거나 알 수 있었을 경우에 한하여 배상청구를 할 수 있다(393조 2항).

불완전급부의 요건에 관하여는 앞에서 기술하였다(Ⅱ. 3. (2) 참조). 그런데 이 사안에서 B에게 유책사유가 있는지는 불분명하다. 만약 B가 급부한 감자를 생산할 때 잎말림병이 있었음을 알았다면 그는 유책사유가 있다. 그러나 적어도 생산 당시에 그 병의 존재를 알지 못했고 그에 대하여 과실도 없었으면 유책사유는 없다고 할 것이다. 일반적으로 말하면 감자를 재배한 농민은 그 사실을 알았거나 적어도 알 수 있었을 가능성이 크다. 어쨌든 만약 B에게 유책사유가 있다면 A는 불완전급부를 이유로 손해배상을 청구할 수 있을 것이나, B에게 유책사유가 없다면 배상청구를 하지 못한다.

B에게 유책사유가 인정되는 때에도, B가 감자의 잎말림병의 감염으로 A의 다른 감자의 수확량이 감소할 것이라는 사정을 예견하였거나 적어도 예견할 수 있었던 경우에만, 수확량이 감소한 데 대한 손해, 즉 확대손해의 배상을 청구할 수 있다.

---

7) 대판 1997. 5. 7, 96다39455.

[85] 매매 목적물의 범위와 담보책임 · 착오

문제

A는 가족묘지를 조성할 토지를 물색하던 중 그의 친지로부터 임야를 팔려는 B를 소개받아 B에게 자신의 생각을 말하였다. 그러자 B는 마침 자신이 팔려고 하는 전북 임실군 성수면 봉강리 산 15 임야가 묘지를 조성하기에 적당한 토지이니 직접 보고서 마음에 들면 사라고 하였다. 그리하여 A는 B를 따라 위 산 15 임야를 보러 갔다.

그런데 B는 산 15 임야가 그 토지와 인접해 있는 봉강리 산 13 임야의 일부(아래 도면상의 ㉮ 부분)까지 포함되어 있다고 믿고 있었으며, 그리하여 그의 조부의 분묘도 산 13 임야 내(㉮ 부분)에 설치하였고, A에게 산 15 임야를 설명하면서도 그 부분(㉮ 부분)까지 산 15 임야라고 하였다.

B의 말을 그대로 믿은 A는 2001. 5. 11. B로부터 산 15 임야 5,274㎡ 중 B의 조부의 분묘가 설치되어 있는 부분인 150㎡를 제외한 나머지 5,124㎡를 2,000만원에 매수하기로 하는 매매계약을 체결하였다. 그러면서 A는 B에게 200만원을 계약금으로 지급하였다. 그리고 나머지 대금 1,800만원은 2001. 6. 15.에 B로부터 산 15 임야의 소유권이전등기에 필요한 서류를 교부받으면서 지급하기로 하였다. 한편 계약서에는 「매도인이 본 계약을 어겼을 때에는 계약금으로 받은 금액의 배를 매수인에게 주기로 하고 매수인이 본 계약을 어겼을 때에는 계약금은 무효가 되고 돌려 달라는 청구를 하지 않기로 함」이라는 조항도 들어 있었다.

그 후 A와 B는 약정대로 이행하여 2001. 6. 15.에 A가 1,800만원을 지급하면서 B로부터 등기서류를 넘겨받았다. 그리고 A는 2001. 6. 29. 산 15 임야에 관하여 자신의 명의로 소유권이전등기도 마쳤다.

그러고 나서 A는 2001. 7. 15.부터 2001. 10. 20. 사이에 산 13 임야의 일부인 위 부분이 자신의 토지라고 믿고 그곳에 자신의 조부모 · 부모 등의 분묘를 설치하였다.

그 뒤 2002. 4. 6. A는 산 13 임야의 소유인 C로부터 자신의 임야에 허락 없이 분묘를 설치하였다는 항의를 받고 측량을 하여 본 결과, A가 분묘를 설치한 곳인 ㉮ 부분이 산 13 임야에 속한다는 사실을 알게 되었다. 그리고 계약서에 매매목적 토지로 기재된 산 15 임야는 그 3분의 1 정도가 비포장 도로에 속해 있을 뿐만 아니라 나머지 부분도 급경사를 이루고 있어 묘지를 조성하기가 어려운 토지임도 아울러 알게 되었다.

이러한 상태로 현재(2002. 12. 23.)에 이르렀다.

이 경우에 A가 B에게 어떠한 주장을 해 볼 수 있는지를 설명하고, 그 타당성을 검토하시오.

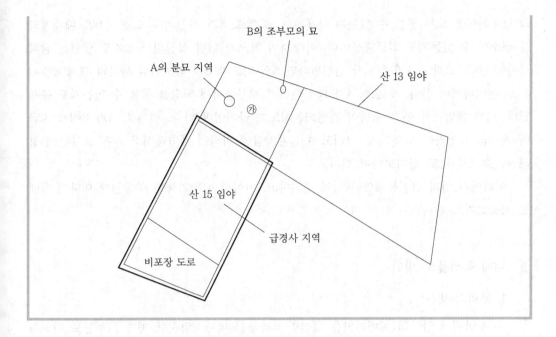

Ⅰ. 논점의 정리

　본 사안에 있어서는 임야의 매매를 하면서 매도인 B와 매수인 A가 모두 매매목적 토지의 범위를, 계약서에 매매 목적물로 기재된 산 15 임야(매도인의 소유 토지)의 범위를 넘어 ㉮ 부분까지 포함하는 것으로 생각하였다. 그리하여 매수인인 A는 그 후 ㉮ 지역에 분묘를 설치하였는바, 그러자 ㉮ 부분의 법률상의 소유자인 C가 A에게 항의를 하였다. 그리고 계약서상의 매매목적 토지인 산 15는 그 3분의 1이 비포장 도로이고 나머지 부분도 급경사를 이루고 있다. 본 문제는 이러한 경우에 매수인 A가 매도인 B에게 어떠한 주장을 해 볼 수 있는지를 묻고 있다.[1]

　본 문제에서 A의 법률상의 주장을 검토하려면 선결적으로 결정해야 하는 사항이 있다. 그것은 A·B 사이의 매매 목적물의 범위를 확정하는 일이다. 즉 그림의 ㉮ 부분이 매매 목적물의 범위에 속하는지가 중요하다. 왜냐하면 ㉮ 부분이 매매 목적물에 속하느냐 여부에 따라 법률관계가 달라지기 때문이다.

　이러한 선결문제의 결정 후에 A의 주장으로 생각해 볼 수 있는 것으로는 여러 가지가 있다. 첫째로, B에게 매도인으로서의 담보책임을 물을 수 있는가이다. 그리고 그 담보책임으로 권리의 일부가 타인에게 속한 경우의 담보책임과 매매의 목적물에 하자가 있는 경우

---

[1] 이러한 문제는 실제에 있어서 A의 소송대리인이 해야 할 법률적인 주장에 관한 것이다. 이러한 경우에는 단순히 법률관계를 묻거나 또는 법관의 입장에서 판단하여야 하는 때보다 더욱 넓게 여러 가지의 가능성을 충분히 살펴보는 것이 바람직하다.

의 담보책임을 모두 물을 수 있는지 문제된다. 둘째로, A가 자신의 착오를 이유로 매매계약을 취소할 수 있는지도 검토대상이다. 이때 A의 착오가 어떤 성질의 것인지도 당연히 살펴보아야 한다. 그리고 A의 착오가 인정된다면 A의 착오와 B의 담보책임 사이의 관계(경합 여부)도 논의하여야 한다. 셋째로, A가 B에 대하여 채무불이행 책임을 물을 수 있는지도 문제된다. 이때 계약금에 관한 특약이 관련되는지도 언급되어야 한다. 넷째로, A가 B에게 지급한 계약금의 성격이 무엇인지, 그리고 A가 계약금에 기하여 계약해제와 같은 효과를 주장해 볼 수 있는지도 살펴보아야 한다.

이하에서 먼저 선결문제에 관하여 정리하고, 이어서 A의 가능한 주장들에 대하여 차례로 기술하기로 한다.

Ⅱ. 매매 목적물의 범위

1. 문제의 제기

본 사안에서 임야의 매매계약을 체결한 B와 A는 매매계약서에 매매 목적물로 매도인 B 소유의 산 15 임야 중 B의 조부 분묘지역 150㎡를 제외한 5,124㎡라고 기재하였다. 그런데 A는 매매목적 토지를 현장에 가서 직접 보았고, 그러면서 그는 그림의 ㉮ 부분도 산 15라고 하는 B의 설명을 그대로 믿었다. 그 결과 매매계약서 문언에 따르면 ㉮ 부분이 산 15가 아니고 산 13이기 때문에 그것은 매매 목적물에 포함되지 않게 되나, 매매 당사자인 B와 A는 산 15의 경계에 관하여 똑같이 잘못 생각하여 ㉮ 부분이 산 15에 속한다고 믿고 있었으므로 A·B의 의사에 의하면 ㉮ 부분은 매매 목적물에 포함되게 된다. 이들 중 어느 것이 옳은지 문제된다.

2. 매매목적 토지의 경계에 관한 공통의 착오와 그 효과

(1) 서   설

본 사안에 있어서는 매도인과 매수인이 매매계약서에 기재된 매매목적 토지(산 15)의 경계에 관하여 똑같이 착오에 빠져서 계약을 체결하였다. 즉 이른바 공통의 착오이다.

(2) 공통의 착오

민법은 제109조에서 법률행위에 있어서의 착오를 규정하고 있다. 그러면서 표의자 일방의 착오만 문제삼을 뿐 당사자 쌍방이 착오에 빠진 경우에 관하여 따로 규율하지 않고 있다. 그리하여 쌍방이 착오에 빠진 경우의 해석은 학설·판례에 맡겨져 있다. 그런데 그 가운데 당사자 쌍방이 각기 다른 착오에 빠진 경우는 그 각각에 대하여 제109조가 적용되면 충분하며 특별히 문제될 것이 없다. 그에 비하여 당사자 쌍방이 공통하여 착오에 빠진 경우는 그리 간단한 문제가 아니다.

⑺ **공통의 내용의 착오**　　　공통의 착오는 공통의 내용의 착오와 공통의 동기의 착오로 나누어 논의하여야 한다. 이들 중 전자의 경우, 즉 당사자 쌍방이 일치하여 계약의 내용(법률효과)에 관하여 착오에 빠져 있는 경우는 이른바 자연적 해석(또는 falsa demonstratio non nocet 법리)에 의하여 당사자가 일치하여 생각한 것이 계약내용이 된다. 따라서 당사자 쌍방이 공통하여 계약목적 토지의 경계를 다르게 생각한 경우에도, 그 생각한 범위에 관하여 계약이 성립하게 된다. 그리고 그때에는 계약의 내용이 당사자에 의하여 의욕된 바와 같이 인정되므로 의사와 표시의 불일치는 없고, 따라서 착오의 문제는 생기지도 않는다.

⑷ **공통의 동기의 착오**

(a) 학　　설　　　이러한 공통의 내용의 착오와는 달리 공통의 동기의 착오의 경우에 관하여 학설로는 ⅰ) 독일의 이른바 주관적 행위기초론을 적용하여야 한다는 견해2)와 ⅱ) 법률행위의 보충적 해석에 의하여 해결하자는 견해3)가 대립하고 있다.

(b) 판　　례　　　우리 판례는, 과거에는 실질적으로는 공통의 동기의 착오에 해당하는 사안에서 그 문제를 의식하지 못하고서 일방적 착오처럼 다루면서 취소를 인정하였으나,4) 최근에는 두 판결에서 동기의 착오 문제를 의식하고서 보충적 해석을 인정하고 있다.5)

(c) 검토 및 사견　　　검토해 보건대 형식적으로만 보면 계약당사자 쌍방이 일치하여 동기의 착오에 빠진 경우에도 제109조가 적용된다고 해석될 수 있다. 그러나 쌍방의 공통하는 동기의 착오는 일방적인 착오와는 본질적으로 다르다. 그러한 경우에는 계약내용을 개별적인 관계에 맞게 수정하는 것이 당사자의 이익에 부합하는 때가 많다. 또한 동기의 착오라 하여 계약의 구속으로부터 전혀 벗어나지 못한다는 것이 부당하다고 여겨질 때도 있다. 왜냐하면 당사자 쌍방이 동일한 기초 위에서 계약을 체결하였기 때문이다. 이러한 점에서 볼 때 제109조는 공통의 동기의 착오의 특수성을 전혀 알지 못한 규정이라고 할 수 있으며, 결국 민법에는 그러한 경우에 관한 규정이 없다고 할 수 있다. 법률의 틈이 존재하는 것이다. 이러한 틈은 다른 이론에 의하여 보충되어야 한다. 그러한 이론으로는 여러 가지가 있을 수 있겠으나, 사견으로는 독일의 주관적 행위기초론이 가장 적당할 것으로 생각된다.

우리의 하나의 학설은 보충적 해석에 의하여 사견과 유사한 결과를 달성하려고 하나, 그것은 무리이며, 따라서 옳지 않다. 그리고 공통의 착오에 있어서 보충적 해석을 인정하고 있는 최근의 판결 중 첫째의 것은, 그 사안 자체가 공통의 착오 이론이 적용될 사안이 아니

---

2) 송덕수, "계약당사자 쌍방의 공통하는 동기의 착오," 사회과학논집(이대 법정대) 제 9 집, 1989, 53면 이하. 그리고 저자의 견해를 따르는 이상민, "당사자 쌍방의 착오," 민사판례연구 [XVIII], 1996, 53면 이하; 김상용, 총칙, 505면; 김증한·김학동, 총칙, 344면.

3) 이영준, 총칙, 371면.

4) 가령 대판 1989. 7. 25, 88다카9364; 대판 1994. 6. 10, 93다24810; 대판 1998. 2. 10, 97다44737; 대판 2000. 5. 12, 2000다12259.

5) 대판 2006. 11. 23, 2005다13288([8]번 문제 제1문 참조); 대판 2023. 8. 18, 2019다200126([8]번 문제 제2문 참조).

고 본래의 보충적 해석이 필요한 경우에 대하여 공통의 착오라고 하면서 그 사안에 맞는 해결(보충적 해석)을 하고 있는 것이다. 그리고 두 번째 판결에서는 공통의 착오에 기하여 부가가치세 부담에 관하여 적극적으로 의사표시를 하였다. 그런데도 대법원은 부가가치세 면세대상일 경우의 매입세액 반영에 관하여 구체적 약정이 없었다는 이유로 보충적 해석의 법리를 적용하였다. 이 사안에서는 적극적인 의사표시를 했으므로 약정이 없는 경우가 아니며(순수한 보충적 해석 사안이 아님), 따라서 먼저 부가가치세 부담에 관한 의사표시 자체의 유효 여부를 판단했어야 한다.

사견의 내용을 좀 더 자세히 부연하여 설명하기로 한다. 사견에 의하면, 주관적 행위기초를 형성하는 사정에 관한 당사자 쌍방의 공통의 착오만이 법적으로 고려된다. 여기서 주관적 행위기초라 함은 계약당사자 쌍방이 계약체결에 있어서 의식적으로 이끌려진 관념 또는 기대이다. 그러나 그러한 관념이나 기대 모두가 주관적 행위기초로 되지는 않는다. 계약당사자 쌍방의 의사표시 모두에 대하여 결정적인 관념 또는 기대만이 주관적 행위기초일 수 있다. 그리고 이러한 주관적 행위기초에 관한 착오는 동기의 착오의 불고려의 원칙에 대한 예외를 이룬다. 그러나 그때에 제109조에 의하여 취소될 수 있다고 하는 것은 타당치 않다. 그것은 법적 근거도 없을 뿐더러 당사자들의 사정에 적합한 해결을 가져올 수도 없다. 법률효과는 신의성실의 원칙에 입각하여 결정하여야 한다. 구체적인 효과는 다음과 같다. 공통의 동기의 착오의 경우 중 주관적 행위기초가 결여되거나 소실한 경우에는, 공통의 동기의 착오에 의하여 불이익하게 계약을 체결한 당사자에게는 계약으로부터 벗어날 권리, 즉 탈퇴권이 부여되어야 한다. 다만, 착오에 의하여 유익하게 된 당사자가 계약을, 당사자 쌍방이 착오가 없었으면 합의하였을 내용으로, 바꾸어 말하면 사실관계에 맞게 수정된 내용으로 효력 있게 하려고 하는 경우에는, 상대방의 탈퇴권은 인정되지 않아야 한다. 탈퇴권은 원칙적으로 소급효가 있는 해제권이나, 계속적 채권관계에 있어서는 장래에 향하여만 효력을 가지는 해지권이다.

(3) 경계의 착오

경계의 착오는 보통은 매매목적 토지의 경계의 착오의 경우처럼 그 경계가 합의의 객체로 되며, 그때는 법률행위의 내용의 착오가 된다. 그에 비하여 경계가 합의의 객체 그 자체가 아니고 일정한 합의를 하는 연유를 이루는 데 불과한 경우에는, 경계의 착오는 동기의 착오에 지나지 않는다. 공통의 착오에 있어서도 마찬가지이다. 즉 경계가 합의의 객체인 때에는 공통의 내용의 착오가 되며, 경계가 합의의 객체 자체가 아닌 때에는 공통의 동기의 착오로 된다. 그리하여 그에 대하여 각각의 공통의 착오 이론이 적용되게 된다.

3. 본 사안의 경우

본 사안에 있어서 매도인 B와 매수인 A는 매매목적 토지의 경계에 관하여 공통의 착오에 빠져서 매매계약을 체결하였다. 그리고 착오를 일으킨 경계는 합의의 대상인 매매목적 토지 자체에 관한 것이다. 그러므로 본 사안의 공통의 착오는 내용의 착오에 관한 것이다. 공통의 내용의 착오인 것이다. 그 결과, 전술한 공통의 내용의 착오에 관한 이론에 의할 때, 매매 목적물은 자연적 해석에 의하여 A·B가 생각한 바대로 확정된다. 즉 매매 목적물은 계약서에 기재된 산 15의 법적인 범위에 한정되지 않고 산 15와 ㉮ 부분을 합한 지역이다. 결국 본 사안의 경우 ㉮ 부분은 매매 목적물에 포함된다.

Ⅲ. A가 B에게 매도인으로서의 담보책임을 물을 수 있는지 여부

1. 서   설

A가 B에게 매도인으로서의 담보책임을 묻는다고 할 경우에 문제되는 담보책임은, 첫째 로 권리의 하자에 대한 담보책임 중 권리의 일부가 타인에게 속한 경우의 것이고, 둘째로 매매 물건의 하자에 대한 담보책임이다. 이하에서 둘을 나누어 보기로 한다.

2. 권리의 하자에 대한 담보책임

(1) 서   설

위에서 본 바와 같이, 매매 목적물은 ㉮ 부분을 포함한다. 그러므로 매도인인 B는 그 부분의 소유권을 A에게 이전하여야 한다. 그런데 B는 그 부분의 소유권을 가지고 있지 않 고 또 그 부분의 소유권이 자신에게 있다고 잘못 생각하고 있어서 A에게는 산 15의 소유권 만 이전하여 주었다. 여기서 B가 A에게 ㉮ 부분의 소유권을 이전해 주지 못한 데 대하여 담보책임을 지지 않는지 문제된다.[6]

(2) 권리의 일부가 타인에게 속하는 경우의 매도인의 담보책임

매매의 목적인 권리의 일부가 타인에게 속하는 경우에는 매도인은 매수인에게 담보책 임을 진다(572조).

1) 요   건

이 경우는 매매의 목적인 권리의 일부가 현존하고 있으나 그것이 타인에게 속하기 때 문에 이전할 수 없는 경우이다. 그리고 여기서 이전할 수 없다는 것은 채무불이행에서와 같 이 엄격하게 새길 필요가 없으며, 사회관념상 매수인에게 해제권을 행사하게 하는 것이 타 당하다고 인정할 정도의 이행장애가 있으면 충분하다.[7] 그리고 매도인이 권리를 이전할 수 없는 데 대하여 그에게 유책사유가 있는가는 묻지 않는다(여기에 대하여는 유책사유를 요구하는 견해도 있다).

---

6) 참고로 말하면, 만약 A만이 산 15가 ㉮ 부분까지 포함한다고 믿고 있어서 결국 그 부분이 매매 목적물 에 포함되지 않는다고 해석된다면 B의 담보책임이 문제되지 않고 오히려 A의 경계의 착오가 문제된다.
7) 학설·판례도 같다. 곽윤직, 채각, 142면. 대판 1977. 10. 11, 77다1283; 대판 1981. 5. 26, 80다2508. 타 인의 권리 매매에 관한 대판 1982. 12. 28, 80다2750도 참조.

2) 책임의 내용

이러한 요건이 갖추어진 경우의 담보책임의 내용으로는 우선 대금감액청구권이 있다 (572조 1항). 이 대금감액청구권은 매수인이 선의이든 악의이든 행사할 수 있다.

그리고 선의의 매수인은 이전된 부분만이면 이를 매수하지 않았으리라는 사정이 있는 경우에는 계약의 전부를 해제할 수 있고(572조 2항), 또한 선의의 매수인은 대금감액 또는 계약해제와 함께 손해배상도 청구할 수 있다(572조 3항).

여기의 손해배상액이 신뢰이익인가 이행이익인가에 관하여는 견해가 나뉘며, 판례는 이행이익이라고 한다.[8] 생각건대 이 문제는 매도인의 담보책임의 법적 성질이 어떠한가에 관련된다. 담보책임을 법정책임이라고 보면 손해배상액은 신뢰이익이라고 하게 될 것이나, 채무불이행책임이라고 보면 이론상 이행이익이 되어야 할 것이다. 그런데 채무불이행책임 이라고 하면서, 손해배상은 원칙적으로 신뢰이익에 한정된다는 견해도 있다. 사견에 의하면, 매도인의 담보책임은 본질적으로는 채무불이행책임이나 연혁적인 이유로 법정책임으로 된 것이라고 새겨야 한다. 그리고 담보책임은 무과실책임이므로 담보책임으로서의 손해배상은 신뢰이익의 배상이라고 하여야 한다. 그렇지만 담보책임이 채무불이행책임을 배제하는 것으로 해석하는 것은 부적당하므로, 채무불이행책임의 요건이 갖추어진 경우에는 이행이익의 배상을 청구할 수 있다고 할 것이다.

권리의 일부가 타인에게 속한 경우에 매도인의 담보책임을 물을 수 있는 매수인의 권리는 매수인이 선의인 때에는 사실을 안 날로부터 1년 내에, 악의인 때에는 계약한 날로부터 1년 내에 행사하여야 한다(573조). 그리고 판례에 의하면 선의인 경우에 「사실을 안 날」이라 함은 단순히 권리의 일부가 타인에게 속한 사실을 안 날이 아니라, 그 때문에 매도인이 이를 취득하여 매수인에게 이전할 수 없게 되었음이 확실하게 된 사실을 안 날이다.[9]

한편 여기의 1년의 기간은 시효기간이 아니고 제척기간이다. 제척기간이 제소기간인가 재판상·재판 외의 행사기간인가에 대하여는 견해가 나뉘며, 통설은 전자의 입장이나, 판례는 원칙적으로는 후자로 보나 일정한 경우에는 제소기간(출소기간)으로 해석한다(여기의 경우에 대하여는 판례가 없음).

(3) 본 사안의 경우

본 사안에 있어서 매도인 B는 매매 목적물의 범위에 포함되는 ㉮ 부분의 소유권을 매수인 A에게 이전해 주지 않았다. 그리고 그 부분이 타인(C)에게 속하여 이전해 줄 수 없는 경우라고 할 것이다. 이때의 이전불능은 엄격하게 새길 것이 아닐 뿐만 아니라, 설사 그렇게 새긴다고 하여도 C의 항의가 있었다는 사정으로 볼 때, 이전불능에 해당한다고 새겨야

---

8) 대판 1993. 1. 19, 92다37727.
9) 대판 1990. 3. 27, 89다카17676; 대판 1991. 12. 10, 91다27396; 대판 1997. 6. 13, 96다15596; 대판 2002. 11. 8, 99다58136.

한다. 한편 B에게 유책사유가 있는지는 요건이 아니므로 살필 필요도 없다. 요컨대 A는 B 에게 담보책임을 물을 수 있다.

A가 물을 수 있는 담보책임은, 그가 선의이므로, 우선 대금감액청구가 있다. 그 밖에 계약해제도 있다고 하여야 한다. 즉 본 사안에 있어서 ㉮ 부분은 매수인에게는 가장 중요한 부분이므로 그 부분이 없었다면 A는 매수하지 않았을 것이다. 따라서 A는 계약 전부를 해 제할 수 있다고 하여야 한다. 그 결과 A는 계약해제와 대금감액청구 가운데 선택적으로 권 리를 행사할 수 있다. 또한 A는 대금감액청구 또는 계약해제를 하면서 동시에 손해배상을 청구할 수 있다. 여기의 손해배상액은 신뢰이익이다. 만일 B에게 유책사유가 있어서 채무불 이행의 요건까지 갖추어지는 경우에 이행이익의 배상을 청구할 수 있는 것은 별문제이다.

한편 A는 이들 권리를 일정한 기간 내에 행사하여야 한다. 즉 A는 선의이므로 사실을 안 날로부터 1년 내에 행사하여야 한다. 사안에서 볼 때, A가 사실을 알게 된 것은 2002. 4. 6. 이후이다. 따라서 현재인 2002. 12. 23.은 1년의 기간 내에 있다. 그러므로 A가 담보책 임을 묻는 데는 기간상 장애가 없다.

3. 물건의 하자에 대한 담보책임

(1) 서 설

본 사안에 있어서 매매의 목적물은 산 15와 ㉮ 부분이다. 그런데 그중 산 15는 그 3분 의 1 정도가 비포장 도로였고 나머지 부분은 급경사 지역이었다. 여기서 매수인 A가 B에 대하여 매매 물건의 하자를 이유로 담보책임을 물을 수 있는지 문제된다.

(2) 매도인의 하자담보책임

매매의 물건에 흠이 있는 경우에 매도인이 지는 담보책임을 보통 하자담보책임이라고 한다. 민법은 제580조에서 특정물매매의 경우의 매도인의 하자담보책임을 규정하고 있다.

이에 의하면 매매의 목적물에 하자가 있고, 매수인이 선의·무과실인 때에는, 매수인은 매도인에게 일정한 담보책임을 물을 수 있다고 한다. 여기의 하자의 의미에 관하여는 객관 설, 주관설, 병존설이 대립하고 있다. 객관설은 일반적으로 그 종류의 물건이 가지고 있는 성질이 없는 경우에 하자가 있다고 한다.[10] 주관설은 계약에서 당사자 사이에 전제된 성질 이 없는 경우에 하자가 있다고 한다.[11] 병존설은 물건이 본래 가지고 있어야 할 객관적 성 질이 없는 경우와 매매 당사자가 합의한 성질이 없는 경우가 모두 하자라고 한다.[12] 그리고 판례는 개념에서는 객관설과 유사하나, 갈수록 주관적 하자 개념의 우선을 인정하고 있어서 오히려 주관설에 가깝다고 할 것이다.[13] 한편 하자 판단의 기준시에 관하여는 위험의 이전

---

10) 대표적으로 곽윤직, 채각, 148면.
11) 김형배, 채각, 351면.
12) 김상용, 채각, 214면.
13) 대판 1997. 5. 7, 96다39455; 대판 2000. 10. 27, 2000다30554; 대판 2002. 4. 12, 2000다17834.

시기라고 보는 견해도 있으나,14) 특정물매매의 경우에는 계약 당시라고 하여야 한다.

매도인의 하자담보책임의 내용은 목적물의 하자로 인하여 매매 목적을 달성할 수 없는 경우에는 계약해제와 손해배상이고, 그 외의 경우에는 손해배상만이다. 이때의 손해배상도 신뢰이익의 배상이다.

(3) 본 사안의 경우

본 사안에 있어서 산 15가 가지는 흠들, 즉 비포장 도로와 급경사 지역은 하자에 관하여 어떤 견해를 취하든 하자에 해당하는 것으로 볼 수 있다. 그렇지만 본 사안의 경우에 매수인인 A는 아마도 이러한 하자에 관하여는 알고 있었음이 분명하다. 왜냐하면 A는 B를 따라와 산 15의 임야를 직접 보았기 때문이다. 다만, A는 산 15에 ㉮ 부분이 포함된 것으로 생각하였고, 목적물의 중심은 ㉮ 부분에 있었다. 그리고 그 곳은 해석상 매매 목적물에 포함된다. 이처럼 적어도 산 15의 상황에 대하여는 A가 악의이기 때문에 그는 B에게 목적물의 하자를 이유로 하여 담보책임을 물을 수는 없다.

IV. A가 착오를 이유로 매매계약을 취소할 수 있는지 여부와 담보책임과의 경합 문제

1. 서   설

본 사안에서 A는 — B와 똑같이 — 산 15가 ㉮ 부분까지 포함하는 것으로 잘못 생각하였고, 또한 ㉮ 부분의 소유자가 B라고 잘못 생각하였다. 이 중에 앞의 문제는 이미 해석에 의하여 해결되었다. 즉 자연적 해석으로 ㉮ 부분이 매매 목적물에 포함되는 것으로 인정되었다. 따라서 그에 관한 한 의사와 표시는 일치하고 있으며, 착오의 문제는 생기지 않는다. 그에 비하여 뒤의 문제는 여전히 착오의 문제로 남아 있다. 그것은 소유권 귀속의 착오이다. 그런데 그 착오는 A뿐만 아니라 B도 똑같이 빠져 있어서 해결이 쉽지 않다. 아래에서 자세히 살펴보기로 한다.

한편 만약 여기서 착오를 이유로 매매계약을 취소할 수 있다고 한다면 매도인의 담보책임과의 경합이 문제될 수도 있다. 그러므로 후에 그에 관하여서도 검토해 보기로 한다.

2. 소유권 귀속에 관한 공통의 착오 문제

의용민법 하에서 우리 대법원은 매매 목적물의 소유권에 관한 착오는 매매계약의 요소의 착오가 아니라고 하였다.15) 그리고 학설은 판례를 인용하면서 간단하게 그것은 중요부분의 착오가 아니라고 하는 정도에 머물고 있다.

주의할 것은 이러한 학설·판례는 소유권 귀속에 관한 「일방적인」 착오에 관한 것이다.

---

14) 김형배, 채각, 353면; 이은영, 채각, 338면.
15) 대판 1959. 9. 24, 4290민상627.

당사자 쌍방이 일치하여 소유권 귀속에 관하여 착오에 빠진 경우에 관하여는 논의가 없다. 소유권 귀속에 관한 공통의 착오는 법률행위의 내용과는 무관한 동기의 착오이다. 따라서 사견에 의하면, 앞에서 기술한 바와 같이(Ⅱ. 2. 참조), 공통의 동기의 착오로서 주관적 행위기초론이 적용되어야 한다. 일방적 착오에 관한 이론을 적용할 것이 아니다.

그러면 본 사안의 경우는 주관적 행위기초가 결여 또는 소실된 경우에 해당하는가? 어떤 관념이나 기대가 주관적 행위기초로 되려면, 그것이 당사자 쌍방의 의사표시 모두에 대하여 결정적인 것이어야 한다. 그런데 본 사안에서 소유권 귀속에 관한 관념이 그렇다고 보기는 어렵다. 특히 매수인으로서는 ㉮ 부분이 매매 목적물에 포함되어 있으면 충분하였고, 그것이 반드시 매도인의 소유이었어야 할 필요는 없었다. 본 사안의 계약이 매매이어서 더욱 그렇다. 따라서 본 사안에 있어서 소유권 귀속에 관한 A·B의 관념은 주관적 행위기초가 아니다. 그 결과 주관적 행위기초론에 의한 탈퇴권은 인정되지 않아야 한다.

3. 담보책임과의 경합의 문제

(1) 서　설

본 사안의 경우 B는 권리의 일부가 타인에게 속한 경우의 매도인으로서의 담보책임을 진다. 그런데 만약 매수인이 착오를 이유로 계약을 취소할 수도 있다면, 매수인은 두 권리를 선택적으로 행사할 수 있는지 아니면 담보책임만 물을 수 있는지가 문제된다.

(2) 학설·판례와 사견

1) 학설·판례

여기에 관하여는 담보책임만 물을 수 있다는 견해가 통설이나, 어느 쪽이든 주장할 수 있다고 하되, 착오를 주장하는 경우에도 담보책임의 경우와 마찬가지로 6월 내지 1년의 기간 제한에 걸리게 하는 것이 타당하다는 소수설도 있다. 그리고 판례는, 매매계약 내용의 중요부분에 착오가 있는 경우 매수인은 매도인의 하자담보책임이 성립하는지와 상관없이 착오를 이유로 그 매매계약을 취소할 수 있다고 하여,[16] 권리의 하자가 있는 경우에도 그와 같은 태도를 취할 가능성이 크다.

2) 사　견

생각건대 우선 경합이 문제되는 착오와 담보책임이 무엇인가를 보면, 착오는 성질의 착오를 포함하는 동기의 착오이며, 담보책임은 물건의 하자에 대한 담보책임뿐만 아니라 권리의 하자에 대한 담보책임도 포함된다.

그리고 이 문제는 동일한 사실이 착오취소의 요건과 담보책임의 요건을 모두 충족하는 경우에 발생한다. 따라서 동기의 착오에 대하여 어느 범위에서 취소를 인정하느냐가 결정적이다. 그리하여 만약 동기의 착오에 취소를 인정한다면 통설처럼 담보책임만 인정하는 것이

16) 대판 2018. 9. 13, 2015다78703.

옳다. 사견은 동기의 착오에 취소를 인정하지 않으므로 여기의 문제는 원칙적으로 생기지 않는다. 다만, 사견에 의한다 하여도, 신의칙에 의하여 동기의 착오를 고려하거나 공통의 동기의 착오의 경우에 탈퇴권이 인정되는 때에는 담보책임만 물을 수 있다고 하여야 한다. 신의칙에 의한 착오자의 구제는 민법에 규정이 없는 경우에 보충적으로만 행하여야 하기 때문이다.

⑶ 본 사안의 경우

본 사안의 경우에는 A의 소유권 귀속의 착오를 이유로 취소가 인정될 수도 없고, 또 공통의 동기의 착오라고 하여 탈퇴권이 부여될 수도 없으므로, A는 처음부터 담보책임만 물을 수 있을 뿐이다.

V. A가 채무불이행책임을 물을 수 있는지 여부

1. 서 설

본 사안에 있어서 A가 ㉠ 부분의 소유권을 취득하지 못한 데 대하여 B에게 채무불이행을 이유로 손해배상을 청구하거나 계약을 해제할 수 있는지 문제된다. 이 문제는 매도인의 담보책임의 법적 성격을 어떻게 파악하느냐와 직결된다. 그리고 손해배상과 관련하여서는 계약금에 대한 특약이 의미를 가질 수도 있다.

2. 매도인의 담보책임과 채무불이행책임

전술한 바와 같이, 매도인의 담보책임은 법정책임이고 무과실책임이라고 하여야 한다. 그리하여 손해배상도 신뢰이익의 배상이나, 채무불이행의 요건을 갖추면 채무불이행의 일반규정(390조·544조 내지 546조)에 의하여 계약을 해제하고 손해배상으로서 이행이익의 배상을 청구할 수 있다고 하여야 한다. 판례도 타인의 권리매매에 관하여 같은 태도를 취한다.[17]

3. 본 사안의 경우

본 사안의 경우에는 채무불이행의 요건을 구비하였는가?

우선 어떤 채무불이행이 될 수 있는지를 살펴보면, B가 ㉠ 부분의 소유권을 이전하지 않고 있는 것은 이행불능이라기보다는 이행지체라고 보아야 한다. 매매계약 당시 이후 특별한 사정의 변화가 없고, 또 B가 ㉠ 부분의 소유권 취득을 할 수 없다고 볼 이유가 없기 때문이다. 채무불이행으로서의 이행불능은 담보책임에서의 이전불능에 비해 엄격하게 새겨야 한다.

그리하여 이행지체의 요건의 구비 여부를 검토하여야 한다. 그중 이행기 도래, 이행 가

---

17) 대판 1993. 11. 23, 93다37328; 대판 1970. 12. 29, 70다2449.

능, 이행이 없을 것, 위법성은 갖추고 있다. 문제는 채무자의 유책사유이다. 그런데 이 요건
은 채권자가 증명할 필요가 없고 채무자의 반대증명이 없으면 인정되는 것일 뿐더러, 설사
그렇지 않다고 하더라도 본 사안의 경우 ㉮ 부분을 이전해 주지 않고 있는 것에 대하여는
적어도 B의 과실이 있다고 인정하여야 할 것이다. 만일 그렇게 새기지 않으면 타인의 권리
매매의 경우나, 권리의 일부가 타인에게 속한 경우에 매도인이 선의이면 매수인은 담보책임
외에는 책임을 묻지 못하는 결과로 된다. 이는 타당하지 않다. 결국 A는 B의 이행지체를
이유로 손해배상을 청구할 수 있다. 그리고 제544조에 의하여 일정한 요건 하에 계약을 해
제할 수도 있다. 즉 A는 상당한 기간을 정하여 ㉮ 부분의 소유권이전을 최고하고 그 기간
내에 이행이 없으면 매매계약을 해제할 수 있다. 이때 해제와 함께 손해배상을 청구할 수
있음은 물론이다.

　　A가 채무불이행을 이유로 손해배상을 청구하는 경우에 그 범위가 문제이다. 그것이 이
행이익의 배상이라 함은 전술하였다. 그런데 본 사안에 있어서는 A와 B 사이에 계약금이
수수되었고, 그러면서 손해배상액의 예정으로서의 성질을 가지는 위약계약금에 관한 특약
도 하였다. 그 결과 A는 손해배상을 청구할 때 그의 손해가 얼마이든 계약금의 배액(400만
원)만큼만 청구할 수 있을 뿐이다. 그 가운데 절반은 A가 이미 지급한 것이다. 이러한 배상
액 예정의 효과는 A가 계약을 해제하면서 손해배상을 청구하는 경우에도 마찬가지로 적용
된다(그러나 표준이 다를 수 있음)(송덕수, 채총, [108] 참조).

VI. A가 해약금에 기하여 매매계약을 해제할 수 있는지 여부

1. 서　　설

　　A는 B에게 매매계약 당시에 200만원을 계약금으로 지급하였다. 이러한 계약금이 어떤
성질을 가지는지, 그에 기하여 A가 주장할 수 있는 권리는 없는지 문제된다.

2. 계 약 금

　　계약금에는 성약금, 증약금, 위약계약금(위약벌 또는 손해배상액의 예정), 해약금 등이 있다.
성약금은 계약을 성립시키기 위한 계약금인데, 이는 우리 법상 인정되지 않는다. 증약금은
계약체결의 증거로서의 의미를 갖는 계약금으로서, 이것은 계약금의 최소한도의 성질이다.
위약계약금은 채무불이행시에 의미를 가지는 계약금이며, 이는 다시 위약벌의 성질을 가지
는 것과 손해배상액 예정의 성질을 가지는 것으로 나누어진다. 해약금은 계약의 해제권을
보류하는 작용을 하는 계약금이다.

　　계약금이 어떤 성질의 것이냐는 당사자의 법률행위 해석의 문제이나, 우리 민법상 다른
약정이 없으면 해약금으로 추정된다(565조). 그리고 판례는 손해배상액의 예정의 성질을 가

지는 위약계약금의 특약이 있는 경우에는 특별한 사정이 없는 한 그 성질 외에 해약금의
성질도 가진다고 한다.[18]

계약금이 해약금일 경우 계약금의 교부자는 계약금을 포기하면서 계약을 해제할 수 있
고 계약금의 수령자는 그 배액을 상환하면서 계약을 해제할 수 있다(565조 1항). 해제할 수
있는 기간은 당사자의 일방이 이행에 착수할 때까지만이다. 통설·판례도 같은 입장이다(강
의, D-150 참조).

3. 본 사안의 경우

본 사안의 경우에는 계약금에 관하여 위약계약금 특약이 있으나, 그렇다고 하여도 동시
에 해약금으로 추정된다. 그리하여 당사자 일방이 이행에 착수하기 전이었다면 A·B는 모
두 해약금에 기한 해제를 할 수 있을 것이다. 그런데 본 사안의 경우에는 A·B가 모두 이행
을 하였다.[19] 그러므로 A·B는 누구도 해약금에 기한 계약해제는 할 수 없다.

VII. 결 론

본 사안에 있어서 매매 목적물의 범위는 ㉮ 부분을 포함한다.

그런데 A가 ㉮ 부분의 소유권을 취득하지 못하였으므로 A는 B에 대하여 권리의 일부
가 타인에게 속하는 경우의 매도인의 담보책임을 물을 수 있다. 구체적으로는 대금감액청구
권 또는 계약해제권과 손해배상청구권을 행사할 수 있다. 여기의 손해배상액은 신뢰이익의
배상이다. 그에 비하여 A는 매매의 목적물의 하자를 이유로 담보책임을 묻지는 못한다.

A는 ㉮ 부분의 소유권 귀속에 관한 착오를 이유로 매매계약을 취소할 수 없을 뿐더러,
공통의 동기의 착오를 이유로 탈퇴권을 가지지도 못한다. 그리고 착오의 효과가 인정되지
않으므로 담보책임과의 경합의 문제는 생기지 않는다.

그 밖에 A는 B에 대하여 이행지체를 이유로 손해배상을 청구할 수도 있고 또 일정한
요건 하에 계약을 해제할 수도 있다. 그런데 이때의 손해배상액은 계약금의 배액만큼이다.
A·B 사이에 손해배상액 예정의 성질을 가지는 위약계약금의 특약이 있기 때문이다.

끝으로 A가 B에게 지급한 계약금은 해약금의 성질을 가지고 있으나, 당사자가 모두 이
행에 착수하였기 때문에 A는 해약금에 기한 해제는 할 수 없다.

---

18) 대판 1992. 5. 12, 91다2151.
19) 단지 ㉮ 부분 소유권이전만 안 되었을 뿐이다.

[86]   전대(轉貸)와 실화책임(失火責任)

  A는 B로부터 B 소유의 X가옥(1채 전부)을 임차하여 사용하다가 B의 동의 없이 그 가옥을
C에게 임대하였다. 그런데 C의 과실로 X가옥이 불타 버렸다.
  1. 이 경우에 A, B, C 사이의 법률관계는 어떻게 되는가?
  2. 위의 사례에서 A가 B의 동의를 얻어 C에게 임대하였다면 어떤가?

Ⅰ. 논점의 정리

  본 사안에서 A는 X가옥의 임차인인데, 그것을 C에게 다시 임대하였다. 그럼에 있어서
물음 1.의 사안에서는 임대인인 B의 동의를 얻지 않았고, 물음 2.의 사안에서는 B의 동의를
얻었다.

  임차인이 목적물을 제3자로 하여금 사용·수익하게 하는 계약을 전대라고 한다. 민법
은 임대인의 동의가 있는 경우에 한하여 전대를 허용하고, 임대인의 동의가 없는 경우에는
임대인이 임대차계약을 해지할 수 있도록 한다(629조).

  본 사안에서 A·C 사이의 임대차는 전대에 해당한다. 본 문제는 이러한 전대에 있어서
의 A·B·C 사이의 법률관계를 묻고 있다. 물론 이러한 법률관계는 A가 B의 동의를 얻어서
행한 경우와 그렇지 않은 경우가 차이를 보인다. 따라서 두 경우를 나누어 살펴보아야 한다.

  그런데 둘 중 어느 경우이든 법률관계에 있어서 특히 중요한 것은 C의 과실에 대하여
A가 책임을 지는지 여부이다. 그리하여 C가 A의 이행보조자(그리고 피용자)인지를 검토하여
야 한다. 한편 두 경우 각각에 있어서 동일한 당사자 사이에 가옥 소실에 대하여 채무불이
행책임 외에 불법행위책임이 발생하는지도 살펴보아야 한다. 이는 이른바 청구권 경합의 문
제이다. 그리고 법률관계의 중점은 가옥 소실에 대한 책임이지만 꼭 필요한 범위에서 기타
의 법률관계도 설명하려고 한다.

  논의의 편의를 위하여 먼저 전차인의 법적 성질을 정리하려고 한다. 그런 뒤에 물음 1.
의 경우와 물음 2.의 경우를 나누어 구체적인 법률관계를 기술할 것이다.

II. 전차인(轉借人) C의 법적 성질

1. 서   설

본 사안에서 전차인 C가 임차인 A와 어떤 관계에 있느냐는 C의 행위에 대하여 A가 B에게 책임을 지는가에 직접 영향을 미친다. 여기서 전차인 C가 A의 이행보조자인지 아닌지를 검토해 보아야 한다.

2. 이행보조자와 전차인

⑴ 민법 제391조

민법은 제391조에서 채무자의 법정대리인이나 이행보조자의 고의·과실은 채무자의 고의·과실로 보고 있다.

⑵ 이행보조자

1) 의   의

이행보조자는 채무자가 채무의 이행을 위하여 사용하는 자이다. 이행보조자에는 좁은 의미의 이행보조자와 이행대행자의 두 가지가 있다.

2) 좁은 의미의 이행보조자

좁은 의미의 이행보조자는 채무자가 채무를 이행함에 있어서 마치 손·발처럼 사용하는 자이다. 이러한 자의 고의·과실은 제391조에 의하여 채무자의 고의·과실로 의제(간주)된다.

3) 이행대행자(이행대용자)

이행대행자는 채무자의 이행을 위하여 단순히 보조하는 것이 아니라 독립하여 채무의 전부 또는 일부를 채무자에 갈음하여 이행하는 자이다. 제 3 수치인이 그 예이다. 이행대행자는 채무자에 대하여 채무를 부담하며, 채권자에 대한 관계에서는 보통의 이행보조자와 같다.

이행대행자의 행위에 대하여 채무자가 책임을 지는가에 관하여는 학설이 대립한다.

ⅰ) 제 1 설(통설)은 세 경우, 즉 ① 명문규정상·특약상·채무의 성질상 대행자의 사용이 허용되지 않는 경우, ② 명문규정상·채권자의 승낙에 의하여 대행자의 사용이 허용되는 경우, ③ 명문상 또는 특약으로 금지되어 있지도 않고 허용되어 있지도 않아서 채무의 성질상 사용해도 무방한 경우로 나누어, ①의 경우에는 대행자를 사용하는 것 자체가 의무위반(채무불이행)이 되므로 대행자의 고의·과실을 불문하고 채무자의 책임이 생기고, ②의 경우에는 원칙적으로 대행자의 선임·감독에 과실이 있는 때에만 책임을 지며, ③의 경우에는 제391조가 적용되어 대행자의 고의·과실이 채무자의 고의·과실로 다루어진다고 한다.[1]

---

[1] 곽윤직, 채총, 79면; 김기선, 채총, 150면; 김상용, 채총, 114면; 김용한, 채총, 133면; 김주수, 채총, 119면; 김형배, 채총, 162면; 이태재, 채총, 108면; 장경학, 채총, 140면.

ⅱ) 제 2 설은 이행대행자는 ① 승낙(동의)이 있거나 법률규정이 있는 경우에만 선임될 수 있고, ② 그 이외의 경우에는 대행자의 선임이 불가능하다고 하면서, ①의 경우에는 선임·감독에 과실이 있는 때에만 책임을 지고, ②의 경우에는 선임행위 자체가 의무위반이 된다고 한다.[2] 이 견해는 통설이 말하는 ③의 경우는 없다고 한다.

ⅲ) 제 3 설은 이 문제는 이행대행자에 의하여 행하여진 이행행위가 채무의 내용에 좇은 이행행위가 되는가의 문제, 즉 제390조의 이행행위의 내용적 적합성의 문제라고 하면서, ① 법률규정·당사자의 합의·채무의 객관적 성질에 비추어 대행자의 사용이 금지된 경우와 ② 대행자의 사용이 허용되는 경우로 나누어, ①의 경우에는 대행자를 사용하는 것이 곧 채무자의 고의·과실에 의한 불이행이 되고, ②의 경우에는 제391조가 적용된다고 한다.[3] 이 견해는 대행자가 사용된 경우를 대행자의 사용이 금지된 경우와 허용된 경우로 나누는 점에서 제 2 설과 같은 맥락에 있으나, 기본적으로 대행자의 사용을 허용하는 점에서 반대의 입장인 제 2 설과 다르고, 또 대행자의 사용이 허용되는 경우의 책임에 관하여도 태도가 다르다.

생각건대 제 2 설과 제 3 설은 통설이 말하는 ③의 경우가 없다고 하나, 그러한 경우도 존재한다. 채무 가운데 결과채무는 제 3 자가 변제할 수도 있기 때문이다. 따라서 통설처럼 세 경우로 나누는 것이 타당하다. 그리고 그 각각의 경우의 책임도 대체로 통설이 옳다. 다만, 통설은 ②의 경우에 선임·감독에 과실이 있는 때에만 책임을 지도록 하는 명문규정이 없을 때에는 제391조가 적용된다고 하는데,[4] 이는 옳지 않다. 명문규정이 없을 때에도 유사한 다른 경우의 규정을 유추하여 선임·감독상 과실이 있는 경우에만 책임을 진다고 하여야 한다.

4) 이용보조자

이행대행자의 특수한 것에 이용보조자가 있다. 이용보조자는 채무자가 목적물을 이용할 때 그 이용을 보조하는 자이며, 임차인의 가족, 동거인이 그 예이다. 이용보조자의 행위는 채무자(가령 임차인)의 목적물 이용권(권리)에 협력하는 행위이면서 동시에 목적물보관의무(채무)를 보조하는 행위이다. 그리고 후자의 면에서 보면 이용보조자의 행위도 이행보조자의 행위라고 할 수 있다. 그러나 이용보조자는 권리행사도 보조하는 점에서 이행보조자와 다르다. 그렇지만 채무불이행에 관하여는 제391조를 적용하여야 한다.

5) 전차인 문제

전차인이 이행보조자인가, 이행대행자인가,[5] 이용보조자인가[6]에 관하여는 학설의 태

---

2) 이호정, 채총, 89면.
3) 이은영, 채총, 255면.
4) 특히 김형배, 채총, 162면은 이 점을 명시하고 있다.
5) 김형배, 채총, 163면은 이행보조자가 아니라고 하고 대행자인지는 밝히지 않으나, 아마도 대행자로 파악하는 듯하다.
6) 김용한, 채총, 134면은 이용보조자라고 한다.

도가 분명치 않다.

그리고 전차인의 과실에 대한 임차인의 책임과 관련하여서는 ⅰ) 전대에 임대인의 동의가 있는 경우에는 책임이 경감되어 선임·감독에 과실이 있는 경우에만 책임을 지고, 동의가 없는 무단전대의 경우에는 의무위반으로 인한 채무불이행책임을 진다는 견해,[7] ⅱ) 전대에 승낙이 있는 경우에는 책임이 경감되고 승낙이 없는 경우에는 제391조가 적용된다는 견해,[8] ⅲ) 임대인의 동의를 얻어 전대한 경우에도 임차인은 책임을 지게 되나 신의칙에 의하여 경감될 수 있고, 무단전대의 경우는 임대인에게 대항할 수 있는 무단전대인 때에는 전차인은 임차인의 이행보조자로 해석되나 임대인에게 대항할 수 없는 무단전대인 때에는 무단전대 자체가 바로 임차인의 의무위반으로서 임차인은 채무불이행책임을 진다는 견해,[9] ⅳ) 언제나 제391조를 적용하여야 한다는 견해[10]가 대립하고 있다.

생각건대 전차인은 일종의 이행대행자라고 보는 것이 옳을 듯하다. 그리하여 전차인의 과실에 임차인이 책임을 지느냐에 대하여는 이행대행자에 관한 이론을 그대로 적용하여야 한다. 그에 의하면 임차인이 임대인의 동의를 얻지 않고 전대한 경우에는 전대 자체가 의무위반이므로 임차인은 전차인의 과실을 불문하고 책임을 져야 하고, 임대인의 동의를 얻어 전대한 경우에는 전차인의 선임·감독에 과실이 있는 때에만 책임을 진다.

3. 본 사안의 경우

이제 본 사안에 있어서 전차인 C의 성질과 그의 과실에 대한 임차인 A의 책임 유무에 관하여 물음 1.의 사안과 물음 2.의 사안으로 나누어 기술하기로 한다.

(1) 물음 1.의 사안

물음 1.의 사안에서는 임차인 A가 임대인 B의 동의 없이 임차물인 X가옥을 C에게 전대하였다. 이 경우 전차인 C는 전대인 A의 이행대행자라고 할 것이다.

그런데 물음 1.의 사안은 대행자의 사용이 금지된 경우에 해당하므로, 임차인 A는 C의 과실을 불문하고 C의 행위에 의하여 발생한 손해에 대하여 책임을 지게 된다.

(2) 물음 2.의 사안

물음 2.의 사안에서도 역시 전차인 C는 임차인 A의 이행대행자이다. 그런데 이 경우에는 임차인 A가 임대인 B의 동의를 얻어서 전대한 경우이기 때문에 대행자의 사용이 허용되어 있는 때에 해당한다. 따라서 A는 C의 선임·감독에 과실이 있는 경우에만 책임을 진다.

---

7) 김형배, 채총, 163면; 장경학, 채총, 143면.
8) 김용한, 채총, 134면. 김주수, 채총, 120면도 같은 태도로 보인다.
9) 김상용, 채총, 112면.
10) 김증한·김학동, 채총, 86면.

Ⅲ. 물음 1.에 대하여

1. B와 A 사이의 법률관계

⑴ 계약책임

임차물의 전대가 있다고 하여 임대차에 영향을 주는 것이 아니다. 따라서 임대인 B는 계속하여 임차인 A에 대하여 차임청구권을 가진다. 다만, 이 사안에서는 임차인이 임대인의 동의 없이 X가옥을 전대하였기 때문에 임대인인 B는 임대차를 해지할 수 있다(629조 2항).

임차인은 임대차관계의 종료로 임차물을 임대인에게 반환할 때까지 선량한 관리자의 주의로 보관하여야 할 의무가 있다(374조). 그리고 임대차가 종료한 때에는 임차물(그 자체)을 반환하여야 할 의무가 있다.

그런데 이 사안에서 임차물인 X가옥이 불타 버려 A는 반환의무를 이행할 수 없게 되었다(이행불능). 그리고 불능을 일으킨 것은 전차인 C이다. 이와 같은 경우에 A가 책임을 지는지가 문제된다.

여기에 관하여는 이미 앞에서 살펴보았다. 그리하여 여기서는 결론만을 적기로 한다. C는 A의 이행대행자인데, 이 사안에서는 대행자의 사용이 금지되어 있으므로 A는 C의 과실이 없더라도 X가옥의 소실에 대하여 책임을 진다. 그런데 C에게 과실까지 있으므로 A는 당연히 책임을 진다고 하겠다.

⑵ 불법행위책임

이 사안에서 A가 C의 행위에 대하여 사용자책임을 지는지 문제된다.

사용자책임이 성립하려면, ① 타인을 사용하여 어느 사무에 종사하게 하였을 것, 즉 사용관계의 존재, ② 피용자가 사무집행에 관하여 손해를 가했을 것, ③ 제3자에게 손해를 가했을 것, ④ 피용자의 가해행위가 일반 불법행위의 요건을 갖출 것(논란 있음), ⑤ 사용자가 면책사유 있음을 증명하지 못할 것이라는 요건을 갖추어야 한다.

이들 요건 가운데 이 사안에서는 ①이 특히 문제이다. 사용관계에서 피용자라고 하기 위하여서는 선임·지휘·감독을 할 수 있어야 하기 때문이다.

이제 이 사안의 경우에 사용자책임의 요건이 갖추어졌는지를 보기로 한다. 이 사안에 있어서 전차인 C는 임차인 A와 임대차계약을 한 자이다. 그러나 그렇게 계약한 것을 사용관계에서 피용자의 선임이라고 할 수 없고, A가 C를 지휘·감독할 수 있는 관계에 있다고는 더더욱 할 수 없다. 결국 C는 A의 피용자가 아니라고 할 것이고, 그 결과 다른 요건은 더 살펴볼 필요 없이 C의 행위에 대하여 A는 사용자책임을 지지 않는다고 하여야 한다.

2. A와 C 사이의 법률관계

전대차계약은 임대인의 동의가 없이 체결되었어도 유효하게 성립한다. 다만, 임대인에게 대항하지 못할 뿐이다(통설·판례). 그리고 이때에는 전대인은 임대인의 동의를 얻을 의무를 전차인에게 부담한다.

이처럼 전대가 임대인의 동의가 없었어도 유효하므로 전차인 C는 전대인 A에 대하여 임차인으로서의 의무를 부담한다. 즉 차임지급의무는 물론이고 선관주의로 X가옥을 보관할 의무, 전대의 종료시 X가옥을 반환하여야 할 의무 등도 부담한다. 따라서 C가 X가옥을 과실로 불태워 버렸다면, C의 임차인으로서의 반환의무는 이행불능으로 된다. 그 결과 A는 C에 대하여 이행불능을 이유로 손해배상을 청구할 수 있다.

그에 비하여 C는 A에 대하여는 불법행위를 한 것이 아니어서 불법행위책임은 지지 않는다.

3. B와 C 사이의 법률관계

(1) 계약책임

이 사안에서는 A가 B의 동의 없이 X가옥을 다시 임대한 것이므로, B는 A와의 임대차계약을 해지할 수 있다. 그런 만큼 C는 그가 A에 대하여 가지는 임차권으로 B에게 대항하지 못한다.

그리고 B와 C 사이에는 아무런 계약관계도 성립하지 않는다. 그리하여 계약책임이 발생할 여지가 없다.

(2) 불법행위책임

1) 서   설

이 사안에서 C가 과실로 X가옥을 불태워 버린 행위는 X가옥의 소유자인 B에 대하여는 소유권침해라는 불법행위가 된다. 따라서 C의 B에 대한 불법행위책임이 문제된다.

2) 특별법 문제

여기에 관련되는 특별법으로 「실화책임에 관한 법률」(아래에서는 실화책임법이라고 한다)이 있다. 이 법은 개정 전에는 민법 제750조의 규정은 실화의 경우에는 중대한 과실이 있는 때에 적용한다고 규정하였다. 그런데 헌법재판소가 실화책임법에 대하여 헌법에 합치되지 않는다고 선언하고 그 법의 적용을 중지하도록 결정하였다.[11] 그러자 2009년에 그 법이 개정되었는데, 개정된 법은 실화로 인하여 화재가 발생한 경우 연소(延燒)한 부분에 대한 손해배상청구에 적용하면서(동법 2조), 실화가 중과실로 인한 것이 아닌 경우 그로 인한 손해의 배상의무자가 법원에 손해배상액의 경감을 청구할 수 있도록 한다(동법 3조).

3) 본 사안의 경우

본 사안에 있어서 C에게는 과실이 있다. 그런데 그 과실이 중과실인지는 알 수가 없다. 본 사안의 X가옥은 발화점과 일체를 이루는 부분이고 연소한 부분이 아니기 때문에, C의

---

11) 헌재 2007. 8. 30, 2004헌가25.

과실이 경과실에 지나지 않더라도 본 사안에는 실화책임법이 적용되지 않으며, 설사 그 법이 적용된다고 하여도 C는 배상액 경감만 청구할 수 있다. 결국 C는 B에 대하여 불법행위책임을 진다.

4. A와 C의 B에 대한 책임의 관계

이 사안에서 A는 B에 대하여 채무불이행책임을 지고, C는 B에 대하여 불법행위책임을 진다. A와 C의 이 두 책임은 부진정연대채무의 관계에 있다고 하여야 한다.

Ⅳ. 물음 2.에 대하여

1. B와 A 사이의 법률관계

(1) 계약책임

B와 A 사이의 임대차관계는 A가 B의 동의를 얻어 전대한 경우에도 전혀 영향을 받지 않는다. 따라서 A는 목적물보관의무, 임대차 종료시의 목적물반환의무를 부담한다. 그리고 만약 그의 과실로 X가옥이 멸실되었다면 그는 채무불이행책임을 진다.

그런데 물음 2.의 사안에서 C의 실화로 X가옥이 불타 버렸기 때문에 반환의무가 불능으로 되는가, 그리고 A는 이에 대하여 언제나 책임을 져야 하는가가 문제된다.

앞에서 살펴본 바와 같이(Ⅱ. 2. 참조), C는 A의 이행대행자라고 보아야 한다. 그리고 이 사안의 경우에는 대행자의 사용이 허용되어 있는 경우에 해당하므로, A는 C의 선임·감독에 과실이 있는 때에만 손해배상책임을 진다. 그런데 이 사안에서 A의 선임·감독상의 과실이 있었는지는 분명치 않다.

(2) 불법행위책임

전차인 C는 임차인(전대인) A의 피용자가 아니다. 따라서 이 경우에도 A는 C의 행위에 대하여 사용자책임을 지지 않는다.

2. A와 C 사이의 법률관계

이 사안의 경우에도 전대는 유효하다. 따라서 전차인 C는 임차인(전대인) A에 대하여서도 임차인으로서의 권리·의무를 가진다. 이때는 — 동의를 얻어 임대한 것이어서 — 임대인 B에 대하여도 의무를 부담하나, 그 의무와 함께 임차인 A에게도 의무를 부담하는 것이다. 그리고 그 의무에는 목적물보관의무, 목적물반환의무가 있다. 그런데 C의 과실로 C의 의무(반환의무)가 이행할 수 없게 되었다. 따라서 A는 C에 대하여 이행불능(반환불능)을 이유로 손해배상을 청구할 수 있다. 물론 뒤에 보는 것처럼 C는 임대인 B에 대하여도 같은 책임을 진다.

C는 A에 대하여는 불법행위를 한 것이 아니어서 불법행위책임은 지지 않는다.

3. B와 C 사이의 법률관계

(1) 계약책임

임차인이 임대인의 동의를 얻어 임차물을 전대한 경우에는, 전차인은 임대인에 대하여 직접 의무를 부담한다(630조 1항). 그러나 전차인은 권리는 가지지 못한다. 전차인이 부담하는 의무들에는 차임지급의무, 목적물보관의무, 목적물보관의무 위반시의 손해배상의무, 임대차 종료시의 목적물반환의무 등이 있다.

따라서 이 사안의 경우에 C가 과실로 임차물인 X가옥을 불태웠다면 C의 반환의무가 불능으로 된다. 그리하여 B는 C에 대하여 이행불능을 이유로 손해배상을 청구할 수 있다. 그리고 계약책임에는 실화책임법이 적용되지 않으므로 C의 책임의 발생 및 범위는 그 법의 영향을 받지도 않는다.

(2) 불법행위책임

1) 불법행위책임의 발생 여부

C가 과실로 X가옥을 불태워 버린 행위는 한편으로 B에 대하여 채무불이행이 되지만, 다른 한편으로는 소유권침해라는 불법행위도 된다. 그런데 이 사안의 C의 행위는 실화(失火)이기는 하나, X가옥이 연소한 부분이 아니기 때문에, C의 과실이 경과실에 지나지 않더라도 본 사안에는 실화책임법이 적용되지 않는다. 따라서 C는 단순히 경과실만 있는 경우에도 B에 대하여 불법행위책임을 지며, 배상액 경감을 청구하지도 못한다.

2) 청구권 경합의 문제

(가) 서   설   하나의 사실이 한편으로는 계약책임(채무불이행책임)의 요건을 충족시키고 다른 한편으로 불법행위의 요건을 충족시키는 경우에, 채권자에게 두 개의 청구권이 인정되는가 아니면 하나의 청구권만 인정되는가가 문제된다. 이것이 청구권 경합의 문제이다.

(나) 학설·판례·사견   여기에 관하여 학설은 청구권 경합설, 법조 경합설, 청구권규범 경합설, 청구권규범 통합설로 나뉘어 대립하고 있다.

ⅰ) 청구권 경합설은 피해자인 채권자는 그의 선택에 따라서 가해자인 채무자에 대하여 계약책임을 묻거나 불법행위책임을 물을 수 있다고 한다.[12] 이 견해는 두 청구권의 경합을 인정한다고 하여 청구권 경합설이라고 불린다. ⅱ) 법조 경합설은 불법행위책임과 계약책임은 일반법과 특별법과 같은 관계에 있는 것이므로, 먼저 특수한 관계인 계약책임을 적용하여야 할 것이고, 일반법인 불법행위책임은 배제된다고 한다.[13] ⅲ) 청구권규범 경합설은 동일 급부(손해배상)에 대한 청구권이 경합하는 것으로 보이는 경우에도 청구권의 개수

---

12) 곽윤직, 채각, 386면; 김상용, 채각, 632면; 이태재, 채각, 451면.
13) 김증한, 채각, 455면.

사실은 1개이고, 단지 청구권규범이 동일 급부에 대한 청구를 기초짓기 위하여 복합하고 있는 것에 불과하다고 한다.14) ⅳ) 청구권규범 통합설은 계약책임과 불법행위책임의 규범이 경합하는 경우 피해자는 양 규범을 종합한 하나의 손해배상청구권만 갖게 된다고 한다.15) 그리고 이때의 채무불이행책임과 불법행위책임의 규범통합은 요건규범은 제외하고 효과규범만의 통합을 인정하는 것이 타당하다고 한다.

판례는 청구권 경합설의 입장에 있다.16)

생각건대 법조 경합설과 청구권규범 경합설에 의하면 하나의 청구권만 인정되어 채권자에게 불리할 가능성이 있다. 그리고 청구권규범 통합설은 1개의 청구권만 인정하지만 채권자에게 유리할 수는 있다. 그러나 그것은 해석의 한계를 넘는 이론이다. 법에 적합한 이론으로서 채권자를 보호할 수 있는 이론은 청구권 경합설이다.

㈐ **본 사안의 경우**　　　이러한 사견(청구권 경합설)에 의하면, 이 사안의 경우 B는 그의 선택에 따라 C에 대하여 채무불이행을 이유로 손해배상을 청구할 수도 있고, 불법행위를 이유로 손해배상을 청구할 수도 있다.

4. A와 C가 모두 B에게 책임을 지는 경우의 A·C의 책임의 관계

이 사안에서 만약 A가 C의 선임·감독에 주의를 다하지 못하였다면 A는 B에 대하여 손해배상책임을 부담한다. 그리고 C는 B에게 채무불이행책임을 지고, 또 불법행위책임까지도 지게 된다. 이와 같이 하여 A와 C가 모두 B에게 책임을 지는 경우에 A와 C의 책임은 부진정연대채무의 관계에 있다고 하여야 한다.

---

14) 황적인, 채각, 377면.
15) 이은영, 채총, 384면.
16) 대판 1959. 2. 19, 4290민상571; 대판 1967. 12. 5, 67다2251; 대판 1977. 12. 13, 75다107; 대판 1983. 3. 22, 82다카1533; 대판 1989. 4. 11, 88다카11428; 대판 1989. 11. 24, 88다카16294.

[87] 주택의 임대차

문제

　A는 B로부터 7,000만원을 빌리면서 2023. 5. 22. 서울시에 있는 그의 X토지(시가 1억 5,000만원) 위에 B를 위하여 저당권을 설정해 주었다. 그 뒤 2023. 6. 16. A는 D로부터 5,000만원을 변제기를 3개월 후로 하여 빌리면서 X토지에 D에게 저당권을 설정해 주었고, 2023. 7. 24.에는 E에게 3,000만원을 빌리면서 저당권등기를 해 주었다. 한편 그러는 동안에 A는 X토지 위에 무허가 주택을 신축하고(미등기임) 2023. 8. 3. 그 주택을 C에게 2년간 보증금 6,000만원, 월세 100만원에 빌려주는 임대차계약을 체결하였다. 그리고 C는 2023. 8. 17.에 주택을 인도받고 그와 그의 처·자녀의 주민등록도 마쳤으며, 8. 18.에는 그 임대차계약서에 확정일자를 받았다. 그러다가 C는 2023. 9. 6. 그의 다른 사정 때문에 가족의 주민등록은 그대로 둔 채 그의 주민등록만 다른 곳으로 옮겨두었다. 그 후 D는 2023. 9. 25.이 되어도 A가 그의 채무를 이행하지 않자 그의 저당권을 실행하여 X토지를 경매에 부쳤고, 그 결과 X토지는 1억 1,000만원에 매각되었다. 현재는 2023. 12. 30.이다. (편의상 B·D·E의 피담보채권의 이자는 없는 것으로 가정함)

　이 경우에 그 매각대금은 어떻게 배당되는가?

Ⅰ. 논점의 정리

　본 문제에 있어서 핵심은 저당권들이 설정되어 있는 토지(X토지) 위에 있는 토지소유자(A)의 무허가·미등기 주택을 임차한 자(C)가 그 토지가 경매된 경우에 주택임대차보호법(아래에서는 주임법이라 한다)에 의하여 보호되는지이다.

　구체적으로는 첫째로 무허가·미등기의 주택도 주임법에 의하여 보호되는지 문제된다.

　둘째로 주택임차인 C가 주임법에 의하여 보호받기 위한 요건을 갖추었는지 문제된다. 그럼에 있어서 C가 가족의 주민등록은 남겨두고 자신의 주민등록을 다른 곳으로 옮긴 때에는 어떠한지에 유의하여야 한다.

　셋째로 C가 주임법에 의하여 보호되기 위한 요건을 갖춘 경우에 그의 보증금이 우선변제되는지 문제된다. 이를 검토함에 있어서는 C가 X토지의 매각대금으로부터도 우선변제를 받는 것인지, 그리고 B·D·E의 저당권에 의하여 담보된 채권과는 우열관계가 어떻게 되는지를 살펴보아야 한다.

그리고 나서 X토지의 매각대금이 구체적으로 누구에게 어떻게 배당되는지를 정리하여야 한다.

II. 미등기 건물의 임차인도 주임법상 보호되는지 여부

1. 주임법의 적용범위

주임법은 주거용 건물의 전부 또는 일부의 임대차에 적용된다(동법 2조). 그리고 그 건물은 무허가·미등기여도 무방하다. 판례도, 주임법은 임차주택이 관할관청의 허가를 받은 건물인지, 등기를 마친 건물인지 아닌지를 구별하고 있지 않으므로, 어느 건물이 국민의 주거생활의 용도로 사용되는 주택에 해당하는 이상 비록 그 건물에 관하여 아직 등기를 마치지 않았거나 등기가 이루어질 수 없는 사정이 있다고 하더라도 다른 특별한 규정이 없는 한 주임법의 적용대상이 된다고 하여 같은 입장이다.[1]

2. 본 사안의 경우

본 사안에서 C가 A로부터 임차한 주택은 무허가·미등기의 것이지만 주임법상의 주거용 건물에 해당한다. 따라서 C는 주임법에 의하여 보호될 수 있다. 다만, C가 보호되려면 주임법상의 보호요건을 갖추어야 함은 물론이다.

III. C가 보호되기 위한 요건

1. 주택임차인이 주임법상의 대항력을 가지기 위한 요건

주택임대차는 그 등기가 없는 경우에도 임차인이 주택을 인도받고 주민등록을 마친 때에는 그 다음 날부터 제3자에 대하여 효력이 생긴다(주임법 3조 1항 1문). 이 경우 전입신고를 한 때에 주민등록이 된 것으로 본다(주임법 3조 1항 2문).

여기의 주민등록은 임차인 본인뿐만 아니라 그 배우자나 자녀 등 가족의 주민등록을 포함한다.[2] 따라서 임차인 자신의 주민등록을 하지 않았어도 가족의 주민등록을 하였으면 이 요건을 갖추는 것이 된다. 그리고 임차인이 그 가족과 함께 그 주택에 대한 점유를 계속하고 있으면서 그 가족의 주민등록은 그대로 둔 채 임차인만 주민등록을 다른 곳으로 옮긴 경우에는, 전체적으로나 종국적으로 주민등록의 이탈이라고 볼 수 없어서 임차인은 대항력을 잃지 않는다. 판례도 같은 입장이다.[3]

---

1) 대판(전원) 2007. 6. 21, 2004다26133.
2) 대판 1987. 10. 26, 87다카14 등.
3) 대판 1989. 1. 17, 88다카143; 대판 1996. 1. 26, 95다30338.

주택의 인도 및 주민등록이라는 대항요건은 대항력 취득시에만 구비하면 족한 것이 아니고 그 대항력을 유지하기 위하여서도 계속 존속하고 있어야 한다.[4] 그리고 판례는, 주택의 인도와 주민등록이라는 보증금의 우선변제 요건이 배당요구의 종기까지 계속 존속해야 한다고 한다.[5]

2. 임차인의 대항력이 생기는 시기

주택의 임차인이 주택의 인도와 주민등록을 마친 때에는, 그 다음 날부터 제 3 자에 대하여 효력이 생긴다(주임법 3조 1항 본문). 그리하여 대항력이 생긴 이후에 이해관계를 맺은 자가 인도를 요구하여도 임차인은 그것을 거절하고 사용·수익을 계속할 수 있다. 그에 비하여 대항력이 생기기 전에 이해관계를 맺은 자에 대하여는 대항하지 못한다.

3. 본 사안의 경우

본 사안에서 C는 2023. 8. 17.에 임차주택을 인도받고, 같은 날 그와 그의 처·자녀의 주민등록도 마쳤다. 그리하여 C의 임차권은 2023. 8. 18.부터 대항력을 가진다. C가 2023. 9. 6. 자신의 주민등록을 다른 곳으로 옮겼지만 그의 가족의 주민등록은 그대로 두고 있었으므로 그는 대항력을 잃지 않는다.

Ⅳ. C의 보증금의 효력

1. 주택임차인의 보증금의 우선변제

주택임차인이 대항력을 위한 요건을 갖추고 임대차계약증서에 확정일자를 받은 경우에는, 민사집행법에 따른 경매 또는 국세징수법에 따른 공매를 할 때에 임차주택(대지를 포함한다)의 환가대금에서 후순위권리자나 그 밖의 채권자보다 우선하여 보증금을 변제받을 권리가 있다(주임법 3조의 2 2항). 이 우선변제적 효력이 생기는 정확한 시기는, 확정일자를 입주 및 주민등록일과 같은 날 또는 그 이전에 갖춘 경우에는, 대항력과 마찬가지로 인도와 주민등록을 마친 다음 날부터이고,[6] 대항력의 요건이 구비된 뒤에 확정일자를 받은 경우에는, 확정일자를 받은 즉시라고 할 것이다.

그런데 판례는, 대지에 관한 저당권 설정 후에 비로소 건물이 신축되고 그 신축건물에 대하여 다시 저당권이 설정된 후 대지와 건물이 일괄 경매된 경우에는, 확정일자를 갖춘 임차인은 대지의 환가대금에서는 우선하여 변제를 받을 권리가 없으나, 신축건물의 환가대금

---

4) 대판 1987. 2. 24, 86다카1695 등.

5) 대판 2007. 6. 14, 2007다17475.

6) 대판 1997. 12. 12, 97다22393 등.

에서는 신축건물에 대한 후순위권리자보다 우선하여 변제받을 권리가 있다고 한다.[7]

　　임차주택에 대하여 민사집행법에 따른 경매가 행하여진 경우에는, 임차권은 임차주택의 경락에 따라 소멸한다(주임법 3조의 5 본문). 다만, 보증금이 전부 변제되지 않은, 대항력이 있는 임차권은 소멸하지 않는다(동법 3조의 5 단서). 그 결과 임대차기간이 끝난 경우에도 임차인이 보증금 전액을 변제받을 때까지 임대차관계는 존속하고(주임법 4조 2항), 경락인이 임대인의 지위를 승계하게 된다(주임법 3조 4항).

　　주임법에 의하여 우선변제의 효력이 인정되는 임대차보증금 채권은 당연히 배당을 받을 수 있는 채권(예: 저당권자의 채권)이 아니고 배당요구가 필요한 채권이어서(민사집행법 148조 참조), 임차인이 경락기일까지 배당요구를 한 경우에 한하여 비로소 배당을 받을 수 있다. 임차인이 배당요구를 하지 않아서 그가 받을 수 있었던 금액이 후순위 채권자에게 배당되었다고 하여 이를 부당이득이라고 할 수 없다.[8]

2. 보증금 중 일정액의 보호 문제

　　임차인은 보증금 중 일정액을 다른 담보물권자보다 우선하여 변제받을 권리가 있다(주임법 8조 1항 1문). 이 경우 임차인은 주택에 대한 경매신청의 등기 전에 주임법 제3조 제1항의 요건(주택의 인도와 주민등록)을 갖추어야 한다(주임법 8조 1항 2문). 그리고 이에 따라 우선변제를 받을 임차인 및 보증금 중 일정액의 범위와 기준은 주택임대차위원회의 심의를 거쳐 주택가액(대지의 가액을 포함한다)의 2분의 1의 범위에서 대통령령(주임법 시행령)으로 정한다(주임법 8조 3항).

　　주임법 시행령에 의하면, 2023. 12. 30. 현재 우선변제를 받을 수 있는 보증금 중 일정한 액의 범위는 서울특별시에서는 보증금 1억 6,500만원 이하인 경우에 한하여 5,500만원까지이다(동 시행령 10조 1항·11조).

　　그런데 주택의 임차인이 대지의 환가대금 중에서 소액보증금을 우선변제 받을 수 있는가에 관하여 판례는 다음과 같은 태도를 취하고 있다. 즉 대지에 관한 저당권의 실행으로 경매가 진행된 경우에도 그 지상건물의 소액임차인은 대지의 환가대금 중에서 소액보증금을 우선변제받을 수 있다고 할 것이나, 이와 같은 법리는 대지에 관한 저당권설정 당시에 이미 그 지상건물이 존재하는 경우에만 적용될 수 있는 것이고, 저당권설정 후에 비로소 건물이 신축된 경우에는 소액임차인은 대지의 환가대금에 대하여 우선변제를 받을 수 없다고 한다.[9]

---

7) 대판 2010. 6. 10, 2009다101275.
8) 대판 1998. 10. 13, 98다12379.
9) 대판 1999. 7. 23, 99다25532 등.

3. 본 사안의 경우

이 사안에서 주택임차인 C가 보증금채권의 배당을 요구하였는지는 알 수 없다. 만약 그가 배당요구를 하지 않으면 그는 설사 우선변제의 요건을 갖추었더라도 순위에 따른 우선변제를 받지 못한다. 그에 비하여 배당요구를 하면 — 우선변제의 요건을 갖춘 경우 — 그의 순위에 따라 우선변제를 받게 된다. 아래에서는 C가 배당요구를 한 경우에 관하여 살펴보기로 한다.

다른 한편으로, 판례에 의하면, B의 저당권이 설정될 당시에 C의 임차주택이 이미 존재하였는지에 따라 C가 대지의 매각대금으로부터 소액보증금을 우선변제받을 수 있거나 없게 된다. 따라서 그 사실이 매우 중요하게 된다. 그런데 이 사안에서는 B의 저당권 설정 당시에 C의 임차주택이 존재하였는지가 분명하지 않다. 그리하여 아래에서는 임차주택이 B의 저당권 설정 당시에 존재한 경우와 존재하지 않은 경우로 나누어 검토하기로 한다.

⑴ C의 임차주택이 B의 저당권설정 당시에 존재한 경우

본 사안에서 C는 경매신청등기 전에 대항요건을 갖추었다. 그리고 C는 서울지역의 임차인으로서 보증금이 6,000만원이므로 보증금 1억 6,500만원 이하에 해당하여 우선변제를 받을 수 있는 자이고, 그가 우선변제를 받을 수 있는 보증금 중 일정액(소액보증금)은 5,500만원이다.

임차인은 주택가액의 2분의 1의 범위 안에서 소액보증금의 우선변제를 받을 수 있다. 그런데 그 주택가액은 대지의 가액을 포함한다. 본 사안에서 주택만의 매각대금은 나타나 있지 않다. 다만, 대지인 X토지의 매각대금이 1억 1.000만원이어서 그 2분의 1은 5,500만원이고, 그 금액은 C가 보호받을 수 있는 5,500만원과 같다.

한편 C의 임차주택이 B의 저당권설정 당시에 존재하고 있었던 경우에는, 판례에 의하여도, C는 X토지의 매각대금으로부터도 소액보증금의 우선변제를 받을 수 있다.

나아가 C는 2023. 8. 17.에 대항요건을 갖추고 2023. 8. 18.에 임대차계약증서에 확정일자를 받았다. 그리하여 C는 2023. 8. 18.에 확정일자를 받은 즉시를 기준으로 후순위 채권자보다 우선하여 변제를 받을 수 있다. 본 사안의 경우에는 B·D·E의 저당권이 모두 C가 확정일자를 받기 전에 성립하였기 때문에 B·D·E의 저당권으로 담보된 채권이 모두 C의 보증금채권에 우선하게 된다.

⑵ C의 임차주택이 B의 저당권설정 당시에 존재하지 않았던 경우

이 경우에는, 판례에 의하면, C는 X토지의 매각대금에서 소액보증금의 우선변제를 받지 못한다. 그리고 확정일자를 갖춘 임차인으로서 보증금의 우선변제를 받지도 못한다.

V. 물음의 해결

이제 위에서 살펴본 것을 바탕으로 하여 구체적인 배당관계를 적기로 한다. 이때 C가 배당요구를 하였다고 가정하기로 한다.

⑴ C의 임차주택이 B의 저당권설정 당시에 존재한 경우

이 경우에는 우선 D가 경매청구를 할 수 있는지가 문제된다. 본 사안에서 X토지의 시가는 1억 5,000만원이고, B의 피담보채권은 7,000만원이므로(C의 소액보증금채권을 합하여도 1억 2,500만원이다), D는 경매청구를 할 수 있다.

이때 매각대금 1억 1,000만 원에서는 먼저 C가 소액보증금으로 5,500만원을 변제받는다. 그리고 그 나머지 5,500만원은 B가 변제받게 된다.

⑵ C의 임차주택이 B의 저당권설정 당시에 존재하지 않았던 경우

이때에는, 판례에 의할 경우, C는 토지의 매각대금 1억 1,000만원에서는 소액보증금도 변제를 받지 못하고 확정일자를 받은 임차인으로서 보증금의 변제도 받지 못한다. 그리하여 1억 1,000만원은 먼저 B에게 7,000만원이 배당되고, D가 그 나머지를 배당받는다.

[88] 도　급

　A는 B건설(주식회사)과, B건설이 건축자재 일체를 부담하여 A의 설계에 따라 10층짜리 건물을 짓기로 하고, 공사대금 30억원은 기성고의 비율에 따라 최대 90%까지 지급하고, 나머지 10%는 건물을 인도할 때 지급하기로 약정하였다. 그 후 B건설은 약정한 기한 안에 10층 건물을 완공하였다. 그리고 현재 그 건물은 B건설이 점유하고 있다.

　위 사안을 토대로 하여 다음 물음에 답하시오.

1. 이 경우에 신축건물의 소유권은 누구에게 속하는가?

2. 위의 사안에서 A가 완공된 건물을 살펴보았다. 그랬더니 건물 벽의 여기저기에 세로로 크고 작은 균열이 있고 각층의 바닥이 작은 충격에도 크게 출렁거리고 금방이라도 무너질 것 같아 도저히 건물로 사용할 수가 없었다. 그리하여 A는 B에게 계약을 해제한다고 하였다.

　이 경우에 A의 해제는 정당한가? 만약 정당하다면 그때 A와 B건설 사이의 법률관계는 어떻게 되는가? 그리고 A는 그 밖에 어떤 권리를 행사할 수 있는가?

I. 물음 1.에 대하여

1. 논점의 정리

　본 문제의 경우에는 먼저 A와 B건설(아래에서는 B라 한다) 사이의 계약의 성격이 무엇인지, 그것이 도급계약인지 문제된다. 그리고 그러한 계약 하에 B가 건축자재 일체를 부담하여 건축을 한 경우에 신축건물의 소유권이 누구에게 귀속되는지 문제된다.

2. A·B 사이의 계약의 성격

　본 사안의 경우에 A와 B 사이에, B는 A의 설계에 따라 10층짜리 건물을 짓기로 하고, 그에 대하여 A는 공사대금 30억원을 지급하기로 약정하였다. 여기서 B가 하기로 한 건물의 건축은 도급계약에서의 「일」에 해당하고, B는 그 일을 완성하기로 한 것이며, 그에 대하여 A가 지급하기로 한 30억원은 보수에 해당한다. 따라서 A·B 사이의 계약은 도급계약, 그중에서도 건축공사 도급계약이다.

3. B가 건축한 건물의 소유자

⑴ 도급계약에 의한 완성물의 소유권 귀속

도급계약의 경우에 도급인 또는 수급인이 재료를 공급하여 완성된 것이 독립한 존재를 가지게 되면 그 물건의 소유권의 귀속이 문제된다.1) 그런데 본 사안은 수급인이 재료 전부를 제공한 경우이므로 그러한 경우에 대한 이론만 기술하기로 한다.

수급인이 재료의 전부 또는 주요부분을 제공한 경우에 있어서, 우선 당사자 사이에 소유권 귀속에 관하여 명시적 또는 묵시적 특약이 있는 때에는, 그 특약에 의하여 소유권 귀속이 정해지며, 그에 대하여는 학설·판례가 일치한다. 그런데 당사자 사이에 특약이 없는 때에 관하여는 학설이 대립한다. ⅰ) 소수설은 완성물이 동산이든 부동산이든 수급인에게 귀속한다고 하며, ⅱ) 통설은 완성물이 동산인 경우에는 수급인에게 속하나, 부동산인 경우에는 원시적으로 도급인에게 속한다고 한다.2) 그리고 판례는 ⅰ)설과 같이, 특약이 없으면 수급인에게 귀속하고, 목적물을 인도할 때 소유권이 도급인에게 이전한다고 한다.3) 생각건대 ⅰ)설과 판례는 완성물이 부동산인 경우에는 물권변동이론에 맞지 않고,4) 수급인에게 의미 있는 것은 보수청구권인데 그것은 유치권 등에 의하여 확보할 수 있다는 점에서, ⅱ)설을 따라야 한다.

⑵ 본 사안의 경우

본 사안의 경우에는 건축자재 전부를 수급인이 제공하여 건물을 완공하였다. 그리고 A·B 사이에 건물의 소유권 귀속에 관하여 명시적 또는 묵시적으로 특약을 한 바가 전혀 없다. 따라서, 사견에 의하면, 신축건물의 소유권은 원시적으로 도급인인 A에게 귀속한다.5)

Ⅱ. 물음 2.에 대하여

1. 논점의 정리

본 문제의 물음은 크게 ① A의 해제가 정당한지, ② 해제가 정당한 경우 A·B 사이의 법률관계, ③ A가 해제 외에 행사할 수 있는 권리이다.

이들 중 ①과 관련해서는 A의 해제가 수급인의 담보책임에 기한 것인지, 채무불이행으로 인한 것인지, 그리고 본 사안의 경우에 해제의 요건이 갖추어졌는지 검토해야 한다. ②

---

1) 건물은 토지와 별개의 부동산이므로, 건물은 토지에 부합하는 일이 없다.
2) 문헌에 대하여는 송덕수, 채각, [173] 참조.
3) 대판 1988. 12. 27, 87다카1138·1139 등.
4) 성립요건주의 하에서는 부동산의 인도로 소유권이 이전될 수 없기 때문이다.
5) 만약 판례에 따른다면, 건물의 소유권은 처음에는 수급인 B에게 귀속하고, 그가 도급인 A에게 건물을 인도할 때에 건물의 소유권이 A에게 이전하게 된다.

와 관련해서는 해제시의 구체적인 효과를 살펴보아야 한다. 그리고 ③과 관련하여서는 해제 외에, A가 가령 담보책임에 기하여 다른 권리를 행사할 수 있는지 문제된다.

2. A의 해제가 정당한지 여부

(1) 서   설

본 사안의 경우에 A의 해제가 인정된다면, 그것은 수급인의 담보책임에 기한 또는 채무불이행을 원인으로 한 해제일 것이다. 그러므로 A의 해제가 정당한지를 판단하려면, 위두 가지 경우의 해제가 가능한지, 그리고 가능하다면 본 사안의 경우에 그 요건이 갖추어졌는지를 살펴보아야 한다.

(2) 수급인의 담보책임에 기한 해제

수급인이 완성된 일의 하자에 대하여 지는 책임이 수급인의 담보책임이다.

수급인의 담보책임이 생기려면 완성된 목적물 또는 완성 전의 성취된 부분에 하자가 있어야 한다(667조·668조). 여기서「하자」는 우선 계약체결 당시에 당사자들에 의하여 전제된 성질이 없는 경우에 인정되나, 당사자들이 특별히 어떤 성질을 전제로 하지 않은 때에는 그 종류의 물건이 일반적으로 가지고 있는 성질이 없는 경우에 하자가 있게 된다.

수급인의 담보책임의 요건이 갖추어진 경우에는, 도급인은 하자보수청구권·손해배상청구권·계약해제권을 가진다. 이 중의 계약해제권에 대하여만 좀 더 부연 설명한다. 도급인이 완성된 목적물의 하자로 인하여 계약의 목적을 달성할 수 없는 때에는, 계약을 해제할 수 있다(668조 본문). 그러나 건물 기타 토지의 공작물에 관하여는 하자가 중대하여도 계약을 해제할 수 없다(668조 단서). 도급인은 그 경우에는 손해배상만을 청구할 수 있을 뿐이다.

(3) 채무불이행으로 인한 해제

도급계약의 경우에 완공된 건물에 하자가 있을 때 도급인이 수급인의 채무불이행을 이유로 계약을 해제할 수 있는지 문제된다. 여기에 관하여는 논의가 거의 없는데, 그에 대하여는 ⅰ) 해제를 할 수 없다는 견해와 ⅱ) 수급인에게 유책사유(귀책사유)가 있을 경우에는 해제할 수 있다는 견해, ⅲ) 건물로 사용할 수 없는 경우에는 해제할 수 있다는 견해를 생각할 수 있다. 사견은, 수급인의 담보책임이 인정되는 경우에도 수급인에게 유책사유가 있으면 도급인이 채무불이행책임을 물을 수 있다고 해야 하며, 그 점은 건축공사 도급계약에 기하여 건물이 완공된 때에도 마찬가지로 새기는 것이 타당하다고 생각한다. 즉 그때에는 불완전급부(이는 통설이 말하는 불완전이행에 포함됨)를 이유로 해제할 수 있다고 할 것이다.

해제를 인정하는 경우에 그 요건이 문제된다. 불완전이행을 이유로 한 해제에 관하여 ⅰ) 다수설은 완전이행이 가능한지 여부에 따라 완전이행이 가능한 경우에는 채권자가 상당한 기간을 정하여 완전이행을 최고하였으나 채무자가 완전이행을 하지 않은 때에 해제권이 발생하고, 완전이행이 불가능한 경우에는 최고 없이 곧 해제할 수 있다고 하고, ⅱ) 소수설은 원칙적으로 해제권이 발생하지 않으며 그 불이행의 영향력이 계약의 목적달성을 위협할 정도에 이른 경우에 한하여 해제권이 인정된다고 한다.[6] 사견은 불완전이행을 불완전급부와 「기타의 행위의무 위반」으로 나누어야 하며, 불완전급부의 경우에는 불완전급부로 인하여 계약의 목적을 달성할 수 없을 때에 한하여 해제가 인정된다고 새긴다.[7]

⑷ 본 사안의 경우

본 사안의 경우에 건물 벽에 세로로 균열이 가고 각층의 바닥이 작은 충격에도 출렁거려 건물로서 사용할 수 없는 것은 완성된 건물의 중대한 하자에 해당한다. 그런데 이미 건물이 완성되었기 때문에 그 하자로 인하여 계약의 목적을 달성할 수 없다고 하더라도 A는 담보책임에 기하여 계약을 해제할 수는 없다(668조 단서).

그에 비하여, 사견에 의하면, B에게 유책사유가 있고 건물의 하자로 인하여 계약의 목적을 달성할 수 없으면 A는 계약을 해제할 수 있다. 그런데 본 사안에서 채무자 B에게 유책사유가 있는지는 불분명하다. 그리하여 검토해보건대, 일반적으로 채무불이행의 요건인 채무자의 유책사유는 채권자가 증명할 필요가 없고 책임을 면하려는 채무자가 반대증명을 하여야 하며, 본 사안에서와 같은 하자는 특별한 사정이 없는 한 채무자의 고의나 과실에 의한 것이라고 보아야 하므로, 본 사안의 경우에는 B에게 유책사유가 있다고 할 것이다. 그리고 본 사안에서 건물을 건물로서 사용할 수가 없는 점으로 미루어 볼 때, 도급계약의 목적을 달성할 수 없게 되었다. 따라서 A는 채무불이행을 이유로 A·B 사이의 계약을 해제할 수 있다.

3. A가 계약을 해제한 경우에 A·B 사이의 법률관계

⑴ 서   설

본 사안의 경우에 A의 해제가 정당하다면 해제사유는 담보책임이 아니고 채무불이행(불완전급부)일 것이다. 그러므로 아래에서 채무불이행을 이유로 해제된 경우의 법률관계를 살펴보기로 한다.

⑵ 원상회복의무

계약이 해제된 경우 각 당사자는 원상회복의무가 있다(548조 1항 본문). 그러므로 본 사안의 경우 A와 B는 모두 원상회복의무를 부담한다. 그런데 건축공사 도급계약에서 건물이 완공된 때에는 이미 완성된 부분에 대하여는 계약이 실효되지 않는 것으로 새겨야 한다.[8]

---

6) 문헌에 대하여는 송덕수, 채각, [63] 참조.

7) 제668조의 단서를 고려하여 해제를 배제하는 견해가 주장될 수도 있고, 제673조의 규정상 해제가 부정된다는 견해가 주장될 수도 있다. 그러나 이것들이 해제권 부정의 결정적인 근거가 될 수는 없다. 특히 제673조는 도급계약의 특수성을 고려하여 일을 완성하기 전에 도급인에게 해제권을 인정하는 규정일 뿐이다.

8) 판례는 해제가 미완성부분에 관하여만 계약을 실효하게 한다고 한다. 대판 1992. 3. 31, 91다42630; 대판 1997. 2. 25, 96다43454 참조.

사실 이렇게 새기면 해제를 인정하는 것이 큰 의미를 가지지는 못한다. 한편 B는 점유하고 있는 건물을 A에게 인도해야 한다.

(3) 도급인 A의 보수지급의무

건물이 완공된 부분에 관하여는 해제에도 불구하고 계약의 효력이 유지된다고 새기는 경우에는, 도급인인 A는 그에 대하여 보수(공사비)를 지급해야 한다. 이 경우에 지연손해금은 계약이 해제된 다음 날부터 발생한다.[9]

(4) 수급인 B의 손해배상의무

A는 B에 대하여 채무불이행을 이유로 손해배상을 청구할 수 있다(551조 참조). 그때의 손해배상은 이행이익의 배상이다.

(5) 동시이행관계

B의 건물인도의무·손해배상의무와 A의 공사비지급의무는 동시이행관계에 있다(549조 참조).

(6) B의 유치권

본 사안의 경우에 B는 A로부터 공사비의 지급을 받을 때까지 건물을 유치할 수 있다.[10]

4. 그 밖에 A가 행사할 수 있는 권리

(1) 서   설

본 사안의 경우에 A는 담보책임에 기하여 계약을 해제하지는 못한다. 그런데 A는 해제를 하지 않고서 담보책임에 따른 다른 권리를 행사할 수는 있다. 물론 그것은 A가 채무불이행을 이유로 해제하지 않는 때에 그렇다.

(2) 하자보수청구권

도급인은 수급인에 대하여 상당한 기간을 정하여 그 하자의 보수(補修)를 청구할 수 있다(667조 1항 본문). 그러나 하자가 중요하지 않은 경우에 그 보수에 과다한 비용을 요할 때에는 보수를 청구하지 못한다(667조 1항 단서). 이때에는 — 하자보수에 갈음하는 손해배상도 청구할 수 없고(667조 2항 참조) — 그 하자로 인하여 입은 손해의 배상만을 청구할 수 있다.

본 사안의 경우에 건물의 하자는 중대하다. 따라서 A는 B에게 상당한 기간을 정하여 하자의 보수를 청구할 수 있다.

(3) 손해배상청구권

도급인은 하자보수가 가능하더라도 하자보수를 청구하지 않고 그것에 갈음하여 손해배상을 청구할 수 있고 또 하자보수와 함께 손해배상을 청구할 수 있다(667조 2항). 또한 하자가 중요하지 않은 경우에 보수에 과다한 비용을 요할 때에도 손해배상을 청구하게 된다(667

---

9) 대판 1991. 7. 9, 91다11490.
10) 대판 1995. 9. 15, 95다16202·16219.

조 1항 단서). 여기의 손해배상의 범위에 관하여 학설은 ⅰ) 신뢰이익이며, 수급인에게 유책사유가 있는 때에는 불완전이행을 이유로 이행이익의 배상을 청구할 수 있다는 견해, ⅱ) 이행이익이라는 견해, ⅲ) 하자손해 내지 신뢰이익 외에 그 하자와 밀접한 관련이 있는 하자결과손해까지 포함된다는 견해로 나뉘는데,11) 사견은 ⅰ)설과 같다.12)

본 사안의 경우에 A는 B에게 하자보수가 가능하더라도 하자보수를 청구하지 않고 그것에 갈음하여 손해배상을 청구할 수 있고 또 하자보수와 함께 손해배상을 청구할 수 있다. 그때의 손해배상범위는 — 담보책임에 의한 손해배상청구라면 — 신뢰이익의 배상이다.

⑷ **동시이행관계**

본 사안의 경우에 만약 A가 B에게 지급하지 않은 보수(공사비)가 있다면 A는 공사비 지급의무를 부담하는데, A의 이 공사비 지급의무와 B의 하자보수의무 및 손해배상의무는 동시이행의 관계에 있다(667조 3항).

---

11) 문헌에 대하여는 송덕수, 채각, [176] 참조.
12) 다만, 불완전이행은 불완전급부로 바꾸어 설명해야 하는 차이는 있다.

[89] 조합계약

A·B·C는 재산을 출자하여 유통도매업을 하기로 하고, A는 사무실로 쓸 조그만 X건물을 제공하고, B·C는 금전을 출연하였다. 그런데 업무집행자를 따로 정하지는 않았다.

1. 이 경우에 A·B가 그 사무실이 부적당하다고 생각하여 C의 동의 없이 제3자인 D와 X건물과 D의 다른 건물의 교환계약을 체결하고 그에 관하여 소유권이전등기를 하였다면, 이 소유권이전은 유효한가?

2. 설문의 경우에 이들이 유통도매업을 하다가 자금이 부족하여 E로부터 금전을 빌리려고 한다. 그때에는 누가 어떤 형식으로 하여야 하며, 그렇게 한 경우에 금전을 빌려준 E는 후에 누구에게 어떤 청구를 할 수 있는가?

I. 물음 1.에 대하여

1. 논점의 정리

이 물음을 해결하려면 먼저 A·B·C가 행한 행위의 성질을 규명해야 한다. 그 후에는 A·B·C의 행위의 성질 논의를 바탕으로 하여, A·B가 D와 X건물의 교환계약을 체결한 뒤 소유권이전을 해 준 것이 유효한지를 살펴보아야 한다. 그럼에 있어서 만약 A·B·C의 행위가 조합계약인 경우에는 합유재산의 처분의 문제로 논의되어야 한다.

2. A·B·C의 행위의 성질

(1) 조합의 의의와 성립요건

조합은 2인 이상의 특정인이 서로 출자하여 공동사업을 경영할 것을 목적으로 결합한 단체이다. 조합은 2인 이상이 서로 출자하여 공동사업을 경영할 것을 약정함으로써 성립한다(703조 1항). 그리하여 조합이 성립하려면 우선 ① 2인 이상의 당사자가 있어야 한다. 그리고 ② 공동사업의 경영을 약정하여야 한다. 사업의 종류나 성질에는 제한이 없다. 그 밖에 ③ 모든 당사자가 출자의무를 부담하여야 한다. 당사자 중 일부가 출자의무를 부담하지 않으면 조합이 아니다. 출자의 종류나 성질에는 제한이 없다. 따라서 금전뿐만 아니라 물건이나 노무도 출자의 목적이 될 수 있다.

(2) 본 사안의 경우

본 사안에서 A·B·C는 유통도매업을 하기로 약정하였다. 그리고 그들은 모두 건물 또는 금전의 출자의무를 부담하고 있다. 이와 같이 3인의 당사자가 공동사업의 경영을 약정하고, 당사자 모두가 출자의무를 부담하고 있으므로, 그들의 행위는 조합을 성립시키는 합의이다. 그 약정은 조합계약의 일부를 구성한다.[1]

3. X건물의 소유권이전이 유효한지 여부

(1) 서   설

본 사안에서 A·B가 C의 동의 없이 X건물의 소유권을 D에게 이전해 주었다. 여기서 우선 X건물이 조합재산인지, 그리고 그 소유권이전이 유효한지 문제된다. 이 문제를 해결하려면 먼저 조합재산의 처분에 관하여 정리하여야 한다.

(2) 조합재산과 그 처분

1) 조합재산

조합은 단체성이 약하기는 하지만 단체로서 독자적으로 경제활동을 하며, 따라서 조합 자신의 재산 즉 조합재산을 가진다. 조합재산은 조합원이 출자한 재산(동산·부동산 등), 출자청구권, 조합의 업무집행으로 취득한 재산, 조합재산에서 생긴 재산, 조합의 채무 등으로 구성된다(704조 참조).

2) 조합재산의 합유관계

민법은 「법률의 규정 또는 계약에 의하여 수인이 조합체로서 물건을 소유하는 때에는 합유로 한다」고 규정한다(271조 1항 1문). 그리고 제272조 내지 제274조에서 합유의 구체적인 법률관계를 정하고 있다. 이들 규정은 당연히 조합계약에 의한 조합이 물건을 소유하는 경우에도 적용된다. 그런데 민법은 다른 한편으로 제704조에서 조합재산은 조합원의 합유라고 규정하고, 별개의 특별규정(706조·714조·715조)도 두고 있다. 이들 중 제706조는 제272조와 내용상 충돌되어 문제이다. 이 문제를 항을 바꾸어 살펴보기로 한다.

3) 합유물의 처분

제272조에 의하면, 합유물의 보존행위는 합유자(조합원) 각자가 할 수 있으나, 합유물의 처분·변경에는 합유자 전원의 동의가 있어야 한다. 그런데 다른 한편으로 조합의 업무집행 방법을 규정하는 제706조에 의하면, 업무집행자가 따로 없는 경우에는 조합업무의 집행은 조합원의 과반수로써 결정하고(2항 1문), 업무집행자가 있고 그 수가 2인 이상인 때에는 그들의 과반수로써 결정하고(2항 2문), 조합의 통상사무는 각 조합원 또는 각 업무집행자가 단독으로 할 수 있다(3항 본문). 여기서 합유물의 처분·변경이 조합의 통상사무가 아니고 특별

---

1) 조합계약은 조합을 성립시키는 합의만을 가리키는 것이 아니고, 그 조합의 구성이나 운영에 관한 합의도 포함한다.

사무라면 거기에는 서로 충돌하는 두 규정(272조 본문과 706조 2항)이 적용되게 되어 문제이다.

    ⑦ 학   설   이에 대하여 학설은 ⅰ) 업무집행조합원이 선임되어 있든 선임되어 있지 않든 언제나 조합원 전원의 동의가 있어야 한다는 견해, ⅱ) 합유물의 처분에는 합유자 전원의 의사표시가 있어야 한다는 견해, ⅲ) 제272조는 합유 일반에 관한 규정이고 제706조는 조합에만 국한된 특별규정이어서 제706조가 우선 적용되어야 하고, 그 결과 조합업무의 내용이 조합재산을 구성하는 물건의 처분 또는 변경인 때에는 조합원의 과반수로 결정하게 된다는 견해, ⅳ) 제272조는 업무집행조합원이 없는 경우에 관한 특별규정으로 보아야 하므로, 업무집행조합원이 따로 없는 경우에 합유물의 처분·변경은 제272조 본문에 의하여 조합원 전원의 합의를 필요로 하나, 업무집행조합원이 있는 경우에는 제706조 제2항 후단에 따라서 과반수로써 결정할 수 있다는 견해, ⅴ) 조합재산의 처분·변경이 조합자체의 기본적 사항에 관련된 것인 경우 또는 조합의 사업목적을 벗어난 행위인 경우에는 제272조 본문이 적용되고, 그 밖의 것으로서 조합의 특별사무에 속하는 것인 경우에는 제706조 제2항이 적용된다는 견해로 나뉘어 있다(송덕수, 채각, [204] 참조).

    ⑭ 판   례   판례는 과거에는 적어도 외견상으로는 제272조를 적용하는 것으로 보였다. 그러나 근래에는 조합재산의 처분·변경에 관한 행위는 다른 특별한 사정이 없는 한 조합의 특별사무에 해당하며, 따라서 업무집행자가 없는 경우에는 원칙적으로 조합원의 과반수로써 결정하고,[2] 업무집행조합원이 수인 있는 경우에는 업무집행조합원의 과반수로써 결정할 것이라고 한다.[3] 결국 현재의 판례는 업무집행조합원이 있든 없든 제706조 제2항을 적용하는 입장이다.

    ⑭ 사   견   생각건대 합유에 관한 제271조 이하의 규정은 조합계약의 경우에만 적용되지 않고 발생원인이 무엇이든 조합체의 합유에 널리 적용된다. 따라서 그 규정은 일반규정이라고 할 수 있다. 그에 비하여 조합계약에 관한 규정은 특별규정이다. 그리고 합유물의 처분·변경은 조합의 특별사무라고 보아야 한다. 그러한 점에서 볼 때, 합유물의 처분·변경에는 제706조가 우선적용된다고 새겨야 한다.

    ⑶ 본 사안의 경우

    본 사안에 있어서 X건물은 조합원이 출자한 것으로서 조합재산에 해당한다. 그리하여 X건물은 조합원인 A·B·C가 합유하게 된다. 그런데 A·B가 그 건물을 C의 동의 없이 D의 건물과 교환하면서 D에게 소유권을 이전해 주었다. 이러한 A·B의 처분이 유효한지는 합유물의 처분에 관한 입장에 좌우된다. 사견이나 판례에 의하면, 조합계약에 관한 규정은 제271조 이하의 규정에 대하여 특별규정이고, 합유물의 처분은 조합의 특별사무라고 파악하므로, 본 사안의 X건물의 처분에는 제706조가 우선적용된다. 한편 본 사안의 경우에는 업무

---

  2) 대판 1998. 3. 13, 95다30345.
  3) 대판 2000. 10. 10, 2000다28506 · 28513.

집행자가 따로 정하여져 있지 않으므로 조합업무의 집행은 조합원의 과반수로써 결정하여 야 한다(706조 2항 1문). 그 결과 본 사안에서 A·B가 X건물을 처분한 것은 3인의 조합원 중 2인이 결정한 것이어서 유효하다.

II. 물음 2.에 대하여

1. 논점의 정리

물음 2.에서 묻고 있는 것은 두 가지이다. 하나는 조합이 금전을 빌리는 경우에 그 주체와 형식이 어떻게 되는가이고, 다른 하나는 조합이 금전을 빌린 경우에 그 책임의 귀속자가 누구인가이다.

전자는 조합의 업무집행 중 대외관계에 관한 것으로서 조합대표 내지 조합대리의 문제이다. 그리고 후자는 조합채무의 귀속과 책임의 문제이다. 둘을 나누어 살펴보기로 한다.

2. 조합의 금전대차의 주체와 형식

(1) 조합대리

조합은 법인격이 없음은 물론 단체성도 약해서 대외관계에서 조합 자신의 명의로 행위를 할 수 없으며, 조합원 전원의 이름으로 하여야 한다.[4] 그런데 이는 매우 번잡하여 실제에서는 대리의 방법을 이용하고 있다. 즉 어느 조합원이 한편으로는 다른 조합원을 대리하고 다른 한편으로는 자기 자신의 자격으로 제 3 자와 법률행위를 하는 것이다. 그리하여 조합의 대외관계를 조합대리라고 한다.

이 대리권은 내부적인 업무집행권과는 관념상 별개의 것으로서 대리권 수여행위에 의하여 발생한다. 그러나 실제에 있어서는 조합계약 속에 합해져서 행하여지는 것이 보통이다.

대리에는 현명이 필요하므로(114조 참조), 대리행위자는 모든 조합원의 명의로 법률행위를 해야 한다.[5] 그러나 보통의 대리에서도 대리행위임을 알 수 있으면 되므로(115조 단서), 조합대리에서도 상대방이 조합원을 대리하는 것을 알 정도로 표시하면 충분하고, 반드시 조합원 전원을 표시할 필요는 없다.[6]

(2) 본 사안의 경우

본 사안에 있어서 조합 자신의 명의로 금전대차(차용)를 할 수는 없다. 조합은 법인격이 없기 때문이다. 그리하여 A·B·C는 공동 명의로 금전대차를 하거나(이때 조합 표시는 필요) 또는 A·B·C 중 1인(가령 A)이 한편으로는 자기 자신(A)의 자격으로 다른 한편으로는 다른

---

4) 이때 조합을 구성하고 있음이 표시되어야 하며, 그렇지 않으면 분할채권관계가 된다.
5) 조합은 법인격이 없어서 「본인」이 될 수 없다.
6) 대판 1970. 8. 31, 70다1360.

조합원들(B·C)을 대리하여 금전대차를 할 수 있다. 후자의 경우에 대리인(A)에게 대리권이 수여되어 있어야 함은 물론이나, 보통은 수권행위가 조합계약 속에 포함되어 행하여진다. 그리고 대리를 할 때에는 대리인, 가령 A가 본인들(B·C)의 명의로 금전대차를 하여야 하는데, 그 경우 A는 반드시 조합원 B·C 모두를 표시할 필요는 없고, 상대방인 E가 조합원을 대리하는 것을 알 정도로 표시하면 된다. 예컨대 조합의 대표자 A라는 방식으로 표시할 수 있는 것이다.

3. 조합의 금전대차에 있어서 책임의 귀속자

(1) 조합채무에 대한 책임

조합의 채무는 각 조합원의 채무와는 구별되어 모든 조합원에 합유적으로 귀속된다(준합유). 그리고 그에 대하여 조합재산이 책임을 진다(통설도 같음). 그런가 하면 각 조합원도 그에 대하여 책임을 져야 한다. 이 두 책임은 어느 것이 우선하지 않고 병존적이다. 따라서 채권자는 각 조합원에게 청구할 수 있다.

1) 조합재산에 의한 공동책임

조합의 채권자는 채권 전액에 관하여 「조합재산」으로부터 청구할 권리가 있다.

2) 조합원의 개인재산에 의한 책임

「각 조합원」은 조합채무에 관하여 분할채무를 부담한다. 즉 손실부담의 비율이 미리 조합계약에서 정해져 있었으면 그에 따라서 채무를 부담하고, 그 비율이 정해지지 않은 때에는 같은 비율로 채무를 부담한다(판례도 같다). 판례는 전원을 위하여 상행위가 되는 행위로 인하여 부담하게 된 경우에는 상법 제57조 제 1 항을 적용하여 연대책임을 인정한다.[7] 그리고 조합원 중에 변제자력이 없는 자가 있는 때에는, 그 변제할 수 없는 부분은 다른 조합원이 균분하여 변제할 책임이 있다(713조).

(2) 본 사안의 경우

본 사안에 있어서 E에 대한 채무는 조합의 채무이며, 그리고 그 채무는 모든 조합원이 준합유한다. 그리고 그에 대하여는 조합재산과 조합원의 개인재산으로 책임을 진다.

그 결과 우선 E는 채권 전액에 대하여 조합재산으로부터 청구할 권리가 있다. 그런가 하면 A·B·C가 조합채무에 관하여 분할채무를 부담하므로 E는 A·B·C에게 이행을 청구할 수 있다. A·B·C에게 청구할 수 있는 금액은, A·B·C의 손실부담의 비율이 조합계약에서 정해져 있었으면 그 비율로 부담하는 분할채무액만큼이고, 그 비율이 정해져 있지 않으면 같은 비율로 부담하는 분할채무액만큼이다. 한편 조합이 E로부터 금전을 빌리는 것은 조합원 전원을 위하여 상행위가 되는 행위는 아니므로 판례에 의한다고 하여도 A·B·C가 연대채무를 부담하는 것은 아니라고 할 것이다.

---

7) 대판 1998. 3. 13, 97다6919 등.

[90] 손해배상에 관한 합의의 효력

문 제

　A는 횡단보도로 도로를 건너다가 B가 운전하는 승용차(B는 동시에 소유자이기도 함)에 치어 부상을 당하고 병원에서 치료를 받았다. 그러던 중 A는 치료경과가 호전되고 또 담당 의사가 3주 정도만 더 치료하면 완치될 것이라고 하여, B의 요구에 따라 치료비 외에 손해 배상액으로 200만원을 받고서「앞으로 그 이외에 손해배상청구를 하지 않겠다」는 내용의 합의서에 서명날인하였다. 그런데 그 후 후유증이 생겨 치료를 15개월 이상 더 받아야 했고, 오랜 치료에도 불구하고 불구자가 되었다.

　이 경우에 A는 추가로 손해배상을 청구할 수 있는가?

I. 문제의 제기

　본 사안에 있어서 피해자 A는 가해자 B와 손해배상에 관하여 합의를 하였다. 그런데 그 뒤 예상치 못하게 오래 치료를 받아야 했고, 그럼에도 불구하고 불구자가 되었다. 즉 추가손해가 발생하였다. 이러한 경우에 A가 B에 대하여 추가로 손해배상을 청구할 수 있는지에 관하여 묻고 있다.

　본 문제에서의 논점은 손해배상에 관한 합의(이하 단순히「합의」라 한다)가 이루어진 뒤 추가손해가 발생한 경우에 피해자는 언제나 그 합의에 구속되는가, 그리고 만약 합의로부터 벗어날 수 있다면 어떤 근거에서 어떤 요건 하에 그럴 수 있는가이다. 이는 결국 합의의 효력의 문제이다.

　그런데 합의의 효력을 논하려면, 그 이전에 전제로서 합의의 법적 성질을 검토하여 적용 법규정을 결정하여야 하고, 그런 뒤에 합의의 성립 여부를 살펴보아야 한다. 왜냐하면 합의의 성립이 없으면 효력이 발생할 여지가 없기 때문이다.

　한편 본 사안에서는 자동차의 운행으로 인하여 손해를 발생시켰기 때문에 자동차손해배상보장법에 의한 자동차 운행자책임이 문제된다. 그 법에 의하면 운행자는 자신에게 과실이 없음을 증명하지 못하면 손해배상책임을 진다. 본 사안에서는 그렇지 않아도 B의 책임이 발생하는 것이 분명해 보이는데, 이러한 특별규정이 있어서 B가 책임을 지는 것은 확실하다. 그리고 자동차 운행자책임은 본 사안에서는 더 이상 특별히 다루어질 필요는 없기 때문에 그에 관하여는 이 정도만 언급하기로 한다.

아래에서 먼저 손해배상에 관한 합의의 의의 및 법적 성질을 설명하고, 이어서 합의의 성립 여부에 관하여 살펴본 뒤에 합의의 효력을 논의하려고 한다. 그리고 그것을 바탕으로 하여 본 사안에 있어서의 물음을 해결할 것이다.

II. 합의의 의의·법적 성질

1. 합의의 의의

민법에서 단순히 합의라고 함은 계약 당사자의 의사표시의 일치를 의미한다. 그런데 여기서 합의라고 하는 것은 손해배상에 관한 합의를 줄인 것으로서 「당사자 사이의 분쟁을 재판에 의하지 않고 협의에 의하여 종식시키려고 하는 당사자 사이의 약정」이다. 이러한 합의는 손해배상 사건, 그중에서도 특히 신체침해의 경우에 행하여지는 일이 많다.

2. 합의의 법적 성질

(1) 학   설

이러한 합의의 법적 성질에 관하여는 견해가 대립하고 있다. 하나의 견해는, 당사자가 서로 양보하고 있는지의 유무에 따라서 민법상의 화해이거나 또는 그것에 비슷한 무명계약이라고 한다. 그에 비하여 다른 견해는 모두 화해라고 본다.

(2) 사   견

생각건대 화해에 유사한 무명계약에도 화해에 관한 규정이 유추적용될 것이므로 어떻게 파악하든 실질적으로 차이가 없다. 다만, 민법이 제731조에서 「화해는 당사자가 상호 양보하여 당사자간의 분쟁을 종지할 것을 약정함으로써 그 효력이 생긴다」고 하고 있기 때문에, 이에 충실하려면 당사자 쌍방이 서로 양보한 경우만이 민법상의 화해라고 하여야 할 것이다. 결국 첫째 견해가 타당하다.

III. 합의의 성립 여부

1. 서   설

본 사안의 경우 A와 B는 일정한 내용이 담긴 합의서에 서명날인하였다. 그런데 후에 추가손해가 생긴 것이다. 이러한 경우에 A·B 사이에 유효하게 합의가 성립하였는지 검토해 보아야 한다.

2. 합의의 성립에 관한 이론

손해배상에 관하여 합의를 하는 경우에는 거의 예외없이 합의서(또는 각서나 서약서)를 작성한다. 특히 교통사고의 경우에는 공소제기를 막기 위하여(교통사고처리특례법 3조 2항) 또는 형사사건의 정상참작의 한 자료로서 경찰·검찰·법원에 제출할 목적으로, 그리고 보험금청구를 위한 절차상의 필요에서 보험회사에 제출할 목적으로 합의서가 작성되고 있다. 그리하여 민·형사 문제 모두를 한꺼번에 해결하는 모습의 합의서가 만들어지는 예가 많다.

이러한 합의서가 작성된 경우에는 언제나 합의의 성립이 인정되는가? 가령 피해자 또는 그 가족이 갑자기 당한 사고에 경황이 없는 상황에서 형사처벌이라도 면할 수 있도록 우선 서류상으로 합의서를 작성해 달라는 가해자의 간청에 못이겨 청구권포기 조항이 들어가 있는 합의서에 기명날인하는 경우에도 합의가 성립하는지 문제된다. 합의서가 작성되어 있으면 외관상 계약 성립요건으로서의 합의가 있는 것처럼 보인다. 그리하여 언제나 합의가 성립한 것으로 새겨야 할 것처럼 여겨진다. 그러나 합의서가 작성되었더라도 당사자 쌍방이 전혀 합의할 의사가 없었거나 또는 당사자 일방이 합의의 의사가 없었고 이를 상대방이 알고 있는 경우에는, 당사자의 의사가 계약 불성립이라는 점에서 일치하므로 합의서의 문언에도 불구하고 합의는 성립하지 않는다(자연적 해석). 합의서의 사용목적이나 합의된 금액 등은 의사표시의 해석에 필요한 자료에 불과할 뿐 그것이 절대적인 의미를 갖는 것은 아니다. 경우에 따라서는 합의서의 일부조항, 예컨대 청구권포기 조항만 합의가 없어서 그것만이 무효로 될 수도 있을 것이다.

합의의 성립이 부정되는 경우에는, 피해자는 그에 의하여 보호되며, 더 이상의 논의가 필요하지 않게 된다. 그에 비하여 합의의 성립이 인정되는 경우에는 이제 합의의 효력이 문제된다.

3. 본 사안의 경우

본 사안에서 피해자 A는 치료를 어느 정도 받고 난 뒤에 B와 치료비 외에 손해배상액으로 200만원을 받으면서 그 밖의 손해배상청구는 하지 않겠다는 내용의 합의서에 서명날인하였다. 그럼에 있어서 합의의 의사가 없이 서류상으로만 합의서를 만든 것도 아니다. 이러한 점으로 볼 때, A와 B 사이에 일단 합의는 성립하였다고 보아야 할 것이다.

IV. 합의의 효력

1. 서   설

본 사안에 있어서 A·B 사이에 합의가 성립하였음을 보았다. 그리하여 이제 그 합의가 문언 그대로 효력을 가지는지, A가 구제받을 방법은 없는지가 문제된다.

여기에 관하여 판례는 엇갈리고 있으며, 학설들도 여러 가지로 나뉘어 대립하고 있다. 아래에서 판례·학설을 정리·검토한 뒤, 사견을 제시하고, 이어서 본 사안의 경우에 관하여 살펴보기로 한다.

2. 판   례

합의와 관련된 판례는 많이 있다. 그런데 여기서는 본 사안과 같은 신체침해에 관한 판례만을 살펴보기로 한다. 우리 판례는 신체침해의 경우에 합의의 해석으로 해결한 때가 있는가 하면, 착오를 이유로 합의의 취소를 인정 또는 부정한 때도 있고, 합의서상의 권리포기 조항이 예문인지를 문제삼은 적도 있어서 일관성이 없다. 이를 경우를 나누어 차례로 살펴보기로 한다.

(1) 합의의 해석으로 해결한 경우

의용민법 하에서 우리 대법원은 화해가 있은 후에 증대된 손해에 대하여 배상책임을 부인한 적이 있다. 현행민법 하에서는 많은 판결에서 합의의 해석에 의하여 피해자를 구제하고 있다. 그 가운데에는 손해배상청구를 포기하는 합의는 합의 당시에 예상할 수 없었던 적극적 치료비나 후유증으로 인한 손해배상청구권까지 포기하는 취지로 볼 수 없다고 한 경우가 대부분이다(한정적 해석).[1] 1980년대 후반에는 「모든 손해가 확실하게 파악되지 않은 상황 아래에서 조급하게 적은 금액을 받고」 합의한 경우에만 위와 같은 결과를 인정하는 판결도 나왔다.[2] 그런가 하면 다른 한편으로 「합의가 손해발생의 원인인 사고 후 얼마 지나지 아니하여 손해의 범위를 정확히 확인하기 어려운 상황에서 이루어진 것이고, 후발손해가 합의 당시의 사정으로 보아 예상이 불가능한 것으로서, 당사자가 후발손해를 예상하였더라면 사회통념상 그 합의 금액으로는 화해하지 않았을 것이라고 보는 것이 상당할 만큼 그 손해가 중대한 것일 때에는 당사자의 의사가 이러한 손해에 대해서까지 그 배상청구권을 포기한 것이라고 볼 수 없다」고 하였다.[3] 그리고 마지막의 것이 현재의 주류의 판례이다.

이들 기준은 나름대로 타당성을 지니고 있으나 통일되어 있지 않아서 바람직하지 않다. 더욱 문제인 것은, 합의의 해석으로 해결한 사안 중에는 이론상 해석에 의하여 해결되는 것이 매우 곤란한 경우가 다수 포함되어 있다는 점이다. 이는 판례가 지나치게 피해자 보호만을 염두에 두고 있어서 생긴 결과인 듯하다.

(2) 착오를 이유로 합의의 취소를 인정한 경우

판례는 다른 한편으로 여러 차례에 걸쳐, 교통사고 등으로 인하여 신체침해가 발생한 경우에 있어서 피해자가 장래에 들 치료기간·치료비·후유증 등을 예상하지 못하고 가해자와 손해배상청구권을 포기하거나 또는 민·형사상 일체의 소송을 제기하지 아니하기로 하는 내용의 합의를 한 경우에 관하여 착오를 이유로 합의의 취소를 인정하였다.[4] 그런데 이

---

1) 대판 1970. 8. 31, 70다1284 등.
2) 대판 1988. 4. 27, 87다카74; 대판 1989. 7. 25, 89다카968; 대판 1997. 8. 29, 96다46903.
3) 대판 2000. 3. 23, 99다63176. 동지 대판 1997. 4. 11, 97다423; 대판 2000. 1. 14, 99다39418 등.
4) 대판 1971. 4. 30, 71다399 등 다수의 판결.

러한 판례는 1980년대 중반 이후에는 거의 보이지 않고 있다.

⑶ 권리포기 조항이 예문(例文)인지를 문제삼은 경우

그 밖에 대법원은 합의서상의 권리포기 조항이 예문에 불과한지를 판단한 때도 있다. 그러면서 예문이 아니라고 한 적도 있으나,[5] 예문으로 인정한 적도 있다.[6]

⑷ 판례의 문제점

위에서 본 바와 같이, 우리의 대법원은 합의의 경우에 다양한 방법으로 피해자를 구제하고 있다. 그러나 각각의 구제방법의 타당성 여부는 별론으로 하고 유사한 경우가 각기 다른 이론에 의하여 판단되고 있음은 문제가 아닐 수 없다. 논리적으로 볼 때, 착오는 합의의 성립이 인정되고 해석이 행하여진 뒤에 비로소 문제된다. 따라서 합의의 해석에 의하여 피해자가 구제되는 경우에는 착오 문제는 거론될 필요도 없게 된다. 그럼에도 불구하고 법원이 합의를 한정적으로 해석하고 있는 사안과 매우 흡사한데도 착오를 이유로 한 취소를 인정한 것들이 많이 있다. 이러한 경우는 최소한 어느 하나로 모아져야 할 것이다.

판례상의 여러 구제방법의 이론적 타당성 여부는 학설까지 모두 정리한 뒤에 검토해 보기로 한다.

3. 학   설

합의가 성립한 이상 피해자는 합의 후에 후발손해가 발생하더라도 추가청구를 하지 못함이 원칙이라는 데 대하여는 학자들 사이에 다툼이 없다. 문제는 경우에 따라서는 후발손해의 배상청구도 인정하여야 하는데, 그때에 어떻게 이론구성을 하느냐이다. 여기에 관하여는 견해가 나뉘고 있다.

제 1 설은, 전 손해를 정확하게 파악하기 어려운 상황 아래에서 조급하게 적은 금액의 배상금으로 합의를 한 경우에는, 권리포기 조항은 합의 당시에 예상한 손해만에 관한 것이고 예측하지 못한 수술이나 후유증과 같은 그 후에 발생한 손해에 관한 청구권까지도 포기하겠다는 취지로 새기는 것은 당사자의 합리적 의사에 합치한다고 할 수 없고, 따라서 그 배상청구권은 인정되어야 한다고 한다.[7]

제 2 설은 제 1 설처럼 손해배상청구를 하지 않겠다는 약속은 화해 당시 예상할 수 있었던 손해의 범위 내에서만 효력을 갖는다고 하면서, 배상액 합의가 있었음에도 후발손해의 배상을 추가청구할 수 있기 위해서는 ① 배상액의 합의 당시에 당사자 사이에 배상범위 내의 손해에 관하여 명시적 또는 묵시적인 의사일치가 있었을 것, ② 후발손해는 합의 당시의 사정에 비추어 볼 때 피해자에게 예견불능하였을 것, ③ 그 후발손해는 객관적으로 볼 때

---

5) 대판 1979. 2. 13, 78다2161.
6) 대판 1999. 3. 23, 98다64301.
7) 곽윤직, 채각, 334면.

피해자가 그 사실을 당시에 알았더라면 그러한 금액으로 합의하지 않았을 것이라고 판단될 정도로 중대한 것이어야 한다고 한다.[8]

제 3 설은, 당사자가 예상하지 못하였던 손해에 대해서는 배상청구권을 포기한 것으로 볼 수 없을 것이지만, 당사자가 예상하였던 손해에 관해서도 신의칙상 피해자의 손해배상청구권을 인정하여야 할 경우가 있을 것이라고 한다.[9]

제 4 설은, 가해자가 화해계약을 원용하여 후발손해의 배상을 거부하는 것이 신의칙에 반할 정도로 그 후발손해가 심각한 것인 때에는 화해가 그 효력을 미칠 수 없다고 해석할 것이라고 한다.[10]

제 5 설은 착오를 이유로 한 취소를 인정하여야 한다고 한다.[11]

제 6 설은 사정변경의 원칙으로 처리하여야 한다고 한다.[12]

제 7 설은 이 문제는 착오이론에 의하여서는 근본적으로 해결되지 않고 결국 행위기초이론이나 불공정한 법률행위 이론에 의하여 해결해야 할 것이라고 한다.[13]

4. 검토 및 사견

(1) 논의 순서

손해배상에 관한 합의가 성립하였다고 하여 곧바로 효력을 논하는 것은 올바른 순서가 아니다. 합의의 성립이 인정되면 먼저 합의를 해석하여 그 내용을 확정하고, 만약 해석에 의하여 피해자가 구제되지 못하면 다른 구제방법을 생각해 보아야 한다. 즉 단계적인 검토가 필요하다. 그런데 판례와 대부분의 학설은 단 한번에 해결하려고 한다.[14] 그러다 보니 무리한 시도가 엿보이게 된다.

아래에서는 올바른 순서에 따라 먼저 합의의 해석에 관하여 논의하고, 그 뒤에 해석 후의 피해자의 구제방법을 개별적·구체적으로 검토해 보기로 한다.

(2) 합의의 해석

주류의 판례와 상당수의 학자(위의 제 1 설, 제 2 설과 제 3 설의 일부 내용)는 합의의 한정적 해석의 방법으로 피해자를 구제하려고 한다. 즉 명백한 합의 문언에도 불구하고 합의가 후발손해에 관한 것까지 포함하지 않는다고 한정적으로 해석한다. 판례는 초기에는 합의 당시에 예상할 수 없었던 손해에 대한 배상청구권까지 포기할 수 없다고 하였으나, 그 뒤에는

---

8) 이은영, 채각, 640면.
9) 김주수, 채각, 509면.
10) 김형배, 채각, 807면. 이는 과거에 저자가 주장한 이론을 따른 것이다. 송덕수, "불법행위의 경우의 손해배상에 관한 합의의 해석," 민사판례연구[XII], 1990, 89면 이하 참조.
11) 김기수, 민법학연습, 1987, 125면.
12) 황적인, 민법연습 Ⅰ, 1989, 301면.
13) 이영준, 총칙, 422면.
14) 다만, 앞의 제 4 설만 그렇지 않다. 불분명하지만 제 3 설도 그런 취지를 담고 있는 듯이 보인다.

그와 같은 한정적 해석을 할 수 있기 위하여 갖추어야 하는 요건을 덧붙이고 있다. 손해를 파악할 수 없는 상황에서 조급하게 적은 금액을 받았어야 한다거나 후발손해를 예상했더라면 합의하지 않았을 정도로 중대하여야 한다는 것이 그것이다. 학설 중 제 1 설은 변화된 판례 중 하나와 같고, 제 2 설은 역시 변화된 최근의 판례와 유사하다.

　이와 같은 판례와 일부 학설이 행하고 있는 한정적 해석은 법률행위의 보충적 해석의 일종이다. 보충적 해석은 당사자 사이에 규율하지 않은 틈이 존재할 때 행하여진다. 그런데 후발손해의 경우에 보충적 해석이 행하여질 여지는 거의 없다. 그때에 당사자들은 의식적으로 위험을 규율하려고 하였고, 따라서 예상하지 못한 후발손해의 발생의 위험은 합의의 내용이 되기 때문이다. 즉 보충적 해석의 전제로 되는 계약의 틈은 존재하지 않는다. 결국 판례 등의 한정적 해석은, 특별한 사정이 없는 한, 행하여질 수 없는 것이다. 그럼에도 불구하고 피해자 구제만을 생각하여 합의서의 명문에도 불구하고 그러한 해석을 하고 있다. 판례 등의 한정적 해석은 기준을 획일적으로 정할 수 없다는 점에서도 금과옥조로 여길 것이 아니다. 또한 한정적 해석만으로는 구제를 요하는 모든 피해자를 보호할 수 없고, 그때에는 ― 무리하지 않으려는 한 ― 부득이 다른 이론이나 제도가 원용되어야 하기 때문에도 바람직하지 않다. 실제로 대법원의 판결 중에 한정적 해석으로 피해자를 구제할 수 없는데도 무리하게 구제하고 있는 예가 있다. 이러한 여러 문제점이 있는 만큼 피해자는 처음부터 전체적인 이론체계에 부합하는 방법으로 보호하여야 한다. 무리해서 한정적 해석을 하는 것은 해석 자체와 구제를 위한 무리의 두 가지 잘못을 범하는 것이다.

　사견에 의하면 여기의 합의에도 법률행위 해석의 일반이론이 그대로 적용되어야 한다. 그리하여 일단은 합의를 그 문언에 따라 해석하되, 예외적으로 당사자의 일치하는 다른 의사를 확정할 수 있으면 그 의미로 인정하여야 한다(자연적 해석). 예컨대 장래의 모든 청구권을 포기하는 합의서를 작성하였지만 당사자들은 일치하여 한정된 범위에서만 포기한다는 의사를 가지고 있었던 경우가 그렇다. 이러한 의사는 여러 사정을 고려하여 결정하여야 한다. 만약 당사자의 의사가 불분명할 경우에는 합의의 문언에 따라 해석되어야 하며, 그때의 피해자의 구제는 다른 방법에 의하여야 한다.

(3) 합의의 해석이 있은 후의 피해자 구제방법

　1) 합의의 해석(자연적 해석)에 의하여 합의가 후발손해에 대하여는 미치지 않는다고 인정되는 경우에는 피해자의 구제는 그것으로 충분하다. 그러나 그런 경우는 극히 예외적으로만 생길 수 있다. 그리하여 보통의 경우에는 합의는 합의서의 문언대로 장래의 손해에 대하여도 효력을 가진다고 하여야 한다. 그렇다고 하여 위와 같은 합의의 내용이 절대적인 것은 아니다. 경우에 따라서는 일정한 요건 하에 피해자가 합의의 구속으로부터 벗어날 수도 있다. 아래에서 판례와 학설이 들고 있는 갖가지 구제방법을 검토하고 사견을 적기로 한다.

　2) 일부 판례 및 학설은 합의의 경우에 착오를 이유로 취소를 인정한다. 그러나 이러한

이론은 옳지 않다. 우선 판례는 다른 한편으로 한정적 해석을 하고 있는데, 그러한 해석을 하는 경우에는 후발손해에 대하여는 의사와 표시가 일치하게 되어 착오가 존재하지 않는다. 그럼에도 다른 판례에서는 한정적 해석 대신 취소를 인정하고 있는 문제가 있다. 물론 이는 판례의 다른 태도와의 부조화의 문제이다. 판례 등의 이 태도는 착오제도 자체에 있어서도 인정되기 어렵다. 합의는 화해에 유사한 무명계약이다. 따라서 합의에 대하여 착오취소를 인정하려면 제733조의 규정상 장래의 사정으로 인한 청구권이 화해의 목적인 분쟁 이외의 사항이라고 인정하여야 한다. 그러나 그 전부는 아닐지라도 대부분의 경우는 이것을 분쟁 이외의 사항이라고 하기는 어려울 것이다. 그리고 장래의 사정에 관한 착오는 동기의 착오 이므로 사건처럼 동기의 착오에 취소권을 인정하지 않는 입장에서는 제733조가 없어도 착오취소를 할 수 없다. 그리고 판례는 동기의 표시 유무를 밝히지 않고 취소를 인정하고 있어서 동기의 착오에 관한 주류의 판례와 모순을 보인다. 그 밖에 착오취소를 인정하면 권리포기 조항을 포함하여 합의 전체가 무효로 되어 피해자 보호에 소홀하게 된다.

합의가 불공정한 법률행위(폭리행위)라고 하여 보호하는 것도 부적당하다. 신체침해의 경우 합의는 폭리행위로 되기가 어렵다. 왜냐하면 폭리행위는 급부(청구권의 포기)와 반대급부(합의금에서 위험의 몫) 사이에 현저한 불균형이 있어야 하고, 그러한 불균형의 판단 시기는 합의시인 만큼, 신체침해의 경우 후발손해에 대한 급부가 결여되어 있다 하더라도 합의 당시에는 대체로 그러한 불균형이 존재하지 않기 때문이다.

사정변경의 원칙 내지 행위기초론에 의하여 보호하는 것도 가능하지 않다. 합의를 하였다면 예외적인 경우가 아닌 한 당사자는 예견할 수 없는 손해에 대하여서도 규율하고자 했고, 그 결과 후발손해에 대한 표시도 합의의 내용을 이룬다. 그리고 계약의 내용은 결코 계약의 기초로 되는 사정 또는 행위기초가 될 수 없기 때문에 사정변경의 원칙 등을 적용할 수 없다.

일부 견해(제3설)는 당사자가 예상하였던 손해에 대하여도 신의칙상 손해배상청구권을 인정해야 할 경우가 있다고 하나, 그러한 설명만으로는 근거가 충분치 않다.

그에 비하여 제4설은 다음에 보는 사견과 같은 취지의 견해이다.

3) 생각건대 후발손해가 발생한 경우에 피해자는 신의성실의 원칙을 적용하여 구제하는 것이 가장 바람직할 것으로 보인다. 즉 피해자를 합의에 구속시키는 것이 신의성실의 원칙에 반할 때에는 권리남용으로 보아 구속력을 인정하지 않아야 한다. 어느 경우가 그러한지는 일률적으로 말할 수 없다. 하나의 표준으로는, 독일 판례처럼, 손해와 합의금 사이에 현저한 불균형이 발생하여 피해자에게 후발손해에 대한 청구권을 허용하지 않는다면 너무 가혹할 경우에 그렇다고 할 수 있을 것이다. 그리고 신의칙 위반 여부를 판단함에 있어서는 여러 가지 사정을 모두 고려하여야 한다.

한편 이와 같이 신의성실의 원칙을 적용하는 경우에는 합의 전부가 무효로 되는 것으로 보지 않아야 한다. 오히려 모든 사정의 고려 하에 합의의 어떤 부분이 신의칙상 피해자에게 기대될 수 없는가가 검토되어야 한다. 그리하여 그러한 부분만은 유효를 주장하지 못한다고 하여야 한다. 손해배상청구 등을 하지 않겠다는 조항이 그에 해당할 것이다. 그 외의 부분, 즉 이미 지급된 배상은 그대로 유효하며, 피해자는 손해배상을 청구하면서 그것을 반환할 필요가 없다.

5. 본 사안의 경우

전술한 사견에 의하면, 합의의 성립이 인정되면 우선 법률행위 해석의 일반이론에 따라 합의를 해석하여 그 내용을 확정하고, 만약 해석에 의하여 피해자를 구제할 수 없는 때에는 다음 단계의 구제방법으로 신의성실의 원칙의 적용을 검토하여야 한다.

이러한 사견에 따라서 살펴볼 때, 본 사안에서는 A와 B 사이에 장래의 손해배상청구를 포기한 것이 한정된 범위에서만 그렇다는 내용으로 확정될 특별한 사정이 없다. 즉 A와 B가 특별히 예상된 손해에 대하여만 합의한 것으로 인정할 만한 사실이 보이지 않는다. 치료경과가 호전되고 담당의사의 소견이 있었기는 하나 이것만으로 A·B의 예상된 손해만에 관한 의사의 일치를 인정할 수는 없다. 따라서 A·B 사이의 합의는 문언대로 해석되어야 한다. 그 결과 일단은 A가 모든 손해에 대하여 청구권을 포기한다는 내용으로 확정된다. 따라서 A는 장래에 발생할 손해에 대하여도 포기한 것으로 인정된다.

그런데 해석에 의하여 확정된 이와 같은 합의의 내용은 A에게 가혹하다. 그리하여 이제 해석 후의 피해자 구제를 검토하여야 한다. 앞에서 본 바와 같이, 제반사정에 비추어 볼 때 피해자를 합의에 구속시키는 것이 신의성실의 원칙에 반할 때에는 권리남용이라고 보아 그 유효를 주장하지 못한다고 하여야 한다. 본 사안의 경우에 A는 합의 당시에 치료비 외에 200만원만 받고 모든 손해배상청구권을 포기했는데, 그 후에 후유증이 생겨 15개월 이상 더 치료를 받았고, 또 치료를 받았음에도 불구자가 되었다. 이 액수를 비교해 보면 추가손해가 월등히 크다. 그리고 합의 당시 A는 치료경과가 호전되었고 또 담당의사로부터 3주 정도의 치료로 완치될 것이라는 말도 들었다. 이러한 사정도 감안하여 볼 때, 본 사안에 있어서 가해자인 B가 피해자 A를 합의에 구속시키는 것은 너무 가혹하며, 따라서 신의칙에 반한다고 보아야 한다. 그 결과 A는 B에게 후발손해의 배상을 추가로 청구할 수 있다고 하여야 한다. 그럼에 있어서 이미 받은 200만원은 반환할 필요가 없다.

[91] 편취금전에 의한 변제와 부당이득

문 제

갑은 2004년부터 B회사에서 경리업무를 담당해 오다가 나중에는 A회사의 경리업무까지 처리하였는데(A회사와 B회사의 각 대표이사인 을·병은 형제이고, 갑은 을의 처남임), 대리권을 수여받지 않고서 2010. 12. 18.에 C은행과 사이에 차주 A회사, 여신한도액 2억원으로 한 여신거래약정을, 2011. 3. 12.에는 차주 B회사, 여신한도액 9억원으로 한 여신거래약정을 각각 체결하였다. 갑은 2010. 12. 18.자 여신거래약정에 기해 2010. 12. 18.부터 같은 달 26. 까지 수차례에 걸쳐 합계 2억원을 A회사의 C은행 예금계좌에서 A회사와 B회사 각각의 D은행 계좌로 또는 A회사와 B회사 각각의 거래처의 예금계좌로 송금하였고(마이너스 대출이므로 송금과 동시에 대출이 이루어짐), 2011. 3. 12.자 여신거래약정에 기해 같은 날 B회사의 C은행 예금계좌에 8억 9천만원이 입금되자, 그중 6억 9천만원을 당시 위 예금계좌의 마이너스 대출금의 상환에 충당하고 나머지 2억원은 2011. 3. 17.부터 같은 달 31.까지 여러 차례에 걸쳐 A회사와 B회사 각각의 D은행 계좌로 송금하였다. 한편 갑은 A회사와 B회사의 대표이사인 을·병에게, 'A회사·B회사의 C은행에 대한 대출금채무가 없고, A회사·B회사의 예금잔고가 22억원 내지 30억원 정도이다'라고 허위보고를 해 오다가 2011. 5. 11.경 행방을 감추었고, A회사의 대표이사 을은 그 무렵 '갑이 C은행에 예치된 B회사 명의의 회사자금 30억원을 횡령하여 도주하였다'는 내용으로 갑을 고소하였다. 그 뒤 A회사·B회사는 연체이자 발생 및 회사의 신용하락 등의 불이익을 피하기 위해 2012. 1. C은행과 사이에 향후 법원의 판결결과에 따라 정산하기로 약정하면서 C은행에게 위 각 여신거래약정에 따른 대출원리금을 잠정적으로 상환하였다. 현재는 2012. 2.이다.

그 후 A회사와 B회사는 C은행에 대하여 '그들은 C은행에 대출금채무가 없으며, 따라서 그들이 C은행에게 잠정적으로 상환한 합의금 상당액을 반환하여야 한다'고 주장하였다. A회사와 B회사의 주장이 옳은가?

I. 논점의 정리

본 문제에서 A회사와 B회사가 C은행에 대하여 대출금채무가 없는지에 대하여 답을 하려면, 갑이 체결한 여신거래약정이 A회사·B회사에 효력이 생기는지를 검토해야 한다. 즉 그 약정이 유권대리나 표현대리인지 검토해야 한다. 그리고 A회사·B회사의 잠정적 상환이 무권대리의 추인인지도 살펴보아야 한다.

다음에 A회사·B회사가 C은행에 잠정적으로 상환한 합의금 상당액을 C은행이 반환해야 하는지에 대하여 답을 하려면, 갑이 A회사·B회사의 D은행 계좌나 A회사·B회사의 거래처의 예금계좌로 송금한 것이 C은행에 대하여 부당이득인지를 검토해야 한다. 이것은 편취금전에 의한 변제가 부당이득이 되는지의 문제이다. 만약 그 변제가 부당이득이라면 A회사·B회사나 거래처에서는 그것을 C은행에게 반환해야 하나, 부당이득이 아니라면 반환할 필요가 없게 된다. 그리고 그 뒤에는 A회사·B회사가 C은행에 잠정적으로 상환한 상환금이 C의 부당이득인지 검토해야 한다. 그 외에 A회사·B회사가 갑의 행위에 대하여 C은행에 사용자책임을 져야 하는지도 살펴볼 필요가 있다.

Ⅱ. 갑이 체결한 여신거래약정이 유효한 대리행위나 표현대리인지 여부

1. 대리행위가 유효하기 위한 요건

대리행위가 유효하려면 대리인이 대리권을 가지고 또 대리권의 범위 안에서 대리행위를 하였어야 한다.

2. 표현대리

표현대리제도는 대리인에게 대리권이 없음에도 불구하고 마치 그것이 있는 것과 같은 외관이 있고 또 그러한 외관의 발생에 대하여 본인이 어느 정도 책임이 있는 경우에, 그 무권대리행위에 대하여 본인에게 책임을 지게 함으로써, 본인의 이익의 희생 하에 상대방 및 거래의 안전을 보호하려는 제도이다. 민법은 표현대리로서 ① 대리권 수여의 표시에 의한 표현대리(125조), ② 대리권한을 넘은 표현대리(126조), ③ 대리권 소멸 후의 표현대리(129조)의 세 가지를 규정하고 있다.

3. 본 사안의 경우

본 사안에서 갑은 A회사·B회사의 경리업무를 담당하는 자로서 은행과 여신거래약정을 할 권한을 가지고 있지 않은 자이다. 그럼에도 불구하고 그는 A회사·B회사로부터 대리권을 수여받음이 없이 C은행과 여신거래약정을 체결하였다. 이러한 약정은 유권대리가 아니다. 그리고 표현대리가 될 만한 사정도 없다.[1] 따라서 갑이 체결한 여신거래약정은 협의의 무권대리행위에 해당한다.

---

1) 표현대리와 관련해서는 제126조의 표현대리가 문제될 여지가 있으나, C은행이 갑에게 그러한 약정을 할 권한이 있다고 믿을 만한 정당한 이유가 있다고 보기 어렵다.

Ⅲ. A회사·B회사의 잠정적 상환이 무권대리의 추인인지 여부

1. 무권대리의 추인

좁은 의미의 무권대리는 본인에게 효력이 생기지 않는다. 그러나 본인이 추인하면 본인에게 효력이 생긴다.

2. 본 사안의 경우

본 사안의 경우에는 A회사·B회사가 판결결과에 따라 정산하기로 약정하고서 잠정적으로 상환했으므로, 그 상환은 무권대리의 추인으로 볼 수 없다.

Ⅳ. 갑이 A회사·B회사의 D은행 계좌나 A회사·B회사의 거래처의 예금계좌로 송금한 것이 A회사·B회사의 부당이득인지 여부

1. 부당이득의 일반적 성립요건

부당이득의 일반적 성립요건은 ① 타인의 재산 또는 노무에 의하여 이익을 얻었을 것(수익), ② 그러한 이익을 얻음으로 인하여 타인에게 손해를 가했을 것(손실), ③ 수익과 손실 사이에 인과관계가 있을 것, ④ 법률상의 원인이 없을 것의 네 가지이다. 한편 3자 이상이 관여하는 법률관계에서는 부당이득의 성립 여부와 관련하여 특별한 문제가 생기는데, 그러한 문제의 하나로「편취금전에 의한 변제가 부당이득이 되는지」가 있다.

2. 편취금전에 의한 변제와 부당이득

(1) 의　　의

이는 가해자가 피해자로부터 금전을 편취하여 자신의 채권자에 대한 채무 또는 채권자의 채권자에 대한 채무를 변제한 경우에, 피해자가 채권자에게 직접 부당이득 반환을 청구할 수 있는지의 문제이다. 여기의 편취는 속여서 뺏는 사취(詐取) 외에 절도·강도·횡령·배임을 포함하여 위법하게 취득한 것 모두를 가리킨다.

(2) 학　　설

여기에 관하여 학설은 ⅰ) 부당이득 인정설과 ⅱ) 부당이득 부정설이 대립하고 있다. ⅰ)설은 편취금전의 소유권이 피해자로부터 직접 수익자에게 이전된 경우에는 법률상 원인이 없으므로 부당이득이 성립하나, 편취금전의 소유권이 가해자에게 귀속되었다가 수익자에게 이전된 경우에는 부당이득이 성립하지 않는다고 한다.[2] 그에 비하여 ⅱ)설은 문제되는 경우에 사회관념상 인과관계는 인정할 수 있으나, 가해자가 자기의 채무를 변제한 경우

---

2) 정태윤, 민사판례연구[XXVⅢ], 468면.

나 자기 채권자에 대한 채권자의 채무를 변제한 경우에 법률상 원인이 있으므로 피해자는 수익자에 대하여 부당이득 반환청구권을 가지지 못한다고 한다.3)

(3) 판 례

우리 판례는 가해자가 피해자로부터 금전을 편취하여 자신의 채권자에 대한 채무를 변제한 경우와 채권자의 채권자에 대한 채무를 변제한 경우에 관하여, 널리 사회관념상 연관성이 있으면 인과관계를 인정하고 있으나, 수익자가 수령 당시 그 금전이 편취된 것이라는 사실에 대하여 악의 또는 중과실이 없는 한 수익자의 금전취득은 피해자에 대한 관계에서 법률상 원인이 있으므로 부당이득은 아니라고 한다.4)

(4) 사 견

생각건대 부당이득의 성립을 위하여 직접적 인과관계를 요구하는 것은 바람직하지 않으며, 사회관념상 그 연락을 인정할 수 있으면 충분하다고 할 것이다. 그리고 법률상 원인이 존재하는지 여부는, 판례와 같이 악의·중과실 유무로 따질 것이 아니고, 오히려 채무관계의 존재 유무에 따라 결정해야 한다. 따라서 채무관계가 존재한다면 법률상 원인이 인정되어 부당이득이 되지 않는다고 할 것이다.

3. 본 사안의 경우

본 사안에서 갑은 C은행으로부터 편취한 금전으로 자신의 A회사·B회사에 대한 채무 또는 A회사·B회사의 거래처에 대한 채무를 변제하였다. 이러한 경우에 C은행의 손실과 A회사·B회사의 수익이 인정된다. 그리고 수익과 손실 사이에 사회관념상 연락이 인정될 수 있으므로 인과관계의 요건도 구비한다. 그러나 갑이 A회사·B회사의 계좌에 입금한 것은 갑 자신의 채무(횡령한 자금의 배상의무)를 변제한 것이고, 갑이 A회사·B회사의 거래처의 예금계좌에 송금한 것은 A회사·B회사에게 채무를 부담하는 자가 그의 채권자의 채무를 변제한 것이어서, 모두 법률상 원인이 존재한다. 따라서 갑의 송금은 정당한 채무의 변제이고, A회사·B회사의 부당이득이 아니다.

V. A회사·B회사의 상환금이 C은행의 부당이득인지 여부

1. 부당이득의 일반적 성립요건

그에 관하여는 위 Ⅳ. 1.에서 설명하였다.

---

3) 양창수, 민법연구 제 7 권, 2003, 295면 이하.
4) 대판 2008. 3. 13, 2006다53733·53740. 그 외에 대판 2003. 6. 13, 2003다8862(자기채무 변제형의 경우); 대판 2004. 1. 15, 2003다49726(제 3 자 수익형의 경우)도 참조.

2. 본 사안의 경우

본 사안의 경우에 갑이 C은행과 체결한 여신거래약정은 무권대리행위이고 그것은 A회사·B회사에 효력이 미치지 않으므로, A회사·B회사는 C은행에 대하여 대출금채무를 부담하지 않는다. 그럼에도 불구하고 대출금채무가 존재함을 전제로 하여 A회사·B회사가 잠정적으로 상환한 것이다. 따라서 상환금은 법률상 원인이 없는 것이다. 그리고 상환금의 지급으로 A회사·B회사는 손실을 입었고, C은행은 수익을 얻었으며, 수익과 손실 사이에 인과관계가 인정된다. 결론적으로 C은행이 상환금을 보유하는 것은 A회사·B회사에 대하여 부당이득이므로 C은행은 그것을 A회사·B회사에 반환해야 한다.

Ⅵ. A회사·B회사가 갑의 행위에 대하여 사용자책임을 부담하는지 여부

1. 서　　설

본 사안의 경우에 A회사·B회사는 갑의 사용자이다. 여기서 A회사·B회사가 C은행에 대하여 사용자책임을 지는지 문제된다.

2. 사용자책임의 요건

사용자책임이 성립하려면, ① 타인을 사용하여 어느 사무에 종사하게 하였을 것(사용관계의 존재), ② 피용자가 사무집행에 관하여 손해를 가했을 것, ③ 제 3 자에게 손해를 가했을 것, ④ 피용자의 가해행위가 일반 불법행위의 요건을 갖출 것, ⑤ 사용자가 면책사유 있음을 증명하지 못할 것이라는 요건을 갖추어야 한다(756조 1항).

3. 본 사안의 경우

본 사안에서 A회사·B회사와 갑 사이에는 사용관계가 존재한다. 그리고 피용자인 갑이 사무집행에 관하여 제 3 자인 C은행에 손해를 가했다. 나아가 갑의 편취행위는 일반 불법행위의 요건을 갖추고 있다. 그 외에 A회사·B회사에게 면책사유가 있는지는 불분명하나, 그것을 증명하기는 어려울 것이다. 결국 본 사안의 경우에 A회사·B회사의 사용자책임이 성립한다. 따라서 A회사·B회사는 갑의 행위에 의해 C은행이 입은 손해를 배상해야 한다. 이와 같이 A회사·B회사가 C은행에 채무를 부담하므로 A회사·B회사나 C은행은 그들 쌍방의 채무를 대등액에서 상계할 수 있다.

Ⅶ. 결 론

본 사안의 경우에 A회사·B회사는 대출금채무를 부담하지 않는다. 그리고 그들은 C은행에 대하여 지급한 상환금을 부당이득으로 반환청구할 수 있다. 그 반면에 C은행은 A회사·B회사에 대하여 사용자책임을 이유로 손해배상을 청구할 수 있다. 이 양측의 채무는 상계에 의해 대등액에서 소멸할 수 있다. 그 경우에 어느 당사자에게 얼마의 채무가 남을지는 정확히 알 수 없다. 어쨌든 상계를 한다면 A회사·B회사는 상환금에서 손해배상액을 공제하고 나머지만을 반환청구할 수 있게 된다.5) 만약 상계를 하지 않은 상태에서 상환금의 반환에 관하여만 본다면 A회사·B회사는 그것의 반환을 청구할 수 있다. 그러므로 상계를 하지 않은 상태에서는 — 손해배상의무를 도외시한다면 — A회사·B회사의 주장은 옳다.

---

5) 이 나머지는 0일 수도 있다.

[92] 부당이득의 반환범위

　도로변에 있는 단층 건물을 소유하고 있는 A는 그 건물의 공간에 책상 등 간단한 집기를
들여 놓고 자신의 사무실로 쓰고 있었다. 그런데 외국에 있는 그의 가족의 신상문제로 그가
상당기간 동안 외국에 다녀와야 할 사정이 생겼다. 그리하여 A는 그 건물의 문을 잠궈놓고
외국으로 떠났다. 그 후 과거 식당 주방장이었던 노숙자 B가 그 문을 뜯고 들어가 기거하였
다. 그런데 1개월이 지나도 누가 오지 않자 B는 그 곳에서 처음에는 자신에게 있던 약간의
자금을 이용하여 컵라면 등을 판매하다가, 그 뒤에는 그가 벌어들인 수익금으로 주방기구를
구입하여 본격적으로 식당영업을 하기 시작하였다. 그리고 손님들의 반응이 매우 좋아 큰
수입을 올렸다.

　1. 이 경우에 A는 B에 대하여 어떤 청구를 할 수 있는가?

　2. 설문에 있어서 B의 수입이 형편없이 적었다면 A는 어떤 청구를 할 수 있는가?

I. 물음 1.에 대하여

1. 논점의 정리

　먼저 B의 행위가 A의 소유권의 내용실현을 방해하고 있는지, 그리하여 A가 물권적 청
구권을 행사할 수 있는지가 문제된다. 다음에는 B의 행위가 A에 대하여 불법행위가 되는지
를 검토해 보아야 한다. 그런가 하면 A가 B에 대하여 부당이득을 이유로 반환청구를 할 수
있는지도 살펴보아야 한다. 그럼에 있어서는 특히 그 반환범위에 유의하여야 한다.

2. A가 물권적 청구권을 행사할 수 있는지 여부

⑴ 소유자의 물권적 청구권

　물권적 청구권은 물권의 내용의 실현이 어떤 사정으로 말미암아 방해당하고 있거나 방
해당할 염려가 있는 경우에 물권자가 방해자에 대하여 그 방해의 제거 또는 예방에 필요한
일정한 행위를 청구할 수 있는 권리이다. 그러한 물권적 청구권 중 소유권에 기한 것은 소
유물 반환청구권·소유물 방해제거청구권·소유물 방해예방청구권의 세 가지가 있다. 이들
가운데 본 사안에서 문제되는 것은 앞의 둘이다.

　소유물 반환청구권은 소유자가 그의 소유에 속하는 물건을 점유하는 자에 대하여 반환

을 청구할 수 있는 권리이다(213조). 소유물 반환청구권이 성립하려면, ① 소유자가 현재 점유하고 있지 않아야 하고, ② 소유자가 아닌 자가 점유하고 있어야 하며, ③ 그 점유자에게 점유할 권리가 없어야 한다. 그 점유자의 고의·과실은 묻지 않는다.

소유물 방해제거청구권은 소유자가 소유권을 방해하는 자에 대하여 방해의 제거를 청구할 수 있는 권리이다(214조 전단). 이 권리가 성립하려면 소유자 아닌 자가 점유침탈 이외의 방법으로 소유권을 방해하고 있어야 한다. 이때에도 상대방의 고의·과실은 묻지 않는다.

(2) 본 사안의 경우

본 사안에서 B는 A의 건물을 무단으로 점거하여 사용하고 있다. 즉 소유자 A는 전혀 점유를 하지 않고 B가 전부점유를 하고 있다. 그리고 B에게는 A의 그 건물을 점유할 권리가 있지 않다. 따라서 A는 B에 대하여 소유물 반환청구권을 행사할 수 있다.

그리고 B는 A의 건물에 주방기구를 설치하는 등으로 방해를 하고 있다. 그러므로 A는 B에게 방해제거청구권을 행사할 수 있다. 구체적으로는 주방기구 등의 철거 등을 청구할 수 있다.

요컨대 A는 B에 대하여 주방기구 등을 철거하고 그 건물을 반환하라고 청구할 수 있다.

3. A가 불법행위를 이유로 손해배상청구를 할 수 있는지 여부

(1) 불법행위의 성립요건

일반 불법행위의 성립요건은 ① 가해행위, ② 가해자의 고의·과실, ③ 가해자의 책임능력, ④ 가해행위의 위법성, ⑤ 가해행위에 의한 손해발생의 다섯 가지이다.

(2) 본 사안의 경우

본 사안에서 B는 A의 건물의 문을 뜯고 들어갔고, 불법으로 점거하여 사용하고 있다. 이러한 B의 행위가 A에 대하여 불법행위로 되는지를 검토하여야 한다.

본 사안의 경우 가해자인 B에게는 고의가 있다. 그리고 B에게 책임능력이 있는지 불분명하나, 과거 식당 주방장이었던 점으로 미루어 미성년자는 아닌 듯하고, 또 식당영업을 잘하고 있는 점으로 볼 때 판단력이 부족한 것으로 생각되지도 않는다. 즉 확실하지는 않지만 B에게는 책임능력이 있는 것으로 판단된다. 그리고 B의 가해행위는 위법하며, 그 가해행위에 의하여 A에게는 건물 손상, 사용 불가능 등으로 인한 손해가 발생하였다. 결국 B는 A에게 불법행위를 한 것이고, 따라서 A는 B에 대하여 불법행위를 이유로 손해배상청구를 할 수 있다. 손해배상의 주된 범위는 건물손상에 따른 손해와 건물의 차임에 해당하는 금액이라고 할 수 있다.

4. A가 부당이득 반환청구권을 행사할 수 있는지 여부

⑴ 부당이득의 요건

부당이득의 일반적 성립요건은 ① 타인의 재산 또는 노무에 의하여 이익을 얻었을 것
(수익), ② 그러한 이익을 얻음으로 인하여 타인에게 손해를 가했을 것(손실), ③ 수익과 손실
사이에 인과관계가 있을 것, ④ 법률상의 원인이 없을 것의 네 가지이다.

⑵ 부당이득의 효과

부당이득의 요건이 갖추어지면 수익자는 손실자에 대하여 그가 받은 이득의 반환의무
를 진다(741조). 수익자가 반환하여야 하는 것은 받은 이득의 전부이다. 우선은 수익자가 받
은 목적물을 반환하여야 한다(747조 1항 참조). 그러나 수익자가 받은 물건을 소비 또는 처분
하였거나 노무에 의하여 수익한 경우처럼 원물을 반환할 수 없는 때에는 그 가액을 반환하
여야 한다(747조 1항).

수익자가 받은 이익이 손실자의 손실보다 큰 경우에 손실의 범위에서 반환하면 되는지
가 문제된다. 여기에 관하여 학설은 ⅰ) 손실한도설과 ⅱ) 이득전부반환설로 나뉘어 있다
(송덕수, 채각, [242] 참조). 그리고 판례는 ⅰ)설과 같다.[1] 생각건대 부당이득은 불법행위와 달
리 손실자의 손실을 전보해 주는 제도가 아니고 잘못 귀속된 이득을 올바르게 귀속시키려
는 제도이다. 따라서 손실자의 손실에 구애될 것이 아니고 이득 모두를 반환하여야 한다.

구체적인 반환범위는 수익자가 선의인지 악의인지에 따라 다르다. 여기서 선의란 수익
이 법률상 원인 없는 이득임을 알지 못하는 것이고, 악의는 그 사실을 아는 것이다. 두 경우
가운데 선의의 수익자는 그 받은 이익이 현존하는 한도에서 반환의무가 있다(748조 1항). 그
에 비하여 악의의 수익자는 그 받은 이익에 이자를 붙여 반환하고 손해가 있으면 이를 배상
하여야 한다(748조 2항).

본 사안에서 문제될 경우만을 좀더 기술하기로 한다. 본 사안의 경우에는 수익자 B는
악의이고, 원물이 남아 있는 경우이다. 그때에는 제201조 내지 제203조에 있어서 악의의 점
유자에 관한 규정이 적용된다(통설도 같다. 송덕수, 채각, [222] 참조). 그리하여 원물이 있으면
그것을 반환하여야 한다. 그리고 천연과실·법정과실·사용이익도 반환하여야 한다. 문제는
법정과실·사용이익에 이자를 붙여야 하는지이다. 판례는 악의의 점유자는 과실을 반환하
여야 한다고만 규정한 제201조 제 2 항이 제748조 제 2 항에 의한 악의의 수익자의 이자지급
의무까지 배제하는 취지는 아니라고 하면서, 제748조 제 2 항에 의하여 받은 이익에 이자를
붙여 반환하여야 한다고 한다.[2] 이 판례는 적어도 결과에서는 타당하다. 그런가 하면 수익
자가 비용을 지출한 때에는 제203조에 의하여 그 상환을 청구할 수 있다. 한편 손실자에게

---

1) 대판 1974. 7. 26, 73다1637; 대판 1982. 5. 25, 81다카1061 등.
2) 대판 2003. 11. 14, 2001다61869.

손해가 생긴 때에는 손해도 배상하여야 한다(748조 2항).

운용이익 즉 수익자가 이득을 운용하여 얻은 이익도 그 전부를 반환하여야 하는지가 문제된다. 여기에 관하여 학설은 ⅰ) 전부반환설, ⅱ) 선의의 수익자는 증대된 가액을 반환하지 않아도 되나 악의의 수익자는 증대된 가액도 반환하여야 한다는 견해, ⅲ) 수익자의 운용이 없었더라도 손실자의 운용에 의하여 얻었으리라고 추정되는 통상적 운용이익의 범위에서 반환의무를 진다는 견해로 나뉘어 있다(송덕수, 채각, [242] 참조). 그리고 판례는 ⅲ)설과 같다.3) 생각건대 추가이익을 반환하지 않아도 된다고 새기면 부당이득자로 하여금 타인의 재산으로 투기를 하는 것을 방치하는 결과가 되며, 그 이익이 그대로 남아 있는 것도 정의에 반하므로, 얻은 이익 모두의 반환의무가 있다고 새겨야 한다.

(3) 본 사안의 경우

본 사안에 있어서 B는 A의 재산으로 이익을 얻었고, 그로 인하여 A는 손실을 입었으며, 이 수익과 손실 사이에 사회통념상 인과관계가 있다. 그리고 B에게는 A의 건물을 사용할 권리가 없으므로 그의 수익에는 법률상 원인이 없다. 따라서 B는 A에 대하여 부당이득 반환의무가 있다.

B는 법률상 원인 없음을 알고 있었으므로 그는 악의의 수익자로서 반환의무를 부담한다. 그리하여 그 받은 이익에 이자를 붙여서 반환하고 손해가 있으면 그것도 배상하여야 한다.

본 사안에서는 원물인 A의 건물을 반환하여야 한다. 그리고 B가 A의 건물을 사용한 이익도 반환하여야 한다. 여기의 사용이익은 뒤에 영업이익이 반환될 것이므로 거주하는 이익 정도일 것이다.

거기에는 이자(법정이자)도 붙여야 한다. 그 이자의 지급을 연체한 때에는 그에 대한 지연손해금도 지급하여야 한다(판례도 같음). 그리고 운용이익도 그 전부를 반환하여야 한다는 사견의 견지에서는 B가 올린 수입도 전부 반환하여야 한다. 다만, 운용이익과 사용이익이 겹치는 부분은 한번만 급부하면 되며, 2중으로 급부할 것이 아니다.

이러한 부당이득 반환청구권은 불법행위로 인한 손해배상청구권과 경합하여 존재할 수 있다(통설도 같음). 따라서 A는 두 권리를 그 요건을 증명하여 선택적으로 행사할 수 있다.

Ⅱ. 물음 2.에 대하여

1. 논점의 정리

본 문제는 B의 수입이 매우 적은 경우에 A가 어떤 청구를 할 수 있는지를 묻고 있다. 여기서도 물권적 청구권, 불법행위로 인한 손해배상청구권이 문제되나, 그것들은 물음 1.에서 설명한 내용이 여기에도 그대로 적용된다. 그에 비하여 부당이득 반환청구권은 좀더 살

---

3) 대판 1995. 5. 12, 94다25551 등.

펴보아야 한다.

2. 부당이득의 반환청구권

(1) 부당이득의 요건과 효과

이는 앞에서 설명하였으므로 생략한다(I . 4. 참조).

(2) 이익이 적은 경우의 이득반환범위

부당이득은 수익자에게 수익이 있는 경우에 성립하고, 또 그 수익의 범위에서 성립한다.

판례는 부당이득에 있어서 이득이란 실질적인 이득을 가리키는 것이므로 법률상 원인 없이 건물을 점유하고 있다고 하여도 이를 사용·수익하지 못하였다면 실질적인 이득을 얻었다고 볼 수 없다고 한다(강의, D-377 참조). 그리하여 임차인이 본래의 용도대로 사용·수익하지 않은 때에는 실질적인 이득이 없으므로 부당이득 반환의무가 생기지 않는다고 한다.

이러한 판례의 실질적 이득개념은 부당이득제도가 귀속이 정당하지 않은 이익의 위치를 바로잡는 제도라는 점에 비추어 볼 때 수긍할 수 있다. 부당이득은 불법행위와 달리 객관적인 가치의 침해보다는 취득한 실제의 이득을 문제삼아야 하기 때문이다. 그러나 일반적으로는 통상적인 이득이 인정되어야 하며, 특별한 사정이 있는 때에 한하여 실질적 이득이 고려되어야 한다. 이와 같은 실질적 이득을 고려하게 되면, 실질적 이득이 통상의 이득보다 많든 적든 그것을 기준으로 반환범위를 정하게 된다.

그런데 판례는 실질적 이득을 고려하여 한편으로는 임차인의 반환의무를 부정하면서, 다른 한편으로는 부동산을 사용하여 영위한 영업이 적자인 경우에도 임료 상당의 이익을 받은 것으로 인정하였는데,4) 이는 논리적으로 일관성이 없다.

(3) 본 사안의 경우

본 사안에 있어서 B는 A에 대하여 부당이득 반환의무를 부담한다. 그 반환범위는 물음 1.에 있어서와 대부분 같다. 다만, 물음 2.에서는 수익이 아주 적은 점에 차이가 있다. 이 경우 그 수익과 그에 대한 이자만 지급하면 되는지, 아니면 통상적인 이득인 건물의 차임액와 그에 대한 이자를 지급하여야 하는지가 문제된다. 사견은 통상적 이득을 불문하고 실질적 이득을 반환하도록 하는 것이 타당하다는 입장이다. 이러한 사견에 의하면 B는 형편없이 적은 실제의 수입과 그에 대한 이자를 반환하면 된다. 요컨대 A는 B에 대하여 부당이득 반환청구권을 행사할 수 있으며, 그 내용은 다른 것은 물음 1.의 경우와 같으나, 영업이익과 관련하여 여기서도 A는 B가 실제로 얻은 수입 및 그에 대한 이자를 청구할 수 있고, 통상적인 이득액을 청구하지는 못한다.

---

4) 대판 1997. 12. 9, 96다47586.

[93]　명의신탁·반사회질서 행위·불법원인급여

문 제

　전주 이씨 모파 종중 A는 그 소유 토지인 X의 등기 명의를 B 앞으로 신탁하여 두었다. 그 후 A는 B를 상대로 명의신탁 해지를 원인으로 한 소유권이전등기의 소를 제기하여 승소하였다. 그런데 아직 등기는 옮기지 않고 있었다. 그러던 중에 C는 X가 A의 소유임을 확인하고 A로부터 그 토지를 매수하려고 여러 번 시도하였다. 그러나 A는 가격이 낮다는 이유로 매수에 응하지 않았다. 그러자 C는 X의 명의신탁관계를 잘 알고 있었으면서도 X의 명의수탁자인 B로부터 X를 매수하기로 하고, A에게는 알리지 않은 채 B와 협의하여 그 B와 X의 매매계약을 체결하고 B에게 매매대금을 지급한 뒤, 자신(C)의 명의로 소유권이전등기를 마쳤다.

　이 경우에 A, B, C 사이의 법률관계를 논하시오.

Ⅰ. 문제의 제기

　　본 문제는 B에게 명의신탁되어 있는 종중 A의 토지 X를 C가 명의신탁 사실을 잘 알고 있었으면서도 명의수탁자인 B로부터 매수한 경우에 있어서 A, B, C 사이의 법률관계를 묻고 있다.

　　그 법률관계 가운데 A·B 사이의 관계에서는 우선 X의 명의신탁에 따른 법률관계가 문제된다. 즉 B가 A에 대하여 어떠한 의무를 부담하는지, 그리고 B가 X를 유효하게 처분할 수 있는지 등을 살펴보아야 한다. 그럼에 있어서 1995년에 제정·시행된 「부동산 실권리자 명의 등기에 관한 법률」(이하 부동산실명법이라고 약칭한다)의 존재도 고려하여야 함은 물론이다. 그 밖에 B가 X를 처분한 것이 A에 대하여 불법행위를 구성하는지도 검토하여야 한다. 그런데 이와 같은 A·B 사이의 관계는 — A·C 사이의 관계와 마찬가지로 — B·C 사이의 관계에 직접 영향을 받게 되므로, 그 둘을 유기적으로 관계지어 이해할 수 있어야 한다.

　　B·C 사이의 관계는 본 문제의 핵심인데, 거기에서는 먼저 B·C 사이의 매매계약이 유효한지가 문제된다. 그리고 그 계약이 유효하다면, B는 C에 대하여 어떤 의무를 부담하였으며, 또한 그러한 의무를 완전히 이행하였는지를 검토하여야 한다. 그에 비하여 그 계약이 무효라면, 그 근거는 무엇이고 그 효과가 어떻게 되는지를 살펴보아야 한다. 그 외에 B의 행위가 C에 대하여 불법행위가 되는지도 문제된다.

끝으로 A·C 사이의 관계에서는 A가 C로부터 X를 반환받을 수 있는지, 즉 A가 C에 대하여 X의 소유권이전등기 말소를 청구할 수 있는지가 가장 중요한 문제일 것이다. 그런데 그 문제는 B·C 사이의 매매계약의 유효 여부 및 그에 따른 효과에 좌우된다. 그 밖에 C의 A에 대한 불법행위책임도 문제된다.

Ⅱ. A·B 사이의 법률관계

1. 명의신탁에 따른 법률관계

⑴ 서   설

본 사안에서는 명의신탁된 토지에 대하여 신탁자 A가 명의신탁을 해지하고 그것을 원인으로 하여 승소판결까지 받았음에도 불구하고 등기 명의가 회복되지 않고 있던 중에, 수탁자 B가 타인(C)에게 그 토지를 매각하고 등기를 넘겨 주었다. 이러한 경우에는 우선 A·B 사이의 명의신탁이 유효한지가 문제된다. 그리고 그 명의신탁이 유효하다면 법률관계가 어떤지를 살펴보아야 한다. 특히 명의신탁이 해지된 경우의 법률효과가 대단히 중요하다.

⑵ 명의신탁에 관한 이론

1) 명의신탁의 의의

우리 판례는 오랜 기간에 걸친 일련의 판결에 의하여 명의신탁이라는 제도를 확립해 놓았다. 그에 의하면 명의신탁은 「대내적 관계에서는 신탁자가 소유권을 보유하고 이를 관리·수익하면서 단지 공부상의 소유 명의만을 수탁자로 하여 두는 것」이다.

그리고 판례는 이러한 명의신탁의 유효성을 널리 인정하고 있다. 그러나 명의신탁의 유효성에 관하여 학설은 대립하고 있다. 가장행위로서 무효라고 하는 견해가 있는가 하면, 유효하다는 견해도 있고, 특수이론도 주장되고 있다. 사견으로는 가장행위로서 무효라는 견해가 타당하다고 생각한다.

2) 법적 규제

명의신탁은 종래 탈세를 비롯한 각종의 탈법수단으로 많이 이용되어 왔다. 그 때문에 1990년에 제정된 부동산등기특별조치법은 명의신탁을 규제하는 규정을 두었다(동법 7조·8조 3호·9조 2호 등. 이들 규정은 부동산실명법이 제정되면서 삭제되었다). 그런데 그것으로 충분하지 않다고 하여 그 뒤에 명의신탁의 규제를 주된 내용으로 하는 부동산실명법을 제정하여 시행에 들어갔다(1995. 3. 30. 공포, 1995. 7. 1. 시행).

부동산실명법은, 부동산의 등기는 실권리자 명의로 하도록 하고(동법 3조 1항), 타인과 맺은 명의신탁약정은 무효로 하며(동법 4조 1항), 그러한 약정에 의한 부동산의 물권변동도 무효라고 규정한다(동법 4조 2항). 그리고 그것들을 위반한 경우의 벌칙 등도 규정하고 있다. 다만, 종중 부동산의 명의신탁과 배우자·종교단체 명의신탁에 대하여는, 불법 목적이 없는 때에는, 동법의 대부분의 주요규정을 적용하지 않는다(동법 8조). 따라서 그 경우에는 위 법이 제정되기 이전의 이론(특히 판례이론)이 그대로 적용되게 된다.

본 사안은 바로 예외적인 경우에 해당하므로, 이하에서 종래의 판례이론에 따른 법률관계에 관하여 살펴보기로 한다.

3) 법률관계(판례)

판례에 의하면, 명의신탁의 경우에 소유권(또는 기타의 재산권)은 대외관계 내지 제3자에 대한 관계에서는 수탁자에게 이전되지만, 대내관계 즉 신탁자·수탁자 사이의 관계에서는 신탁자에게 보류된다. 이를 좀 더 부연해서 설명하기로 한다.

먼저 대내관계를 본다. 명의신탁계약에 의하여 수탁자 명의로 등기 또는 등록이 되었을지라도 신탁자와 수탁자 사이의 관계에서는 신탁자가 소유권을 보유하며, 그가 신탁재산을 관리·수익하게 된다. 한편 명의신탁관계가 신탁의 목적달성 불능, 존속기간 경과, 해지 등의 사유로 종료된 경우에는 수탁자는 신탁자에게 명의를 복귀시켜야 할 의무가 있다.

명의신탁의 경우 제3자에 대한 관계(대외관계)에서는 수탁자만이 소유자로 다루어지며, 따라서 그 자만이 소유권을 행사할 수 있고 신탁자는 권리를 행사할 수 없다. 그 결과 수탁자가 신탁재산에 대하여 행한 처분행위는 완전히 유효하다. 즉 수탁자가 신탁재산을 처분한 경우에는 그 제3취득자는 그가 명의신탁의 사실을 알았는지 여부를 불문하고 완전히 유효하게 목적물의 소유권을 취득한다. 다만, 판례에 의하면 명의수탁자로부터 신탁재산을 매수한 제3자가 명의수탁자의 명의신탁자에 대한 배신행위에 적극 가담한 경우에는 명의수탁자와 제3자 사이의 계약은 반사회적인 법률행위로서 무효이다.[1]

한편, 명의신탁 재산에 관하여 제3자의 침해가 있거나 제3자 명의로 원인무효의 등기가 된 경우에, 수탁자는 소유자로서 당연히 침해배제나 등기말소를 청구할 수 있을 것이다. 그런데 신탁자도 직접 그러한 청구를 할 수 있느냐가 문제된다. 여기에 관하여 과거의 판례는 긍정하는 것과 부정하는 것으로 나뉘어 일관성이 없었다. 그러나 그 후 「신탁자가 수탁자를 대위함이 없이 제3자에 대하여 직접 신탁재산에 대한 침해의 배제를 청구할 수 없다」고 한 전원합의체 판결에 의하여 판례가 통일되었다. 따라서 현재에는 신탁자는 수탁자를 대위하지 않고서 무효등기의 명의인을 상대로 직접 등기말소나 이전등기를 청구할 수 없고, 소유권에 기하여 반환을 청구하거나 소유권침해로 인한 손해배상을 청구하지도 못한다.

4) 명의신탁의 해지

명의신탁에 있어서 신탁자는 특별한 사정이 없는 한 언제든지 명의신탁 계약을 해지하고 신탁재산의 반환을 청구할 수 있다. 그런데 그러한 해지가 있는 경우에 신탁된 부동산의 소유권이 등기의 회복 없이도 법률상 당연히 신탁자에게 복귀하는가, 아니면 수탁자로부터 신탁자에게 소유권등기의 회복이 행하여지는 때에 비로소 복귀하는가가 문제된다. 이는 대

---

1) 대판 1991. 4. 23, 91다6221; 대판 1992. 6. 9, 91다29842.

내관계와 대외관계에 따라 다르다.

판례는 대외적인 관계에 관하여는 과거부터 일관하여 명의신탁이 해지되더라도 부동산의 소유권이 당연히 신탁자에게 복귀하지 않으며, 등기 명의를 회복할 때까지는 소유권을 제 3 자에게 대항할 수 없다고 한다. 따라서 부동산의 명의신탁이 해지되더라도 신탁자 명의로 등기하기 전에 수탁자나 그의 상속인이 그 부동산을 제 3 자에게 유효하게 처분할 수 있다. 이때 제 3 자가 명의신탁의 사실을 알았는지 여부는 묻지 않는다.

그에 비하여 대내적인 관계에 관하여는 판례가 변천하였다. 처음에는 대내관계에 있어서도 명의신탁의 해지로써 소유권이 당연 복귀하지 않는다는 입장이었다. 그러나 그 후 반대취지의 판결이 나왔으며, 급기야 처음의 판결은 대판(전원) 1980. 12. 9, 79다634에 의하여 폐기되었다. 그리하여 현재에는 대내관계에서는 신탁해지에 의하여 소유권은 당연히 복귀한다는 태도를 취하고 있다.

다수설도 판례를 위와 같이 이해한다. 그러나 소수설은 판례를, 해지가 있는 모든 경우에 모든 관계에서 소유권이 복귀한다는 의미로 이해한다.

⑶ 본 사안의 경우

본 사안에 있어서의 명의신탁은 종중재산에 관한 것이다. 그리고 그러한 명의신탁이 조세포탈이나 기타 제한법령을 회피하기 위한 탈법목적으로 행하여지지도 않았다. 따라서 본 사안의 명의신탁에는 명의신탁계약 및 그에 기한 물권변동을 무효라고 규정한 부동산실명법의 규정들이 적용되지 않으며, 종래의 판례이론이 적용된다.

본 사안의 경우 A는 B에 대하여 명의신탁을 해지하였다. 그리고 명의신탁 해지를 원인으로 하여 소유권이전등기의 소를 제기하여 승소판결까지 받았다. 법원의 그러한 판결은 명의신탁에 관한 판례이론에 비추어 볼 때 타당하다. 왜냐하면 명의신탁에 있어서는 신탁자는 특별한 사정이 없는 한 언제든지 명의신탁계약을 해지하고 신탁재산의 반환을 청구할 수 있으며, 해지 등의 사유로 명의신탁관계가 종료된 경우에는 수탁자는 신탁자에게 명의를 복귀시켜야 할 의무가 있기 때문이다. 이러한 결과는 본 사안의 명의신탁이 부동산실명법이 적용되기 전에 행하여졌든 그 후에 행하여졌든 차이가 없다. 앞에서 기술한 바와 같이, 본 사안의 명의신탁은 위의 법에 의하더라도 예외적인 것이기 때문이다.

그런데 문제는 명의신탁의 해지와 그것을 원인으로 한 승소판결이 있은 후에 수탁자인 B가 종중 소유의 명의신탁 부동산을 처분한 것이 유효한지이다. 판례에 의하면, 명의신탁의 경우에 제 3 자에 대한 관계(대외관계)에서는 수탁자만이 소유자로 다루어진다. 따라서 수탁자가 신탁재산에 대하여 행한 처분행위는 특별한 사정이 없는 한 완전히 유효하다. 그리고 그러한 결과는 명의신탁이 해지된 뒤에도 마찬가지이다. 즉 해지가 있은 후에도 신탁자 명의로 등기하기 전에 수탁자가 명의신탁 부동산을 제 3 자에게 유효하게 처분할 수 있다. 그때 부동산을 매수한 제 3 자가 명의신탁 사실을 알았는지는 묻지 않는다. 명의신탁의 해지를 원인으로 한 소유권이전등기의 소에서 승소판결을 받았더라도 달라지지 않는다. 이행판결은 집행권원이 되어 집행을 가능하게 할 뿐, 그것 자체가 이행의 효과까지 발생시키지는 않기 때문이다. 등기 없이 물권변동이 일어나게 되는 민법 제187조의「판결」은 형성판결만을 의미한다.

　따라서 본 사안의 경우에 A의 승소판결에 의하여 대외관계에서 X의 소유권이 B로부터 A에게 당연 복귀하지 않는다. 그 결과 B는 X의 처분권을 가지고 있는 상태에서 C에게 매도를 한 것이 된다. 그러한 행위는 그것을 무효화시키는 특별한 사정이 없다면 완전히 유효할 것이다. 그리고 만약 처분이 완전히 유효하다면 B는 A에게 부담하는 소유권등기 복귀의무를 이행하지 못하게 된다. 즉 책임있는 이행불능인 것이다. 따라서 이행불능을 이유로 손해배상을 하여야 한다. 그러나 전술한 바와 같이, 우리 판례는 일정한 경우에는 명의수탁자의 처분이 반사회질서 행위로서 무효라고 하고 있다. 그리고 뒤에 보는 것처럼, 본 사안의 경우는 판례의 바로 그 예외적인 경우에 해당한다. 이렇게 B·C 사이의 계약이 무효라면 B의 A에 대한 등기 복귀의무는 불법원인급여 등의 이유로 이행할 수 없는지를 검토하여야 한다. 만일 이행할 수 없게 된다면 이행불능책임을 져야 할 것이다. 그런데 그 문제는 다음의 B·C 사이의 관계에서 살펴보는 것이 적당하다.

　어쨌든 본 사안의 경우 B는 A에 대하여 등기 복귀의무를 부담하며, 그 의무를 이행하지 못하게 되면 채무불이행을 이유로 한 손해배상책임을 지게 될 것이다.

2. B의 A에 대한 불법행위책임의 성립 여부

(1) 서　　설

본 사안에 있어서는 명의수탁자인 B가 신탁자인 A의 부동산을 임의로 처분하였다. 이러한 B의 행위가 A에 대하여 불법행위를 성립시키는지가 문제된다.

(2) 일반 불법행위의 성립요건

　민법 제750조 및 제753조·제754조에 의하면, ① 가해행위, ② 가해자의 고의·과실, ③ 가해자의 책임능력, ④ 가해행위의 위법성, ⑤ 가해행위로 인한 손해의 발생이라는 요건들이 갖추어질 경우, 피해자는 가해자에 대하여 불법행위를 이유로 손해배상을 청구할 수 있다.

(3) 본 사안의 경우

　본 사안에 있어서 B는 고의로 A의 부동산을 처분하였으므로 ①·②의 요건을 갖추었다. 그리고 분명치는 않지만 B에게는 책임능력도 있을 것으로 생각된다. 그런가 하면 B의 처분행위는 위법하다고 평가되어야 한다. 그 외에 ⑤의 요건도 충족되어 있다. 다만, 손해배상의 범위는 B의 처분에 의하여 C가 완전히 X의 소유권을 취득하게 되는지에 따라 차이가 있게 되는데, C가 소유권을 취득하는 경우에는 X가 가지는 가치가 손해이고, C가 소유

권을 취득하지 못하는 경우에는 A가 소유권을 회복하는 데 드는 비용 등이 배상할 손해가
된다. C의 소유권취득 유무와 A의 소유권회복 가능성 여부는 뒤의 B·C 사이의 관계에서
보기로 한다.

한편 앞의 채무불이행책임과 여기의 불법행위책임은 동일한 행위에 의하여 동시에 발
생하는 것이다. 이때 A가 B에 대하여 이들 책임을 선택적으로 물을 수 있는가는 청구권의
경합을 인정할 것인가, 법조 경합 또는 청구권규범 경합만을 인정할 것인가에 달려 있다.
피해자를 두텁게 보호하기 위하여서는 통설·판례인 청구권 경합설에 찬성하여야 할 것이
다. 그 견해에 의하면, A는 두 책임 중 어느 것이든 그 요건을 증명하여 B에게 물을 수 있다.

그리고 B는 A에 대하여 C와 공동불법행위 책임(760조)을 진다고 할 것이다.

Ⅲ. B·C 사이의 법률관계

1. B·C 사이의 매매계약이 유효한지 여부

앞에서 설명한 바와 같이(Ⅱ. 1. (2)), 명의신탁된 종중의 부동산을 처분한 것은 그것이
비록 신탁 해지가 있은 후에 행하여졌더라도 제 3 자에 대하여는 유효한 것이 원칙이다. 그
러나 판례는 수탁자로부터 매수한 제 3 자가 수탁자의 신탁자에 대한 배신행위에 적극 가담
한 경우에는 수탁자와 신탁자 사이의 계약이 사회질서에 반하여 무효라고 한다. 이는 2중매
매에 관한 판례이론과 유사한 모습의 것이다.

본 사안에 관하여 보건대, 본 사안에서 C는 X가 A의 소유인데 B에게 등기 명의가 신탁
되었다는 사실을 잘 알고 처음에는 A로부터 X를 매수하려고 여러 번 시도하였고 그것이 여
의치 않자 A에게는 숨긴 채 B로부터 X를 매수하기에 이르렀다. 이러한 C의 행위는 B의 배
신행위에 적극 가담한 것이라고 할 수 있으며, 따라서 판례에 의한다면 B·C 사이의 계약은
사회질서에 반하여 무효라고 할 것이다. 이러한 판례에 대한 학자들의 논의는 보이지 않는다.

2. B·C가 급부한 것의 반환 문제

(1) 서   설

이미 본 것처럼, B·C 사이에 체결된 매매계약은 사회질서에 반하여 무효이다. 그런데
이때 B가 C 앞으로 행하여진 소유권이전등기의 말소를 청구할 수 있는지, 그리고 C가 B에
게 지급한 매매대금을 반환받을 수 있는지가 문제이다. 이는 B·C가 행한 급부들이 민법
제746조 본문의 불법원인급여에 해당하는지와 거기에 동조 본문이 적용되는지에 좌우된다.

아래에서 불법원인급여의 요건과 효과를 개관하고, 그 뒤에 본 사안에 그 이론을 적용
해 보기로 한다.

(2) 불법원인급여의 요건과 효과

1) 불법원인급여의 요건

민법 제746조에 의하면 「불법의 원인으로 인하여 재산을 급여하거나 노무를 제공한 때」에 불법원인급여가 된다. 본 문제의 해결에 필요한 범위에서 불법원인급여의 요건을 나누어 설명하면 다음과 같다.

㈎ **불　법**　　불법원인급여가 되려면 급부원인이 「불법」하여야 한다. 그런데 여기(746조)의 불법의 의미에 관하여는 학설이 대립하고 있다. 제 1 설(다수설)은 불법은 선량한 풍속 기타 사회질서에 위반하는 것을 의미한다고 한다. 제 2 설은 선량한 풍속 기타 사회질서에 위반하는 경우에는 제746조의 불법에 해당하나, 강행법규 위반의 경우는 반환금지 또는 반환허용의 경우로 구분될 수 있다고 한다. 제 3 설은 선량한 풍속 기타 사회질서에 관한 규정인 강행법규 위반 및 사법관계에 관한 행정법상의 금지법규 중 효력규정 위반만을 의미한다고 한다. 제 4 설은 불법의 범위를 매우 좁혀서 선량한 풍속을 위반한 경우에만 불법이 된다고 한다. 한편 판례는 제 1 설(다수설)과 같은 태도를 취하고 있다.[2]

생각건대 제103조는 선량한 풍속 기타 사회질서에 반하는 행위가 「이행되기 전에」 그것을 실현하려고 하는 경우에 관한 규정이고, 제746조는 불법한 원인으로 급부를 「이미 한」 자가 그것의 회복을 꾀하는 경우에 관한 규정이다. 이처럼 제103조와 제746조가 적용대상이 다르고 또 후자는 부당한 결과의 묵인·방치를 초래하므로, 제746조에 있어서의 불법의 인정범위는 제103조에 있어서보다 좁아져야 하며, 그 제도의 취지를 살리는 한에서 최소한에 머물러야 한다. 그러한 점에서 볼 때 마지막 견해가 타당하다.

불법원인급여가 되기 위하여서 급부자가 급부 당시에 불법을 인식하고 있었어야 하는가에 관하여는 필요설과 불필요설이 대립하고 있으며, 후자가 압도적인 다수설이다. 불법을 넓게 인정하거나 특히 강행법규 위반까지 불법에 포함되는 것으로 보는 견해는 부당한 경우를 막기 위하여서도 불법의 인식을 요구하여야 할 것이다. 그런데 사견은 선량한 풍속 위반의 경우만을 불법으로 이해하고 있고, 선량한 풍속은 최소한의 도덕률로서 모든 자가 알고 있다고 보아야 하므로, 불법의 인식은 요구되지 않는다고 하여야 한다.

㈏ **급부원인의 불법**　　불법원인급여가 되려면, 급부가 불법의 원인으로 인하여 행하여졌어야 한다. 즉 급부의 원인이 불법이어야 한다. 여기서 급부원인이라 함은 급부가 선행하는 법률행위에 기하여 행하여지는 경우에는 그 법률행위가 급부원인이고, 선행하는 법률행위 없이 행하여지는 경우에는 그 급부에 의하여 달성하려고 하는 사회적 목적이 급부의 원인이다.

㈐ **급　부**　　불법원인급여가 성립하려면 급부가 있었어야 한다. 부동산 소유권을 이전하는 급부의 경우에는 소유권이전등기가 행하여진 때에 급부가 있다고 하여야 한다.

---

2) 대판 1983. 11. 22, 83다430; 대판 2003. 11. 27, 2003다41722 등.

2) 불법원인급여의 효과

불법원인급여는 그 반환을 청구하지 못하는 것이 원칙이다(746조 본문). 그러나 불법원인급여라도 불법원인이 수익자에게만 있는 때에는 예외적으로 그것의 반환을 청구할 수 있다(746조 단서). 이러한 원칙과 예외를 규정한 제746조를 해석하면, 수익자의 불법성이 매우 클지라도 급부자에게 조금이라도 불법성이 있으면 급부한 것의 반환을 청구할 수 없다고 하게 된다. 그런데 근래에 몇몇 문헌에서 이와 다른 견해인 이른바 불법성 비교론이 주장되고 있고, 얼마 전에는 그것이 대법원에 의하여 채용되어 판례로서도 자리잡게 되었다.[3]

불법성 비교론은 급부자와 수익자의 불법성을 비교하여 수익자측의 불법성이 급부자측의 불법성보다 클 때에는 반환청구를 인정하여야 한다는 이론이다. 그런데 이 불법성 비교론은 양 당사자의 불법성이 어느 정도 차이가 있어야 하느냐에 따라 둘로 나뉜다. 그 하나는 수익자의 불법성이 급부자의 것에 비하여 「현저하게」 커야 한다는 견해이고, 다른 하나는 「조금이라도」 크기만 하면 된다고 하는 견해이다.

이들 견해를 검토해 보기로 한다. 우선 현저한 차이를 요구하는 견해는 타당성 면에서 일응 긍정적이나, 그것이 적용될 경우는 곧바로 제746조 단서를 적용하여도 무방할 것이므로 굳이 필요하지 않다. 그리고 그 이론은 제746조에 어긋나고, 또 자칫하면 악용될 가능성도 있다. 그런가 하면 수익자의 불법성이 조금이라도 크면 족하다는 견해는 제746조 본문을 거의 사문화시킬 우려가 있고, 악용될 가능성도 크다. 그리고 불법성의 차이가 적은데도 한 당사자는 전부를 반환받게 되고 다른 당사자는 전혀 반환받을 수 없어서도 문제이다. 요컨대 불법성 비교론은 어떤 모습의 것도 인정되지 않아야 한다.

⑶ 본 사안의 경우

불법의 의미에 관한 다수설과 판례에 의하면, 본 사안의 경우에 B의 소유권이전과 C의 대금지급은 모두 불법원인급여에 해당하게 된다. 왜냐하면 B·C가 행한 각 급부의 급부원인은 선행하는 법률행위인 매매계약인데, 그것이 사회질서에 반하여 무효이기 때문이다. 즉 급부원인이 불법인 급부가 행하여진 것이다. 따라서 거기에는 제746조 본문이 적용되어 이론상 B는 C에 대하여 등기말소를 청구할 수 없고, 또 C는 지급한 대금의 반환을 청구할 수 없게 된다. 다만, 불법성 비교론을 취한다면 B·C의 불법성을 비교하여 반환 여부를 결정하게 될 것이다. 우리의 대법원은 — 앞의 주 3에서 인용한 판결 중 첫째의 것에서 — 본 사안과 같은 경우에 관하여 불법성 비교론에 의하여 B의 불법성이 C의 것보다 현저히 크다는 이유로 C의 B에 대한 대금반환 청구를 인정하였다.

그러나 이러한 다수설과 판례는 타당하다고 할 수 없다. 불법의 의미를 선량한 풍속 위반에 한정시키고, 불법성 비교론을 취하지 않는 사견에 의하면, 본 사안의 경우에 B·C 사

---

3) 대판 1993. 12. 10, 93다12947; 대판 1997. 10. 24, 95다49530; 대판 1999. 9. 17, 98도2036; 대판(전원) 2007. 2. 15, 2004다50426.

이의 매매는 사회질서에는 반하지만 선량한 풍속에 위반하지는 않으므로, 제103조에 의하여 그것이 무효로 되기는 하나, 그에 기한 급부는 제746조에서의 불법원인급여에는 해당하지 않게 된다. 따라서 B·C가 채무 없음을 모르고 급부한 것인 한 제742조에 의하여 부당이득(비채변제)으로서 반환청구를 할 수 있게 된다. 본 사안의 경우 B나 C는 모두 매매계약이 유효하다고 믿고 이행한 것으로 보인다. 그러므로 B는 C에 대하여 등기말소를 청구할 수 있고, C는 지급한 대금의 반환을 청구할 수 있다.

3. B의 행위가 C에 대하여 불법행위가 되는지 여부

B가 A의 부동산을 C에게 매도하고 대금을 받은 행위가 C에 대하여 불법행위인지 문제된다. 그러나 본 사안의 경우에 C는 X가 A의 소유임을 잘 알면서 B와 매매계약을 체결하였다. 그리고 B의 기망행위 등도 있지 않다. 따라서 불법행위의 요건, 특히 위법성의 요건이 갖추어지지 않았다고 할 것이다. 결국 C는 B에게 불법행위를 이유로 손해배상청구를 할 수 없다.

Ⅳ. A·C 사이의 법률관계

1. A가 C에 대하여 등기말소를 청구할 수 있는지 여부

A와 C 사이에서는 우선 A가 C에게 등기말소를 청구할 수 있는지가 문제된다. 주의할 것은, 명의신탁의 경우에는 신탁자가 수탁자를 대위함이 없이 직접 무효등기의 명의인을 상대로 등기말소를 청구할 수 없다는 것이다(앞의 Ⅱ. 1. (2) 3) 참조). 그리고 신탁자의 등기말소청구의 대위가 수탁자의 등기말소청구권을 전제로 함은 물론이다. 따라서 만약 제746조의 불법의 의미에 관하여 다수설을 따른다면, 적어도 이론상 B가 C에 대하여 등기말소를 청구할 수 없으므로(왜냐하면 불법원인급여이기 때문에) A가 B를 대위할 수도 없게 된다. 한편 불법성 비교론을 취하고 동시에 C의 불법성이 B의 것보다 현저히 또는 조금이라도 크다면, B의 등기말소청구가 가능하여서 A가 B의 그 권리를 대위할 수 있을 것이다. 그러나 본 사안의 경우에 B보다 C의 불법성이 현저히 크다고 판단하기는 어려울 것이다.[4) 결국 A는 C에게 등기말소청구를 할 수 없게 된다.

이러한 결과는 부당하다. 앞에서 설명한 사견처럼 해석하면 이러한 부당함도 모두 해소된다. 왜냐하면 사견에 의하는 한, B는 C에 대하여 등기말소청구권을 가지게 되고, A는 B의 그 권리를 C에게 대위행사할 수 있기 때문이다.

2. C의 행위가 A에게 불법행위가 되는지 여부

C의 행위가 A에 대하여 불법행위를 구성하는지는 B의 행위가 A에 대하여 불법행위가

---

4) 그런데 전술한 것처럼 우리 대법원은 B의 불법성이 현저히 크다고 인정하였다.

되는지와 유사하다. 즉 C의 행위도 불법행위의 요건을 구비한 것으로 보인다. 따라서 A는 C에게 손해배상(소유권 회복에 드는 비용 등)을 청구할 수 있다. 그리고 C의 이 행위는 B와의 공동불법행위가 된다고 할 것이다(760조 1항 참조).

[94] 일반 불법행위·사용자책임·책임능력 있는 미성년자의 감독자책임

문제

　고등학교를 갓 졸업한 A회사의 영업사원 B(18세)는 회사의 짐을 지고 가다가 넘어져서 앞서가던 행인 C에게 중상을 입혔다. 한편 C의 처 D는 C의 중상 소식을 듣고 정신적 충격으로 병원에서 한동안 입원 치료를 받았다. 그리고 B에게는 부(父) E가 있다.

　이 경우 A, B, C, D, E 간의 법률관계를 논하시오. (2002 제44회 사법시험)

I. 논점의 소재

　본 사안에서는 A회사의 사원인 B가 C에게 상해를 입혔고, 그 소식을 듣고 C의 처 D가 입원치료를 받았다. 한편 가해자인 B에게 부(父)인 E가 있다.

　이 경우에는 기본적으로 B의 C에 대한 책임이 문제된다. 그리고 그것을 바탕으로 하여 B의 소속회사인 A의 책임 여부, B의 부(父)인 E의 책임 여부가 논의되어야 한다. 그리고 주된 피해자인 C의 처 D가 손해를 입은 만큼 B, A 또는(및) E가 D에 대하여도 책임을 져야 하는지가 문제된다.

　물음에 맞추어, 위의 것들에 관하여 좀더 상세히 문제점을 정리해 보기로 한다. A, B, C, D, E 사이의 법률관계 가운데 우선 살펴보아야 하는 것은 B와 C 사이의 관계이다. 왜냐하면 이들 사이의 관계는 나머지 자들의 법률관계에 직접 영향을 미치기 때문이다. 그리고 B·C 사이의 법률관계에서는 B가 C에 대하여 민법 제750조의 일반 불법행위책임을 지는가가 문제된다. 따라서 B의 행위가 C에 대하여 일반 불법행위가 되는지를 자세히 검토하여야 한다. 일반 불법행위의 성립요건에는 여러 가지가 있으나, 여기서는 B에게 책임능력이 있는지에 특히 유의하여야 한다. B가 18세의 미성년자이기 때문이다. 그 밖에 불법행위의 요건이 구비된 경우 책임의 범위, 즉 손해배상의 범위가 어떠한지도 적을 것이다.

　둘째로, A와 C 사이의 관계에서는 A가 B의 행위에 대하여 민법 제756조에 의한 사용자책임을 지는지가 문제된다. 그리하여 사용자책임의 요건이 갖추어졌는지 살펴보아야 하는데, 거기에서는 피용자의 행위가 일반 불법행위의 요건을 구비하여야 하는지, 특히 피용자의 고의·과실과 책임능력이 요건인지도 논의하여야 한다. 그리고 본 사안에 있어서 피용자의 행위가 사무집행에 관한 것인지, 면책은 가능한지도 검토해 보아야 한다.

셋째로, E와 C 사이의 관계에서는 B의 부(父)인 E가 C에 대하여 손해배상책임을 지는 지가 문제된다. 즉 E가 민법 제755조에 의하여 책임무능력자의 감독자책임을 지는지, 아니면 다른 근거로 책임을 지거나 또는 면책되는지가 문제된다.

넷째로, D에게 생기는 특별한 문제가 있다. D가 입원치료를 받은 데 대하여 B나 A 또는 E가 손해배상책임을 지는가가 그것이다. 그런데 이 문제는 재산적 손해와 비재산적 손해로 나누어 살펴보는 것이 좋을 것이다. 왜냐하면 이들 손해는 이론에 따라서 배상근거를 서로 달리할 수도 있기 때문이다.

다섯째로, B와 A 사이의 관계에서는 B와 A가 모두 C · D에게 배상책임을 부담하는 경우에 그 책임 사이의 관계가 문제되고, 나아가 그 경우 A가 C · D에게 배상을 한 후 B에게 구상할 수 있는지가 문제된다.

II. B의 C에 대한 일반 불법행위책임

1. 서   설

B는 C에 대하여 중상을 입혔다. 이러한 B의 행위가 C에 대하여 신체침해(신체상해)라는 불법행위가 되는지 살펴보아야 한다. 따라서 아래에서는 제750조의 일반 불법행위 요건을 정리하고, 이어서 본 사안의 경우에 그 요건이 구비되었는지 검토하려고 한다. 그리고 만약 불법행위가 된다면 그 효과가 어떤지도 기술할 것이다.

2. 일반 불법행위의 요건

일반 불법행위의 성립요건은 ① 가해행위, ② 가해자의 고의 · 과실, ③ 가해자의 책임능력, ④ 위법성, ⑤ 가해행위에 의한 손해발생이다. 그리고 이 가운데 ⑤의 요건은 손해가 발생했을 것과 가해행위로 인하여 그 손해가 발생했을 것, 즉 가해행위와 손해 사이에 인과관계가 있을 것으로 세분된다. 이들 요건 가운데 본 사안의 경우에는 가해자의 책임능력에 관하여 자세히 살펴볼 필요가 있다. B가 18세의 자이기 때문이다.

책임능력이란 자기의 책임을 인식할 수 있는 능력을 말한다. 민법은 제753조, 제754조에서 책임능력이 없는 자는 불법행위책임을 지지 않는 것으로 규정하고 있다. 따라서 불법행위가 성립하려면 가해자에게 책임능력이 있어야 한다. 책임능력의 유무는 연령 등에 의하여 획일적으로 정하여지지 않으며, 각 개인에 대하여 구체적으로 판단되어야 한다. 따라서 미성년자의 경우 일률적으로 몇 살부터 책임능력이 있다고 단정할 수 없다. 그러나 대체로 12세를 전후하여 책임능력을 갖추는 것으로 이해된다. 우리 대법원은 12세까지의 자에 대하여는 책임능력을 부인하였고, 15세 이상의 자에 대하여는 이를 인정하였으며, 13~14세인 자에 대하여는 경우에 따라 달리 판단하였다.

3. 본 사안의 경우

이제 본 사안의 경우에 B의 행위가 일반 불법행위의 요건을 갖추는지 검토해 보기로 한다.

우선 B가 짐을 지고 가다가 넘어져 C를 다치게 한 행위는 B 자신의 가해행위이다. 그러나 이 경우 B에게 고의나 과실이 있는지는 분명하지 않다. 아마도 고의는 없는 듯하다. 그렇지만 과실은 인정되어야 할 것이다. 불가항력이나 제3자의 행위 등 다른 원인이 언급되지 않은 한 B의 잘못으로 보아 무리가 없기 때문이다. 결국 B의 행위가 가해자의 고의나 과실에 의한 행위라는 요건은 갖추어졌다.

이제 B에게 책임능력이 있는지에 관하여 본다. B는 고등학교를 졸업한 18세의 자로서 A회사의 영업사원으로 활동하고 있다. 이렇게 B의 학력·나이와 직업에 비추어볼 때 B는 책임능력이 있다고 보아야 할 것이다.

그리고 B의 가해행위는 위법하다고 하여야 한다. 위법성의 의미에 관하여 논란이 있을 수 있으나, 가해행위에 의하여 신체침해가 발생한 경우에 대하여는 — 위법성 조각사유가 없는 한 — 어떤 견해를 취하든 위법성을 인정한다.

또한 B의 행위에 의하여 C에게 손해가 발생하였다. 즉 중상을 입어서 치료를 받게 되었고(치료비), 일을 할 수 없음으로써 소득을 얻을 수 없으며(일실이익), 그 밖에 신체적 고통 및 정신적 손해를 입었다(비재산적 손해). 그리고 이러한 손해는 B의 가해행위(넘어져 다치게 한 행위)에 의하여 발생하였다. 즉 B의 가해행위와 C의 손해 사이에 인과관계가 있다. 그리고 이 인과관계는 상당인과관계라고 하여야 한다.[1]

요컨대 B의 행위는 C에 대하여 불법행위의 요건을 모두 갖추었다. 따라서 B는 C에게 손해배상을 하여야 한다. 손해배상의 범위는 아마도 재산적 손해로서 치료비, 일실이익과 정신적 손해(위자료)가 될 것이다. 즉 민법은 제751조 제1항에서 신체침해의 경우에 재산 이외의 손해에 대하여도 배상책임이 있다고 하여 배상범위에 비재산적 손해도 포함됨을 분명히 하고 있다.

Ⅲ. A의 C에 대한 사용자책임

1. 서   설

B는 A회사의 영업사원으로서 회사의 짐을 나르다가 C에게 손해를 입혔다. 여기서 B의 가해에 대하여 A가 C에 대하여 사용자책임을 부담하는지가 문제된다.

---

1) 손해배상범위 결정기준에 관하여 상당인과관계설을 취하지 않는 경우에는 여기의 인과관계는 조건관계로 충분할 것이다. 그러나 상당인과관계설을 취하는 경우에는 상당인과관계이어야 한다.

민법 제756조에 의하면 타인을 사용하여 어떤 사무에 종사하게 한 자 및 사용자에 갈음하여 그 사무를 감독하는 자는 피용자가 그 사무집행에 관하여 제 3 자에게 가한 손해를 배상할 책임이 있는데, 이러한 책임을 사용자책임이라고 한다.

사용자책임은 일반 불법행위책임과 두 가지 점에서 다르다. 첫째로, 사용자의 과실은 피용자의 가해행위에 관한 것이 아니고 피용자의 선임·감독에 관한 것이다. 둘째로, 사용자의 과실의 증명책임이 피해자에게 있지 않고 사용자가 책임을 면하려면 자신에게 과실이 없음을 증명하여야 한다. 그래서 사용자책임은 과실책임과 무과실책임의 중간적 책임이라고 한다.

사용자책임이 피용자의 배상의무를 대신 이행하게 하는 책임인가에 관하여는 논란이 있다. 여기에 관하여는 대위책임설과 고유책임설이 대립한다. 대위책임설은 사용자책임은 피용자의 배상책임을 사용자가 대신 지는 것이라고 이해하며, 이것이 우리의 다수설이다. 대위책임설은 피해자의 손해배상을 보장해 준다는 의미에서 배상보장설이라고도 한다. 그에 비하여 고유책임설은 사용자책임은 사용자 자신이 피용자의 선임·감독을 다하지 못한 데 따른 사용자 자신의 책임이라고 하며, 우리의 소수설이다. 이들 견해의 대립은 사용자책임의 요건(피용자의 불법행위 요건이 필요한지 여부)과 효과(구상관계)에 직접 영향을 미치게 된다. 그에 관하여는 뒤에 해당부분에서 기술한다.

2. 사용자책임의 요건

사용자책임이 성립하려면, ① 타인을 사용하여 어느 사무에 종사하게 하였을 것, 즉 사용관계의 존재, ② 피용자가 사무집행에 관하여 손해를 가했을 것, ③ 제 3 자에게 손해를 가했을 것, ④ 피용자의 가해행위가 일반 불법행위의 요건을 갖출 것(논란 있음), ⑤ 사용자가 면책사유 있음을 증명하지 못할 것이라는 요건을 갖추어야 한다. 이들 요건 가운데 본 사안에 있어서 특히 중요한 것은 ②, ④, ⑤이다. 사용자책임의 요건에 관하여 좀 더 자세히 살펴보기로 한다.

(1) 사용관계

사용자책임이 성립하려면 사용자와 가해행위자(불법행위자) 사이에 어떤 사무에 종사하게 하는 사용·피용의 관계, 즉 사용관계가 있어야 한다.

이 사용관계는 고용계약에 의하여 성립하는 것이 보통이나 반드시 그래야 하는 것은 아니다. 또한 보수의 유무나 기간의 장단도 묻지 않는다. 그리고 실질적으로 사용관계가 있으면 되기 때문에, 그 관계가 법적으로 존재하거나 유효하여야만 하는 것도 아니다.

피용자라고 하기 위하여서는 사용자가 선임하고 지휘·감독하는 관계가 있어야 한다. 그리고 선임·감독관계도 사실상의 것으로 충분하다.

(2) 사무집행에 관하여 가해를 하였을 것

사용자책임이 성립하려면 피용자가 사무집행에 관하여 손해를 가하였어야 한다.

「사무집행에 관하여」가 무슨 의미인가에 대하여는 견해가 대립한다. 다수설은 객관적으로 행위의 외형상 사무의 범위 내로 인정되는 경우를 말한다고 하는 이른바 외형이론(外形理論)을 취하고 있다.[2] 그에 대하여, 사용자책임의 발생은 사무집행의 외형 자체를 매개로 할 것이 아니라, 사무집행의 외형을 만들었다는 점을 매개로 해야 한다는 제한외형이론이 소수설로 주장되고 있다.[3] 이 이론에 의하면, 사용자에게 귀책원인이 있을 때 비로소 사무집행의 외형에 따른 책임을 부과할 수 있다고 한다. 그런가 하면 이 두 견해가 구체적으로 어떤 차이를 보이는지 이해하기 어렵다는 견해도 있다.[4]

한편 판례의 태도에 관하여는 외형이론을 취하고 있다는 견해, 제한외형이론을 취하고 있다고 하는 견해, 외형이론 외에 표현대리의 법리에 입각한 것도 있다는 견해 등이 주장된다. 과거의 판례는 외형이론을 취하고 있었다. 그런데 그 이후에는 제한외형이론에서의 고려사항을 고려하고 있다.[5] 그 점에서 제한외형이론 쪽에 있다고 말할 수도 있을 것이다. 그리고 우리 판례는 외형이론 내지 제한외형이론을 거래행위적인 불법행위뿐만 아니라 사실행위적인 불법행위에도 적용하고 있다.

생각건대 다수설이 취하는 외형이론이 다소 개괄적인 점은 있으나 피해자 보호를 생각할 때 타당한 것으로 보인다. 그에 의하면 직무행위 자체뿐만 아니라 외형상 그것과 적당한 견련관계에 있는 것은 직무에 관한 행위로 인정된다.

(3) 제 3 자에 대한 가해

사용자책임이 성립하려면 피용자가 제 3 자에게 손해를 가하였어야 한다. 여기서 제 3 자라고 하면 사용자와 직접 가해행위를 한 피용자를 제외한 나머지의 자이다. 따라서 같은 사용자에게 고용된 다른 근로자도 제 3 자에 해당한다.

(4) 피용자의 행위가 일반 불법행위 요건을 갖출 것

사용자책임이 성립하기 위하여 피용자의 가해행위가 일반 불법행위의 요건을 갖추어야 하는지에 관하여는 제756조에서 명시적으로 규정하고 있지 않다.

이러한 상황에서 학설은 둘로 나뉘어 대립하고 있다. 다수설은 일반 불법행위의 요건을 모두 갖추어야 한다고 한다. 그리하여 가해행위, 위법성, 손해발생 외에 피용자의 고의·과실, 책임능력도 필요하다고 한다.[6] 그에 비하여 소수설은 일반 불법행위의 요건 가운데 피용자의 고의·과실, 책임능력은 갖출 필요가 없다고 한다.[7] 다수설은 사용자책임의 성립에 관하여 대위책임설을 취하고 있는 견해이고, 소수설은 고유책임설을 취하고 있는 견해이다.

---

2) 대표적으로 곽윤직, 채각, 419면.
3) 이은영, 채각, 857면.
4) 김주수, 채각, 696면.
5) 대판 1988. 11. 22, 86다카1923 이래 다수의 판결.
6) 대표적으로 곽윤직, 채각, 419면.
7) 이은영, 채각, 853면.

한편 판례는 다수설과 같은 입장이다.[8]

생각건대 사용자책임은 엄격한 의미에서 볼 때 사용자의 고유한 책임이라고 할 수 없다. 즉 대위책임설을 취하여야 한다. 그 결과 여기에서는 피용자의 행위가 불법행위의 요건 모두를 갖추어야 한다고 하여야 한다.

(5) 면책사유의 부존재

사용자는 자신이 피용자의 선임 및 그 사무감독에 상당한 주의를 한 때 또는 상당한 주의를 하여도 손해가 있을 경우에는 사용자책임을 지지 않는다(756조 1항 단서). 그런데 이 면책사유는 사용자 자신이 그것의 존재를 증명해야 한다. 두 사유 중 어느 하나만 증명하면 사용자는 면책된다. 그런데 우리 대법원은 구체적인 경우에 있어서 사용자의 면책을 인정한 예가 극히 적다. 이러한 대법원의 태도는 피해자의 보호를 염두에 둔 것이겠으나, 실제 사안이 면책이 인정되어야 할 경우인데 피해자 보호만을 생각하여 그러한 판단을 하였다면 그것은 법상 올바른 것은 아니다.

3. 본 사안의 경우

이제 본 사안의 경우에 전술한 사용자책임의 요건이 구비되었는지를 검토해 보기로 한다.

우선 B는 A의 영업사원이다. 그가 비록 미성년자이기는 하나 사안에서 영업사원이라고 하였으므로 법적으로 유효한 고용관계에 있는 것으로 보아야 할 것이다. 따라서 A와 B 사이의 사용·피용관계는 존재한다.

다음에 B가 짐을 지고 가다가 넘어져서 C를 다치게 한 행위가 사무집행에 관하여 가해한 것인지에 관하여 본다. 앞서 본 바와 같이, 사무집행에 관한 것인지 여부는 외형이론에 의하여 판단하여야 한다. 그리하여 설사 직무행위 자체가 아니라고 하더라도 외형상 직무행위라고 인정되는 경우에는 그 요건을 갖추게 된다. 그리고 이러한 외형이론은 사실행위적 불법행위에도 적용된다고 할 것이다. 이러한 점에서 볼 때, B의 가해행위는 당연히 사무집행에 관한 것이 된다. B가 회사의 짐을 지고 간 것은 그야말로 직무행위 그 자체이다. 따라서 짐을 지고 가다가 넘어져 타인에게 손해를 발생시킨 것은 직무에 관한 가해에 해당한다.

그리고 본 사안의 경우에 B는 제3자인 C에 대하여 손해를 가하였다. 그리하여 제3자에 대한 가해라는 요건도 충족하고 있다.

나아가 B의 가해행위는 C에 대하여 일반 불법행위의 요건을 모두 충족하고 있다. 그에 관하여는 이미 앞(Ⅱ. 3.)에서 자세히 살펴보았다. 그리고, 전술한 바와 같이, 이 요건에 관하여는 소수설이 사견과 달리 피용자의 고의·과실, 책임능력을 요구하지 않으나, 본 사안의 경우에는 그 요건들도 갖추어져 있기 때문에 결과에서는 차이가 없다.

끝으로 A의 면책사유에 관하여 보기로 한다. 본 사안의 경우에 A가 B의 선임·감독에

---

8) 대판 1981. 8. 11, 81다298; 대판(전원) 1992. 6. 23, 91다33070.

주의를 충분히 하였는지, 그리고 주의를 충분히 하였어도 손해가 발생하였을 것인지 분명하지는 않다. 그러나 이러한 사안의 경우에 그러한 사유는 일반적으로 존재하지 않는다고 볼 것이다. 그리고 우리의 종래의 판례의 태도에 의한다면 아마도 사용자책임을 인정하게 될 것이다. 어쨌든 면책사유의 존재 여부가 분명치 않고, 설사 그것이 존재한다고 하여도 사용자가 그 사유를 증명하여야 하므로 성공하기도 어렵다. 그러므로 일응 이 요건도 갖춘 것으로 보아 무리가 없을 것이다.

결국 A는 C에 대하여 사용자책임을 진다. 그 결과 C는 A에 대하여 손해배상을 청구할 수 있다. 손해배상의 범위는 C가 B에 대하여 청구할 수 있는 것과 같다. 즉 치료비, 일실이익, 위자료 등이다. A와 B 사이의 관계에 대하여는 뒤에 따로 설명한다.

IV. E의 C에 대한 감독자책임 여부

1. 서　　설

C에게 직접 가해행위를 한 B는 18세의 미성년자이다. 따라서 그에게는 손해배상을 할 자력이 충분치 않을 수 있다. 여기서 B의 부(父)인 E의 감독자책임이 논의되어야 할 필요가 있다.

민법은 제755조에서 책임능력 없는 자가 가해행위를 한 경우에는 그 책임무능력자를 감독할 법정의무가 있는 자(감독자)가 책임을 지는 것으로 규정하고 있다. 따라서 만약 책임능력 없는 미성년자가 제3자에게 손해를 가한 경우에는 감독자인 친권자가 배상책임을 지게 될 것이다. 그런데 본 사안의 경우에는 가해행위자인 B가 18세의 자로서 책임능력이 있어서 문제이다. 즉 적어도 법문상 본 사안의 경우에는 E에게 민법 제755조를 근거로 배상책임을 인정할 수 없다. 그렇지만 그러한 경우에도 피해자 보호를 생각한다면 감독자책임을 인정하여야 할 필요성이 있다. 이 때문에 「책임능력 있는 미성년자의 감독자책임」이 논의되고 있다.

2. 책임능력 있는 미성년자의 감독자책임에 관한 학설·판례·사견

(1) 학　　설

책임능력 있는 미성년자가 가해행위를 한 경우에 친권자에게 책임이 인정되는가에 관하여는 견해가 대립하고 있다. 크게는 책임긍정설과 책임부정설이 나뉘고, 또 전자는 주장근거에 따라 다시 셋으로 구분된다. 그리하여 학설은 모두 네 가지이다.

첫째로, 친권자에게 일반 불법행위책임을 인정하는 견해가 있다.9) 이 견해는 친권자의

---

9) 김상용, 채각, 717면; 김증한, 채각, 483면; 이은영, 채각, 842면.

감독상의 부주의와 손해 사이에 상당인과관계가 있는 경우에는 민법 제750조에 의하여 불법행위책임이 인정된다고 한다. 그리고 이에 의하면 감독상의 부주의 및 손해발생, 상당인과관계의 존재는 모두 피해자가 증명해야 한다.

둘째로, 제755조 확대적용(또는 유추적용)설이 있다.10) 이 견해는 피해자 보호를 위하여 미성년자에게 책임능력이 인정되는 경우에도 제755조를 적용(또는 유추적용)하여 감독자책임을 인정하려고 한다. 이 견해에 의하면 피해자가 감독의무자의 의무위반을 증명할 필요가 없고, 감독의무자가 책임을 면하려면 자신에게 의무위반이 없었음을 증명하여야 한다.

셋째로, 신원보증인 책임설이 있다. 이 견해는 친권자가 미성년자의 잘못에 언제나 책임을 지는 것이 우리의 법감정 내지 법의식이라고 하며, 친권자가 책임을 지는 근거는 민법 제913조라고 한다. 이 견해에 의하면, 친권자는 그의 자녀의 불법행위에 대하여 신원보증인으로서 가해자와 연대하여 배상책임을 져야 한다고 한다.11)

넷째로, 친권자책임 부정설이 있다. 이 견해는 제755조가 책임무능력자의 감독자책임을 규정하고 있으므로 미성년자라도 책임능력이 있는 경우에는 친권자가 책임을 지지 않는다는 것이다.

(2) 판   례

초기의 우리 대법원판결을 보면 감독자책임의 인정 여부가 오직 미성년자의 책임능력 유무에 달려 있음을 보여준다. 즉 제755조가 미성년자에게 책임능력이 없는 경우에만 감독자책임을 인정하고 있어서 책임능력이 있는지만을 둘러싸고 다투어졌었다.

그러다가 그 후 책임능력 있는 미성년자의 경우에도 그에 의한 손해가 감독자의 의무위반과 상당인과관계가 있으면 감독자는 제750조에 의한 일반 불법행위책임을 진다고 하였다.12) 그러나 다른 한편으로 하나의 판결에서는 제755조에 의하여 감독자가 책임을 진다고 하였다.13) 그런데 1980년대 후반 이래 대법원은 다시 처음의 태도로 돌아가 일반 불법행위책임을 인정하는 판결을 반복하여 내놓았다. 이와 같이 주류의 판례는 제750조에 의한 불법행위책임을 인정하였으나, 제755조에 의하여 책임을 인정한 판결도 있어서, 판례가 통일되어 있지 못하였다.

그 뒤 대법원은 전원합의체 판결에 의하여 제755조에 의하여 책임을 인정한 판결을 폐기하고 제750조에 의하여 일반 불법행위책임을 인정할 수 있다는 판결로 판례를 통일하였다.14) 그 결과 — 통일된 — 현재의 판례에 의하면, 미성년자가 책임능력이 있어 그 스스로

---

10) 김기선, 채각, 424면은 아마도 이 견해인 듯하다.
11) 조규창, "미성년자의 불법행위에 대한 친권자의 책임," 판례연구(고려대 법학연구소) 제 2 집, 1983, 172면. 그리고 이 연대채무자로서의 친권자의 법적 책임의 근거는 민법 제913조의 친권자의 의무조항이라고 한다.
12) 대판 1975. 1. 14, 74다1795.
13) 대판 1984. 7. 10, 84다카474.
14) 대판(전원) 1994. 2. 8, 93다13605.

불법행위책임을 지는 경우에도 그 손해가 당해 미성년자의 감독의무자의 의무위반과 상당인과관계가 있으면 감독의무자는 일반 불법행위자로서 손해배상책임이 있다고 한다. 그리고 이 경우에 그러한 감독의무 위반 사실 및 손해발생과 상당인과관계의 존재는 이를 주장하는 자, 즉 피해자가 증명하여야 한다.

⑶ 검토 및 사견

우선 신원보증인 책임설은 지나치게 기교적이고 법적 근거의 면에서 충분치 않다. 그리고 제755조 확대적용(또는 유추적용)설은 피해자 보호라는 면에서 볼 때 결과에서는 타당하나, 제755조의 법문에 명백히 반하여 해석론상 취할 수는 없다. 그에 비하여 제750조 적용설은 법률규정의 한계를 넘지 않으면서 감독자책임을 인정하는 것이어서 매우 고무적으로 보인다. 그러나 그 견해의 허상에 주의하여야 할 필요가 있다. 그 견해에 의하면 감독의무자의 감독상의 부주의가 일반 불법행위 요건을 모두 갖추어야 한다. 특히 감독상의 부주의로 인하여 손해가 발생하였어야 하고, 만일 손해배상범위 결정에 관하여 다수설·판례처럼 상당인과관계설을 취한다면 감독상의 부주의와 손해 사이에 상당인과관계가 있어야 한다. 즉 그러한 감독상의 부주의가 있으면 「보통 일반적으로」 그러한 손해가 발생하는 관계에 있어야 한다. 그런데 실제에 있어서 그러한 경우는 거의 있기가 어렵다. 그런 경우는 아마도 당해 미성년자가 「돌아다니는 흉기」라고 할 수 있는 경우 등에 한정될 것이다. 실제로 판례가 감독자에게 제750조에 의하여 책임을 인정한 경우들을 보면 상당인과관계가 인정될 수 있는 경우는 극소수이다. 그리고 보면 판례는 제755조를 피하여 실질적으로는 감독자에게 책임을 인정하는 방편으로 제750조를 이용하는 셈이다. 이는 상당인과관계 이론을 흔들리게 하여 문제이다. 결국 이 문제는 미성년자에게 책임능력이 있는 경우에도 감독자의 책임을 인정하는 방향으로 제755조를 개정하는 방법으로 해결하여야 한다. 요컨대 제750조 적용설은 그 자체 이론적으로는 옳으나, 그 이론을 제대로 적용할 경우에 그에 의하여 감독자책임이 인정될 경우는 거의 없게 되어 쓸모가 적다. 그러므로 제755조를 개정하여 근본적으로 문제의 발생 소지를 없애는 것이 좋다.

3. 본 사안의 경우

위의 사견에 비추어 볼 때, 본 사안의 경우에 E는 C에 대하여 제755조에 의하여 감독자책임을 지지 않는다.

그러면 제750조에 의하여서는 책임을 지는가? E가 제750조에 의하여 일반 불법행위책임을 지려면 E의 감독상의 부주의가 C에 대하여 불법행위가 되어야 한다. 즉 E에게 가해행위가 있고, 그에게 고의나 과실이 있으며, 위법하여야 하고, 감독상의 부주의로 인하여 손해가 발생하였어야 한다. 그리고 — 상당인과관계설을 취할 경우 — 감독상의 부주의와 손해 사이에 상당인과관계가 있어야 한다. 생각건대 본 사안의 경우에 E에게 감독상의 부주의를 인정하기는 어렵다. B는 A회사의 영업사원으로서 회사업무를 정상적으로 처리하는 중에 제3자에게 가해를 하였다. 그리고 보면 여기에 관하여 E의 감독상의 부주의가 있다고는 할 수 없을 것이다. 설사 E의 감독상의 부주의가 있다고 하더라도 그 부주의와 C의 손해 사이의 상당인과관계는 더더욱 인정할 수 없다. 결국 제750조 적용설을 취하더라도 E의 책임은 인정되지 않는다.

V. D에 특유한 문제

1. 서　　설

본 사안에 있어서 D는 직접피해자인 C의 처로서 C의 중상소식을 듣고 정신적인 충격으로 입원치료를 받았다. 이러한 D에게 B, A 또는 E가 배상책임을 지는지가 문제된다.

이 문제는 재산적 손해의 경우와 비재산적 손해의 경우로 나누어 검토하여야 한다. 왜냐하면 이 두 손해 각각에 대하여 배상책임의 인정근거가 달라질 수 있기 때문이다.

2. 재산적 손해의 배상에 관하여

(1) 본 사안의 경우에 D는 입원치료를 받게 되어 치료비를 지출하게 되었고, 혹시 그가 소득을 얻을 수 있는 자라면 소득을 얻지 못하여 손해를 입게 되기도 한다(일실이익). 이러한 치료비와 일실이익은 D의 재산적 손해이다. 이러한 재산적 손해에 대하여 B 등이 배상책임을 지는지를 B, A, E에 대하여 차례로 살펴본다.

(2) B가 D에게 재산적 손해에 대하여 배상책임을 지는 경우는 두 가지가 있다. 하나는 B의 행위가 D에 대하여 직접 불법행위가 되는 것이고, 나머지 하나는 D의 그 손해가 B가 C에 대한 불법행위로 배상해야 할 손해의 범위에 포함되는 것이다.

이들 중 앞의 경우가 되려면, B가 C를 다치게 한 행위가 D에 대하여 일반 불법행위의 성립요건을 모두 갖추어야 한다. 그러나 이것은 인정되기 어렵다. 다른 것은 몰라도 B의 가해행위가 위법한가에 대하여 긍정하기 어렵다. 만일 남편에 대한 신체침해가 그의 처에 대하여 위법하다고 한다면 그 근거가 무엇인지도 문제이려니와(감정상의 이익?) 그 한계를 정하는 것이 불가능하다. 따라서 B의 행위는 D에 대하여는 직접적인 불법행위가 되지 않는다고 하여야 한다.

그러면 D의 손해는 B가 C에게 배상하여야 할 손해의 범위에 포함될 수 있는가? 민법 제763조에 의하여 준용되는 제393조에 의하면, 불법행위의 경우 손해배상범위는 통상손해에 한하며 특별한 사정으로 인한 손해는 불법행위자가 그 사정을 알았거나 알 수 있었을 경우에 한하여 배상책임이 있다. 그런데 이러한 규정은 직접피해자만에 관한 것이라고 이해하여야 한다. 따라서 간접피해자에 관한 한 특별규정이 있어야 한다. 설사 위의 규정이 간접피해자에게 적용된다고 하더라도, 본 사안의 경우에 D의 재산적 손해는 특별손해라고 할 것이다. 그리고 그 손해를 발생시키는 사정에 관하여는 B가 알 수 없었다고 보아야 한다. 따라서 D의 재산적 손해는 C에 대한 불법행위에 의하여서도 배상될 필요가 없다.

결국 B는 D의 재산적 손해에 대하여 배상책임이 전혀 없다.

(3) 다음에 B가 D에 대하여 책임을 지지 않는 경우에는 A의 사용자책임도 성립하지 않는다.

(4) 끝으로 B의 부 E는 C에 대하여도 책임을 지지 않는다. 게다가 D의 재산적 손해에 대하여는 B나 A도 책임을 지지 않는다. 이러한 상황에서 볼 때, E는 당연히 D의 재산적 손해에 대하여 배상책임을 지지 않는다고 할 것이다.

3. 비재산적 손해의 배상에 관하여

(1) D는 남편 C의 중상소식을 듣고 정신적으로 충격을 입었다. 따라서 D에게는 당연히 비재산적인 손해(정신적 손해)가 발생하였다. 주의할 것은 D가 입원치료를 받기는 하였으나 그렇다고 하여 D의 정신적 손해가 없어지는 것은 아니라는 점이다. 즉 D의 정신적 손해는 입원치료를 받았다고 하여도 이미 발생한 것으로서 남아 있다. 이러한 D의 정신적 손해에 대하여 B, A, E가 배상책임을 지는지가 문제된다.

(2) 먼저 B의 책임에 관하여 본다. B가 D의 비재산적 손해(정신적 손해)에 대하여 배상책임을 지게 되는 경우도 재산적 손해에 있어서와 마찬가지로 B의 행위가 D에 대하여 불법행위가 성립하는 때와 C에 대한 배상범위에 D의 정신적 손해가 포함되는 때의 둘이 있다.

민법은 제752조에서 생명침해의 경우에 관하여 직접피해자가 아닌 일정한 유족에게 위자료청구권이 인정됨을 명문으로 규정하고 있다. 그리고 그 유족에는 피해자의 배우자도 포함되어 있다. 이 규정의 의미에 관하여 통설·판례는 동조가 생명침해의 경우에 위자료청구권자를 제한한 것으로 보지 않고, 주의적·예시적으로 규정한 것으로 이해하고 있다. 그러나 사견은 제752조를 직접피해자 이외의 자에게 위자료청구권을 인정하는 특별규정으로 이해한다.15) 통설·판례에 의하면 거기에 열거되지 않은 자도 제750조에 의하여 위자료청구권을 가질 수 있으나, 사견에 의하면 열거된 자만이 그 권리를 가지게 된다.

그렇지만 이는 생명침해에 관한 것이다. 본 사안은 C가 중상을 입은 경우이다. 따라서 피해자가 중상을 입은 경우에 있어서 직접피해자가 아닌 D(직접피해자 C의 처)의 위자료청구권의 인정 여부를 검토해야 하는 것이다. 민법은 제751조에서 신체침해의 경우에 비재산적인 손해에 대하여도 배상책임이 있음을 명문으로 규정하고 있다. 그러나 이 규정은 직접피해자 자신의 정신적 손해에 관한 것이다. 따라서 D에 대하여는 이 규정도 적용되지 않는다. 이러한 상황에서 판례는 오래 전부터 신체침해의 경우에 직접피해자의 부모·부부·자녀 등

---

15) 자세한 논의는 피한다. 그에 관하여는 주석민법, 채권각칙(7), 2000, 309면 이하(송덕수 집필) 참조.

의 근친자에게도 정신적 손해의 배상을 인정하고 있다. 판례는 제752조가 제750조·제751조의 적용에 제한을 두는 것이 아니고, 다만 생명침해의 경우에 증명책임을 가볍게 하기 위한 규정에 불과하다는 이유를 든다. 그리고 학설도 대체로 이러한 판례를 지지하고 있다. 이러한 판례와 통설이 피해자의 근친자에게 정신적 손해에 대한 배상책임을 인정하는 근거는 제752조의 유추해석이 아니고 제750조이다. 이러한 통설·판례는 아마도 직접피해자 아닌 근친자에 대하여 직접피해자에 대한 것과 별도의 불법행위를 인정한 것으로 보인다. 그러나, 재산적 손해에서 본 바와 같이, 별도의 불법행위가 인정되려면 불법행위의 요건을 갖추어야 하는데 위법성을 인정하기가 어렵다. 만약 위법성을 인정한다면 그 한계를 정하는 것이 사실상 불가능하다. 따라서 B가 D의 정신적 손해에 관하여 직접 불법행위를 하였다고 볼 수 없다.

그러면 B의 C에 대한 불법행위와 관련하여 D의 정신적 손해도 배상되어야 하는가? 재산적 손해에서 기술한 바와 같이, 제763조·제393조는 직접피해자만에 관한 규정이라고 보아야 한다. 따라서 D의 정신적 손해는 직접적 손해·통상손해·특별손해 어느 것에도 해당하지 않는다. 그에 비하여 만일 그 규정들을 간접피해자의 손해에 대하여도 적용되는 것으로 이해한다면 D의 정신적 손해는 특별한 사정으로 인한 손해로 될 것이다. 그 결과 B가 그 사정을 알았거나 알 수 있었다면 특별손해로서 배상되어야 한다. 이때 특별사정의 예견가능성은 D측에서 증명해야 한다.

⑶ 만일 B가 D에 대하여 정신적 손해에 대한 배상책임을 진다면 A도 같은 내용의 책임을 D에게 진다고 할 것이다. 그러나 사견처럼 특별규정이 없는 한 B의 책임이 없다고 하면 A도 책임을 지지 않는다.

⑷ B, A와 마찬가지로 E도 D의 정신적 손해에 대하여 배상책임이 없다.

VI. A·B 사이의 법률관계

1. A의 책임과 B의 책임의 관계

본 사안의 경우에 A와 B는 모두 C에 대하여 손해배상책임을 부담한다. 이들의 책임의 관계에 관하여 통설·판례는 부진정연대채무로 이해한다.

A와 B가 C에 대하여 부진정연대채무를 부담하기 때문에, C는 A·B에 대하여 동시나 순차로 채무의 전부 또는 일부를 청구할 수 있다. 그리고 A 또는 B에게 생긴 사유는 그것이 채권을 만족시키는 사유인 때에는 절대적 효력이 있다. 부진정연대채무의 경우에도 실질적으로는 하나의 채무이며, 따라서 1개의 전부급부에 의하여 다른 채무자에 대한 채권도 목적이 달성되기 때문이다. 그 결과 변제·대물변제·공탁·상계는 절대적 효력이 있다. 그에 비하여 그 이외의 사유는 상대적 효력만 있다. 다만, 통설은 일부변제·일부배당에 대하여는

상대적 효력을 인정한다. 그리고 판례는 상계에 대하여 과거에는 상대적 효력을 인정하였으나, 전원합의체 판결로 판례를 변경하여 현재는 절대적 효력을 인정하고 있다.[16]

2. A의 B에 대한 구상관계

A가 C에게 배상한 경우에 B에 대하여 구상할 수 있는가?

(1) 학설·판례·사견

부진정연대채무자 사이에는 주관적인 공동관계가 없어서 부담부분이 없고, 그 결과 구상관계가 당연히 발생하지는 않는다. 그런데 민법은 제756조 제3항에서 사용자의 구상권을 명문으로 인정하고 있다. 이렇게 민법이 명시적으로 구상을 인정하고 있는데, 이 규정상 사용자가 자신이 배상한 전액을 구상할 수 있는지 여부는 분명하지 않다. 여기에 관하여 학설은 전액구상설과 제한구상설로 나뉘어 대립하고 있다. 전액구상설은 사용자책임의 본질을 대위책임이라고 이해하여 사용자가 손해배상을 한 경우에 그 전액을 피용자에게 구상할 수 있다고 한다.[17] 그에 비하여 제한구상설은 제한된 범위에서만 구상을 인정하는 견해이다.[18]

판례는 구상의 범위를 제한하고 있다. 즉「사용자는 그 사업의 성격과 규모, 사업시설의 상황, 피용자의 업무내용, 근로조건이나 근무태도, 가해행위의 상황, 가해행위의 예방이나 손실의 분산에 관한 사용자의 배려의 정도 등의 제반사정에 비추어 손해의 공평한 분담이라는 견지에서 신의칙상 상당하다고 인정되는 한도에서만」구상권을 행사할 수 있다고 한다.[19]

생각건대 사용자책임을 대위책임으로 이해한다고 하더라도 구상범위는 제한할 수 있다고 할 것이다. 그리고 제한방법은 판례와 같이 하여도 무리가 없다고 생각된다.

(2) 본 사안의 경우

본 사안에 있어서는 B가 회사의 짐을 옮기던 도중에 넘어지는 바람에 제3자에게 손해를 입혔다. 이러한 상황에서 A가 배상을 한 후에 B에게 전액을 구상하는 것은 적절하지 않다. 특히 무거운 짐을 직접 몸으로 지고 다니도록 한 것은 근로조건에 있어서 열악한 것이라고 할 수 있으며, 손해발생에 대한 예방에 대하여도 충분한 배려가 없었다고 할 것이다. 이러한 사정에 비추어 볼 때, B의 근무태도가 불량하다는 등의 특별한 사정이 없는 한, A는 B에게 구상할 수 없거나 매우 적은 범위에서만 구상할 수 있다고 하여야 한다.

---

16) 대판(전원) 2010. 9. 16, 2008다97218.
17) 김기선, 채각, 430면; 이태재, 채각, 494면.
18) 이은영, 채각, 864면.
19) 대표적으로 대판 1987. 9. 8, 86다카1045.

Ⅶ. 결　론

이상에서 논의한 바에 따라 본 사안에 있어서의 중요한 법률관계를 요약·정리해 보기로 한다.

먼저 B와 C 사이의 관계에서는 B의 일반 불법행위책임이 문제되는데, 본 사안의 경우 B의 책임능력의 요건까지 포함하여 불법행위의 모든 요건이 갖추어졌으므로, B는 C에 대하여 손해배상책임을 진다. 배상하여야 할 손해는 치료비, 일실이익, 위자료이다. A와 C 사이의 관계에서는 A의 사용자책임이 문제되는데, 본 사안의 경우 A의 사용자책임의 요건이 모두 충족된다. 따라서 A는 C에 대하여 손해배상책임을 진다. 배상범위는 B와 같다.

E와 C 사이의 관계에서는 책임능력 있는 미성년자의 감독자책임이 문제되는바, 민법상 책임능력 있는 자의 감독자는 기껏해야 일반 불법행위의 요건이 갖추어진 경우에만 제750조에 의하여 책임을 지게 된다. 그런데 본 사안에 있어서는 E의 행위가 일반 불법행위의 요건을 충족시키지 못한다. 따라서 E는 C에 대하여 전혀 책임을 지지 않는다.

D의 손해에 대하여는 그 손해가 재산적 손해이든 정신적 손해이든 B, A, E는 누구도 배상할 의무가 없다. D에 대하여는 B, A, E가 직접 불법행위를 한 것도 아니고, 또한 D의 손해가 C에 대한 불법행위에 기하여 배상되어야 할 것도 아니기 때문이다.

A와 B 사이의 관계에서는 양자의 책임 사이의 관계와 A의 B에 대한 구상관계가 문제된다. A의 책임과 B의 책임은 부진정연대채무 관계에 있다고 할 것이다. 그리고 C에게 배상을 한 A는 B에 대하여 구상할 수 있으나, 본 사안의 경우 제반사정에 비추어 A는 전혀 구상할 수 없거나 또는 매우 적은 범위에서만 구상할 수 있다고 하여야 한다.

[95] 공작물책임과 실화의 경우의 배상액 경감청구

〈공통된 기초사실〉

A병원은 그 건물 8층 옥상을 직원과 환자들에게 휴식공간으로 개방하기 위하여 Y건설 주식회사(아래에서는 Y회사라 함)에 난간 설치와 그 밖의 정비를 하도록 하였고, 또한 본관 건물 옆에 물건을 보관할 창고를 짓도록 하였다. 그에 대한 설계도는 A병원이 제공하였고, Y건설은 그에 따라 공사를 하였다.

[제 1 문]

〈추가된 사실관계〉

그런데 옥상 공사를 마치고 보니, 옥상 난간은 높이가 바닥으로부터 115cm에 이르나, 바닥에 폭 30cm인 돌출부가 70cm의 높이까지 설치되어 있는 관계로 그 돌출부 상단으로부터 옥상 난간의 가장 높은 곳까지의 높이가 45㎝에 불과하여 이 사건 옥상의 이용자가 일반적인 성인이라면 별다른 어려움 없이 위 돌출부를 딛고 난간을 넘어가는 것이 가능하였다. 그런가 하면 난간의 높이와 동일한 높이까지 가로와 세로가 각 51㎝인 정사각형 모양의 돌출부가 설치되어 있어 한 사람 정도라면 그 위에 올라가 충분히 머무를 수도 있을 정도의 공간이 확보되어 있었다. 그런데도 A병원은 옥상 난간에 설치된 돌출부 주변을 따라 별도의 안전시설은 설치하지 않았고 옥상에 출입자의 관리나 안전사고 등에 대비한 관리원을 특별히 배치하지는 않았다. 한편 B는 강박증, 우울증, 외로움 등의 정신과적인 문제로 A병원에 입원하여 치료를 받고 있었다. 그러던 중 B는 A병원의 옥상에 올라갔고 그 돌출부에서 추락하여 사망하였다. B의 사인은 자살로 추정되나 명확한 증거는 없다.

이 경우에 B의 부모인 C와 D는 A병원에 손해배상을 청구할 수 있는지, 그 논거는 무엇인지를 서술하시오.

[제 2 문]

〈추가된 사실관계〉

Y회사가 A병원으로부터 받은 설계도대로 지은 창고는 외벽 등을 내화구조로 하거나 내부에 스프링클러와 같은 자동 소화 장치를 설치하는 등 화재확산을 방지하기 위한 조치가 되어 있었어야 함에도 불구하고, 가연성 물질인 우레탄폼으로 채워져 있어 화재 발생 시 연소가 급격히 확대될 가능성이 높은 샌드위치 패널로 외벽을 설치하고, 스프링클러 등의 시설도 설치하지 않았다. 더 나아가 — 이것은 설계도 때문이 아니고 — 전기공사를 맡은 기사

가 기능이 부족하여 전선을 합선의 위험이 있도록 연결해 두었다. 그 후 전선이 합선되어 화재가 발생했고, 그로 인하여 그 창고가 불탔음은 물론, 인근에 있던 E 소유 가옥과 F 소유의 건물로 불이 옮겨 붙어 그 건물들도 모두 불타버렸다. 화재로 인하여 입은 손해는 A병원이 6억원, E와 F가 각각 5억원과 12억원이다.

1. 이 경우에 E와 F는 A병원에 대하여 손해배상을 청구할 수 있는가? 그리고 Y회사에 대하여 손해배상을 청구할 수 있는가? 손해배상을 청구할 수 있다면 그 근거는 무엇인가?

2. 물음 1.에서 손해배상을 청구할 수 있다면, 그에 대하여 A병원이 법원에 손해배상액의 경감을 청구할 수 있는가?

3. A병원은 Y회사에 대하여 손해배상의 청구 또는 배상액의 구상을 할 수 있는가?

I. [제 1 문]에 대하여

1. 논점의 정리

본 사안에서 A병원의 옥상은 난간을 쉽게 넘어갈 수 있고 또 난간과 동일한 높이까지 돌출부가 있어서 위험함에도 불구하고, A병원은 별도의 안전시설을 설치하지 않았고 관리원을 배치하지도 않았다. 그런 상태에서 A병원에 입원치료를 받고 있던 B가 A병원의 옥상 돌출부에서 추락하여 사망하였다. 본 문제는 그러한 경우에 사망한 B의 부모인 C·D가 A병원에 대하여 손해배상을 청구할 수 있는지와 그 논거가 무엇인지를 묻고 있다.

이러한 물음에 대하여 답하려면, 먼저 A병원이 B의 사망에 대하여 책임을 지는지를 검토하여야 한다. 그리고 나서 만약 그 책임이 인정된다면 사망한 자가 아닌 B의 부모 C·D가 A병원에 대하여 손해배상을 청구할 수 있는지를 살펴보아야 한다. 그 뒤에는 C·D가 A병원에 청구할 수 있는 손해배상범위도 논의할 필요가 있다.

본 문제의 논점을 구체적으로 정리하면 다음과 같다.

(1) B의 사망에 대하여 A병원이 제750조에 따른 책임을 지는지 문제된다.

(2) B의 사망에 대하여 A병원이 제758조의 공작물책임을 지는지 문제된다. 이와 관련해서는 B의 사망이 공작물의 하자로 인한 손해인지, 공작물의 하자라고 할 경우 피해자의 행위(자살행위)가 같이 작용해도 책임을 지는지를 특히 유의해야 한다.

(3) (3) 위 (1) 또는 (2)의 책임이 인정된다면 B의 부모인 C·D가 A병원에 책임을 물을 수 있는지, C·D가 A병원에 책임을 물을 수 있는 경우에는 구체적으로 어떤 범위에서 손해배상을 청구할 수 있는지도 살펴보아야 한다.

2. A병원이 제750조에 따라 책임을 지는지 여부

(1) 서　설

본 사안에서 B가 추락·사망한 데 대하여 A병원이 일반 불법행위책임을 지는지 살펴보려고 한다. 그럼에 있어서는 B의 사망 자체에 대하여 A병원이 책임을 지는지에 대하여만 논의하려고 하며, B의 부모의 청구권 문제는 여기서는 논의하지 않을 것이다. 후자는 — A병원의 책임이 인정된다면 — 뒤에서 별도로 논의하는 것이 바람직하기 때문이다.

(2) 일반 불법행위의 성립요건

일반 불법행위의 성립요건은 ① 가해행위, ② 가해자의 고의·과실, ③ 가해자의 책임능력, ④ 위법성, ⑤ 가해행위에 의한 손해발생이다. 그리고 이 가운데 ⑤의 요건은 손해가 발생했을 것과 가해행위로 인하여 그 손해가 발생했을 것, 즉 가해행위와 손해 사이에 인과관계가 있을 것으로 세분된다.

(3) 본 사안의 경우

본 사안의 경우에 A병원[1]은 옥상에 안전시설을 설치하지 않는 등으로 인하여 B에게 사망이라는 손해를 발생시켰다(①의 요건 구비). 그리고 A병원은 그러한 가해행위를 한 데에 대하여 과실이 인정된다(②의 요건 구비). 그런가 하면 A병원의 가해행위는 위법하다고 하여야 한다. 위법성의 의미에 관하여는 논란이 있으나, 안전시설을 설치하지 않는 등으로 B의 사망(생명침해)이 발생한 본 사안의 경우에는 — 위법성 조각사유가 없는 한 — 어떤 견해를 취하든 위법성을 인정한다(④의 요건 구비).

그런데 ⑤의 요건은 문제이다. 본 사안에서 B의 사망이라는 손해는 발생하였다. 그러나 가해행위와 손해발생 사이에 상당인과관계를 요구하는 판례 및 다수설에 따르면, 본 사안의 경우에는 둘 사이에 인과관계를 인정하기가 어렵다. 왜냐하면 옥상에 안전시설 설치 등을 하지 않은 경우에 「보통 일반적으로」 입원환자의 사망이라는 결과가 생기지는 않기 때문이다.

결국 A병원은 제750조에 의하여 일반 불법행위책임을 지지는 않게 된다.

3. A병원이 제758조의 공작물책임을 지는지 여부

(1) 서　설

본 사안의 경우에 B가 A병원의 옥상에서 추락·사망한 것이 공작물의 하자로 인한 손해인지 문제된다. 그리하여 A병원이 제758조에 따라 공작물책임을 져야 하는지를 검토해 보아야 한다.

---

1) A병원이 권리능력이 없을 때에는 A병원의 운영자가 책임의 주체가 될 것이다. 그런데 여기서는 A병원이 권리능력을 가진 것으로 보고 기술하기로 한다.

(2) 공작물책임의 요건

공작물책임의 요건은 다음과 같다.

첫째로, 먼저 손해를 발생시킨 것이 공작물에 해당해야 한다. 공작물이란 인공적 작업에 의하여 만들어진 물건이며, 이에는 토지의 공작물(건물 등), 건물 내외의 설비(천정·계단 등), 동적인 기업설비 등이 있다.

둘째로, 공작물의 설치 또는 보존의 하자가 있어야 한다. 여기의 「하자」란 공작물이 그용도에 따라 통상 갖추어야 할 안전성을 갖추지 못한 상태에 있는 것을 가리킨다.[2] 하자의 유무는 객관적으로 판단되며, 하자가 점유자·소유자의 고의·과실에 의하여 발생하였는지는 묻지 않는다.

셋째로, 공작물의 하자로 인하여 타인에게 손해가 발생하였어야 하며, 둘 사이에 인과관계가 있어야 한다. 그런데 하자가 손해발생의 유일한 원인이었을 필요는 없고, 하자가 다른 자연적 사실·제 3 자의 행위 또는 피해자의 행위 등과 함께 공동원인의 하나인 것으로 충분하다.[3]

넷째로, 면책사유가 없어야 한다. 점유자는 손해의 방지에 필요한 주의를 해태하지 않은 때에는 면책된다(758조 1항 단서). 그러나 소유자는 면책이 인정되지 않는다.

(3) 본 사안의 경우

본 사안의 경우에 하자가 문제되는 것은 A병원의 옥상이다. 이 옥상은 건물 외부의 설비로서 공작물에 해당한다.

그런데 A병원 옥상에는 난간 옆 바닥에 돌출부가 있어서 성인은 그 난간을 쉽게 넘어갈 수 있었다. 또한 난간과 같은 높이로 돌출부가 있어서 그 위에 올라가 있을 수도 있었다. 그럼에도 불구하고 그 난간에는 안전시설이 설치되어 있지 않았다. 이는 공작물의 설치 또는 보존의 하자에 해당한다.

그리고 난간에 안전시설이 없는 공작물(옥상)의 하자로 인하여 타인 B의 사망이라는 손해가 발생하였다. 또한 옥상의 하자와 B의 사망 사이에 인과관계도 인정된다. 그런데 옥상의 하자가 B의 사망을 일으킨 유일한 원인이 아니고, 그것과 함께 피해자인 B의 자살행위가 공동원인이 되었다. 그러나 그렇다고 하여도 인과관계가 인정되는 데 지장이 없다.

한편 A병원은 손해방지에 필요한 주의를 다하지 않았다. A병원이 안전을 위하여 관리원을 배치하지도 않았기 때문이다.

결국 A병원은 제758조에 따른 공작물책임을 지게 된다.

---

2) 대판 1994. 10. 28, 94다16328; 대판 2006. 1. 26, 2004다21053 등.
3) 대판 1963. 9. 26, 63다385; 대판 2007. 6. 28, 2007다10139; 대판 2010. 4. 29, 2009다101343 등.

4. C·D가 A병원에 대하여 손해배상을 청구할 수 있는지 여부

(1) 서 설

본 사안에서는 A병원 옥상의 하자로 인하여 B의 사망이라는 손해(생명침해)가 발생하였다. 이때 B의 부모가 B의 사망을 이유로 A병원에게 손배배상을 청구할 수 있는지 문제된다.

(2) 생명침해의 경우의 손해배상

1) 생명침해의 경우에 누구에게 어떤 내용의 손해배상청구권이 발생하는지 문제된다.

2) 먼저 재산적 손해에 대하여 본다. 여기에 관하여 ⅰ) 다수설은 피살자가 치명상을 입은 때에 그에게 신체침해를 이유로 한 배상청구권이 발생하였다가 피살자가 사망하면 그 청구권이 상속인에게 상속된다고 한다. 그에 비하여 ⅱ) 소수설은 생명침해의 경우의 재산상의 손해는 부양청구권의 침해와 같은 것을 의미하므로 피해자에 대하여 부양청구권을 가지고 있던 사람은 누구나 손해배상청구를 할 수 있다고 한다. 한편 판례는 이 문제를 정면으로 다루고 있지는 않으나, 생명침해로 인한 손해배상 사건에서 일실이익의 배상과 관련하여 ⅰ)설의 입장을 전제로 하여 판단하고 있다. 생각건대 생명침해와 신체침해는 본질적으로 다르기 때문에 ⅰ)설처럼 해석하는 것은 옳지 않으며, ⅱ)설이 타당하다.[4] 그리고 장례비의 배상도 인정되며, 그에 대하여는 다툼이 없다. 그 외에 피살자가 중상 후 사망했다면 치료비 배상도 청구할 수 있다.

3) 다음에 정신적 손해에 대하여 본다. 정신적 손해와 관련해서는 피살자의 위자료청구권과 피살자의 유족의 위자료청구권을 나누어 살펴보아야 한다.

생명침해의 경우에 피살자 자신에게 생명침해로 인한 위자료청구권이 인정되는가? 여기에 관하여 판례는 — 즉사의 경우에도 — 생명침해에 의하여 피살자에게도 정신적 손해가 발생한다고 하면서, 그 근거로 치명상과 사망 사이에는 시간적 간격이 인정될 수 있다고 한다. 그리고 이 위자료청구권은 피살자가 이를 포기하였거나 면제했다고 볼 수 있는 특별한 사정이 없는 한 생전에 청구의 의사를 표시할 필요 없이 원칙적으로 상속된다고 하고, 이는 피살자가 즉사한 경우에도 같다고 한다. 한편 학설은 ⅰ) 판례를 지지하는 견해와 ⅱ) 피살자에게는 위자료청구권이 생기지 않고, 따라서 상속되지도 않는다는 견해로 나뉘어 있다. 생각건대 「생명침해」로 인한 정신적 손해는 피살자에게는 발생할 여지가 없다. 피살자는 생명침해가 성립하는 순간 권리능력을 잃기 때문이다. 다만, 중상사망자에게 발생하는 위자료청구권은 신체침해에 의한 것이다. 중상사망자에게 위자료청구권이 발생했다면, 특별한 사정이 없는 한 그것이 상속인에게 상속된다고 보아야 한다.

생명침해의 경우에 피살자의 유족이 고유한 위자료청구권을 가지는가? 제752조는 생명침해의 경우에 피해자의 직계존속·직계비속·배우자에 대하여는 위자료청구권도 있음을

---

4) 좀 더 자세한 이유는 송덕수, 채각, [312] 참조.

명문으로 규정하고 있다. 그런데 거기에 열거된 자만이 위자료청구권을 가지는지에 대하여
는 논란이 있다. 판례와 다수설은 열거되지 않은 친족도 정신적 고통을 증명하여 제750조·
제751조에 의하여 위자료를 청구할 수도 있다고 한다. 그러나 사견은 열거된 자에 한정된다
고 해석한다. 제752조는 간접피해자에게 배상청구권을 인정하는 특별규정이라고 보아야 하
기 때문이다.

(3) 본 사안의 경우

위에서 본 바와 같이, 생명침해의 경우의 손해배상에 관하여는 사견이 판례와 다르다.
그런데 아래에서는 실제에서 중요한 판례의 견지에서 기술하기로 한다.

B의 부모인 C·D는 A병원에 대하여 재산적 손해에 대한 배상청구를 할 수 있다. 판례
에 의할 때, 우선 B가 죽지 않았다면 평생 벌 수 있었을 이익 즉 일실이익의 배상을 청구할
수 있다. 일실이익의 배상청구권은 B에게 발생하였다가 B가 사망할 때 그의 부모인 C·D
에게 상속된다.[5] 그리고 C·D는 A병원에게 장례비도 청구할 수 있다. 그 외에 B가 추락
후 즉사하지 않았다면 치료비의 배상도 청구할 수 있다.

판례에 의할 때, C·D는 B의 위자료청구권을 상속하게 된다. 그런가 하면 제752조에
따라 그들 고유의 위자료청구권도 가진다.

한편 본 사안에서 B가 자살을 하였다면 과실상계를 하여야 한다(396조). 그리하여 B의
책임비율만큼 A병원의 책임을 감해주어야 한다.

II. [제 2 문]에 대하여

1. 물음 1.에 대하여

(1) 논점의 정리

물음 1.에서는 구체적으로 두 가지를 묻고 있다. 하나는 E·F가 A병원에 대하여 손해배
상을 청구할 수 있는지와 그 근거이고, 다른 하나는 E·F가 Y회사에 대하여 손해배상을 청
구할 수 있는지와 그 근거이다. 이 두 물음의 논점이 다르므로, 논점을 두 경우 각각에 대하
여 따로 적기로 한다.

먼저 A병원에 대한 것으로는, E·F가 제750조에 따른 일반 불법행위책임을 물을 수 있
는지, 제758조의 공작물책임을 물을 수 있는지가 문제된다.

그리고 Y회사에 대한 것으로는, E·F가 제750조에 따른 일반 불법행위책임을 물을 수
있는지, 제756조의 사용자책임을 물을 수 있는지가 문제된다.

그 외에 A병원·Y회사에 공통된 문제로 A병원·Y회사가 모두 책임을 져야 하는 경우
에 그 책임 사이의 관계도 살펴보아야 한다.

---

5) C·D만이 상속인일 경우에 그렇다.

⑵ A병원에 대하여 손해배상을 청구할 수 있는지 여부

1) 일반 불법행위책임 문제

E·F와 A병원 사이에는 채권관계가 없다. 따라서 그들 사이에 채무불이행은 문제될 여지가 없다. E·F에 대하여 불법행위가 성립하는지는 검토해 보아야 한다.

일반 불법행위의 성립요건은 위 Ⅰ. 2. ⑵에서 기술한 것 그대로이다.

본 사안의 경우에는 A병원 창고에서 일어난 화재로 인근에 있던 E의 가옥과 F의 건물이 불타서 손해가 생겼다. 일단 A병원의 가해행위는 인정할 수 있다. 그리고 화재의 직접적인 원인이 Y회사 전기기사의 잘못 때문이기는 하지만, 창고의 점유자 겸 소유자인 A병원은 주의를 기울였어야 하므로, 그 화재에 대하여 A병원의 과실도 인정된다. 나아가 A병원의 책임을 조각시킬 사유도 없으므로 위법성도 있다. 또한 A병원은 책임능력이 있는 것으로 생각된다. 그런데 A병원의 가해행위와 E·F의 손해 사이에 상당인과관계를 인정하기는 어렵다. 본 사안과 같은 경우에 보통 일반적으로 인근에 있는 건물이 불탄다고 할 수는 없기 때문이다.[6] 결국 E·F는 A병원에 대하여 제750조를 근거로 손해배상을 청구할 수는 없다.[7]

2) 공작물책임 문제

본 사안의 경우 A병원의 창고는 전선이 합선될 위험이 있도록 되어 있었고, 또한 화재 확산 방지조치가 없고 오히려 가연성물질로 채워져 있었다. 그리고 후에 전선이 합선되어 화재가 발생했고, 그 불이 인근에 있던 E·F의 가옥·건물에 옮겨 붙어 모두 불타버렸다. 이러한 경우에 E·F가 A병원에 대하여 제758조에 따라 공작물책임을 물을 수 있는지 문제된다.

공작물책임의 요건은 위 Ⅰ. 3. ⑵에 기술한 것 그대로이다. 다만, 본 물음을 해결하기 위하여 공작물책임의 요건 중 셋째요건(인과관계)과 관련하여 한 가지만 추가로 설명하려고 한다. 판례는, 공작물의 점유자 또는 소유자가 공작물의 설치·보존상의 하자로 인하여 생긴 화재에 대하여 손해배상책임을 지는지와 관련하여, 하자에 의하여 직접 발생한 화재로 인한 손해배상책임뿐만 아니라 그 화재로부터 연소(延燒)한 부분에 대한 손해배상책임에 관하여도 하자와 그 손해 사이에 상당인과관계가 있는 경우에는 제758조 제1항이 적용된다고 한다.[8]

본 사안의 경우에 A병원의 창고는 공작물에 해당한다. 그리고 창고에 화재확산 방지조치가 없고 가연성물질이 채워져 있는 것과 전선이 합선될 수 있도록 되어 있는 것은 공작물의 설치·보존상의 하자이다. 그리고 그러한 하자로 인하여 E와 F가 손해를 입었다. 본 사안에서 E의 가옥과 F의 건물은 직접 화재가 난 곳이 아니고 연소된 부분이기는 하나, 판례

---

6) 이에 대하여 상당인과관계를 인정하는 이론도 주장될 여지가 있으며, 그러한 이론이 반드시 부당하다고 할 수 없다.

7) 제750조의 경우에는 그 요건을 피해자(본 사안의 경우에는 E·F)가 모두 증명하여야 하는 점에서도 A병원의 책임을 인정하기가 어렵다.

8) 대판 2012. 6. 28, 2010다58056; 대판 2013. 3. 28, 2010다71318.

에 의하면 연소된 경우에도 제758조 제1항이 적용되므로, 화재와 손해 사이의 인과관계의 요건을 충족한다. 그 외에 A병원에게 면책사유는 없다. 따라서 E·F는 A병원에 대하여 제758조의 공작물책임을 물어 손해배상을 청구할 수 있다.

(3) Y회사에 대하여 손해배상을 청구할 수 있는지 여부

1) 일반 불법행위책임 문제

E·F의 손해는 Y회사의 전기기사의 부적당한 전선연결에서 비롯되었다. 이러한 경우에 E·F가 Y회사에 대하여 일반 불법행위책임을 물을 수 있는지 문제된다.

일반 불법행위의 성립요건은 위 Ⅰ. 2. (2)에서 기술하였다.

본 사안의 경우에 Y회사가 직접 E·F에게 가해행위를 한 것이 아니고(전기기사는 Y회사의 대표기관이 아님), 그의 전기기사가 가해행위를 하였다. 그러므로 Y회사 전기기사의 가해행위는 곧바로 Y회사의 가행행위로 되는 것이 아니다. Y회사는 E·F에 대하여 사용자책임을 질 여지가 있지만, 직접 일반 불법행위책임을 지지는 않는다.

2) 사용자책임 문제

사용자책임이 성립하려면, ① 타인을 사용하여 어느 사무에 종사하게 하였을 것(사용관계), ② 피용자가 사무집행에 관하여 손해를 가했을 것, ③ 제3자에게 손해를 가했을 것, ④ 피용자의 가해행위가 일반 불법행위의 요건을 갖출 것(논란 있음), ⑤ 사용자가 면책사유 있음을 증명하지 못할 것이라는 요건을 갖추어야 한다(756조).

본 사안의 경우에 Y회사와 공사를 한 전기기사 사이에는 사용관계가 있다. 그리고 그 전기기사가 사무집행(전기공사)에 관하여 제3자인 E·F에게 손해를 발생시켰다. 또한 전기기사의 행위는 E·F에게 일반 불법행위가 된다고 볼 것이다. 전기기사의 기능은 보통의 전기기사를 기준으로 해야 하기 때문에, 공사를 한 전기기사의 기능이 부족하다고 하여 그 기사나 그의 사용자가 면책되지는 않는다. 그런가 하면 Y회사가 전기기사의 선임 및 사무감독에 상당한 주의를 했다거나 또는 상당한 주의를 하여도 손해가 있을 것이라는 점의 증명도 없다. 그러므로 Y회사는 E·F에 대하여 사용자책임을 져야 한다. 즉 E·F는 제756조를 근거로 Y회사에 대하여 손해배상을 청구할 수 있다.

(4) A병원의 책임과 Y회사의 책임 사이의 관계

본 사안의 경우에 E·F에 대하여 A병원은 공작물책임을 지고 Y회사는 사용자책임을 지는데, 이들의 채무는 부진정연대채무의 관계에 있다.[9]

---

9) A병원과 Y회사가 공동불법행위를 한 것으로 보는 것은, 협의의 공동불법행위가 성립하기 위하여 각자의 행위가 불법행위의 요건을 갖추어야 한다고 보는 한(판례와 사견은 그런 입장임), 행위의 관련·공동성에 관하여 객관적 공동설을 취하더라도 무리이다. 무엇보다도 사용자책임의 경우에는 사용자는 직접 불법행위의 요건을 갖추지 못하기 때문이다.

2. 물음 2.에 대하여

(1) 논점의 정리

본 사안은 실화의 경우인데, 「실화책임에 관한 법률」(이하 실화책임법이라 한다)에 의하여 배상액의 경감을 청구할 수 있는지 문제된다. 다음에 A병원이 제765조에 의하여 손해배상 액의 경감을 청구할 수 있는지 문제된다. 그리고 이 두 경감청구가 함께 인정되는지도 살펴 보아야 한다. 이는 실화책임법과 제765조 사이의 관계의 문제이다.

(2) 실화책임법의 내용

2009년에 개정된 실화책임법은, 개정 전의 구법[10])과 달리, 실화자에게 중과실이 없는 경우 그 손해배상액의 경감에 관한 제756조의 특례를 규정하고 있다(동법 1조 참조).

동법은 실화로 인하여 화재가 발생한 경우 연소(延燒)로 인한 부분에 대한 손해배상청 구에 관하여 적용된다(동법 2조). 그리고 실화가 중과실로 인한 것이 아닌 경우 그로 인한 손 해의 배상의무자는 법원에 손해배상액의 경감을 청구할 수 있고(동법 3조 1항), 법원은 배상 의무자의 청구가 있을 경우에는 일정한 사정(동법 3조 2항 1호 내지 6호 참조)을 고려하여 그 손해배상액을 경감할 수 있다(동법 3조 2항).

한편 판례에 의하면, 공작물의 설치·보존상의 하자로 인하여 화재가 발생한 경우에 실 화가 중과실로 인한 것이 아닌 한 그 화재로부터 연소한 부분에 대한 손해의 배상의무자는 개정 실화책임법 제 3 조에 의하여 손해배상액의 경감을 받을 수 있다고 한다.[11])

화재로 인한 손해 가운데 직접화재로 인한 것인지 연소부분에 해당하는지의 구별은 반 드시 명확하지는 않다. 그런데 종래의 판례는, 발화점과 밀접·불가분의 일체를 이루는 물 건이나 그러한 위치에 있다가 발생한 손해는 직접화재로 인한 것으로, 외벽을 경계로 독립 성을 갖춘 인접 건물을 불태운 경우는 연소부분에 해당하는 것으로 판단하고 있다.[12]) 이러 한 판례의 기준은 타당하다.

(3) 제765조의 내용

제765조는, 불법행위 손해의 배상의무자는 그 손해가 고의 또는 중과실에 의한 것이 아 니고 또 그 배상으로 인하여 배상자의 생계에 중대한 영향을 미치게 될 경우에는 법원이 그 배상액의 경감을 청구할 수 있고(동조 1항), 법원은 그 청구가 있는 때에는 채권자 및 채 무자의 경제상태와 손해의 원인 등을 참작하여 배상액을 경감할 수 있다고 규정한다(동조 2항). 이는 생계마저 어렵게 될 가능성이 있는 가해자를 위하여 두어진 규정이다.

---

10) 개정 전의 실화책임법은 경과실로 인한 실화의 경우에는 제750조의 책임을 아예 발생시키지 않는다고 규정하였었다.

11) 대판 2012. 6. 28, 2010다58056; 대판 2013. 3. 28, 2010다71318.

12) 좀 더 자세한 사항은 이상우, "실화책임과 공작물책임 — 개정 실화책임에 관한 법률의 적용범위 및 직 접화재 부분과 연소부분의 구별기준을 중심으로 — ," 민사판례연구 34권, 2012. 2, 541면 이하 참조.

제765조는 모든 불법행위에 일반적으로 적용된다. 그리하여 형식적으로는 실화의 경우에도 적용된다고 할 것이다. 그런데 실화의 경우에는 실화책임법이 별도로 배상액의 경감을 규정하고 있어서 그 점이 제765조의 적용범위에 영향을 주는지를 검토해 보아야 한다. 이 문제에 관하여는 학자들의 논의가 없고 판례도 없으나, 실화의 경우에는 실화책임법만이 적용된다는 견해와 제765조도 함께 적용된다는 견해를 생각해 볼 수 있다. 전자의 견해는 실화책임법을 배타적인 규정으로 이해하는 입장이며, 그에 의하면 실화의 경우에는 직접화재로 인한 손해에 대하여는 경감청구를 하지 못하고 연소부분에 대해서만 경감청구를 할 수 있게 된다. 그리고 그때 배상이 생계에 중대한 영향이 있는지는 불문한다. 그에 비하여 후자의 견해는 실화책임법과 제765조를 각기 목적이 다른 제도로 이해하는 입장이며, 그에 의하면 실화의 경우에는 연소부분에 관하여는 실화책임법에 따라 생계에의 영향에 관계없이 경감청구를 할 수 있고,[13] 직접화재로 인한 손해는 제765조의 요건(배상이 생계에 중대한 영향을 미칠 것 포함)을 갖추면 경감청구를 할 수 있게 된다. 사견은 후자의 견해가 타당하다고 생각한다.

(4) 결 론

본 사안의 경우 E의 가옥과 F의 건물의 화재는 연소부분에 대한 것이다. 그리고 그 화재에 A병원측의 고의나 중과실은 없다. 따라서 A병원은 E·F의 손해배상청구에 대하여 법원에 배상액의 경감을 청구할 수 있다.

한편 실화의 경우에도 제765조의 요건을 갖추면 직접화재로 인한 손해에 대하여 배상액의 경감청구를 할 수 있으나, 본 사안의 경우에는 E·F의 손해가 모두 직접화재로 인한 것이 아니므로 제765조에 의한 경감청구는 인정될 여지가 없다. 그런가 하면 A병원은 생계의 문제가 생기지도 않을 것이어서 제765조의 요건을 갖추지도 못할 것이다.

3. 물음 3.에 대하여

(1) 논점의 정리

먼저 A병원이 Y회사에 대하여 손해배상청구를 할 수 있는지와 관련하여, Y회사에게 채무불이행책임을 물을 수 있는지, 불법행위책임을 물을 수 있는지가 문제된다.

그리고 A병원이 E·F에게 배상을 해 준 경우에 Y회사에 대하여 제758조 제3항에 의하여 구상을 할 수 있는지 문제된다.

(2) A병원이 손해배상청구를 할 수 있는지 여부

1) 서 설

본 사안의 경우에 A병원은 Y회사와 창고 건설에 관한 도급계약을 체결하였다. 그리고 Y회사가 그 계약상의 채무(창고를 완성할 의무)를 이행함에 있어서 전기기사가 작업을 하면서

---

13) 이 경우 생계에 영향이 있다고 하여 제765조에 의한 경감청구를 중복하여 인정할 필요는 없을 것이다.

전선을 부적당하게 연결시켰다. 그 후 전선 합선으로 화재가 발생하여 A병원과 E·F가 손해를 입었다. 그리고 A는 E·F의 손해를 배상해주게 되었다.

이러한 경우에 Y회사가 A병원에 채무불이행책임을 지는지, 동시에 불법행위책임(사용자책임)도 지는지, 이 두 책임의 관계가 어떻게 되는지 문제된다.

2) 채무불이행책임 문제

본 사안의 경우에 창고 건설에 관하여 채무자인 Y회사는 창고를 완성시켰다. 채무를 이행한 것이다. 그런데 Y회사의 전기기사의 잘못으로 A병원과 E·F에게 손해가 발생하였다. 여기서 — 통설에 의할 경우 — 불완전이행이 문제된다.[14]

그리하여 그 요건을 살펴보면, 이행행위가 있었고, 이행에 하자가 있었으며(전선의 부적당한 연결), 여기의 전기기사는 비록 능력이 부족하지만 정상적인 전기기사를 기준으로 판단해야 하므로 그에게 과실이 있고 그 과실은 Y회사의 과실로 인정되며(391조), 위법성도 인정된다. 그러므로 불완전이행의 요건이 갖추어졌다.

따라서 A병원은 Y회사에 대하여 채무불이행(불완전이행)을 이유로 손해배상을 청구할 수 있다. 이때 A병원이 부적당한 설계도를 제공하여 손해가 확대되었으므로 과실상계(396조)를 하여야 한다.

3) 불법행위책임 문제

본 사안의 경우에 Y회사의 행위가 다른 한편으로 Y회사의 불법행위도 되는지를 살펴보기로 한다. 우선 Y회사가 A병원에 일반 불법행위책임을 지는 것으로 보기는 어렵다. 구체적인 가해행위를 한 자는 Y회사의 대표기관이 아니고 피용자에 지나지 않기 때문이다. 그에 비하여 제756조의 사용자책임이 인정될 여지는 있다.

사용자책임의 요건은 위 II. 1. (3) 2)에서 기술한 것 그대로이다.

본 사안의 경우에 행위를 한 전기기사는 Y회사의 피용자이고, 그가 사무집행에 관하여 제3자인 A병원에 손해를 발생시켰다. 그리고 전기회사의 행위는 A병원에 대하여 불법행위가 된다고 보아야 한다. 그 밖에 Y회사에게 면책사유는 없다. 따라서 Y회사의 사용자책임의 요건이 갖추어졌다.

그런데 동일한 경우에 채무불이행책임의 요건과 불법행위책임의 요건이 갖추어진 경우에 두 개의 청구권이 인정되는지 하나의 청구권만 인정되는지 문제된다. 여기에 관하여 학설은 나뉘어 있으나, 다수설은 피해자가 어느 책임이든 물을 수 있다는 이른바 청구권경합설의 입장에 있고, 판례도 같다. 그리고 사견도 청구권경합설이 피해자를 두텁게 보호할 수 있어서 타당하다고 생각한다.[15] 이러한 다수설·판례·사견에 의하면, 본 사안의 경우 A병원은 Y회사에 대하여 사용자책임을 이유로 손해배상을 청구할 수도 있다. 그리고 이 경우

---

14) 사견에 의하면 불완전급부가 문제된다. 그에 관하여는 강의, C-114 이하 참조.
15) 여기에 관하여 자세한 점은 강의, D-417 참조.

에 A병원에게도 잘못(부적당한 설계도 제공)이 있었으므로 과실상계를 하여야 한다. 한편 Y회사가 채무불이행으로 인한 손해배상채무나 사용자책임으로 인한 손해배상채무 중 어느 하나를 이행하면 나머지 하나도 소멸한다.

(3) A병원이 구상할 수 있는지 여부

본 사안의 경우에 A병원은 E·F에 대하여 공작물의 점유자·소유자로서 손해배상을 해야 한다. 그리고 A병원이 E·F에게 배상을 한 때에는, A병원은 제758조 제3항에 따라 그 손해의 원인에 대하여 책임있는 자인 Y회사에게 구상권을 행사할 수 있다. 그런데 A병원이 Y회사에 구상권을 행사할 때에도, E·F의 손해 중 A병원의 잘못(부적당한 설계도 제공)으로 인하여 확대된 부분에 대하여는 과실상계의 법리를 적용하여 구상할 수 없다고 해야 한다.

[96] 공동불법행위·과실상계·구상(求償)

문 제

A(25세인 남자)는 장난기가 심한 자인데, 그가 어느 날 그의 선배 B를 자꾸 건드리면서 약을 올렸다. 그러자 B는 A에게 화를 내면서 그러지 말라고 하였다. 그런데도 A는 더욱 심하게 B를 놀렸고, 급기야 화가 머리끝까지 치민 B가 옆에 있던 돌을 들어 A에게 던져 A는 다리에 골절상을 입었다. 상해를 입은 A는 의사 C가 경영하는 정형외과 병원에 입원하여 두 차례의 수술 및 기타 치료를 받았다. 그로부터 2개월이 지난 뒤, C는 A에게 이제는 퇴원하여 통원치료를 받으면 된다고 하면서 관절굴신운동을 시키는 물리치료를 하겠다고 하였다. 그런데 그 병원에는 물리치료를 위한 특별한 시설이 따로 없어 C는 원장실에서 진찰용 침대에 A를 엎드리게 하고 손으로 그의 다리를 이리저리 꺾는 방법으로 물리치료를 하였는데, C는 A의 환부 관절상태를 잘 살펴보지 않은 채 다리를 이리저리 꺾어 A가 굉장한 통증을 느껴 호소하는데도 이를 무시하고 2~3분간 계속적으로 무리하게 A의 다리를 꺾어 환부 내의 금속 고정물이 풀리고 골절 부위가 다시 골절되었다. 그 후 A가 환부의 통증을 C에게 호소하였으나, C는 간호사를 시켜 뜨거운 수건으로 찜질만 시키다가 1주일 만에야 환부를 확인하고 엑스선 촬영을 하여본 결과 다시 골절되었음을 확인하였다. 그리하여 다시 수술을 하였으나, 수술 후 3개월이 지나도록 뼈가 붙지 않아, C는 A에게 D종합병원으로 가서 치료를 받으라고 하였다. 그 후 A는 D종합병원에서 4개월 넘게 치료를 받았다.

1. 이 경우에 A는 누구에게 어떤 내용의 손해배상을 청구할 수 있는가?
2. 이 경우에 만약 B나 C가 A에게 손해 전부를 배상하였다면, 배상한 자는 다른 자에게 구상을 할 수 있는가?

Ⅰ. 물음 1.에 대하여

1. 논점의 정리

첫째로 B가 A에게 돌을 던져 다치게 한 것이 불법행위인지 문제된다. 둘째로 C가 A에 대하여 부적당한 치료를 함으로써 손해가 확대된 것이 불법행위인지, 채무불이행으로 되는지 문제된다. 셋째로 B와 C의 행위가 공동불법행위인지 문제된다. 넷째로 A가 B를 놀린 것에 관하여 B가 과실상계를 할 수 있는지, 과실상계를 할 수 있다면 그것이 C에게도 영향이 있는지 문제된다.

2. B의 불법행위 성립 여부

⑴ 불법행위의 요건

일반 불법행위의 성립요건은 ① 가해행위, ② 가해자의 고의·과실, ③ 가해자의 책임능력, ④ 가해행위의 위법성, ⑤ 가해행위에 의한 손해발생의 다섯 가지이다.

⑵ 본 사안의 경우

본 사안에서 B는 A에게 돌을 던지는 가해행위를 하였고, 그럼에 있어서 고의가 있다. 그리고 B는 25세인 A의 선배로서 책임능력이 있고, B의 가해행위가 위법하며, B의 가해행위에 의하여 손해가 발생하였다. 따라서 B의 행위는 불법행위에 해당한다(신체침해). 그 결과 A는 B에 대하여 불법행위를 이유로 손해배상을 청구할 수 있다.

3. C의 행위가 A에 대한 불법행위·채무불이행인지 여부

⑴ 불법행위 문제

1) 불법행위의 요건

그에 관하여는 위에서 설명하였다.

2) 본 사안의 경우

본 사안에서 C는 그가 처음으로 A에 대하여 가해행위를 한 것이 아니고, 이미 상해를 입은 A에 대하여 부적당한 물리치료와 미흡한 후속조치 등을 하여 그의 손해를 확대시켰다. 그런데 이와 같은 C의 행위도 가해행위이고, C에게 과실이 있으며, C는 책임능력자일 것이고, C의 가해행위는 위법하며, C의 가해행위에 의하여 A의 확대된 손해가 발생하였다. 따라서 C의 가해행위는 일반 불법행위의 요건을 구비한다. C의 그 행위는 A에 대하여 독립한 불법행위인 것이다. 그 결과 A는 C에 대하여도 불법행위를 이유로 손해배상을 청구할 수 있다.

⑵ 채무불이행 문제

1) 불완전급부의 요건

본 사안에서 C의 행위가 A에 대하여 채무불이행이 된다면, 그것은 불완전급부(통설·판례의 불완전이행에 포함됨)일 것이다.

불완전급부의 요건은 ① 이행행위가 있었을 것, ② 이행에 하자가 있을 것, ③ 채무자의 유책사유, ④ 위법할 것의 네 가지이다.

2) 본 사안의 경우

본 사안과 같은 경우에는 A와 C 사이에 의료계약이 체결된 것이고, 그리하여 C는 A를 치료해 줄 채무를 부담한다. 그리고 본 사안에서 C는 치료행위(이행행위)를 하였다. 그런데 치료를 잘못하였고, 그것은 이행에 하자가 있는 것으로 된다. 그 밖에 C에게 과실이 있으며, C의 흠 있는 치료는 위법성 조각사유가 없어 위법한 것으로 평가된다. 따라서 C의 A에 대한 부적당한 치료행위는 채무불이행 중 불완전급부에 해당한다. 그 결과 A는 C에 대하여 불완전급부를 이유로 손해배상을 청구할 수도 있다. 이때 A의 C에 대한 불법행위로 인한 손해배상청구권과 채무불이행으로 인한 손해배상청구권은 경합하여 존재한다(청구권 경합설의 입장).

4. B·C의 행위가 공동불법행위인지 여부

⑴ 공동불법행위의 의의

공동불법행위는 여러 사람이 공동으로 불법행위를 하여 타인에게 손해를 가하는 경우를 가리킨다. 민법은 제760조에서 공동불법행위로 세 가지를 규정하고 있다. 그중에서 이 사안에서는 「수인이 공동불법행위로 타인에게 손해를 가한 때」(760조 1항), 즉 협의의 공동불법행위인지가 문제된다.

공동불법행위의 경우에 행위자는 연대하여 배상할 책임이 있다(760조).

⑵ 협의의 공동불법행위의 요건

협의의 공동불법행위의 요건은 다음과 같다.

1) 각자의 행위에 관한 요건

협의의 공동불법행위가 성립하기 위하여 각자의 행위가 각각 독립해서 불법행위의 요건을 갖추어야 하는지가 문제된다. 여기에 관하여 학설은 긍정설,[1] 경우에 따라 다르다는 견해[2]로 나뉘어 있고, 판례는 긍정설의 견지에 있다.[3] 생각건대 원칙적으로 긍정하되, 공동불법행위의 특수성을 고려하여 적절하게 해석하여야 한다. 그리하여 여기의 인과관계는 공동행위자의 가해행위와 손해 사이에 존재하면 되고, 각자의 행위와 손해 사이에 인과관계가 있어야 할 필요는 없다고 할 것이다. 다수설도 같으며, 판례도 유사하다(강의, D-460 참조).

2) 행위의 관련·공동성

협의의 공동불법행위가 성립하려면 각 행위자의 가해행위 사이에 관련·공동성이 있어야 한다. 제760조 제1항이 수인의 「공동불법행위」를 요구하기 때문이다. 그런데 이 관련·공동성의 의미에 대하여는 다투어지고 있다.

학설은 행위자들 사이에 공모 내지 공동의 인식이 필요하다는 주관적 공동설,[4] 행위자들의 공모 내지 공동의 인식은 필요하지 않으며 객관적으로 관련·공동하고 있으면 된다고 하는 객관적 공동설,[5] 협의의 공동불법행위를 의사적인 것·객관적인 것·독립적인 것으로

1) 곽윤직, 채각, 428면; 이은영, 채각, 823면.
2) 김상용, 채각, 756면.
3) 대판 1997. 8. 29, 96다46903; 대판 1998. 2. 13, 96다7854 등.
4) 김증한, 채각, 511면.
5) 곽윤직, 채각, 429면.

나누어 그 각각을 다르게 설명하는 견해,[6] 주관적 공동관계가 있거나 그와 같은 정도의 긴
밀한 객관적 공동이 있는 경우에 공동불법행위를 인정하는 견해[7]로 나뉘어 있다.

그리고 판례는 객관적 공동설의 견지에 있다(강의, D-461 참조).

생각건대 피해자보호가 필요한 경우를 생각해 볼 때 객관적 공동설이 타당하다.

(3) 본 사안의 경우

본 사안에서 B·C의 행위는 모두 A에 대하여 독립한 불법행위의 요건을 갖추었다. 그
리고 B·C의 행위는 객관적으로 관련·공동하고 있다. 따라서 B·C의 행위는 공동불법행위
에 해당한다. 그 결과 B·C는 연대하여 A에게 손해를 배상할 책임이 있다. 판례도 유사한
경우에 대하여 같은 입장이다.[8]

5. 과실상계 문제

(1) 과실상계 이론

1) 의   의

과실상계는 손해의 발생 또는 확대에 관하여 피해자에게도 과실이 있는 경우에 손해배
상의 범위를 정함에 있어서 그 과실을 참작하는 제도이다. 민법은 이러한 과실상계를 채무
불이행에 관하여 규정하고(396조), 이를 불법행위에 준용하고 있다(763조).

2) 요건(불법행위의 경우)

불법행위의 경우에 과실상계가 인정되려면, 첫째로 불법행위의 성립요건이 구비되어야
한다.

둘째로 불법행위 또는 손해의 발생에 관하여 피해자에게 과실이 있어야 한다. 이는 불
법행위의 성립 자체에 과실이 있는 경우 외에, 그 후에 손해의 발생 또는 확대에 과실이 있
는 경우도 포함된다. 통설·판례도 같다(강의, C-147 참조). 한편 과실의 의미에 관하여 학설
은, 보통의 과실(위법한 부주의)과 구별할 필요가 없다는 견해, 과실상계에서의 과실은 자신에
대한 책무에 지나지 않는다는 점에서 일반적 과실과 구별된다는 견해, 여기의 과실은 단순
한 부주의로서 보통의 과실에서보다 낮은 정도의 주의 위반이라는 견해 등으로 나뉘어 있
다(송덕수, 채총, [100] 참조). 그리고 판례는 마지막 학설과 유사하다.[9] 생각건대 과실상계의
경우 채권자 내지 피해자는 타인에 대한 법적 의무를 부담하지 않는다. 그러한 점에서 볼
때 여기의 과실은 보통의 과실과는 구별하여야 한다. 그리고 그 정도에 있어서도 보통의 과
실에서보다 낮은 정도의 부주의만으로 충분하다고 할 것이다.

---

6) 김상용, 채각, 755면; 김주수, 채각, 728면.
7) 이은영, 채각, 826면.
8) 대판 1993. 1. 26, 92다4871 참조.
9) 대판 2001. 3. 23, 99다33397 등.

(2) 본 사안의 경우

본 사안에서 A가 B를 약올린 행위는 부주의로서 과실상계에 있어서의 과실에 해당한다고 할 것이다. 따라서 B는 A에 대하여 과실상계를 할 수 있다.

문제는 공동불법행위의 경우에 과실을 어떻게 평가할 것인가이다. 판례는, 피해자의 과실을 들어 과실상계를 함에 있어서는 피해자의 공동불법행위자 각인에 대한 과실비율이 서로 다르더라도 피해자의 과실을 공동불법행위자 각인에 대한 과실로 개별적으로 평가할 것이 아니고 그들 전원에 대한 과실로 전체적으로 평가하여야 할 것이라고 한다.10) 다만, 피해자가 공동불법행위자들을 모두 피고로 삼아 손해배상청구의 소를 제기한 경우와 달리 공동불법행위자별로 별개의 소를 제기한 경우에는, 과실상계비율과 손해액도 서로 달리 인정될 수 있다고 한다.11)

6. 결　　론

(1) A는 B·C에게 공동불법행위책임을 물을 수 있다. 즉 B·C는 C의 부적절한 치료에 의한 손해까지 포함하여 연대하여 배상채무를 부담한다. 그런데 과실상계는 해야 한다. 그때 과실은, 판례에 의하면, 전체적으로 평가하여야 한다.

여기의 「연대」에 관하여 통설·판례는 부진정연대채무의 의미로 해석하나, 그것은 연대채무로 이해하여야 한다(송덕수, 채각, [281] 참조).

한편 배상범위가 되는 손해에는 직접적 손해·통상손해·특별손해가 있는데(강의, C-136 이하 참조),12) 본 사안에서는 특별손해는 보이지 않는다. 그리고 직접적 손해로서 A의 치료비 손해(개호비도 필요하다면 그 손해도 같다), 위자료가 있고, 통상손해로서 A가 치료로 인하여 수입을 얻지 못한 것(일실이익)이 있다.

(2) A는 B·C 각각에 대하여 따로 손해배상청구를 할 수 있다. 그때에는 B·C의 배상범위도 달라진다(확정은 어려움). 그리고 이 경우 과실상계는 B에 대하여만 할 수 있다.

Ⅱ. 물음 2.에 대하여

1. 논점의 정리

본 사안에서 배상한 자의 구상이 문제되는 것은 A가 B·C에 대하여 공동불법행위책임을 물은 경우이며, 개별적으로 청구한 경우에는 그렇지 않다. 그리고 구상이 인정되는지 여부는 공동불법행위자들의 채무들의 관계가 어떤 성질을 가지는지와도 관련된다.

---

10) 대판 1997. 4. 11, 97다3118 등.
11) 대판 2001. 2. 9, 2000다60227.
12) 통설·판례는 손해에 통상손해와 특별손해가 있다고 하는데, 그러한 경우에는 사견의 직접적 손해는 통상손해에 포함된다.

2. 공동불법행위의 경우의 구상관계

⑴ 공동불법행위자의 채무들의 관계

제760조는 공동불법행위의 경우에는 행위자들이「연대하여 배상할 책임이 있다」고 규정한다. 그런데 여기의 의미에 대하여는 견해가 대립한다. 통설과 판례는 이를 부진정연대채무로 해석한다(강의, D-459 참조). 그러나 이는 옳지 않다. 부진정연대채무는 채무자들 사이에 공동관계가 전혀 없는 경우에 인정되는 것인데, 공동불법행위의 경우에는 그렇지 않다. 그리고 법률에서「연대하여」채무를 부담한다고 규정하면 특별한 다른 근거가 없는 한 마땅히 민법상의 연대채무의 성립이 인정되어야 한다.

⑵ 구상관계에 관한 학설 · 판례

공동불법행위자의 책임을 부진정연대채무로 이해하면 이론상 행위자는 부담부분이 없고, 따라서 구상의 문제가 생길 수 없다. 그런데 통설 · 판례는 부진정연대채무라고 하면서도 구상을 인정한다. 이는 모순된 태도이다. 그에 비하여 공동불법행위자의 책임을 연대채무라고 새기는 사견에 있어서는 당연히 구상이 인정된다. 연대채무에서는 이론상 부담부분이 있고, 따라서 구상이 인정되기 때문이다.

사견을 정리한다. 공동불법행위자는 채권자에 대한 관계에서는 연대채무를 부담하되, 내부관계에서는 일정한 부담부분이 있고, 이 부담부분은 공동불법행위자의 과실의 정도에 따라 정해진다. 그리하여 공동불법행위자 중 1인이 자기의 부담부분 이상을 변제하여 공동의 면책을 얻었을 경우에는 다른 공동불법행위자에게 그 부담부분의 비율에 따라 구상권을 행사할 수 있다(425조 참조).

3. 결   론

B · C 가운데 누가 A에게 손해 전부의 배상을 하였다면, 배상한 자는 다른 자의 부담부분에 따라 구상을 할 수 있다.

이때 제426조가 적용되는지 문제된다. 여기에 관하여 판례는 제426조를 유추적용할 수 없다고 한다. 그리고 구상청구인이 다른 공동불법행위자의 존재 및 소재를 알고 있는 경우에 한하여 사후통지의무는 부과되어야 한다는 견해가 있다. 생각건대 공동불법행위자의 책임을 연대채무라고 이해하는 사견의 견지에서는 제426조가 당연히 적용되어야 한다. 그런데 설사 부진정연대채무로 새겨도 공동관계를 인정하고 부담부분이 존재한다고 보는 이상 구상권 제한에 관한 한 그 규정은 마땅히 적용되어야 한다.

[97] 호의동승 · 연명치료(延命治療) 중단 · 생명침해 등

문 제

　회사에 다니는 A는 그의 승용차를 운전하여 퇴근을 하다가 자기 집 근처에 사는 직장동료 B를 발견하고 집까지 태워다 주겠다고 하였다. B는 고맙다고 하면서 A의 차에 올랐다. 그 후 A의 승용차가 자동차 전용도로에 들어서자 B는 자기 집에 손님이 오기로 하였으니 과속을 하여서라도 빨리 가자고 하였다. 그리하여 A는 규정속도를 많이 초과하여 달렸다. 그러다가 옆 차선에서 달리던 C회사 소속 운전사 D가 운전하는 화물자동차가 갑자기 차선을 바꾸는 바람에 A의 승용차는 D의 화물자동차와 충돌하였다. A와 D의 과실은 각각 40%와 60%이다. 사고 후 A와 B는 중상을 입고 인근에 있는 E병원(법인)으로 옮겨져 치료를 받았다. 그 뒤 B는 6개월의 치료를 받고 완치되어 퇴원을 하였다. 그런데 A는 E병원의 의사 F의 잘못된 수술로 말미암아 뇌손상을 입고 식물인간 상태에 빠졌다. 그리고 중환자실에서 인공호흡기를 부착한 채 항생제투여 · 인공영양공급 · 수액공급 등 연명치료를 받았다. 그리고 A에 대하여 F가 수술을 하기 전에 그 수술이 어떤 성격의 것인지 A의 가족(처 G 등)에게 설명을 제대로 해 주지도 않았다. 그 뒤 A의 처인 G는, A가 과거에 자기는 의미 없는 연명치료는 결코 받지 않겠다고 기재하고 서명한 서면을 제시하며, A에 대한 연명치료를 중단해 달라고 하였다. 그러자 E병원측은 이 문제를 의논하기 위하여 F를 포함한 의사와 윤리위원 등으로 구성된 대학위원회를 구성하여 의논하였으며, 그 위원회에서 환자가 회복될 가능성이 없고 또 환자의 의사가 연명치료를 원하지 않으므로 그 치료를 중단하기로 하였다. 그리하여 E병원은 A에 대한 인공호흡기를 제거하였고, 그런 지 3일 후에 A는 사망하였다. 한편 A의 처 G는 태아 H를 임신한 상태에 있다. (현재는 「호스피스 · 완화의료 및 임종과정에 있는 환자의 연명의료결정에 관한 법률」이 제정되기 전인 2009. 5.이다)

　1. 이 사안에서 B는 누구에게 어떤 내용의 손해배상을 청구할 수 있는가?

　2. A에 대한 E병원의 연명치료 중단은 법적으로 정당한가?

　3. G와 H는 누구에게 어떤 내용의 손해배상을 청구할 수 있는가?

Ⅰ. 물음 1.에 대하여

1. 논점의 정리

　먼저 A가 자동차손해배상보장법(아래에서는 자배법이라 한다)에 의하여 책임을 지게 되는지 문제된다. 그리고 B가 호의동승을 한 것인지 살펴보아야 한다. 그리하여 B가 호의동승을 한 경우라면, 거기에도 자배법이 적용되는지, B는 A에게 모든 손해의 배상을 청구할 수 있는지도 검토하여야 한다. 또한 본 사안에서 B에게 과실은 없는지, 있다면 그것이 손해배상에 어떤 영향을 미치는지도 살펴보아야 한다.

D에 대하여는 일반 불법행위책임이 발생하는지, 자배법상의 책임이 발생하는지 문제된다. 그리고 여기서도 B의 과실에 대한 논의가 필요하다.

C에 대하여는 자배법상의 책임이 생기는지, 사용자책임이 성립하는지, 두 책임이 모두 인정된다면 그 책임들은 어떤 관계에 있는지가 문제된다. 그리고 C에 대하여도 B의 과실 유무의 논의가 행하여져야 한다.

한편 A · D · C는 공동불법행위책임을 지는지, 만약 그렇다면 그들의 책임 사이의 관계는 어떠한지도 문제이다.

2. A의 손해배상책임

⑴ A가 자배법상 자동차운행자책임을 지는지 여부

1) 자동차운행자책임

⑺ 의   의   자동차운행자의 책임은 자기를 위하여 자동차를 운행하는 자가 자배법 제 3 조에 의하여 그 자동차의 운행으로 인하여 다른 사람을 사망 또는 부상하게 한 때에 지는 책임을 말한다. 자배법은 자동차운행으로 인하여 사망하거나 상해를 입은 자를 보호하기 위하여 자동차운행자의 배상책임을 강화하고 강제적 책임보험제도를 마련하여 일정한 범위까지 배상을 보장하고 있다.

⑻ 요   건   자동차운행자의 책임이 성립하려면 다음과 같은 요건을 갖추어야 한다 (자배법 3조).

(a) 자기를 위하여 자동차를 운행하는 자일 것   자배법상 책임을 지는 자는 자기를 위하여 자동차를 운행하는 자 즉 자동차운행자이다. 자동차운행자는 자동차에 대한 운행을 지배하여 그 이익을 향수하는 책임주체자로서의 지위에 있는 자를 가리키며, 따라서 운행자이려면 운행지배와 운행이익의 두 가지를 가지고 있어야 한다.

운행자는 운전자나 자동차보유자와는 개념상 구별된다. 그리하여 보유자가 아닌 고용된 운전자는 운행지배 · 운행이익이 없어서 운행자가 아니며, 소유자나 그 밖의 보유자(임차인 등)는 보통은 운행자일 것이지만 운행지배와 운행이익을 상실하면 운행자가 아니게 된다.

(b) 자동차의 운행에 의할 것

(c) 다른 사람을 사망하게 하거나 부상하게 하였을 것

(d) 면책사유가 없을 것   운행자는 승객이 아닌 자가 사망 · 부상한 경우에는 ① 자기와 운전자가 자동차의 운행에 관하여 주의를 게을리하지 않았고, ② 피해자 또는 자기 및

운전자 외의 제 3 자에게 고의 또는 과실이 없으며, ③ 자동차의 구조상의 결함 또는 기능에 장해가 없었다는 것을 증명하면 책임을 면하고(자배법 3조 1호), 승객이 사망·부상한 경우에는 그 사망 또는 부상이 그 승객의 고의나 자살행위로 인한 것임을 증명하면 책임을 면하고(자배법 3조 2호), 이러한 증명을 하지 못하면 책임을 지게 된다.

(대) **민법과의 관계**　　　자배법은 민법 불법행위 규정의 특별법이므로 민법에 우선하여 적용된다. 그러나 자배법 제 3 조는 자동차의 운행으로 다른 사람이 사망하거나 부상당한 경우에만 운행자책임을 인정하고 있다. 따라서 사망·부상사고 이외의 경우에는 민법에 의하여 구제받을 수밖에 없다. 그리고 운행자가 아닌 운전자에 대하여는 민법에 의하여 배상을 청구하여야 한다. 또한 운행자로서 책임을 진 사용자가 과실있는 운전자에게 구상하려면 제756조에 의하여야 한다. 운행자책임이 성립하지 않는 경우에는 민법에 의하여 배상을 청구할 수 있음은 물론이다. 판례도 같다(강의, D-476 참조).

2) 본 사안의 경우

본 사안에서 A는 승용차를 소유하고 또 운전하는 자로서 그의 승용차에 대하여 운행지배와 운행이익을 가지고 있다. 따라서 A는 자동차운행자이다.

그리고 A는 자동차의 운행에 의하여 다른 사람인 B를 부상하게 하였다. 또한 B가 부상당한 것이 B의 고의나 자살행위로 인한 것이 아니다.

결국 A는 B의 부상에 대하여 자배법 제 3 조에 의하여 손해배상책임을 진다.

⑵ B가 호의동승을 하였는지, 그리하여 A의 책임이 감경되는지 여부

1) 호의동승

(개) 의　　　의　　　호의동승이란 계약이 없이 순수한 호의에서 무상으로 타인을 자신이 운전하는(또는 자신의) 차에 태워주는 것을 말한다. 이러한 호의동승에 자배법 제 3 조가 적용되는지, 그리고 동승자가 입은 모든 손해를 배상해 주어야 하는지가 문제된다.

(나) **호의운행자의 책임**

(a) 학　　　설　　　호의동승의 경우에 호의운행자의 책임에 관하여 학설은 크게 책임제한 부정설과 책임제한 인정설로 나누어지고, 후자는 다시 ① 운행자성 조각설, ② 운행자성 비율 조각설, ③ 비율적 책임설, ④ 신의칙설, ⑤ 금반언설, ⑥ 개별적 해결설 등 여러 가지가 있으나, 책임제한 부정설이 다수설이다.

(b) 판　　　례　　　판례는, 사고차량에 무상동승하여 그 운행으로 인한 이익을 누리는 지위에 있었다 하더라도 특별한 사정이 없는 한 그 점만으로 피해자에게 과실이 있다고 할 수 없고 또 동승사실만 가지고 동승자에게 자동차보유자성을 인정할 수도 없으므로, 호의로 동승한 사실만으로 손해액을 감액할 수는 없다고 한다(강의, D-477 참조). 그러나 운행의 목적, 호의동승자와 운행자와의 인적 관계, 피해자가 차량에 동승한 경위 특히 동승요구의 목적과 적극성 등의 제반사정에 비추어 가해자에게 일반의 교통사고와 같은 책임을 지우는

것이 신의칙이나 형평의 원칙에 비추어 매우 불합리한 것으로 인정되는 경우에는 그 배상 책임을 감경할 사유로 삼을 수도 있다고 한다.[1]

(c) 사   견   일반적인 호의행위자는 구체적 과실이 있는 때에만 책임을 져야 한다. 그러나 호의동승의 경우에는 자배법의 취지를 고려할 필요가 있다. 자배법 제 3 조는 호의 동승자에게도 적용된다고 할 것인데, 그 규정에 의하면 운행자는 운전자의 추상적 과실에 책임을 지게 된다. 그러나 자배법은 책임보험 등의 가입이 강제되는 범위에서만 철저하게 손해를 전보해 주려고 하고 있다. 그러므로 호의동승의 경우에도 책임보험이 있는 한 그 범위에서는 자배법 제 3 조에 의하여 운행자는 책임을 진다고 하여야 한다. 그에 비하여 책임 보험금을 넘는 손해에 대하여는 설사 임의보험에 가입되어 있더라도 거기에는 구체적 과실의 원칙을 적용하여야 한다. 한편 이때 동승자에게 과실이 있으면 과실상계를 하여야 한다. 또 위자료를 정함에 있어서 호의동승 사실이 참작되어야 한다.

2) 본 사안의 경우

본 사안에서 A는 순수한 호의에서 무상으로 B를 자신이 운전하는 차에 태워주었다. 따라서 그것은 호의동승에 해당한다. 그리고 A는 호의운행자이다.

호의운행자인 A는, 사견에 의하면, 책임보험이 가입되어 있는 범위에서는 추상적 과실에 대하여 책임을 진다. 그러나 그 범위를 넘는 손해에 관하여는 구체적 과실에 대하여 책임을 진다. 그리하여 그 초과손해에 관하여는 자신의 능력을 다하였으면 선관주의를 다하지 않았더라도 면책된다. 그런데 본 사안에서는 A가 과속을 하였으므로 구체적 과실도 있는 것으로 보인다. 한편 판례에 의할 때, A가 차를 운행하는 목적, B와 A의 관계, B가 A의 차에 동승한 경위 등의 제반사정에 비추어 볼 때 배상책임이 감경될 사유도 인정되기가 어려운 것으로 생각된다.

결국 사견에 의하든, 판례에 의하든, B는 — 그의 과실을 도외시한다면 — A에게 그의 모든 손해에 대하여 배상을 청구할 수 있으며, A는 호의동승을 이유로 손해배상책임의 전부나 일부를 면하지 못한다.

(3) B의 과실에 의한 과실상계

본 사안에서 B는 A에게 과속을 하여서라도 빨리 가자고 하였다. 그러다가 A가 사고를 당하였다. 따라서 B가 손해를 입은 데에는 그 자신에게도 과실이 있다. 그러므로 B의 손해 배상책임을 정함에 있어서 그의 과실을 참작하여야 한다(763조·396조). 그런데 본 사안에서 B의 과실이 어느 정도인지는 알 수 없다. 만약 B의 과실비율이 30%라고 인정되면 A는 30%의 범위에서 손해배상책임을 면한다.

(4) 소   결

A는 B에게 자배법 제 3 조에 의하여 손해배상책임을 진다. 그 책임은 B의 호의동승을

---

[1] 대판 1987. 12. 22, 86다카2994 등. 그 외에 강의, D-477 참조.

이유로 감경되지는 않는다. 그러나 B가 과속을 요구한 데 따른 과실을 이유로 하여서는 감경된다.

B가 A에게 신체침해라는 불법행위를 당한 것인데, B의 구체적인 손해배상의 범위는 치료비, 그가 일을 하지 못한 동안 벌지 못한 수입(일실이익), 위자료 등이다.

3. D의 손해배상책임

(1) 운행자책임을 지는지 여부

본 사안에서 D는 C에게 고용되어 운전하는 자이어서 운행지배와 운행이익이 없다. 따라서 D는 자배법상의 운행자가 아니다. 그 결과 D는 자배법상의 운행자책임을 지지는 않는다.

(2) 일반 불법행위책임을 지는지 여부

일반 불법행위의 성립요건은 ① 가해행위, ② 가해자의 고의·과실, ③ 가해자의 책임능력, ④ 위법성, ⑤ 가해행위에 의한 손해발생이다.

본 사안에서 D는 그의 과실로 자동차 충돌사고를 발생시켰다. 그리고 그 가해행위는 위법하며, 그에 의하여 B가 중상을 당하는 손해가 발생하였다. 다만, D에게 책임능력이 있는지 분명하지는 않으나, C회사에 운전수로 고용된 것을 보면 책임능력이 있을 것으로 생각된다. 결국 D는 B에 대하여 제750조의 일반 불법행위책임을 진다.

D가 지는 손해배상책임의 범위는 A의 경우와 같다.

(3) D의 책임이 호의동승에 영향을 받는지 여부

호의동승에 의하여 책임이 감경되는가는 호의운행자에 관하여만 문제된다. 따라서 호의운행자가 아닌 D에게는 B의 호의동승은 아무런 영향도 없다.

(4) B의 과실에 의한 책임감경 문제

본 사안에서 B에게는 자동차사고에 대한 과실이 있다. 과속을 요구한 것이 그것이다. D는 그러한 B의 과실에 의하여 책임이 줄어들게 된다. 그 점은 A의 책임의 경우에서와 같다.

4. C의 손해배상책임

(1) 호의동승상 운행자책임을 지는지 여부

본 사안에서 C는 D가 운전하는 화물자동차에 대하여 운행지배와 운행이익을 가지고 있다. 그리고 C의 자동차운행에 의하여 B에게 부상을 입혔다. 또한 C가 면책될 사유가 존재하지 않는다. 따라서 C는 B에 대하여 자배법상 운행자책임을 진다.

(2) 사용자책임을 지는지 여부

1) 사용자책임의 요건

사용자책임이 성립하려면 ① 타인을 사용하여 어느 사무에 종사하게 하였을 것(사용관계), ② 피용자가 사무집행에 관하여 손해를 가했을 것, ③ 제 3 자에게 손해를 가했을 것, ④ 피용자의 가해행위가 일반 불법행위의 요건을 갖출 것(논란 있음), ⑤ 사용자가 면책사유 있음을 증명하지 못할 것이라는 요건을 갖추어야 한다.

2) 본 사안의 경우

본 사안에서 C회사는 타인 D를 고용하여 운전을 하도록 하고 있다. 그리고 피용자인 D가 운전이라는 사무집행에 관하여 제 3 자인 B에게 손해를 가하였다. 또한 피용자 D는 — 앞에서 본 바와 같이 — B에 대하여 일반 불법행위의 요건을 갖추었다. 그 밖에 C회사가 D의 선임 및 그 사무감독에 상당한 주의를 하였다거나 상당한 주의를 하여도 손해가 있었 을 것이라는 것을 증명하면 C회사는 사용자책임을 지지 않는다. 그런데 본 사안에서 그 점 은 분명하지 않다. 그러나 본 사안과 같은 경우에 그러한 사유는 일반적으로 존재하지 않는 다고 볼 것이다. 결국 본 사안에서 C회사는 B에 대하여 사용자책임을 진다.

⑶ C의 운행자책임과 사용자책임의 관계

자배법상의 운행자책임 규정은 불법행위 규정에 대하여, 그리하여 사용자책임 규정에 대하여도 특별법이다. 따라서 두 책임 중에 운행자책임만 성립한다고 할 것이다. 그런데 판 례는 피해자가 사용자책임을 주장하여 청구할 수 있다고 한다.[2]

⑷ 호의동승에 의하여 영향을 받는지 여부

앞에서 D에 관하여 언급한 바와 같이 호의동승에 의한 책임감경은 호의운행자에 관하 여만 문제된다. 따라서 호의운행자가 아닌 C의 손해배상책임은 호의동승에 의하여 영향을 받지 않는다.

⑸ B의 과실에 의한 책임감경 문제

본 사안의 경우 B에게 과실(과속 요구)이 있으며, 그것에 의하여 C의 책임은 감경된다. 그 점에서 A·D와 같다.

⑹ C의 손해배상책임의 범위

C의 손해배상책임의 범위는 A의 경우와 동일하다.

5. A·D·C의 책임의 관계

⑴ 공동불법행위의 의의와 요건

(앞의 [96]번 문제의 Ⅰ. 4. ⑴·⑵ 참조)

⑵ 본 사안의 경우

본 사안에서 A·D·C의 행위는 모두 B에 대하여 독립한 불법행위(A·C는 운행자책임, D 는 일반 불법행위책임)의 요건을 갖추었다. 그리고 A·D의 행위는 객관적으로 관련·공동하고 있다. 그리하여 A·D의 행위는 공동불법행위이다. 그리고 피용자의 불법행위의 경우 사용

---

2) 대판 1970. 8. 31, 70다714; 대판 1976. 4. 13, 74다2029.

자도 공동불법행위책임을 진다.[3] 따라서 A·D·C는 모두 공동불법행위자로서 연대하여 B
에게 손해를 배상할 책임이 있다. 즉 사견으로는 이들은 연대채무관계에 있다.

Ⅱ. 물음 2.에 대하여

1. 논점의 정리

본 문제에서는 우선 A의 치료에 관하여 의료계약이 성립하였는지를 검토하여야 한다.
계약이 성립하였다면, 그 계약의 당사자는 누구이고, 그 성질은 어떤 것인지도 살펴보아야
한다. 이는 법률관계의 판단에 필요하다.

둘째로 A의 처 G가 E병원측에 A에 대한 연명치료 중단을 요청한 것이 법적으로 어떤
의미를 갖는지가 문제된다. 그리고 그 요청이 정당하려면 어떤 요건을 갖추어야 하는지, 본
사안에서는 그 요건이 갖추어져 있는지 살펴보아야 한다. 그리고 그 근거에 대한 규명도 유
익할 것이다.

셋째로 본 사안에서 연명치료를 중단한 것이 법적으로 정당한지를 개별적인 논점별로
검토해 보아야 한다. 그런데 여기서는 사법의 견지에서만 살펴볼 것이다. 구체적으로는 E측
의 채무불이행인지, 사무관리자의 관리계속의무의 위반인지, 불법행위인지가 문제된다.

2. A의 치료에 관한 계약의 성립

(1) 의료계약에 관한 이론

1) 의의 및 성질

의료계약이란 당사자 일방(환자측)이 상대방(의사측)에게 진단 및 치료를 의뢰하고 상대
방이 그것을 승낙함으로써 성립하는 계약이다.[4]

의료계약은 위임계약이라고 하는 견해도 있으나, 위임과 다른 성질을 많이 지니고 있어
서 위임과 구별하는 것이 타당하며, 따라서 위임에 유사한 무명계약이라고 하여야 한다.

의료계약은 원칙적으로 무상·편무계약이라고 할 수 있다(이설 있음). 그러나 대부분의
경우에는 묵시적으로 환자측이 진단·치료의 대가를 지급하기로 약정하며, 그 경우에는 유
상·쌍무계약이 된다.

의료계약은 당사자의 합의만으로 성립하므로 낙성계약이고, 방식의 제한이 없는 불요

---

3) 대판 1969. 1. 28, 68다2245도 참조.
4) 김천수, "진료계약," 민사법학 15호, 149면은 「진료계약이란 의사측 당사자에게는 진단 및 치료의 의무
를 발생시키고 환자측 당사자에게는 보수지급의무를 발생시키는 계약을 말한다」고 한다. 그리고 대판
(전원) 2009. 5. 21, 2009다17417은 「환자가 의사 또는 의료기관(이하 '의료인'이라 한다)에게 진료를 의
뢰하고, 의료인이 그 요청에 응하여 치료행위를 개시하는 경우에 의료인과 환자 사이에는 의료계약이
성립한다」고 한다.

식계약이다.

2) 계약의 당사자

의료계약의 당사자는 의사측과 환자측이다. 구체적으로는 의사측 당사자는 의사(개인병원인 경우) 또는 병원(법인인 경우)이다. 그리고 환자측 당사자는 원칙적으로 환자가 당사자라고 하여야 한다. 제3자가 환자를 병원에 데리고 온 때에도 마찬가지이다. 그러나 당사자의 의사표시나 기타 사정에 의하여 그 제3자가 당사자로 되는 경우도 있을 수 있다. 그 경우에는 제3자를 위한 계약이 성립하며, 환자는 수익자로 된다. 한편 응급환자를 제3자가 병원으로 옮긴 때에는, 특별한 사정이 없는 한, 그 제3자가 환자 또는 환자의 부양의무자를 대리하여(무권대리) 의료계약을 체결하고, 후에 환자나 그 부양의무자가 명시적 또는 묵시적으로 추인한 것으로 새겨야 한다. 이러한 때는 환자가 의식불명이 된 뒤 의식이 깨어나지 못하고 사망한 경우에는 부양의무자를 대리하고, 나머지의 경우에는 환자를 대리한다고 하는 것이 적절하다.

판례는 의료계약이 의료인과 「환자」 사이에 성립하는 것으로 설시하고 있는데,[5] 이는 부정확하다.

3) 계약의 종료

의료계약은 진료의 목적이 달성된 경우, 그 목적달성의 불능이 확정된 경우, 또는 의료계약이 해지된 경우에 종료한다.

의료계약이 해지된 경우에 관하여 좀더 살펴본다. 의사측이 의료계약을 해지하는 것은 진료거부에 해당하는데, 의사측은 진료요청을 받으면 정당한 사유 없이 거부하지 못한다(의료법 15조 1항). 그에 비하여 환자측은 원칙적으로 제한 없이 해지할 수 있다. 환자는 자기결정권 및 신뢰관계를 기초로 하는 의료계약의 본질상 무제한의 해지권을 갖는다고 하여야 하기 때문이다. 한편 환자가 연명치료를 받고 있는 경우에는, 치료 중단이 환자의 사망을 가져오기 때문에, 의료계약의 해지에 관하여 따로 논의되어야 한다.

(2) 본 사안의 경우

본 사안에서 A는 교통사고 후 E병원으로 옮겨져 치료를 받기 시작하였다. A를 누가 병원으로 옮겼는지는 나타나 있지 않다. 이러한 사안의 경우 A측과 E병원측 사이에는 A에 관한 의료계약이 성립하였다고 할 것이다. 그 당사자는 환자 A가 의식이 없었으면 A의 부양의무자인 그의 처 G와 E병원이며, A를 병원으로 옮긴 자가 G를 대리하여 E병원과 의료계약을 체결한 것으로 이해하여야 한다. 그리고 G가 A에 대하여 치료가 되고 있음을 알고 묵인하면 그 의료계약을 추인한 것으로 보아야 한다. 그에 비하여 A가 의식이 있었으면 A를 옮긴 자가 A를 대리하였다고 하여야 한다.

G(또는 A)와 E 사이에 체결된 의료계약은 묵시적으로 치료대가를 지급하기로 약정한 것

---

5) 대판(전원) 2009. 5. 21, 2009다17417.

이며, 따라서 쌍무·유상계약이다. 그리고 그 계약은 위임계약은 아니고, 그와 유사한 무명계약이다. 그러므로 그 의료계약에는 위임에 관한 규정이 그대로 적용되지 않고, 성질상 적용되는 것이 적절한 것만 적용된다.

3. G의 연명치료(延命治療) 중단 요청의 의미와 요건[6]

(1) 연명치료 중단의 법적 의미

인공호흡기 등과 같은 의료기술에 의하여 인위적으로 생명을 연장하는 치료를 연명치료라고 할 수 있다.[7] 오늘날 무의미한 생명연장 환자들이 증가하여 여러 가지 법적·사회적 문제를 야기하고 있다. 무의미한 생명연장은 인간의 존엄과 가치, 국가의 국민생명 보호범위, 의료비 증가 등 여러 가지 문제와 관련되어 있다. 법적으로는 무엇보다도 환자가 인간의 존엄과 가치에 근거하여 의료행위에 있어서 자기결정권을 가지는가(인간의 존엄과 가치), 아니면 의료인에게 생명유지의무가 부여되어 있어서 회생불능의 경우에도 강제적으로 연명치료를 하여야 하는가(생명권)가 문제된다.

연명치료의 중단(이를 소극적 안락사라고도 함)이라는 표현은 의료인측의 입장을 반영한 것이며, 환자측에서는 무의미한 연명치료를 거부할 수 있는 권리라고 표현되어야 한다.

연명치료의 중단 또는 무의미한 연명치료의 거부의 법적 성질은 진료계약의 해지(일방적 행위)라고 할 수 있다. 연명치료의 중단은 사망시기를 앞당기게 되기 때문에 쉽게 허용되어서는 안 된다. 판례는, 자기결정권 및 신뢰관계를 기초로 하는 의료계약의 본질에 비추어 강제진료를 받아야 하는 등의 특별한 사정이 없는 한 환자는 자유로이 의료계약을 해지할 수 있으나(689조 1항), 인간의 생명은 고귀하고 생명권은 헌법에 규정된 모든 기본권의 전제로서 기능하는 기본권 중의 기본권이라 할 것이므로, 환자의 생명과 직결되는 진료행위를 중단할 것인지 여부는 극히 제한적으로 신중하게 판단하여야 한다고 한다.[8]

(2) 연명치료 중단의 요건

연명치료 중단 또는 거부가 허용되기 위한 요건은 크게 실체적 요건과 절차적 요건으로 나눌 수 있고, 실체적 요건은 다시 객관적 요건과 주관적 요건으로 세분된다.

1) 실체적 요건

⑺ **객관적 요건**   판례[9]는 객관적 요건으로, 환자가 회복 불가능한 사망의 단계에

---

6) 2016. 2. 3.에 연명치료에 관한 특별법으로 「호스피스·완화의료 및 임종과정에 있는 환자의 연명의료결정에 관한 법률」이 제정되었다. 이 법률은 2017. 8. 4.부터 시행되었는데, 다만 연명의료 중단에 관한 규정들(특히 동법 15조-20조)은 2018. 2. 4.부터 시행되었다. 이 법률에 의하게 되면 무엇보다도 연명치료 중단의 요건(동법 17조~19조 참조)에 관한 이 책의 설명이 바뀌어야 함을 유의해야 한다.

7) 대판(전원) 2009. 5. 21, 2009다17417은 「원칙적으로 환자가 의식의 회복가능성이 없고 생명과 관련된 중요한 생체기능의 상실을 회복할 수 없으며 환자의 신체상태에 비추어 짧은 시간 내에 사망에 이를 수 있음이 명백한 경우(이하 '회복 불가능한 사망의 단계'라 한다)에 이루어지는 진료행위」라고 정의한다.

8) 대판(전원) 2009. 5. 21, 2009다17417.

9) 이하 여기서 판례라고 하면, 2009. 5. 21.의 전원합의체 판결을 가리킨다.

이르렀을 것을 요구한다. 그러나 사견으로는 의학적 판단으로서 회생불가능 외에 치료중단 허용 여부의 법적 판단을 위하여 의학적 무의미성도 추가하는 것이 타당하다고 생각한다.[10)]

(내 **주관적 요건**   판례는 주관적 요건으로, 환자가 미리 의료인에게 자신의 연명치료 거부 내지 중단에 관하여 의사를 밝혔거나(사전 의료지시) 연명치료 중단에 관한 환자의 의사를 추정할 수 있어야 한다.

2) 절차적 요건

판례는, 「환자측이 직접 법원에 소를 제기한 경우가 아니라면, 환자가 회복 불가능한 사망의 단계에 이르렀는지 여부에 관하여는 전문의사 등으로 구성된 위원회 등의 판단을 거치는 것이 바람직하다」고 한다. 이는 절차적 「요건」은 아니지만, 연명치료 중단의 정당성을 보다 잘 확보해 줄 수 있는 작용을 하게 될 것이다. 그리고 장차 여기에 관하여 입법 내지 규범이 만들어질 때에는 절차적 요건이 규정될 것으로 생각된다.

(3) **연명치료 중단의 근거**

연명치료 중단이 인정된다면 그 근거는 환자의 자기결정권에 있다. 그리고 그 자기결정권은 헌법 제10조의 행복추구권에 포함되어 있다.

(4) **본 사안의 경우**

본 사안에서 A는 식물인간 상태가 된 뒤 중환자실에서 「연명치료」를 받고 있다. 이는 A가 회복 불가능한 사망의 단계에 이르렀음을 의미한다. 그런데 A에 대한 연명치료가 의학적으로 무의미한지는 사안만으로는 분명하지 않다. 따라서, 판례에 의하면, 연명치료 중단의 객관적 요건은 구비되었다고 할 수 있으나, 사견에 의할 경우에는 불분명하다.

그리고 본 사안에서 A의 처 G는 A가 연명치료를 원하지 않는다고 기재한 서면을 제시하였다. 그런데 이것이 판례가 말하는 환자의 사전 의료지시에 해당하지는 않는다. 판례에 의하면, 사전 의료지시가 되려면 그것이 진정한 자기결정권 행사로 볼 수 있을 정도의 요건을 갖추어야 한다. 따라서 의사결정능력이 있는 환자가 의료인으로부터 직접 충분한 의학적 정보를 제공받은 후 그 의학적 정보를 바탕으로 자신의 고유한 가치관에 따라 진지하게 구체적인 진료행위에 관한 의사를 결정하여야 하며, 이와 같은 의사결정과정이 환자 자신이 직접 의료인을 상대방으로 하여 작성한 서면이나 의료인이 환자를 진료하는 과정에서 위와 같은 의사결정내용을 기재한 진료기록 등에 의하여 진료 중단 시점에서 명확하게 증명될 수 있어야 비로소 사전 의료지시로서의 효력을 인정할 수 있다. 환자 본인의 의사에 따라 작성된 문서라는 점이 인정된다고 하더라도, 의료인을 직접 상대방으로 하여 작성하거나 의료인이 참여한 가운데 작성된 것이 아니라면, 사전 의료지시와 같은 구속력을 인정할 수 없고 환자의 의사를 추정할 수 있는 객관적인 자료의 하나로 취급할 수 있을 뿐이다. 그리하

---

10) 동지 김천수, 앞의 논문, 435면.

여 A가 작성한 그 서면은 연명치료를 받지 않으려는 A의 의사를 추정할 수 있는 자료가 되어 본 사안의 경우 주관적 요건이 갖추어졌다고 할 수 있다.

그 외에 E병원측이 대학위원회를 구성하여 논의를 한 것은 연명치료 중단의 정당성의 확보를 위한 절차로 보여진다.

결국 본 사안에서는, 판례에 의하면, A에 대한 연명치료의 중단 또는 거부가 허용되기 위한 요건이 모두 갖추어져 있다고 할 수 있다. 그러나 사견에 의하면 연명치료가 의학적으로 무의미한지가 분명히 드러나 있지 않아, 불분명하다. 아래에서는 판례의 견지에서 논의를 계속하기로 한다.

4. A에 대한 연명치료 중단의 정당성

여기서는 의사측의 입장에서 연명치료 중단이 법적 쟁점별로 정당한지를 검토해 보기로 한다.

(1) 채무불이행책임 문제

환자측인 G가 A에 대한 연명치료의 중단을 요청한 것은 의료계약의 — 전부 또는 일부의 — 적법한 해지에 해당한다. 따라서 E병원측의 A에 대한 인공호흡기의 제거는 환자를 선관주의를 다하여 치료하지 않아 손해를 발생시키는 불완전급부(통설의 불완전이행)이지만, 그것의 위법성이 없어서 불완전급부책임을 지지 않는다. 그리고 의료계약은 그것이 해지된 범위에서 장래에 향하여 소멸하였으므로 그 범위에 관하여는 채무도 소멸한다. 그러나 다른 치료를 계속하여야 하는 경우에 치료의무가 존속함은 물론이다.

(2) 사무관리 계속의무의 위반인지 여부

환자의 연명치료의 경우 가운데에는 의료계약이 성립되지 않은 경우도 있을 수 있다. 그때에는 사무관리가 성립한다. 그러한 상태에서 환자측이 연명치료 중단을 요청하고, 그것이 허용된다면, 그 중단요구는 사무관리의 종료를 요구하는 의사표시이므로 사무관리자의 관리계속의무는 소멸한다.

그런데 본 사안은 의료계약이 성립한 경우라고 보아야 하므로, 사무관리는 아예 문제되지 않는다.

(3) 불법행위 문제

본 사안에서 E병원측이 인공호흡기를 제거하여 A가 곧 사망하였다면, 가해행위와 그로 인한 손해발생, 가해자의 고의 등이 존재한다. 그리고 책임능력도 있을 것이다. 그러나 인공호흡기의 제거는 법적으로 정당하며, 따라서 위법성이 없다. 그리하여 E병원측은 연명치료 중단에 대하여 불법행위책임을 지지 않는다.

Ⅲ. 물음 3.에 대하여

1. 논점의 정리

본 물음에서는 먼저 A의 사망에 대한 손해배상책임을 누가 져야 하는지를 살펴보아야 한다. 구체적으로는 C와 D, E와 F의 불법행위 여부, 그리고 이들이 공동불법행위를 한 것인지 여부에 대한 논의가 필요하다. 그럼에 있어서 B와 A의 과실이 고려되는지도 검토하여야 한다.

둘째로 A측과 E·F측 사이에 계약이 체결되었는지, 그리하여 E·F측에서 채무불이행책임을 져야 하는지도 문제된다.

셋째로 E·F측이 A의 가족에게 수술의 설명을 제대로 해주지 않은 데 대하여 책임을 지는지도 검토해 보아야 한다.

넷째로 태아인 H가 A의 사망을 이유로 손해배상을 청구할 수 있는지도 살펴보아야 한다.

다섯째로 이상의 논의를 토대로 A의 사망을 이유로 한 손해배상청구의 범위와 기타의 배상범위를 구체적으로 논의하여야 한다. 그럼에 있어서는 재산적 손해 외에 정신적 손해에 관하여도 검토하여야 한다.

2. A의 사망에 대한 불법행위책임

(1) 서   설

본 사안에서 A는 C회사 소속 운전사 D가 운전하는 차와 충돌하여 중상을 입고 E병원으로 옮겨져 치료를 받다가 그 병원 의사 F의 수술 잘못으로 식물인간 상태가 되어 연명치료를 받다가 연명치료가 중단되었고, 그 얼마 후 사망하였다.

이러한 A의 사망은 전체적으로 생명침해라고 하는 불법행위에 해당한다. 그런데 A의 사망이 전적으로 D나 F의 잘못 중 어느 하나만에 의하여 일어났는지 드러나 있지 않으며, 어느 하나만의 잘못으로 인한 것이 아닌 것으로 생각된다.

이와 같은 경우에 C·D·E·F 각각의 불법행위책임 여부와, 그들에게 책임이 있다면 그것들의 관계를 살펴보아야 한다. 그 뒤에는 B와 A의 과실 문제를 논의하여야 한다.

(2) D의 불법행위책임

본 사안에서 D는 갑자기 차선을 바꾸는 그의 운전상의 잘못(가해행위)으로 피해자 A에게 중상을 입힌 뒤 사망하게 하였다(가해행위로 인한 손해발생). 그리고 D에게는 고의는 없을지언정 과실이 있다. 그 밖에 D에게는 책임능력도 있는 것으로 보인다. 따라서 D는 A에게 생명침해라는 불법행위를 하였다. 그 결과 D는 제750조에 의하여 생명침해로 인한 손해배상책임을 진다. 그런데 D가 누구에게 어떤 범위에서 배상책임을 지는지는 아래 5.에서 따로 살펴보기로 한다. 이하의 불법행위책임에 관하여도 마찬가지이다.

(3) C의 자동차운행자책임

본 사안에서 C는 D가 운전하는 화물자동차에 대하여 운행지배와 운행이익을 가지고 있다. 그리고 C의 자동차운행에 의하여 A를 사망하게 하였다. 또한 C에게는 면책될 사유가 존재하지 않는다. 그러므로 C는 A측에 대하여 자배법상 운행자책임을 진다.

한편 C회사는 D의 사용자로서 사용자책임을 진다(위 I. 4. (2) 참조).

자배법상의 운행자책임 규정은 사용자책임 규정에 대하여 특별규정이므로, C의 두 책임 중 운행자책임만 성립한다(판례는 다름).

(4) F의 불법행위책임

본 사안에서 F는 수술을 잘못하여(가해행위) 피해자 A를 사망에 이르게 하였다(가해행위로 인한 손해발생). 그리고 F에게는 의사로서의 주의의무를 위반한 과실이 있다. 또한 F는 책임능력이 있다. 따라서 F는 A에게 생명침해라는 불법행위를 하였다. 그리하여 F는 A측에게 제750조에 의하여 생명침해로 인한 손해배상책임을 진다.

(5) E의 사용자책임

1) 사용자책임의 요건

(위 I. 4. (2) 1) 참조)

2) 본 사안의 경우

본 사안에서 E병원은 타인인 F를 고용하여 진료를 하도록 하고 있다. 그리고 피용자인 F가 수술이라는 사무집행행위를 하면서 제3자인 A에게 손해를 가하였다. 그리고 F는 — 위에서 본 바와 같이 — A에 대하여 일반 불법행위의 요건을 갖추었다. 그 밖에 E병원이 F의 선임 및 그 사무감독에 상당한 주의를 하였거나 상당한 주의를 하여도 손해가 있었을 것이라는 증명이 있었는지는 나타나 있지 않다. 여기서는 일단 그러한 증명이 없는 것으로 보고 논의를 하기로 한다. 그리하면 본 사안에서 E병원은 A측에 대하여 사용자책임을 진다.

(6) D·C·F·E의 책임의 관계

1) 공동불법행위의 의의와 요건

(앞의 [96]번 문제의 I. 4. (1)·(2) 참조)

2) 본 사안의 경우

본 사안에서 D·C·F·E의 행위는 모두 A에 대하여 독립한 불법행위(D·F는 일반 불법행위책임, C는 운행자책임, E는 사용자책임)의 요건을 갖추었다. 그리고 D·F의 행위는 객관적으로 관련·공동하고 있다. 그리하여 D·F의 행위는 공동불법행위이다. 그리고 피용자의 불법행위의 경우 사용자도 공동불법행위책임을 진다. 따라서 C·E도 공동불법행위책임을 진다. 결국 D·C·F·E는 모두 공동불법행위자로서 연대하여 A측에 손해를 배상할 책임이 있다. 그런데 판례에 의하면, 부진정연대채무의 관계에 있다고 할 것이다.

796 제 4 부 채권법각론

⑺ B의 과실 문제

본 사안에서 B는 A로 하여금 과속을 하게 하였다. B에게 과실이 있는 것이다. 이러한 B의 과실이 A측의 손해배상에 있어서 참작되는지 문제된다.

과실상계에 있어서는 채권자 또는 피해자의 과실뿐만 아니라 그의 수령보조자의 과실도 포함하는 것으로 해석한다(통설도 같음). 판례도 같은 견지에서 피해자인 어린 미성년자의 감호의무자인 부모, 피해자의 피용자, 피해자가 동승한 차량의 운전자인 아버지·조카·남동생, 처가 피해를 입은 경우의 남편의 과실을 피해자의 손해산정에 참작하고 있다. 그에 비하여 타인의 차량에 동승한 피해자의 4촌형제·결혼을 약속한 자·차의 배달을 위한 다방 종업원의 과실은 참작하지 않는다(강의, C-149 참조). 그리고 판례는 동승의 경우에는 운전자가 동승자와 신분상 또는 생활관계상 일체일 것을 요구하고 있다.

위의 판례의 기준에 비추어 볼 때, 본 사안에서 B의 과실은 A측의 손해배상에 있어서 참작될 것이 아니다. B는 A와 직장동료에 지나지 않아서 그들은 신분상 또는 생활관계상 일체가 아니기 때문이다. 결국 본 사안의 경우 A의 충돌사고는 B의 과실에 기인한 측면이 있으나, B의 과실은 A측의 손해배상청구에 있어서는 참작되지 않는다.

⑻ A의 과실 문제

본 사안에서 A의 승용차와 D가 운전한 화물자동차의 충돌에는 A의 과실이 40%, D의 과실이 60% 작용하였다. 따라서 피해자 A의 과실이 손해배상청구에 있어서 참작되어야 한다.

이러한 A의 과실은 A측이 D나 C에게 손해배상청구를 할 때에는 그대로 고려된다. 그런데 문제는 A측이 F나 E에게 손해배상청구를 할 때에도 그러한지이다. 우선 A측이 F나 E에게만 손해배상청구를 할 때에는 A의 과실이 고려될 여지가 없다. A의 과실은 F의 가해행위에 대하여 작용한 것이 아니기 때문이다. 그런데 A측이 공동불법행위자인 C·D·E·F 모두를 피고로 하여 손해배상청구의 소를 제기한 경우에는, 판례에 의하면, 그들 각각에 대하여 과실비율이 다르지만 그들 각인에 대한 과실로 개별적으로 평가할 것이 아니고 그들 전원에 대한 과실로 전체적으로 평가할 것이라고 한다(강의, D-465 참조). 본 사안에서 구체적으로 어떻게 평가되어야 할지 확정하기는 어렵다.

3. E·F측의 채무불이행책임 유무

본 사안에서 A측과 E 사이에는 의료계약이 성립하였다(위의 Ⅱ. 2. 참조).

그리하여 채무자인 E병원은 선량한 관리자의 주의를 가지고 A를 치료하였어야 한다. 그런데 E병원의 이행보조자인 F는 치료행위(수술 등)는 하였으나(이행행위가 있었음), 수술을 흠있게 하였다(이행에 하자가 있었음). 그리고 F에게는 과실, 즉 유책사유가 있으며, 그의 과실은 E의 과실로 의제된다(391조). 그 밖에 E측의 잘못된 수술은 정당화사유가 없어서 위법하다. 결국 E는 A에 대하여 채무불이행을 이유로 한 손해배상책임을 진다. 그러나 F는 A에 대하여 채무불이행책임을 지지 않는다.

4. E·F측의 설명의무 위반을 이유로 한 책임

(1) 의사의 설명의무

의료행위는 환자의 신체에 대한 침습을 포함하는 것이 일반적이다. 따라서 의사는 그 침습에 대한 승낙을 얻기 위한 전제로서 환자 또는 그 법정대리인에게 질병의 증상, 치료방법의 내용 및 필요성, 발생이 예상되는 위험 등에 관하여 설명하여 당해 환자가 그 필요성이나 위험성을 충분히 비교해 보고 그 의료행위를 받을 것인가의 여부를 선택할 수 있도록 할 의무가 있다. 이것이 의사의 설명의무이다.

의사가 설명을 하지 않고 환자측의 승낙 없이 침습한 경우에는 설사 의사에게 치료상의 과실이 없는 때에도 환자의 승낙권을 침해하는 위법한 행위가 된다.

(2) 본 사안의 경우

본 사안에서 E병원 의사 F는 A의 가족에게 A에 대한 수술에 대하여 제대로 설명해 주지 않았다. 이것이 설명의무를 위반한 것인지 문제된다.

의사의 설명의무는 응급환자의 경우에는 면제된다. 본 사안의 경우에 F의 A에 대한 수술은 아마도 응급환자에 대한 것으로 보인다. 따라서 F나 E병원이 A의 수술에 대하여 설명을 제대로 해주지 않은 데 대하여 손해배상책임을 지지는 않는다고 할 것이다.

5. 태아 H가 손해배상청구를 할 수 있는지 여부

(1) 태아의 권리능력

태아는 사람이 아니므로 권리능력을 가지지 못한다(3조 참조). 그런데 민법은 일정한 법률관계에 관하여는 태아를 이미 출생한 것으로 본다.

민법이 태아를 이미 출생한 것으로 보는 사항에는 불법행위로 인한 손해배상의 청구(762조), 상속(1000조 3항), 대습상속, 유증, 사인증여, 유류분이 있다.

태아를 일정한 경우에 이미 출생한 것으로 본다는 것의 의미, 즉 태아의 법률상 지위에 관하여는 견해가 나뉜다. 정지조건설은 태아가 태아로 있는 동안에는 권리능력을 취득하지 못하지만, 그가 살아서 태어나면 그의 권리능력 취득의 효과가 문제의 사건이 발생한 시기까지 소급하여 생긴다고 한다. 그리고 해제조건설은 이미 출생한 것으로 보게 되는 각 경우에 태아는 그 개별적 사항의 범위 안에서 제한된 권리능력을 가지며, 다만 사산인 때에는 그 권리능력 취득의 효과가 문제된 사건이 있었던 때에 소급하여 소멸한다고 하는 견해이다. 판례는 정지조건설을 취하고 있다.[11] 생각건대 태아를 두텁게 보호하려고 하는 민법의 취지를 살리려면, 태아가 태아인 동안에도 그의 법정대리인에 의하여 재산이 관리·보전될

---

11) 대판 1976. 9. 14, 76다1365.

수 있는 해제조건설을 취하여야 한다.

(2) 본 사안의 경우

본 사안에서 태아 H는, 사견처럼 해제조건설을 취하면, 그가 태아인 동안에도 불법행위를 이유로 손해배상을 청구할 수 있고, 또 재산상속을 받을 수도 있다.

6. A의 사망을 이유로 한 G·H의 손해배상청구의 내용

(1) 생명침해의 경우의 손해배상

생명침해는 타인을 사망하게 하는 불법행위이다. 생명침해의 경우에는 다른 불법행위와 달리 불법행위 성립시에 직접 법익침해를 당한 자(피살자)가 권리능력을 잃게 된다. 그리하여 직접적인 피해자는「생명침해」를 이유로 한 손해배상청구권을 취득할 수가 없게 된다. 그러면 생명침해의 경우에는 누구에게 어떠한 내용의 배상청구권이 발생하는지가 문제된다.

1) 재산적 손해에 대한 배상청구권

생명침해의 경우에 재산적 손해에 대한 배상청구권자가 누구인가에 관하여는 학설이 나뉜다. 다수설은 피살자가 치명상을 입은 때에 그에게 신체침해를 이유로 한 배상청구권이 발생하였다가 피살자가 사망하면 그 청구권이 상속인에게 상속된다고 한다.[12] 이 견해는 그 근거로 즉사의 경우에도 피살자가 치명상을 입은 때와 사망한 때와의 사이에는 이론상 또는 실제상 시간적 간격이 있는 것이며, 피살자는 치명상을 입었을 때에 곧 손해배상청구권을 취득하고 그의 사망으로 그 청구권이 상속인에게 승계된다고 설명한다(시간적 간격설). 또한 이것 외에 유족 고유의 손해(부양청구권을 상실하는 것과 장례비)에 대한 배상청구도 인정한다. 그에 비하여 소수설은 상속을 인정하는 다수설보다는 비상속적인 구성이 우수하다고 하면서, 생명침해의 경우의 재산상의 손해는 부양청구권의 침해와 같은 것을 의미하므로 피해자에 대하여 부양청구권을 가지고 있던 사람은 누구나 손해배상청구를 할 수 있다고 한다(장례비의 배상도 인정함).[13]

판례는 이 문제를 정면으로 다루고 있지 않으나, 생명침해로 인한 손해배상 사건에서 일실이익의 배상과 관련하여 다수설의 입장을 전제로 하여 판단을 하고 있다. 그리고 장례비의 배상도 인정한다.

생각건대 다수설과 판례가 피살자에게 손해배상청구권이 발생한다고 이론구성을 하는 이유는 피살자가 중상당한 후 사망한 경우(중상사망의 경우)와 즉사의 경우의 불균형을 제거하기 위해서라고 한다. 그러나 이는 중상사망자가 취득하는 일실이익 배상청구권이 사망 후의 기간의 일실이익에는 미치지 않음에도 불구하고 그것에도 미친다고 오해한 결과이다. 그

---

12) 곽윤직, 채각, 451면; 김상용, 채각, 911면 등.
13) 김주수, 채각, 780면.

러고 보면 중상사망의 경우와 즉사의 경우 사이의 불균형은 생기지 않는다. 그리고 생명침해의 경우에는 처음부터 그의 유족의 보호에 손해배상 논의의 초점을 맞추는 것이 옳다.

이러한 사견에 의하면 생명침해로 인하여 재산상의 손해를 입은 자는 피살자에 대하여 부양청구권을 가지고 있었거나 가졌을 자이다. 일종의 재산권인 부양청구권의 침해는 제3자에 의한 채권침해로서 불법행위를 구성하므로 부양청구권자는 그가 부양을 받을 수 없게 된 한도에서 가해자에 대하여 손해배상청구권을 취득한다. 그리고 생명침해자는 피살자의 장례비 부담의무자에게 불법행위를 한 것이 되며, 따라서 손해배상으로 장례비를 지급하여야 한다.

피살자가 즉사하지 않고 치명상을 당한 후 얼마 있다가 사망한 경우에 피살자 자신에게도 — 생명침해로 인하여가 아니고 신체침해에 의하여 — 손해가 발생할 수 있다. 치료비·수입결손(사망시까지의 것)이 그 예이다. 그리고 신체침해에 의한 정신적 손해도 발생하게 된다. 이러한 손해에 대한 배상청구권은 피살자가 사망하면 그의 상속인에게 상속된다.

2) 정신적 손해에 대한 배상청구권

(가) **피살자의 위자료청구권 문제**　생명침해의 경우에 피살자에게 생명침해로 인한 위자료청구권이 인정되는가?

여기에 관하여 판례는 — 즉사의 경우에도 — 생명침해에 의하여 피살자에게도 정신적 손해가 발생한다고 하면서, 그 근거로 치명상과 사망 사이에는 시간적 간격이 인정될 수 있다고 한다. 그리고 이 위자료청구권은 피살자가 이를 포기하였거나 면제했다고 볼 수 있는 특별한 사정이 없는 한 생전에 청구의 의사를 표시할 필요없이 원칙적으로 상속된다고 하고, 이는 피살자가 즉사한 경우에도 같다고 한다(강의, D-504 참조).

학설은 판례를 지지하는 견해와 피살자에게는 위자료청구권이 생기지 않고, 따라서 상속되지도 않는다는 견해로 나뉘어 있다(송덕수, 채각, [313] 참조).

생각건대「생명침해」로 인한 정신적 손해는 피살자에게는 발생할 여지가 없다. 다만, 중상사망자에게 발생하는 위자료청구권은 신체침해에 의한 것이다. 첫째의 학설과 판례는 중상사망의 경우와 즉사의 경우 사이에 불균형이 존재한다고 전제하고 이론을 펴고 있는 것으로 보인다. 그러나 중상사망자가 취득하는 위자료청구권은 신체침해와 사망 사이의 기간 동안의 정신적 손해에 대한 것이다. 위자료액을 산정함에 있어서 중상사망의 경우에 짧은 고통기간을 고려하고 또 즉사의 경우에 유족 자신의 고통이 더욱 크다고 본다면, 두 경우의 불균형은 생기지 않는다. 한편 중상사망자에게 위자료청구권이 발생하였다면, 특별한 사정이 없는 한 그것이 상속인에게 상속된다고 보아야 할 것이다.

(나) **피살자의 유족의 위자료청구권**　민법은 제752조에서 생명침해의 경우 피해자의 직계존속·직계비속·배우자에 대하여는 위자료청구권도 있음을 명문으로 규정하고 있다. 그런데 거기에 열거된 자만이 위자료청구권을 가지는지가 문제된다.

판례는 제752조는 제한적 규정이 아니고 다만 열거된 친족에 대하여 정신적 고통에 관한 거증책임을 경감한 취지의 것이므로, 그 이외의 친족도 정신적 고통을 증명하면 일반원칙인 제750조·제751조에 의하여 위자료를 청구할 수 있다고 한다(강의, D-505 참조). 통설도 판례와 같다(송덕수, 채각, [313] 참조).

생각건대 피살자의 유족이 근친의 사망으로 정신적 손해를 입었다고 가정할 때는, 부양청구권자와 장례비 지출의무부담자와 달리, 독립한 불법행위를 인정할 수 없다. 유족의 보호법익을 확정하기 어렵기 때문이다. 즉 유족은 단지 간접적으로만 피해를 받았을 뿐이다. 불법행위의 경우에 간접 피해자는 법률규정에 근거하여서만 배상청구권을 취득할 수 있다. 그리고 제752조는 예외적으로 간접피해자에게 배상청구권을 인정하는 특별규정으로 이해된다. 그 결과 위자료청구권자도 그 규정에 열거된 자에 한정되어야 한다.

(2) 본 사안의 경우

본 사안에서는 A에 대한 생명침해가 발생하였다. 그리고 그에 대하여는 C·D·E·F가 공동불법행위책임을 진다. 그리고 이들에 대하여 손해배상을 청구할 수 있는 자는 A의 처인 G와 태아인 H이다. 즉 태아도, 해제조건설에 의하면, 불법행위를 이유로 손해배상청구를 할 수 있으며, 혹시 손해배상청구권이 상속되면 그것을 상속할 수도 있다. 사견에 의할 경우 구체적인 손해배상의 범위는 다음과 같다.

1) 재산적 손해

㈎ 부양청구권의 상실로 인한 손해　　G는 A가 사망함으로써 부양청구권을 상실하였다. 따라서 G는 A로부터 장차 부양받았을 범위에서 손해배상을 청구할 수 있다.

그리고 태아 H는 태아로 있는 동안에는 부양받을 것이 없으나, 그가 태어난 후에는 부양받았을 것이므로 그가 장차 부양받았을 범위에서 손해배상을 청구할 수 있다.

㈏ 장 례 비　　본 사안에서 장례비 지출의무자는 G이다. 그러므로 G는 장례비의 배상청구도 할 수 있다.

㈐ 신체침해로 인한 손해 .　　본 사안에서 A는 중상당한 후 사망하였다. 그리고 그는 사망할 때까지 신체침해를 이유로 치료비·일실이익(사망시까지의 일실이익) 등의 손해를 입었다. 이러한 A의 손해배상청구권은 A의 사망시에 A의 상속인인 G와 H에 공동상속된다. 상속분은 H가 1.0이면 G는 1.5이다.

2) 정신적 손해

㈎ A 자신의 위자료청구권　　피살자인 A는 생명침해를 이유로 하여서는 위자료청구권을 가지지 못한다. 그러나 그는 중상당한 후 사망하였으므로 신체침해를 이유로 한 위자료청구권을 가지게 된다. 그리고 그 권리는 그가 사망하면 G와 H에게 상속된다. 상속분은 위에서와 같다.

㈏ G와 H 고유의 위자료청구권　　G는 A의 배우자로서 A에 대한 생명침해의 경우 자신

의 고유한 위자료청구권을 가진다. 그리고 태아 H도 고유한 위자료청구권을 가진다. H의
권리는 그의 법정대리인인 어머니 G가 행사하면 된다. 위의 상속의 경우에도 같다.

《참 고》────────────────────────────────

우리 판례에 의할 경우에는 손해배상의 내용이 다음과 같이 된다.

㈀ 재산적 손해

① A의 일실이익

A가 치명상을 당한 때에 A가 평생(가동연한까지) 벌 수 있었던 이익에 대한 배상청구권이 A
에게 생겼다가, A의 사망시에 A의 유족에게 상속된다. 그런데 판례는 태아에 관하여 정지조건설
의 견지에 있으므로 일단 G만이 상속하였다가 H가 출생한 후에 상속을 바로잡게 된다.

② 장례비

③ 신체침해로 인한 치료비 등

이것도 상속된다.

㈁ 정신적 손해

① 생명침해로 인한 A 자신의 위자료청구권

이것이 상속인에게 상속된다.

② G와 H 고유의 위자료청구권

H의 위자료청구권은 H가 출생한 후에 행사할 수 있다.

─────────────────────────────────────

3) 과실상계 문제

본 사안에서 A에게는 D와 사이의 사고의 경우 과실이 40% 있다. 따라서 A측이 D나
C에게 배상을 청구할 때에는 전체 손해의 60%만 배상청구를 할 수 있다. 그런데 C·D·E·
F 모두를 피고로 하여 청구하는 경우에는 일률적으로 확정된 과실비율에 따라 배상범위에
서 공제하여야 한다. 그런데 구체적인 과실비율을 여기서 확정하기는 어렵다.

제 5 부

친족상속법

[98] 이혼과 재산분할청구

A(남)는 1988. 3. B(여)를 만나 사귀다가 1990. 6. 15. 결혼식을 하고 1990. 7. 20. 혼인신고를 마쳤다. A와 B는 그 후 15년간은 두 딸을 낳으면서 원만하게 혼인생활을 하였다. 그러다가 2006. 9. A가 직장동료인 C(여)와 가까워지더니 2007. 2.부터는 아예 C의 집에서 자고 들어오기도 하였다. 이에 배신감을 느낀 B는 2007. 4. A를 집에서 나가게 하였고, 별거기간 동안 A가 어떻게 지내는지 거들떠보지도 않았다. B는 2007. 12.경 A가 C와 동거하고 있다는 사실을 안 뒤에도 가정을 정상화시키려는 별다른 조치를 취하지 않은 채 A의 가족과 이혼위자료액에 관하여만 협의하여 오다가, 합의가 이루어지지 않자 2008. 1. A에게 이혼과 함께 위자료를 요구하였다. 그런데 A가 B의 요구를 들어주지 않자 B는 이혼청구를 함과 동시에 A·C를 간통죄로 고소하였다. 그 뒤 A의 가족이 B가 요구하는 위자료를 마련하여 주자, 앞으로 일체의 민·형사상 이의를 제기하지 않기로 하는 합의를 하면서, B는 간통죄의 고소를 취소하였고, 이혼사건은 B의 불출석을 이유로 취하 간주되었다. 한편 그 후에도 B는 A와 화합하여 정상적인 가정을 이룩하려는 어떠한 노력도 함이 없이 현재(2008. 3. 10)에 이르렀다. 그러면서도 B는 A가 이혼을 하려고 하자 자신은 이혼을 원하지 않는다고 하면서 응하지 않고 있다.

1. 이 경우에 A는 재판상 이혼을 청구할 수 있는가?

2. 위 사안에서 A·B 사이의 재산관계는 다음과 같다.

　　A는 B와의 혼인 당시 그의 부친으로부터 증여받은 X토지와 1억 5,000만원의 예금이 있었다. X토지는 A가 소유자로 등기되어 있다. 그리고 A의 위 예금도 A의 명의로 되어 있으면서 A가 따로 관리하고 있고, 그 예금은 재투자를 거듭하여 현재는 3억 4,000만원이다. 그 밖에 혼인생활 중 A가 직장생활에서 번 수입을 저축하여 135m² 짜리 Y아파트를 분양받으면서(A 명의로 등기됨), 2억원 정도의 예금(명의인은 A)을 하고 있다. 그런가 하면 B가 자녀등록금으로 쓰기 위하여 타인으로부터 2,000만원을 빌린 바 있고, 또 A가 C와의 동거생활에 쓰느라고 다른 직장동료로부터 1,500만원을 빌린 것도 있다. 그리고 A가 간통죄로 고소되면서 퇴직하여 A는 퇴직금으로 1억 5,000만원을 받았다. B는 전업주부로서 따로 관리하는 재산은 없고 혼인생활 중 수입을 올린 적도 없다. 이 경우에 A와 B가 2008. 4. 1.에 협의이혼하였다면, B는 A에게 재산분할을 청구할 수 있는가?(현재는 2008. 4. 30.이다)

3. 위 2.의 경우에 A가 D에 대하여 3,000만원의 금전채권을 가지고 있다면, B는 그 권리를 행사할 수 있는가? 그리고 만약 B가 재산분할을 청구한 뒤에 A가 그의 Y아파트를 2008. 4. 21. 그의 조카인 E에게 증여하고 2008. 4. 25. 소유권이전등기를 마쳤다면, B가 이를 되돌릴 수 있는가?(현재는 2008. 4. 30.이다)

I. 물음 1.에 대하여

1. 논점의 정리

본 사안에서 A는 부정행위를 저지른 자이다. 그리고 B는 A의 법률상 배우자로서 A를 간통죄로 고소하기도 하면서 위자료를 받았으나, 이혼은 하지 않고, 그렇다고 정상적인 가정을 이룩하려는 노력도 하지 않으면서 지내고 있다. 이러한 경우에 유책배우자인 A가 재판상 이혼을 청구할 수 있는지를 묻고 있다. 이 문제를 해결하기 위하여서는 먼저 우리 민법이 재판상 이혼에 관하여 어떤 입장에 있는지를 살펴보고, 이어서 그에 기하여 본 사안의 경우에는 어떤지를 검토하여야 한다.

2. 유책배우자(有責配偶者)에게 이혼청구권이 인정되는지 여부

(1) 서 설

혼인관계가 회복할 수 없을 정도로 파탄된 경우에 혼인 파탄에 주된 책임이 있는 배우자 즉 유책배우자가 이혼을 청구할 수 있는지가 문제된다. 이는 이혼원인에 관한 제840조 제 6 호(「기타 혼인을 계속하기 어려운 중대한 사유」)의 해석의 문제이다. 그 사유가 파탄주의를 규정한 것으로 이해하게 되면 그것을 근거로 유책배우자의 이혼청구를 허용하게 될 것이나, 파탄주의가 아니고 유책주의라고 하게 되면 유책배우자는 이혼을 청구할 수 없을 것이기 때문이다.

(2) 학 설

여기에 관하여 학설은 대체로 제한된 범위에서 유책배우자의 이혼청구를 허용하려고 한다.

(3) 판 례

판례는 원칙적으로 유책배우자의 이혼청구를 인정하지 않는다. 판례는, 혼인을 지속하기 어려운 중대한 사유란 누구에게도 참을 수 없을 정도로 혼인관계가 파탄된 경우를 말하는 것이나, 혼인관계의 파탄이 오로지 또는 주로 이혼을 구하는 배우자의 귀책사유로 말미암은 경우는 포함되지 않는다고 한다. 그러나 다른 한편으로, 이혼청구인에게 전적으로 또는 주된 책임을 물어야 할 사유로 파탄에 이른 경우 또는 청구인의 책임이 피청구인의 책임보다 무거운 경우가 아닌 한 이혼청구가 허용될 것이라고 한다. 그러면서 판례는 일정한 경우에 예외적으로 유책배우자의 이혼청구를 허용한다.

　　대법원이 예외적으로 유책배우자의 이혼청구를 허용한 경우들은 크게 ① 상대방에게도 이혼의사가 인정되는 경우, ② 혼인 파탄의 책임이 부부 쌍방에 있는 경우, ③ 다른 원인으로 혼인이 파탄된 뒤 청구인에게 유책사유가 있었던 경우로 나눌 수 있다. 그리고 ①에 해당하는 경우로, 오로지 오기나 보복적 감정에서 표면적으로는 이혼에 불응하고 있기는 하나 실제에 있어서는 혼인의 계속과는 도저히 양립할 수 없는 행위를 하는 때도 포함되어 있다.

　　한편 대법원은 최근에 전원합의체 판결에서, 제840조 제 6 호의 이혼사유에 관하여 유책배우자의 이혼청구를 원칙적으로 허용하지 않는 종래의 대법원판례를 변경하는 것은 아직은 받아들이기 어렵다고 하면서도, 혼인제도가 추구하는 이상과 신의성실의 원칙에 비추어 보더라도 그 책임이 반드시 이혼청구를 배척해야 할 정도로 남아 있지 않은 경우에는 그러한 배우자의 이혼청구는 혼인과 가족제도를 형해화할 우려가 없고 사회의 도덕관·윤리관에도 반하지 아니한다고 할 것이므로 허용될 수 있다고 한다.[1]

　　(4) 사　　견

　　제840조 제 6 호는 겉으로 보기에는 파탄주의를 규정한 것처럼 보이나, 유책주의적인 제 1 호 내지 제 5 호가 제 6 호의 예시임에 비추어 볼 때 순수한 파탄주의를 규정한 것으로 보기 어려우며, 오히려 유책주의적인 이혼원인의 열거를 대신한 것으로 이해하여야 한다. 또한 현행법상 이혼당사자 보호제도가 미흡한 점에서도 파탄주의 도입에 신중을 기하여야 한다. 그렇다고 하여 모든 경우에 유책주의를 고집하는 것은 바람직하지 않으며, 판례처럼 제한된 범위에서 유책배우자의 이혼청구도 허용하여야 할 것이다.

3. 유책배우자의 이혼청구권의 행사기간

　　유책배우자의 이혼청구를 예외적으로 인정할 경우 그 이혼청구는 제840조 제 6 호의 사유에 의한 것이므로, 다른 일방이 이를 안 날로부터 6개월, 그 사유 있은 날부터 2년이 경과하면 허용되지 않는다(842조). 그런데 그 사유가 이혼심판청구 당시까지 계속되고 있는 때에는 이 제척기간에 관한 규정이 적용되지 않는다.

4. 문제의 해결

　　본 사안의 경우 B는 A가 부정행위를 한 뒤에는 가정을 정상화시키려는 노력은 전혀 하지 않았으며 오직 위자료만 받으려고 하였다. 그리고 그것은 B가 위자료를 받은 뒤에도 마찬가지이다. 그러면서도 B는 이혼을 원하지 않는다고 한다. 이러한 B의 태도는 오직 오기나 보복적인 감정에서 겉으로는 이혼에 응하지 않고 있지만 실제로는 혼인의 계속과는 도저히 양립할 수 없는 행위를 하는 것으로서, B에게도 이혼의사가 인정되는 경우라고 할 수

---

1) 대판(전원) 2015. 9. 15, 2013므568.

있다. 따라서 본 사안의 경우 A는 비록 유책배우자이기는 하지만 재판상 이혼을 청구할 수 있다고 해야 한다. 판례도 유사한 경우에 관하여 이혼청구를 인정하고 있다.[2]

한편 본 사안에 있어서는 이혼청구사유가 계속되고 있으므로 권리행사기간의 제한을 받지 않으며, A는 그 사유가 계속되는 한 이혼청구를 할 수 있다.

II. 물음 2.에 대하여

1. 논점의 정리

물음 2.는 B가 협의이혼을 한 경우에 재산분할청구를 할 수 있는지를 묻고 있다.

여기서는 우선 재산분할청구가 협의이혼의 경우에도 인정되는지를 살펴보아야 한다. 만약 그것이 가능하다면 그 후에는 구체적인 재산의 분할에 관하여 논의하여야 한다. 그럼에 있어서는 처의 가사노동, 혼인 당시에 증여받은 재산, 그로부터 증식된 재산, 혼인생활 중에 분양받은 아파트와 예금, 퇴직금이 분할대상인지, 그리고 자녀등록금으로 쓰기 위하여 빌린 채무와 일방의 개인적인 채무가 재산분할시 고려되는지를 개별적으로 검토해 보아야 한다.

2. 재산분할청구권

(1) 의   의

재산분할청구권은 이혼을 한 당사자의 일방이 다른 일방에 대하여 재산분할을 청구할 수 있는 권리이다.

민법은 재산분할청구권을 협의이혼에 관하여 규정하고(839조의 2), 이를 재판상 이혼의 경우에 준용한다(843조).

(2) 재산분할의 대상

1) 부부의 협력으로 이룩한 재산

혼인 중에 부부 쌍방의 협력에 의하여 이룩한 재산은 실질적으로 부부의 공동재산이라고 보아야 하므로 당연히 분할대상이 된다. 그 재산은 부동산은 물론 현금·예금자산도 포함하며, 그 명의가 누구에게 있는지 그 관리를 누가 하고 있는지를 묻지 않는다.[3] 그리고 그 협력에는 처의 가사노동도 포함된다. 따라서 전업주부도 재산분할청구를 할 수 있다.

그에 비하여 부부 일방이 혼인 전부터 가진 고유재산(830조 1항 참조)과 그로부터 증가된 재산, 혼인 중 부부의 일방이 상속·증여·유증받은 재산 등은 분할의 대상이 아니다. 즉 특유재산 중 고유재산과 고유재산적인 것은 제외된다.

---

2) 대판 1987. 9. 22, 86므87.
3) 대판 1999. 6. 11, 96므1397.

2) 퇴 직 금

퇴직금은 혼인 중에 제공한 근로에 대한 대가가 유예된 것이므로 부부의 혼인 중 재산의 일부가 되며, 부부 중 일방이 직장에서 일하다가 이혼 당시에 이미 퇴직금을 수령하여 소지하고 있는 경우에는 청산(분할)의 대상으로 삼을 수 있다.[4]

3) 채　　무

부부의 일방이 혼인 중 제 3 자에게 부담한 채무 중 일상가사에 관한 것은 청산의 대상이 되고, 그 나머지는 원칙적으로 개인채무로서 청산의 대상이 되지 않으나, 공동재산의 형성에 수반하여 부담한 채무인 경우에는 청산의 대상이 된다. 채무가 청산의 대상이 되는 경우에는 적극재산에서 채무를 공제한 잔액을 기준으로 분할의 액수나 비율을 정한다.

(3) 재산분할의 방법

이혼한 부부의 일방이 다른 일방에 대하여 재산분할을 청구하는 경우에는 먼저 당사자의 협의에 의하여 재산분할의 방법과 액수를 정한다. 그리고 재산분할에 관하여 협의가 되지 않거나 협의할 수 없는 때에는, 가정법원은 당사자의 청구에 의하여 당사자 쌍방의 협력으로 이룩한 재산의 액수 기타 사정을 참작하여 분할의 액수와 방법을 정한다(839조의 2 2항).

구체적인 재산분할방법으로는 금전지급과 현물분할이 있다.

(4) 재산분할청구권의 소멸

재산분할청구권은 이혼한 날부터 2년이 경과한 때에는 소멸한다(839조의 2 3항).

3. 문제의 해결

(1) 재산분할청구권은 협의이혼의 경우에도 인정되므로, 다른 요건이 갖추어진다면 B는 재산분할청구를 할 수 있다. 각 재산별로 분할의 대상이 되는지를 보기로 한다.

본 사안에서 B는 혼인 당시 자신의 고유한 재산도 없었고 혼인 중 자신의 명의로 취득한 재산도 없다. 특유재산이 없는 것이다. 그렇지만 B는 전업주부로서 가사노동으로 부부의 공동재산을 이룩하는 데 협력하였다. 따라서 B는 부부공동재산에 대하여 재산분할청구를 할 수 있다.

A·B 쌍방의 협력에 의하여 이룩한 재산으로 Y아파트와 2억원 정도의 예금이 있다. 이들 재산은 A의 특유재산이나 그 재산의 형성에는 B의 가사노동이 기여하였다. 따라서 그 재산들은 분할의 대상이 된다.

그러나 A가 혼인 당시 그의 부친으로부터 증여받은 X토지와 1억 5,000만원의 예금은 A의 고유재산으로서 분할의 대상이 되지 않는다. 그리고 그 고유재산으로부터 증가된 재산도 제외되므로 A의 1억 5,000만원의 예금으로부터 증식되어 현재 3억 4,000만원으로 되어 있는 예금은 그 전부가 분할대상에서 제외된다.

---

4) 대판 1995. 3. 28, 94므1584.

A가 이혼하기 전에 직장에서 퇴직하면서 받은 퇴직금은 분할의 대상이 된다.

그리고 B가 자녀등록금으로 쓰기 위하여 빌린 2,000만원의 채무는 부부의 일상가사에 관한 것이므로 청산의 대상이 되나, A가 C와의 동거생활에 쓰느라고 빌린 1,500만원의 채무는 일상가사에 관한 것이 아니므로 재산분할에서 고려되지 않는다.

(2) 재산분할청구권은 이혼 후 2년간 행사할 수 있는데, 본 사안의 경우 B가 이혼한 지는 1개월도 되지 않았으므로, B는 재산분할청구를 할 수 있다.

(3) 재산분할은 제 1 차적으로 A · B의 협의에 의해서 하나, 협의가 되지 않거나 협의할 수 없는 때에는 A · B의 청구에 의하여 가정법원이 재산분할의 액수와 방법을 정한다.

Ⅲ. 물음 3.에 대하여

1. B가 A의 D에 대한 채권을 행사할 수 있는지 여부

(1) 문제의 제기

A가 D에 대하여 가지고 있는 금전채권을 이혼한 B가 자신의 권리처럼 행사할 수는 없다. B가 권리를 행사할 수 있다면 그것은 채권자대위권을 행사하는 것이다.

(2) 재산분할청구권을 보전하기 위하여 채권자대위권을 행사할 수 있는지 여부

이혼으로 인한 재산분할청구권은 협의 또는 심판에 의하여 그 구체적 내용이 형성되기까지는 그 범위 및 내용이 불명확 · 불확정하기 때문에 구체적으로는 권리가 발생하였다고 할 수 없으므로 이를 보전하기 위하여 채권자대위권을 행사할 수 없다. 판례도 같이 새긴다.[5]

(3) 본 사안의 경우

본 사안에 있어서 아직 재산분할청구권의 내용이 구체적으로 확정되어 있지 않기 때문에, B는 재산분할청구권을 보전하기 위하여 A의 D에 대한 금전채권을 대위행사할 수 없다.

2. B가 A의 Y아파트 증여계약을 취소할 수 있는지 여부

(1) 문제의 제기

이 사안에 있어서 B는 재산분할청구를 하였다. 그런데 A는 Y아파트를 조카 E에게 증여하여 소유권이전등기까지 해주었다. 이러한 경우에 B가 Y아파트의 증여계약을 취소하고 그 재산을 되돌려 놓을 수 있는지를 묻고 있다.

이는 B가 재산분할청구권을 보전하기 위하여 채권자취소권을 행사할 수 있는지의 문제이다. 이 문제를 논의함에 있어서는 2007년에 개정된 민법의 내용에 유의할 필요가 있다.

(2) 재산분할청구권 보전을 위한 채권자취소권 제도

민법은 2007년 개정시에 재산분할청구권 보전을 위한 채권자취소권 제도를 신설하였

---

5) 대판 1999. 4. 9, 98다58016.

다. 그에 의하면, 부부의 일방이 다른 일방의 재산분할청구권 행사를 해함을 알면서도 재산권을 목적으로 하는 법률행위를 한 때에는, 다른 일방은 제406조 제1항을 준용하여 그 취소 및 원상회복을 가정법원에 청구할 수 있다(839조의 3 1항). 그리고 그 소는 제406조 제2항의 기간 내에 제기하여야 한다(839조의 3 2항).

제406조 제1항에 의하면 채권자취소권이 성립하려면, ① 채권자의 채권의 존재, ② 사해행위의 존재, ③ 채무자와 수익자의 악의가 필요하다. 그리고 ②의 사해행위로 인정되려면 채무자가 무자력이어야 한다. 그리고 제406조 제2항에 의하여, 채권자취소권은 채권자가 취소원인을 안 날로부터 1년, 법률행위가 있은 날부터 5년 내에 행사하여야 한다.

⑶ **본 사안의 경우**

본 사안에서 B는 재산분할청구권을 가지고 있고 또 행사하였다. 그런데 채무자에 해당하는 A가 무자력인지는 불분명하다. 만약 A가 Y아파트가 없더라도 그의 고유재산인 X토지와 3억 4,000만원의 예금, 그리고 2억원 정도의 예금으로 그가 분할하여 급부할 것을 감당할 수 있다면 그는 무자력이 아니어서, B는 채권자취소권을 행사할 수 없다. 그리고 A·E가 사해행위에 의하여 채권자를 해함을 알고 있어야 한다. 그런데 이것도 알 수 없다. 그에 비하여 본 사안의 경우 B는 채권자취소권을 행사할 수 있는 기간 내에 있다. 결국 A·E가 악의이고, 또 A의 나머지 재산총액이 분할해 주어야 할 액에 미치지 못한 때에는, B는 A·E 사이의 증여계약을 취소하고 Y아파트를 A의 재산으로 되돌려놓을 수 있다. 그러나 A·E 중 어느 하나라도 선의이거나(E의 악의는 추정됨), A의 나머지 재산총액이 분할해 주어야 하는 액을 넘는 때에는, B는 A·E 사이의 증여계약을 사해행위로서 취소할 수 없다.

[99] 혼인해소와 예물

갑(여자)은 3년 전 어느 날 을과 혼인신고를 하면서 을로부터 반지·시계·목걸이를 혼인
예물로 받아 보관하다가 독일로 유학가면서 을의 어머니인 병에게 그것들을 맡겨 두었다.
갑과 을은 행복한 결혼생활을 하여 오다가 을이 갑과 프랑스 국적의 외국인 남자와의 관계
를 의심하게 되면서 부부싸움을 하다가 혼인신고 후 1년 6개월쯤 되었을 때 갑이 일방적으
로 귀국함으로써 별거하게 되었다. 그 후 을이 갑을 상대로 부정행위를 하였다는 이유로 이
혼청구의 소를 제기하였고 갑도 을이 폭력을 행사하고 욕설을 하였다는 이유로 반소를 제기
하여 갑의 부정행위를 이유로 한 이혼판결이 선고되었다.

이 경우에 갑은 을에게 반지 등 혼인예물의 반환을 청구할 수 있는가?

I. 논점의 정리

본 문제의 논점을 정리하면 다음과 같다.

(1) 갑·을 사이의 혼인예물 수수의 법적 성격이 문제된다.

(2) 갑이 병에게 혼인예물의 보관을 맡긴 것이 법적으로 어떤 의미를 가지는지 문제된다.

(3) 혼인이 해소된 경우 혼인예물을 반환해야 하는지 문제된다.

(4) 이상의 논의를 바탕으로 하여 반지 등 혼인예물에 대한 권리가 누구에게 있는지를
검토해야 한다.

II. 혼인예물 수수의 법적 성격

본 사안에서 갑은 혼인신고를 하면서 을로부터 반지 등을 혼인예물로 받았다. 이러한
혼인예물 수수가 법적으로 어떤 성격의 것인지 살펴보아야 한다. 이 문제와 관련하여 다수
설과 판례는 약혼예물의 수수에 대하여, 약혼예물의 수수는 혼인의 불성립을 해제조건으로
하는 증여와 유사한 성질을 가진다고 한다.[1] 이러한 다수설과 판례는 타당하다고 생각된다.
그리고 이에 준해서 판단하면, 혼인예물의 수수는 혼인의 해소를 해제조건으로 하는 증여와
유사한 성질을 가지는 것이라고 할 수 있다.

---

1) 대판 1996. 5. 14, 96다5506.

Ⅲ. 갑이 병에게 반지 등을 맡긴 것의 법적 의미

본 사안에서 갑이 을로부터 반지 등을 받았고, 그리하여 갑은 반지 등의 소유권을 취득한다. 그리고 갑이 반지 등을 병에게 맡긴 것은 임치계약에 해당한다. 그러면서 보관에 대한 대가인 보수약정은 하지 않은 것으로 보이며, 그렇다면 그 계약은 무상임치계약이 된다. 따라서 병은 반지 등을 「자기 재산과 동일한 주의」로 보관해야 한다(695조). 그리고 갑은 임치기간의 약정이 있든 없든 언제든지 임치를 해지할 수 있으며(698조 단서·699조), 갑이 임치를 해지하여 반지 등의 반환을 청구하면 병은 그것을 반환해야 한다. 다만, 반지 등의 소유권이 갑에게 귀속하지 않는 경우에는 정당한 소유자가 소유권에 기하여 병에게 반환청구를 할 수 있을 것이다.

Ⅳ. 혼인해소의 경우에 혼인예물을 반환해야 하는지 여부

1. 서   설

혼인이 해소된 경우에 혼인예물을 반환해야 하는지에 관한 논의는 없고, 학자들은 약혼예물의 반환에 대하여만 논의하고 있다. 그리고 판례는 혼인예물을 약혼예물의 연장선상에서 파악하고 있으나, 약혼예물과는 다소 다른 관점에서 판단하고 있다. 아래에서 먼저 약혼예물에 관한 학설·판례를 정리하고, 사견을 기술하기로 한다. 그리고 나서 본 사안의 경우를 논의할 것이다.

2. 약혼예물의 반환문제

(1) 학   설

약혼을 할 때에 당사자가 교환한 약혼예물을 약혼이 해제되는 때에 반환해야 하는지에 대하여 학설은 ⅰ) 약혼예물의 수수를 혼인의 불성립을 해제조건으로 하는 증여라고 보고, 약혼이 해제되면 예물은 부당이득 반환의 법리에 따라 반환되어야 하나, 과실이 있는 당사자는 신의칙상 자신이 제공한 예물의 반환청구권이 없다는 견해(다수설), ⅱ) 유책당사자도 반환청구권이 있다는 견해로 나뉘어 있다.

(2) 판   례

판례는, 약혼이 해제된 경우에 관하여는 약혼의 해제에 대하여 과실이 있는 유책자는 약혼예물의 반환청구권이 없다고 한다.[2] 그런데 혼인 후에 대해서는 다음과 같이 판시한다. 즉 약혼예물의 수수는 혼인의 불성립을 해제조건으로 하는 증여와 유사한 성질을 가지므로, 예물의 수령자측이 혼인 당초부터 성실히 혼인을 계속할 의사가 없고 그로 인하여 혼인의

---

2) 대판 1976. 12. 28, 76므41·42.

파국을 초래하였다고 인정되는 등 특별한 사정이 있는 경우에는 신의칙 내지 형평의 원칙에 비추어 혼인 불성립의 경우에 준하여 예물반환의무를 인정하여야 하나, 그러한 특별한 사정이 없는 한 일단 부부관계가 성립하고 그 혼인이 상당기간 지속된 이상 후일 혼인이 해소되어도 그 반환을 구할 수 없다고 한다.3)

(3) 사   견

약혼예물에 관하여 본다면, 약혼이 해제된 때에는 유책당사자도 반환청구권이 있다고 할 것이다. 그것은 부당이득이기 때문이다. 약혼해제의 경우에 유책배우자의 반환청구권을 부정하는 것은 일종의 제재를 가하는 것인데, 민법상 그렇게 새길 근거는 없으며, 제재는 손해배상책임의 부과만으로 해야 한다. 그에 비하여 혼인예물의 경우에는 위의 판례4)에 따라도 무방할 것이다.

3. 본 사안의 경우

본 사안의 경우에는 예물의 수령자(갑)가 혼인의 처음부터 성실히 혼인을 계속할 의사가 없고 혼인의 파국을 초래하였다고 인정되는 것과 같은 특별한 사정은 보이지 않고, 비록 갑·을 사이의 혼인의 파탄원인이 갑에게 있더라도 혼인이 1년 6개월 정도 계속된 이상, 판례에 의할 때, 반지 등의 소유권은 갑에게 있고 을의 반환청구권은 인정되지 않는다. 그러므로 갑은 소유자이자 임치인으로서 병에게 반지 등 혼인예물의 반환을 청구할 수 있다.

---

3) 대판 1996. 5. 14, 96다5506.
4) 판례는 「약혼예물의 수수」라고 하고 있으나, 그것은 혼인예물의 수수를 가리킨다.

[100] 사실혼 당사자의 소유관계

문제

　A(여자)와 B는 결혼식을 하고 동거를 시작하였으나, 그 후 불과 1개월만에 A·B 모두 바람을 피워 혼인생활이 파탄되었다(서로의 잘못 비율은 각각 50%이다). 그런데 A는 결혼을 준비하면서 이불·가구·전자제품·주방용품을 구입하느라 1,000만원 정도를 지출하였고, A가 구입한 그 물품들은 현재 B가 점유하고 있다. 그리고 A는 B와의 결혼을 준비하면서 결혼 후 두 사람이 같이 생활할 아파트를 B 명의로 구입하는 데 보태도록 B에게 1,500만원을 지급하였다.

　이 경우에 A는 B에게 어떠한 주장을 할 수 있는가?

I. 논점의 정리

　본 문제의 논점을 정리하면 다음과 같다.

　⑴ A·B가 사실혼관계에 있는지 문제된다.

　⑵ A가 구입한 이불 등(아래에서는 혼수라 한다)의 소유자가 누구인지, 즉 A인가 B인가 아니면 A·B의 공유인가가 문제된다. 그 결과 혼수가 A의 소유라면 A가 소유권에 기하여 반환을 청구할 수 있는지 검토해야 한다.

　⑶ A가 혼수대금 1,000만원에 관하여 손해를 입었는지 문제된다. 만약 A가 손해를 입은 것이라면 손해배상청구권이 있는지 검토해야 한다.

　⑷ A가 B 명의로 아파트를 구입할 때 보탠 1,500만원에 관하여 반환청구권이 있는지 문제된다. 그것의 반환청구권이 있다면 그 근거는 무엇이고, 반환범위가 과실비율에 영향을 받는지도 논의해야 한다.

　⑸ A·B 사이의 위자료도 문제된다. 그때에는 두 사람의 과실비율도 고려해야 한다.

II. A·B 사이의 관계의 성격

1. 사실혼의 의의·성립요건

　사실혼이란 실질적으로 부부로서 혼인생활을 하고 있으나 혼인신고를 하지 않아서 법률상의 혼인으로 인정되지 않는 남녀의 결합관계이다.

판례에 의하면, 사실혼이 성립하기 위해서는 당사자 사이에 주관적으로 혼인의사의 합치가 있고, 객관적으로 부부공동생활이라고 인정할 만한 혼인생활의 실체가 존재해야 한다.

2. 본 사안의 경우

본 사안에서 A·B는 결혼식을 하고 동거를 하였다. 따라서 둘 사이에는 혼인의사의 합치가 있고, 또한 부부공동생활을 하여 혼인의 실체가 존재한다. 그러므로 A·B는 사실혼관계에 있다고 할 수 있다.

Ⅲ. A가 구입한 혼수의 소유자가 누구인지, 소유권에 기해 반환청구를 할 수 있는지 여부

1. 혼수의 소유자 문제

⑴ 서   설

본 사안에서 A는 혼인 후에 사용하려고 이불 등의 혼수를 구입하였다. 이 혼수의 소유권이 누구에게 있는지 논의해야 한다. 그 결과 그 소유권이 A에게 있다면 A는 소유권에 기하여 혼수에 대하여 권리를 행사할 수 있을 것이다.

⑵ 혼수의 소유자

판례는, 본 사안과 같이 혼수를 둘러싸고 다투어진 구체적 사안에 있어서, 그 물품 등은 구입자가 혼인생활에 사용하기 위하여 자신의 비용으로 구입한 것으로서 그것을 상대방이 점유하고 있다고 하더라도 여전히 구입자의 소유(단독소유)에 속한다고 한다.[1] 생각건대 이러한 판례는 타당하다. 특히 혼인기간이 짧은 경우에는 더욱 그렇다.

⑶ 본 사안의 경우

본 사안에서 A는 혼인생활에 사용하기 위해 그의 비용으로 이불 등의 혼수를 구입하였다. 판례·사견에 의하면, 이러한 혼수의 소유자는 A이다.

2. A가 소유권에 기하여 반환청구할 수 있는지 여부

혼수의 소유권이 A에게 있기 때문에 사실혼이 해소된 후 A는 소유물반환청구권(213조)을 행사하여 그것의 반환을 청구할 수 있다.

Ⅳ. A가 혼수의 구입대금에 관하여 손해를 입었는지 여부

위에서 기술한 바와 같이, 혼수의 소유권은 A에게 속한다. 그 결과 A가 혼수의 구입대금에 관하여 손해를 입었다고 할 수 없다. 판례도 같은 입장이다.[2] 그 점은 사실혼 해소 후

---

1) 대판 2003. 11. 14, 2000므1257·1264.
2) 전주의 판결.

에 혼수를 상대방 배우자가 점유하고 있어도 마찬가지이다. 다만, 사실혼이 해소된 후에도 계속해서 상대방이 혼수를 사용하였다면 그 사용에 따른 이득은 한편으로 부당이득이고, 다른 한편으로 불법행위로 입은 손해이므로, A는 사용료에 해당하는 금액을 부당이득 또는 불법행위를 이유로 청구할 수 있다.

V. A가 아파트 구입비용으로 보탠 1,500만원의 반환청구 문제

1. 서   설

본 사안에서 아파트는 B 명의로 구입하였다. 그런데 거기에 A가 구입비용으로 1,500만원을 보탰다. 그리고 아파트의 구입시기는 사실혼의 시작 전으로 보인다. 이러한 경우 그 아파트가 B의 특유재산인지 문제된다.

2. 아파트의 소유관계가 어떻게 되는지, 1,500만원의 반환청구가 인정되는지

사실혼에도 혼인의 재산적 효과가 인정된다. 그런데 본 사안과 같은 경우에 아파트의 소유관계에 대하여 학자들의 논의는 없다. 그리하여 가정적으로 검토해보건대, 그에 관한 이론으로는 다음의 세 가지를 생각해 볼 수 있다. ⅰ) 첫째는 아파트가 B의 특유재산(830조 1항 참조)이라고 하는 견해이다. 이러한 견해에서는 A에게 손해를 인정하거나 또는 B의 부당이득의 존재가 인정되고, 그 결과 A는 구입대금의 반환을 청구할 수 있을 것이다.[3] ⅱ) 둘째로 A·B가 취득대가의 부담비율에 따라 공유한다는 견해가 있을 수 있다.[4] 이 견해는 기본적으로는 B의 특유재산이지만, 구입대금의 부담비율이 증명되면 특유재산의 추정이 번복되고, A·B의 공유로 된다는 입장이다. 이 견해에 의하면 손해배상문제가 아니고 공유 내지 공유물분할의 문제가 된다. ⅲ) 셋째로 1,500만원이 재산분할청구의 대상이라고 하는 견해도 생각해 볼 수 있다. 그러나 A가 보탠 1,500만원은 A·B가 혼인 중에 공동으로 이룩한 재산이 아니고 명백히 A가 혼인 전에 제공한 것이므로 이 견해는 부적당하다.

여기에 관하여 판례의 태도는 분명하지 않다.[5]

---

3) 대판 2003. 11. 14, 2000므1257·1264는 본 사안과 같은 경우에 B는 원상회복으로서 특별한 사정이 없는 한 그 전액 반환이 인정될 수 있다고 한다.

4) 대판 1994. 12. 22, 93다52068·52075는 사실혼 중에 취득한 재산에 관하여 이러한 입장이다.

5) 대판 1994. 12. 22, 93다52068·52075는 사실혼 중에 부동산의 취득대가를 쌍방이 부담한 경우에 관하여 쌍방이 부동산을 취득한 대가의 비율로 공유한다고 한다. 그런데 본 사안은 사실혼 전에 아파트를 구입한 것이어서 거기에도 그대로 적용되는지 단언할 수 없다. 그리고 대판 2003. 11. 14, 2000므1257·1264는 본 판결 사안과 같은 경우에 관하여, 원심이 1,500만원을 A의 손해로 인정한 다음 그의 과실비율 50%를 참작하여 B로 하여금 750만원만을 배상하게 한 데 대하여, B가 아파트를 그의 명의로 소유하게 되었을 뿐 아니라 향후 그 아파트의 시가상승으로 인한 이익까지 독점적으로 보유하게 된다는 점을 고려할 때, 결혼생활이 단기간에 파탄된 이 사건에서 형평의 원칙상 1,500만원은 원상회복으로서 특별한 사정이 없는 한 B로부터 A에게 전액 반환되어야 한다고 인정할 수 있을 것이라고 한다. 그러면서

사견으로는 위의 ⅱ)의 견해가 가장 바람직하다고 생각한다. 아파트의 가격은 상승할
수도 있지만 하락할 수도 있다. 그럼에도 불구하고 A가 부담한 금액을 — 부당이득이나 불
법행위를 이유로 — 청구할 수 있도록 하는 것은 때로는 A에게, 때로는 B에게 불리하다.
그렇다고 하여 청구시의 가치를 따지는 것도 부적절하다. 그러므로 ⅱ)의 견해처럼 아파트
는 일단은 B의 특유재산으로 추정되나, 구입비용의 부담이 증명되면 그 추정이 번복되어,
A와 B가 구입비용을 부담한 비율로 아파트를 공유하는 것으로 보아야 한다. 이러한 사견에
의할 경우, A는 B에게 1,500만원의 반환을 청구하지 못하고, 공유자로서 권리를 행사해야
한다. 그리하여 공유자로서 공유지분등기를 할 수 있고, 공유관계의 해소를 원하는 때에는
공유물분할청구를 해야 한다(268조 1항 참조).

VI. A가 B에게 위자료를 청구할 수 있는지 여부

정당한 사유 없이 사실혼을 파기한 자는 불법행위로 인한 손해배상책임을 진다. 그 손
해배상책임에는 정신적 손해에 대한 것도 포함된다. 피해자는 정신적 손해에 대한 배상, 즉
위자료도 청구할 수 있는 것이다.

본 사안의 경우에는 A·B 쌍방에게 책임있는 사유로 사실혼이 파탄에 이르게 되었다.
그리고 A·B의 책임 정도가 50%로 같다. 그러므로 A는 B에게 위자료를 청구할 수는 없다
고 해야 한다. 판례도 본 사안과 유사한 사건에 관하여 위자료의 청구를 인정하지 않았다.[6]

원심으로서는 A가 B에 대하여 1,500만원의 지급을 구하는 부분에 관한 A의 청구원인을 분명히 한 후
A가 1,500만원 전체를 원상회복으로서 구하고 있는 취지라면 그것을 배척할 특별한 사정이 있는지 여부
에 관하여도 나아가 심리하여 판단했어야 할 것이라고 한다.

6) 대판 2003. 11. 14, 2000므1257·1264 참조.

[101] 사실혼·일상가사채무·친생자

〈공통된 기초사실〉

A(남자)는 2014. 4. 5.에 B(여자)와 결혼식을 하고 곧바로 신혼여행을 다녀온 뒤 전세로 마련한 조그만 신혼집에서 부부로서 공동생활을 하고 있다. 그런데 그들은 혼인신고는 하지 않고 있었다([제 2 문] 중 3.의 경우를 제외하고는 2015. 5. 2. 현재까지도 혼인신고를 하지 않음). A는 회사원이고 B는 전업주부이다. (다음 물음들은 별개의 것임)

[제 1 문]

〈추가된 사실관계〉

그러던 중에 B는 가정용 정수기를 설치해주고 매달 일정액의 대여료를 받는 X회사 직원인 C와 정수기 대여계약을 체결하였다. 그리고 A 명의로 분양받은 85제곱미터 Y아파트(이는 A 가족의 유일한 부동산임)의 분양금을 납입하기 위하여 D로부터 1,500만원을 빌려 분양금을 납입하였고, 또 B가 다니는 교회에 건축 헌금을 하기 위하여 E로부터 200만원을 빌려 헌금을 하였다. 그 후 B는 정수기 대여료도 지급하지 않고, D와 E로부터 빌린 금전도 변제하지 않고 있다. 그러자 C, D, E는 A에게 각각 대여료 또는 대여금을 갚으라고 하였다. 그에 대하여 A는 그것들에 대하여 자신은 법적으로 책임이 없다고 하면서 거절하였다.

A의 주장이 옳은가?

[제 2 문]

〈추가된 사실관계〉

B는 2014. 9. 15.에 아들 F를 낳았다. 그런데 F가 태어나고 얼마 지나서 A는 B가 결혼식 후에도 과거 애인이었던 G를 만나온 것을 알고서 F를 상대로 친생자관계 부존재 확인의 소를 제기하였다.

1. 이 경우에 F의 친권자는 누구인가? 그리고 A와 F 사이의 부자관계는 인정되는가, 만일 인정되지 않는다면 어떻게 해야 하는가? 또 A가 제기한 소는 형식상(F가 실제로 A의 아들인지와 같은 실질적인 문제는 논외로 함) 적법한가?

2. 여기의 〈추가된 사실관계〉에서 만약 B가 F를 낳은 날이 2014. 12. 2.이었다면 위 물음 1.에 대한 답이 어떻게 되는가?

3. 위 2.의 경우에 만약 A와 B가 2014. 11. 2.에 혼인신고를 하였고, F가 2014. 12. 2.에 태어났다면, 위 1.에 대한 답이 어떻게 되는가?

I. [제 1 문]에 대하여

1. 논점의 정리

본 문제의 논점을 정리하면 다음과 같다.

⑴ A·B 사이에 사실혼이 성립했는지

⑵ A·B(사실혼이 성립했다면 사실혼 부부)에게도 일상가사채무의 연대책임이 인정되는지

⑶ C·D·E에 대하여 B가 일상가사채무를 부담하는지, 그리하여 A가 그에 대하여 연대책임을 지는지

2. A·B 사이에 사실혼이 성립했는지 여부

⑴ 사실혼의 성립요건

판례에 의하면, 사실혼이 성립하기 위해서는 당사자 사이에 주관적으로 혼인의사의 합치가 있고, 객관적으로 부부 공동생활이라고 인정할 만한 혼인생활의 실체가 존재해야 한다.

사실혼이 성립하기 위하여 위의 요건 외에 혼인의 장애사유(807조-810조)도 없어야 하는가에 관하여, 그에 위반하여도 무효혼 규정에 위반하지만 않으면 사실혼이 성립한다는 견해가 있으나, 법률혼의 장애사유는 모두 사실혼에도 장애가 된다고 하여야 한다. 판례도 중혼적 사실혼의 경우에 사실혼을 인정하지 않고 있다.[1]

⑵ 본 사안의 경우

본 사안에서 A·B는 결혼식을 하고 신혼집에서 부부로서 공동생활을 하고 있다. 그 점에서 볼 때 A·B 사이에는 혼인의사의 합치도 있고 또 혼인생활의 실체도 존재한다. 그런가 하면 혼인의 장애사유가 있다는 언급은 없다. 따라서 A·B 사이에는 사실혼이 성립하였다.

3. A·B(사실혼 부부)에게도 일상가사채무의 연대책임이 인정되는지 여부

아래에서 설명하는 바와 같이, 민법은 부부에게 일상가사채무에 대한 연대책임을 규정하고 있다(832조). 이것이 사실혼 부부에게도 인정되는지 문제된다. 여기에 관하여 학자들은 일치하여 사실혼 부부에게도 일상가사채무에 대한 연대책임을 인정하고 있다. 이러한 통설은 타당하다.

4. C·D·E에 대하여 B가 부담한 채무가 일상가사채무인지 여부

⑴ 일상가사채무의 연대책임

부부의 일방이 일상의 가사에 대하여 제 3 자와 법률행위를 한 때(부부의 일방이 자기의 이름으로 한 경우임) 다른 일방은 이로 인한 채무에 대하여 연대책임이 있다(832조 본문). 다만,

---

1) 대판 1995. 9. 26, 94므1638 등.

부부의 연대책임은 미리 제 3 자에게 다른 일방의 책임없음을 명시한 때에는 생기지 않는다 (832조 단서).

여기서 「일상의 가사」란 부부 공동생활에서 필요로 하는 통상의 사무를 가리키며, 그 구체적인 범위는 부부 공동체의 사회적 지위·직업·재산·수입능력 등 현실적 생활상태 뿐만 아니라 그 부부의 생활장소인 지역사회의 관습 등에 의해 정해진다(판례). 일반적으로 식료품 등의 구입, 주택 임차, 집세 지급, 전기 등 공급계약 체결 및 비용 지급, 자녀의 양육비 등의 지급은 일상가사의 범위에 속한다. 그리고 금전차용행위는 그 목적에 따라 다르다. 만약 부부의 공동생활에 필수적인 비용으로 사용하기 위한 것이면 일상가사의 범위에 속하나, 그렇지 않으면 제외된다.

대법원은, 부인이 남편 명의로 분양받은 45평 아파트의 분양금의 납입을 위한 명목으로 금전을 차용하여 분양금을 납입하였고, 그 아파트가 남편의 유일한 부동산인 경우에 일상가사에 해당한다고 하였으나,2) 부인이 교회에의 건축헌금의 명목으로 금전을 차용한 행위는 일상가사에 해당하지 않는다고 하였다.3)

(2) 본 사안의 경우

정수기를 빌려 사용하는 것은 오늘날의 부부 공동생활에서 통상적인 사무라고 할 수 있다. 그리고 B가 A 가족의 유일한 아파트의 분양금을 납입하기 위하여 D로부터 1,500만원을 빌린 것도 일상가사에 해당한다. 그에 비하여 B가 교회에 건축헌금을 하기 위하여 E로부터 200만원을 빌린 것은 일상가사라고 볼 수 없다. 따라서 B가 C에 대하여 부담하는 정수기의 대여료 지급채무와 D에 대하여 부담하는 1,500만원의 채무는 일상가사채무이나, E에 대하여 부담하는 200만원의 채무는 일상가사채무가 아니다. 그 결과 A는 B가 C에 대하여 부담하는 대여료 지급채무와 D에 대하여 부담하는 1,500만원의 채무에 대하여는 연대책임을 지나, B가 E에 대하여 부담하는 200만원의 채무에 대하여는 연대책임을 지지 않는다.

5. 결 론

전술한 바와 같이, A는 C·D에 대하여는 연대책임을 지지만 E에 대하여는 연대책임을 지지 않으므로, A가 자신은 법적으로 책임이 없다고 하면서 변제를 거절한 것은 E에 대하여는 옳으나, C·D에 대하여는 옳지 않다.

---

2) 대판 1999. 3. 9, 98다46877.
3) 대판 1997. 11. 28, 97다31229.

II. [제 2 문]의 1.에 대하여

1. F의 친권자

본 사안에서 F는 혼인 외의 출생자이다. 그런데 혼인 외의 출생자가 아직 인지되지 않은 경우에는 그 모가 친권자가 된다. 따라서 F의 친권자는 B이다.

2. A와 F 사이의 부자관계 문제

(1) 먼저 A와 F 사이에 부자관계가 인정되는지에 관하여 본다. 혼인 외의 출생자는 모와의 사이에는 출산과 동시에 친자관계가 발생하나, 생부와의 사이에서는 인지가 있어야 친자관계가 발생한다. 따라서 A와 F 사이에 부자관계는 인정되지 않는다.

(2) A와 F 사이에 부자관계가 인정되려면 어떻게 해야 하는지 본다.

A와 F 사이에 부자관계가 인정되려면 인지가 있어야 한다. 인지의 방법으로는 다음의 두 가지가 있다. ① 하나는 생부인 A가 스스로 하는 인지이다. 이를 임의인지라고 한다. 이 인지(생전인지)는 「가족관계의 등록 등에 관한 법률」이 정한 바에 의하여 신고함으로써 그 효력이 생긴다(859조 1항). 그리고 인지는 A가 유언으로도 할 수 있고, 그때에는 유언집행자가 이를 신고하여야 한다(859조 2항). 그런가 하면 A가 F에 대하여 친생자 출생의 신고를 하면 그 신고는 인지의 효력이 있다(가족관계등록법 57조 1항). ② 다른 하나는 F와 F의 법정대리인인 B가 A를 상대로 하여 인지청구의 소를 제기하는 방법이다. 이에 의한 인지를 강제인지 또는 재판상 인지라 한다. 이 인지는 A가 임의로 인지를 하지 않는 경우에 하게 된다.

3. A가 제기한 소(친생자관계 부존재 확인의 소)가 적법한지 여부

(1) A가 인지신고나 출생신고를 하지 않은 경우

이 경우에는 F가 A의 친생자가 아니므로 A는 다툴 필요가 없다.[4] 즉 인지신고·출생신고가 없었으면 가족관계등록부의 정정이 필요하지 않으므로 소를 제기할 필요가 없다. 이때에는 확인의 이익이 없어서 확인의 소는 부적법하며, 따라서 법원은 소를 각하해야 한다.

(2) A가 인지신고를 한 경우

이 경우에는 인지무효의 소를 제기해야 한다. 따라서 친생자관계 부존재 확인의 소는 부적법하다.

(3) A가 출생신고를 한 경우

A가 혼인신고를 하지 않고 F를 혼인 외의 자로 출생신고를 한 경우에는 인지의 효력이 인정된다(가족관계등록법 57조 1항). 그런데 그 신고는 인지신고가 아니고 출생신고이므로 그러한 신고로 인한 친자관계의 외관을 배제하고자 하는 때에는 인지에 관련된 소송이 아니

---

4) F에 대하여 당연히 친생추정이 되지도 않으므로 친생부인의 소도 제기할 필요가 없다.

라 친생자관계 부존재 확인의 소를 제기해야 한다.[5] 이때 상대방은 F가 된다. 결국 이 경우의 A의 친생자관계 부존재 확인의 소는 적법하다.[6]

Ⅲ. [제 2 문]의 2.에 대하여

물음 2.의 경우에는 F가 A·B 사이에 사실혼이 성립한 후 200일이 지나 출생하였다. 그러한 때에 F가 A의 친생자로 추정되는지가 문제된다. F가 친생자로 추정되면 친생자 추정에 관한 규정이 적용되기 때문이다. 그에 비하여 F가 친생자로 추정되지 않으면 법률효과가 [제 2 문]의 1.의 경우와 동일하게 될 것이다.

그런데 우리 민법은 혼인에 관하여 법률혼주의를 채택하고 있고, 친생자추정도 법률혼후에 비로소 문제된다. 따라서 물음 2.의 경우에도 결론은 물음 1.의 경우와 동일하게 된다.

Ⅳ. [제 2 문]의 3.에 대하여

1. 서   설

물음 3.의 경우에는 2014. 11. 2.에 A·B 사이에 법률혼이 성립하였다. 그리고 F는 A·B의 법률혼 후에 출생하였다. 혼인 중의 출생자인 것이다. 그런데 F가 A의 친생자로 추정되는지는 검토해 보아야 한다.

2. F의 친권자

물음 3.의 경우에 F는 A·B 사이의 혼인 중의 출생자이므로, F의 친권자는 A·B이다 (909조 1항 1문).

3. A와 F 사이의 부자관계 문제

F는 A의 혼인 중의 출생자이므로 A와 F 사이에는 당연히 부자관계가 인정된다.

4. A가 제기한 소가 적법한지 여부

⑴ 친생자 추정 제도

아내가 혼인 중에 임신한 자녀는 남편의 자녀로 추정한다(844조 1항). 그리고 혼인이 성립한 날부터 200일(최단 임신기간) 후에 출생한 자녀는 혼인 중에 임신한 것으로 추정한다(844조 2항).[7] 그 결과 혼인성립의 날부터 200일 후에 출생한 자녀는 친생자 추정을 받는 혼

---

5) 대판 1993. 7. 27, 91므306.
6) 이 경우에는 친생부인은 필요하지 않다. 왜냐하면 F는 친생자로 추정되지는 않기 때문이다.
7) 844조가 2017. 10. 31.에 개정되고 2018. 2. 1.에 시행되어 개정된 규정이 본 사안에는 적용되지 않으나,

인 중의 출생자로 된다.

친생자 추정은 반증이 허용되지 않는 강한 추정이어서 그 추정을 번복하려면 부(父)가 친생부인의 소를 제기해야 하고 친생자관계 부존재 확인의 소에 의할 수는 없다. 그에 비하여 친생자 추정을 받지 못하는 경우에는 친생자관계 부존재 확인의 소에 의하여 부자관계를 부정할 수 있다(865조 참조). 혼인성립의 날부터 200일이 되기 전에 출생한 자(子)가 그렇다.

문제는 위의 혼인성립의 날에 사실혼 성립의 날도 포함되는가인데(혼인신고는 된 경우임), 그에 대하여는 긍정설과 부정설이 대립하고 있으며, 의용민법 하의 판례는 긍정설의 입장이다. 생각건대 사실혼의 성립시기는 분명하지 않을 때가 많고, 따라서 친생추정을 인정하지 않음이 옳다.

(2) 본 사안의 경우

위의 사견에 의하면, F는 A의 친생자로 추정되지 않는다. 따라서 A는 친생자관계 부존재 확인의 소로 부자관계를 부정할 수 있다.[8]

본 사안의 해결에 관한 한 그 규정의 내용이 동일하므로(표현만 다름) 교육을 위하여 개정된 규정으로 설명한다.

8) 그에 비하여 통설 및 의용민법 하의 판례에 의하면, F는 사실혼이 성립한 날부터 200일 후에 출생하여서 A의 친생자로 추정된다. 따라서 A가 친생자 추정을 번복하려면 친생부인의 소를 제기하여야 하고 친생자관계 부존재 확인의 소에 의할 수는 없다. 그 결과 A가 제기한 친생자관계 부존재 확인의 소는 부적법하게 된다.

[102] 친생자(親生子)

문제

A(남)와 B(여)는 2003. 3.경 아는 사람의 소개로 처음 만나 사귀어 오다가, 2004. 1. 결혼식을 한 뒤 함께 생활하였고, 혼인신고는 2004. 3. 4.에 마쳤다. 그런데 둘은 2004. 5.경부터 성격 차이로 자주 다투더니 2006. 7.부터는 별거에 들어갔다. 그 후 B는 결혼 전에 알고 지냈던 C(남)를 자주 만나 정을 통해 왔고, 2008. 3. 19. 그와의 사이에서 D를 출산하였다. 그동안 A는 B와의 이혼을 생각하고 있었으나, 그것을 실행하지 못하고 현재(2008. 4. 20)에 이르렀다.

이 경우에 A는 그와 D 사이의 친자관계를 부정할 수 있는가? 있다면 그 방법은 무엇인가?

Ⅰ. 논점의 정리

본 사안의 경우 D는 A가 B와 혼인을 유지하고 있던 동안에 출생한 자이다. 그리하여 우선 이러한 D가 A의 친생자로 추정되는지가 문제된다. 이 문제를 해결하려면 친생자 추정의 요건을 살펴보고, 본 사안의 경우에 그 요건이 갖추어졌는지를 검토하여야 한다.

다음에 D가 친생자로 추정될 경우 A가 D와의 친자관계를 부정할 수 있는 방법이 무엇인지, 본 사안에 있어서 그러한 방법을 사용할 수 있는지를 살펴보아야 한다.

그 뒤에는 D에 대하여 친생자 추정이 미치지 않는지에 대하여 검토해 보아야 한다. 그리고 만약 D가 A의 친생자로 추정되지 않는다면 A는 어떤 방법으로 D와의 친자관계를 부정할 수 있는지 문제된다. 그럼에 있어서 친생자로 추정될 경우에 사용할 수 있는 방법을 이때에도 사용할 수 있는지 논의할 필요가 있다.

Ⅱ. D가 A의 친생자로 추정되는지 여부

1. 친생자 추정의 요건

친생자의 추정이란 자(子)가 모의 부(夫)의 친생자로 추정되는 것을 말한다.

아내가 혼인 중에 임신한 자녀는 남편의 자녀로 추정한다(844조 1항). 그리고 혼인이 성립한 날부터 200일(최단 임신기간) 후에 출생한 자녀는 혼인 중에 임신한 것으로 추정한다

(844조 2항).[1] 그 결과 혼인성립의 날부터 200일 후에 출생한 자녀는 친생자 추정을 받는 혼인 중의 출생자로 된다. 여기서 혼인 성립의 날은 본래 혼인신고를 한 날이나, 통설은 사실혼 성립의 날도 포함하는 것으로 해석한다.

2. 본 사안의 경우

본 사안에 있어서 D는 A가 B와 혼인 후 4년 쯤 지난 뒤에, 그리고 A·B의 혼인 중에 출생하였다. 따라서 일단 D는 A의 친생자로 추정된다. 그런데 다른 요인에 의하여 친생자 추정을 받지 않게 되는지는 별문제이며, 그에 관하여는 뒤에 따로 살펴본다.

Ⅲ. D가 A의 친생자로 추정되는 경우 친자관계를 부정하는 방법

1. 친생자 추정효과

친생자 추정은 반증이 허용되지 않는 강한 추정이어서 그 추정을 번복하려면 부가 친생부인의 소를 제기하여야 하고 친생자관계 부존재 확인의 소에 의할 수는 없다(통설·판례). 그리고 타인의 친생자로 추정되는 자에 대하여는 친생부인의 소의 판결이 확정되기 전에는 아무도 인지를 할 수 없다.

2. 친생부인의 소

친생부인의 소는 부부의 일방이 그 자(子)의 친생자 추정을 번복해서 부자관계를 부정하기 위하여 제기하는 소이다(846조 참조). 전술한 바와 같이 자의 친생자 추정은 오직 친생부인의 소에 의하여서만 번복될 수 있다.

친생부인은 소의 방법에 의하여야 한다. 친생부인의 소는 원칙적으로 부(夫) 또는 처(자의 모)만이 제기할 수 있다(846조). 그리고 그 소의 상대방은 부부 중 다른 일방 또는 자이다(847조 1항). 다만, 상대방이 될 자가 모두 사망한 때에는 그 사망을 안 날부터 2년 내에 검사를 상대로 하여 친생부인의 소를 제기할 수 있다(847조 2항).

친생부인의 소는 그 사유가 있음을 안 날부터 2년 내에 제기하여야 한다(847조 1항). 그런데 자(子)의 출생 후에 친생자임을 승인한 자는 다시 친생부인의 소를 제기하지 못한다(852조). 승인은 명시적으로뿐만 아니라 묵시적으로도 할 수 있다. 그러나 출생신고를 한 것만으로는 승인한 것으로 되지 않는다.

---

1) 844조가 2017. 10. 31.에 개정되고 2018. 2. 1.에 시행되어 개정된 규정이 본 사안에는 적용되지 않으나, 본 사안의 해결에 관한 한 그 규정의 내용이 동일하므로(표현만 다름) 교육을 위하여 개정된 규정으로 설명한다.

3. 본 사안의 경우

앞에서 D가 일단 A의 친생자로 추정된다고 하였다. 만약에 이 추정이 지속된다면, A가 D와의 친자관계를 부정하는 방법은 친생부인의 소를 제기하는 방법밖에 없다.

A가 친생부인의 소를 제기하는 경우에는, A는 처 B나 자(子) D를 상대방으로 하여 부인의 소를 제기하여야 하는데, 본 사안에서는 D가 태어난 지 1개월밖에 지나지 않아서 제소기간 내에 있다.

Ⅳ. D에 대하여 친생자 추정이 미치지 않는지 여부

1. 친생자 추정이 미치지 않는 자(子)

⑴ 서   설

친생자 추정을 규정하고 있는 제844조는 친생자 추정에 있어서 부부의 별거 등으로 처가 부의 자를 포태할 가능성이 전혀 없는 경우에 대하여 예외를 인정하지 않는다. 그럼에도 불구하고 학설과 판례는 예외를 인정하고 있다.

⑵ 학   설

학설은 처가 부의 자를 포태할 수 없는 것이 객관적으로 명백한 사정이 있는 경우에는 친생자의 추정을 인정하지 않는다. 그런데 구체적으로 어떤 범위에서 친생자 추정을 배제할 것인가에 관하여는 견해가 나뉜다.

부(夫)가 행방불명 또는 생사불명인 경우, 부(夫)가 장기간 수감·입원·외국체재 등으로 부재 중인 경우, 혼인관계가 파탄되어 사실상 이혼상태로 별거 중인 경우, 부(夫)와 자(子)간에 명백한 인종의 차이가 있는 경우에 대하여는 다툼이 없다. 그러나 부(夫)와 자(子)가 혈액형이 배치되거나 부(夫)가 생식불능인 경우에 대하여는 ⅰ) 추정부정설, ⅱ) 부모가 이미 이혼한 경우와 같이 가정의 평화가 더 이상 존재하지 않는 때에만 추정이 미치지 않는다는 견해, ⅲ) 당사자나 관계인의 동의가 있는 경우에만 추정이 미치지 않는다는 견해로 나뉘어 있다(송덕수, 친상, [105] 참조). ⅰ)설은 혈연진실주의의 입장이고, ⅱ)설과 ⅲ)설은 가정의 평화 내지 부부의 프라이버시를 배려하는 입장이다.

⑶ 판   례

판례는 처음에는 예외없이 친생자 추정을 하였으나, 그 후에 판례를 변경하여 현재는 처가 부(夫)의 자(子)를 포태할 수 없는 것이 외관상 명백한 사정이 있는 경우에는 그 추정이 미치지 않는다고 한다(이른바 외관설).[2] 그런가 하면, 친생추정 규정의 문언과 체계, 민법이 혼인 중 출생한 자녀의 법적 지위에 관하여 친생추정 규정을 두고 있는 기본적인 입법취지

---

2) 대판(전원) 1983. 7. 12, 82므59; 대판 1988. 5. 10, 88므85 등.

와 연혁, 헌법이 보장하고 있는 혼인과 가족제도, 사생활의 비밀과 자유, 부부와 자녀의 법
적 지위와 관련된 이익의 구체적인 비교 형량 등을 종합하면, 혼인 중 아내가 임신하여 출
산한 자녀가 남편과 혈연관계가 없다는 점이 밝혀졌더라도 친생추정이 미친다고 한다.3)

　　⑷ 사　　　견

생각건대 처가 부(夫)의 자(子)를 포태할 수 없는 것이 외관상 명백한데도 가정의 평화
만을 위하여 추정을 인정하는 것은 바람직하지 않다. 그에 의한 강제적인 평화는 언젠가는
더욱 큰 불화를 가져올 수 있을 것이다. 따라서 그러한 사정이 있는 경우에는 부(夫)와 자
(子)가 혈액형이 배치되거나 부(夫)가 생식불능인 때에도 친생추정이 미치지 않는다고 하여
야 한다.

2. 본 사안의 경우

본 사안의 경우 A와 B는 2006. 7.부터 별거에 들어갔고, 그 후 B는 C와 통정을 해왔다.
그리하여 A · B는 사실상 이혼상태에 있었음은 물론이고 B는 타인과 성적 교섭을 하고 있었
다. 이와 같은 경우에는 D에 대하여 친생자 추정이 미치지 않는다. 학설 · 판례도 마찬가지
의 입장이다.

V. D가 친생자로 추정되지 않을 경우에 A가 친자관계를 부정하는 방법

1. 친생자관계 존부 확인의 소

친생자관계 존부 확인의 소는 특정인 사이에 친생자관계의 존부가 명확하지 않은 경우
에 그에 대한 확인을 구하는 소이다(865조).

이 소는 부(父)를 정하는 소, 친생부인의 소, 인지에 대한 이의의 소, 인지청구의 소의 목
적에 해당하지 않는 다른 사유를 원인으로 하여 가족관계등록부의 기록을 정정함으로써 신분
관계를 명확히 할 필요가 있는 경우에 제기할 수 있다. 그리하여 이 소를 제기할 수 있는 경
우는 대단히 많으며, 친생자 추정이 미치지 않는 자(子)에 대하여도 그 소를 제기할 수 있다.4)

이 소의 제소기간에 대하여는 제한이 없으므로 언제라도 소를 제기할 수 있다. 다만 당
사자 일방이 사망한 때에는 그 사망을 안 날부터 2년 내에 검사를 상대로 하여 소를 제기하
여야 한다(865조 2항).

2. 친생부인의 소를 제기할 수 있는지 여부

친생자의 추정이 미치지 않는 경우에도 부(夫)(또는 모(母))가 친생부인의 소를 제기할 수

---

3) 대판(전원) 2019. 10. 23, 2016므2510.
4) 대판(전원) 1983. 7. 12, 82므59; 대판 1988. 5. 10, 88므85.

있다.5)

3. 본 사안의 경우

본 사안에 있어서 D에 대하여는 A의 친생자 추정이 미치지 않으므로, A는 친생자관계
존부 확인의 소를 제기하여 D와의 친자관계를 부정할 수도 있다. 그리고 이 소는 제소기간
의 제한도 없으므로 언제든지 제기할 수 있다.

그리고 A는 친생부인의 소를 제기하는 것도 가능하다. 즉 D가 친생자로 추정되지는 않
지만 친생부인의 소의 방법으로 D와의 친자관계를 부정할 수도 있는 것이다.

---

5) 동지 김주수·김상용, 267면; 오시영, 211면. 그에 비하여 박동섭, 251면; 이경희, 170면은 친생부인의
   소가 아니라 친자관계 부존재 확인의 소를 제기하여 친자관계를 부정할 수 있다고 한다.

[103] 친권자와 미성년의 자(子) 사이의 이해상반행위

1. X토지는 원래 A의 소유였는데, A가 2000. 4. 20.에 사망하여 그의 처인 B와 자녀인 C, D, E가 이를 공동으로 상속하였다. 그 뒤 B는 고철도매업을 경영하면서 2005년 5월경부터 F로부터 금전을 빌려 왔는데, 2008년 10월경까지 차용금의 합계액이 1억 2,000만원에 이르렀다. B는 2008. 10. 15.에 당시 성년자이던 E의 동의를 얻어 F와 사이에, 위 1억 2,000만원의 채무에 관하여 주채무자를 E로 하고 B를 연대보증인으로 하는 채무인수계약을 체결하였다. 그리고 같은 날 E의 위 1억 2,000만원의 채무를 담보하기 위하여 F와 사이에 X토지 중 자신의 공유지분에 관하여는 공유지분권자로서, X토지 중 미성년자이던 C의 공유지분에 관하여는 그의 법정대리인의 자격으로 각각 근저당권설정계약을 체결하고, B와 C의 공유지분에 관하여 F를 근저당권자로 하는 근저당권설정등기를 해 주었다.

   이 경우에 F의 근저당권은 유효하게 성립하는가? 만약 유효하지 않다면, 유효하게 하기 위하여 어떻게 하였어야 하는가?

2. 갑(남자)은 Y건물을 소유하고 있었다. 그리고 가족으로는 그의 처인 을과 유치원에 다니는 아들 병을 두고 있었다. 그런데 갑이 갑자기 병으로 사망하였고, 그리하여 Y건물은 을과 병에게 상속되어 상속을 원인으로 하는 지분이전등기도 마쳤다. 한편 을의 친정오빠인 정은 사업을 하던 중 자금사정이 매우 어려워지자 무로부터 금전을 빌리려고 하였다. 그런데 정의 부동산에는 모두 시가를 초과할 정도의 채권액을 담보하는 내용의 근저당권이 이미 설정되어 있어서 그의 재산을 담보로 하여 금전을 더 빌릴 수는 없었다. 그리하여 정은 을에게 금전을 빌릴 수 있도록 Y건물에 무를 위하여 근저당권을 설정해 달라고 부탁하였다. 그리고 무에게는 자신이 여동생인 을에게 Y건물에 근저당권을 설정해 달라고 했으니 걱정 말고 금전을 빌려 달라고 하였다. 그 후 을은 Y건물에 대한 자신의 지분 위에 정의 채무를 담보하기 위하여 무를 근저당권자로 하는 근저당권을 설정해 주고, 병의 지분 위에도 병의 법정대리인의 자격으로 역시 무를 위하여 근저당권을 설정해 주었다.

   이 경우에 병은 무에게 근저당권이 무효라고 주장할 수 있는가?

Ⅰ. 물음 1.에 대하여

1. 논점의 정리

본 문제의 논점을 정리하면 다음과 같다.

(1) 먼저 X토지의 소유관계를 분명히 밝혀야 한다.

(2) B와 C의 공유지분에 대하여 근저당권을 설정하였는데, 그 저당권이 유효한지 문제된다. 이를 위하여 근저당권의 성립요건의 구비 여부를 살펴보아야 한다.

(3) C의 공유지분에 B가 법정대리인의 자격으로 근저당권을 설정한 데 대하여는 위 (2)와 별도로 B에게 근저당권설정에 관하여 대리권이 있는지, 그 행위가 B와 C 사이의 이해상반행위(利害相反行爲)인지, 대리권의 남용인지, 친권남용인지가 문제된다.

2. X토지의 소유관계

(1) 본 사안에서는 X토지의 소유자인 A가 사망하여 그 토지가 A의 처 B와 자녀 C·D·E에게 공동상속되었다. 이러한 공동상속의 경우에 X토지의 소유관계가 문제된다.

(2) 민법은 상속인이 수인인 때에는 상속재산은 그들의 공유라고 규정한다(1006조). 그런데 여기의 「공유」의 의미에 관하여 논란이 있다.

학설은 ⅰ) 합유설과 ⅱ) 공유설로 나뉘어 있다. ⅰ)의 합유설에 의하면, 공동상속인은 상속재산 전체에 대하여 추상적 지분을 가지고 그 상속분을 처분할 수 있지만, 상속재산을 구성하는 개개의 재산에 대한 물권적인 지분은 인정되지 않으며, 따라서 당연히 지분을 처분할 수도 없다고 한다. ⅱ)의 공유설은 상속재산의 공유는 본래의 공유와 다르지 않다고 한다. 그리하여 공동상속인은 상속재산을 구성하는 개개의 재산에 대하여 그 상속분에 따라 물권적 지분을 가지고, 상속재산 분할 전이라도 그 지분을 단독으로 자유로이 처분할 수 있다고 한다.

판례는 공동상속재산은 상속인들의 공유라고 하여 공유설을 취하고 있다.[1]

사견으로는, 민법이 명문으로 공유라고 규정하고 있고, 또 여러 곳에서 공유를 전제로 한 규정을 두고 있는 점을 고려할 때, 여기의 공유는 본래의 의미의 공유와 같다고 할 것이다.

(3) 이러한 사견(판례도 같음)에 의할 때, 본 사안의 경우에 X토지는 공동상속인 B·C·D·E가 공유하고 있다.

3. B·C의 공유지분에 대한 F의 근저당권이 근저당권의 성립요건을 갖추었는지 여부

(1) 근저당권의 성립요건

근저당권은 근저당설정의 물권적 합의와 등기에 의하여 성립한다(186조). 그리고 근저

---

1) 대판 1993. 2. 12, 92다29801; 대판 1996. 2. 9, 94다61649.

당설정의 물권적 합의는 채권계약인 근저당권설정계약에 포함되어 행해진다.

(2) 본 사안의 경우

본 사안에서 B와 C의 공유지분에 대하여 근저당권설정계약과 근저당권설정등기가 행해졌다. 따라서 근저당권의 성립요건이 모두 갖추어졌다. 다만, C의 공유지분에 관하여 B가 법정대리인의 자격으로 근저당권설정계약을 체결하였는데, 그에 대한 문제는 아래에서 따로 살펴보기로 한다.

4. C의 공유지분에 B가 법정대리인으로서 근저당권을 설정한 데 따른 문제

(1) 서   설

본 사안에서 C의 공유지분에 B가 법정대리인의 자격으로 F에게 근저당권을 설정해주었다. 그와 관련하여 B가 그에 관하여 대리권이 있는지, 대리권이 있다고 하여도 이해상반행위는 아닌지, 대리권 남용에 해당하지는 않는지, 친권남용에 해당하는지 등을 검토해보아야 한다.

(2) B에게 대리권이 있는지 여부

1) 미성년자인 자(子)가 혼인 중의 출생자인 경우에는 그 부모가 친권자가 된다(909조 1항 1문). 만약 부모 중 일방이 사망한 때에는 다른 일방이 친권자가 된다.

친권자는 자의 신분에 관한 권리·의무와 자의 재산에 관한 권리·의무가 있다. 그중 후자에 해당하는 것으로서 재산관리권(916조)과 재산상의 행위에 대한 대리권(920조 본문)·동의권(5조 1항)이 있다.

2) 본 사안의 경우에 B는 그의 자인 C의 어머니로서 친권자이다. 따라서 B는 C의 행위에 대하여 일반적으로 대리권을 가진다. 그 결과 B의 대리권 행사에 다른 제한이 없다면 B가 법정대리인으로서 C의 공유지분에 F에게 근저당권을 설정해준 행위는 유효하게 될 것이다. 그러나 제한이 있다면 다르다.

(3) B의 근저당권설정행위가 이해상반행위인지 여부

1) 이해상반행위

민법은 친권자와 그 자 사이 또는 친권에 따르는 자들 사이에 이해가 충돌하는 경우에는 친권자의 친권행사를 제한하고 가정법원이 선임한 특별대리인으로 하여금 대신하도록 하고 있다(921조).

친권행사가 제한되는 이해상반행위에는 ① 친권자와 그 자 사이에 이해가 상반되는 것(921조 1항)과 ② 친권자의 친권에 따르는 수인의 자 사이에 이해가 상반되는 것(921조 2항)이 있다.

어떤 행위가 이해상반행위에 해당하는지의 판단에 관하여 학설은 ⅰ) 형식적(외형적·객관적·추상적) 판단설, ⅱ) 실질적(구체적) 판단설, ⅲ) 실질관계를 고려한 형식적 판단설로 나뉘어 있다. ⅰ)설은 이해상반행위의 성립 여부는 전적으로 그 행위 자체 또는 행위의 외형만으로 결정해야 하는 것이고, 해당 행위를 하기에 이른 친권자의 의도 또는 그 행위의 실질적 효과 등은 고려할 것이 아니라고 한다. 그리고 ⅱ)설은 행위의 형식 여하를 불문하고 동기·연유·결과 등을 고려하여 실질적으로 이해상반행위를 판단해야 한다는 견해이다. 한편 판례는, 이해상반의 유무는 전적으로 그 행위 자체를 객관적으로 관찰하여 판단해야 할 것이지 그 행위의 동기나 연유를 고려하여 판단해야 할 것이 아니고,[2] 그 행위의 결과 실제로 이해의 대립이 생겼는가의 여부는 묻지 않는다고 하여,[3] 형식적 판단설의 입장에 있다. 사견은 형식적 판단설에 찬성한다.

친권자가 미성년인 자와 이해상반행위를 특별대리인에 의하지 않고 스스로 대리하여 한 경우에는, 그 행위는 무권대리행위로서 적법한 추인이 없는 한 무효이다.

법정대리인인 친권자와 미성년자인 그의 자 사이에 이해상반되는 행위를 하는 경우에는, 친권자는 법원에 그 자의 특별대리인의 선임을 청구해야 한다(921조 2항). 법정대리인인 친권자가 그의 친권에 따르는 수인의 자 사이에 이해상반되는 행위를 하는 경우에는, 법원에 그 자 일방의 특별대리인의 선임을 청구해야 한다(921조 1항). 특별대리인은 특정의 법률행위에 관하여 개별적으로 선임되어야 하고, 그에게 모든 법률행위를 할 수 있도록 포괄적으로 권한을 수여하지는 못한다.[4]

2) 본 사안의 경우

본 사안에서 B의 자신의 채무를 성년 자녀인 E에게 인수시키고 자신은 연대보증인으로 된 뒤에 E의 채무를 담보하기 위하여 미성년 자녀 C의 공유지분에 대하여 근저당권설정행위를 하였다. 이러한 B의 근저당권설정행위는, 형식적 판단설에 의할 경우, 당연히 친권자 B와 미성년 자녀 C의 이해가 상반되는 행위이다. 그러므로 그 행위를 유효하게 하려면, B는 법원에 C의 특별대리인의 선임을 하였어야 하고, 그 특별대리인이 그 행위를 하였어야 한다. 그런데 본 사안의 경우에는 특별대리인의 선임 없이 B가 스스로 근저당권설정행위를 하였기 때문에, 그 행위는 무효이다.[5]

(4) B의 대리권 남용의 문제

1) 대리권 남용이론

(카) 서　　설　　　친권자의 법률행위가 — 특히 형식적 판단설에서 — 이해상반행위로 판단되지 않는 경우에 미성년 자녀를 보호할 필요가 있다. 그 경우에 대리권 남용이론이 적용될 수 있다.

2) 대판 2002. 1. 11, 2001다65960.
3) 대판 1993. 4. 13, 92다54524; 대판 1994. 4. 9, 94다6680; 대판 1996. 11. 22, 96다10270.
4) 대판 1996. 4. 9, 96다1139.
5) 대판 2002. 1. 11, 2001다65960도 유사한 사건에 관하여 그 근저당권설정행위는 이해상반행위로서 무효라고 한다.

⑷ **임의대리에서의 대리권 남용이론**

(여기에 관하여는 [11]번 문제 Ⅰ. 5. ⑵ 참조)

⑷ **친권자의 법정대리권 남용**   대리권 남용은 임의대리에서뿐만 아니라 법정대리에서
도 문제된다. 학설과 판례[6]도 같은 입장이다. 친권자의 대리권 남용도 인정해야 한다. 판례
도 같은 태도를 취하고 있다.[7] 그런데 그 경우에 임의대리에서의 이론을 그대로 적용할지
문제된다. 그에 대하여 보다 쉽게 인정하려는 견해가 있으나, 사견으로는 권리남용설을 그
대로 인정해도 무방하다고 생각한다.

2) **본 사안의 경우**

본 사안에서 B는 본인인 C를 위해서가 아니고 자신의 이익을 위하여 근저당권설정행
위를 하였다. 그런데 상대방인 F는 B의 배임적 의도를 알지 못하였다.[8] 따라서 C가 대리권
남용을 이유로 저당권설정행위의 효력을 부정하지는 못한다.[9]

⑸ **B가 친권을 남용한 것인지 여부**

민법은 부 또는 모가 친권을 남용하는 때에는 일정한 요건 하에 가정법원이 그 친권의
상실을 선고할 수 있다고 규정한다(924조). 제924조의 친권남용은 친권자의 대리권 남용과
는 다르다. 그 규정의 친권남용은 자녀학대 등의 사유[10]가 있을 때 일정한 요건 하에 법원
이 친권상실을 선고하여 친권자의 친권을 완전히 박탈하는 제도이며, 개별적인 대리행위의
효력이 본인에게 생기지 않도록 하는 대리권 남용의 이론과는 근본적으로 다르다.

본 사안의 경우에는 친권상실을 선고할 만큼 친권이 남용되지 않았고, 또 친권상실 선
고가 된 바도 없다. 따라서 B는 여전히 친권을 가진다. 그리고 친권상실선고가 되면 그때부
터 친권을 상실하기 때문에, 친권상실선고가 있더라도 친권자가 친권상실 전에 행한 대리행
위의 효력에는 영향을 미치지 않는다.

5. 본 문제의 해결

⑴ **F의 근저당권이 유효하게 성립하는지 여부**

B의 공유지분에 관하여는 근저당권의 성립요건을 모두 갖추었으므로 근저당권이 유효
하게 성립한다. 그런데 C의 공유지분에 관하여는, B의 근저당권설정행위가 이해상반행위로
서 무효이므로, 근저당권이 유효하게 성립하지 못한다.

---

6) 대판 2011. 12. 22, 2011다64669.
7) 대판 1997. 1. 24, 94다43928.
8) 판례의 제107조 제 1 항 단서 유추적용설에 의할 경우에도, F는 배임적 의도를 알지 못하였고 모르는 데
   과실이 없는 것으로 보이므로, 결과는 같다.
9) 본 사안의 경우에는 B의 근저당권설정행위가 이해상반행위로서 무효이기 때문에, 대리권 남용 여부를
   따질 필요는 없다.
10) 대리권 남용도 사유가 될 수는 있다.

⑵ C의 공유지분에 근저당권이 유효하게 성립하기 위한 방법

C의 공유지분에 F의 근저당권이 유효하게 성립하려면, 친권자인 B가 법원에 특별대리인의 선임을 청구하여 특별대리인이 선임되었어야 하고, 그 특별대리인이 C를 대리하여 C의 공유지분에 근저당권을 설정했어야 한다.

Ⅱ. 물음 2.에 대하여

1. 논점의 정리

본 문제의 논점을 정리하면 다음과 같다.

⑴ 먼저 Y건물의 소유관계가 문제된다.

⑵ 병의 공유지분에 대하여 정의 채무를 담보하기 위하여 설정된 무의 근저당권이 유효한지 문제된다.

⑶ 병의 공유지분에 을이 법정대리인의 자격으로 정의 채무를 담보하기 위하여 근저당권을 설정한 데 대하여 위 ⑵와 별도로 을에게 근저당권설정에 관하여 대리권이 있는지, 그 행위가 을과 병 사이의 이해상반행위인지, 대리권의 남용인지, 친권남용인지가 문제된다.

2. Y건물의 소유관계

⑴ 본 사안에서는 Y건물의 소유자인 갑이 사망하여 그 건물이 갑의 처 을과 아들 병에게 공동상속되었다. 이러한 공동상속의 경우에 Y건물의 소유관계가 문제된다.

⑵ (여기에 관한 이론은 앞의 Ⅰ. 2. ⑵ 참조)

⑶ 이러한 사견(판례도 같음)에 의할 때, 본 사안의 경우에 Y건물은 공동상속인 을·병이 공유한다.

3. 병의 공유지분에 설정된 무의 근저당권이 근저당권의 성립요건을 갖추었는지 여부

⑴ 근저당권의 성립요건

근저당권은 근저당설정의 물권적 합의와 등기에 의하여 성립한다(186조). 그리고 근저당설정의 물권적 합의는 채권계약인 근저당권설정계약에 포함되어 행해진다. 한편 근저당권설정계약의 당사자는 근저당권설정자와 근저당권자이다. 설정자는 채무자인 것이 보통이나, 제3자(물상보증인)라도 무방하다.

⑵ 본 사안의 경우

본 사안에서 정의 채무를 담보하기 위하여 병의 지분 위에 근저당권설정계약과 근저당권설정등기가 행해졌다. 병은 물상보증인인 것이다. 그리고 병의 공유지분에 대하여 근저당권의 성립요건이 모두 갖추어졌다.

4. 병의 공유지분에 을이 법정대리인으로서 근저당권을 설정한 데 따른 문제

(1) 을에게 대리권이 있는지 여부

본 사안의 경우에 을은 병의 어머니로서 친권자이다. 따라서 을은 병의 행위에 대하여 일반적으로 대리권을 가진다. 그 결과 을의 대리권 행사에 다른 제한이 없다면 을이 법정대리인으로서 병의 공유지분에 F에게 근저당권을 설정해준 행위는 유효하게 될 것이다.

(2) 을의 근저당권설정행위가 이해상반행위인지 여부

1) 이해상반행위

(여기에 관하여는 위 Ⅰ. 4. (3) 1) 참조)

2) 본 사안의 경우

본 사안에서 을은 자신의 채무를 담보하기 위해서가 아니고 친정오빠인 정의 채무를 담보하기 위해서 병의 공유지분에 근저당권을 설정해 주었다. 그러므로, 사견인 형식적 판단설에 의할 때, 그 행위는 을과 병의 이해관계가 상반되는 행위가 아니다.[11]

(3) 을의 대리권 남용의 문제

1) 대리권 남용이론

(그에 관하여는 위 Ⅰ. 4. (4) 1) 참조)

2) 본 사안의 경우

본 사안에서 을은 본인인 병을 위해서가 아니고 제 3 자인 정을 위하여 병의 공유지분에 근저당권을 설정해 주었다. 그리고 상대방인 무는 을이 정을 위하여 근저당권설정행위를 한 것은 알고 있었다. 그러나 본 사안의 경우에 을이 배임적 의도를 가지고 근저당권설정행위를 했음을 알았다고 보기는 불충분하다. 따라서 무에게 대리권 남용을 이유로 근저당권설정행위의 효력을 부정하지는 못한다.[12][13]

(4) 을이 친권을 남용한 것인지 여부

을이 병의 공유지분에 정의 채무를 담보하기 위하여 근저당권을 설정해준 것은 친권상실의 사유인 친권남용이 아니다.

5. 본 문제의 해결

병의 공유지분에 관한 근저당권은 근저당권의 성립요건을 모두 갖추었다. 그리고 을은 그 근저당권설정행위에 대리권을 가지고 있다. 또한 을의 그 행위는 이해상반행위에 해당하

---

11) 대판 1991. 11. 26, 91다32466도 유사한 사건에서 근저당권설정행위가 이해상반행위가 아니라고 하였다.
12) 대판 1991. 11. 26, 91다32466도 유사한 사건에서 친권을 남용한 경우(이는 대리권 남용의 의미로 이해된다)가 아니라고 하였다.
13) 그런데 견해에 따라서는 본 사안의 경우에 을의 배임적 의도를 무가 알았으므로, 무는 병에게 근저당권의 유효를 주장할 수 없다고 할 수도 있다.

지 않는다. 그런가 하면 대리권 남용도 아니며, 친권을 상실시키는 친권남용도 아니다. 이와 같이 병의 공유지분 위의 근저당권의 유효성을 부정할 사유가 존재하지 않기 때문에, 병은 무에게 근저당권이 무효라고 주장할 수 없다.

[104] 부양료 청구

문 제

　A(45세)는 2006. 11. 15. 경막 외 출혈 등으로 수술을 받은 후 의식이 혼미하고 마비증세가 지속되고 있다. 그 때문에 A는 수술 후 현재(2013. 4. 24)까지도 병원에 입원하여 치료를 받고 있다. 그 동안 A의 간호는 항상 A의 어머니인 B가 맡아왔고, A의 치료비용도 모두 B가 지급하였다. B는 경제적으로 여유가 있기는 하나, A에 대한 간호와 치료비용 부담을 모두 자신에게 맡기고 있는 A의 처 C를 못마땅하게 생각하였다. C가 전문직이어서 수입도 많은 편이기에 더욱 그랬다. 그리하여 2011. 12. 29. B는 C에게 '지금까지 A의 병원비로 자신이 지출한 3억 5,000만원을 지급하고, 그 이후의 병원비도 C가 부담하라'고 하였다. 그런데 C는 3억 5,000만원 중 일부도 지급하지 않았고, 그 후의 병원비(현재까지 4,000만원)도 부담하지 않아, A의 병원비는 현재까지도 여전히 B가 부담해 오고 있다.

　이 경우에 B는 C에게 현재까지 지출한 병원비와 장래에 지출할 병원비의 청구를 할 수 있는가?

Ⅰ. 논점의 정리

　본 문제에서 A의 어머니인 B나 A의 처인 C가 A의 병원비를 부담하여야 한다면 그것은 A에 대한 부양의무의 문제이다. 본 문제의 경우의 구체적인 논점을 정리하면 다음과 같다.

　⑴ 먼저 A에 대한 부양의무자가 누구인지가 문제된다. 만약 B와 C가 모두 부양의무자라면 둘 사이의 관계도 검토하여야 한다.

　⑵ B가 현재까지 지급한 병원비를 C에게 청구할 수 있는지, 즉 과거의 부양료를 청구할 수 있는지 문제된다.

　⑶ B가 장래에 지출할 병원비를 C에게 청구할 수 있는지 문제된다.

Ⅱ. A에 대한 부양의무자

1. 민법상 부양의무자

　민법이 인정하는 부양에는 ① 부모와 미성년 자녀 사이(913조) 및 부부 사이의 부양(826조 1항)과 ② 그 밖의 친족 사이의 부양이 있다. 이 가운데 ①의 부양의무는 1차적 부양의무

이고, ②의 부양의무는 2차적 부양의무이다.[1]

2차적 부양의무의 당사자에 관하여는 민법 제974조가 규정한다. 그에 의하면, 직계혈족 및 그 배우자 사이, 기타 생계를 같이 하는 친족 사이에 부양의무가 있다. 그 결과 부모는 성년의 자녀에 대하여는 2차적 부양의무를 부담한다.

판례에 따르면, 부양의무자 중에 1차적 부양의무자와 2차적 부양의무자가 병존하는 경우에는, 1차적 부양의무자가 2차적 부양의무자에 우선하여 부양의무를 부담한다.[2] 이러한 판례는 타당하다.

2. 본 사안의 경우

본 사안에서 부양을 받아야 할 자(성년자) A에 대하여 부양의무를 지는 자는 A의 어머니인 B와 A의 처인 C의 둘이다. 그런데 C는 A에 대하여 1차적 부양의무자이고, B는 2차적 부양의무자이다. 따라서 C는 B에 우선하여 A를 부양할 의무가 있다.

Ⅲ. B가 C에게 현재까지 지출한 병원비(부양료)를 청구할 수 있는지 여부

1. 서 설

본 문제의 경우 C가 부담했어야 할 병원비 3억 9,000만원을 B가 대신 부담하였다. 그리고 B는 그 병원비 중에 3억 5,000만원에 대하여는 2011. 12. 29.에 C에게 지급을 청구하였으나, 지급받지를 못했다. 이러한 경우에 B가 지출한 병원비 3억 9,000만원의 성격이 무엇인지 문제된다. 그리고 이 금액을 C에게 청구할 수 있는지도 살펴보아야 한다. 그 외에 청구권이 인정되는 경우의 그 권리의 소멸시효의 완성 여부도 검토해야 한다.

2. 부양료·체당부양료

(1) 과거의 부양료

판례는 부부 사이에는 과거의 부양료를 청구할 수 없다고 한다.[3] 다만, 부양의무의 이행청구에도 불구하고 배우자가 이행하지 않음으로써 이행지체에 빠진 후의 것은 부양료의 지급을 청구할 수 있다고 한다.[4] 여기에 대하여 학설 중에 과거의 부양료 청구를 인정하는 견해가 있다.[5] 생각건대 부양의무가 법적으로 인정되는 의무인 만큼 과거의 것도 청구할

[1] 통설·판례도 같다. 대판 2012. 12. 27, 2011다96932.
[2] 대판 2012. 12. 27, 2011다96932.
[3] 대판 1991. 10. 8, 90므781; 대판 1991. 11. 26, 91므375·382; 대결 2008. 6. 12, 2005스50; 대판 2012. 12. 27, 2011다96932.
[4] 대판 2012. 12. 27, 2011다96932. 그 외에 이행지체에 빠지지 않은 경우에도 특별한 사정이 있는 경우에는 이행청구 이전의 과거의 부양료도 지급할 것이라고 한다.
[5] 김주수·김상용, 친상, 470면.

수 있다고 해야 한다.

⑵ 체당부양료의 구상

부양의무 없는 제 3 자가 부양한 경우에는 여러 가지 모습이 있고, 그 경우에 부양한 제 3 자에게 구상권이 있는지는 경우에 따라 다르다(강의, E-163; 송덕수, 친상, [208] 참조). 그런데 우리 문헌들은 사무관리와 부당이득을 이유로 언제나 구상할 수 있다고 한다.

한편 판례에 의하면, 1차적 부양의무자 대신 2차적 부양의무자가 부양한 경우에는 2차 적 부양의무자는 그 소요된 비용을 1차적 부양의무자에 대하여 상환청구를 할 수 있다고 한다.6) 그런데 이때 1차적 부양의무자가 2차적 부양의무자에게 상환해야 할 과거의 부양료 액수는 부부 일방이 타방 배우자에게 부담해야 할 부양의무에 한정된다고 한다.7)

⑶ 부양청구권 · 구상권의 소멸시효

부양청구권은 3년의 단기소멸시효에 걸린다(163조 1호). 그런데 의무 없이 부양한 제 3 자의 체당부양료 구상권은 10년의 시효에 걸린다고 해야 한다.

3. 본 사안의 경우

본 사안에서는 1차적 부양의무자인 C가 있음에도 불구하고 2차적 부양의무자인 B가 병원비를 지출하는 등으로 A를 부양하였다. 따라서 B는 사무관리 또는 부당이득을 이유로 C에 대하여 그가 지출한 병원비의 상환을 청구할 수 있다.

상환의 범위에 관하여 판례는, C가 A에 대하여 부담했어야 할 부양의무의 범위에 한정 된다고 한다. 그리하여 A가 C에게 부양의무의 이행을 청구하여 이행지체에 빠진 후의 것에 관하여만 부양료의 지급을 청구할 수 있는데, 이 사안에서는 A가 의사소통을 할 수 없는 점을 고려할 때 A의 이행청구 전의 부양료도 청구할 여지가 있다고 한다. 사견에 의하면, A는 청구 여부에 관계없이 과거의 부양료도 청구할 수 있게 된다. 그런데 부양료의 액은 A · C 사이의 재산관계 · 생활정도 · 부양이 필요한 정도 등 여러 사정을 고려하여 정해야 하 며, 그 범위에서 B가 C에게 상환을 청구할 수 있다.

한편 A의 부양청구권은 3년의 시효에 걸리므로 현재를 기준으로 하여 3년이 경과한 것 은 상환청구를 할 수 없다. 이것은 B의 C에 대한 상환청구권이 10년의 시효에 걸리는 것과 는 별개의 것이다.

요컨대 B가 C에게 청구한 3억 5,000만원과 그 후에 B가 지출한 4,000만원8) 중, A의 부양청구권이 발생한 뒤 3년이 경과한 것은 제외되어야 하고, 그 병원비 가운데 A가 부담했 을 부분은 제외해야 하며,9) 그 나머지를 C에게 청구할 수 있다고 할 것이다.

---

6) 대판 2012. 12. 27, 2011다96932.
7) 대판 2012. 12. 27, 2011다96932.
8) 이것들은 모두 이미 지급한 것이므로 과거의 부양료이다.
9) 그 부분은 B가 A에게 청구하여야 할지가 문제되나, 그것은 도의관념에 적합한 비채변제(744조)에 해당

Ⅳ. B가 C에게 장래의 병원비를 청구할 수 있는지 여부

본 사안에서 A의 병원비와 관련하여 C에게 권리를 가지는 것은 부양청구권자인 A이다. 다만, 위에서는 C가 부담했어야 할 병원비를 B가 지출한 경우에 그것을 상환청구할 수 있다고 한 것이다. 따라서 아직 지출하지 않은 병원비를 부양청구권자가 아닌 B가 미리 청구할 수는 없다. 사전구상권이 인정될 근거가 없기 때문이다. 만약 후에도 이전처럼 B가 병원비를 지급하게 되면, 위에서와 같이 다시 과거의 부양료를 대신 지급한 것이 되어 상환청구를 할 수 있는 문제가 생긴다.

하여 반환청구를 할 수 없다고 할 것이다.

[105] 상속분 · 유류분

〈공통된 기초사실〉

A(남자)에게는 처 B와, 혼인을 한 장남 C, 혼인을 한 차남 D, 미혼인 딸 E가 있고, 며느리로 C의 처인 F, D의 처인 G가 있으며, 손녀로 D와 G 사이에 태어난 D-1, D-2가 있다. 그리고 F의 체내에는 C와 F 사이의 자녀인 C-1(성별검사가 법으로 금지되어 있음에도 불구하고 초음파 검사로 성별검사를 하였으며, 그 결과 아들임이 밝혀짐)이 태아로 자라고 있다. 그 밖에 A의 어머니 H와 동생 I가 있다. A의 재산 총액은 6억 3,000만원이다(사망 당시도 동일함).

[제1문]

〈추가된 사실관계〉

이러한 상태에서 A가 사망하였다.

그 경우에 A의 재산은 누구에게 얼마씩 상속되는가?

[제2문]

〈추가된 사실관계〉

이러한 상태에서 C가 A와 불화 끝에 A를 살해하였다.

그 경우에 A의 재산은 누구에게 얼마씩 상속되는가?

[제3문]

〈추가된 사실관계〉

이러한 상태에서 C가 A와 불화 끝에 A를 살해하였고, D는 유효하게 상속을 포기하였다.

그 경우에 A의 재산은 누구에게 얼마씩 상속되는가?

[제4문]

〈추가된 사실관계〉

이러한 상태에서 C가 A와 불화 끝에 A를 살해하였다. 그 후 A의 자필증서 유언이 공개되었는데(유언은 적법한 것임), 그 유언에는 A의 재산 중 3억 1,500만원을 종손인 태아 C-1에게 주겠다고 쓰여 있었다.

그 경우에 A의 재산은 누구에게 얼마씩 상속되는가? 그리고 이때 유류분 반환청구를 할수 있는 상속인이 있는가?

I. [제1문]에 대하여

1. 상속인의 순위

상속인에는 혈족상속인과 배우자상속인이 있으며, 그 가운데 혈족상속인은 피상속인과의 친소관계에 의하여 그룹별로 1순위부터 4순위까지 순위가 정해져 있고(1000조), 배우자는 언제나 상속인으로 되는 것으로 정하여져 있다.

상속인으로 될 수 있는 자가 여럿 있는 경우에 그들 사이의 순위가 다른 때에는 최우선순위자만 상속인이 되고 후순위자는 상속에서 배제되며, 동순위자가 여럿 있는 때에는 공동으로 상속한다(1000조 2항).

혈족상속인으로서 제1순위자는 피상속인의 직계비속이다(1000조 1항 1호). 직계비속의 성별, 혼인 여부 등은 묻지 않는다. 직계비속이 여럿 있는 경우에 피상속인과 그들 사이의 촌수가 다르면 최근친이 선순위자로서 상속인이 되고(1000조 2항 전단), 최근친인 직계비속이 여럿 있는 때에는 그들은 공동상속인이 된다(1000조 2항 후단). 다음에 제2순위자는 피상속인의 직계존속이다. 그런데 제2순위자는 제1순위자가 있는 경우에는 상속인이 되지 못한다. 한편 태아는 상속에 관하여는 이미 출생한 것으로 본다(1000조 3항). 그리하여 보통의 상속뿐만 아니라 대습상속도 받을 수 있다(1001조·1000조 3항).

2. 상 속 분

동순위의 혈족상속인이 수인인 때에는 그 상속분은 균분으로 한다(1009조 1항). 성별은 묻지 않는다. 그리고 피상속인의 배우자의 상속분은 직계비속과 공동으로 상속하는 때에는 직계비속의 상속분의 5할을 가산하고, 직계존속과 공동으로 상속하는 때에는 직계존속의 상속분의 5할을 가산한다(1009조 2항).

3. 본 사안의 경우의 상속인 및 상속분

본 사안에서 C·D·E와 D-1, D-2, 그리고 태아 C-1은 피상속인 A의 직계비속이다. 그런데 그들 중 C·D·E는 A와 1촌인데 비하여, D-1, D-2, C-1은 2촌이어서 C·D·E만 상속을 받을 수 있다. 한편 B는 피상속인 A의 배우자로서 A의 직계비속인 C·D·E와 공동상속인이 된다.

다음에 B, C, D, E의 상속분의 비율은 1.5 : 1.0 : 1.0 : 1.0 = 3/9 : 2/9 : 2/9 : 2/9로 된다. 그 결과 A의 재산 6억 3,000만원 중 B는 그것의 3/9인 2억 1,000만원을 상속하고, C·D·E는 각각 6억 3,000만원의 2/9인 1억 4,000만원씩을 상속하게 된다.

Ⅱ. [제 2 문]에 대하여

1. 상속결격

상속결격이란 어떤 자에게 상속에 적합하지 않은 일정한 사유가 있는 경우에 상속인으로서의 자격을 상실하는 것을 말한다. 민법은 결격사유로 5가지를 규정하고 있는데(1004조), 그 가운데에는 「고의로 직계존속, 피상속인, 그 배우자 또는 상속의 선순위나 동순위에 있는 자를 살해하거나 살해하려 한」 경우(1004조 1호)도 있다.

상속결격사유에 해당하는 행위를 한 자는 상속인이 되지 못한다(1004조).

2. 대습상속

상속인이 될 피상속인의 직계비속이 상속개시 전에 사망하거나 결격된 때에는 그의 직계비속이 대습상속한다(1001조 · 1000조 1항 1호). 그리고 상속인이 될 피상속인의 직계비속 또는 형제자매가 상속개시 전에 사망하거나 결격된 때에는 그의 배우자는 그의 직계비속과 공동으로 대습상속하고, 직계비속이 없으면 단독으로 상속한다(1003조 2항).

대습상속인의 상속분은 피대습자(즉 사망 또는 결격된 자)의 상속분과 같다(1010조 1항). 그리고 대습상속의 경우에 대습상속하는 직계비속이 수인인 때, 대습상속하는 배우자(피대습자의 배우자)가 있는 때에는, 피대습자의 상속분을 상속재산으로 하여 법정상속분의 방법으로 상속분을 정한다(1010조 2항).

3. 본 사안의 경우의 상속인 및 상속분

본 사안에서는 C가 직계존속이자 피상속인인 A를 고의로 살해하였다. 따라서 C는 상속결격이 되어 상속인으로 되지 못한다. 그리고 C가 상속받았을 몫은 C의 배우자인 F와 태아 C-1이 법정상속분의 방법으로 대습상속한다. 그리고 D · E는 [제 1 문]에서와 같이 각각 1억 4,000만원씩 상속한다.

상속결격이 되지 않았으면 C가 상속했을 1억 4,000만원이 F와 C-1에게 어떻게 상속되는지를 본다. F는 C-1보다 5할을 더 상속받는다. 그리하여 F : C-1 = 1.5 : 1.0 = 3/5 : 2/5로 된다. 그 결과 F는 1억 4,000만원의 3/5인 8,400만원을 상속하고, C-1은 1억 4,000만원의 2/5인 5,600만원을 상속한다.

Ⅲ. [제 3 문]에 대하여

1. 서   설

본 사안의 경우에 C는 [제 2 문]에서와 마찬가지로 상속결격이 된다. 따라서 C는 상속인이 되지 못하고, F와 C-1이 C의 몫을 대습상속하게 될 것이다. 그 외에 본 사안에서는 D 가 유효하게 상속을 포기하였다. 그러므로 상속포기의 효과에 관하여 살펴보아야 한다. 그 러고 나서 상속인과 상속분을 판단해야 한다.

2. 상속포기의 효과

상속의 포기는 상속이 개시된 때에 소급하여 그 효력이 있다(1042조). 그 결과 포기자는 처음부터 상속인이 아니었던 것으로 된다.[1]

공동상속인 중 일부가 상속을 포기한 경우에 그 포기자의 직계비속은 포기자를 대습상 속하지 않는다. 민법이 피대습자의 상속개시 전의 사망과 결격만을 대습원인으로 규정하고 있기 때문이다.

상속인이 수인인 경우에 어느 상속인이 상속을 포기한 때에는, 그 상속분은 다른 상속 인의 상속분의 비율로 그 상속인에게 귀속된다(1043조). 이때에는 포기한 자가 상속개시시부 터 상속인이 아니었던 것으로 보고 그를 제외하고서 법정상속분의 비율에 따라 상속분을 계산한다.

3. 본 사안의 경우의 상속인 및 상속분

본 사안에서는 D가 상속을 포기했으므로 그가 없었다고 가정하고 상속분을 계산한다. 그렇게 하면 B, C(대습상속됨), E의 상속분의 비율은 1.5 : 1.0 : 1.0＝3/7 : 2/7 : 2/7로 된다. 그 결과 B는 6억 3,000만원의 3/7인 2억 7,000만원을 상속하고, C·E는 각각 6억 3,000만원 의 2/7인 1억 8,000만원을 상속하게 된다. 그리고 상속결격이 된 C의 몫 1억 8,000만원은 F와 C-1이 3/5 : 2/5의 비율로 대습상속한다. 구체적으로 F는 1억 800만원, C-1은 7,200만 원을 대습상속한다.

IV. [제 4 문]에 대하여

1. 서 설

본 사안의 경우에는 대습상속을 받는 상속인이 특별수익을 받았다. 그러한 경우에 어떻 게 상속이 되는지, 그리고 유류분 반환청구를 할 수 있는지 묻고 있다. 따라서 아래에서는 먼저 특별수익을 받는 상속인이 있을 경우에 어떻게 상속되는지를 살펴보아야 한다. 그러고 나서 각 상속인이 유류분 침해가 있는지를 살펴야 한다.

---

1) 대판 2011. 6. 9, 2011다29307.

2. A의 재산이 어떻게 상속되는지

(1) 특별수익자의 상속분

공동상속인 중에 피상속인으로부터 재산의 증여 또는 유증을 받은 자가 있는 경우에 그 수증재산이 자기의 상속분에 달하지 못한 때에는 그 부족한 부분의 한도에서 상속분이 있다(1008조). 이것이 특별수익의 반환제도이다. 이 규정의 의미가 분명하지는 않으나, 상속분의 산정방법을 통설·판례는 다음과 같이 새긴다. 먼저 피상속인이 상속개시 당시에 가지고 있던 재산의 가액에 생전증여의 가액을 가산한 후, 이 가액에 각 공동상속인별로 법정상속분율을 곱하여 상속분의 가액을 정한다. 이 가액이 각 공동상속인의 상속분이 되나, 특별수익자의 상속분은 이 가액에서 수증재산인 증여 또는 유증의 가액을 공제한 것이 된다.

대습상속인 자신이 피상속인으로부터 특별수익을 한 때에 특별수익을 반환해야 하는지가 문제된다. 여기에 관하여 학설은 ⅰ) 대습상속인이 실제로 공동상속인의 자격을 취득하게 되는 시점(즉 피대습자가 사망 또는 결격된 때) 이전에 수익하였든 그 이후에 수익하였든 반환의무가 있다는 견해, ⅱ) 대습상속인이 실제로 공동상속인의 자격을 취득하게 되는 시점 이후에 수익한 경우에만 반환의무가 있다는 견해로 나뉘어 있다. 그리고 판례는 ⅱ)설과 같다.[2] 사견은 ⅱ)설·판례와 같다.

특별수익의 가액이 수익자의 상속분에 미달하는 경우에는 그 부족분이 그의 상속분으로 되어 그 부분만큼 상속받게 된다. 그리고 특별수익의 가액이 수익자의 상속분을 초과하는 경우에는 수익자는 상속재산으로부터 더 이상 상속받을 수는 없다. 그런데 그 초과부분을 반환해야 하는지 문제된다. 여기에 관하여 학설은 ⅰ) 반환해야 한다는 견해, ⅱ) 공동상속인의 유류분을 침해하는 경우에만 반환해야 한다는 견해, ⅲ) 반환할 필요가 없다는 견해로 나뉘어 있다. 생각건대 과거에 있던 초과부분 반환금지 규정이 유류분제도가 신설되면서 삭제된 점을 고려할 때 ⅱ)설이 타당하다. 한편 대습상속인이 특별수익자인 경우(특별수익이 상속분을 초과할 때)에는 그 대습상속인은 상속을 받지 못한다. 그런데 다른 대습상속인이 있으면 그 대습상속인은 피대습자의 상속분을 상속할 수 있다.

(2) 본 사안의 경우

본 사안의 경우에 태아인 C-1은 F와 함께 C의 몫을 대습할 자이다. 그런데 C-1은 A로부터 유증을 받게 되었다. 그리고 그가 유증에 의해 이익을 받는 시기는 A가 사망하게 되는 때이어서 대습상속인의 자격을 취득한 뒤이다. 그러므로 C-1은 어느 견해에 의하든 특별수익자로 된다. 이제 전술한 이론에 따라 상속분을 계산해 보기로 한다.

본 사안의 경우에 각 상속인의 구체적 상속분은 위 [제 2 문]에 관하여 설명한 것과 동일하다. 즉 B는 6억 3,000만원의 3/9인 2억 1,000만원이고, C·D·E는 각각 6억 3,000만원

---

2) 대판 2014. 5. 29, 2012다31802.

의 2/9인 1억 4,000만원이다. 그렇지만 C는 상속결격이 되어 그의 상속분 1억 4,000만원은 F와 C-1에게 1.5 : 1.0으로 상속된다. 그리하여 F는 8,400만원(=1억 4,000만원×3/5), C-1은 5,600만원(=1억 4,000만원×2/5)을 상속할 수 있게 된다. 그런데 C-1이 3억 1,500만원의 유증을 받게 되었다. 본래 그가 상속받았을 금액보다 많은 금액을 받게 된 것이다. 그렇지만 C-1은 유류분 침해가 없으면 반환할 필요가 없다. 그러므로 C-1을 제외하고 상속분을 계산해야 한다.

C-1의 특별수익을 고려하여 각 상속인이 실제로 취득할 금액을 계산해 보기로 한다. 이는 유증액을 뺀 나머지 3억 1,500만원이 어떻게 상속되는지의 문제이다. 이때에는 C-1을 제외하고 상속분을 계산해야 한다. 그 경우에 F는 그대로 대습상속을 하게 되며, 그는 C의 몫을 전부 상속한다. 구체적으로 보면, B는 3억 1,500만원의 3/9인 1억 500만원, D·E는 각각 3억 1,500만원의 2/9인 7,000만원을 상속하고, C가 받을 몫 7,000만원은 F가 전액 대습상속하며, C-1은 전혀 상속을 받지 못한다(유증만 받음).

3. 각 상속인에 대하여 유류분 침해가 있는지

(1) 유류분제도

유류분은 법률상 상속인에게 귀속되는 것이 보장되는 상속재산에 대한 일정비율을 가리키며, 민법은 일정한 범위의 상속인에게 이러한 유류분을 인정하고 있다.

유류분을 가지는 자는 피상속인의 직계비속·배우자·직계존속이다(1112조).[3] 유류분권을 행사할 수 있으려면 최우선 순위의 상속인이어서 상속권이 있어야 한다. 대습상속에 관한 규정이 유류분에도 준용되므로(1118조), 피상속인의 직계비속의 대습자도 유류분권자에 포함된다. 그리고 태아도 유류분권을 가진다.

유류분권자의 유류분은 피상속인의 직계비속과 배우자는 그 법정상속분의 2분의 1이고(1112조 1호·2호), 피상속인의 직계존속은 그 법정상속분의 3분의 1이다(1112조 3호·4호). 대습상속인의 유류분은 피대습자의 유류분과 같다. 이때 대습상속인이 수인인 경우에는 피대습자의 유류분을 그들의 법정상속분에 따라 나눈다.

유류분액은 '유류분 산정 기초재산×상속인의 유류분율'로 계산한다. 그리고 유류분 산정 기초재산은 '적극 상속재산+1년간의 증여액+1년 전의 악의의 증여액+공동상속인에의 모든 증여액−상속채무'로 계산한다. 또한 상속인의 유류분율은 '해당 상속인의 법정상속분×그의 유류분 비율'로 계산한다.

유류분권자가 피상속인의 증여 또는(및) 유증으로 인하여 그의 유류분에 부족이 생긴 때에는, 그는 부족한 한도에게 증여 또는(및) 유증된 재산의 반환을 청구할 수 있다(1115조

---

3) 제1112조 제4호는 피상속인의 형제자매도 유류분권자로 규정하고 있으나, 그 조항은 헌법재판소의 위헌 결정으로 효력을 상실하였다(헌재 2024. 4. 25, 2020헌가4 등).

1항). 유류분의 침해액(부족액)은 유류분액에서 상속인의 특별수익액(수증액 또는 유증액)과 순상속분액을 공제한 액이다. 그리고 순상속분액은 상속받은 적극재산액에서 분담한 상속채무를 뺀 금액이다.

(2) 본 사안의 경우

전술한 이론에 따라 먼저 유류분을 계산해 보기로 한다. 본 사안에서 유류분 산정 기초재산은 6억 3,000만원이므로, B의 유류분은 6억 3,000만원×3/9×1/2(유류분 비율)=1억 500만원이다. 그리고 C·D·E는 각각 6억 3,000만원×2/9×1/2=7,000만원이다. 그런데 C는 상속결격이 되었기에 대습상속인인 F와 C-1이 유류분을 가진다. 그들의 구체적인 유류분은 F와 C-1이 C의 유류분 7,000만원을 상속하는 것처럼 된다. 그 결과 F의 유류분은 7,000만원 ×3/5=4,200만원, C-1의 유류분은 7,000만원×2/5=2,800만원이 된다.

다음에 각 상속인의 유류분에 부족이 있는지 살펴본다. B에 대하여 보면 1억 500만원 (유류분액)−0(특별수익액)−1억 500만원(순상속분액)=0이어서 유류분 침해가 없다.[4] 그리고 C·D·E도 각각 7,000만원−0−7,000만원=0으로 되어 역시 모두 유류분 침해가 없다. 또한 F도 4,200만원−0−7,000만원=−2,800만원으로 되어 유류분의 침해가 없고, C-1도 2,800만원−0−3억 1,500만원=−2억 8,700만원으로 당연히 유류분 침해가 없다. 결국 모든 상속인에게 유류분 침해가 없고, 따라서 C-1에게 유류분 반환청구권을 가지지 못한다.

---

4) 계산하여 +일 경우에 유류분이 부족한 것이고 0이나 −이면 부족하지 않게 된다.

[106] 공동상속재산의 법률관계

A는 유일한 재산인 미등기 신축건물인 X건물을 남기고 사망하였다. A의 유족으로는 A의
처 B, 혼인한 아들 C, 역시 혼인한 딸 D가 있다. A가 사망하자 C는 X건물에 관하여 자신의
단독 명의로 소유권보존등기를 하고, 그것을 배타적으로 전부점유하면서 타인에게 임대하는
방법으로 사용하고 있다.
1. 이 경우에 X건물의 소유관계는 어떻게 되는가?
2. 이 경우에 B는 C에 대하여 X건물의 전부의 인도를 청구할 수 있는가? 그리고 C 명의
   의 소유권보존등기의 말소를 청구할 수 있는가? 나아가 C에 대하여 부당이득 반환청
   구를 할 수 있는가?

Ⅰ. 물음 1.에 대하여

1. 논점의 정리

X건물의 소유관계를 밝히려면 먼저 X건물의 소유권이 언제 누구에게 귀속하게 되었는
지를 살펴보아야 한다. 그리고 X건물의 소유권이 A가 사망하기 전에 A에게 속한 것으로 인
정된다면 그 소유권이 A가 사망한 후에 누구에게 어떻게 상속되는지, 그 상속은 C가 단독
명의로 소유권보존등기를 한 것에 의하여 영향을 받는지, 나아가 만약 X건물이 여러 사람
에게 상속된다면 공동상속인들 사이의 법률관계가 어떻게 되는지를 논의하여야 한다.

2. X건물의 소유권의 발생

우리 법상 건물은 그것이 서있는 토지와는 별개의 부동산이다. 그리고 건물의 소유권은
건물이 되는 시점에 당시의 건축주가 등기 없이 당연히 그 권리를 원시취득한다. 판례도 같
은 입장이다(강의, A-437).

본 사안에서 X건물은 A가 생존하고 있는 동안에 완성된 것으로 보인다. 따라서 그 건
물의 소유권은 X건물이 건물로서 인정되는 때, 즉 판례에 의하면 최소한의 기둥과 지붕, 주
벽이 이루어진 때 A에게 취득된다. 소유권 취득을 위하여 X건물에 관하여 소유권보존등기를
할 필요는 없다. 건물신축에 의한 소유권 취득은 제187조에 의한 물권변동이기 때문이다.

3. A의 사망에 의한 X건물의 상속

(1) 상속과 상속분(相續分)

사람이 사망하면 피상속인의 재산은 상속인에게 상속된다. 상속의 효과는 상속이 개시된 때 즉 피상속인이 사망한 때에 법률상 당연히 발생하며, 상속재산이 부동산일지라도 등기를 필요로 하지 않는다. 부동산 물권의 상속은 제187조에 의한 물권변동이기 때문이다.

1) 상 속 인

상속인으로 될 수 있는 자가 여럿 있는 경우에 그들 사이의 순위가 다른 때에는 최우선순위자만이 상속인이 되고 후순위자는 상속에서 배제되며, 동순위자가 여럿 있는 때에는 공동으로 상속한다(1000조 2항). 제 1 순위로 상속인이 되는 자는 피상속인의 직계비속이며, 직계비속이면 성별·혼인 여부 등은 묻지 않는다. 그리고 피상속인의 배우자는 언제나 상속인이 되는데, 피상속인의 직계비속이 있는 때에는 그 상속인과 공동상속인이 된다(1003조 1항).

2) 상 속 분

상속인이 여럿 있는 경우 각 공동상속인이 상속재산에 대하여 가지는 권리·의무의 비율을 상속분이라고 한다. 피상속인의 직계비속과 같은 혈족상속인의 상속분은 동순위의 상속인이 수인인 때에는 균분으로 한다(1009조 1항). 성별 등은 묻지 않는다. 그리고 피상속인의 배우자의 상속분은 직계비속과 공동으로 상속하는 때에는 직계비속의 상속분의 5할을 가산한다(1009조 2항).

(2) 본 사안의 경우

본 사안에 있어서 A에게 속하고 있던 X건물의 소유권은 A가 사망한 때에 상속인에게 상속된다. 상속인으로는 우선 피상속인 A의 직계비속 C·D가 있다. C·D는 똑같이 A와 1촌 사이이어서 공동으로 상속인이 된다. 그리고 A의 배우자 B도 상속인으로 된다. B는 피상속인의 직계비속인 C·D와 공동상속인이 된다.

X건물의 소유권은 A의 사망시에 법률상 당연히 B·C·D가 공동으로 상속하게 되며, 그에 관하여 알고 있을 필요도 등기를 할 필요도 없다. 본 사안의 경우 C가 X건물에 관하여 자신의 단독 명의로 소유권보존등기를 하였는데, 그 등기가 권리관계를 변경시키지는 못한다. 이 경우 C의 그 등기의 말소를 청구할 수 있는지는 물음 (2)와 관련하여 살펴보기로 한다.

본 사안에 있어서 공동상속인인 B·C·D의 상속분을 본다. C·D는 동순위의 혈족상속인이어서 그들의 상속분은 균등하다. 그리고 B의 상속분은 직계비속의 상속분에 5할이 가산된다. 그리하여 B·C·D의 상속분은 1.5 : 1 : 1이 된다. 이를 분수로 표시하면 3/7, 2/7, 2/7가 된다.

4. X건물에 관한 B·C·D의 법률관계

(1) 공동상속재산의 공동소유

민법은 공동상속의 경우에 상속인은 각자의 상속분에 응하여 피상속인의 권리의무를 승계하지만(1007조), 상속재산은 그들의 공유로 한다고 규정한다(1006조).

제1006조가 정하는 「공유」의 의미에 관하여 학설은 합유설과 공유설로 나뉘어 대립하고 있다. 합유설에 의하면, 공동상속인은 상속재산 전체에 대하여 추상적 지분을 가지고 그 상속분을 처분할 수 있지만, 상속재산을 구성하는 개개의 재산에 대한 물권적인 지분은 인정되지 않으며, 따라서 당연히 지분을 처분할 수도 없다고 한다. 그리고 공유설은 상속재산의 공유는 본래의 의미의 공유와 다르지 않다고 한다. 그리하여 공동상속인은 상속재산을 구성하는 개개의 재산에 대하여 그 상속분에 따라 물권적 지분을 가지고(262조), 상속재산 분할 전이라도 그 지분을 단독으로 자유로이 처분할 수 있다고 한다(268조).

판례는 공유설을 취하고 있다.[1]

생각건대 민법이 명문으로 「공유」라고 규정하고 있고, 또 여러 곳에서 공유를 전제로 한 규정을 두고 있는 점을 고려할 때, 여기의 공유는 본래의 의미의 공유와 같다고 하여야 한다.

(2) 본 사안의 경우

위의 사견과 판례에 의할 때 본 사안에서 X건물은 B·C·D가 공유한다. 그리고 그 공유지분은 B는 3/7이고, C·D는 각각 2/7씩이다.

II. 물음 2.에 대하여

1. X건물의 인도청구 가부

(1) 본 사안에 있어서 X건물은 B·C·D가 공유하는데 공유자 중의 1인인 C가 공유물 전부를 배타적으로 사용하고 있다. 그때 공유자 중의 다른 1인인 B가 그 건물의 전부의 인도를 청구할 수 있는지, 그 근거가 무엇인지 문제된다.

(2) 공유자 중의 1인이 공유물 전부를 배타적으로 사용하는 경우에 다른 공유자가 단독으로 그 전부의 인도를 청구할 수 있는가? 여기에 관하여 판례는 그것은 공유물의 보존행위로서 인정된다고 한다.[2] 그리고 학설은 ⅰ) 다른 공유자는 인도를 청구할 수 없다는 견해, ⅱ) 보존행위를 이유로 하여서가 아니고 자신의 지분의 침해를 이유로 그의 지분비율만큼 인도를 청구할 수 있다는 견해, ⅲ) 판례를 지지하는 견해로 나뉘어 있다(송덕수, 물권, [136] 참조). 생각건대 다른 공유자에 대한 인도청구를 보존행위라고 할 수는 없다. 그리고 이 경

---

1) 대판 1993. 2. 12, 92다29801; 대판 1996. 2. 9, 94다61649.
2) 대판(전원) 1994. 3. 22, 93다9392·9408 등.

우는 제3자가 점유하는 때와는 달리 보아야 한다. 그리하여 그 전부의 인도를 청구할 수 없고, 그의 지분의 범위에서만 인도청구를 할 수 있다고 하여야 한다.

(3) 위의 사견을 본 사안에 적용해보면, B는 그의 지분비율인 3/7만큼만 인도청구를 할 수 있다고 하게 된다. 판례는 전부의 인도청구를 인정할 것이다.

(4) 그런데 B의 위의 권리행사는 진정한 상속인이 참칭상속인에 대하여 상속회복청구권을 행사하는 것이다. 따라서 B는 그 침해를 안 날부터 3년, 상속권의 침해행위가 있은 날부터 10년 안에 행사하여야 한다(999조 2항). 이 기간은 제척기간인데, 본 사안에서 그 기간이 경과하였는지는 분명치 않다.

2. C 명의의 소유권보존등기의 말소청구 가부

(1) 본 사안에서 C는 공유자 중의 1인인데 X건물 전부에 관하여 그의 단독 명의로 소유권보존등기를 하였다. 이때 공유자 중 다른 1인인 B가 그 등기의 전부의 말소를 청구할 수 있는지가 문제된다.

(2) 판례는, 공유 부동산에 관하여 공유자 중의 1인이 부정한 방법으로 공유물 전부에 관한 소유권이전등기를 그의 단독 명의로 행한 경우에는 방해받고 있는 공유자 중 1인은 「보존행위로서」 단독 명의로 등기되어 있는 공유자에 대하여 「그 공유자의 공유지분을 제외한 나머지 공유지분 전부에 관하여」 등기말소를 청구할 수 있다고 한다.3) 그러나 이 경우에도 다른 공유자는 그의 지분의 범위에서 방해제거를 청구할 수 있다고 하여야 한다. 즉 그의 지분의 범위에서만 말소를 청구할 수 있다고 할 것이다.

(3) 위의 사견에 의하면, 본 사안의 경우 B는 그의 지분인 3/7의 범위에서만 소유권보존등기의 말소를 청구할 수 있다. 판례에 따르면, C의 지분인 2/7를 제외하고 나머지 지분 전부 즉 5/7에 관하여 말소를 청구할 수 있다고 하게 될 것이다.

(4) B의 이 권리도 상속회복청구권에 해당하므로 그 침해를 안 날부터 3년, 상속권의 침해행위가 있은 날부터 10년 안에 행사하여야 한다(999조 2항).

3. C에 대하여 부당이득 반환청구를 할 수 있는지 여부

(1) 본 사안에서는 C가 X건물을 점유하면서 타인에게 임대하는 방법으로 사용하고 있다. 이때 B가 C에게 부당이득 반환청구를 할 수 있는지가 문제된다.

(2) 판례는, 공유자의 1인이 지분 과반수의 합의가 없이 공유물의 전부 또는 일부(특정부분)를 배타적으로 사용하는 경우에 다른 공유자는 그의 지분의 비율로 부당이득의 반환을 청구할 수 있다고 한다.4) 이러한 판례는 적절한 것으로 생각된다.

---

3) 대판 1988. 2. 23, 87다카961; 대판 2006. 8. 24, 2006다32200.
4) 대판 2002. 10. 11, 2000다17803 등.

(3) 위의 판례와 사견에 의하면, 본 사안의 경우 B는 C에 대하여 C가 받은 차임 중 B의 지분 3/7만큼 부당이득으로 반환청구를 할 수 있다. 그런데 수익자 C는 그 이득이 법률상 원인 없음을 알고 있었으므로 그 받은 이익에 이자를 붙여서 반환하고 B에게 손해가 있으면 이를 배상하여야 한다(748조 2항).

(4) B의 이 권리도 상속회복청구권에 해당하므로 그 침해를 안 날부터 3년, 상속권의 침해행위가 있은 날부터 10년 안에 행사하여야 한다(999조 2항).

[107] 특별수익 · 기여분 · 유류분

문제

A는 시가 1억 2,000만원인 아파트, 현금 3,000만원, 3,000만원의 채무를 남기고 사망하였다. A에게는 유족으로 큰 딸 B(기혼), 작은 딸 C(기혼), 아들 D(미혼)가 있다. A는 8년 전에 B를 혼인시키면서 자신이 소유하고 있던 토지(당시 시가 3,000만원, 현재 시가 9,000만원)를 증여하여 곧바로 소유권이전등기까지 해주었는데, A는 그 당시 그 사실을 가족 모두에게 알려 주었다. 그리고 A는 사망 전에 자필증서 유언으로 그의 남은 재산 중 현금 3,000만원을 노인복지시설인 F(법인)에게 주겠다고 하였다. 한편 A는 3년 전 그가 췌장암으로 판정을 받고 의사로부터 오래 살기가 어렵다는 말을 듣자, 그 1년 후에 내연관계에 있던 E에게, 나중에는 자식들이 재산을 모두 차지하고 주지 않을 것이라고 하면서 예금하고 있던 2억 1,000만원을 자식들 몰래 증여하였다. 한편 그 이전부터 A를 모셔왔던 C는 A가 병석에 누워 움직일 수가 없게 된 뒤부터 자신의 일을 모두 팽개치고 A에 대하여 정성스럽게 병수발을 하였다. 그리하여 A가 사망한 뒤 B · C · D가 모여 그 동안 C가 고생하였으니 6,000만원을 C의 기여분으로 하자고 결정하였다. 그리고 B · C · D는 상속을 포기하지 않았다.

1. 이 경우에 A가 남겨 놓은 재산(채무 포함)은 어떻게 분배되는가?
2. 이 경우에 B · C 또는 D는 유류분의 반환청구를 할 수 있는가? 만약 그렇다면 누가 누구에게 얼마의 청구를 할 수 있는가?

I. 물음 1.에 대하여

1. 논점의 정리

본 사안에서는 피상속인 A가 상속인으로 될 B에게 8년 전에 증여를 하였고, 2년 전에는 제3자 E에게 증여를 하였으며, F에게는 유증을 하였다. 그리고 상속인인 C는 기여분 결정을 받았다. 본 물음은 이러한 경우에 A의 남겨진 재산이 어떻게 분배되는지를 묻고 있다.

여기서는 첫째로 누가 A의 재산을 상속하는지 문제된다.

둘째로 B · E가 특별수익자인지, 특별수익자라면 상속분이 어떻게 계산되는지 문제된다. 그리고 만약 특별수익이 법정상속분을 초과한다면 어떻게 상속되는지도 살펴보아야 한다.

셋째로 기여분 결정을 받은 C는 어떻게 상속을 하는지 문제된다.

넷째로 상속채무는 어떻게 상속되는지, 특히 특별수익자가 있는 경우에는 어떠한지가 문제된다.

그런 뒤에 B·C·D 각각에 대하여 적극재산과 채무의 분배에 관하여 정리하여야 한다.

2. A의 상속인과 상속분

⑴ 상 속 인

1) 서   설

상속인에는 혈족상속인과 배우자 상속인이 있으며, 그 가운데 혈족상속인은 피상속인과의 친소관계에 의하여 그룹별로 1순위부터 4순위까지 순위가 정하여져 있고(1000조), 배우자는 언제나 상속인이 되는 것으로 정하여져 있다(1003조).

상속인으로 될 수 있는 자가 여럿 있는 경우에 그들 사이의 순위가 다른 때에는 최우선순위자만 상속인이 되고 후순위자는 상속에서 배제되며(1000조 1항·2항 참조), 동순위자가 여럿 있는 때에는 공동으로 상속한다(1000조 2항).

2) 혈족상속인

혈족상속인의 제 1 순위는 피상속인의 직계비속인데(1000조 1항 1호), 직계비속이 여럿 있는 경우에 피상속인과 그들 사이에 촌수가 다르면 최근친이 선순위자로서 상속인이 되고(1000조 2항 전단), 최근친인 직계비속이 여럿 있는 때에는 그들은 공동상속인이 된다(1000조 2항). 그리고 혈족상속인의 제 2 순위~제 4 순위는 각각 피상속인의 직계존속, 피상속인의 형제자매, 피상속인의 4촌 이내의 방계혈족이다.

3) 배우자상속인

피상속인의 배우자는 피상속인의 직계비속이나 피상속인의 직계존속이 있는 때에는 그 상속인과 공동상속인이 되고, 그 상속인이 없는 때에는 단독상속인이 된다(1000조 1항). 그리고 여기의 배우자는 혼인신고를 한 법률상의 배우자만을 가리키며, 사실혼의 배우자는 포함되지 않는다. 통설도 같다.

⑵ 상 속 분

1) 혈족상속인의 상속분

동순위의 상속인이 수인인 때에는 그 상속분은 균분으로 한다(1009조 1항).

2) 배우자상속인의 상속분

피상속인의 배우자의 상속분은 직계비속과 공동으로 상속하는 때에는 직계비속의 상속분의 5할을 가산하고, 직계존속과 공동으로 상속하는 때에는 직계존속의 상속분의 5할을 가산한다(1009조 2항).

3. B·E의 수증과 그에 따른 효과

(1) 특별수익자의 상속분

1) 특별수익의 반환제도

공동상속인의 1인 또는 수인이 피상속인으로부터 재산의 증여 또는 유증을 받은 경우에 그 특별수익을 고려하지 않고 상속한다면 불공평하게 된다. 그리하여 민법은 특별수익자는 그 수증재산이 자기의 상속분에 달하지 못한 때에는 그 부족한 부분의 한도에서 상속분이 있다고 규정한다(1008조). 이 규정의 의미는 다음과 같다. 먼저 피상속인이 상속개시 당시에 가지고 있던 재산(적극재산만을 의미함)의 가액에 생전증여의 가액을 가산한 후, 이 가액에 각 공동상속인별로 법정상속분을 곱하여 상속분의 가액을 정한다. 이 가액이 각 공동상속인의 상속분이 되나, 특별수익자의 상속분은 이 가액에서 수증재산인 증여 또는 유증의 가액을 공제한 것이 된다(실제로 반환하는 것은 아니다). 통설·판례도 같다(강의, E-200 참조).

2) 반환의무자

⑺ **공동상속인**　　증여나 유증을 받은 공동상속인은 반환의무가 있다.

⑻ **포괄적 수증자 등**　　법정상속인이 아닌 제3자가 포괄적 유증을 받은 때에는 반환의무가 없다. 제3자가 특정유증을 받은 때에도 같다.

3) 특별수익의 평가기준시기

특별수익으로서 반환되어야 하는 재산의 가액을 어느 시점을 기준으로 하여 평가할 것인가가 문제된다. 여기에 관하여 학설은 상속개시시설(다수설), 상속재산분할시설, 증여이행시설로 나뉘어 있고, 판례는 원칙적으로 상속개시시를 기준으로 한다(강의, E-203). 사견으로는 상속개시 당시를 기준으로 가액을 평가하는 것이 가장 공평할 것이라고 생각된다.

4) 특별수익의 가액이 상속분을 초과하는 경우의 처리

특별수익의 가액이 수익자의 상속분에 미달하는 경우에는 그 부족분이 그의 상속분으로 되어 그 부분만큼 상속받게 된다. 그리고 특별수익의 가액이 수익자의 상속분을 초과하는 경우에는 수익자는 다른 상속재산으로부터 더 이상 상속받을 수 없다. 그런데 그 초과부분을 반환하여야 하는지가 문제된다. 여기에 관하여 학설은 반환하여야 한다는 견해, 공동상속인의 유류분을 침해한 경우에만 반환하여야 한다는 견해(다수설), 반환할 필요가 없다는 견해로 나뉘어 있다. 생각건대 과거에 있던 초과부분 반환금지규정이 유류분제도가 신설되면서 삭제된 점을 고려할 때 둘째 견해가 타당하다.

(2) 소　　결

본 사안에서 B는 공동상속인으로 되는 자이다. 그러한 자가 8년 전에 피상속인인 A로부터 토지의 증여를 받았다. 이는 특별수익자의 특별수익에 해당한다. 그리고 그 특별수익은 상속개시 당시를 기준으로 하여야 하므로 9,000만원이라고 하겠다.

그에 비하여 제3자로서 증여를 받은 E나 유증을 받은 F는 특별수익자가 아니다.

B의 특별수익이 있는 본 사안의 경우에 구체적인 상속분의 계산은 뒤에 기술하기로 한다.

4. C의 기여분에 따른 문제

(1) 기 여 분

1) 의   의

기여분제도는 공동상속인 중에 피상속인의 재산의 유지 또는 증가에 관하여 특별히 기여하거나 피상속인을 특별히 부양한 자가 있는 경우에 상속분을 정함에 있어서 그러한 기여나 부양을 고려하는 제도이다. 구체적으로는, 상속개시 당시의 피상속인의 재산가액에서 특별기여자의 기여분을 공제한 것을 상속재산으로 보고 각 공동상속인의 상속분을 산정한 뒤, 그 산정된 상속분에 기여분을 가산한 액을 기여자(기여분권리자)의 상속분으로 하는 것이다(1008조의 2 1항).

2) 기여분을 받기 위한 요건

기여분을 받을 수 있는 자(기여분권리자)는 상속재산의 분할에 참가하는 공동상속인에 한정된다.

민법은 고려되는 기여로 특별부양과 재산상의 특별기여의 두 가지를 규정하고 있다(1008조의 2 1항). 그런데 여기의 특별부양으로 되려면 친족간의 통상의 부양의무의 범위를 넘는 것이어야 한다.

3) 기여분의 결정

기여분의 결정은 1차적으로 모든 공동상속인의 협의에 의하여 정하고(1008조의 2 1항), 협의가 되지 않거나 협의할 수 없는 때에는 기여자의 청구에 의하여 가정법원이 심판으로 결정한다(1008조의 2 2항).

4) 기여분의 산정

기여분을 산정함에 있어서는 기여의 시기·방법 및 정도와 상속재산의 액 기타의 사정을 참작하여야 한다(1008조의 2 2항). 그리고 기여분은 상속이 개시된 때의 피상속인의 재산가액에서 유증의 가액을 공제한 액을 넘지 못한다(1008조의 2 3항).

공동상속인 가운데 기여자뿐만 아니라 특별수익자도 있는 경우에 기여분 공제와 특별수익 가산을 어떤 순서로 할 것인지가 문제된다. 여기에 관하여 학설은 두 규정을 동시에 적용하여야 한다는 견해, 먼저 기여분을 공제하고 특별수익을 가산하여야 한다는 견해로 나뉘어 있다. 그런데 어느 견해에 의하든 결과가 같으므로, 논의의 실익이 없는 논란이다.

기여분은 유류분반환청구의 대상이 아니다. 따라서 유류분을 침해하는 기여분이 정하여지더라도 유효하다.

기여분이 있는 경우에는 피상속인의 재산가액에서 기여분을 공제한 것을 상속재산으로 하여 각 공동상속인의 상속분을 계산하고, 그 상속분에 기여분을 더한 것이 기여분권리자의 상속분이 된다.

(2) 본 사안의 경우

본 사안에서 C는 A가 병석에 누운 뒤 자신의 일을 팽개치고 정성을 다하여 A에 대하여 병 수발을 하였다. 이는 친족간의 부양의무를 훨씬 넘는 특별부양에 해당한다. 그리고 C는 공동상속인으로서 상속재산의 분할에 참가하는 자이다. 따라서 C는 기여분권리자에 해당한다.

본 사안의 경우에 C의 기여분을 고려하여 상속분을 계산하는 데 대하여는 뒤에 기술하기로 한다.

5. A의 상속채무의 상속

(1) 상속채무의 상속이론

상속채무는 법정상속분에 따라 상속된다. 그리고 공동상속인 중에 특별수익자가 있는 경우에도 상속채무의 분담은 법정상속분에 의한다. 통설·판례도 같다. 또한 기여자가 있는 경우에도 마찬가지이다.

(2) 본 사안의 경우

본 사안에서 A의 채무액은 3,000만원이고, 공동상속인 B·C·D의 법정상속분은 모두 1/3씩이다. 그런데 상속채무는 특별수익 및 기여분과 관계없이 법정상속분에 따라 상속되므로, B·C·D는 각각 1,000만원의 채무를 분담한다.

6. A의 상속재산의 분배

이제 구체적인 상속분을 계산해 보기로 한다.

우선 명목상의 상속재산(적극재산)은 1억 5,000만원(남겨진 적극재산) − 6,000만원(C의 기여분) + 9,000만원(B의 특별수익. 상속개시 당시의 가액) = 1억 8,000만원이 된다. 그리고 B·C·D의 법정상속분은 균등하므로 B·C·D가 받아야 할 재산가액은 1억 8,000만원 × 1/3 = 6,000만원이다.

그리하여 먼저 B에 대하여 상속받아야 할 가액을 계산하면 6,000만원 − 9,000만원(특별수익) = − 3,000만원이 되어 오히려 반환을 하여야 하는 문제가 생긴다. 그런데 사견으로는 유류분 침해가 없는 한 반환하지 않는다고 하였으므로(반환받을 경우에도 B가 상속을 포기하면 동일하게 된다), B는 더 이상 상속받지 않는 것으로 종결된다. 문제는 나머지를 어떻게 분배할 것인가이다. 그 경우에는 1억 5,000만원의 적극재산 중 F에 대한 유증액 3,000만원과 C의 기여분 6,000만원을 제한 나머지 6,000만원을 C·D가 1/2씩, 그리하여 3,000만원씩 상속받는다고 하여야 한다.[1] 그리고 구체적인 상속액은 C는 6,000만원(기여분) + 3,000만원

---

1) 대결 2022. 6. 60, 2017스98·99·100·101은, 특별수익이 법정상속분 가액을 초과하는 초과특별수익자가

=9,000만원이고, D는 3,000만원이다.

결과적으로 A의 적극재산 1억 5,000만원으로부터는 F가 3,000만원의 유증을 받고, B는 받지 못하며, C는 9,000만원, D는 3,000만원을 상속한다.

한편 A의 3,000만원의 채무는 B·C·D 각각에게 동일하게 1,000만원씩의 채무가 귀속하게 된다.

Ⅱ. 물음 2.에 대하여

1. 논점의 정리

본 물음은 B·C·D 중의 1인 또는 수인이 유류분을 침해당했는지, 그렇다면 누구에게 얼마만큼 반환청구를 할 수 있는지를 묻고 있다.

이러한 물음에 답하려면 먼저 B·C·D가 유류분권자인지 살펴보고, 그들의 유류분을 구체적으로 산정하여야 한다. 그럼에 있어서 공동상속인이 8년 전에 증여를 받은 것이나 제3자가 증여나 유증을 받은 것이 계산에 포함되는지, 기여분이나 상속채무는 어떠한지를 유의하여야 한다.

그 뒤에 유류분권자의 유류분에 부족이 있는지를 검토하여야 한다. 그리고 그러한 경우라면 부족분을 누구로부터 반환받아야 하는지도 구체적으로 살펴보아야 한다.

2. B·C·D가 유류분권자인지 여부

⑴ 유류분권자와 그의 유류분

유류분은 법률상 상속인에게 귀속되는 것이 보장되는 상속재산에 대한 일정비율을 가리키며, 민법은 일정한 범위의 상속인에게 이러한 유류분을 인정하고 있다.

유류분을 가지는 자는 피상속인의 직계비속·배우자·직계존속이다(1112조). 유류분권을 행사할 수 있으려면 최우선 순위의 상속인이어서 상속권이 있어야 한다.

유류분권자의 유류분은 피상속인의 직계비속과 배우자는 그 법정상속분의 2분의 1이고(1112조 1호·2호), 피상속인의 직계존속은 그 법정상속분의 3분의 1이다(1112조 3호·4호).

⑵ 소   결

본 사안에서 B·C·D는 피상속인 A의 직계비속이며 최우선순위의 상속인이다. 따라서 그들은 모두 유류분권자에 해당한다.

B·C·D의 유류분은 그 법정상속분의 2분의 1이다. B·C·D의 법정상속분은 3분의 1

있는 경우, 그러한 초과특별수익자는 특별수익을 제외하고는 더 이상 상속받지 못하는 것으로 처리하되(구체적 상속분 가액 0원), 초과특별수익은 다른 공동상속인들이 그 법정상속분율에 따라 안분하여 자신들의 구체적 상속분 가액에서 공제하는 방법으로 구체적 상속분 가액을 조정하여 위 구체적 상속분 비율을 산출하여야 한다고 하는데, 본문의 결과는 이 판례에 의한 것과 같다.

씩이므로, 그들의 유류분율은 1/2×1/3＝1/6이 된다.

3. B·C·D의 유류분액

(1) 유류분액의 산정

1) 유류분 산정의 기초가 되는 재산

유류분 산정의 기초가 되는 재산은 피상속인이 상속개시시에 있어서 가지고 있던 재산의 가액에 증여재산의 가액을 가산하고 채무의 전액을 공제하여 산정한다(1113조 1항).

이 산정에 있어서 피상속인의 재산의 가액이나 증여재산의 가액은 모두 상속개시 당시를 기준으로 하여야 한다.

(가) 상속개시시에 가진 재산　　이는 상속재산 중 적극재산만을 의미한다. 그리고 유증이나 사인증여한 재산은 상속개시시에 현존하는 재산으로 다루어진다.

(나) 증여재산의 가산　　상속개시 전의 1년간에 행한 증여의 경우에는 그 가액을 산입한다(1114조 1문). 그리고 증여계약의 당사자 쌍방이 유류분권자에게 손해를 준다는 것을 알면서 증여를 한 때에는 1년 전에 한 것도 가산한다(1114조 2문). 이 경우에 유류분권자를 해할 목적이나 의도까지 있을 필요는 없다. 한편 공동상속인 중에 피상속인으로부터 재산의 증여에 의하여 특별수익을 한 자가 있는 경우에는 그 증여가 상속개시 전의 1년간에 행하여졌는지에 관계없이 그 가액을 산입하여야 한다. 통설·판례[2]도 같다.

(다) 기 여 분　　통설은 기여분은 유류분 산정에 고려하지 않는다고 한다. 그리하여 기여분에 해당하는 부분은 유류분 산정의 기본재산에 포함된다고 한다. 그리고 기여분은 유류분을 침해하지 않는 것이며, 그것은 반환청구의 대상이 되지 않는다고 한다.

《사 견》

사견으로는 기여분을 유류분에 우선시키려면 오히려 기여분을 유류분 산정의 기초재산에서도 빼고, 기여분권리자의 순상속분액에서도 빼서 아예 유류분 산정과 반환대상에서 제외하는 것이 옳다고 생각한다. 이러한 사견에 의하면 기여분이 있는 경우에는 그것이 없는 경우보다 유류분액이 줄어들게 된다. 기여분이 상속재산 분할이 된 뒤에야 결정되는 때도 있고, 그러한 때에는 미리 기여분을 고려할 수는 없겠으나, 이미 정하여진 때에는 이를 고려함이 마땅하다. 이러한 해석이 현행법상 불가능한 것으로 보이지 않으나, 해석론으로서 어렵다면 그러한 내용으로 개정함이 옳다.

(라) 채무 전부의 공제　　유류분액을 산정할 때는 피상속인의 채무를 공제한다.

---

2) 대판 1995. 6. 30, 93다11715.

2) 유류분액의 계산

유류분권자의 유류분액은 위와 같이 산정된 「유류분 산정의 기초가 되는 재산」에 유류분권자의 유류분율을 곱한 것이다.

(2) 소　결

기여분을 고려하지 않는 통설에 따라 B·C·D의 유류분액을 계산해보기로 한다.

먼저 유류분 산정의 기초가 되는 재산에 B의 특별수익이 포함된다. B가 증여를 받은 것이 8년 전이지만 B는 공동상속인으로서 특별수익을 한 자이기 때문이다. B의 특별수익의 가액은 상속개시 당시를 기준으로 한다. 다음에 E의 수증액 2억 1,000만원은 어떤가? E는 상속개시 2년 전에 수증을 받았다. 그러나 그 증여는 증여자와 수증자가 유류분권자인 B·C·D에게 손해를 준다는 것을 알면서 한 것으로 인정된다. 따라서 E의 수증액도 포함되어야 한다. 그 외에 상속채무 3,000만원이 공제된다. 그에 비하여 C의 기여분은 전혀 고려되지 않는다. 한편 F의 유증받은 액은 기초재산에 포함되어 있으며, 따로 계산할 필요가 없다.

이러한 사항을 기초로 하여 계산하면, 유류분 산정의 기초가 되는 재산은 1억 5,000만원＋9,000만원(B의 특별수익. 상속개시 당시의 가액)＋2억 1,000만원(E의 수증액)[3]－3,000만원(상속채무)＝4억 2,000만원이다. 여기에 유류분율 1/6을 곱하여 B·C·D의 유류분액을 계산하면 그것은 7,000만원이다.

4. B·C·D의 유류분이 침해되었는지 여부

(1) 유류분의 보전

1) 유류분의 침해와 보전

유류분권자가 피상속인의 증여 또는(및) 유증으로 인하여 그의 유류분에 부족이 생긴 때에는, 그는 부족한 한도에서 증여 또는(및) 유증된 재산의 반환을 청구할 수 있다(1115조 1항).

2) 유류분 침해액의 산정

유류분의 침해액(부족액)은 유류분액에서 상속인의 특별수익액(수증액 또는 유증액)과 순상속분액을 공제한 액이다. 그리고 순상속분액은 상속받은 적극재산액에서 분담한 상속채무를 뺀 금액이다. 유류분 부족액을 계산하는 식은 다음과 같다.

유류분 부족액＝유류분액－특별수익액－순상속분액

특별수익액: 공동상속인이 증여받거나 유증받은 금액

순상속분액＝상속받은 적극재산액－상속채무 분담액

---

[3] 금전을 증여한 경우에는 증여액을 상속개시 당시의 화폐가치로 환산하여야 한다는 견해도 있으나, 소비되어 버린 경우를 생각할 때 그러한 견해의 타당성은 의심스러우며, 그리하여 여기서는 액면가로 계산하기로 한다. 그런데 판례는 전자의 입장이다. 대판 2009. 7. 23, 2006다28126 참조.

이렇게 계산하여 그 수가 +이면 그만큼 부족한 것이고, 0이나 -이면 부족분이 없는 것이다.

3) 유류분반환청구권의 행사

반환청구권자는 유류분권자와 그로부터 반환청구권을 승계한 포괄승계인·특정승계인이다. 그리고 반환청구의 상대방은 반환청구의 대상으로 되는 증여 또는 유증의 수증자와 그 포괄승계인, 유언집행자이다.

반환청구권은 유류분이 부족한 한도에서 행사하여야 한다(1115조 1항).

반환청구의 대상이 되는 증여와 유증이 병존하는 경우에는, 먼저 유증에 대하여 반환을 청구하고, 부족한 부분에 한하여 증여에 대하여 반환을 청구하여야 한다(1116조). 증여 또는 유증을 받은 자가 수인인 때에는 유증·증여의 순서로 각자가 받은 가액의 비례로 반환하여야 한다(1115조 2항).

반환청구를 받는 자가 공동상속인인 경우에는 그의 유류분액을 넘는 한도에서 반환된다.[4] 그리고 그러한 공동상속인이 여럿 있는 경우에는 각자의 유류분을 초과하는 수익액의 비율로 반환된다. 반환당하는 특별수익자가 공동상속인이 아니고 제3자인 경우에는 그에게 유류분이 없으므로, 그 전액이 반환될 수 있다. 특별수익자로서 공동상속인과 제3자가 같이 있는 경우에는, 공동상속인의 유류분 초과금액과 제3자의 수증액의 비율로 반환청구를 할 수 있다.[5] 한편 공동상속인의 수익액은 특별수익액과 순상속분액(즉 상속받은 적극재산에서 상속채무 분담액을 뺀 것)을 더한 것으로 파악하여야 한다.

(2) 본 사안의 경우

본 사안에서 상속받은 적극재산은 물음 (1)의 결론에 기술되어 있다. 그것을 이용하여 B·C·D 각각의 유류분 침해액을 계산해 보면 다음과 같다. B는 7,000만원(유류분액) - 9,000만원(특별수익) - (0(적극재산) - 1,000만원(상속채무)) = -1,000만원이어서 유류분이 침해되지 않았다. 그리고 C는 7,000만원(유류분액) - (9,000만원(상속받은 적극재산) - 1,000만원(상속채무)) = -1,000만원이어서 그도 역시 유류분이 침해되지 않았다. D는 7,000만원(유류분액) - (3,000만원(상속받은 적극재산) - 1,000만원(상속채무)) = 5,000만원이어서 5,000만원의 유류분의 침해를 당했다.

유류분의 침해가 있는 경우에 유증과 증여가 있으면 먼저 유증에 대하여 반환을 청구하여야 한다. 그리고 나서 부족한 부분을 증여에 대하여 반환을 청구하여야 한다. 그러므로 유류분이 침해된 D는 우선 F에게 유증받은 3,000만원 전액의 반환을 청구할 수 있다. 그리고 D의 유류분 부족액 5,000만원 중 나머지 2,000만원은 수증자인 B와 E로부터 그들의 수익액에 비례하여 반환받아야 한다. 그런데 B는 공동상속인이어서 그의 유류분액을 초과하

---

4) 대판 1995. 6. 30, 93다11715.
5) 대판 1996. 2. 9, 95다17885; 대판 2006. 11. 10, 2006다46346.

는 수익액의 범위에서 반환받는다. 그에 비하여 E는 자신의 유류분이 없으므로 모든 수익액이 반환대상이다. 구체적으로는 B의 수익액은 9,000만원(특별수익)+(0(상속받은 적극재산)−1,000만원(상속채무))=8,000만원이고, 그중에 B의 유류분을 넘는 금액은 1,000만원이다(=8,000만원−7,000만원). 그리고 E의 수익액은 2억 1,000만원이다. 그 결과 D는 B에 대하여는 2,000만원(유류분 부족액 중 나머지)×1/(1+21)=909,091원을, E에 대하여는 2,000만원(유류분 부족액 중 나머지)×21/(1+21)=19,090,909원을 반환청구할 수 있다.

유류분청구권은 상속의 개시와 증여·유증 사실을 안 때로부터 1년의 시효에 걸리고(1117조 1문), 상속이 개시된 때부터 10년이 경과하여도 소멸하는데(1117조 2문), 본 사안에서는 상속이 개시된 지 오래되지 않은 것으로 보이므로, 그 권리는 존재한다.

《기여분을 공제하는 사견에 의할 경우의 유류분액과 침해 여부》────────────

기여분을 유류분 산정의 기초재산에서 공제하면 그 재산은 1억 5,000만원−6,000만원(C의 기여분)+9,000만원(B의 특별수익)+2억 1,000만원(E의 수증액)−3,000만원(상속채무)=3억 6,000만원이 된다. 여기에 유류분율 1/6을 곱하여 B·C·D의 유류분액을 계산하면 그것은 6,000만원이다.

그리고 B·C·D의 유류분 부족액은 다음과 같다. B는 6,000만원(유류분액)−9,000만원(특별수익)−(0(상속받은 적극재산)−1,000만원(상속채무))=−2,000만원으로 부족이 없고, C는 6,000만원(유류분액)−(3,000만원(상속받은 적극재산 9,000만원 중 기여분 3,000만원을 제외한 것)−1,000만원(상속채무))=4,000만원이고, D는 6,000만원(유류분액)−(3,000만원(상속받은 적극재산)−1,000만원(상속채무))=4,000만원이 된다. 그리하여 C·D가 4,000만원씩 유류분을 침해받은 것으로 된다.

C·D는 — 그들이 동시에 권리를 행사한다면 — 유류분의 부족분을 먼저 F로부터 1,500만원씩 반환받는다. 그리고 나머지 2,500만원(합하여 5,000만원)은 수증자인 B와 E로부터 그 수익가액(2:21)에 비례하여 반환받는다. 구체적으로는 C·D는 각각 B로부터는 2,500만원×2/(2+21)=2,173,913원을, E로부터는 2,500만원×21/(2+21)=22,826,087원을 반환받을 수 있다.

[108] 특별수익자가 있는 경우의 상속재산 분할과 상속채무 분담

〈기본적인 사실관계〉

피상속인 A가 처 B, 자녀 C·D·E를 남기고 사망하였는데, 사망 당시에 A의 재산가액이 9억원이었고, A는 생전에 처인 B에게 9억원을 증여하였다. 그리고 A는 C에게 3억원을 유증하였다(다음 물음들은 별개의 것임).

[제1문]

이 경우에 A의 재산은 어떠한 기준에 의하여 분할되어야 하는가?(심판분할을 전제로 함. 아래 문제들에서도 같음) 그리고 B·C·D·E가 상속받는 재산은 각각 얼마인가?

[제2문]

〈추가된 사실관계〉

상속인들이 A의 재산을 분할하지 않고 있다가 3년이 지난 뒤인 현재 A의 재산가액이 18억원이 되었다.

이 경우에 A의 재산은 어떻게 상속되는가?

[제3문]

〈추가된 사실관계〉

상속인들에게 A의 재산을 분할하면서 그 재산 중 X아파트(가액 6억원)를 D에게 현물분할하려고 한다. A의 재산 가액은 상속개시 당시와 마찬가지로 9억원이다.

이 경우에 A의 재산은 어떻게 분할되어야 하는가?

[제4문]

〈추가된 사실관계〉

상속인이 A의 재산을 분할하려고 하면서 그 재산 중 Y토지(가액 2억원)를 E에게 현물분할하려고 한다. A의 재산가액은 상속개시 당시와 마찬가지로 9억원이다.

이 경우에 A의 재산은 어떻게 분할되어야 하는가?

[제5문]

〈추가된 사실관계〉

A에게는 F에 대한 4억 5,000만원의 금전채무가 있다.

이 경우에 A의 채무는 어떻게 상속되는가?

Ⅰ [제 1 문]에 대하여

1. 논점의 정리

본 문제의 논점을 정리하면 다음과 같다.

⑴ 상속재산 분할을 법정상속분에 따라 해야 하는지, 구체적 상속분에 따라 해야 하는지

⑵ 구체적 상속분에 따를 경우 구체적 상속분은 어떻게 산정하는 것인지, 그리고 B·C·D·E의 구체적 상속분은 어떻게 되는지

⑶ 공동상속인 중 초과특별수익자가 있는 경우에 어떻게 처리해야 하는지, 그리하여 본 사안에서는 상속재산이 어떻게 분할되어야 하는지

2. 상속재산 분할시의 기준: 구체적 상속분

판례는, 상속재산의 분할은 법정상속분이 아니라 특별수익(피상속인의 공동상속인에 대한 유증이나 생전증여 등)이나 기여분에 따라 수정된 구체적 상속분을 기준으로 이루어진다고 한다.[1] 이러한 판례는 타당하다.

3. B·C·D·E의 구체적 상속분은 어떻게 되는지

(1) 구체적 상속분의 산정방법

판례에 따르면 구체적 상속분을 산정하는 방법은 다음과 같다. 「구체적 상속분을 산정함에 있어서는, 상속개시 당시를 기준으로 상속재산과 특별수익재산을 평가하여 이를 기초로 하여야 하고, 공동상속인 중 특별수익자가 있는 경우 구체적 상속분 가액의 산정을 위해서는, 피상속인이 상속개시 당시 가지고 있던 재산 가액에 생전 증여의 가액을 가산한 후, 이 가액에 각 공동상속인별로 법정상속분율을 곱하여 산출된 상속분의 가액으로부터 특별수익자의 수증재산인 증여 또는 유증의 가액을 공제하는 계산방법에 의한다. 이렇게 계산한 상속인별 구체적 상속분 가액을 전체 공동상속인들 구체적 상속분 가액 합계액으로 나누면 상속인별 구체적 상속분 비율, 즉 상속재산 분할의 기준이 되는 구체적 상속분을 얻을 수 있다.」[2]

(2) 본 사안에서 B·C·D·E의 구체적 상속분

본 사안에서 명목상 상속재산 가액은 A에게 남아 있던 9억원과 B에게 증여한 9억원을 합한 18억원이다. 그리고 B·C·D·E의 법정상속분은 각각 1.5/4.5(=3/9), 1.0/4.5(=2/9), 1.0/4.5(=2/9), 1.0/4.5(=2/9)이다. 그리하여 이들의 본래의 상속분은 B는 6억원(=18억원×3/9), C·D·E는 각각 4억원(=18억원×2/9)씩이다. 그런데 B가 생전증여로 9억원을 받았으므로(C가

---

1) 대결 2022. 6. 60, 2017스98·99·100·101.
2) 대결 2022. 6. 60, 2017스98·99·100·101.

유증으로 받은 3억원은 A의 남아 있던 재산 9억원에 들어 있음), 이들의 구체적 상속분은 B는 -3억원(=6억원-증여액 9억원), C는 1억원(=4억원-유증액 3억원. C는 3억원의 유증액은 별도로 받음), D·E는 각각 4억원씩이다. 이들의 구체적 상속분 비율은 상속인별 구체적 상속분 가액을 전체 공동상속인들의 구체적 상속분 가액의 합계(9억원)로 나누어 산출한다. 이것이 상속재산 분할의 기준이 되는 구체적 상속분(즉 구체적 상속분 비율)이다. 그렇게 하면 B·C·D·E의 구체적 상속분은 B는 0이고, C는 1/9(=1억원/9억원)이며, D·E는 모두 각각 4/9(=4억원/9억원)씩이다.

4. B·C·D·E가 최종적으로 얼마의 재산을 분배받는지

(1) 공동상속인 중 특별초과수익자가 있는 경우의 처리방법

특별수익 가액이 수익자의 상속분을 초과하는 경우에는 수익자는 상속재산으로부터 더 이상 상속받을 수는 없다. 그런데 그 초과부분은 반환해야 하는지가 문제된다. 여기에 관하여 학설은 i) 반환하여야 한다는 견해, ii) 공동상속인의 유류분을 침해하는 경우에만 반환해야 한다는 견해로 나뉘어 있다. 생각건대 과거에 있던 초과부분 반환금지 규정은 유류분 제도가 신설되면서 삭제되었다. 그 취지는 유류분을 침해하는 액은 특별수익재산으로 반환해야 하고 그렇지 않은 한 반환하지 않게 하려는 데 있다. 판례도 그러한 전제에 서 있다.[3]

이와 같이 초과특별수익자가 있는 경우에 그가 — 다른 상속인의 유류분 침해가 없는 한 — 초과수익을 반환할 필요는 없는데, 그 손실을 다른 공동상속인이 어떻게 부담할 것인지가 문제된다. 그에 관하여 학설은 i) 구체적 상속분 기준설, ii) 초과특별수익자 부존재 의제설로 나뉘어 있다. i)설은 초과특별수익자를 제외한 나머지 상속인들 사이에서 제1008조에 의한 구체적 상속분에 따라 분배하자는 견해이고, ii)설은 초과특별수익자가 처음부터 없는 것으로 보고 법정상속분에 따라 상속재산을 분배하자는 견해이다. 판례는, 「구체적 상속분 가액을 계산한 결과 공동상속인 중 특별수익이 법정상속분 가액을 초과하는 초과특별수익자가 있는 경우, 그러한 초과특별수익자는 특별수익을 제외하고는 더 이상 상속받지 못하는 것으로 처리하되(구체적 상속분 가액 0원), 초과특별수익은 다른 공동상속인들이 그 법정상속분율에 따라 안분하여 자신들의 구체적 상속분 가액에서 공제하는 방법으로 구체적 상속분 가액을 조정하여 위 구체적 상속분 비율을 산출함이 바람직하다. 결국 초과특별수익자가 있는 경우 그 초과된 부분은 나머지 상속인들의 부담으로 돌아가게 된다.」고 하여,[4] ii)설과 같다. 생각건대 i)설에 따르면 공동상속인 중 초과특별수익자 아닌 특별수익자가 있는 경우 그 특별수익자가 받는 상속이익(구체적 상속분과 특별수익의 합계) 비율이 다른 공동상속인의 이익 비율보다 높아지는 불합리한 점이 생긴다.[5] 그에 비하여 ii)설에 의하면 비초과 특별

---

3) 대결 2022. 6. 60, 2017스98·99·100·101.

4) 대결 2022. 6. 60, 2017스98·99·100·101.

5) 윤진수, 친상, 442면.

수익자가 있든 없든 상속이익 비율이 항상 법정상속분의 비율과 동일하게 된다. 따라서 ii)
설과 판례를 따라야 한다.

(2) 본 사안의 경우 B·C·D·E의 재산분배액

1) 앞에서 특별수익이 공동상속인의 유류분을 침해하는 경우에만 그것을 반환하면 된
다고 하였다. 그리하여 먼저 본 사안에서 B·C·D·E의 유류분의 침해가 있는지 보기로 한
다. 그런데 유류분 및 유류분 침해에 대해서는 앞에서 자세히 살명했으므로(앞의 [105]번 문제
Ⅳ. 3.과 [107]번 문제 Ⅱ. 참조), 여기서는 결론만을 적기로 한다.

본 사안에서 B·C·D·E는 모두 유류분권자이다. 그리고 그들의 법정상속분은 B가 3/9
이고, C·D·E는 모두 각각 2/9이다. 또 그들의 유류분은 그 법정상속분의 1/2이다. 그 결과
그들의 유류분율은 B가 3/18이고, C·D·E는 모두 각각 2/18가 된다. 또 그들의 유류분액
은 B가 3억원(=18억원(상속재산 9억원과 B에 대한 증여액 9억원)×3/18)이고, C·D·E는 모두 각
각 2억원(=18억원(상속재산 9억원과 B에 대한 증여액 9억원)×2/18)이다. 이들의 유류분액이 침해
되었는지 유류분 부족액을 살펴본다. 그렇게 하면 유류분 부족액은 B는 -6억원(=3억원(유류
분액)-9억원(증여받은 금액))이고, C·D·E는 모두 각각 -2억원(=2억원(유류분액)-4억원(법정상
속분액))이다.6) 유류분 부족액이 -인 경우에는 침해가 없고, +인 경우에만 침해가 있는 것
이므로, 본 사안에서는 모든 공동상속인에게 유류분 침해가 없다. 결국 특별수익자인 B는
그의 수익을 반환할 필요가 없다. 유증을 받은 C도 마찬가지이다.

2) 이제 본 사안에서 전술한 사견(판례도 같음)에 따라서 상속재산을 분배하면 우선 초과
특별수익자인 B는 특별수익을 제외하고는 더 이상 상속받지 못하게 되므로 그의 분배액은
0원이다. 그리고 남아 있던 상속재산 9억원은 C·D·E가 그들의 법정상속분에 따라 각각
3억원씩 상속받는다. 그런데 그중 C는 3억원을 유증받는 것으로 되어 그 외에 별도로 더
받지는 못한다. 그리고 D·E는 각각 3억원씩 분배받는다. 이를 다른 방식으로 계산하면 B
의 초과특별수익 3억원을 C·D·E가 그들의 법정상속분에 따라 1억원씩 부담하게 되어, 그
각 1억원씩을 C·D·E가 각각 그들의 구체적 상속분인 1억원(3억원의 유증액은 별도임), 4억
원, 4억원에서 공제하게 되고, 그 결과로 A에게 남아 있던 9억원은 C·D·E가 각각 0원(3억
원의 유증액은 별도임)·3억원·3억원씩 분배받게 된다.

《참 고》────────────────────────────
이 경우에 위의 ii)설(구체적 상속분 기준설)에 따라 분배하면 다음과 같이 된다. B·C·D·E
의 구체적상속분율은 B는 0, C는 1/9, D·E는 모두 각각 4/9이다. 그리고 이들이 분배받는 재산
가액은 상속재산 9억원에서 C에 대하여 유증액 3억원을 공제한 6억원에 그들 자신의 구체적 상

───────────
6) 아래에서 보는 바와 같이 초과특별수익자가 있어 그 초과분 처리를 해도 C·D·E의 유류분 부족액은
   모두 -1억원(=2억원(유류분액)-3억원(구체적 상속분액))이 된다.

속분율을 곱하여 산출한다. 그리하여 B는 0원, C는 2/3억원(=6억원×1/9. 유증액 3억원은 별도로 받음), D·E는 모두 각각 8/3억원(=6억원×4/9)이 된다.

이러한 결과는 i)설에 의할 경우(이 경우는 법정상속분 비율과 같아짐)에 비하여 비초과 특별수익자인 C에게 상대적으로 유리하게 된다. 그런데 그것은 결코 합리적이라고 할 수 없다.

Ⅱ. [제2문]에 대하여

1. 논점의 정리

본 사안에서는 상속개시시부터 분할심판까지 사이에 상속재산의 가격이 변동된 경우에 어떤 기준에 의하여 상속재산을 분할하여야 하는지 문제된다.

2. 상속개시 후 상속재산 가격이 변동된 경우의 상속재산 분할방법

상속개시 후 상속재산 가격이 변동된 경우에는 먼저 상속개시 당시를 기준으로 하여 상속재산을 평가하여 구체적 상속분을 결정한다. 그 뒤 분할시에 상속재산을 재평가하고 그 가액을 앞에서 산출한 구체적 상속분(정확하게는 구체적 상속분 비율)에 따라 확정하게 된다. 통설·판례[7]도 같다. 그런데 이 경우에도 초과특별수익자가 있으면 그를 제외하고 법정상속분에 따라 재산이 분배된다고 해야 한다.

3. 본 사안의 경우

본 사안에서 먼저 상속개시 당시를 기준으로 하여 구체적 상속분을 결정하면, B·C·D·E의 구체적 상속분(비율)은 B는 0, C는 1/9, D·E는 각각 4/9이다(위 Ⅰ. 3. (2) 참조). 그런데 이 중 B는 초과특별수익자이다. 따라서 B를 제외하고 법정상속분에 따라 재산이 분배되어야 한다. 그런데 재산가액이 18억원으로 상승했으므로, C·D·E의 취득액은 — 그들의 법정상속분이 동일하므로 — 각각 6억원씩이 된다. 그리고 그중 C의 6억원에는 유증받은 3억원이 포함되어 있다.

Ⅲ. [제3문]에 대하여

1. 논점의 정리

본 사안에서는 분할대상이 된 상속재산 중 특정재산(X아파트)을 일부 상속인 소유로 현물분할 하는 경우 그 특정재산 가액이 그의 구체적 상속분에 따른 취득가능 가액을 초과하

---

7) 대결 1997. 3. 21, 96스62; 대결 2022. 6. 60, 2017스98·99·100·101.

는 상속인이 있는 경우에 어떻게 분할해야 하는지, 특히 차액을 정산해야 하는지 문제된다.

2. 특정재산을 일부 상속인 소유로 현물분할 하는 경우의 재산분할 방법(특히 그 특정재산 가액이 해당 상속인의 구체적 상속분에 따른 취득가능 가액을 초과하는 경우)

판례에 따르면, 가정법원이 상속재산 분할을 함에 있어 분할대상이 된 상속재산 중 특정재산을 일부 상속인 소유로 현물분할한다면, 전체 분할대상 재산을 분할시 기준으로 평가하여, 특정재산 가액이 그의 구체적 상속분에 따른 취득가능 가액을 초과하는 상속인이 있는 경우 차액을 정산해야 한다고 한다.[8]

3. 본 사안의 경우

본 사안에서 B·C·D·E의 구체적 상속분(비율)은 B는 0, C는 1/9, D·E는 각각 4/9이다(위 I. 3. (2) 참조). 그리고 B가 초과특별수익자이기 때문에 그는 더 이상 재산분배를 받지 못하며, C·D·E는 A의 상속재산 9억원을 법정상속분에 따라 C는 0원(3억원의 유증은 별도로 받음), D·E는 각각 3억원씩 분배받을 수 있게 된다(위 I. 3. (2) 참조). 이러한 상황에서 D에게 X아파트가 현물분할되었는데, 그 아파트의 가격이 6억원으로 D가 분배받을 3억원을 넘는다. 그런데 이와 같이 일부 상속인이 현물분할 받는 경우에 그 가액이 그의 취득가능 가액을 초과하면 그는 초과액을 정산해야 한다. 그리하여 초과액 3억원을 법정상속분 비율에 따라(C·E의 법정상속분은 동일함) C·E에게 똑같이 각각 1억 5,000만원씩 지급해야 한다. 그리고 A의 상속재산 9억원 중 X아파트를 제외한 재산가액인 3억원은, D는 전혀 받을 수 없고, C·E가 동일하게 1억 5,000만원씩 분배받는다. 그 결과 C·D·E가 분배받은 재산 액수는 ― 정산한 것을 포함할 때 ― 모두 3억원씩이 된다. 물론 B는 전혀 분배받지 못하게 된다. 이 중에 C가 정산 및 분배받은 금액 3억원은 유증받은 것에 해당한다.

IV. [제 4 문]에 대하여

1. 논점의 정리

본 사안에서는 ― [제 3 문]에서처럼 ― 분할대상이 된 상속재산 중 특정재산(Y토지)을 일부 상속인 소유로 현물분할하려고 한다. 그런데 ― [제 3 문]에서와는 달리 ― 그 특정재산의 가액이 그의 구체적 상속분에 따른 취득가액을 초과하지 않는다. 이러한 경우에 어떻게 분할해야 하는지 문제된다.

---

8) 대결 2022. 6. 60, 2017스98·99·100·101. 이 결정은, 초과특별수익과 달리, 산정된 구체적 상속분에 따른 취득가능 가액을 초과하여 분할받게 되는 부분은 다른 상속인들에게 정산해야 한다고 한다.

2. 특정재산을 일부 상속인 소유로 현물분할 하는 경우의 재산분할 방법(특히 그 특정재산 가액이 해당 상속인의 구체적 상속분에 따른 취득가능 가액을 초과하지 않는 경우)

판례에 따르면, 분할대상이 된 특정재산을 일부 상속인 소유로 현물분할한다면, 전체 분할대상 재산을 분할시 기준으로 평가하여, 그 특정재산 가액이 그의 구체적 상속분에 따른 취득가능 가액을 초과하지 않을 경우에도 위와 같은 현물분할을 반영하여 상속인들 사이의 지분율을 다시 산정해서 남은 분할대상 상속재산은 수정된 지분율로 분할해야 한다고 한다.9) 그리고 이를 위해 전체 분할대상 상속재산의 분할시 기준 평가액에 상속인별 구체적 상속분을 곱하여 산출된 상속인별 취득가능 가액에서 각자 소유로 하는 특정재산의 분할시 기준평가액을 공제하는 방법으로 구체적 상속분을 수정한 지분율을 산정할 수 있다고 한다.10)

3. 본 사안의 경우

본 사안에서 B·C·D·E의 구체적 상속분(비율)은 B는 0, C는 1/9, D·E는 각각 4/9이다(위 I. 3. (2) 참조). 그리고 B가 초과특별수익자이기 때문에 그는 더 이상 재산분배를 받지 못하며, C·D·E는 A의 상속재산 9억원을 법정상속분에 따라 C는 0원(3억원의 유증은 별도로 받음), D·E는 각각 3억원씩 분배받을 수 있게 된다(위 I. 3. (2) 참조). 이러한 상황에서 E에게 Y토지가 현물분할되었고, 그 토지의 가격은 2억원으로 E가 분배받을 3억원을 초과하지 않는다.

판례에 따르면, 이와 같이 현물분할한 특정재산의 가액이 해당 상속인의 취득가능 가액을 초과하지 않을 때에도 그러한 현물분할을 반영하여 상속인들 사이의 지분율을 다시 산정해서 남은 분할대상 상속재산은 수정된 지분율로 분할해야 한다. 그렇게 하면 Y토지가 현물분할된 현재의 상황에서 구체적 상속분은 C는 0원(3억원의 유증은 별도로 받음), D는 3억원, E는 1억원으로 되고, 구체적 상속분(비율)은 C는 0, D는 3/4(=3억원/3억원과 1억원의 합계인 4억원), E는 1/4(=1억원/3억원과 1억원의 합계인 4억원)로 된다. 그리고 특정분할된 재산과 유증된 재산을 제외한 나머지 재산 4억원(=9억원－2억원(Y토지 가격)－3억원(C가 유증받은 금액))은 D와 E가 그들 각각의 구체적 상속분(비율)에 따라 D는 3억원(=4억원×3/4)을, E는 1억원(=4억원×1/4)을 분배받게 된다. 그 결과 A의 상속재산 9억원으로부터 B·C·D·E가 최종적으로 분배받는 재산 가액은 B는 0원, C·D·E은 모두 3억원씩이다. 그리고 이 중 C의 3억원은 유증받은 금액에 해당하고, E의 3억원은 현물분할된 Y토지 가액 2억원과 금전 1억원을 합한 금액이며, D의 3억원은 금전으로 분배받은 금액이다.

---

9) 대결 2022. 6. 60, 2017스98·99·100·101.
10) 대결 2022. 6. 60, 2017스98·99·100·101.

V. [제 5 문]에 대하여

1. 논점의 정리

피상속인에게 가분채무가 있을 경우에 상속인에게 어떻게 귀속되는지, 특히 특별수익자가 있는 때에는 어떤지가 문제된다.

2. 가분채무의 공동상속

통설·판례[11])에 따르면 가분채무는 각 공동상속인에게 그의 상속분에 따라 분할된다. 그리고 이는 공동상속인 중에 특별수익자(초과특별수익자 포함)가 있는 경우에도 마찬가지이다. 그리하여 가분채무가 공동상속인 모두에게 법정상속분에 따라 부담되게 된다. 판례도 같은 태도이다.[12)]

3. 본 사안의 경우

본 사안에서 A는 4억 5,000만원의 금전채무를 부담하고 있었다. 이 채무는 가분채무이므로, A의 공동상속인들에게 각자의 법정상속분에 따라 분할 귀속된다. 초과특별수익자인 B가 있어도 차이가 없다.

본 사안의 경우 법정상속분율은 B는 3/9이고, C·D·E는 모두 각각 2/9이다. 그리하여 B는 1억 5,000만원의 채무(=4억 5,000만원×3/9)를, C·D·E는 모두 각각 1억원의 채무(=4억 5,000만원×2/9)를 상속받게 된다.

---

11) 대판 1997. 6. 24, 97다8809 등.
12) 대판 1995. 3. 10, 94다16571.

[109] 상속회복청구권

문 제

X토지와 Y임야를 소유하고 있는 A(남자)는 1977. 3. 11.에 B(여자)와 혼인한 후(같은 달 25.에 혼인신고를 함), 같은 해 4. 5.에 이르러 위 B와 C(B의 전 남편) 사이에서 1970년에 출생한 D가 마치 A와 B 사이에서 출생한 친생자인 것처럼 출생신고를 하여 호적부에 등재하였다. 그 후 A는 1992. 2. 9.에 B와 협의이혼을 하고, 1992. 12. 31.에 E(여자)와 결혼하여 A와 E 사이에서 F, G, H 등 3남매가 출생하였다. 그 뒤 1996. 6. 6.에 A가 사망하였다. 그런데 D가 A의 호적에 친생자로 등재되어 있던 관계로 D는 A의 처인 E 및 A와 E 사이에 출생한 3남매와 더불어 A의 소유였던 X와 Y부동산을 공동으로 상속한 것처럼 되었고, 그리하여 1997. 5. 12.에 상속을 원인으로 하여 X와 Y부동산 각각에 대하여 2/11지분에 관하여 D 명의로 지분이전등기가 되었다.

위의 사안을 토대로 하여 다음 물음에 답하시오. 두 물음에서 모두 현재시점은 2010. 2. 27.이다.

1. 이 경우에 E는 D에게 지분이전등기의 말소를 청구할 수 있는가?

2. 위 본문의 사안에서, 만약 1997. 6. 12.에 D가 I에게 X와 Y부동산에 대한 그의 지분을 매도하여 그 각 지분에 관하여 I 명의로 지분이전등기를 해 주었다면, E는 I에게 지분이전등기의 말소를 청구할 수 있는가?

I. 물음 1.에 대하여

1. 논점의 정리

우선 A가 D를 친생자인 것처럼 출생신고를 한 것이 유효한지, 만약 유효하지 않다면 입양으로서의 효력이 생기는지 문제된다. 만약 친생자 출생신고가 유효하거나 입양의 효력이 생긴다면 상속이 유효하게 되어 E는 D에 대하여 지분이전등기의 말소를 청구할 수 없을 것이다.

다음에 만약 A가 D를 친생자로 출생신고를 한 것이 입양으로서의 효력도 없다면 상속회복청구권의 행사가 가능한지 문제된다. 그리하여 상속회복청구권이 인정되는지, 인정된다면 그 권리가 제척기간의 경과로 소멸하였는지를 검토해 보아야 한다.

2. A가 D를 친생자로 출생신고한 것이 법적으로 어떤 효력을 가지는지의 문제

(1) 타인의 자(子)를 친생자로 신고한 경우에 친생자로서의 효력이 생기는지 여부

타인의 자를 친생자인 것처럼 출생신고를 하여 호적부(또는 가족관계등록부)에 기재된다고 하여 친생자로서의 효력이 생기는 것은 아니다. 친생자로서의 효력은 호적부의 기재에 의하여 발생하는 것이 아니기 때문이다.

(2) 타인의 자를 친생자로 신고한 경우에 입양의 효력이 생기는지 여부

판례는, 입양신고 대신에 친생자 출생신고를 한 경우에 대하여, 당사자 사이에 양친자관계를 창설하려는 명백한 의사가 있고 기타 입양의 실질적 성립요건1)이 모두 구비된 때에는 입양의 효력이 있다고 한다.2) 그리고 여기서 입양의 실질적 요건이 구비되어 있다고 하기 위해서는 입양의 합의가 있을 것 등 제883조 각호 소정의 입양의 무효사유가 없어야 함은 물론, 감호·양육 등 양친자로서의 신분적 생활사실이 반드시 수반되어야 하는 것으로서, 입양의 의사로 친생자 출생신고를 하였다 하더라도 위와 같은 요건을 갖추지 못한 경우에는 입양신고로서의 효력이 생기지 않는다고 한다.3)

그리고 학설도 위의 판례와 마찬가지로 입양요건을 갖추면 입양의 효력을 인정하고 있다.

생각건대 이러한 판례·학설은 입양의 요건이 구비된 경우에 관하여 그 실질을 인정한 것으로서 바람직한 이론이라고 하겠다.

(3) 본 사안의 경우

본 사안에서 A가 D를 A·B 사이에 출생한 친생자처럼 출생신고를 하였다고 하여 A와 D 사이에 친생자 관계가 생기지는 않는다. 그런데 둘 사이에 입양의 효력은 인정되는지 문제된다. 판례에 의하면, A·D 사이에 양친자관계를 창설하려는 명백한 의사가 있고 기타 입양의 실질적 성립요건이 모두 구비되어 있는 경우에는 입양의 효력이 인정된다. 그리하여 살피건대 본 사안에서 A·D 사이에 양친자관계를 창설하려는 명백한 의사가 있는 것으로 보이지 않는다. 그리고 입양의 실질적 요건에 대한 언급도 없다. 그런 점에서 볼 때, 본 사안의 경우에 입양의 효력을 인정하기는 어렵다.4) 결국 본 사안의 경우 A가 D를 친생자 출

---

1) 저자는 판례·통설이 말하는 입양의 실질적 성립요건은 — 성립요건이 아니기 때문에 — 입양의 장애사유로 설명한다. 강의, E-98 이하 참조.

2) 대판(전원) 1977. 7. 26, 77다492 등 다수의 판결. 그런데 이 판례는 2012. 2. 10.에 제866조 이하의 규정이 개정되기 전의 것임을 주의해야 한다. 강의, E-96 참조.

3) 대판 2000. 6. 9, 99므1633·1640 등. 한편 대법원은, 본처 아닌 여자와 동거하면서 그 여자와 다른 남자 사이에 출생한 피청구인을 양육하다가 국민학교 입학을 위해 그와 본처 사이의 친생자로 출생신고를 하였다고 해도 양자로 할 의사가 있었고 또 피청구인의 생모가 입양을 승낙하였다는 등의 요건 입증이 없다고 본 원심판결이 정당하다고 한 바 있고(대판 1984. 5. 15, 84므4), 피청구인들의 생부가 사망한 후 생모가 호적상 부(父)와 재혼하였고 그 뒤 호적상 부가 피청구인 중 1인이 국민학교에 입학할 나이가 되어 호적을 만들어줄 필요가 생기자 피청구인들을 자신과 생모 사이에서 출생한 친생자인 것처럼 출생신고한 경우에 원심은 입양의사를 부정하였으나 대법원은 인정하였다(대판 1990. 7. 27, 89므1108).

4) 그러나 이들 요건이 모두 구비되어 있는 것으로 판단할 여지가 없지는 않다. 그런데 그렇게 판단할 경

생신고를 한 것에 의해 친생자로서의 효력도, 입양으로서의 효력도 생기지 않는다.

3. E가 D에게 상속회복청구권을 행사하여 지분이전등기의 말소를 청구할 수 있는지 여부

(1) 서   설

본 사안에서 A·D 사이에는 친생자관계도 양친자관계도 없기 때문에 D는 A의 재산을 상속할 수 없다. 그럼에도 불구하고 X·Y부동산에 대하여 D 명의로 지분이전등기가 되어 있다. 여기서 만약 D가 참칭상속인에 해당한다면 E가 상속회복청구권을 행사하여 D 명의의 지분이전등기의 말소를 청구할 수 있는지 살펴보아야 한다. 아래에서 본 문제의 해결에 필요한 범위에서 상속회복청구권의 이론을 정리하고, 본 사안의 경우에 대하여 검토해 보기로 한다.

(2) 상속회복청구권 이론

1) 의   의

상속회복청구권이란 상속권이 진정하지 않은 상속인 즉 참칭상속인에 의해 침해되었을 때 일정한 기간 내에 그 회복을 청구할 수 있는 권리이다.

2) 법적 성질

상속회복청구권의 법적 성질에 관하여 학설은 ⅰ) 상속자격확정설, ⅱ) 집합권리설, ⅲ) 독립권리설, ⅳ) 소권설이 대립하고 있다.5) ⅰ)설은 상속회복청구권은 개개의 상속재산에 대한 청구권이 아니라 진정상속인의 상속자격 즉 상속권의 일반적 확정을 구하는 권리라고 한다. ⅱ)설은 상속회복청구권은 단일·독립의 청구권이 아니라 상속재산을 구성하는 개개의 재산에 대한 개별적인 청구권의 집합에 불과하다고 한다. ⅲ)설은 상속회복청구권은 개별적 청구권과는 구별되는 단일의 권리이며 상속재산 전체의 회복을 청구하는 포괄적 권리라고 한다. ⅳ)설은 상속회복청구의 소에서는 권원의 존부가 쟁점이 아니기 때문에, 소유권 등의 실체적 권리를 바탕으로 하는 청구권의 행사가 아니고, 오히려 상속재산의 점유를 둘러싸고 다투는 당사자 쌍방의 상속자격의 존부를 결정함으로써 다툼을 처리하기 위한 특수한 소권이라는 견해이다.

판례는 집합권리설의 입장인 것으로 보인다.6)

사견에 의하면, 상속회복청구권은 상속침해가 있는 경우에 개별적인 청구권과는 별도로 반환청구를 할 수 있는 독립한 권리라고 해야 한다. 그런데 반환청구는 상속재산 전부에 대하여 뿐만 아니라 그것을 구성하는 개별적인 권리에 대하여도 할 수 있다고 할 것이다.

우에는 본 문제에서 논의할 내용이 더 이상 없어지게 되어 문제이다. 그러므로 입양의 효력을 인정하는 입장에 있더라도, 입양을 부정하는 관점에서(가정적으로) 후속 논의를 하는 것이 바람직하다.

5) 문헌에 관하여는 송덕수, 친상, [292] 참조.

6) 대판 1978. 12. 13, 78다1811; 대판(전원) 1981. 1. 27, 79다854 등 다수의 판결.

3) 당 사 자

상속회복청구권을 가지는 자는 상속재산의 점유를 잃고 있는 진정한 상속인(상속권자) 또는 그 법정대리인이다(999조 1항). 상속회복청구의 전형적인 상대방은 참칭상속인이다. 여기서 참칭상속인이라 하면 재산상속인임을 신뢰하게 하는 외관을 갖추고 있거나 상속인이라고 참칭하여 상속재산의 전부 또는 일부를 점유하는 등의 방법에 의하여 진정한 상속인의 상속권을 침해하는 자를 가리킨다(통설·판례도 같음).

4) 소   멸

상속회복청구권은 그 침해를 안 날부터 3년, 상속권의 침해행위가 있은 날부터 10년이 경과하면 소멸한다(999조 2항). 그런데 이 규정의 개정에 유의해야 한다. 이 규정은 2002. 1. 14.에 현재처럼 개정되었다. 그 이전에는 「상속권의 침해가 있은 날부터」라고 하지 않고 「상속이 개시된 날부터」라고 하였다. 그런데 그 부분이 위헌이라고 하여[7] 현재처럼 개정되었다. 이 개정법률의 효력에 대하여 살펴보면, 개정된 후에 소를 제기하는 경우에는 개정법률이 적용된다(2002. 1. 14. 개정법률 부칙 1항). 그러나 그것은 종전 규정에 의해 생긴 효력에 영향을 미치지 않는다(2002. 1. 14. 개정법률 부칙 2항). 따라서 이미 기간경과로 권리가 소멸했으면 그 권리는 행사하지 못한다.

여기의 3년·10년의 기간은 제척기간이다(통설·판례도 같음). 그리고 판례는 이 기간은 제소기간으로 보아야 한다는 입장이다.[8]

상속회복청구권이 제척기간의 경과로 소멸하게 되면 상속인은 상속인으로서의 지위를 상실하게 되고, 그 반사적 효과로서 참칭상속인의 지위는 확정되어 참칭상속인이 상속개시시에 소급하여 상속인으로서의 지위를 취득한다.[9]

(3) 본 사안의 경우

본 사안의 경우에 D는 A의 재산에 대하여 상속권이 없는 자이다. 그럼에도 불구하고 호적부에 D가 A의 친생자로 기재되어 있는 바람에 상속을 원인으로 하여 X·Y부동산에 대하여 D 명의로 지분이전등기가 되어 있다. 이러한 D는 재산상속인임을 신뢰하게 하는 외관을 갖추고 있는 자로서 참칭상속인이다. 따라서 E는 D에 대하여 상속회복청구권을 행사하여 지분이전등기의 말소를 청구할 여지가 있다. 다만, 그럴 수 있으려면 E의 그 권리가 현재에도 존재하고 있어야 한다. 여기서 제척기간의 경과 여부를 살펴보기로 한다. 본 사안의 경우에 「상속이 개시된 날」은 A가 사망한 1996. 6. 6.이다. 따라서 그때부터 10년이 되는 2006. 6. 6. 밤 12시에 E의 상속회복청구권은 소멸하였다. 그리고 개정 전의 민법에 의해 이미 권리가 소멸했고, 그 효력은 개정법률에 의해 영향을 받지 않으므로, E는 상속회복청

---

7) 헌재 2001. 7. 19, 99헌바9·26·84.
8) 대판 1993. 2. 26, 92다3083 등.
9) 대판 1994. 3. 25, 93다57155; 대판 1998. 3. 27, 96다37398.

구권을 행사하지 못한다.10)

4. E가 D에게 물권적 청구권을 행사하여 지분이전등기의 말소를 청구할 수 있는지 여부

(1) 참칭상속인에게 물권적 청구권을 행사할 수 있는지, 그리고 그 경우에는 제척기간의 적용을 받지 않는지가 문제된다. 그런데 그 문제는 상속회복청구권의 법적 성질을 어떻게 파악하는지와 직결되어 있다. 상속회복청구권의 법적 성질에 관한 ⅰ) 상속자격확정설에 의하면, 진정상속인은 상속회복청구와 동시에 또는 별도로 상속재산 반환청구를 할 수 있고, 그 경우에는 제척기간의 적용을 받지 않게 된다. 다음에 ⅱ) 집합권리설은 상속을 이유로 상속재산의 반환을 청구하는 소는 모두 상속회복청구권의 행사로 보며 물권적 청구권과의 경합을 인정하지 않는다. 그리고 ⅲ) 독립권리설은 상속회복청구권과 개별적 청구권의 경합을 인정하며, 물권적 청구권을 행사하는 경우에는 제척기간의 제한을 받지 않는다고 한다. 그 외에 ⅳ) 소권설의 태도는 불분명하다.

사견은 상속회복청구권을 독립한 권리라고 보기 때문에, 물권적 청구권 등은 상속회복청구권과는 별개의 것이어서 두 권리는 경합할 수 있다는 입장이다. 그러나 개별적인 청구권을 행사하더라도 상대방이 참칭상속인인 한 제척기간의 적용을 받는다고 해야 한다. 그렇지 않으면 상속에 대한 다툼을 조기에 종식시키려는 상속회복청구권의 취지를 살릴 수 없기 때문이다.

(2) 본 사안의 경우에 만약 상속회복청구권 외에 E의 물권적 청구권이 경합하여 존재할 수 있다면 그것은 소유권에 기한 방해제거청구권(214조)으로서의 등기말소청구권이다. 문제는 그 권리의 존재가 인정되는지, 그리고 그에 대하여 상속회복청구권의 제척기간 규정이 적용되는지이다. 사견에 의하면, E는 방해제거청구권으로써 D의 지분이전등기의 말소를 청구할 수 있다. 그러나 D가 참칭상속인이기 때문에 거기에는 제척기간 규정이 적용되어야 한다. 그 결과 방해 즉 D 명의의 지분이전등기가 행해진 1997. 5. 12.부터 10년이 훨씬 넘게 경과한 현재에는 E가 물권적 청구권을 행사하여 D 명의의 지분이전등기의 말소를 청구하지도 못한다.11)

5. 결　론

본 사안에서 E는 상속회복청구권을 행사하여 D 명의의 지분이전등기의 말소를 청구할

---

10) 본 사안의 경우에 만약 개정법률을 적용한다고 해도 결과는 같다. 본 사안에서 「상속권의 침해가 있은 날」이 1997. 5. 12.이어서 현재시점은 그때부터도 10년이 지났기 때문이다.

11) 대판(전원) 1981. 1. 27, 79다854는, 진정상속인이 참칭상속인을 상대로 부동산에 관한 등기의 말소 등을 구하는 경우에 그 소유권 또는 지분권 등의 귀속원인을 상속으로 주장하고 있는 이상 청구원인 여하에 불구하고 제999조 소정의 상속회복청구의 소라고 해석하여야 할 것이므로 제982조 제 2 항 소정의 제척기간의 적용이 있다고 한다.

수도 없고, 물권적 청구권을 행사하여 D 명의의 지분이전등기의 말소를 청구할 수도 없다. E의 그 권리들은 제척기간이 경과하여 이미 소멸하고 존재하지 않기 때문이다.

Ⅱ. 물음 2.에 대하여

1. 논점의 정리

본 사안에서 I는 참칭상속인 D로부터 상속재산을 양수(전득)한 자이다. 이러한 I도 참칭상속인인지, 그리하여 E가 I에게 상속회복청구권을 행사할 수 있는지 문제된다. 그리고 E가 I에게 물권적 청구권을 행사하여 I 명의의 지분이전등기의 말소를 청구할 수 있는지 문제된다. 그 외에 I가 등기부 취득시효에 의하여 상속재산의 소유권을 취득하는지, 그 결과 I 명의의 지분이전등기의 말소청구가 부정되는지도 문제된다.

2. E가 상속회복청구권을 행사하여 지분이전등기의 말소를 청구할 수 있는지 여부

(1) 참칭상속인으로부터 상속재산을 양수한 자의 문제

통설·판례[12]는 참칭상속인으로부터 상속재산을 양수한 제 3 자도 상속회복청구의 상대방이 된다고 한다. 그리고 그에 의하면 이때에도 단기의 제척기간이 적용된다. 이러한 통설·판례는 타당하다.

(2) 본 사안의 경우

본 사안에서 I는 참칭상속인인 D로부터 상속재산인 X·Y부동산을 양수한 자이다. 이러한 I는 상속회복청구의 상대방이 된다. 그런데 I에 대한 E의 상속회복청구권에도 제척기간 규정이 적용되기 때문에 제척기간의 경과 여부를 조사해야 한다. 그리하여 살펴보면 — 물음 1.에 대하여 기술한 바와 같이 — E의 상속회복청구권은 1996. 6. 6.에 발생하였고 그로부터 10년이 경과하여 개정 전의 민법에 의해 이미 소멸하고 존재하지 않는다. 결국 E는 I에 대하여 상속회복청구권을 행사하여 지분이전등기의 말소를 청구하지 못한다.

3. E가 I에게 물권적 청구권을 행사하여 지분이전등기의 말소를 청구할 수 있는지 여부

(1) 참칭상속인으로부터 상속재산을 양수한 자에 대하여 물권적 청구권을 행사할 수 있는지, 그 권리를 행사할 수 있다면 거기에 상속회복청구권의 제척기간 규정이 적용되는지는 참칭상속인 자신에 대한 것과 동일하다. 따라서 물음 1.에서 논의한 것이 여기에도 그대로 타당하다.

(2) 본 사안의 경우에, 사견에 의하면, E는 I에게 방해제거청구권으로써 지분이전등기 말소청구를 할 수 있다. 그런데 I는 넓은 의미의 참칭상속인이기 때문에 E가 I에게 등기말

---

12) 대판(전원) 1981. 1. 27, 79다854 등.

소청구권을 행사할 때에도 상속회복청구권의 제척기간이 적용되어야 한다. 그리하여 살펴보면 — 물음 1.에 관하여 기술한 바와 같이 — E가 방해를 받아 물권적 청구권(등기말소청구권)을 가지게 되는 시점은 D 명의의 지분이전등기가 된 1997. 5. 12.이어서 그로부터 10년이 훨씬 넘은 현재에는 그 권리를 행사할 수 없게 된다. 결국 E는 I에게 물권적 청구권을 행사하여 I 명의의 지분이전등기의 말소를 청구할 수도 없다.

4. I가 등기부 취득시효에 의해 소유권을 취득하여 지분이전등기 말소를 청구할 수 없는지 여부

본 사안에서 1997. 6. 12.에 I 명의로 지분이전등기가 되었고 그것이 10년이 넘은 현재까지 유지되어 있다. 이러한 I가 등기부 취득시효를 하는지 문제된다. 그런데 I가 X·Y부동산을 소유의 의사로 평온·공연하게 선의이며 과실없이 점유를 하는지는 불분명하다. 만약 이들이 인정된다면 I는 등기부 취득시효에 의하여 X·Y부동산의 소유권을 취득하게 될 것이다(245조 2항 참조). 그에 비하여 이들 요건 중 어느 하나라도 갖추어지지 못했다면 I는 등기부 취득시효에 의해 소유권을 취득하지는 못한다. 한편 I가 등기부 취득시효에 의해 X·Y부동산의 소유권을 취득한다면, 그것 때문에도 E는 I에게 지분이전등기의 말소를 청구할 수 없다.

5. 결   론

본 사안에서 I는 참칭상속인으로부터 상속재산을 양수한 자로서 상속회복청구의 상대방이 되는데, 그에 대한 E의 상속회복청구권의 제척기간이 경과하여 E는 I에게 지분이전등기의 말소를 청구하지 못한다. 그리고 E는 I에게 물권적 청구권을 행사하여 등기말소를 청구하지 못한다. 그런가 하면 — 본 사안의 경우 불분명하나 — 만약 I가 등기부 취득시효에 의해 X·Y부동산의 소유권을 취득한다면, E는 그 이유 때문에도 I에 대하여 등기말소를 청구하지 못한다. 결국 E는 어떤 이유로든 I 명의의 지분이전등기의 말소를 청구할 수 없다.

[110] 한정승인

A는 주식 투자에 필요한 자금을 조달하기 위하여 2001. 7. 23. E로부터 2억 5,000만원을 차용하되 변제할 때에 이자로 2억 5,000만원을 더하여 합계 5억원을 2001. 10. 31.까지 차용증 소지자에게 반환하기로 약정하였다. 그 뒤 A는 2002. 11. 7. 사망하였으며, A의 유족으로는 그의 처인 B와 장녀 C, 차녀 D, 장녀 C의 남편인 C-1과 딸인 C-2가 있었다. 그런데 C와 D는 2003. 2. 2. 상속포기신고를 하였고, B는 2003. 4. 19. 상속재산 목록을 첨부해 한정승인신고를 하여, 관할 법원이 2003. 4. 30. 이를 수리하였다. 그 후 B는 2003. 5. 29. X부동산에 관하여 2002. 11. 7. 상속을 원인으로 하여 소유권이전등기를 마쳤다. 그리고 E는 A의 사망 후인 2003. 1. 28. B를 상대로 서울 중앙지방법원에 대여금청구의 소(2003가합3480호)를 제기하여, 2004. 4. 27. 'B는 E에게 5억원 및 이에 대한 지연손해금을 A로부터 상속받은 재산의 한도 내에서 지급하라'는 취지의 판결을 선고받았다. 한편 F는 B에게 금전을 대여하면서 B로부터 X부동산에 관하여 2003. 7. 28. 채권최고액 4,000만원인 근저당권을 설정받았다. 그리고 F가 E에 대하여 가지고 있는 채권의 총액은 5,000만원이다. 그 뒤 E는 2004. 9. 16. 위 2003가합3480호 판결의 가집행선고에 기하여 위 판결금 중 2억원을 청구채권으로 하여 대전지방법원에 X부동산에 관하여 강제경매 신청을 하여, X부동산에 관한 강제경매 절차가 개시되었고, 경매의 결과로 배당기일에 실제 배당할 수 있는 금액은 1억 2,000만원이었다. (현재는 2005. 1.이다)

1. 위의 사안에서 A의 재산 중 C와 D가 상속받았을 부분은 어느 정도이며, 그들이 포기한 상속분은 누구에게 귀속하는가?
2. B가 X부동산에 F를 위하여 근저당권을 설정한 것이 상속의 단순승인으로 되는가?
3. 경매의 결과로 배당할 수 있는 금액 1억 2,000만원은 누구에게 얼마씩 배당되는가?(E와 F 외에 배당을 신청한 채권자는 없다)

I. 물음 1.에 대하여

1. 논점의 정리

본 문제의 논점을 정리하면 다음과 같다.

(1) A가 사망할 당시 상속인이 누구인지 문제된다.

(2) C와 D의 상속분이 얼마인지 문제된다.

(3) C와 D가 상속을 포기한 경우 그들의 상속분이 누구에게 귀속되는지 문제된다.

2. A가 사망할 당시의 상속인이 누구인지

(1) 민법상의 상속인

상속인에는 혈족상속인과 배우자상속인이 있으며, 그중 혈족상속인은 1순위부터 4순위까지 순위가 정해져 있고(1000조), 배우자는 언제나 상속인으로 된다(1003조). 상속인으로 될 수 있는 자가 여럿 있는 경우에 그들 사이의 순위가 다른 때에는 최우선순위자만 상속인이 되고, 동순위자가 여럿 있는 때에는 공동으로 상속한다(1000조 2항).

혈족상속인으로서 제1순위자는 피상속인의 직계비속이다(1000조 1항 1호). 직계비속이 여럿 있는 경우에 피상속인과 그들 사이의 촌수가 다르면 최근친이 선순위자로서 상속인이 되고, 최근친인 직계비속이 여럿 있는 때에는 그들은 공동상속인이 된다(1000조 2항).

피상속인의 배우자는 피상속인의 직계비속이나 직계존속이 있는 때에는 그 상속인과 공동상속인이 되고, 그 상속인이 없는 때에는 단독상속인이 된다(1003조 1항).

(2) 본 사안의 경우

본 사안에서는 피상속인인 A에게는 직계비속으로 C·D와 C-2가 있다. 그리고 배우자인 B가 있다. 이들 중 C·D·C-2는 모두 A의 직계비속이기는 하지만, C·D가 A와 1촌인데 비하여, C-2는 A와 2촌이어서 C-2는 상속인이 되지 못한다. 그리고 B는 피상속인의 배우자로서 언제나 상속인이 된다. 그리하여 본 사안에서는 C·D와 B가 A의 재산을 공동으로 상속한다.

3. C·D의 상속분

(1) 상속분

혈족상속인인 동순위의 상속인이 수인인 때에는 그 상속분은 균분으로 한다(1009조 1항). 그들의 성별·혼인 여부 등은 불문한다. 그리고 배우자의 상속분은 직계비속과 공동으로 상속하는 때에는 직계비속의 상속분의 5할을 가산한다(1009조 2항).

(2) 본 사안의 경우

본 사안에서 C·D는 피상속인의 직계비속으로서 동순위의 공동상속인이다. 그리고 B는 피상속인의 배우자이다. 따라서 C·D의 상속분은 같고, B는 직계비속의 상속분의 5할을 더한 것이 된다. 그리고 A의 모든 재산, 그리하여 피상속인의 채무도 상속분에 따라 상속한다. 구체적으로는 C·D·B가 1:1:1.5의 비율로 상속한다. 결국 C·D는 각각 $1/3.5 (= 2/7)$, B는 $1.5/3.5 (= 3/7)$을 상속한다.

4. C·D가 상속을 포기한 경우에 그들의 상속분의 귀속자

(1) 상속포기자의 상속분의 귀속

상속인이 수인인 경우에 어느 상속인이 상속을 포기한 때에는, 그 상속분은 다른 상속인의 상속분의 비율로 그 상속인에게 귀속된다(1043조).

(2) 본 사안의 경우

본 사안에서 C·D가 포기한 상속분은 그 전부가 다른 상속인인 B에게 귀속한다. C의 상속분을 C-1, C-2가 대습상속하지도 않는다.

Ⅱ. 물음 2.에 대하여

1. 논점의 정리

본 문제에서는 B가 X부동산에 F의 근저당권을 설정한 것이 법정 단순승인이 되는지가 문제된다.

2. 법정 단순승인

민법은 일정한 사유가 있는 경우에는 상속인에게 단순승인의 의사가 있는지를 묻지 않고 단순승인을 한 것으로 본다(1026조). 이것이 법정 단순승인이다.

법정 단순승인의 사유 중에는 「상속인이 상속재산에 대한 처분행위를 한 때」(1026조 1호)와 「상속인이 한정승인 또는 포기를 한 후에 상속재산을 은닉하거나 부정소비하거나 고의로 재산목록에 기입하지 않은 때」(1026조 3호)가 있다. 만약 본 사안의 근저당권설정이 법정 단순승인이 된다면 그것은 아마도 이 둘 중 어느 하나에 해당하는 때일 것이다.

그런데 제1026조 제1호의 「처분행위」는 한정승인 또는 포기를 하기 전에 한 것만 가리키며(판례·통설), 그 후에 한 것은 동조 제3호의 「부정소비」인지만이 문제된다. 한편 제3호의 「부정소비」는 정당한 사유 없이 상속재산을 소비함으로써 그 재산적 가치를 상실시키는 것이다(통설·판례). 근저당권 설정이 여기의 「부정소비」에 해당하는지에 관하여는 긍정설과 부정설이 대립할 가능성이 있으며, 현재 긍정설[1]이 나타나 있다. 생각건대 긍정설은 법정 단순승인을 너무 넓게 인정하는 것이 되어 바람직하지 않다. 그러므로 부정설이 타당하다.

3. 본 문제의 해결

본 사안에서 B가 X부동산에 F의 B에 대한 채권을 담보할 목적으로 근저당권을 설정한

---

[1] 박종훈, "한정승인과 상속채권자의 우선변제권," 부산판례연구회 판례연구, 22집, 2011. 2, 773면·774면.

행위는 한정승인 후에 한 것이어서 제1026조 제1호의 「처분행위」가 아니고, 또한 제1026조 제3호의 「부정소비」로 보기도 어렵다. 따라서 B의 근저당권 설정으로 인하여 상속의 법정 단순승인으로 되지 않는다.

Ⅲ. 물음 3.에 대하여

1. 논점의 정리

(1) B의 한정승인의 효과가 어떻게 되는지, 구체적으로 B의 한정승인으로 B의 채무도 제한되는지, B의 책임만 제한되는지 문제된다.

(2) 상속채권자인 E와 한정승인한 상속인(이하 「한정승인자」라 한다)에 대하여 근저당권을 취득한 자인 F와의 우열관계가 문제된다.

(3) 이상에서 논의한 것을 바탕으로 하여 구체적인 배당을 논의해야 한다.

2. B의 한정승인의 효과

(1) 한정승인의 효과

한정승인을 한 상속인은 상속으로 인하여 취득할 적극재산의 한도에서 피상속인의 채무와 유증을 변제하면 된다(1028조·1029조). 이는 상속채무는 전부 승계하지만 책임의 범위가 상속재산에 한정된다는 의미이다(물적 유한책임). 따라서 상속채권자는 한정승인자에 대하여도 채무 전부에 관하여 이행을 청구할 수 있으며, 한정승인자가 초과부분에 대하여 임의로 변제하면 비채변제가 아니고 유효한 변제로 된다.

(2) 본 사안의 경우

본 사안에서 B의 한정승인으로 인하여 B는 채무가 감축되지 않으며, 그는 A의 모든 채무를 부담한다. 그리하여 E는 A에 대하여 청구할 수 있는 범위 전부에 관하여 B에게 청구할 수 있다. 다만, E는 A가 취득한 적극재산의 한도에서만 강제집행을 할 수 있을 뿐이다.

3. E와 F의 채권 사이의 우열관계

(1) 서 설

한정승인의 경우 그것의 공고가 불충분하고 한정승인 사실이 등기부 등에 기재되지도 않는다. 그리하여 어떤 자가 한정승인된 재산인지 모르고 물권을 취득하게 되면 상속채권자는 변제받을 가능성이 더욱 줄어든다. 여기서 상속채권자의 보호를 고려하여 그 자와 한정승인자로부터 물권을 취득한 자 사이의 우열관계가 논의된다. 물론 상속채권자가 한정승인된 재산에 소유권을 취득한 자에 대하여 우선권을 주장할 수는 없다. 그에 비하여 근저당권을 취득한 자에 대해서는 논의될 여지가 있다.

⑵ 상속채권자와 한정승인자로부터 근저당권을 취득한 자 사이의 우열관계

1) 학　　설

상속채권자와 한정승인자로부터 근저당권을 취득한 자 사이의 우열관계에 관하여 학자들의 논의는 적은데, 그에 대하여는 두 가지 견해를 생각할 수 있다. 하나는 상속채권자 우선설이고(후술하는 우리 판례의 반대의견임), 다른 하나는 근저당권자 우선설(판례의 다수의견)[2]이다.

2) 판　　례

판례는 근저당권자가 우선한다는 입장에 있다.[3] 판례는 그 이유로, 민법은 한정승인의 경우 상속채권자에게 한정승인자로부터 물권을 취득한 제 3 자에 대하여 우선적 지위를 부여하는 규정을 두고 있지 않으며, 한정승인이 된 재산임을 등기하여 제 3 자에게 대항할 수 있게 하는 규정도 없다는 점을 든다. 그리하여 상속채권자와 한정승인자로부터 근저당권을 취득한 자 사이의 우열관계는 민법상의 일반원칙에 따라야 하고, 상속채권자가 한정승인의 사유만으로 우선적 지위를 주장할 수 없다고 한다.

3) 사　　견

생각건대 한정승인의 경우 상속채권자를 근저당권자에 우선시킬 법적 근거가 없을뿐더러, 만약 상속채권자를 우선시키면 한정승인의 등기가 행해지지 않는 현실에서 제 3 자보호 내지 거래의 안전이 심각하게 침해되는 문제가 생긴다. 그러므로 판례처럼 민법의 일반원칙에 따라 우열관계를 판단하여야 하고, 결국 근저당권자가 상속채권자에 우선한다고 할 것이다.

⑶ 본 사안의 경우

본 사안에서 E는 상속채권자이고 F는 한정승인자인 B로부터 근저당권을 취득한 자이다. 이들 사이의 우열관계는 민법의 일반원칙에 의하여 결정되어야 한다. 그 결과 F가 E에 우선하게 된다.

4. 결론(배당결과)

본 사안에서 배당받을 수 있는 채권자와 집행권원을 가지고 있는 채권액은 E의 청구채권 2억원[4]과 F의 4,000만원이다.[5] 그런데 이들의 채권액을 합하면 2억 4,000만원이 되어 배당할 수 있는 금액을 넘는다. 그리하여 E와 F 사이에 순위가 다르면 1억 2,000만원을 순위에 따라 배당하여야 한다. 그런데 E와 F 중에는 F가 우선하기 때문에 1억 2,000만원 가운데 먼저 F에게 4,000만원을 배당하고, 그 나머지 8,000만원을 E에게 배당해야 한다.

---

2) 박종훈, 앞의 논문, 767면 이하도 같은 견해이다.

3) 대판(전원) 2010. 3. 18, 2007다77781.

4) 집행권원을 가지고 있는 5억원 및 그 지연손해금 중 2억원만 청구한 것은 나머지를 변제받았거나 면제하였을 수도 있고, 경매대가가 낮을 것을 예상하여 비용을 줄이기 위해 일부만을 청구한 것일 수도 있다.

5) F의 채권액 5,000만원 중 근저당권의 채권최고액 4,000만원을 넘는 1,000만원은 집행권원이 없어서 근저당 목적물의 경매대금에서 배당을 받을 수는 없다. 그가 초과액 1,000만원에 대하여 배당받으려면 별도로 집행권원을 얻어야 한다.

사항 색인

(오른쪽 숫자는 면수임)

저자약력

서울대학교 법과대학, 동 대학원 졸업
법학박사(서울대)
경찰대학교 전임강사, 조교수
이화여자대학교 법과대학/법학전문대학원 조교수, 부교수, 교수
Santa Clara University, School of Law의 Visiting Scholar
사법시험·행정고시·외무고시·입법고시·감정평가사시험·변리사시험 위원
현재: 이화여자대학교 법학전문대학원 명예교수

주요 저서
착오론
민법주해[II], [VIII], [IX], [XIII](각권 공저)
주석민법 채권각칙(7)(공저)
법학입문(공저)
법률행위와 계약에 관한 기본문제 연구
대상청구권에 관한 이론 및 판례연구
부동산 점유취득시효와 자주점유
법률행위에 있어서의 착오에 관한 판례연구
계약체결에 있어서 타인 명의를 사용한 경우의 법률효과
흠있는 의사표시 연구
민법개정안의견서(공저)
제3자를 위한 계약 연구
민법사례연습
민법강의(상)(하)
채권의 목적 연구
불법원인급여에 관한 이론 및 판례 연구
법관의 직무상 잘못에 대한 법적 책임 연구
신민법강의
기본민법
신민법사례연습
신민법입문
민법 핵심판례240선(공저)
민법총칙
물권법
채권법총론
채권법각론
친족상속법
민법전의 용어와 문장구조
나의 민법 이야기

제 7 판
신민법사례연습

초판발행	2008년 5월 25일
제 7 판발행	2024년 7월 15일
지은이	송덕수
펴낸이	안종만 · 안상준
편 집	김선민
기획/마케팅	조성호
표지디자인	이수빈
제 작	고철민 · 김원표

펴낸곳   (주)**박영사**
        서울특별시 금천구 가산디지털2로 53, 210호(가산동, 한라시그마밸리)
        등록 1959. 3. 11. 제300-1959-1호(倫)

전 화	02)733-6771
f a x	02)736-4818
e-mail	pys@pybook.co.kr
homepage	www.pybook.co.kr
ISBN	979-11-303-4781-3 93360

정 가   48,000원